Anthony Giddens
Christian Fleck
Marianne Egger de Campo

SOZIOLOGIE

Anthony Giddens
Christian Fleck
Marianne Egger de Campo

Soziologie

NAUSNER & NAUSNER | *Verlag*

Graz–Wien 2009

Bibliografische Information der Deutschen Nationalbibliothek
Die Deutsche Nationalbibliothek verzeichnet diese Publikation in der Deutschen Natio-
nalbibliografie; detaillierte bibliografische Daten sind im Internet über http://dnb.d-nb.de
abrufbar.

Anthony Giddens, Christian Fleck, Marianne Egger de Campo:
Soziologie
Graz: Nausner & Nausner
ISBN 978-3-901402-16-6
Dritte, überarbeitete Auflage
© 2009 Verlag Nausner & Nausner
A-8010 Graz, Leechgasse 56
http://www.nnv.at
Lektorat: Iris Weißenböck
Umschlag: Alexander Beer
Druck: Druckerei Theiss GmbH, St. Stefan i. Lavanttal

Inhalt

Inhaltsverzeichnis

Vorwort

Das vorliegende Buch ist die dritte deutschsprachige Auflage. An den beiden früheren, 1995 bzw. 1999 erschienenen Auflagen wirkte Hans Georg Zilian als Übersetzer und Mitherausgeber mit. Sein plötzlicher Tod im Jahr 2005 machte es nötig, die Fortführung des Lehrbuchprojekts zu überdenken. Das Ergebnis ist gegenüber den bisherigen Auflagen etwas völlig Neues: Erstens ist das Buch keine bloße Übersetzung der englischen 5th Edition, die 2006 erschienen ist, sondern eine Bearbeitung für deutschsprachige Leserinnen und Leser. Was bedeutet das? In Absprache mit dem Hauptautor Anthony Giddens haben wir versucht, ein Lehrbuch der Soziologie für Leserinnen und Leser aus Deutschland, Österreich und der Schweiz herzustellen. Konkret bedeutet das, dass wir überall dort, wo sich die mitteleuropäischen Verhältnisse von den britischen stark unterscheiden, die Institutionen, Lebensbedingungen und sozialen Dynamiken unserer Gesellschaften dargestellt und analysiert haben. Deswegen weichen einzelne Teile stärker vom englischen Original ab als andere. Besonders gilt das für die Kapitel „Bildung", „Ethnien, Ethnizität und Migration", „Städte und urbane Räume" und „Politik und Regierung", in denen entsprechende Adaptionen vorgenommen wurden. Zweitens haben wir durchgehend die sozialstatistischen und anderen Daten aktualisiert und einige Erweiterungen und Ergänzungen vorgenommen, die keine Entsprechung im englischen Original haben. Hierbei nutzten wir meist Daten aus und über die Staaten der Europäischen Union, um den Horizont über die drei deutschsprachigen Nationalstaaten zu erweitern.

Drittens fielen zwei Kapitel des englischen Originals (Asking and Answering Sociological Questions und Theoretical Thinking in Sociology) der unumgänglich notwendigen Beschränkung des Umfangs des Buches zum Opfer.

Auch der Aufbau des Buches wurde ein wenig verändert: Die Leserinnen und Leser finden nun jeweils am Ende jedes Kapitels neben der inhaltlichen Zusammenfassung und dem Glossar, auf dessen Begriffe im Text durch Marginalien verwiesen wird, weiterführende Hinweise zu Internet-Quellen, Literatur und, als Novität, eine Auswahl von (Spiel-)Filmen zu Themen des jeweiligen Kapitels. Auch Filme sind Darstellungen der sozialen Realität und wollen ihrem Publikum etwas über die Gesellschaft sagen. Filme stellen – wie Tabellen, Grafiken und wissenschaftliche Untersuchungen, Ausschnitte sozialer Wirklichkeit dar.

Unsere Filmvorschläge mögen die Leserinnen und Leser ermutigen, einen Blick dafür zu entwickeln, dass sich soziologisch relevante Zusammenhänge an allen Ecken unseres Alltags finden lassen. Wenn sie dabei kritisch auf Konventionen unserer Disziplin zu blicken lernen, die ihre (unsere) Darstellungen sozialer Realität mit der Autorität der Wissenschaftlichkeit ausstattet, macht das Anschauen von Filmen nicht nur Spaß, sondern ist auch noch lehrreich.

Das Literaturverzeichnis mit Links zu den zahlreichen Dokumenten, die man im Internet finden kann, steht Interessenten auch auf der Website des Verlages www.nnv.at/soziologie zur Verfügung, um Benutzern das mühsame Abschreiben der manchmal sehr langen und komplizierten Verknüpfungen zu ersparen. Die Links wurden im Sommer 2009 auf ihre Gültigkeit hin überprüft.

Wir bedanken uns bei all jenen, die an der Herstellung des vorliegenden Buches mitgewirkt haben, insbesondere bei Roswitha Baumgartner, die uns bei den Datenrecherchen unterstützte, Rainer Götz und Albert Müller für Filmtipps, Alfred Noll, der uns mit seinem Rat zur Seite stand, und bei all jenen, die Teile des Manuskripts lasen, kommentierten oder uns Daten zur Verfügung stellten: Ingeborg Auer, Anke Bay, Simon Burtscher, Johannes Ebner, Brigitte Egger, Regina Egger, Michael Lopez-Diaz, Dieter Magsam, Christel Michel, Bertram Szagun und Hans Walz.

Unser Dank gilt auch jenen Studierenden, die in von uns abgehaltenen Lehrveranstaltungen das Entstehen des Buches miterlebten und durch ihre Reaktionen und Kommentare zu verbessern halfen.

Graz – Berlin   Christian Fleck und Marianne Egger de Campo

1

Was ist Soziologie?

Am Beginn des 21. Jahrhunderts leben wir in einer Welt, der viele Menschen mit Sorge begegnen, während andere die vielversprechenden Möglichkeiten hervorheben. Es ist eine Welt voller Wandel, gekennzeichnet durch ernsthafte Konflikte, Spannungen und soziale Spaltungen und einer von der modernen Technologie ausgehenden Zerstörung der natürlichen Umwelt. Und doch verfügen wir in einem großen Ausmaß über Fähigkeiten und Möglichkeiten, unser Schicksal zu bestimmen und unser Leben zu gestalten, die für frühere Generationen gänzlich unvorstellbar waren.

Wie ist diese Welt entstanden? Warum sind unsere Lebensbedingungen so anders als die unserer Eltern und Großeltern? In welche Richtungen werden sich zukünftige Wandlungsprozesse bewegen? Diese Fragen sind das zentrale Anliegen der Soziologie, einer Disziplin, der daher in der modernen intellektuellen Kultur eine grundlegende Rolle zukommt.

Soziologie Soziologie ist die Untersuchung des gesellschaftlichen Lebens der Menschen, von Gruppen und Gesellschaften. Sie ist ein spektakuläres und faszinierendes Unterfangen, da sie sich mit unserem eigenen Verhalten als soziale Lebewesen beschäftigt. Der Untersuchungsgegenstand der Soziologie ist äußerst weit gespannt und reicht von der Analyse der flüchtigen Begegnungen zwischen Einzelpersonen auf der Straße bis hin zur Untersuchung globaler sozialer Prozesse wie beispielsweise des Aufstiegs des islamischen Fundamentalismus.

Die meisten Menschen sehen die Welt in den vertrauten Begriffen ihres eigenen Lebens. Die Soziologie zeigt uns, dass es notwendig ist, eine viel umfassendere Perspektive einzunehmen, wenn wir Antworten auf die Fragen finden wollen, warum wir so sind, wie wir sind, und warum wir so handeln, wie wir handeln. Sie lehrt uns, dass das, was wir als natürlich, unvermeidlich, gut oder wahr auffassen, durchaus etwas anderes sein kann und dass die „Gegebenheiten" unseres Lebens stark von historischen und sozialen Wirkungsmächten beeinflusst sind. Es ist für die soziologische Perspektive grundlegend, dass sie versucht, die subtilen und dennoch komplexen und weitreichenden Wirkungsmechanismen verständlich zu machen, durch die unser individuelles Leben die Kontexte unserer sozialen Erfahrung widerspiegelt.

Die soziologische Denkweise

Soziologisch denken zu lernen – in anderen Worten: eine weitere Perspektive einzunehmen – bedeutet, die Vorstellungskraft weiter zu entwickeln. Als Soziologen müssen wir uns z.B. vorstellen können, wie sich die Erfahrung von Sex und Ehe für Leute darstellt – bis vor Kurzem die Mehrheit der Menschheit –, denen die Ideale der romantischen Liebe fremd oder sogar absurd erschienen. Das Studium der Soziologie kann nicht bloß ein Routinevorgang des Wissenserwerbs sein. Ein Soziologe ist jemand, der fähig ist, sich von der Unmittelbarkeit der persönlichen Umstände loszureißen und die Dinge in einen umfassenderen Kontext zu stellen. Soziologische Arbeit hängt davon ab, was C. Wright Mills (1916–62) in einer berühmten Redewendung die soziologische Denkweise (*the sociological imagination*) genannt hat (Mills 1963).

soziologische Denkweise

Die soziologische Denkweise erfordert vor allem die Fähigkeit, sich von den vertrauten Routinen unseres alltäglichen Lebens „fortzudenken", um sie neu zu betrachten. Man nehme die einfache Handlung des Kaffeetrinkens. Was könnte man vom soziologischen Standpunkt aus über einen allem Anschein nach derart uninteressanten Ausschnitt des Verhaltens sagen? Eine ganze Menge.

Wir könnten zunächst darauf verweisen, dass Kaffee nicht bloß ein Getränk ist. Er hat als Teil unserer alltäglichen sozialen Aktivitäten einen symbolischen Wert. Oft ist das mit dem Kaffeetrinken verknüpfte Ritual wesentlich wichtiger als der Genuss des Getränks selbst. Zum Beispiel sind zwei Leute, die vereinbaren, auf einen Kaffee zu gehen, wahrscheinlich mehr daran interessiert, einander zu treffen und miteinander zu plaudern, als daran, was sie trinken. Essen und Trinken sind in allen Gesellschaften Anlässe für soziale Interaktion und für den Vollzug von Ritualen – und diese bieten ein reichhaltiges Betätigungsfeld für die soziologische Forschung.

Zweitens ist Kaffee eine koffeinhaltige Droge, die eine stimulierende Wirkung auf das Gehirn hat. Kaffeesüchtige werden von den meisten Angehörigen der westlichen Kultur nicht als Drogenkonsumenten betrachtet. Wie Alkohol ist Kaffee eine sozial akzeptierte Droge, im Gegensatz beispielsweise zu Marihuana. Es gibt jedoch andere Kulturen, die den Genuss von Marihuana oder sogar von Kokain tolerieren, aber sowohl Kaffee als auch Alkohol missbilligend betrachten. Soziologen interessieren sich dafür, warum es diese Unterschiede gibt.

Drittens ist ein Individuum, das eine Tasse Kaffee trinkt, Teil eines außergewöhnlich komplizierten Netzwerks von sozialen und ökonomischen Beziehungen, das sich über die ganze Welt erstreckt. Die Erzeugung, der Transport und die Verteilung von Kaffee erfordern beständige Transaktionen zwischen zahlreichen Leuten, die sich Tausende von Kilometern vom Kaffeetrinker entfernt befinden. Die Untersuchung derartiger globaler Transaktionen ist eine wichtige Aufgabe der Soziologie, da viele Aspekte unseres Lebens heute von weltweiten Sozial- und Kommunikationsbeziehungen beeinflusst werden.

Viertens setzt die Handlung des Kaffeetrinkens einen ganzen Prozess vergangener sozialer und ökonomischer Entwicklung voraus. Gemeinsam mit anderen heute vertrauten Bestandteilen des westlichen Speisezettels, wie Tee, Bananen, Kartoffeln und weißem Zucker, wird Kaffee erst seit Ende des 19. Jahrhunderts in größerem Ausmaß konsumiert. Obwohl der Kaffee aus dem Nahen Osten stammt, geht sein Massenkonsum auf die Periode der westlichen kolonialen Ausdehnung zurück, die vor ungefähr eineinhalb Jahrhunderten stattfand. Praktisch der gesamte Kaffee, den wir heute in den westlichen Ländern trinken, kommt aus Gebieten (Südamerika, Afrika), die von Europäern kolonisiert wurden; er ist keinesfalls ein „natürlicher" Bestandteil des westlichen Speisezettels. Das koloniale Erbe hatte einen enormen Einfluss auf die Entwicklung des globalen Kaffee-handels.

Fünftens steht der Kaffee im Zentrum gegenwärtiger Debatten über Globalisierung, internationalen Handel, Menschenrechte und Umweltzer-störung. In dem Maße, in dem Kaffee populär wurde, wurde er zu einer Marke und gleichsam politisiert: Die Entscheidungen, die Konsumenten darüber treffen, welchen Kaffee sie bevorzugen und wo sie ihn kaufen, wurden zu einem Teil ihres Lebensstils. Manche bevorzugen biologisch produzierten Kaffee, andere ziehen entkoffeinierten Kaffee vor und Dritte wollen nur Fair-Trade-Kaffee kaufen (das Rohprodukt wird dabei zu Markt-preisen direkt bei den Produzenten eingekauft). Die einen genießen ihren Kaffee in einem traditionellen Kaffeehaus, andere ziehen ein modisches Espresso vor und Dritte gehen in eine Filiale von Tchibo oder neuerdings zu Starbucks. Kaffeetrinker mögen sich entschließen, Kaffee, der aus ei-nem Land stammt, das die Menschenrechte missachtet oder die Umwelt zerstört, zu boykottieren. Das Interesse der Soziologen liegt darin zu ver-stehen, wie die Globalisierung dazu beigetragen haben mag, die Aufmerk-samkeit von Konsumenten auf Vorkommnisse in fernen Ecken der Welt zu richten, und wie sie durch das dabei gewonnene neue Wissen veranlasst wurden, ihr eigenes Leben zu ändern.

Soziologie studieren

Die soziologische Denkweise verschafft uns die Einsicht, dass viele Ereig-nisse, die lediglich das Individuum zu betreffen scheinen, tatsächlich all-gemeinere Anliegen widerspiegeln. Eine Scheidung z.B. mag für jeman-den, der sie gerade erlebt, ein sehr schwieriger Prozess sein – das, was Mills persönliche Schwierigkeiten nennt. Heute sind Scheidungen aber auch ein öffentliches Thema, zumindest in jenen Ländern, in denen regelmäßig über steigende Scheidungsraten berichtet wird. Arbeitslosigkeit, um ein anderes Beispiel zu nehmen, mag für jemanden, der seine Stelle verloren hat und nicht in der Lage ist, eine andere zu finden, eine persönliche Tra-gödie darstellen. Wenn jedoch Millionen von Menschen in einer Gesell-schaft in ebendieser Situation sind, dann ist sie wesentlich mehr als ein Anlass für private Verzweiflung: Wir haben es dann mit einem öffentli-chen Anliegen zu tun, das umfassende soziale Tendenzen zum Ausdruck bringt.

Wenden Sie einmal diese Perspektive auf Ihr eigenes Leben an. Es ist nicht notwendig, dabei allein an persönliche Schwierigkeiten zu denken: Fragen Sie sich z.B., warum Sie eigentlich dieses Buch hier lesen – und warum Sie sich entschlossen haben, Soziologie zu studieren. Es könnte sein, dass Sie Soziologie nur widerwillig studieren und durch Ihre Bemü-hungen lediglich eine Pflichtübung hinter sich bringen. Es könnte aber auch sein, dass Sie äußerst erpicht darauf sind, mehr über das Fach herauszu-finden. Was auch immer ihre konkrete Motivation sein mag, so ist es wahr-scheinlich, dass Sie mit anderen Personen, die Soziologie studieren, eini-ges gemeinsam haben, auch wenn Ihnen das nicht unbedingt bekannt ist.

Ihre private Entscheidung spiegelt Ihre Position in der weiteren Gesellschaft wider.

Treffen die folgenden Merkmale auf Sie zu? Sind Sie jung? Weiß? Kommen Sie aus der Mittelschicht? Haben Sie einmal Gelegenheitsarbeiten verrichtet, um Ihr Einkommen aufzubessern, oder tun Sie das heute noch? Möchten Sie nach Ihrer Ausbildung einen guten Job finden, doch sind Sie nicht allzu versessen auf das Lernen? Wissen Sie nicht, was die Soziologie ist, aber glauben Sie, dass sie etwas damit zu tun hat, wie Menschen in Gruppen handeln? Mehr als drei Viertel von Ihnen werden all diese Fragen mit Ja beantworten. Studierende sind für die Gesamtbevölkerung nicht typisch, sondern entstammen im Allgemeinen privilegierteren Milieus, und ihre Einstellungen spiegeln im Allgemeinen die von Freunden und Bekannten wider. Unser sozialer Hintergrund hat sehr viel mit den Entscheidungen zu tun, die wir für angemessen halten.

Doch nehmen Sie an, Sie beantworten eine oder mehrere dieser Fragen mit Nein. Dann könnte es sein, dass Sie einer Minderheit entstammen, oder einer armen Familie. Sie könnten auch jemand sein, der die Lebensmitte bereits erreicht hat oder noch älter ist. Wie dem auch sei, es werden sich daraus weitere Schlussfolgerungen ableiten lassen. Es ist dann wahrscheinlich, dass Sie Hindernisse zu überwinden hatten, um dorthin zu gelangen, wo Sie jetzt sind. Auch könnte es sein, dass Sie sich mit feindseligen Reaktionen von Freunden und anderen auseinandersetzen mussten, als Sie sagten, dass Sie auf die Universität gehen wollten. Es könnte aber auch sein, dass Sie das Studium mit der Vollbeschäftigung als Mutter oder Vater eines Kindes kombinieren.

Obwohl wir alle von den sozialen Kontexten, in denen wir uns vorfinden, beeinflusst werden, wird niemand von uns in seinem Verhalten von diesen Kontexten einfach determiniert. Wir besitzen und erschaffen unsere eigene Individualität. Es ist die Aufgabe der Soziologie, die Zusammenhänge zwischen dem, was die Gesellschaft aus uns macht, und was wir aus uns selbst machen, zu untersuchen. Unsere Aktivitäten strukturieren, formen, einerseits die Welt um uns und werden andererseits von dieser sozialen Welt strukturiert.

Der Begriff der sozialen Struktur ist in der Soziologie sehr wichtig. Er bezieht sich auf die Tatsache, dass die sozialen Kontexte unseres Lebens nicht einfach aus zufälligen Anhäufungen von Ereignissen und Handlungen bestehen; sie werden vielmehr in spezifischen Weisen strukturiert, und sie erhalten spezifische Muster. Es gibt in unseren Verhaltensweisen und in den Beziehungen, die wir mit anderen aufrechterhalten, Regelmäßigkeiten. Doch die soziale Struktur ist nicht wie eine physische Struktur, wie ein Gebäude, das unabhängig von menschlichen Handlungen existiert. Menschliche Gesellschaften befinden sich ständig im Prozess der Strukturierung, womit gemeint ist, dass die sozialen Strukturen, an denen wir unser tägliches Handeln orientieren müssen, zugleich auch von uns hervorgebracht werden.

soziale Struktur

Strukturierung

Am Beispiel des Kaffeetrinkens kann man diesen Satz illustrieren. Die Tasse Kaffee gelangt nicht automatisch in Ihre Hände. Sie entscheiden beispielsweise, Ihren Kaffee in einem bestimmten Geschäft zu trinken, einen Espresso zu bestellen oder doch einen Caffè Latte. Indem Sie diese Wahl treffen und viele Millionen andere es Ihnen gleich tun, beeinflussen sie den Kaffeemarkt und das Leben der Produzenten, die Tausende Kilometer entfernt von Ihnen auf der anderen Seite der Erdkugel leben.

Beabsichtigte und nicht-beabsichtigte Konsequenzen

Der permanente Prozess der Konstruktion und Rekonstruktion des sozialen Lebens basiert auf dem Sinn, den Menschen ihren Handlungen verleihen. Doch unsere Handlungen können Ergebnisse hervorbringen, die sich von den von uns erwünschten unterscheiden. Soziologen treffen eine wichtige Unterscheidung zwischen den Zwecken unseres Handelns – was wir beabsichtigen – und den durch unser Handeln hervorgebrachten nicht-beabsichtigten Konsequenzen. Diese Denkfigur ist weitaus älter als die Soziologie, sie wurde erstmals von Bernard Mandeville (1670–1733) und den schottischen Philosophen formuliert, zu denen auch Adam Smith (1723–1790) zählt, der als Begründer der Nationalökonomie gilt. Robert K. Merton hat in der Soziologie schon 1936 auf diesen Zusammenhang aufmerksam gemacht (Merton 1936). Der Mechanismus ist im alltäglichen Handeln Einzelner ebenso nachweisbar wie auf dem Makroniveau des Agierens von Staaten oder großen Organisationen. Ein einfaches Beispiel für Ersteres kann man im Wunsch von Eltern sehen, die ihr Kind zu jemandem erziehen wollen, der sich in sozial akzeptierter Weise verhält. Um dieses Ziel zu erreichen, handeln die Eltern streng und autoritär. Die nicht-beabsichtigten Konsequenzen dieses Autoritarismus könnten jedoch dazu führen, dass das Kind rebelliert und sich gegen orthodoxe Verhaltensstandards stellt.

nicht-beabsichtigte Konsequenz

Oder denken Sie an die lauthals verkündete Absicht der amerikanischen Regierung, im Irak mit der Beseitigung von Saddam Hussein Demokratie und Wohlstand herbeizuführen. Selbst wenn man meint, dies sei nur Propaganda gewesen, wird niemand behaupten wollen, die Regierung von George W. Bush habe das, was sich seit der Entmachtung des Saddam-Regimes im Irak ereignet hat, beabsichtigt. Manchmal hat ein Handeln, das ein bestimmtes Ziel anstrebt, tatsächlich Konsequenzen, die die Erreichung dieses Ziels verhindern.

Was wir tun und wie unsere Handlungen andere beeinflussen, muss als eine „Mischung" von beabsichtigten und nicht-beabsichtigten Konsequenzen der Handlungen von Personen verstanden werden. Die Soziologie kann versuchen, diese Mischung zu analysieren, steht aber vor dem Problem, dass man im Vorhinein nie genau wissen kann, welche nicht-beabsichtigten Folgen zielgerichteten Handelns sich einstellen werden. Lange Zeit hofften Soziologen, es werde ihnen gelingen, soziale Gesetze ausfindig zu machen, die für unser künftiges Handeln eine sichere Planungsgrundlage liefern würden. Diese Illusion teilt heute wohl niemand mehr. Ein bescheideneres Ziel der Soziologie ist es, ein Bewusstsein dafür zu bilden, Mechanismen wie den eben beschriebenen im Auge zu behalten.

Um dieses Bewusstsein für die Komplexität sozialen Handelns zu fördern, hilft es, möglichst viel empirisches Wissen zu besitzen. Wenn man über einige soziale Mechanismen Bescheid weiß, kann man sowohl das eigene Handeln wie jenes von größeren sozialen Einheiten besser deuten. Ein anderer sozialer Mechanismus, der uns dabei nützlich sein kann, ist die sogenannte Pfadabhängigkeit. Soziales Handeln bedeutet auch, Entscheidungen zu treffen. Wenn man sich an einer Weggabelung entschlossen hat, einen bestimmten Weg einzuschlagen, sind nachfolgende Entscheidungen nur noch entlang des zuerst gewählten Pfades möglich. Um sich diesen Gedankengang zu verdeutlichen, denke man an das Schachspiel. Während aber beim Schach halbwegs gute Spieler im Voraus die Erfolgsaussichten bestimmter Spielzüge absehen und ihre Strategie danach ausrichten können, ist das soziale Leben oft weitaus weniger gut planbar, aber vielleicht gerade deswegen umso spannender.

Pfadabhängigkeit

Die Entwicklung des soziologischen Denkens

Wer Soziologie zu studieren beginnt, mag ob der großen Zahl von unterschiedlichen Zugängen, die es in diesem Fach gibt, verwirrt sein. Die Soziologie war nie eine wissenschaftliche Disziplin, in der es eine bestimmte Zahl von Ideen gibt, die alle für gültig halten. Soziologen sind sich regelmäßig darüber uneins, wie man menschliches Verhalten untersuchen soll und wie Forschungsergebnisse am besten interpretiert werden sollen. Wie lässt sich das erklären? Warum herrscht unter Soziologen weniger Einigkeit, als es bei Naturwissenschaftlern der Fall zu sein scheint? Die Antwort auf diese Fragen hängt ganz wesentlich mit der Natur des Gegenstandes der Soziologie zusammen. Soziologie dreht sich um unser eigenes Leben und unser eigenes Verhalten, und uns selbst zu untersuchen ist ein sehr komplexes und schwieriges Unterfangen.

Theorien und theoretische Zugänge

Der Versuch, so etwas Komplexes wie die Auswirkungen der Industrialisierung auf die Gesellschaft zu verstehen, verweist auf die Wichtigkeit der Theorie in der Soziologie. Die Tatsachenforschung zeigt uns, *wie* Dinge geschehen, aber die Soziologie besteht nicht nur aus einer Sammlung von Tatsachen, unabhängig davon, wie interessant und wichtig sie auch sein mögen (beispielsweise ist es eine Tatsache, dass ich heute Morgen einen Kaffee gekauft habe, der eine bestimmte Summe Geldes gekostet hat, dessen Bohnen in Zentralamerika gewachsen sind etc.). Wir wollen ebenso wissen, *warum* bestimmte Dinge geschehen, und dazu brauchen wir erklärende Theorien. Beispielsweise wissen wir, dass die Industrialisierung einen wichtigen Einfluss auf die Entwicklung moderner Gesellschaften hatte, aber was sind die Ursprünge und Voraussetzungen der Industrialisierung? Warum finden wir Unterschiede zwischen den Industrialisierungsprozessen in verschiedenen Gesellschaften? Warum ist die Industrialisierung ver-

Tatsache

knüpft mit Veränderungen der Art und Weise der Bestrafung von Verbrechen, der Familien oder der Heiratsmuster? Um solche Fragen beantworten zu können, müssen wir das theoretische Denken entwickeln.

Theorie

Theorien führen zu abstrakten Interpretationen, die dafür verwendet werden können, eine große Zahl von unterschiedlichen empirischen Situationen zu erklären. Eine Theorie der Industrialisierung kann sich beispielsweise damit befassen, die wesentlichen Merkmale der Prozesse der industriellen Entwicklung herauszufinden, die an verschiedenen Orten nachweisbar sind, und damit versuchen zu zeigen, welche davon die bedeutsamsten sind, um diese Entwicklung zu erklären. Natürlich lassen sich Tatsachenforschung und Theorien nie ganz trennen. Aber wir können versuchen, gültige theoretische Zugänge zu entwickeln, wenn wir in der Lage sind, diese anhand von Tatsachen zu testen.

theoretischer Zugang

Wir benötigen Theorien, um Tatsachen richtig zu deuten. Entgegen einer weitverbreiteten Vorstellung sprechen Tatsachen nicht für sich selbst. Viele Soziologen arbeiten vor allem im Bereich der Tatsachenforschung, aber so lange sie nicht durch irgendein theoretisches Wissen angeleitet werden, ist es sehr unwahrscheinlich, dass ihre Forschungen die Komplexität moderner Gesellschaften erklären können. Das stimmt sogar dann, wenn eine derartige Forschung sich ganz auf praktische Probleme beschränkt.

„Praktiker" neigen dazu, Theoretiker gering zu schätzen und sehen sich gerne als so bodenständig, dass sie abstrakteren Ideen keine Aufmerksamkeit schenken müssen. Allerdings liegen nahezu allen praktischen Entscheidungen irgendwelche eher theoretischen Annahmen zugrunde. Ein Manager eines Unternehmens mag „Theorie" gering schätzen. Dennoch setzt jede Unternehmensentscheidung irgendeine Art von theoretischen Annahmen voraus, sogar wenn sie nie erwähnt wird. Beispielsweise mag dieser Manager der Meinung sein, seine Arbeiter seien vor allem an ihrem Lohn interessiert. Das ist nicht nur eine theoretische Interpretation, sie ist darüber hinaus auch falsch, wie die Industriesoziologie zeigen konnte.

Ohne einen theoretischen Zugang wüssten wir weder, wo und wie wir eine Untersuchung beginnen sollten, noch wie wir die gefundenen Tatsachen zu deuten hätten. Allerdings ist die Erhellung von Tatsachen nicht der alleinige Grund, warum die Theorie in der Soziologie einen wichtigen Platz einnimmt. Theoretisches Denken wird notwendig, wo immer wir es mit allgemeinen Fragen, die bei der Untersuchung des sozialen Lebens auftauchen, zu tun haben. Manchmal treffen wir dabei auf Fragen, die fast schon philosophischer Natur sind. Die Entscheidung, in welchem Maße wir beim Versuch, Soziologie zu betreiben, uns am Vorbild der Naturwissenschaften orientieren sollen, stellt ein Problem dar. Ebenso schwierig ist die Frage zu beantworten, wie wir menschliches Bewusstsein, Handeln oder Institutionen begrifflich fassen können.

All diese Fragen wurden von den theoretischen Zugängen, die in der Soziologie bislang aufgetreten sind, in unterschiedlicher Weise behandelt.

Frühe Theoretiker

Wir Menschen haben uns immer für die Ursprünge unseres eigenen Verhaltens interessiert, doch über Tausende von Jahren stützten sich unsere Versuche, uns selbst zu verstehen, auf Denkweisen, die von Generation zu Generation weitergegeben und oft im Zusammenhang mit der Religion zum Ausdruck gebracht wurden. So glaubten z.B. vor der Entstehung der modernen Wissenschaft viele Leute, dass Naturereignisse wie beispielsweise Erdbeben von Göttern oder Geistern verursacht wurden. Das objektive und systematische Studium des menschlichen Verhaltens und der menschlichen Gesellschaft ist eine relativ junge Entwicklung, deren Anfänge auf das frühe 19. Jahrhundert zurückgehen. Der Hintergrund dieses neuen soziologischen Ansatzes war die Reihe umwälzender Veränderungen im Zusammenhang mit der Französischen Revolution im Jahre 1789 und dem Einsetzen der industriellen Revolution in Europa. Der Zusammenbruch traditioneller Lebensformen brachte viele Denker dazu, ein neues Verständnis sowohl der sozialen als auch der natürlichen Welt anzustreben, indem sie wissenschaftliche Verfahren anwandten, um das menschliche Verhalten zu verstehen und daher vorherzusagen und kontrollieren zu können.

industrielle Revolution

Die Verdrängung der Religion als Instanz der Weltdeutung durch die Wissenschaft war dabei von zentraler Bedeutung. Die Fragen, die diese Denker des 19. Jahrhunderts zu beantworten versuchten: Was ist die menschliche Natur? Warum hat die Gesellschaft die Struktur, die sie aufweist? Wie und warum wandeln sich Gesellschaften? – sind dieselben Fragen, die noch heute Soziologen zu beantworten versuchen. Unsere moderne Welt unterscheidet sich radikal von jener der Vergangenheit: Es ist die Aufgabe der Soziologie, uns das Verständnis dieser Welt ebenso zu erleichtern wie das Erkennen der vermutlichen Zukunftstendenzen.

Auguste Comte

Natürlich kann kein einzelner Mensch eine ganze wissenschaftliche Disziplin begründen. Dementsprechend trugen viele Gelehrte zum frühen soziologischen Denken bei. Am häufigsten wird dabei der Name des französischen Autors Auguste Comte (1798–1857) genannt, wenn auch bloß deshalb, weil er derjenige war, der das Wort „Soziologie" geprägt hat. Comte benutzte ursprünglich den Ausdruck „Soziale Physik", um sich auf das neue Forschungsgebiet zu beziehen. Doch einige seiner damaligen intellektuellen Rivalen verwendeten ebenfalls diesen Ausdruck – und um seine Ansichten von jenen seiner Zeitgenossen unterscheiden zu können, prägte er den Ausdruck „Soziologie".

Comtes Denken spiegelt die turbulenten Ereignisse seiner Zeit wider. Die Französische Revolution führte zu grundlegenden Änderungen in der Gesellschaft, und die Ausbreitung der Industrialisierung veränderte das traditionelle Leben der französischen Bevölkerung. Comte versuchte eine Wissenschaft der Gesellschaft zu begründen, die die Gesetze der sozialen

Welt in derselben Weise erklären sollte, wie die Naturwissenschaften das Funktionieren der natürlichen Welt erklären. Obwohl Comte anerkannte, dass jede wissenschaftliche Disziplin einen eigenen Gegenstand besitze, glaubte er, dass alle Wissenschaften eine gemeinsame Logik und wissenschaftliche Methode besäßen, die danach trachte, universelle Gesetze zu entdecken. Wie die Entdeckung der Naturgesetze uns in die Lage versetzt, das Geschehen um uns herum zu kontrollieren und Voraussagen zu treffen, so sollte uns die Aufdeckung der Gesetze, die das menschliche Zusammenleben bestimmten, helfen, unser Schicksal zu bestimmen und den Wohlstand der Menschheit zu fördern. Comte meinte, dass die Gesellschaft in derselben Weise wie die natürliche Welt von universellen Gesetzen bestimmt werde.

Comtes Idee der Soziologie war die einer *positiven* Wissenschaft. Er glaubte, dass die Soziologie in ihrem Bemühen, die Gesellschaft zu untersuchen, ebenso strenge wissenschaftliche Methoden benutzen sollte, wie es die Physik und Chemie beim Studium der natürlichen Welt taten. Der **Positivismus** ist der Auffassung, dass eine Wissenschaft sich auf beobachtbare Sachverhalte beschränken sollte, die der Erfahrung direkt zugänglich sind. Von genauen Beobachtungen der sozialen Welt ausgehend könne man

Auguste Comte
1798–1857
© Getty-Images

auf Gesetze schließen, die in der Lage seien, die Beziehung zwischen den beobachteten Phänomenen zu erklären. Habe man auf diesem Weg die kausalen Beziehungen zwischen Ereignissen erkannt, könnten Wissenschaftler auch zukünftige Ereignisse vorhersagen. Ein positivistischer Zugang zur Soziologie vertraut auf das Hervorbringen von Wissen über die Gesellschaft durch Beobachtung, Vergleich und Experiment, was zu gesicherten empirischen Einsichten führen soll.

Comtes Drei-Stadien-Gesetz behauptet, dass die menschlichen Bemühungen, die Welt zu verstehen, in drei Phasen erfolge: das theologische, das metaphysische und das positive Stadium. Im theologischen Stadium dominieren religiöse Vorstellungen und der Glaube, die Gesellschaft sei ein Ausdruck des Willens Gottes. Im metaphysischen Stadium, das ungefähr zur Zeit der Renaissance anzusiedeln ist, herrscht die Vorstellung, dass die Gesellschaft ein natürliches Phänomen sei – und kein übernatürliches. Das positive Stadium, ausgelöst durch die Entdeckungen von Kopernikus, Galileo und Newton, führt zur Anwendung wissenschaftlicher Methoden auch auf die gesellschaftliche Welt. Comte betrachtete einerseits die Soziologie als die letzte Etappe des wissenschaftlichen Fortschritts, die auf Physik, Chemie und Biologie aufbaut, aber andererseits auch zugleich als die komplexeste und bedeutendste Wissenschaft.

In späteren Jahren seines Lebens entwarf Comte anspruchsvolle Pläne zur Rekonstruktion der französischen Gesellschaft und aller menschlichen

Gesellschaften. Diese Pläne betrachtete er als Ergebnisse seiner soziologischen Sichtweise. So forderte er die Schaffung einer „Religion der Menschheit", die ohne Glauben und Dogma auskommen und vielmehr auf wissenschaftlicher Grundlage errichtet werden sollte. Im Zentrum dieser neuen Religion würde die Soziologie stehen. Dabei war sich Comte durchaus der sozialen Zustände seiner Zeit bewusst: Er war besorgt über die Ungleichheiten, die durch die Industrialisierung hervorgerufen wurden und die den sozialen Zusammenhalt bedrohten. In seinen Augen bestand die langfristige Lösung in einem moralischen Konsens, der in der Lage ist, die Gesellschaft trotz all der neuen Muster von Ungleichheiten zu lenken oder zusammenzuhalten. Obwohl Comtes Vision der Rekonstruktion der Gesellschaft nie verwirklicht wurde, war sein Bemühen, die Wissenschaft der Gesellschaft zu systematisieren und zu vereinheitlichen, bedeutsam für die spätere Professionalisierung der Soziologie als eine akademische Disziplin.

Émile Durkheim

Die Schriften eines anderen französischen Autors, Émile Durkheims (1858–1917), hatten einen nachhaltigeren Einfluss auf die moderne Soziologie als jene Comtes. Obwohl er sich auf Aspekte von Comtes Schriften stützte, war Durkheim der Meinung, dass Comtes Werk zu spekulativ und zu vage sei und Comte sein Vorhaben, die Soziologie auf wissenschaftlicher Basis zu etablieren, nicht erfolgreich durchgeführt habe. Durkheim glaubte, dass wir das gesellschaftliche Leben mit derselben Objektivität untersuchen müssten, mit der die Naturwissenschaft die Natur untersucht. Durkheims berühmtes erstes Prinzip der Soziologie lautet: „Studiere soziale Tatsachen als Dinge!" Damit meinte er, dass bei der Untersuchung des gesellschaftlichen Lebens ebenso strenge Grundsätze zur Anwendung kommen könnten wie bei der Untersuchung von Objekten oder Abläufen in der Natur.

Durkheims Schriften umfassten ein weites Spektrum von Themen. Drei der wichtigen Themen, die er behandelte, waren die Bedeutung der Soziologie als empirische Wissenschaft, der Aufstieg des Individuums und die Herausbildung einer neuen sozialen Ordnung, in Verbindung mit den Wurzeln und dem Charakter der moralischen Autorität in der Gesellschaft. Wir werden Durkheims Ideen in jenen Kapiteln, die die Themen „Religion", „abweichendes Verhalten und Kriminalität" sowie „Arbeit und Wirtschaftsleben" behandeln, wieder begegnen.

Für Durkheim bestand die wichtigste intellektuelle Aufgabe der Soziologie in der Untersuchung der sozialen Tatsachen. Statt bloß soziologische **soziale Tatsache** Forschungsmethoden für die Untersuchung von Individuen zu benutzen, sollten Soziologen soziale Tatsachen untersuchen – Aspekte des sozialen Lebens, die unsere Handlungen als Individuen formen, wie beispielsweise der Zustand der Wirtschaft oder der Einfluss der Religion. Durkheim war der Meinung, dass Gesellschaften eine Wirklichkeit eigener Art seien, womit er ausdrücken wollte, dass Gesellschaft mehr sei als nur die Handlungen und Interessen ihrer individuellen Mitglieder. Nach Durkheim sind soziale Tatsachen immer Wege des Handelns, Denkens oder Fühlens, die dem Einzelnen *vorgelagert* sind und ein Eigenleben außerhalb der Existenzen und Wahrnehmungen individueller Personen führen. Ein weiteres Merkmal der sozialen Tatsachen besteht darin, dass sie eine *zwingende Macht* über Einzelne besitzen. Die beschränkende Natur der sozialen Tatsachen wird allerdings von den Menschen häufig nicht als Zwang wahrgenommen. Den Grund dafür sieht Durkheim in dem Umstand begründet, dass Menschen in der Regel den sozialen Tatsachen gehorchen und meinen, sie würden es aus freien Stücken tun. Tatsächlich, so argumentiert er weiter, folgen Menschen häufig einfach Mustern, die in ihrer Gesellschaft als allgemein gültig angesehen werden. Soziale Tatsachen können menschliches Handeln auf unterschiedlichste Weise beschränken, das reicht von unmissverständlichen Strafen (beispielsweise im Fall von Verbrechen) über soziale Zurückweisung (im Fall von inakzeptablem Verhalten) bis hin zu bloßem Missverständnis (im Fall von sprachlicher Unbeholfenheit).

Durkheim räumt ein, dass die Untersuchung sozialer Tatsachen sehr schwierig sei. Da sie unsichtbar und unfassbar seien, könnten soziale Tatsachen nicht direkt beobachtet werden. Ihre Eigenschaften könnten nur indirekt aufgedeckt werden, indem man ihre Auswirkungen analysiere oder über Hervorbringungen nachdenke, anhand derer sie sich zeigten, wie das etwa bei Gesetzen, religiösen Texten oder schriftlich fixierten Verhaltensregeln der Fall ist. Bei der Untersuchung sozialer Tatsachen ist es nach Durkheim besonders wichtig, Vorurteile und Ideologien abzulegen. Eine wissenschaftliche Haltung erfordere eine Geisteshaltung, die offen für Sinneseindrücke und frei von Voreingenommenheit sei, die einzunehmen einem von anderen nahegelegt werde. Durkheim meint, dass wissenschaftliche Begriffe nur durch wissenschaftliche Verfahren gewonnen werden könnten. Er fordert Soziologen auf, die Dinge so zu untersuchen, wie sie wirklich seien, und neue Begriffe zu entwickeln, die die wahre Natur der sozialen Gegebenheiten spiegelten.

Wie die anderen Gründungsväter der Soziologie beschäftigten Durkheim vor allem die Wandlungsprozesse, die die Gesellschaft zu seinen eigenen Lebzeiten transformierte. Er interessierte sich insbesondere für die soziale und moralische Solidarität – oder mit anderen Worten dafür, was eine Gesellschaft zusammenhalte und sie davor bewahre, ins Chaos abzusinken. Solidarität zeige sich, wo Individuen erfolgreich in sozialen Gruppen zusammengehalten und von einer Reihe geteilter Werte und Gewohnheiten gelenkt würden. In seinem ersten großen Werk *Über die Teilung der sozialen Arbeit* präsentiert er eine Analyse des sozialen Wandels, die darauf abzielt zu zeigen, dass der Aufstieg der industriellen Ära von der Entstehung eines neuen Typs der Solidarität begleitet werde (Durkheim [1893] 1977). Dabei stellt Durkheim zwei Formen von Solidarität gegenüber: die **Arbeitsteilung** mechanische und die organische, und bezieht diese auf die Teilung der Arbeit, die er in dem Umstand begründet sieht, dass die Unterscheidungen zwischen verschiedenen Berufen zunehme.

Nach Durkheim sind traditionelle Kulturen mit geringer Arbeitsteilung durch mechanische Solidarität gekennzeichnet. Da die meisten Gesellschaftsmitglieder ähnlichen Tätigkeiten nachgingen, seien sie durch gemeinsame Erfahrungen und geteilte Überzeugungen charakterisiert. Die Kraft dieser geteilten Überzeugungen sei repressiv: Die Gemeinschaft bestrafe umgehend jene, die die herkömmliche Lebensform herausforderten. Es bestehe wenig Raum für individuelle Abweichungen. Mechanische Solidarität wurzelt demnach in Konsensus und Ähnlichkeit der Glaubenshaltungen. Die Kräfte der Industrialisierung und der Verstädterung führten dagegen zu einer zunehmenden Teilung der sozialen Arbeit, die diese Form der Solidarität zusammenbrechen lasse. Durkheim argumentiert weiter, dass die Spezialisierung von Aufgaben und die zunehmende soziale Differenzierung in fortgeschrittenen Gesellschaften zu einer neuen Form der Solidarität führen würden, die er organische nennt. Gesellschaften, die durch organische Solidarität gekennzeichnet seien, würden durch die wechselseitige wirtschaftliche Abhängigkeit der Menschen und das Bewusstsein des Angewiesenseins auf die Leistungen anderer zusammengehalten werden. In dem Maße, in dem die Teilung der Arbeit voranschreite, würden Menschen zunehmend abhängiger von anderen, weil der Einzelne Güter und Dienstleistungen benötige, die von anderen Berufsgruppen zur Verfügung gestellt würden. Beziehungen gegenseitiger wirtschaftlicher Angewiesenheit und wechselseitiger Abhängigkeit treten an die Stelle gemeinsamer bzw. geteilter Glaubenshaltungen und schaffen so einen sozialen Konsensus.

Émile Durkheim
1858–1917

Durkheim zufolge sind die Veränderungsprozesse in der modernen Welt so rasch und tief greifend, dass sie zu bedeutenden sozialen Schwierigkeiten führen. Sie können zerstörerische Auswirkungen auf traditionelle Lebensstile, Moralvorstellungen, religiöse Glaubensvorstellungen und alltägliche Verhaltensmuster haben, ohne jedoch klare neue Werte hervorzubringen. Durkheim bringt diese verwirrenden Bedingungen mit der Anomie – einem Gefühl der Ziellosigkeit oder der Verzweiflung, das vom modernen sozialen Leben hervorgerufen wird – in Verbindung. Die traditionellen moralischen Standards und Vorschriften, die in der Vergangenheit von der Religion beigestellt worden seien, würden durch die moderne gesellschaftliche Entwicklung weitgehend beseitigt, sodass viele Menschen in modernen Gesellschaften das Gefühl hätten, ihrem täglichen Leben fehle es an Sinnhaftigkeit.

Eine der berühmtesten Studien Durkheims beschäftigt sich mit der Analyse des Selbstmords (siehe Kasten). Der Suizid scheint ein rein persönlicher Akt und das Ergebnis extremen persönlichen Unglücks zu sein. Durkheim zeigt jedoch auf, dass soziale Faktoren einen grundlegenden Einfluss auf das Suizidverhalten haben, wobei zu diesen Einflüssen auch die Anomie zählt. Die Selbstmordraten weisen Jahr für Jahr regelmäßige Strukturen auf, die soziologisch erklärt werden können.

Durkheims Selbstmordstudie

Eine der klassischen soziologischen Studien, die den Zusammenhang zwischen Individuum und Gesellschaft untersuchen, ist Émile Durkheims Selbstmordstudie (Durkheim [1897] 2006). Obwohl sich die Menschen als Individuen sehen und meinen, ihrem freien Willen zu folgen, ist ihr Verhalten oft sozial geformt und bestimmt. Durkheims Studie zeigte, dass selbst eine höchst persönliche Handlung wie jene, den Freitod zu wählen, von der sozialen Welt beeinflusst ist.

Zwar gab es auch schon vor Durkheim Untersuchungen des Selbstmordes, aber er war der Erste, der auf einer rein soziologischen Erklärung des Selbstmordes beharrte. Frühere Studien hatten soziale Einflüsse durchaus eingestanden, aber bezogen sich vor allem auf Faktoren wie die ethnische Herkunft, das Klima oder Geisteskrankheiten, um die individuelle Wahrscheinlichkeit von Selbstmordhandlungen zu erklären. Nach Durkheim ist der Selbstmord aber eine soziale Tatsache, die nur durch andere soziale Tatsachen erklärt werden könne. Der Selbstmord war seiner Auffassung nach mehr als nur eine Summe von Handlungen eines Einzelnen, er war vielmehr ein Phänomen, das bestimmte soziale Eigenschaften aufwies.

Bei der Durchsicht der amtlichen Aufzeichnungen über Selbstmorde in Frankreich fand Durkheim heraus, dass bestimmte Kategorien von Menschen häufiger als andere Selbstmord verübten. So entdeckte er beispielsweise, dass Männer häufiger als Frauen, Protestanten öfter als Katholiken, Reiche eher als Arme und mehr Alleinstehende als Verheiratete Selbstmord begingen. Durkheim bemerkte auch, dass die Selbstmordhäufigkeit in Kriegszeiten niedriger war und in Zeiten wirtschaftlichen Wandels und Unsicherheit anstieg.

Diese Befunde veranlassten Durkheim zum Schluss, dass soziale Kräfte, die weit jenseits des Individuums liegen, die Selbstmordrate beeinflussen. Er stellte diese Erklärung in Zusammenhang mit seiner Vorstellung von sozialer Solidarität und bezog sie auf zwei Formen von Vergesellschaftung: soziale Integration und soziale Reglementierung. Durkheim war der Auffassung, dass Menschen, die sehr stark in soziale Gruppen integriert seien und deren Wünsche und Erwartungen durch soziale Normen reguliert wären, seltener Selbstmord verübten. Er identifizierte, in Abhängigkeit von Integration und Regulation, vier Typen des Selbstmordes.

Der egoistische Selbstmord ist durch einen niedrigen Grad der Integration in die Gesellschaft gekennzeichnet und kommt dann vor, wenn ein Individuum sehr isoliert ist oder wenn für ihn oder sie die Bindungen an eine soziale Gruppe geschwächt oder zerbrochen sind. Beispielsweise kann die niedrige Rate an Selbstmorden unter Katholiken als Hinweis auf deren stärkere Einbettung in soziale Gemeinschaften erklärt werden, während der höhere Grad an persönlicher und moralischer Freiheit bei Protestanten zur Folge hätte, dass diese Gott allein gegenüber stünden. Ehe schütze vor Selbstmord, weil der Einzelne in eine stabile Beziehung integriert sei, während Alleinstehende in der Gesellschaft isolierter seien. Die niedrige Selbstmordrate in Kriegszeiten könne nach Durkheim als Ausdruck erhöhter sozialer Integration verstanden werden.

Anomischer Selbstmord ist durch das Fehlen sozialer Regeln verursacht. Damit bezieht sich Durkheim auf die sozialen Bedingungen der Anomie, die dazu führen, dass die Menschen nicht mehr wissen, woran sie ihr Verhalten orientieren sollten. Der Verlust von festen Bezugspunkten für Normen und Wünsche, wie zu Zeiten raschen wirtschaftlichen Wandels oder während einer Scheidung, kann die Balance zwischen den Lebensumständen Einzelner und ihren Lebensentwürfen zerstören.

Der altruistische Selbstmord findet dann statt, wenn Individuen zu sehr sozial integriert, wenn die sozialen Bindungen zu stark ausgebildet seien und wenn die Gesellschaft als wertvoller erachtet wird als der oder die Einzelne. In solchen Situationen opfert sich der Einzelne für eine größere Sache. Die japanischen Kamikaze-Piloten im Zweiten Weltkrieg oder islamistische Selbstmordattentäter sind Beispiele für altruistischen Selbstmord. Durkheim betrachtete die vormoderne Gesellschaft mit ihrer Vorherrschaft der mechanischen Solidarität als charakteristisches Beispiel.

Der letzte Typus von Selbstmord ist der fatalistische. Obwohl Durkheim der Auffassung war, dass dieser Typ für seine Zeit wenig Bedeutung besitze, sah er ihn als Ergebnis eines Zuviels an sozialen Regeln. Die Unterdrückung des Einzelnen führt zu einem Gefühl der Machtlosigkeit gegenüber dem Schicksal oder der Gesellschaft.

Selbstmordraten variieren sehr stark zwischen Gesellschaften, aber sie zeigen innerhalb einer Gesellschaft regelmäßige Muster. Durkheim betrachtete das als Beweis dafür, dass gleichbleibende soziale Kräfte den Selbstmord beeinflussen. Eine Untersuchung der Selbstmordraten könne allgemeine soziale Muster in individuellem Handeln zeigen.

Seit der Veröffentlichung dieser Selbstmordstudie wurden verschiedene Einwände gegen diese erhoben, insbesondere hinsichtlich der Verwendung amtlicher Statistiken durch Durkheim, wegen seiner strikten Zurückweisung von nicht-sozialen Einflüssen auf die Selbstmordneigung und sein Beharren darauf, alle Typen von Selbstmord in einem Modell zu vereinen. Nichtsdestotrotz bleibt sein Buch ein Klassiker der Sozialforschung und seine grundlegende Einsicht gültig: Selbst ein so persönliches Handeln wie der Selbstmord verlangt nach einer soziologischen Erklärung.

Karl Marx

Die Ideen von Karl Marx (1818–1883) stehen in deutlichem Widerspruch zu jenen Comtes und Durkheims, doch wie sie versuchte Marx, die Veränderungen, die in der Gesellschaft im Zuge der industriellen Revolution stattfanden, zu erklären. Als junger Mann geriet Marx durch seine politischen Aktivitäten in Konflikt mit den deutschen Behörden. Nach einem kurzen Aufenthalt in Frankreich ließ er sich im Exil in Großbritannien nieder. Marx wurde zum Zeugen des Wachstums der Fabriken und der industriellen Produktion sowie der daraus resultierenden Ungleichheiten. Sein Interesse an der europäischen Arbeiterbewegung und sozialistischen Ideen findet ein starkes Echo in seinen Schriften, die eine Vielzahl von Gebieten abdecken. Sogar seine schärfsten Kritiker räumen ein, dass seine Arbeit für die Entwicklung der Soziologie bedeutsam ist.

Kapitalismus und Klassenkampf

Obwohl er über verschiedene Abschnitte der Geschichte schrieb, konzentrierte sich die Aufmerksamkeit von Marx auf Veränderungen in der modernen Zeit. Für ihn stehen die wichtigsten Veränderungen der Moderne mit der Entwicklung des Kapitalismus in Verbindung. Der Kapitalismus ist ein Produktionssystem, das in einem scharfen Kontrast zu den vorhergehenden Wirtschaftsordnungen der Geschichte steht und auf der Produktion von Gütern und Dienstleistungen beruht, die an eine große Anzahl von Konsumenten verkauft werden. Marx hob zwei zentrale Elemente des kapitalistischen Unternehmens hervor. Das erste ist *Kapital*, verstanden als all jene Vorteile, die geeignet sind, zukünftig mehr Vorteile zu erzielen, sei es durch Geld, Maschinen oder gar ganze Fabriken. Die Akkumulation von Kapital geht Hand in Hand mit dem zweiten Element, der *Lohnarbeit*. Lohnarbeit gibt es, weil es eine große Zahl Arbeiter gibt, die selbst nicht über die Mittel verfügen, ihren Lebensunterhalt zu schaffen und daher genötigt sind, ihre Arbeitskraft den Eigentümern von Kapital zu verkaufen. Marx meinte, dass jene, die Kapital besitzen – die Kapitalisten –, eine herrschende Klasse bilden, während die Masse der Bevölkerung eine Klasse von Lohnarbeitern – die Arbeiterklasse – ausmache. Die Ausbreitung der Geldwirtschaft zwingt weite Teile der bäuerlichen Bevölkerung, die sich bis dahin selbst versorgt hat, in die schnell wachsenden Städte zu ziehen, wo sie zu Mitgliedern der städtischen Industriearbeiterschaft werden. Diese Arbeiterklasse wird auch häufig als Proletariat bezeichnet.

Kapitalismus

Karl Marx
1818–1883

© Corbis/Bettmann

Proletariat

Marx zufolge ist der Kapitalismus vor allem ein Klassensystem, wobei die Beziehungen zwischen den beiden Klassen durch Konflikte gekennzeichnet sind. Obwohl beide, Kapitalbesitzer und Arbeiter, aufeinander angewiesen sind – der Kapitalist benötigt Arbeit und der Arbeiter braucht Lohn –, ist die Abhängigkeit sehr ungleich. Sie ist ausbeuterisch, weil die Arbeiter wenig oder gar keine Kontrolle über ihre Arbeitsprodukte haben, während die Arbeitgeber Profite erzielen, da sie sich die Arbeitsprodukte aneignen. Marx nahm an, dass der Klassenkonflikt um die wirtschaftlichen Ressourcen im Verlaufe der Zeit immer schärfer werden würde.

Sozialer Wandel: Die materialistische Geschichtsauffassung

materialistische Geschichtsauffassung

Marx' Standpunkt beruhte auf der von ihm sogenannten materialistischen Geschichtsauffassung. Ihr zufolge sind nicht die Ideen und Werte die Wurzeln des sozialen Wandels, sondern vielmehr die wirtschaftlichen Einflüsse. Konflikte zwischen den Klassen treiben die historische Entwicklung voran, sie sind der Motor der Geschichte. Am Beginn seines gemeinsam mit seinem Freund Friedrich Engels verfassten Kommunistischen Manifests heißt es daher: „Die Geschichte aller bisherigen Gesellschaften ist die Geschichte von Klassenkämpfen" (Marx und Engels [1848] 1990). Obwohl Marx seine Aufmerksamkeit vor allem auf den Kapitalismus und die moderne Gesellschaft konzentrierte, untersuchte er auch, wie sich Gesellschaften davor entwickelt haben. Seiner Auffassung nach verändern sich soziale Systeme als Abfolge von Produktionsweisen, wobei dieser Wandel manchmal schrittweise und manchmal als Revolution erfolgen kann. Immer aber ist er Ergebnis von Widersprüchen in der wirtschaftlichen Grundlage der Produktionsweise. Der historische Fortschritt sei durch eine Abfolge von geschichtlichen Stufen gekennzeichnet, deren Beginn eine urkommunistische Gesellschaft von Jägern und Sammlern bilde, auf die die antike Sklavenhaltergesellschaft und danach der Feudalismus folgten. Im Feudalismus ständen einander Grundeigentümer und Leibeigene gegenüber. Mit dem Auftreten von Händlern und Handwerkern entstehe eine Händler- und Kapitalistenklasse, die den feudalen Landadel zu verdrängen beginne. Nach Marx' Sicht der Geschichte werden die Kapitalisten, die sich einst erfolgreich gegen die feudale Ordnung verbündeten und sie beseitigten, in der Zukunft von einer neuen Produktionsweise verdrängt werden, die

Kommunismus er Kommunismus nannte.

Marx war von der Unvermeidlichkeit der proletarischen Revolution überzeugt, die das kapitalistische System beseitigen und eine neue Gesellschaft errichten werde, in der es keine Klassen mehr gibt, jedenfalls keine scharfe Trennung zwischen Reichen und Armen. Er meinte damit nicht, dass alle Ungleichheiten zwischen Individuen verschwinden würden. Stattdessen glaubte er, dass Gesellschaften in der Zukunft nicht mehr zerfallen werden einerseits in eine kleine Klasse, die die wirtschaftliche und politische Macht monopolisiert, und andererseits in die große Masse der Leute, die wenig Nutzen aus dem Wohlstand ziehen können, den ihre Arbeit hervorbringt. Das Wirtschaftssystem würde vielmehr in Gemeinschaftseigentum übergehen, und eine Gesellschaft wird entstehen, in der mehr Gleichheit herrscht als in jener, die wir kennen. Marx war überzeugt davon, dass in der zukünftigen Gesellschaft die Produktion fortgeschrittener und effizienter sein werde als in der kapitalistischen Produktionsweise.

Marx' Werk hat weitreichenden Einfluss auf die Welt des 20. Jahrhunderts ausgeübt. Bis vor kurzer Zeit, vor dem Zusammenbruch des Sowjetkommunismus, lebte mehr als ein Drittel der Weltbevölkerung in Gesellschaften, deren Regierungen behaupteten, sich auf Marx' Ideen zu stützen.

Marxismus

Max Weber

Wie Karl Marx kann man auch Max Weber (1864–1920) nicht einfach als „Soziologen" bezeichnen, denn auch seine Interessen und Anliegen erstrecken sich auf viele verschiedene Disziplinen. Er wurde in Deutschland geboren, wo er, von einem kurzen Gastspiel in Wien abgesehen, den Großteil seiner akademischen Laufbahn verbrachte, allerdings nur die kürzeste Zeit davon als aktiver Universitätslehrer. Den Großteil seines Lebens war er Privatgelehrter. Er war ein Mensch von außerordentlich umfangreichem Wissen. Seine Schriften bezogen sich auf die Gebiete der Wirtschaft, des Rechtswesens, der Philosophie, der vergleichenden Geschichte und auch der Soziologie. Der bedeutendste Teil seiner Arbeit war der Entwicklung des modernen Kapitalismus und der Frage gewidmet, wodurch sich moderne Gesellschaften von früheren Formen der sozialen Organisation unterschieden. Auf der Grundlage einer bemerkenswert großen Zahl von Einzelstudien entwickelte Weber eine Systematik der grundlegenden Merkmale moderner industrieller Gesellschaften und er formulierte zentrale soziologische Begriffe, die bis heute die Diskussion prägen.

In Übereinstimmung mit anderen Denkern seiner Zeit strebte Weber danach, die Natur und die Wurzeln des sozialen Wandels zu verstehen. Er war von Marx beeinflusst, stand jedoch einigen der grundlegenden Gedanken von Marx sehr kritisch gegenüber. Er lehnte die materialistische Konzeption der Geschichte ab und hielt den Klassenkonflikt für weniger bedeutend als Marx. Webers Ansicht nach haben Ideen und Werte auf soziale Veränderungen ebenso viel Einfluss wie wirt-

Max Weber
1864–1920

© Topfoto

schaftliche Bedingungen. Webers berühmte und heftig diskutierte Studie *Die Protestantische Ethik und der Geist des Kapitalismus* (Weber [1905] 2004) unterstreicht die Rolle, die religiöse Werthaltungen – vor allem die mit dem Puritanismus in Verbindung stehenden – für die Ausbildung der kapitalistischen Weltsicht haben. Im Gegensatz zu anderen soziologischen Denkern betonte Weber die Bedeutung des *sozialen Handelns* stärker als jene der sozialen Strukturen. Er argumentierte, dass menschliche Motive und Ideen die Kräfte seien, die sozialen Wandel hervorbrächten: Ideen, Werte und Glaubensvorstellungen könnten grundlegende soziale Veränderungen verursachen. Nach Weber besitzen Menschen die Fähigkeit, frei zu handeln und die Zukunft zu gestalten. Weber lehnte die Vorstellungen von Marx und Durkheim ab, wonach Strukturen unabhängig von Individuen existieren und diese bestimmen. Nach Weber entstünden Strukturen aus einem komplexen Zusammenspiel der Handlungen Einzelner. Die Aufgabe der Soziologie sei es, die Bedeutungen, die diesen Handlungen zugrunde liegen, deutend zu erklären.

Einige der wichtigsten Schriften Webers reflektieren dieses Interesse am sozialen Handeln und analysieren die Besonderheiten der westlichen Gesellschaft und Kultur im Vergleich zu jenen anderer großer Zivilisationen. Er untersuchte die Religionen Chinas, Indiens und des Nahen Ostens und leistete im Zuge dieser Untersuchungen einen wesentlichen Beitrag zur Religionssoziologie. Weber verglich die vorherrschenden religiösen Systeme in China und Indien mit jenen des Westens und kam zu dem Schluss, dass gewisse Aspekte des christlichen Glaubens einen starken Einfluss auf die Entstehung des Kapitalismus hatten. Diese kapitalistische Weltsicht entstand nicht lediglich, wie Marx es angenommen hatte, aus wirtschaftlichen Veränderungen. Nach Webers Auffassung leisten kulturelle Ideen und Werte einen Beitrag zur Formung der Gesellschaft und unserer individuellen Handlungen.

Ein wichtiges Element von Webers soziologischer Perspektive ist seine Vorstellung vom Idealtypus. Idealtypen sind begriffliche und analytische Modelle, die wir für das Verstehen der sozialen Welt benötigen. In der Realität existieren Idealtypen selten, wenn überhaupt, aber oft finden wir einzelne Elemente derselben. Als hypothetische Konstrukte können Idealtypen sehr nützlich sein, weil sie uns in die Lage versetzen, real existierende Phänomene mit dem konstruierten Idealtypus zu vergleichen. Idealtypen funktionieren als Bezugspunkte. Dabei ist besonders wichtig hervorzuheben, dass mit „ideal" nicht ein gewünschter oder perfekter Zustand bezeichnet wird. Vielmehr handelt es sich um „reine" Formen eines bestimmten Phänomens. Weber entwickelte viele verschiedene Idealtypen, besonders bekannt wurde sein Idealtypus der Bürokratie, den wir in Kapitel 15 noch eingehender behandeln werden.

Rationalisierung

Nach Weber war die Entstehung der modernen Welt von einigen wichtigen Änderungen der Muster des sozialen Handelns begleitet. Er meinte, dass Menschen sich von traditionellen Vorstellungen entfernten, die in Aberglaube, Religion, Brauchtum und überkommenen Gewohnheiten verwurzelt sind. Stattdessen würden Individuen zunehmend rationale, instrumentelle Berechnungen anstellen, bei denen die Wirksamkeit und zukünftige Konsequenzen im Vordergrund stehen. In der industriellen Gesellschaft sei wenig Raum für Sentimentalität und für eine Art des Handelns, die darin bestehe, dass man es immer schon so getan habe. Die Entstehung der modernen Wissenschaft, der Technologie und der Bürokratie wird von Weber als ein Vorgang der Rationalisierung beschrieben: Die Organisation des sozialen und wirtschaftlichen Lebens folge Prinzipien der Wirksamkeit und beruhe auf technischem Wissen. In traditionellen Gesellschaften beeinflussen Religion und tradierte Gewohnheiten weitgehend die Einstellungen und Werte der Gesellschaftsmitglieder, hingegen sei die moderne Gesellschaft dadurch gekennzeichnet, dass immer mehr Lebensbereiche berechenbar, das heißt rationalisiert werden: Politik, Religion und wirtschaftliche Aktivitäten.

Rationalisierung

Nach Weber waren die industrielle Revolution und der Aufstieg des Kapitalismus Belege für diesen Prozess der Rationalisierung. Der Kapitalismus wird von ihm nicht als durch Klassenkonflikte gekennzeichnet betrachtet, wie das bei Marx der Fall ist, sondern durch den Aufstieg von Wissenschaft und Bürokratie – groß dimensionierte Organisationen. Weber betrachtete die große Bedeutung, die die Wissenschaften in der westlichen Kultur besitzen, als eine ihrer wesentlichsten Besonderheiten. Die Bürokratie, der einzige Weg, um eine große Zahl von Menschen wirksam zu organisieren, dehnt sich zugleich mit dem ökonomischen und politischen Wachstum aus. Weber benutzte den Ausdruck *Entzauberung,* um zu beschreiben, wie das wissenschaftliche Denken in der modernen Welt alle Sentimentalitäten der Vergangenheit ausgelöscht habe.

Weber war keineswegs völlig erfreut über die Folgen der Rationalisierung. Er befürchtete, dass die moderne Gesellschaft durch ihre Tendenz der Regulierung aller Lebensbereiche den menschlichen Geist systematisch zerstören würde. Insbesondere war er besorgt über die einengenden und entmenschlichenden Folgen der Bürokratie und die damit verbundenen Folgen für das Schicksal der Demokratie. Das Programm der Aufklärung des 18. Jahrhunderts, mit ihrer Vorstellung, Fortschritt, Reichtum und Glück würden sich als Folge der Überwindung des Aberglauben durch Wissenschaft und Technologie einstellen, besitze ihre eigenen Gefahren.

Moderne theoretische Zugänge

Die frühen Soziologen waren sich einig in ihrem Wunsch, den Wandel der Gesellschaft, in der sie lebten, zu verstehen. Sie wollten jedoch mehr als bloß einzelne Ereignisse ihrer Zeit herausgreifen und deuten. Sie strebten vielmehr danach, Wege der Untersuchung des sozialen Lebens zu entwickeln, die geeignet wären, das Funktionieren der Gesellschaften im Allgemeinen und der Natur des sozialen Wandels im Speziellen zu erklären. Allerdings benutzten, wie wir gesehen haben, Durkheim, Marx und Weber sehr unterschiedliche Zugänge in ihren Untersuchungen der sozialen Welt. Während Durkheim und Marx beispielsweise die Stärke der äußeren Zwänge stärker hervorhoben, die auf den Einzelnen wirkten, stellte Weber an den Beginn seiner Überlegungen die Fähigkeit des handelnden Individuums, kreativ auf die soziale Welt Einfluss zu nehmen. Während Marx auf die Macht der wirtschaftlichen Kräfte aufmerksam machte, hielt Weber eine weitaus größere Zahl von Einflüssen für bedeutsam. Solche Unterschiede im Zugang blieben während der gesamten Geschichte der

Soziologie bestehen. Selbst wenn Soziologen sich über das zu untersuchende Objekt einig sind, unternehmen sie ihre Studien sehr oft von unterschiedlichen theoretischen Perspektiven aus.

Die drei gegenwärtig wichtigen theoretischen Zugänge, die im Folgenden ein wenig näher betrachtet werden, nämlich Funktionalismus, Konfliktansatz und symbolischer Interaktionismus, haben jeweils Beziehungen zu Durkheim, Marx und Weber. In diesem Lehrbuch werden Sie immer wieder Argumente und Ideen behandelt finden, die diese theoretischen Zugänge illustrieren.

Und wo sind die Frauen in der Soziologie?

Seit den 1970er Jahren änderte sich die Zusammensetzung der Soziologen, die Zahl der Frauen nahm auch in der Soziologie zu. Zuerst unter den Studierenden und erst langsam – für viele zu langsam – auch bei den Forschenden und Lehrenden. Der Anstoß dazu kam von außen, von der damals gerade entstehenden Frauenbewegung. So wie die feministischen Aktivistinnen begannen auch die Soziologinnen, sich in der Geschichte der Soziologie nach Frauen umzusehen: An die Seite der als „Klassiker" bekannten „Gründerväter" sollten auch ein paar „Mütter" treten. Tatsächlich fand man einige, doch deren Werke unterschieden sich von jenen der großen Männer in mehr als nur einer Hinsicht. Soziologen und Soziologinnen sollte das eigentlich nicht überraschen, zählt es doch zu den Binsenwahrheiten der Soziologie, den Gelegenheitsstrukturen große Bedeutung einzuräumen. Anhand einer frühen Soziologin kann man das erläutern.

Käthe Leichter wurde als Tochter des Rechtsanwalts Josef Pick und seiner Frau Lotte in Wien geboren. Ihre Eltern gehörten zum assimilierten jüdischen Bürgertum und förderten die Bildung ihrer Tochter. Nach Absolvierung des Gymnasiums erstritt sich Käthe bei Gericht das Recht, an der Wiener Universität das Studium der Staatswissenschaften zu beginnen (ein Soziologiestudium gab es damals noch nicht). Zu den Abschlussprüfungen wurde sie allerdings nicht zugelassen. Daher wechselte sie an die Universität Heidelberg, an der

Frauen damals schon promovieren durften. Im Sommer 1918 legte sie dort die Abschlussprüfungen in Nationalökonomie ab; einer ihrer Lehrer war Max Weber. Käthe war schon als Schülerin und während ihres Studiums politisch aktiv und gehörte zu den sozialdemokratischen Kriegsgegnern. Nach ihrem Studium wurde sie wissenschaftliche Mitarbeiterin des sozialdemokratischen Politikers Otto Bauer und später Konsulentin im Finanzministerium und bei anderen Einrichtungen des „Roten Wien". 1921 heiratete sie den Journalisten Dr. Otto Leichter, 1924 wurde ihr erster Sohn Heinz geboren, sechs Jahre später kam ihr zweiter Sohn Franz zur Welt. Mitte der 1920er Jahre bot ihr der Gründungsdirektor des Frankfurter Instituts für Sozialforschung, Carl Grünberg, eine Stelle als Assistentin an, die sie allerdings ablehnte, und sie blieb in Wien. Dort gründete sie 1925 in der Arbeiterkammer die Frauenabteilung, die sie bis zum Ende der Demokratie in Österreich 1934 leitete. Während dieser Jahre führte sie verschiedene empirische Studien durch: *Wie leben die Wiener Heimarbeiter? Eine Erhebung über die Arbeits- und Lebensverhältnisse von tausend Wiener Heimarbeitern* (1928) und *So leben wir. 1320 Industriearbeiterinnen berichten über ihr Leben* (1932). Diese Berichte sind noch heute lesenswert. Leichter hatte zwar nie eine Ausbildung in empirischer Sozialforschung erhalten, ihre Vertrautheit mit den von ihr Beforschten und ihr Respekt vor den Arbeiterinnen und deren Strategien der Be-

Käthe Leichter
1895–1942

wältigung ihres Lebens machen diese Studien jedoch zu bemerkenswerten Beispielen angewandter Sozialforschung. 1930 zeichnete Leichter als Herausgeberin für das Sammelwerk *Handbuch der Frauenarbeit in Österreich* verantwortlich, an dem viele junge Frauen mitarbeiteten. Nach dem Verbot der Sozialdemokratischen Partei 1934 emigrierte Leichter in die Schweiz, wo sie für das Internationale Arbeitsamt und für das damals auch schon exilierte Institut für Sozialforschung arbeitete. Gemeinsam mit Paul Lazarsfeld führte sie eine Erhebung unter Schweizer Jugendlichen durch, die dann in *Autorität und Familie* (1936) veröffentlicht wurde. Als politische Aktivistin hielt es Leichter nicht lange im Schweizer Exil aus. Sie kehrte nach Wien zurück, wo sie sich an der illegalen politischen Arbeit gegen den Ständestaat beteiligte. Nach dem Einmarsch der deutschen Truppen im März 1938 zögerte sie zu lange mit der Flucht, wurde verraten und verhaftet. In der Haft schrieb sie für ihre beiden Söhne eine Autobiografie, die aus dem Gefängnis geschmuggelt und später veröffentlicht wurde (Leichter 1973). Alle Interventionen und Versuche, sie frei zu bekommen und ihr die Ausreise zu ermöglichen, schlugen fehl. 1940 wurde sie in das Frauen-Konzentrationslager Ravensbrück deportiert und zwei Jahre später als Jüdin bei einer der ersten Vergasungsaktionen getötet.

Das kurze Leben Leichters war geprägt von ihrem politischen Engagement und ihrem Einsatz für die Arbeiterinnen. Die Sozialforschung diente ihr als Mittel, um auf die Lebenssituation derer hinzuweisen, die in der damaligen Gesellschaft zu den Benachteiligten zählten. Lange bevor die akademische Soziologie sich für berufstätige Frauen und deren Arbeitssituation zu interessieren begann, hatte Käthe Leichter durch ihre Untersuchungen versucht, darauf aufmerksam zu machen.

Funktionalismus

Der Funktionalismus sieht die Gesellschaft als ein komplexes System an, dessen einzelne Teile zusammenwirken und so Stabilität und Solidarität hervorbringen. Gemäß diesem Zugang sollte die Soziologie als Wissenschaft die Beziehung zwischen den Teilen der Gesellschaft untereinander und zur Gesellschaft als Ganzem untersuchen. Wir können beispielsweise religiöse Glaubensvorstellungen und Bräuche einer Gesellschaft analysieren, indem wir zeigen, wie sie mit anderen Institutionen zusammenhängen und wie sich auf diesem Weg verschiedene Teile einer Gesellschaft sehr ähnlich entwickeln.

Die Funktion einer bestimmten sozialen Routine oder Institution zu untersuchen bedeutet zu zeigen, welchen Beitrag diese für die Aufrechterhaltung der Gesellschaft liefern. Funktionalisten – auch Comte und Durkheim kann man dazuzählen – benutzten sehr häufig eine organische Analogie und verglichen das Wirken einer Gesellschaft mit jenem eines lebenden Organismus. Sie argumentierten, dass die Teile einer Gesellschaft zu ihrem Wohl als Ganzes genau in jener Weise zusammenwirkten wie die verschiedenen Teile des menschlichen Körpers. Um zu erklären, wie das menschliche Herz funktioniere, müssten wir dessen Zusammenwirken mit anderen Organen berücksichtigen. Weil das Herz den ganzen Körper mit Blut versorge, spiele es eine zentrale Rolle für das Fortleben des Organismus. Ähnlich könne man darauf schauen, welchen Beitrag bestimmte soziale Gegenstände zur Aufrechterhaltung und Gesundheit der Gesellschaft leisteten.

Funktionalismus

Der Funktionalismus betont die Wichtigkeit eines moralischen Konsensus für die Aufrechterhaltung der Ordnung und die Stabilität der Gesellschaft. Ein moralischer Konsensus besteht, wenn in einer Gesellschaft die meisten Menschen dieselben Werte vertreten. Funktionalisten betrachten Ordnung und Gleichgewicht als den normalen Zustand einer Gesellschaft – dieses soziale Gleichgewicht gründet auf dem Vorhandensein eines moralischen Konsensus unter den Mitgliedern einer Gesellschaft. Beispielsweise glaubte Durkheim, dass die Religion die Bindung der Menschen an die

moralischer Konsensus

zentralen Werte bestärke und auf diese Weise einen Beitrag zum sozialen Zusammenhalt leisten würde.

Bis zu den 60er Jahren des vorigen Jahrhunderts war das funktionalistische Denken die führende theoretische Tradition in der Soziologie, insbesondere in den USA. Talcott Parsons (1902–1979) und Robert K. Merton (1910–2003), die sich beide sehr weitgehend auf Durkheim stützten, waren die beiden prominentesten Anhänger dieser Denkweise.

Mertons Variante des Funktionalismus war besonders einflussreich. Er unterschied zwischen manifesten und latenten Funktionen. Manifeste Funktionen sind solche, die den Teilnehmern einer bestimmten sozialen Aktivität bekannt sind und von ihnen mit Absicht benutzt werden. Latente Funktionen sind Folgen von Handlungen, die den Beteiligten nicht bewusst sind. Um diese Unterscheidung zu illustrieren, verweist Merton auf das Beispiel des Regentanzes der Hopi-Stämme in Arizona und New Mexico. Die

Robert K. Merton
1910–2003

© Getty-Images

Hopi glauben, dass die Zeremonie den Regen bringen wird, den sie für ihre Felder benötigen (manifeste Funktion). Deswegen organisieren sie diesen Tanz und nehmen an ihm teil. Aber der Regentanz hat, so argumentiert Merton und benutzt hier Durkheims Theorie der Religion, auch die Auswirkung, den Zusammenhalt der Hopi-Gesellschaft zu stärken (latente Funktion). Für Merton besteht ein wichtiger Teil der soziologischen Erklärung im Aufdecken der latenten Funktionen sozialer Aktivitäten und Institutionen.

Merton unterscheidet weiters zwischen Funktionen und Dysfunktionen. Dysfunktionale Aspekte des sozialen Verhaltens sind jene Eigenschaften des sozialen Lebens, die die bestehende Ordnung herausfordern. Beispielsweise wirkt Religion nicht unter allen Umständen funktional, also den sozialen Zusammenhalt fördernd. Wenn zwei soziale Gruppen unterschiedliche Religionen oder verschiedene Varianten derselben Religion praktizieren, kann das zu ernsthaften sozialen Konflikten führen, die weitreichende soziale Zerstörungen zur Folge haben. Religiöse Gemeinschaften haben sehr häufig sogar Kriege miteinander geführt: Man denke an die Religionskriege zwischen Protestanten und Katholiken in der Vergangenheit oder die kriegerischen Auseinandersetzungen im ehemaligen Jugoslawien, bei denen die Religion der Kontrahenten eine wichtige Rolle spielte.

In jüngerer Zeit verlor der Funktionalismus an Popularität, weil seine überzogenen Erwartungen enttäuscht und seine Grenzen offensichtlich wurden. Anders als Merton betonten viele funktionalistische Denker – das bekannteste Beispiel ist Talcott Parsons – die Faktoren, die den sozialen Zusammenhalt förderten und negierten jene, die zu sozialen Spaltungen und Konflikten führten. Die Hervorhebung von Ordnung und Stabilität führte zu einer Geringschätzung der Ungleichheiten und Differenzen in der Gesellschaft, die durch Faktoren wie Klassenzugehörigkeit, ethnische

Vergemeinschaftung und soziales Geschlecht hervorgerufen werden (in der englischsprachigen Soziologie haben sich dafür die Schlagworte „class, race and gender" eingebürgert). Eine weitere Schwäche des Funktionalismus ist die Unterschätzung der Rolle des kreativen sozialen Handelns in der Gesellschaft. Viele Kritiker haben betont, dass die funktionale Analyse Gesellschaften Eigenschaften zuschreibt, die diese gar nicht besitzen könne. So schrieben Funktionalisten oft von „Bedürfnissen" oder „Zielen" der Gesellschaft, obwohl diese Begriffe sinnvollerweise nur für Individuen Verwendung finden sollten.

© Süddeutsche Zeitung Photo/AP

Talcott Parsons
1902–1979

Konfliktperspektiven

In ähnlicher Weise wie Funktionalisten heben auch Soziologen, die Konflikttheorien bevorzugen, die Bedeutung von gesellschaftlichen Strukturen hervor. Sie sind sich auch darin mit jenen einig, dass sie die Notwendigkeit eines umfassenden „Modells" betonen, das man benötigt, um zu erklären, wie Gesellschaften arbeiten. Im Unterschied zu den Funktionalisten lehnen Konflikttheoretiker deren Betonung des Konsensus ab. Stattdessen heben sie die Bedeutung von Konflikten in der Gesellschaft hervor. Dabei konzentrieren sie sich auf Phänomene wie Macht, Ungleichheit und Kampf. In ihren Augen ist die Gesellschaft aus deutlich unterscheidbaren Gruppen zusammengesetzt, deren jede ihre eigenen Interessen verfolgt. Das Vorhandensein verschiedener Interessen schließt die allgegenwärtige Möglichkeit von Konflikt ein, die dazu führt, dass bestimmte Gruppen für sich mehr herausholen können als andere. Konflikttheoretiker untersuchen die Spannungen zwischen herrschenden und benachteiligten Gruppen innerhalb einer Gesellschaft und streben danach zu verstehen, wie Beziehungen der Kontrolle entstehen und aufrechterhalten werden. **Konflikttheorien**

Ein einflussreicher Zugang im Rahmen der Konfliktperspektive ist der nach Karl Marx benannte Marxismus, in dessen Werk der Klassenkonflikt eine zentrale Stelle einnimmt. Es gibt zahllose Interpretationen von Marx' zentralen Ideen, und heute findet man ganz unterschiedliche marxistische Schulen, die jeweils andere theoretische Schwerpunkte setzen. Alle Varianten marxistischen Denkens unterscheiden sich von der Mehrheit der soziologischen Traditionen durch ihre Betonung der Einheit von soziologischer Analyse und politischer Veränderung. Der Marxismus zielt auf ein Programm der radikalen politischen Veränderung ab.

Allerdings sind nicht alle Konflikttheoretiker Marxisten, einige stützen sich auch auf das Werk von Weber. Ein gutes Beispiel dafür ist Ralf Dahrendorf (1929–2009), der in Deutschland und in England lehrte. In seinem mittlerweile klassischen Werk *Class and Class Conflict in Industrial Society*

(1959) vertritt Dahrendorf die Auffassung, dass funktionalistische Autoren nur eine Seite der Gesellschaft untersuchen, nämlich jene Aspekte des sozialen Lebens, in denen Harmonie und Übereinstimmung zu finden sei. Genauso, ja vielleicht noch wichtiger seien jene Bereiche, die durch Konflikt und Ungleichheit gekennzeichnet seien. Konflikte resultierten, so Dahrendorf, aus unterschiedlichen Interessen von Gruppen oder Individuen. Marx betrachtete die Interessensunterschiede vornehmlich in Begriffen der Klasse, während Dahrendorf sie auch aus Herrschaft und Macht resultierend sieht. In allen Gesellschaften gibt es eine Spaltung in die, die herrschen, und jene, die von der Herrschaft weitgehend ausgeschlossen sind: Herrschende und Beherrschte.

Symbolischer Interaktionismus

Das Werk des amerikanischen Philosophen George Herbert Mead (1863–1931) hatte einen sehr starken Einfluss auf das soziologische Denken, insbesondere durch eine Perspektive, die symbolischer Interaktionismus genannt wurde. Der symbolische Interaktionismus resultiert aus einer Beschäftigung mit Sprache und Bedeutung. Mead behauptete, dass die Sprache es uns erlaube, selbstbewusste Wesen zu werden, die sich ihrer Individualität bewusst sind und die sich selbst von außen, quasi mit den Augen anderer, sehen können. Der Schlüsselbegriff in diesem Prozess ist Symbol. Ein Symbol ist etwas, das für etwas anderes steht. Beispielsweise sind Wörter, die wir verwenden, um uns auf bestimmte Objekte zu beziehen, tatsächlich Symbole, die für das stehen, worauf wir uns beziehen wollen. Das Wort „Löffel" ist das Symbol, das wir benutzen, um jenes Objekt zu benennen, das wir verwenden, wenn wir eine Suppe essen. Nonverbale Gesten oder Kommunikationsformen sind ebenfalls Symbole. Jemandem zuwinken oder eine unanständige Geste machen sind Handlungen mit symbolischem Wert. Mead argumentiert, dass Menschen gemeinsame Symbole und deren Deutung benötigen, um miteinander interagieren zu können. Interaktionen, verstanden als gemeinsam geteilte Bedeutungen wechselseitig aufeinander bezogenen Handelns und Deutens der Handlungen anderer, bilden das Zentrum des sozialen Lebens und der soziologischen Analyse. Weil Menschen in einem sehr reichhaltigen symbolischen Universum leben, enthalten praktisch alle Interaktionen zwischen menschlichen Individuen den Austausch von Symbolen.

Der symbolische Interaktionismus lenkt unsere Aufmerksamkeit auf die Details der interpersonalen Interaktion und darauf, wie diese Details verwendet werden, um dem, was andere sagen und tun, Sinn zu verleihen. Soziologen, die vom symbolischen Interaktionismus beeinflusst sind, beschäftigen sich sehr häufig mit Face-to-face-Interaktionen im Rahmen des Alltagslebens. Sie betonen die Rolle der Interaktionen für die Entstehung der Gesellschaft und deren Institutionen. Max Weber beeinflusste diesen theoretischen Zugang indirekt. Obwohl er die Existenz sozialer Strukturen wie Klassen, Parteien, Stand bzw. Statusgruppen und derglei-

symbolischer Interaktionismus

Symbol

chen anerkannte, betonte er, dass diese Strukturen durch das *soziale Handeln* von Individuen geschaffen werden.

Obwohl die Perspektive des symbolischen Interaktionismus viele Einsichten in die Natur unserer im Alltagsleben vollzogenen Handlungen zu liefern vermag, wurde sie dafür kritisiert, andere Aspekte ignoriert zu haben. Themen wie Macht und soziale Strukturen, die das Handeln Einzelner ermöglichen oder einschränken, wurden von symbolischen Interaktionisten kaum behandelt.

Ein klassisches Beispiel einer Studie, die sich dem symbolischen Interaktionismus verpflichtet fühlt und Fragen der Macht und sozialen Struktur in unserer Gesellschaft berücksichtigt, ist Arlie Hochschilds *The Managed Heart: Commercialisation of Human Feeling* (1983; dt. unter dem Titel *Das gekaufte Herz. Zur Kommerzialisierung der Gefühle*, 1990a). Hochschild, Soziologieprofessorin an der University of California in Berkeley, beobachtete Ausbildungskurse für Flugbegleiter der amerikanischen Fluggesellschaft Delta Airlines in Atlanta und führte dort auch Interviews durch. Sie beobachtete Flugbegleiterinnen, die neben anderen Fertigkeiten, die sie lernten, darin unterwiesen wurden, ihre eigenen Gefühle auf bestimmte Weise unter Kontrolle zu halten. Hochschild zitiert einen Piloten, der als Ausbildner tätig war mit folgenden Worten: „Und nun, Mädels, möchte ich, dass jede von euch nach vorne kommt und wirklich *lacht*. Euer Lächeln ist euer größtes *Kapital*. Kommt nach vorne und zeigt es. *Wirkliches* Lächeln. *Legt es wirklich an.*" (Hochschild 1990, S. 28)

Durch ihre Beobachtungen und Interviews fand Hochschild heraus, dass die westlichen Ökonomien zunehmend auf der Bereitstellung von Dienstleistungen aufbauen, deren emotionalen Stil des Arbeitens wir verstehen müssen. Hochschilds Untersuchung der „Kundenservice"-Ausbildung der Flugbegleiterinnen mag all jenen vertraut klingen, die irgendwann einmal im Dienstleistungssektor gearbeitet haben, sei es in einem Geschäft, einem Restaurant oder einer Bar. Hochschild nennt dies „Gefühlsarbeit": Arbeit, die es nötig macht, seine eigenen Gefühle so zu manipulieren, dass ein öffentlich vorzeigbarer (und akzeptabler) Gesichts- und Körperausdruck gezeigt wird. Nach Hochschild machen die Firmen, für die jemand arbeitet, nicht nur Vorschriften für körperliche Bewegungen, sondern auch für Gefühle, die man zu zeigen habe. Sie besitzen dein Lächeln, wenn du für sie arbeitest.

Gefühlsarbeit

Hochschilds Forschung gibt Einblicke in Aspekte unseres Lebens, die die meisten Leute zu verstehen meinen, die aber tiefer gehend verstanden werden sollten. Sie fand heraus, dass Angestellte im Dienstleistungsgewerbe – wie manuelle Arbeiter – oft ein Gefühl der Distanz gegenüber bestimmten Tätigkeiten verspüren, die sie bei ihrer Arbeit auszuführen haben. Ein manueller Arbeiter mag sich beispielsweise als Teil der Maschine fühlen, an der er arbeitet, und nur noch selten als jemand, der diese Maschine dirigiert. In ähnlicher Weise berichteten die Flugbegleiterinnen Hochschild, dass ihr Lächeln häufig nur noch an ihnen klebe, sie es aber nicht mehr fühlten. Mit anderen Worten: Diese Arbeiter empfanden eine

Art von Fremdheit gegenüber ihren eigenen Gefühlen. Wenn wir daran denken, dass wir es gewohnt sind, Gefühle als etwas sehr Persönliches und tief in unserem Innersten Bestehendes zu sehen, ist diese Beobachtung besonders interessant.

Hochschilds Buch ist eine vorbildliche Anwendung des symbolischen Interaktionismus, und viele andere Soziologen haben auf ihren Ideen aufgebaut, seit sie *The Managed Heart* erstmals veröffentlicht hatte. Zwar führte sie ihre Untersuchung in einer der am meisten entwickelten Dienstleistungsökonomien, in den USA, durch, doch ihre Einsichten sind auf viele andere heutige Gesellschaften anwendbar. Dienstleistungsjobs nehmen in vielen Ländern der Welt enorm zu und lassen erwarten, dass immer mehr Beschäftigte Gefühlsarbeit zu verrichten haben werden. In einigen Kulturen, wie beispielsweise bei den Inuit in Grönland, wo es keine vergleichbare Tradition des öffentlichen Lächelns gibt wie in Westeuropa und Nordamerika, hat sich gezeigt, dass das Trainieren von Gefühlsarbeit ein schwieriges Unterfangen ist. In diesen Ländern wurden Beschäftigte im Dienstleistungsbereich bereits zu speziellen Fortbildungen in öffentlichem Lächeln verpflichtet, die sich von jenen der Delta-Flugbegleiterinnen nicht sonderlich unterscheiden.

Theoretisches Denken in der Soziologie

In diesem einleitenden Kapitel haben wir uns bislang mit theoretischen Zugängen auseinandergesetzt, worunter sehr allgemeine Sichtweisen auf den Gegenstand der Soziologie verstanden werden sollen. Man kann jedoch auch eine Unterscheidung zwischen theoretischen Zugängen (oder Meta-Theorien) und Theorien treffen. Theorien beziehen sich auf einen engeren Ausschnitt der sozialen Wirklichkeit und stellen Versuche dar, bestimmte soziale Bedingungen oder Typen von Ereignissen zu erklären. Üblicherweise stehen solche Theorien in einem engeren Zusammenhang mit der empirischen Forschung und machen auf Probleme aufmerksam, die es wert sind, genauer untersucht zu werden. Während theoretische Zugänge (Meta-Theorien) im strengen Sinn nicht widerlegt werden können, so trifft dies für Theorien sehr wohl zu. Ein Beispiel für eine Theorie in diesem Sinn ist Durkheims weiter oben besprochene Theorie des Selbstmordes.

In den verschiedenen Feldern des soziologischen Forschens wurden zahllose Theorien entwickelt und auch wieder verworfen. Manche dieser Theorien wurden sehr exakt formuliert, gelegentlich unter Zuhilfenahme mathematischer Ausdrücke, allerdings ist das in anderen Sozialwissenschaften, insbesondere der Nationalökonomie, üblicher als in der Soziologie.

Manche Theorien sind viel umfassender als andere. Es ist allerdings umstritten, ob es für die Soziologie sinnvoll oder nützlich ist, allumfassende Theorien zu entwickeln. Robert K. Merton (1968, dt. 1995) hat beispielsweise sehr überzeugend argumentiert, Soziologen mögen sich auf die Ausarbeitung der von ihm sogenannten Theorien mittlerer Reichweite („middle

Theorie mittlerer Reichweite

range theories") konzentrieren. Statt zu versuchen, große Theorien aufzustellen (wie es zu seiner Zeit vor allem Parsons tat), sollten wir uns damit begnügen, Theorien zu entwickeln, die bescheideneren Zwecken dienten.

Theorien mittlerer Reichweite sind spezifisch genug, um empirisch überprüft werden zu können, und allgemein genug, um mehr als ein Phänomen zu erklären. Ein Beispiel ist die Theorie der relativen Deprivation. Diese Theorie behauptet, dass Menschen ihre Lebensumstände immer im Vergleich mit anderen, mit sogenannten Bezugsgruppen beurteilen. Das Gefühl der Deprivation, das Menschen zeigen, hängt demnach nicht von irgendeinem absoluten Niveau ab, sondern davon, an wem man sich orientiert, mit wem man sich und sein Schicksal vergleicht. Studienanfänger, deren Eltern selbst ein Hochschulstudium absolviert haben und einer attraktiven Arbeit nachgehen, werden die Lebensumstände, die sie in der Massenuniversität vorfinden, und ihre zukünftigen beruflichen Chancen in einem ungünstigeren Licht sehen als Gleichaltrige, deren Eltern keine weiterführende Schule besucht haben und schon öfter arbeitslos waren.

Vielen Soziologen erscheint es wenig verlockend, sich mit der vergleichsweise bescheidenen Aufgabe abzumühen, Theorien mittlerer Reichweite auszuarbeiten. Die Bibliotheken sind deswegen voll von Veröffentlichungen, in denen umfassende Theorien ausgebreitet werden. Obwohl deren empirische Bestätigung oder Widerlegung fast unmöglich sind, liefern sie den Lesern offenkundig Orientierungswissen in einer als immer undurchschaubarer erlebten sozialen Welt. Der deutsche Soziologe Max Scheler (1874–1928) hat zwischen verschiedenen Formen des Wissens unterschieden. Als *Bildungswissen* bezeichnet er jene Wissensbestände, die uns helfen, uns in der uns umgebenden Welt zurechtzufinden. Als *Herrschaftswissen* bezeichnet er Wissen, das uns befähigt, Macht über andere und die nichtmenschliche Umwelt auszuüben, in dem wir sie manipulieren können. Als dritte Wissensform nennt Scheler das *Erlösungs- oder Heilswissen*, das vor allem von den Religionen zur Verfügung gestellt wird. Die Fürsprecher der bescheideneren Haltung haben in Auseinandersetzung mit Mertons Theorien der mittleren Reichweite argumentiert, dass es diesen Theorien zwar oft auch an empirischer Gültigkeit mangelte, in ihnen aber im günstigsten Fall soziale Mechanismen formuliert würden. Die oben zitierte Theorie der relativen Deprivation ist ein gutes Beispiel dafür, wenn man sie so versteht, dass sie den Vorgang des Vergleichens mit Bezugsgruppen identifiziert, und nicht als Theorie der Lebenszufriedenheit von Studienanfängern, um beim erwähnten Beispiel zu bleiben.

sozialer Mechanismus

Die Beurteilung von Theorien und vor allem von theoretischen Zugängen ist in der Soziologie eine sehr herausfordernde und viel beachtete Aufgabe. Solche theoretischen Debatten sind notwendigerweise abstrakter als Kontroversen um empirische Fragen. Der Umstand, dass in der Soziologie mehr als nur ein theoretischer Zugang Verwendung findet, mag vielleicht als Schwäche betrachtet werden, man findet jedoch auch Argumente, die dafür sprechen. Das Nebeneinander von rivalisierenden theoretischen Zugängen und Theorien kann auch als ein Ausdruck der Vitalität des soziologischen Unternehmens angesehen werden. Beim Studium menschlicher Wesen, also auch von uns selbst, bewahrt uns die theoretische Vielfalt vor dogmatischer Verknöcherung. Menschliches Verhalten ist kompliziert und vielseitig und deswegen ist es sehr unwahrscheinlich, dass eine einzelne theoretische Perspektive alle Facetten zu erklären vermag. Die Vielfalt des theoretischen Denkens versorgt uns mit einer großen Zahl an Ideen, auf die sich unsere empirische Forschung stützen kann und die die soziologische Denkweise zu stimulieren vermag, was für den Fortschritt des soziologischen Arbeitens essenziell ist.

Analyseniveaus: Mikro- und Makrosoziologie

Eine wichtige Unterscheidung der verschiedenen theoretischen Perspektiven, die wir in diesem Kapitel behandelt haben, betrifft das Niveau der Analyse, auf dem die untersuchten sozialen Vorgänge stattfinden. Die Untersuchung des alltäglichen Verhaltens in Situationen der Face-to-face-

Mikrosoziologie Interaktion wird üblicherweise als Mikrosoziologie bezeichnet. Makrosoziologie ist hingegen die Analyse von umfassenden sozialen Systemen, wie des politischen Systems oder der wirtschaftlichen Ordnung. Sie umfasst auch die Analyse von langfristigen Prozessen des sozialen Wandels, wie beispielsweise der Entwicklung des Industrialismus. Auf den ersten Blick mag es so erscheinen, als hätten Mikro- und Makroanalyse nichts miteinander zu tun. Tatsächlich sind sie aber eng miteinander verbunden (Knorr-Cetina und Cicourel 1981; Giddens 1992).

Die Makroanalyse bildet eine Voraussetzung, um den institutionellen Hintergrund des täglichen Lebens zu verstehen. Die Art und Weise, wie Menschen ihr Alltagsleben gestalten, ist sehr stark von den breiteren insti-

Makrosoziologie tutionellen „Rahmen" abhängig, was offensichtlich wird, wenn wir den Tagesablauf von jemandem, der im Mittelalter lebte, mit jemandem vergleichen, der in einer industrialisierten städtischen Umwelt lebt. In modernen Gesellschaften treffen wir ständig auf Fremde. Dieser Kontakt mag indirekt oder unpersönlich erfolgen. Auch in den komplexesten Gesellschaften ist das Vorhandensein anderer Menschen allerdings bedeutsam, ganz gleich wie indirekt, etwa auf elektronischem Wege, wir mit anderen in Beziehung treten. Wir können uns heute dafür entscheiden, einem Bekannten eine E-Mail zu schicken, oder wir entscheiden uns dafür, Tausende Kilometer weit zu fliegen, um ein Wochenende mit einem Freund zu verbringen.

Mikrostudien sind notwendig, um die breiteren institutionellen Muster zu beleuchten. Face-to-face-Interaktion ist sicherlich die Grundlage aller Formen sozialer Organisation, unabhängig von deren Größe. Nehmen wir an, wir wollten ein Wirtschaftsunternehmen studieren. Wir werden bereits sehr viel von seinen Aktivitäten verstehen, wenn wir bloß auf das Face-to-face-Verhalten in ihm achten. So könnten wir beispielsweise das Verhalten des Vorstandsvorsitzenden im Sitzungszimmer betrachten oder die Leute, die in den verschiedenen Büros arbeiten, studieren, oder uns den Arbeitern zuwenden, die an den Maschinen stehen. Natürlich würden wir auf diesem Weg kein allumfassendes Bild des Unternehmens gewinnen, weil einige Aktivitäten des Unternehmens in Schriftstücken oder Briefen oder am Telefon und Computer ausgeführt werden. Nichtsdestotrotz würden systematische Beobachtungen bereits wesentlich zum Verständnis des Unternehmens beitragen.

In den folgenden Kapiteln werden wir weiteren Beispielen von Interaktionen im Mikrobereich begegnen, die demonstrieren, wie durch sie größere soziale Prozesse beeinflusst werden und wie diese umgekehrt das Alltagsleben formen.

Werturteile und Wertfreiheit

In der Soziologie wird – wie auch in den anderen Sozial- und Humanwissenschaften – die Frage, welche Rolle Werthaltungen der Wissenschaftler spielen, seit Langem sehr kontrovers diskutiert. In den Natur- und Technikwissenschaften hat sich ein Vorschlag des Wissenschaftsphilosophen Hans Reichenbach als durchaus fruchtbar erwiesen. Er unterschied drei „Kontexte": Entstehungs-, Begründungs- und Verwertungszusammenhang. In jedem dieser Kontexte gelten andere Normen und unterschiedliche Logiken. Bei der Auswahl von Forschungsfragen und den Gründen, warum sich jemand für einen bestimmten Gegenstand interessiert (Entstehungszusammenhang) wie auch bei der praktischen Anwendung von Forschungsergebnissen (Verwertungszusammenhang) spielen außerwissenschaftliche Gesichtspunkte (Überzeugungen, Ideologien, Nutzenüberlegungen) eine wichtige und nicht eliminierbare Rolle. Sie zu erforschen ist Sache der Wissenschaftssoziologie und -psychologie. Dagegen sollte nach Meinung Reichenbachs die Begründung wissenschaftlicher Aussagen, die den harten Kern des wissenschaftlichen Tuns bildet, nur den Gesetzen der Logik gehorchen.

Der Chemiker Otto Hahn und die Physikerin Lise Meitner stießen aus intellektueller Neugier auf die Atomspaltung, ihre Kollegen konnten sie von ihrer Entdeckung nur überzeugen, weil sie die Möglichkeit der Spaltung des Atomkerns in der Sprache der Mathematik und Physik begründeten. Vage Vorstellungen möglicher künftiger Anwendungen spielten für den Entdeckungsprozess keine Rolle. Über die Möglichkeit, die Kernspaltung zum Bau von Atombomben, zum Antrieb von U-Booten oder als Atomkraftwerke zur Stromgewinnung zu nutzen, konnten Meitner, Hahn und dessen Mitarbeiter Fritz Strassmann zum Zeitpunkt der Entdeckung noch nicht Bescheid wissen – und hätten sie es geahnt, hätten sie ihren Entdeckergeist wohl dennoch nicht gezügelt. Auf einem ganz anderen Blatt steht, dass nur Otto Hahn den Nobelpreis erhielt.

In den Sozial- und Humanwissenschaften lassen sich die drei Kontexte weniger leicht auseinanderhalten. Erstens, weil in diesen Wissenschaften im Begründungszusammenhang die exakte Sprache der Logik eine viel geringere Rolle spielt, was eng damit verbunden ist, dass zweitens sich die Sprache der Sozialwissenschaften von der Alltagssprache nicht so streng trennen lässt wie das in der Mathematik und vielen Naturwissenschaften möglich ist. Versuche, die Sozialwissenschaften nach dem Vorbild der Naturwissenschaften zu gestalten, endeten in einer blutleeren technischen Sprache, die weniger leistungsfähig ist als eine kontrollierte Verwendung von Elementen der Alltagssprache. Dabei nimmt man Mehrdeutigkeiten und Gemengelagen von wertenden und beschreibenden Begriffen und Aussagen in Kauf.

In der alltäglichen Kommunikation verwenden wir ständig Werturteile, wertgeladene Ausdrücke und mehrdeutige Begriffe: „Mozart gefällt mir besser als Schubert", „Es ist doch ungerecht, dass Frauen für gleiche Arbeit weniger Lohn erhalten", „Leistung muss belohnt werden" usw. Auch in der Soziologie sind wertende Ausdrücke weitverbreitet; manche sind verhältnismäßig unproblematisch, weil die zugrunde liegenden Wertmaßstäbe bekannt sind und oft von denen, an die sich unsere Rede richtet, geteilt werden. Wenn wir das Einkommen der Schicht X als besser als jenes der Schicht Y bezeichnen, wenn wir von höherem Prestige, diskriminierten sozialen Gruppen oder von der notwendigen Verbesserung der Lebensbedingungen einer Bevölkerungsgruppe sprechen, liefern wir die zugrunde liegenden Maßstäbe meistens nicht mit, können sie aber bei Bedarf erläutern oder explizieren.

Von diesen Werturteilen, die auf Konventionen und explizierbaren Maßstäben beruhen, sind jene zu unterscheiden, die wir bei der Beschreibung sozialer Interaktionen oder institutioneller Gegebenheiten benutzen. Ein Feldforscher, der verarmte Familien untersucht, oder eine Soziologin, die in einem Experiment Personen einer Situation aussetzt, in der diese mit Ärger, Wut oder Verzweiflung reagieren (sollen), werden ihre Forschungsberichte nicht dadurch wertfrei machen wollen, dass sie statt ärmliche Verhältnisse und wütende Wortwechsel zu schildern ein Gesamtinventar der Besitztümer samt der Anschaffungskosten oder die Herzfrequenzen und Lautstärke in Dezibel angeben. Arm, wütend, verärgert etc. sind Ausdrücke, deren wertender Gehalt sich im jeweiligen Kontext als hilfreich für die Beschreibung und das Verstehen erweist. Wir können sie richtig oder falsch verwenden, aber kaum durch vermeintlich wertfreie technische Ausdrücke ersetzen.

Sehr oft sind die in sozialwissenschaftlichen Begriffen enthaltenen Wertungen so gut verborgen, dass erst spätere Generationen deren Einbettung in den Überzeugungen der Zeit zu erkennen vermögen. „Außengeleiteter Sozialcharakter", „Sozialintegration", „Gemeinschaft", „Entfremdung", „Nutzen", „Produktivität", „Kernfamilie" und viele andere von Sozialwissenschaftlern entwickelte Begriffe wurden wegen ihrer impliziten Wertungen kritisiert. Glücklicherweise waren diese Puristen nicht immer erfolgreich und die Sprache der Soziologie blieb so bunt und reichhaltig wie die soziale Realität, die wir in Worte zu fassen versuchen.

Von der — wie es heute scheint — unvermeidbaren Wertbasis der Alltagssprache und jener Wissenschaften, die auf ihre Verwendung angewiesen sind, zu unterscheiden ist die Frage der Bewertungen durch Sozialwissenschaftler. Die Forderung nach Wertfreiheit der Soziologie, die als einer der ersten Max Weber sehr nachdrücklich erhoben und begründet hat, bezieht sich sinnvollerweise darauf, dass wir versuchen müssen, unsere Überzeugungen – seien es solche, die in unseren politischen, moralischen, nationalen oder anderen Einbettungen wurzeln – von den Tatsachen, die wir berichten können, getrennt zu halten. Philosophen nennen das die Sein-Sollen-Dichotomie, womit gemeint ist, dass sich aus deskriptiven Aussagen über das Sein keine normativen Sätze darüber, was sein soll, ableiten lassen. Ob beispielsweise in Russland 1917 eine Revolution stattgefunden hat, ist eine Frage nach einer Tatsache. (Nebenbei: Die Antwort hängt auch davon ab, wie man „Revolution" definiert). Ob man für oder gegen Revolution(en) sein soll, ist hingegen eine normative Frage, deren Antwort von Werthaltungen und grundlegenden Überzeugungen bestimmt ist. Freunde wie Feinde der Revolution können aus einer soziologischen Analyse der Entstehungsbedingungen von Revolutionen Nutzen ziehen – um sie voranzutreiben die einen, um sie zu verhindern die anderen.

Die empirische Kultur- und Sozialforschung verwendet diese Unterscheidung in der Weise, dass dort zwischen einer Beschreibung mit den Augen und aus der Perspektive der Untersuchten von jener unterschieden wird, die die Maßstäbe von außen an die Untersuchten heranträgt. Erstere Vorgangsweise wird als emisch (für von innen) und Letztere als etisch (für von außen) bezeichnet. Am Beispiel der heiligen Kühe in Indien kann man das illustrieren: Emisch geht es darum zu erforschen, wie und warum die Kühe unantastbar und folglich heilig sind, etisch kann man darauf hinweisen, dass sich die Heiligsprechung der Kühe für die nährstoffarmen Böden Indiens als vorteilhaft erwiesen hat, weil sie vom Dung der heiligen Kühe profitieren. In der von der Philosophie des Neokantianismus stark geprägten deutschen Soziologie des beginnenden 20. Jahrhunderts wurde dieser Gegensatz als jener zwischen Verstehen und Erklären diskutiert; diese Unterscheidung spielt auch in der Gegenwart eine große Rolle, ist aber viel mehr als die Begriffe emisch und etisch mit zusätzlichen Bedeutungen (Konnotationen) verknüpft.

Keinesfalls müssen wir aber jenen folgen, die sich dafür aussprechen, alle Wertungen zu unterlassen. Der letzte Satz ist selbst ein Werturteil, eine Aussage, die sich dafür ausspricht, einen bestimmten Zustand einem anderen vorzuziehen. Als solche kann diese Forderung zur Diskussion gestellt werden und wer sie vertritt, ist aufgefordert, Gründe für seine Präferenz anzuführen, wenn er auf jemanden trifft, der anderer Meinung ist.

Soziologen kommen gelegentlich in die Lage, dass sie um Vorschläge gebeten werden, was denn nun aufgrund ihrer Untersuchungen getan werden soll. Das Feld der (Politik-) Beratung stellt einen wichtigen Teil der Praxis der Soziologie dar. Redlicherweise sollten Soziologen in dieser Situation einräumen, dass sie keineswegs Allwissende und schon gar nicht Alleskönner sind. Was sie tun können, ist, unterschiedliche Szenarien zu entwerfen und Optionen aufzuzeigen, die den Einsatz unterschiedlicher Mittel erforderlich machen würden. In all diesen Fällen sind Soziologen gut beraten, zuerst von ihren Gesprächspartnern oder Auftraggebern eine Bekanntgabe der Ziele, die erreicht werden sollen, zu erbitten. Wenn klar ist, welches Ziel jemand erreichen will, kann ein gut informierter Soziologe vermutlich sagen, welche Wege Erfolg versprechend sein können und von welchen man mit ziemlicher Wahrscheinlichkeit sagen wird können, dass sie das Ziel nicht zu erreichen vermögen.

Die Wissens- und die Wissenschaftssoziologie erforschen die hier skizzierten Zusammenhänge genauer. Erstere untersucht, wie die Ideen und Gedanken einer Person mit ihrer Zugehörigkeit zu einer bestimmten Generation, Gruppe, Schicht oder Klasse zusammenhängt und Letztere widmet sich jenen Fragen, die eingangs als zum Entstehungs- und Verwertungszusammenhang gehörig bezeichnet wurden. Wissenschaftssoziologen interessieren sich aber auch für die sozialen Wurzeln der jeweils für gültig gehaltenen Begründungslogiken: Warum zu bestimmten Zeiten die Astrologie als Wissenschaft galt, aber ebenso wann, wie und warum sich das Denken in Ursache-Wirkungs-Ketten (Kausalität) oder das Wahrscheinlichkeitskalkül da und dort durchgesetzt hat.

Wie kann uns die Soziologie in unserem Leben nützen?

Die Soziologie hat für unser Leben viele praktische Implikationen, wie C. Wright Mills betont hat, als er die Idee der soziologischen Denkweise entwickelte, die wir zu Beginn dieses Kapitels behandelt haben. Erstens gestattet uns die Soziologie, die soziale Welt aus einer Vielfalt kultureller Perspektiven zu sehen. Wenn wir ein adäquates Verständnis dafür erwerben, wie andere leben, dann vertiefen wir häufig auch unser Verständnis dafür, wie ihre Probleme beschaffen sind. Politische Strategien, die nicht auf einem aufgeklärten Bewusstsein der von ihnen betroffenen Lebensformen beruhen, haben wenig Aussicht auf Erfolg. So wird etwa ein deutscher Sozialarbeiter, der in einem überwiegend von Türken bewohnten Stadtteil tätig ist, das Vertrauen der Mitglieder dieser Gemeinschaft nicht gewinnen, wenn er keine Sensibilität gegenüber den kulturellen Unterschieden entwickelt, die Einheimische und Zuwanderer trennen.

Zweitens liefert die soziologische Forschung praktische Unterstützung bei der Bewertung der Ergebnisse politischer Initiativen. Ein Programm praktischer Reformen kann sich als ungeeignet erweisen, um die Absichten jener, die es geplant haben, zu verwirklichen, oder es kann eine Reihe inakzeptabler nicht-beabsichtigter Konsequenzen nach sich ziehen. In den Jahren nach dem Zweiten Weltkrieg wurden zum Beispiel in den Städten vieler Länder große öffentlich finanzierte Wohnsiedlungen errichtet. Nach Absicht der Planer sollten diese den einkommensschwachen Gruppen aus Slumgebieten qualitativ hochstehende Wohnmöglichkeiten bieten; die Siedlungen verfügten auch über Einkaufsmöglichkeiten und andere infrastrukturelle Einrichtungen. Forschungen zeigten allerdings, dass viele der Personen, die aus ihren früheren Wohnungen in solche Neubauten gezogen waren, sich isoliert und unglücklich fühlten. Hochhäuser und Einkaufsstraßen verfielen oft sehr rasch und stellten Brutstätten für Überfälle und andere Gewaltverbrechen dar.

Die Soziologie kann drittens, was vielleicht ihr wichtigster Beitrag ist, den gesellschaftlichen Gruppen Selbstaufklärung, also ein vertieftes Selbstverständnis, zur Verfügung stellen. Je besser wir über die Bedingungen unseres eigenen Handelns und über gesamtgesellschaftliche Prozesse Bescheid wissen, desto eher sind wir in der Lage, unsere eigene Zukunft zu beeinflussen. Wir sollten nicht davon ausgehen, dass sich die praktische Rolle der Soziologie darin erschöpft, Entscheidungsträgern, also mächtigen Gruppen, dabei zu helfen, informierte Entscheidungen zu treffen. Man kann von den Mächtigen einer Gesellschaft nicht annehmen, dass sie stets die Interessen der weniger Mächtigen oder der Unterprivilegierten im Auge haben, wenn sie politische Entscheidungen treffen. Gruppen, die sich ein gewisses Ausmaß von Selbstaufklärung verschafft haben, können in wirksamer Weise auf die von Regierungsbeamten und anderen Behörden verfolgte Politik reagieren und können auch eigene politische Initiativen begründen. Mitglieder der Frauenbewegung, die Frauenhäuser gründeten, in denen misshandelte Frauen Zuflucht finden konnten, trugen wesentlich zur Sensibilisierung der Öffentlichkeit und der Polizei bei.

Schließlich befassen sich viele Soziologen selbst direkt als „Professionals" mit praktischen Angelegenheiten. Wir finden ausgebildete Soziologen und Soziologinnen in der Industrie, der Stadtplanung, der Sozialarbeit und der Personalentwicklung und in vielen anderen praktischen Aktivitäten. Ein Verständnis der Gesellschaft kann auch in anderen Berufen, im Rechtswesen, Journalismus, der Wirtschaft und dem Gesundheitswesen, von großer Hilfe sein.

Sehr oft besteht ein Zusammenhang zwischen der Wahl des Studiums der Soziologie und dem Wunsch nach sozialen Verbesserungen. Sollten sich Soziologen selbst aktiv für praktische Programme der Reform oder des sozialen Wandels engagieren? Manche Autoren argumentieren, dass die Soziologie ihre intellektuelle Unabhängigkeit nur bewahren kann, wenn die Vertreter der Disziplin sich in moralischen und politischen Kontroversen streng neutral verhalten. Zwischen dem Befassen mit der Soziologie und den Regungen des sozialen Gewissens gibt es allerdings häufig einen Zusammenhang. Keine soziologisch gebildete Person kann die Augen vor den Ungleichheiten, die heute in der Welt bestehen, verschließen, und auch nicht vor dem Fehlen der sozialen Gerechtigkeit in vielen gesellschaftlichen Situationen oder vor den Entbehrungen, die Millionen von Menschen zu erleiden haben. Es wäre merkwürdig, wenn Soziologen in praktischen Fragen keine Stellung bezögen; und wenn sie das tun, wäre es sowohl unlogisch als auch kaum durchführbar, sie daran zu hindern zu versuchen, sich auf ihr soziologisches Expertenwissen zu stützen.

In diesem Kapitel haben wir gesehen, dass die Soziologie eine Disziplin ist, in der wir unsere persönliche Weltsicht zurückstellen, um die Einflüsse, die unser Leben und das anderer Menschen formen, genauer zu betrachten. Die Soziologie entstand als eigenständiges intellektuelles Unternehmen mit der frühen Entwicklung der modernen industrialisierten Gesellschaften, und die Untersuchung solcher Gesellschaften bleibt ihr Hauptanliegen. Doch Soziologen beschäftigen sich auch mit einem breiten Spektrum von Fragen, die sich auf das Wesen der sozialen Interaktion und menschlicher Gesellschaften im Allgemeinen beziehen.

Die Soziologie ist nicht bloß ein abstraktes intellektuelles Betätigungsfeld, sondern hat auch bedeutsame praktische Implikationen für das Leben der Menschen. Die Soziologie zu erlernen sollte keine langweilige akademische Übung darstellen! Der beste Weg, um dies zu verhindern, ist es, der Disziplin in fantasievoller Weise zu begegnen und soziologische Ideen und Ergebnisse mit Situationen aus dem eigenen Leben in Beziehung zu bringen.

Zusammenfassung

1. Die Soziologie kann als die systematische Untersuchung menschlicher Gesellschaften definiert werden, mit spezieller Betonung der Besonderheiten der modernen industrialisierten Systeme.

2. Soziologie zu praktizieren erfordert die Fähigkeit, fantasievoll zu denken und sich von vorgeformten Ideen über das soziale Leben zu distanzieren.

3. Die Soziologie entstand als Versuch, die weitreichenden Veränderungsprozesse, die während der letzten zwei oder drei Jahrhunderte stattgefunden haben, zu verstehen. Die in diesem Zusammenhang auftretenden Veränderungen sind nicht auf die gesamtgesellschaftliche Ebene beschränkt. Auch die intimsten und persönlichsten Merkmale des Lebens der Menschen waren von bedeutenden Umwälzungen betroffen.

4. Unter den Begründern der soziologischen Disziplin sind vier Vertreter von besonderer Bedeutung: Auguste Comte, Karl Marx, Émile Durkheim und Max Weber. Comte und Marx, die um die Mitte des 19. Jahrhunderts wirkten, formulierten einige der Grundanliegen der Soziologie; diese wurden später von Durkheim und Weber genauer ausgeführt. Sie bezogen sich auf das Wesen der Soziologie und die Auswirkungen der Entwicklung von modernen Gesellschaften auf die soziale Welt.

5. In der Soziologie findet man eine Vielfalt an theoretischen Zugängen. Theoretische Meinungsverschiedenheiten sind schwierig zu lösen, sogar in den Naturwissenschaften. In der Soziologie treffen wir auf spezielle Schwierigkeiten, weil die Untersuchung unseres eigenen Verhaltens ein sehr komplexes Unterfangen darstellt.

6. Die wichtigsten theoretischen Zugänge in der Soziologie sind der Funktionalismus, die Konfliktperspektive und der symbolische Interaktionismus. Die grundlegenden Unterschiede zwischen diesen Zugängen haben die Entwicklung der Soziologie seit 1945 stark beeinflusst.

7. Die Soziologie ist ein Fach mit wichtigen praktischen Auswirkungen. Sie kann in mehrfacher Weise einen Beitrag zur Sozialkritik und zur praktischen Sozialreform leisten. Erstens ermöglicht sie das vertiefte Verständnis einer gegebenen Konstellation sozialer Umstände häufig, um diese besser zu kontrollieren. Zweitens stellt die Soziologie die Mittel zur Verfügung, unsere kulturelle Sensibilität zu verfeinern, und gestattet es so der Politik, auf einem Bewusstsein von der Verschiedenheit kultureller Werte aufzubauen. Drittens können wir die Konsequenzen des Einsatzes bestimmter politischer Strategien analysieren. Schließlich, und das ist vielleicht der wichtigste Punkt, liefert die Soziologie auch Selbstaufklärung und verschafft damit Gruppen und Individuen verbesserte Möglichkeiten, die Bedingungen ihres eigenen Lebens zu verändern.

Glossar

Arbeitsteilung (auch: Teilung der Arbeit). Jene Zerlegung eines Produktionssystems in spezialisierte Einzelaufgaben oder Berufe, die zur wirtschaftlichen Verflechtung führt. In allen Gesellschaften gibt es zumindest rudimentäre Formen der Arbeitsteilung, vor allem zwischen den Tätigkeiten der Männer und jenen der Frauen. Mit der Industrialisierung wurde die Arbeitsteilung jedoch wesentlich komplexer, als sie es jemals war. In der modernen Welt hat sie internationale Dimensionen angenommen.

Funktionalismus. Ein theoretischer Zugang, der auf der Idee gründet, dass soziale Ereignisse am besten unter Bezug auf die von ihnen geleistete Funktion erklärt werden können, also durch den Beitrag, den sie für das Weiterbestehen der Gesellschaft leisten. Die Gesellschaft ist für den Funktionalismus ein komplexes soziales System, dessen Teile miteinander in der Weise verbunden sind, dass sie aufeinander angewiesen sind.

Gefühlsarbeit. Von Arlie Hochschild eingeführter Begriff für Arbeit, bei der es nötig ist, seine eigenen Gefühle so zu manipulieren, dass ein öffentlich vorzeigbarer (und akzeptabler) Gesichts- und Körperausdruck gezeigt wird.

Industrielle Revolution. Die Gesamtheit der sozialen und wirtschaftlichen Veränderungen, die mit dem historisch erstmaligen Auftreten industrieller Produktionsformen verbunden war. Die industrielle Revolution setzte den Prozess der Industrialisierung in Gang.

Kapitalismus. Ein System des Wirtschaftens, das auf Markttausch beruht. Der Ausdruck „Kapital" bezieht sich auf irgendeinen Aktivposten, wie Geld, Eigentum an Boden oder Maschinen, der verwendet werden kann, um Waren zum Verkauf herzustellen oder auf Märkten in der Hoffnung investiert wird, Profit zu erzielen. Fast alle industriellen Gesellschaften sind heute kapitalistisch orientiert. Ihr Wirtschaftssystem gründet auf dem freien Unternehmertum und der wirtschaftlichen Konkurrenz.

Kommunismus. Ein Bündel von politischen Ideen, das mit Marx assoziiert wird und vor allem von Lenin (1870–1924) weiterentwickelt wurde; es war bis 1990 in der Sowjetunion und in Osteuropa institutionalisiert und ist es heute noch in China.

Konflikttheorien. Theoretische Zugänge, die Spannungen, Machtunterschiede und Interessensgegensätze hervorheben. Die Gesellschaft setzt sich aus deutlich unterscheidbaren Gruppen zusammen, deren jede ihre eigenen Interessen verfolgt. Die Beschränktheit der Ressourcen und die Rivalitäten zwischen Gruppen führen zu Auseinandersetzungen über die Kontrolle und Verteilung der Ressourcen. Viele Konflikttheoretiker wurden vor allem von Marx beeinflusst, ohne deswegen Marxisten zu sein.

Makrosoziologie. Die Untersuchung von Großgruppen, Organisationen oder sozialen Systemen.

Marxismus. Sammelbezeichnung für alle Theoretiker, die sich in ihrem Werk auf Marx beziehen und dessen Ideen weiterentwickelt haben.

Materialistische Geschichtsauffassung. Die von Marx entwickelte Auffassung, der zufolge die „materiellen" oder wirtschaftlichen Faktoren bei der Formung des historischen Wandels die Hauptrolle spielen.

Mikrosoziologie. Die Untersuchung des menschlichen Verhaltens in der Interaktion von Angesicht zu Angesicht (Face-to-face-Interaktion).

Moralischer Konsensus. Übereinstimmung zwischen den Mitgliedern einer Gruppe, Gemeinschaft oder Gesellschaft hinsichtlich grundlegender sozialer Werte. Manche Theoretiker der Soziologie messen dem Konsens als Grundlage der gesellschaftlichen Stabilität große Bedeutung bei. Diese Autoren meinen, alle einigermaßen dauerhaften Gesellschaften verfügten über ein „gemeinsames Wertsystem" konsensueller Glaubensvorstellungen, das von der Mehrheit der Bevölkerung geteilt werde.

Nicht-beabsichtigte Konsequenz. (Neben-)Folge des sozialen Handels, das zu anderen Zwecken gesetzt wurde. Viele der bedeutsamen Merkmale sozialer Aktivität sind von jenen, die daran teilnehmen, nicht beabsichtigt.

Pfadabhängigkeit. Anwendung des Bildes vom Wegenetz auf Entscheidungen und deren Folgen. An Kreuzungspunkten muss zwischen Alternativen gewählt werden, die folgenden Wege sind stabil, aber auch alternativlos. Entscheidungen an den Kreuzungspunkten sind dagegen instabil, d.h. dass geringfügige Einflüsse eine größere Rolle spielen können als nach einer erfolgten Entscheidung. Folglich sind zeitlich später liegende Entscheidungen durch früher erfolgte beschränkt.

Positivismus. Ein theoretischer Zugang, der das positiv, d.h. empirisch Gegebene in das Zentrum der wissenschaftlichen Arbeit stellt und sich dafür ausspricht, auf Spekulationen und Interpretationen zu verzichten. Aufgabe der positiven Wissenschaften sei es, die Natur und Gesellschaft bestimmenden Gesetzmäßigkeiten zu finden. In der Soziologie meint man damit, dass die Untersuchung der sozialen Welt nach dem Modell der exakten Naturwissenschaften erfolgen sollte. Ein positivistischer Zugang meint, dass objektives Wissen durch genaue Beobachtung, Vergleich und Experiment erreicht werden kann.

Proletariat. Bei Marx und im Marxismus verwendeter Name für die Arbeiterklasse, die im Kapitalismus von der herrschenden Klasse (die „Kapitalisten") ausgebeutet wird und sich nach Ansicht von Marx in einer Revolution von dieser Herrschaft befreien wird.

Rationalisierung. Ein von Weber verwendeter Begriff, um den Prozess zu bezeichnen, durch den Formen der präzisen Kalkulation und Organisation, die auf abstrakten Regeln und Verfahren beruhen, in zunehmendem Ausmaß die soziale Welt dominieren.

Relative Deprivation. Das Gefühle, zu kurz gekommen zu sein, das sich aus dem Vergleich der eigenen Lage mit der einer Bezugsgruppe ergibt.

Soziale Struktur. Muster der Interaktion zwischen Individuen oder Gruppen. Das soziale Leben läuft nicht zufällig ab. Ein Großteil unserer Aktivitäten ist strukturiert: Was wir tun, ist in regelmäßiger und immer wiederkehrender Weise organisiert. Obwohl der Vergleich irreführen kann, ist es zweckmäßig, sich die soziale Struktur einer Gesellschaft ungefähr wie die Tragbalken eines Gebäudes vorzustellen, die dieses zusammenhalten.

Soziale Tatsache. Von Durkheim benutzte Bezeichnung für jene Faktoren, die das soziale Handeln, Denken und Fühlen des Einzelnen mit zwingender Gewalt bestimmen. Diese kollektiven Vorstellungen (Sitten, Bräuche, Normen, Recht, Moral) führen ein Eigenleben unabhängig vom Individuum und integrieren den Einzelnen in die Gesellschaft. Sie sind nach Durkheim der spezifische Untersuchungsgegenstand der Soziologie.

Sozialer Mechanismus. Mit diesem Begriff wird ein hypothetischer Zusammenhang bezeichnet, der allgemeiner als eine bloße Beschreibung und konkreter als eine Theorie sein will. Von zentraler Bedeutung ist dabei das Auftreten einer Ursache, die einen möglichst genau umschriebenen Effekt hervorruft; eine sich selbst erfüllende Prognose (self-fulfilling prophecy), bei der eine anfänglich falsche Situationsdefinition zu realen Folgen führt, welche die anfänglich falsche Behauptung wahr werden lässt, ist ein bekanntes Beispiel eines sozialen Mechanismus.

Soziologie. Die Untersuchung menschlicher Gruppen und Gesellschaften mit besonderer Betonung der Analyse der industrialisierten Welt. Die Soziologie ist ein Zweig der Sozialwissenschaften, zu denen auch die Ethnologie, die Ökonomie, die Politikwissenschaft und die Sozialgeographie zählen. Die Trennlinien zwischen den verschiedenen Disziplinen sind nicht sehr scharf, und ihnen allen sind bestimmte Interessen, Begriffe und Methoden gemeinsam.

Soziologische Denkweise. Die Anwendung kreativen Denkens auf die Formulierung und Beantwortung soziologischer Fragen. Um soziologische Fantasie zu entwickeln, muss man sich von den vertrauten Routinen des Alltagslebens „fortdenken".

Strukturierung. Die wechselseitige Beeinflussung unseres individuellen Handelns, das die soziale Welt hervorbringt, die wiederum unser individuelles Handeln bestimmt.

Symbol. Ein Gegenstand, der verwendet wird, um für einen anderen zu stehen oder ihn zu repräsentieren, wie im Falle einer Flagge, die eine Nation symbolisiert.

Symbolischer Interaktionismus. Ein von George Herbert Mead entwickelter, theoretischer Zugang in der Soziologie, der die Rolle von Symbolen und Sprache als zentrale Elemente aller menschlichen Interaktion betont.

Tatsache. Das empirisch Gegebene, das unabhängig davon, ob es einem ge- oder missfällt, von der Soziologie erforscht wird und den elementaren Bestandteil von Theorien bildet.

Theoretischer Zugang. Eine Perspektive gegenüber dem gesellschaftlichen Leben, die sich von einer bestimmten theoretischen Tradition herleitet. Zu den wichtigsten theoretischen Traditionen der Soziologie gehören der Funktionalismus, der Strukturalismus, der symbolische Interaktionismus und der Marxismus. Theoretische Zugänge liefern eine allgemeine „Perspektive" für die Arbeit des Soziologen und beeinflussen nicht nur die Forschungsgebiete, sondern auch die Art und Weise, in der Forschungsprobleme identifiziert und behandelt werden.

Theorie. Ein Versuch, allgemeine Merkmale, die beobachtete Regelmäßigkeiten erklären, festzustellen. Die Konstruktion von Theorien ist ein zentrales Element aller soziologischen Arbeit. Theorien stehen zwar im Allgemeinen in enger Beziehung zu den breiteren theoretischen Zugängen, sind aber auch stark von den Forschungsergebnissen beeinflusst, die unter Anwendung ebendieser Theorien gewonnen wurden.

Theorien mittlerer Reichweite. Von Robert K. Merton entwickelte Konzeption von Theorien, die hinsichtlich des Grades der Abstraktion auf einer mittleren Position angesiedelt sind: Sie gehen über empirische Verallgemeinerungen hinaus, sind aber weniger abstrakt als die umfassenden Sozialtheorien. Daher sind sie empirisch überprüfbar.

Weiterführende Literatur

Berger, Peter L. ([1963] 1977), *Einladung zur Soziologie. Eine humanistische Perspektive,* München: Deutscher Taschenbuch Verlag.

Filme zum Thema

„Kitchen Stories" (Schweden 2003), Regie: Bent Hamer

„Der Mann mit der Kamera" (Sowjetunion 1929), Regie: Dsiga Wertow

„Der Untergang des amerikanischen Imperiums" (Kanada, Québec 1986), Regie: Denys Arcand

Internet-Tipps

Zur englischen Ausgabe dieses Lehrbuchs gibt es weiterführende Materialien
www.polity.co.uk/giddens5/

Die drei deutschsprachigen Berufsverbände der Soziologinnen und Soziologen haben eigene Websites, auf denen man auch Links zu anderen soziologisch bedeutsamen Websites findet.

Deutsche Gesellschaft für Soziologie
www.soziologie.de/

Österreichische Gesellschaft für Soziologie
www.oegs.ac.at/

Schweizer Gesellschaft für Soziologie
www.sagw.ch/soziologie/

Über Klassiker der Soziologie informiert folgende Webseite
agso.uni-graz.at/lexikon/

Ein Portal für deutschsprachige sozialwissenschaftliche Forschung ist
www.sowiport.de/de/home/ueberblick.html

Ein vergleichbares englischsprachiges Portal ist Intute
www.intute.ac.uk/socialsciences/

Globalisierung und
sozialer Wandel

Seit ungefähr einer halben Million Jahren gibt es Menschen auf der Welt. Ackerbau, die Voraussetzung für die Sesshaftigkeit, gibt es erst seit ca. 12.000 Jahren. Zivilisationen gibt es seit höchstens 6.000 Jahren. Wenn wir uns die gesamte bisherige Menschheitsgeschichte als einen Tag vorstellen, dann wäre der Ackerbau vier Minuten vor Mitternacht erfunden worden; die Zivilisation wäre drei Minuten vor Mitternacht entstanden. Die Entwicklung moderner Gesellschaften hätte gar erst 30 Sekunden vor Mitternacht eingesetzt! In den letzten 30 Sekunden dieses Menschentages hat sich aber möglicherweise ebenso viel verändert wie seit der Stunde null. Das Tempo des sozialen Wandels in der modernen Zeit ist leicht an den Fortschritten der technologischen Entwicklung ablesbar. Der Wirtschaftshistoriker David Landes drückte das in einer berühmt gewordenen Studie folgendermaßen aus:

> Die moderne Technologie produziert nicht nur schneller; sie erzeugt auch Gegenstände, die nach den handwerklichen Methoden von gestern unter keinen Umständen hergestellt werden könnten. Die beste indische Handspinnerin hätte kein so feines und regelmäßig angeordnetes Gewebe produzieren können, wie die Mule-Maschine es vermag; und alle Schmieden des christlichen Abendlandes im 18. Jahrhundert hätten nicht so breite, glatte und gleichartige Stahlplatten erzeugen können wie ein modernes Walzwerk. Vor allem aber hat die moderne Technologie Dinge hervorgebracht, die im vorindustriellen Zeitalter kaum hätten erdacht werden können: die Kamera, das Kraftfahrzeug, das Flugzeug, das ganze Angebot elektronischer Geräte, angefangen beim Radio bis hin zu den Datenverarbeitungsanlagen, dem Atomkraftwerk usw. usw. [...] Das Ergebnis war eine ungeheure Steigerung der Produktion und der Vielfalt des Güter- und Dienstleistungsangebots. Dies allein hat die menschliche Lebensweise stärker als alles andere seit der Entdeckung des Feuers verändert: Der Engländer des Jahres 1750 befand sich, was die Versorgung mit materiellen Gütern betrifft, in größerer Nähe zu den Legionären Caesars als zu seinen Urenkeln. (Landes 1973, S. 19)

Die Lebensweisen und sozialen Institutionen, die für die moderne Welt charakteristisch sind, unterscheiden sich vollkommen von jenen der jüngeren Vergangenheit. Während eines Zeitraumes von nur zwei oder drei Jahrhunderten – einer extrem kurzen Zeitspanne in der Menschheitsgeschichte – wurde das menschliche soziale Leben aus jenen Formen sozialer Ordnung herausgelöst, in denen die Menschen seit Tausenden von Jahren gelebt hatten.

Mehr als irgendeine Generation vor uns gehen wir einer ungewissen Zukunft entgegen. Die Lebensbedingungen der früheren Generationen waren immer unsicher: Die Menschen waren Naturkatastrophen, Seuchen und Hungersnöten ausgeliefert. Gegen solche Unwägbarkeiten sind wir in den Industrieländern heute weitgehend gefeit. Die Ungewissheit unserer Zukunft rührt von den sozialen Kräften her, die wir selbst freigesetzt haben.

In diesem Kapitel werden wir einige der Ursachen für den oben beschriebenen monumentalen sozialen Wandel erörtern und in die Debatte rund um einen der größten gegenwärtigen Transformationsprozesse einführen, nämlich die Globalisierung. Zuerst allerdings wenden wir uns der Analyse der wichtigsten Gesellschaftstypen der Vergangenheit zu, die in einigen Gegenden der Welt auch heute noch zu finden sind. Heutzutage sind wir gewohnt, dass Gesellschaften aus vielen Millionen Menschen bestehen, wovon viele zusammengeballt in Städten leben. Aber während der längsten Zeit der Menschheitsgeschichte war die Erde wesentlich dünner besiedelt als heute und erst in den vergangenen 100 Jahren gibt es Gesellschaften, in denen der Großteil der Bevölkerung in Städten lebt. Um die Gesellschaftsformen zu verstehen, die vor der modernen Industrialisierung existierten, müssen wir uns einer historischen Sichtweise bedienen.

Gesellschaftstypen

Eine untergehende Welt: Vormoderne Gesellschaften und ihr Schicksal

Die Entdecker, Händler und Missionare, die in Europas großem Entdeckungszeitalter ausgesandt wurden, trafen viele unterschiedliche Völker. So schrieb der Anthropologe Marvin Harris in seinem Buch *Kannibalen und Könige*:

In einigen Regionen – Australien, der Arktis, an den Südspitzen Afrikas und Südamerikas – stießen sie auf Gruppen, die noch so lebten wie Europas längst vergessene Steinzeitvorfahren: Horden von zwanzig bis dreißig Personen, die über riesige Gebiete verstreut lebten, sich ständig auf der Wanderschaft befanden und ausschließlich von der Jagd auf Tiere und dem Sammeln wildwachsender Pflanzen ernährten. Diese Jäger-Sammler schienen einer seltenen und bedrohten Spezies anzugehören. In anderen Regionen – den Wäldern des östlichen Nordamerika, den Dschungeln Südamerikas sowie in Ostasien – stießen sie auf dichtere Populationen, die mehr oder weniger ständig Dörfer bewohnten, deren Grundlage der Ackerbau war und die aus ungefähr ein oder zwei großen Gemeinschaftsgebäuden bestanden; aber auch hier waren Waffen und Werkzeuge Relikte aus der Vorgeschichte. [...] Andernorts allerdings fanden die Forschungsreisenden voll entfaltete Staaten und Imperien vor, an deren Spitze Despoten und herrschende Klassen standen und die von stehenden Heeren verteidigt wurden. Gerade diese großen Imperien mit ihren Städten, Monumenten, Palästen, Tempeln und Schätzen hatten all die Marco Polos und Kolumbusse über die Wüsten und Weltmeere hinweg angelockt. Da war China, das größte Kaiserreich der Welt, ein unermessliches, hoch kultiviertes Reich, dessen Herren die „rotgesichtigen Barbaren" verachteten und in ihnen Bittsteller aus belanglosen Königtümern jenseits der Grenzen der zivilisierten Welt sahen. Und da war Indien, ein Land, in dem Kühe verehrt wurden und die ungleichen Bürden des Lebens danach zugemessen wurden, welche Verdienste sich eine Seele in einer früheren Inkarnation erworben hatte. Und dann gab es da die amerikanischen Staaten und Reiche, Welten ganz eigener Prägung, die jede eine eigenständige Kunst und Religion besaßen: die Inkas mit ihren großen steinernen Festungen, Hängebrücken, zahllosen Kornspeichern und staatlich gelenkter Wirtschaft; die Azteken mit ihren blutdürstigen Göttern, die mit Menschenherzen gefüttert wurden, ein Volk, das sich auf beständiger Jagd nach frischen Opfergaben befand. (Harris 1978, S. 13f.)

Diese scheinbar unbegrenzte Vielfalt vormoderner Gesellschaften kann in vier größere Kategorien zusammengefasst werden, wobei jede von ihnen in Harris' Beschreibung erwähnt wird: Jäger und Sammler; größere Agrar- und Weidegesellschaften (mit der Nutzung von Ackerbau und Weideviehzucht); und nicht-industrielle Zivilisationen oder traditionelle Staaten (s. Tab. 2.1).

Typ	Zeitperiode des Auftretens	Besonderheiten
Jäger- und Sammlergesellschaften	50.000 v. u. Z. bis zur Gegenwart. Heute im Verschwinden begriffen.	– Bestehen aus einer kleinen Zahl von Menschen, die vom Jagen, Fischen und Sammeln von essbaren Pflanzen und Früchten leben. – Wenig Ungleichheit. – Rangunterschiede beschränken sich auf Alter und Geschlecht.
Agrargesellschaften	12.000 v. u. Z. bis heute. Die meisten sind heute Teil größerer staatlicher Einheiten und verlieren ihre Eigenheit.	– Kleine ländliche Gemeinschaften ohne Städte. – Lebensunterhalt wird durch Landwirtschaft bestritten, oft ergänzt durch Jagen und Sammeln. – Stärkere Ungleichheit als bei Jäger- und Sammlergesellschaften. – Regiert von Häuptlingen.
Weidegesellschaften	12.000 v. u. Z. bis heute. Die meisten sind heute Teil größerer staatlicher Einheiten, durch die ihre traditionelle Lebensweise untergraben wird.	– Größe variiert zwischen einigen Hundert und vielen Tausend Menschen. – Ernährung abhängig von Viehhaltung. – Gekennzeichnet von ausgeprägten Ungleichheiten. – Regiert von Häuptlingen oder Kriegskönigen.
Traditionelle Gesellschaften oder Zivilisationen	6.000 v. u. Z. bis ins 19. Jahrhundert. Alle traditionellen Staaten sind verschwunden.	– Sehr groß in Bevölkerungszahl, einige umfassen Millionen von Menschen (was im Vergleich zu größeren Industriegesellschaften dennoch klein ist). – Einige Städte, in denen Handel und Gewerbe konzentriert sind. – Hauptsächlich Landwirtschaft. – Bedeutende Ungleichheiten zwischen den Klassen. – Gesonderter Regierungsapparat ausgehend von einem König oder Kaiser.

Tab. 2.1: Typen vormoderner menschlicher Gesellschaften

Die frühesten Gesellschaften: Jäger und Sammler

Mit Ausnahme eines winzigen Teils unserer Existenz auf diesem Planeten haben die Menschen stets in kleinen Gruppen oder Stämmen in Jäger- und Sammlergesellschaften gelebt, die oft nicht mehr als 30 oder 40 Leute umfassten. Statt die Felder zu bestellen oder Tiere zu hüten, erwarben diese Gruppen ihren Lebensunterhalt, indem sie jagten, fischten und wild wachsende essbare Pflanzen sammelten.

Jäger- und Sammlergesellschaften

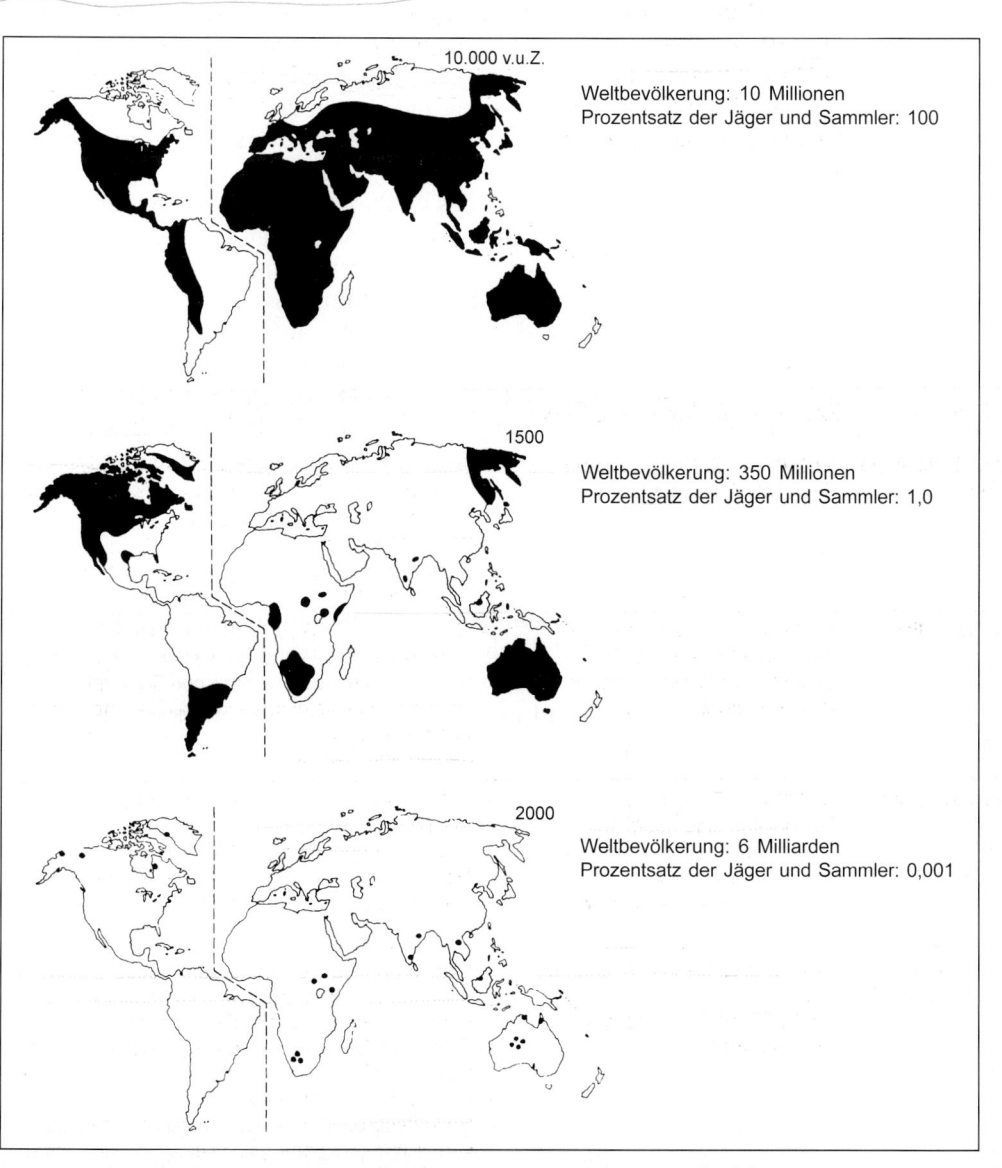

Abb. 2.1: Das Schwinden der Jäger- und Sammlergesellschaften im Vergleich zur Zunahme der Weltbevölkerung
Quelle: Lee (1968).

Jäger- und Sammlerkulturen gibt es noch heute in einigen Teilen der Welt, wie z.B. den Dschungeln Brasiliens oder Neuguineas, doch ein Großteil wurde durch die globale Ausbreitung der westlichen Kultur zerstört oder aufgesogen (s. Abb. 2.1), und die noch verbliebenen werden vermutlich nicht mehr lange überleben (Wolf 1986). Heute erhalten sich weniger als eine Viertelmillion Menschen auf der Welt vor allem durch Jagen und Sammeln – nur 0,01 Prozent der gesamten Weltbevölkerung (s. Abb. 2.1).

Verglichen mit größeren Gesellschaften – besonders mit modernen industriellen Systemen – findet sich in Jäger- und Sammlergruppen nur wenig Ungleichheit. Jäger und Sammler haben wenig Interesse, materiellen Wohlstand anzuhäufen, der über die Befriedigung ihrer Grundbedürfnisse hinausgeht. Ihre Hauptsorgen beziehen sich normalerweise auf religiöse Werte und auf zeremonielle und rituelle Handlungen.

Die von ihnen benötigten materiellen Güter beschränken sich auf Waffen für die Jagd, Werkzeuge für das Graben und Bauen, Fallen und Kochutensilien. Daher unterscheiden sich die Mitglieder der Gesellschaft hinsichtlich der Anzahl oder der Art ihrer materiellen Besitztümer kaum – es gibt keine Unterscheidung zwischen Reich und Arm. Unterschiede in der Stellung oder im Rang sind im Allgemeinen auf das Alter und das Geschlecht beschränkt. Praktisch überall scheinen die Männer die Jäger zu sein, während die Frauen Pflanzen sammeln, kochen und die Kinder aufziehen. Diese Arbeitsteilung zwischen Männern und Frauen ist allerdings folgenreich: Männer dominieren im Allgemeinen öffentliche und zeremonielle Positionen.

Jäger und Sammler sind nicht bloß „primitive" Völker, deren Lebensweise für uns ohne Interesse wäre. Wenn wir ihre Kulturen erforschen, können wir klarer erkennen, dass einige unserer Institutionen heute alles andere als „natürliche" Merkmale des menschlichen Lebens sind. Selbstverständlich sollten wir die Lebensumstände der Jäger und Sammler nicht idealisieren. Dennoch können wir, wenn Kriege und große Ungleichheiten hinsichtlich Wohlstand und Macht nicht vorkommen, sowie aus der Betonung von Kooperation statt Wettbewerb lernen, dass die Welt, die aus der modernen Zivilisation entstanden ist, nicht unbedingt mit „Fortschritt" gleichzusetzen ist.

Weide- und Agrargesellschaften

Vor ungefähr 20.000 Jahren wandten sich einige Jäger- und Sammlergruppen der Aufzucht gezähmter Tiere und der Bestellung des Bodens als Mittel, ihren Lebensunterhalt zu sichern, zu. **Weidegesellschaften** sind jene, die ihren Lebensunterhalt hauptsächlich mit gezähmten Tieren erwirtschaften, während **Agrargesellschaften** jene sind, die Ackerbau betreiben. Viele Gesellschaften hatten gemischte Weide- und Agrarwirtschaften.

Die Mitglieder von Weidegesellschaften züchten und hüten Tiere, wie z.B. Rinder, Schafe, Ziegen, Kamele oder Pferde, je nachdem, in welcher Umwelt diese Gesellschaften angesiedelt sind. In der modernen Welt gibt es noch immer viele Weidegesellschaften, die vor allem in Gebieten Afrikas, des Nahen Ostens und Zentralasiens zu finden sind. Diese Gesellschaften existieren üblicherweise in Regionen mit dichtem Grasbewuchs, in Wüsten oder in den Bergen. Solche Regionen eignen sich nicht sonderlich für den ertragreichen Ackerbau, doch es reicht aus, um verschiedene Arten von Weidetieren zu ernähren.

Weidegesellschaften wandern im Allgemeinen zwischen verschiedenen Gebieten hin und her, je nach Verlauf der Jahreszeiten. Da sie über tierische Transportmittel verfügen, überwinden sie weit größere Entfernungen als die Jäger- und Sammlervölker. Angesichts ihrer nomadischen Lebensgewohnheiten häufen die Mitglieder von Weidegesellschaften im Allgemeinen nicht sehr viele materielle Besitztümer an, obwohl ihre Lebensform materiell gesehen komplexer ist als jene der Jäger und Sammler.

Irgendwann begannen Jäger- und Sammlergruppen, ihre eigenen Felder zu bestellen, statt bloß wildwachsende Pflanzen zu sammeln. Diese Praxis entwickelte sich zunächst in Form der „Hortikultur", wie es üblicherweise genannt wird, wenn kleine Gärten mithilfe einfacher Hauen oder Grabwerkzeuge bestellt werden. Wie die Weidewirtschaft, liefert auch die Hortikultur einen verlässlicheren Vorrat an Nahrung, als er durch Jagen und Sammeln beschafft werden kann; daher kann der Gartenbau auch viel größere Gemeinschaften ernähren. Da sie nicht umherwandern, können solche Völker größere Bestände an materiellen Gütern aufbauen, als man sie in den Weidegesellschaften und in den Jäger- und Sammlergemeinschaften findet.

Land	Prozentsatz der Beschäftigten in der Landwirtschaft
Ruanda	90
Niger	90
Papua Neuguinea	85
Laos	80
Kambodscha	75
Industrielle Gesellschaften unterscheiden sich davon grundlegend:	
Japan	4,6
Australien	3,6
Deutschland	2,8
Kanada	2
Großbritannien	1,4
USA	0,6

Tab. 2.2: Agrargesellschaften heute
Quelle: CIA World Factbook (2008).

Nicht-industrielle Zivilisationen oder traditionelle Staaten

Seit ungefähr 6000 v. u. Z. finden wir Hinweise auf Gesellschaften, die größer als alle waren, die jemals davor existiert hatten, und die sich in deutlicher Weise von früheren Gesellschaftsformen unterschieden (Burns und Ralph 1974). Diese Gesellschaften basierten auf der Entwicklung von Städten, zeigten sehr ausgeprägte Ungleichheiten des Wohlstands und der Macht und wurden von Königen oder Kaisern beherrscht. Weil diese Gesellschaften über Schrift verfügten und Wissenschaft und Kunst blühten, werden sie oft *Zivilisationen* genannt.

Die frühesten Zivilisationen entwickelten sich im Nahen Osten, im Allgemeinen in fruchtbaren Flusslandschaften. Das Chinesische Reich entstand ungefähr um 2000 v. u. Z.; zu dieser Zeit gab es auch mächtige Staaten in den heute von Indien und Pakistan eingenommenen Gebieten. Eine Anzahl großer Zivilisationen existierte in Mexiko und Lateinamerika, wie etwa jene der Azteken auf der Halbinsel Yucatan und jene der peruanischen Inka.

Die meisten traditionellen Zivilisationen waren auch reich; sie fanden zu ihrer Größe durch die Eroberung und Einverleibung anderer Völker (Kautsky 1982). Das traf etwa auf das alte China oder das antike Rom zu. In seiner Hochblüte im ersten Jahrhundert nach Christus erstreckte sich das Römische Reich von Nordwesteuropa bis über den Mittleren Osten. Das Chinesische Kaiserreich, das über mehr als 2.000 Jahre bis zur Schwelle des 20. Jahrhunderts bestand, zog sich über die massive Region Ostasiens, die heute zum modernen China gehört.

Die moderne Welt: Industrialisierte Gesellschaften

Wie konnte es geschehen, dass Gesellschaftsformen, die bis vor zwei Jahrhunderten unsere gesamte Geschichte dominiert haben, zerstört wurden? Die kurze und bündige Antwort lautet: durch die Industrialisierung – ein Begriff, den wir bereits im ersten Kapitel eingeführt haben. Industrialisierung bezieht sich auf die Entstehung der maschinellen Produktion unter Verwendung unbelebter Energieformen (wie Dampf oder Elektrizität). Die industrialisierten Gesellschaften (die manchmal auch „moderne" oder „entwickelte" Gesellschaften genannt werden) unterscheiden sich in vieler Hinsicht drastisch von allen vorhergehenden Gesellschaftsordnungen, und ihre Entwicklung hat Auswirkungen gehabt, die weit über ihre europäischen Ursprünge hinausreichen.

Industrialisierung

industrialisierte Gesellschaften

Sogar in den fortgeschrittensten traditionellen Zivilisationen waren die meisten Menschen mit der Bestellung landwirtschaftlicher Nutzflächen befasst. Das relativ rudimentäre Niveau der technologischen Entwicklung gestattete es nur einer kleinen Minderheit, sich von der Bürde der landwirtschaftlichen Produktion zu befreien. Dagegen ist ein besonders charakteristisches Merkmal industrialisierter Gesellschaften die Tatsache, dass die große Mehrheit der arbeitenden Bevölkerung in Fabriken oder Büros anstatt in der Landwirtschaft beschäftigt ist. Über 90 Prozent der Menschen leben in großen und kleinen Städten, wo die meisten Arbeitsplätze zu finden sind, und beständig neue Arbeitsmöglichkeiten entstehen. Die größten Städte sind wesentlich größer als die städtischen Ansiedlungen traditioneller Zivilisationen. In Städten ist das soziale Leben unpersönlicher und anonymer als früher, da viele alltägliche Begegnungen zwischen Fremden und Menschen stattfinden, die einander noch nicht persönlich kennen. Große Organisationen, wie Großunternehmen oder Regierungsbehörden, erlangen Einfluss auf das Leben von praktisch jedem.

Die Rolle der Städte in der neuen globalen Weltordnung wird in Kapitel 17 – Städte und urbane Räume genauer behandelt.

Ein weiteres Merkmal moderner Gesellschaften sind ihre politischen Systeme, die wesentlich entwickelter und effizienter in der Durchsetzung sind als die Regierungsformen in traditionellen Staaten. In traditionellen Zivilisationen hatten die politischen Autoritäten (Könige und Kaiser) wenig direkten Einfluss auf die Sitten und Gebräuche der Mehrheit ihrer Untergebenen, die in ziemlich unabhängigen Dörfern lebten.

Mit der Industrialisierung beschleunigte sich das Transport- und Kommunikationswesen, wodurch eine besser integrierte „nationale" Gemeinschaft entstand.

Die industrialisierten Gesellschaften waren die ersten Nationalstaaten. Nationalstaaten sind politische Gemeinschaften, die durch klar definierte „Grenzen" voneinander getrennt werden. Im Gegensatz zu früheren Zeiten, als vage „Grenzregionen", die traditionelle Staaten voneinander zu trennen pflegten. In Nationalstaaten haben Regierungen weitreichende Macht über viele Aspekte des Lebens der Bürger; sie erlassen Gesetze, die allgemeine Geltung für alle Personen erheben, die innerhalb der nationalstaatlichen Grenzen leben. Die europäischen Staaten sind allesamt Nationalstaaten, wie praktisch alle anderen Gesellschaften in der heutigen Welt auch; allerdings sind manche davon noch recht jung und viele haben im Laufe der Zeit ihre äußeren Grenzen verändert.

Nationalstaat

Die industrielle Technologie war in ihrer Anwendung keineswegs auf friedliche Prozesse der ökonomischen Entwicklung beschränkt. Seit den frühesten Phasen der Industrialisierung wurden moderne Produktionsprozesse in den Dienst militärischer Zwecke gestellt, was die Formen der Kriegsführung radikal verändert hat; es entstanden Waffensysteme und Formen der militärischen Organisation, die jenen der nicht-industriellen Kulturen weit überlegen waren. Überlegene Wirtschaftskraft, politische Kohäsion und militärische Macht liegen der anscheinend unaufhaltsamen Ausbreitung westlicher Lebensformen während der letzten zwei Jahrhunderte zugrunde.

Globale Entwicklung

Vom 17. bis zum frühen 20. Jahrhundert errichteten die Länder des Westens in vielen Gebieten, die früher von traditionellen Gesellschaften bewohnt wurden, Kolonien – unter Einsatz ihrer überlegenen militärischen Stärke, falls dies notwendig war. Obwohl heute praktisch alle diese Kolonien ihre Unabhängigkeit erreicht haben, hat der Prozess der Kolonialisierung die soziale und kulturelle Landkarte des Erdballs neu gezeichnet. In

Kolonialisierung

einigen Regionen, wie in Nordamerika, Australien und Neuseeland, die nur dünn von Jäger- und Sammlergemeinschaften besiedelt waren, wurden die Europäer zur Mehrheitsbevölkerung. In anderen Gebieten, in großen Teilen Asiens, Afrikas und Südamerikas, blieben die ursprünglichen Bewohner in der Mehrheit.

Gesellschaften des ersten Typs, wie die Vereinigten Staaten, wurden industrialisiert. Jene der zweiten Kategorie befinden sich zumeist auf einem wesentlich niedrigeren Niveau der industriellen Entwicklung und **Dritte Welt** werden heute oft als Länder der Dritten Welt bezeichnet. Zu den Gesellschaften der Dritten Welt gehören die meisten afrikanischen Länder (wie Nigeria, Ghana oder Kenia) und Länder in Mittel- und Südamerika (z.B. Bolivien, Peru oder Guatemala). Da viele dieser Gesellschaften südlich der USA und Europas liegen, werden sie manchmal zusammen als der *Süden* bezeichnet und dem wohlhabenderen industrialisierten *Norden* gegenübergestellt. Der Ausdruck „Dritte Welt" wurde ursprünglich als Teil der Unterscheidung zwischen drei Haupttypen der Gesellschaft des 20. Jahrhunderts eingeführt.

Erste Welt Länder der Ersten Welt waren (und sind) die industrialisierten Staaten Europas, die Vereinigten Staaten, Australien, Neuseeland und Japan. Fast alle Gesellschaften der Ersten Welt haben Regierungsformen, die auf parlamentarischen Mehrparteiensystemen beruhen. Man unterschied sie von **Zweite Welt** den Gesellschaften der Zweiten Welt; der Ausdruck bezog sich auf die früher kommunistischen Staaten der damaligen Sowjetunion (UdSSR) und Osteuropas, darunter die ehemalige Tschechoslowakei, Polen, DDR und Ungarn. Die Gesellschaften der Zweiten Welt hatten zentral geplante Wirtschaftssysteme, die dem Privateigentum oder dem wirtschaftlichen Wettbewerb wenig Raum ließen. Sie waren auch Ein-Parteien-Staaten, die kommunistische Partei dominierte sowohl das politische als auch das wirtschaftliche System. Über viele Jahrzehnte hinweg war die Weltgeschichte von der Rivalität zwischen der Sowjetunion und den osteuropäischen Staaten auf der einen Seite und dem kapitalistischen Westen und Japan auf der anderen Seite geprägt. Heute ist diese Rivalität Geschichte. Mit der Beendigung des Kalten Krieges und der Auflösung des Kommunismus in der früheren Sowjetunion und Osteuropa ist die Zweite Welt praktisch verschwunden.

Wenngleich die Unterscheidung in drei Welten noch manchmal in Soziologielehrbüchern verwendet wird, hat sie ihre Nützlichkeit zur Beschreibung von Ländern heute verloren. Zum einen existiert die Zweite Welt der kommunistischen Staaten heute nicht mehr und Ausnahmen wie China verändern sich rasch in Richtung einer kapitalistischen Volkswirtschaft. Außerdem legt die Rangordnung in Erste, Zweite und Dritte Welt nahe, dass die Erste auch die beste und die Dritte die schlechteste wäre; aus diesem Grund soll die Einteilung am besten vermieden werden.

Die Entwicklungsgesellschaften

Viele Entwicklungsgesellschaften sind Länder Asiens, Afrikas und Süd-amerikas, die unter Kolonialherrschaft standen. Einige Kolonien wurden früh unabhängig, wie Haiti im Jahre 1804, das zur ersten unabhängigen schwarzen Republik ausgerufen wurde. Die spanischen Kolonien in Süd-amerika erlangten ihre Unabhängigkeit um 1810, während Brasilien die portugiesische Herrschaft 1822 beendete. Allerdings sind viele Entwick-lungsgesellschaften erst nach dem Zweiten Weltkrieg unabhängige Staa-ten geworden und dies häufig erst nach blutigen Befreiungskriegen. Bei-spiele hierfür sind Indien und andere asiatische Länder (wie Burma, Ma-laysia und Singapur) und Länder in Afrika (wie etwa Kenia, Zaire, Tansa-nia und Algerien).

Während die Entwicklungsgesellschaften auch traditionelle Völker umfassen, so unterscheiden sie sich doch sehr von frühen traditionellen Gesellschaften. Ihre politischen Systeme sind jenen nachempfunden, die zuerst in Staaten des Westens etabliert wurden – d.h. sie sind National-staaten. Und obwohl der größere Teil der Bevölkerung noch immer auf dem Land lebt, erleben viele dieser Gesellschaften einen raschen Urbani-sierungsprozess. Die Landwirtschaft dominiert zwar noch die Wirtschaft, doch die Güter werden heute oft eher für den Verkauf auf dem Weltmarkt hergestellt als für den lokalen Konsum. Entwicklungsgesellschaften sind nicht bloß Gesellschaften, die den industrialisierteren Gebieten „nachhin-ken". Sie sind zu einem großen Teil nur durch den Kontakt mit dem west-lichen Industrialismus entstanden, der die früheren traditionelleren Sys-teme untergraben hat.

Die Lebensbedingungen in manchen der ärmsten Länder haben sich in den vergangenen Jahren eher verschlechtert als verbessert. Immer noch lebt etwa eine Milliarde Menschen von weniger als einem Dollar pro Tag.

Die Armut in der Welt konzentriert sich besonders auf Süd- und Ost-asien und auf Afrika und Lateinamerika, obwohl es einige bedeutende Unterschiede zwischen diesen Regionen gibt. So ist etwa die Zahl der Ar-men in Ostasien in den vergangenen zehn Jahren zurückgegangen, wäh-rend sie in den Ländern südlich der Sahara zugenommen hat. In den 1990er Jahren ist in dieser Region die Zahl der Menschen, die von weniger als einem Dollar pro Tag leben müssen, von 241 Millionen auf 315 Millionen gestiegen (World Bank 2004). Außerdem kam es zu bedeutenden Zuwäch-sen an Armut in Teilen Südasiens, Lateinamerikas und der Karibik. Viele der ärmsten Länder der Welt leiden auch unter einer hohen Schuldenbelas-tung. Die Zinszahlungen für Kredite anderer Länder können sogar die öf-fentlichen Ausgaben für Gesundheit, Bildung und Wohlfahrt übersteigen.

Globale Armut wird ausführlicher im Kapitel 20 – Globale Ungleichheit behan-delt.

Die Schwellenländer

Während die meisten Länder der Dritten Welt hinter den Gesellschaften des Westens hinterherhinken, haben einige von ihnen einen Industrialisie-rungsprozess eingeleitet. Man bezeichnet sie manchmal auch als Schwel-

Schwellenländer

lenländer (neu industrialisierte Länder): Brasilien und Mexiko in Südamerika, sowie Hongkong, Südkorea, Singapur und Taiwan in Ostasien gehören dazu. Das Wirtschaftswachstum der erfolgreichsten unter den Schwel-

Typ	Zeitperiode des Auftretens	Besonderheiten
Erste Welt	18. Jahrhundert bis zur Gegenwart	– Grundlage der Wirtschaft ist industrielle Produktion und freies Unternehmertum. – Mehrheit der Bevölkerung lebt in Städten, einige wenige arbeiten in der Landwirtschaft und leben in ländlichen Siedlungen. – Bedeutende Ungleichheiten zwischen den Klassen, wenngleich weniger ausgeprägt als in traditionellen Staaten. – Eigenständige politische Einheiten oder Nationalstaaten wie die westlichen Länder, Japan, Australien und Neuseeland.
Zweite Welt	Frühes 20. Jahrhundert (in Folge der Russischen Revolution 1917) bis in die frühen 1990er Jahre	– Grundlage der Wirtschaft ist industrielle Produktion, aber zentral geplant. – Kleiner Anteil der Bevölkerung arbeitet in der Landwirtschaft, die meisten Menschen leben in Städten. – Bedeutende Klassenunterschiede bleiben bestehen. – Eigenständige politische Einheiten oder Nationalstaaten. – Bis 1989 bestehend aus der Sowjetunion und Osteuropa, aber sozialer und politischer Wandel verwandelte dieses ins marktwirtschaftliche Wirtschaftssystem nach dem Modell der „ersten Welt".
Entwicklungsländer („Dritte Welt")	18. Jahrhundert (Kolonien) bis zur Gegenwart	– Mehrheit der Bevölkerung in der Landwirtschaft tätig, setzt traditionelle Produktionsmethoden ein. – Einige landwirtschaftliche Produkte und Rohstoffe werden auf dem Weltmarkt verkauft. – Einige haben freie Marktwirtschaften, während andere planwirtschaftlich organisiert sind. – Eigenständige politische Einheiten oder Nationalstaaten wie China, Indien, die meisten afrikanischen und südamerikanischen Nationen.
Schwellenländer	1970 bis zu heute	– Frühere Entwicklungsländer, die nun auf industrieller Produktion und allgemein freier Marktwirtschaft basieren. – Mehrheit der Bevölkerung lebt in Städten, einige wenige arbeiten in der Landwirtschaft. – Bedeutende Ungleichheiten zwischen den Klassen, stärker ausgeprägt als in den Gesellschaften der Ersten Welt. – Durchschnittliches Pro-Kopf-Einkommen ist wesentlich niedriger als in den Gesellschaften der Ersten Welt. – Umfassen: Hongkong, Südkorea, Singapur, Taiwan, Brasilien und Mexiko.

Tab. 2.3: Moderne Gesellschaften

lenländern, wie z.B. in Ostasien, erreicht ein Vielfaches der meisten westlichen Industrienationen. Noch 1968 befand sich unter den 30 größten Exportländern von industriellen Erzeugnissen kein einziges Entwicklungsland, 25 Jahre später jedoch war Südkorea bereits unter den ersten 15.

In den Schwellenländern Ostasiens hielt die wirtschaftliche Prosperität bisher am längsten an. Sie investieren im Ausland genauso wie sie das Wirtschaftswachstum zu Hause vorantreiben. Südkorea ist nunmehr weltweit die Nummer eins in der Stahl- und Schiffsbauindustrie und ist gerade dabei, sich den Großteil des Elektronikweltmarktes zu sichern. Singapur entwickelt sich zum wichtigsten Finanz- und Handelszentrum Südostasiens. Taiwan spielt bei der Herstellung von dauerhaften Konsumgütern und elektronischen Geräten eine wichtige Rolle. Alle diese Entwicklungen hatten direkte Auswirkungen auf Länder wie die USA, deren Anteil z.B. an der weltweiten Stahlproduktion während der letzten 30 Jahre stark zurückgegangen ist (siehe dazu auch Typen moderner Gesellschaften in Tabelle 2.3).

Sozialer Wandel

Wir sahen am Beginn dieses Kapitels, wie die moderne Welt von Lebensweisen und sozialen Institutionen gekennzeichnet ist, die sich radikal von jenen der – sogar jüngeren – Vergangenheit unterscheiden. Sozialer Wandel ist nicht leicht zu definieren, weil sich ja alles immer verändert. Jeder Tag ist ein neuer Tag, jeder Augenblick ist ein neuer Zeitpunkt. Der griechische Philosoph Heraklit wies darauf hin, dass niemand zweimal in den gleichen Fluss steigen kann. Beim zweiten Mal ist der Fluss ein anderer, weil das Wasser weitergeflossen ist und sich auch der Mensch leicht verändert hat. Obwohl diese Beobachtung in einer bestimmten Hinsicht richtig ist, möchten wir natürlich normalerweise sagen, dass der Fluss und die Person noch dieselben sind. Die Gestalt des Flusses und das physische und persönliche Erscheinungsbild der Person mit den nassen Füßen sind ähnlich genug, dass beide im Wandel „die gleichen" bleiben. Wie erklären Soziologen davon ausgehend die Veränderungsprozesse, die das Leben der Menschen so grundlegend beeinflussen?

Einen bedeutsamen Wandel zu identifizieren heißt aufzuzeigen, wie weit es innerhalb einer bestimmten Zeitspanne Änderungen bei der einem Objekt oder einer Situation *zugrunde liegenden Struktur* gibt. Im Falle der menschlichen Gesellschaften müssen wir, um zu entscheiden, wie weit und auf welche Art und Weise ein System einem Wandlungsprozess unterliegt, zeigen, bis zu welchem Grad es in einem bestimmten Zeitraum zu einer Änderung der *Basisinstitutionen* kommt. Ein Nachzeichnen des Wandels bedeutet auch, dass gezeigt werden muss, was gleich bleibt, um eine Kontrastfolie der Veränderungen zu gewinnen. Sogar die sich rasch wandelnde heutige Welt weist Kontinuitäten mit der weit zurückliegenden Vergangenheit auf. Die großen Religionssysteme z.B., wie das Christentum oder der Islam, halten ihre Bande mit den vor vielen Hunderten Jahren eingeführten Ideen und Riten aufrecht. Die meisten Institutionen in den modernen Gesellschaften ändern sich jedoch offensichtlich wesentlich schneller als die Institutionen in der traditionellen Welt.

Einflüsse auf den sozialen Wandel

Gesellschaftstheoretiker haben während der letzten zwei Jahrhunderte versucht, eine vereinheitlichende Theorie zu entwickeln, die das Wesen des sozialen Wandels erklärt. Doch keine mono-kausale Theorie hat die Chance, der Vielfalt der menschlichen sozialen Entwicklung von den Jäger- und Sammler- und den Weidegesellschaften hin zu den traditionellen Zivilisationen und schließlich zu den hochkomplexen sozialen Systemen von heute Rechnung zu tragen. Wir können allerdings drei Hauptfaktoren, die stets den sozialen Wandel beeinflusst haben, identifizieren: die *kulturellen Faktoren, die physische Umgebung* und die *politische Organisation*.

Kulturelle Faktoren

Der erste Haupteinfluss auf den sozialen Wandel besteht aus kulturellen Faktoren, wozu die Auswirkungen der Religion, der Kommunikationssysteme und der Führerschaft gehören. Religion kann im sozialen Leben entweder als konservative oder als innovative Kraft wirken. Einige Formen religiösen Glaubens und Kultes haben den Wandel gebremst und betonten vor allem die Notwendigkeit, traditionelle Werte und Rituale beizubehalten. Wie Weber hervorhebt, spielen aber religiöse Überzeugungen häufig beim Druck in Richtung sozialer Veränderungen eine Rolle. Ein besonders wichtiger kultureller Einfluss, der den Charakter und das Tempo des Wandels mitbestimmt, sind Kommunikationssysteme. Die Erfindung der Schrift beeinflusste beispielsweise den sozialen Wandel auf mehrfache Art. Man konnte Aufzeichnungen führen, die es ermöglichten, materielle Ressourcen besser zu verwalten, was wiederum die Voraussetzung für die Entwicklung großer Organisationen war. Zusätzlich änderte die Schrift die menschliche Wahrnehmung der Beziehung zwischen Vergangenheit, Gegenwart und Zukunft. Gesellschaften, die eine Schrift besitzen, haben Aufzeichnungen über vergangene Ereignisse und wissen, dass sie selbst eine Geschichte haben. Die Geschichte zu verstehen, kann dazu dienen, einen Sinn für die generelle Bewegung oder Entwicklungslinie zu bekommen, die eine Gesellschaft verfolgt, und die Menschen können diese dann aktiv weiter fördern.

Zu den kulturellen Faktoren gehört auch der Einfluss der *Führerschaft*. Einzelne Führer haben einen enormen Einfluss auf bestimmte Phasen und Aspekte der Weltgeschichte gehabt; man braucht nur an die großen religiösen Führer zu denken (wie Jesus), an einzelne politische oder militärische Führer (wie Julius Caesar) oder an Erneuerer in der Naturwissenschaft oder in der Philosophie (wie Isaac Newton). Ein Führer, der in der Lage ist, eine dynamische Politik zu verfolgen, und der sich eine Massengefolgschaft sichert, oder jemand, der vorher existierende Denkweisen radikal ändern kann, kann die festgefügte Ordnung der Dinge umstürzen. Der klassische Soziologe Max Weber untersuchte die Bedeutung charismatischer Führer für den sozialen Wandel sehr eingehend.

Webers Vorstellung von Führerschaft wird im Kapitel 13 – Religion in der modernen Gesellschaft ausführlicher behandelt.

Einzelpersonen können jedoch nur dann Führungspositionen erreichen und mit ihren Handlungen Erfolg haben, wenn dafür günstige soziale Bedingungen bestehen. Adolf Hitler war z.B. in der Lage, in den 30er Jahren des vergangenen Jahrhunderts die Macht zu ergreifen, weil Deutschland zu dieser Zeit großen Spannungen und Krisen ausgesetzt war. Wenn es diese Umstände nicht gegeben hätte, wäre er wahrscheinlich eine obskure Figur innerhalb einer kleinen politischen Splittergruppe geblieben. Dasselbe traf später auf Mahatma Gandhi zu, den berühmten, pazifistischen Führer Indiens in der Zeit nach dem Zweiten Weltkrieg. Es gelang Gandhi in wirksamer Weise, an der Loslösung seines Landes von Großbritannien mitzuwirken, da der Krieg und andere Ereignisse die bestehenden kolonialen Einrichtungen Indiens erschüttert hatten.

Die physische Umwelt

Auch die physische Umgebung hat häufig Auswirkungen auf die Entwicklung der menschlichen sozialen Organisation. Dies wird am deutlichsten unter extremeren Umweltbedingungen, wo Menschen ihre Lebensform in Abhängigkeit von klimatischen Bedingungen organisieren müssen. Menschen, die in Alaska leben, wo die Winter lang und kalt sind, haben im Allgemeinen andere Muster des sozialen Lebens als Menschen, die in den viel wärmeren Mittelmeerländern leben. Die Bewohner von Alaska verbringen einen höheren Anteil ihres Lebens in ihren Wohnungen, und mit Ausnahme einer kurzen sommerlichen Periode planen sie ihre Aktivitäten angesichts der unwirtlichen Umgebung, in der sie leben, mit großer Sorgfalt.

Auch weniger extreme physische Bedingungen beeinflussen oft die Gesellschaft. Die indigene australische Bevölkerung bestand immer aus Jägern und Sammlern, da auf dem Kontinent kaum einheimische Pflanzen wuchsen, die sich für einen regelmäßigen Anbau eigneten, und da es keine Tiere gab, die domestiziert werden konnten, um Viehzucht zu entwickeln. Die frühen Zivilisationen entstanden hauptsächlich in Gegenden mit fruchtbarem Ackerland, z.B. in einem Flussdelta. Andere Faktoren, wie z.B. günstige Verkehrsverbindungen auf dem Landweg oder die Nähe von Seewegen sind ebenfalls wichtig. Gesellschaften, die von anderen durch Gebirgszüge, undurchdringliche Urwälder oder Wüsten abgeschnitten sind, bleiben oft über lange Zeiträume relativ unverändert.

Der direkte Einfluss der Umwelt auf den sozialen Wandel ist jedoch geringer, als man vermuten könnte. Sogar Völker, die nur einfache Techniken kennen, entwickeln manchmal in relativ unwirtlichen Gegenden einen beträchtlichen produktiven Reichtum. Dies trifft z.B. auf die Einwohner von Alaska zu, denen es gelang, die Bodenschätze an Öl und Mineralien trotz der harschen natürlichen Umgebung, in der sie lebten, auszubeuten. Umgekehrt haben Jäger und Sammler häufig in sehr fruchtbaren

Regionen gelebt, ohne sich zu einer Viehzüchter- oder Ackerbaugesellschaft zu entwickeln.

Die politische Organisation

Ein dritter, wichtiger Einflussfaktor bei sozialen Veränderungen ist die Art und Weise der politischen Organisation. In Jäger- und Sammlergesellschaften ist dieser Einfluss minimal, weil es keine spezifischen politischen Instanzen gibt, die die Gemeinschaft mobilisieren können. In allen anderen Gesellschaftstypen beeinflusst das Vorhandensein eines spezifischen politischen Entscheidungsträgers – Häuptlinge, Lehnsherren, Könige oder Regierungen – den Entwicklungsgang der Gesellschaft nachhaltig. Politische Systeme sind nicht, wie Marx glaubte, Ausdruck einer zugrunde liegenden Wirtschaftsorganisation. In Gesellschaften, die ähnliche Produktionssysteme haben, können die Formen der politischen Ordnung sehr verschieden sein. Zum Beispiel hatten manche Gesellschaften, die auf dem industriellen Kapitalismus beruhen, autoritäre politische Systeme (Beispiele sind Nazi-Deutschland und Südafrika unter dem System der Apartheid) während andere wesentlich demokratischer sind (z.B. die Vereinigten Staaten von Amerika, Großbritannien oder Schweden).

Die militärische Macht spielt bei der Etablierung der meisten traditionellen Staaten eine grundlegende Rolle – ihr Einfluss auf die weitere Entwicklung oder Expansion war ebenso wichtig. Die Beziehungen zwischen dem Produktionsniveau und der militärischen Stärke sind wiederum ziemlich indirekt. Ein Herrscher kann auch dann, wenn dadurch ein Großteil der Bevölkerung verarmt, beschließen, die Ressourcen z.B. in den Aufbau des Militärs zu investieren – wie dies in Nordkorea unter der Herrschaft von Kim Il Sung und Kim Jong Il geschehen ist.

Der Wandel in der modernen Periode

Womit lässt sich erklären, dass sich während der beiden letzten Jahrhunderte, das Zeitalter der Moderne zunehmend schneller gewandelt hat? Obwohl es sich dabei natürlich um ein sehr komplexes Thema handelt, so ist es nicht schwer, einige Faktoren zu nennen, die dabei eine Rolle gespielt haben. Es überrascht nicht, dass sie nach ähnlichen Kriterien eingeteilt werden können wie jene, die den sozialen Wandel in der Geschichte beeinflusst haben. Wenn wir sie analysieren, werden wir den Einfluss der physischen Umwelt im Kontext unserer Erörterung der allgemeinen wirtschaftlichen Einflussfaktoren behandeln.

Kulturelle Einflüsse

Unter den kulturellen Faktoren, die auf die Prozesse des Wandels in der modernen Zeit einwirkten, haben vor allem die Entwicklung der Wissenschaft und die Säkularisierung des Denkens zum *kritischen* und *innovativen* Charakter der modernen Weltsicht beigetragen. Wir gehen nicht länger davon aus, dass die Bräuche und Gewohnheiten hauptsächlich deswegen akzeptabel sind, weil sie sich auf die Autorität der Tradition stützen können. Ganz im Gegenteil, vielmehr erfordert unsere Lebensform in zunehmendem Ausmaß eine „rationale" Basis. Der Entwurf für den Bau eines Spitals wird beispielsweise in der Hauptsache nicht auf überlieferten Vorlieben beruhen, sondern auf seiner Funktionalität – also auf seiner Fähigkeit, den Bedürfnissen der Kranken in effizienter Weise entgegenzukommen.

Nicht nur die Art und Weise, *wie* wir denken, sondern auch der *Inhalt* unserer Ideen hat sich gewandelt. Ideale der Selbstvervollkommnung, der Freiheit, der Gleichheit und der demokratischen Beteiligung sind weitgehend Erfindungen der vergangenen zwei oder drei Jahrhunderte, und diese Ideale haben weitreichende Prozesse des sozialen und politischen Wandels bis hin zu Revolutionen vorangetrieben. Diese Ideen ruhen nicht in der Tradition, sondern rufen nach einer beständigen Änderung der Lebensweisen im Sinne einer Besserung der Menschheit. Obwohl sie ursprünglich im Westen entstanden sind, haben sich diese Ideale in der ganzen Welt verbreitet und den weltweiten Wandel vorangetrieben.

Wirtschaftliche Einflüsse

Der wichtigste wirtschaftliche Einflussfaktor ist der *industrielle Kapitalismus.* Der Kapitalismus unterscheidet sich grundlegend von vorherigen Produktionssystemen, weil er eine stetige Ausweitung der Produktion und eine ständig steigende Akkumulierung von Reichtum mit sich bringt. In den traditionellen Produktionssystemen waren die Produktionsniveaus ziemlich statisch und auf die überlieferten, gewohnten Bedürfnisse abgestimmt. Die kapitalistische Entwicklung fördert die immer wiederkehrende Erneuerung der Produktionstechnologie, ein Prozess, in den die Wissenschaft immer stärker hineingezogen wird. Die in der modernen Industrie übliche technologische Innovationsrate ist weitaus größer als in zuvor bestehenden Wirtschaftsordnungen.

Den Einfluss wirtschaftlicher Faktoren auf den sozialen Wandel behandeln wir im Kapitel 20 – Globale Ungleichheit genauer, wo auch Immanuel Wallersteins Weltsystem-Theorie diskutiert wird.

Denken wir nur an die gegenwärtige Entwicklung der Informationstechnologie. In kürzester Zeit hat sich die Rechenkapazität von Computern um ein Vieltausendfaches erhöht. In den 1960er Jahren bestand ein großer Computer aus Tausenden, handgefertigten Steckverbindungen; ein vergleichbares Gerät heute ist nicht nur um vieles kleiner, sondern benötigt auch nur einige wenige Elemente in einem Halbleiter-Chip.

Die Auswirkungen von Wissenschaft und Technologie auf unsere Lebensweise können hauptsächlich von ökonomischen Faktoren bestimmt sein, reichen jedoch über die ökonomische Sphäre hinaus. Wissenschaft und Technologie beeinflussen politische und kulturelle Faktoren und werden umgekehrt von Letzteren beeinflusst. So leisteten wissenschaftliche und technologische Entwicklungen einen Beitrag zur Gestaltung moderner Kommunikationsformen, wie zur Entwicklung von Radio und Fernsehen. Wie wir gesehen haben, haben die elektronischen Kommunikationsformen in den letzten Jahren Veränderungen der Politik bewirkt. Das Radio, das Fernsehen und die anderen elektronischen Medien haben schließlich auch unsere ganze Sichtweise und unsere Erfahrung der Welt verändert.

Politische Einflüsse

Der dritte wichtige Einfluss auf den Wandel in der modernen Zeit sind politische Entwicklungen. Der Kampf der Nationen um die Ausdehnung ihrer Macht, um die Vermehrung ihres Reichtums und um den militärischen Sieg über ihre Konkurrenten war ein Motor des Wandels in den letzten zwei bis drei Jahrhunderten. In den traditionellen Kulturen war der politische Wandel normalerweise auf die Eliten beschränkt. Eine aristokratische Familie konnte z.B. eine andere als Herrscher ersetzen, ohne dass sich das Leben des Großteils der Bevölkerung wesentlich änderte. Das gilt nicht für die modernen politischen Systeme, in denen die Aktivitäten der politischen Führer und der Regierungsbeamten das Leben der Masse der Bevölkerung fortwährend beeinflussen. Die politischen Entscheidungen treiben den Wandel sowohl extern als auch intern voran und geben ihm eine Richtung; dies war früher in weit geringerem Ausmaß der Fall.

Die politische Entwicklung in den vergangenen zwei bis drei Jahrhunderten hat den wirtschaftlichen Wandel sicher ebenso sehr beeinflusst wie der wirtschaftliche Wandel die Politik. Die Regierungen spielen jetzt eine wichtige Rolle bei der Stimulierung des Wirtschaftswachstums (und manchmal bei dessen Dämpfung), und in allen Industriegesellschaften greift der Staat nachhaltig in die Produktion ein; zudem ist die Regierung bei Weitem der größte Arbeitgeber. Militärische Faktoren und Kriege waren ebenfalls wichtig. Die militärische Stärke der westlichen Nationen ermöglichte es ihnen, vom 17. Jahrhundert an auf alle Länder der Welt Einfluss zu nehmen und unterstützte die weltweite Verbreitung der westlichen Lebensart. Im 20. Jahrhundert waren die Auswirkungen der beiden Weltkriege nachhaltig – die Zerstörung vieler Länder machte einen Prozess des Wiederaufbaus notwendig, der wiederum wichtige institutionelle Veränderungen, z.B. in Deutschland und Japan nach dem Ende des Zweiten Weltkrieges, hervorbrachte. Auch die Siegermächte hatten mit den wirtschaftlichen Folgen des Krieges zu kämpfen und erlebten grundlegende institutionelle Veränderungen.

Globalisierung

Globalisierung Der Begriff Globalisierung hat in den vergangenen Jahren in Debatten in der Politik, in der Geschäftswelt und in den Medien große Aufmerksamkeit gefunden. Noch vor etwa zehn Jahren war der Begriff Globalisierung relativ unbekannt. Heute scheint er in aller Munde zu sein. Globalisierung bezieht sich auf die Tatsache, dass wir alle zunehmend in einer Welt leben, in der Individuen, Gruppen und Nationen voneinander wechselseitig abhängig werden (*Interdependenz*).

Globalisierung wird oft nur als ein wirtschaftliches Phänomen dargestellt. Viel Aufhebens wird um die Rolle multinationaler Konzerne gemacht,
deren massive wirtschaftliche Operationen sich über nationale Grenzen
hinweg ausdehnen und so die globalen Produktionsprozesse und die internationale Arbeitsteilung beeinflussen. Andere verweisen auf die elektronische Vernetzung von globalen Finanzmärkten und die enormen weltweiten Kapitalflüsse. Wieder andere beziehen sich auf den unvergleichli-
chen Umfang des Welthandels, der eine viel größere Bandbreite von Gütern und Dienstleistungen umfasst als je zuvor.

Obwohl ökonomische Kräfte ein integraler Bestandteil der Globalisierung sind, wäre es falsch zu behaupten, dass allein sie Globalisierung hervorbringen. Globalisierung entsteht durch das Zusammenwirken von politischen, sozialen, kulturellen und ökonomischen Faktoren. Sie wurde vor
allem durch die Entwicklung der Informations- und Kommunikationstechnologien vorangetrieben, die die Geschwindigkeit und den Umfang der
Interaktion zwischen Menschen überall auf der Welt vergrößert haben. Ein
einfaches Beispiel ist die Fußball-Weltmeisterschaft. Durch globale Fern-
sehübertragungen werden heutzutage einzelne Spiele von Milliarden von
Menschen auf der ganzen Welt gesehen.

Faktoren, die zur Globalisierung beitragen

Was erklärt den Aufstieg der Globalisierung? Wie wir bereits gesehen haben, ist sozialer Wandel ein komplexes Phänomen, aber einige Faktoren
lassen sich leicht feststellen: vor allem der Ausbau der Informations- und
Kommunikationstechnologien und bestimmte wirtschaftliche und politische Faktoren.

Der Aufstieg der Informations- und Kommunikationstech-nologien

Der explosionsartige Anstieg der globalen Kommunikation wurde durch
einige wichtige Fortschritte in der Technologie und der Telekommunikationsinfrastruktur ermöglicht. Nach dem Zweiten Weltkrieg setzte eine tief
greifende Umwandlung, bezogen auf den Umfang und die Intensität der
Telekommunikationsflüsse, ein. Traditionelle telefonische Kommunikation, die von analogen Signalen abhing, die über Drähte und Kabel mithilfe
mechanischer Verbindungen übertragen wurden, wurde von integrierten
Systemen abgelöst, in denen große Datenmengen komprimiert und digital
übertragen werden. Die Kabeltechnologie ist effizienter und billiger geworden; durch die Entwicklung von Glasfaserkabeln hat sich die Zahl der
Übertragungskanäle dramatisch erhöht. Während die ersten transatlanti-
schen Kabel, die in den 1950er Jahren verlegt wurden, gerade einmal 100
Ferngespräche herstellen konnten, ermöglichte 1997 ein einziges trans-
ozeanisches Kabel 600.000 Verbindungen (Held u.a. 1999). Die Ausbreitung von Kommunikationssatelliten begann in den 1960er Jahren und hat
bedeutend zur Ausdehnung internationaler Kommunikation beigetragen.

Heute besteht ein Netzwerk von über 200 Satelliten, das den Transfer von Information rund um den Erdball ermöglicht.

Die Wirkung dieser Kommunikationssysteme war umwerfend. In Ländern mit hoch entwickelter Telekommunikationsinfrastruktur verfügen Haushalte und Büros heute über eine Vielzahl an Verbindungen zur Außenwelt, wie Telefone (sowohl Festnetz wie auch Mobiltelefone), Digital-Satelliten- und Kabelfernsehen, E-Mail und Internet. Das Internet ist das am raschesten wachsende Kommunikationsmittel, das je entwickelt wurde – um die 140 Millionen Menschen nutzten 1998 weltweit das Internet. Für 2005 schätzte man etwa 1 Milliarde weltweite Nutzer (s. Abb. 2.2).

Diese Technologie ermöglicht die Kompression von Zeit und Raum: Zwei Menschen an unterschiedlichen Plätzen der Erde – etwa Tokio und

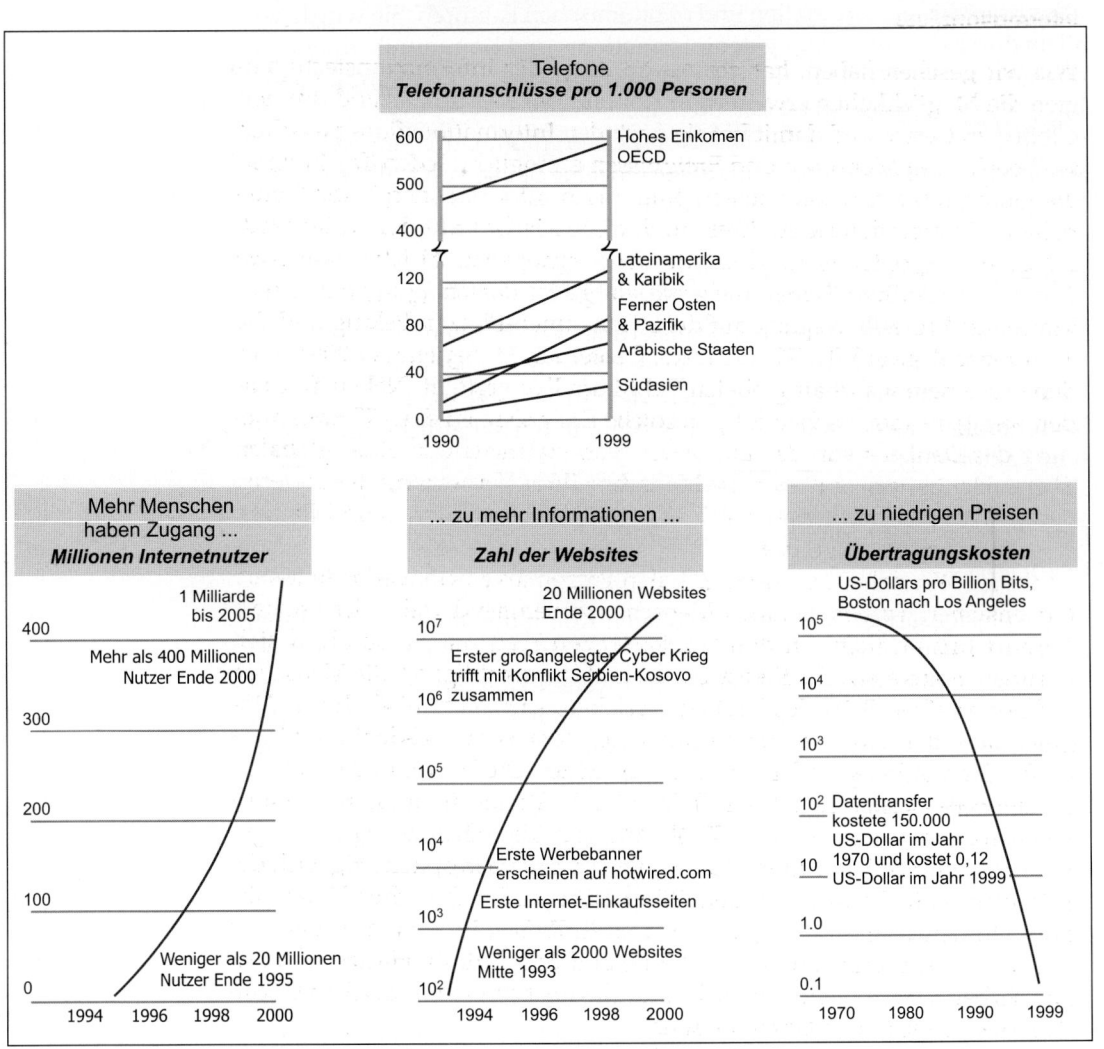

Abb. 2.2: Der Aufstieg der Informations- und Kommunikationstechnologie
Quelle: UNDP (2001), S. 32 und S. 41.

Zürich – können sich nicht nur in Echtzeit miteinander unterhalten, sondern können einander mithilfe der Satellitentechnologie auch Dokumente und Bilder senden. Die weite Verbreitung von Internet und Mobiltelefonen vertieft und beschleunigt die Globalisierungsprozesse; immer mehr Menschen werden durch den Gebrauch dieser Technologien miteinander verbunden und dies gilt auch für Orte, die bisher isoliert oder nur schlecht an traditionelle Kommunikationswege angebunden waren (s. Abb. 2.2).

Obwohl die Telekommunikationsinfrastruktur nicht überall auf der Welt gleichmäßig entwickelt ist, hat heute eine steigende Zahl von Ländern in einem Ausmaß Zugang zu internationalen Kommunikationsnetzwerken, das früher unmöglich gewesen wäre.

Informationsfluss

Wie wir gesehen haben, hat die Ausbreitung der Informationstechnologien die Möglichkeiten erweitert, in Kontakt mit Menschen rund um den Globus zu treten, und damit hat sie auch den Informationsfluss zwischen weit entfernten Menschen und Ereignissen ermöglicht. Jeden Tag bringen die globalen Medien Nachrichten, Bilder und Informationen in die Haushalte und verbinden sie so direkt und kontinuierlich mit der Außenwelt. Einige der ergreifendsten Momente der vergangenen 20 Jahre wie etwa der Fall der Berliner Mauer, die gewalttätige Niederschlagung der demokratischen Protestbewegung auf dem Tiananmen-Platz in Peking und die Terroranschläge auf das World Trade Center am 11. September 2001 wurden von einem wahrhaft globalen Publikum live verfolgt. Neben Tausenden weniger dramatischen führten solche Ereignisse zu einer Umorientierung des Denkens von der Ebene der Nationalstaaten zu einer globalen Ebene. Heutzutage sind sich die Menschen ihrer Vernetzung mit anderen bewusster und identifizieren sich eher mit globalen Themen und Prozessen als in der Vergangenheit.

Dieser Wandel hin zu einer globalen Perspektive hat zwei bedeutende Dimensionen: Erstens nehmen Menschen zunehmend wahr, dass soziale Verantwortung nicht an den Staatsgrenzen Halt macht, sondern sich darüber hinaus erstreckt. Katastrophen und Ungerechtigkeit, die Menschen auf der anderen Seite des Erdballes erleben, sind nicht einfach nur Unglücksfälle, die man eben ertragen muss, sondern werden als legitime Gründe für Einmischung und Eingreifen betrachtet. Die Haltung, dass die internationale Gemeinschaft verpflichtet ist, in Krisensituationen zu intervenieren, um das Leben oder die Rechte von Menschen zu schützen, gewinnt zunehmend an Unterstützung. Bei Naturkatastrophen zeigt sich die Intervention in Form von humanitärer Hilfe und technischer Unterstützung. In den vergangenen Jahren waren Erdbeben in Armenien und der Türkei, Überflutungen in Mozambique und Bangladesh, Hunger in Afrika, Wirbelstürme in Mittelamerika und das Seebeben im Indischen Ozean Anlässe für weltweite Unterstützung.

In der jüngeren Vergangenheit nahm auch bei Kriegen, ethnischen Konflikten und der Verletzung von Menschenrechten der Ruf nach Interventionen zu, obwohl solche Einsätze problematischer sind als im Falle von Naturkatastrophen. Im Fall des ersten Golfkrieges 1991 und bei den gewaltsamen Auseinandersetzungen im früheren Jugoslawien (Bosnien und Kosovo) sahen viele Menschen militärische Intervention zur Verteidigung der Menschenrechte und der nationalen Souveränität als gerechtfertigt an.

Weiters bedeutet eine globale Perspektive auch, dass sich Menschen bei der Formulierung ihrer eigenen Identität an Bezugspunkten jenseits des Nationalstaates orientieren. Dies ist ein Phänomen, das sowohl von Globalisierungsprozessen hervorgebracht wird, als auch diese beschleunigt. Lokale kulturelle Identitäten in verschiedenen Gegenden der Welt erleben ein Wiedererstarken, wenn der traditionelle Nationalstaat im Umbruch ist. In Europa etwa werden sich Einwohner Schottlands oder des spanischen Baskenlandes eher als Schotten oder Basken – oder einfach als Europäer – betrachten, denn als Briten oder Spanier. Der Nationalstaat als Quelle der Identität verliert in vielen Bereichen an Bedeutung, da politische Wandlungsprozesse auf regionaler oder globaler Ebene die Bindungen der Menschen zu den Staaten, in denen sie leben, lockern.

Wirtschaftliche Faktoren

Die Globalisierung wird auch durch die Integration der Weltwirtschaft vorangetrieben. Im Gegensatz zu früheren Zeiten ist die globale Wirtschaft im Kern nicht mehr landwirtschaftlich oder industriell. Sie ist vielmehr zunehmend dominiert von Aktivitäten, die gewichtslos und schwer fassbar – immateriell – sind (Quah 1999). Die *immaterielle Wirtschaft* ist eine, in der die Güter aus Information bestehen, wie etwa bei Computersoftware, Medien und Unterhaltungsprodukten oder Internetdiensten. Dieser neue wirtschaftliche Kontext wurde unter Verwendung unterschiedlichster Begriffe beschrieben, die wir im Detail in Kapitel 16 diskutieren, beispielsweise postindustrielle Gesellschaft, Informationszeitalter und New Economy. Das Aufkommen einer Wissensgesellschaft wurde der Entstehung einer breiten Masse von Konsumenten zugeschrieben, die technologisch versiert sind und bereitwillig neue Fortschritte bei Computern, Unterhaltungs- und Telekommunikationsmedien in ihren Alltag aufnehmen.

Allein das Bestehen globaler Wirtschaftsprozesse spiegelt die Veränderungen des Informationszeitalters wider. Viele Aspekte der Wirtschaft funktionieren heute in Netzwerken und über Staatsgrenzen hinweg (Castells 2001–3). Um unter globalisierten Bedingungen wettbewerbsfähig zu bleiben, haben sich Unternehmen umstrukturiert, damit sie flexibler und weniger hierarchisch sind. Produktionsabläufe und Organisationsstrukturen sind flexibler geworden, Zusammenarbeitsformen mit anderen Firmen sind Allgemeingut geworden, und die Teilnahme an weltweiten Vertriebsnetzwerken ist unabdingbare Voraussetzungen für das Geschäft in einem sich rasch wandelnden globalen Markt.

Multinationale Konzerne

Unter den vielen wirtschaftlichen Faktoren, die die Globalisierung vorantreiben, ist die Rolle multinationaler Konzerne von besonderer Bedeutung.
Multinationale Konzerne sind Unternehmen, die Güter in mehr als einem
Land herstellen bzw. Dienstleistungen in mehr als einem Land anbieten.
Dies können relativ kleine Unternehmen sein mit einem oder zwei Betrieben außerhalb des Landes, in dem sie ihre Hauptniederlassung haben, oder
aber gigantische internationale Konzerne, deren Operationen quer über
den Erdball laufen. Einige der größten multinationalen Konzerne sind Firmen, die auf der ganzen Welt bekannt sind: Coca Cola, General Motors,
Colgate-Palmolive, Kodak, Mitsubishi und viele andere. Auch wenn multinationale Konzerne eine klare nationale Hauptniederlassung haben, so
sind sie dennoch auf globale Märkte und Profite ausgerichtet.

Multinationale Konzerne sind das Herz der wirtschaftlichen Globalisierung. Sie machen zwei Drittel des gesamten Welthandels aus, sie sind
richtungsweisend in der Verbreitung neuer Technologien um den Globus
und sie sind Hauptakteure auf internationalen Finanzmärkten. Wie ein
Beobachter es ausgedrückt hat, sind sie „die Angelpunkte der gegenwärtigen Weltwirtschaft" (Held u.a. 1999). 2001 machten etwa 500 multinationale Konzerne einen Jahresumsatz von mehr als 10 Milliarden Dollar, während nur 75 Länder behaupten konnten, dass ihr Bruttoinlandsprodukt
zumindest dieser Großenordnung entsprach. Mit anderen Worten, die größten multinationalen Konzerne der Welt sind wirtschaftlich potenter als die
meisten Länder der Welt (siehe Abb. 2.3). Tatsächlich belief sich die Sum-
mer der Umsätze der 500 größten multinationalen Konzerne der Welt auf
14,1 Billionen (=10^{12}) Dollar, das ist nahezu die Hälfte des Wertes aller Güter
und Dienstleistungen, die auf der ganzen Welt hergestellt werden.

Multinationale Konzerne wurden ein globales Phänomen in den Jahren nach dem Zweiten Weltkrieg. In den ersten Nachkriegsjahren ging die
Expansion von Firmen in den USA aus, aber ab den 1970er Jahren begannen auch europäische und japanische Konzerne zunehmend im Ausland
zu investieren. In den späten 1980er Jahren und in den 1990er Jahren expandierten die multinationalen Konzerne dramatisch durch die Etablierung von drei mächtigen regionalen Märkten: Europa (der gemeinsame
Binnenmarkt), Asien und der pazifische Raum (die Osaka-Erklärung garantiert bis 2010 freien Handel) und Nordamerika (das Nordamerikani-
sche Freihandelsabkommen NAFTA). Seit den frühen 1990er Jahren haben
auch Länder in anderen Weltregionen die Beschränkungen für ausländische Investitionen gelockert. An der Wende zum 21. Jahrhundert gab es
nur wenige Volkswirtschaften auf der Erde, die außerhalb der Reichweite
multinationaler Konzerne standen. In den vergangenen zehn Jahren waren multinationale Konzerne besonders aktiv, ihre Operationen in Entwicklungsländer und Gesellschaften der ehemaligen Sowjetunion und Osteuropas auszudehnen.

**multinationale
Konzerne**

globale Warenketten Das Argument, dass Produktionsprozesse zunehmend globalisiert werden, wird oft mit globalen Warenketten illustriert, die weltweite Vernetzung von Arbeit und Fertigungsprozessen zur Erzeugung eines Endproduktes. Diese Netzwerke umfassen alle zentralen Herstellungsschritte, die eine eng verschränkte Kette bilden, die sich vom Rohmaterial bis zum Endverbraucher erstreckt (Gereffi 1995; Hopkins und Wallerstein 1996; Appelbaum und Christerson 1997).

Fertigungsprozesse machten zwischen 1990 und 1998 etwa drei Viertel des weltweiten Wirtschaftswachstums aus. Der markanteste Zuwachs zeichnete sich in den Ländern mittleren Wohlstands ab: Die Industrieproduktion machte 1990 nur 54 Prozent der Exporte aus, verglichen mit 71 Prozent nur acht Jahre später. China ist von der Position eines Landes mit einem niedrigen zu einem mit mittleren Wohlstand aufgerückt, hauptsächlich wegen seiner Rolle als Exporteur von Industrieprodukten. Allerdings finden sich die profitabelsten Abschnitte der Warenkette – Konstruktion, Design und Werbung – in den Kernländern, während die am wenigsten profitabelsten Aktivitäten – wie die Fabriksfertigung – üblicherweise in periphere Länder ausgelagert werden.

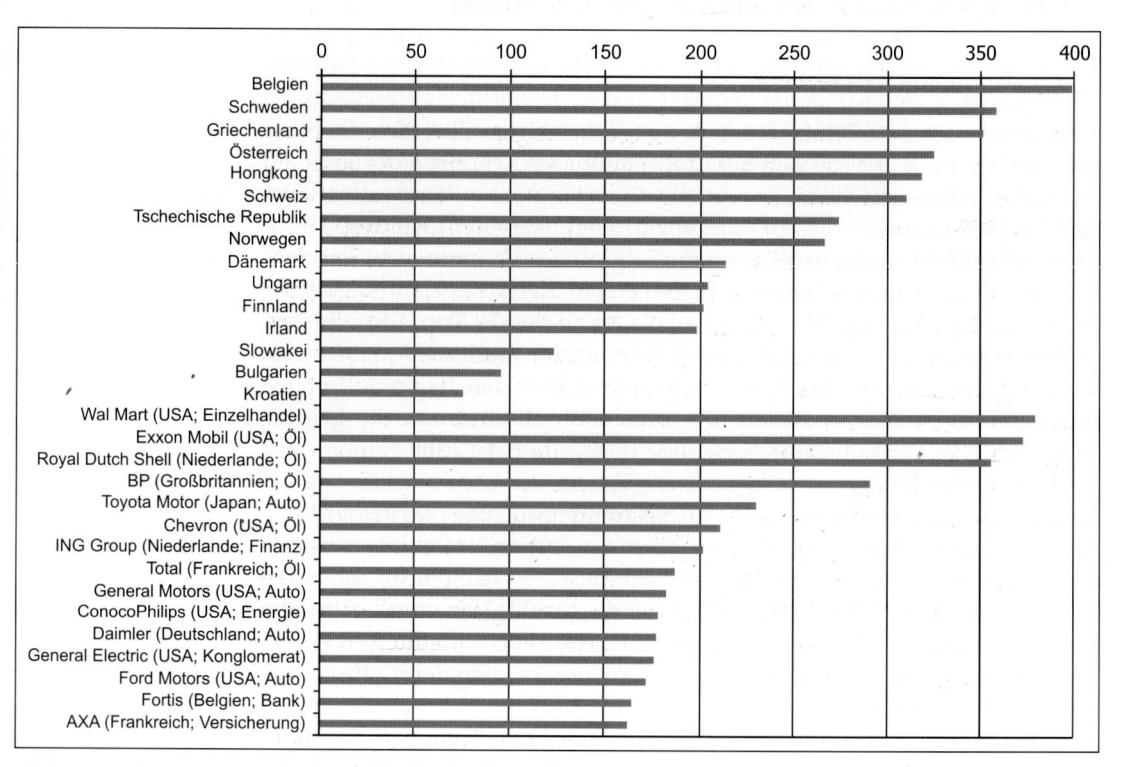

Abb. 2.3: Einnahmen der 15 größten Unternehmen der Welt im Vergleich mit dem Bruttoinlandsprodukt (Kaufkraftparität) ausgewählter Staaten für 2008 (in Mrd. US-Dollar)
Quellen: Fortune (2008), CIA World Factbook (2008).

Die elektronische Wirtschaft

Die elektronische Wirtschaft ist ein weiterer Faktor, an dem sich die wirtschaftliche Globalisierung festmachen lässt. Banken, Konzerne, Fondsmanager und einzelne Investoren sind in der Lage, Kapital international via Mausklick zu verschieben. Diese Möglichkeit, „elektronisches Geld" innerhalb kürzester Zeit zu bewegen, bringt jedoch auch große Risiken mit sich. Der Transfer von großen Geldmengen kann Volkswirtschaften destabilisieren und internationale Finanzkrisen auslösen wie etwa jene, die 1998 von den asiatischen Tigerstaaten ausging, und sich auf Russland und darüber hinaus ausbreitete. Da die globale Wirtschaft zunehmend integriert wird, kann ein finanzieller Zusammenbruch in einem Teil der Welt enorme Auswirkungen auf weit entfernte Volkswirtschaften haben, wie wir das seit 2008 erleben.

Die oben beschriebenen politischen, ökonomischen, sozialen und technologischen Faktoren wirken zusammen und bringen damit ein Phänomen hervor, das in seiner Intensität und seinem Umfang seinesgleichen in früheren Zeiten sucht. Die Konsequenzen der Globalisierung sind vielfältig und weitreichend, wie wir später in diesem Kapitel sehen werden. Aber davor werden wir uns einigen Hauptansichten zur Globalisierung zuwenden, die in den vergangenen Jahren ausgedrückt wurden.

Politische Veränderungen

Eine dritte treibende Kraft hinter der gegenwärtigen Globalisierung bezieht sich auf den politischen Wandel. Hierzu sind mehrere Aspekte zu beachten: Erstens der Zusammenbruch des sowjetischen Kommunismus, der sich 1989 in einer Reihe dramatischer Revolutionen in Osteuropa vollzog und der 1991 in der Auflösung der Sowjetunion kulminierte. Seit dem Fall des Kommunismus haben sich die Länder des früheren Ostblocks – Russland, die Ukraine, Polen, Ungarn, die Tschechische Republik, die Baltischen Staaten, die Kaukasusländer, Zentralasien und viele andere – in Richtung westlicher politischer und ökonomischer Systeme verändert. Sie sind nicht länger von der Weltgemeinschaft isoliert, sondern werden in sie integriert. Diese Entwicklung bedeutete das Ende des Systems, das während des Kalten Krieges existierte, als die Länder der Ersten Welt jenen der Zweiten Welt gegenüberstanden. Der Zusammenbruch des Kommunismus hat den Prozess der Globalisierung beschleunigt, muss jedoch selbst als ein Ergebnis der Globalisierung gesehen werden. Die zentral geplanten kommunistischen Volkswirtschaften und die ideologische und kulturelle Kontrolle durch die kommunistische politische Macht konnten in einem Zeitalter der globalen Medien und der elektronisch integrierten Weltwirtschaft nicht überleben.

Ein zweiter wichtiger politischer Faktor, der zu intensivierter Globalisierung führte, ist die Zunahme internationaler und regionaler Regierungsformen. Die Vereinten Nationen (UNO) und die Europäische Union (EU) sind die zwei prominentesten Beispiele internationaler Organisationen, die

Nationalstaaten in einem gemeinsamen politischen Forum vereinen. Während die UNO dies als ein Zusammenschluss einzelner Nationalstaaten tut, ist die EU eine pionierhaftere Form multinationaler Regierung, in der nationale Souveränität von den Mitgliedsstaaten an die Gemeinschaft abgetreten wird. Die Regierungen der einzelnen EU-Staaten sind durch Weisungen, Regulierungen und Gerichtsentscheide der gemeinsamen EU-Körperschaften gebunden, aber sie profitieren auch in wirtschaftlicher, sozialer und politischer Hinsicht von ihrer Teilnahme an der regionalen Union.

Schließlich wird Globalisierung auch von Internationalen Regierungsorganisationen (IGOs) und Internationalen Nichtregierungsorganisationen (INGOs, siehe auch Kapitel 15) gefördert. Eine IGO ist eine Körperschaft, die von teilnehmenden Regierungen errichtet und mit der Verantwortung für die Regulierung oder Überwachung bestimmter multinationaler Aufgabenbereiche ausgestattet wird. Die erste solche Körperschaft war die Internationale Telegraphen Union, die 1865 gegründet wurde. Seit damals wurde eine große Zahl ähnlicher Körperschaften ins Leben gerufen, um Belange zu regeln, die von der Zivilluftfahrt über den Rundfunk bis hin zum Deponieren von Giftmüll reichen. 1909 gab es 37 IGOs um multinationale Angelegenheiten zu regeln, 1996 waren es 260 (Held u.a. 1999).

Wie der Name bereits andeutet, unterscheiden sich die Internationalen Nichtregierungsorganisationen (INGOs) von den IGOs darin, dass sie nicht mit Regierungsinstitutionen verbunden sind. Sie sind vielmehr unabhängige Organisationen, die bei politischen Entscheidungen neben den Regierungen arbeiten und internationale Themen ansprechen. Einige der bekanntesten INGOs – wie etwa Greenpeace, Ärzte ohne Grenzen, das Rote Kreuz oder Amnesty International – befassen sich mit Umweltschutz- oder hu-

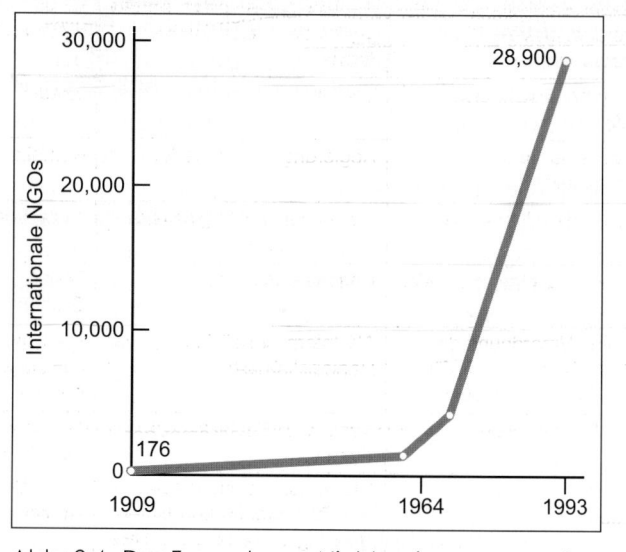

Abb. 2.4: Der Zuwachs an Nichtregierungsorganisationen zwischen 1909 und 1993
Quelle: UNDP (1999), S. 26.

manitären Anliegen. Aber die Aktivitäten Tausender weniger bekannter Gruppen verbinden auch Länder und Gemeinschaften (s. Abb. 2.4).

Die Globalisierungsdebatte

In den vergangenen Jahren wurde heftig über das Thema Globalisierung debattiert. Die meisten Menschen stimmen zu, dass sich bedeutende Veränderungen um uns vollziehen, aber es ist strittig, wie sehr diese als Auswirkungen der Globalisierung verstanden werden können. Das ist nicht unbedingt überraschend. Globalisierung als unvorhersehbarer und turbulenter Prozess wird von unterschiedlichen Beobachtern verschieden wahrgenommen und verstanden. David Held und seine Kollegen (Held u.a. 1999) haben diese Kontroverse untersucht und drei Denkschulen ausgemacht: Die *Skeptiker,* die *Hyperglobalisierer* und die *Transformalisten.* Diese drei Tendenzen innerhalb der Globalisierungsdebatte sind in Tabelle 2.4 zusammengefasst.

Die Skeptiker

Einige Denker behaupten, dass die Idee der Globalisierung überschätzt wird – die Globalisierungsdebatte sei viel Aufregung um nichts Neues. Die Skeptiker in der Auseinandersetzung um Globalisierung glauben, dass

	Hyperglobalisierer	**Skeptiker**	**Transformalisten**
Was ist neu?	Globales Zeitalter	Handelsblöcke, schwächere Weltregierung als früher	Historisch einzigartige Ausprägung der internationalen Verbundenheit
Hauptkennzeichen	Globaler Kapitalismus, Weltregierung, globale Zivilgesellschaft	Weniger gegenseitige Abhängigkeit als in den 1890er Jahren	„Dicke" (intensive und extensive) Globalisierung
Macht nationaler Regierungen	Abnehmend bzw. sich auflösend	Verstärkt	Wiederhergestellt
Treibende Kräfte der Globalisierung	Kapitalismus und Technologie	Regierungen und Märkte	Kombinierte Kräfte der Moderne
Muster der Ungleichheit	Erosion alter Hierarchien	Zunehmende Marginalisierung des Südens	Neue Weltordnung
Hervorstechendes Motiv	McDonald's, Madonna, etc.	Nationale Interessen	Transformation der politischen Gemeinschaft
Konzept der Globalisierung	Als eine Umordnung der Rahmenbedingungen für menschliches Handeln	Als Internationalisierung und Regionalisierung	Als Umordnung der interregionalen Beziehungen und Handlungen auf Distanz
Historische Perspektive	Globale Zivilisation	Regionale Blöcke/Kampf der Kulturen	Unbestimmt: globale Integration oder Fragmentation
Zusammenfassendes Argument	Das Ende des Nationalstaates	Internationalisierung abhängig von Zustimmung und Unterstützung durch Regierungen	Globalisierung verändert Regierungsmacht und Weltpolitik

Tab. 2.4: Begriffsbildung Globalisierung – Drei Denkschulen
Quelle: Adaptiert nach Held u.a. (1999), S. 10.

die gegenwärtige Form der wirtschaftlichen Interdependenz nicht neuartig ist. Mit Verweisen auf Statistiken des 19. Jahrhunderts über Welthandel und Investitionen behaupten sie, dass die moderne Globalisierung sich von jener der Vergangenheit nur durch die Intensität der Interaktion zwischen den Nationen unterscheidet.

Die Skeptiker stimmen zwar zu, dass heute mehr Kontakt zwischen den Ländern besteht als zu früheren Zeiten, doch in ihren Augen ist die gegenwärtige Weltwirtschaft nicht ausreichend integriert, um eine wirklich globalisierte Wirtschaft darzustellen. Dies deshalb, weil ein Großteil des Handels in drei regionalen Gruppen abgewickelt wird – Europa, Asien-Pazifischer Raum und Nordamerika. Die Länder der Europäischen Union etwa betreiben hauptsächlich untereinander Handel. Dasselbe gilt für die anderen beiden regionalen Gruppen, wodurch der Begriff einer gemeinsamen globalen Wirtschaft an Gültigkeit verliere (Hirst 1997).

Viele Skeptiker konzentrieren sich auf Prozesse der *Regionalisierung* innerhalb der Weltwirtschaft wie etwa das Entstehen von großen Finanz- und Handelsblöcken. Für die Skeptiker ist die Zunahme an Regionalisierung ein Indiz dafür, dass die Weltwirtschaft weniger integriert wurde (Boyer und Drache 1996; Hirst und Thompson 1992). Verglichen mit den Handelsbeziehungen, die vor einem Jahrhundert vorherrschten, sei die Weltwirtschaft in geografischer Hinsicht heute weniger global und stärker konzentriert auf einzelne Gebiete intensiverer Aktivitäten.

Skeptiker weisen die Ansicht, die unter anderem von den Hyperglobalisierern vertreten wird, zurück, dass die Globalisierung die Rolle nationaler Regierungen fundamental aushöhle und zu einer neuen Weltordnung führe, in der nationale Regierungen weniger Bedeutung besitzen werden. Für die Skeptiker bleiben die nationalen Regierungen Schlüsselfiguren, weil sie die wirtschaftlichen Aktivitäten regulieren und koordinieren. So seien Regierungen etwa die treibende Kraft hinter Handelsabkommen und politischen Maßnahmen zur wirtschaftlichen Liberalisierung.

Die Hyperglobalisierer

Die Hyperglobalisierer nehmen eine gegensätzliche Position zu den Skeptikern ein. Sie sagen, dass Globalisierung ein sehr reales Phänomen ist, das man fast überall bemerkt. Globalisierung wird als ein Prozess betrachtet, der sich über nationale Grenzen hinwegsetzt. Sie bringt eine neue globale Ordnung hervor, mitgerissen von mächtigen grenzübergreifenden Produktions- und Handelsströmen. Einer der bekanntesten Hyperglobalisierer, der japanische Schriftsteller Kenichi Ohmae, sieht die Globalisierung eine grenzenlose Welt hervorbringen, in der Marktkräfte mächtiger sind als nationale Regierungen (Ohmae 1992, 1996).

Ein Großteil der Analyse der Globalisierung durch die Hyperglobalisierer konzentriert sich auf die sich verändernde Rolle des Nationalstaates. Es wird argumentiert, dass wegen des riesigen Wachstums des Welthandels einzelne Länder nicht mehr länger ihre Volkswirtschaften kontrollieren können. Nationale Regierungen und ihre Politiker – so wird behauptet

– hätten immer weniger die Möglichkeit, Kontrolle über grenzüberschreitende Angelegenheiten auszuüben, wie etwa sprunghafte Finanzmärkte oder auch Umweltgefahren. Die Bürger erkannten diese eingeschränkte Macht ihrer Politiker und verlören daher das Vertrauen in die bestehenden Regierungssysteme. Einige Hyperglobalisierer glauben, dass die Macht nationaler Regierungen auch von oben bedroht ist – durch neue regionale und internationale Institutionen wie die Europäische Union (EU) oder die Welthandelsorganisation (WTO) und andere.

Zusammengefasst erkennen die Hyperglobalisierer in diesen Veränderungen den Anbruch eines globalen Zeitalters (Albrow 2007), in dem nationale Regierungen an Bedeutung und Einfluss einbüßen.

Die Transformalisten

Die Transformalisten nehmen eher eine Mittelposition ein. Sie sehen die Globalisierung als eine zentrale Kraft hinter einem breiten Spektrum an Veränderungen, die zur Zeit moderne Gesellschaften prägen. Nach den Transformalisten verändert sich die Weltordnung, aber viele alte Muster bleiben auch bestehen. Trotz globaler Interdependenz behielten Regierungen nach wie vor einen Gutteil ihrer Macht. Die Veränderungen seien nicht nur auf die Wirtschaft beschränkt, sondern gleich herausragend in Politik, Kultur und persönlichem Leben. Transformalisten behaupten, dass die derzeit vorherrschende Globalisierung die etablierten Begrenzungen zwischen innen und außen und international und innerhalb eines Landes beseitigen. Im Versuch sich an diese neue Ordnung anzupassen, werden Gesellschaften, Institutionen und Individuen gezwungen, sich neu zu orientieren, weil frühere Strukturen durcheinander geraten sind.

Im Gegensatz zu den Hyperglobalisierern sehen die Transformalisten Globalisierung als einen dynamischen und offenen Prozess, der Einflüssen und Veränderungen unterworfen ist. Globalisierung entwickelt sich in Widersprüchen und vereint oft gegensätzliche Tendenzen. Globalisierung ist keine Einbahnstraße, wie manche behaupten, sondern ein wechselseitiger Austausch von Bildern, Informationen und Einflüssen. Globale Migration, Medien und Telekommunikation tragen dazu bei, dass kulturelle Unterschiede immer undeutlicher werden. Die pulsierenden globalen Städte seien durch und durch multikulturell mit sich überschneidenden und nebeneinander lebenden ethnischen Gruppen und Kulturen. Nach den Transformalisten ist Globalisierung ein dezentralisierter und reflexiver Prozess, der gekennzeichnet ist durch Verbindungen und Einflüsse in verschiedene Richtungen. Weil Globalisierung ein Ergebnis vieler ineinander verwobener globaler Netzwerke ist, könne man nicht behaupten, dass sie von einem Ort der Welt ausgeht.

Die Transformisten glauben, anstatt an Souveränität zu verlieren – wie die Hyperglobalisierer meinen –, werden sich Staaten in Reaktion auf neue Formen nicht ortsgebundener wirtschaftlicher und sozialer Organisationen (wie Konzerne, soziale Bewegungen und internationale Körperschaften) umstrukturieren. Sie sagen, dass wir nicht länger in einer staatenzentrierten Welt leben; Regierungen seien gezwungen, sich anzupassen und eine aktivere und mehr außenorientierte Sicht auf das Regieren unter den komplexen Bedingungen der Globalisierung einzunehmen (Rosenau 1997).

Welche Ansicht ist nun am ehesten zutreffend? Wohl jene der Transformalisten. Die Skeptiker haben unrecht, weil sie unterschätzen, wie sehr sich die Welt verändert: Globale Finanzmärkte etwa sind in einem Ausmaß wie nie zuvor weltweit organisiert. Die Hyperglobalisierer wiederum sehen die Globalisierung zu stark in ökonomischen Begriffen und zu linear als Einbahnstraße. Tatsächlich ist Globalisierung sehr viel komplexer und es könnte als Nebenfolge wirtschaftlicher Krisen zu einem Rückgang der wirtschaftlichen Verflechtungen kommen.

Die Auswirkungen der Globalisierung

Im ersten Kapitel haben wir festgestellt, dass das Hauptaugenmerk der Soziologie immer auf der Erforschung industrialisierter Gesellschaften lag. Können wir als Soziologen daher ruhig die Entwicklungsländer ignorieren und sie der Anthropologie überlassen? Das können wir mit Sicherheit nicht! Die industrialisierten Gesellschaften und die Entwicklungsgesellschaften haben heute eine gegenseitige Verbundenheit erreicht und pflegen heute engere Beziehungen als je zuvor. Wir, die wir in den industrialisierten Ländern leben, hängen in unserer Lebensführung von vielen Rohstoffen und Produkten ab, die in den Entwicklungsländern hergestellt werden. Umgekehrt benötigen die Volkswirtschaften der meisten Entwicklungsländer die Handelsnetze, die sie mit den Industriestaaten verbinden. Wir können die Ordnung in den Industriestaaten überhaupt nur vollständig verstehen vor dem Hintergrund der Gesellschaften der Entwicklungsländer, in denen der weitaus größere Teil der Weltbevölkerung lebt.

Wenn Sie das nächste Mal ein Geschäft oder einen Supermarkt betreten, so sehen Sie sich die Palette der angebotenen Produkte näher an. Die Warenvielfalt, die wir im Westen als selbstverständlich ansehen und die jeder, der über das nötige Geld verfügt, auch kaufen kann, ist von erstaunlich komplexen, weltumspannenden Handelsbeziehungen abhängig. Die angebotenen Produkte und die zu deren Erzeugung notwendigen Halbfertigprodukte oder Rohstoffe wurden in Hunderten von verschiedenen Ländern hergestellt. Sie alle müssen regelmäßig quer durch die Welt transportiert werden, und es ist ein ständiger Informationsfluss erforderlich, um die Millionen damit zusammenhängenden täglichen Transaktionen zu koordinieren.

Indem sich die Welt rasch zu einer einzigen, vereinigten Wirtschaft entwickelt, bewegen sich Menschen und Unternehmen in zunehmender Zahl

Globalisierung und Alltag: Reggae-Musik

Wenn jemand mit musikalischer Vorbildung einen Popsong hört, kann er die einzelnen stilistischen Einflüsse, die darin vorkommen, benennen. Jeder Musikstil stellt eine einzigartige Kombination von Rhythmus, Melodie, Harmonie und Text dar. Und während man kein Genie sein muss, um den Unterschied zwischen z.B. Rock, Rhythm and Blues oder Folk zu erkennen, kombinieren Musiker oft verschiedene Stile, wenn sie einen Song komponieren. Es kann schwierig sein, die einzelnen Komponenten solcher Kombinationen zu identifizieren. Aber für Soziologen lohnt sich dieser Aufwand oft. Verschiedene Musikstile kommen üblicherweise auf unterschiedlichen sozialen Gruppen und wenn man erforscht, wie Stile sich miteinander verbinden, kann man gut auf die kulturellen Kontakte der sozialen Gruppen schließen.

Einige Soziologen haben sich der Reggae-Musik zugewandt, weil sie beispielhaft ist für den Prozess, bei dem Kontakte zwischen sozialen Gruppen zur Kreation neuer musikalischer Formen führen. Die Wurzeln des Reggae können bis nach Westafrika zurückverfolgt werden. Im 17. Jahrhundert wurde eine Vielzahl von Westafrikanern versklavt und von den britischen Kolonialherren auf die westindischen Inseln zum Arbeiten auf die Zuckerrohrfelder verschleppt. Obwohl die Briten versuchten, die Sklaven davon abzuhalten, ihre traditionelle Musik zu spielen, weil sie fürchteten, dass diese als Aufruf zur Revolte verstanden werden konnte, haben die Sklaven ihre Tradition des afrikanischen Trommelns – dabei manchmal europäische Musikstile, die ihnen von ihren Herren oktroyiert wurden, integrierend – aufrechterhalten können. In Jamaika wurde das Trommeln einer Sklavengruppe (der Burru) von den Sklavenhaltern offen toleriert, weil es half, den Arbeitstakt vorzugeben. Die Sklaverei wurde schließlich 1834 in Jamaika abgeschafft, doch die Tradition des Burru-Trommelns blieb, auch als viele Burru-Männer aus den ländlichen Gebieten in die Slums von Kingston zuwanderten.

In diesen Slums entstand ein neuer religiöser Kult, der sich als zentral für die Entwicklung des Reggae erweisen sollte. 1930 wurde in Afrika Haile Selassie zum Kaiser Äthiopiens gekrönt. Während die Gegner des Kolonialismus in der ganzen Welt Selassies Thronbesteigung begrüßten, begannen einige Menschen auf den westindischen Inseln zu glauben, dass Selassie ein Gott sei, der auf die Erde geschickt worden sei, um das unterdrückte Volk Afrikas in die Freiheit zu führen. Einer von Selassies Namen war „Prinz Ras Tafari" und die Menschen in Westindien verehrten ihn und nannten sich selbst „Rastafaris". Der Rastafari-Kult verband sich rasch mit den Burru, und Rastafari-Musik fing an, das Trommeln der Burru mit biblischen Geschichten von Unterdrückung und Befreiung zu kombinieren. In den 1950er Jahren begannen Musiker auf den westindischen Inseln, Rastafari-Rhythmen und Texte mit Elementen des amerikanischen Jazz und des schwarzen Rhythm and Blues zu mixen. Diese Kombinationen entwickelten sich schließlich zu „Ska"-Musik und dann in den späten 1960er Jahren zu Reggae mit seinem relativ langsamen Takt, seiner Betonung der Bässe und seinen Geschichten von Verarmung in den Städten und der Macht des gemeinsamen sozialen Bewusstseins. Viele Reggae-Künstler wie etwa Bob Marley wurden kommerziell äußerst erfolgreich, bis in die 1970er Jahre hörten die Menschen auf der ganzen Welt Reggae-Musik. In den 1980er und 1990er Jahren wurde Reggae mit Hip-Hop (oder Rap) verschmolzen, um neue Klänge herzustellen (Hebdige 1987), wie man sie aus der Musik von Gruppen wie The Wu-Tang Clan, Shaggy oder Sean Paul kennt.

Die Geschichte des Reggae ist daher eine Geschichte des Kontaktes zwischen unterschiedlichen sozialen Gruppen und der unterschiedlichen politischen, spirituellen und persönlichen Bedeutungen, die die Gruppen durch die Musik ausgedrückt haben. Globalisierung hat die Intensität dieser Kontakte erhöht. Heute ist es z.B. für einen jungen skandinavischen Musiker möglich, unter dem Einfluss von Musik aufzuwachsen, die von Frauen und Männern in einem Keller in Notting Hill in London produziert wird, und gleichzeitig stark beeinflusst zu werden von beispielsweise einer Mariachi-Aufführung, die live aus Mexiko per Satellit übertragen wird. Wenn die Zahl der Kontakte zwischen Gruppen eine wichtige Determinante für das Tempo der musikalischen Entwicklung ist, dann kann vorausgesagt werden, dass infolge des Globalisierungsprozesses eine regelrechte Überfülle neuer Stile in den kommenden Jahren auftreten wird.

über den Globus auf der Suche nach neuen Märkten und neuen wirtschaftlichen Gelegenheiten. Als eine Folge davon verändert sich die kulturelle Landkarte der Welt: Netzwerke von Menschen spannen sich über die Grenzen und sogar über die Kontinente, sie schaffen Verbindungen zwischen ihren Geburtsorten und den Ländern, die sie aufgenommen haben (Appadurai 1986). Einige wenige Sprachen beginnen zu dominieren, und in manchen Fällen die Tausenden unterschiedlichen Sprachen auf dem Planeten zu ersetzen.

Für Kulturen wird es immer weniger möglich, als Inseln zu existieren. Es gibt nur mehr wenige, wenn überhaupt irgendwelche Plätze auf der Erde, die so abgeschieden sind, dass man dort Radio, Fernsehen, Computer oder den Flugzeugen – und den Scharen von Touristen, die sie bringen – entkommen könnte. Noch vor einer Generation gab es Stämme, deren Lebensform völlig unberührt war vom Rest der Welt. Heute benutzen diese Völker Macheten und andere Geräte, die in den USA oder Japan hergestellt wurden, sie tragen T-Shirts und Hosen, die in einer Textilfabrik in der Dominikanischen Republik oder Guatemala hergestellt wurden und nehmen Medikamente, die in Deutschland oder der Schweiz erzeugt werden, um von den Besuchern eingeschleppte Krankheiten abzuwehren. Die Geschichten dieser Völker werden via Internet oder Satellit auf der ganzen Welt verbreitet. In einer Generation oder höchstens zwei werden alle auch ehemals isolierten Kulturen auf der Welt von der globalen Kultur berührt und verändert worden sein, auch wenn sie hartnäckig an ihren alten Traditionen festzuhalten versuchen.

Die Kräfte, die eine globale Kultur hervorbringen und die in diesem Buch diskutiert werden, sind folgende:

1. Das Fernsehen, das die westliche, aber v.a. die amerikanische Kultur (durch Nachrichten- und Unterhaltungssendungen von z.B. CNN, MTV oder Serien wie *Friends*) täglich in die Haushalte überall auf der Welt bringt, während es umgekehrt kulturelle Produkte der Niederlande (wie etwa *Big Brother*) oder Schweden (wie etwa *Expedition Robinson*) für amerikanisches Publikum aufbereitet.

2. Das Entstehen einer vereinten globalen Wirtschaft, deren Fabriken, Managementstrukturen und Märkte sich über Kontinente und Länder erstrecken.

3. Weltbürger, wie etwa Manager von großen Konzernen, die unter Umständen viel Zeit damit verbringen, quer über den Erdball zu reisen, und die sich auch zu Hause mehr mit der globalen kosmopolitischen Kultur identifizieren als mit jener ihres Heimatlandes.

4. Eine Reihe internationaler Organisationen, einschließlich der Teilorganisationen der UNO, regionaler Handels- und wechselseitiger Verteidigungsbündnisse, multinationaler Banken und anderer Finanzinstitutionen, internationaler Arbeits- und Gesundheitsorganisationen, Welthandelsabkommen (GATT, WTO), die ein globales politisches, rechtliches und militärisches Rahmenwerk hervorbringen.

5. Elektronische Kommunikationsformen (Telefon, Fax, E-Mail, Internet), die sofortige Kommunikation mit nahezu jedem beliebigen Platz auf dem Planeten zu einem integralen Bestandteil unseres Alltags und unserer Geschäftswelt machen.

Fördert das Internet eine globale Kultur?

Viele glauben, dass das rasche Wachstum des Internets auf der ganzen Welt die Verbreitung einer globalen Kultur beschleunigen werde, die jener Europas oder Nordamerikas ähneln werde, wo zurzeit drei Viertel aller Internetnutzer beheimatet sind. Überzeugungen, wie jene der Gleichheit der Geschlechter, das Recht auf Redefreiheit, demokratische Teilhabe an der Regierung und die Lust am Konsum werden bereitwillig über das Internet in der ganzen Welt verbreitet. Darüber hinaus würde die Internettechnologie selbst solche Werte stärken: globale Kommunikation, scheinbar uneingeschränkte (und unzensurierte) Information und sofortige Belohnung sind Kennzeichen der neuen Technologie.

Doch es scheint voreilig anzunehmen, das Internet werde traditionelle Kulturen hinwegwischen und mit radikal veränderten neuen kulturellen Werten ersetzen. Es gibt zunehmend Anzeichen dafür, dass das Internet in vielerlei Hinsicht kompatibel mit den traditionellen kulturellen Werten ist und vielleicht sogar ein Mittel sein kann, diese zu stärken.

Nehmen wir zum Beispiel Kuwait, ein Land im Mittleren Osten mit einer traditionellen islamischen Kultur, das in jüngerer Vergangenheit starken amerikanischen und europäischen Einflüssen ausgesetzt war. Kuwait ist ein reiches Ölland am Persischen Golf und hat eines der höchsten Pro-Kopf-Einkommen der Welt. Der Staat sorgt für kostenfreie Bildung bis zum Universitätsniveau, was zu hohen Alphabetisierungsraten und hoher durchschnittlicher Bildung von Männern und Frauen führt. Im kuwaitischen Fernsehen werden oft American-Football-Spiele aus den USA ausgestrahlt, obwohl die Sendungen regelmäßig für den traditionellen muslimischen Gebetsaufruf unterbrochen werden. Ungefähr die Hälfte der ca. zwei Millionen Einwohner ist jünger als 25 Jahre, und ebenso wie ihre Altersgenossen in Europa und Nordamerika surfen viele von ihnen im Internet, um neue Ideen, Informationen und Konsumgüter zu entdecken.

Obwohl Kuwait in vielerlei Hinsicht ein modernes Land ist, sind die kulturellen Normen, die Männer und Frauen unterschiedlich behandeln, sehr stark ausgeprägt. Von Frauen wird erwartet, dass sie traditionelle Kleidung tragen, die nur das Gesicht und die Hände zeigt, sie dürfen das Haus abends nicht verlassen und sich zu keiner Zeit mit einem Mann, mit dem sie nicht verwandt oder verheiratet sind, in der Öffentlichkeit zeigen.

Deborah Wheeler (1998) verbrachte ein Jahr damit, die Auswirkungen des Internets auf die kuwaitische Kultur zu erforschen. Das Internet wird in Kuwait immer populärer; die Hälfte aller Internetnutzer im arabischen Mittleren Osten lebt in dem winzigen Land. Kuwaitische Zeitungen bringen oft Geschichten über das Internet, und die Universität von Kuwait war die erste in der arabischen Welt, die ihren Studenten Zugang zum Netz verschaffte.

Wheeler berichtet von kuwaitischen Teenagern, die sich im Internet-Café treffen, wo sie die meiste Zeit in Chatrooms verbringen oder pornografische Seiten ansehen – zwei Tätigkeiten, die von der traditionellen islamischen Kultur mit großem Missfallen quittiert werden. Nach Wheeler gilt:

> Viele junge Menschen erzählten mir von Treffen, die sie mit Angehörigen des anderen Geschlechts im Cyberspace hatten. Es gibt sogar Tastatur-Symbole für Küsse (*), Küsse auf den Mund (:*) und verlegenem Kichern (LOL) – alle jene Interaktionen und Reaktionen, die das Werben um einen Partner aufregend und, in diesem Fall, sicher machen. (Wheeler 1998, S. 363)

Die neuen Kommunikationstechnologien sind offenkundig in der Lage, Männer und Frauen ins Gespräch miteinander zu bringen, was sie in ihrer Gesellschaft, in der der Kontakt zwischen Mann und Frau außerhalb der Ehe, äußerst beschränkt ist, nicht tun könnten. Wheeler erwähnt auch, dass ironischerweise Männer und Frauen in den Internet-Cafés voneinander getrennt sind. Außerdem bemerkt sie, dass Kuwaitis online äußerst zurückhaltend mit klaren Meinungen und politischen Ansichten sind. Außer wenn konservative islamische Glaubenshaltungen diskutiert werden, die frei im Internet verbreitet werden, sind die Kuwaitis online bemerkenswert gehemmt. Wheeler erklärt das damit, dass die Menschen glauben, es bringe sie in Gefahr, wenn sie zu viel Information von sich bekanntgeben:

> In Kuwait ist Information eher eine potenzielle Gefahr, denn ein Mittel für individuelle Machtbefugnis. Sie ist eine Waffe, die man gegen seine Feinde einsetzt, ein Hebel, um Konformität zu wahren, oder eine Verstärkung der Alltagsregeln [...]. Kuwaits Wandel im Informationszeitalter wird von diesen Einstellungen beeinflusst und vom Wunsch, seinen eigenen Ruf zu schützen. Das verhindert, dass das Internet bedeutenden politischen und sozialen Einfluss hat, außer was den Aufstieg der islamistischen Diskurse im Internet betrifft [...]. In Kuwait gibt es eine Norm, die lautet, dass es schlecht ist, eine politische Meinung in der Öffentlichkeit zu vertreten oder auszusprechen. Niemand möchte interviewt oder zitiert werden. Allein der Gedanke macht die Menschen nervös und ängstlich. Nur die Elite kann frei und offen sprechen. (Wheeler 1998, S. 365f.)

Wheeler zieht den Schluss, dass sich die Hunderte Jahre alte kuwaitische Kultur durch den simplen Kontakt mit anderen Überzeugungen und Werten im Internet kaum verändern wird. Die Tatsache, dass sich einige junge Menschen an globalen Chatrooms beteiligen, bedeutet noch lange nicht, dass sie deshalb die gleichen sexuellen Einstellungen wie in den USA übernehmen oder gar die Form der alltäglichen Beziehungen zwischen den Geschlechtern im Westen. Die Kultur, die aus diesen neuen Technologien entstehen wird, wird nicht die amerikanische Kultur sein, es wird weiterhin eine unverwechselbar kuwaitische sein.

Der Aufstieg des Individualismus

Obwohl die Globalisierung oft in Zusammenhang mit Veränderungen in großen Systemen – wie etwa der Weltfinanzmärkte, Produktion oder Handel und Telekommunikation – gesehen wird, spürt man die Auswirkungen der Globalisierung genauso stark im Privaten. Globalisierung ist nicht etwas „da draußen", das sich auf einer entfernten Ebene abspielt und die persönlichen Belange nicht berührt. Globalisierung ist ein „Hier und jetzt"-Phänomen, das auch unser Privatleben in verschiedener Weise betrifft. Durch den Eintritt der unpersönlichen Globalisierungsfaktoren – wie Medien, Internet oder Populärkultur – in unsere unmittelbare Umwelt, unsere Haushalte und Gemeinden, verändert sich unabwendbar unser persönliches Leben. Dasselbe trifft auf persönlichen Kontakt mit Menschen aus anderen Ländern und Kulturen zu.

Globalisierung verändert unsere Alltagserfahrungen fundamental. Indem unsere Gesellschaften bedeutenden Wandlungsprozessen unterworfen sind, verlieren die etablierten Institutionen, die den gesellschaftlichen Rückhalt geboten haben, ihren Platz. Das verlangt nach einer Umdefinition unseres Privatlebens, wie etwa der Familie, der Geschlechtsrolle, der Sexualität, der persönlichen Identität, unserer Beziehungen zu anderen und unserer Beziehungen zur Arbeit. Wie wir über uns nachdenken und unsere Verbindungen zu anderen werden durch die Globalisierung grundlegend verändert.

In unserem gegenwärtigen Zeitalter haben Einzelne mehr Gelegenheiten als je zuvor, ihr Leben selbst zu gestalten. Früher hatten Tradition und Gebräuche einen sehr starken Einfluss auf den Lebensweg jedes einzelnen ausgeübt. Klasse, Geschlecht, Ethnizität oder auch religiöser Glaube konnten einem Menschen einzelne Wege versperren oder auch eröffnen. Wenn man z.B. als der älteste Sohn eines Schneiders geboren wurde, stellte das höchstwahrscheinlich sicher, dass der junge Mann das Handwerk des Vaters erlernte und bis zu seinem Tod ausüben würde. Die Tradition legte fest, dass die natürliche Sphäre der Frau das Haus war; ihr Leben und ihre Identität wurde weitgehend von jenen ihres Mannes oder Vaters bestimmt. In vergangenen Zeiten formte sich die persönliche Identität im Umfeld der Gemeinschaft, in die man geboren wurde. Die Werte, Normen und Lebensstile dieser Gemeinschaft boten eine relativ feste Orientierung für das Leben der Menschen.

Unter der Bedingung der Globalisierung allerdings sind wir mit einer Bewegung hin zu mehr Individualismus konfrontiert, was für die Menschen bedeutet, dass sie ihre Identität aktiv gestalten müssen. Das Gewicht der Traditionen und überlieferten Werte nimmt ab, indem die lokalen Gemeinschaften mit der neuen globalen Ordnung in Austausch treten. Die sozialen Regeln, die früher die Entscheidungen und Handlungen der Menschen bestimmten, wurden stark gelockert. Heutzutage z.B. kann der älteste Sohn eines Schneiders aus einer großen Zahl an möglichen Wegen für seine Zukunft wählen und Frauen sind nicht mehr länger auf das Haus beschränkt, ebenso wie viele andere Wegweiser, die das Leben der Menschen früher prägten, heute verschwunden sind. Traditionelle Rahmenbedingungen der Identität lösen sich auf und neue Muster entstehen. Die Globalisierung verlangt von den Menschen, in einer offeneren, reflexiveren Art zu leben. Das bedeutet, dass wir dauernd auf die sich verändernde Umwelt eingehen und uns anpassen müssen; als Individuen entwickeln wir uns mit dem und im weiteren Umfeld, in dem wir leben. Sogar die kleinen Entscheidungen, die wir in unserem Alltag treffen – was wir anziehen, wie wir unsere Freizeit verbringen, wie wir auf unsere Gesundheit und unsere Körper achten –, sind Teil eines laufenden Prozesses des Herstellens und Wiederherstellens unserer Identität.

Schlussfolgerung: Die Notwendigkeit einer Weltregierung

Während Globalisierungsprozesse voranschreiten, existieren politische Strukturen und Modelle, die ungeeignet erscheinen für eine Welt voller Herausforderungen, die an Staatsgrenzen nicht Halt machen. Ein einzelner Staat kann nicht die Ausbreitung von AIDS kontrollieren, die Auswirkungen der Erderwärmung bekämpfen oder die unberechenbaren Finanzmärkte regulieren. Viele der Prozesse, die Gesellschaften rund um die Welt betreffen, entziehen sich dem Zugriff der gegenwärtigen politischen Mechanismen. Im Lichte dieses Durchsetzungsdefizits haben manche nach neuen Formen der globalen Regierung gerufen, die den globalen Problemlagen auf globale Weise begegnen könnte. Nachdem eine steigende Zahl von Herausforderungen auf überregionaler und multinationaler Ebene auftreten, müssten – so wird argumentiert – auch die Antworten darauf transnational sein.

Auch wenn es unrealistisch erscheinen mag, von einer Regierung oberhalb des Nationalstaates zu sprechen, wurden einige Schritte auf dem Weg zu einer globalen demokratischen Struktur, wie etwa die Gründung der Vereinten Nationen (UNO) und der Europäischen Union (EU) bereits getan. Insbesondere die EU kann als eine innovative Antwort auf die Globalisierung gesehen werden und könnte gut als ein Modell für ähnliche Organisationen in anderen Teilen der Welt dienen, wo regionale Bindungen stark ausgeprägt sind. Neue Formen einer Weltregierung könnten dazu beitragen, eine kosmopolitische Weltordnung zu errichten, in der transparente Regeln und Standards, wie etwa die Menschenrechte, etabliert und ihre Einhaltung überwacht werden.

Wir erfahren mehr über das Thema Weltregierung in Kapitel 18 – Politik und Regierung.

Die zehn Jahre, die auf das Ende des Kalten Krieges folgten, waren geprägt von Gewalt, internen Konflikten und chaotischen Umwälzungen in vielen Gebieten der Erde. Während einige eine pessimistische Sicht einnahmen, in der sie der Globalisierung zuschrieben, Chaos und Krise zu beschleunigen, sehen andere gute Gelegenheiten, die Globalisierungskräfte für mehr Gleichheit, Demokratie und Wohlstand zu nutzen. Der Zug zu einer Weltregierung und effektiveren regulierenden Institutionen ist sicher nicht falsch in einer Zeit der globalen Interdependenz und des schnellen Wandels, durch die wir alle enger aneinander gebunden werden als jemals zuvor. Es ist nicht jenseits unserer Möglichkeiten, unseren Willen in einer sozialen Welt durchzusetzen. Eine solche Aufgabe scheint sowohl die größte Notwendigkeit als auch die größte Herausforderung der menschlichen Gesellschaft am Beginn des 21. Jahrhunderts zu sein.

Zusammenfassung

1. Man kann verschiedene Typen vormoderner Gesellschaften unterscheiden. In den Jäger- und Sammlergesellschaften betreiben die Leute weder Ackerbau noch Viehzucht, sondern sie sammeln Pflanzen und jagen Tiere. Weidegesellschaften sind jene, wo die Aufzucht von gezähmten Tieren eine Hauptquelle des Lebensunterhalts darstellt. In Agrargesellschaften werden Landflächen kultiviert und regelmäßig bestellt. Größere und entwickeltere Agrargesellschaften bilden traditionelle Staaten oder Zivilisationen.

2. Die Entwicklung von Industriegesellschaften und die Ausdehnung des Westens führte zur Eroberung vieler Teile der Welt durch den Prozess der Kolonialisierung, wodurch seit Langem bestehende soziale Systeme und Kulturen radikal verändert wurden.

3. In industrialisierten Gesellschaften wird die industrielle Produktion (deren Techniken auch bei der Erzeugung von Nahrung angewendet werden) zur Grundlage der Ökonomie. Die industrialisierten Länder der Ersten Welt schließen die Nationen des „Westens" ein, sowie Japan, Australien und Neuseeland.
    Die Entwicklungsländer, in denen ein Großteil der Weltbevölkerung lebt, sind fast alle frühere Kolonien. Die Mehrheit der Bevölkerung arbeitet in der Landwirtschaft, die zum Teil den Weltmarkt beliefert. Vor allem aber werden in den Entwicklungsländern bedeutende Rohstoffreserven ausgebeutet.

4. Sozialer Wandel kann definiert werden als Veränderung der Institutionen und der Kultur einer Gesellschaft über die Zeit hinweg. In der Moderne, die jedoch nur einen kleinen Teil der gesamten Menschheitsgeschichte ausmacht, haben sich die schnellsten und bedeutsamsten Veränderungen vollzogen, wobei sich das Tempo beschleunigt.

5. Die Entwicklung von sozialen Organisationen und Institutionen – von Jagen und Sammeln über die Landwirtschaft hin zu modernen Industriegesellschaften – ist viel zu vielfältig, als dass sie mit einer monokausalen Theorie des sozialen Wandels erklärt werden könnte. Wenigstens drei große Einflusskategorien können wir feststellen. Zur physischen Umwelt gehören Faktoren wie das Klima oder die Zugänglichkeit von Kommunikationswegen (Flüsse, Passübergänge); diese sind vor allem für die frühe wirtschaftliche Entwicklung wichtig, doch sollten sie nicht überbewertet werden. Die politischen Organisationen, vor allem die Militärmacht, betrifft alle Gesellschaften, traditio-

nelle und moderne, mit Ausnahme der Jäger- und Sammlergesellschaften. Die kulturellen Faktoren umfassen Religion (die sich auch hemmend auf den Wandel auswirken kann), Kommunikationssysteme (wie die Erfindung der Schrift) und individuelle Führerschaft.

6. Den wichtigsten wirtschaftlichen Einfluss auf den modernen sozialen Wandel stellt der Industriekapitalismus dar; er ist abhängig von und förderlich für ständige Innovation und Verbesserung der Produktionstechnologie. Wissenschaft und Technologie beeinflussen auch (und werden umgekehrt auch beeinflusst von) politische Faktoren, wovon der Wichtigste das Entstehen des modernen Staates mit seiner relativ effizienten Form der Regierung ist. Auch kulturelle Einflüsse wirken sich auf Wissenschaft und Technologie aus: der kritische und innovative Charakter des modernen Denkens, der immer wieder die Tradition und kulturelle Bräuche herausfordert.

7. Globalisierung wird oft dargestellt als ein wirtschaftliches Phänomen, doch diese Ansicht ist zu vereinfacht. Globalisierung entsteht aus dem Zusammenwirken politischer, ökonomischer, kultureller und sozialer Faktoren. Sie wird angetrieben von den Fortschritten in Informations- und Kommunikationstechnologie, die die Geschwindigkeit und den Umfang der Interaktion zwischen den Menschen überall auf der Welt vergrößert haben.

8. Mehrere Faktoren tragen zur zunehmenden Globalisierung bei: Zuerst haben das Ende des Kalten Krieges, der Zusammenbruch des Sowjetkommunismus und der Zuwachs internationaler und regionaler Formen der Regierung die Staaten der Welt enger aneinander gebunden.
Zweitens hat die Verbreitung von Informationstechnologien den Informationsfluss um den Erdball erhöht und den Menschen eine globale Perspektive vermittelt.
Drittens sind multinationale Konzerne größenmäßig gewachsen und haben an Einfluss gewonnen, indem sie Produktions- und Konsumnetzwerke gebildet haben, die den ganzen Globus umspannen und Märkte miteinander verbinden.

9. Globalisierung ist ein heiß diskutiertes Thema. Skeptiker behaupten, dass die Idee der Globalisierung überschätzt wird und dass die gegenwärtige Form der wirtschaftlichen Verbundenheit nicht neuartig ist.
Einige Skeptiker konzentrieren sich stattdessen auf Prozesse der Regionalisierung, die sich durch Aktivitäten auf großen Finanzmärkten und Handelsgruppen intensivieren. Hyperglobalisierer nehmen eine gegensätzliche Position ein und meinen, dass Globalisierung ein reales und mächtiges Phänomen ist, das die Rolle nationaler Regierungen insgesamt zu zerstören droht. Eine dritte Gruppe, die Transformalisten, glaubt, dass Globalisierung viele Aspekte der gegenwärtigen Weltordnung – einschließlich der Wirtschaft, Politik oder der sozialen Beziehungen – verändert, aber dass auch alte Muster bestehen bleiben. Nach dieser Ansicht ist Globalisierung ein widersprüchlicher Prozess, der die unterschiedlichsten Einflüsse umfasst, die manchmal auch gegeneinander arbeiten.

10. Die Globalisierung hat Herausforderungen hervorgebracht, die über die Grenzen hinweg gehen und sich dem Zugriff der Macht von bestehenden politischen Strukturen entziehen. Weil einzelne Regierungen nicht dafür gerüstet sind, diese multinationalen Probleme zu handhaben, besteht die Notwendigkeit nach neuen Formen der Weltregierung, die globale Probleme auf globale Weise anpacken können. Die Durchsetzung unseres Willens in einer sich rasch verändernden sozialen Welt mag die größte Herausforderung des 21. Jahrhunderts sein.

Glossar

Agrargesellschaften. Gesellschaften, deren Lebensunterhalt auf der landwirtschaftlichen Produktion beruht (Ackerbau und Viehzucht).

Dritte Welt. Die weniger entwickelten Gesellschaften, in denen die industrielle Produktion entweder praktisch nicht existiert oder nur in einem begrenzten Ausmaß vorhanden ist. Ein Großteil der Weltbevölkerung lebt in Ländern der Dritten Welt.

Erste Welt. Die Gruppe von Nationalstaaten, die über entwickelte industrialisierte Ökonomien, die auf der kapitalistischen Produktionsweise beruhen, verfügen.

Globale Warenketten. Ein weltweites Netzwerk von Arbeits- und Produktionsprozessen, die eine gemeinsame Ware herstellen.

Globalisierung. Die zunehmende Verflechtung zwischen verschiedenen Völkern, Regionen und Ländern der Welt, die mit der internationalen Ausdehnung sozialer und wirtschaftlicher Beziehungen einhergeht.

Industrialisierte Gesellschaften. Gesellschaften, in denen die überwiegende Mehrheit der Arbeitskräfte in der Industrieproduktion tätig ist.

Industrialisierung. Die Entwicklung moderner Formen der Industrie – von Fabriken, Maschinen und groß angelegten Produktionsprozessen. Die Industrialisierung hat eines der wichtigsten Faktorenbündel bereitgestellt, das während der letzten 200 Jahre die soziale Welt beeinflusst hat. Industrialisierte Gesellschaften haben Merkmale, die sich von denen der weniger entwickelten Länder ziemlich deutlich unterscheiden. So etwa schrumpft der Bevölkerungsanteil, der in der Landwirtschaft beschäftigt ist, mit der Industrialisierung auf einen winzigen Anteil – dies bildet einen wichtigen Unterschied zu vorindustriellen Ländern.

Jäger- und Sammlergesellschaften. Gesellschaften, deren Ernährungsgrundlage auf der Jagd, dem Fischen und dem Sammeln essbarer Pflanzen beruht.

Kolonialisierung. Der Prozess, durch den sich westliche Nationen zu den Herrschern von Teilen der Welt aufschwangen, die von ihren angestammten Territorien weit entfernt waren.

Multinationale Konzerne. Wirtschaftsunternehmen, deren Aktivitäten sich auf zwei oder mehr Länder erstrecken. Wenngleich multinationale Konzerne eine klare nationale Basis haben, orientieren sie sich an globalen Märkten und globalen Profiten.

Nationalstaat. Ein für die Moderne charakteristischer Typ von Staat, bei dem eine Regierung die Hoheitsgewalt über einen bestimmten territorialen Bereich ausübt und die große Mehrheit der Bevölkerung Staatsbürger sind, die sich einer einzigen Nation zugehörig fühlen. Nationalstaaten stehen in engem Zusammenhang mit dem Aufstieg des Nationalismus, obwohl nationale Loyalitäten sich nicht immer mit den Grenzen heute existierender Staaten decken. Das System der Nationalstaaten ist europäischen Ursprungs, umspannt heute jedoch die ganze Welt.

Schwellenländer. Länder der Dritten Welt, die in den letzten zwei oder drei Jahrzehnten begonnen haben, eine starke industrielle Basis zu entwickeln, wie z.B. Singapur oder Brasilien.

Weidegesellschaften. Gesellschaften, deren Lebensunterhalt auf der Züchtung oder Haltung gezähmter Tiere beruht. Dabei ergibt sich oft der Zwang, zwischen verschiedenen Gebieten zu nomadisieren, um jahreszeitliche Schwankungen im Weideangebot auszugleichen oder neue Weideflächen aufzusuchen.

Zweite Welt. Die industrialisierten, früher kommunistischen Gesellschaften Osteuropas und der Sowjetunion.

Weiterführende Literatur

Albrow, Martin (2007), *Das globale Zeitalter*, Frankfurt: Suhrkamp.

Bartz, Dietmar, Barbara Bauer und Niels Kadritzke (2006), *Der Atlas der Globalisierung*, Berlin: Le Monde diplomatique/taz.

Diamond, Jared (1998), *Arm und reich. Die Schicksale menschlicher Gesellschaften*, Frankfurt: Fischer.

Stiglitz, Joseph E. (2006), *Die Chancen der Globalisierung*, München: Siedler.

Filme zum Thema

„Unser täglich Brot" (Österreich 2007), Regie: Nikolaus Geyrhalter

„Monsoon Wedding" (USA, Indien, Frankreich 2001), Regie: Mira Nair

„Septemberweizen" (Deutschland 1980), Regie: Peter Krieg

„Let's make Money" (Österreich 2008), Regie: Erwin Wagenhofer

Internet-Tipps

Worldmapper (eine Sammlung von Landkarten, die die Länder der Welt jeweils nach Größe des Themas zeigen)
www.worldmapper.org/index.html

Weltbank
www1.worldbank.org/economicpolicy/globalization/

Das CIA World Factbook enthält nützliche Daten über alle Länder
www.cia.gov/library/publications/the-world-factbook/index.html

International Forum on Globalization
www.ifg.org/

3

Soziale Interaktion und Alltagsleben

Erich ist seit vielen Jahren Trainer in einem teuren Fitnessstudio. Im Laufe der Jahre hat er Hunderte Leute getroffen, die im Studio trainieren. Er instruiert sie, wenn sie zum ersten Mal kommen, und erklärt, wann immer es nötig ist, die Geräte. Einige trifft er, wenn er mit einer kleineren Gruppe Gymnastik macht. Andere hat er flüchtig kennengelernt, vor allem jene, die das Studio immer dann besuchen, wenn er Dienst hat.

Der persönliche Raum im Studio ist beschränkt, weil die meisten Geräte ziemlich eng beieinander stehen. Beim Krafttraining sitzen die Besucher nahe beieinander an den Geräten, und wenn sie von einem zum anderen wechseln, kreuzen sich ihre Wege.

Für Erich ist es fast unmöglich, im Studio herumzugehen, ohne Blickkontakt mit jemandem zu haben, den er wenigstens flüchtig kennt. Er grüßt täglich viele der Besucher bei der ersten Begegnung, aber es herrscht eine stillschweigende Übereinkunft, dass man einander danach nicht mehr begrüßt, sondern seinen eigenen Interessen nachgeht.

höfliche Gleichgültigkeit

Wenn Passanten einander kurz ansehen und den Blick wieder abwenden, wenn sie einander nahe sind, dann beweisen sie, was Erving Goffman (1922–1982) die höfliche Gleichgültigkeit nennt, die wir in vielen Situationen voneinander verlangen (Goffman [1971] 1982). Höfliche Gleichgültigkeit ist etwas anderes als das bloße Ignorieren einer anderen Person. Beide Beteiligten lassen erkennen, dass sie die Gegenwart der anderen Person bemerkt haben, doch sie vermeiden jede Geste, die als zu aufdringlich empfunden werden könnte. Jemandem „höfliche Gleichgültigkeit zu erweisen", ist etwas, das wir mehr oder weniger unbewusst tun. Es ist jedoch von fundamentaler Bedeutung für unser alltägliches Leben, soll dieses effizient und – manchmal auch unter völlig Fremden – angstfrei ablaufen. Wenn höfliche Gleichgültigkeit unter aneinander vorbeigehenden Fremden herrscht, bedeutet das, dass ein Individuum einem anderen zu verstehen gibt, dass es keinen Grund hat, den Absichten des anderen mit Argwohn zu begegnen, Feindschaft zu zeigen oder in irgendeiner anderen Art zum Ausdruck zu bringen, dass ein Kontakt vermieden werden soll.

Erving Goffman
1922–1982
©ASA

Wie wichtig diese Regel ist, sieht man am besten an den Konsequenzen ihrer Nichtbeachtung. Dass eine Person eine andere andauernd anstarrt und es zulässt, dass ihr Gesicht eine Emotion offen zum Ausdruck bringt, geschieht normalerweise zwischen Liebenden, Familienmitgliedern oder engen Freunden. Fremde oder Zufallsbekanntschaften, wenn sie einander auf der Straße, am Arbeitsplatz oder auf einer Party begegnen, blicken einander praktisch nie unverwandt an. Täten sie es, würde es sehr leicht als Zeichen einer feindseligen Absicht aufgefasst werden. So waren Rassisten dafür bekannt, dass sie Angehörige fremder Ethnien mit „Hassblicken" fixierten.

Sogar Freunde müssen im intimen Gespräch aufpassen, wie sie einander ansehen. Der Gesprächspartner beweist Aufmerksamkeit und Interesse an der Konversation, indem er regelmäßig in die Augen des anderen schaut, ihn aber nicht anstarrt. Jemanden allzu intensiv anzublicken, könnte als Zeichen dafür aufgefasst werden, dass man den Äußerungen des anderen misstraut oder dass man sie zumindest nicht versteht. Doch wenn ein Gesprächspartner den Augenkontakt mit dem anderen überhaupt meidet, dann wird man ihn vermutlich für ausweichend, unverlässlich oder sonst irgendwie merkwürdig halten.

Die Untersuchung des alltäglichen sozialen Lebens

Warum sollte sich irgendjemand um solche anscheinend trivialen Aspekte des sozialen Verhaltens kümmern? An jemandem auf der Straße vorbeizugehen oder einige Worte mit einem Freund zu wechseln sind allesamt Aktivitäten, die scheinbar unwichtig und uninteressant sind, Dinge, die wir jeden Tag zahllose Male tun, ohne dass wir über sie nachdenken müssen. Tatsächlich ist die Untersuchung solcher scheinbar unbedeutender Formen der sozialen Interaktion in der Soziologie von grundlegender Bedeutung und – weit davon entfernt, uninteressant zu sein – eines der faszinierendsten Forschungsgebiete der Soziologie. Und zwar aus drei Gründen.

soziale Interaktion

Erstens verleihen unsere alltäglichen Handlungsroutinen mit ihren unablässigen Interaktionen mit anderen, dem, was wir tun, Struktur und Form. Durch die Untersuchung dieser Routinen können wir sehr viel über uns als soziale Wesen und über das soziale Leben selbst in Erfahrung bringen. Unser Leben ist rund um die Wiederholung von ähnlichen Verhaltensmustern organisiert – von Tag zu Tag, von Woche zu Woche, von Monat zu Monat und sogar von Jahr zu Jahr. Denken Sie daran, was Sie z.B. gestern getan haben, und vorgestern. Wenn beide Tage Wochentage waren, dann sind Sie höchstwahrscheinlich zur „selben Zeit wie gewöhnlich" (was bereits für sich eine wichtige Routine darstellt) aufgestanden. Falls Sie Student sind, haben Sie vielleicht ziemlich früh am Vormittag eine Vorlesung besucht, was eine Fahrt von Ihrer Wohnung zur Universität erforderlich macht, die Sie an praktisch allen Wochentagen unternehmen. Vielleicht haben Sie sich zum Mittagessen mit Freunden getroffen: Am Nachmittag sind Sie vielleicht wieder zum Unterricht gegangen, oder Sie haben allein gelernt. Dann sind Sie nach Hause zurückgekehrt und sind am Abend vielleicht mit Freunden ausgegangen.

Freilich sind die Routinen, die wir von Tag zu Tag befolgen, nicht identisch, und was wir am Wochenende tun, unterscheidet sich im Allgemeinen von unseren Aktivitäten während der Woche. Gibt es im Leben einer Person eine bedeutsame Veränderung, beispielsweise wenn man nach Ende des Studiums zu arbeiten beginnt, dann sind gewöhnlich größere Verän-

The Far Side von Gary Larson

Das gewöhnliche Leben wäre unmöglich, müssten wir beständig über unsere Alltagshandlungen nachdenken.

derungen der Alltagsroutinen erforderlich. Üblicherweise finden wir aber rasch zu neuen und ziemlich regelmäßigen Gewohnheiten.

Zweitens zeigt uns das Studium des Alltagslebens, wie Menschen kreativ handeln und damit die Wirklichkeit formen. Obwohl das soziale Verhalten zu einem gewissen Grad von Faktoren wie Rollen, Normen und geteilten Erwartungen gesteuert ist, nehmen Individuen die Wirklichkeit gemäß ihrer sozialen Positionen, Interessen und Motiven unterschiedlich wahr. Weil Menschen in der Lage sind, kreativ zu handeln, formen sie die Wirklichkeit regelmäßig durch ihre Entscheidungen und Handlungen. Mit anderen Worten: Die Wirklichkeit ist nicht fixiert oder statisch, sondern wird durch menschliche Interaktionen hervorgebracht. Die These der *sozialen Konstruktion der Wirklichkeit* steht im Zentrum der Perspektive des symbolischen Interaktionismus, die schon in Kapitel 1 kurz behandelt wurde und ein wenig später noch eingehender besprochen werden wird.

Drittens wirft die Untersuchung der sozialen Interaktion im Alltagsleben ein Licht auf größere soziale Systeme und Institutionen. Tatsächlich beruhen alle sozialen Makrosysteme auf den Mustern der sozialen Interaktion, denen wir im Verlauf unseres täglichen Lebens folgen. Das ist leicht nachzuweisen. Betrachten wir noch einmal den Fall von zwei Fremden, die einander auf der Straße begegnen. Wenn wir ein solches Ereignis isoliert betrachten, dann hat es vielleicht wenig direkte Bedeutung für die dauerhafteren Formen der weiteren sozialen Organisation. Doch wenn wir unsere Aufmerksamkeit auf viele derartige Interaktionen richten, trifft dies nicht länger zu. In modernen Gesellschaften leben die meisten Leute in kleineren und größeren Städten und haben regelmäßig mit anderen zu tun, die ihnen persönlich nicht bekannt sind. Höfliche Gleichgültigkeit ist einer jener Mechanismen, die dem städtischen Leben mit seinen geschäftigen Menschenmassen und seinen vielen flüchtigen und unpersönlichen Begegnungen seinen spezifischen Charakter verleihen.

In diesem Kapitel werden wir uns zuerst mit den nonverbalen Signalen befassen (Gesichtsausdruck und körperliche Gesten), die wir alle verwenden, wenn wir miteinander interagieren. Wir werden dann zur Analyse der Sprache oder Rede im Alltag übergehen, also wie wir Sprache verwenden, um anderen die von uns beabsichtigten Sinngehalte mitzuteilen. Danach werden wir uns mit den Formen, in denen unser Leben durch tägliche Routinen strukturiert ist, befassen und besondere Aufmerksamkeit der Frage widmen, wie wir unser Handeln über Raum und Zeit hinweg koordinieren. In diesem Kapitel geht es auch darum zu zeigen, dass die

Untersuchung der kleinen, alltäglichen Gewohnheiten, die von Mikroso-
ziologen analysiert werden, nicht von jenen umfassenderen Aspekten des
sozialen Lebens getrennt werden können, die in späteren Kapiteln behandelt werden, wie beispielsweise Gender oder Klasse. Die Kasten „Die Weltläufigkeit der Straße" und „Toiletten als Hinterbühnen" zeigen, dass Mik-
ro- und Makrosoziologie eng miteinander verbunden sind.

Nonverbale Kommunikation

Die soziale Interaktion bringt zahlreiche Formen der nonverbalen Kommunikation mit sich, Formen des Austausches von Information und Bedeutungen durch den Gesichtsausdruck, durch Gesten oder Körperbewe-
gungen. Die nonverbale Kommunikation wird manchmal als „Körperspra-
che" bezeichnet, aber dieser Begriff ist irreführend, da wir solche nonverbalen Signale charakteristischerweise verwenden, um das, was in Worten
zum Ausdruck gebracht wird, zu eliminieren oder zu ergänzen.

**nonverbale
Kommunikation**

Gesicht, Gesten und Emotion

Ein wichtiger Aspekt der nonverbalen Kommunikation ist der Ausdruck
von Emotionen über das Gesicht. Paul Ekman und seine Kollegen haben
ein sogenanntes Facial Action Coding System (FACS) entwickelt, um die
Bewegungen der Gesichtsmuskeln zu beschreiben, die einen bestimmten
Ausdruck hervorbringen (Ekman 1978). Dabei haben sie versucht, in einen
Bereich, der gegenüber inkonsistenten oder widersprüchlichen Interpretationen in notorischer Weise offen ist, ein gewisses Ausmaß von Präzision einzuführen – denn es gibt wenig Übereinstimmung darüber, wie Emotionen identifiziert und klassifiziert werden sollten. Charles Darwin, der
Urheber der Evolutionstheorie, behauptete, dass die Grundformen des
Ausdrucks von Emotionen bei allen Menschen dieselben sind. Obwohl
manche Autoren diese Behauptung bestritten haben, scheinen Ekmans
Forschungen bei Menschen mit sehr verschiedenem kulturellem Hintergrund Darwin zu bestätigen. Ekman und seine Kollegen untersuchten eine
isolierte Gemeinschaft in Neuguinea, deren Mitglieder vorher praktisch
keinerlei Kontakt mit Außenstehenden hatten (Ekman 1978). Wenn ihnen
Bilder der mimischen Ausdrucksformen von sechs Emotionen (Freude,
Trauer, Zorn, Ekel, Furcht und Überraschung) gezeigt wurden, waren auch
die Menschen aus Neuguinea fähig, diese Emotionen zu identifizieren.

Ekman zufolge stützen die Ergebnisse seiner eigenen und ähnlicher
Studien verschiedener Völker die Auffassung, dass der mimische Ausdruck
der Emotion und seine Interpretation beim Menschen angeboren sind. Er
gesteht allerdings ein, dass sein Material keinen schlüssigen Beweis dieser
Auffassung liefert, und es mag sein, dass weitverbreitete kulturelle Lernerfahrungen hier eine Rolle spielen. Jedoch werden Ekmans Schlussfolgerungen von anderen Typen von Forschungergebnissen gestützt. Eibl-Eibesfeldt (1973) untersuchte sechs gehörlos und blind geborene Kinder, um

zu sehen, inwieweit ihr mimisches Ausdrucksrepertoire mit dem normaler Individuen in bestimmten emotionalen Situationen übereinstimmte. Es stellte sich heraus, dass die Kinder lächelten, wenn sie mit offensichtlich vergnüglichen Dingen beschäftigt waren, dass sie überrascht die Augenbrauen hochzogen, wenn sie an einem Gegenstand mit einem ungewohnten Geruch schnupperten, und dass sie die Stirn runzelten, wenn man ihnen zum wiederholten Mal einen Gegenstand anbot, der ihnen nicht gefiel. Da sie diese Verhaltensweisen nicht bei anderen gesehen haben konnten, scheinen diese Reaktionen durch angeborene Mechanismen bestimmt zu sein.

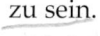

Diese Fotografien von Paul Ekman zeigen die Gesichtsausdrücke eines Stammesangehörigen einer isoliert lebenden Gemeinschaft in Neu Guinea. Sie dienten Ekman dazu, seine Idee, dass grundlegende emotionale Ausdrücke in allen Kulturen gleich ausgedrückt werden, zu testen. Er bat den Mann, sich jeweils vorzustellen, er sei jemand, der die folgende Geschichte erlebt: (a) Dein Freund ist gekommen und du bist glücklich; (b) dein Kind ist gerade gestorben; (c) du bist verärgert und bereit zu kämpfen und (d) du hast ein totes Schwein gesehen, das schon lange dort lag.

Unter Verwendung des FACS-Systems identifizierte Ekman eine Anzahl eindeutig unterscheidbarer Bewegungen der Gesichtsmuskeln bei neugeborenen Kindern, die man auch findet, wenn Erwachsene ihren Emotionen Ausdruck verleihen. Kleinkinder scheinen, z.B. wenn sie auf saure Geschmacksempfindungen reagieren, einen Gesichtsausdruck zu produzieren, der dem, den die Erwachsenen verwenden, um Ekel zu signalisieren, ähnlich ist (Spitzen der Lippen und Stirnrunzeln).

Doch obwohl der mimische Ausdruck der Emotion angeborene Aspekte zu haben scheint, beeinflussen individuelle und kulturelle Faktoren die genaue Form des Gesichtsausdrucks und die Bedingungen, unter denen er als passend empfunden wird. Wie Leute z.B. lächeln, die genaue Bewegung der Lippen und anderer Gesichtsmuskeln, und wie flüchtig das Lächeln ist, all das variiert beträchtlich zwischen verschiedenen Kulturen.

Es gibt keine Gesten oder Aspekte der Körperhaltung, von denen nachgewiesen werden konnte, dass sie für alle oder auch nur die meisten Kulturen charakteristisch sind. In manchen Gesellschaften nicken Leute z.B., wenn sie Nein sagen wollen; dies ist das Gegenteil unserer Gepflogenheiten. Gesten, die wir sehr häufig verwenden, wie z.B. das Zeigen, scheinen bei bestimmten Völkern nicht zu existieren (Bull 1983). Andere Gesten hingegen, die anderswo häufig verwendet werden, sind in unserer Kultur unbekannt. Eine Geste, bei der der ausgestreckte Zeigefinger in der Wangenmitte angesetzt und gedreht wird, wird in Teilen Italiens als Geste des Lobs verwendet. In anderen Teilen Europas jedoch scheint sie unbekannt zu sein. Wie der Gesichtsausdruck, so werden auch Gesten und die Körperhaltung ständig dazu verwendet, um Äußerungen „auszufüllen", gleichzeitig aber auch, um Bedeutungen zu übermitteln, wenn tatsächlich nichts gesagt wird. Alle drei können verwendet werden, um zu scherzen oder um Ironie oder Skepsis zu signalisieren.

Die von uns ausgesendeten nonverbalen Signale, die wir unabsichtlich produzieren, legen oft nahe, dass das, was wir sagen, nicht genau das ist, was wir wirklich meinen. Das Erröten ist vielleicht das offenkundigste Beispiel, doch gibt es unzählige subtile Indikatoren, die von anderen wahrgenommen werden können. Der unverfälschte Gesichtsausdruck wird nur ungefähr vier oder fünf Sekunden lang gehalten. Ein Lächeln, das länger anhält, könnte eine Täuschungsabsicht verraten. Ein Ausdruck der Überraschung, der zu lange anhält, mag bewusst als Parodie gemeint sein – um zu zeigen, dass die betreffende Person tatsächlich überhaupt nicht überrascht ist, obwohl sie dazu Grund haben könnte.

Nonverbale Kommunikation und Gender

Gibt es in alltäglichen Interaktionen eine Gender-Dimension? Es gibt gute Gründe, das anzunehmen. Da Interaktionen durch den breiteren sozialen Kontext geformt werden, ist es nicht überraschend, dass verbale und nonverbale Kommunikation von Männern und Frauen unterschiedlich wahrgenommen und ausgedrückt werden kann. Die Interpretationen von Gender und Geschlechtsrollen sind sehr stark von sozialen Faktoren bestimmt und sehr weitgehend von Macht und sozialem Status beeinflusst. Diese Zusammenhänge sind in den gewöhnlichen Interaktionen unseres Alltagslebens augenscheinlich. Nehmen Sie als Beispiel eine der häufigsten nonverbalen Ausdrücke – den Blickkontakt. Individuen verwenden den Augenkontakt in vielen verschiedenen Formen, häufig um jemandes Aufmerksamkeit auf sich zu ziehen oder um eine soziale Interaktion einzuleiten. In Gesellschaften, in denen Männer die Frauen sowohl im privaten wie öffentlichen Leben dominieren, fühlen sich Männer weitaus häufiger berechtigt, Blickkontakt mit Fremden zu suchen, als Frauen.

Eine besondere Form von Blickkontakt – das Anstarren – illustriert den Unterschied der Bedeutung identer Formen nonverbaler Kommunikation zwischen den Geschlechtern. Das Verhalten eines Mannes, der eine Frau anstarrt, mag als „natürlich" oder „unschuldig" gelten: Wenn sich eine Frau dabei unwohl fühlt, kann sie dem Blick ausweichen und so zeigen, dass sie an der Kontaktaufnahme desinteressiert ist. Auf der anderen Seite kann das Verhalten einer Frau, die einen Mann anstarrt, als auffordernd oder sogar sexuell konnotiert betrachtet werden. Als Einzelfälle mögen sie bedeutungslos erscheinen, betrachtet man das Phänomen aber als ein kollektives, kann es als Verstärkung von Mustern der Gender-Ungleichheit angesehen werden (Burgoon u.a. 1996).

Es gibt bei der nonverbalen Kommunikation noch andere Fälle von Gender-Unterschieden. Untersuchungen haben gezeigt, dass Männer viel entspannter sitzen als Frauen. Männer neigen dazu, zurücklehnend ihre Beine zu spreizen, während Frauen eine weitaus zurückhaltendere Position einnehmen: Sie sitzen aufrecht, halten ihre Hände im Schoß und kreuzen die Beine übereinander. Frauen stehen auch weitaus näher neben jenen, mit denen sie sprechen, als dies bei Männern der Fall ist. Schließlich berühren Männer viel öfter als Frauen ihre Gesprächspartner, und Frauen wurde beigebracht, das für ganz normal zu halten. Andere Studien haben gezeigt, dass Frauen ihre Gefühle viel offensichtlicher zeigen und dass sie den Blickkontakt sowohl häufiger suchen als auch unterbrechen. Soziologen haben argumentiert, dass diese kleinförmigen Mikro-Interaktionen die Ungleichheiten auf Makroniveau verstärken. Männer haben einen größeren Bereich in ihrer Umgebung unter Kontrolle als Frauen, sowohl im Stehen wie Sitzen, weil sie weiter weg von jenen stehen, mit denen sie sprechen, und weil sie im Sitzen mehr „herumfuchteln" und häufiger Körperkontakt mit anderen suchen. Frauen suchen hingegen, so wird argumentiert, Zustimmung über Blickkontakt und Gesichtsausdruck: Geht der Blickkontakt von den Männern aus, neigt eine Frau häufiger zum Wegschauen als ein Mann. Mikrostudien nonverbaler Formen der Kommunikation liefern subtile Hinweise auf die männliche Macht über Frauen in der Gesellschaft (Young 1990).

Soziale Regeln der Interaktion

Obwohl wir im Allgemeinen viele nonverbale Signale verwenden, wenn wir selbst handeln und das Handeln anderer interpretieren, besteht ein Großteil unserer Interaktion im Reden – ein beiläufiges Wechseln von Worten – im Zusammenhang informeller Konversation mit anderen. Soziologen haben immer akzeptiert, dass die Sprache für das soziale Leben von grundlegender Bedeutung ist. Vor Kurzem wurde allerdings ein Ansatz entwickelt, der sich speziell damit befasst, wie Leute in den gewöhnlichen Kontexten des Alltagslebens Sprache verwenden.

Ethnomethodologie   Ethnomethodologie ist die Untersuchung der „Ethnomethoden" – der von Laien benutzten Methoden –, die von Menschen angewendet werden, um dem Handeln und Reden anderer einen *Sinn* abzugewinnen. Der Ausdruck stammt von Harold Garfinkel, dessen Arbeiten wir später noch diskutieren werden. Wir alle verwenden in der Interaktion mit anderen diese Methoden, ohne dass wir ihnen normalerweise bewusste Aufmerksamkeit widmen müssten. Oft können wir den Äußerungen einer Konversation jedoch nur einen Sinn abgewinnen, weil wir den sozialen Kontext kennen, der in den Worten selbst nicht in Erscheinung tritt. Man nehme die folgende Konversation (Heritage 1984):

A: Ich habe einen vierzehnjährigen Sohn.
B: Nun, das macht nichts.
A: Ich habe auch einen Hund.
B: Oh, tut mir Leid.

Was passiert hier? In welcher Beziehung stehen die Gesprächsteilnehmer zueinander? Unser Wissen, dass dies eine Konversation zwischen einem Wohnungssuchenden und einem Hausbesitzer ist, macht die Konversation nachvollziehbar. Manche Vermieter haben nichts gegen Kinder einzuwenden, doch sie gestatten es ihren Mietern nicht, Haustiere zu halten. Doch in Unkenntnis des sozialen Kontextes scheinen die Reaktionen des Individuums B in keiner Beziehung zu den Aussagen von A zu stehen. Ein *Teil* des Sinnes steckt in den Worten, und ein zweiter *Teil* liegt in der Strukturierung des Gesagten durch den sozialen Kontext.

Gemeinsames Hintergrundwissen

Auch die unbedeutendsten Formen des alltäglichen Redens setzen kompliziertes gemeinsames Hintergrundwissen voraus, das von den Beteiligten „ins Spiel gebracht wird". Sogar unser belangloses Geplauder ist derartig komplex, dass es sich als bisher unmöglich erwiesen hat, sogar die leistungsfähigsten Computer so zu programmieren, dass sie mit Menschen Gespräche führen könnten, wie wir das untereinander tun. Die in der gewöhnlichen Rede verwendeten Wörter haben nicht immer präzise Bedeutungen, und wir „fixieren", was wir sagen möchten, bzw. unser Verständnis des Gesagten durch die unausgesprochenen Annahmen, die diesen Bedeutungen zugrunde liegen. Wenn Maria Tom fragt: „Was hast du gestern getan?", gibt es keine offenkundige Antwort, die durch die Frage selbst nahegelegt würde. Ein Tag dauert lange, und es wäre logisch, wenn Tom antwortete: „Nun, um sieben Uhr 16 bin ich aufgewacht, um sieben Uhr 18 stand ich auf, ging ins Badezimmer und begann, meine Zähne zu putzen, um sieben Uhr 19 habe ich die Dusche angedreht ..."

„Hallo, ich bin Jeff ... Ich bin Ihr heutiger Gast ... wir beide hätten gerne zuerst ein Mineralwasser und eine Speisekarte. Mein heutiger Spezialwunsch ist coq au vin und wir brauchen heute keine Weinkarte. Wir werden unser heutiges Essen sicherlich genießen und wenn wir etwas brauchen, werden wir es Sie sicherlich wissen lassen".

Viele „Regeln" der alltäglichen Kommunikation werden erkennbar, wenn sie jemand verletzt.

Wir verstehen die von der Frage geforderte Art der Reaktion, weil wir Maria kennen, weil wir unter anderem wissen, welche Art von

Tätigkeit sie und Tom gewöhnlich miteinander ausüben oder etwa, was Tom üblicherweise an einem bestimmten Wochentag tut.

Garfinkels Experimente

Die „Hintergrunderwartungen", durch die wir gewöhnliche Konversationen organisieren, wurden durch einige Experimente, die Harold Garfinkel ([1967] 1984) mit Unterstützung von Freiwilligen unter seinen Studenten durchgeführt hat, in ein helles Licht getaucht. Die Studenten wurden aufgefordert, einen Freund oder Verwandten in ein Gespräch zu verwickeln und dabei darauf zu bestehen, dass der Sinn aller belanglosen Bemerkungen geklärt werde. Beiläufige Bemerkungen oder allgemeine Kommentare sollten nicht stehen gelassen werden, sondern man sollte ihnen aktiv nachgehen, um ihren Sinn zu präzisieren. Wenn jemand sagte: „Schönen Tag noch", dann sollten sie darauf sagen: „Schön, in welchem Sinn eigentlich?", „Welchen Teil des Tages meinst du?" usw. Eine der Transkriptionen der sich auf diese Weise ergebenden Wortwechsel sah folgendermaßen aus (S ist der Freund und E der studentische Freiwillige):

S: Wie geht's?
E: In welcher Hinsicht? Gesundheitlich, finanziell, schulisch, psychisch oder ...
S: (mit rotem Gesicht und plötzlich außer Kontrolle) Ich wollte nur höflich sein, zum Kuckuck. Eigentlich ist es mir völlig egal, wie es dir geht.

Warum geraten Leute in eine derartige Aufregung, wenn scheinbar unbedeutende Konventionen des Gesprächs nicht befolgt werden? Die Antwort ist, dass die Stabilität und Sinnhaftigkeit unseres täglichen sozialen Lebens von gemeinsamen, aber unausgesprochenen kulturellen Annahmen darüber abhängen, was gesagt wird und warum. Wären wir nicht in der Lage, diese Annahmen vorauszusetzen, dann wäre sinnvolle Kommunikation unmöglich. Jeder Frage oder jedem Beitrag zu einer Konversation müsste ein massives „Suchverfahren" folgen – wie es von Garfinkels Versuchspersonen angestellt wurde, wenn sie auf alltägliche Bemerkungen antworteten –, und die Interaktion würde schlicht zusammenbrechen. Was also auf den ersten Blick als unwichtige Konventionen der Rede erscheint, stellt sich als für das Gewebe des sozialen Lebens fundamental heraus, weshalb der Verstoß gegen diese Konventionen eine so ernsthafte Sache ist.

Wir sollten uns vor Augen halten, dass Leute im alltäglichen Leben manchmal absichtlich Unwissenheit über das unausgesprochene Wissen vorspiegeln. Dies kann geschehen, um den anderen in seine Schranken zu weisen, um sich über ihn lustig zu machen, um Verlegenheit zu erzeugen oder um die Aufmerksamkeit auf eine Mehrdeutigkeit des Gesagten zu lenken. Man betrachte z.B. diesen klassischen Wortwechsel zwischen einem Elternteil und einem Teenager:

P: Wo gehst du hin?
T: Fort.
P: Was wirst du tun?
T: Nichts.

Die Reaktionen des Teenagers sind tatsächlich das Gegenteil jener der Freiwilligen in Garfinkels Experimenten. Statt Nachforschungen anzustellen, wo dies normalerweise unüblich ist, weigert sich der Jugendliche hier überhaupt, passende Antworten zu geben – wobei er nichts anderes sagt als „Kümmere dich um deine eigenen Angelegenheiten!" Die erste Frage könnte von einer anderen Person in einem anderen Kontext auf ganz andere Weise beantwortet werden:

A: Wo gehst du hin?
B: Ich gehe allmählich die Wand hoch.

Die Frage von A wird von B hier absichtlich falsch gelesen, um in ironischer Weise auf seine Sorgen oder Frustrationen hinzuweisen. Komödien, Scherze und Witze machen sich solche absichtlichen Fehlinterpretationen der von der Rede vorausgesetzten unausgesprochenen Annahmen zunutze. Davon geht keine Gefahr aus, solange die Beteiligten die Absicht erkennen, Gelächter hervorzurufen.

Interaktionsvandalismus

Wir haben bereits gesehen, dass Gespräche besonders wichtig sind, um unser alltägliches Leben in einer stabilen und kohärenten Weise aufrechtzuerhalten. Wir fühlen uns sehr wohl, wenn die stillschweigenden Annahmen, die einem gewöhnlichen Gespräch zugrunde liegen, eingehalten werden: Werden sie gebrochen, fühlen wir uns verletzt, verwirrt und unsicher. In den meisten Alltagsgesprächen verfolgen die Gesprächspartner die Hinweise des anderen – Veränderungen der Betonung, kurze Pausen oder begleitende Gesten – sehr aufmerksam, damit das Gespräch problemlos vorankommt. Durch wechselseitige Aufmerksamkeit „kooperieren" die Gesprächspartner bei Gesprächseröffnungen und Wechseln des Gesprächsthemas. Interaktionen, bei denen einer der beiden „unkooperativ" agiert, führen zu Spannungen.

Garfinkels Studenten schufen solche Situationen absichtlich und stellten die Gesprächsregeln infrage, weil sie an einem soziologischen Experiment teilnahmen. Doch was ist mit jenen Situationen in der wirklichen Welt, in denen Leute durch ihre Gesprächsführung Komplikationen verursachen? Eine amerikanische Studie untersuchte verbale Interaktionen zwischen Passanten in den Straßen von New York, um herauszufinden, warum solche Interaktionen von Vorbeigehenden als problematisch erachtet wurden. Die Forscher benutzten dabei eine Technik, die als Konversationsanalyse bekannt ist, um eine Auswahl von Interaktionen auf der Straße mit Beispielen von Alltagsgesprächen zu vergleichen. Die Konversationsanalyse ist eine Methode, die alle Facetten eines Gesprächs auf seine Bedeutungen hin untersucht – von den kleinsten Füllwörtern wie „äh" und

Konversationsanalyse

„ähm" bis hin zur genauen Platzierung interaktiven Austausches (einschließlich der Pausen, Unterbrechungen und Überschneidungen der Redebeiträge).

Die Untersuchung konzentrierte sich auf Interaktionen zwischen schwarzen Männern – viele von ihnen waren obdachlos, alkoholisiert oder drogensüchtig – und weißen Frauen, die auf der Straße an ihnen vorübergingen. Die Männer versuchten oftmals ein Gespräch zu beginnen, indem sie den Frauen etwas zuriefen, äußerten Komplimente oder stellten eine Frage. Doch irgendetwas ging bei diesen Gesprächen schief, da die Frauen sehr selten auf gewöhnliche Weise reagierten. Selbst wenn die Äußerungen der Männer im Ton nicht unfreundlich waren, beschleunigten die Frauen ihren Schritt und starrten angestrengt anderswohin. Das folgende Beispiel zeigt, wie Mudrick, ein schwarzer Endfünfziger, versuchte, Frauen in ein Gespräch zu verwickeln.

> [Mudrick] beginnt seine Interaktion, als eine weiße Frau, Mitte zwanzig, sich ihm in normalem Tempo nähert:
>
> 1 *Mudrick*: Ich liebe dich Baby.
> *Sie kreuzt ihre Arme und beschleunigt ihren Schritt, ignoriert den Kommentar.*
> 2 *Mudrick*: Heirate mich.
> *Als Nächstes kommen zwei weiße Frauen vorbei, vermutlich auch Mitte zwanzig:*
> 3 *Mudrick*: Hi, Girls, ihr schaut wirklich nett aus heute. Habt ihr ein wenig Geld? Ich will ein paar Bücher kaufen.
> *Sie ignorieren ihn. Als Nächstes kommt eine junge schwarze Frau vorbei:*
> 4 *Mudrick*: Hey, hübsch, Hey, hübsch.
> *Sie geht an ihm vorüber, ohne ihn eines Blickes zu würdigen.*
> 5 *Mudrick*: 'tschuldige, 'tschuldige. Ich weiß, du hörst mich.
> *Dann spricht er eine weiße Frau, ungefähr dreißig Jahre alt, an:*
> 6 *Mudrick*: Ich beobachte dich. Du siehst nett aus, weißt du das?
> *Sie ignoriert ihn.*
>
> (Duneiner und Molotch 1999, S. 1273f.)

Glatte „Eröffnungen" und „Schließungen" für Gespräche auszuhandeln gehört zu den grundlegenden Voraussetzungen urbaner Zivilisiertheit. Diese entscheidenden Aspekte der Konversation waren zwischen den Männern und Frauen sehr problematisch. Wenn die Frauen den Versuchen der Männer, ein Gespräch zu eröffnen, mit Ablehnung begegneten, ignorierten die Männer den Widerstand der Frauen und fuhren einfach fort. Gelang es den Männern einmal, ein Gespräch in Gang zu bringen, ignorierten sie in vergleichbarer Weise Hinweise der Frauen, die klarmachen sollten, dass für sie das Gespräch zu Ende sei:

> 1 *Mudrick*: Hey, Süße.
> 2   (0,8)
> 3 *Frau*: Hi, wie geh[t's?
> 4 *Mudrick*: [Bist du in Ordnung?

```
5                       (2,2)
6    Mudrick: Du schaust wirklich toll aus. Mit gefällt deine Frisur.
7                       (0,8)
8    Mudrick: Bist Du verheiratet?
9    Frau: Yeah.
10                      (0,1)
11   Mudrick: Huh?
12                      (.)
13   Frau: Yea[h.
14   Mudrick:  [Wo ist dein Ehering?
15                      (0,1)
16   Frau: Ich habe ihn zuha↑use:↓ gelassen.
17   Mudrick: Zuhause gelassen?
18   Frau: Yeah.
19   Mudrick: Wie heißt Du?
20                      (.)
21   Mudrick: Ich heiße Mudrick, und Du?
```
Sie antwortet nicht und geht weiter.

(Duneiner und Molotch 1999, S. 1274)

Die konversationsanalytische Transkription versucht, Gesprochenes so genau wie möglich im Schriftbild wiederzugeben; dazu wurden einige Konventionen eingeführt: [steht für gleichzeitig Sprechen, ↑ und ↓ werden verwendet um anzuzeigen, dass der Sprecher die Stimme ungewöhnlich deutlich hebt bzw. senkt; : steht für gedehntes Sprechen. Schließlich werden die Pausen zwischen den Redebeiträgen in Klammer in Zehntelsekunden angegeben.

In diesem Beispiel macht Mudrick neun von 14 Äußerungen, die die Interaktion umfassen, um ein Gespräch einzuleiten und weitere Auskünfte der Frau zu erhalten. Vom Transkript allein her wird schon klar, dass die Frau an keinem Gespräch interessiert ist. Eine Konversationsanalyse des Tonbandmitschnitts liefert weitere Hinweise dafür, dass sie an einem Gespräch nicht wirklich interessiert ist. Die Frau antwortet stets erst nach einer Pause – auch dort, wo sie gar nichts sagt, während Mudrick ganz rasch antwortet, manchmal spricht er zugleich mit der Frau. Das „Timing" ist in Gesprächen ein sehr exakter Indikator. In den meisten alltäglichen Interaktionen sind verzögerte Antworten selbst dann, wenn sie nur einen Bruchteil einer Sekunde dauern, ein erfolgreicher Hinweis darauf, dass man das Thema zu wechseln wünscht. Indem Mudrick diese implizite Regel des Zusammenlebens verletzt, führte er das Gespräch in einer Weise, die als „technisch grob" bezeichnet wird. Aber auch die Frau handelte „technisch grob", weil sie die wiederholten Versuche von Mudrick, sie in ein Gespräch zu verwickeln, missachtete. Die technisch grobe Natur dieses Austauschs auf Straßen macht ihn für Passanten problematisch. Wenn übliche Hinweise auf die Eröffnung und das Schließen von Gesprächen vom anderen nicht befolgt werden, empfinden Personen eine deutliche und unerklärliche Unsicherheit.

**Interaktions-
vandalismus**

Der Ausdruck Interaktionsvandalismus beschreibt Fälle, in denen eine Person mit niedrigerem sozialen Status implizite Regeln, die dem Status-höheren wichtig sind, bricht. Die Obdachlosen befolgen in ihren Interaktionen untereinander, mit Ladenbesitzern, der Polizei, Verwandten und Bekannten oft die Alltagsregeln des Sprechens. Doch immer dann, wenn sie beschließen, die impliziten Regeln alltäglichen Sprechens zu missachten, lassen sie Passanten desorientiert zurück. Anders als in Fällen von physischen Attacken oder vulgären verbalen Übergriffen sind die Opfer von Interaktionsvandalismus oft nicht einmal in der Lage zu sagen, was genau passiert ist.

Diese Studie über Interaktionsvandalismus liefert ein weiteres Beispiel für die wechselseitige Verschränkung von Interaktionen des Mikroniveaus mit Kräften, die auf dem Makroniveau angesiedelt sind. Den Obdachlosen erscheinen die weißen Frauen, die sich in keine Gespräche verwickeln lassen, als distanziert, kalt und herzlos für sie – und damit als legitime „Ziele" für eben diese Interaktionen. Die Frauen mögen ihrerseits oft das Verhalten dieser Männer als Beweis dafür betrachten, dass sie tatsächlich gefährlich sind und man ihnen am besten ausweicht. Der Interaktionsvandalismus ist auf diese Weise auf das Engste mit den umfassenderen Strukturen von Klasse, Gender und ethnischer Zugehörigkeit verbunden. Sorge und Angst, die aus solchen gewöhnlichen Interaktionen resultieren, formen ihrerseits die Haltungen und Kräfte, die umgekehrt wiederum die Interaktionen beeinflussen. Interaktionsvandalismus ist daher ein Teil eines selbstverstärkenden Systems von gegenseitigen Verdächtigungen und Unhöflichkeit.

Reaktionsrufe

Einige Arten von Äußerungen gehören nicht zur Rede, sondern bestehen aus gemurmelten Ausrufen, aus Reaktionsrufen, wie Goffman sie genannt hat (Goffman [1981] 2005). Man denke z.B. an jemanden, der „Hoppla!" sagt, nachdem er etwas umgestoßen oder fallen gelassen hat. „Hoppla!" scheint bloß eine uninteressante Reflexreaktion auf ein Missgeschick zu sein, ähnlich wie ein Augenzwinkern, wenn jemand seine Hand rasch in Richtung des Gesichts einer anderen Person bewegt. Es ist jedoch keineswegs eine unfreiwillige Reaktion, wie sich in der Tatsache zeigt, dass

Reaktionsrufe Leute im Allgemeinen den Ausruf unterlassen, wenn sie allein sind. „Hoppla!" wird üblicherweise an andere anwesende Personen gerichtet. Der Ausruf soll den Zeugen des Unglücks zeigen, dass es sich bloß um einen unbedeutenden und untypischen Vorfall handelt, nicht um etwas, was Zweifel an der Kontrolle des Individuums über seine Handlungen entstehen lassen könnte.

„Hoppla!" wird nur bei einem Missgeschick von minderer Bedeutung verwendet, nicht bei größeren Unfällen oder Katastrophen – was ebenfalls beweist, dass der Ausruf Teil unserer kontrollierten Bewältigung der Details des sozialen Lebens ist. Zusätzlich kann der Ausruf von jemandem produziert werden, der das Missgeschick beobachtet, statt von dem Individuum, dem es unterläuft. „Hoppla!" kann verwendet werden, um einen anderen zu warnen und ihm gleichzeitig mitzuteilen, dass das Missgeschick nicht als Anzeichen der Unfähigkeit der dafür verantwortlichen Person aufgefasst wird. Das englische Wort für „Hoppla" „Oops!" enthält normalerweise einen kurzen Vokal, doch kann er in manchen Situationen verlängert werden. So etwa, wenn jemand bei der Verrichtung irgendeiner Aufgabe einen kritischen Moment überbrückt oder wenn ein Elternteil ein verlängertes „Oops!" oder sogar „Oopsadaisy!" äußert, während er sein Kind spielerisch in die Luft wirft. Der Klang erstreckt sich über die kurze Phase, während das Kind das Gefühl haben mag, dass sein Vater oder seine Mutter die Kontrolle verloren hat; der Klang dient hier zur Beruhigung und vermutlich gleichzeitig zur Entwicklung des Verständnisses von Reaktionsrufen. Es ist offensichtlich, dass der Ausdruck kulturell definiert ist. Im Deutschen heißt er „Hoppla", und im Russischen klingt er wie „A-iie".

Das mag alles ziemlich gekünstelt und übertrieben klingen. Warum macht man sich die Mühe, eine derart unbedeutende Äußerung so detailliert zu untersuchen? Wir verwenden doch sicherlich nicht derart viel Aufmerksamkeit auf unsere Äußerungen und unser Handeln, wie dieses Beispiel nahelegt? Selbstverständlich tun wir das nicht – auf der bewussten Ebene. Worauf es hier jedoch ankommt, ist, dass wir bei uns und anderen eine außergewöhnlich komplizierte und beständige Kontrolle unserer Erscheinung und unserer Handlungen voraussetzen. Wenn wir interagieren, dann wird von uns nie erwartet, dass wir lediglich bei der Szene anwesend sind. Andere erwarten, so wie wir das von anderen erwarten, dass „kontrollierte Aufmerksamkeit" bewiesen wird, wie Goffman das nennt. Es ist ein fundamentaler Teil des „Menschlich-Seins", anderen ständig unsere Kompetenz und Fähigkeit gegenüber den Routinen des täglichen Lebens zu beweisen.

Gesicht, Körper und Sprache in der Interaktion

Fassen wir zusammen, was bisher gesagt wurde. Die alltägliche Interaktion beruht auf subtilen Beziehungen zwischen dem, was wir durch unser Gesicht und unseren Körper vermitteln, und dem, was wir durch Worte mitteilen. Wir machen uns den Gesichtsausdruck und die Gesten anderer zunutze, um das, was sie verbal mitteilen, zu ergänzen und um zu überprüfen, inwieweit ihre Äußerungen aufrichtig sind. Meist ohne es zu bemerken, übt jeder von uns während unserer täglichen Interaktion mit anderen eine strenge und beständige Kontrolle über den Gesichtsausdruck und die Haltung und die Bewegungen des Körpers aus.

Das Gesicht, der Umgang mit dem Körper und die Rede werden also verwendet, um bestimmte Sinngehalte zu übermitteln und andere zu verbergen. Denselben Zielen dient die Organisation unseres Handelns in den *Kontexten* des sozialen Lebens – wie wir im Folgenden zeigen werden.

Die Weltläufigkeit der Straße

Haben Sie schon einmal die andere Straßenseite gewechselt, weil Sie sich von Entgegenkommenden bedroht fühlten?

Ein amerikanischer Soziologe, der derart einfache Interaktionen verstehen wollte, ist Elijah Anderson, ein Stadtsoziologe an der Universität Pennsylvania. Er begann damit, die soziale Interaktion in den Straßen zweier benachbarter Stadtteile zu beschreiben. Sein Buch *Streetwise* (1990) untersucht, wie Schwarze und Weiße in den Straßen mit „einem Minimum an Risiko und einem Maximum an wechselseitigem Respekt in einer Welt voll Ungewissheit und Gefahr" interagieren. Wie schon andere Soziologen, die sich mit der sozialen Interaktion befasst haben, fand auch Anderson, dass die Untersuchung des Alltagslebens ein Licht darauf wirft, wie aus individuellen Interaktionen gesellschaftliche Ordnung entsteht. Er interessierte sich v.a. für Interaktionen, bei der zumindest eine Partei als bedrohlich wahrgenommen wird. Wie gelingt es Fremden, anderen gegenüber sehr rasch weniger fremd zu werden?

Bevor er sich auf die Straße begab, um diese Frage zu beantworten, vergegenwärtigte sich Anderson Erving Goffmans Darstellung der Entstehungsbedingungen sozialer Situationsdefinitionen in bestimmten Kontexten oder an bestimmten Orten:

„Wenn ein Einzelner mit anderen zusammentrifft, versuchen diese gewöhnlich, Informationen über ihn zu erhalten oder Informationen, die sie bereits besitzen, ins Spiel zu bringen [...] Informationen über den Einzelnen tragen dazu bei, die Situation zu definieren, sodass die anderen im Voraus ermitteln, was er von ihnen erwarten wird und was sie von ihm erwarten können" (Goffman [1959] 2007, S. 5).

Im Anschluss an Goffman warf Anderson die Frage auf, welche Typen von Verhaltenssignalen das Vokabular der öffentlichen Interaktion ausmachen.

Er kam zum Schluss, dass „die Hautfarbe, das Geschlecht, das Alter, die Begleiter, die Kleidung, der Schmuck und die Gegenstände, die Personen tragen, dabei behilflich sind, sie zu identifizieren. Dadurch können Annahmen getroffen werden; dadurch kann auch die Kommunikation auf eine Basis gestellt werden. Bewegungen (schnelle oder langsame, authentische oder unauthetische, verständliche oder unverständliche) vertiefen und verfeinern diese öffentliche Kommunikation. Faktoren wie die Tageszeit oder eine Aktivität, die die Anwesenheit einer Person ‚erklärt', können auch einen Einfluss darauf haben, in welcher Weise und wie schnell das Bild des ‚Fremden' neutralisiert wird. Wenn ein Fremder die Überprüfung nicht besteht und nicht als ‚sicher' kategorisiert wird, dann kann er in der Wahrnehmung zu einem Raubtier werden, und die anderen Fußgänger können dann versuchen, dem Fremden gegenüber eine Distanz zu bewahren, die mit diesem Bild vereinbar ist."

Anderson fand heraus, dass jene Personen die Überprüfung am raschesten bestanden, die nicht einer allgemein akzeptierten stereotypen Vorstellung von einem gefährlichen Menschen entsprechen: Nach Anderson bestehen „Kinder den Test sehr rasch, weiße Frauen und weiße Männer etwas langsamer, schwarze Frauen, schwarze Männer und männliche schwarze Teenager am allerlangsamsten". Indem Anderson zeigen konnte, dass Spannungen in der Interaktion aus dem Status folgen, der in der Interaktion gar keine Rolle spielt, also Kategorien wie Rasse, Geschlecht und Klassen, machte er klar, dass wir zu einem umfassenden Verständnis einer Situation nicht nur auf die Mikro-Interaktionen schauen dürfen.

Auf diesem Weg macht Anderson deutlich, wie Mikro-Interaktionen und Makroprozesse ineinander greifen.

Anderson meint, dass Personen dann „weltläufig" sind, wenn sie Fähigkeiten wie die „Kunst des Vermeidens" entwickeln, um mit Gewalt, Kriminalität und ihrer Verletzlichkeit umgehen zu können. Nach Anderson nehmen Weiße, denen die Fähigkeit zur Weltläufigkeit fehlt, die Unterschiede zwischen verschiedenen Arten von schwarzen Männern nicht wahr (z.B. Unterschiede zwischen Mittelschicht-Jugendlichen und Mitgliedern einer Jugendbande). Sie beherrschen es vielleicht auch nicht, ihre Schritte vor einer „verdächtigten" Person entsprechend zu beschleunigen oder „schlechte Ecken" nur zu bestimmten Tageszeiten zu passieren.

Untersuchungen wie jene von Anderson zeigen, in welcher Weise Mikrosoziologie nützlich sein kann, um generelle institutionelle Muster zu beleuchten, die Teil der Makrosoziologie sind. Face-to-face-Interaktion ist zweifelsohne die Basis aller sozialen Organisationen, unabhängig davon, wie groß sie auch sein mögen. Wir können sicherlich zu keinem umfassenden Verständnis von Gender oder Klasse in unseren Gesellschaften gelangen, wenn wir uns nur auf solche Studien stützen. Andererseits tragen solche Untersuchungen mit Sicherheit zu einem besseren Verständnis bei. In späteren Kapiteln werden wir weiteren Beispielen begegnen, die vorführen, wie Interaktionen in Mikrokontexten umfassendere soziale Prozesse beeinflussen und wie Makrosysteme ihrerseits beschränktere soziale Gegebenheiten formen.

Begegnungen

In vielen sozialen Situationen treten wir in unzentrierte Interaktion mit anderen ein, wie Goffman es nennt. Unzentrierte Interaktion findet immer dann statt, wenn Individuen in einer gegebenen Situation ein wechselseitiges Bewusstsein von der Gegenwart des anderen haben. Das ist üblicherweise stets bei größeren Menschenansammlungen der Fall, wie auf einer belebten Straße, in einem Theaterpublikum oder auf einer Party. Wenn sich Individuen in der Gegenwart von anderen aufhalten, dann sind sie beständig mit nonverbaler Kommunikation befasst, auch mit Personen, mit denen sie nicht direkt sprechen. Durch ihre Bewegungen, ihre Stellung, ihr körperliches Erscheinungsbild und durch mimische und körperliche Gesten übermitteln sie anderen bestimmte Eindrücke. **unzentrierte Interaktion**

Zentrierte Interaktion findet statt, wenn sich Individuen direkt darauf konzentrieren, was der andere sagt oder tut. Mit Ausnahme der Situation, wenn jemand z.B. auf einer Party allein herumsteht, beinhaltet jegliche Interaktion sowohl zentrierte als auch unzentrierte Handlungssequenzen. Goffman nennt eine Einheit zentrierter Interaktion eine Begegnung (*Encounter*), und ein Großteil unseres Alltagslebens besteht aus beständigen Begegnungen mit anderen Individuen – Familienmitgliedern, Freunden, Arbeitskollegen –, die häufig vor dem Hintergrund der unzentrierten Interaktion mit anderen Anwesenden stattfinden. Ein beiläufiges Gespräch, Diskussionen in einem Seminar, Spiele und alltägliche Face-to-face-Kontakte (mit Schalterbeamten, Kellnern, Verkäufern usw.) sind Beispiele für Begegnungen. **zentrierte Interaktion**

Begegnung

Begegnungen erfordern stets „Eröffnungen", die deutlich machen, dass höfliche Gleichgültigkeit über Bord geworfen wird. Wo einander Fremde begegnen und miteinander zu reden beginnen – z.B. auf einer Party –, dort ist der Moment der Aufgabe der höflichen Gleichgültigkeit stets mit Risiken behaftet, da sich sehr leicht Missverständnisse über die Natur der angebahnten Begegnung einstellen können (Goffman [1971] 1982). Daher kann es vorkommen, dass der Blickkontakt zunächst nur halbherzig hergestellt wird. Eine Person kann dann so tun, als hätte sie keinen direkten Schritt gesetzt, sollte die Anbahnung der Begegnung misslingen. In der zentrierten Interaktion kommuniziert jedes Individuum durch den Gesichtsausdruck und Gesten ebenso viel wie durch die Worte, die tatsächlich gewechselt werden. Goffman unterscheidet in diesem Zusammenhang zwischen den Signalen, die Personen „senden", und jenen, die sie „abgeben". Erstere sind die Worte und der Gesichtsausdruck, mit deren Hilfe Menschen versuchen, bei anderen einen bestimmten Eindruck hervorzurufen. Zweitere sind jene Signale, die verwendet werden können, um die Aufrichtigkeit oder Wahrhaftigkeit einer Person zu überprüfen. So etwa hört der Besitzer oder die Besitzerin eines Restaurants mit freundlichem Lächeln zu, wie Gäste sich in höchst befriedigter Weise über das Essen äußern, das ihnen serviert worden ist. Zur gleichen Zeit könnte er oder sie darauf achten, mit welchem erkennbaren Genuss die Mahlzeit verzehrt wurde, ob

Arlie Hochschilds Untersuchung über die Ausbildung der Flugbegleiter wurde in Kapitel 1 – Was ist Soziologie? diskutiert.

viel übrig gelassen wurde und in welchem Tonfall die Gäste ihrer Zufriedenheit Ausdruck verleihen.

Kellnern und anderen Beschäftigten in Dienstleistungsunternehmen wird tatsächlich häufig gesagt, sie sollen lächeln und zu ihren Gästen höflich sein. In einer berühmten Arbeit nannte Hochschild diese Tätigkeit „Gefühlsarbeit".

Eindrucksmanipulation

Goffman und andere Autoren, die zum Thema soziale Interaktion geschrieben haben, verwenden zur Analyse der sozialen Interaktion häufig die **soziale Rolle** Begriffe des Theaters. Der Begriff der sozialen Rolle z.B. stammt aus dem Milieu des Theaters. Rollen sind sozial definierte Erwartungen, die eine **soziale Position** Person, die eine bestimmte soziale Position (Status) bekleidet, befolgt. Ein Lehrer zu sein heißt z.B. eine bestimmte Position einzunehmen. Die Rolle der Lehrerin besteht darin, dass sie ihren Schülern gegenüber in spezifischer Weise handelt. Goffman sieht das soziale Leben, als handle es sich dabei um ein Schauspiel auf einer Bühne – oder auf vielen Bühnen, da unser Handeln von all den Rollen bestimmt ist, die wir zu einem bestimmten Zeitpunkt spielen. Dieser Ansatz wird manchmal als das dramaturgische Modell bezeichnet. Die Menschen sind sehr sensibel, was das Bild betrifft, das andere von ihnen haben, und verwenden zahlreiche Formen **Eindrucks-** der Eindrucksmanipulation, um sicherzugehen, dass andere in der ge-**manipulation** wünschten Art auf sie reagieren. Obwohl dies manchmal in berechnender Weise geschehen kann, gehört es üblicherweise zu den vielen Dingen, die wir tun, ohne ihnen bewusste Aufmerksamkeit zu schenken. Wenn Philipp an einer geschäftlichen Besprechung teilnimmt, trägt er Anzug und Krawatte und verhält sich sehr gesittet. Wenn er am selben Abend mit Freunden ein Fußballspiel besucht, dann trägt er Jeans und ein T-Shirt und erzählt eine Menge Witze. Das ist Eindrucksmanipulation.

Wie eben erwähnt, hängen die sozialen Rollen, die wir spielen, sehr **Status** stark von unserem sozialen Status ab. Der soziale Status einer Person ist nicht immer derselbe und hängt vom jeweiligen Kontext ab. Beispielsweise nehmen Sie als „Student" einen bestimmten Status ein, und es wird von Ihnen erwartet, dass sie sich in Anwesenheit von Professoren auf eine bestimmte Art verhalten. „Sohn oder Tochter" ist ein anderer Status als der des „Studenten" und die Gesellschaft (vor allem Ihre Eltern) hat diesbezüglich andere Erwartungen an Sie. Ähnlich ist es mit dem „Freund", als der Sie wiederum einen ganz anderen Status in der sozialen Ordnung einnehmen, und die Rollen, die Sie dann spielen, sind demgemäß wiederum andere. Offensichtlich nehmen Individuen zur gleichen Zeit sehr verschiedene Statuspositionen ein. Soziologen bezeichnen diese Gruppe von Sta-**Statusset** tuspositionen als Statusset.

Soziologen haben sich auch angewöhnt, zwischen zugeschriebenem und **zugeschriebener** erworbenem Status zu unterscheiden. Ein zugeschriebener Status ist jener, **Status** der Ihnen aufgrund von biologischen Faktoren wie Alter oder Geschlecht, „verliehen" wurde. Ihr zugeschriebener Status kann also beispielsweise

„Inländer", „weiblich" und „Teenager" lauten. Ein erworbener Status ist **erworbener Status**
dagegen einer, den Sie aufgrund Ihrer eigenen Anstrengungen erworben
haben. Ihr erworbener Status kann also beispielsweise aus den Elementen
„Absolvent", „Sportlerin" oder „Angestellte" bestehen. Während wir gerne
glauben würden, dass unsere erworbenen Statuspositionen am wichtigsten sind, mag die Gesellschaft darüber anders denken. In allen Gesellschaften sind bestimmte Statuspositionen bedeutender als andere und bestimmen die Position des Betreffenden in dieser Gesellschaft. Soziologen haben dafür den Ausdruck Master-Status geprägt (Hughes 1945; Becker [1963] **Master-Status**
1981). Die gebräuchlichsten Varianten eines Master-Status sind in Gender
und ethnischer Zugehörigkeit verankert. Soziologen haben zeigen können,
dass wir in Begegnungen zuallererst wahrnehmen, welches Geschlecht und
welche ethnische Zugehörigkeit jemand hat (Omi und Winant 1994). Wie
wir gleich sehen werden, beeinflussen sowohl Gender wie ethnische Zugehörigkeit sehr stark unsere sozialen Interaktionen.

Vorder- und Hinterbühne

Ein Großteil des sozialen Lebens kann nach Goffman auf die Vorderbühne **Vorderbühne**
und die Hinterbühne verteilt werden. Vorderbühnen sind soziale Anlässe
oder Begegnungen, bei denen Individuen formale Rollen spielen – sie sind
„Bühnenvorstellungen". Zur Erschaffung und Bewahrung von Vorstellungen auf der Vorderbühne ist häufig Teamwork erforderlich. So könnten
z.B. zwei prominente Politiker derselben Partei eine ausgefeilte Show der
Einmütigkeit und Freundschaft für die Fernsehkamera inszenieren, obwohl
sie einander von ganzem Herzen verabscheuen. Ehepartner können sorgfältig darauf achten, ihre Streitereien vor den Kindern zu verbergen, und
so eine harmonische Fassade präsentieren, die zerbricht und von erbitter-
ten Auseinandersetzungen abgelöst wird, sobald die Kinder im Bett sind.

Die Hinterbühne ist der Ort, wo die Requisiten zusammengestellt wer- **Hinterbühne**
den und die Akteure sich für die Interaktion in stärker formalen Kontexten vorbereiten. Die Hinterbühne äh-
nelt jener des Theaters oder den Aktivitäten beim Filmen, wenn die Kamera nicht läuft. Wenn sie sicher „hinter der Szene" verborgen sind, können
sich Leute entspannen und Gefühlen
und Verhaltensweisen Ausdruck verleihen, die sie auf der Vorderbühne
in Schach halten. (Im Kasten „Toiletten als Hinterbühnen" finden Sie ein
Beispiel geschildert, in dem der Soziologe Spencer Cahill auf Goffmans
dramaturgischem Modell aufbauend
die Hinterbühne öffentlicher Toiletten analysiert.) Die Hinterbühne gestattet „Vulgarität, offene sexuelle An-

© New Yorker Cartoonbank.com

*Hhmmm ... was soll ich denn heute
tragen ...?*

*Goffman hat sehr
wichtige Beiträge zur
Analyse sozialer
Interaktion geliefert.
Seine Arbeiten über
Stigma und beschä-
digte Identität wer-
den in Kapitel 7 –
Gesundheit, Krank-
heit und Behinde-
rung diskutiert.*

spielungen, Nörgeln, Rauchen, zwanglose Kleidung, schlampiges Sitzen und Stehen, Verwendung von Dialekt oder Umgangssprache, Murmeln und Schreien, spielerische Aggression und Neckereien, Rücksichtslosigkeit gegenüber dem anderen in kleineren, aber potenziell symbolischen Handlungen, geringfügige physische Reaktionen wie Summen, Pfeifen, Kaugummikauen, Rülpsen und Windlassen." (Goffman [1959] 2007, S. 117f.) So kann eine Kellnerin z.B. ein Musterbeispiel der gesetzten Höflichkeit sein, wenn sie einen Gast im Speisesaal eines Restaurants bedient, jedoch laut und aggressiv werden, wenn sie einmal hinter der Schwingtür

---

Toiletten als Hinterbühnen

Der amerikanische Soziologe Spencer Cahill untersuchte gemeinsam mit einigen Mitarbeitern (Cahill 2007) die soziale Interaktion in öffentlichen Toiletten in Shopping Centers, Universitäten, Bars und Gaststätten. Hier geht es darum, wie Cahill Goffmans Unterscheidung von Vorder- und Hinterbühne verwendet. Cahill fand, dass das, was Goffman ein Ensemble nannte, sich gelegentlich in Toiletten zurückzieht, wenn eine kollektive Darstellung in allgemeiner Peinlichkeit endete.

Die folgende Konversation zwischen drei jungen Frauen wurde in der Toilette einer Universitätsmensa aufgezeichnet. Obwohl der Vorfall, der diesem Gespräch voranging, selbst nicht beobachtet werden konnte, führte er zu einer lähmenden Peinlichkeit:

A: Das war sooo peinlich! Ich kann gar nicht glauben, dass es passiert ist. [allgemeines Gelächter]

B: Er muss glauben, dass wir totale Versager sind.

A: Ich glaub's nicht, dass ich so laut gekreischt habe, dass es alle hören mussten.

C: Es war eh nicht so laut. Ich bin mir sicher, er hat's nicht gehört.

B: —, wir haben ihn nicht rechtzeitig gesehen, und ich hab' versucht, dich darauf aufmerksam zu machen, aber du warst so in das Gespräch vertieft, dass ich …

A: Ich kann immer noch nicht glauben, was da passiert ist. Ich fühl mich wie ein Arsch.

B: Reg' dich nicht auf darüber. Zumindest weiß er jetzt, wer du bist. Fertig?

A: Es ist mir so peinlich. Was, wenn er immer noch draußen ist?

B: Irgendwann triffst du ihn jedenfalls.

Neben der Möglichkeit, den zeitweiligen Verlust der Kontrolle zu verbergen, verschaffen diese Rückzugsstrategien, wie das Beispiel zeigt, den beteiligten Einzelnen und dem Ensemble Zeit, um sich zu sammeln, bevor sie wieder die Vorderbühne betreten. Wie Goffman beobachtete, nutzen Ensembles regelmäßig die Hinterbühne für Zusammenkünfte, um Probleme zu diskutieren, die bei der gemeinsamen Darstellung auftreten: „Hier kann das Ensemble, wenn keine Zuschauer da sind, seine Vorstellung proben und sie auf Anstoß erregende Ausdrücke hin kontrollieren. Hier können die schwächeren Ensemblemitglieder, die im Ausdruck ungeschickt sind, trainiert oder aus der Besetzungsliste gestrichen werden" (Goffman [1959] 2007, S. 104).

In dem oben wiedergegebenen Gespräch versuchen B und C beispielsweise nicht nur die peinlichen Folgen von As früherer Handlung herunterzuspielen, sondern B versucht auch, A darin zu unterrichten, wie man gemeinsame Auftritte zu gestalten hat: Wenn A nur mehr auf die anderen Ensemblemitglieder und deren Hinweise geachtet hätte, hätte sie den peinlichen Vorfall verhindern können.

Ensembles ziehen sich aber nicht nur dann auf die Hinterbühne zurück, wenn eine kollektive Darstellung misslückte, sondern treffen dort auch Vorkehrungen, damit ein solches Missgeschick gar nicht passieren kann. Das Ensemble kann beispielsweise Vereinbarungen über verräterische Signale treffen, einen geplanten Auftritt proben und andere strategische Informationen austauschen. In Toiletten von Bars wurden einige Ensembles bei der Planung von erotischen Anbahnungen belauscht, wie sie auf Angebote eingehen sollten, welche sie nicht beachten sollten und wie sie darauf reagieren könnten. Durch die Weitergabe von derartigen strategischen Informationen an andere mag jemand auch darauf abzielen, die anderen davon abzuhalten, sich in ihre eigenen Vorhaben einzumischen, oder sie gar als Mitarbeiter zu gewinnen.

Manchmal befassten sich die Hinterbühnen-Diskussionen, die in öffentlichen Toiletten stattfinden, darüber hinaus mit der seelischen Verfassung einzelner Mitglieder des Ensembles. In der obigen Diskussion zwischen den drei jungen Frauen, versuchen B und C die Moral von A zu stärken, indem sie die diskreditierenden Folgen des Vorfalls herunterspielen und sie darin bestärken, mit der „Show" weiterzumachen.

zur Küche verschwunden ist. Es gibt vermutlich sehr wenige Restaurants, in denen Gäste gerne speisen würden, wenn sie alles sehen könnten, was in der Küche geschieht.

Rollenübernahme: Intime Untersuchungen

Als Beispiel der Kooperation beim Eindrucksmanagement, das ebenfalls Anleihen beim Theater nimmt, können wir eine Studie genauer betrachten. James Henslin und Mae Briggs haben eine sehr spezifische und sehr heikle Art der Begegnung untersucht – jene, die entsteht, wenn eine Frau zum Arzt geht, um eine gynäkologischen Untersuchung durchführen zu lassen (Henslin und Briggs 2005). Als diese Studie erstellt wurde, wurden die meisten Unterleibsuntersuchungen von männlichen Ärzten vorgenommen. Und daher war (und ist heute noch oft) diese Erfahrung durch potenzielle Mehrdeutigkeiten und Verlegenheit auf beiden Seiten befrachtet. Männer und Frauen sind im Westen dahingehend sozialisiert worden, die Genitalien als die privatesten Teile des Körpers aufzufassen, und die Geschlechtsteile einer anderen Person zu sehen und vor allem zu berühren, wird gewöhnlich mit intimen sexuellen Begegnungen assoziiert. Viele Frauen sind von der Aussicht auf eine Unterleibsuntersuchung derart beunruhigt, dass sie sich weigern, den Arzt aufzusuchen, sogar wenn sie vermuten, dass es einen triftigen medizinischen Grund dafür gibt.

Henslin und Briggs analysierten Material, das von Briggs, einer ausgebildeten Krankenschwester, anlässlich einer großen Anzahl gynäkologischer Untersuchungen gesammelt worden war. Nach ihrer Interpretation zerfällt der Ablauf in mehrere typische Phasen. Unter Verwendung der dramaturgischen Metapher legten sie nahe, dass jede Phase als abgeschlossene Szene aufgefasst werden kann, wobei sich die von den Akteuren übernommenen Rollen im Verlauf der Episode verändern. Der Prolog besteht darin, dass die Frau das Wartezimmer betritt und sich darauf vorbereitet, die Patientenrolle zu übernehmen, wobei sie ihre vorherige Identität zeitweilig aufgibt. Nachdem sie in die Ordination gerufen wurde, übernimmt sie die „Patienten"-Rolle, und die erste Szene beginnt. Der Doktor agiert in geschäftsmäßiger und professioneller Manier, und er behandelt die Patientin als jemanden mit den Eigenschaften und den Kompetenzen einer Person, indem er den Blickkontakt aufrechthält und höflich auf das hört, was sie zu sagen hat. Wenn er zum Schluss kommt, dass eine Untersuchung notwendig ist, dann teilt er das der Patientin mit und verlässt den Raum; Szene eins ist abgeschlossen.

Während er hinausgeht, kommt die Schwester herein. Sie ist eine wichtige Bühnenarbeiterin zur Vorbereitung der Hauptszene, die schon bald beginnen soll. Sie zerstreut etwa vorhandene Besorgnisse der Patientin, wobei sie als Vertrauensperson – die manche der „Dinge, die Frauen über sich ergehen lassen müssen", kennt – und als Mitgestalterin des weiteren Ablaufs auftritt. Von entscheidender Bedeutung ist, dass die Ordinationsschwester dabei hilft, die Patientin von einer „Person" in jene „Nicht-Person" zu verwandeln, die für die Hauptszene benötigt wird; die Patientin

Rollenübernahme

ist nun kein ganzer Mensch mehr, sondern ein Körper, der teilweise untersucht werden soll. Die Schwester beaufsichtigt nicht nur die Patientin, während diese sich entkleidet, sondern sie übernimmt auch Aufgaben, die üblicherweise unter der Kontrolle des Individuums bleiben. So nimmt sie etwa die Kleider der Patientin und legt sie zusammen. Die meisten Frauen möchten, dass ihre Unterwäsche nicht zu sehen ist, wenn der Arzt zurückkommt, und die Schwester stellt sicher, dass dies auch so ist. Sie führt die Patientin zum Untersuchungstisch und bedeckt einen Großteil ihres Körpers mit einem Laken, bevor der Arzt zurück ins Zimmer kommt.

Nun beginnt die Hauptszene unter Anwesenheit der Schwester und des Arztes. Die Gegenwart der Ordinationsschwester hilft sicherzustellen, dass die Interaktion zwischen Arzt und Patientin frei von sexuellen Untertönen ist, und sie ist auch eine potenzielle Zeugin, sollte der Arzt beschuldigt werden, sich unprofessionell verhalten zu haben. Die Untersuchung schreitet voran, als ob die Persönlichkeit der Patientin nicht vorhanden wäre – das über sie gebreitete Laken trennt den Genitalbereich vom Rest des Körpers, und ihre Lage lässt nicht zu, dass sie die Vorgänge der Untersuchung beobachtet. Abgesehen von spezifischen medizinischen Fragen ignoriert sie der Arzt. Er sitzt dabei auf einem niedrigen Hocker und kann von der Patientin nicht gesehen werden. Diese arbeitet an ihrer Umwandlung in eine temporäre Nicht-Person mit, indem sie darauf verzichtet, Gespräche zu beginnen, und ihre Bewegungen auf ein Minimum beschränkt.

In der Zwischenszene zwischen dieser und der letzten Szene übernimmt die Schwester wiederum die Rolle der Requisiteurin, die der Patientin hilft, wieder eine ganze Person zu werden. An dieser Stelle kann sich zwischen den beiden wieder ein Gespräch entwickeln und die Patientin ihrer Erleichterung Ausdruck verleihen, dass die Untersuchung vorbei ist. Nachdem sie sich angezogen und wieder präsentabel gemacht hat, ist die Patientin bereit, sich der Schlussszene auszusetzen. Der Arzt kommt wieder herein, und bei der Erörterung der Ergebnisse der Untersuchung behandelt er die Patientin wieder als ganze und verantwortliche Person. Indem er zum höflichen und professionellen Verhalten zurückkehrt, signalisiert er, dass seine Reaktionen auf die Patientin sich durch den intimen Kontakt mit ihrem Körper in keiner Weise geändert haben. Der „Epilog" besteht darin, dass die Patientin die Ordination verlässt und zu ihrer früheren Identität zurückkehrt. Die Patientin und der Arzt haben somit auf eine Weise miteinander kooperiert, die es ermöglicht, die Interaktion und den Eindruck, den sie voneinander gewinnen, geschickt zu manipulieren.

Persönlicher Raum

persönlicher Raum In der Definition des persönlichen Raums gibt es kulturelle Differenzen. Wenn Angehörige der westlichen Kultur miteinander in zentrierter Interaktion stehen, dann halten sie im Allgemeinen eine Distanz von mindestens einem Meter ein. Wenn sie sich Seite an Seite befinden, können sie näher aneinander stehen. Im Nahen Osten stehen Leute oft näher aneinander, als im Westen für annehmbar erachtet wird. Leute aus dem Westen, die diesen Teil der Welt besuchen, werden durch diese unerwartete physische Nähe nicht selten aus dem Gleichgewicht gebracht.

Edward T. Hall, der sich intensiv mit nonverbaler Kommunikation auseinandergesetzt hat, unterscheidet vier Zonen des persönlichen Raums. Die *intime Distanz* bis zu einem halben Meter ist sehr wenigen sozialen Kontakten vorbehalten. Nur jene, die in Beziehungen zueinander stehen, bei denen die regelmäßige Berührung des Körpers gestattet ist – wie z.B. Eltern und Kinder oder Liebende – handeln innerhalb dieser Zone des privaten Raums. Die *persönliche Distanz* (von 50 Zentimetern bis 1,25 Meter) ist die normale räumliche Anordnung für Begegnungen mit Freunden und hinreichend engen Bekannten. Ein gewisses Ausmaß an Intimität des Kontakts ist gestattet, doch streng begrenzt. Die *soziale Distanz*, die von 1,25 Meter bis vier Meter reicht, ist die Zone, die üblicherweise in formalen Interaktionskontexten, wie z.B. bei Interviews, eingehalten wird. Die vierte Zone ist jene der *öffentlichen Distanz*, jenseits der Viermetergrenze, die von jenen beachtet wird, die sich gegenüber einem beobachtenden Publikum darstellen.

Bei der gewöhnlichen Interaktion sind die heikelsten Zonen jene der intimen und der persönlichen Distanz. Gibt es eine Invasion dieser Räume, dann versuchen Leute, ihren Raum zurückzuerobern. Ein unverwandter Blick könnte so dem anderen signalisieren: „Verschwinde!", oder der Einzelne könnte versuchen, den Eindringling durch einen Ellbogenstoß zu vertreiben. Wird Menschen eine größere Nähe aufgezwungen, als ihnen wünschenswert erscheint, dann kann es vorkommen, dass eine Art physische Barriere errichtet wird. Etwa wenn ein Leser in einer stark frequentierten Bibliothek einen privaten Raum umgrenzt, indem er Bücher rund um seinen Arbeitsplatz aufstapelt (Hall 1976, [1959] 1980).

Hier spielen auch Gender-Fragen eine wichtige Rolle, ganz ähnlich wie bei der nonverbalen Kommunikation. Männer haben sich traditionellerweise einer viel größeren Freiheit bei der Benutzung des sozialen Raums erfreuen können als Frauen. Das gilt auch für Bewegungen, bei denen Männer in den persönlichen Raum von Frauen „eindringen", ohne dass sie mit ihnen intim oder auch nur durch enge Bekanntschaft verbunden sind. Ein Mann, der eine Frau bei der Hand nimmt, um sie über die Straße zu führen, oder seine Hand auf ihren Rücken legt, während er ihr eine Tür aufhält, kann das als Zeichen seiner Hilfsbereitschaft oder Höflichkeit zelebrieren. Das Umgekehrte – wenn eine Frau in den persönlichen Raum eines Mannes „eindringt" – wird dagegen oft als Flirten oder gar als sexuelle Avance betrachtet. In vielen westlichen Ländern wurden Gesetze und Regeln erlassen, die sexuelle Belästigung unterbinden sollen und darauf abzielen, den persönlichen Raum von Frauen und Männern von unerwünschten Berührungen freizuhalten.

Viele der Themen, die hier diskutiert werden, stehen in einer engen Beziehung zu Fragen, wie unsere Körper in unserer Gesellschaft geformt werden. Die Beziehung zwischen Soziologie und dem Körper wird auch in Kapitel 7 – Gesundheit, Krankheit und Behinderung behandelt.

Interaktion in Zeit und Raum

Ein Verständnis dafür, wie Aktivitäten im Raum – und auch in der Zeit – verteilt sind, ist von grundlegender Bedeutung für die Analyse von Begegnungen und von fundamentalen Aspekten des sozialen Lebens im Allgemeinen. Jede Interaktion ist verortet – sie findet an einem bestimmten Ort statt und dauert eine bestimmte Zeit. Unsere Handlungen während des Tagesablaufs tendieren dazu, in zeitliche ebenso wie in räumliche Zonen eingeteilt zu sein. So etwa verbringen Menschen, die zur Arbeit gehen, eine Zone – sagen wir von neun Uhr vormittags bis fünf Uhr nachmittags – der während des Tages zur Verfügung stehenden Zeit mit Arbeit. Die Woche ist ebenfalls in Zonen eingeteilt: Im Allgemeinen arbeiten Menschen an Wochentagen und verbringen die Wochenenden zu Hause, wobei sich die Muster ihrer Aktivitäten an den Tagen des Wochenendes verändern. Dass man Zeit am Arbeitsplatz verbringt, bedeutet normalerweise auch räumliche Bewegung – eine Person, die sich zwischen ihrem Heim und dem Arbeitsplatz hin und her bewegt, kann etwa einen Bus nehmen, der sie von einem Bezirk der Stadt zu einem anderen bringt, oder aus den Vororten in die Stadt pendeln. Wenn wir die Kontexte, in die eine soziale Interaktion eingebettet ist, untersuchen, ist es daher oft nützlich, die Bewegungen von Personen zu analysieren und diese Zeit-Raum-Konvergenz in Betracht zu ziehen.

Regionalisierung Wir können die Organisation sozialer Aktivitäten in Zeit und Raum mittels des Begriffs der Regionalisierung deuten. Man nehme das Beispiel eines Eigenheims. Verfügt ein modernes Haus über mehr als ein Stockwerk, dann ist es in Zimmer, Korridore und Stockwerke regionalisiert. Diese verschiedenen räumlichen Bereiche des Hauses sind nicht bloß physisch getrennte Bereiche, sondern sie sind auch in zeitliche und nicht nur in räumliche Zonen eingeteilt. Das Wohnzimmer und die Küche werden hauptsächlich am Tag verwendet, die Schlafzimmer in der Nacht. Die Interaktion, die in diesen verschiedenen „Regionen" stattfindet, ist von sowohl räumlichen als auch zeitlichen Abgrenzungen umfasst. Einige Bereiche des Hauses sind Hinterbühnen, während „Vorstellungen" in den anderen Bereichen erfolgen. Während eines bestimmten Abschnitts der Woche kann das ganze Haus zur Hinterbühne werden. Wieder einmal werden diese Dinge von Goffman sehr schön zusammengefasst:

> Ähnlich mag sich an einem Sonntagmorgen eine ganze Familie, geschützt durch ihre vier Wände, in Kleidung und Benehmen nachlässig geben und so die Zwanglosigkeit auf alle Räume ausdehnen, die üblicherweise auf Küche und Schlafzimmer beschränkt ist. So machen auch in amerikanischen Wohnbezirken des Mittelstands die Mütter am Nachmittag oft den Weg zwischen dem Kinderspielplatz und der Wohnung zur Hinterbühne und gehen dort in Bluejeans, Tennisschuhen und fast ohne Make-up, die Zigarette im Mundwinkel, spazieren [...]. Natürlich fungiert ein Ort, der als Bühne für die reguläre Darbietung einer bestimmten Vorstellung voll etabliert ist, oft vor und nach jeder Vorstellung als Hinterbühne. Denn in dieser Zeit können die ständigen Ein-

richtungsgegenstände repariert, restauriert und neu geordnet werden, oder die Darsteller können Kostümproben abhalten. Um das zu sehen, brauchen wir nur in ein Restaurant, in einen Laden oder in eine Wohnung zu blicken, bevor diese Orte tagsüber geöffnet sind (Goffman [1959] 2007, S. 116f.).

Metrische Zeit

In modernen Gesellschaften wird die Zoneneinteilung unserer Aktivitäten stark von der Erfahrung von Uhren und der metrischen Zeit beeinflusst. Ohne Uhren und die genaue zeitliche Bestimmung von Aktivitäten – und dadurch auch ihre Koordination im Raum – könnten industrialisierte Gesellschaften nicht existieren (Mumford 1973). Die Zeitmessung mithilfe von Uhren ist heute auf der ganzen Welt standardisiert, was die komplexen internationalen Transport- und Kommunikationssysteme ermöglicht, von denen unser Leben heute abhängt. Die weltweite Standardzeit wurde erst 1884 bei einer internationalen Konferenz in Washington eingeführt. Die Erde wurde damals in 24 Zeitzonen, die jeweils eine Stunde auseinander liegen, eingeteilt, und ein genauer Anfang des allgemeinen Tages wurde fixiert.

metrische Zeit

Klöster waren im 14. Jahrhundert die ersten Organisationen, die den Versuch unternahmen, die Aktivitäten ihrer Angehörigen einem genauen täglichen und wöchentlichen Zeitplan zu unterwerfen. Heute gibt es kaum eine Gruppe oder Organisation, die diesen Versuch nicht ebenfalls unternimmt: Je mehr Leute beteiligt sind und je größer die erforderlichen Ressourcen, desto genauer muss der Zeitplan sein. Eviatar Zerubavel (1979, 1982) zeigte dies in seiner Untersuchung der Zeitstruktur eines großen modernen Krankenhauses. Ein Krankenhaus muss 24 Stunden am Tag funktionieren, und die Koordination der Belegschaft und der materiellen Ressourcen ist eine sehr komplexe Angelegenheit. So etwa arbeitet der Großteil der Krankenschwestern während festgelegter Zeiträume in verschiedenen Abteilungen, wobei die verschiedenen Sektoren des Krankenhauses durchwandert werden; die Schwestern müssen auch abwechselnd Tag- und Nachtdienste verrichten. Krankenschwestern, Ärzte und anderes Personal und die von ihnen benötigten Ressourcen müssen sowohl in der Zeit als auch im Raum koordiniert werden.

Das Sozialleben und die Ordnung von Raum und Zeit

Das Internet ist ein weiteres Beispiel dafür, wie eng Formen des sozialen Lebens an unsere Kontrolle von Raum und Zeit gebunden sind. Das Internet macht es für uns möglich, mit Menschen aus allen Ecken dieser Welt zu interagieren, die wir nie sehen oder treffen. Derartige technologische Änderungen arrangieren den Raum ganz neu – wir können mit jedermann interagieren, ohne dass wir uns aus unserem Stuhl erheben müssen. Das Internet verändert auch unsere Erfahrung von Zeit, weil Kommunikation auf der elektronischen Autobahn nahezu ohne Zeitverzögerung möglich ist. Bis vor etwa 50 Jahren erforderte jede Kommunikation über größere Distanzen hinweg ziemlich viel Zeit. Wenn sie damals einen Brief an jemanden sandten, dauerte es eine Zeit lang, bis er mit Bahn, Schiff, Auto oder Flugzeug zu demjenigen transportiert wurde, an den er gerichtet war.

Die Menschen schreiben natürlich auch heute immer noch Briefe mit der Hand, aber die direkte Kommunikation ist für uns heute die selbstverständlichste Sache der Welt. Unser Leben wäre ohne sie kaum noch vorstellbar. In der gleichen Weise haben wir uns ganz selbstverständlich daran gewöhnt, das Fernsehen einzuschalten und Nachrichten anzuschauen oder ein Telefonat zu führen oder eine E-Mail an einen Freund in Übersee zu senden. Ein Leben ohne all diese Dinge können wir uns kaum noch ausmalen.

Das Alltagsleben aus kultureller und historischer Sicht

Einige der Mechanismen der sozialen Interaktion, die von Goffman, Garfinkel und anderen analysiert wurden, scheinen universell zu sein. Ein Großteil von Goffmans Erörterung der höflichen Gleichgültigkeit und anderer Aspekte der Interaktion bezieht sich vor allem auf Gesellschaften, in denen der Kontakt mit Fremden alltäglich ist. Doch was ist mit sehr kleinräumigen traditionellen Gesellschaften, wo es keine Fremden gibt, und nur wenige Kontexte, in denen zu einem gegebenen Zeitpunkt mehr als eine Handvoll Personen zusammen sind?

Unser Alltagsleben wurde durch die mit der Industrialisierung, der städtischen Lebensweise und der Entwicklung des modernen Staates verknüpften Wandlungsprozesse in grundlegender Weise verändert. Ein Beispiel kann helfen, einige der Unterschiede zwischen der sozialen Interaktion in modernen und in traditionellen Gesellschaften zu illustrieren. Eine der technologisch am wenigsten entwickelten Kulturen, die es heute noch auf der Welt gibt, ist jene der !Kung (die manchmal auch als Buschmänner bekannt sind), die in der Kalahari-Wüste Botswanas und Namibias im Süden Afrikas leben (Lee 1968, 1969). (Das Rufzeichen bezieht sich auf einen Schnalzlaut, der am Anfang des Namens steht.) Ihre Lebensweise ändert sich allmählich aufgrund äußerer Einflüsse, doch wir werden ihre traditionellen Verhaltensmuster erörtern.

Die !Kung leben in Gruppen von ungefähr 30 oder 40 Personen in temporären Siedlungen in der Nähe von Wasserlöchern. In ihrer Umwelt ist Nahrung knapp, und sie müssen weit umherstreifen, um etwas Essbares zu finden. Dies beansprucht einen Großteil des durchschnittlichen Tages. Die Frauen und Kinder bleiben oft im Lager zurück, doch genauso häufig kann die ganze Gruppe den Tag damit verbringen, die Gegend zu durchwandern. Manchmal schwärmen die Mitglieder der Gemeinschaft im Verlauf eines Tages über ein Gebiet von bis zu 300 km² aus, um am Abend ins Lager zurückzukehren, zu essen und zu schlafen. Vor allem die Männer können während eines Großteils des Tages in Gruppen von zwei oder drei Personen für sich allein sein. Es gibt jedoch eine Periode des Jahres, während der sich die alltäglichen Handlungsroutinen verändern: die Regenzeit im Winter, wenn es Wasser im Überfluss gibt und Nahrung wesentlich leichter zu beschaffen ist. Während dieser Zeit stehen rituelle und zeremonielle Aktivitäten, deren Vorbereitung und Durchführung sehr zeitraubend sind, im Zentrum des Alltagslebens der !Kung.

Die Mitglieder der meisten !Kung-Gruppen sehen niemals jemanden, den sie nicht ziemlich gut kennen. Bis vor einigen Jahren Kontakte mit der Außenwelt häufiger wurden, hatten sie kein Wort für „Fremder". Während die !Kung, vor allem die Männer, nicht selten lange Phasen des Tages ohne Kontakt mit anderen verbringen, besteht in der Gemeinschaft selbst wenig oder kein Raum für Privatheit. Die Familien schlafen in luftigen, offenen Behausungen, wobei praktisch alle Aktivitäten offen zutage liegen. Noch niemand hat die !Kung untersucht, indem er sich Goffmans Beobachtungen des Alltagslebens vor Augen hielt, doch es ist unschwer einzusehen, dass einige Aspekte seiner Arbeit nur beschränkt auf das soziale Leben der !Kung anwendbar sind. So gibt es etwa kaum Gelegenheiten, Vorder- und Hinterbühnen zu schaffen. Das Abschließen verschiedener Zusammenkünfte und Begegnungen durch Wände, durch getrennte Gebäude vielerlei Art und durch die verschiedenen Nachbarschaften unserer Städte: Diese Aspekte des Alltagslebens in modernen Gesellschaften sind von den Aktivitäten der !Kung weit entfernt.

Die Form der sozialen Interaktion der !Kung ist grundlegend verschieden von den Interaktionen, an denen wir, die wir großteils in Städten leben, tagtäglich teilnehmen. Das Stadtleben zwingt uns nahezu ständig zu Interaktionen mit Fremden.

Eine berühmte Darstellung der sozialen Interaktion in Städten stammt von einem der Gründungsväter der Soziologie, Georg Simmel, den wir in Kapitel 17 – Städte und urbane Räume behandeln werden.

Globalisierung und Alltagsleben: Internationaler Tourismus

Hatten Sie schon einmal eine Face-to-face-Unterhaltung mit jemandem aus einem anderen Land? Oder haben Sie schon einmal eine Website in Übersee besucht? Waren Sie schon einmal auf einem anderen Kontinent? Wenn Ihre Antwort auf eine der drei Fragen Ja ist, dann haben Sie Auswirkungen der Globalisierung auf das Alltagsleben schon einmal erlebt. Die Globalisierung – ein ziemlich neues Phänomen – hat sowohl die Häufigkeit als auch die Natur der Interaktionen zwischen Angehörigen verschiedener Länder verändert. Der historische Soziologe Charles Tilly definiert die Globalisierung entlang dieser drei Änderungen. Ihm zufolge „meint Globalisierung eine Zunahme der geografischen Bandbreite von lokal folgenreichen sozialen Interaktionen" (Tilly 1995). Mit anderen Worten, mit der Globalisierung geht einher, dass ein immer größerer Teil unserer Interaktionen direkt oder indirekt Menschen beeinflusst, die weit von uns entfernt leben.

Was sind die Besonderheiten der sozialen Interaktion zwischen Personen aus unterschiedlichen Ländern? Wichtige Beiträge dazu liefern Soziologen, die sich mit dem Tourismus befassen. Die Soziologie des Tourismus weist darauf hin, dass die Globalisierung die Möglichkeiten internationaler Reisen sehr stark erweitert hat, sowohl was das gestiegene Interesse an anderen Ländern anlangt als auch hinsichtlich der Möglichkeiten, in fremde Länder zu reisen. Im Jahr 2006 gab es insgesamt 840 Millionen Ankünfte von (ausländischen) Touristen, davon entfielen 54 Prozent auf Reisen nach Europa, 20 Prozent nach Asien, 16 Prozent nach Amerika und 5 Prozent nach Afrika. Die fünf Länder, die 2006 die meisten Touristen anzogen, waren (in absteigender Reihenfolge) Frankreich, Spanien, USA, China und Italien (Deutschland liegt an 7. Stelle, Österreich an 10. und die Schweiz auf Platz 15). Die reisefreudigsten Nationen sind nach den Ausgaben für touristische Reisen Deutschland, gefolgt von den USA, Großbritannien, Frankreich und Japan (World Tourism Organization).

Die steigende Zahl internationaler touristischer Reisen erhöht die Zahl der Face-to-face-Interaktionen zwischen Bewohnern verschiedener Länder. Der Soziologe John Urry (1990) behauptet, dass der „touristische Blick" (die Erwartung aufseiten der Touristen, dass sie während ihrer Reisen „exotische" Erlebnisse haben werden) diese Interaktionen formt. Urry vergleicht den touristischen Blick mit Foucaults Begriff des medizinischen Blicks (der in Kapitel 7 diskutiert wird). Er schreibt, der touristische Blick sei in demselben Maße durch professionelle Experten sozial organisiert, systematisch in der Anwendung und losgelöst wie der Blick der Mediziner, bloß gehe es hier um die exotischen Erlebnisse. Diese bestehen darin, dass sie unsere Alltagserwartungen darüber enttäuschen, wie soziale Interaktion und der Umgang mit der physischen Umwelt erfolgt.

Besucher Großbritanniens staunen immer noch über den Linksverkehr auf den Straßen. Die europäische und amerikanische Gewohnheit, Autos und andere Fahrzeuge auf der rechten Straßenseite zu lenken, sind so tief verwurzelt, dass wir das Links-fahren als befremdlich, verwirrend und exotisch ansehen. Als Touristen erfreuen wir uns – wenn schon nicht am Linksfahren der Briten – so doch an all den anderen Verhaltensweisen, die uns fremd sind und die wir im Urlaub als exotisch genießen. Für diese Art von Exotik zahlen wir schließlich, wenn wir beschließen, unseren Urlaub in einem fremden Land zu verbringen. Man stelle sich nur vor, jemand müsste im Urlaub die Erfahrung machen, dass dort alles ganz gleich ablaufe wie bei uns zu Hause.

Zugleich wünschen sich die meisten Touristen jedoch keine zu exotischen Urlaubserfahrungen. Ein beliebtes Ziel junger amerikanischer und anderer westlicher Touristen ist McDonald's, und manche Amerikaner gehen in Europa in ein McDonald's, bloß um zu überprüfen, ob Quentin Tarrantinos *Pulp Fiction* Recht hat, dass, weil die Europäer das metrische System benutzen, die „Quarter Pounder with Cheese"-Hamburger dort wirklich „Royal Cheese" heißen (sie heißen z.B. in Frankreich tatsächlich so). Viele Touristen ertragen das Ausland aber nur, wenn sie dort ihre heimische Küche wiederfinden: Wiener Schnitzel in Las Vegas, deutsches Bier auf Las Palmas und Fish 'n' Chips für alle Briten überall. Manchmal geht es dabei wirklich nur um Vergleiche, doch sehr häufig genießen Touristen den Komfort von ein wenig Heimatlichkeit. Der Widerspruch zwischen der Suche nach Exotik und dem Hang zum Vertrauten steht im Zentrum des touristischen Blicks. Der touristische Blick belastet oftmals die Interaktionen zwischen den Touristen und den Einheimischen. Einheimische, die in der Tourismusindustrie beschäftigt sind, schätzen offenkundig die Fremden aus wirtschaftlichen Gründen, hinter deren Rücken machen sie sich jedoch gerne über sie lustig. Anderen geht das aufdringliche Verhalten mancher Touristen nur noch auf die Nerven, vor allem dann, wenn sie zum x-ten Mal wegen ihrer lokalen Bräuche befragt werden und sich aufgefordert sehen, zu jodeln, in Tracht zu erscheinen oder gar einen Schuhplattler vorzuführen.

In dem Maße, in welchem die Globalisierung zu einer weiteren Ausweitung des Tourismus führt, sollten sich Soziologen veranlasst sehen, genau zu beobachten, welche Formen von Interaktion zwischen Einheimischen und Touristen sich herausbilden, und festzustellen, ob sich diese Interaktion eher freundlich oder antagonistisch entwickelt.

Die soziale Konstruktion der Wirklichkeit: Die soziologische Debatte

In der Soziologie gibt es viele verschiedene theoretische Ansätze, um die soziale Wirklichkeit zu erklären. Diese Theorien unterscheiden sich hinsichtlich dessen, was sie wie erklären, sie sind sich allerdings alle darin einig, dass die soziale Wirklichkeit existiert, unabhängig davon, wie die Leute darüber sprechen oder wie sie sich in dieser Wirklichkeit eingerichtet haben. Die dahinter stehende Annahme wurde in der Soziologie durch eine sehr einflussreiche Richtung in Zweifel gezogen, die sich **sozialer Konstruktivismus** nennt.

sozialer Konstruktivismus

Sozialkonstruktivisten sind der Überzeugung, dass das, was der Einzelne und die Gesellschaft als Wirklichkeit betrachten, selbst eine Konstruktion ist, die durch soziale Interaktion von Einzelnen und sozialen Gruppen erst geschaffen wurde. Der Versuch, die Wirklichkeit zu „erklären", übergehe und verdingliche (in der Form des Für-selbstverständlich-

Haltens) den Prozess, durch den diese Wirklichkeit erst konstruiert werde. Soziologen sollten nach Meinung der Sozialkonstruktivisten daher diese Prozesse dokumentieren und analysieren und sich nicht damit begnügen, die Wirklichkeit als Faktum zu behandeln. Der Sozialkonstruktivismus entfaltete eine sehr große Wirkung in allen postmodernen Richtungen der Soziologie.

In ihrer klassischen Studie *Die gesellschaftliche Konstruktion der Wirklichkeit* aus dem Jahr 1966 haben die Soziologen Peter Berger und Thomas Luckmann das Alltagswissen untersucht – jene Dinge, die Personen für selbstverständlich gegeben halten. Sie betonen, dass diese selbstverständlichen Fakten der sozialen Wirklichkeit für Mitglieder verschiedener Kulturen keineswegs dieselben sein müssen, ja, dass sogar innerhalb einer Kultur verschiedene Personen Unterschiedliches für real gegeben betrachten. Die Aufgabe bestehe daher darin, die Prozesse zu analysieren, die letztlich dazu führen, dass Individuen etwas für „wirklich" halten, weil es für sie wirklich ist.

Sozialkonstruktivisten benutzen diese Ideen von Berger und Luckmann, um soziale Phänomene zu untersuchen, um zu zeigen, wie Gesellschaftsmitglieder dazu kommen, etwas für wirklich gegeben zu betrachten und es in diesem Vorgang als solches erst herzustellen. Obwohl Sozialkonstruktivisten sehr verschiedene Gegenstände untersucht haben, etwa die Medizin und medizinische Behandlungen, Gender-Beziehungen und Gefühle, hat sich doch ein Großteil ihrer Arbeiten mit sozialen Problemen beschäftigt, beispielsweise damit, wie Kriminalität zu einem „Problem" wird.

Das Werk von Aaron Cicourel ([1968] 1995) liefert ein Beispiel sozialkonstruktivistischer Forschung im Bereich der Jugendkriminalität. Manchmal werden Daten über Raten und Fälle von Jugendkriminalität als echt, d.h. wirklich, betrachtet und Theorien entwickelt, die die Muster erklären sollen, die sich in diesen Daten finden. Beispielsweise könnte ein flüchtiger Blick auf Daten über Verhaftungen und Verurteilungen den Eindruck erwecken, dass Jugendliche aus Alleinerzieherhaushalten häufiger delinquent werden als jene, die mit beiden Eltern zusammenleben. Einige Soziologen haben daraufhin Erklärungen für diesen Beobachtungszusammenhang entwickelt: Vielleicht werden Kinder aus Alleinerzieherhaushalten weniger kontrolliert, oder vielleicht fehlen ihnen angemessene Vorbilder.

Cicourel unternahm den Versuch, die Vorgänge zu beobachten, die zu Verhaftungen von Jugendlichen und deren Klassifikation als Verdächtige führten. Er beobachtete den Prozess, in dem die „offiziellen" Kriminalitätszahlen produziert werden. Dabei fand er heraus, dass der Umgang der Polizei mit jugendlichen Tatverdächtigen auf einem Alltagsverständnis darüber beruhte, was einen echten jugendlichen Kriminellen ausmache.

So hielten Polizisten, die Jugendliche aus unteren sozialen Schichten verhafteten, deren Vergehen viel häufiger für das Ergebnis mangelnder Beaufsichtigung oder fehlender väterlicher Vorbilder und sperrten sie ein. Tatverdächtige aus besser gestellten Familien wurden dagegen viel häufiger den Eltern übergeben, und Polizisten und Eltern nahmen an, dass die Jugendlichen zu Hause entsprechend bestraft würden. Auf diese Weise führte die Praxis der Polizisten viel häufiger dazu, das Etikett „jugendlicher Tatverdächtiger" auf jene anzuwenden, die aus sozial niedrigeren sozialen Schichten stammten, als auf jene aus besser gestellten Familien – selbst dann, wenn die Jugendlichen exakt derselben Taten verdächtigt wurden. Dieser Klassifikationsprozess bringt seinerseits genau jene Daten hervor, die ihrerseits die Alltagsvorstellung über den Zusammenhang zwischen sozialer Schicht und der Wahrscheinlichkeit, eine bestimmte Tat zu begehen, bestärken. Cicourels Studie macht deutlich, dass wir durch unsere Interaktionen mit anderen unsere Alltagsvorstellungen in unabhängige, „objektiv" gültige Daten verwandeln.

Sie finden weitere Diskussionen über die Konstruktion des Kriminalitätsproblems in Kapitel 8 – Kriminalität und Devianz.

Der Sozialkonstruktivismus war aber auch Kritik ausgesetzt. Die Soziologen Steve Woolgar und Dorothy Pawluch argumentieren, dass der Sozialkonstruktivismus in seinem Versuch, die subjektive Bildung sozialer Wirklichkeit zu zeigen, selbst selektiv bestimmte Aspekte als objektiv und andere als konstruiert betrachtet. Beispielsweise würden Sozialkonstruktivisten in Studien, die untersuchen, welche Jugendlichen als delinquent etikettiert werden, oft von der Annahme ausgehen, dass das ursprüngliche Verhalten dasselbe sei. Daher werden alle Unterschiede zwischen denen, die als Kriminelle bezeichnet werden, und jenen, die dem zu entgehen vermögen, nur der Konstruktion des Etiketts selbst zugeschrieben. Die Kritiker weisen darauf hin, dass die Sozialkonstruktivisten das ursprüngliche Verhalten für objektiv und nur den Etikettierungsprozess für subjektiv halten und damit inkonsistent wären (Woolgar und Pawluch 1985).

Andere Soziologen haben den Sozialkonstruktivismus für seine Unwilligkeit kritisiert, breitere soziale Kräfte als mächtige Einflüsse auf beobachtbare soziale Resultate zu akzeptieren. Beispielsweise haben einige Kritiker argumentiert, dass es schon möglich sei, dass die Wirklichkeit als Konstruktion aus der beständigen Wiederholung von alltäglichen Überzeugungen resultiere, diese Überzeugungen selbst aber durch mächtige soziale Faktoren wie den Kapitalismus oder das Patriarchat verursacht sein könnten. Noch konkreter ist die Kritik des amerikanischen Philosophen John Searle, der darauf beharrt, dass es einen grundlegenden Unterschied gibt zwischen Dingen, die aus einer sozialen Übereinkunft resultieren – ein in bestimmter Weise bedrucktes Stück Papier ist für uns ein 10-Euro-Geldschein und damit mehr als nur ein Stück bedrucktes Papier –, und jenen Gegenständen, die unabhängig von sozialen Übereinkünften einfach existierten: vertrocknete Äcker oder hungernde Kinder beispielsweise. Diese letzteren Fakten können wir ignorieren, aber nicht mittels Übereinkunft aus der Welt schaffen (Searle 1997).

Letztlich bleibt festzuhalten, dass der Sozialkonstruktivismus einen theoretischen Zugang des Verstehens sozialer Wirklichkeit anbietet, der sich radikal von fast allen anderen soziologischen Zugängen unterscheidet. Statt anzunehmen, dass die soziale Wirklichkeit objektiv existiert, arbeiten Sozialkonstruktivisten daran, die Prozesse zu dokumentieren und zu analysieren, durch die die soziale Wirklichkeit konstruiert wird, sodass diese Konstruktion dann dazu dient, ihren eigenen Status als soziale Wirklichkeit zu bestätigen.

Soziale Interaktion im Cyberspace

In modernen Gesellschaften interagieren wir anders als die !Kung, die wir weiter oben kennengelernt haben, ständig mit anderen, die wir nie treffen oder sehen. Nahezu jede alltägliche Handlung, sei es der Einkauf bei einem Obsthändler oder die Überweisung eines Geldbetrags per elektronischem Banking, bringt uns in Kontakt – allerdings *indirekt* – mit anderen Personen, die möglicherweise Tausende Kilometer entfernt von uns leben.

Heutzutage, wo E-Mail, SMS, Instant Messenger, Online Communities und Chat Rooms zu beständigen Lebensumständen vieler Menschen in industrialisierten Gesellschaften geworden sind, taucht die Frage auf, welcher Natur diese Interaktionen sind und welche neuen Komplexitäten daraus hervorgehen. Skeptiker meinen, dass indirekte Kommunikation durch E-Mail und das Internet eine Menge Probleme aufwerfe, die in Face-to-face-Interaktionen nicht vorhanden sind. Katz u.a. (2001) drücken das so aus: „Zu tippen ist nicht menschlich, sich im Cyberspace zu tummeln ist irreal; das alles besteht aus Täuschung und Entfremdung, ein schwacher Ersatz für echte Dinge". Vor allem betonen diese Kritiker, dass computer-vermittelte Kommunikation es jedermann erlaube, sich hinter falschen Identitäten zu verstecken (siehe Kasten „Das Problem der sozialen Interaktion im Cyberspace"). Das führe zu Tricksereien, Anzüglichkeiten, Manipulation, emotionalen Schwindlereien und so weiter.

Face-to-face-Interaktion

> Das Problem liegt in der menschlichen Kommunikation. Wir halten sie für ein Produkt des menschlichen Geistes, aber sie wird durch unsere Körper ausgedrückt: Gesichtszüge, Stimmintonation, Körperbewegungen, Gesten […] Im Internet ist der menschliche Geist anwesend, aber die Körper sind abwesend. Empfänger erhalten wenige Hinweise auf die Persönlichkeit und Stimmung des anderen, sie können nur raten, warum eine bestimmte Nachricht versandt wurde, was sie zu bedeuten hat und welche Art von Antworten angebracht ist. Das Vertrauen ist praktisch verschwunden. Es ist ein riskantes Unternehmen. (Locke 2000)

Verteidiger der neuen Technologie weisen darauf hin, dass es Wege gebe, gutes oder schlechtes Ansehen zu formen und Vertrauen zu etablieren, womit die Risken der Onlinekommunikation auf ein vernünftiges Maß reduziert werden können. Eines der bekanntesten und am heftigsten diskutierten Vertrauenssysteme von Onlinekommunikation ist das bekannte Auktionsforum ebay (siehe den Kasten auf „Vertrauen im Cyberspace").

Des Weiteren weisen Internetenthusiasten darauf hin, dass Onlinekommunikation einige Vorzüge besitzt, die traditionelle Formen der Interaktion wie Telefonieren oder Face-to-face-Treffen nicht zu bieten haben. Die menschliche Stimme mag bei der Vermittlung von Gefühlen und Feinheiten des Gemeinten überlegen sein, aber sie liefert auch Informationen über das Alter des Sprechers, sein Geschlecht, seine ethnische Zugehörigkeit oder seine soziale Verortung, die zum Nachteil des Senders verwendet werden können. Elektronische Kommunikation blendet all das aus und ermöglicht es, sich ganz auf den Inhalt der Nachricht zu konzentrieren.

Das kann für Frauen oder andere traditionellerweise benachteiligte Gruppen von großem Vorteil sein, deren Ansichten in anderen Situationen gering geschätzt werden (Pascoe 2000). Elektronische Interaktion wird daher oft als befreiend und unterstützend ausgegeben, weil sie es Personen ermöglicht, sich eine eigene Onlineidentität zu geben und sich so offener auszudrücken, als es ihnen in der herkömmlichen Weise der Kommunikation möglich wäre.

Internet-Skeptiker haben auch noch darauf hingewiesen, dass indirekte, also Onlinekommunikation Isolation fördere und echte Freundschaft

Das Problem der sozialen Interaktion im Cyberspace

Der folgende Textauszug stammt aus einem Artikel, der in den frühen Tagen des Internets geschrieben wurde, aber er behandelt Probleme und wirft Fragen auf, die auch heute noch bedeutend sind.

Ich „traf" Joan im Frühjahr 1983, kurz nachdem ich selbst an meinen PC das erste Mal ein Modem angeschlossen hatte und die fremde neue Welt der Onlinekommunikation betreten hatte. ... Ihr Nickname war „Talkin' Lady". Gemäß der Konventionen dieses Mediums haben Teilnehmer üblicherweise einen ein wenig frivolen Namen, solange sie sich in einem „offenen" Forum mit vielen Benutzern bewegen, aber wenn zwei Teilnehmer beschließen, sich in einen privaten Raum zurückzuziehen, tauschen sie sehr häufig echte Informationen übereinander aus. Ich erfuhr bald, dass ihr echter Name Joan Sue Greene lautete und sie eine Neuropsychologin aus New York war. Die Endzwanzigerin wurde bei einem Autounfall, den ein Betrunkener verursachte, sehr schwer verletzt. Bei dem Unfall wurde ihr Freund getötet. Joan verbrachte ein Jahr in einem Krankenhaus, wo die Verletzungen ihres Gehirns behandelt wurden, derentwegen sie beim Sprechen und Gehen schwer behindert war. Bewegungsunfähig, an einen Rollstuhl gefesselt und ständig unter Schmerzen im Rücken und in den Beinen leidend, war Joan anfangs so verzweifelt über ihre Behinderungen, dass sie nicht mehr leben wollte.

Dann schenkte ihr einer ihrer früheren Professoren von der Johns Hopkins Universität einen Computer, ein Modem und ein Jahresabonnement für CompuServe [dem ersten Anbieter von Online-Chatrooms], damit sie das tun konnte, was Joan seither tat – online Freundschaften schließen. Anfangs benutzte sie als Nickname „Quiet Lady", als Ausdruck ihres Zustandes. Aber Joan konnte tippen – was in der Tat alles ist, um an einem Computer Unterhaltungen führen zu können – und sie war eine kecke, heitere, großzügige Persönlichkeit, die in einem Medium, in dem Körperlichkeit keine Rolle spielt, aufblühte. Joan wurde enorm populär und ihr neuer Nickname „Talkin' Lady" drückte ihr neues Selbstbewusstsein sehr gut aus. Im Verlauf der folgenden beiden Jahre wurde sie zu einer imposanten Onlineperson, die anderen behinderten Frauen half und eine anregende Stereotypen-Zertrümmerin bei den Nicht-Behinderten wurde. Durch ihre vielen starken Freundschaften und (in manchen Fällen) ihre Onlineromanzen, änderte sie das Leben von Dutzenden von Frauen.

Es war ein ziemlicher Schock, als ich später durch eine Vielzahl von komplizierten Ereignissen erfuhr, dass Joan keineswegs behindert war. Joan war tatsächlich nicht einmal eine Frau. Sie war jemand, den wir hier Alex nennen wollen, ein prominenter New Yorker Psychiater, Anfang Fünfzig, der sich der bizarren und Zeit raubenden Erfahrung aussetzte, zu schauen, wie man sich als Frau fühlt, und wie es ist, wenn man die Intimität weiblicher Freundschaft erlebt.

Selbst jene, die Joan kaum kannten, fühlten sich durch Alex' Irreführung betrogen – und in gewisser Weise belogen. Viele von uns, die wir regelmäßig online waren, dachten, wir bildeten eine gewissermaßen utopische Gemeinschaft der Zukunft, und Alex' Experiment demonstrierte uns, dass die Technologie kein Schutzschild gegen Betrug ist. Wir verloren unsere Unschuld, wenn nicht gar unseren Glauben.

Für einige von Alex' Opfern – darunter eine Frau, die eine Affäre mit dem echten Alex hatte, nachdem sie ihm von Joan vorgestellt wurde – war das Experiment schlicht und einfach ein Fall von „geistiger Vergewaltigung" (einige Leute erwogen gegen den echten Alex, den Psychiater, Anzeige zu erstatten, allerdings ist dieser Fall ja „beispiellos", um es milde zu formulieren). Für einige andere Opfer war Alex weniger ein Betrüger, sondern ein Suchender, dessen Suche außer Kontrolle geraten war. (Einige versuchten, die Freundschaft mit Alex fortzusetzen – und wie eine der Frauen es ausdrückte, „sich auf die Seele, und nicht das Geschlecht der Person zu beziehen. Die Seele ist ja dieselbe wie davor".) Wie auch immer, das ist eine eigenartig moderne Geschichte über einen Mann, der eine unserer am weitesten entwickelten Technologien nutzte, um einige unserer ältesten Annahmen über Geschlechterrollen auszubeuten.

Quelle: van Gelder ([1985] 1996)

verhindere. Es scheint allerdings, dass dies nicht der Realität entspricht. Eine Umfrage unter Internet-Nutzern, die zwischen 1995 und 2000 durchgeführt wurde, zeigte, dass – weit davon entfernt – soziale Isolation zu verstärken, der Gebrauch des Internet mit einer deutlichen Zunahme von sozialen Interaktionen online und offline verbunden ist. Die Umfrage fand heraus, dass die Internet-Nutzer weitaus mehr mit anderen auch in anderer Form kommunizierten – vor allem über das Telefon –, als dies bei Nicht-Nutzern der Fall ist, dass sie weitaus häufiger Freunde face-to-face trafen und ganz allgemein häufiger mit anderen interagierten (Katz u.a. 2001).

Vertrauen im Cyberspace

Gegenwärtig ist eBay (gegründet 1995) das weltweit größte „Auktionshaus", in dem Personen miteinander Tauschhandel betreiben können. Im Jahr 2005 nutzten weltweit mehr als 100 Millionen Menschen rund um die Welt eBay, um Dinge zu verkaufen oder zu erwerben. Bemerkenswert daran ist, dass eBay keinerlei Garantien dafür bietet, dass bei diesem Handel niemand betrogen wird, und noch überraschender ist, dass die Zahl der Übervorteilungen ziemlich gering ist. Wie funktioniert das? Der Grund ist eine recht simple Regelung. Jeder, der an einer Transaktion teilnimmt, sei es als Käufer oder Verkäufer, darf, ja soll seinen Handelspartner nach Abschluss des Tausches bewerten. Vor allem die Käufer geben den Verkäufern Noten durch die Vergabe von Sternen – und alle anderen Nutzer von eBay können die „Reputation" ihres potenziellen Handelspartners sehen und dessen Reputation mit der anderer vergleichen. Auf diese Weise ist aufseiten der Käufer „Lernen" und „Kontrolle", aufseiten der Verkäufer der Erwerb von Reputation möglich. Das verhindert nicht, dass ein einzelner Verkäufer versucht, „opportunistisch" zu handeln und jemandem eine Ware „anzudrehen", die nicht oder nicht zufriedenstellend funktioniert. Doch will er weiterhin im Cyberspace Handel treiben, so ist er besser beraten, in seine Reputation zu investieren und nicht zu betrügen. Verschiedene Untersuchungen haben gezeigt, dass das eBay-System im Großen und Ganzen gut funktioniert, was daher kommt, dass dieses System für alle Beteiligten transparent und der Aufwand, sich daran zu beteiligen, für jeden Einzelnen sehr gering ist und daher die Bewertungen der Handelspartner vorgenommen werden.

Quelle: Diekmann und Wyder (2002); Berger und Schmitt (2005).

Folgerung: Der Zwang zur Nähe?

Trotz der enormen Zunahme an indirekter Kommunikation scheint es, dass die Menschen den unmittelbaren Kontakt mit anderen immer noch schätzen. Geschäftsleute z.B. nehmen noch immer an Besprechungen teil und fliegen gelegentlich um die halbe Welt, um Termine wahrzunehmen; obwohl es wesentlich einfacher und effektiver erscheint, Geschäfte über den Computer oder eine telefonische oder Video-Konferenzschaltung abzuwickeln. Familienmitglieder könnten virtuelle Familientreffen oder Echtzeitgespräche über das Internet arrangieren, aber uns allen ist klar, dass wir dabei die Gemeinschaftswärme und Intimität von Face-to-face-Festen entbehren müssten.

Eine Erklärung dieses Phänomens liefern Deirdre Boden und Harvey Molotch, die den Zwang zur Nähe, wie sie es nennen, analysiert haben: das Bedürfnis von Individuen, einander in Situationen zu begegnen, wo sie mit anderen *gemeinsam anwesend* sind oder sich in Face-to-face-Interaktion befinden. Boden und Molotch legen nahe, dass Menschen sich bemühen Besprechungen abzuhalten, da Situationen, in denen alle Teilnehmer physisch anwesend sind, wesentlich mehr Informationen darüber liefern, wie andere denken und fühlen und auch mehr Information über ihre Aufrichtigkeit als irgendeine Form der elektronischen Kommunikation bieten. Nur indem wir tatsächlich anwesend sind, wenn Menschen Entscheidungen fällen, die uns nachhaltig betreffen, haben wir das Gefühl, dass wir in Erfahrung bringen können, was vorgeht, und nur dann sind wir auch davon überzeugt, dass wir ihnen unsere eigenen Auffassungen und unsere eigene Aufrichtigkeit vermitteln können. „Die gemeinsame Anwesenheit", so Boden und Molotch, „gestattet den Zugang zu jenen Teilen des Körpers, die ‚niemals lügen', den Augen – den ‚Fenstern der Seele'. Der Augenkontakt selbst signalisiert ein Ausmaß der Intimität und des Vertrauens; Interaktionspartner, die gleichzeitig anwesend sind, kontrollieren beständig die subtilen Bewegungen dieses subtilsten Teils des Körpers." (1994)

Zusammenfassung

1. Viele allem Anschein nach triviale Aspekte unseres Alltagsverhaltens erweisen sich bei genauer Betrachtung als komplexe und wichtige Aspekte der *sozialen Interaktion*. Ein Beispiel ist der Blick – das Anschauen anderer Personen. Bei den meisten Interaktionen ist der Blickkontakt ziemlich flüchtig. Eine andere Person anzustarren könnte als Zeichen der Feindseligkeit aufgefasst werden – oder in bestimmten Situationen als Zeichen der Liebe. Die Untersuchung der sozialen Interaktion ist ein grundlegendes Gebiet der Soziologie, das viele Aspekte des sozialen Lebens erhellt.

2. Das menschliche Gesicht vermittelt eine Reihe verschiedener Formen des Ausdrucks. Es wird weithin angenommen, dass grundlegende Aspekte des mimischen Ausdrucks der Emotion angeboren sind. Kulturell vergleichende Studien haben große Ähnlichkeiten zwischen den Mitgliedern verschiedener Kulturen nachgewiesen, sowohl was den Gesichtsausdruck als auch was die Interpretation der vom menschlichen Gesicht übermittelten Emotionen angeht.

3. Die Untersuchung des gewöhnlichen Redens und der Konversation wurde *Ethnomethodologie* genannt, ein Ausdruck, der von Harold Garfinkel geprägt wurde. Ethnomethodologie ist die Analyse der Methoden, durch die wir aktiv – wenn auch üblicherweise auf als selbstverständlich hingenommene Art – dem, was andere durch ihre Äußerungen und Handlungen meinen, einen Sinn abgewinnen.

4. Durch die Betrachtung von „*Reaktionsrufen*" können wir sehr viel über das Wesen der Rede lernen.

5. *Unzentrierte Interaktion* ist die wechselseitige Bewusstheit, die Individuen bei größeren Menschenansammlungen voneinander haben, wenn sie nicht direkt miteinander sprechen. *Zentrierte Interaktion*, die in abgeschlossene *Begegnungen* unterteilt werden kann – also in Episoden der Interaktion –, findet statt, wenn zwei oder mehr Indi-

viduen dem, was ein anderer oder andere sagen oder tun, direkte Aufmerksamkeit schenken.

6. Soziale Interaktion kann oft in fruchtbarer Weise untersucht werden, indem man das dramaturgische Modell anwendet – indem man soziale Interaktion so betrachtet, als wären die Beteiligten Schauspieler auf einer Bühne, mit Kulissen und Requisiten. Wie im Theater gibt es in den verschiedenen Kontexten des sozialen Lebens im Allgemeinen klare Unterscheidungen zwischen der *Vorderbühne* (der Bühne selbst) und der *Hinterbühne*, wo sich die Schauspieler auf die Vorstellung vorbereiten und wo sie sich hinterher entspannen.

7. Jede soziale Interaktion ist in Zeit und Raum verortet. Wir können die zeit-räumliche „Zoneneinteilung" unseres täglichen Lebens analysieren, indem wir betrachten, wie Aktivitäten über bestimmte Zeiträume hinweg ablaufen und gleichzeitig räumliche Bewegung erfordern.

8. Einige Mechanismen der sozialen Interaktion scheinen allgemein gültig zu sein, andere sind es mit Sicherheit nicht. Die !Kung aus dem südlichen Afrika leben beispielsweise in kleinen, sehr mobilen Gruppen, mit wenig Privatheit und geringen Möglichkeiten, Vorder- und Hinterbühnen zu errichten.

9. Moderne Gesellschaften sind weitgehend durch indirekte zwischenmenschliche Transaktionen (wie beispielsweise der Einzahlung auf ein Konto) gekennzeichnet, bei denen andere nicht anwesend sind. Das führt zur Ausbildung dessen, was Zwang zur Nähe genannt wurde, die Tendenz, andere wann immer möglich treffen zu wollen, was vielleicht darin seine Wurzel hat, dass es uns leichter macht, Informationen darüber zu sammeln, was die anderen denken und fühlen, und uns *Eindrucksmanipulation* ermöglicht.

Glossar

Begegnung (Encounter). Ein Treffen von zwei oder mehr Personen im Rahmen der Face-to-face-Interaktion. Unser Alltagsleben kann als Aufeinanderfolgen von Begegnungen im Tagesablauf aufgefasst werden. In modernen Gesellschaften sind an vielen unserer Begegnungen eher Fremde beteiligt als Leute, die wir gut kennen.

Eindrucksmanipulation. Ein Begriff, den der amerikanische Soziologe Erving Goffman entwickelte. Menschen kontrollieren, bzw. „manipulieren" den Eindruck, den andere von ihnen haben, indem sie Entscheidungen dahingehend treffen, was sie verbergen und was sie enthüllen, wenn sie anderen Leuten begegnen.

Erworbener Status. Der im Gegensatz zum zugeschriebenen Status von einem Einzelnen aufgrund eigener Leistungen erworbene Status. Zum Beispiel: Meister, Abiturient, Absolvent, Doktor, Ehemann.

Ethnomethodologie. Die Untersuchung der Methoden, die Leute anwenden, um dem, was andere im Verlauf der alltäglichen sozialen Interaktion sagen und tun, einen Sinn abzugewinnen. Die Ethnomethodologie befasst sich mit den „Ethnomethoden", durch die es Menschen gelingt, miteinander sinnvoll zu verkehren.

Face-to-face-Interaktion. Interaktion zwischen Individuen, die in ein und derselben Situation gemeinsam physisch präsent sind.

Hinterbühne. Ein Bereich, der hinter den Vorstellungen auf der „Vorderbühne" liegt. Der Begriff wurde von Erving Goffman eingeführt; auf der Hinterbühne können sich Akteure entspannen und informellen Verhaltensweisen hingeben.

Höfliche Gleichgültigkeit. Der Prozess, durch den Individuen, die sich in einem gemeinsamen physischen Interaktionskontext befinden, einander signalisieren, dass sie sich der Gegenwart des anderen bewusst sind, ohne deshalb bedrohlich oder allzu freundlich zu wirken.

Interaktionsvandalismus. Die absichtliche Verletzung der impliziten Regeln des Gesprächs, die von den „Opfern" als Belästigung empfunden wird.

Konversationsanalyse. Die empirische Untersuchung von Gesprächen, bei denen Techniken der Ethnomethodologie verwendet werden. Die Konversationsanalyse (conversation analysis, CA) studiert Details alltäglicher Unterhaltungen, um organisierende Prinzipien des Gesprächs und seiner Rolle bei der Herstellung und Reproduktion der sozialen Ordnung herauszufinden.

Krisenexperiment. Von Harold Garfinkel entwickelte Methode, um die alltäglichen Interaktionen zugrunde liegenden Selbstverständlichkeiten herauszufinden.

Master-Status. Ein oder mehrere Status, der bzw. die andere Merkmale des Einzelnen in den Hintergrund treten lassen und seine Position in der Gesellschaft dauerhaft bestimmen. Zum Beispiel: Mönch, Körperbehinderter.

Metrische Zeit. Die Zeit, wie sie mit der Uhr gemessen wird – also in Stunden, Minuten oder Sekunden. Vor der Erfindung der Uhr basierte die Zeitrechnung auf Ereignissen der natürlichen Welt, wie etwa dem Sonnenaufgang und -untergang.

Nonverbale Kommunikation. Kommunikation zwischen Individuen, die statt auf der Verwendung von Sprache auf dem Gesichtsausdruck oder auf Gesten beruht.

Persönlicher Raum. Der physische Raum, den Individuen zwischen sich und anderen aufrechterhalten. Er reicht von intimer Distanz, in der sich nur Nahestehende aufhalten dürfen, über soziale Distanz für formelle Begegnungen bis zur öffentlichen Distanz, wenn man einem Publikum gegenübertritt.

Reaktionsrufe. Anscheinend unfreiwillige Ausrufe von Individuen, wenn sie z.B. überrascht werden, etwas aus Unachtsamkeit fallen lassen oder Freude zum Ausdruck bringen.

Regionalisierung. Die Aufteilung des gesellschaftlichen Lebens auf verschiedene räumliche oder Zeitzonen. Die Zonen reichen von sehr lokalen, häuslichen bis zu weitreichenderen des sozialen und wirtschaftlichen Lebens, das regionale Bereiche oder Zonen über oder innerhalb von Nationalstaaten bildet.

Rollenübernahme. Jemand versetzt sich in die Lage eines anderen, um dessen Reaktionen vorhersehen zu können. Sich in die Rolle eines anderen zu versetzen – seine Rolle einzunehmen – ermöglicht, das eigene künftige Handeln so zu gestalten, dass man die möglichen Reaktionen des anderen berücksichtigt.

Soziale Interaktion. Jede Form der sozialen Begegnung zwischen Individuen. Ein Großteil unseres Lebens besteht aus sozialen Interaktionen des einen oder anderen Typs. Der Ausdruck „soziale Interaktion" bezieht sich sowohl auf formelle als auch auf informelle Situationen, in denen Personen einander begegnen. Eine Illustration einer formellen sozialen Interaktion ist der Unterricht in einer Schulklasse. Ein Beispiel der informellen Interaktion liefern zwei Menschen, die einander auf der Straße oder bei einer Party begegnen.

Soziale Position. Die soziale Stellung eines Individuums in einer bestimmten Gruppe oder Gesellschaft. Soziale Positionen können sehr allgemein sein (wie etwa die mit Geschlechterrollen verknüpften) oder auch wesentlich spezifischer (wie z.B. berufliche Positionen).

Soziale Rolle. Das von einer Person, die eine bestimmte soziale Position einnimmt, erwartete Verhalten. Die Idee der sozialen Rolle stammt ursprünglich aus der Welt des Theaters; in jeder Gesellschaft spielen Individuen eine Anzahl verschiedener Rollen, je nach dem wechselnden Kontext ihrer Aktivitäten.

Sozialer Konstruktivismus. Theorie, wonach die soziale Wirklichkeit eine Hervorbringung von Individuen oder sozialen Gruppen durch ihre Interaktionen darstellt.

Status. Die gesellschaftliche Anerkennung oder das Prestige, das einer bestimmten Gruppe seitens anderer Gesellschaftsmitglieder gezollt wird. Statusgruppen verfügen im Allgemeinen über einen eigenen Lebensstil, über Verhaltensmuster, die für die Mitglieder der Gruppe spezifisch sind. Statusprivilegien können positiv oder negativ sein. „Paria"-Gruppen werden von der Bevölkerungsmehrheit verachtet oder als Ausgestoßene behandelt.

Statusset. Gesamtheit der von einem Einzelnen eingenommenen sozialen Positionen und damit verknüpften Status.

Unzentrierte Interaktion. Interaktion zwischen Leuten, die in einer bestimmten Situation gleichzeitig anwesend sind, jedoch nicht miteinander direkt von Angesicht zu Angesicht kommunizieren.

Vorderbühne. Schauplatz der sozialen Aktivität, auf dem Individuen versuchen, eine bestimmte „Vorstellung" für andere zu geben.

Zentrierte Interaktion. Die Interaktion zwischen Individuen, die an gemeinsamen Aktivitäten oder an direkten Gesprächen miteinander teilnehmen.

Zugeschriebener Status. Sozialer Status, der auf biologischen Faktoren, wie ethnische Herkunft, Geschlecht oder Alter beruht. Gegenbegriff zu erworbener Status.

Weiterführende Literatur

Berger, Peter L. & Thomas Luckmann ([1966] 2007), *Die gesellschaftliche Konstruktion der Wirklichkeit. Eine Theorie der Wissenssoziologie*, Frankfurt: Fischer.

Cohen, Stanley & Laurie Taylor (1984), *Ausbruchsversuche. Identität und Widerstand in der modernen Lebenswelt*, Frankfurt: Suhrkamp.

Dahrendorf, Ralf ([1959] 2006), *Homo sociologicus. Ein Versuch zur Geschichte, Bedeutung und Kritik der Kategorie der sozialen Rolle*, Wiesbaden: VS Verlag für Sozialwissenschaften.

Goffman, Erving ([1959] 2007), *Wir alle spielen Theater. Die Selbstdarstellung im Alltag*, München: Piper.

Goffman, Erving, ([1963] 1971), *Verhalten in sozialen Situationen. Strukturen und Regeln der Interaktion im öffentlichen Raum*, Gütersloh: Bertelsmann.

Hacking, Ian (1999), *Was heißt „soziale Konstruktion"? Zur Konjunktur einer Kampfvokabel in den Wissenschaften*, Frankfurt: Fischer.

Filme zum Thema

„Rashomon – Das Lustwäldchen" (Japan 1950), Regie: Akira Kurosawa

„Wienfilm 1896–1976" (Österreich 1977), Regie: Ernst Schmidt Jr.

„Die 12 Geschworenen" (USA 1957), Regie: Sidney Lumet

„Der Mann in der Schlangenhaut" (USA 1959), Regie: Sidney Lumet

„Matrix" (USA, Australien 1999), Regie: Andy Wachowski

„Hundstage" (Österreich 2001), Regie: Ulrich Seidl

Internet-Tipps

Über Erving Goffman findet man weiterführende Informationen unter http://people.brandeis.edu/~teuber/goffmanbio.html

Über Ethnomethodologie und Konversationsanalyse www2.fmg.uva.nl/emca/

Die Society for the Study of Symbolic Interaction informiert über den Symbolischen Interaktionismus www.espach.salford.ac.uk/sssi/index.php

Sozialisation, Lebenslauf und Altern

Am Beginn von Joanne K. Rowlings erstem Harry-Potter-Abenteuer *Harry Potter und der Stein der Weisen* setzt der schrullige Magier Albus Dumbledore das eben verwaiste Baby Harry an der Türschwelle des Hauses von Onkel und Tante aus, die als Muggel keine magischen Kräfte besitzen. Obwohl Harry bereits bewiesen hat, über einzigartige Kräfte zu verfügen, handelte Dumbledore so aus Sorge um das gesunde Heranwachsen Harrys: „Das würde reichen, um jedem Jungen den Kopf zu verdrehen. Berühmt, bevor er gehen und sprechen kann! Berühmt für etwas, an das er sich nicht einmal mehr erinnern wird! Sehen Sie nicht, wie viel besser es für ihn wäre, wenn er weit weg von alledem aufwächst, bis er bereit ist, es zu begreifen?" (Rowling 2000, S. 19).

Die *Harry Potter*-Romane, die Harry jeweils durch ein Schuljahr begleiten, basieren auf der Idee, dass es kein größeres Abenteuer gibt, als erwachsen zu werden. Obwohl Harry die Zauberschule Hogwarts besucht, ist das immer noch eine Schule, weil jeder, auch ein junger Magier mit unbegrenzten Kräften, Hilfe dabei braucht, sein Wertesystem zu entwickeln.

Wir alle durchlaufen unterschiedliche Lebensphasen – beim Übergang von der Kindheit zur Jugend und dann zum Erwachsensein. Auch Harry Potter wird im Verlauf der Romanserie älter und entwickelt sexuelle Wünsche, denen er mit einer sehr gewöhnlichen Unbeholfenheit begegnet. Da Sport für viele Kinder eine wichtige Rolle spielt, um Kameradschaft und Ehrgeiz kennenzulernen, spielt Harry den Zauberersport Quidditch. Rowling liebt es, das Magische dafür einzusetzen, um uns die bezaubernde Kompliziertheit des Alltagslebens vor Augen zu führen. In der von ihr entworfenen Welt können Eulen fehlerfrei Briefe übermitteln. Ist das wirklich viel merkwürdiger als unser Postsystem oder E-Mail? Die Funktion aller klassischen Kindergeschichten ist es, den Prozess des Heranwachsens verständlicher zu machen, ob das nun im Märchenland oder unserer Welt oder, wie in den *Harry Potter*-Romanen, in beiden angesiedelt ist.

Sozialisation

Sozialisation ist der Prozess, bei dem das hilflose Kleinkind langsam eine Person mit einem eigenen Bewusstsein wird, Wissen und Fähigkeiten zum Verständnis und zum Umgang mit der Kultur, in die es geboren wurde, entwickelt. Während des Prozesses der Sozialisation, insbesondere in den ersten Lebensjahren, lernen Kinder von ihren Vorfahren und perpetuieren so deren Werte, Normen und soziale Praktiken. Alle Gesellschaften haben Besonderheiten, die über die Zeit hinweg bestehen und ganze Generationen überdauern können. Jede Gesellschaft hat viele soziale und kulturelle Eigenheiten, die seit Generationen bestehen – zum Beispiel die Tatsache, dass bei uns Deutsch die hauptsächlich verwendete Sprache ist.

Wie wir in diesem Kapitel sehen werden, verbindet Sozialisation die einzelnen Generationen miteinander. Die Geburt eines Kindes verändert das Leben derjenigen, die für sein Aufwachsen (seine Erziehung) verantwortlich sind – und die Erzieher selbst machen dabei auch wieder neue Lernerfahrungen. Elternschaft verbindet gewöhnlich die Erwachsenen mit ihren Kindern für den Rest ihres Lebens. Alte Menschen bleiben immer noch Eltern, selbst wenn sie bereits Großeltern sind, und schmieden damit ein neues Verbindungsglied über die unterschiedlichen Generationen. Obwohl der Prozess des kulturellen Lernens in der Kindheit wesentlich intensiver abläuft als später, betreffen Lernen und Anpassung doch den ganzen Lebenslauf.

Die folgenden Unterkapitel behandeln die Themen Natur versus Umwelt *(Nature vs. Nurture)*, eine häufige Debatte in der Soziologie. Wir werden zuerst die wichtigsten theoretischen Erklärungen verschiedener Autoren zur menschlichen Entwicklung untersuchen, dann auch Theorien zur Entwicklung von Geschlechtsidentitäten. Danach werden wir uns mit den wichtigsten Gruppen und sozialen Kontexten befassen, die die Sozialisation über den Lebenslauf hinweg beeinflussen, von der Kindheit bis hinein ins spätere Leben. Zum Schluss werden wir uns einige der wichtigsten soziologischen Aspekte des Alterns ansehen.

Kultur, Gesellschaft und Sozialisation des Kindes

Theorien zur Entwicklung des Kindes

Eine der herausragendsten Eigenschaften des Menschen, die ihn von anderen Tieren unterscheidet, besteht darin, dass Menschen *ein Bewusstsein von sich selbst* haben. Wie kann man die Entstehung des Bewusstseins eines Individuums von seiner eigenen Identität, die es von anderen unterscheidet, erklären? In den ersten Lebensmonaten hat der Säugling noch kein Verständnis für die Unterschiede zwischen den Menschen und Dingen in seiner Umgebung und auch kein Bewusstsein vom eigenen Selbst. Kinder beginnen erst mit ungefähr zwei Jahren die Unterscheidung zwischen Ich und Du zu verwenden. Sie fangen erst allmählich zu verstehen an, dass andere eine eigene Identität, ein eigenes Bewusstsein und eigene Bedürfnisse haben, die sich von ihren eigenen unterscheiden.

Das Problem der Ausformung des Selbst wurde viel diskutiert und wird aus verschiedenen theoretischen Perspektiven ziemlich unterschiedlich aufgefasst. In gewissem Ausmaß ist dies darauf zurückzuführen, dass die bekanntesten Theorien über die kindliche Entwicklung verschiedene Aspekte der Sozialisation betonen. Der amerikanische Philosoph und Soziologe George Herbert Mead (1863–1931) befasst sich vor allem damit, wie Kinder lernen, den Begriff des „Ich" zu verwenden. Der Schweizer Erforscher des kindlichen Verhaltens, Jean Piaget, befasste sich mit vielen Aspekten der Entwicklung des Kindes, doch seine bekanntesten Schriften beziehen sich auf die Kognition – darauf, wie Kinder lernen, über sich selbst und ihre Umgebung zu denken.

Kognition

G. H. Mead und die Entwicklung des Selbst

Meads Ideen bilden die Hauptgrundlage einer folgenreichen Tradition theoretischen Denkens, des sogenannten symbolischen Interaktionismus, und prägten somit die Soziologie. Der symbolische Interaktionismus be-

symbolischer Interaktionismus

tont, dass die Interaktion zwischen Menschen über Symbole und die Interpretation ihrer Bedeutung erfolgt (siehe Kapitel 1). Aber darüber hinaus bietet Meads Arbeit eine Erklärung der kindlichen Entwicklung mit Hauptaugenmerk auf die Entwicklung eines Selbstbewusstseins.

Mead zufolge entwickeln sich kleine Kinder als soziale Wesen zunächst, indem sie die Handlungen der sie umgebenden Personen imitieren. Dies geschieht unter anderem durch das Spiel. Kleine Kinder imitieren beim Spielen oft das Tun von Erwachsenen. Das kleine Kind hat einen Erwachsenen kochen gesehen und bäckt nun Kuchen aus Sand; oder es gräbt mit einem Löffel, da es jemanden bei der Gartenarbeit beobachtet hat. Das Spiel des Kindes entwickelt sich von der einfachen Imitation hin zu komplizierteren Spielen, in denen ein vier- oder fünfjähriges Kind in einer Erwachsenenrolle agiert. Mead nennt dies *die Übernahme der Rolle des Anderen* – zu lernen, was es bedeutet, in den Schuhen einer anderen Person zu stecken. Erst in diesem Stadium erwerben die Kinder ein entwickeltes Selbstbewusstsein. Kinder gelangen zu einem Verständnis von sich selbst als eigenständigen Akteuren – als „ICH" –, indem sie sich durch die Augen der Anderen sehen. (Bei Mead werden hier die Ausdrücke „I" und „me" verwendet. Wir folgen der „technischen Lösung" Ulf Pachers, „I" mit „Ich" und „me" mit „ICH" zu übertragen. Siehe „Nachbemerkung zur Übersetzung", in Mead [1934] 1973, S. 442; A.d.Ü.)

soziales Selbst

Wir erreichen nach Meads Auffassung Selbstbewusstsein, wenn wir lernen, zwischen dem „ICH" und dem „Ich" zu unterscheiden. Das „Ich" ist das unsozialisierte Kleinkind, ein Bündel spontaner Wünsche und Begierden, das „ICH" hingegen, wie Mead den Ausdruck versteht, ist das soziale Selbst. Individuen entwickeln nach Meads Auffassung ein Selbstbewusstsein, indem sie sich selbst so zu sehen lernen, wie andere sie sehen. Sowohl Freud als auch Mead meinen, dass das Kind ungefähr im Alter von fünf Jahren zum autonomen Akteur wird, der sich selbst deuten kann und fähig ist, außerhalb der unmittelbaren Familie zu agieren. Bei Freud ist dies das Ergebnis der ödipalen Phase, während es für Mead das Ergebnis eines entwickelten Selbstbewusstseins ist.

Selbstbewusstsein

Ein weiteres Stadium der Entwicklung des Kindes tritt nach Mead ein, wenn das Kind etwa acht oder neun Jahre alt ist. In diesem Alter nehmen Kinder an organisierten Spielen statt am unsystematischen „Spiel" teil. Erst in dieser Phase beginnen Kinder die allgemeinen Werte und Moralvorstellungen zu verstehen, denen alles soziale Leben untergeordnet ist. Um organisierte Spiele zu erlernen, muss man die Spielregeln und die Idee der Fairness unter gleichberechtigten Teilnehmern verstehen. In diesem Stadium erfasst das Kind, wie Mead es nennt, den verallgemeinerten Anderen – die allgemeinen Werte und moralischen Regeln der Kultur, in der es heranwächst.

verallgemeinerte Andere

Jean Piaget und die Stadien der kognitiven Entwicklung

Piaget hob besonders die Fähigkeit des Kindes hervor, sich aktiv mit der Welt auseinanderzusetzen. Kinder saugen nicht passiv Informationen auf, sondern sie wählen und interpretieren die Dinge, die sie in ihrer Umwelt sehen, hören und fühlen. Aus seinen Beobachtungen von Kindern und seinen zahlreichen Experimenten über ihre Denkweisen folgert er, dass Menschen mehrere, deutlich getrennte Stadien der kognitiven Entwicklung – also des Lernens, über sich selbst und ihre Umgebung zu *denken* – durchlaufen. Jedes Stadium erfordert den Erwerb neuer Geschicklichkeiten und hängt von der erfolgreichen Vollendung der vorhergehenden Phase ab.

Das erste Stadium ist das senso-motorische, das von der Geburt bis ungefähr zum Alter von zwei Jahren dauert. Bis zum Alter von ungefähr vier Monaten kann sich das Kind nicht von seiner Umgebung unterscheiden. Zum Beispiel erkennt das Kind nicht, dass es seine eigenen Bewegungen sind, die die Wände des Gitterbetts in Bewegung versetzen. Gegenstände werden von Personen nicht unterschieden, und das Kleinkind ist sich nicht bewusst, dass irgendetwas außerhalb seines Gesichtsfeldes existiert. Piaget nannte diese frühe Phase senso-motorisch, weil Kleinkinder vor allem durch die Berührung und Handhabung von Gegenständen und durch die physische Erforschung ihrer Umgebung lernen. Die wichtigste Errungenschaft dieses Stadiums ist die an seinem Ende liegende Einsicht, dass die Umgebung des Kindes klar unterscheidbare und stabile Eigenschaften hat.

senso-motorisches Stadium

© Süddt. Zeitung Photo/Horst Tappe

Jean Piaget
1896–1980

Der nächsten Phase, dem sogenannten prä-operationalen Stadium, widmete Piaget den größten Teil seiner Forschungen. Dieses Stadium dauert vom Alter von zwei bis zum Alter von sieben Jahren; Kinder erlernen nun die Sprache und werden fähig, Wörter zur symbolischen Darstellung von Gegenständen und Bildern zu verwenden. So könnte z.B. ein Vierjähriger eine gleitende Handbewegung machen, um den Begriff „Flugzeug" darzustellen. Piaget nennt diese Phase prä-operational, weil Kinder noch nicht in der Lage sind, ihre sich entwickelnden geistigen Fähigkeiten systematisch einzusetzen. In diesem Stadium sind Kinder egozentrisch. So, wie Piaget den Ausdruck verwendet, bezieht er sich nicht auf Selbstsüchtigkeit, sondern auf die Tendenz des Kindes, die Welt ausschließlich von seiner eigenen Position aus zu interpretieren. Es versteht z.B. nicht, dass andere Leute Gegenstände aus einer Perspektive sehen, die sich von der eigenen unterscheidet. Ein Kind kann so ein Buch vor sich halten und zu einem Bild darin eine Frage stellen, ohne zu erkennen, dass die Person, die ihm gegenübersitzt, nur den Buchrücken sehen kann.

prä-operationales Stadium

egozentrisch

Kinder in der prä-operationalen Phase sind noch nicht in der Lage, mit anderen zusammenhängende Gespräche zu führen. Beim egozentrischen Sprechen ist das, was das Kind sagt, mehr oder weniger ohne Beziehung zu dem, was vorhergehende Sprecher gesagt haben. Kinder sprechen miteinander, doch nicht *zueinander* in dem Sinn, wie dies Erwachsene tun.

In dieser Entwicklungsphase haben Kinder kein allgemeines Verständnis der Denkkategorien, die Erwachsene als gegeben hinnehmen: Begriffe wie jene der Kausalität, der Geschwindigkeit, des Gewichts oder der Zahl. Sogar wenn ein Kind zusieht, wie Wasser aus einem hohen, engen Behälter in einen niedrigeren, weiteren gegossen wird, versteht es nicht, dass das Volumen des Wassers dasselbe bleibt – es kommt zur Schlussfolgerung, dass nun weniger Wasser vorhanden ist, da der Wasserstand im Gefäß niedriger ist.

konkretes operationales Stadium
Eine dritte Phase, die konkrete operationale Periode, liegt zwischen dem siebenten und dem elften Lebensjahr. Während dieses Stadiums erwerben Kinder abstrakte logische Begriffe. Sie sind nun fähig, Ideen wie jene der Kausalität ohne allzugroße Schwierigkeiten zu handhaben. Ein Kind in dieser Entwicklungsphase wird den falschen Gedankengang erkennen, der der Idee zugrunde liegt, dass das weite Gefäß weniger Wasser enthält als das enge, obwohl der Wasserstand in beiden Gefäßen verschieden ist. Es ist nun in der Lage, die mathematischen Operationen der Multiplikation, der Division und der Subtraktion durchzuführen. Kinder in diesem Stadium sind wesentlich weniger egozentrisch. Wenn man ein Mädchen in der prä-operationalen Phase fragt, „Wie viele Schwestern hast du?", dann mag es richtig mit „eine" antworten. Doch wenn man sie fragt, „Wie viele Schwestern hat deine Schwester?", dann wird sie vermutlich mit „keine" antworten, da sie sich selbst nicht vom Standpunkt ihrer Schwester wahrnehmen kann. In der konkret-operationalen Phase ist das Kind fähig, solche Fragen mit Leichtigkeit korrekt zu beantworten.

formal operationales Stadium
Die von Piaget so bezeichnete formal operationale Periode liegt zwischen dem elften und dem 15. Lebensjahr. Während der Adoleszenz entwickelt das Kind die Fähigkeit, sehr abstrakte und hypothetische Ideen zu erfassen. Werden sie mit einem Problem konfrontiert, dann sind Kinder in diesem Stadium fähig, alle möglichen Lösungsverfahren zu betrachten und theoretisch zu durchdenken, um zu einer Lösung zu kommen. Der Jugendliche in der formal operationalen Phase versteht, warum manche Arten von Fragen Trickfragen sind. Auf die Frage „Welche Geschöpfe sind sowohl Pudel als auch Hunde?" mag das Kind in der Lage sein, die richtige Antwort zu geben oder auch nicht (die Antwort ist „Pudel"), doch es wird verstehen, warum diese Antwort richtig ist, und den Humor der Fragestellung erfassen.

Nach Piaget sind die drei ersten Stadien der Entwicklung universell, doch nicht alle Erwachsenen erreichen die formal operationale Periode. Die Entwicklung des formalen operationalen Denkens hängt zum Teil von Bildungsprozessen ab. Erwachsene, die nur wenig Schulbildung genossen haben, pflegen konkreter zu denken und bewahren große Überreste des Egozentrismus.

Sozialisationsinstanzen

Sozialisationsinstanzen
Soziologen sagen, Sozialisation tritt in zwei großen Phasen auf, die eine Reihe von Instanzen einbezieht. Sozialisationsinstanzen sind Gruppen oder

soziale Zusammenhänge, in denen wichtige Sozialisationsprozesse auftreten. Primäre Sozialisation findet im Säuglings- und Kleinkindalter statt und ist die intensivste Periode kulturellen Lernens. In dieser Phase lernen Kinder Sprache und Verhaltensweisen, die die Grundlage für späteres Lernen bilden. Die Familie ist in dieser Phase die Hauptinstanz. Sekundäre Sozialisation passiert in der späteren Kindheit bis ins Erwachsenenalter. In dieser Phase übernehmen andere Instanzen einen Teil der Verantwortung von der Familie. Schulen, Gleichaltrigengruppen (Peer Groups), Organisationen, die Medien und schließlich der Arbeitsplatz werden zu sozialisierenden Kräften für das Individuum. Soziale Interaktionen helfen Menschen, die Werte, Normen und Überzeugungen ihrer Kultur zu lernen.

Werte

Die Familie

Da Familiensysteme stark variieren, ist die Erfahrung von Kleinkindern in ihren Familien in keinster Weise in allen Kulturen gleich. Zwar ist normalerweise überall die Mutter die wichtigste Bezugsperson für das Kleinkind, doch die Art der Beziehung zwischen Müttern und ihren Kindern wird durch die Regelmäßigkeit und die Form ihres Kontaktes beeinflusst. Dies wiederum ist bedingt durch die Merkmale der Institution Familie und ihrer Beziehungen zu anderen Gruppen der Gesellschaft.

In modernen Gesellschaften findet die frühkindliche Sozialisation überwiegend in einer Kleinfamilie statt. Die meisten europäischen Kinder verbringen ihre ersten Lebensjahre in einem Haushalt mit Mutter, Vater und vielleicht ein oder zwei weiteren Kindern. In vielen anderen Ländern hingegen sind Tanten, Onkel und Großeltern Teil des Haushaltes und betreuen auch die Babys. Doch auch innerhalb der europäischen Gesellschaften gibt es viele Variationen in der Form der Familien. So wachsen manche Kinder in Alleinerzieherhaushalten auf, manche werden von zwei Elternpaaren aufgezogen, wenn sie nach Scheidungen und Wiederverheiratungen auch Stiefeltern bekommen. Viele Mütter sind heute außerhalb des Hauses erwerbstätig und kehren relativ bald nach der Geburt zu ihrem Arbeitsplatz zurück. Trotz dieser Unterschiede bleibt die Familie normalerweise die Hauptsozialisationsinstanz vom Säuglingsalter bis zur Jugend und darüber hinaus, und diese Abfolge von Entwicklung bindet die Generationen aneinander.

Mehr zum Thema Familie findet sich in Kapitel 6 – Familien und intime Beziehungen.

Familien nehmen im institutionellen Gefüge von Gesellschaften unterschiedliche Plätze ein. In den meisten traditionellen Gesellschaften ist die Herkunftsfamilie für die soziale Position des Einzelnen bis zu seinem Lebensende bestimmend. In modernen Gesellschaften wird die soziale Position nicht mehr mit der Geburt geerbt, sondern die Umwelt und die soziale Schicht einer Familie prägt die Sozialisationsmuster. Kinder nehmen typische Verhaltensweisen ihrer Eltern oder ihrer Umwelt an.

Mehr zum Thema sozialer Schichtung findet sich in Kapitel 11 – Schichtung und Klassenstruktur.

In verschiedenen Teilen großer Gesellschaften finden sich unterschiedliche Formen der Kindererziehung und Disziplin, gemeinsam mit verschiedenen Werthaltungen und Erwartungen. Es ist einfach, sich den Einfluss des Familienhintergrundes vorzustellen, wenn wir daran denken, wie das

Leben etwa für ein Kind ist, das in einer armen Familie einer ethnischen Minderheit aufwächst, die in einem herabgekommenen Stadtgebiet lebt, verglichen mit einem Kind einer weißen wohlhabenden Familie in der Vorstadt (Kohn 1977).

Natürlich übernehmen nur wenige Kinder überhaupt die Perspektive ihrer Eltern unhinterfragt. Das gilt insbesondere in der modernen Zeit des steten Wandels. Allein die Existenz verschiedener Sozialisationsinstanzen führt in modernen Gesellschaften zu vielen Divergenzen zwischen den Ansichten der Kinder und Jugendlichen und ihren Eltern.

Schulen

Eine weitere wichtige Sozialisationsinstanz ist die Schule. Schulbildung ist ein formaler Prozess: Schüler werden nach einem festen Lehrplan unterrichtet. Aber Schulen sind auch Sozialisationsinstanzen in einem wesentlich subtileren Zusammenhang. Von Schulkindern wird erwartet, dass sie sich im Klassenzimmer ruhig verhalten, dass sie pünktlich sind und die Regeln der Schulordnung einhalten. Sie müssen die Autorität der Lehrer respektieren und sich ihr fügen. Die Reaktionen der Lehrer verändern auch die Erwartungen der Kinder an sich selbst. Diese Erwartungen wiederum verbinden sich mit ihrer Arbeitserfahrung, wenn sie die Schule verlassen. In Schulen bilden sich oft Gleichaltrigengruppen (Peer Groups), und das Zusammenfassen von Kindern in Altersjahrgängen in den Schulklassen verstärkt den Einfluss der Gleichaltrigen auf die Kinder.

Mehr zum Thema Sozialisation in Bildungsinstitutionen findet sich in Kapitel 9 – Bildung.

Beziehungen zu Gleichaltrigen

Gleichaltrigengruppen (Peer Groups)

Altersränge

Kinder ähnlichen Alters bilden in Form von Gleichaltrigengruppen (Peer Groups) eine weitere Sozialisationsinstanz. In manchen Gesellschaften – vor allem in kleinen traditionellen Gesellschaften – sind Gleichaltrigengruppen formalisierte Altersränge, die meist den männlichen Mitgliedern der Gesellschaft vorbehalten sind. Spezifische Zeremonien und Riten markieren oft den Übergang von einer zu einer anderen Altersstufe. Die Mitglieder eines Altersranges unterhalten in der Regel enge und freundschaftliche Beziehungen über ihr ganzes Leben hinweg. Eine typische Altersrangeinteilung ist Kindheit, junge Krieger, junge Erwachsene, Alte. Männer durchlaufen diese Stadien nicht als Individuen, sondern als Gruppen.

Die Bedeutung der Familie für die Sozialisation ist offensichtlich, da die Erfahrungen des Säuglings und Kleinkindes fast ausschließlich von der Familie geprägt sind. Vor allem für uns in westlichen Gesellschaften ist es weniger offensichtlich, wie wichtig Gleichaltrigengruppen für die Sozialisation sind. Jedoch verbringen Kinder ab einem Alter von vier oder fünf Jahren auch ohne formelle Altersränge einen Großteil ihrer Zeit in der Gesellschaft von Gleichaltrigen. Aufgrund der gestiegenen Erwerbsbeteiligung von Frauen, deren kleine Kinder gemeinsam in Tagesstätten spielen, sind die Beziehungen unter Gleichaltrigen heute wichtiger als je zuvor (Corsaro 1997; Harris 1978).

In ihrem Buch *Gender Play* (Thorne 1993) untersuchte die Soziologin Barrie Thorne Sozialisation in Hinblick auf die Rolle von Gleichaltrigen, wobei sie herausfinden wollte, wie Jungen und Mädchen ihr Geschlechterrollenverständnis entwickeln (siehe dazu auch weiter unten drei klassische Theorien zur Geschlechterrollensozialisation). Kinder übernehmen nicht einfach passiv von ihren Eltern und Lehrern die Bedeutung des sozialen Geschlechts (*Gender*), sondern stellen diese in der Interaktion untereinander aktiv her und reproduzieren sie.

Thorne verbrachte zwei Jahre mit zehn- und elfjährigen Kindern zweier Schulen in den US-Bundesstaaten Michigan und Kalifornien, wobei sie deren Aktivitäten innerhalb und außerhalb des Klassenzimmers beobachtete. Sie sah etwa bei Spielen wie „Chase and Kiss" (eine Art Abfangen, bei der das Abklatschen mit einem Kuss erfolgt) zu, um herauszufinden, wie die Kinder die Bedeutung von Geschlechterrollen in der Schule und beim Spiel herstellen und erfahren.

Thorne fand heraus, dass Gleichaltrigengruppen einen großen Einfluss auf die Geschlechterrollensozialisation haben, vor allem, wenn die Kinder über ihre körperlichen Veränderungen sprechen, die große Faszination auf sie ausüben. Je nach sozialem Umfeld wurden diese Veränderungen von den Kindern mit Verlegenheit und Scham oder mit Stolz wahrgenommen. Thorne (1993) stellte fest, dass die anderen Mädchen den beliebtesten Mädchen auch darin nachzueifern versuchten, wenn diese ihre erste Menstruation bekamen oder begannen, BHs zu tragen (auch wenn das noch nicht nötig war). Diese körperliche Entwicklung wurde allerdings von den anderen als weniger wünschenswert gesehen, wenn die beliebtesten Mädchen noch keine BHs trugen oder nicht menstruierten.

Thornes Ergebnisse erinnern uns daran, dass auch Kinder soziale Akteure sind und an der Herstellung ihrer sozialen Welt mitwirken und somit ihre eigene Sozialisation beeinflussen. Dennoch sind die gesellschaftlichen und kulturellen Einflüsse enorm, die über die Familien und die Medien die Aktivitäten und Werte der Kinder beeinflussen.

Beziehungen unter Gleichaltrigen haben höchstwahrscheinlich einen bedeutenden Einfluss, der weit über die Zeit der Kindheit und Jugend hinausgeht, denn informelle Gruppen am Arbeitsplatz und in anderen Umgebungen haben normalerweise dauerhaften Einfluss auf die Ansichten und das Verhalten der Individuen.

Die Massenmedien

Die Verbreitung von Zeitungen und Magazinen hat seit dem frühen 19. Jahrhundert stark zugenommen, doch ursprünglich waren diese auf eine relativ kleine Leserschaft beschränkt. Erst ein Jahrhundert später wurden diese Medien Teil des Alltags von Millionen von Menschen und beeinflussten ihre Meinungen und Einstellungen. Bald gesellten sich zu den Massenmedien elektronische Kommunikationsmedien wie Radio, Fernsehen, Audio- und Videoaufnahmen.

Massenmedien

Viele Studien behandeln die Auswirkungen von Fernsehsendungen auf ihre Zuseher, mit besonderem Augenmerk auf die Kinder. Eines der am meisten erforschten Themen ist der Einfluss von Fernsehprogrammen auf die Neigung zu Kriminalität und Gewalt. Eine umfangreiche Studie wurde von George Gerbner und seinen Mitarbeitern durchgeführt, die seit 1967 stichprobenartig das Hauptabendprogramm aller großen amerikanischen Fernsehsender analysiert haben. Die Häufigkeit von Gewalttaten und gewalttätigen Episoden wurde für eine Reihe von Programmen aufgezeichnet. Dabei wird Gewalt definiert als physische Gewalt, die gegen einen selbst oder gegen andere gerichtet ist, die physische Schäden oder Tod zur Folge haben. Fernsehdramen sind inhaltlich stark geprägt von Gewalttaten. Im Durchschnitt haben etwa 80 Prozent der Programme Gewalt zum Inhalt, mit einer Rate von 7,5 gewalttätigen Episoden pro Stunde. Kinderprogramme haben sogar noch höhere Gewaltanteile, obwohl Tötungen weniger häufig gezeigt werden. Zeichentrickfilme haben den höchsten Anteil an Gewaltakten und gewalttätigen Episoden unter allen Fernsehprogrammen (Gerbner u.a. 1979).

Generell stufte die Forschung Kinder eher als passive und unkritische Zuseher ein. Bob Hodge und David Tripp (1986) betonten jedoch, dass Kinder sehr wohl interpretierten und entschlüsselten, was sie im Fernsehen sahen. Die beiden Autoren deuteten an, dass die meisten Studien die Komplexität der mentalen Prozesse bei Kindern unzulänglich behandeln, denn Fernsehen – auch wenn es sich nur um die trivialsten Programme handelt – ist an sich alles andere als eine niedrige intellektuelle Aktivität. Kinder beziehen die Programme auf andere Bedeutungssysteme ihres Alltags und entschlüsseln so das Gesehene. Dementsprechend folgern Hodge und Tripp, dass es nicht nur die im Fernsehen gezeigte Gewalt ist, die sich auf das Verhalten auswirkt, sondern vielmehr die allgemeinen Rahmenbedingungen der Einstellungen, innerhalb derer sie gezeigt und entschlüsselt werden.

Zu den Auswirkungen der Medien auf das Publikum siehe auch Kapitel 14 – Medien.

Gender-Sozialisation

Geschlechterrollen
Gender-Sozialisation

Sozialisationsinstanzen spielen eine wichtige Rolle dabei, wie Kinder die Geschlechterrollen lernen. Wenden wir uns nun der Gender-Sozialisation zu, also dem Lernen der Geschlechterrolle durch soziale Faktoren wie Familie oder Medien.

Reaktionen von Eltern und Erwachsenen

Es gibt zahlreiche Untersuchungen über das Ausmaß, inwieweit geschlechtsspezifische Unterschiede auf soziale Einflüsse zurückzuführen sind. Untersuchungen der Interaktion zwischen Mutter und Kleinkind zeigen Unterschiede beim Umgang mit Mädchen und Jungen – auch wenn die Eltern glauben, beide gleich zu behandeln. Wenn man Erwachsene auffordert, die Persönlichkeit eines Säuglings zu beschreiben, so antworten sie verschieden, je nachdem, ob sie ihn für einen Jungen oder ein Mädchen halten. Bei einem Experiment wurden fünf junge Mütter beobachtet, wie sie mit einem sechs Monate alten Kind namens Beth umgingen. Sie lächelten es oft an und hielten ihm Puppen hin. Sie sagten, es sei „süß" und würde „gar nicht laut schreien". Auf ein anderes, gleichaltriges Kind namens Adam reagierte eine zweite Gruppe von Müttern ganz anders. Statt Puppen hielten sie ihm einen Zug oder anderes „Bubenspielzeug" hin. Dabei handelte es sich bei Beth und Adam um ein und dasselbe Kind; es war nur jeweils verschieden angezogen (Will u.a. 1976).

Das Erlernen der Geschlechterrollen

Das frühe Erlernen der Geschlechterrolle beginnt mit ziemlicher Sicherheit unbewusst, das heißt, bevor ein Kind sich selbst als „Junge" oder „Mädchen" bezeichnen kann. Bei der ursprünglichen Entwicklung des Bewusstseins seines Geschlechtes spielt eine Reihe von vor-verbalen Anhaltspunkten eine Rolle. Männliche und weibliche Erwachsene gehen mit Kleinkindern verschieden um. Die Kosmetika, die Frauen verwenden, enthalten Duftstoffe, die sich von jenen unterscheiden, die bereits Säuglinge mit Männern zu verbinden lernen. Systematische Unterschiede bei der Bekleidung, der Frisur etc. sind visuelle Signale für das Kind, das am Anfang des Lernprozesses steht. Kinder haben im Alter von zwei Jahren ein partielles Verständnis der Kategorie des sozialen Geschlechts. Sie wissen, ob sie selbst ein Junge oder ein Mädchen sind, und können im Allgemeinen andere richtig einordnen. Erst mit fünf oder sechs Jahren jedoch weiß ein Kind, dass sich das Geschlecht eines Individuums nicht verändert, dass jeder ein bestimmtes Geschlecht hat und dass Unterschiede zwischen Mädchen und Jungen anatomisch bedingt sind.

Alle Spielsachen, Bilderbücher und Fernsehprogramme, mit denen kleine Kinder in Berührung kommen, betonen die Unterschiede zwischen männlichen und weiblichen Attributen. Spielwarengeschäfte und Versandhauskataloge teilen üblicherweise ihre Waren nach geschlechtlichen Kriterien ein. Auch Spielsachen, die „geschlechtsneutral" erscheinen, sind in der Praxis niemals neutral. So werden z.B. Plüschkatzen oder -hasen eher für Mädchen, Plüschtiere in Form von Löwen und Tigern eher für Jungen empfohlen.

Vanda Lucia Zammuner untersuchte in Italien und Holland die Vorlieben sieben- bis elfjähriger Kinder für bestimmte Spielsachen (Zammuner 1987). Es wurden die Einstellungen von Kindern gegenüber einer Vielfalt von Spielzeugen analysiert; dem Stereotyp nach männliche und weibliche Spielzeuge ebenso wie als neutral angenommenes Spielzeug wurden untersucht. Der Großteil der Kinder war zwischen sieben und zehn Jahre alt. Sowohl die Kinder als auch deren Eltern wurden aufgefordert, die Spielsachen in Jungen- und Mädchenspielsachen einzuteilen. Erwachsene und Kinder reagierten beinahe gleich. Die italienischen Kinder wählten für ihre Spiele öfter geschlechtsspezifische Spielsachen als die holländischen Kinder, was die Erwartungen bestätigte: In der italienischen Kultur ist die

Geschlechtertrennung traditionell tiefer verwurzelt als in der holländischen Gesellschaft. Und wie auch in anderen Untersuchungen wählten die Mädchen beider Kulturen weit öfter geschlechtsneutrales Spielzeug oder Jungenspielzeug als umgekehrt.

Bücher und Fernsehen

Vor mehr als 30 Jahren führten Lenore Weitzman und ihre Mitarbeiter eine Analyse der Geschlechterrollen in einigen weitverbreiteten Bilderbüchern für Kinder im Vorschulalter durch und stießen dabei auf ein paar deutliche Unterschiede bei der Darstellung der Geschlechterrollen (Weitzman u.a. 1972). Männliche Figuren spielten in den Geschichten und Bildern eine viel größere Rolle als weibliche: Das Verhältnis war 11:1. Wenn man noch die Tiere mit einer bestimmten geschlechtlichen Identität hinzuzählt, kommt man sogar auf ein Verhältnis von 95:1. Auch die Tätigkeiten von männlichen und weiblichen Personen waren unterschiedlich. Die männlichen erlebten Abenteuer oder gingen außerhäuslichen Beschäftigungen nach, die Unabhängigkeit und körperliche Kraft verlangten. Mädchen hingegen wurden passiv dargestellt und widmeten sich beinahe ausschließlich häuslichen Tätigkeiten. Die Mädchen kochten und putzten für die männlichen Personen oder warteten auf deren Rückkehr. Dies traf auch weitgehend auf die in den Märchenbüchern dargestellten erwachsenen Männer und Frauen zu. Waren die Frauen keine Ehefrauen oder Mütter, dann waren sie Fantasiegestalten wie Hexen oder Feen. Keine einzige in den Büchern analysierte Frau ging einer Beschäftigung außer Haus nach. Die Männer hingegen hatten viele verschiedene Rollen: Sie kämpften, waren Polizisten, Richter, Könige usw.

Jüngere Forschungen zeigen, dass sich diese Dinge ein wenig geändert haben, aber in einem Großteil der Kinderliteratur ist alles beim Alten geblieben (Davies 2002). Märchen reflektieren z.B. sehr traditionelle Einstellungen zu Geschlechterrollen bzw. Zielsetzungen und Lebensläufen, die von Mädchen und Jungen erwartet werden. „Eines Tages wird mein Prinz kommen": In verschiedenen Märchenvarianten aus mehreren Jahrhunderten bedeutete dies üblicherweise, dass ein Mädchen aus einer armen Familie von Reichtum und Wohlstand träumte. Heute hat sich der Sinn hin zum Ideal der romantischen Liebe verschoben. Feministinnen haben einige der bekanntesten Märchen umgeschrieben und ihre gewohnte Perspektive auf den Kopf gestellt:

> Ich habe gar nicht bemerkt, was für eine komische Nase er hat. Gestern trug er schönere Kleider und schaute besser aus. Er ist bei weitem nicht so attraktiv, wie er mir gestern Abend vorkam. Ich werde einfach sagen, dass mir der gläserne Schuh zu eng ist. (Viorst 1987, S. 73)

Wie diese Aschenputtel-Version sind die umgeschriebenen Märchen eher für ein erwachsenes Publikum bestimmt; sie haben keinen wesentlichen Einfluss auf die Erzählungen und Märchen in den zahllosen Kinderbüchern.

Interessanterweise gilt die Beobachtung, dass Kinderliteratur fast ausschließlich traditionelle Geschlechterrollen reproduziert, eher für Großbritannien – wo etwa die schwedische Autorin Astrid Lindgren mit ihrer schon aus den 1940er Jahren stammenden Romanfigur Pippi Langstrumpf kaum rezipiert wurde. In Skandinavien, aber auch im deutschen Sprachraum finden sich populäre Kinder- und Jugendbücher mit Titelheld**innen** wie Ronja Räubertochter (Lindgren), Die Feuerrote Friederike (Nöstlinger) oder Die Kleine Hexe (Preußler).

Die Ergebnisse von Untersuchungen über Kinderfernsehsendungen sind bis auf wenige bemerkenswerte Ausnahmen – z.B. die Verfilmung von *Pippi Langstrumpf* – die gleichen wie bei den Kinderbüchern. Bei den erfolgreichen Zeichentrickfilmen wurde nachgewiesen, dass die Hauptfiguren fast ausschließlich männlich sind, und dass sich männliche Figuren unter den dargestellten Tätigkeiten vorwiegend den aktiven Aufgabenbereichen widmen. Ähnliche Bilder finden sich in den Werbefilmen.

Die Schwierigkeiten einer nicht-sexistischen Erziehung

June Statham machte eine Untersuchung über die Erfahrungen einer Elterngruppe in Großbritannien, die ihre Kinder nicht-sexistisch erziehen wollten. Die Studie umfasste 30 Erwachsene aus 18 Familien mit Kindern im Alter von sechs Monaten bis zwölf Jahren. Die Eltern stammten aus der Mittelklasse und waren größtenteils Lehrer und Professoren. Statham fand heraus, dass die meisten Elternteile nicht nur versuchten, die herkömmliche geschlechtsgebundene Rollenverteilung zu verändern – indem sie die Mädchen mehr zu den Jungen hin orientierten –, sondern dass sie auch neue Kombinationen von „feminin" und „maskulin" herausbilden wollten. Jungen sollten den Gefühlen anderer mit mehr Offenheit begegnen und fähig werden, Wärme auszudrücken, während Mädchen ermutigt wurden, Gelegenheiten zum Lernen und Weiterkommen aktiv für sich zu nützen. Alle Eltern fanden es schwierig, die bestehenden geschlechtsspezifischen Lernmuster zu durchbrechen. Bei ihrem Versuch, die Kinder dazu zu überreden, mit „neutralem" Spielzeug zu spielen, waren die Eltern zwar einigermaßen erfolgreich, aber sogar das erwies sich als schwieriger als angenommen. Eine Mutter kommentierte das gegenüber der Wissenschaftlerin so:

> Die Spielwarengeschäfte sind voll mit Kriegsspielzeug für die Jungen und Haushaltsspielzeug für Mädchen; sie sind ein getreues Abbild der Gesellschaft. Die Sozialisation der Kinder richtet sich nach der Maxime, dass nichts dabei ist, wenn Jungen lernen, wie man tötet und verletzt; das ist schrecklich, es macht mich ganz krank. Ich mag gar nicht mehr in diese Geschäfte hineingehen. Es macht mich ganz zornig. (Statham 1986, S. 43)

Alle Kinder besaßen und spielten auch mit geschlechtsspezifischen Spielsachen, die sie von Verwandten bekommen hatten. Die Mutter eines fünfjährigen Jungen erzählte, wie ihr Sohn reagierte, als sie eine Geschichte mit umgekehrten Rollen vorlas:

> Er war ein wenig beunruhigt, als ich beim Vorlesen aus einem Buch, in dem ein Junge und ein Mädchen in sehr traditionellen Rollen vorkamen, diese einfach vertauschte. Als ich die Geschichte zum ersten Mal so vorlas, sagte er: „Du magst die Jungen nicht. Du magst nur die Mädchen." Ich musste ihm erklären, dass das nicht stimmte und dass Mädchen im Allgemeinen zu selten vorkommen. (Statham 1986, S. 67)

Offenkundig sind die geschlechtsspezifischen Sozialisationsmechanismen äußerst wirkungsvoll, und es kann beunruhigend sein, sie infrage zu stellen. Wurde einmal eine Geschlechterrolle „zugewiesen", dann erwartet die Gesellschaft von Individuen, dass sie sich wie „weibliche" und „männliche" Wesen benehmen. In den Praktiken des Alltagslebens werden diese Erwartungen erfüllt und reproduziert (Bourdieu 1993; Lorber 1999).

Die soziologische Debatte

Freuds Theorie der Geschlechtsentwicklung

Die vermutlich bedeutendste – und kontroversielle – Theorie über die Entwicklung der geschlechtlichen Identität stammt von Sigmund Freud (1856–1939). Freud sagte, dass das Erlernen der Geschlechtsunterschiede bei Säuglingen und Kleinkindern eng mit dem Vorhandensein oder dem Fehlen des Penis verknüpft ist. „Ich habe einen Penis" ist gleichbedeutend mit „Ich bin ein Junge", „Ich bin ein Mädchen" gleichbedeutend mit „Ich habe keinen Penis". Freud fügt sorgfältig hinzu, dass hier nicht nur die anatomischen Unterschiede zum Tragen kommen. Der Besitz bzw. der Nichtbesitz eines Penis symbolisiert Männlichkeit und Weiblichkeit.

Ungefähr im Alter von vier oder fünf Jahren, so die Theorie Freuds, fühlt sich der Junge von der Disziplin und der Autonomie, die sein Vater von ihm verlangt, bedroht. Er fantasiert, dass sein Vater ihm den Penis wegnehmen möchte. Teilweise bewusst, aber größtenteils unbewusst, erkennt der Junge den Vater als Rivalen um die Zuneigung seiner Mutter. Durch die Verdrängung erotischer Gefühle gegenüber der Mutter und die Akzeptanz der Überlegenheit des Vaters identifiziert sich der Junge mit dem Vater und wird sich seiner eigenen männlichen Identität bewusst. Er gibt die Liebe zu seiner Mutter auf, weil er unbewusst fürchtet, sein Vater würde ihn kastrieren. Andererseits leiden Mädchen angeblich unter „Penisneid", weil sie das sichtbare Organ nicht besitzen, das die Jungen unverwechselbar macht. Die Mutter wird in den Augen des kleinen Mädchens abgewertet, weil sie ebenfalls als „penislos" gesehen wird und nicht in der Lage ist, sich oder ihrer Tochter einen zu verschaffen. Wenn sich das Mädchen mit seiner Mutter identifiziert, übernimmt es im Zuge seiner Erkenntnis, nur die „Zweitbeste" zu sein, deren unterwürfige Haltung.

Wenn diese Phase vorbei ist, hat das Kind gelernt, seine erotischen Gefühle zu verdrängen. Der Zeitraum zwischen einem Alter von ca. fünf Jahren bis hin zur Pubertät ist laut Freud eine Latenzzeit – sexuelle Aktivitäten sind ausgesetzt, bis die biologischen Veränderungen in der Pubertät das erotische Begehren direkt reaktivieren. Die Latenzzeit, in die die frühen und mittleren Schuljahre fallen, ist eine Phase, in der die gleichgeschlechtlichen Peergruppen für das Kind eine sehr wichtige Rolle spielen.

Gegen Freuds Theorie wurden – insbesondere von einigen Feministinnen, aber auch von vielen anderen Autoren (Mitchell 1985; Coward 1984) – gravierende Einwände erhoben. Diese Kritik richtet sich gegen folgende Argumentationen: Erstens scheint er geschlechtliche Identität zu sehr mit genitalem Unbewusstsein gleichzusetzen; sicherlich spielen dabei jedoch auch andere, subtilere Faktoren eine Rolle. Zweitens scheint sich seine Theorie auf die Annahme zu stützen, dass der Penis der Vagina „von Natur aus" überlegen sei; die Vagina wird nur als fehlendes männliches Organ angesehen. Warum aber sollten nicht die weiblichen Genitalien als den männlichen überlegen angesehen werden? Drittens ist für Freud der Vater der primär Strafende, während in zahlreichen anderen Kulturen bei disziplinären Maßnahmen tatsächlich die Mutter die entscheidende Rolle spielt. Viertens glaubt Freud, dass das geschlechtliche Lernen in das Alter von vier bis fünf Jahren fällt. Die meisten späteren Autoren haben jedoch darauf hingewiesen, dass dieses Lernen bereits viel früher, im Säuglingsalter, einsetzt.

Chodorows Theorie der Geschlechtsentwicklung

Auch wenn sich viele Autoren bei ihrer Behandlung der Geschlechtsentwicklung auf Freuds Ansatz stützen, so haben sie diesen im Allgemeinen in wichtigen Punkten verändert. Ein Beispiel ist die Soziologin Nancy Chodorow (1985, 1989).

Chodorow argumentiert, dass der geschlechtliche Lernprozess eine sehr frühe Erfahrung ist, die sich von der Bindung des Kleinkindes an seine Eltern herleitet. Sie betont wesentlich stärker als Freud die Wichtigkeit der Mutter im Vergleich zum Vater. Kinder neigen dazu, sich emotional der Mutter mehr verbunden zu fühlen, weil diese in der frühen Kindheit zweifellos den wichtigsten Einfluss ausübt. Diese Bindung muss zu einem bestimmten Zeitpunkt gelöst werden, damit das Kind ein Bewusstsein seiner selbst entwickelt – vom Kind wird verlangt, sich von seiner Mutter abzulösen.

Chodorow argumentiert, dass dieser Ablösungsprozess bei Mädchen und Jungen verschieden vollzogen wird. Mädchen bleiben ihrer Mutter näher – sie können sie weiterhin umarmen, küssen und nachahmen. Weil es mit der Mutter nicht plötzlich brechen muss, hat das Mädchen und später die erwachsene Frau ein Gefühl persönlicher Identität, das mehr Kontinuität mit anderen zulässt. Ihre Identität geht eher in der anderer auf bzw. wird eher von ihr abhängig; zunächst in der der Mutter, später in der eines

Mannes. Laut Chodorow ergeben sich daraus bei Frauen Charakteristiken der Sensibilität und des emotionalen Mitgefühls.

Jungen erwerben ein Gefühl persönlicher Identität über eine radikalere Zerstörung ihrer ursprünglichen Nähe zur Mutter, und sie beziehen ihr Verständnis von Männlichkeit aus allem, was nicht weiblich ist. Sie müssen lernen, keine „Waschlappen" oder „Muttersöhnchen" zu sein. Jungen sind deshalb relativ ungeschickt, wenn sie näher mit anderen zu tun haben; sie entwickeln eine stärker analytisch geprägte Weltsicht. Ihre Einstellung zu ihrem Leben ist eine aktivere, sie legen Wert auf „Erfolg", haben aber ihre Fähigkeit verdrängt, ihre eigenen Gefühle und jene der anderen zu verstehen.

Bis zu einem gewissen Grad hat Chodorow hier Freuds Sichtweise umgekehrt. Das Männliche, nicht das Weibliche ist durch einen „Verlust" definiert, durch das Einbüßen einer kontinuierlichen, engen Verbundenheit mit der Mutter. Die männliche Identität wird durch Trennung gebildet: So spüren Männer später im Leben unbewusst, dass ihre Identität bedroht ist, wenn sie mit anderen emotionell eng verbunden sind. Bei Frauen bedroht die Abwesenheit einer engen Beziehung mit jemand anderem ihr Selbstwertgefühl. Diese Muster werden aufgrund der primären Rolle, die Frauen in der frühkindlichen Sozialisation spielen, von Generation zu Generation weitergegeben. Frauen definieren sich hauptsächlich über Beziehungen. Männer haben diese Bedürfnisse verdrängt und nehmen eine manipulativere Haltung zur Welt ein.

Auch Chodorows Arbeit wurde vielfach kritisiert. So hat beispielsweise Janet Sayers angemerkt, dass Chodorow nicht erklärt, warum Frauen – besonders in jüngster Zeit – um ihre Autonomie und Unabhängigkeit kämpfen (Sayers 1986). Sie zeigt auf, dass die psychologische Konstitution von Frauen (und Männern) vielfältiger und widersprüchlicher ist, als Chodorow es wahrhaben möchte. Das Weibliche kann aggressive oder dominante Gefühle verbergen, um sie dann nur indirekt oder in bestimmten Kontexten zum Ausdruck zu bringen (Brennan 1988). Chodorow wurde auch wegen ihres eng gefassten Konzeptes der Familie kritisiert, die sich auf ein der weißen Mittelschicht entnommenes Modell stützt. Was z.B. geschieht in Haushalten mit nur einem Elternteil oder in Familien, wo Kinder von mehr als einer erwachsenen Person betreut werden, wie dies bei den mexikanischen Einwanderern in den USA häufig vorkommt (Segura und Pierce 1993).

Diese Kritikpunkte können Chodorows Ideen dennoch nicht zu Fall bringen; es sind Ideen, die ihre Bedeutung beibehalten. Sie tragen viel zum Verständnis der Feminität bei und helfen uns, die Ursprünge dessen zu verstehen, was männliche Ausdrucksschwäche genannt wurde – die Schwierigkeit, die Männer haben, anderen ihre Gefühle offenzulegen.

Gilligans Theorie

Carol Gilligan (1996) hat Chodorows Analyse weiterentwickelt. Ihre Arbeit konzentriert sich auf das Bild, das erwachsene Frauen und Männer von sich und ihren Fertigkeiten haben. Gilligan stimmt mit Chodorow darin überein, dass Frauen sich über persönliche Beziehungen definieren und ihre Leistungen in Bezug auf ihre Fähigkeit beurteilen, für andere da zu sein. Der Platz der Frauen im Leben der Männer sei typischerweise jener der Betreuerin und Gehilfin. Aber die dabei eingesetzten Qualitäten werden von Männern, die in ihrer eigenen Betonung individueller Leistungen die einzige Form des „Erfolgs"sehen, häufig unterbewertet. Die Sorge der Frauen um Beziehungen wird anstatt als Stärke, die sie eigentlich ist, als Schwäche gedeutet.

Gilligan führte Tiefeninterviews mit etwa 200 amerikanischen Frauen und Männern unterschiedlichen Alters und unterschiedlicher sozialer Herkunft durch. Sie stellte den Interviewten Fragen über ihre moralischen Ansichten und ihre Vorstellungen vom Selbst, wobei sich konsistente Unterschiede zwischen Männern und Frauen ergaben. Auf die Frage, was es bedeute, dass jemand moralisch im Recht oder im Unrecht sei, antworteten Männer mit abstrakten Idealen wie Pflicht, Gerechtigkeit, individuelle Freiheit. Frauen hingegen brachten immer wieder das Thema des Helfens auf. So antwortete etwa eine Studentin:

> Das hat etwas mit Verantwortung und Pflichten und Wertvorstellungen zu tun, hauptsächlich Wertvorstellungen [...] In meiner Lebenssituation verbinde ich Moral mit zwischenmenschlichen Beziehungen, bei denen es um Respekt für den anderen und für mich selbst geht. *Warum Respekt für andere?* Weil sie ein Bewußtsein oder Gefühle haben, die verletzt werden können. (Gilligan 1996, S. 83)

Die Frauen waren in ihren Moralurteilen viel vorsichtiger als die Männer, und sahen mögliche Widersprüche zwischen der Verfolgung eines strikten Moralkodex und dem Vermeiden von Verletzungen anderer gegenüber. Gilligan meint, dass diese Perspektive die traditionelle Situation von Frauen widerspiegle im Gegensatz zu der nach außen gerichteten Sicht von Männern. Frauen haben sich in der Vergangenheit den Urteilen von Männern unterworfen, während sie sich darüber im Klaren waren, dass sie Fähigkeiten haben, die den meisten Männern fehlen. Ihr Selbstbild beruht darauf, erfolgreich die Bedürfnisse anderer zu erfüllen, statt stolz auf die eigenen Leistungen zu sein (Gilligan 1996).

Der Lebenszyklus

Die verschiedenen Übergänge, die das Individuum während seines Lebens durchläuft, scheinen auf den ersten Blick biologisch bedingt zu sein – von der Kindheit zum Erwachsenenalter und schließlich zum Tod. Die Dinge sind allerdings wesentlich komplizierter. Die Stadien des menschlichen Lebenslaufs sind sowohl sozialer als auch biologischer Natur. Sie werden von kulturellen Unterschieden und den materiellen Umständen beeinflusst, unter denen Menschen in bestimmten Typen von Gesellschaft leben. Im modernen Westen wird der Tod im Allgemeinen mit einem ho-

Lebenslauf

hen Lebensalter in Verbindung gebracht, da die meisten Menschen über eine Lebensspanne von 70 Jahren oder mehr verfügen. In traditionellen Gesellschaften allerdings gelang es nicht allzu vielen Menschen, ein hohes Alter zu erreichen; die Mehrheit starb schon in jüngeren Jahren.

Die Kindheit

Für die meisten von uns ist die Kindheit eine eindeutig abgegrenzte Phase des Lebens. „Kinder" unterscheiden sich deutlich von „Babys". Die Kindheit liegt zwischen dem Kleinkindalter und dem Eintreten der Adoleszenz. Doch wie so viele andere Aspekte unseres heutigen sozialen Lebens ist auch der Begriff der Kindheit erst während der letzten zwei oder drei Jahrhunderte entstanden. In traditionellen Gesellschaften gingen Jugendliche direkt aus einer längeren Periode des Kleinkindalters in Arbeitsrollen innerhalb der Gemeinschaft über. Der französische Historiker Philippe Ariès hat argumentiert, dass die „Kindheit" als eigene Phase der Entwicklung im Mittelalter nicht existierte (Ariès 1992). In den Gemälden des mittelalterlichen Europa wurden Kinder als „kleine Erwachsene" dargestellt, die ausgereifte Gesichter hatten und sich ebenso kleideten wie die Älteren. Kinder nahmen an denselben Arbeits- und Spielaktivitäten teil wie Erwachsene und hatten nicht die besonderen Spiele und Spielzeuge, die wir heute als selbstverständlich voraussetzen.

Bis zu Beginn des 20. Jahrhunderts wurden Kinder in den meisten westlichen Ländern in einem – wie es uns heute scheint – sehr frühen Alter zur Arbeit angehalten. Tatsächlich gibt es in der heutigen Welt sehr viele Länder, wo Kinder, oft unter körperlich anstrengenden Umständen (z.B. in Kohlengruben), Ganztagsarbeit leisten müssen. Die Idee, dass Kinder spezifische Rechte haben, und die Vorstellung, dass Kinderarbeit moralisch verwerflich ist, sind ziemlich neue Entwicklungen.

Mehr zum Thema Kinderarbeit findet sich in Kapitel 20 – Globale Ungleichheit.

Aufgrund der langen Periode der „Kindheit", an die wir uns heute gewöhnt haben, sind moderne Gesellschaften in mancher Hinsicht eher „kinderzentriert" als vormoderne. Sowohl die Elternschaft als auch die Kindheit sind heute deutlicher von anderen Stadien unterschieden, als dies in vormodernen Gemeinschaften der Fall war. Es muss betont werden, dass eine kinderzentrierte Gesellschaft nicht derart beschaffen ist, dass alle Kinder von ihren Eltern oder anderen Erwachsenen geliebt und umsorgt werden. Die körperliche und sexuelle Gewalt Kindern gegenüber ist ein weitverbreitetes Merkmal des Familienlebens in der heutigen Gesellschaft – obwohl das volle Ausmaß dieses Missbrauchs erst vor Kurzem bewusst wurde.

Es könnte möglich sein, dass als Ergebnis der Wandlungsprozesse, die derzeit in modernen Gesellschaften ablaufen, die „Kindheit" als eigenständiger Status wieder unterminiert wird. Einige Beobachter haben gemeint, dass Kinder heute „so schnell aufwachsen", dass der Sondercharakter der Kindheit sich wieder aufzulösen beginnt (Polakow 1992; Winn 1991). Sogar ziemlich kleine Kinder sehen heute z.B. dieselben Fernsehprogramme wie Erwachsene und werden dadurch schon im frühen Alter wesentlich vertrauter mit der „Erwachsenenwelt", als dies früheren Generationen möglich war.

Die Jugend

Obwohl uns die Idee des Teenagers sehr geläufig ist, existiert sie erst seit Kurzem. Die in Zusammenhang mit der Pubertät (definiert als Zeitraum, in dem eine Person fähig wird, erwachsene sexuelle Aktivitäten auszuüben und sich fortzupflanzen) auftretenden biologischen Veränderungen sind universell. Doch lösen sie in vielen Kulturen nicht dasselbe Ausmaß von Aufregung und Unsicherheit aus, das man häufig unter jungen Leuten in modernen Gesellschaften findet. Gibt es z.B. ein Altersrang-System, verknüpft mit besonderen Riten, die den Übergang von der Jugend ins Erwachsenenalter signalisieren, dann scheint der Prozess der psychosexuellen Entwicklung im Allgemeinen reibungsfreier abzulaufen. Jugendliche in traditionellen Gesellschaften müssen sich weniger „abtrainieren" als Jugendliche in modernen Gesellschaften, da das Tempo des Wandels geringer ist. Es gibt einen Zeitpunkt, wo von unseren Kindern verlangt wird, dass sie aufhören, Kinder zu sein: dass sie ihr Spielzeug weglegen und ihre kindlichen Betätigungen aufgeben. In traditionellen Kulturen, wo Kinder bereits Seite an Seite mit Erwachsenen arbeiten, ist dieser Prozess des „Abtrainierens" normalerweise wesentlich weniger aufwendig. Die Besonderheiten der Rolle des Teenagers in der heutigen Zeit haben sowohl mit der allgemeinen Ausweitung der Rechte von Kindern als auch mit dem Prozess der formalen Erziehung zu tun. Teenager versuchen häufig, Erwachsene nachzuahmen, doch von Gesetzes wegen werden sie teils als Kinder behandelt, teils den Erwachsenen gleichgestellt (z.B. dürfen in Österreich 16-Jährige an Wahlen teilnehmen). Die Jugendlichen mögen den Wunsch haben, arbeiten zu gehen, doch sie werden gezwungen, in der Schule zu bleiben. Teenager befinden sich zwischen der Kindheit und dem Erwachsenenalter, und sie wachsen in einer Gesellschaft auf, die beständigem Wandel unterworfen ist.

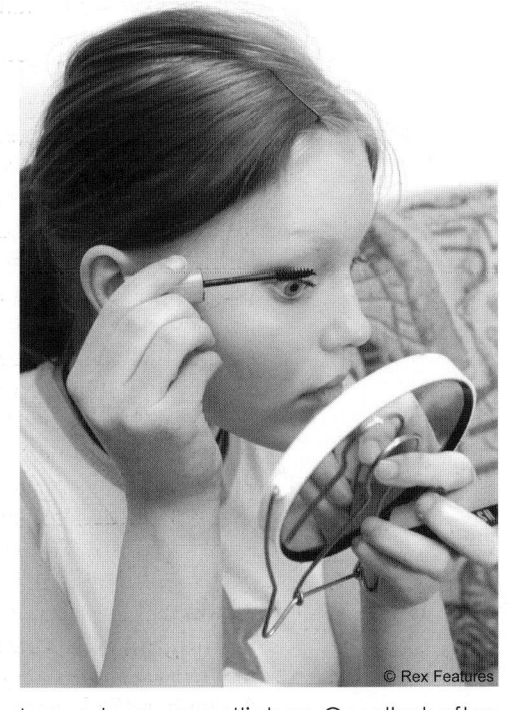

© Rex Features

In modernen westlichen Gesellschaften schwanken junge Teenager zwischen Kindheit und Erwachsensein.

Der junge Erwachsene

Das junge Erwachsenenalter scheint in modernen Gesellschaften zunehmend ein spezifisches Stadium der persönlichen und sexuellen Entwicklung zu werden. Vor allem, doch nicht ausschließlich, bei den wohlhabenden Gruppen nehmen Leute in den frühen Zwanzigern eine „Auszeit", um zu reisen und sexuelle, politische und religiöse Bindungen zu erkunden. Angesichts der langen Ausbildungsphase, der heute viele unterworfen sind, wird die Bedeutung dieses „Moratoriums" vermutlich zunehmen.

Der reife Erwachsene

Die meisten jungen Erwachsenen in der westlichen Welt können heute einem Leben entgegenblicken, das sich bis ins hohe Alter erstreckt. In vormodernen Zeiten konnten nur wenige mit einer derartigen Zukunft rechnen. Der Tod durch Krankheit, Seuchen oder Verletzungen war bei allen Altersgruppen wesentlich häufiger, als er es heute ist, und vor allem Frauen waren aufgrund der hohen Sterblichkeitsrate im Kindbett besonders gefährdet.

Andererseits waren einige der Belastungen, denen wir heute unterliegen, in früheren Zeiten weniger ausgeprägt. Die Leute hatten im Allgemeinen engere Beziehungen zu ihren Eltern und anderen Verwandten, als das bei den heutigen mobilen Populationen der Fall ist, und sie verrichteten mehr oder weniger dieselbe Arbeit wie ihre Vorfahren. Heutzutage bestehen gravierende Unsicherheiten, mit denen man sich in der Ehe, im Familienleben und in anderen sozialen Kontexten auseinandersetzen muss. Wir müssen unser eigenes Leben in höherem Ausmaß gestalten, als dies in der Vergangenheit erforderlich war. Das Schaffen sexueller und ehelicher Bindungen z.B. hängt heute mehr von der individuellen Initiative und Auswahl ab als von den Entscheidungen der Eltern. Dies bedeutet mehr Freiheit für das Individuum, doch die damit verknüpfte Verantwortung kann auch Belastungen und Schwierigkeiten hervorbringen.

Im mittleren Alter „nach vorne zu blicken", hat für uns heute eine besondere Bedeutung. Die meisten Leute erwarten nicht, „ihr ganzes Leben lang dasselbe zu tun" – wie es für die Mehrheit der Bevölkerung in vormodernen Kulturen üblicherweise der Fall war. Männer oder Frauen, die ihr Leben in einer bestimmten Berufskarriere verbracht haben, können entdecken, dass die Position, die sie in ihren mittleren Jahren erreicht haben, wenig zufriedenstellend ist und dass weitere Entwicklungsmöglichkeiten blockiert sind. Frauen, die ihr frühes Erwachsenenalter damit verbracht haben, Kinder großzuziehen, und deren Kinder nun das Heim verlassen haben, können ein Gefühl der sozialen Wertlosigkeit entwickeln. Das Phänomen der „Midlife-Crisis" stellt für viele Leute mittleren Alters ein sehr reales Problem dar. Man mag das Gefühl haben, dass man die Gelegenheiten, die das Leben zu bieten hatte, vergeudet hat oder dass man Ziele, die einem seit den Tagen der Kindheit von großer Bedeutung waren, niemals erreichen wird. Doch die hier auftretenden Übergänge müssen nicht unbedingt zur Resignation oder zur nackten Verzweiflung führen; eine Ablösung von den Träumen der Kindheit kann befreiend wirken.

Das Alter

In traditionellen Gesellschaften wurde älteren Leuten normalerweise mit großer Hochachtung begegnet. Die „Alten" hatten im Allgemeinen eine wichtige – und oft die ausschlaggebende – Stimme bei der Entscheidung über Dinge, die für die ganze Gemeinschaft von Bedeutung waren. Innerhalb von Familien nahm die Autorität von sowohl Männern als auch Frauen mit steigendem Alter häufig zu.

Im Gegensatz dazu haben ältere Personen in industrialisierten Gesellschaften häufig wenig Autorität innerhalb der Familie oder auch der größeren sozialen Gemeinschaft. Nachdem sie sich aus der Arbeitswelt zurückgezogen haben, kann es sein, dass sie ärmer sind als jemals zuvor in ihrem Leben. Gleichzeitig ist der Anteil der Mitglieder der Bevölkerung, die über 65 Jahre alt sind, deutlich gestiegen. Im Jahre 1900 war in Deutschland nur etwa einer von 20 über 65 Jahre alt; dieses Verhältnis beträgt heute eins zu fünf.

Der Übergang in die Altersstufe der Älteren bedeutete in einer vormodernen Kultur häufig, dass der höchste Status erreicht war, der einem Individuum offenstand. In unserer Gesellschaft hat die Pensionierung im Allgemeinen die genau entgegengesetzten Konsequenzen. Da sie nicht mehr mit ihren Kindern leben und aus der ökonomischen Arena ausgeschieden sind, ist es für ältere Leute nicht leicht, die letzte Periode ihres Lebens lebenswert zu finden. Man glaubte bislang, dass jene, die das Alter erfolgreich bewältigen, dies dadurch zustande bringen, dass sie sich auf ihre inneren Ressourcen konzentrieren und sich weniger für die äußeren Belohnungen interessieren, die das soziale Leben zu bieten hat. Während dies zweifellos häufig zutreffen mag, scheint es wahrscheinlich, dass in einer Gesellschaft, in der viele Leute im Alter körperlich gesund sind, eine „nach außen gerichtete" Auffassung mehr und mehr in den Vordergrund tritt. Die aus der Arbeitswelt Ausgeschiedenen könnten vielleicht im „dritten Alter" (nach der Kindheit und dem Erwachsenenalter), wie es genannt wurde, Erneuerung finden; beispielsweise eine neue Bildungsphase beginnen. Weiter unten werden die soziologischen Aspekte des Alterns näher beleuchtet.

Altern

Fauja Singh ist im Jahr 2000 seinen ersten London-Marathon gelaufen – damals war er 89 Jahre alt. Er brauchte 6 Stunden und 54 Minuten. Er war 54 Jahre vorher das letzte Mal ernsthaft gelaufen. Als er beim Marathon 2001 fast dieselbe Zeit gelaufen ist, schlug er damit den Weltrekord der über Neunzigjährigen um fast eine Stunde. Im Jahr 2002 hatte er seine Zeit auf 6 Stunden und 45 Minuten heruntergedrückt. In diesem Jahr gab es 407 Läufer, die länger für den London-Marathon brauchten als Singh – und viele von ihnen waren in ihren Dreißigern. In diesem Alter war Singh in seinem Heimatland Indien Querfeldeinrennen gelaufen. Als Indien 1947

Altern

Fauja Singh lief im Alter von über 90 Jahren Marathon.

unabhängig wurde, musste Singh seine Prioritäten neu ordnen und so hängte er die Laufschuhe im Alter von 36 Jahren an den Nagel. Im fortgeschrittenen Alter lebt Singh in Ilford im Osten Londons, ist verwitwet, hat vier Kinder, 13 Enkelkinder und fünf Urenkel, die über die Kontinente verstreut leben. Da begann er nach neuen Herausforderungen zu suchen und fügte seinen täglichen Spaziergängen Laufphasen an. Bald hatten seine Beine die verlorene Kraft wiedergewonnen. Dann sah Singh eine Fernsehsendung über den Marathon und war sofort Feuer und Flamme. In der Zwischenzeit ist er bei Marathonläufen auf der ganzen Welt mitgelaufen und hat Tausende von Pfund an Spendengeldern lukriert (Askwith 2003).

Vor allem in den wohlhabenderen Ländern leben die Menschen heute länger und gesünder denn je. Im Jahr 1952, als Queen Elizabeth II. den Thron bestieg, sandte sie 273 Geburtstagstelegramme an Hundertjährige, heute sind es über 3.000 pro Jahr. Alt werden kann eine erfüllende und lohnende Erfahrung sein, wie etwa für die eben beschriebenen Menschen; Altern kann aber auch voller körperlicher Schmerzen und sozialer Isolation sein. Die meisten Älteren erfahren ihr Alter zwischen diesen zwei Extremen.

Im Folgenden werden wir untersuchen, was es heißt, in einer Welt des raschen Wandels zu altern. Wir beginnen mit einer kurzen Übersicht über die alternde europäische Bevölkerung, bevor wir biologische, psychologische und soziale Aspekte des Alterns betrachten. Danach sehen wir uns an, wie sich Menschen an das Alter anpassen – zumindest aus Sicht der Soziologen. Das führt uns zu einer Diskussion des Alterns in Europa mit Bezug auf einige der besonderen Herausforderungen und Probleme, mit denen ältere Menschen konfrontiert sind. Wir diskutieren auch politische Fragestellungen rund um das Thema des Alterns in Europa, die wegen der steigenden Zahl der Alten von zunehmender Brisanz sind. Zum Abschluss diskutieren wir das Ergrauen der Weltbevölkerung.

Das Ergrauen der europäischen Bevölkerung

Weltweit ist ein Altern der Gesellschaften zu beobachten. Ein wachsender Teil der Weltbevölkerung erlebt sein 7. und 8. Lebensjahrzehnt und darüber hinaus; diese Prozesse werden sich aller Wahrscheinlichkeit nach im 21. Jahrhundert fortsetzen (Lloyd-Sherlock 2004). In allen europäischen Ländern zeigt sich dieser Trend gleichermaßen, egal, ob es sich um Nord- oder Südeuropa, die Länder Osteuropas oder Deutschland, Österreich und

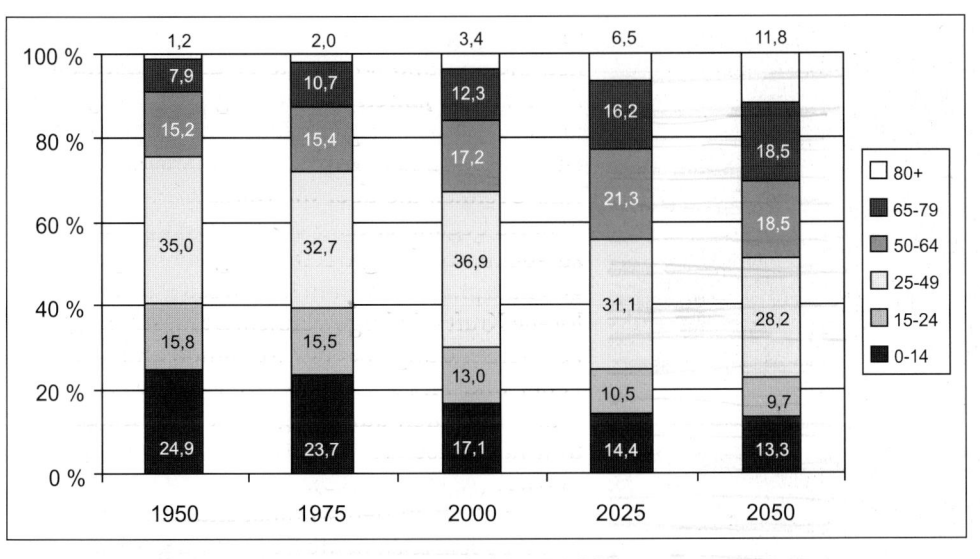

Abb. 4.1: Entwicklung der Bevölkerungsstruktur EU-25
Quelle: Eurostat (2006), S. 9, Diagramm 2.

die Schweiz handelt (s. Abb. 4.1). Laut Volkszählung waren 1869 ca. 8,5 Prozent der österreichischen Bevölkerung über 60 Jahre alt, bis 1910 stieg dieser Anteil nur leicht auf 9,4 Prozent an, um sich dann im Lauf der nächsten 100 Jahre zu verdoppeln (Statistik Austria 2006, S. 311). Diese Veränderungen sind durch mehrere Faktoren bedingt. Die Modernisierung der Landwirtschaft, Verbesserung der Hygiene, die Eindämmung von Seuchen und Infektionskrankheiten und die verbesserte Gesundheitsversorgung haben zu einem Rückgang der Sterblichkeit in der ganzen Welt geführt. In den meisten Gesellschaften sterben heute weniger Kinder im ersten Lebensjahr und mehr Erwachsene erleben ein hohes Alter.

Betrachtet man den demografischen Wandel, kann von einem „Ergrauen" der Bevölkerung gesprochen werden (Peterson 1999). Dieses Ergrauen ist die Auswirkung zweier langfristiger Trends in Industriegesellschaften: die sinkende Geburtenzahl und die steigende Lebenserwartung (s. Abb. 4.1). Die durchschnittliche Lebenserwartung eines männlichen Kindes bei der Geburt lag in Österreich 1868 bis 1871 bei nur 32,69 Jahren, heute beträgt sie mehr als doppelt so viel: 76,65 Jahre. Für Frauen stieg sie im selben Zeitraum von 36,20 Jahren auf 82,24 Jahre (Statistik Austria 2006, S. 227). Viele dieser Zuwächse vollzogen sich in der ersten Hälfte des 20. Jahrhunderts und ergaben sich hauptsächlich aus den gestiegenen Überlebenschancen der Säuglinge und Kinder. Als die Erste Republik gegründet wurde, lag die Säuglingssterblichkeit in Österreich bei 156,6 von 1.000 Lebendgeborenen, im Jahr 2005 betrug sie 4,2 von 1.000 Lebendgeborenen (Statistik Austria 2006, S. 217).

„Unter den gegenwärtigen Sterblichkeitsverhältnissen kann ein 60-jähriger Mann damit rechnen, durchschnittlich 80,8 Jahre alt zu werden, eine 60-jährige Frau 84,7 Jahre" (Statistik Austria 2006, S. 31). Das hat enorme

„Ergrauen"

163

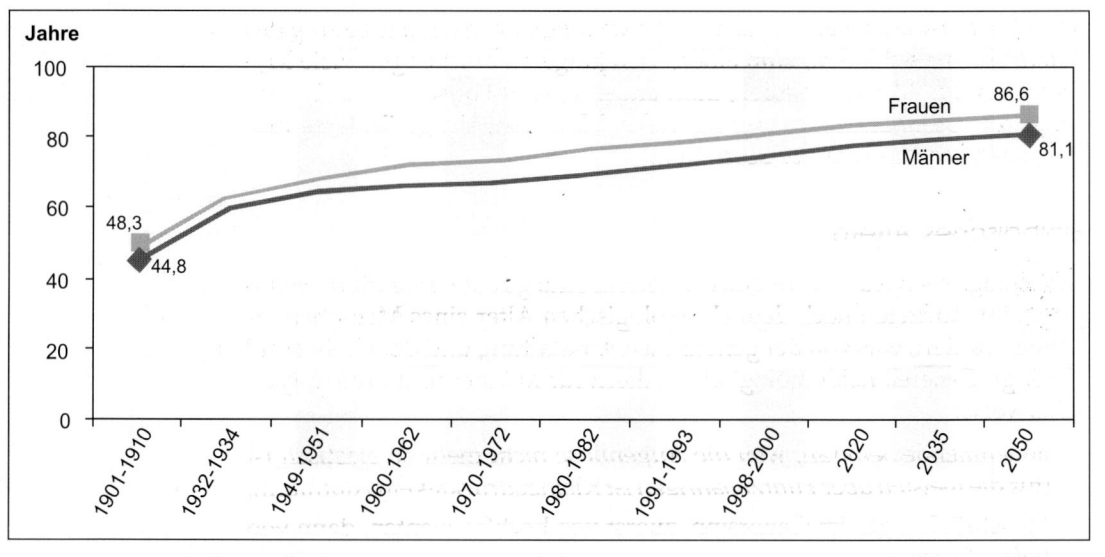

Abb. 4.2: Entwicklung der Lebenserwartung bei Geburt in Deutschland 1901–2050
Die Werte im Diagramm zwischen 1901–2000 sind Durchschnitte der Periode.
Quelle: Statistisches Bundesamt (2003a), S. 17, Grafik 2.2.

Auswirkungen auf die Zukunft der Gesellschaft. (Abbildung 4.2 zeigt die sehr ähnlichen Werte für Deutschland.)

Wie Menschen altern

Sozialgerontologie Bei der Untersuchung der Frage, wie Menschen altern, greifen wir auf Forschungen der Sozialgerontologie zurück, die sich mit den sozialen Aspekten des Alterns befasst. Das Altern zu untersuchen, ist ein wenig wie die Erforschung eines sich bewegenden Ziels. Während die Menschen altern, verändert sich auch die Gesellschaft und damit die Bedeutung des Begriffes „alt" (Riley u.a. 1988). Für die meisten Europäer, die im ersten Viertel des 20. Jahrhunderts geboren wurden, reichte eine sekundäre Schulbildung als Qualifikation für die meisten Arbeiten aus, und die meisten Menschen hätten nie erwartet, viel älter als 50, 60 Jahre alt zu werden. Heute sind die gleichen Leute in ihren Siebzigern und Achtzigern; viele von ihnen sind relativ gesund, nicht gewillt, sich aus dem Sozialleben zurückzuziehen, und sie brauchen heute mehr Bildung als sie sich jemals erträumt hätten.

Was heißt es, zu altern? Altern kann soziologisch als Kombination von biologischen, psychologischen und sozialen Prozessen definiert werden (Abeles und Riley 1987; Atchley 2000).

Das legt die Metapher dreier verschiedener, aber untereinander in Beziehung stehender Uhren nahe: (1) eine biologische Uhr, die sich auf den Körper bezieht; (2) eine psychologische , die sich auf den Geist und geistige Fähigkeiten bezieht; und (3) eine soziale Uhr, die sich auf die kulturellen Normen und Werte und altersbezogene Rollenerwartungen bezieht. In allen drei Prozessen gibt es eine enorme Schwankungsbreite, wie wir weiter unten ausführen werden. Unsere Vorstellungen von der Bedeutung des Alters ändern sich rasch, zum einen, weil jüngere Forschungen viele Mythen über das Altern zerstören, zum anderen, weil Fortschritte in Ernährung und Gesundheitsversorgung vielen Menschen ein gesünderes und längeres Leben als je zuvor bescheren.

Biologisches Altern

Die biologischen Auswirkungen des Alterns sind gut dokumentiert, wenngleich ihr Auftreten nach dem chronologischen Alter eines Menschen erheblich variiert, was von der genetischen Ausstattung und dem Lebensstil abhängt. Generell heißt biologisches Altern für Männer und Frauen typischerweise:

- abnehmende Sehkraft, weil die Augenlinse nicht mehr so elastisch ist (für die meisten über Fünfzigjährigen ist Kleingedrucktes ein Albtraum),
- Einschränkungen im Gehörsinn, zuerst von hochfrequenten, dann von tiefen Tönen,
- Falten, weil die Haut trockener wird (Zigmillionen Euro, die in Hautcremen und immer häufiger auch in Schönheitsoperationen investiert werden, können das Unvermeidliche bestenfalls verzögern),
- Abnahme der Muskelmasse und gleichzeitige Zunahme von Fetteinlagerungen, vor allem rund um die Taille (die Essgewohnheiten der Jugend, die durch körperliche Betätigung ausgeglichen worden waren, holen einen ein, wenn man 50 ist) und
- Einschränkung der kardiovaskulären Effizienz, da bei körperlicher Betätigung weniger Sauerstoff eingeatmet und genutzt werden kann (Läufer, die mit 30 Jahren noch 800 m in 3 min gelaufen sind, sind froh, wenn sie dieselbe Strecke mit 60 Jahren noch in 4 min schaffen).

Der normale Alterungsprozess kann nicht abgewendet werden, aber er lässt sich zum Teil kompensieren durch gute Gesundheit, gesundes Essen und ein vernünftiges Maß an Sport (John 1988). Der Lebensstil kann bei Menschen unterschiedlichen Alters einen enormen Unterschied ausmachen. Die körperlichen Veränderungen schränken die meisten Menschen in ihrem aktiven Leben bis zum 80. Lebensjahr kaum ein. Einige Wissenschaftler meinen auch, dass ein angemessener Lebensstil und Fortschritte der Medizin immer mehr Menschen weitgehend gesund ihr biologisches Maximalalter erreichen lassen werden, bis sie nach einer kurzen Periode der Krankheit dann sterben (Fries 1984). Wie lange unsere genetisch programmierte Lebensdauer ist und ob es überhaupt eine genetisch bestimmte Lebensdauer gibt, ist wissenschaftlich umstritten (Kirkwood 2002). Zwischen 90 und 100 Jahren scheint das biologische Höchstalter zu sein, obwohl einige behaupten, dass es bei 120 Jahren liegen würde (Fries 1984; Rusting 1992; Treas 1995; Atchley 2000). Als die bisher älteste Frau der Welt – die Französin Jeanne Calment 1997 verstarb, war sie 122 Jahre alt. Sie ist bis zum Alter von 100 Jahren Rad gefahren und hat als Kind Vincent van Gogh getroffen. Andere Menschen behaupteten, sogar älter zu sein, doch ihre Angaben konnten nicht verifiziert werden.

Obwohl die meisten älteren Menschen in Europa nicht unter körperlichen Einschränkungen leiden und physisch aktiv sind, bestehen nach wie vor Vorurteile von schwachen und gebrechlichen Greisen (Heise 1987). Diese Vorurteile haben in den westlichen Gesellschaften, die geprägt von Jugendkult und der Angst vor Alter und Tod sind, mehr mit der sozialen Bedeutung des Alterns zu tun als mit der biologischen.

Psychologisches Altern

Die psychologischen Auswirkungen des Alters sind etwas weniger gut dokumentiert als die körperlichen, obwohl die Forschung zur Psychologie des Alterns rasch wächst. Wenngleich man allgemein annimmt, dass das Gedächtnis, die Intelligenz, Lernfähigkeit und Lernmotivation mit dem Alter abnehmen, deutet die alterspsychologische Forschung auf einen wesentlich komplizierteren Vorgang hin (Birren und Schaie 2001).

Gedächtnis und Lernfähigkeit etwa nehmen bei den meisten Menschen erst sehr spät im Leben signifikant ab, obwohl sich die Geschwindigkeit, mit der sich jemand an Informationen erinnert oder sie verarbeitet, etwas verringern kann, was dann den falschen Eindruck der geistigen Einschränkung vermittelt. Für die meisten älteren Menschen, deren Leben anregend und reichhaltig ist, nehmen geistige Fähigkeiten wie Lernmotivation, Gedankenschärfe, und Problemlösungskapazität bis ins hohe Alter nicht signifikant ab (Baltes und Schaie 1974; Schaie 1979; Atchley 2000).

Die gegenwärtige Forschung hat sich auf den Zusammenhang zwischen Gedächtnisverlust und Variablen wie Gesundheitszustand, Persönlichkeit und soziale Strukturen konzentriert. Psychologen argumentieren, dass intellektueller Verfall nicht notwendigerweise irreversibel ist, und arbeiten an Möglichkeiten, für gefährdete Ältere medizinische Behandlungen zu entwickeln, die länger ein höheres Niveau intellektueller Funktion erlauben sollen (Birren und Schaie 2001).

Sogar die Alzheimer-Krankheit (der fortschreitende Abbau von Gehirnzellen und damit einer der Hauptgründe für Altersdemenz) ist unter jüngeren Alten (bis 75 Jahre), die nicht in Heimen leben, relativ selten, wenngleich sie bis zu 50 Prozent aller über 85-Jährigen beeinträchtigen kann. Die umstrittene Stammzellenforschung der letzten Jahre hat die Hoffnungen genährt, dass man Alzheimer einmal heilen wird können. Der frühere US-Präsident Ronald Reagan, der 2004 verstarb, ist vermutlich der berühmteste Fall von Alzheimer in der jüngeren Geschichte. Seine Witwe Nancy hat die Stammzellenforschung öffentlich unterstützt.

Soziales Altern

soziales Alter Soziales Alter besteht aus Normen, Werten und Rollen, die mit einem bestimmten chronologischen Alter assoziiert werden. Vorstellungen vom sozialen Alter unterscheiden sich je nach Gesellschaft und verändern sich zumindest in den modernen Industriegesellschaften auch über die Zeit hinweg. Gesellschaften wie Japan oder China haben traditionell ihre Alten verehrt und sahen in ihnen eine Quelle der Weisheit und des historischen Wissens. Europäische Gesellschaften verunglimpfen Alte als unproduktive und abhängige Menschen, die nicht mit der Zeit gehen, weil sie mit den Hightechfähigkeiten der Jungen nicht mithalten können und weil in diesen Gesellschaften ein Jugendkult gepflegt wird.

Rollenerwartungen sind äußerst wichtig für die Identität jedes Einzelnen. Einige der Rollen, die in Europa mit dem Alter in Verbindung gebracht werden, sind allgemein positiv, wie „alter Herr", „Berater", „Großmutter oder -vater", „religiöser Gemeindeältester". Andere Rollen sind abwertend, verringern das Selbstbewusstsein und führen zu Isolation. Es gibt auch extrem stigmatisierende stereotype Rollen für Ältere in der europäischen Kultur; denken Sie an Phrasen wie „alt

© New Yorker Catoonbank.com

„Wir sehen nur selten fern. Den größten Teil unserer Freizeit verbringen wir mit Sex."

und griesgrämig", „alt und vertrottelt", „alt und langweilig" (Kirkwood 2002). Tatsächlich lassen sich alte Menschen – wie Menschen generell – nicht nur passiv soziale Rollen zuweisen, sondern spielen durchaus eine aktive Rolle bei ihrer Gestaltung und Umdefinierung (Riley u.a. 1988). Wir werden die Diskriminierung älterer Menschen noch weiter unten diskutieren.

Älterwerden: Konkurrierende soziologische Erklärungen

Sozialgerontologen bieten eine Reihe unterschiedlicher Theorien über das Altern an. Einige der frühesten Theorien betonten die Anpassung des Einzelnen an sich verändernde Rollen im Zuge des Alterungsprozesses. Spätere Theorien befassen sich mit der Art, wie soziale Strukturen das Leben der älteren Menschen beeinflussen, und mit dem Konzept des Lebenslaufes. Die jüngsten Theorien sind vielfältiger und zeigen, wie ältere Menschen aktiv ihr Leben innerhalb spezifischer institutioneller Umfelder gestalten.

Die erste Generation der Theorien: Der Funktionalismus

Die frühesten Theorien der Alter(n)ssoziologie spiegelten die dominante funktionalistische Strömung der Soziologie in den 1950er und 1960er Jahren wider. Sie betonten, wie das Individuum im Älterwerden sich an die veränderten Rollenanforderungen anpasste und wie nützlich diese Rollen für die Gesellschaft waren. Die frühesten Theorien nahmen oft an, dass Altern mit körperlichem und geistigem Verfall einhergehe und dass die veränderten Rollenanforderungen dies in Betracht ziehen müssten (Hendricks 1992).

Der amerikanische Soziologe Talcott Parsons – einer der einflussreichsten funktionalistischen Theoretiker in den 1950er Jahren – argumentierte, dass die Gesellschaft eigene Rollen für Alte finden müsse, die ihrem fortgeschrittenen Alter entsprächen. Er drückte die Sorge aus, dass insbesondere die USA mit ihrer besonderen Betonung der Jugend und ihrer Vermeidung des Themas Tod es versäumt hätten, Rollen für Ältere bereitzuhalten, die ihrer potenziellen Weisheit und Reife angemessen waren. Darüber hinaus meinte er, dass dieses Versäumnis angesichts des Ergrauens der Gesellschaft, das bereits zu Parsons' Zeiten auftrat, zur Entfremdung und Entmutigung der Alten in der Gesellschaft führen könnte. Um zu einer gesunden Reife zu kommen, so Parsons (1960), müssten Ältere sich psychologisch an die veränderten Bedingungen anpassen, während gleichzeitig die Gesellschaft die sozialen Rollen für Ältere umdefinieren müsse. Alte Rollen wie Erwerbsarbeit müssten abgegeben werden, neue Formen produktiver Tätigkeiten wie Freiwilligenarbeit müssten erkannt werden.

Disengagement-Theorie Parsons' Ideen antizipierten die sogenannte Disengagement-Theorie, die davon ausging, dass es funktional für die Gesellschaft sei, wenn alte Menschen aus ihren angestammten Rollen ausscheiden, damit diese frei würden für nachrückende Generationen (Cumming und Henry 1961; Estes u.a. 1992). Nach dieser Theorie ist es angesichts der zunehmenden Gebrechlichkeit und Abhängigkeit der Älteren dysfunktional, soziale Rollen weiter zu bekleiden, die sie nicht mehr länger angemessen ausfüllen können. Ältere Menschen sollten sich daher aus der Erwerbsarbeit, dem Gesellschaftsleben und schließlich auch von anderen Tätigkeiten zurückziehen. Rückzug (*Disengagement*) wird als funktional für die Gesamtgesellschaft gesehen, weil so Rollen, die zuvor von älteren Menschen eingenommen worden waren, frei werden für jüngere, die mit frischer Kraft und neuen Fähigkeiten an sie herangehen können. Rückzug wird auch als funktional für die älteren Menschen betrachtet, weil er ihnen ermöglicht, weniger herausfordernde Rollen anzunehmen, die ihrem fortschreitenden Alter und dem verschlechterten Gesundheitszustand besser entsprechen. Eine Reihe von Studien über ältere Menschen berichtet auch, dass die große Mehrheit die Rente positiv empfindet, da sie ihre Stimmung und ihre Zufriedenheit verbessert habe (Palmore 1985; Howard u.a. 1986).

Wenngleich eine gewisse Wahrheit in der Disengagement-Theorie liegt, übernimmt der Gedanke, dass sich Ältere vollständig aus der Gesellschaft zurückziehen sollen, doch das vorherrschende Stereotyp, dass Alter notwendigerweise gleichbedeutend mit Gebrechlichkeit und Abhängigkeit ist. Kritiker der funktionalistischen Theorien entgegnen, dass diese Theorien die Notwendigkeit betonen, dass sich alte Menschen an veränderte Umstände anzupassen haben, aber nicht hinterfragen, ob diese Umstände auch gerecht sind. Daraus entstand ein neuer Theoriestrang, der sich aus der sozialen Konflikttheorie entwickelte (Hendricks 1992).

Die zweite Generation der Theorien: Altersschichtungstheorie und Theorie des Lebenslaufs

Ab Mitte der 1970er Jahre wurde eine neue Theorierichtung in der Gerontologie eingeführt (Estes u.a. 2003). Zwei der wichtigsten Beiträge befassten sich mit der *Altersschichtungstheorie* und mit dem Modell des *Lebenslaufs*. Die Altersschichtungstheorie betrachtet die Rolle und den Einfluss sozialer Strukturen wie der Verrentung und Pensionierung auf den individuellen Alterungsprozess und die Schichtung älterer Menschen in der Gesellschaft. Ein bedeutender Aspekt der Altersschichtungstheorie ist das Konzept des strukturellen Nachhinkens (Riley u.a. 1994), das eine Erklärung dafür bietet, wie Strukturen mit den Veränderungen in der Bevölkerung und dem Leben des Einzelnen außer Tritt geraten. So wurde etwa in den meisten europäischen Ländern nach dem Zweiten Weltkrieg ein Rentenalter von 65 Jahren festgesetzt, als die Lebensqualität und die Lebenserwartung bedeutend niedriger waren als heutzutage (siehe auch Abb. 4.2.)

Ähnlich wie der Altersschichtungsansatz, ging auch das Lebenslaufkonzept darüber hinaus, Altern als einen individuellen Anpassungsprozess zu betrachten. Diese Betrachtungsweise sieht das Alter als eine Phase im Lebenszyklus, die geprägt ist von historischen, sozialen, wirtschaftlichen Faktoren, die früher im Leben aufgetreten sind. Daher wird nach dem Lebenslaufkonzept Altern als ein Prozess aufgefasst, der von der Geburt bis zum Tod reicht, womit es sich von Theorien abgrenzt, die die Älteren als eine gesonderte Gruppe betrachten.

Die dritte Generation der Theorien: Politische Ökonomie des Alterns

Einer der wichtigsten Theoriestränge in der Alternswissenschaft der letzten Jahre war die *Perspektive der Politischen Ökonomie*, die von Caroll Estes vorbereitet wurde. Die Theorie der Politischen Ökonomie des Alters erklärt die Rolle des Staates und des Kapitalismus bei der Errichtung eines Systems der Beherrschung und Ausgrenzung (Marginalisierung) alter Menschen.

Die Theorie der Politischen Ökonomie des Alters richtet die Aufmerksamkeit auf die Rolle ökonomischer und politischer Systeme bei der Gestaltung und Aufrechterhaltung bestehender Machtverhältnisse und sozialer Ungleichheit. Politische Maßnahmen für ältere Menschen spiegelt die Schichtung der Gesellschaft nach Geschlecht, Rasse bzw. Ethnizität und Klasse wider. Daher ist Altern und Alter direkt verbunden mit der Gesamtgesellschaft und kann nicht isoliert von anderen sozialen Kräften betrachtet werden (Minkler und Estes 1991; Estes u.a. 2003).

Aspekte des Alterns in Europa

Obwohl Altern ein Prozess ist, der neue Möglichkeiten eröffnet, wird er auch begleitet von einer Reihe ungewöhnlicher Herausforderungen. Alternde Menschen sind konfrontiert mit einer Kombination körperlicher, emotionaler und materieller Probleme, deren Bewältigung schwierig sein kann. Eine Herausforderung, die einen problematischen Übergang markiert, ist der Rückzug aus dem Erwerbsleben – die Pensionierung oder Rente. Für die meisten Menschen dient Arbeit nicht nur zum Lebensunterhalt, sondern trägt auch zur persönlichen Identität bei. So betrachtet führt die Pensionierung dann nicht nur zu Einkommenseinbußen, sondern auch zu einem Statusverlust, der für viele Betroffene mühsam zu verarbeiten ist. Eine weitere bedeutende Veränderung ist für viele der Verlust des Partners. Verwitwung kann heißen, dass man einen Partner verliert, mit dem man 40 oder 50 Jahre lang zusammengelebt hat, der damit die Hauptperson für emotionale und instrumentelle Unterstützung war. Die Verfilmung des Romans *About Schmidt* von Louis Begley (2002) mit Jack Nicholson in der Hauptrolle zeigt einen Mann, der sich mit den Veränderungen seines Lebens arrangiert. Überhaupt verdanken wir gealterten Schriftstellern zahlreiche eindrückliche Darstellungen der Schwierigkeiten, die alte Menschen zu bewältigen haben.

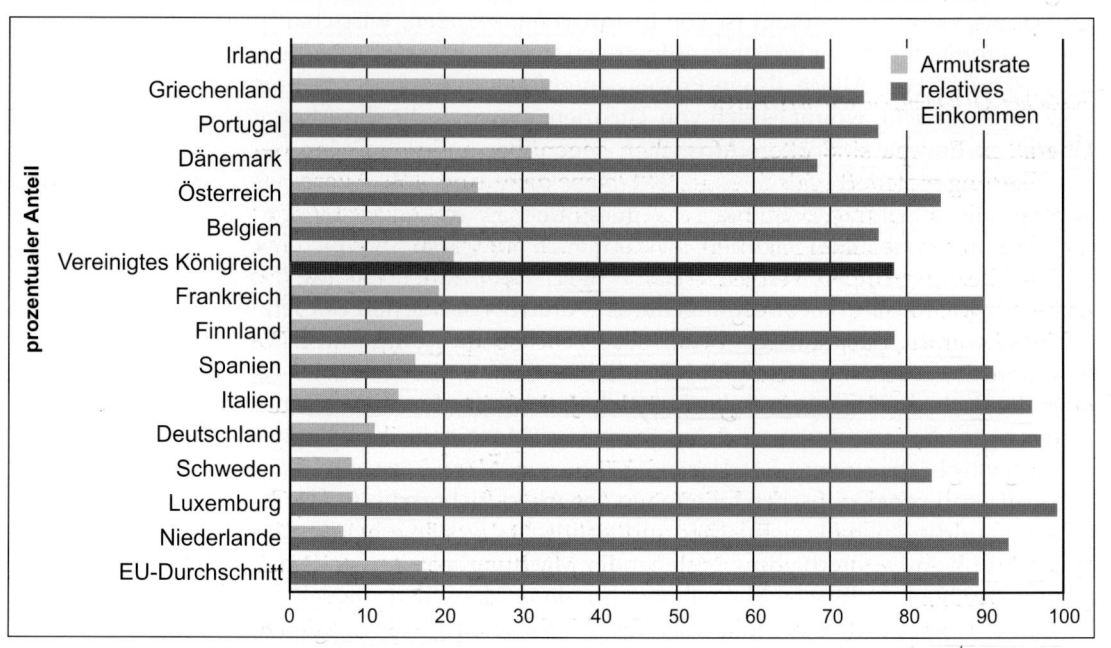

Abb. 4.3: Armutsrate[1] und relatives Einkommen[2] der Menschen über 65 Jahre: EU-Vergleich, 1998
Quelle: Social Trends 34 (2004), S. 7.
[1] Prozentsatz mit einem Einkommen von 60 Prozent unter dem Median des Äquivalenzeinkommens der jeweiligen Bevölkerung
[2] Medianäquivalenzeinkommen der Bevölkerung über 65 Jahre als Prozentsatz des Einkommens der Menschen unter 65 Jahre

Die ältere Generation spiegelt die Verschiedenheit der europäischen Gesellschaft wider, wie sie quer durch dieses Buch diskutiert wird. Ältere Menschen sind reich und arm; sie leben allein oder in Familien unterschiedlicher Zusammensetzung; sie unterscheiden sich in ihren politischen Werten und Einstellungen; und sie sind homo- oder heterosexuell. Darüber hinaus ist ihr Gesundheitszustand wie bei allen anderen sehr verschieden. Diese Unterschiede können die Fähigkeiten der alten Menschen beeinflussen, die eigene Autonomie und das Wohlbefinden zu erhalten.

So ausgeprägt wie die Unterschiedlichkeit der Population der älteren Menschen ist, so weit ist die sich vergrößernde Altersspanne. Eine Unterscheidung, die häufig gemacht wird, betrifft das Dritte und das Vierte Alter. Das Dritte Alter geht etwa von 50 bis 75 Jahren, wenn die Menschen in der Lage sind, ein aktives und unabhängiges Leben zu führen, befreit von den alltäglichen Verpflichtungen der Elternschaft und der Erwerbsarbeit. Viele in dieser Gruppe haben die Zeit und das Geld, sich an einer expandierenden Konsumwelt und Kultur zu erfreuen. Der Erfolg von Reiseveranstaltern für Seniorenreisen ist ein Beweis für die zunehmende Macht des „silbernen Markts". Im Gegensatz dazu bezieht sich das Vierte Alter auf die Zeit, wenn die Selbstständigkeit der Menschen mehr und mehr eingeschränkt wird.

Lebensspanne

Im folgenden Abschnitt sehen wir uns die Auswirkungen von sozialer Ungleichheit, Geschlecht und Ethnizität auf das Altern der Menschen in Europa an.

Soziale Ungleichheit im Alter

Überall in Europa sind ältere Menschen gegenüber anderen Teilen der Bevölkerung materiell schlechter gestellt (siehe dazu Abb. 4.3). Allerdings beruhen die subjektiven Gefühle der Älteren über ihren Lebensstandard nicht nur auf materiellen Faktoren, sondern auch auf ihrem Vergleich mit anderen Bezugsgruppen. Vergleiche sind möglich mit Erinnerungen an das frühere Leben, wobei die heutigen Alten dabei höchstwahrscheinlich zum Schluss kommen, dass sich ihre materiellen Lebensbedingungen zum Positiven verändert haben, wenngleich sie nicht das Gleiche über die Moral oder die sozialen Umstände sagen würden. Jedoch ist es auch nicht unwahrscheinlich, dass sie ihren Lebensstandard mit jenem vor ihrer Pensionierung vergleichen, der wahrscheinlich höher war. Ältere Menschen können sich auch mit den durchschnittlichen Lebensbedingungen in der Gesellschaft oder mit jenen der Rentner vergleichen. Daher gibt es unter alten Menschen keine einheitliche subjektive Empfindung von Ungleichheit (Vincent 1999).

Die durch Schicht, Ethnizität oder Geschlecht entstehende Ungleichheit verschlimmert sich meist mit dem Austritt aus dem Erwerbsleben, sodass die zusätzliche Ungleichheit dazu führt, dass ältere Frauen, Migranten und Arbeiter ärmer sind als Vertreter dieser Gruppen im mittleren Alter. Durch den Eintritt in die Rente kann es zu einem Verlust des Einkommens und einer signifikanten Verminderung des Lebensstandards eines alten Menschen kommen.

Heute haben alle europäischen Länder Pensionssysteme. Zwei Idealtypen können dabei ausgemacht werden: zum einen Pensionssysteme auf Versicherungsbasis – das „Bismarck Modell" (benannt nach dem deutschen Kanzler Fürst Otto Bismarck, der in den 1880er Jahren erste Sozialversicherungen einführte); und zum anderen Pensionssysteme, die aus dem Steuertopf finanziert werden – das „Beveridge Modell" (benannt nach dem britischen Liberalen William Beveridge, der in den 1940er Jahren die Grundlagen des britischen Wohlfahrtsstaates schuf). Die Ursprünge dieser zwei Grundtypen können bis zur Entstehung der ersten Pensionssysteme zurückverfolgt werden; unter den Vorreitern waren Deutschland und Dänemark. Die Pensions- und Unfallversicherung wurde in Deutschland 1889 eingeführt, nur zwei Jahre später entstand in Dänemark das System der Staatspension. Während das Bismarck Modell hauptsächlich in den Ländern Kontinental- und Südeuropas eingeführt wurde (Österreich-Ungarn, Belgien, Frankreich, Italien, Spanien), verbreitete sich das steuerbasierte System in den angloamerikanischen Ländern und in Skandinavien. Im Bismarck Modell hängt die Pensionshöhe von der Versicherungsdauer und der Höhe der Beiträge ab, weshalb sich hier Ungleichheiten aus dem Arbeitsleben in der Rente fortsetzen. Dagegen ist für das typische Beveridge System nur der Wohnort entscheidend, denn alle Bürger erhalten eine Rente unabhängig von ihren früheren Einkünften. Die Staatspensionen garantieren allerdings nur ein Mindesteinkommen (Kern und Theobald 2004). Tabelle 4.1 zeigt an, in welchem Jahr die einzelnen Länder Pensionssysteme eingeführt haben.

Lesen Sie zu den Wohlfahrtsstaatmodellen auch im Kapitel 12 – Armut, soziale Ausgrenzung und soziale Sicherheit.

Wenngleich die Unterschiede zwischen den Pensionssystemen auch heute noch erkennbar sind, so haben sich die Systeme seit dem Zweiten Weltkrieg angenähert. Zusatzpensionen zu den steuerfinanzierten Staatspensionen wurden eingeführt, die entweder aus Arbeitgeber- und Arbeitnehmerbeiträgen oder nur vom Arbeitgeber finanziert wurden. Damit hat sich die Bedeutung der Staatspension in den „Beveridge-Ländern" verringert. Die Pensionen wurden an die frühere Einkommenshöhe angepasst und in manchen Ländern sind sie nicht mehr allen Bürgern zugänglich. Auf der anderen Seite werden die Defizite vieler versicherungsbasierter Systeme aus Steuergeldern gedeckt. Außerdem wurde im Zuge der Wohlfahrtsstaatreformen zunehmende Eigenverantwortung der Bürger für die Altersvorsorge eingefordert, und es kam zur Propagierung des sogenannten Drei-Säulen-Modells. Dabei soll die Altersvorsorge neben der gesetzlich garantierten Komponente der Staatspension oder Rente aus der Pensionskasse auch eine Betriebspension und eine private, auf dem Kapitalmarkt erwirtschaftete Altersvor-

Jahr	Land
1889	Deutschland
1891	Dänemark
1898	Neuseeland
1906	Luxemburg, Österreich
1908	Vereinigtes Königreich, Australien
1909	Island
1910	Frankreich
1911	Irland
1913	Schweden, Niederlande
1919	Spanien, Italien, Portugal
1924	Belgien
1927	Kanada
1934	Griechenland
1935	USA
1936	Norwegen
1937	Finnland
1941	Japan
1946	Schweiz

Tab. 4.1: Die Einführung von Pensionssystemen
Quelle: Kern und Theobald (2004).

sorge umfassen (Kern und Theobald 2004). Letztere kann natürlich nur jemand erwerben, der genug verdient, um in einen privaten Pensionsfonds zu investieren. Zudem ist zu beachten, dass eine private Altersvorsorge dem Auf und Ab der Finanzmärkte ausgesetzt ist, d.h. eigentlich dem sozialstaatlichen Prinzip widerspricht, nach dem die Sozialleistung der Altersrente einen Schutz vor den Risiken eben dieses Marktes bieten soll.

Die Möglichkeit, eine Privatpension zu erwerben oder Ersparnisse für das Alter anzulegen, wird ein immer wichtigerer Faktor der sozialen Ungleichheit unter alten Menschen in Europa. Dementsprechend sind es eher ältere Männer, die in freien Berufen oder Managementpositionen oder im öffentlichen Dienst beschäftigt waren, die im Alter über das höchste Monatseinkommen verfügen.

Der Strukturwandel des Alters

Der deutsche Altersforscher Hans Peter Tews (1993) beschrieb vor 15 Jahren den Strukturwandel des Alters in den entwickelten Gesellschaften mit den folgenden fünf Konzepten:

Erstens komme es zu einer Verjüngung des Alters, womit einerseits gemeint ist, dass die Älteren immer gesünder und agiler werden und sich auch so fühlen. Andererseits werden aufgrund der Trends auf dem Arbeitsmarkt die Arbeitnehmer immer früher in Rente geschickt und damit „alt" gemacht. Frauen erfahren meist einen früheren Abschluss der Kindererziehungsphase und können so mit ihrem Partner früher eine nachelterliche Partnerschaft erleben.

Zweitens spricht Tews von der Entberuflichung des Alters, weil immer weniger Menschen nach dem Rentenalter erwerbstätig sind und immer mehr im Zuge des Vorruhestandes aus dem Arbeitsmarkt ausscheiden (müssen).

Drittens macht Tews eine Feminisierung des Alters aus: Durch die höhere Lebenserwartung der Frauen und den Ausfall der im Zweiten Weltkrieg gefallenen Männer überwiegt der Frauenanteil mit steigendem Alter. Während bei den über 60-jährigen Deutschen etwa zwei Drittel weiblich sind, steigt der Frauenanteil bei den über 75-jährigen Deutschen auf drei Viertel (Daten für Österreich findet man in der Abb. 4.4). Frauen sind im Alter des Weiteren stärker von Armut und Vereinsamung betroffen. Die Renten der Frauen sind niedriger als jene von Männern, weil sie aufgrund der Verpflichtung zur Kindererziehung diskontinuierliche Versicherungszeiten haben, häufiger in Teilzeitarbeitsverhältnissen gearbeitet haben und generell einen niedrigeren Lohn als Männer beziehen, was sich auf die Beitragszahlungen für die Rente auswirkt. Schließlich dominieren Frauen auch in der Altenpflege: sowohl als Betreute und Heimbewohnerinnen als auch als pflegende Angehörige.

Ein vierter Trend in der Alterung der Gesellschaft ist laut Tews die Singularisierung, also die Zunahme von Alleinlebenden im Alter. Dies ergebe sich durch Verwitwung und damit Abbruch des Kontaktes zur Familie des

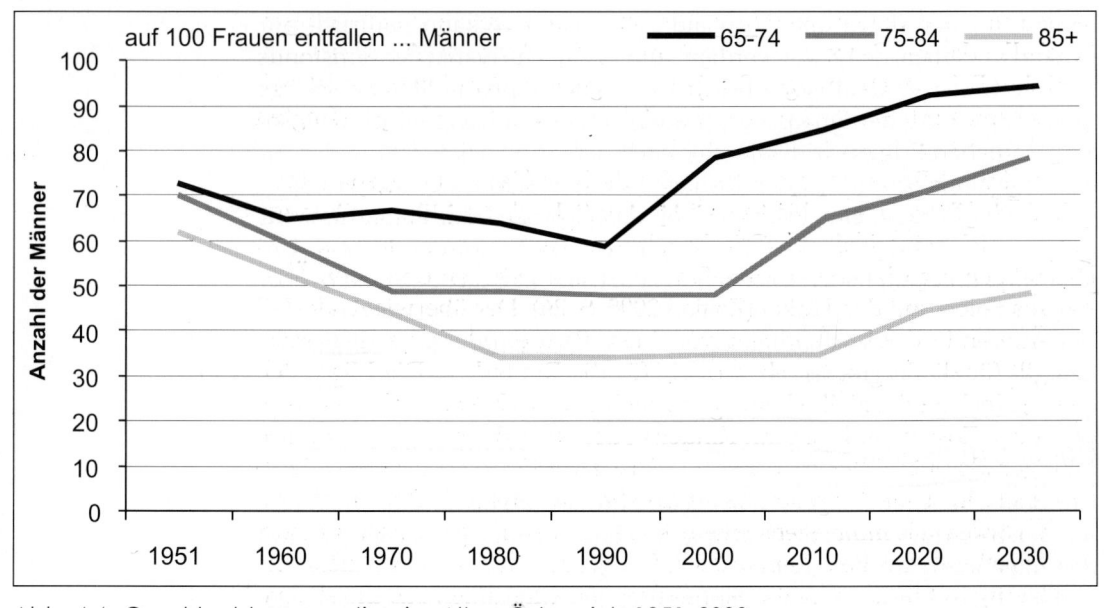

Abb. 4.4: Geschlechterproportion im Alter, Österreich 1951–2030
Quelle: Bundesministerium für soziale Sicherheit und Generationen (2000), S. 37, Tabelle 1.6.

Partners, durch das Ableben der Gleichaltrigen und durch die erschwerte Partnerfindung im Alter.

Schließlich kommt es laut Tews zu einer Zunahme der Hochaltrigen und damit einhergehend zu einer Ausdifferenzierung in ein junges (Drittes) und ein altes (Viertes) Alter (Laslett 1995). Bei den alten Alten treten jedoch gehäuft chronische Krankheiten, Behinderungen und Pflegebedürftigkeit auf (Tews 1993).

Alter und Ethnizität

In den vergangenen Jahren nahm das Interesse an der Lebenssituation älterer Migranten in Deutschland und Österreich zu, was sich auch in einigen Dutzend regional begrenzten Studien über ältere Migranten in Deutschland und Österreich niederschlug. Neben Mikrozensusdaten, die jedoch nur einige wenige Nationalitäten erfassen, bietet der deutsche Alterssurvey (über 3.600 Befragte) mit einer eigenen Ausländerstichprobe einen repräsentativen Überblick über die Lebensbedingungen von Migranten in der zweiten Lebenshälfte. Die Gruppe der Ausländer in Deutschland ist vergleichsweise jung: Nur zehn Prozent der in Deutschland lebenden Ausländer sind über 60 Jahre alt; im Vergleich dazu ist ein Fünftel der Deutschen zwischen 60 und 80 Jahren alt (Zeman 2005, S. 22). Die älteren Migranten stammen zum größten Teil aus der Türkei, dem ehemaligen Jugoslawien und aus Italien. Eine Besonderheit stellen die sogenannten Spätaussiedler dar, die als Deutsche eingebürgert, aber dennoch Migranten sind, weil sie z.B. in der ehemaligen Sowjetunion geboren wurden und dort aufgewachsen sind. Sie stellen zwei Fünftel der im Alterssurvey befragten eingebürgerten Migranten (Zeman 2005, S. 23).

Die ältere Migrantenpopulation in Deutschland ist überwiegend männlich, doch gibt es Unterschiede nach Herkunftsland; die Männer überwiegen deutlich bei den älteren Griechen, Italienern und Migranten aus dem ehemaligen Jugoslawien; bei den Frauen ist die Mehrheit unter den Älteren aus Polen und der Türkei (Zeman 2005, S. 26). Der überwiegende Teil der Älteren in Deutschland lebt mit einem Partner oder einer Partnerin, das gilt für die Migranten ebenso wie für die Deutschen. Die Migranten leben jedoch tendenziell seltener ganz alleine. Je nach Nationalitätengruppe ist das Zusammenleben mit Kindern oder auch Enkelkindern deutlich häufiger als unter älteren Deutschen: Fast zwei Drittel der älteren Deutschen lebt in einem Eingenerationenhaushalt, während 60 Prozent der älteren Türken mit mindestens einem Kind, und weitere 6,3 Prozent auch mit Enkelkindern leben (Zeman 2005, S. 50). Auch die älteren Italiener leben häufig mit Kindern und Enkelkindern; die Migranten aus der ehemaligen Sowjetunion bzw. aus dem ehemaligen Jugoslawien sind – was ihre Wohnformen im Alter betrifft – den Deutschen ähnlicher (Zeman 2005).

Migranten haben ein deutlich höheres Armutsrisiko als Deutsche. Während 2003 das Haushaltseinkommen bei fast einem Drittel der älteren Ausländer unter der Armutsrisikoschwelle lag, traf dies auf knapp zehn Prozent der Deutschen derselben Altersgruppe zu. Die Armutsrisikoschwelle entspricht 60 Prozent des Median-Einkommens. Doch es gibt Unterschiede zwischen den Migrantengruppen: Am niedrigsten sind die durchschnittlichen Haushaltseinkommen bei Migranten aus der Türkei und dem ehemaligen Jugoslawien, dann kommen die Aussiedler. Die Migranten aus den EU-Ländern Italien, Griechenland, Spanien und Portugal verfügen zwar über weniger Einkommen als ihre deutschen Altersgenossen, doch sind sie unter allen Migrantengruppen noch am besten gestellt (Zeman 2005, S. 31). Die Armut unter Migranten ist eng mit dem durchschnittlich niedrigeren Bildungsniveau der Migranten und dem damit verbundenen niedrigeren Erwerbseinkommen verknüpft. Die Alterspensionen berechnen sich bekanntlich aus der Versicherungsdauer und der Einkommenshöhe, sodass Migranten mit unvollständigen Versicherungsverläufen wegen des höheren Arbeitslosigkeitsrisikos, zwischenzeitiger Rückkehr oder wegen des späten Eintritts in die Rentenversicherung aufgrund der Migration besonders benachteiligt sind. So bewerten Migranten im Alter ihren Lebensstandard auch signifikant schlechter: 70 Prozent der Deutschen, aber nur 48 Prozent der Migranten sagen, dass ihr Lebensstandard gut oder sehr gut sei (Zeman 2005, S. 34). Deutsche leben auch mehr als doppelt so häufig in Eigenheimen als Nichtdeutsche: ca. 60 Prozent der älteren Deutschen versus ca. 25 Prozent der älteren Migranten (Zeman 2005, S. 40).

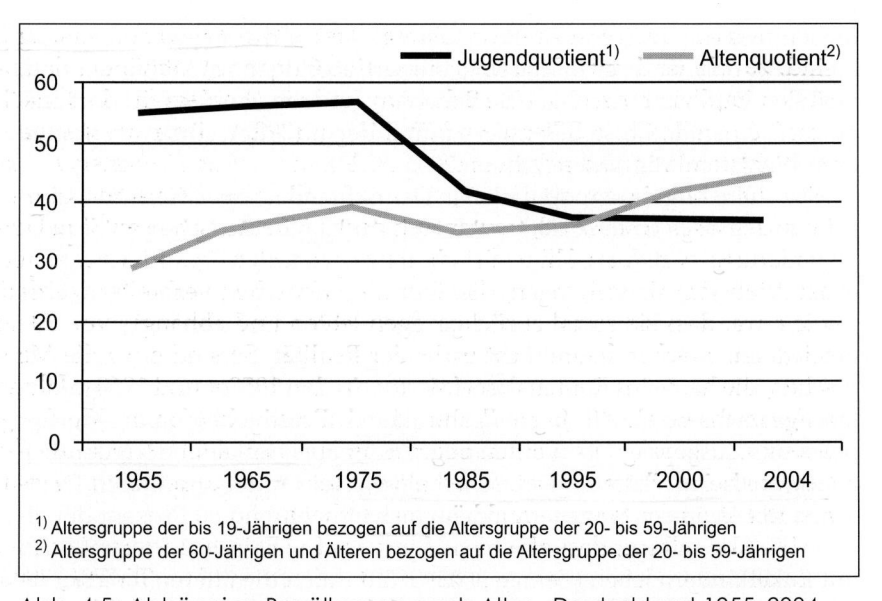

Abb. 4.5: Abhängige Bevölkerung nach Alter, Deutschland 1955–2004
Quelle: Statistisches Bundesamt (2006), S. 31, Tab. 6.

Die Altenpolitik

Eine globale Krise der Überalterung?

Der Anteil der Bevölkerung über 60 Jahren ist in Deutschland, Österreich und der Schweiz seit Beginn des 20. Jahrhundert von etwas über acht Prozent auf heute über 20 Prozent angestiegen und er wird weiter steigen. Diese signifikante Veränderung der Altersverteilung in der Bevölkerung stellt in Europa und anderen Industriegesellschaften eine besondere Herausforderung dar. Eine Möglichkeit zu verstehen, warum die Bevölkerungsentwicklung eine Herausforderung darstellt ist die sogenannte Belastungsquote – das Verhältnis zwischen der Zahl der Kinder und Rentner auf der einen Seite und der Zahl der Personen im erwerbsfähigen Alter auf der anderen Seite (Altersbelastungsquote s. Abb. 4.5).

Belastungsquote

Wenn die Zahl der älteren Menschen steigt, wird auch der Bedarf an Sozial- und Gesundheitsdiensten steigen; die steigende Lebenserwartung bedeutet, dass die Pensionen für mehr Jahre als bisher ausbezahlt werden müssen (s. Abb. 4.6).

Doch die Erwerbsbevölkerung muss für die Pensionszahlungen aufkommen. Wenn nun die Altersbelastungsquote steigt, werde der Druck auf die Erwerbsarbeit erhöht, argumentieren einige. Aufgrund der demografischen Veränderungen sind Regierungen, Politiker und Interessengruppen gezwungen, nach vorne zu blicken und Vorschläge zu entwickeln, um den Bedarf einer sich wandelnden Bevölkerung zu decken. Pensionsreformen in allen europäischen Ländern versuchen mit einer Anhebung des Pensionsalters auf die gestiegene Lebenserwartung zu reagieren.

In letzter Zeit gerät die Vorstellung, dass ältere Menschen abhängig sind, zunehmend unter Beschuss, denn eine Gruppe als abhängig darzustellen impliziert, dass sie eine Belastung und ein Problem für die Gesellschaft darstellt. Chris Gilleard und Paul Higgs (2005) wiesen auf den neuen Wohlstand hin, der sich über die Gesellschaft und den Lebenslauf verteilte. Obwohl sie unterstreichen, dass nicht alle alten Menschen fit und finanziell abgesichert sind, freuten sich doch viele Menschen auf ihre Pensionierung, was darauf hinweist, dass sich das Leben im Alter verbessert hat. Viele der Vorstellungen, die über alte Menschen verbreitet wurden, wie etwa, dass sie sozial zurückgezogen lebten und abhängig vom Staat seien, entsprechen heute nicht mehr der Realität. So sind etwa die Menschen, die heute ins Rentenalter eintreten, in den 1950er und 1960er Jahren aufgewachsen, als die Jugendkultur durch Prestigekäufe von Kleidung, Musik u.a. geprägt zu werden begann. Indem nun ältere Menschen die Gewohnheiten ihrer Jugend beibehalten, bleiben sie bedeutende Konsumenten und führen einen unabhängigen Lebensstil.

Die Vorstellung, dass alte Menschen nur eine Belastung darstellen und auf Hilfe angewiesen seien, lässt sich nicht aufrechterhalten (BMFSFJ 2006, Tesch-Römer u.a. 2006), denn aufgrund der verlängerten Ausbildungszeiten und höherer Arbeitslosigkeit sind auch jüngere Menschen nicht ausschließlich Beitragszahler, die die alten Menschen erhalten müssen.

Die Älteren leisten auch informell enorme Beiträge für die Gesellschaft. So zeigte etwa der deutsche Alterssurvey, dass auch 70- bis 85-Jährige noch durchschnittlich 17 Stunden pro Woche für bürgerschaftliches Engagement und ehrenamtliche Arbeit in Vereinen und Verbänden aufbringen (BMFSFJ 2006, S. 357). Ältere Menschen leisten zudem informelle Betreuungs- und Pflegearbeit für ihre gebrechlichen Partner, Verwandte und ihre Enkelkinder. So zeigte der österreichische Mikrozensus 1998, dass von den 1,3 Millionen älteren Menschen, die Kinder und Enkelkinder haben, fast ein Drittel regelmäßig mindestens einmal wöchentlich bei der Kinderbetreuung hilft. Künemund (2000) legte die Ergebnisse des Alterssurvey auf die gesamtdeutsche Bevölkerung um und errechnete, dass deutsche Ältere jährlich ganze 3,5 Milliarden produktive Stunden an informeller Betreuung und Pflege und im Ehrenamt leisten; bei einem fiktiven Nettostundenlohn von 11,50 Euro arbeiten ältere Menschen pro Jahr um 40 Milliarden Euro gratis für die Allgemeinheit (Künemund 2000).

Ältere geben ihren erwachsenen Kindern (und ihren Enkelkindern)

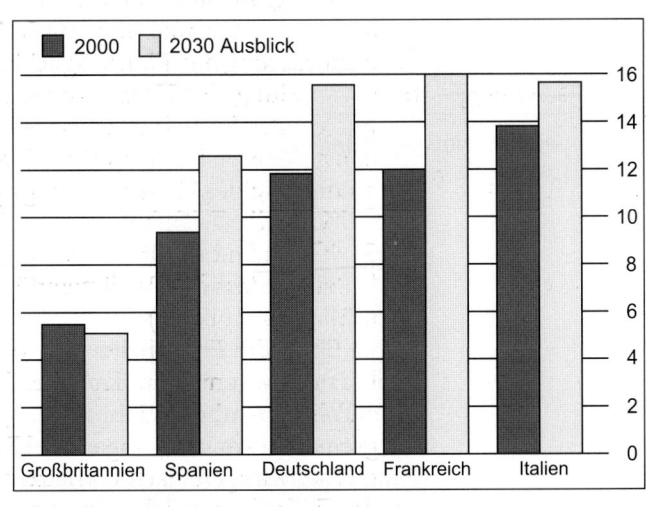

Abb. 4.6: Pensionszahlungen als Prozentsatz des BIP in ausgewählten Ländern 2000 und 2030
Quelle: The Economist (27. September 2003).

auch häufig Geld und Sachwerte: Der Alterssurvey stellte fest, dass fast ein Drittel der 55- bis 85-Jährigen Geld an die außerhalb des Haushalts lebenden erwachsenen Kinder gibt. Dabei handelt es sich meistens um Beträge bis zu 2.500 Euro/Jahr (Motel-Klingenbiel 2006, S. 208f.) Allein daraus ergeben sich Geldtransfers in der Höhe von mindestens zwölf Milliarden Euro pro Jahr von der älteren auf die jüngere Generation.

Ageism – Diskriminierung aufgrund des Alters

Seniorenverteter führen seit Jahren einen Kampf gegen Ageism – die Diskriminierung aufgrund des Alters –, und bemühen sich um eine positive **Ageism** Sicht des Alters und der alten Menschen. Ageism wird dabei als eine Ideologie betrachtet, die vergleichbar mit Sexismus oder Rassismus ist, weil jemand wegen eines Gruppenmerkmals, das nicht frei gewählt werden

„Hallo, wir sind New-Age-Rentner."

© Katherine Lamb

kann, Vorurteilen und Diskriminierung ausgesetzt wird. Der Begriff wurde im Jahr 1968 von dem Amerikaner Robert Butler geprägt, der als Pionier der Gerontologie in die Geschichte einging (Katz 2001, S. 27). Über ältere Menschen gibt es eine Vielzahl falscher Stereotype. So wird zum Beispiel häufig angenommen, dass ältere Arbeitnehmer weniger kompetent als jüngere seien, dass die meisten über 60-Jährigen in Krankenhäusern oder Pflegeheimen lebten und dass ein großer Teil von ihnen senil sei. Diese Vorstellungen gehen an der Realität vorbei. Die Produktivität und Arbeitsmotivation älterer Arbeitnehmer ist jener der jüngeren Kollegen im Schnitt überlegen; 95 Prozent der über 65-Jährigen leben in Privathaushalten und nur etwa sieben Prozent der 65- bis 80-Jährigen zeigen ausgeprägte Symptome von Altersdemenz. Europaweit gibt es zahlreiche Initiativen gegen die Diskriminierung des Alters, die sich etwa im Bereich der Einstellungspraxis, der Bildung (einschließlich des Zugangs zu Hochschulen), des Gesundheitswesens und der Pensionierung niederschlagen.

In einer Studie (Levin 1988) wurde Studenten ein Foto ein und desselben Mannes im Alter von 25, 52 und 73 Jahren mit der Aufforderung gezeigt, ihn nach einer Reihe von Persönlichkeitsmerkmalen zu beurteilen. Die Urteile waren signifikant negativer für den Mann im Alter von 73 Jahren. Wenn er auf dem Bild alt aussah, nahmen die Studenten ihn viel eher als negativ wahr, obwohl sie überhaupt nichts über ihn wussten. Die bloße Tatsache, dass er älter war, reichte aus, um ein negatives kulturelles Stereotyp zu aktivieren. Weitverbreitete kulturelle Stereotype von misslaunigen alten Greisen können zu Einzelmeinungen führen, die älteren Menschen Unrecht tun.

Alterung und Wohlfahrtsstaat – eine tickende Bombe?

Was heißt es für den Wohlfahrtsstaat, wenn seine Bevölkerung altert? In *Averting the Old Age Crisis* (1994) argumentiert die Weltbank, dass ein dramatischer Anstieg des Anteils der älteren Bevölkerung bedeuten würde, dass Sozialausgaben für Pensionen oder Gesundheit immer schwieriger zu finanzieren sein würden. Dies würde sowohl für die Industrie- wie für die Entwicklungsländer zutreffen, aber die reichen Länder würden schon früher in Schwierigkeiten geraten. Dort ist das Verhältnis zwischen der Bevölkerung im Erwerbsalter und jener über 65 etwa 4:1, was sich bis zum Jahr 2030 auf 2:1 halbieren würde. Die Erwerbsbevölkerung würde also eine riesige Last an Steuern und Sozialabgaben zu schultern haben, um die steigende Zahl jener zu unterstützen, die ihre Pensionsansprüche einlösen. Seit diesem Bericht gab es eine Flut an Büchern, Konferenzen und politischen Initiativen darüber, wie mit dem Problem umzugehen sei.

In letzter Zeit haben einige Wissenschaftler diese Sicht angezweifelt. In einer Studie über das amerikanische Pensionssystem haben Dean Baker und Mark Weisbrot (1999) gezeigt, dass selbst mit konservativen Annahmen zum Wirtschaftswachstum die vorhergesagte Zahlungsun-

fähigkeit des Sozialsystems in den USA in den nächsten 30 Jahren mit größter Wahrscheinlichkeit *nicht* eintreten wird. Sie argumentieren, dass der große Druck, das System zu privatisieren, von der Wall Street kommt, denn wenn das staatlich finanzierte Sozialversicherungssystem durch individuelle private Pensionen ersetzt würde, würden Amerikas Finanzdienstleistungen 130 Millionen neue Investmentkunden gewinnen.

Ähnlich hat der britische Soziologe Robin Blackburn (2002) in seiner historischen Untersuchung der weltweiten Pensionssysteme argumentiert, dass Ängste über ein wegen des demografischen Wandels unfinanzierbares staatliches Pensionssystem von der Finanzwirtschaft und der politischen Rechten geschürt werden, um die Überlegenheit des freien Marktes zu demonstrieren. Das hat weitreichendes Unbehagen über die finanzielle Absicherung der Menschen nach der Pensionierung nach sich gezogen. Blackburn übte außerdem Kritik an der Art, wie private Firmen die Pensionsfonds (die Welt des grauen Kapitalismus) verwalteten, wo die Ersparnisse der Angestellten Managern von Pensionsfonds überlassen werden, die nur auf maximale kurzfristige Gewinne aus sind, statt an den langfristigen Sicherhei-

ten für die Pensionsempfänger interessiert zu sein.

In seinem Buch *The Imaginary Time Bomb* (2002) entlarvte der britische Soziologe Phil Mullan die Behauptung als Mythos, dass die Alterung der Bevölkerung eine tickende Zeitbombe sei, die eine Reihe verheerender sozialer Probleme verursachen werde. Beispielsweise nennt Mullan es einen Mythos, dass eine alternde Bevölkerung zu einem exponentiellen Anstieg von Krankheit und Pflegebedürftigkeit führen werde, da die Mehrheit der alten Menschen weder krank noch behindert ist. Einer der Gründe für ein längeres Leben sind die verbesserten Lebensumstände, die während des vergangenen Jahrhunderts erzielt wurden, woraus Mullan folgert, dass bei einer weiteren Verbesserung künftige Generationen von älteren Menschen noch fitter und gesünder als ihre Vorfahren sein werden. Schließlich attackiert Mullan den Mythos, dass die alternde Bevölkerung das staatliche Pensionssystem in den Bankrott treiben würde, sodass eine Reform weg vom Umlageverfahren zu privater Pensionsvorsorge notwendig sei. Er zeigt auf, dass die staatliche Pensionsvorsorge viel effizienter sei als die private und dass es daher keinen Grund für eine solche Reform gäbe.

Kondratowitz (2000) hat gezeigt, dass der deutsche Diskurs über das Alter in den letzten 200 Jahren stereotype Bilder hervorbrachte, die das Alter als eine Phase der Hinfälligkeit und Bedürftigkeit stilisierten. Erst in den letzten 30 bis 40 Jahren wurde zunehmend zwischen den agilen jüngeren Alten und den alten, gebrechlichen Alten unterschieden. Doch diese Begriffe beschrieben eine Realität genauso sehr wie sie diese Realität herstellten.

Es wäre jedoch falsch anzunehmen, dass in früheren Jahrhunderten die Gesellschaft das Alter und die alten Menschen nur verehrt und gewürdigt hätte: Göckenjan (2000) belegt, dass es seit der Antike in allen Gesellschaften ein Nebeneinander der Altenverehrung und der Vernachlässigung und sogar Tötung der unproduktiven Alten gegeben hat. In der Auseinandersetzung mit dem Alter diskutiert die Gesellschaft eigentlich ihren Umgang mit dem Vergangenen: Dem Alter wurde Torheit zugeschrieben, wenn man die Geschichte als etwas auffasste, das überwunden werden musste. Es wurde jedoch mit Weisheit verbunden, wenn sich darin der Wunsch nach Kontinuität und Hoffnungen auf ein Jenseits ausdrückte.

Das Ergrauen der Weltbevölkerung

Eine „Altenexplosion" überrollt zurzeit die Welt. Der Bericht des Bevölkerungsfonds der Vereinten Nationen (UNFPA 1998) stellte fest, dass im Jahr 1998 der Anteil der über 65-Jährigen weltweit um neun Millionen angewachsen ist. Bis 2010 werde dieser Anteil der Bevölkerung um weitere 14,5 Millionen steigen, bis 2050 um 21 Millionen. Der größte demografische Wandel werde sich in den Industriestaaten vollziehen, wo die Familien weniger Kinder haben und die Menschen länger leben als in ärmeren Ländern. In den Industrieländern stieg der Anteil der älteren Bevölkerung von acht Prozent im Jahr 1950 auf 14 Prozent im Jahr 1998. Für das Jahr 2050 prognostiziert man ein Ansteigen auf 25 Prozent. Nach der Jahrhundertmitte werden die Entwicklungsländer folgen.

Die Bevölkerungen der meisten Gesellschaften der Welt altern, weil sowohl die Geburten- als auch die Mortalitätsraten sinken, obwohl in den ärmeren Ländern die Lebenserwartung wegen Armut, Unterernährung und Krankheiten niedriger bleibt. Nach den Schätzungen der UNO (UNFPA 1998) ist die durchschnittliche Lebenserwartung auf der gesamten Welt von 46 Jahre im Jahr 1950 auf 50 Jahre im Jahr 1985 gestiegen, und wird bis 2025 71 Jahre erreichen (s. Abb. 4.7). Dann werden 800 Millionen Menschen über 65 Jahre alt sein, was fast eine Verdreifachung seit 1990 darstellt. Die Zahl der sehr Alten (also der über 85-Jährigen), deren medizinischer und Betreuungsbedarf am größten ist, wird sich in Nordamerika um die Hälfte erhöhen, während er sich in China verdoppeln wird und in Westafrika eine Erhöhung um das Eineinhalbfache vorausgesagt wird (Sokolovsky 1990). Dieser Anstieg wird einen zunehmenden Druck auf die Ressourcen jener Länder ausüben, die bereits jetzt zu arm sind, um ihre Bevölkerung angemessen zu ernähren.

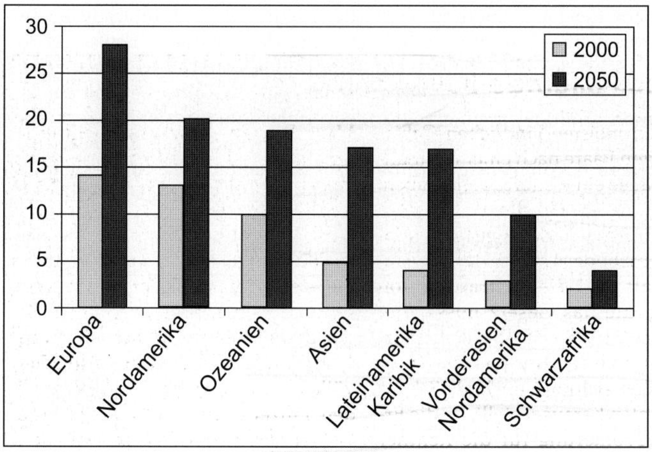

Abb. 4.7: Anteil der Bevölkerung im Alter von 65 und mehr Jahren nach Weltregion 2000 und 2050 (Fortschreibung)
Quelle: UNFPA (2004).

Diese Explosion hat enorme Implikationen für die Sozialpolitik. Mehr als 150 Länder bieten für Ältere, Behinderte oder Verwitwete öffentliche Unterstützung. Ältere Menschen benötigen eher teure Gesundheitsdienste, und es ist nicht klar, ob der rasche Anstieg von Alten in der Gesamtbevölkerung von den staatlichen Budgets verkraftet werden kann.

Die Länder unterscheiden sich erheblich darin, was sie tun, um mit der wachsenden Zahl Älterer zurechtzukommen. Wie wir bereits weiter oben gesehen haben, gibt es verschiedene Pensionssysteme. In Japan beispielsweise bleiben Männer und Frauen bis ins hohe Alter aktiv, weil die japanische Kultur das Tätigsein fördert und weil die Unternehmenspolitik die Beschäftigung einer Person in derselben Firma über die Pension hinaus unterstützt. Eine Reihe von Gesetzen unterstützt die Ausbildung und Anstellung älterer Mitarbeiter, und auch private Unternehmen fördern Umschulungsmaßnahmen.

Die Kombination von Ergrauen und Globalisierung wird das Leben der Älteren bis weit in dieses Jahrhundert prägen. Traditionelle Muster der Familienpflege werden auf die Probe gestellt, da Familienbetriebe zunehmend von Betrieben, Büros und Fabriken globaler Unternehmen abgelöst werden. Alle Länder werden herausgefordert, Rollen für ihre Älteren zu finden, genauso wie das in den Industriegesellschaften im frühen 20. Jahrhundert geschehen ist. Diese Herausforderung wird auch in der Identifikation neuer Mittel für wirtschaftliche Unterstützung bestehen, die oft von staatlichen Systemen aufgebracht werden. Es wird auch darum gehen, Wege zu finden, um die Älteren einzubinden, anstatt sie zu isolieren, um auch auf ihren Erfahrungsschatz und ihre ungenutzten Talente zurückgreifen zu können.

Globalisierung und Alltag: Chinas alternde Bevölkerung

China hat 130 Millionen Alte, die gerade einmal zehn Prozent der Bevölkerung ausmachen. Doch mit der sich wandelnden Balance zwischen Jungen und Alten wird diese Zahl bis 2050 um über 31 Prozent steigen, so die Prognose. Das ist eine Folge der strikten Ein-Kind-Politik, die China 1979 zur Geburtenkontrolle eingeführt hat. Dieses Gesetz schreibt vor, dass jedes städtische Paar nur ein Kind haben darf, außer einer oder beide Partner gehören einer ethnischen Minderheit an oder beide sind Einzelkinder.

In den meisten ländlichen Gebieten dürfen Paare nach einer mehrjährigen Pause ein weiteres Kind haben. Das Gesetz ist vor allem in Städten sehr streng, wo Zwangssterilisationen, Abtreibungen spät in der Schwangerschaft und die Bestrafung von Paaren, die das Gesetz missachtet haben, internationale Kritik hervorgerufen haben. Aber die Ein-Kind-Politik hat sich nun auch als Schuss nach hinten herausgestellt, da die Erwerbsbevölkerung für die Rentner aufkommen muss.

Eine steigende Zahl alleinstehender junger Menschen ist mit der entmutigenden Aussicht konfrontiert, dass sie nun allein ihre Eltern und vier Großeltern pflegen müssen – ein Phänomen, das als 4-2-1 Familie bekanntgeworden ist. Dies verschärft sich noch durch das rasch desintegrierende kommunistische Wohlfahrtssystem und durch den Druck wirtschaftlicher Reformen. Viele

Menschen haben die größten Schwierigkeiten, für ihre Alten zu sorgen. Wer es sich leisten kann, delegiert die traditionelle Verpflichtung, sich um seine alten Menschen in der Familie zu kümmern, an private Pflegeheime – ein Umstand, der einige Ressentiments hervorgerufen hat. Alte wurden in China traditionellerweise verehrt, und die heutige ältere Bevölkerung erwartet, versorgt zu werden. Einzelne Leute haben sogar ihre Verwandten wegen Vernachlässigung verklagt.

Nach amtlichen Schätzungen werden bis zum Jahr 2030 die Betreuung und Pflege der ungefähr 300 Millionen Alten ganze zehn Prozent des Volkseinkommens ausmachen. Experten sagen eine deutliche Beeinträchtigung der Geschwindigkeit des Wachstums voraus, wenn keine Gegenmaßnahmen ergriffen werden.

Quelle: BBC (2000, 1. September).

Chinas Bevölkerungswachstum

1950	563 Mio
1960	650 Mio
1970	820 Mio
1980	985 Mio
1990	1,14 Mrd
2000	1,26 Mrd

Quelle: US Census Bureau.

Zusammenfassung

1. Wir erlernen die kennzeichnenden Merkmale unserer Kultur durch den Prozess der Sozialisation. Die Sozialisation ist der Prozess, durch den das hilflose Kleinkind durch den Kontakt mit anderen menschlichen Wesen allmählich zu einem Menschen wird, der sich seiner selbst bewusst ist, einen Wissensbestand hat und vertraut mit der gegebenen Kultur ist.

2. Nach G. H. Mead gewinnt das Kind ein Verständnis davon, dass es ein eigenständiger Akteur ist, indem es andere dabei beobachtet, wie sie sich ihm gegenüber in regelmäßiger Weise verhalten. In einem späteren Stadium nimmt das Kind an organisierten Spielen teil, erlernt die Spielregeln und beginnt, „den verallgemeinerten Anderen" zu verstehen – allgemeine Werte und kulturelle Regeln.

3. Jean Piaget unterscheidet mehrere Hauptstadien bei der Entwicklung der Fähigkeit des Kindes, der Welt einen Sinn abzugewinnen. Jedes Stadium erfordert die Aneignung neuer kognitiver Geschicklichkeiten und hängt von der erfolgreichen Vollendung des vorhergehenden ab. Nach Piaget sind diese Stadien der kognitiven Entwicklung universelle Merkmale der Sozialisation.

4. Sozialisationsinstanzen sind strukturierte Gruppen oder Umfelder, in denen bedeutende Sozialisationsprozesse stattfinden. In allen Kulturen ist die Familie die primäre Sozialisationsinstanz für den Säugling und das Kleinkind. Andere Instanzen sind Gleichaltrige (Peer Groups), Schulen und Massenmedien.

5. Die Entwicklung der Massenkommunikation hat die Bandbreite der Sozialisationseinflüsse vergrößert. Zur Verbreitung von gedruckten Massenmedien traten später elektronische Massenkommunikationsmittel hinzu. Das Fernsehen übt einen besonders starken Einfluss aus, da es täglich Menschen unterschiedlichen Alters erreicht.

6. Die geschlechtsspezifische Sozialisierung beginnt unmittelbar nach der Geburt. Auch Eltern, die glauben, dass sie Kinder gleich behandeln, reagieren auf Jungen und Mädchen unterschiedlich. Diese Unterschiede werden durch viele andere kulturelle Einflüsse verstärkt.

7. Sozialisation findet im gesamten Lebenszyklus statt. In jeder bestimmbaren Lebensphase müssen Übergänge gemeistert und Krisen überwunden werden. Dazu gehört auch, den Tod als das Ende der persönlichen Existenz zu akzeptieren.

8. Biologische, psychologische und soziale Alterungsprozesse sind voneinander zu unterscheiden und können innerhalb und zwischen Kulturen erheblich variieren. Es ist wichtig, das soziale Alter einer Person nicht mit ihrem chronologischen Alter zu verwechseln. Körperliches Altern ist unvermeidlich, aber für viele Menschen ermöglichen gute Ernährung und körperliche Betätigung einen guten Gesundheitszustand bis hinein ins hohe Alter.

9. Westliche Gesellschaften „ergrauen" oder altern wegen der niedrigen Geburten- und Mortalitätsraten rasch. Die Älteren bilden einen

großen und rasch wachsenden Anteil der Bevölkerung, der in sich wirtschaftlich, sozial und politisch extrem unterschiedlich ist. Jedoch wird allgemein zwischen einem Dritten Alter – den jüngeren Alten – und einem Vierten Alter – den alten Alten – unterschieden.

10. Funktionalistische Theorien des Alterns vertreten den Standpunkt, dass der Rückzug älterer Menschen aus der Gesellschaft wünschenswert sei. Die Disengagement-Theorie fordert, dass Ältere sich aus ihren angestammten sozialen Rollen zurückziehen sollten, damit Jüngere diese übernehmen könnten. Die Aktivitätstheorie wiederum betont, dass aktiv und eingebunden zu sein eine Quelle der Vitalität ist. Konflikttheorien des Alterns haben ihr Hauptaugenmerk darauf gerichtet, wie die Routine der sozialen Institutionen verschiedene Formen der Ungleichheit unter Alten erzeugt. Die jüngeren Theorien der Alterssoziologie betrachten Ältere als fähig, ihr Leben selbst in die Hand zu nehmen und eine aktive Rolle in Politik und Wirtschaft zu spielen.

11. Ältere Menschen sind eher materiell benachteiligt als andere soziale Gruppen. Ältere Frauen sind stärker als ältere Männer von Armut betroffen, auch Migranten sind im Alter stärker armutsgefährdet. Es gibt wesentlich mehr ältere Frauen als Männer, obwohl dieses Ungleichgewicht im Abnehmen begriffen ist.

12. Das Altern der Bevölkerung hat zu einer größeren „Altersbelastungsquote" geführt, was die Debatten über die Finanzierung von Renten und von Diensten für Ältere angeheizt hat.

Glossar

Ageism. Diskriminierung oder Vorurteile gegen eine Person aufgrund ihres Alters.

Altern. Die Kombination biologischer, psychologischer und sozialer Prozesse, die Menschen mit zunehmendem Lebensalter betreffen.

Altersränge. In kleinen vormodernen Kulturen bestehendes System, nach dem Menschen ähnlichen Alters in eine Kategorie zusammengefasst werden und ähnliche Rechte und Pflichten haben.

Belastungsquote. Der Anteil der Menschen in noch nicht bzw. nicht mehr erwerbsfähigem Alter – also die Jungen und die Alten – im Verhältnis zu den wirtschaftlich aktiven Mitgliedern der Gesellschaft.

Disengagement-Theorie. Eine funktionalistische Theorie des Alterns, die postuliert, dass es funktional für die Gesellschaft ist, dass ältere Menschen ihre traditionellen Rollen aufgeben und aus ihren angestammten Positionen entfernt werden, damit diese frei für andere (jüngere) Gesellschaftsmitglieder werden.

Egozentrisch. Nach Piaget die charakteristische Sichtweise des Kindes in den frühen Lebensjahren. Zum egozentrischen Denken gehört es, dass Gegenstände und Ereignisse der Umwelt nur in Bezug zur Position des Kindes selbst gedeutet werden.

Ergrauen. Der Begriff Ergrauen der Bevölkerung wird benutzt, um anzuzeigen, dass ein zunehmender Teil einer Gesellschaft alt wird.

Formal operationales Stadium. Nach Piaget ein Stadium der kognitiven Entwicklung, in dem das heranwachsende Kind fähig wird, mit abstrakten Begriffen und hypothetischen Situationen umzugehen.

Geschlechterrollen, eigentlich Gender-Rollen. Soziale Rollen, die jedem Geschlecht zugeordnet sind und mit dem Etikett weiblich oder männlich bezeichnet werden.

Gender-Sozialisation. Wie Individuen im Zuge des Sozialisationsprozesses unterschiedliche Gender-Eigenschaften entwickeln.

Gleichaltrigengruppe – Peergruppe. Eine Gruppe von Freunden, die aus Individuen ähnlichen Alters und ähnlichen sozialen Status besteht.

Kognition. Menschliche Denkprozesse, die auf Wahrnehmung, dem Überlegen und der Erinnerung basieren.

Konkret operationales Stadium. Eine Periode der kognitiven Entwicklung, die von Piaget beschrieben wurde; in dieser Phase basiert das Denken des Kindes vor allem auf seiner physischen Wahrnehmung der Welt. In dieser Periode ist das Kind noch nicht fähig, mit abstrakten Begriffen oder hypothetischen Situationen umzugehen.

Lebenslauf oder Lebenszyklus. Die verschiedenen Stadien des Lebens des Individuums, von der Geburt, durch die Jugend und das Erwachsenenalter bis zum Tod.

Lebensspanne. Lebensspanne bezeichnet die maximale Zahl von Jahren, die ein Individuum unter den günstigsten Umständen (Gesundheit, gute Ernährung, gute soziale Integration) leben kann. Die Lebensspanne ist genetisch bedingt, aber auch von den physischen Lebensumständen und der sozialen Umwelt abhängig. Humanbiologen gehen davon aus, dass der Mensch 120 Jahre Maximallebensdauer hat.

Massenmedien. Kommunikationsformen wie Zeitung, Zeitschriften, Radio oder Fernsehen, die sich an ein Massenpublikum wenden.

Prä-operationales Stadium. Ein Stadium der kognitiven Entwicklung nach Piaget, bei dem das Kind weit genug fortgeschritten ist, um die Grundformen des logischen Denkens zu beherrschen.

Selbstbewusstsein. Ein Bewusstsein der eigenen spezifischen sozialen Identität als eigenständige Person. Menschen verfügen nicht von Geburt an über Selbstbewusstsein, sondern erwerben dieses im Zuge ihrer frühkindlichen Sozialisation. Der Spracherwerb ist für die Prozesse, durch die das Kind zu einem Wesen mit einem Bewusstsein seiner selbst wird, von entscheidender Bedeutung.

Senso-motorisches Stadium. Nach Piaget eine Phase der menschlichen kognitiven Entwicklung, in der das Bewusstsein des Kindes von seiner Umwelt von der Wahrnehmung und dem Tastsinn dominiert ist.

Soziales Alter. Die Normen, Werte und Rollen, die kulturell mit einem bestimmten chronologischen Alter verbunden sind.

Soziales Selbst. Die Basis des Selbstbewusstseins in menschlichen Individuen nach der Theorie von G. H. Mead. Das soziale Selbst ist die dem Individuum durch die Reaktionen der anderen verliehene Identität. Eine Person erreicht Selbstbewusstsein, indem sie sich dieser sozialen Identität bewusst wird.

Sozialgerontologie. Das Erforschen des Alterns und der älteren Bevölkerung.

Sozialisation. Die sozialen Prozesse, in deren Verlauf Kinder ein Bewusstsein von Normen und Werten erwerben und eine persönliche Identität entwickeln. Sozialisationsprozesse sind zwar während des Kleinkindalters und der Kindheit von besonderer Bedeutung, doch erstrecken sie sich in gewissem Ausmaß über das ganze Leben. Menschliche Individuen sind niemals immun gegenüber den Reaktionen der sie umgebenden Menschen, die ihr Verhalten in allen Phasen des Lebenszyklus beeinflussen und verändern.

Sozialisationsinstanzen. Gruppen oder soziale Zusammenhänge, in denen Sozialisationsprozesse vor sich gehen. Die Familie, Peergruppen (Gleichaltrigengruppen), Schulen, die Medien und der Arbeitsplatz sind Räume, in denen kulturelles Lernen stattfindet.

Symbolischer Interaktionismus. Ein von George Herbert Mead entwickelter, theoretischer Zugang in der Soziologie, der die Rolle von Symbolen und Sprache als zentrale Elemente aller menschlichen Interaktion betont.

Verallgemeinerte Andere. Ein Begriff aus der Theorie von G. H. Mead, demzufolge das Individuum während seines Sozialisationsprozesses die allgemeinen Werte einer gegebenen Gruppe oder Gesellschaft übernimmt.

Werte. Die Ideen von menschlichen Individuen oder Gruppen über das Wünschenswerte, das Richtige, das Gute und das Böse. Unterschiedliche Werte sind Schlüsselaspekte der kulturellen Variation. Was von Individuen geschätzt wird, ist durch die spezifische Kultur, in der sie leben, stark beeinflusst.

Weiterführende Literatur

Amann, Anton (2004), *Die großen Alterslügen, Generationenkrieg, Pflegechaos, Fortschrittsbremse?*, Wien: Böhlau.

Ehmer, Josef & Otfried Höffe, Hg. (2009), *Bilder des Alterns im Wandel. Historische, interkulturelle, theoretische und aktuelle Perspektiven*, Halle: Nova Acta Leopoldina.

Laslett, Peter (1995), *Das dritte Alter. Historische Soziologie des Alterns*, Weinheim: Juventa.

Filme zum Thema

„An ihrer Seite" (Kanada 2006), Regie: Sarah Polley

„Die letzte Vorstellung" (USA 1971), Regie: Peter Bogdanovich

„Texasville" (USA 1990), Regie: Peter Bogdanovich

„Der seltsame Fall des Benjamin Button" (USA 2008), Regie: David Fincher

Internet-Tipps

Deutsches Jugendinstitut
www.dji.de

Deutsches Zentrum für Altersfragen
www.dza.de

UNICEF
www.unicef.org/

Sexualität, Geschlecht und Gender

„Kraft meines Amtes als Friedensrichter des Staates Massachusetts und vor allem kraft Ihrer Liebe erkläre ich Sie für verheiratet nach den Gesetzen des Staates Massachusetts", sprach die Angestellte der Stadtverwaltung Margaret Drury kurz nach 9 Uhr Früh am 17. Mai 2004. „Sie dürfen die Heirat nun mit einem Kuss besiegeln." Das Paar umarmte sich, Marcia Kadish, die ihre Partnerin, mit der sie seit 18 Jahren zusammen war, geheiratet hat, war überglücklich: „Ich fühle mich ganz kribbelig und wundervoll", sagte sie. „So viel Liebe, sehen Sie, wie sie aus mir herausplatzt?" Ihre Partnerin meinte, dass sie sich fühlte, als ob sie in der Lotterie gewonnen hätte.

Doch diese Heirat löste große Kontroversen in den USA aus. James Dobson, der Führer der christlichen Gruppe „Focus on the Family" meinte: „Die in Massachusetts ausgestellten Dokumente sind vielleicht mit ‚Trauschein' betitelt, doch sind sie eigentlich Todesurkunden für die Institution der Ehe." Marcia Kadish und Tanya McCloskey waren eines der ersten gleichgeschlechtlichen Paare, das unter dem neuen Gesetz in Massachusetts getraut wurde. Den ganzen Tag über reihte sich vor dem Rathaus ein homosexuelles Paar hinter das andere, um jene Papiere zu erhalten, die bestätigen, dass sie miteinander verheiratet sind. Tausende Menschen versammelten sich und applaudierten den Paaren, die damit ein Recht erhielten, das viele von ihnen als selbstverständlich ansahen.

Massachusetts spielte bei liberalen Reformen in den USA schon öfters eine Vorreiterrolle. Nach Monaten des Rechtsstreits innerhalb und außerhalb des obersten Gerichts des Staates und in seiner Volksvertretung legalisierte der Bundesstaat im Mai 2004 die Homosexuellenehe. Massachusetts folgte damit dem Beispiel Hollands, Belgiens und weiten Teilen Kanadas, als den ersten Staaten der Welt, die die Homosexuellenehe legalisiert hatten. Obwohl seither in den USA mehr und mehr Menschen finden, dass die Homosexuellenehe vor dem Gesetz anerkannt werden sollte, ist eine beständige Mehrheit (55 Prozent im Mai 2004) dagegen (Moore 2004).

Im Verlauf der letzten Jahrzehnte wurde die Homosexualität in vielerlei Hinsicht selbstverständlicher und zu einem akzeptierten Element des alltäglichen Lebens. Mehrere Länder haben Gesetze zum Schutz der Rechte der Homosexuellen erlassen. Als Südafrika 1996 seine neue Verfassung beschloss, wurde es das einzige Land der Welt, das die Rechte Homosexueller in der Verfassung verankerte. In den meisten EU-Ländern, in Däne-

Das allererste gleichgeschlechtliche Paar, das eine Heiratsurkunde im Staat Massachusetts erhalten hat, nachdem es 24 Stunden vor dem Rathaus ausgeharrt hatte.

mark, Deutschland, Frankreich, Finnland, Luxemburg, Schweden, Portugal, Großbritannien, aber auch in Tschechien, Slowenien und in Italien, werden homosexuelle Partnerschaften rechtlich anerkannt (Rechtskomitee Lambda 2007). Österreich folgt diesem Trend mit einer eingetragenen Partnerschaft, die der Ehe rechtlich gleichgestellt werden soll. Das betrifft Rechte und Pflichten der Partner, d.h. die Verpflichtung zu Unterhaltsleistung, Treue und das Recht auf Entschlagung bei der Zeugenaussage, aber auch Mietrechtsnachfolge oder Besuchsregelung in Krankenhäusern. Ein Recht auf Adoption durch ein homosexuelles Paar ist nicht vorgesehen. In Belgien, den Niederlanden und Spanien ist nicht nur die Ehe Homosexueller erlaubt, sondern auch die Adoption von Kindern durch homosexuelle Paare.

Warum fordern schwule und lesbische Aktivisten die völlige Legalisierung der homosexuellen Ehe, während zur selben Zeit bei heterosexuellen Paaren die Ehe ihre Bedeutung einzubüßen scheint? Die Forderung entsteht daraus, dass sie denselben Status, dieselben Rechte und Pflichten wie alle anderen haben möchten. Die Ehe stellt heutzutage vor allem ein emotionales Bündnis dar, doch durch ihre Anerkennung durch den Staat hat sie auch ganz bestimmte gesetzliche Konsequenzen. Sie gibt den Partnern die medizinische Entscheidungsgewalt über Leben und Tod, das Recht auf Erbfolge und Rentenansprüche sowie andere wirtschaftliche Vorteile. „Verpflichtungszeremonien" – Eheschließungen von keinerlei zivilrechtlichem Status –, die sowohl unter Homosexuellen als auch unter Heterosexuellen in Amerika beliebt geworden sind, verleihen diese Rechte und Verpflichtungen nicht. Umgekehrt stellen diese natürlich einen Grund dar, warum viele heterosexuelle Paare heutzutage beschließen, die Ehe entweder aufzuschieben oder überhaupt nicht zu heiraten.

Die Gegner der homosexuellen Eheschließung verurteilen sie als frivol oder unnatürlich. Sie betrachten sie als Legitimation einer sexuellen Orientierung, die der Staat so weit wie möglich einschränken sollte. In den USA gibt es Aktivistengruppen, die sich der Aufgabe widmen, Homosexuelle dazu zu bringen, von ihrer Lebensweise abzugehen und Personen des anderen Geschlechts zu heiraten. Manche betrachten Homosexualität noch immer als eine Perversion und sind entschlossene Gegner aller Normalisierungsbestrebungen.

Doch die Mehrheit der Lesben und Schwulen möchte nur als ganz gewöhnliche Menschen betrachtet werden. Sie verweisen darauf, dass Homosexuelle ökonomische und emotionelle Sicherheit brauchen, genauso wie andere Menschen auch. In seinem Buch *Virtually Normal* (1996) produziert Andrew Sullivan ein eindrucksvolles Plädoyer zugunsten der Vorzüge der homosexuellen Ehe. Da er selbst Katholik und homosexuell ist, hat er sich sehr viele Gedanken darüber gemacht, wie er seine religiösen Glaubensvorstellungen mit seiner Sexualität vereinbaren könnte. Er argumentiert, dass Homosexualität zumindest zum Teil naturbedingt ist – sie ist nicht etwas, das die meisten einfach „wählen". Zu verlangen, dass jemand seine Homosexualität verleugnet, bedeutet von ihm oder ihr zu verlangen, dass die Chance zu lieben und geliebt zu werden aufgegeben wird. Diese

Liebe sollte innerhalb der Ehe ihren Ausdruck finden können. Wenn Homosexuelle nicht zu einer entfremdeten Minderheit werden sollen, so seine Schlussfolgerung, dann muss die Lesben- und Schwulenehe legalisiert werden.

Die Möglichkeit der legalisierten Schwulenehe zeigt, wie radikal sich die Auffassung von Sexualität in den letzten Jahren geändert hat. Schließlich wurden Homosexuelle noch während der Nazidiktatur in Konzentrationslagern ermordet, und in Österreich kam es erst mit der Strafrechtsreform in den 1970er Jahren zur Legalisierung homosexueller Handlungen unter erwachsenen Männern. Die Frage der Homo-Ehe wirft auch die Frage auf, inwieweit die sexuelle Orientierung angeboren oder anerzogen ist. Viele der hier diskutierten Themen überschneiden sich mit jenen in Kapitel 6 – Familien und intime Beziehungen, denn menschliche Sexualität ist immer eng mit unserer Vorstellung von Liebe und einer guten Beziehung verbunden. Es setzt sich immer mehr die Meinung durch, dass eine gute Beziehung nur unter den Bedingungen der Gleichheit im Sinne der Gleichberechtigung entstehen kann. Die Homo-Ehe ist erst durch den nach wie vor andauernden Kampf gegen Diskriminierung und Ungleichbehandlung möglich geworden.

Wir beginnen dieses Kapitel mit einer Diskussion menschlicher Sexualität und untersuchen, wie sich das Sexualverhalten in den westlichen Gesellschaften verändert hat. Dann betrachten wir die Frage der sexuellen Orientierung genauer und wenden uns dabei speziell der Frage der Homosexualität in westlichen Gesellschaften zu. Das führt uns weiter zum allgemeineren Thema Gender (= soziales Geschlecht) und wirft die Frage auf, was es in einer modernen Gesellschaft bedeutet, ein Mann oder eine Frau zu sein. Wir schließen mit einer Erörterung von Geschlechterdifferenz und einem Blick auf die zunehmend globale Durchsetzung der Frauenrechte.

Menschliche Sexualität

Die Vorstellungen von Sexualität unterliegen einem dramatischen Wandel. In den letzten Jahrzehnten haben sich in westlichen Ländern wichtige Aspekte des Sexuallebens fundamental verändert. In traditionellen Gesellschaften war die Sexualität eng an die Fortpflanzung geknüpft, doch heute ist das eine ohne das andere möglich. Sexualität wurde zu einer Dimension des Lebens, die vom Individuum erschlossen und gestaltet werden kann. Wenn einst Sexualität definiert war als heterosexuelle Monogamie in ehelichen Beziehungen, so besteht heute wachsende Akzeptanz gegenüber unterschiedlichsten Formen sexueller Orientierungen und Handlungen in den unterschiedlichsten Zusammenhängen, wie wir in der Erörterung der Homo-Ehe weiter oben gesehen haben.

In diesem Abschnitt befassen wir uns mit einigen Aspekten des menschlichen Sexualverhaltens, wie der Bedeutung biologischer versus sozialer Einflüsse, sowie damit, wie die Gesellschaft die sexuelle Aktivität formt

Sexualität

und welchen Einfluss moderne Reproduktionstechnologien haben. Wir untersuchen dann einige der jüngsten Trends im menschlichen Sexualverhalten in westlichen Gesellschaften.

Biologie und Sexualverhalten

Sexualität wurde lange Zeit als eine höchst persönliche Angelegenheit betrachtet. Für Soziologen ist sie ein relativ neuer Forschungsbereich, da bis vor Kurzem unser Wissen über Sexualität auf Erkenntnissen der Biologie, Medizin und Sexualforschung basierte. Wissenschaftler wandten ihren Blick auch auf die Tierwelt, um mehr von der menschlichen Sexualität zu verstehen.

Es ist offensichtlich, dass die Sexualität eine biologische Basis hat, da sich die weibliche Anatomie von der männlichen unterscheidet, und da auch die Erfahrung des Orgasmus unterschiedlich ist. Es gibt auch einen biologischen Zwang zur Reproduktion, ohne den die menschliche Gattung aussterben würde. Manche Biologen vertreten die Auffassung, es gäbe eine evolutionäre Erklärung dafür, dass Männer promiskuitiver als Frauen seien. Sie verweisen darauf, dass Männer die biologische Disposition haben, so viele Frauen wie möglich zu schwängern, um ihren Genen die größtmögliche Überlebenschance zu geben. Frauen, die zu einem bestimmten Zeitpunkt nur ein befruchtungsfähiges Ei haben, hegen keine derartigen biologischen Interessen; stattdessen wünschen sie sich stabile Partner, um das biologische Erbe zu schützen, das als Investition in die Aufzucht ihrer Kinder eingeht. Diese Argumentation wird durch Studien des Sexualverhaltens von Tieren gestützt, die zu zeigen beanspruchen, dass die Männchen im Allgemeinen stärker promiskuitiv sind als die Weibchen derselben Gattung.

Viele Kommentatoren lehnen den evolutionären Ansatz ab. Steven Rose zum Beispiel ist der Meinung, dass menschliches Verhalten im Gegensatz zu jenem vieler Tiere viel stärker von der Umwelt bestimmt ist als durch genetisch programmierte Instinkte. So sei ein Baby mit relativ wenigen fest vorgegebenen Nervenbahnen ausgestattet (Lewontin u.a. 1987). Rose argumentiert, dass bei Menschen die Phase der Abhängigkeit im Säuglings- und Kleinkindalter außergewöhnlich lang ist, was dem Menschen eine längere Lernphase als jedem anderen Tier ermöglicht.

Die Behauptungen der Soziobiologen – wie etwa von David Barash (1981) – sind heftig umstritten, insbesondere was die Implikationen für das menschliche Sexualverhalten betrifft. In einer Sache unterscheiden sich Menschen deutlich von Tieren: Ihre Sexualität ist bedeutungsvoll, d.h. Menschen drücken ihre Sexualität in einer Vielzahl von Formen aus. Für Menschen ist Sexualität viel mehr als Biologie. Sie ist symbolisch und spiegelt wider, wer wir sind, und welche Emotionen wir fühlen. Wie wir sehen, ist die Sexualität viel zu kompliziert, als dass man sie völlig den biologischen Eigenheiten zuschreiben könnte. Sexualität muss auch im Hinblick auf die ihr beigemessenen sozialen Bedeutungen verstanden werden.

Soziale Determinanten des Sexualverhaltens

In allen Gesellschaften sind die meisten Menschen heterosexuell – um sich emotional zu engagieren und sexuell zu vergnügen, wenden sie sich ans andere Geschlecht. Die Heterosexualität bildet die Basis der Ehe und der Familie, doch es gibt auch viele sexuelle Minderheitenpräferenzen und -neigungen. Judith Lorber unterscheidet nicht weniger als zehn verschiedene Typen der sexuellen Identität unter Menschen: die heterosexuelle Frau, der heterosexuelle Mann, die lesbische Frau, der schwule Mann, die bisexuelle Frau, der bisexuelle Mann, die Transvestitin (eine Frau, die sich regelmäßig als Mann verkleidet), der Transvestit (ein Mann, der sich regelmäßig als Frau verkleidet), die transsexuelle Frau (ein Mann, der zu einer Frau wird) und der transsexuelle Mann (eine Frau, die zu einem Mann wird). Die sexuellen Praktiken selbst sind sogar noch vielfältiger.

Heterosexualität

Zu den möglichen sexuellen Praktiken gehören folgende: Ein Mann oder eine Frau kann sexuelle Beziehungen mit Männern, Frauen oder beiden haben. Das kann jeweils paarweise oder unter Einbezug von drei oder mehr Teilnehmern geschehen. Man kann Sex mit sich selbst haben (Masturbation) oder mit niemandem (Zölibat). Jemand kann sexuelle Beziehungen mit Transsexuellen haben oder mit Personen, die sich der Bekleidung des anderen Geschlechts bedienen; man kann Pornografie oder sexuelle Gerätschaften verwenden; Sadomasochismus praktizieren (die erotische Verwendung von Fesselung und das Zufügen von Schmerzen); mit Tieren Sex haben usw. (Lorber 1999).

In allen Gesellschaften gibt es sexuelle Normen, die einige dieser Praktiken billigen und andere entmutigen oder verdammen. Solche Normen sind jedoch einer großen interkulturellen Variation unterworfen. Die Homosexualität stellt ein Beispiel dafür dar. Wie später erörtert werden soll, haben manche Kulturen die Homosexualität in bestimmten Kontexten entweder toleriert oder aktiv ermutigt. Im antiken Griechenland wurde z.B. die Liebe der Männer zu Knaben als die höchste Form der geschlechtlichen Liebe idealisiert.

Welches sexuelle Verhalten als normal gilt, ist von Kultur zu Kultur verschieden; auch das ist ein Hinweis darauf, dass die meisten sexuellen Reaktionen eher erlernt als angeboren sind. Die umfassendste Untersuchung über Sexualpraktiken in den verschiedenen Kulturkreisen wurde vor 45 Jahren von Clellan Ford und Frank Beach (1954) durchgeführt. Sie sichteten anthropologisches Material aus mehr als 200 Gesellschaften. Die Meinungen darüber, was „natürliches" Sexualverhalten ist und wer sexuell anziehend ist, gingen weit auseinander. In manchen Gesellschaften wird z.B. ein ausgedehntes, möglicherweise einige Stunden dauerndes Vorspiel als wünschenswert oder für den Geschlechtsakt sogar notwendig erachtet, in anderen gibt es praktisch überhaupt kein Vorspiel. In bestimmten anderen Gesellschaften wiederum glaubt man, dass allzu häufiger Geschlechtsverkehr den Körper schwächt oder Krankheiten verursacht. Bei den Seniang im Südpazifik geben die Dorfältesten Ratschläge bezüglich der Häufigkeit des Liebesaktes; sie sind außerdem der Meinung, dass Weißhaarige das Recht hätten, jede Nacht einen Beischlaf zu vollziehen!

In den meisten Kulturen beziehen sich die für Frauen wie Männer gültigen Normen der sexuellen Attraktion eher auf das Aussehen von Frauen als auf das von Männern. Diese Situation scheint sich in der westlichen Welt nach und nach zu ändern, weil Frauen außerhalb der häuslichen Umgebung immer aktiver werden. Die wichtigsten Merkmale weiblicher Schönheit sind jedoch von Kultur zu Kultur ziemlich unterschiedlich. Im modernen Westen gilt z.B. ein schlanker, zierlicher Körperbau als ideal, während in anderen eine üppigere Gestalt als attraktiv angesehen wird (siehe Kapitel 7 – Gesundheit, Krankheit und Behinderung). Mancherorts werden die Brüste nicht als sexuell erregend empfunden, während sie in anderen Gesellschaften als überaus erotisierend gelten. Für die eine Gesellschaft ist die Gesichtsform wichtig, für die andere der Schnitt und die Farbe der Augen, für die dritte wiederum die Größe und Form von Nase und Lippen.

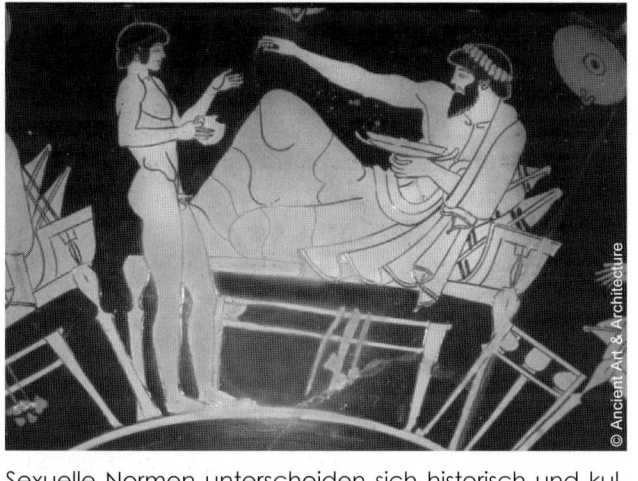

Sexuelle Normen unterscheiden sich historisch und kulturell. Im antiken Griechenland waren Beziehungen zwischen Männern und Jungen eine anerkannte Norm.

Sexualität wird nicht nur stark von der Gesellschaft geprägt, in der wir leben, sondern auch von den in ihr vorhandenen Technologien. Im Folgenden werden wir untersuchen, wie einige Aspekte des technologischen Wandels das Sexualverhalten beeinflussen.

Sexualität und Fortpflanzungstechnologien

Hunderte Jahre hindurch war das Leben der meisten Frauen von der Geburt und der Aufzucht von Kindern dominiert. In vormodernen Zeiten war die Empfängnisverhütung nicht sehr wirksam oder in manchen Gesellschaften auch gänzlich unbekannt. Sogar in Europa war es bis ins 18. Jahrhundert nicht ungewöhnlich, wenn Frauen bis zu 20 Schwangerschaften hatten (wobei es oft zu Fehlgeburten und zum Tod von Säuglingen kam). Verbesserte Methoden der Empfängnisverhütung haben diese Situation grundlegend verändert. Weit davon entfernt, noch immer „natürlich" zu sein, ist es in den industrialisierten Ländern praktisch unbekannt, dass Frauen so viele Schwangerschaften haben. Fortschritte der empfängnisverhütenden Technologie haben den meisten Frauen und Männern die Möglichkeit in die Hand gegeben, die Kontrolle darüber auszuüben, ob und wann sie Kinder haben. Die Empfängnisverhütung ist nur ein Beispiel reproduktiver Technologie. Einige andere Bereiche, in denen natürliche Prozesse gesellschaftlich geworden sind, werden im Folgenden beschrieben.

reproduktive Technologie

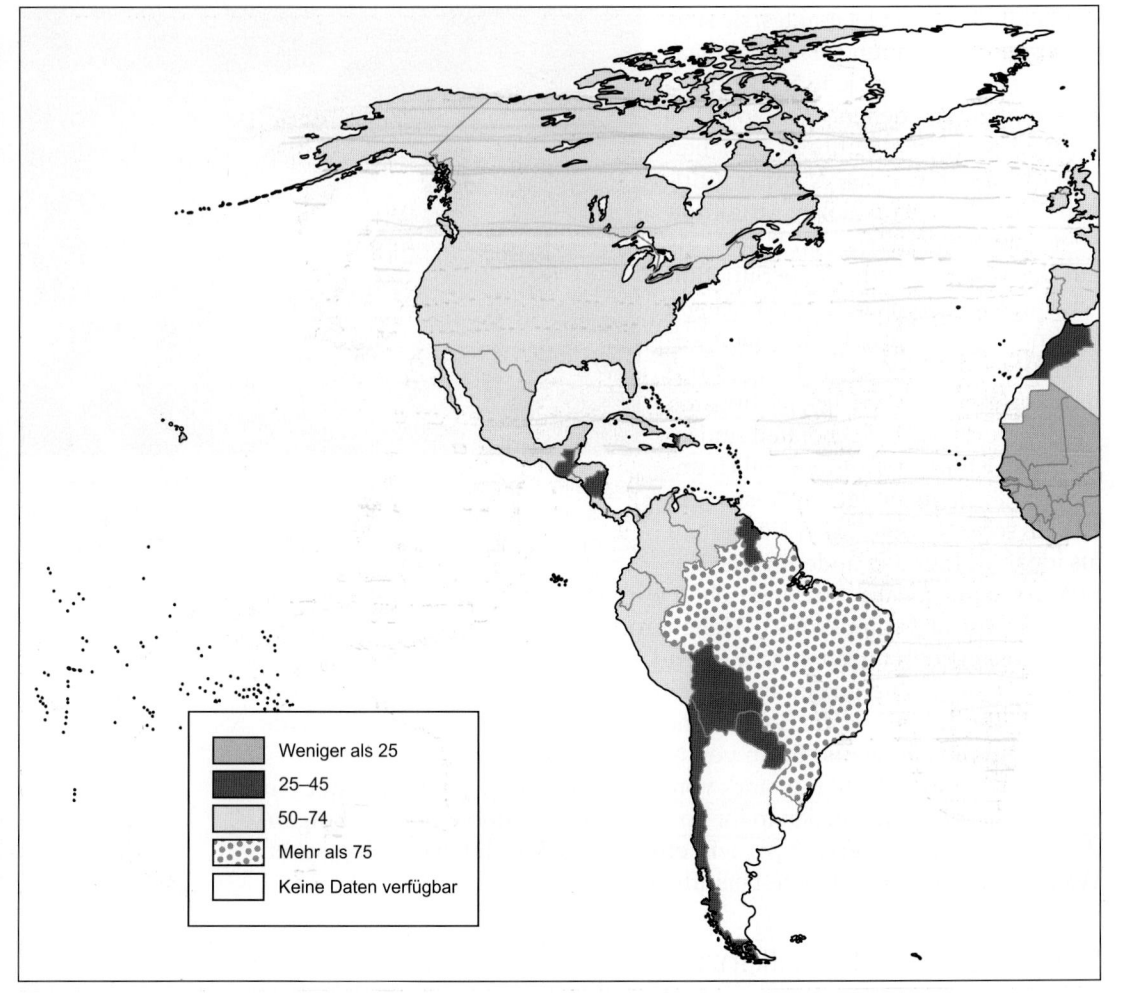

Abb. 5.1: Prozentsatz verheirateter Frauen, die Verhütungsmittel verwenden
Quelle: UNDP (2003).

Geburt

Die Medizin hat sich nicht schon immer mit den wesentlichen Lebensübergängen, wie Geburt und Tod, befasst. Die Medikalisierung der Schwangerschaft und der Geburt hat sich erst allmählich entwickelt; dabei wurden niedergelassene Ärzte und Hebammen von Gynäkologen verdrängt. In den heutigen industrialisierten Gesellschaften finden die meisten Geburten im Krankenhaus statt, wobei die Gebärende von einem spezialisierten Team betreut wird.

Mehr zur Medikalisierung im Kapitel 7 – Gesundheit, Krankheit und Behinderung.

In der Vergangenheit mussten die frisch gebackenen Eltern bis zum Tag der Geburt warten, um das Geschlecht ihrer Neugeborenen zu erfahren und zu sehen, ob das Kind gesund ist. Heute gibt es pränatale Tests wie etwa die Ultraschalluntersuchung des Fötus und die Amniozentese (bei

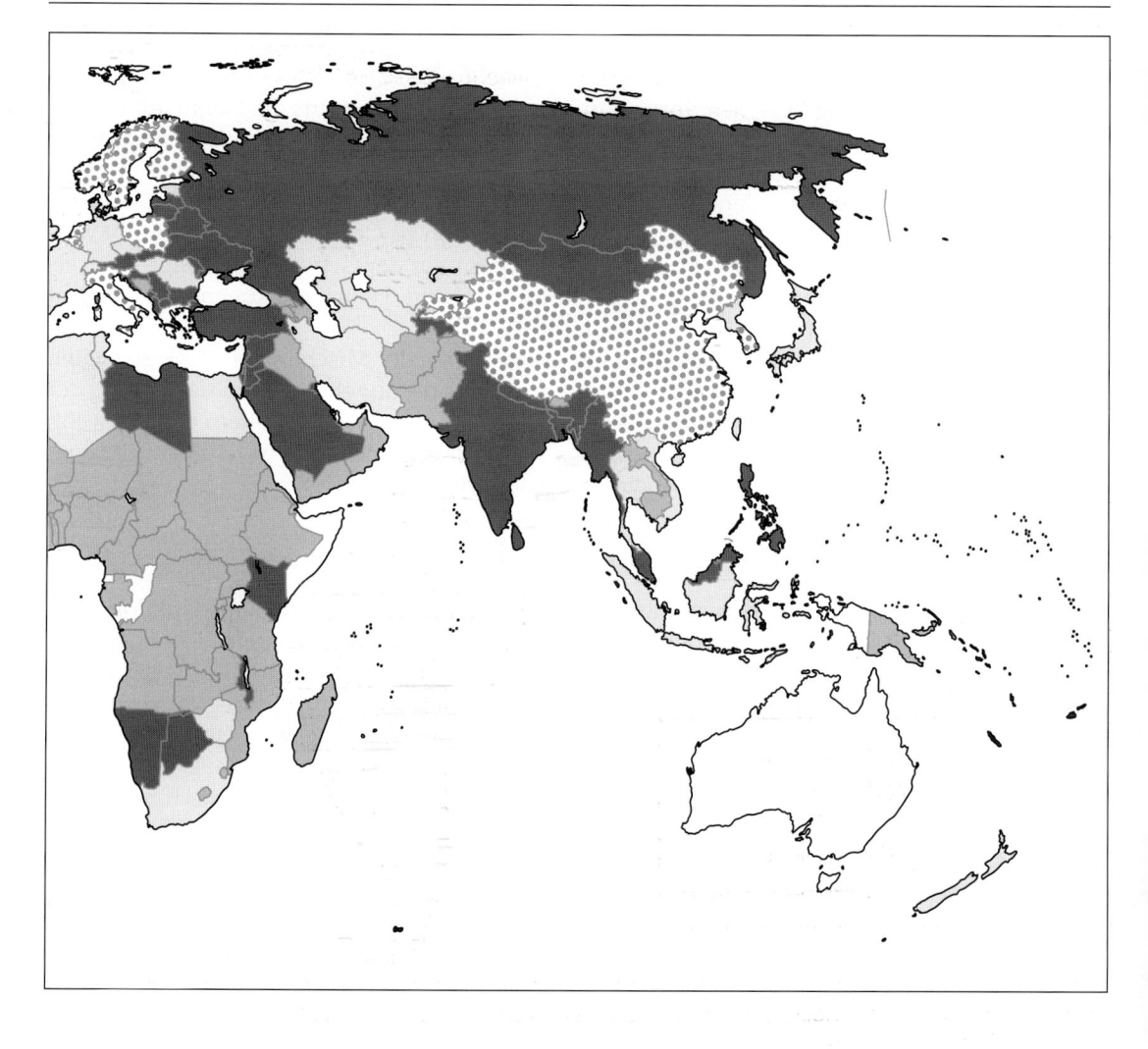

der ein Teil des Fruchtwassers, das den Fötus umgibt, entnommen wird), die verwendet werden können, um strukturelle Abnormitäten oder Missbildungen der Chromosomen schon vor der Geburt festzustellen. Solche neuen Technologien konfrontieren Eltern mit neuen ethischen und die Gesellschaft mit rechtlichen Problemen. Wird eine Missbildung entdeckt, stehen die Eltern vor der Entscheidung, ob das Kind ausgetragen wird, wissend, dass es schwer behindert zur Welt kommen kann.

Genmanipulation: Designerbabys

Heutzutage werden große wissenschaftliche Anstrengungen auf die Genmanipulation verwendet, das heißt, in die Genstruktur des Fötus einzugreifen, um seine spätere Entwicklung zu steuern. Die voraussichtlichen sozialen Auswirkungen der Genmanipulation haben bereits Debatten ausgelöst, die fast so hitzig sind wie jene, die sich auf das Problem der Abtreibung beziehen. Ihren Anhängern zufolge wird uns die Genmanipulation zahlreiche Vorteile bringen. Es ist z.B. möglich, die genetischen Faktoren zu identifizieren, die manche Leute für bestimmte Krankheiten anfällig machen. Genetisches Reprogrammieren wird sicherstellen, dass diese Krankheiten nicht mehr von Generation zu Generation weitervererbt werden. Es ist möglich, unseren Körpern vor der Geburt ein „Design" zu verleihen; dabei werden die Farbe von Haut, Haar und Augen, das Gewicht und andere Faktoren manipuliert.

Die sozialen Implikationen der Genmanipulation für die Gesellschaft werden in Kapitel 7 – Gesundheit, Krankheit und Behinderung genauer diskutiert.

Man kann sich kein besseres Beispiel der Mischung aus Gelegenheiten und Problemen vorstellen, mit der uns die zunehmende Sozialisierung der Natur konfrontiert. Welche Entscheidungen werden Eltern treffen, wenn sie ein Design für ihre Babys auswählen können, und welche Grenzen sollte man diese Entscheidungen betreffend ziehen?

Die Abtreibungsdebatte

Das umstrittenste ethische Dilemma, das die modernen Reproduktionstechnologien in modernen Gesellschaften aufgeworfen haben, bezieht sich auf die Frage, unter welchen Bedingungen es Frauen ermöglicht werden sollte, eine Abtreibung vorzunehmen. Die Abtreibungsdiskussion wird gerade deshalb so hitzig geführt, da sie mit grundlegenden ethischen Fragen verknüpft ist, auf die es keine einfachen Antworten gibt. Jene, die „für das Leben" (pro life) sind, glauben, dass Abtreibung immer falsch ist, ausgenommen unter extremen Umständen, da sie eine Form des Mordes darstellt. Für sie sind ethische Fragen vor allem dem Wert unterworfen, dem man dem menschlichen Leben beimessen muss. Jene, die „für eine Wahl" (pro choice) sind, argumentieren, dass die Kontrolle der Mutter über ihren eigenen Körper – ihr eigenes Recht, ein erfülltes Leben zu führen – die wichtigste Überlegung darstellen muss.

Die Auseinandersetzung um das Recht auf Abtreibung hatte zahlreiche gewalttätige Episoden zur Folge, darunter Morde an Mitarbeitern von Abtreibungskliniken. Kann die Diskussion jemals einer Lösung zugeführt werden? Zumindest ein prominenter Sozial- und Rechtsphilosoph, Ronald Dworkin (1994), hat nahegelegt, dass dies möglich ist. Die tiefe Kluft zwischen jenen, die „für das Leben" sind, und jenen, die „für die Wahl" sind, verbirgt zugrunde liegende Aspekte der Übereinstimmung zwischen den beiden Streitparteien, und das gibt etwas Hoffnung. In früheren historischen Perioden war das Leben oft vergleichsweise billig. In der heutigen Zeit sind wir jedoch dazu gelangt, auf die Unversehrtheit des menschlichen Lebens sehr viel Wert zu legen. Beide Seiten bekennen sich zu diesem Wert, doch interpretieren sie ihn in unterschiedlicher Weise, wobei die einen die Interessen des Kindes und die anderen die Interessen der Mutter hervorheben. Wenn man beide Seiten davon überzeugen könnte, dass sie gemeinsame ethische Werte haben, dann, so Dworkin, wäre es wahrscheinlich möglich, einen konstruktiveren Dialog zu führen.

Die Sexualität in der westlichen Kultur

Die westliche Einstellung zum Sexualverhalten war beinahe 2.000 Jahre lang vom Christentum geprägt. Obwohl verschiedene christliche Glaubensgemeinschaften und Sekten sehr unterschiedliche Auffassungen über den Stellenwert der Sexualität im Leben vertraten, herrschte in der christlichen Kirche doch die Haltung vor, dass jegliches sexuelles Verhalten verdächtig sei, ausgenommen das für die Reproduktion erforderliche. Zu bestimmten Zeiten und in bestimmten Gebieten führte diese Ansicht zu einer extremen Prüderie der gesamten Gesellschaft. Zu anderen Zeiten jedoch ignorierten viele Menschen die Lehren der Kirche oder lehnten sich gegen sie auf, wobei sie verschiedene, von den religiösen Autoritäten verbotene Verhaltensweisen pflegten (z.B. Ehebruch). Der Gedanke, dass man *in* der Ehe sexuelle Erfüllung finden kann und sollte, war lange Zeit nicht sonderlich weitverbreitet.

Im 19. Jahrhundert wurden die religiösen Konzeptionen der Sexualität teilweise durch medizinische ersetzt. Die meisten frühen medizinischen Aufsätze über das Sexualverhalten waren aber ebenso streng wie die Anweisungen der Kirche. Manche vertraten die Auffassung, dass jede sexuelle Aktivität, die nicht der Zeugung von Nachkommenschaft diene, zu ernsten körperlichen Gebrechen führt. Masturbation würde Erblindung, Wahnsinn, Herzerkrankungen und viele andere Beschwerden nach sich ziehen, während Oralverkehr Krebs verursache. Im viktorianischen Zeitalter florierte die sexuelle Heuchelei. Tugendhafte Frauen, glaubte man, wären sexuell desinteressiert und würden die Aufmerksamkeiten ihrer Männer nur aus Pflichterfüllung entgegennehmen; in den expandierenden Städten jedoch blühte die Prostitution, die mehr oder weniger offen toleriert wurde, wobei „lose Frauenzimmer" oft als eine von ihren tugendhaften Schwestern völlig getrennte Kategorie betrachtet wurden.

Viele Männer der viktorianischen Zeit (benannt nach Königin Viktoria, die während des größten Teils des 19. Jahrhunderts Großbritannien regierte), die nach außen hin kreuzbrave Bürger und ihren Frauen treu ergebene Ehemänner waren, besuchten regelmäßig Prostituierte oder hielten sich Mätressen. Dieses Verhalten wurde bei Männern nachsichtig beurteilt, während „achtbare" Frauen, die sich Liebhaber nahmen, als skandalös galten und von der „guten Gesellschaft" ausgeschlossen wurden, wenn ihr Verhalten ruchbar wurde. Historiker haben uns mittlerweile aufgeklärt, dass die Vorstellung von der prüden viktorianischen Epoche nicht ganz zutreffend ist (Gay 1986). Die unterschiedliche Einstellung zur sexuellen Aktivität von Männern und Frauen führte zu einer Doppelmoral, die lange anhielt und in Resten noch immer vorhanden ist. Gegenwärtig existieren derartige traditionelle Haltungen Seite an Seite mit weitaus liberaleren Einstellungen zur Sexualität, wobei sich Letztere vor allem in den 1960er Jahren durchgesetzt haben. Manche Menschen, vor allem jene, die von der christlichen Lehre beeinflusst sind, glauben, dass voreheliche sexuelle Erfahrungen unrecht seien und missbilligen generell alle Formen von Sexualität außer der heterosexuellen Betätigung innerhalb der Ehe – obwohl nunmehr die Auffassung, dass sexuelle Lust als Bestandteil einer ehelichen Beziehung wünschenswert und wichtig ist, wesentlich weiter verbreitet ist. Andere hingegen haben zu vorehelichen sexuellen Aktivitäten eine neutrale oder positive Einstellung und tolerieren ein breites Spektrum verschiedener sexueller Praktiken. Die Einstellung zur Sexualität ist in den letzten Jahrzehnten in den meisten westlichen Ländern eindeutig freizügiger geworden. Im Film und in Theaterstücken werden Szenen gezeigt, die früher unvorstellbar gewesen wären, und die meisten Erwachsenen können, wenn sie wollen, direkten Zugang zu pornografischem Material haben und nutzen diesen auch weidlich, wenn man den regelmäßig erscheinenden Meldungen über die häufigst gebrauchten Suchbegriffe im Internet Glauben schenkt.

Über die Rolle der Medien für die Verbreitung von Pornografie siehe das Kapitel 14 – Medien.

Das Sexualverhalten: Kinseys Untersuchung

Es ist wesentlich einfacher, etwas über die öffentlich artikulierten sexuellen Moralvorstellungen der Vergangenheit zu sagen, als Aussagen über private Praktiken zu treffen, da diese kaum dokumentiert sind. Als Alfred Kinsey (1894–1956) in den 1940er und 50er Jahren seine Untersuchungen durchführte, war dies das erste Mal, dass das tatsächliche Sexualverhalten einer eingehenden empirischen Analyse unterzogen wurde. Kinsey und seine Mitarbeiter wurden von vielen religiösen Organisationen attackiert, und seine Arbeit wurde in den Zeitungen und im amerikanischen Parlament als unmoralisch angeprangert. Er gab aber nicht auf und konnte am Ende auf 18.000 Berichte über das Sexualleben von Erwachsenen verweisen, was zwar keine statistisch repräsentative Stichprobe war, aber dank der großen Zahl von Fällen dennoch beeindruckte und folgenreich wurde (Kinsey [1948] 1955, 1953). Aus diesem Grund sollte man den Prozentangaben von Kinsey nicht allzu viel Bedeutung einräumen – außer der, dass sie von seinen damaligen Lesern ernst genommen wurden. Spätere, statistisch korrektere Erhebungen, die Kinsey teilweise recht gaben, bildeten möglicherweise aber bereits veränderte Sexualgewohnheiten ab. Die weite Verbreitung, die Kinseys Studien fanden – er sprach über seine Forschungen in ausverkauften Sportstadien –, trug vielleicht selbst zur Änderung von Sexualgewohnheiten bei.

Kinseys Ergebnisse waren für die meisten überraschend und für viele schockierend, weil sie aufdeckten, dass zwischen den zu dieser Zeit vorherrschenden öffentlichen Normen des Sexualverhaltens und dem tatsächlichen sexuellen Verhalten große Unterschiede bestanden. Er fand heraus, dass beinahe 70 Prozent aller Männer bereits eine Prostituierte besucht und 84 Prozent voreheliche sexuelle Kontakte gepflegt hatten. Der Doppelmoral entsprechend erwarteten jedoch 40 Prozent der Männer von ihren Frauen, dass sie jungfräulich in die Ehe gehen sollten. Über 90 Prozent der Männer hatten masturbiert, und beinahe 60 Prozent hatten in irgendeiner Form Erfahrungen mit Oralsex. Bei den Frauen hatten 50 Prozent voreheliche sexuelle Kontakte gehabt, der Großteil allerdings mit ihrem späteren Ehemann. Ungefähr 60 Prozent hatten masturbiert, und der gleiche Prozentsatz hatte oral-genitale Kontakte gehabt.

Kinsey starb im Jahr 1956, das von ihm gegründete Institute for Sex Research setzte seine Forschungen bis heute fort und wurde 1981 in Kinsey Institute for Research in Sex, Gender and Reproduction umbenannt, um seinen Beitrag zur Forschung zu würdigen.

Sexualverhalten nach Kinsey

Die 1960er Jahre erlebten Entwicklungen, die man seither unter dem Begriff „sexuelle Revolution" zusammenfasst. Jugendliche und junge Erwachsene – von der „Neuen Linken" bis zu den „Hippies", aber auch weit hinein ins Bürgertum – entdeckten die Freuden der Sexualität, die nicht mehr in Gefahr stand, Kinder zu zeugen. Die Erfindung und rasche Verbreitung der empfängnisverhütenden (Antibaby-)Pille ermöglichte die Trennung von sexuellem Vergnügen und Fortpflanzung. Unterstützt durch gegenkulturelle Bewegungen und die Popkultur, die sich dank neuer Medien weltweit ausbreitete, fand Kinseys Botschaft rasch Verbreitung: Alle tun es, also darfst du es auch tun (was immer dieses „es" sein mochte). Zwei Jahrzehnte lang herrschte sexuelle Befreiung, bis schließlich die epidemische Verbreitung des HI-Virus zu einer Ernüchterung und neuerlich angstbesetzten Sexualität führte.

Bis vor Kurzem gab es wenig exakte Information darüber, wie sehr sich seit den Tagen von Kinseys Untersuchung das Sexualverhalten gewandelt hatte. In den späten 1980er Jahren befragte Lillian Rubin 1.000 Amerikaner und Amerikanerinnen zwischen 13 und 48 Jahren, um herauszufinden, welche Änderungen des sexuellen Verhaltens und der Einstellung zur Sexualität in den letzten 30 Jahren stattgefunden hatten. Ihren Erkenntnissen zufolge hat sich in diesem Zeitraum tatsächlich viel geändert. Die Jugendlichen sind heute im Durchschnitt früher sexuell aktiv, als das bei der vorhergehenden Generation der Fall war. Darüber hinaus sind die Sexualpraktiken der Teenager heute genauso vielfältig und umfassend wie jene von Erwachsenen. Die Doppelmoral besteht zwar noch, ist aber nicht mehr so stark wie früher. Eine der wichtigsten Veränderungen besteht darin, dass sich Frauen von einer Beziehung sexuelle Erfüllung erwarten und diese aktiv suchen. Sie wollen sexuelle Befriedigung erlangen und diese nicht nur geben – ein Phänomen, von dem Rubin glaubt, dass es für beide Geschlechter weitreichende Konsequenzen hat.

Frauen sind sexuell freizügiger als früher. Das gefällt den Männern zwar, geht aber mit einem neuen Selbstbewusstsein einher, mit dem viele Männer nur schwer zurechtkommen. Männer, mit denen Rubin sprach, sagten oft, dass sie eine gewisse „Unzulänglichkeit" verspürten, dass sie Angst hätten, „nichts richtig machen zu können", und dass „es unmöglich ist, heutzutage eine Frau zu befriedigen" (Rubin 1990).

Unzulänglichkeit? Widerspricht das nicht allen Feststellungen, die wir in diesem Kapitel bisher getroffen haben? Einerseits ist und bleibt die

Prostitution

Prostitution kann als die Gewährung sexueller Gunst zu Erwerbszwecken definiert werden. Der Ausdruck „Prostituierte" wurde im späten 18. Jahrhundert allgemein gebräuchlich. In der Antike waren die meisten Frauen, die von ihrer Sexualität zu Erwerbszwecken Gebrauch machten, Hetären, Konkubinen (ständige Mätressen) oder Sklavinnen. In vormodernen Gesellschaften genossen Hetären und Konkubinen oft einen hohen gesellschaftlichen Rang.

Ein wichtiger Aspekt der modernen Prostitution ist die Anonymität der Beziehung zwischen Prostituierter und Freier. Obwohl Männer „Stammkunden" werden können, gründet sich die Beziehung ursprünglich nicht auf eine persönliche Bekanntschaft. Das war bei den meisten Formen des Tausches von sexuellen Gunstbezeigungen gegen materielle Vorteile in früheren Zeiten anders. Die Prostitution steht in direktem Zusammenhang mit dem Verschwinden kleiner sozialer Gemeinschaften, mit der Entstehung großer, anonymer städtischer Siedlungen und der Kommerzialisierung sozialer Beziehungen. In überschaubaren vormodernen Gesellschaften waren die sexuellen Beziehungen gerade aufgrund ihrer Sichtbarkeit kontrollierbar. In den neu entstandenen städtischen Gebieten konnten leichter anonyme soziale Kontakte geknüpft werden.

Prostitution heute

Prostituierte entstammen heute wie früher meist einem ärmeren Milieu; eine erhebliche Anzahl von Frauen kommt aber auch aus der Mittelschicht. Eine Scheidung und die damit verbundene Verarmung mögen Frauen in die Prostitution getrieben haben. Darüber hinaus arbeiten manche Frauen, die nach dem Schulabschluss keine Stelle finden, in Massagesalons oder in Callgirl-Ringen, während sie sich nach anderen Beschäftigungsmöglichkeiten umsehen.

Eine bereits 1949 verabschiedete Resolution der Vereinten Nationen verurteilt Menschen, die die Prostitution organisieren oder aus der Arbeit von Prostituierten Profit schlagen, nicht aber die Prostitution als solche. 80 Mitgliedsstaaten, einschließlich Österreich und Deutschland, haben die Resolution formell angenommen, obwohl ihre Gesetzgebung in diesem Bereich sehr unterschiedlich ist. In bestimmten Ländern ist Prostitution an sich verboten. In anderen Ländern sind nur bestimmte Formen der Prostitution, wie z.B. Kinderprostitution oder Straßenprostitution in Sperrbezirken verboten. Einige nationale oder lokale Behörden vergeben Konzessionen für den Betrieb von Bordellen oder Sexclubs – wie z.B. die Eros-Center in Deutschland oder die Freudenhäuser in Amsterdam. Männliche Prostitution ist nur in wenigen Ländern zugelassen. Die Gesetze gegen die Prostitution richten sich selten gegen die Kunden. Jene, die sexuelle Dienstleistungen kaufen, werden in der Regel weder verhaftet noch strafrechtlich verfolgt, und bei Gerichtsverhandlungen kann ihre Anonymität gewahrt bleiben. Für Angehörige der UN-Truppen ist jedoch der Konsum sexueller Dienstleistungen verboten und auch Schweden hat 1999 den Kauf – jedoch nicht das Angebot – sexueller Dienstleistungen unter Strafe gestellt. Schweden erklärte Prostitution zu einem Akt der Gewalt gegen Frauen, wodurch die Prostituierten als Opfer zu schützen und die Freier als Täter zu verfolgen sind.

Es gibt viel weniger Untersuchungen über Kunden als über jene, die Sex verkaufen, und kaum jemand wird sagen, dass die Freier psychisch gestört seien – wie das von Prostituierten oft behauptet oder stillschweigend angenommen wird. Das Ungleichgewicht in der Forschung drückt sicher aus, wie unkritisch herkömmliche sexuelle Stereotypen übernommen werden, denen zufolge es bei Männern „normal" ist, aktiv nach einer Vielfalt von sexuellen Ventilen zu suchen, während jene, die diese Bedürfnisse befriedigen, verurteilt werden.

Die globale „Sexindustrie"

Prostitution ist Teil des **Sextourismus** in vielen Gegenden der Welt, etwa in Thailand und den Philippinen. Pauschalreisen, die auf Prostitution ausgerichtet sind, ziehen Männer aus allen Ländern Europas, der USA und Japan an, oft auf der Suche nach Sex mit Minderjährigen. Der Sextourismus im Fernen Osten hat seine Wurzeln in der Vermittlung von Prostituierten für die amerikanischen Soldaten während des Korea- und des Vietnamkrieges. In Thailand,

moderne Gesellschaft patriarchalisch: Männer beherrschen nicht nur die meisten gesellschaftlichen Bereiche, sondern werden Frauen gegenüber auch viel häufiger gewalttätig als umgekehrt. Nicht zuletzt ist männliche Gewalt auf die Kontrolle und die fortgesetzte Unterwerfung der Frauen gerichtet. Andererseits haben mehrere Autoren und Autorinnen darauf hingewiesen, dass Mannsein ebenso viele Vorteile wie Nachteile mit sich bringt. Die männliche Sexualität sei häufig eher zwanghaft als befriedigend.

auf den Philippinen, in Vietnam, Korea und auf Taiwan entstanden damals sogenannte „Freizeit- und Erholungszentren". Einige davon gibt es noch, besonders auf den Philippinen, die regelmäßig ganze Schiffsladungen von Touristen und die in der Region stationierten Soldaten „versorgen".

Ein von der Internationalen Arbeitsorganisation (International Labour Organisation – ILO) im Jahr 1998 veröffentlichter Bericht stellte fest, dass Prostitution und die Vermarktung von Sex in Südostasien nach dem raschen Wachstum der letzten Jahre mittlerweile die Dimensionen eines voll entwickelten kommerziellen Sektors angenommen haben. Die billigeren weltweiten Reisemöglichkeiten und die Kaufkraftunterschiede zwischen asiatischen und westlichen Währungen haben den Sextourismus für Fremde attraktiv und leistbar gemacht. Darüber hinaus ist die Sexindustrie eng verbunden mit wirtschaftlicher Not. Manche verzweifelte Familien zwingen ihre eigenen Kinder in die Prostitution; andere junge Menschen melden sich ahnungslos auf Inserate für „Tänzerinnen" oder „Bardamen" und werden so in die Branche der sexuellen Dienstleistungen gelockt. Die Landflucht trägt ebenso zum Wachstum der Sexindustrie bei, weil viele Frauen die Beschränkungen ihrer traditionellen Dörfer verlassen wollen und jede Gelegenheit ergreifen wegzukommen.

Der ILO-Bericht warnt, dass viele Länder, in denen die Sexindustrie besonders weitverbreitet ist, über keine gesetzlichen Rahmenbedingungen oder sozialpolitischen Maßnahmen verfügen, um mit den vielen Auswirkungen der Sexindustrie fertig zu werden. Prostitution hat ernsthafte Folgen für die Verbreitung von AIDS und sexuell übertragbarer Krankheiten. Oft ist Prostitution verbunden mit Gewalt, Kriminalität, Drogenhandel und die Ausbeutung und Verletzung der Menschenrechte (Lim 1998).

Warum gibt es Prostitution? Prostitution ist ein dauerhaftes Phänomen, das trotz sämtlicher Abschaffungsversuche verschiedener Regierungen weiter besteht. Prostitution wird überwiegend von Frauen ausgeübt, die ihre Gunst Männern verkaufen, und kaum in umgekehrter Form, obwohl es – etwa in Hamburg – einige Fälle gibt, wo in sogenannten „Freudenhäusern" Männer ihre sexuelle Gunst an Frauen verkaufen. Und natürlich prostituieren sich männliche Jugendliche und Männer auch für Männer.

Die Prostitution ist nicht aufgrund irgendeines Einzelfaktors erklärbar. Man könnte meinen, dass Männer einfach stärkere oder hartnäckigere sexuelle Bedürfnisse haben als Frauen und deshalb das Ventil der Prostitution brauchen. Diese Erklärung ist aber unplausibel, denn die meisten Frauen scheinen sich sexuell intensiver entfalten zu können als Männer im

vergleichbaren Alter. Wenn es Prostitution nur gäbe, um sexuelle Bedürfnisse zu befriedigen, dann gäbe es sicherlich viele männliche Prostituierte, die ihre Dienstleistungen Frauen anbieten würden.

Die überzeugendste allgemeine Schlussfolgerung ist, dass Prostitution die Neigung der Männer, Frauen als Objekte zu betrachten, die für sexuelle Zwecke „verwendet" werden können, zum Ausdruck bringt bzw. dass sie damit diese Neigung perpetuieren wollen. Prostitution ist ein Aspekt der patriarchalischen Beziehungen und symbolisiert in einem speziellen Kontext die ungleiche Machtverteilung zwischen Männern und Frauen. Natürlich spielen auch viele andere Faktoren eine Rolle. Die Prostitution bietet Menschen, die aufgrund einer physischen Benachteiligung oder restriktiver moralischer Normen keine anderen Sexualpartner finden können, die Möglichkeit der sexuellen Befriedigung. Prostituierte sind für Männer da, die von zu Hause weg sind und sexuelle Begegnungen haben wollen, ohne sich gefühlsmäßig zu engagieren, oder für Männer mit ungewöhnlichen sexuellen Vorlieben, die von anderen Frauen nicht akzeptiert werden. Diese Faktoren sind jedoch weniger für die Prostitution als solche, sondern vielmehr für ihr Ausmaß bestimmend.

Wenn Männer die Sexualität nicht mehr als Mittel der sozialen Kontrolle einsetzten, käme das nicht nur den Frauen, sondern auch ihnen selbst zugute.

Theorien über Sexualität

Zwei Forscher des Kinsey Institutes – John Gagnon und William Simon – entwickelten ein theoretischeres Interesse an den Daten, mit denen sie zu tun hatten. In ihrem sehr einflussreichen Buch *Sexual Conduct* (1973) schlagen die Autoren vor, die Metapher des Drehbuchs für das Verständnis des menschlichen Sexualverhaltens zu benutzen.

Zum dramaturgi-
schen Modell lesen
Sie mehr in Kapitel 3
– Soziale Interaktion
und Alltagsleben.

Die Metapher des Drehbuchs baut auf dem von Erving Goffman eingeführten dramaturgischen Modell zur Erklärung alltäglicher sozialer Interaktion auf. Auch Sex kann man, so Gagnon und Simon, gut mit der Metapher des Dramas analysieren. Es gibt ausgefeilte Regeln und ein metapho-
risches Drehbuch, das angibt, wer, wie, wo und wann und sogar warum
Sex hat.

Wie schon Kinsey und sein Team in den ersten beiden Studien gezeigt
haben, umfasst das Sexualverhalten eine enorme Bandbreite an möglichen
Handlungen: flüchtige hetero- und homosexuelle Begegnungen, Prostitution, Sexualität mit einem Langzeitpartner usw. Für Menschen tritt keiner
dieser Sexualakte ohne Vorbereitung und Vorbedacht auf. Jeder Sexualakt
hat ein sexuelles Drehbuch, durch das er verständlich wird. Nehmen wir
zum Beispiel das Zusammentreffen eines Mannes mit einer weiblichen
Prostituierten. Die sexuelle Begegnung umfasst, zuerst einen passenden
Partner zu finden (wer), die Art des Sexualaktes und seinen Preis zu verhandeln (wie), einen Ort in einem Hotel oder Bordell zu finden (wo) und
vielleicht auch eine Erklärung oder Rechtfertigung des Aktes, wie etwa
Einsamkeit oder Beziehungsprobleme (warum). Das Modell kann auf jede
andere sexuelle Begegnung angewendet werden.

Für Gagnon und Simon ist es zentral, das sexuelle Drehbuch zu lesen,
um menschliche Sexualität zu verstehen. Die Autoren argumentieren, dass
diese Drehbücher drei wichtige Formen annehmen: „Persönliche Drehbücher" trägt das Individuum im Kopf und geben Auskunft über die eigenen
sexuellen Wünsche, „interaktive Drehbücher" werden zwischen Sexualpartnern verhandelt und umfassen die Erklärung von Rollen, „historisch-
kulturelle Drehbücher" existieren in einer weiteren Kultur und bieten oft
unbewusst Informationen über die Rolle einer Person in einer Kultur und
die sexuellen Erwartungen, die in dieser Kultur bestehen.

Sozialkonstruktivismus
wird in Kapitel 3 –
Soziale Interaktion
und Alltagsleben
näher diskutiert.

Die Arbeit von Gagnon und Simon wird als Grundlage für die „sozial-
konstruktivistische" Sichtweise der Sexualität gesehen.

Eine neue Treue?

Im Jahr 1994 publizierte ein Forscherteam *The Social Organization of Sexuality: Sexual Practices in the United States*, die umfassendste Untersuchung,
die seit Kinsey in irgendeinem Land durchgeführt worden war. Zur weitgehend allgemeinen Überraschung diagnostizierte die Studie, dass in den
USA sexueller Konservativismus herrschte. So hatten z.B. 83 Prozent der
Interviewpersonen im vorhergehenden Jahr lediglich einen (oder gar keinen) Partner gehabt, und unter den Verheirateten stieg diese Zahl auf
96 Prozent an. Die Treue gegenüber dem Partner oder der Partnerin ist
ebenfalls weitverbreitet: Nur zehn Prozent der Frauen und weniger als
25 Prozent der Männer gaben an, sie hätten irgendwann während ihres
Lebens eine außereheliche Beziehung gehabt. Nach dieser Studie haben
Amerikaner und Amerikanerinnen im Schnitt während ihres ganzen Lebens nur drei Partner. Trotz dieses allem Anschein nach ziemlich beschau-
lichen Wesens des Sexualverhaltens förderte die Studie auch einige deutli-

che Veränderungen zutage. Die bedeutendste war die Zunahme vorehelicher Aktivitäten, besonders bei Frauen. Tatsächlich haben über 95 Prozent der Amerikaner zum Zeitpunkt der Eheschließung bereits sexuelle Erfahrungen gemacht (Laumann u.a. 1994).

Auch in Deutschland und Österreich scheint der Trend der neuen Treue viel Zuspruch zu erhalten: In einer Umfrage aus dem Jahr 1994 lehnten rund 60 Prozent der deutschen und 67 Prozent der österreichischen Befragten Sex mit einer anderen Person als dem Ehepartner als „immer falsch" ab, weitere 25 Prozent (bzw. in Österreich 28 Prozent fanden es „meist falsch", mit jemand anderem als dem Partner Sex zu haben (s. Tab. 5.1) . Dabei ist die Ablehnung der außerehelichen sexuellen Beziehungen bei den verwitweten Befragten in Deutschland am größten, und in beiden Ländern verstärkt sich die Ablehnung der außerehelichen sexuellen Beziehungen mit der Häufigkeit der Religionsausübung. Die jüngeren Befragten sind in beiden Ländern tendenziell freizügiger, finden außereheliche sexuelle Beziehungen also zu einem größeren Anteil auch „gar nicht falsch" (ISSP 1994).

	immer falsch			meist falsch			manchmal falsch			nie falsch		
	D West	**D Ost**	**Ö**	**D West**	**D Ost**	**Ö**	**D West**	**D Ost**	**Ö**	**D West**	**D Ost**	**Ö**
Halten Sie voreheliche Beziehungen für richtig oder falsch?	4,8	1,8	3,9	2,6	1,3	8,1	13,7	9,8	19,4	79	87,1	68,6
Halten Sie außereheliche Beziehungen für richtig oder falsch?	55,3	59,6	67,4	26,9	23,5	27,8	13,3	12,5	3	4,5	4,4	1,8
Halten Sie sexuelle Beziehungen von Jugendlichen unter 16 Jahren für richtig oder falsch?	33,9	27,2	35,7	24,2	22,5	38,1	29,3	33,9	17,8	12,5	16,5	8,5
Halten Sie homosexuelle Beziehungen unter Erwachsenen für richtig oder falsch?	41,9	51	52,4	10,4	8,8	18,4	14,5	10,2	14,5	33,3	30,1	14,6

Tab. 5.1: Einstellungen zu sexuellen Beziehungen in Deutschland und Österreich 1994 (in Prozent)
Quelle: ISSP (1994), eigene Berechnungen.

Empirische Studien des Sexualverhaltens sehen sich mit vielen Schwierigkeiten konfrontiert. Wir wissen einfach nicht, inwieweit Leute in einem Interview über ihr Sexualleben die Wahrheit sagen. *The Social Organization of Sexuality* scheint zu zeigen, dass die Amerikaner heute in ihrem Geschlechtsleben wesentlich weniger unternehmungslustig sind, als sie es zur Zeit des Kinsey-Reports gewesen sein sollen. Vielleicht waren die Daten des Kinsey-Reports tatsächlich verzerrt. Vielleicht hat aber auch die Furcht vor AIDS viele Menschen dazu gebracht, den Bereich ihrer sexuellen Aktivitäten einzuschränken, oder Menschen neigen heute dazu, im herrschenden ziemlich konservativen Klima Aspekte ihrer sexuellen Aktivitäten zu verbergen. Wir wissen es nicht.

Die Aussagekraft empirischer Untersuchungen des Sexualverhaltens wurde in der letzten Zeit intensiv diskutiert (Lewontin 1995). Kritiker der gerade erörterten Untersuchungen haben behauptet, dass derartige Umfragen keine verlässliche Information über sexuelle Praktiken zutage fördern. Ein Teil der Kontroverse entzündete sich an den Angaben der älteren Befragten. Die Forscher berichteten, dass 45 Prozent der Männer zwischen 80 und 85 Jahren angaben, mit ihren Partnerinnen Geschlechtsverkehr zu haben. Die Kritiker halten dies für so offenkundig unwahr, dass sie die Befunde der gesamten Untersuchung infrage stellen. Die Forscher haben sich gegen diesen Angriff verteidigt und wurden dabei von Leuten unterstützt, die auf die Untersuchung älterer Menschen spezialisiert sind, und die die Kritiker bezichtigten, das Altern mit negativen Stereotypen zu belegen. Sie verwiesen darauf, dass in einer Untersuchung von älteren Männern, die außerhalb von Institutionen lebten, 74 Prozent sexuell aktiv waren. Tatsächlich hielt eine Studie fest, dass die meisten Männer sich sogar nach Erreichung des 90. Lebensjahres ein Interesse an Sex bewahrten.

Im folgenden Abschnitt werden wir uns mit sexueller Orientierung und in diesem Zusammenhang mit Homosexualität befassen. Dabei werden wir einige der Schlüsselfragen, Debatten und Theorien dieses Bereiches erörtern.

Sexuelle Orientierung

sexuelle Orientierung Sexuelle Orientierung benennt, welche Richtung die sexuelle oder romantische Attraktion eines Menschen nehmen kann. Der Begriff „sexuelle Präferenz", der manchmal inkorrekterweise statt dem Begriff „sexuelle Orientierung" benutzt wird, ist irreführend und sollte daher vermieden werden, da er impliziert, dass jemandes sexuelle oder romantische Attraktion eine rein persönliche Willensentscheidung sei. Wie Sie jedoch unten sehen werden, resultiert die sexuelle Orientierung aus einem komplexen Zusammenspiel biologischer und sozialer Faktoren, das noch nicht völlig verstanden worden ist.

Die in allen Kulturen einschließlich Europa am häufigsten vorkommende sexuelle Orientierung ist die Heterosexualität, die sexuelle oder romantische Attraktion zum anderen Geschlecht („Hetero" kommt vom griechischen Wort für „anders" oder „verschieden"). Homosexualität bezieht sich auf sexuelle oder romantische Attraktion zu Personen des eigenen Ge-

Bisexualität schlechts. Heute wird der Begriff *schwul* für männliche, der Begriff *lesbisch* für weibliche Homosexuelle benutzt; *bi* steht als Kürzel für Bisexuelle, also Menschen, die sich zu Personen beiderlei Geschlechts hingezogen fühlen.

Die Orientierung zu Personen des gleichen Geschlechts tritt in allen Kulturen auf. In einigen nichtwestlichen Kulturen werden homosexuelle

Beziehungen toleriert oder sogar gefördert, wenn auch normalerweise nur in bestimmten Bevölkerungsgruppen.

Bei den Batak im Norden Sumatras sind z.B. männliche homosexuelle Beziehungen vor der Ehe erlaubt. Mit Erreichen der Pubertät verlässt der junge Mann sein Elternhaus und schläft mit einem Dutzend oder mehr Altersgenossen oder älteren Kameraden in einer eigenen Hütte. Allerdings ist in vielen Gesellschaften die Homosexualität nicht so offen akzeptiert. Der Begriff Homosexualität bezeichnet das Sexualverhalten eines Menschen, der sich in seinen sexuellen Vorlieben deutlich von der Mehrheit der Bevölkerung unterscheidet. In seiner Untersuchung der Sexualität hat Michel Foucault gezeigt, dass dieser Begriff vor dem 18. Jahrhundert kaum existiert zu haben scheint (Foucault 1977). Sodomitische Handlungen waren durch kirchliche und weltliche Gesetze unter Strafe gestellt; in England und in einigen anderen Ländern stand darauf die Todesstrafe. Sodomie wurde jedoch nicht spezifisch als homosexuelles Vergehen definiert, sondern bezog sich auf bestimmte sexuelle Handlungen zwischen Männern und Frauen, Männern und Tieren und Männern und Männern. Der Begriff „Homosexualität" wurde in den 60er Jahren des 19. Jahrhunderts geprägt, und von da an wurden Homosexuelle zunehmend als eigener Menschentyp angesehen, der mit einer bestimmten sexuellen Abartigkeit behaftet ist (Weeks 1986). Um weibliche Homosexualität zu bezeichnen, kam kurze Zeit später der Begriff „lesbisch" auf.

Homosexualität

Die Todesstrafe für „widernatürliche Geschlechtsakte" wurde in den USA nach Erlangung der Unabhängigkeit und in Europa im späten 18. oder frühen 19. Jahrhundert aufgehoben. Bis vor wenigen Jahrzehnten stand Homosexualität in praktisch allen westlichen Ländern unter Strafe. Der Wandel, der Homosexuelle von den Rändern der Gesellschaft in ihre Mitte bringt, ist längst noch nicht abgeschlossen, wenngleich es bemerkenswerte Fortschritte zu verzeichnen gibt, wie die eingangs erwähnte Diskussion der Homo-Ehe zeigt.

Ist sexuelle Orientierung angeboren oder erlernt?

Die meisten Soziologen meinen heute, dass die sexuelle Orientierung einer Person – egal ob homosexuell, heterosexuell oder anders – aus einem komplexen Zusammenspiel biologischer Faktoren und sozialen Lernens geformt wird. Da Heterosexualität für die meisten Menschen die Norm ist, wurden viele Studien unternommen um zu klären, warum manche Menschen homosexuell werden. Manche Wissenschaftler meinen, dass biologische Einflüsse am wichtigsten seien und manche Menschen von Geburt an zur Homosexualität prädisponieren (Bell u.a. 1981). Biologische Erklärungen für Homosexualität befassten sich mit Unterschieden wie z.B. der Beschaffenheit des Gehirns (Savic und Lindström 2008) und dem Einfluss der Hormonproduktion im Uterus auf das Ungeborene (McFadden und Champlin 2000). Solche Studien beziehen sich meist auf eine kleine Fallzahl und haben wenig schlüssige oder auch höchst umstrittene Ergebnisse (Healy 2001). Es ist so gut wie unmöglich, die biologischen von den frühen sozialen Einflüssen zu trennen, wenn es um die Bestimmung der sexuellen Orientierung einer Person geht.

Zwillingsstudien versprechen Einsichten zu vermitteln, ob es eine genetische Basis für Homosexualität gibt, da eineiige Zwillinge identische Gene haben. In zwei Studien haben Bailey und Pillard 167 Brüderpaare und 143 Schwesterpaare untersucht, die nicht getrennt voneinander aufgewachsen sind, sondern in der gleichen Familie und von denen mindestens eine Person sich als homosexuell bezeichnete (Bailey und Pillard 1991; Bailey u.a. 1993). Einige dieser Geschwisterpaare waren eineiige Zwillinge (mit identen Erbanlagen), einige waren zweieiige Zwillinge (also mit ähnlichen Erbanlagen) und einige waren Adoptivgeschwister (ohne gemeinsame Erbanlagen). Wenn sexuelle Orientierung rein biologisch bestimmt wäre, so schlossen die Forscher, müssten alle eineiigen Zwillinge homosexuell sein, da sie ja über idente Erbanlagen verfügen. Des Weiteren müssten einige der zweieiigen Zwillinge homosexuell sein. Und die geringste Rate der Homosexualität müsste bei den Adoptivgeschwistern auftreten.

Doch die Resultate dieser Studie scheinen zu zeigen, dass Homosexualität aus einer Kombination biologischer und sozialer Faktoren entsteht (Dawood u.a. 2000). Unter den untersuchten Männern und Frauen war ungefähr eine Person von zwei eineiigen Zwillingspaaren homosexuell, verglichen mit einer Person von fünf zweieiigen Zwillingspaaren und einer Person von zehn Adoptivgeschwisterpaaren. Mit anderen Worten, dass ein Mann oder eine Frau homosexuell ist, ist fünfmal so wahrscheinlich, wenn auch sein oder ihr eineiiger Zwilling homosexuell ist, als wenn der Adoptivbruder oder die Adoptivschwester homosexuell ist. Diese Ergebnisse unterstützen zu einem gewissen Grad die These von der Wichtigkeit der biologischen Faktoren, denn je höher der Anteil gemeinsamer Gene, desto höher der Prozentsatz von Fällen, wo beide Geschwister homosexuell sind. Doch, da etwa bei der Hälfte der eineiigen Zwillingspaare nur ein Geschwister homosexuell war, muss auch ein gewaltiges Maß an sozialem Lernen beteiligt sein; andernfalls müssten ja bei allen eineiigen Zwillingspaaren beide Geschwister homosexuell sein.

Es ist klar, dass auch Studien eineiiger Zwillinge die biologischen Faktoren nicht völlig von den sozialen trennen können. Oft ist es schon im Babyalter so, dass Eltern, Gleichaltrige und Lehrer eineiige Zwillinge eher völlig gleich behandeln als zweieiige oder Adoptivgeschwister, weshalb also eineiige Zwillinge mehr als nur gleiche Gene haben: Sie erfahren vermutlich auch ähnlichere Sozialisationsbedingungen.

„Nein, wir machen dieses Jahr nichts für die Regenbogenparade. Wir sind da, wir sind schwul und das ist für uns normal."

Homosexualität in der westlichen Kultur

Kenneth Plummer unterschied in einer klassischen Studie in der modernen westlichen Kultur zwischen vier verschiedenen Arten von Homosexualität. Unter *gelegentlicher Homosexualität* ist eine vorübergehende homosexuelle Begegnung zu verstehen, die auf das Sexualleben des Individuums keinen prägenden Einfluss hat. Schwärmereien zwischen Schuljungen und gegenseitiges Masturbieren sind Beispiele dafür. *Situationsbedingte Homosexualität* findet unter Umständen statt, die zu regelmäßigen homosexuellen Kontakten führen, wobei diese Form der sexuellen Betätigung aber nicht zu jener wird, die der Betreffende allen anderen vorzieht. In vielen disziplinierenden Institutionen wie in Gefängnissen oder in Militärlagern, wo Männer ohne Frauen leben, ist homosexuelles Verhalten dieser Art weitverbreitet. Es wird eher als Ersatz angesehen und weniger als sexuelle Aktivität, die der heterosexuellen Betätigung vorzuziehen sei.

Personalisierte Homosexualität liegt vor, wenn ein Individuum homosexuelle Aktivitäten bevorzugt, aber gleichzeitig von Gruppen, die diese Form ohne Weiteres akzeptieren, isoliert ist. Homosexualität gerät hier zu einem heimlichen Akt, der vor Freunden und Kollegen verborgen wird. Homosexualität als *Lebensweise* schließlich bedeutet, dass ein Individuum ein Coming-out hinter sich hat und sich einer Gruppe mit gleichen Vorlieben angeschlossen hat, bei der die Homosexualität in den Mittelpunkt ihres Lebens gerückt ist. Solche Menschen gehören für gewöhnlich einer Schwulen- oder Lesbensubkultur an, in der homosexuelle Aktivitäten Teil eines eigenen Lebensstils sind (Plummer 1975). Der Prozentsatz der (männlichen und weiblichen) Bevölkerung mit homosexuellen Erfahrungen oder starken homosexuellen Neigungen ist viel größer als die Zahl jener, die sich offen dazu bekennen und danach leben. Die vermutliche Verbreitung der Homosexualität in den westlichen Kulturen kam erst mit Alfred Kinseys Untersuchungen ans Tageslicht und es spricht viel dafür, dass Kinsey alles tat, um die Zahlen für homosexuelle Praktiken zu vergrößern. (Kinsey [1948] 1955, 1953).

Die Ergebnisse von *The Social Organization of Sexuality* lassen die Zweifel an Kinseys Befunden über die Häufigkeit der Homosexualität berechtigt erscheinen. Im Gegensatz zu Kinseys 37 Prozent berichteten nur neun Prozent der Männer in der späteren Untersuchung über eine homosexuelle Begegnung bis zum Niveau des Orgasmus, und nur acht Prozent der Männer gaben an, homosexuelle Begierden zu haben (verglichen mit 13 Prozent), und knapp unter drei Prozent berichteten über eine sexuelle Begegnung mit einem anderen Mann im vergangenen Jahr. Das noch immer der Homosexualität anhaftende Stigma mag bewirkt haben, dass homosexuelles Verhalten nicht in dem Ausmaß angegeben wurde, in dem es stattfand, doch warum sollte das 50 Jahre davor, als Kinsey seine Daten sammelte, anders gewesen sein?

Lesbische Liebe

Männliche Homosexualität erhält generell mehr Aufmerksamkeit als lesbische Liebe, also homosexuelle Beziehungen oder Handlungen unter Frauen. Lesbengruppen verfügen im Allgemeinen über einen niedrigeren Organisierungsgrad als schwule Subkulturen und weisen einen niedrigeren Anteil beiläufiger Beziehungen auf. Die männliche Homosexualität erregt **lesbische Liebe** generell mehr Aufsehen als die lesbische Liebe, und die lesbischen Aktivistinnengruppen werden oft so behandelt, als wären ihre Anliegen mit denen der männlichen Homosexuellenorganisationen identisch. Obwohl Schwule und Lesben manchmal eng zusammenarbeiten, gibt es auch Unterschiede, insbesondere, wenn Lesben aktive Feministinnen sind. Einige lesbische Frauen fanden, dass die Homosexuellenbewegungen die Interessen der Männer widerspiegelten, während liberale und radikale Feministinnen sich ausschließlich mit den Sorgen der weißen heterosexuellen Mittelschichtsfrauen befassten. Davon wollte man sich mit einer eigenen Form des lesbischen Feminismus absetzen, die die Verbreitung „weiblicher Werte" propagierte und die dominante Institution männlicher Heterosexualität herausforderte (Rich 1980). Viele lesbische Frauen sehen das Lesbentum weniger als eine sexuelle Orientierung als eine Verpflichtung zu einer Form der Solidarität unter Frauen – politisch, sozial und persönlich (Seidman 1997).

Die Einstellung zur Homosexualität

In der Vergangenheit begegnete man Homosexuellen allgemein mit ausgeprägter Intoleranz. Erst in den letzten Jahren wurden einige der Mythen rund um die Homosexualität beseitigt. Homosexualität wurde sowohl bei uns in Europa als auch anderswo lange stigmatisiert. Der Begriff Homophobie wurde in den 1960er Jahren geprägt und bezeichnet den Hass oder die Ablehnung von Homosexuellen oder ihres Lebensstils sowie Verhal-**Homophobie** ten, das auf dieser Ablehnung beruht. Homophobie ist ein Vorurteil, das sich nicht nur in offener Feindseligkeit und Gewalt gegen Lesben und Schwule ausdrückt, sondern auch in abwertender Sprache. So beleidigen Ausdrücke wie Tunte oder Schwuchtel homosexuelle Männer, indem sie ihnen negative Weiblichkeit im Sinne des Weibischseins unterstellen. Homosexuellenbewegungen haben diese stigmatisierenden Begriffe offensiv gewendet und laden heute zum Beispiel zum „Tuntenball" ein. Obwohl die Toleranz gegenüber Homosexualität zunimmt, bleibt die Homophobie in vielen Bereichen der westlichen Kultur inhärent; viele Menschen empfinden intensive Gegnerschaft zu Homosexuellen. Es gibt immer noch gewalttätige Übergriffe und sogar Morde an Homosexuellen.

Bestimmte Verhaltensweisen und Einstellungen männlicher Homosexueller könnten als Versuch gewertet werden, die herkömmlichen Zusammenhänge zwischen Männlichkeit und Macht zu ändern – was möglicherweise ein Grund ist, warum sie die „normale" Gesellschaft so oft als Bedrohung empfindet. Schwule neigen dazu, das feminine Bild, das im Allgemeinen mit ihnen assoziiert wird, abzulehnen – indem sie in zweierlei Hinsicht davon abweichen: Entweder entwickeln sie eine provokante Effemination als Parodie des Klischees oder ein Macho-Image. Auch dieses ist nicht konventionell männlich. Männer, die als Motorradfahrer oder Cowboys auftreten, parodieren die Männlichkeit ebenfalls, indem sie sie übertreiben – denken Sie etwa an die 1970er Jahre Band The Village People, die den Hit *YMCA* gesungen haben (Bertelson 1986).

Einige Soziologen haben sich mit den Auswirkungen der AIDS-Epidemie auf die in der Öffentlichkeit verbreitete Sicht von Homosexualität beschäftigt. Sie meinen, dass die Epidemie einige der Fundamente der Ideologie heterosexueller Maskulinität erschüttert habe. Sexualität und Sexualverhalten seien etwa Themen in der öffentlichen Diskussion geworden, angefangen von Kampagnen für den

© Corbis/Lynn Goldsmith

Die Band The Village People stellten eine besonders extreme Parodie des Macho-Images von Männlichkeit dar.

Gebrauch von Kondomen, die von Regierungen unterstützt wurden, bis zu Medienberichten über die Ausbreitung der Epidemie. Die Legitimität traditioneller Moralvorstellungen wurde durch die Epidemie infrage gestellt, indem der Häufigkeit des vorehelichen Geschlechtsverkehrs, den außerehelichen Affären und den nichtheterosexuellen Beziehungen in der Gesellschaft mehr Aufmerksamkeit gewidmet wurde.

Lesben- und Schwulenbewegung

Bis vor Kurzem haben die meisten Homosexuellen ihre sexuelle Orientierung zu vertuschen versucht, da sie befürchteten, dass sie ein offenes Bekenntnis ihre Arbeitsplätze, Familien und Freunde kosten würde und sie Spott und gewalttätigen Übergriffen aussetzen würde. Doch in den späten 1960er Jahren haben viele Homosexuelle sich offen zu ihrer Homosexualität bekannt und in manchen Bereichen hat sich der Alltag der homosexuellen Männer und Frauen weitgehend normalisiert, wie wir in der Diskussion zur Homo-Ehe am Anfang dieses Kapitels gesehen haben (Seidman u.a. 1999; Seidmann 2002). In London, San Francisco, New York, Sydney, Amsterdam, Köln und Berlin und in vielen anderen Großstädten der Erde gibt es eine florierende Schwulen- und Lesbenszene. Coming-out ist nicht nur wichtig für die betroffene Person sondern auch für alle anderen im sozialen Umfeld; Lesben und Schwule, die früher im Verborgenen gelebt ha-

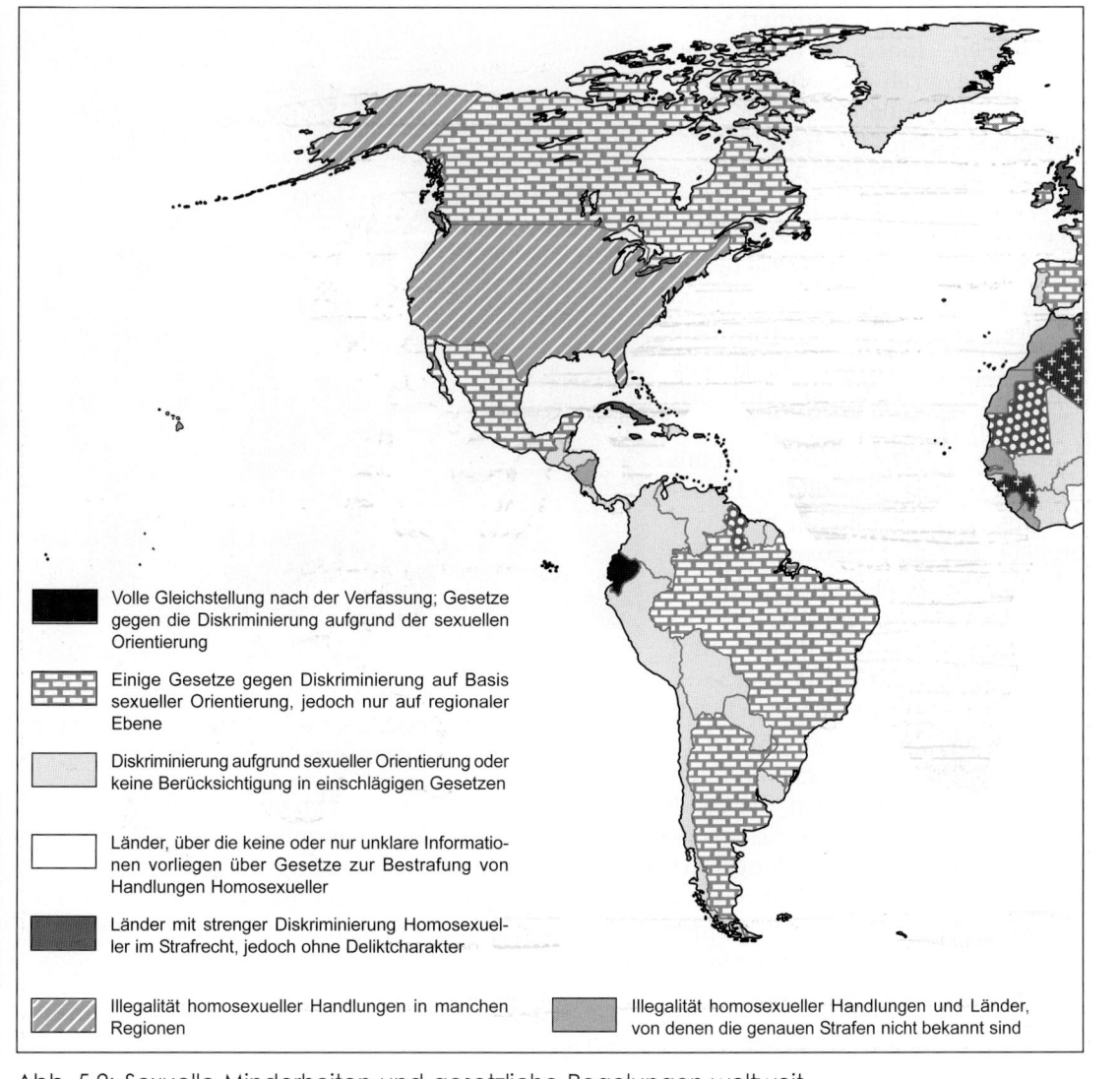

Abb. 5.2: Sexuelle Minderheiten und gesetzliche Regelungen weltweit
Quelle: New Internationalist (2000).

Legende:

Volle Gleichstellung nach der Verfassung; Gesetze gegen die Diskriminierung aufgrund der sexuellen Orientierung

Einige Gesetze gegen Diskriminierung auf Basis sexueller Orientierung, jedoch nur auf regionaler Ebene

Diskriminierung aufgrund sexueller Orientierung oder keine Berücksichtigung in einschlägigen Gesetzen

Länder, über die keine oder nur unklare Informationen vorliegen über Gesetze zur Bestrafung von Handlungen Homosexueller

Länder mit strenger Diskriminierung Homosexueller im Strafrecht, jedoch ohne Deliktcharakter

Illegalität homosexueller Handlungen in manchen Regionen

Illegalität homosexueller Handlungen und Länder, von denen die genauen Strafen nicht bekannt sind

ben, stellen fest, dass sie nicht allein sind, und Heterosexuelle müssen anerkennen, dass sich Menschen, die sie bewundert und respektiert haben, als homosexuell entpuppen.

Die weltweite Schwulen- und Lesbenbewegung entstand als Teil der sozialen Bewegungen der 1960er Jahre, die auch das Selbstbewusstsein von Randgruppen stärkten. Ein Schlüsselereignis waren die Stonewall Riots, bei denen im Juni 1969 die New Yorker Schwulenszene erzürnt über die permanenten Übergriffe der Polizei zwei Tage lang das New York Police Department angriff. Diese öffentliche Aktion war für die meisten Menschen (egal ob schwul oder nicht) bis dahin praktisch undenkbar gewesen

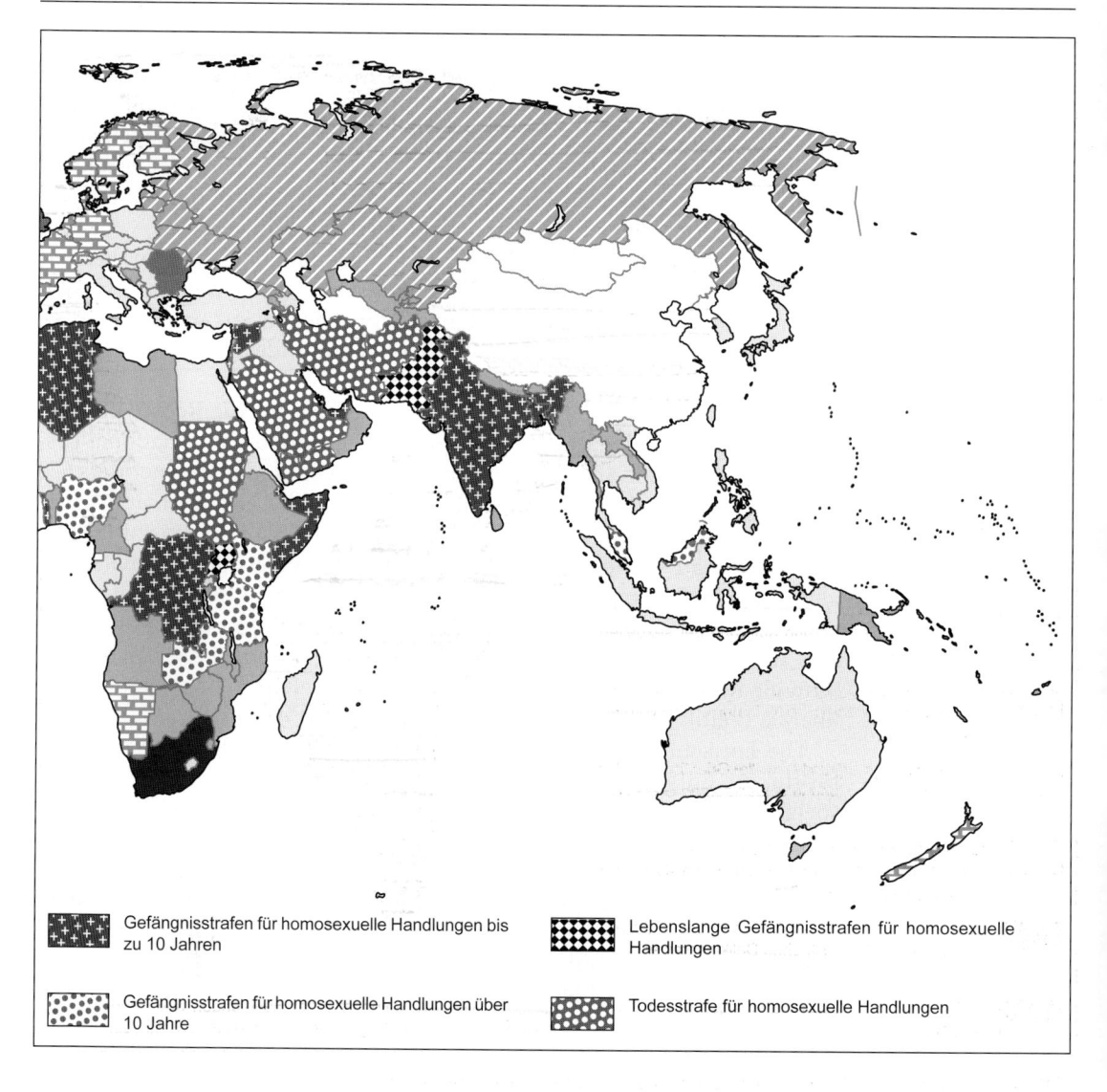

Gefängnisstrafen für homosexuelle Handlungen bis zu 10 Jahren

Lebenslange Gefängnisstrafen für homosexuelle Handlungen

Gefängnisstrafen für homosexuelle Handlungen über 10 Jahre

Todesstrafe für homosexuelle Handlungen

(Weeks 1990; D'Emilio 1998). Die Stonewall Riots wurden ein Symbol für *Gay Pride* – das neue Selbstbewusstsein der Schwulen und Lesben –, das das Coming-out von Lesben und Schwulen ankündigte, mit dem diese nicht nur gleiche Behandlung vor dem Gesetz einforderten, sondern ein Ende der Stigmatisierung ihres Lebensstils. Zum 25. Jahrestag der Stonewall Riots im Jahr 1994 kamen 100.000 Teilnehmer zum internationalen Marsch für die Menschenrechte der Schwulen und Lesben.

Es bestehen enorme Unterschiede zwischen den Ländern im Hinblick auf die Strafbarkeit der Homosexualität (s. dazu auch Abb. 5.2). In Afrika etwa sind männliche homosexuelle Handlungen nur in einigen wenigen

Ländern legal, während weibliche Homosexualität vom Gesetz kaum erwähnt wird. In der Republik Südafrika wurde von der früheren weißen Apartheidregierung Homosexualität als ein psychisches Problem betrachtet, das die nationale Sicherheit gefährden kann. Sobald die schwarze Regierung an die Macht kam, wurden Gesetze zur vollen Gleichstellung beschlossen. In Asien und im Mittleren Osten ist die Situation ähnlich: Männliche Homosexualität ist in den meisten Ländern verboten, vor allem in den dominant islamischen Ländern. In Europa gibt es im Hinblick auf die Homosexualität mittlerweile die liberalsten Gesetze der Welt: Homosexualität ist in nahezu allen Ländern Europas legalisiert worden und einige Länder akzeptieren die Homo-Ehe oder zumindest die eingetragenen Partnerschaften Homosexueller.

Heutzutage gibt es eine wachsende Bewegung für die Rechte der Homosexuellen auf der ganzen Erde. Die 1978 gegründete International Lesbian and Gay Association (ILGA) hat als Dachverband heute mehr als 670 Mitgliedsorganisationen in etwa 90 Ländern (ILGA 2009). Sie hält internationale Konferenzen ab, unterstützt lesbische und schwule soziale Bewegungen überall auf der Welt und betreibt Lobbying bei internationalen Organisationen. So konnte sie etwa den Europarat davon überzeugen, dass alle seine Mitgliedsländer Gesetze abschaffen, die Homosexualität verbieten. Allgemein florieren aktive soziale Bewegungen für lesbische und schwule Rechte eher in Ländern, die individuelle Rechte betonen und eine liberale Politik verfolgen (Frank und McEneaney 1999).

Queer-Theorie Die Fortschritte der Rechte Homosexueller in vielen Teilen der Welt führte zur Entstehung der Queer-Theorie. Queer-Theorie baut auf dem sozial-konstruktivistischem Ansatz von Sexualität auf, der von Gagnon und Simon entwickelt worden war (siehe Darstellung weiter oben), und beruht auf den Arbeiten der amerikanischen Philosophin Judith Butler (2008). Der Begriff „queer" war früher eine Beleidigung und wurde in den 1980ern zur selbstbewussten Selbstbeschreibung von Lesben und Schwulen. Queer-Theorie weist darauf hin, dass die Soziologie heterosexuell voreingenommen ist, weil sie Geschlechtsdifferenzen als Abweichungen begreift. Dagegen sei es nötig, nichtheterosexuellen Stimmen Gehör zu verschaffen. Ausgangspunkt der Queer-Theorie ist es, darauf zu bestehen, dass es nicht nur zwei Geschlechter und Gender gäbe und dass die Verbindung zwischen einem bestimmten Geschlecht und einem bestimmten Gender nicht so eng sein müsse, wie das konventionellerweise gesehen werde. Queer-Theoretiker finden, dass jedes soziologische Thema (Religion, Körper, Globalisierung usw.) ebenso wie jedes andere Fach, sei das nun Literatur oder auch *Gay and Lesbian Studies*, die Stimmen der Homosexuellen ins Zentrum der Aufmerksamkeit rücken müsse, um die heterosexuellen Annahmen, die dem gegenwärtigen Denken weitgehend zugrunde liegen, zu hinterfragen (Epstein 2002).

Bis jetzt haben wir die männliche und weibliche Sexualität diskutiert, doch wir haben noch nicht erörtert, was es heißt, *ein Mann oder eine Frau zu sein*. Wir wenden uns daher nun einer Diskussion des Gender (also des sozialen Geschlechts) zu, um einige Antworten auf diese und andere Fragen zu erhalten.

Gender

Sie nehmen vielleicht an, dass Mann- oder Frausein einfach durch das Geschlecht des Körpers, mit dem wir geboren wurden, bestimmt ist. Aber wie oft bei Fragen von soziologischem Interesse ist das Wesen der Weiblich- oder Männlichkeit nicht so einfach zu klassifizieren. Dieser Abschnitt untersucht die Grundlagen der Unterschiede zwischen Männern und Frauen. Bevor wir jedoch fortfahren, müssen wir eine wichtige Unterscheidung vornehmen, nämlich jene zwischen Geschlecht und Gender. Während das **Geschlecht** Wort „Geschlecht" auf körperliche Unterschiede verweist, meint „Gender" mehr die psychologischen, sozialen und kulturellen Unterschiede zwischen Mann und Frau. Gender ist verbunden mit den sozial konstruierten Vorstellungen von Maskulinität und Femininität; es ist nicht notwendigerweise ein direktes Produkt des individuellen biologischen Geschlechts einer Person. Manche Menschen etwa meinen, dass sie in die „falschen" Körper geboren worden sind und versuchen die Dinge „richtigzustellen", indem sie das Gender wechseln oder in Lebensstil und Kleidung dem anderen **Gender** Geschlecht folgen. Die Unterscheidung zwischen Geschlecht und Gender ist von grundlegender Bedeutung, weil viele Unterschiede zwischen den Geschlechtern nicht biologisch bedingt sind. Unterschiedliche Sichtweisen wurden eingenommen, um die Entstehung von Gender-Identitäten und die daran geknüpften sozialen Rollen zu erklären. Die Debatte kreist eigentlich darum, wie groß der Anteil des Lernens ist. Manche Wissenschaftler messen den sozialen Einflüssen bei der Analyse der Gender-Unterschiede mehr Bedeutung zu.

Im Folgenden werden wir uns zuerst Argumente für eine biologische Basis der Unterschiede zwischen Mann und Frau ansehen, dann Theorien, die der Sozialisation und dem Lernen die Hauptverantwortung geben und zum Abschluss Theorien erörtern, die sowohl Geschlecht als auch Gender für sozial konstruiert halten.

Geschlechterunterschiede: Anlage versus Umwelt

Wie sehr sind nun Unterschiede im Verhalten von Frau und Mann tatsächlich auf das natürliche und nicht auf das soziale Geschlecht zurückzuführen? Mit anderen Worten, in welchem Ausmaß sind sie auf biologische Unterschiede zurückzuführen? Hier scheiden sich die Geister. Viele Autoren sind der Meinung, dass angeborene Verhaltensunterschiede zwischen Mann und Frau bestehen, die es in irgendeiner Form in allen Kulturen gibt, und dass die Erkenntnisse der Soziobiologie stark in diese Richtung weisen. Sie berufen sich z.B. gerne darauf, dass es in beinahe allen Kulturen eher die Männer sind, die jagen und in den Krieg ziehen. In ihren Au-

Dieser junge Wodaabe-Mann vom Volk der Gerewol in Niger nimmt an einem Tanz teil. Der schwarze Lidstrich und die schwarz gefärbten Lippen sowie sein Augenrollen und Grinsen sollen ihm besondere sexuelle Attraktivität bei den jungen Frauen der Wodaabe verleihen.

gen ist das der Beweis, dass Männer über ein biologisches Aggressionspotenzial verfügen, das den Frauen abgeht.

Andere Wissenschaftler lässt dieses Argument vollkommen kalt. Das Niveau der männlichen Aggressivität, argumentieren sie, sei in den verschiedenen Kulturen ganz unterschiedlich hoch; von Frauen wiederum erwartet man in manchen Kulturen mehr Passivität und Sanftheit als in anderen (Elshtain 1987). Kritiker betonen, dass Theorien zum „natürlichen Unterschied" oft auf Daten aus der Verhaltensforschung im Tierreich beruhen statt auf anthropologischen und historischen Daten zum menschlichen Verhalten, die Veränderungen über Zeit und Ort aufzeigen. Wenn ein bestimmtes Merkmal generell verbreitet ist, so bedeutet das außerdem noch lange nicht, dass es biologischen Ursprungs ist. Es könnte kulturelle Faktoren sehr allgemeiner Natur geben, die solche Merkmale hervorbringen. In den meisten Kulturen verbringen z.B. die Frauen eine beträchtliche Zeit damit, Kinder zur Welt zu bringen und aufzuziehen. Sie können sich in dieser Zeit nicht ohne Weiteres an der Jagd und an Kriegen beteiligen.

Obwohl die Hypothese, dass biologische Faktoren die Verhaltensmuster von Männern und Frauen bestimmen, nicht leichtfertig vom Tisch gewischt werden kann, bleibt doch ein Jahrhundert Forschung über die physiologischen Ursprünge dieses Einflusses erfolglos. Es gibt keinen Beweis für Mechanismen, die die biologischen Kräfte mit dem komplexen sozialen Verhalten von Männern und Frauen in Verbindung brächten (Connell 1995). Theorien, die bei Individuen feststellen wollen, dass sie mit der angeborenen Prädisposition übereinstimmen, vernachlässigen im Allgemeinen die zentrale Rolle der sozialen Interaktion bei der Herausbildung des menschlichen Verhaltens.

Gender-Sozialisation

Gender-Sozialisation
Ein anderer Zugang zum Verständnis der Gender-Unterschiede ist die Erforschung der Gender-Sozialisation, des Lernens der Gender-Rollen mithilfe sozialer Institutionen wie der Familie oder der Medien. Diese Sichtweise unterscheidet zwischen biologischem Geschlecht und sozialem Gender: Ein Baby wird mit dem Ersteren geboren und entwickelt erst dann das Zweitere. Durch den Kontakt mit verschiedenen primären und sekundären Sozialisationsinstanzen internalisieren die Kinder nach und nach die sozialen Normen und Erwartungen, von denen man im Allgemeinen annimmt, dass sie dem Geschlecht entsprechen. Gender-Unterschiede sind nicht biologisch bestimmt, sondern kulturell erzeugt. Weil Männer und

Frauen in unterschiedliche Rollen sozialisiert werden, ergeben sich die dementsprechenden Gender-Unterschiede.

Theorien der Gender-Sozialisation wurden von Funktionalisten favorisiert, die Jungen und Mädchen in Geschlechtsrollen und die damit verbundenen männlichen und weiblichen Identitäten – Maskulinität und Femininität – sozialisiert sehen. Sie werden dabei von positiven und negativen Sanktionen geleitet, also von sozialen Kräften, die Verhalten belohnen oder beschränken. So kann etwa ein kleiner Junge eine positive Sanktion für sein Verhalten bekommen, indem man zu ihm sagt: „Was für ein tapferer Junge du bist!" Oder man sanktioniert ihn negativ mit „Jungen spielen nicht mit Puppen!" Diese positiven und negativen Verstärkungen helfen Jungen und Mädchen dabei, die von ihnen erwarteten Rollen zu lernen und ihnen zu entsprechen. Wenn nun ein Mensch eine Gender-Praktik entwickelt, die nicht seinem biologischen Geschlecht entspricht, gilt er als deviant, und die Ursache dafür wird in inadäquater oder falscher Sozialisation gesehen. Dieser funktionalistischen Sichtweise entsprechend tragen die Sozialisationsinstanzen zur Aufrechterhaltung der sozialen Ordnung bei, indem sie die reibungslose Gender-Sozialisation heranwachsender Generationen überwachen.

Sanktion

Diese starre Interpretation von Geschlechtsrollen und Sozialisation wurde von vielen Seiten kritisiert. Viele Wissenschaftler argumentieren, dass Gender-Sozialisation kein reibungsloser Vorgang ist; unterschiedliche Instanzen wie Familie, Schule und Gleichaltrigengruppen stehen mit ihren Vorstellungen unter Umständen miteinander in Konflikt. Darüber hinaus vernachlässigen Sozialisationstheorien die Tatsache, dass Individuen auch die Erwartungen zurückweisen oder verändern können, die sich an die Geschlechtsrollenvorstellung knüpfen. Wie Connell sagte:

> Sozialisationsinstanzen können keine mechanischen Wirkungen in einer sich entwickelnden Person entfalten. Was sie tun, ist, ein Kind dazu einzuladen an sozialen Praktiken unter festgelegten Regeln teilzunehmen. Diese Einladung kann und ist auch oft zwanghaft – begleitet von starkem Druck, sie anzunehmen und ohne eine Alternative zu erwähnen. [...] Doch Kinder beginnen auch sich zu verweigern oder genauer gesagt sich selbständig auf dem Terrain Gender zu bewegen. Es kann sein, dass sie Heterosexualität ablehnen [...] es kann sein, dass sie maskuline und feminine Elemente miteinander vermischen, wie etwa wenn Mädchen auf Wettkampfsport in der Schule bestehen. Sie können auch eine Spaltung in ihrem Leben vornehmen, wie etwa Jungen, die sich Fummel (Frauenkleider) anziehen, wenn sie unter sich sind. Sie konstruieren vielleicht auch ein Fantasieleben, das völlig außerhalb ihres Alltags steht, was wahrscheinlich der am häufigsten auftretende Zug von allen ist. (Connell 1995, S. 195)

Es ist wichtig, im Auge zu behalten, dass Menschen keine passiven Objekte sind, die Gender-Programmierung widerspruchslos über sich ergehen lassen, wie dies manche Soziologen angedeutet haben. Menschen handeln aktiv und gestalten und verändern Rollen für sich. Wenn wir auch bis zu einem gewissen Grad skeptisch gegenüber einer vollständigen Übernahme des Geschlechtsrollenansatzes sein sollen, haben doch viele Studien gezeigt, dass zu einem gewissen Ausmaß Gender-Identitäten das Ergebnis sozialer Einflüsse sind.

Soziale Einflüsse auf die Geschlechtsidentität nehmen viele unterschiedliche Wege; auch wenn Eltern fest entschlossen sind, ihre Kinder auf „nichtsexistische" Art zu erziehen, fällt es ihnen schwer, bestehende Lernmuster für die Geschlechtsrollensozialisation zu durchbrechen (Statham 1986). Studien von Eltern-Kind-Interaktionen etwa zeigten deutliche Unterschiede in der Behandlung von Jungen und Mädchen, auch wenn die Eltern meinten, beide gleich zu behandeln. Das Spielzeug, die Bilderbücher und die Fernsehprogramme, die von kleinen Kindern konsumiert werden, neigen allesamt dazu, Unterschiede zwischen männlich und weiblich zu betonen. Auch wenn sich die Situation zu einem gewissen Maß verändert, überwiegen die männlichen Figuren in den meisten Kinderbüchern, Fernsehprogrammen und Kinderfilmen. Männliche Figuren spielen eher aktive, abenteuerlustige Rollen, während weibliche Figuren als passiv, abwartend und häuslich orientiert dargestellt werden (Weitzman u.a. 1972; Zammuner 1987; Davies 2002). Feministische Forscherinnen haben gezeigt, wie Kultur- und Medienprodukte, die für ein junges Publikum vermarktet werden, traditionelle Einstellungen zu Geschlecht und geschlechtstypischen Zielen und Bestrebungen enthalten.

Die Frage der Geschlechtsrollensozialisation wird auch in Kapitel 4 – Sozialisation, Lebenslauf und Altern erörtert.

Natürlich ist Gender-Sozialisation sehr mächtig, und sie herauszufordern kann viel Ärger hervorrufen. Wenn einmal ein Gender zugewiesen wurde, erwartet die Gesellschaft, dass die Individuen sich auch tatsächlich wie Männer oder Frauen verhalten. Diese Erwartungen werden in der Alltagspraxis erfüllt und reproduziert (Bourdieu 1993; Lorber 1999).

Die soziale Konstruktion von Gender und Geschlecht

In den letzten Jahren kamen Sozialisationstheorien und Gender-Rollentheorien zunehmend unter Beschuss von Soziologen. Statt Geschlecht als biologisch bestimmt und Gender als kulturell gelernt zu definieren, sollten wir sowohl Geschlecht als auch Gender als sozial konstruierte Produkte der Kultur sehen. So ist Gender nicht nur eine soziale Erfindung, der jede feste Wesenheit fehlt, sondern der menschliche Körper selbst ist Gegenstand sozialer Kräfte, die ihn auf vielfältige Weise prägen und verändern. Wir können unseren Körpern Bedeutungen geben, die infrage stellen, was üblicherweise als „natürlich" gilt. Individuen können sich dazu entschließen, ihre Körper zu konstruieren und zu rekonstruieren, wie es ihnen gefällt – beginnend mit Sport und Diäten über Tätowierungen, Piercings und persönliche Mode bis hin zu plastischer Chirurgie und Operationen zur Geschlechtsumwandlung.

Siehe dazu auch Kapitel 7 – Gesundheit, Krankheit und Behinderung.

Durch den Einsatz von Technologie lässt sich der Körper gestalten, als ob die Biologie nicht etwas Gegebenes wäre, sondern in bestimmten sozialen Zusammenhängen genauso der menschlichen Handlungsfähigkeit und der persönlichen Wahlfreiheit unterworfen sei.

Aus dieser Perspektive betrachtet anerkennen Wissenschaftler, die sich auf Gender-Rollen und Rollensozialisation konzentrieren, implizit die Existenz einer biologischen Basis der Geschlechtsunterschiede. Aus der Sichtweise der Sozialisation in Gender-Rollen wird der Rahmen einer biologischen Unterscheidung der Geschlechter in der Gesellschaft „kulturell vervollständigt". Im Gegensatz dazu weisen Theoretiker, die von der sozialen Konstruktion von Geschlecht und Gender ausgehen, jegliche biologische Basis für Gender-Unterschiede zurück. Gender-Identitäten entstehen demnach in Bezug auf die in der Gesellschaft wahrgenommenen Geschlechtsunterschiede und tragen umgekehrt wieder zur Ausformung dieser Unterschiede bei. So wird eine Gesellschaft, in der Vorstellungen von Männlichkeit von körperlicher Stärke und charakterlicher Härte geprägt sind, Männer dazu bringen, ein bestimmtes Körperbild und spezifische Gewohnheiten zu kultivieren. Mit anderen Worten sind Gender-Identitäten und Geschlechtsunterschiede in den individuellen menschlichen Körpern untrennbar miteinander verbunden (Connell 1995; Scott und Morgan 1996; Butler 2008).

Femininitäten, Maskulinitäten und Geschlechterverhältnisse

Wenn man bedenkt, dass Feministinnen sich mit der Unterdrückung der Frauen in der Gesellschaft befassen, überrascht es wohl nicht, dass sich der Großteil der frühen Gender-Forschung fast ausschließlich mit Frauen und Konzepten der Femininität beschäftigte. Männer und Maskulinität wurden als relativ unproblematisch und unkompliziert gesehen. Es wurde wenig Gewicht darauf gelegt, Maskulinität zu erforschen, die Erfahrung ein Mann zu sein, oder einer zu werden. Soziologen bezogen sich stärker auf die Rolle der Männer als Unterdrücker der Frauen und ihren Beitrag zur Aufrechterhaltung des Patriarchats.

Seit den 1980er Jahren wurde jedoch kritischen Studien über Männer und Maskulinität größere Aufmerksamkeit gewidmet. Der tief greifende Wandel, der die Frauenrolle und die Familienmuster in industriellen Gesellschaften erfasst hat, warf Fragen über die Natur der Maskulinität und ihre sich verändernde Rolle in der Gesellschaft auf. Was heißt es in der heutigen Gesellschaft ein Mann zu sein? Wie werden die traditionellen Erwartungen und Anforderungen an Männer in einem sich rasch wandelnden Zeitalter umgeformt? Erfährt die Männlichkeit eine Krise?

In den letzten Jahren haben sich Soziologen zunehmend für die Ansichten und Erfahrungen von Männern innerhalb der sie prägenden größeren sozialen Ordnungen zu interessieren begonnen. Dieser Umschwung in der Soziologie der Geschlechterverhältnisse brachte eine neue Betonung der Erforschung der Männer und der Maskulinität innerhalb des allumfassenden Zusammenhangs der Geschlechterverhältnisse mit sich, der ge-

Geschlechterverhältnisse

sellschaftlich bedingten Interaktionsmuster zwischen Männern und Frauen. Soziologen interessieren sich dafür zu erfassen, wie männliche Identitäten geschaffen werden und welche Auswirkung die gesellschaftlich vorgeschriebenen Rollen auf das männliche Verhalten haben.

Betrachtungen der Ungleichheit zwischen den Geschlechtern

Wie wir gesehen haben, ist Gender eine sozial konstruierte Kategorie, die Männern und Frauen unterschiedliche soziale Rollen und Identitäten zuweist. Doch wie die Arbeiten von Connell gezeigt haben, sind Gender-Unterschiede selten neutral, denn in den meisten Gesellschaften beeinflusst Gender die soziale Schichtung. Gender ist ein entscheidender Faktor bei der Strukturierung der Gelegenheiten und Lebenschancen von einzelnen Menschen oder Gruppen und prägt die Rollen in sozialen Institutionen, vom privaten Haushalt bis zum Staat. Obwohl die Rollen von Männern und Frauen zwischen Kulturen variieren, ist keine Gesellschaft bekannt, in der Frauen mächtiger als Männer wären. Männliche Rollen werden generell höher bewertet und gewürdigt als jene von Frauen: In fast allen Kulturen tragen Frauen die Hauptverantwortung für Kindererziehung und Hausarbeit, während Männer traditionellerweise für die Erhaltung der Familie zuständig waren. Diese durchgängige Arbeitsteilung zwischen den Geschlechtern hat dazu geführt, dass Männer und Frauen ungleiche Positionen im Hinblick auf Macht, Prestige und Wohlstand einnehmen.

Trotz der Fortschritte der Frauen in allen Ländern der Erde bleiben Geschlechterdifferenzen eine Grundlage sozialer Ungleichheit. Die Geschlechterdifferenz zu erforschen und zu erklären, ist daher ein zentrales Anliegen der Soziologie. Verschiedene theoretische Ansätze versuchen die Vorherrschaft der Männer über die Frauen in der Wirtschaft, Politik, der Familie und anderswo zu erklären. In diesem Abschnitt beschränken wir uns darauf, die wichtigsten theoretischen Ansätze zur Erklärung der Geschlechterdifferenz auf der gesellschaftlichen Ebene zu besprechen, da wir die Geschlechterdifferenz in spezifischen sozialen Lebenslagen und Institutionen in den jeweiligen Kapiteln dieses Buches diskutieren.

Geschlechter-differenz

Funktionalistische Sichtweise

Wie wir in Kapitel 1 gesehen haben, ist die Gesellschaft nach der funktionalistischen Sichtweise ein System ineinander verschränkter Teile, die reibungslos funktionieren und soziale Solidarität hervorbringen, wenn sie sich im Gleichgewicht befinden. Daher versuchen funktionalistische Sichtweisen von Gender zu zeigen, dass Gender-Unterschiede zur sozialen Stabilität und Integration beitragen. Wenngleich solche Ansichten einst viel Unterstützung gefunden hatten, wurden sie stark dafür kritisiert, dass sie soziale Spannungen zugunsten des Konsenses vernachlässigten und eine konservative Weltsicht verbreiteten.

Denker der Schule der „natürlichen Unterschiede" argumentieren, dass die Arbeitsteilung zwischen den Geschlechtern biologische Ursachen habe. Frauen und Männer würden genau jene Aufgaben übernehmen, für die sie biologisch am besten geeignet wären. Daher fand es etwa der Anthropologe George Murdock als praktisch und angemessen, dass Frauen sich auf die häuslichen und Familienaufgaben konzentrieren und Männer außerhalb des Hauses arbeiten sollten. Basierend auf einer kulturvergleichenden Studie von über 200 Gesellschaften schloss Murdock (1949), dass die geschlechtsspezifische Arbeitsteilung in allen Kulturen existiert. Obwohl das nicht aus biologischer Programmierung resultiert, stellt es dennoch die logischste Grundlage für die Organisation der Gesellschaft dar.

Talcott Parsons, der führende funktionalistische Denker, befasste sich mit der Rolle der Familie in industriellen Gesellschaften (Parsons und Bales 1956). Er interessierte sich speziell für die Sozialisation von Kindern und meinte, in der stabilen unterstützenden Familie den Schlüssel für erfolgreiche Sozialisation gefunden zu haben. Nach Parsons funktioniert die Familie am effizientesten mit einer klaren geschlechtsspezifischen Arbeitsteilung, in der die Frauen in expressiven Rollen die Kinder betreuen und **expressive Rolle** ihnen Sicherheit und emotionale Unterstützung angedeihen lassen. Männer wiederum sollten instrumentelle Rollen einnehmen, nämlich die des **instrumentelle Rolle** Ernährers der Familie. Da diese Rolle mit Anstrengungen verbunden ist, sollten die expressiven und fürsorglichen Züge der Frauen auch dazu dienen, die Männer zu stabilisieren und zu umsorgen. Diese komplementäre Arbeitsteilung, die dem biologischen Geschlechtsunterschied entspringt, würde den Zusammenhalt der Familie sichern.

Eine weitere funktionalistische Sichtweise der Kindererziehung wurde von John Bowlby (1972) vorgebracht, der meinte, dass die Mutter die zentrale Rolle in der Primärsozialisation der Kinder einnimmt. Wenn die Mutter nicht anwesend ist oder das Kind in jungen Jahren von der Mutter getrennt wird, hat das Kind ein hohes Risiko, nicht angemessen sozialisiert zu werden. Dies wiederum kann zu ernsthaften sozialen und psychischen Schwierigkeiten im späteren Leben einschließlich antisozialen und psychopathischen Tendenzen führen. Bowlby argumentierte, dass das Wohlbefinden eines Kindes und seine psychische Gesundheit am besten durch eine enge persönliche und dauerhafte Beziehung zur Mutter gewährleistet werden. Er hat eingeräumt, dass eine abwesende Mutter durch eine Ersatzmutter vertreten werden könnte, doch meinte er, dass auch dieser Ersatz weiblich sein müsste, womit er wenig Zweifel darüber aufkommen ließ, dass er die Mutterrolle ausschließlich Frauen zugedacht hatte. Bowlbys These von der mütterlichen Deprivation wurde von einigen dafür verwendet, arbeitenden Müttern zu unterstellen, dass sie ihre Kinder vernachlässigten.

Bewertung

Feministinnen haben die Behauptungen von einer biologischen Grundlage der geschlechtsspezifischen Arbeitsteilung scharf kritisiert, indem sie argumentierten, dass es nichts Natürliches oder Unvermeidbares bei der gesellschaftlichen Arbeitsaufteilung gibt. Frauen werden nicht aufgrund biologischer Eigenheiten von der Ausübung eines Berufes abgehalten, sondern Menschen werden in Rollen sozialisiert, die kulturell von ihnen erwartet werden.

Es gibt eine Vielzahl an Beweisen für die Fragwürdigkeit der These von der mütterlichen Deprivation: Studien zeigten, dass die schulischen Leistungen und die persönliche Entwicklung von Kindern sogar verbessert werden, wenn beide Elternteile zumindest zeitweise außer Haus arbeiten. Parsons' Sicht der „expressiven" Frauenrolle wurde ebenso von Frauen und Soziologen dafür angegriffen, dass sie die Dominanz der Frauen im Haus stillschweigend voraussetzt. Die Behauptung, dass die reibungslos funktionierende Familie einer expressiven Frau bedürfe, entbehre jeder Grundlage; diese Rolle wird vielmehr im Interesse der Bequemlichkeit der Männer angepriesen.

Feministische Sichtweisen

feministische Theorien

Die feministische Bewegung hat einen großen Korpus an Theorien zur Erklärung der Geschlechterdifferenz und Programme zur Beseitigung dieser Ungleichheit hervorgebracht. Die verschiedenen feministischen Theorien der Geschlechterdifferenz unterscheiden sich gravierend voneinander. Konkurrierende feministische Schulen versuchten, Geschlechterdifferenz mit einer Vielzahl tief verankerter sozialer Prozesse wie Sexismus, Patriarchat und Kapitalismus zu erklären. Wir beginnen mit einer Betrachtung der Hauptstränge des Feminismus im 20. Jahrhundert: liberaler, sozialistischer (oder marxistischer) und radikaler Feminismus. Diese Dreiteilung verlor in den letzten Jahren in dem Maße an Bedeutung, in dem neue Formen des Feminismus auftraten, die quer zu den früheren Denkrichtungen liegen (Barker 1997). Wir werden diesen Abschnitt mit einer kurzen Darstellung zweier wichtiger neuer Theorien – dem schwarzen und dem postmodernen Feminismus – abrunden.

Liberaler Feminismus

Liberaler Feminismus sucht nach Erklärungen für Gender-Ungleichheit in sozialen und kulturellen Einstellungen. Ein wichtiger früher Beitrag zum liberalen Feminismus kam vom englischen Philosophen John Stuart Mill in seinem mit Harriet Mill und Helen Taylor verfassten Essay *The Subjection of Women* (1869; deutsch: Die Hörigkeit der Frau), der rechtliche und politische Gleichstellung einschließlich des Wahlrechtes für die Frauen forderte. Im Gegensatz zu radikalen und sozialistischen Feministinnen, deren Arbeit wir weiter unten betrachten werden, sehen liberale Feministinnen die Unterwerfung der Frauen nicht als Teil eines größeren Systems oder einer größeren Struktur. Stattdessen lenken sie die Aufmerksamkeit auf viele Einzelfaktoren, die zur Ungleichheit zwischen Mann und Frau beitragen. Zum Beispiel sind liberale Feministinnen in den letzten Jahren gegen Sexismus und Frauendiskriminierung am Arbeitsplatz, im Bildungssystem und den Medien aufgetreten. Sie konzentrieren sich eher darauf, Chancengleichheit und gleiche Rechte für Frauen gesetzlich zu verankern. Europaweit begrüßten liberale Feministinnen rechtliche Maßnahmen der Gleichbehandlung und Gleichstellung von Frauen als wichtiges Fundament zur Beseitigung der Diskriminierung. Liberale Feministinnen versuchen, innerhalb des bestehenden Systems graduell Reformen zu erwirken. In dieser Hinsicht sind sie moderater als viele radikale und sozialistische Feministinnen, die einen Umsturz des bestehenden Systems fordern.

liberaler Feminismus

Wenngleich liberale Feministinnen viel zum Vorankommen der Frauen im vergangenen Jahrhundert beigetragen haben, werfen Kritiker ihnen vor, dass ihr Kampf gegen die Grundursachen der Geschlechterdifferenz vergeblich bliebe, weil sie die Systemimmanenz der Frauenunterdrückung in der Gesellschaft verkannten. Indem liberale Feministinnen sich nur auf einzelne Benachteiligungen – wie Sexismus, Diskriminierung, die „gläserne Decke", ungleiche Entlohnung – von Frauen konzentrierten, würden sie nur ein ausschnitthaftes Bild der Geschlechterdifferenz zeichnen. Radikale Feministinnen beschuldigen liberale Feministinnen, dass sie Frauen ermutigten, eine ungleiche und ungerechte Gesellschaft und die ihr eigene Konkurrenz zu akzeptieren.

gläserne Decke

Sozialistischer und marxistischer Feminismus

Der sozialistische Feminismus wurde aus Marx' Konflikttheorie (siehe Kapitel 1) entwickelt, obwohl Marx selbst recht wenig über Gender oder Geschlechterungleichheit zu sagen hatte. Sozialistische Feministinnen werfen dem liberalen Feminismus vor, nicht zu sehen, dass es in der Gesellschaft mächtige Interessen gegen die Gleichheit von Frauen gibt (Bryson 2001). Der sozialistische Feminismus versuchte sowohl das Patriarchat als auch den Kapitalismus zu überwinden (Mitchell 1987). Karl Marx' Freund und Koautor Friedrich Engels trug mehr zur Erklärung der Ungleichheit zwischen den Geschlechtern aus einer marxistischen Perspektive bei.

sozialistischer Feminismus

Engels argumentierte, dass im Kapitalismus materielle und wirtschaftliche Faktoren die Unterwerfung der Frauen unter die Männer untermauerten, da das Patriarchat (wie die Klassenherrschaft) seine Wurzeln im Privateigentum habe. Engels zufolge verschärfe der Kapitalismus das Patriarchat – die Herrschaft der Männer über die Frauen –, indem Wohlstand und Macht in den Händen weniger Männer konzentriert werde. Dabei intensiviere der Kapitalismus das Patriarchat mehr als frühere soziale Systeme, da er enormen Reichtum im Vergleich zu früheren Zeiten erschaffe, der wiederum Macht an Männer als Lohnbezieher und als Eigentümer und Erben von Eigentum übertrage. Weiters muss der Kapitalismus, um er-

Patriarchat

folgreich zu sein, Menschen zu Konsumenten machen – hier insbesondere Frauen – und sie davon überzeugen, dass ihre Bedürfnisse nur durch zunehmenden Konsum von Gütern befriedigt würden. Schließlich brauche der Kapitalismus die Frauen als kostenlose Arbeitskräfte im Haus, wo sie Betreuungs- und Putzarbeit leisten. Für Engels beutete der Kapitalismus Männer aus, indem er niedrige Löhne zahlt, und Frauen, indem er keine Löhne zahlt. Die Bezahlung der Hausarbeit ist daher ein wichtiger Teil vieler feministischer Programme und wird im Kapitel 16 – Arbeit und Wirtschaftsleben ausführlicher behandelt.

Sozialistische Feministinnen haben gesagt, dass die reformerischen Ziele der liberalen Feministinnen unangemessen seien. Sie forderten die Umgestaltung der Familie, das Ende der „häuslichen Sklaverei" und die Einführung kollektiver Formen der Kinderbetreuung, Pflege und Haushaltsarbeit.

Radikaler Feminismus

Im Kern des radikalen Feminismus steht die Ansicht, dass Männer verantwortlich für die Ausbeutung von Frauen sind, von der sie auch profitieren. Daher ist die Analyse des Patriarchats auch das zentrale Anliegen dieser feministischen Denkrichtung. Das Patriarchat wird als universell betrachtet, es existierte in allen Kulturen und zu allen Zeiten. Radikale Feministinnen konzentrieren sich oft auf die Familie als eine der Hauptquellen der weiblichen Unterdrückung in der Gesellschaft. Sie sagen, dass Männer Frauen ausbeuten, indem sie sich auf deren unbezahlte Hausarbeit verließen. Als Gruppe verweigern Männer Frauen auch den Zugang zu Positionen der Macht und des Einflusses in der Gesellschaft.

Radikale Feministinnen unterscheiden sich in ihrer Interpretation der Grundlage des Patriarchats, doch die meisten stimmen darin überein, dass es dabei um die Aneignung des Körpers der Frau und ihrer Sexualität und Reproduktionsfähigkeit gehe. Die frühe radikalfeministische Autorin Shulamith Firestone (1975) argumentierte, dass Männer die Rolle der Frauen in der Reproduktion und Kindererziehung kontrollierten. Da Frauen biologisch in der Lage sind, Kinder zu gebären, werden sie materiell von den Männern abhängig, die Schutz und Unterhalt gewähren. Diese biologische Ungleichheit sei in der Kernfamilie sozial organisiert. Firestone spricht von einer „Sexklasse", wenn sie die soziale Position der Frauen beschreibt, und meint, dass Frauen nur durch die Abschaffung der Familie und der ihr eigenen Machtverhältnisse Emanzipation erlangen könnten. Andere Radikalfeministinnen weisen auf die männliche Gewalt gegen Frauen als zentralen Punkt der Männerherrschaft hin. Dementsprechend müsste häusliche Gewalt, Vergewaltigung und sexuelle Belästigung als Teil der systematischen Unterdrückung der Frauen gesehen werden und nicht als Einzelfälle mit psychologischen oder kriminellen Ursachen. Sogar Interaktionen im Alltag – wie die nonverbale Kommunikation, Muster des Zuhörens und Unterbrechens, das Sicherheitsgefühl von Frauen in der Öffentlichkeit – tragen zur Geschlechterdifferenz bei.

Darüber hinaus werden den Frauen populäre Vorstellungen von Schönheit und Sexualität von Männern auferlegt, um einen bestimmten Typ der Femininität herzustellen. So können soziale und kulturelle Normen, die einen schlanken Körper und eine liebevolle und fürsorgliche Persönlichkeit gegenüber Männern betonen, die Unterwerfung der Frauen weitertreiben. Durch Medien, Mode und Werbung werden Frauen zu Sexualobjekten gemacht, die Männern gefallen und sie unterhalten sollen. Radikale Feministinnen glauben nicht, dass Frauen von der sexuellen Unterdrückung durch graduelle Reformen befreit werden können. Da das Patriarchat ein systemisches Phänomen ist, könne die Gleichheit zwischen den Geschlechtern nur durch die Beseitigung des Patriarchats erreicht werden.

Das Konzept des Patriarchats zur Erklärung der Geschlechterdifferenz ist unter feministischen Theoretikerinnen weitverbreitet. Indem radikale Feministinnen behaupteten, dass das „Private politisch ist", haben sie auf die vielen miteinander verbundenen Dimensionen der weiblichen Unterdrückung aufmerksam gemacht. Die Betonung der männlichen Gewalt sowie der Vermarktung der Frauen hat Eingang in alle Debatten über die Benachteiligung von Frauen gefunden.

Doch es gibt auch zahlreiche Einwände gegen die radikalfeministischen Ansichten. Deren wichtigster ist wohl, dass das Konzept des Patriarchats keine adäquate allgemeine Erklärung der Unterdrückung der Frauen biete. Radikale Feministinnen haben behauptet, dass das Patriarchat zu allen Zeiten und in allen Kulturen bestanden habe und ein universelles Phänomen sei. Diese Konzeption von Patriarchat lasse allerdings weder historische noch kulturelle Variationen erkennen, so Kritiker. Sie vernachlässige auch den wichtigen Einfluss von Klasse oder Ethnizität auf die Art der Unterdrückung der Frauen. Mit anderen Worten könne man das Patriarchat nicht als universelles Phänomen betrachten, da man sonst Gefahr laufe, biologischen Reduktionismus zu betreiben, der die Vielgestaltigkeit der Geschlechterdifferenz auf eine einfache Unterscheidung zwischen Männern und Frauen zurückführe.

biologischer Reduktionismus

Sylvia Walby hat das Konzept Patriarchat überarbeitet (siehe Kasten) und meint, dass der Begriff ein wertvolles und brauchbares Werkzeug der Erklärung darstelle, vorausgesetzt jedoch, man verwende es spezifischer.

Schwarzer Feminismus

Treffen die oben ausgeführten Versionen des Feminismus auf die Erfahrungen von weißen und nicht-weißen Frauen gleichermaßen zu? Viele schwarze Feministinnen und Feministinnen aus Entwicklungsländern behaupten, dass dem nicht so ist. Sie argumentieren, dass ethnische Trennlinien von den wichtigsten feministischen Denkrichtungen nicht berücksichtigt werden, da sie sich auf die Dilemmata der weißen, hauptsächlich Mittelschichtfrauen in Industriegesellschaften beziehen. Theorien über die Unterwerfung aller Frauen von der Situation einer spezifischen Gruppe von Frauen abzuleiten, habe demnach keine Gültigkeit. Darüber hinaus ist die Vorstellung problematisch, dass es eine einheitliche Form der Gender-Unterdrückung gibt, die von allen Frauen gleich erfahren werde.

schwarzer Feminismus

Die Unzufriedenheit mit bestehenden feministischen Denkrichtungen hat zur Entstehung eines Feminismusstranges geführt, der sich auf die Probleme bezieht, mit denen schwarze Frauen konfrontiert sind.

Im Vorwort zu ihren Memoiren schreibt die amerikanische schwarze Feministin bell hooks (die sich immer in Kleinbuchstaben schreibt):

> Viele Feministinnen schreiben und sprechen über das Mädchenalter und deuten dabei oft an, dass die schwarzen Mädchen eine höhere Selbstachtung als ihre weißen Geschlechtsgenossinnen aufweisen. Das misst man oft daran, dass schwarze Mädchen sich besser behaupten können, mehr sprechen, und selbstbewusster wirken. Doch im traditionellen Südstaaten-Alltag der Schwarzen wird von Mädchen erwartet, deutlich zu sein und mit Würde aufzutreten. Unsere Eltern und Lehrer haben uns immer gedrängt, aufrecht zu stehen, deutlich zu sprechen, denn diese Eigenschaften sollte die „Rasse" heben. Sie waren also nicht not-

wendigerweise Eigenschaften zur Hebung des weiblichen Selbstbewusstseins. Denn ein freimütiges Mädchen konnte sich immer noch
wertlos fühlen, weil es dachte, dass seine Hautfarbe nicht hell genug
oder sein Haar nicht richtig sei. Diese Variablen werden von den weißen Forscherinnen vernachlässigt, wenn sie das Selbstbewusstsein der
schwarzen Frauen mit dem Maßstab messen, der sich an den Werten
der weißen Erfahrung orientiert. (hooks 1997)

Schwarze Feministinnen betonen die historischen Zusammenhänge, die
die gegenwärtigen Probleme der schwarzen Frauen erklären können. So
verweisen die afroamerikanischen Feministinnen auf den Einfluss des Erbes der Sklaverei und der Segregation auf die Geschlechterdifferenz unter
den Schwarzen. Sie zeigen auf, dass die frühen schwarzen Aktivistinnen
für das Frauenwahlrecht die (weiße) Frauenrechtsbewegung unterstützten, dabei jedoch feststellen mussten, dass man die Rassenfrage nicht ignorieren konnte: Denn schwarze Frauen wurden als Frauen und als Schwarze diskriminiert. In den letzten Jahren waren schwarze Frauen für die (weiße) Frauenbewegung von geringer Bedeutung, da „Frausein" deren Identität viel stärker prägte als „Rasse".

hooks hat argumentiert, dass die bei weißen Feministinnen beliebten
Erklärungen wie etwa, dass die Familie der Hort des Patriarchats sei, auf
die Schwarzen so nicht zutreffen, da bei ihnen die Familie wichtigster
Angelpunkt der Solidarität gegen den Rassismus sei. Mit anderen Worten
kann die Unterdrückung der schwarzen Frauen in anderen gesellschaftlichen Bereichen gefunden werden als bei den weißen Frauen.

Schwarze Feministinnen behaupten daher, dass eine Theorie der Geschlechterdifferenz, die den Rassismus nicht berücksichtigt, die Unterdrückung schwarzer Frauen nicht erklären kann. Klassendimensionen sind
ein weiterer Faktor, der im Fall vieler schwarzer Frauen nicht vernachlässigt werden darf. Manche schwarze Feministinnen sagen, dass die Stärke
der schwarzen feministischen Theorie darin liege, dass sie den Fokus auf
das Zusammenspiel von Rasse, Klasse und Gender lege. Denn schwarze
Frauen seien mehrfach benachteiligt – nach Hautfarbe, Geschlecht und
Klassenposition. Und wenn diese Faktoren interagieren, verstärken sie sich
zusätzlich (Brewer 1994).

Postmoderner Feminismus

Ähnlich wie der schwarze Feminismus stellt der postmoderne Feminismus infrage, ob es eine einheitliche Grundlage der Identität und Erfahrung aller Frauen gibt. Diese Denkrichtung des Feminismus geht vom kulturellen Phänomen des Postmodernismus in Kunst, Architektur, Philosophie und Wirtschaft aus. Einige der Wurzeln des postmodernen Feminismus können sich im Werk der französischen Philosophen Derrida ([1967]
1972, [1972] 1986), Lacan ([1964] 1996) und bei der feministischen Denke-
rin Simone de Beauvoir ([1949] 2000) finden. Postmoderne Feministinnen
weisen den Anspruch zurück, dass es eine große Theorie geben könne, die
die Position der Frauen in der Gesellschaft erklären könnte oder dass es

Sylvia Walby: Theoretisieren über das Patriarchat

Die Idee des Patriarchats war zentral für viele feministische Interpretationen der Geschlechterdifferenz. Doch als analytisches Werkzeug wurde die Idee des Patriarchats auch dafür kritisiert, dass sie Veränderungen und Vielfältigkeit der Ungleichheit der Geschlechter nicht erklären kann. Sicherlich könne man nicht von einem einheitlichen und unveränderten System der Unterdrückung für die gesamte Geschichte sprechen, meinten Kritiker. Sylvia Walby ist eine Theoretikerin, die meint, dass das Konzept des Patriarchats wesentlich für die Analyse der Geschlechterdifferenz sei, wenn sie auch der Kritik recht gibt. In ihrem Buch *Theorizing Patriarchy* (1990) stellt Walby ein Verständnis des Patriarchats vor, das flexibler ist als seine Vorgänger, da es historische Veränderungen und die Berücksichtigung von Klassendifferenzen und ethnischen Unterschieden zulässt.

Für Walby ist das Patriarchat ein System sozialer Strukturen und Praktiken, in denen Männer Frauen dominieren, unterdrücken und ausbeuten (1990, S. 20). Sie sieht das Patriarchat und den Kapitalismus als zwei getrennte Systeme, die auf verschiedene Weise miteinander interagieren – je nach den historischen Bedingungen manchmal in Harmonie und manchmal in Widerspruch zueinander. Der Kapitalismus hat, wie sie sagt, wegen der geschlechtsspezifischen Arbeitsteilung generell vom Patriarchat profitiert. Doch hin und wieder stehen die Interessen von Kapitalismus und Patriarchat auch in Widerspruch zueinander, z.B. zu Kriegszeiten, wenn Frauen auf den Arbeitsmarkt strömten.

Walby macht sechs Strukturen aus, durch die das Patriarchat agiert. Sie bekundet, dass eine der Schwächen der frühen feministischen Theorien die Tendenz war, sich auf eine Haupt-ursache für die Unterdrückung der Frauen zu konzentrieren, wie etwa die männliche Gewalt oder die Rolle der Frauen in der Reproduktion. Walbys Anliegen ist es, die Tiefe und Verwobenheit der Geschlechterdifferenz aufzuzeigen, was sie mit den sechs unabhängigen aber interagierenden Strukturen des Patriarchats versucht:

1. *Produktionsverhältnisse im Haushalt.* Die unbezahlte Arbeit der Frauen im Haushalt oder bei der Kindererziehung eignet sich ihr Mann oder Mitbewohner an.
2. *Erwerbsarbeit.* Frauen werden auf dem Arbeitsmarkt von bestimmten Berufen ausgeschlossen, erhalten geringere Löhne und werden in Bereiche weniger qualifizierter Arbeit segregiert.
3. *Der patriarchalische Staat.* In seiner Politik und seiner Prioritätensetzung zeigt der Staat eine systematische Verzerrung zugunsten patriarchaler Interessen.
4. *Männliche Gewalt.* Obwohl männliche Gewalt oft als Summe individueller Handlungen gesehen wird, tritt sie nach einem Muster und systematisch auf. Frauen erfahren diese Gewalt regelmäßig und werden von ihr in typischer Art betroffen. Der Staat duldet diese Gewalt stillschweigend, indem er sich – außer in besonderen Fällen – weigert einzugreifen.
5. *Patriarchale Verhältnisse in der Sexualität.* Die patriarchalen Verhältnisse manifestieren sich durch die Zwangsheterosexualität und die doppelbödige Moral, mit der unterschiedliche Regeln für das männliche und das weibliche Sexualverhalten gelten.
6. *Patriarchale kulturelle Institutionen.* Eine Vielzahl von Institutionen und Praktiken – einschließlich der Me-dien, der Religion und der Bildung – stellen Bilder von Frauen aus einem patriarchalen Blickwinkel her. Diese Bilder beeinflussen die Identitäten der Frauen und schreiben ihnen vor, wie sie sich zu verhalten haben.

Walby unterscheidet zwei verschiedene Formen des Patriarchats. Das private Patriarchat ist die Beherrschung der Frauen, die im Haushalt im Einflussbereich eines individuellen Patriarchen entsteht. Es handelt sich dabei um eine ausschließende Strategie, die die Teilhabe der Frauen am öffentlichen Leben verhindert. Das öffentliche Patriarchat wiederum ist kollektiver Natur, denn obwohl Frauen am öffentlichen Leben (der Politik oder des Arbeitsmarkts) teilnehmen, bleiben sie segregiert und erreichen weder Reichtum, noch Macht und Status.

Walby stellt zumindest in Großbritannien seit dem 19. Jahrhundert einen Wandel des Patriarchats sowohl in gradueller wie qualitativer Hinsicht fest. Sie merkt an, dass der Umstand, dass sich die Lohnschere verkleinere und Frauen in höhere Bildung vordringen, zwar kein Signal des Untergangs des Patriarchats sei, doch zumindest einen graduellen Wandel anzeige. Wenn früher einmal die Unterdrückung der Frauen hauptsächlich im Privaten stattfand, finden wir sie heute in der gesamten Gesellschaft, denn Frauen werden in allen öffentlichen Bereichen segregiert und benachteiligt. Mit anderen Worten hat sich das Patriarchat vom Privaten zum Öffentlichen gewandelt. Wie Walby witzelt, haben Frauen, die sich von Heim und Herd befreit haben, nun die gesamte Gesellschaft, die sie ausbeutet.

eine einzige universelle „Kategorie" der Frau gibt. Dementsprechend lehnen diese Feministinnen die Erklärungen zu Geschlechterdifferenz, die auf Patriarchat, Rasse oder Klasse beruhen, als „essenzialistisch" ab (Beasley 1999).

Stattdessen unterstützt der Postmodernismus die Akzeptanz vieler verschiedener Standpunkte als gleichberechtigt in ihrer Gültigkeit. Statt von einem essenziellen Kern des Frauseins auszugehen, sollte man die unterschiedlichen Erfahrungen der verschiedenen Individuen und Gruppen (Heterosexuelle, Lesben, schwarze Frauen, Arbeiterinnen usw.) im Blick behalten. Die „Andersartigkeit" der verschiedenen Gruppen und Individuen werde in ihren unterschiedlichsten Ausprägungen gefeiert. Die Betonung liegt auf dem positiven Wert dieser Andersartigkeit im postmodernen Feminismus, indem sie Pluralität, Vielseitigkeit, Unterschiede und Offenheit symbolisiere: Es gäbe viele Wahrheiten, Rollen und Konstruktionen der Realität. Daher ist die Anerkennung der Differenz (z.B. in sexueller Orientierung, Alter und ethnische Zugehörigkeit) zentral für den postmodernen Feminismus.

postmoderner Feminismus

Ebenso wie die Unterschiede zwischen Gruppen und Individuen haben postmoderne Feministinnen auch die Bedeutung der „Dekonstruktion" betont. Insbesondere haben sie sich bemüht, die männliche Sprache und die männliche Weltsicht zu dekonstruieren. Postmoderne Feministinnen plädieren dafür, offene fließende Begriffe und Sprachen zu verwenden, die die Erfahrungen der Frauen stärker widerspiegeln. Nach Ansicht vieler postmoderner Feministinnen besteht die Welt für Männer in Begriffen binärer Unterschiede, z.B. gut/böse, richtig/falsch, schön/hässlich. Männer hätten – so sagen sie – männlich als normal und weiblich als Abweichung hingestellt. Der Begründer der Psychoanalyse Sigmund Freud etwa sah die Frauen als Männer, denen ein Penis fehlt und die daher einen Penisneid entwickelten. In dieser maskulinen Weltsicht wird das Weibliche immer als das „Andere" gesehen. Dekonstruktion umfasst nun den Angriff auf die binären Konzepte und das Umgießen der Gegensätzlichkeiten in eine neue und positive Form.

Über Freuds Ansichten lesen Sie auch Kapitel 4 – Sozialisation, Lebenslauf und Altern.

Vom postmodernen Feminismus wird gesagt, dass er die schwierigste Beziehung zu anderen früheren Denkrichtungen des Feminismus hat (Carrington 1994, 1998). Das resultiert hauptsächlich aus der Auffassung, dass viele Feministinnen irregeleitet würden, wenn sie die Möglichkeit umfassender allgemeiner Erklärungen und Lösungen der Frauenunterdrückung annehmen.

Feministische Bewegungen hatten tief greifenden Einfluss auf die westlichen Gesellschaften, doch immer mehr stellen sie die Geschlechterdifferenz auch in anderen Teilen der Welt infrage. Wir schließen mit einer kurzen Diskussion von Gender in einer sich zunehmend globalisierenden Welt.

Gender und Globalisierung

In diesem Kapitel hat sich unsere Diskussion auf Gender in westlichen Industriegesellschaften bezogen. Wir haben gesehen, dass die Frauenbewegung eine soziologische Theorie hervorgebracht hat, um die anhaltende Geschlechterdifferenz zu verstehen und Strategien zu ihrer Aufhebung zu entwerfen. Feminismus ist allerdings nicht bloß eine akademische Übung und sollte nicht auf die westlichen Länder beschränkt bleiben. In China z.B. arbeiten Frauen daran, gleiche Rechte, Arbeit, die Rolle der Frauen in der Produktion und ihre Teilhabe an der politischen Willensbildung zu sichern (Zhang und Wu 1995). In Südafrika haben Frauen eine Schlüsselposition im Kampf gegen die Apartheid eingenommen und kämpfen jetzt nach ihrer Abschaffung für die Verbesserung der Lebensbedingungen der schwarzen Mehrheitsbevölkerung, der bislang der Zugang zu Bildung, angemessenen Wohnverhältnissen, Gesundheitsleistungen und Arbeit versperrt gewesen war (Kemp u.a. 1995). In Peru haben Aktivistinnen seit Jahrzehnten dafür gekämpft, dass Frauen bessere Chancen zur Teilhabe am öffentlichen Leben eingeräumt werden (Blondet 1995), während in Russland der Protest der Frauen im russischen Parlament verhindert hat, dass 1992 ein Gesetz beschlossen wurde, das Frauen aufgefordert hätte, zu Hause zu bleiben und sozial notwendige Arbeit zu leisten (Basu 1995).

Obwohl Aktivistinnen der Frauenbewegung schon über Jahre hinweg Kontakte zu ihren Mitstreiterinnen in anderen Ländern gepflegt haben, wächst die Zahl und Bedeutung dieser Kontakte dank der zunehmenden Globalisierung. Ein Hauptforum für die Herstellung übernationaler Kontakte waren die UNO-Weltfrauenkonferenzen, die bislang seit 1975 viermal stattgefunden haben. (Eine fünfte Konferenz wird 2010 in Sofia abgehalten.) Ungefähr 50.000 Menschen – von denen mehr als zwei Drittel Frauen waren – nahmen an der jüngsten Konferenz in Peking im Jahr 1995 teil. Delegationen von 181 Nationen waren neben Vertretern Tausender Nichtregierungsorganisationen anwesend. Ziel der Konferenz war es, Wege zu finden, „Frauen gleichberechtigten Zugang zu wirtschaftlichen Ressourcen wie Grundbesitz, Kredit, Wissenschaft und Technologie, Berufsausbildung, Information, Kommunikation und Märkten zu verschaffen". Zehn Tage lang wurde über die Lage der Frauen in den verschiedenen Ländern berichtet, wurden Verbesserungsstrategien diskutiert und professionelle und persönliche Kontakte geknüpft. Mallika Dutt, eine der Teilnehmerinnen, schrieb in der Zeitschrift *Feminist Studies*, dass „für die meisten Frauen aus den USA die Konferenz in Beijing eine Erfahrung war, die ihnen die Augen geöffnet und sie bescheiden gemacht hat. Frauen aus den USA waren verblüfft über die anspruchsvolle Analyse und die gut organisierten mächtigen Stimmen der Frauen aus anderen Erdteilen" (Dutt 1996). Gleichzeitig seien viele Teilnehmerinnen von der Konferenz mit einem Gefühl der globalen Solidarität, des Stolzes und der Bestärkung weggefahren, so Dutt.

Die Aktionsplattform der Konferenz einigte sich auf einen Forderungskatalog, der die einzelnen Länder aufforderte, unter anderem Maßnahmen gegen folgende Missstände zu ergreifen:

- die andauernde und zunehmende Last der Armut von Frauen,
- die Gewalt gegen Frauen,
- die Auswirkungen bewaffneter und anderer Konflikte auf Frauen,
- die Ungleichheit zwischen Männern und Frauen bei Willensbildungsprozessen,

- die Stereotypisierung von Frauen,
- die Geschlechterdifferenz beim Umgang mit natürlichen Ressourcen und
- die andauernde Diskriminierung von weiblichen Kindern und die Verletzung ihrer Rechte.

Muss die Frauenbewegung eine internationale Ausrichtung haben, um effektiv zu sein? Sind die Interessen der Frauen im Prinzip überall auf der Welt die gleichen? Was könnte Feminismus für Frauen in den Entwicklungsländern bedeuten? Diese und andere Fragen werden auch in Zukunft heiß debattiert werden.

Zusammenfassung

1. Obwohl klar ist, dass es eine biologische Grundlage für die menschliche Sexualität gibt, scheint der überwiegende Teil des Sexualverhaltens sozial gelernt und nicht angeboren zu sein. Sexuelle Praktiken variieren stark zwischen den Kulturen. Im Westen hatte das Christentum starken Einfluss auf die Einstellungen zur Sexualität. In Gesellschaften mit strenger Sexualmoral sind Doppelbödigkeiten und Heuchelei weitverbreitet. Der Zwiespalt zwischen Normen und eigentlichem Verhalten kann enorm sein, wie Studien des Sexualverhaltens aufgezeigt haben. Im Westen wurde eine repressive Sexualmoral von einer freizügigeren Einstellung seit den 1960er Jahren abgelöst, was bis heute bemerkbar ist.

2. Die meisten Menschen sind heterosexuell, doch es gibt auch viele sexuelle Neigungen, die von Minderheiten gelebt werden. Homosexualität scheint in allen Kulturen vorzukommen, und in den letzten Jahren wurden die Einstellungen gegenüber Homosexuellen liberaler. In einigen Ländern wurden Gesetze beschlossen, die homosexuelle Partnerschaften anerkennen und schwulen und lesbischen Paaren die gleichen Rechte wie verheirateten Heterosexuellen zusichern.

3. Soziologen unterscheiden zwischen Geschlecht und Gender. Während „Geschlecht" auf biologische Unterschiede zwischen männlichen und weiblichen Körpern verweist, bezeichnet „Gender" die psychologischen, sozialen und kulturellen Unterschiede zwischen Mann und Frau.

4. Manche finden, dass die Unterschiede im Verhalten der beiden Geschlechter genetisch bedingt sind, es gibt dafür aber keine schlüssigen Beweise.

5. Die geschlechtsspezifische Sozialisation bezieht sich auf das Erlernen der Gender-Rolle mithilfe von Instanzen wie der Familie oder den Medien. Sie beginnt unmittelbar nach der Geburt. Kinder lernen die Normen und Erwartungen zu übernehmen, die mit ihrem biologischen Geschlecht übereinstimmen sollen. So nehmen sie „Geschlechtsrollen" und männliche und weibliche Identitäten (Maskulinität und Femininität) an.

6. Manche Soziologen meinen, dass sowohl Geschlecht als auch Gender sozial konstruiert und daher veränderbar sind. Der Begriff „Gender" bezieht sich auf nichts, was der Faktizität des Körpers (auf den sich der Begriff Geschlecht bezieht) entsprechen würde; der menschliche Körper selbst kann heute durch soziale Einflüsse und technologische Eingriffe verändert werden.

7. Die Geschlechterdifferenz bezieht sich auf Unterschiede in Status, Macht und Prestige von Frauen und Männern in den unterschiedlichen sozialen Kontexten. Funktionalisten erklären die Geschlechterdifferenz als funktionales komplementäres Verhältnis, das mit der geschlechtsspezifischen Arbeitsteilung zur Integration und Stabilität der Gesellschaft beiträgt. Die feministische Sichtweise weist die Idee zurück, dass die Geschlechterdifferenz natürliche Ursachen habe. Liberale Feministinnen haben die Geschlechterdifferenz im Hinblick auf soziale und kulturelle Ursachen wie dem Sexismus und der Diskriminierung erklärt. Radikale Feministinnen argumentieren, dass Männer über das Patriarchat (systematische Beherrschung der Frauen durch die Männer) für die Ausbeutung der Frauen verantwortlich sind. Schwarze Feministinnen halten zusätzlich zu Gender auch Faktoren wie Klasse und Ethnizität für wesentlich, um die Unterdrückung von nicht-weißen Frauen zu verstehen.

8. In den letzten Jahren wurde der Maskulinität mehr Aufmerksamkeit geschenkt. Manche Beobachter stellen eine Krise der Maskulinität fest, die durch die größeren wirtschaftlichen und sozialen Umwälzungen ausgelöst und zu einer Erosion der traditionellen Männerrolle führen werde.

Glossar

Biologischer Reduktionismus. Eine Denkweise, die häufig verkürzt versucht, das Verhalten von Menschen unter Rückgriff auf biologische Prinzipien zu erklären. Dabei werden kulturell bestimmte Verhaltensmuster häufig auf verhaltentheoretische und damit biologische Ursachen zurückgeführt oder „reduziert".

Bisexualität. Eine Orientierung sexueller Aktivitäten oder Gefühle, die sich auf Personen des eigenen als auch des anderen Geschlechts richtet.

Expressive Rolle. Nach Parsons die von Müttern zum Ausdruck gebrachten Erwartungen, anhand derer Kinder Geschlechtsrollen erlernen. Expressiv sind Mütter, weil sie durch Geburt, Stillen und mütterliche Fürsorge vor allem emotionale Zuwendung zum Ausdruck bringen.

Feministische Theorien. Eine soziologische Perspektive, die Gender in das Zentrum der Analyse der sozialen Welt stellt und die Einzigartigkeit der Erfahrungen von Frauen betont. Es gibt viele unterschiedliche feministische Theorierichtungen, die jedoch alle das Ziel verfolgen, die Geschlechterunterschiede in der Gesellschaft zu erklären und dazu beizutragen, dass diese überwunden werden können.

Gender (Soziales Geschlecht). Soziale Erwartungen gegenüber dem Verhalten, das für die Angehörigen der beiden Geschlechter als angemessen betrachtet wird. Der Begriff des sozialen Geschlechts bezieht sich nicht auf die körperlichen Unterscheidungsmerkmale von Männern und Frauen, sondern auf sozial geprägte Merkmale der Männlichkeit und Weiblichkeit. Die Erforschung der Geschlechterverhältnisse ist in den letzten Jahren eines der wichtigsten Gebiete der Soziologie geworden, obwohl sie durch lange Zeit hindurch vernachlässigt wurde.

Gender-Sozialisation. Wie Individuen im Zuge des Sozialisationsprozesses unterschiedliche Gender-Eigenschaften entwickeln.

Geschlecht. Die anatomischen Unterschiede zwischen Männern und Frauen. Soziologen unterscheiden häufig natürliches und soziales Geschlecht. Der Ausdruck „natürliches Geschlecht" bezieht sich auf die Körpermerkmale, der Ausdruck „soziales Geschlecht" auf sozial erlernte Verhaltensweisen. Die Unterscheidungen zwischen sozialem und natürlichem Geschlecht fallen nicht zusammen. Ein Transvestit ist z.B. jemand, der physisch ein Mann ist, doch manchmal das soziale Geschlecht einer Frau annimmt.

Geschlechterdifferenz. Die Unterschiede in Status, Macht und Prestige von Männern und Frauen in sozialen Kollektiven wie Gruppen und Gesellschaften.

Geschlechterverhältnisse. Die gesellschaftlich vorgegebenen Muster der Interaktionen zwischen Männern und Frauen.

Gläserne Decke. Unter der gläsernen Decke verstehen Feministinnen das Phänomen der vertikalen Segregation von Frauen auf dem Arbeitsmarkt, das heißt, dass sie gar nicht oder nur in untere oder mittlere Führungspositionen aufsteigen, während das Spitzenmanagement eine männliche Domäne bleibt.

Heterosexualität. Eine Orientierung sexueller Aktivitäten und Gefühle, die auf Personen des anderen Geschlechts gerichtet ist.

Homophobie. Eine irrationale Angst oder Verachtung von Homosexuellen.

Homosexualität. Eine Orientierung sexueller Aktivitäten oder Gefühle, die sich auf Personen desselben Geschlechts richtet.

Instrumentelle Rolle. Nach Parsons die vor allem von Vätern vermittelten Erwartungen, anhand derer Kinder Geschlechtsrollen erlernen. Instrumentell sind Väter, weil sie durch Beruf und Lebenssicherung die sachlichen Erwartungen vermitteln.

Lesbische Liebe. Homosexuelle Aktivitäten oder Zuneigung zwischen Frauen.

Liberaler Feminisimus. Eine Form der feministischen Theorie, die die Ursache für die Ungleichheit der Geschlechter im eingeschränkten Zugang der Frauen und Mädchen zu den Bürgerrechten und bestimmten sozialen Ressourcen – wie etwa Bildung oder Beschäftigung – sehen. Liberale Feministinnen sehen die Lösung eher in Gesetzesreformen, durch die die individuellen Rechte gewahrt werden.

Patriarchat. Die Herrschaft der Männer über die Frauen. Alle bekannten Gesellschaften sind patriarchalisch, wenngleich es Unterschiede in Ausmaß und Art der von Männern ausgeübten Macht gibt. Eines der Hauptziele der Frauenbewegung in modernen Gesellschaften ist die Bekämpfung der nach wie vor bestehenden patriarchalen Institutionen in der Gesellschaft.

Postmoderner Feminismus. Postmoderner Feminismus bezieht sich auf die Grundzüge des Postmodernismus, indem er die Vorstellung einer allgemeingültigen Erklärung oder Philosophie zurückweist. Im postmodernen Feminismus wird unter anderem der Essenzialismus abgelehnt, also die Auffassung, dass die Unterschiede zwischen Männern und Frauen angeboren und nicht sozial konstruiert seien). Außerdem vertritt der postmoderne Feminismus die Überzeugung, dass es unterschiedliche Wissensformen und Wahrheiten gebe.

Prostitution. Der Verkauf sexueller Gunstbezeugungen.

Queer-Theorie. (queer = schwul) Die Queer Theory argumentiert, dass die Soziologie wie auch andere Disziplinen für Heterosexuelle voreingenommen sind und dass nicht-heterosexuelle Stimmen in den Vordergrund kommen sollen, um die heterosexuellen Annahmen zu hinterfragen, die allem gegenwärtigen Denken zugrunde liegen.

Radikaler Feminismus. Eine Spielart der feministischen Theorie, die die Geschlechterdifferenz auf die männliche Herrschaft in allen Aspekten des sozialen und wirtschaftlichen Lebens zurückführt.

Reproduktive Technologie, auch Fortpflanzungstechnologie. Technologien, die den Prozess der menschlichen Reproduktion betreffen, wie z.B. Empfängnisverhütung oder In-Vitro-Fertilisierung.

Sanktion. Eine Form der Belohnung oder Bestrafung, die sozial erwartete Verhaltensformen verstärkt.

Schwarzer Feminismus. Eine Richtung des Feminismus, die die vielgestaltigen Benachteiligungen von Gender, Klasse und Rasse (Ethnie) hervorhebt , die die Erfahrungen nicht-weißer Frauen prägen. Schwarze Feministinnen lehnen die Vorstellung einer allgemeinen Gender-Unterdrückung ab, die weiße und schwarze Frauen gleichermaßen betrifft, und argumentieren, dass die frühe feministische Analyse die spezifischen Interessen weißer Mittelschichtfrauen widerspiegle.

Sextourismus. Ein Begriff, der internationale Reisen beschreibt, die zum Aufsuchen von Prostituierten unternommen werden. Sextourismus ist vor allem im Fernen Osten am ausgeprägtesten entwickelt. Gruppen von Männern aus wohlhabenden Ländern reisen dorthin, um billige sexuelle Beziehungen mit Frauen und Kindern zu kaufen.

Sexualität. Ein ziemlich allgemeiner Ausdruck, der sich auf die sexuellen Merkmale und das sexuelle Verhalten von Menschen bezieht.

Sexuelle Orientierung. Die Richtung der sexuellen romantischen Attraktion eines Menschen.

Sozialistischer Feminismus. Die Überzeugung, dass Frauen in patriarchalen kapitalistischen Gesellschaften als Bürger zweiter Klasse behandelt werden und dass sowohl die Ungleichheit im Eigentum der Produktionsmittel als auch die sozialen Erfahrungen der Frauen überwunden werden müssen, da die Wurzeln der Frauenunterdrückung im ökonomischen System des Kapitalismus liegen. Sozialistische Feministinnen kritisieren das Verständnis von Klasse einiger gender-unsensibler Sozialisten.

Weiterführende Literatur

Heintz, Bettina, Hg. (2001), *Geschlechtersoziologie*, Kölner Zeitschrift für Soziologie und Sozialpsychologie, Sonderheft 41, Opladen: Westdeutscher Verlag.

Filme zum Thema

„Transamerica" (USA 2005), Regie: Duncan Tucker

„Gendernauts – Eine Reise durch die Geschlechter" (Deutschland 1999), Regie: Monika Treut

„Princesas" (Spanien 2005), Regie: Fernando León de Aranoa

„Im Reich der Sinne" (Japan, Frankreich 1976), Regie: Nagisa Oshima

„Die 120 Tage von Sodom" (Italien 1975), Regie: Pier Paolo Pasolini

„Das Schweigen" (Schweden 1963), Regie: Ingmar Bergman

„La Mala Educación" (Spanien 2004), Regie: Pedro Almodóvar

Internet-Tipps

Das Kinsey Institute for Research in Sex, Gender and Reproduction
www.kinseyinstitute.org/

6

Familie und intime Beziehungen

Waren Sie schon einmal verliebt? Höchstwahrscheinlich. Die meisten Leute, die über das Teenageralter hinaus sind, wissen, was es bedeutet, verliebt zu sein. In der romantischen Liebe machen viele von uns Erfahrungen, die intensiver sind als alle anderen Gefühle. Warum verlieben sich Leute? Auf den ersten Blick scheint die Antwort offensichtlich zu sein. Liebe ist der Ausdruck einer wechselseitigen persönlichen und körperlichen Anziehung, die zwei Individuen füreinander empfinden. Heutzutage mögen viele von uns gegenüber der Idee, die Liebe müsse „ewig" währen, skeptisch sein, doch neigen wir zur Auffassung, dass das Sich-Verlieben auf universellen menschlichen Emotionen beruht. Es erscheint uns ganz natürlich, dass zwei Leute, die sich verliebt haben, in ihrer Beziehung persönliche und sexuelle Erfüllung suchen, vielleicht in Form der Ehe und/oder Gründung einer Familie.

Doch diese Situation, die uns heute so selbstverständlich erscheint, ist sehr ungewöhnlich. Die Erfahrung sich zu verlieben ist vielen Menschen auf dieser Welt unbekannt und wird selten mit der Eheschließung in Verbindung gebracht. Die Idee der romantischen Liebe hat sich im Westen erst vor nicht allzu langer Zeit ausgebreitet und war in den meisten anderen Kulturen unbekannt.

Erst in der Moderne setzte sich die Auffassung durch, dass Liebe und Sexualität in sehr enger Beziehung stehen. John Boswell, ein Historiker des mittelalterlichen Europas, hat darauf hingewiesen, wie ungewöhnlich unsere modernen Ideen von der romantischen Liebe sind. Im mittelalterlichen Europa heiratete praktisch niemand aus Liebe. Damals gab es auch den Ausspruch: „Seine Frau mit Gefühlen zu lieben ist Ehebruch." Damals und noch Jahrhunderte später heirateten die Leute vor allem, um die Weitergabe von Titeln oder Besitztümern innerhalb der Familie zu sichern oder um Kinder großzuziehen, die am elterlichen Bauernhof arbeiten konnten. War das Paar erst einmal verheiratet, dann konnte es sein, dass die beiden manchmal zu sehr engen Gefährten wurden; dazu kam es jedoch erst nach der Eheschließung, nicht vorher. Es gab außereheliche sexuelle Beziehungen, doch spielten dabei nur wenige der Empfindungen, die wir mit der romantischen Liebe verbinden, eine Rolle. Die Liebe wurde bestenfalls als Schwäche und schlimmstenfalls als eine Art von Krankheit aufgefasst.

Unsere heutigen Einstellungen sind dem fast gänzlich entgegengesetzt. Zu Recht spricht Boswell von einer „Besessenheit der modernen industriellen Kultur" gegenüber der romantischen Liebe:

> Jene, die in diesen „Ozean der Liebe" eingetaucht sind, nehmen ihn als selbstverständlich hin [...] In nur wenigen vormodernen oder heutigen nicht-industrialisierten Kulturen würde man Zustimmung zur Behauptung finden, die im Westen außer Streit gestellt wird, dass es „die Bestimmung des Mannes ist, eine Frau zu lieben, und die Bestimmung der Frau, einen Mann zu lieben." Die meisten Menschen in den meisten Gegenden zu den meisten Zeiten würden dies als ein sehr kümmerliches Maß des Wertes des Menschen empfinden! (Boswell 1995, S. xix)

Erst im späten 18. Jahrhundert wurde das Konzept der romantischen Liebe spürbar. Romantische Liebe – als etwas, das sich von den mehr oder weniger universellen Zwanghaftigkeiten der leidenschaftlichen Liebe unterscheidet – hat mit der Idealisierung des Objekts zu tun. Die Idee der romantischen Liebe traf ungefähr mit dem Aufkommen des Romans als literarische Gattung zusammen, und die Verbreitung der romantischen Romane spielte eine Schlüsselrolle bei der Verbreitung der Idee der romantischen Liebe (Radway 1984). Insbesondere für Frauen ging romantische Liebe damit einher, sich selbst Geschichten zu erzählen, wie eine Beziehung zur persönlichen Erfüllung führen könnte.

© Rex Features

Die romantische Liebe kann daher nicht als ein natürliches Merkmal des menschlichen Lebens betrachtet werden; vielmehr wurde sie von allgemeinen sozialen und historischen Faktoren geformt. Für die meisten Menschen in Europa steht die Paarbeziehung (ob mit oder ohne Trauschein) im Zentrum der heutigen Familie. Als die ökonomische Rolle der Familie schwand und Liebe bzw. Liebe und sexuelle Anziehung zur Basis der Paarbindung wurden, wurden Paare zum Zentrum der Familie. Unter dem Begriff Familie sollten wir – wie wir in diesem Kapitel sehen werden – unter keinen Umständen ausschließlich ein heterosexuelles Paar mit seinen Kindern verstehen.

Die meisten Menschen in unserer Gesellschaft glauben, dass eine gute Beziehung auf emotionaler Kommunikation und Intimität beruht. Auch die Idee der Intimität ist, wie so viele andere vertraute Begriffe, die wir in diesem Buch erörtern, sehr jung. Wie wir gesehen haben, war in der Vergangenheit Ehe nie auf emotionaler Kommunikation und Intimität gebaut. Beides war für eine gute Ehe zwar zweifellos wichtig, aber nicht das Fundament wie im Fall eines modernen Paares. Kommunikation ist als Erstes das Mittel für den Aufbau einer guten Beziehung und ist das Hauptmotiv für ihren Fortbestand. Eine gute Beziehung ist eine unter Gleichen (oder wie man heute oft sagt: auf Augenhöhe), bei der jeder Partner die gleichen Rechte und Pflichten hat. In einer solchen Beziehung hat jeder Partner Respekt vor dem anderen und wünscht ihm das Beste. Gespräche und Dialog sind die Basis einer guten Beziehung. Beziehungen funktionieren am besten, wenn Menschen nicht zu viel voreinander verbergen – es muss gegenseitiges Vertrauen herrschen. An der Vertrauensbasis muss man kontinuierlich arbeiten, sie ist nicht etwas, das man als gegeben annehmen sollte. Schließlich ist eine gute Beziehung frei von Machtwillkür, Zwang und Gewalt (Giddens 1993).

Ein Großteil dieses Buches hat den Wandel zum Thema. Wir leben in einer turbulenten, schwierigen und wenig vertrauten Welt. Ob es uns gefällt oder nicht, wir müssen mit der Mischung aus Gelegenheiten und Gefahren, die eine solche Welt bietet, zurechtkommen. Auf nichts trifft diese Beobachtung besser zu als auf unser persönliches und emotionales Leben.

Was in unserem Intimleben abläuft, können wir nur verstehen, wenn wir etwas darüber wissen, wie Menschen in der Vergangenheit gelebt haben. In diesem Kapitel werden wir uns zuerst mit der Entwicklung der Familie und der Ehe in früheren Zeiten befassen, bevor wir die Konsequenzen der heutigen Veränderungsprozesse analysieren.

Zentrale Begriffe

Familie

Verwandtschaft

Ehe

Zunächst müssen die Grundbegriffe definiert werden, vor allem jene von Familie, Verwandtschaft und Ehe. Eine Familie ist eine Gruppe durch verwandtschaftliche Beziehungen direkt miteinander verbundener Personen, deren erwachsene Mitglieder die Sorge für die Kinder übernehmen. Unter Verwandtschaft versteht man Verbindungen zwischen Einzelpersonen, die entweder auf Heirat oder im Falle von Blutsverwandten auf gemeinsamer Abstammung beruhen (Mutter, Vater, Nachkommen, Großeltern etc.). Ehe lässt sich als eine von der Gesellschaft anerkannte und gebilligte sexuelle Gemeinschaft zwischen Mann und Frau definieren. Wenn Mann und Frau heiraten, werden sie dadurch miteinander verwandt. Eine Verehelichung bringt nicht nur für die Jungverheirateten selbst, sondern auch für einen umfangreicheren Personenkreis neue verwandtschaftliche Beziehungen mit sich. Die Eltern, Brüder, Schwestern und andere Blutsverwandte der beiden Partner werden durch deren Verehelichung automatisch auch zu Verwandten des jeweils anderen Partners.

Kernfamilie

Großfamilie

Familienbeziehungen sind immer in ein weiter gefasstes System verwandtschaftlicher Gruppierungen eingebunden. Das, was Soziologen und Anthropologen als Kernfamilie bezeichnen, findet sich in praktisch jeder Gesellschaft. Eine Kernfamilie besteht aus zwei Erwachsenen, die mit leiblichen oder adoptierten Kindern in einem Haushalt zusammenleben. In den meisten vormodernen Gesellschaften ist die Kernfamilie in unterschiedlich beschaffene größere Netze verwandtschaftlicher Beziehungen eingebunden. Wenn außer einem Ehepaar und seinen Kindern noch weitere Verwandte in ein und demselben Haushalt oder in nahem oder ständigem Kontakt miteinander leben, spricht man von einer Großfamilie. Eine solche Großfamilie kann Großeltern, Brüder und ihre Frauen, Schwestern und ihre Männer, Tanten und Neffen einschließen.

Monogamie

In den westlichen Gesellschaften wird die Ehe und folglich auch die Familie mit Monogamie assoziiert. Es ist Männern und Frauen verboten, mit mehr als einem Partner gleichzeitig verheiratet zu sein. Weltweit gesehen ist die Monogamie jedoch nicht die häufigste Form der Ehe. In einer berühmten vergleichenden Studie über 565 verschiedene Gesellschaften gelangte George Murdock zu dem Ergebnis, dass Polygamie in mehr als

80 Prozent der untersuchten Gesellschaften zulässig war (Murdock 1949). **Polygamie**
Unter Polygamie versteht man jede Art von Ehe, bei der ein Mann oder
eine Frau mehr als einen Ehepartner haben darf. Man unterscheidet zwei
Arten von Polygamie: Von Polygynie spricht man, wenn es einem Mann **Polygynie**
gestattet ist, mit zwei oder mehr Frauen gleichzeitig verheiratet zu sein,
von Polyandrie (der wesentlich selteneren Form), wenn eine Frau mit zwei **Polyandrie**
oder mehr Männern gleichzeitig verheiratet sein kann.

Die bekannteste Gruppe, die Polygamie in der westlichen Welt praktiziert, sind die fundamentalistischen Mormonen, die hauptsächlich im US-
Bundesstaat Utah leben, wo dies zwar auch illegal ist, aber nur selten gerichtlich verfolgt wird. Die Polygamie wurde von den gemäßigten Mormonen vor etwa 100 Jahren aufgegeben, damit Utah ein Bundesstaat der
Vereinigten Staaten werden konnte. Man schätzt jedoch, dass etwa 30.000
fundamentalistische Mormonen in Utah immer noch in Vielehe leben.

Viele Soziologen meinen, man könne nicht von „der Familie" sprechen,
als ob es ein mehr oder weniger universelles Familienmodell gäbe. Wie
wir in diesem Kapitel sehen werden, gibt es viele verschiedene Familienformen: Zwei-Eltern-Familien, Stieffamilien, Alleinerzieherinnenfamilien
usw. Die Soziologin Diana Gittins (1993) hat deshalb auch vorgeschlagen,
dass es angemessener sei, von „Familien" im Plural zu sprechen, anstatt
von „der Familie", dadurch betone man die Verschiedenartigkeit von Familienformen. Wenngleich wir der Einfachheit halber öfter von „der Familie" sprechen werden, ist es wichtig, sich immer die Bandbreite, die dieser Begriff abdeckt, zu vergegenwärtigen.

© Epics/EPA

Dieses ungewöhnliche Familienfoto zeigt den polygamen Tom Green aus Utah mit seinen fünf Frauen und einigen seiner 29 Kinder.

Die Familie, historisch betrachtet

Soziologen waren einmal der Auffassung, dass vor der Zeit der Moderne die vorherrschende Familienform Westeuropas der Typus der Großfamilie war. Diese Auffassung wurde durch empirische Untersuchungen widerlegt. Die Kernfamilie scheint lange Zeit hindurch der wichtigste Typus gewesen zu sein. Die Haushaltsgröße in vormodernen Zeiten überstieg jene, die wir heute beobachten können, doch der Unterschied war nicht allzu deutlich ausgeprägt. In West- und Mitteleuropa betrug die durchschnittliche Haushaltsgröße in der vorindustriellen Zeit (im 16., 17. und 18. Jahrhundert) 4,75 Personen (Mitterauer und Sieder 1977, S. 42). Diese Zahl variierte natürlich zwischen Stadt und Land. Der Durchschnitt beträgt in Österreich derzeit 2,3 (Statistik Austria 2006). Da die früheren Zahlen die Hausangestellten einschlossen, ist der Unterschied in der Familiengröße nicht sehr bedeutsam. Großfamilien waren in Osteuropa und Asien von größerer Bedeutung.

Die Kinder begannen ihren Eltern bei der Landarbeit oder ihrer handwerklichen Tätigkeit zu helfen, sobald sie das siebente oder achte Lebensjahr erreicht hatten. Jene, die nicht in den häuslichen Produktionsprozess eintraten, verließen oft schon sehr früh den elterlichen Haushalt, um in fremden Haushalten zu arbeiten oder eine Lehre zu absolvieren. Kinder, die ihre Eltern verließen, um in anderen Haushalten zu arbeiten, sahen ihre Eltern danach meist nur selten oder gar nie wieder.

Es gab noch weitere Faktoren, die bewirkten, dass der Familienverband weniger dauerhaft war, als dies heute trotz der hohen Scheidungsraten der Fall ist. Die Sterblichkeitsrate (die Anzahl der Toten pro Jahr und Tausend der Bevölkerung) aller Personen jeden Alters lag sehr viel höher als heute. Im frühmodernen Europa starb mindestens ein Viertel aller Kinder vor dem zweiten Lebensjahr (die Vergleichszahl heute liegt deutlich unter einem Prozent), und Frauen starben häufig im Kindbett. Der Tod von Kindern oder eines Elternteils (bzw. beider) führte daher zu einer Veränderung des Familiengefüges.

Die Entwicklung des Familienlebens

Der historische Soziologe Lawrence Stone hat einige von vormoderner Zeit bis zu den modernen Formen des Familienlebens reichende Veränderungen nachgezeichnet. Er unterscheidet zwischen dem 16. und dem 19. Jahrhundert drei Hauptphasen der Familienentwicklung.

1. Im 16. Jahrhundert war die vorherrschende Familienform eine Art Kernfamilie, deren Familienmitglieder in einem relativ kleinen Haushalt lebten, aber tief in die Gemeinschaftsbeziehungen – und damit auch in Beziehungen mit der weiteren Verwandtschaft – eingebettet waren. Die Familie war von der Gemeinschaft nicht klar abgegrenzt. Laut Stone (andere Historiker haben diese Auffassung infrage gestellt) konzentrierten sich zu jener Zeit die emotionalen Bindungen und Abhängigkeiten der Familienmitglieder nicht hauptsächlich auf die Familie. Die

Menschen suchten und fanden in der Familie nicht jene emotionale Vertrautheit, die wir heute mit dem Begriff Familienleben assoziieren. Die Sexualität in der Ehe wurde nicht als lustvoll aufgefasst, sondern als Verpflichtung im Dienste der Zeugung von Kindern. Die individuelle Entscheidungsfreiheit bei der Verehelichung oder anderen Familienangelegenheiten war den Interessen anderer, beispielsweise der Eltern, anderer Verwandter oder der Gemeinschaft, untergeordnet. Außerhalb aristokratischer Kreise, wo sie manchmal aktiv ermutigt wurde, wurde die erotische oder die romantische Liebe von Moralisten und Theologen als Krankheit aufgefasst. Wie Stone berichtet, war die Familie zu jener Zeit „eine nach außen offene, nüchterne, unemotionale, autoritäre Institution [...] Sie war darüber hinaus äußerst kurzlebig, da sie häufig infolge des Todes des Mannes oder der Frau bzw. aufgrund des Todes von Kindern oder deren frühzeitigen Verlassens des Elternhauses ein Ende fand" (Stone 1977, S. 6).

2. Auf diesen Familientypus folgte eine Übergangsform, die vom frühen 17. bis zum Beginn des 18. Jahrhunderts bestand. Dieser Typus war im Großen und Ganzen auf die oberen Gesellschaftsschichten beschränkt, war aber dennoch wichtig, da von ihm ausgehend Einstellungen diffundierten, die seitdem von fast allen geteilt werden. Die Kernfamilie wandelte sich zu einer stärker abgeschlossenen Einheit, sodass sich die innerfamiliären Beziehungen deutlich von jenen zu anderen Verwandten und zur lokalen Gemeinschaft abhoben. Diese Phase der Familienentwicklung war mit einer immer stärkeren Betonung der ehelichen und elterlichen Liebe verbunden, obwohl sie auch mit einer Vergrößerung der autoritären Macht des Vaters einherging.

3. In der dritten Phase entwickelte sich allmählich der Typus eines Familiensystems, mit dem wir heute im Westen am besten vertraut sind. Diese Familie ist eine Kleingruppe, die durch enge emotionale Bindungen zusammengehalten wird, ein hohes Ausmaß an häuslicher Privatheit aufweist und sich vor allem dem Aufziehen der Kinder widmet. Sie ist charakterisiert durch den Aufstieg des affektiven Individualismus, und zeichnet sich aus durch das Eingehen ehelicher Bindungen auf der Grundlage der persönlichen Auswahl, die von sexueller Anziehungskraft oder romantischer Liebe angeleitet ist. Die sexuellen Aspekte der Liebe wurden nun innerhalb der Ehe glorifiziert, statt in Zusammenhang mit außerehelichen Beziehungen. Die Familie wurde enger an die Sphäre des Konsums als an jene der Produktion gekoppelt, und zwar als Konsequenz der Zunahme von Arbeitsplätzen, die vom Heim getrennt waren.

affektiver Individualismus

Wie John Boswell, den wir bereits am Anfang dieses Kapitels erwähnt haben, angemerkt hat:

Im vormodernen Europa begann die Ehe als eine Gütergemeinschaft, befasste sich in der Mitte vor allem mit der Aufzucht der Kinder und erst gegen Ende mit der Liebe. Tatsächlich heirateten wenige Paare „aus Liebe", doch viele begannen einander zu lieben, nachdem sie gemeinsam den Haushalt geführt, ihre Kinder erzogen und die Erfahrungen des alltäglichen Lebens geteilt hatten. Fast alle überlieferten Grabinschriften für Ehepartner zeugen von tiefer Zuneigung. Im Gegensatz dazu *beginnt* im Großteil des modernen Westens die Ehe mit der Liebe, befasst sich in der Mitte noch immer mit der Aufzucht der Kinder (wenn es solche gibt), und endet – sehr häufig – mit Auseinandersetzungen über Besitztümer, zu welchem Zeitpunkt die Liebe verflogen ist, oder nur mehr eine schwache Erinnerung darstellt. (Boswell 1995, S. xxi)

Wie wir nie waren – Mythen von der traditionellen Familie

Viele, vor allem konservative Menschen meinen, dass das Familienleben gefährlich unterminiert werde (am Ende dieses Kapitels wollen wir uns mit der gegenwärtigen Debatte über Familienwerte befassen). Sie kontrastieren das, was sie zur Zeit beobachten mit den traditionelleren Familienformen. War die Familie in der Vergangenheit wirklich so friedlich und harmonisch, wie das viele Leute behaupten, oder handelt es sich hier nur um eine idealisierte Fiktion? Wie Stephanie Coontz in ihrem Buch *The Way We Never Were* (1992) betont, ist es mit der „traditionellen Familie" wie mit anderen Bildern eines goldenen Zeitalters der Vergangenheit: Das rosige Licht, das wir in der Retrospektive darauf werfen, verschwindet, wenn wir uns ansehen, wie die Dinge damals wirklich waren.

Viele bewundern die offensichtliche Disziplin und Stabilität, die in der bürgerlichen Familie des 19. Jahrhunderts vorherrschte. Allerdings dauerte aufgrund der viel höheren Sterberaten die durchschnittliche Ehe weniger als zwölf Jahre, und mehr als die Hälfte der Kinder erlebte den Tod wenigstens eines Elternteils bis zum Alter von 21 Jahren. Die Disziplin resultierte aus der strengen Autorität der Eltern über ihre Kinder. Die Mittel, mit denen diese Autorität durchgesetzt wurde, würden nach heutigen Standards als extrem hart angesehen werden.

Wenn wir die bürgerliche Familie um 1850 zum Ideal stilisieren, müssen wir in Betracht ziehen, dass Ehefrauen zu jener Zeit an das Haus gefesselt waren. Der bürgerlichen Moral entsprechend hatten Frauen streng tugendhaft und keusch zu sein, während Männer regelmäßig ihren sexuellen Ausschweifungen in Bordellen und bei Prostituierten nachgehen konnten. Tatsächlich hatten Mann und Frau oft nur wenig mitein-

© Panos Pictures/Gisele Wulfsohn

War die Kernfamilie überhaupt irgendwann einmal die Norm?

ander zu tun und unterhielten sich höchstens über ihre Kinder. Darüber hinaus war die Häuslichkeit keine Option für ärmere Schichten. In Fabriken und Werkstätten mussten Familien lange Arbeitstage absolvieren und hatten wenig Zeit für ein Familienleben. In diesen Schichten war damals auch Kinderarbeit weitverbreitet.

Unsere jüngste Erinnerung an die ideale Familie bezieht sich auf die 1950er Jahre. Das war eine Zeit, als die Frauen nur im Haus arbeiteten, während Männer das Familieneinkommen verdienen mussten. Allerdings zogen sich viele Frauen nicht freiwillig auf die Hausfrauenrolle zurück und fühlten sich unglücklich in einer Falle gefangen. Viele Frauen waren auch im Zuge der Mobilisierung des Zweiten Weltkriegs erwerbstätig gewesen, doch sie verloren diese Arbeitsplätze, als die Männer vom Krieg zurückkehrten. Weiters waren Männer von ihren Frauen emotional noch sehr distanziert und folgten einer doppelbödigen Sexualmoral, die ihnen sexuelle Abenteuer erlaubte, doch für die Frau sehr restriktive sexuelle Normen vorschrieb.

Von der amerikanischen Feministin Betty Friedan erschien 1966 erstmals die deutsche Übersetzung ihres Bestsellers *Der Weiblichkeitswahn oder die Mystifizierung der Frau* (The Feminine Mystique 1963). Friedan sprach vielen Tausenden Frauen aus dem Herzen, als sie vom „Problem ohne Namen" sprach: die Unterdrückung durch ein Hausfrauendasein, bei dem die Frau ausschließlich beschäftigt war mit Kindererziehung, die Eintönigkeit der Hausarbeit erlebte und sich um die Versorgung eines Ehemannes kümmerte, der nur gelegentlich auftauchte und mit dem es nur wenig emotionalen Austausch gab. Schlimmer noch als die Unterdrückung im Hausfrauendasein waren der Alkoholismus und die häusliche Gewalt, die viele Familien in einer Zeit durchmachten, in der die Gesellschaft nicht bereit war, sich diesen Problemen offen zu stellen.

Weltweite Veränderungen der Familienstrukturen

Es gibt rund um die Welt in verschiedenen Gesellschaften immer noch eine Vielzahl verschiedener Familienformen. In manchen Gegenden, wie etwa in entlegenen Regionen Asiens, Afrikas oder des pazifischen Raums, haben sich die auf Großfamilien, Sippen oder Polygamie basierenden traditionellen Familienverhältnisse nur wenig verändert. In den meisten Entwicklungsländern jedoch gehen weitreichende Veränderungen vor sich. Die Ursachen für diese Veränderungen sind zwar sehr komplex, es können jedoch in diesem Zusammenhang einige Faktoren als besonders wichtig hervorgehoben werden. Einer davon ist die Ausbreitung der westlichen Kultur. So haben z.B. die westlichen Ideale der romantischen Liebe sich auf Gesellschaften ausgedehnt, in denen sie früher unbekannt waren. Ein weiterer Faktor ist die Herausbildung der zentralisierten Regierungsform in Gebieten, die sich früher aus autonomen kleineren Gesellschaften zusammensetzten. Das Leben der Menschen beginnt den Einflüssen des nationalstaatlichen politischen Systems ausgesetzt zu sein; darüber hinaus unternehmen manche Regierungen aktive Anstrengungen, um traditionelle Verhaltensformen zu verändern. In China verfolgt der Staat wegen des raschen Bevölkerungswachstums seit Jahren eine drakonische Familienplanungspolitik, deren Ziel die Beschränkung der Familiengröße ist. Nicht beabsichtigte Folgen waren eine deutliche Zunahme des Infantizids (Kindestötung) und eine verzerrte Geschlechterproportion bei Neugeborenen als Konsequenz selektiv vorgenommener Abtreibungen. Weiteren Einfluss auf das Familienleben haben die massiven Wanderungen vom Land in die städtischen Gebiete. Oft gehen die Männer zum Arbeiten in die Städte und lassen ihre Familien in den Dörfern zurück. Daneben ziehen auch Kernfamilien als Ganzes in die Städte um. In beiden Fällen werden traditionelle Familienformen und Verwandtschaftssysteme erschüttert.

Diese Veränderungen führen zu einer weltweiten Dominanz der Kernfamilie, wobei die Großfamilien und andere Arten verwandtschaftlicher Gruppen ihre Bedeutung verlieren. Dieser Prozess wurde zum ersten Mal von William J. Goode in seinem Buch *World Revolution and Family Patterns* (1963) dokumentiert; Goodes Analyse wurde von späteren Untersuchungen bestätigt.

Entwicklungstendenzen

Die folgenden Punkte fassen die wichtigsten Veränderungen zusammen, die weltweit vor sich gehen.

1. Sippen und andere verwandtschaftliche Gruppen verlieren an Bedeutung.
2. Es ist ein allgemeiner Trend zur freien Wahl des Ehepartners zu verzeichnen,
3. Die Rechte der Frau werden immer stärker anerkannt, sowohl in Bezug auf die Auswahl des Ehepartners, als auch auf die Entscheidungen innerhalb der Familie.
4. „Verwandtenehen" und arrangierte Ehen werden immer seltener.
5. In vormals sehr restriktiven Gesellschaften setzt sich jetzt größere sexuelle Freiheit durch.
6. Es gibt einen allgemeinen Trend hin zu einer Erweiterung der Rechte der Kinder.
7. Die Akzeptanz homosexueller Partnerschaften steigt.

Es wäre ein Fehler, in Bezug auf diese Entwicklungen zu übertreiben oder anzunehmen, dass sie auf der ganzen Welt in gleichem Ausmaße auftreten – für viele von ihnen wird immer noch gekämpft und sie sind heiß umstritten. (Die Unterdrückung der Rechte der Frauen in Afghanistan unter den Taliban 1996–2001, die in Kapitel 18 erörtert wird, ist ein Beispiel dafür.) Es wäre auch ein Fehler anzunehmen, dass die Großfamilie überall im Verschwinden begriffen ist. Weltweit sind heute in den meisten Gesellschaften immer noch Großfamilien die Norm, und die das familiäre Leben bestimmenden traditionellen Bräuche und Gewohnheiten bestehen fort.

Auch die Geschwindigkeit, mit der sich die Veränderungen vollziehen, variiert, und es gibt viele gegenläufige Entwicklungen.

Familie und Ehe in Europa

Angesichts der kulturellen Vielfalt in Europa gibt es hier beträchtliche Variationen in den Formen von Familie und Ehe. Einige der auffälligsten Unterschiede betreffen die familiären Muster von Inländern und von Zuwanderern, und wir müssen uns ansehen, warum dies der Fall ist. Wir werden uns dann genauer mit Scheidung, Wiederverehelichung und Stiefelternschaft im Kontext der zeitgenössischen Muster des Familienlebens auseinandersetzen.

Beschreiben wir jedoch zuerst einige Grundcharakteristika, die fast allen Familien bei uns gemeinsam sind.

Allgemeine Merkmale

Die Grundzüge der Familie in Europa:

1. Wie andere westliche Familientypen, so ist auch die Familie bei uns monogam und die Monogamie gesetzlich verankert. Angesichts der gegenwärtig hohen Scheidungsraten schlagen einige Beobachter jedoch vor, das Ehemuster in Europa als serielle Monogamie zu bezeichnen. Das bedeutet, dass es gestattet ist, mit einer Reihe verschiedener Partner nacheinander verheiratet zu sein, obwohl es nicht erlaubt ist, mit zwei oder mehreren Partnern zur selben Zeit verheiratet zu sein. Doch es wäre irreführend, die gesetzlich vorgeschriebene Monogamie mit der sexuellen Praxis gleichzusetzen. Offensichtlich unterhält ein großer Teil der Europäer außereheliche sexuelle Beziehungen.

2. In Europa basiert die Ehe auf dem Gedanken der romantischen Liebe. Der affektive Individualismus ist bestimmend geworden. Man erwartet von den Paaren, dass sie auf einer Basis von persönlicher Attraktivität und Harmonie gegenseitige Zuneigung als Grundlage der ehelichen Beziehung entwickeln. Die romantische Liebe als Aspekt der Ehe ist im gegenwärtigen Europa „naturalisiert" worden; sie erscheint als Grundfaktum der menschlichen Existenz statt als ein charakteristisches Merkmal moderner Kultur. Die Realität unterscheidet sich jedoch von der Ideologie. Die Betonung der persönlichen Befriedigung in der Ehe hat Erwartungen erzeugt, die manchmal nicht erfüllt werden können, und dies ist einer der für die hohen Scheidungsraten ausschlaggebenden Faktoren.

3. Die Familie in Deutschland, Österreich und der Schweiz war generell patrilinear und neolokal. Patrilineare Vererbung bedeutet, dass die Kinder den Nachnamen ihres Vaters tragen und Eigentum normalerweise entlang der männlichen Linie weitervererbt wird. (Es gibt auf der Welt jedoch viele matrilineare Gesellschaften. Nachnamen und oft auch das **patrilineare Vererbung** **matrilinear**

Eigentum werden entlang der weiblichen Linie weitergegeben. Im Zuge der verschiedenen Namensrechtsreformen können Ehepaare nun auch bestimmen, dass ihre Kinder den Namen der Mutter tragen sollen.) Unter neolokalen Wohnstrukturen versteht man, dass jungverheiratete Paare ihren Haushalt von jenen der beiden Abstammungsfamilien entfernt begründen. Neolokalität muss jedoch nicht während des gesamten Lebenszyklus praktiziert werden. So zeigen Statistiken für Österreich etwa, dass ab dem 55. Lebensjahr insbesondere in ländlichen Regionen die Tendenz steigt, wieder mit den Eltern zusammenzuleben (Kytir 2003, S. 21). Dies liegt daran, dass die Betreuung alter Eltern zum Großteil in der Familie geleistet wird.

neolokale Wohnstrukturen

4. Die europäische Familie ist eine Kernfamilie und besteht aus einem oder zwei mit ihren Kindern in einem Haushalt lebenden Elternteil/en. Die Dominanz der Kernfamilien beginnt jedoch zu schwinden, wie wir weiter unten sehen werden.

Entwicklungstendenzen

Variationen der Familienstrukturen

Nach Rapoport befinden sich die Familien „heute im Übergang von einer Gesellschaft, in der eine einzige allgemeingültige Norm vorschrieb, wie das Familienleben auszusehen hatte, zu einer Gesellschaft, in der eine Pluralität von Normen als legitim und sogar erstrebenswert betrachtet wird" (Rapoport 1982, S. 476). Zur Untermauerung dieses Arguments unterscheidet Rapoport fünf verschiedene Typen von Vielfalt: der Organisation, der Kultur, der Klasse, des Lebenslaufs und der Kohorte. Wir könnten diese Liste um sexuelle Unterschiedlichkeit ergänzen. Die Pluralität der Familienformen, von der Rapoport schrieb, ist heute offensichtlicher als vor 30 Jahren, als diese Ideen erstmals veröffentlicht wurden.

Die Familien organisieren die jeweiligen individuellen Haushaltspflichten und ihre Verbindungen zur weiter gefassten sozialen Umwelt auf verschiedene Art und Weise. Die Unterschiede zwischen „orthodoxen" Familien, in denen die Frau „Hausfrau" und der Mann „Familienerhalter" ist, und den Familien mit zwei berufstätigen Elternteilen oder nur einem alleinerziehenden Elternteil illustrieren diese Vielfalt. Kulturell gesehen gibt es heute bei den Einstellungen und Werten der Familie eine größere Vielfalt als früher. Die Existenz ethnischer Minderheiten (türkische, aus dem ehemaligen Jugoslawien stammende, vietnamesische, griechische und italienische Gemeinschaften, Aussiedler aus Russland) sowie der Einfluss von Bewegungen, wie beispielsweise des Feminismus, haben bei den Familienformen zu einer beachtlichen kulturellen Vielfalt geführt. Fortdauernde Klassenunterschiede zwischen den Armen, der Facharbeiterklasse und den verschiedenen Gruppierungen der mittleren und oberen Klassen haben ebenfalls zur Vielfalt der Familienstrukturen beigetragen. Unterschiedliche familiäre Erfahrungen im Lebenslauf sind offensichtlich. Jemand kann

Lebenslauf

zum Beispiel aus einer Kernfamilie kommen und heiraten, sich dann jedoch scheiden lassen. Jemand anderer wiederum ist vielleicht von nur einem Elternteil aufgezogen worden, heiratet mehrmals und hat aus jeder Ehe Kinder.

Der Ausdruck Kohorte bezieht sich auf Generationen innerhalb von Familien. Die Verbindungen zwischen Eltern und Großeltern sind heute z.B. wahrscheinlich schwächer geworden als früher. Andererseits erreichen jetzt mehr Menschen als früher ein hohes Alter, und drei Familien können in enger Verbindung miteinander existieren: verheiratete Enkel, ihre Eltern und ihre Großeltern. Mittlerweile gibt es auch größere sexuelle Unterschiede in Familienorganisationen als je zuvor. Da Homosexualität in westlichen Gesellschaften immer mehr an Akzeptanz gewinnt, bilden sich zunehmend auch homosexuelle Paare und Familien.

Türkische Migrantenfamilien

Das Familienleben in Deutschland, Österreich und der Schweiz ist heute von großer Vielfalt geprägt. Dazu tragen in diesen Ländern auch die Migranten bei. Rund zehn Prozent der Wohnbevölkerung sind Ausländer, der Anteil der Personen mit Migrationshintergrund ist aufgrund von Einbürgerungen etwas höher. Die Migrantenfamilien unterscheiden sich von der einheimischen Bevölkerung und auch untereinander, je nach Migrationsauslöser (Arbeitsmigration versus Asylsuche), kultureller Herkunft, Aufenthaltsdauer und Integrationsgrad in die einheimische Gesellschaft, aufenthaltsrechtlichem Status, nationaler und ethnischer Zusammensetzung, Bildungsgrad und Wanderungsoptionen. In Deutschland stellen Migranten aus der Türkei mit fast 30 Prozent aller Migranten die größte Gruppe (Engstler und Menning 2003, S. 52); in Österreich kommt fast die Hälfte der Migranten aus dem ehemaligen Jugoslawien (Fernandez de la Hoz und Pflegerl 1999, S. 365). Wir wollen uns im Folgenden den Ergebnissen des sechsten Familienberichts der deutschen Bundesregierung zu den Familien ausländischer Herkunft in Deutschland zuwenden und die darin erforschten besonderen Lebensumstände von Migrantenfamilien in Deutschland kurz schildern.

Fast die Hälfte der in Deutschland lebenden Ausländer ist schon seit mindestens zehn Jahren im Land, nahezu 30 Prozent der Ausländer sind in Deutschland geboren (Engstler und Menning 2003, S. 52). In Deutschland setzte die Anwerbung von Arbeitsmigranten aus Südeuropa und der Türkei in den 1960er Jahren ein, mittlerweile rekrutiert sich die Zuwanderung aus Familienangehörigen, die nachziehen. Die Migranten in Deutschland leben zu einem höheren Prozentsatz als die einheimische Bevölkerung in Familien mit Kindern (s. Abb. 6.1): Während nur etwas mehr als die Hälfte der Deutschen in Familien mit Kindern lebt, trifft dies für drei Viertel der Ausländer zu (Engstler und Menning 2003, S. 53). Dies ergibt sich aus dem durchschnittlich niedrigeren Alter und der höheren Geburtenrate der Ausländer. So hat fast ein Fünftel der Familien mit einer aus-

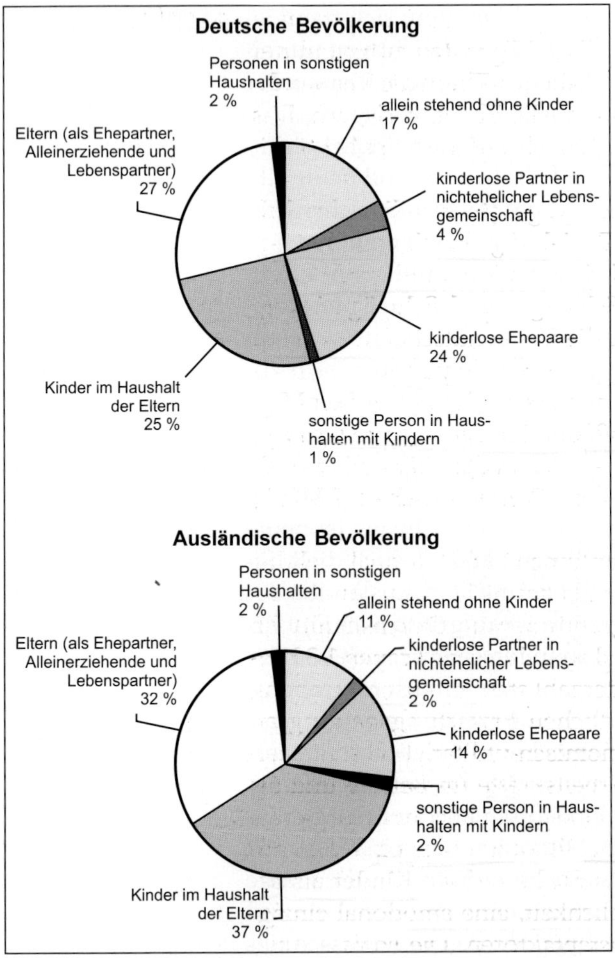

Deutsche Bevölkerung

Personen in sonstigen Haushalten
2 %

allein stehend ohne Kinder
17 %

kinderlose Partner in nichtehelicher Lebensgemeinschaft
4 %

Eltern (als Ehepartner, Alleinerziehende und Lebenspartner)
27 %

kinderlose Ehepaare
24 %

Kinder im Haushalt der Eltern
25 %

sonstige Person in Haushalten mit Kindern
1 %

Ausländische Bevölkerung

Personen in sonstigen Haushalten
2 %

allein stehend ohne Kinder
11 %

kinderlose Partner in nichtehelicher Lebensgemeinschaft
2 %

Eltern (als Ehepartner, Alleinerziehende und Lebenspartner)
32 %

kinderlose Ehepaare
14 %

sonstige Person in Haushalten mit Kindern
2 %

Kinder im Haushalt der Eltern
37 %

Abb. 6.1: Lebensformen der deutschen und ausländischen Bevölkerung in Deutschland 2000
Quelle: Engstler und Menning (2003), S. 54.

ländischen Bezugsperson drei oder mehr Kinder, während das nur für ca. zehn Prozent der deutschen Familien gilt (Engstler und Menning 2003, S. 53, 55).

Drei Viertel der ausländischen Bevölkerung wohnen in den Bundesländern Nordrhein-Westfalen, Baden-Württemberg, Bayern und Hessen. Die türkischen Migranten in Deutschland stammen aus unterschiedlichen Regionen der Türkei und aus verschiedenen ethnischen Gruppen: Während die türkischen Migrantenfamilien im Ruhrgebiet aus den Bergbauregionen im Norden der Türkei kommen, sind die nach Berlin zugezogenen aus dem Südosten und damit meistens Kurden (BMFSFJ 2000, S. 77). Ähnliches gilt für italienische Migranten in der Schweiz, die mehrheitlich aus Norditalien stammen, für jene in Deutschland gilt jedoch, dass sie aus den südlicheren Regionen Italiens kommen.

Diese regionalen Unterschiede ergeben sich aus der sogenannten Kettenmigration, dem Nachzug mehrerer Familienmitglieder und Verwandter an denselben Zielort.

Für das soziale Netzwerk der türkischen Migranten spielen die Familie und Verwandte eine überragende Rolle: Mehr als die Hälfte der zugewanderten Türken hat Verwandte im gleichen Ort und berichtet auch über regelmäßigen Besuchskontakt. Dagegen haben nur 34 Prozent der türkischen Väter und 14 Prozent der türkischen Mütter Kontakt zu einem gleichgeschlechtlichen Landsmann, und nur sieben Prozent der Väter und fünf Prozent der Mütter nennen eine deutsche Bezugsperson (BMFSFJ 2000, S. 112f.). Im Vergleich zu den italienischen Migrantenfamilien betonen die türkischen die Wichtigkeit der praktischen Hilfestellung und Loyalität im Verwandtschaftsnetzwerk sowie den Zusammenhalt der Familie in der Fremde. Die italienischen Migrantenfamilien betonen Sympathie und expressive Beziehungen zu Verwandten.

Die Unterschiede im Familienleben der Migranten im Vergleich zur einheimischen Bevölkerung sind nicht immer auf kulturelle Verschiedenartigkeit zurückzuführen, sondern auch auf die Anpassung der Migranten an die in der Zielgesellschaft veränderten Lebens- und Arbeitsbedingungen. So sind etwa bei nichtgewanderten türkischen Familien die Verwandt-

schaftsbeziehungen zu den Eltern des Mannes (patrilokale Familien) von **patrilokal**
großer Bedeutung, während sich bei türkischen Migranten aufgrund der
Distanz zu den meist im Herkunftsland verbliebenen Eltern die Verwandt-
schaftskontakte stärker auf die intragenerationelle Ebene verlagern. Das
Zusammenziehen mit den Familien der Brüder des Mannes ist bei türkischen Migranten häufig.

Damit unterscheiden sich die türkischen Migrantenfamilien deutlich
von den deutschen Familien, in denen die Beziehungen zwischen den Generationen viel mehr Bedeutung haben als jene zu Verwandten der gleichen Generation, wie Geschwister und Schwager und Schwägerinnen.
Außerdem werden in deutschen Familien die Verwandtschaftsbeziehungen von Frauen gepflegt und sind häufig matrilinear organisiert.

Die engen Kontakte im Verwandtschaftsnetzwerk der türkischen Migranten bedeuten jedoch nicht, dass eine großfamiliäre Lebensform vorliegt,
denn die sozialen Beziehungen unterscheiden sich in Qualität und Intensität zwischen der Gattenfamilie und der weiteren Verwandtschaft (BMFSFJ
2000, S. 114).

Die Geburtenziffer bei türkischen Migrantinnen ist fast doppelt so hoch
wie bei deutschen Frauen, doch niedriger als bei nicht ausgewanderten
Türkinnen: 1993 bekamen türkische Migrantinnen im Durchschnitt 2,5
Kinder, Frauen in der Türkei 2,8 Kinder und westdeutsche Frauen 1,3 Kinder (BMFSFJ 2000, S. 102). Die höhere Kinderzahl steht in Zusammenhang
mit einer kulturell bedingten unterschiedlichen Erwartungshaltung an
Kinder: Während in der Türkei eine ökonomisch-utilitaristische Einstellung vorherrscht, die Kinder als billige Arbeitskräfte im Betrieb und als
Garant der Altersvorsorge sieht, wodurch eine große Kinderschar gleichbedeutend mit Reichtum ist, haben deutsche Eltern in erster Linie psycho-
logisch-emotionale Erwartungen an Kinder. Sie betrachten Kinder als Bereicherung ihrer Erfahrungswelt, als Möglichkeit, eine emotional einzigartige Beziehung aufzubauen und als Kostenfaktoren. Die soziale Absicherung der Eltern besorgt der Wohlfahrtsstaat, und den materiellen
Wohlstand erwirtschaftet man sich in individueller Erwerbstätigkeit, bei
der vor allem Bildung eine große Rolle spielt. Unter diesen Rahmenbedingungen ist eine geringe Kinderzahl unter Deutschen höchst vernünftig.
Die utilitaristische Einstellung gegenüber Kindern mündet in einen für
türkische Migranten typischen Erziehungsstil, der auf Gehorsam, elterliche Behütung und Kontrolle ausgerichtet ist und von den Kindern Loyalität zu den Eltern fordert. Die psychologisch-emotionalen Werte verwirklichen sich in Erziehungsstilen, die Unabhängigkeit, Individualismus und
frühe Selbstständigkeit der Kinder fördern (BMFSFJ 2000, S. 105).

Migrantenkinder erleben beim Aufwachsen in Deutschland dann zwei
verschiedene Welten: einerseits die Erwartungshaltung ihrer Eltern, loyal
zu sein, den Zusammenhalt zwischen den Generationen über die eigenen
Interessen (z.B. bei Partnerwahl) zu stellen und andererseits ihre deutschen
Altersgenossen, die nach individualistischen, auf Autonomie und wirtschaftlichen Erfolg ausgerichteten Werten erzogen werden.

Im Sinne einer ethnischen Rückbesinnung auf Werte akzentuiert sich gerade bei türkischen Migrantensöhnen eine ökonomisch-utilitaristische Einstellung, und damit der eigene Anspruch, lebenslange Loyalität zu den Eltern zu üben, auch wenn diese das gar nicht so ausgeprägt von ihren Söhnen erwarten. Männliche türkische Jugendliche betonen Geschlechter-rollenorientierungen und Kontrolle stärker als ihre Väter. Damit stehen die männlichen türkischen Jugendlichen nicht nur im Konflikt zu ihren eigenen Familien, sondern auch zur Aufnahmegesellschaft. Zudem lassen sich ihre hohen Ansprüche an lebenslange Loyalität und ihre sozialen Aufstiegserwartungen unter den Lebensbedingungen in Deutschland kaum verwirklichen. Dabei ist bemerkenswert, dass jedoch Generationenkonflikte in den türkischen Migrantenfamilien weniger häufig auftreten; türkische Migrantenfamilien berichten in erster Linie von Konflikten und Diskriminierungserfahrungen durch die Aufnahmegesellschaft. Die Weitergabe von Einstellungen und Handlungspräferenzen von einer Generation auf die nächste ist unter den türkischen Migrantenfamilien stärker ausgeprägt als unter den nicht ausgewanderten Familien in der Türkei, die Übereinstimmung zwischen den Generationen wird durch die Migrationserfahrung also nicht geschwächt, sondern sogar gestärkt. Den sozialen Wandel, den Migrantenfamilien aufgrund der Migration beschleunigt erfahren, durchleben sie quasi als „Generationen-Konvois" (BMFSFJ 2000, S. 109).

Ungleichheit in der Familie

Vereinbarkeit von Familie und Beruf

Einer der Hauptfaktoren, die die Karriere von Frauen beeinträchtigen, ist der männliche Standpunkt, dass für weibliche Arbeitskräfte die Kinder wichtiger wären als die Arbeit. In einer britischen Studie wurde die Einstellung von Managern untersucht, die Bewerbungsgespräche mit Bewerberinnen um Technikerstellen im Gesundheitsdienst führten: Die Wissenschaftler fanden heraus, dass die Personalchefs die Frauen immer fragten, ob sie Kinder hätten oder ob sie die Absicht hätten, welche zu bekommen. Männlichen Bewerbern wurde diese Frage praktisch nie gestellt. Als die Wissenschaftler die Personalchefs auf diesen Sachverhalt aufmerksam machten, brachten diese im Wesentlichen zwei Argumente vor: (a) Frauen mit Kindern brauchen extra Urlaub, wenn ihre Kinder Ferien haben oder wenn ein Kind krank wird, und (b) die Verantwortung für die Erziehung wird eher als Problem der Mutter und weniger als Problem beider Elternteile betrachtet. Für einige Manager waren die Fragen zu diesem Thema Ausdruck ihrer „Fürsorge" gegenüber ihren weiblichen Angestellten, aber die meisten sahen derartige Fragen als Teil ihrer Aufgabe herauszufinden, inwieweit die Bewerberin eine verlässliche Kollegin sein würde. So meinte ein Manager:

Ich gebe zu, dass diese Frage in den persönlichen Bereich geht, aber ich glaube, man muss diese Umstände berücksichtigen. Das kann einem

Mann natürlich nicht passieren, und ich bin auch der Meinung, dass es irgendwie unfair ist – es gibt keine Chancengleichheit, weil ein Mann nie in diesem Sinn eine Familie hat. (Homans 1987, S. 92)

Wenn auch ein Mann im biologischen Sinn keine Kinder bekommen kann, so kann er sich doch an der Kindererziehung beteiligen und dafür Verantwortung übernehmen. Diese Möglichkeit wurde von keinem der Befragten in Betracht gezogen. Ihre Einstellung zur Beförderung von Managerinnen war dieselbe: Frauen, so meinten sie, würden ihre Laufbahn unterbrechen, sobald sie ein Kind hätten, auch wenn sie eine noch so gute Position haben.

Die wenigen Frauen, die leitende Managementposten innehatten, waren kinderlos, und einige von denen, die später Kinder haben wollten, sagten, dass sie ihren Posten aufgeben und sich dann eventuell umschulen lassen würden.

Wie sollen wir diese Ergebnisse interpretieren? Werden die Berufschancen der Frauen vor allem durch Vorurteile der Männer behindert? Einige Manager waren der Meinung, dass Frauen mit Kindern keine bezahlte Arbeit suchen, sondern sich der Kindererziehung und dem Haushalt widmen sollten. Die meisten aber akzeptierten das Prinzip, dass Frauen die gleichen Karrierechancen wie Männer haben sollten. Ihre Vorbehalte hatten weniger mit der Arbeit selbst als vielmehr mit den häuslichen Verpflichtungen, die die Elternschaft mit sich bringt, zu tun. Solange in der Bevölkerung die Meinung vorherrscht, dass die elterlichen Aufgaben nicht zu gleichen Teilen von Vater und Mutter wahrgenommen werden können, werden sich die Probleme der unselbstständig beschäftigten Frauen nicht ändern. Wie ein Manager bemerkte, „bringt es das Leben mit sich", dass Frauen im Vergleich zu Männern wesentlich schlechtere Karrierechancen haben.

Zudem ist der durchschnittliche Lohn von Frauen um einiges niedriger als der von Männern, obwohl sich die Schere in den letzten 30 Jahren leicht geschlossen hat. Sogar in den gleichen Berufsgruppen verdienen Frauen weniger als Männer. Terri Apter argumentiert in ihrem Buch *Working Women don't have Wives* (1995), dass Frauen mit zwei widersprüchlichen Kräften kämpfen müssten. Sie wollen und brauchen wirtschaftliche Unabhängigkeit, aber sie wollen auch gleichzeitig Mütter für ihre Kinder sein. Beide Ziele sind vernünftig, aber während Männer mit Frauen verheiratet sind, die die Hauptverantwortung für Haushalt und Kindererziehung übernehmen, können Frauen nicht dasselbe tun. Größere Flexibilität im Arbeitsleben ist ein Teil der Lösung. Wesentlich schwieriger ist es, die Einstellung der Männer zu ändern.

Hausarbeit

Obwohl es in den vergangenen Jahrzehnten revolutionäre Veränderungen im Status von Frauen in Europa gegeben hat, wie etwa den Eintritt von Frauen in männerdominierte Berufe, hinkt ein Bereich immer noch nach:

Hausarbeit die Hausarbeit. Weil die Zahl verheirateter Frauen in der Erwerbsbevölkerung gestiegen ist und sich ihr Status auch verändert hat, wurde angenommen, dass Männer mehr zur Haushaltsarbeit beitragen würden. Insgesamt war das jedoch nicht der Fall. Wenngleich heute Männer mehr zur Haushaltsführung beitragen als noch vor 30 Jahren und Frauen etwas weniger, ist das Verhältnis noch immer ungleich.

Zeitverwendungsstudien des Deutschen Statistischen Bundesamtes wiesen nach, dass Frauen 2001/2002 immer noch die Hauptlast der Hausarbeit zu tragen hatten: In Paarhaushalten wenden sie täglich im Schnitt zwei Stunden mehr Zeit für Kinderbetreuung, Haus- und Gartenarbeit auf als ihre Partner. „Je nach Alter, der Einbindung ins Berufsleben und der Familienstruktur arbeiten die Frauen zwischen einer Dreiviertelstunde und 4 ¼ Stunden mehr im Haushalt." (Destatis 2003, S. 15) Dabei zeigen die Ergebnisse, dass die Unterschiede zwischen Männern und Frauen in Westdeutschland nach wie vor größer sind als im Osten. „Während Frauen im früheren Bundesgebiet 2001/02 gut 1,6 mal so viel Zeit mit unbezahlter Arbeit wie Männer verbrachten, lag das Verhältnis in den neuen Bundesländern nur bei 1,4 [...]" (Destatis 2003, S. 14) In den letzten 25 Jahren kam es in den alten und in den neuen Bundesländern zu einer Annäherung hin zu einer egalitäreren Aufteilung der Hausarbeit, dies jedoch nicht aufgrund einer deutlich stärkeren Beteiligung der Männer, sondern weil die Frauen den Zeitaufwand für Arbeiten in Haushalt und Familie seit 1990/91 um knapp zehn Prozent reduziert haben (Destatis 2003).

Hausarbeit wird auch im Kapitel 16 – Arbeit und Wirtschaftsleben behandelt.

Einige Soziologen haben argumentiert, dass diese zusätzliche Arbeit im Haushalt für erwerbstätige Frauen zu einer zweiten Schicht wird (Hochschild 1990b; Shelton 1991). In den späten 1980er Jahren veranlassten diese Befunde Hochschild dazu, das Verhältnis zwischen Männern und Frauen als eine ins Stocken geratene Revolution zu bezeichnen. Warum bleibt Hausarbeit Frauenarbeit? Diese Frage stand im Zentrum einiger Forschungen der vergangenen Jahre.

Manche Soziologen haben nahegelegt, dass dieses Phänomen am besten als Ergebnis wirtschaftlicher Vorgänge erklärt werden könne: Hausarbeit werde im Austausch für wirtschaftliche Unterstützung geleistet. Da Frauen weniger verdienen als Männer, sind sie eher ökonomisch von ihren Männern abhängig und erledigen daher das Gros der Hausarbeit. Solange sich die Lohnschere zwischen Männern und Frauen nicht geschlossen hat, werden Frauen daher in der abhängigen Position verbleiben und für die Hausarbeit verantwortlich sein. Hochschild meinte dazu, dass Frauen von Männern also zweifach unterdrückt werden: einmal in der „ersten Schicht" und dann in der „zweiten Schicht". Aber während dieses Abhängigkeitsmodell die geschlechtsspezifischen Aspekte der Hausarbeit erklären kann, versagt es, wenn es auf Situationen angewendet wird, in denen die Frau mehr verdient als der Mann. So hat sich etwa von den Ehemännern in Hochschilds Studie, die weniger verdienten als ihre Frauen, kein Einziger an der Hausarbeit beteiligt.

Andere Soziologen betrachten das Problem aus symbolisch-interaktionistischer Perspektive und fragen, wie die Mitwirkung an der Hausarbeit

mit den von der Gesellschaft konstruierten Geschlechtsrollen zusammenhängt. So fand Hochschild in Beobachtungen und Interviews heraus, dass
die Zuweisung der Hausarbeit mit der Vorstellung von der Geschlechterrolle einhergeht. Während Frauen die meisten täglich anfallenden Aufgaben übernehmen wie Kochen und Putzen, neigen die Männer eher dazu
sich der gelegentlichen Arbeiten wie Rasenmähen oder Reparaturen zu
widmen. Der Hauptunterschied zwischen diesen Arbeiten besteht im Ausmaß an Kontrolle, das der Ausführende dabei hat. Die Aufgaben der Frau-
en binden die Frauen eher an einen fixen Tagesablauf, während die Hausarbeiten der Männer weniger regelmäßig erledigt werden und mehr Er-
messensspielraum gewähren.

Die Soziologin Marjorie DeVault schaute sich in ihrem Buch *Feeding the
Family* (1991) an, wie Betreuungsaufgaben im Haushalt als Frauenarbeit
sozial konstruiert werden. Sie führt aus, dass Frauen den Großteil der
Hausarbeit erledigen, weil sie ein Bild der Familie für verbindlich halten,
welches durch eine starke und relativ dauerhafte Verbindung der Betreu-
ungstätigkeit der Frau mit der Position von Frauen im Haushalt charakterisiert ist. In der Verteilung der Verantwortung für das Kochen, bemerkt
DeVault, dass die geschlechtsspezifischen Verhältnisse von Füttern und
Essen die Botschaft vermitteln, dass die Herstellung von Essen Teil des
Frauseins ist und das Empfangen grundlegend zum Mannsein gehört. Selbst
in Haushalten, wo sich der Mann an der Hausarbeit beteiligt, wird eine
gerechte Verteilung verhindert, wenn das Paar Kinder hat – Kinder benötigen dauernde Aufmerksamkeit und ihr Betreuungsbedarf ist über die Zeit
weniger gut vorhersehbar. Mütter verbringen viel mehr Zeit mit dem Kin-
deraufziehen als ihre Männer (Shelton 1991).

Soziologen argumentieren, dass diese ungleichmäßige Aufteilung der
Aufgaben auf einem impliziten Verständnis unterschiedlicher Verantwor-
tungs- und Arbeitssphären von Männern und Frauen beruhe. Von Männern werde erwartet, dass sie Ernährer seien, während Frauen die Famili-
en versorgen sollen – auch wenn sie als Mütter ebenso wie ihre Männer
zum Unterhalt beitragen. Erwartungen wie diese verstärken traditionelle
Geschlechterrollen, die während der Kindheit gelernt werden. Indem
Männer und Frauen im Alltag diese Rollen reproduzieren, tragen sie zur
Konstruktion und Verstärkung der Geschlechterrollen als einer Form der
gesellschaftlichen Differenzierung zwischen Männern und Frauen bei.

Gewalt in der Familie

Da familiäre und verwandtschaftliche Beziehungen einen Teil der Existenz jedes Einzelnen darstellen, umfasst das Familienleben praktisch die
gesamte Bandbreite emotionaler Erfahrungen. Familienbeziehungen –
zwischen Frau und Mann, Eltern und Kindern, Brüdern und Schwestern
oder zwischen entfernten Verwandten – können herzerwärmend und er-
füllend sein. Sie können jedoch genauso gut von den intensivsten Spannungen beherrscht sein und die Menschen zur Verzweiflung treiben oder
ihnen tiefe Angst- oder Schuldgefühle vermitteln. Die „Schattenseite" des

Familienlebens ist sehr umfangreich und straft das rosarote Bild der Harmonie Lügen, das uns nur zu oft in TV-Werbespots und überall sonst in den Massenmedien vorgegaukelt wird. Häusliche Gewalt und der Missbrauch von Kindern sind zwei der beunruhigendsten Aspekte.

Sexueller Missbrauch und Inzest

Der sexuelle Missbrauch von Kindern ist ein weitverbreitetes Phänomen und findet zum Großteil innerhalb des familiären Kontextes statt. Sexueller Missbrauch lässt sich am einfachsten als die Vollziehung sexueller Akte durch Erwachsene an minderjährigen Personen (in Deutschland und Österreich unter 16 Jahre alten) definieren. Der Ausdruck Inzest bezieht sich **Inzest** auf sexuelle Beziehungen zwischen nahen Verwandten. Nicht jeder Inzest bedeutet zugleich sexuellen Missbrauch. Der freiwillige Geschlechtsverkehr zwischen Bruder und Schwester ist Inzest, entspricht jedoch nicht der Definition des Missbrauchs. Im Falle des sexuellen Missbrauchs nutzt ein Erwachsener ein Kleinkind oder ein Kind zu sexuellen Zwecken aus. Die häufigste Form des Inzests ist dennoch gleichzeitig eine Form des sexuellen Missbrauchs: inzestuöse Beziehungen zwischen Vätern und ihren jungen Töchtern. Inzest und, allgemeiner, sexueller Missbrauch von Kindern sind Phänomene, die erst in den letzten zehn oder 20 Jahren „entdeckt" wurden. Natürlich war schon lange vorher bekannt, dass derartige sexuelle Akte vorkommen, die meisten Beobachter gingen jedoch von der Annahme aus, dass diese Verhaltensweisen aufgrund ihrer Tabuisierung wohl kaum weitverbreitet sein könnten. Das ist jedoch nicht der Fall. Der sexuelle Missbrauch von Kindern hat sich als erschreckend häufig erwiesen. Dieses Phänomen tritt zwar in Familien aus niedrigeren sozialen Schichten vermutlich häufiger auf, existiert jedoch auf allen Stufen der gesellschaftlichen Hierarchie.

Obwohl die Natur des sexuellen Missbrauchs in seinen offensichtlicheren Formen deutlich zutage tritt, ist es schwierig, wenn nicht gar unmöglich, dessen volles Ausmaß festzustellen, da er in vielen verschiedenen Formen auftreten kann. Die UNO-Konvention der Kinderrechte (1989) definiert in Artikel 19 Gewalt gegen Kinder als physische oder psychische Gewalt, Verletzung oder Missbrauch, Vernachlässigung oder fahrlässige oder schlechte Behandlung, Ausbeutung (inklusive sexueller Ausbeutung) und sexueller Missbrauch. Als Teil der Menschenrechtskonvention sind diese Bestimmungen gültiges Recht in allen EU-Mitgliedsstaaten. Laut International Labour Organisation sind weltweit 20 Prozent aller Frauen und fünf bis zehn Prozent aller Männer als Kinder Opfer sexuellen Missbrauchs gewesen (ILO 2002, S. 32).

Gewalt oder die Androhung von Gewalt spielen in vielen Inzestfällen eine Rolle. Die Kinder sind zwar manchmal mehr oder weniger willige Teilnehmer, doch scheinen solche Fälle eher selten zu sein. Auch Kinder sind natürlich geschlechtliche Wesen und es kommt oft vor, dass sie miteinander im Spiel ihre Sexualität erforschen. Die Mehrheit der Kinder, die von erwachsenen Familienmitgliedern sexuell missbraucht werden, empfindet dies jedoch als abstoßend, beschämend oder bedrohlich. Es gibt jetzt genügend Material um zu belegen, dass der sexuelle Missbrauch von Kindern für die Opfer langfristige Konsequenzen nach sich zieht. Untersuchungen über Prostituierte, jugendliche Kriminelle, jugendliche Ausreißer und Drogenabhängige zeigen, dass ein hoher Prozentsatz von ihnen während der Kindheit sexuell missbraucht worden ist. Eine Korrelation bedeutet natürlich keinen ursächlichen Zusammenhang. Aufzuzeigen, dass Mitglieder dieser Kategorien als Kind sexuell missbraucht wurden, bedeutet nicht zugleich, dass dieser Missbrauch ursächlichen Einfluss auf ihr späteres Verhalten hatte. Wahrscheinlich haben wir es mit einer ganzen Reihe verschiedener Kausalfaktoren zu tun, beispielsweise mit Familienkonflikten, Vernachlässigung durch die Eltern und physischer Gewalt.

Gewalt in der Familie

Man kann Gewalt in der Familie als physische Gewalt eines Familienmitgliedes gegenüber einem oder mehreren anderen Mitgliedern definieren. Studien haben gezeigt, dass das Hauptziel physischer Gewalt wiederum die Kinder, insbesondere Kleinkinder unter sechs Jahren sind. Immer wieder erschüttern Nachrichten von vernachlässigten, gequälten und schließlich getöteten Babys und Kleinkindern die Öffentlichkeit. Oft schalten sich Behörden, Sozialarbeiter und das Gesundheitswesen zu spät ein, es kommt als Folge des öffentlichen Aufschreis zu Untersuchungen.

Die Gewalttätigkeit des Mannes gegenüber der Frau ist der zweithäufigste Typ der häuslichen Gewalt. Eine Eurobarometer-Umfrage im Jahr 1999 ergab, dass in den (damals 15) EU-Mitgliedsstaaten im Durchschnitt 20 Prozent der Befragten angaben, dass sie eine enge Freundin oder Verwandte haben, die den gewalttätigen Angriffen des Partners oder Ehemannes ausgesetzt war (Europäische Gemeinschaften 2000, S. 11). Weltweit sind bei 50 Prozent aller weiblichen Mordopfer die Täter ihre (ehemaligen) Partner oder Ehemänner. Bei 16–44-jährigen Frauen ist häusliche Gewalt neben Krebs die häufigste Ursache für Tod und schwere Gesundheitsschäden, häufiger als Verkehrsunfälle und Malaria zusammen. (UNIFEM 2007).

Zu Fragen der patriarchalen Herrschaft siehe auch Kapitel 5 – Sexualität, Geschlecht und Gender.

Die Frage der häuslichen Gewalt gewann in den 1970er Jahren an Aufmerksamkeit sowohl in der Wissenschaft als auch in der breiten Öffentlichkeit, infolge der Arbeit feministischer Gruppen für die Errichtung von Frauenhäusern. Davor wurde über häusliche Gewalt ebenso wie über Kindesmisshandlung taktvoll geschwiegen. Doch feministische Studien über häusliche Gewalt rüttelten die Öffentlichkeit auf und zeigten die Verbreitung und Schwere der Gewalt an Frauen. Die meisten der Polizei gemeldeten Gewalttaten zwischen Paaren betreffen Gewalt der Männer gegen ihre Frauen. Es werden weniger Fälle bekannt, in denen Frauen physische Gewalt gegen ihre Männer ausüben. Feministinnen verwiesen auf diese Statistiken, um ihre Behauptung zu untermauern, dass häusliche Gewalt eine Hauptform der männlichen Kontrolle von Frauen ist.

Gegen feministische Argumente haben konservative Kommentatoren behauptet, dass Gewalt in der Familie nicht Ausdruck patriarchaler männlicher Macht sei, wie die Feministinnen sagen, sondern von „dysfunktionalen Familien" zeuge. Gewalt gegen Frauen sei eine Folge der sich vergrößernden Krise der Familie und der sich auflösenden Moral. Konservative stellen infrage, dass die Gewalt von Frauen gegen ihre Männer selten sei, weil Männer sich im Gegensatz zu Frauen scheuen würden, die Gewalttaten anzuzeigen (Straus und Gelles 1986).

Solche Behauptungen wurden von Wissenschaftlern und Feministinnen stark kritisiert, denn die von Frauen ausgeübte Gewalt sei in jedem Fall zurückhaltender und eher vorübergehend als jene von Männern, die eher dauerhafte körperliche Schäden verursache. Es reiche nicht aus, die Zahl der gewalttätigen Übergriffe in einer Familie zu betrachten. Stattdessen müsse man die Bedeutung, den Kontext und die Auswirkungen der Gewalt sehen. Das Verprügeln von Frauen – die regelmäßige körperliche Brutalität von Männern gegen ihre Frauen – hat keine wirkliche Entsprechung in umgekehrte Richtung. Forschungen stellten fest, dass die Gewalt von Frauen gegen ihre Partner oft defensiv ist und dass Frauen erst nach wiederholten Angriffen selbst gewalttätig werden (Rawstorne 2002). Männer, die Kinder misshandeln, tun dies auch eher regelmäßig und verursachen damit lang dauernde Verletzungen als Frauen.

Warum ist Gewalt in der Familie ein so weitverbreitetes Phänomen? Daran sind mehrere Gruppen von Faktoren beteiligt. Eine davon ist die für das Familienleben charakteristische Kombination von emotionaler Intensität und persönlicher Intimität; die Familienbeziehungen sind normalerweise mit starken Emotionen, oft einer Mischung aus Hass und Liebe, besetzt. Konflikte, die innerhalb der Familie aufbrechen, können eine Feindseligkeit entfesseln, die in anderen sozialen Kontexten nicht mit derselben Intensität empfunden würde. Was als unbedeutender Vorfall erscheint, kann regelrechte Kampfhandlungen zwischen Ehepartnern oder zwischen Eltern und Kindern auslösen. Ein Mann, der bei anderen Frauen exzentrisches Benehmen toleriert, kann beispielsweise fuchsteufelswild werden, wenn seine eigene Frau bei einer Abendgesellschaft zu viel redet oder Intimitäten ausplaudert, die er lieber geheim gehalten hätte. Ein zweites Bündel von Einflussfaktoren ist mit der Tatsache verknüpft, dass ein guter Teil der Gewalt innerhalb der Familie toleriert und sogar gebilligt wird. Der gesellschaftlich tolerierten Gewalt in der Familie sind enge Grenzen gesetzt, es kann jedoch leicht zu schweren Formen der Gewaltausübung kommen. Es gibt nur wenige Kinder in Europa, die nicht zum einen oder anderen Zeitpunkt von einem ihrer Elternteile eine Ohrfeige bekommen haben, auch wenn diese nicht sonderlich kräftig ausgefallen ist. Solche Handlungen finden oftmals allgemeine Billigung und werden wahrscheinlich gar nicht als „Gewaltanwendung" betrachtet. Körperliche Züchtigung von Kindern wird jedoch in Kampagnen der UNICEF als Verletzung der Kinderrechte problematisiert.

Soziale Schicht

Obwohl keine soziale Schicht immun gegen Gewalt zwischen den (Ehe-) Partnern ist, zeigen einige Studien, dass sie häufiger bei Paaren aus unteren Einkommensschichten auftritt. Vor 40 Jahren deutete William Goode (1971) an, dass Männer aus unteren Einkommensschichten stärker zu Gewalt neigen, weil sie weniger andere Mittel haben, ihre Frauen zu beherrschen, wie etwa hohes Einkommen oder hohe Bildung. Zudem kann der Stress, der von Armut und Arbeitslosigkeit verursacht wird, zu mehr familiärer Gewalt führen. Diese Behauptungen werden durch Daten von Gelles und Cornell (1990) unterstützt, die herausfanden, dass arbeitslose Männer fast zweimal so häufig dazu neigen, ihre Frauen zu schlagen als Männer, die Arbeit haben.

Scheidung und Trennung

Das Ansteigen der Scheidungsraten

Die Ehe wurde im Westen viele Jahrhunderte lang praktisch als unauflöslich betrachtet. Scheidungen wurden nur in sehr wenigen Fällen, wie beispielsweise bei Nichtvollzug der Ehe, gewährt. In ein oder zwei Industrieländern wird die Scheidung auch heute noch nicht anerkannt. Doch dies sind heute nur noch Einzelfälle. Die meisten Länder haben eine rasche Entwicklung hinter sich, als deren Ergebnis die Scheidung erleichtert wurde. Das sogenannte *Verschuldensprinzip* war anfangs für praktisch alle Industrieländer charakteristisch. Um eine Scheidung zu erlangen, musste einer der Ehegatten gegen den anderen Klage (z.B. wegen Grausamkeit, böswilligen Verlassens oder Ehebruch) erheben. Die ersten Scheidungsgesetze, die eine Scheidung auch „ohne Verschulden" nach dem sogenannten Zerrüttungsprinzip ermöglichten, wurden in einigen Ländern um die

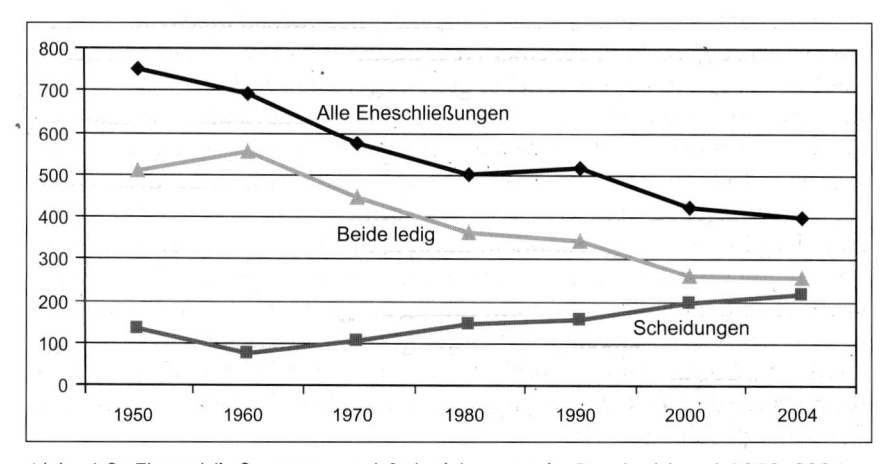

Abb. 6.2: Eheschließungen und Scheidungen in Deutschland 1950–2004
Quelle: Engstler und Menning (2003), S. 34.

Mitte der 1960er Jahre erlassen. Seit damals sind viele westliche Staaten diesem Beispiel gefolgt, obwohl ihre Scheidungsgesetze sich in manchen Details unterscheiden. In Deutschland trat das Gesetz, das Ehepaaren die Scheidung erleichtern sollte und eine Scheidung ohne Verschulden vorsah, 1977 in Kraft. Rechtliche Vorbedingung für die Scheidung ist die Trennung und das Getrenntleben der Ehepartner über einen längeren Zeitraum (zwölf Monate in Deutschland). In Österreich gilt die Aufhebung der ehelichen Lebensgemeinschaft über einen Zeitraum von mindestens sechs Monaten als Voraussetzung, wobei diese nicht gleichbedeutend ist mit getrennten Haushalten. In Österreich werden 90 Prozent der Ehen einvernehmlich und meist ohne Rechtsbeistand geschieden, in Deutschland besteht die Verpflichtung, den Scheidungsantrag durch einen Anwalt beim Familiengericht einzureichen.

Wie Abb. 6.2 zeigt, ist in den letzten 50 Jahren die Zahl der Eheschließungen kontinuierlich gesunken und die Zahl der Scheidungen angestiegen. Von einer Scheidung sind oft nicht nur die Ehepartner, sondern auch deren Kinder betroffen. In Deutschland waren 2004 in der Hälfte aller Ehescheidungen auch minderjährige Kinder betroffen (Destatis 2006, S. 41).

Da mehr als die Hälfte der deutschen Frauen und Männer nach ihrer Scheidung wieder heiraten, werden diese Kinder jedoch trotz allem in einer familiären Umgebung aufwachsen. Die Scheidungsraten sind offensichtlich kein direkter Indikator für eheliches Unglück. Einerseits scheinen in den Scheidungsraten jene Paare nicht auf, die getrennt leben, ohne rechtskräftig geschieden zu sein, andererseits bleiben unglücklich verheiratete Paare mitunter zusammen, weil sie an die Heiligkeit der Ehe glauben, sich vor den finanziellen oder emotionalen Konsequenzen einer Scheidung fürchten oder weiter miteinander leben wollen, um ihren Kindern eine „Familie" zu geben.

Warum wird Scheidung immer alltäglicher? Ausschlaggebend dafür sind verschiedene Faktoren, die alle mit umfassenderen sozialen Veränderungen zu tun haben. Außer einem kleinen Prozentsatz wohlhabender Menschen hat die Ehe heute nicht mehr viel mit dem Wunsch zu tun, Eigentum und Status von Generation zu Generation weitergeben zu können. Mit der zunehmenden wirtschaftlichen Unabhängigkeit der Frau stellt die Ehe heute nicht mehr jene notwendige wirtschaftliche Partnerschaft dar, die sie früher war. Größerer allgemeiner Wohlstand bedeutet, daß es im Falle mangelnder ehelicher Zuneigung heute einfacher ist, einen separaten Haushalt zu gründen, als dies früher der Fall war. Die Tatsache, daß eine Scheidung heute auch kaum mehr ein Stigma darstellt, ist zwar einerseits auf diese Entwicklungen zurückzuführen, verleiht diesen jedoch zusätzlichen Schwung. Ein weiterer wichtiger Faktor ist die wachsende Tendenz, eine Ehe nach dem Ausmaß an persönlicher Befriedigung zu beurteilen, die sie bietet. Die steigenden Scheidungsraten scheinen nicht eine tiefe Unzufriedenheit mit der Ehe als solcher zum Ausdruck zu bringen, sondern viel eher eine zunehmende Entschlossenheit, die Ehe als lohnende und befriedigende Beziehung zu erfahren.

Alleinerzieherhaushalte

In den vergangenen Jahrzehnten sind Haushalte von Alleinerziehenden zunehmend alltäglicher geworden.

In Deutschland wuchsen 2003 über zwei Millionen Kinder bei einer alleinerziehenden Mutter oder einem alleinerziehenden Vater auf, das entspricht fast jedem siebenten minderjährigen Kind. Obwohl insgesamt weniger Kinder geboren werden, stieg die Zahl der Kinder bei Alleinerziehenden seit Mitte der 1990er Jahre leicht an (Destatis 2004).

In etwa der Hälfte der Fälle liegt eine Scheidung oder Trennung vor, bei etwas weniger als einem Drittel der Alleinerziehenden handelt es sich um Ledige. Dabei finden sich die „Scheidungsfamilien" häufiger in Westdeutschland und die ledigen Alleinerziehenden eher in Ostdeutschland.

Europaweit liegt der Anteil der Alleinerziehendenhaushalte an den Haushalten mit Kindern in Schweden (22 Prozent) und dem Vereinigten Königreich (17 Prozent) am höchsten (Eurostat 2004, S. 2).

Es ist wichtig festzuhalten, dass Alleinerziehende meist Frauen sind. Im Durchschnitt gehören diese Familien zu den ärmsten Gruppen unserer heutigen Gesellschaft. Viele Alleinerziehende sehen sich – egal, ob sie jemals verheiratet waren oder nicht – immer noch neben wirtschaftlicher Unsicherheit auch mit sozialer Missbilligung konfrontiert. Früher übliche, stärker moralisierende Bezeichnungen wie „verlassene Ehefrau", „vaterlose Familie", „zerrüttetes Elternhaus" sind heute allerdings im Verschwinden begriffen.

Die Kategorie der Alleinerziehendenhaushalte ist in sich nicht sehr homogen. Die Alleinerzieherschaft ist ein veränderlicher Zustand mit eher verwaschenen Grenzen. Im Fall einer verwitweten Person ist das Ende der Beziehung offensichtlich durch einen deutlichen Einschnitt markiert – obwohl sogar in diesen Fällen die Witwe oder der Witwer einige Zeit vor dem Verlust des Partners allein gelebt haben kann, wenn der Verstorbene vor seinem Tod z.B. längere Zeit im Krankenhaus war.

Die meisten Menschen wünschen sich nicht, alleinerziehende Eltern zu werden, aber es gibt eine ständig wachsende Minderheit, die sich tatsächlich für den Alleinerzieherstatus entscheidet, für ein Kind oder mehrere

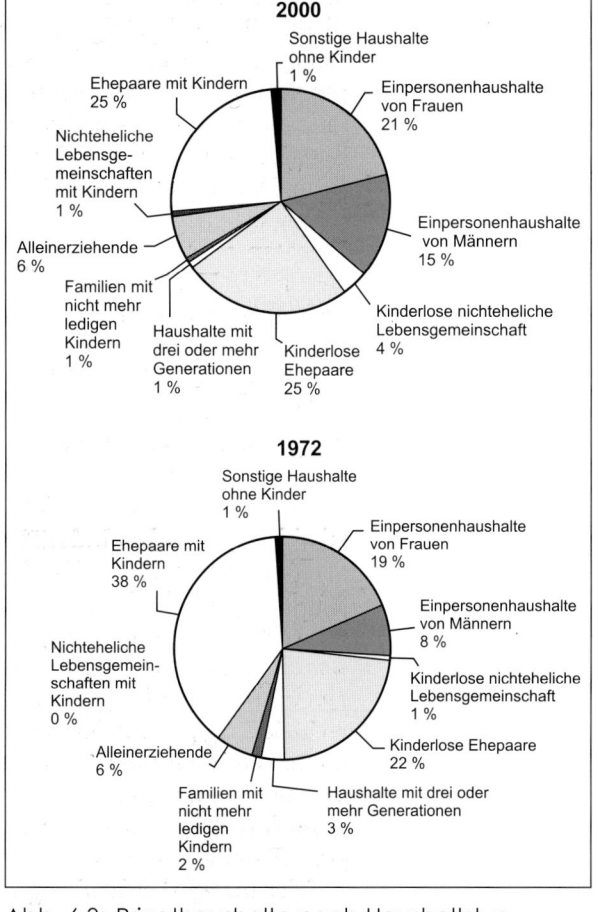

Abb. 6.3: Privathaushalte nach Haushaltstyp Deutschland 1972 und 2000
Quelle: Engstler und Menning (2003), S. 34.

Kinder, und dabei auf die Unterstützung eines Ehegatten oder Partners verzichtet. „Alleinerziehende Mütter aus Überzeugung" wäre eine passende Beschreibung für manche dieser Alleinerzieherinnen, im Normalfall für jene, die über ausreichende Ressourcen verfügen, um auch als Alleinerzieherin zurechtzukommen. Für die Mehrzahl der ledigen oder geschiedenen bzw. verwitweten Mütter sieht die Realität jedoch anders aus: Es gibt eine hohe Korrelation zwischen der Rate der außerehelichen Geburten und den Indikatoren von Armut und sozialer Bedürftigkeit.

„Vaterlosigkeit"

Vaterlosigkeit Die Periode von Ende der 1930er bis herauf zu den 1970er Jahren wurde manchmal als die Zeit der „Vaterlosigkeit" bezeichnet. Während des Zweiten Weltkrieges sahen viele Väter ihre Kinder nur selten, da sie Kriegsdienst leisten mussten. Viele Väter starben während des Krieges oder waren in Kriegsgefangenschaft. In der Nachkriegszeit war die Erwerbsbeteiligung von Frauen gering, und in den meisten Familien blieben die Frauen zu Hause, um sich um die Kinder zu kümmern. Der Vater war der hauptsächliche Ernährer und war daher den ganzen Tag von zu Hause fort; seine Kinder sah er nur an den Abenden oder an den Wochenenden.

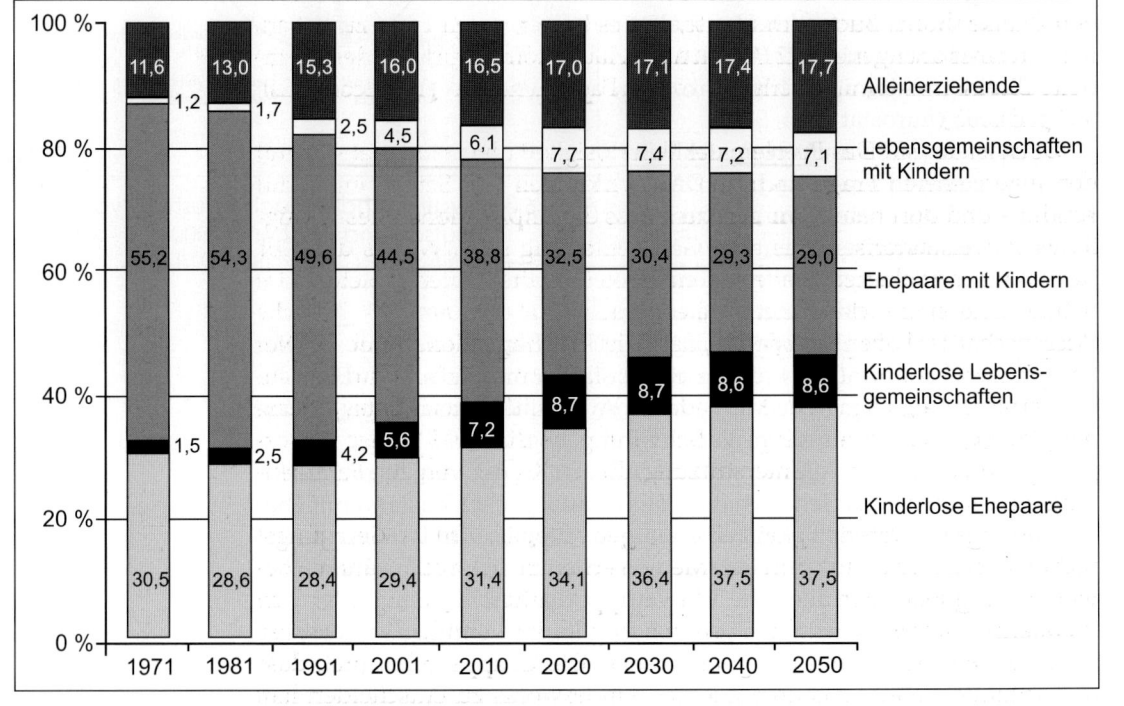

Abb. 6.4: Familientypen in Österreich 1971–2050
Quelle: 1971–2001: Volkszählungen; 2010–2050: Familienprognose 2006. Eigene Berechnung nach Statistik Austria (www.statistik.at).

Angesichts der steigenden Scheidungsraten in der jüngeren Vergangenheit und der zunehmenden Anzahl der Alleinerzieherhaushalte hat das Thema „Vaterlosigkeit" einen Bedeutungswandel durchgemacht. Der Ausdruck bezieht sich nun auf Väter, die als Ergebnis einer Trennung oder einer Scheidung nur sehr selten Kontakt mit ihren Kindern haben oder sie gänzlich aus den Augen verlieren. Sowohl in Großbritannien als auch in den Vereinigten Staaten, in Ländern, die in den Scheidungsstatistiken an der Spitze liegen, hat diese Situation hitzige Diskussionen ausgelöst.

Der zunehmende Anteil der vaterlosen Familien wurde als Auslöser eines ganzen Bündels sozialer Probleme wahrgenommen, von der zunehmenden Kriminalität bis hin zur Explosion der Sozialleistungen für Kinder. Amerikanische Autoren, die in dieser Debatte eine prominente Rolle gespielt haben, haben auch die britische Erörterung des Problems beeinflusst. In seinem Buch *Fatherless America* (1995) argumentiert David Blankenhorn, dass Gesellschaften mit hohen Scheidungsraten nicht nur mit dem Verlust von Vätern konfrontiert sind, sondern mit der Unterhöhlung des Begriffs der Vaterschaft – mit tödlichen sozialen Konsequenzen, da viele Kinder heute heranwachsen, ohne sich an eine Autoritätsfigur wenden zu können, wenn sie eine benötigen. Bis herauf zur Gegenwart hat die Ehe und die Vaterschaft in allen Gesellschaften ein Mittel bereitgestellt, um die sexuellen und aggressiven Energien von Männern zu kanalisieren. Werden diese Mittel eliminiert, dann steigt die Wahrscheinlichkeit, dass sich diese Energien in Kriminalität und Gewalt entladen. Wie es ein Rezensent von Blankenhorns Buch formulierte, „ist es besser, einen Papa zu haben, der von einer unangenehmen Arbeit nach Hause kommt, um vor dem Fernseher Bier zu trinken, als überhaupt keinen Papa zu haben" (The Economist, 8. April 1995).

Doch ist das so? Das Problem der Vaterlosigkeit überschneidet sich mit der allgemeineren Frage nach den Auswirkungen von Scheidungen auf Kinder – und dort haben wir gesehen, dass die Implikationen des verfügbaren Beweismaterials alles andere als eindeutig sind. Wie es derselbe Rezensent formulierte: „Hat nicht ein proletenhafter Vater proletenhafte Söhne? Und sind nicht manche Väter schlecht für die Familie?" Manche Wissenschaftler haben angedeutet, dass die Kernfrage nicht ist, ob der Vater anwesend ist, sondern wie sehr er sich im Familienleben und bei der Kinderbetreuung engagiert. Mit anderen Worten, die Zusammensetzung des Haushaltes ist von geringerer Bedeutung als die Qualität der Fürsorge, Aufmerksamkeit und Unterstützung, die die Kinder von den Familienmitgliedern erhalten.

Die Frage der Vaterlosigkeit hat in einigen europäischen Ländern jüngst recht viel Aufmerksamkeit in den Medien erhalten. In Großbritannien bewarfen Mitglieder der aktionistische Gruppe Fathers 4 Justice 2004 den Premierminister mit einem mit Farbpulver gefüllten Kondom und erkletterten die Fassade des Buckingham Palace. Die Gruppe behauptet, dass das britische Gesetz, das im Sinne des Kindeswohls zu entscheiden hat, bei Trennungen voreingenommen ist und für den Verbleib der Kinder bei der Mutter entscheidet, was es den Vätern schwer macht, den Kontakt zu ihren Kindern aufrechtzuerhalten. Ähnliche Aktionen und Klagen von Vätern, die sich um ihre Rechte gebracht sahen, gab es auch in anderen Ländern.

Der Wandel der Einstellungen

Bei den Reaktionen auf die Wandlungen des Familienlebens und die hohen Scheidungsraten scheint es beträchtliche schichtspezifische Unterschiede zu geben. Für ihr Buch *Families on the Fault Line* (1994) führte Lillian Rubin Tiefeninterviews mit Mitgliedern von 32 Familien aus dem Arbeitermilieu. Sie kam zum Ergebnis, dass Eltern aus der Arbeiterschicht, verglichen mit den Familien der Mittelschicht, traditioneller eingestellt waren. Die von vielen Mittelschicht-Eltern akzeptierten Normen, wie z.B. der offene Umgang mit vorehelichen sexuellen Beziehungen, stoßen auf weitverbreitete Missbilligung bei den Angehörigen der Arbeiterschicht, auch wenn sie nicht besonders religiös sind. In Arbeiterhaushalten gibt es daher mehr Konflikte zwischen den Generationen.

Die jungen Leute in Rubins Untersuchung gestehen ein, dass sich ihre Einstellungen gegenüber dem Sexualverhalten, der Ehe und geschlechtsspezifischen Unterschieden von jenen ihrer Eltern unterscheiden. Sie bestehen allerdings darauf, dass sie nicht nur hinter dem Vergnügen her sind. Sie haben einfach Werte, die sich von jenen der älteren Generation unterscheiden.

Rubin stellte fest, dass die von ihr interviewten Frauen wesentlich ambivalenter gegenüber der Ehe sind, als es noch die Generation ihrer Eltern war. Die Unvollkommenheiten von Männern waren ihnen nur allzu bewusst, und sie sprachen davon, die ihnen offenstehenden Optionen ausprobieren und ein erfüllteres und offeneres Leben führen zu wollen, als es ihren Müttern offenstand. Der Generationsunterschied bei den Einstellungen der Männer war nicht so groß.

Rubins Untersuchung wurde in den Vereinigten Staaten durchgeführt, doch ihre Befunde weisen große Parallelen zu denen anderer Untersuchungen in Großbritannien und anderen europäischen Ländern auf. Helen Wilkinson und Geoff Mulgan unternahmen zwei groß angelegte Studien von Männern und Frauen zwischen 18 und 34 Jahren im Vereinigten Königreich (Wilkinson 1994; Wilkinson und Mulgan 1995). Sie stellten große Veränderungen der Sichtweise fest, vor allem jener von Frauen, und dass sich die Werte der Generation von 18 bis 34 ganz allgemein von jener der älteren Generationen in Großbritannien unterschieden.

Unter den jungen Frauen findet man „den Wunsch nach Autonomie und Selbstverwirklichung, und zwar nicht nur in der Familie, sondern genauso gut durch die Arbeit" und „die positive Bewertung von Risiko, Spannung und Wandel". In dieser Hinsicht rücken die traditionellen Werte der Männer und die neueren Werte von Frauen näher zusammen. Nach Wilkinson und Mulgan wurden die Werte der jüngeren Generation dadurch geformt, dass sie Freiheiten ererbten, die früheren Generationen weitgehend verwehrt geblieben waren – die Freiheit der Frauen, am Erwerbsleben teilzunehmen und ihre eigene Fortpflanzung zu kontrollieren, für beide Geschlechter die Freiheit, mobil zu sein und den eigenen Lebensstil zu definieren. Solche Freiheiten führen zu größerer Offenheit, Großzügigkeit und Toleranz, doch sie können auch einen engherzigen egoistischen Individualismus und ein Misstrauen gegenüber anderen hervorbringen. 29 Prozent der Frauen und 51 Prozent der Männer der Stichprobe wollten es „so lange wie möglich aufschieben, Kinder zu haben". Von den Frauen in der Altersgruppe von 16–24 glaubten 25 Prozent, dass alleinstehende Eltern Kinder genauso gut aufziehen können wie Ehepaare. Die Untersuchung befand, dass die Ehe ihre Anziehungskraft sowohl auf die Frauen als auch auf die Männer dieser Altersgruppe eingebüßt hatte.

Wiederheirat und Stiefelternschaft

Wiederverheiratung

Eine Wiederverehelichung kann unter verschiedenen Umständen stattfinden. Manche Wiederverheiratete sind Anfang 20 und bringen keine Kinder in die neue Ehe mit. In jenen Fällen, in denen sich Menschen mit Ende 20, in ihren Dreißiger- oder frühen Vierzigerjahren wiederverheiraten, bringen unter Umständen beide Partner ein oder mehrere Kinder aus ihren vorangegangenen Ehen mit in den Haushalt, in dem sie mit ihrem neuen Partner leben werden. Jene, die sich noch später wiederverheiraten, haben unter Umständen bereits erwachsene Kinder, die niemals in den neuen Haushalten der Eltern leben werden. Außerdem können aus der neuen Ehe selbst Kinder hervorgehen. Jeder der beiden Neuverheirateten kann zuvor ledig, geschieden oder verwitwet gewesen sein, was insgesamt acht mögliche Kombinationen ergibt. Verallgemeinernde Aussagen über die Wiederheirat müssen deshalb mit beträchtlicher Vorsicht getroffen werden, obwohl es einige allgemeine Punkte gibt, die es wert sind, erwähnt zu werden.

Um 1900 waren etwa neun Zehntel aller Ehen Erst-Ehen. Bei den meisten Wiederheiraten war zumindest ein Partner verwitwet. Mit dem Anstieg der Lebenserwartung und zunehmenden Zahlen von Scheidungen begann auch die Anzahl der Wiederheiraten anzusteigen, und ein ständig steigender Anteil der Wiederheiraten betraf nun Geschiedene. In den 1960er Jahren stieg die Anzahl der Wiederheiraten rapide an und ging während der 1970er und frühen 80er Jahre wieder leicht zurück.

Es mutet zwar seltsam an, aber die beste Möglichkeit, die Chancen auf eine Heirat zu steigern, besteht für beide Geschlechter in einer vorherigen Heirat! Die Wahrscheinlichkeit, dass jemand, der bereits einmal verheiratet war und geschieden wurde, wieder heiratet, ist größer als die Wahrscheinlichkeit, dass ein Single derselben Altersgruppe zum ersten Mal heiratet. Zumindest statistisch gesehen sind Wiederheiraten weniger „erfolgreich" als Erstheiraten. Die Scheidungsrate bei Wiederheiraten ist höher als jene bei Erstheiraten. Das soll nicht bedeuten, dass ein Wiederheiraten zum Scheitern verurteilt ist. Menschen, die einmal geschieden wurden, haben unter Umständen höhere Erwartungen in Bezug auf die Ehe als solche, die zum ersten Mal heiraten. Deshalb sind sie möglicherweise eher bereit, auch ihre neue Ehe zu beenden, als jemand, der zuvor noch nie verheiratet war.

Fortsetzungsfamilien

Eine Fortsetzungsfamilie kann als eine Familie definiert werden, in der zumindest einer der Erwachsenen ein Stiefvater bzw. eine Stiefmutter ist. **Patchwork-Familie** In der Öffentlichkeit wird in der letzten Zeit dafür der Begriff der Patchwork-Familien verwendet. In Stieffamilien treten mit einiger Wahrscheinlichkeit gewisse Schwierigkeiten auf. Erstens gibt es meistens einen biologischen Vater bzw. eine biologische Mutter, der bzw. die irgendwo anders lebt und höchstwahrscheinlich weiterhin einen starken Einfluss auf das Kind bzw. die Kinder ausübt.

Zweitens werden die kooperativen Beziehungen zwischen den Geschiedenen häufig belastet, wenn einer oder beide wieder heiraten. Nehmen wir den Fall einer Mutter von zwei Kindern, die einen Mann heiratet, der ebenfalls zwei Kinder hat. Sie alle leben zusammen. Wenn die „außenstehenden" Elternteile darauf beharren, dass die Kinder sie zu den gleichen Zeiten besuchen wie zuvor, werden die großen Spannungen, die sich ergeben, wenn eine solche neue Familie miteinander verwachsen soll, noch verstärkt werden. Es könnte sich unter solchen Umständen beispielsweise als unmöglich erweisen, jemals die ganze Familie am Wochenende zusammenzubringen.

Drittens werden in Stieffamilien Kinder mit unterschiedlichem Hintergrund zusammengebracht, die unter Umständen unterschiedliche Vorstellungen über das innerhalb der Familie angebrachte Benehmen mitbringen. Da die meisten Stiefkinder zu zwei Haushalten „gehören", besteht ein großes Risiko, dass unterschiedliche Anschauungen und Verhaltensweisen aufeinanderprallen. Eine Stiefmutter schildert ihre Erfahrungen, nachdem die Probleme, mit denen sie sich konfrontiert sah, schließlich zur Trennung geführt hatten:

> Man fühlt sich immer schuldig. Man kann nicht tun, was man normalerweise mit seinem eigenen Kind tun würde, und deshalb fühlt man sich schuldig, aber wenn man normal reagiert und böse wird, fühlt man sich deshalb auch schuldig. Man hat immer solche Angst, unfair zu sein. Ihr Vater [der Vater der Stieftochter] und ich waren nicht einer Meinung, und wenn ich mit ihr schimpfte, sagte er, ich nörgle an ihr herum. Je weniger er tat, um sie zu erziehen, umso mehr schien ich herumzunörgeln [...] Ich wollte ihr etwas geben, ein fehlendes Element in ihrem Leben ersetzen, aber vielleicht bin ich nicht flexibel genug. (Smith 1990, S. 42)

Es gibt wenige etablierte Normen, die das Verhältnis zwischen Stiefeltern und Stiefkindern definieren. Soll ein Kind den Stiefvater oder die Stiefmutter beim Vornamen nennen, oder ist „Mama" und „Papa" eher angebracht? Soll der Stiefvater bzw. die Stiefmutter die Kinder genauso bestrafen, wie dies der biologische Vater oder die biologische Mutter tun würde? Wie soll sich der eine Stiefelternteil gegenüber dem neuen Partner des anderen verhalten, wenn er die Kinder abholt?

Patchwork-Familien entwickeln Verwandtschaftsnetzwerke, die relativ neue Errungenschaften in der westlichen Gesellschaft sind. Doch die Probleme, die sich aus einer Wiederheirat nach einer Scheidung ergeben, sind ebenso neu. Die Mitglieder dieser Familien entwickeln ihre eigenen Methoden, sich auf die relativ unbekannten Umstände einzustellen, mit denen sie sich konfrontiert sehen. Manche Autoren sprechen heute von binuklearen Familien und bringen dadurch zum Ausdruck, dass die beiden Haushalte, die sich nach einer Scheidung bilden, immer noch ein Familiensystem umfassen, an dem Kinder beteiligt sind.

binukleare Familie

Vielleicht sollte man daraus am ehesten den Schluss ziehen, dass zwar Ehen durch Scheidungen zerstört werden, Familien im Allgemeinen jedoch nicht. Besonders dann, wenn Kinder vorhanden sind, bleiben viele Beziehungen trotz der durch die Wiederverheiratung umstrukturierten Familienverbindungen intakt.

Lebensgemeinschaften

Lebensgemeinschaften, das heißt das Zusammenleben von Partnern in einer sexuellen Beziehung, ohne jedoch verheiratet zu sein, sind heute in den meisten westlichen Gesellschaften weitverbreitet.

Lebensgemeinschaften

Wenn bisher gegolten hat, dass nur die Ehe die Verbindung zwischen zwei Partnern begründen könne, stimmt das heute nicht mehr in diesem Sinne. Heute scheint es angemessener zu sein, von Paarbindungen und Trennungen zu sprechen. Eine steigende Zahl von Paaren in lange dauernden Beziehungen entscheidet sich, nicht zu heiraten, aber zusammen zu wohnen und gemeinsam Kinder aufzuziehen (s. Abb. 6.5). 60 Prozent der Dänen und Schweden, die älter als 50 Jahre sind, haben im Rahmen einer Befragung des European Social Survey angegeben, dass sie irgendwann während ihres bisherigen Lebens – ohne verheiratet gewesen zu sein – mit jemandem zusammengelebt haben, während das nur ein Achtel der Griechen, Portugiesen, Polen oder Spanier von sich sagten. Bei den Deutschen und Briten waren es ein Viertel (Liddle und Lerais 2007, S. 19).

Lebensgemeinschaften scheinen in Europa hauptsächlich eine Probephase vor der Ehe zu sein, obwohl die Dauer der Lebensgemeinschaften zunimmt und mehr und mehr Paare sie als Alternative zur Ehe sehen.

Solche Lebensgemeinschaften ergeben sich oft eher zufällig als aufgrund kalkulierter Planung. Ein Paar, das bereits eine sexuelle Beziehung unterhält, verbringt mehr und mehr Zeit gemeinsam, und schließlich gibt einer der Partner seine eigene Unterkunft auf und zieht zum anderen. Die auf diese Weise zusammenlebenden jungen Menschen haben beinahe immer vor, früher oder später einmal zu heiraten, jedoch nicht unbedingt den gegenwärtigen Partner. Nur in einer Minderheit dieser Fälle werden auch die Finanzen zusammengelegt. 1999 haben Soziologen der Universität Nottingham in einer Studie eine Stichprobe von verheirateten und in Le-

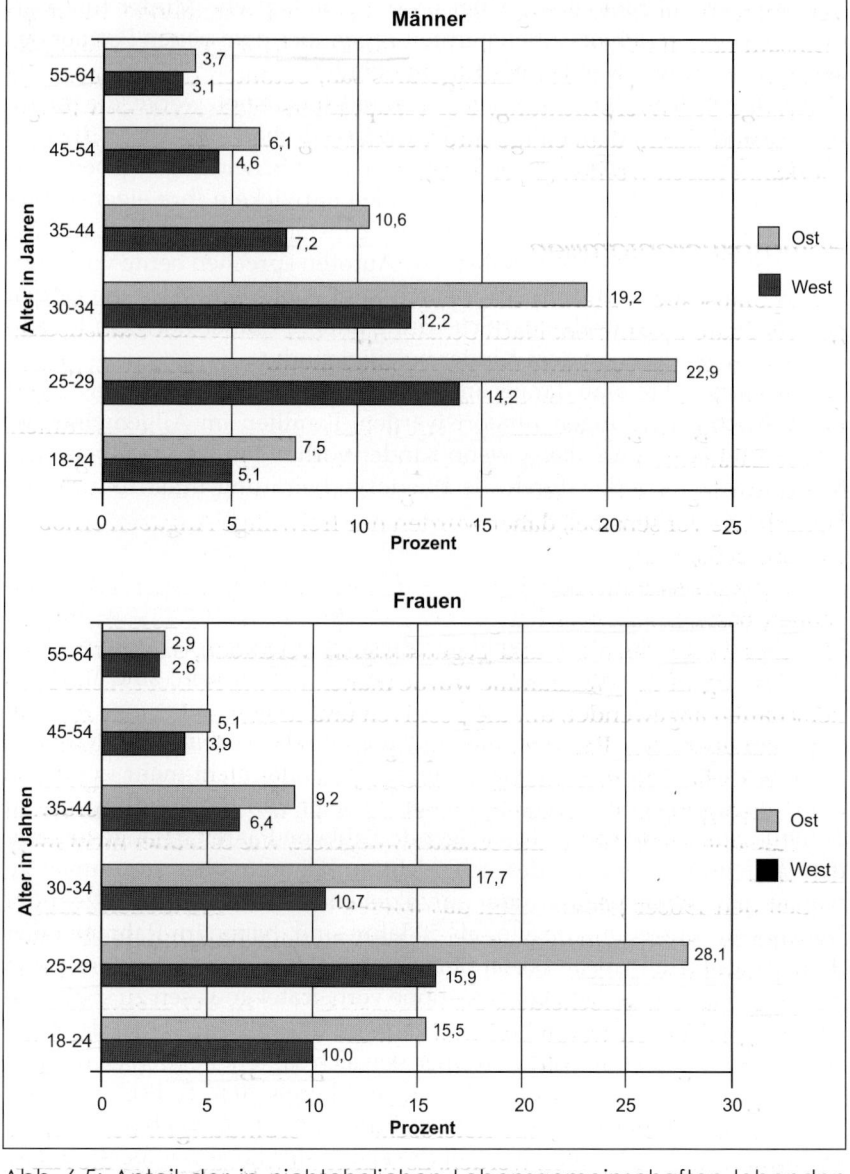

Abb. 6.5: Anteil der in nichtehelichen Lebensgemeinschaften lebenden Männer und Frauen in Deutschland 2000 (Bevölkerung unter 65 Jahren)
Quelle: Engstler und Menning (2003), S. 45.

bensgemeinschaft lebenden Paaren mit Kindern unter elf Jahren sowie eine Stichprobe ihrer Eltern, die noch in aufrechter Ehe lebten, genommen und die Betroffenen interviewt. Sie interessierten sich für die Unterschiede in der Verbindlichkeit der Beziehung zwischen älteren Verheirateten und Paaren der jüngeren Generation. Die Forscher fanden heraus, dass die jungen

Verheirateten und in Lebensgemeinschaft Lebenden miteinander mehr gemeinsam hatten als mit ihren Eltern. Während die ältere Generation die Ehe unter dem Aspekt des Pflichtgefühls sah, betonten die Jüngeren die freiwillige Selbstverpflichtung. Der Hauptunterschied unter den Jüngeren bestand darin, dass einige ihre Verbindung durch die Ehe öffentlich anerkannt haben wollten (Dyer 1999).

Homosexuellenfamilien

Viele homosexuelle Männer und Frauen leben heute in stabilen Beziehungen als Paare zusammen. Nach Schätzungen des deutschen Statistischen Bundesamtes, das seit Mitte der 1990er Jahre im Mikrozensus auch gleichgeschlechtliche Lebensgemeinschaften erfasst, lebten 2004 zwischen 56.000 und 160.000 gleichgeschlechtliche Paare in Lebensgemeinschaft zusammen. (Diese Zahlen müssen vorsichtig interpretiert werden, da nur geringe Fallzahlen vorliegen, von denen hier hochgerechnet werden kann. Das Thema ist nach wie vor sensibel, daher wurden nur freiwillige Angaben erhoben, Destatis 2006, S. 36).

Da die meisten Länder eine Ehe zwischen Homosexuellen nicht anerkennen, basieren Paarbeziehungen zwischen Schwulen und Lesben auf persönlicher Verbindlichkeit und gegenseitigem Vertrauen, statt auf Gesetzen. Der Begriff der Wahlfamilie wurde manchmal auf homosexuelle Partnerschaften angewendet, um die positiven und kreativen Formen des Alltags homosexueller Paare widerzuspiegeln. Viele traditionelle Elemente heterosexueller Paarverbindungen – wie gegenseitige Unterstützung, Pflege und Versorgung bei Krankheit, gemeinsame Finanzen usw. – werden in schwule und lesbische Partnerschaften integriert, wie es früher nicht möglich war.

Zum Thema Homosexualität siehe auch Kapitel 5 – Sexualität, Geschlecht und Gender.

Seit den 1980er Jahren nahm das Interesse an homosexuellen Partnerschaften zu. Soziologen sahen in den homosexuellen Beziehungen Formen der Intimität und Gleichberechtigung, die sich ziemlich von denen heterosexueller Paare unterscheiden. Da Homosexuelle von der Institution der Ehe ausgeschlossen waren und weil sich die traditionellen Geschlechterrollen im Allgemeinen nicht so einfach auf gleichgeschlechtliche Paare übertragen lassen, müssen homosexuelle Partnerschaften außerhalb der Normen und Richtlinien, die heterosexuelle Verbindungen bestimmen, konstruiert und verhandelt werden. Es wurde auch gesagt, dass die AIDS-Epidemie einen wichtigen Beitrag dazu geleistet habe, dass eine eigene Kultur der Fürsorglichkeit und der Verbindlichkeit unter homosexuellen Partnern entstanden sei.

Weeks u.a. (2001) stellte drei bedeutende Muster innerhalb schwuler und lesbischer Lebensgemeinschaften fest: Erstens gibt es die Gelegenheit für mehr Gleichberechtigung unter Partnern, weil sie nicht von den kulturellen und sozialen Annahmen geleitet werden, die hinter heterosexuellen Verbindungen stehen. Schwule und lesbische Paare können sich entscheiden, ihre Beziehung willkürlich zu formen, um das Machtgefälle zu vermeiden, das typisch für viele heterosexuelle Paare ist.

Die veränderte Sexualmoral bringt es mit sich, dass in manchen Ländern gleichgeschlechtliche Paare ihre Kinder nun offen gemeinsam aufziehen können.

Zweitens verhandeln homosexuelle Partner die Parameter und inneren Abläufe ihrer Beziehung. Während heterosexuelle Paare von sozial bestimmten Geschlechterrollen beeinflusst werden, sind gleichgeschlechtliche Partner mit weniger Erwartungen konfrontiert, wer was in der Beziehung tun sollte. So leisten etwa Frauen in heterosexuellen Ehen einen größeren Anteil der Hausarbeit und Kinderbetreuung, doch es gibt keine solchen Erwartungen in homosexuellen Partnerschaften. Alles wird Gegenstand von Verhandlungen, was auch zu gerechterer Aufteilung der Verantwortung führen kann. Drittens zeigen schwule und lesbische Partnerschaften eine Form der Verbindlichkeit, der ein institutionelles Rückgrat fehlt. Gegenseitiges Vertrauen, die Bereitschaft, Schwierigkeiten zu bestehen und eine gemeinsame Verantwortung für die „Gefühlsarbeit" scheinen Kennzeichen homosexueller Partnerschaften zu sein (Weeks u.a. 2001).

Das Aufbrechen ehemaliger intoleranter Haltungen gegenüber Homosexualität wurde von einer steigenden Bereitschaft der Behörden begleitet, Müttern in einer lesbischen Beziehung das Sorgerecht für ihre Kinder zu geben. Künstliche Befruchtung ermöglicht es Lesben, Kinder zu haben, und ohne heterosexuellen Kontakt Eltern zu werden. In den 1960er und 1970er Jahren wurden in einigen Städten in den USA obdachlose schwule Teenager schwulen Paaren zur Pflege überantwortet, doch aufgrund negativer öffentlicher Reaktionen wurde diese Praxis wieder eingestellt.

In Großbritannien wurde ein Meilenstein durch die gerichtliche Entscheidung gesetzt, dass ein homosexuelles Paar in einer stabilen Beziehung als Familie definiert werden kann. Diese Klassifizierung als Familien hat Folgewirkungen auf rechtliche Kategorien wie Einwanderung, Sozialversicherung, Besteuerung, Erbrecht und Unterhaltszahlungen für Kinder. In Deutschland und Österreich wurden in den vergangenen Jahren in verschiedenen Rechtsmaterien Anpassungen vorgenommen, die eine teilweise rechtliche Anerkennung homosexueller Partner (etwa im Erbrecht in Österreich oder bei eingetragenen Partnerschaften in Deutschland) ermöglichen. Diesen Reformen gingen heftige Diskussionen mit konservativen politischen Kräften und Vertretern der katholischen Kirche voraus.

1999 bestätigte ein amerikanisches Gericht die Elternrechte eines schwulen Paares, das auf der Geburtsurkunde ihrer von einer Leihmutter geborenen Kinder aufscheinen wollte. Einer der Männer, der den Fall vor Gericht brachte, sagte: „Wir feiern einen rechtlichen Sieg. Die Kernfamilie, wie wir sie kennen, entwickelt sich weiter. Die Betonung sollte nicht darauf liegen, ob man Mutter oder Vater ist, sondern ob man ein liebevoller, sorgender Elternteil ist, egal, ob man als alleinerziehende Mutter oder als schwules Paar in einer verbindlichen Beziehung lebt." (Hartley-Brewer 1999)

Jahr	Männer	Frauen
1951	26,8	24,4
1961	24,8	21,9
1971	24,4	21,7
1981	24,7	22,1
1991	26,8	24,6
2001	29,6	27,3
2007	31,6	28,8

Tab. 6.1: Mittleres Heiratsalter (bei Erst-Ehen) in Österreich
Quelle: Statistik Austria (2009), S. 74.

Alleinstehend bleiben

Jüngste Trends in der Zusammensetzung der Haushalte werfen die Frage auf: Werden wir eine Gesellschaft der Singles (der Alleinstehenden)? 34 Prozent der Privathaushalte in Österreich sind Ein-Personen-Haushalte, die Zahl der Männer, die allein leben, hat sich von 1981 bis 2006 verdoppelt, jene der Frauen ist nur leicht von 14 auf 16 Prozent angestiegen (Statistik Austria 2007, S. 48f.) Mehrere Faktoren haben in den westlichen Gesellschaften zum Anstieg der Alleinlebenden geführt. Zum einen heiraten die Menschen heute später – allein seit 1990 ist in Österreich das durchschnittliche Heiratsalter um fünf Jahre angestiegen (s. Tab. 6.1).

Weiters steigt, wie wir gesehen haben, die Zahl der Scheidungen. Ein weiterer Faktor ist die steigende Zahl der älteren verwitweten Menschen in der Bevölkerung. Fast die Hälfte der Ein-Personen-Haushalte in Österreich bestehen aus einer Person über 60 Jahren (Statistik Austria 2007, S. 34).

Alleinstehend zu sein heißt zu verschiedenen Zeitperioden im Lebenszyklus jeweils etwas Anderes. Im Gegensatz zu früher ist heute ein größerer Anteil der 20-Jährigen ledig. Nur eine kleine Minderheit der Männer oder Frauen Mitte 30 war allerdings noch nie verheiratet. Die Mehrheit der alleinstehenden zwischen 30 und 50 sind also geschieden oder „zwischen" zwei Ehen. Die meisten über 50-jährigen Alleinstehenden wiederum sind verwitwet.

Zum Begriff des Lebenszyklus siehe auch Kapitel 4 – Sozialisation, Lebenslauf und Altern.

Mehr als je zuvor verlassen junge Menschen heute das Elternhaus, um ein unabhängiges Leben führen zu können, und nicht, um zu heiraten und eine eigene Familie zu gründen, was der in der Vergangenheit übliche Ablösevorgang war. Daher scheint es, dass der Trend allein zu bleiben oder allein zu leben einen Teil der gesellschaftlichen Bevorzugung der Unabhängigkeit auf Kosten des Familienlebens darstellt. Wenngleich die Unabhängigkeit und das Single-Dasein ein zunehmend verbreitetes Modell der Ablöse aus dem Elternhaus sein mag, heiraten doch die meisten Menschen später einmal.

Theoretische Perspektiven auf Familie und intime Beziehungen

Die Familie wurde von Soziologen unterschiedlicher Überzeugungen untersucht. Viele der Ansichten, die in den vergangenen Jahrzehnten vertreten worden sind, erscheinen im Lichte der jüngeren Forschung und der

bedeutenden sozialen Veränderungen nur wenig schlüssig. Nichtsdestotrotz ist es sinnvoll, kurz die Entwicklung der Familiensoziologie nachzuzeichnen, bevor wir uns zeitgenössischen Zugängen zuwenden.

Funktionalismus

Die funktionalistische Perspektive sieht die Gesellschaft als ein Zusammenspiel sozialer Institutionen, die verschiedene spezifische Funktionen
erfüllen, um die Kontinuität und den Zusammenhalt zu sichern. Nach der
funktionalistischen Perspektive erfüllt die Familie wichtige Aufgaben, die
zu den gesellschaftlichen Grundbedürfnissen beitragen und die soziale
Ordnung aufrechterhalten. Soziologen der funktionalistischen Tradition
schreiben der Kernfamilie bestimmte spezialisierte Rollen in der modernen Gesellschaft zu. Mit dem Aufkommen der Industrialisierung wurde
die Familie immer weniger bedeutend als wirtschaftliche Produktionsein-
heit und bezog sich immer mehr auf die Reproduktion, das Kinderaufzie-
hen und die Sozialisation.

    Nach dem amerikanischen Soziologen Talcott Parsons sind die beiden
Hauptfunktionen der Familie die Primärsozialisation und die Persönlichkeitsstabilisation (Parsons und Bales 1956). In der Primärsozialisation lernen die Kinder die kulturellen Normen der Gesellschaft, in die sie hineingeboren werden. Da dies in den ersten Lebensjahren stattfindet, ist die
Familie der wichtigste Ort für die menschliche Persönlichkeitsentwicklung.
Persönlichkeitsstabilisation bezieht sich auf die Rolle der Familie bei der
emotionalen Unterstützung ihrer erwachsenen Mitglieder. Die Ehe zwischen erwachsenen Männern und Frauen ist das Arrangement, durch das
erwachsene Persönlichkeiten unterstützt und gesund erhalten werden. In
Industriegesellschaften gilt die Rolle der Familie bei der Persönlichkeitsstabilisation als entscheidend, weil die Kernfamilie oft von der weiteren
Verwandtschaft isoliert ist und daher nicht mehr wie vor der Industrialisierung auf Verwandtschaftsnetzwerke zurückgreifen kann.

    Parsons betrachtete die Kernfamilie als jene Einheit, die am besten ge-
eignet ist, um die Anforderungen der Industriegesellschaft zu erfüllen. In
der „konventionellen Familie" kann ein Erwachsener außerhalb des Hauses arbeiten, während der zweite sich um den Haushalt und die Kinder
kümmert. In der Praxis hieß diese Spezialisierung der Rollen, dass der Mann
die „instrumentelle" Rolle des Erhalters übernahm und die Frau die „affektive", emotionale Rolle im häuslichen Bereich.

    Heutzutage erscheint uns Parsons' Sicht der Familie als unangemessen
und veraltet. Funktionalistische Theorien der Familie wurden heftig dafür
kritisiert, dass sie die häusliche Arbeitsteilung als etwas Naturgegebenes
und Unproblematisches rechtfertigten. Doch wenn man die Theorien in
ihrem historischen Kontext sieht, sind sie etwas besser verständlich. In der
unmittelbaren Nachkriegszeit kehrten die Frauen zu ihren traditionellen
häuslichen Rollen zurück, und die Männer nahmen wieder ihre Position
als Alleinverdiener und Ernährer auf. Wir können allerdings funktionalistische Theorien aus anderen Gründen kritisieren. Bei der Betonung der

Primärsozialisation

*Persönlichkeits-
stabilisation*

Wichtigkeit der Familie in der Erfüllung bestimmter Funktionen, vernachlässigten die Funktionalisten die Rolle anderer sozialer Institutionen wie der Regierung, der Medien und der Schule bei der Sozialisation von Kindern. Die funktionalistischen Theorien übersehen auch die Variationen in den Familienformen, die nicht mit dem Modell der Kernfamilie übereinstimmen. Familien, die nicht dem weißen Mittelschichtideal in den Vorstädten entsprachen, wurden als „deviant" betrachtet.

Feministische Ansätze

Für viele Menschen ist die Familie ein Hort des Trosts, der Beruhigung, der Liebe und der Geselligkeit. Allerdings haben wir oben gesehen, dass sie auch ein Ort der Ausbeutung, Einsamkeit und tief greifender Ungerechtigkeit sein kann. Der Feminismus hat die Soziologie stark geprägt, indem er die harmonische und egalitäre Vision der Familie infrage stellte. In den 1970er und 1980er Jahren dominierten feministische Perspektiven den Großteil der Debatten und Forschungen über die Familie. Während die frühere Familiensoziologie sich auf Familienstrukturen, historische Entwicklungen der Kernfamilie und der erweiterten Familie und die Bedeutung von Verwandtschaftsbeziehungen konzentrierte, gelang es dem Feminismus, die Aufmerksamkeit auf das Innenleben der Familien zu lenken und die Erfahrungen der Frauen zu Hause zu untersuchen. Viele Feministinnen stellten die Vorstellung infrage, dass die Familie eine kooperative Einheit ist, die auf gemeinsamen Interessen und gegenseitiger Unterstützung beruht. Sie bemühten sich zu zeigen, dass die ungleichen Machtbeziehungen innerhalb der Familie dazu führten, dass einzelne Familienmitglieder mehr Vorteile genießen konnten als andere.

Feministische Schriften befassten sich mit einem breiten Spektrum an Themen, aber drei Hauptthemen waren von besonderem Gewicht. Eines der zentralen Anliegen betrifft die häusliche Arbeitsteilung, also wie Aufgaben unter den Haushaltsmitgliedern verteilt werden. Unter Feministinnen gibt es unterschiedliche Meinungen über die historische Entstehung dieser Arbeitsteilung. Während einige sie als Ergebnis des industriellen Kapitalismus sehen, behaupten andere, dass sie an das Patriarchat geknüpft ist und damit bereits vor der Industrialisierung bestanden hat. Es gibt Grund zur Annahme, dass es bereits vor der Industrialisierung eine häusliche Arbeitsteilung gegeben hat, doch es erscheint auch klar, dass die kapitalistische Produktionsweise eine schärfere Unterscheidung zwischen Erwerbsarbeit und Hausarbeit mit sich brachte. Dieser Prozess ergab die bis heute spürbare Kristallisation in „männliche" und „weibliche Sphären" und Machtbeziehungen. Bis vor Kurzem war das Modell des männlichen Familienerhalters in den Industriegesellschaften noch weitverbreitet.

Mit geschlechtsspezifischer Arbeitsteilung werden wir uns in Kapitel 16 – Arbeit und Wirtschaftsleben noch ausführlich beschäftigen.

Familienerhalter

Feministische Soziologinnen haben erforscht, wie häusliche Aufgaben wie Kinderbetreuung und Haushaltsführung zwischen Männern und Frauen aufgeteilt werden. Sie haben die Gültigkeit von Behauptungen, wie jener der „symmetrischen Familie" (Young und Willmott 1973), untersucht, wonach Familien in der Rollen- und Aufgabenverteilung mit der Zeit immer egalitärer werden würden. Empirische Befunde haben gezeigt, dass Frauen nach wie vor die Hauptverantwortung für häusliche Arbeit tragen und weniger Freizeit als Männer haben, obwohl mehr Frauen außer Haus erwerbstätig sind als je zuvor (Hochschild 1990b; Gershuny 1994; Sullivan 1997). Ein verwandtes Thema erforschend haben einige Soziologen die gegensätzlichen Bereiche der bezahlten und unbezahlten Arbeit untersucht und sich darauf konzentriert, welchen Beitrag die weibliche unbezahlte Hausarbeit zur Gesamtwirtschaft leistet (Oakley 1978). Andere haben sich damit auseinandergesetzt, wie Ressourcen unter den Familienangehörigen verteilt werden und welche Muster des Zugangs und der Kontrolle der Haushaltsfinanzen vorkommen (Pahl 1989).

Die Erforschung von Fürsorgetätigkeiten ist ein weiterer Bereich, zu dem Feministinnen Wichtiges beigetragen haben. Das ist ein weites Feld, das von der vorübergehenden Pflege eines Familienmitgliedes bei Krankheit bis zur Betreuung eines älteren Verwandten über längere Zeit reicht. Manchmal heißt Betreuung auch einfach, dass jemand sich auf das psychische Wohlbefinden eines anderen einstellt – einige feministische Autorinnen haben sich mit der Gefühlsarbeit in Beziehungen beschäftigt. Frauen übernehmen nicht nur so konkrete Aufgaben wie Putzen oder Kinderbetreuung, sondern investieren auch viel Emotionsarbeit zur Aufrechterhaltung persönlicher Beziehungen (Duncombe und Marsden 1993). Obwohl Pflegetätigkeiten oft auf Liebe beruhen, stellen sie dennoch auch Arbeit dar, die die Fähigkeit zuzuhören, wahrzunehmen und kreativ zu handeln erfordert.

Neuere Perspektiven

Theoretische und empirische Arbeiten aus einer feministischen Perspektive haben in den letzten Jahrzehnten das Interesse an der Familie und intimen Beziehungen sowohl in der Wissenschaft als auch in der breiten Bevölkerung geweckt. Begriffe wie jener von der „zweiten Schicht" – der die weibliche Doppelbelastung in der Erwerbs- und Hausarbeit beschreibt – sind in das Alltagsvokabular eingegangen. Doch weil sie sich oft auf spezifische Fragen innerhalb des Heims bezogen, haben feministische Forschungen nicht immer die größeren Trends und Einflüsse außerhalb berücksichtigt.

Im vergangenen Jahrzehnt ist eine bedeutende Zahl familiensoziologischer Literatur entstanden, die auf feministische Perspektiven zurückgreift, ihnen jedoch nicht strikt folgt. Von herausragendem Interesse sind die größeren Veränderungsprozesse, die sich in Familienformen abspielen – die Gründung und Auflösung von Familien und Haushalten und die sich entwickelnden Erwartungen in den persönlichen Beziehungen der Menschen. Die Zunahme der Scheidungen und Alleinerziehenden, das Aufkommen der Patchwork-Familien, Homosexuellenfamilien und die Popularität der Lebensgemeinschaften sind Themen von besonderer Bedeutung. Doch diese Veränderungsprozesse können nicht getrennt vom größeren sozialen Wandel der späten Moderne verstanden werden. Wir müssen uns der gesellschaftlichen und sogar globalen Umbrüche zuwenden, wenn wir die Verbindung zwischen persönlichen Veränderungsprozessen und größeren Mustern des Wandels begreifen wollen.

Anthony Giddens: Der Wandel der Intimität

Anthony Giddens untersucht in seinem Buch *Der Wandel der Intimität* (1993), wie sich intime Beziehungen in der modernen Gesellschaft verändern. Wie die Einleitung dieses Kapitels gezeigt hat, beruhte Ehe in vormodernen Zeiten nicht primär auf sexueller Anziehung und romantischer Liebe, sondern sie war öfter mit dem wirtschaftlichen Kontext verbunden, in dem eine Familie gegründet oder ein Erbe übernommen wurde. Für die Bauern war ein Leben unaufhörlicher harter Arbeit wohl kaum der sexuellen Leidenschaft förderlich – wenngleich es für Männer wohl zahlreiche Gelegenheiten für außereheliche Verbindungen gab.

Romantische Liebe – als etwas, das sich von den mehr oder weniger universellen Zwanghaftigkeiten der leidenschaftlichen Liebe unterscheidet – entwickelte sich im späten 18. Jahrhundert. Im Gegensatz zu den Verheißungen einer egalitären Beziehung, die auf gegenseitiger Anziehung beruht, hat romantische Liebe wohl eher zur Beherrschung der Frauen durch die Männer geführt. Viele Männer lösten die Spannung zwischen der Ehrbarkeit der romantischen Liebe und den Begierden der leidenschaftlichen Liebe dadurch, dass sie die Bequemlichkeit der Ehefrau und des Heims von der Sexualität der Geliebten und Prostituierten trennten. Die Doppelmoral bestand darin, dass die Frau ihre Jungfräulichkeit bewahren sollte, bis der „Richtige" kommen würde, während für Männer keine solchen Normen galten.

romantische Liebe

Giddens argumentiert in *Der Wandel der Intimität*, dass die jüngste Phase der Moderne eine weitere Veränderung in der Natur der intimen Beziehungen mit sich brachte. Eine modellierbare Sexualität sei entstanden. Für die Menschen in modernen Gesellschaften gibt es heute eine nie gekannte Wahlfreiheit, wann, wie oft und mit wem sie Sex haben.

modellierbare Sexualität

Siehe dazu auch Kapitel 5 – Sexualität, Geschlecht und Gender.

Dies ist zum Teil den verbesserten Methoden der Empfängnisverhütung zuzuschreiben, die Frauen von der Angst vor wiederholten (und lebensbedrohlichen) Schwangerschaften und Geburten befreit haben. Jedoch haben nicht nur technologische Entwicklungen zur Entstehung einer modellierbaren Sexualität geführt, sondern vielmehr die Entwicklung eines Bewusstseins, dass das Selbst frei wählbar ist.

Mit der Entstehung einer modellierbaren Sexualität kommt es auch zu Änderungen in der Natur der Liebe. Giddens meint, dass die Ideale der romantischen Liebe fragmentiert und von partnerschaftlicher Liebe ersetzt werden. Partnerschaftliche Liebe ist etwas Aktives und Kontingentes, sie verträgt sich nicht mit dem „Auf immer und ewig" der romantischen Liebe. Die Entstehung partnerschaftlicher Liebe kann zu einem gewissen Grad die Zunahme an Scheidungen und Trennungen erklären. Hatten die Menschen einmal geheiratet, so hieß dies in der romantischen Liebe, dass sie aneinander gebunden waren, egal wie die Beziehung sich entwickelte. Nun

partnerschaftliche Liebe

haben die Menschen mehr Möglichkeiten, während man sich früher nur schwer oder gar nicht scheiden lassen konnte, sind Verheiratete heute nicht länger gebunden, wenn die Beziehung nicht mehr funktioniert.

reine Beziehung Statt ihre Beziehungen auf romantischer Leidenschaft zu errichten, verfolgen die Leute heute zunehmend ein Ideal der reinen Beziehung, in der die Menschen verbleiben, weil sie sich dazu frei entschließen. Je mehr sich die Idee der partnerschaftlichen Liebe verfestigt, desto mehr tritt die Suche nach dem Traummann und der Traumfrau in den Hintergrund zugunsten der Suche nach der idealen Beziehung. Der Zusammenhalt in der reinen Beziehung ergibt sich aus der Akzeptanz beider Partner, dass bis auf Weiteres beide genügend Vorteile aus der Beziehung ziehen, die eine Fortsetzung rechtfertigen. Liebe basiert auf emotionaler Intimität, die Vertrauen hervorbringt. Liebe entwickelt sich abhängig davon, wie viel jeder Partner bereit ist, von seinen Bedürfnissen und Anliegen zu zeigen und wie sehr er bereit ist, sich dem anderen in seiner Verletzlichkeit auszuliefern. Jeder Partner beobachtet kontinuierlich seine Angelegenheiten, um beurteilen zu können, ob er hinreichende Befriedigung aus der Beziehung gewinnt, um sie fortzusetzen.

Es gibt eine Vielfalt an Formen der reinen Beziehung. Die Ehe kann eine davon sein, obwohl sie angesichts der steigenden Zahl der Lebensgemeinschaften vielmehr ein Ausdruck einer bestehenden reinen Beziehung ist als ein Weg, diese zu erreichen. Allerdings sind reine Beziehungen nicht auf die Ehe oder gar heterosexuelle Paare beschränkt. In mancher Hinsicht kommen gleichgeschlechtliche Beziehungen der reinen Beziehung näher als heterosexuelle, weil in ihnen alles offen und verhandelbar ist.

Kritiker warfen ein, dass die Instabilität der reinen Beziehung, die zwischen zwei Erwachsenen gedacht ist, mit der Komplexität des Familienalltags kontrastiert, von dem auch Kinder betroffen sind, und auch die unterschiedlichen Erfahrungen von Männern und Frauen bei einer Trennung vernachlässigt. Durch die Beschränkung der Idee der reinen Beziehung auf Erwachsene spiegle sich eine Marginalisierung von Kindern und Kindheit im soziologischen Denken wider (Smart und Neale 1999).

Viele der Ideen aus *Der Wandel der Intimität* finden sich auch in den Arbeit des Ehepaares Ulrich Beck und Elisabeth Beck-Gernsheim. Auch sie argumentieren, dass das moderne Leben und vor allem die Ausbreitung individueller Wahlmöglichkeiten zu einem enormen Wandel in unseren intimen Beziehungen geführt habe.

Ulrich Beck und Elisabeth Beck-Gernsheim: Das ganz normale Chaos der Liebe

In *Das ganz normale Chaos der Liebe* (1990) untersuchen Beck und Beck-Gernsheim die Tumulthaftigkeit persönlicher Beziehungen, Ehen und Familienmuster vor dem Hintergrund einer sich rasch wandelnden Welt. Die Traditionen, Regeln und Vorgaben, die unsere persönlichen Beziehungen bestimmt haben, sind nicht länger gültig, wie sie sagen, und die Menschen stehen heute vor einer endlosen Abfolge von Wahlmöglichkeiten als Teil des Konstruierens, Anpassens, Verbesserns und Auflösens von Vereinigungen mit anderen. Die Tatsache, dass Ehen heute freiwillig geschlossen werden, statt aus wirtschaftlichen Gründen, oder auf Druck der Familie, bringt sowohl Freiheiten als auch neue Belastungen mit sich. Tatsächlich, so die Autoren, verlangen sie eine Menge harte Arbeit und Mühe.

Beck und Beck-Gernsheim sehen unsere Zeit voller kollidierender Interessen zwischen Familie, Arbeit, Liebe und der Freiheit, eigene Ziele zu verfolgen. Diese Kollision wird intensiv in persönlichen Beziehungen empfunden, insbesondere, wenn zwei „Arbeitsmarktbiografien" jongliert werden müssen statt nur einer. Damit meinen die Autoren, dass eine zunehmende Zahl von Frauen zusätzlich zu den Männern eine Berufskarriere verfolgt. Früher arbeiteten Frauen außer Haus eher nur Teilzeit und wendeten einen bedeutenden Anteil an Zeit für das Aufziehen ihrer Kinder auf. Doch diese Muster sind heute weniger fest gefügt; sowohl Männer als auch Frauen betonen ihre persönlichen und professionellen Bedürfnisse. Beck und Beck-Gernsheim schließen daraus, dass es in Beziehungen in unserer modernen Zeit sozusagen um wesentlich mehr als nur um Beziehungen geht. Nicht allein, dass Liebe, Sex, Kinder, Heirat und häusliche Pflichten Gegenstand von Verhandlungen werden, sondern Beziehungen handeln heute auch von Arbeit, Politik, Wirtschaft, Beruf und Ungleichheit. Moderne Paare stehen vor einer Auswahl an Problemen – von banalen bis zu grundsätzlichen.

Da verwundert es nicht, dass Gegensätze zwischen Männern und Frauen zunehmen. Beck und Beck-Gernsheim behaupten, dass die „Schlacht zwischen den Geschlechtern" das „zentrale Drama unserer Zeit" ist, was sich in der Zunahme an Eheberatungsangeboten, Familienrat, Selbsthilfegruppen für Ehepaare und ansteigenden Scheidungsraten zeige. Doch obwohl Ehe und Familienleben heute instabiler denn je sind, haben sie nach wie vor große Bedeutung für die Menschen. Die Geburtenrate mag zwar sinken, aber die Nachfrage nach medizinischer Behandlung zur Erfüllung des Kinderwunsches ist riesig. Weniger Menschen entscheiden sich zwar zu heiraten, doch der Wunsch, mit jemanden in einer Paarbeziehung zu leben, besteht. Was kann diese gegenläufigen Tendenzen erklären?

Nach den Autoren ist die Antwort einfach: Liebe. Sie behaupten, dass die heutige „Schlacht zwischen den Geschlechtern" der deutlichste Hinweis für den „Hunger nach Liebe" ist. Menschen heiraten aus Liebe; sie begeben sich in einen endlosen Kreislauf des Hoffens, Bedauerns und Wiederversuchens. Während einerseits die Spannungen zwischen Männern und Frauen hoch sind, bleibt eine tiefe Hoffnung und ein Glaube an die Möglichkeit, Liebe und Erfüllung zu finden.

Man könnte meinen, dass „Liebe" eine zu vereinfachte Antwort für die Verwicklungen unserer Zeit ist. Aber Beck und Beck-Gernsheim sagen, gerade weil unsere Welt so überwältigend, unpersönlich, abstrakt und kurzlebig ist, ist Liebe immer wichtiger geworden. Nach den Autoren ist die Liebe der einzige Platz, wo die Menschen sie selbst sein können und mit anderen in Kontakt treten. In unserer Welt der Unsicherheit und der Risiken sei Liebe real:

Die Liebe ist Selbstsuche, ein Verlangen nach authentischer Begegnung mit, gegen, im Anderen. Dies wird erstrebt, erreicht im Austausch der Körper, im Dialog, in der rücksichtslosen Begegnung, in der „Beichte" und „Absolution", die wechselseitig entgegengenommen und erteilt werden. Im Verständnis, in der Bestätigung und in der Befreiung dessen, was war, und dessen, was ist. Die Sehnsüchte nach Liebe im Sinne von Vertrauen und Heimat gedeihen im Milieu des Zweifels und der Fragwürdigkeit, das die Moderne erzeugt. Wenn nichts sicher ist, wenn sogar bloßes Atemschöpfen vergiftet, dann jagen die Menschen den irrealen Träumen der Liebe nach, bis diese in Alpträume umschlagen. (Beck und Beck-Gernsheim 1990, S. 231)

Liebe ist sofortige Verzweiflung und sofortiger Trost. Sie ist eine mächtige Kraft, die eigenen Regeln gehorcht und die ihre Botschaften in die Erwartungen, Ängste und in die Handlungsmuster der Menschen schreibt. In unserer fluktuierenden Welt ist Liebe eine Quelle des Vertrauens.

Zygmunt Bauman: Flüchtige Liebe

In seinem Buch *Liquid Love* (2003) behauptet Zygmunt Bauman, dass Beziehungen das heißeste Thema sind und angeblich das einzige Spiel, das es wert ist, gespielt zu werden, trotz seiner allbekannten Risiken. Sein Buch handelt von der Zerbrechlichkeit menschlicher Bindungen, dem dadurch bedingten Gefühl der Unsicherheit und unseren Reaktionen darauf.

Bauman schreibt, dass der Held seines Buches der Mensch ohne Fesseln (zu Familie, Klasse, Religion oder Ehe) oder zumindest ohne feste, unzerbrechliche Bindungen ist. Die Bindungen, die Baumans Held hat, sind nur lose geknüpft, sodass sie ohne Zeitverlust wieder gelöst werden können, wenn das die Umstände erfordern. Für Bauman ändern sich die Umstände häufig – er benutzt die Metapher der Flüchtigkeit in der Beschreibung der modernen Gesellschaft, für die dauernde Wechsel und das Fehlen haltbarer Bindungen typisch sind.

Bauman argumentiert, dass Beziehungen in einer Welt der ungebremsten „Individualisierung" ein zweischneidiges Schwert sind; sie sind voller konfligierender Wünsche, die in unterschiedliche Richtungen streben. Einerseits gibt es den Wunsch nach Freiheit und losen Fesseln, denen wir, wenn wir wollen, entkommen können, und den Wunsch nach Individualismus. Andererseits gibt es den Wunsch nach mehr Sicherheit, die durch engere Fesseln zwischen uns und unseren Partnern gewonnen werden kann. Dementsprechend, so Bauman, pendeln wir zwischen den beiden Extremen hin und her, den Polen Sicherheit und Freiheit. Oft wenden wir uns an Experten – Therapeuten oder Kolumnisten etwa – um Rat, wie wir die beiden Extreme kombinieren sollen. Doch für Bauman ist das ein Ding der Unmöglichkeit, denn beides zugleich geht nicht. Man kann sich nicht die Rosinen aus der Beziehung picken und die besseren aber härteren Stücke weglassen. Das Ergebnis sei eine Gesellschaft von halbgebundenen Paaren in Westentaschenbeziehungen. Mit der Phrase Westentaschenbeziehungen meint Bauman etwas, das man herausziehen kann, wenn man es braucht, aber was ansonsten tief in die Tasche gesteckt werden kann.

Unsere Antwort auf die Zerbrechlichkeit menschlicher Bindungen besteht darin, die Qualität durch die Quantität in Beziehungen zu ersetzen. Statt der Tiefe der Beziehungen wird uns die Zahl wichtiger. Das sei zum Teil der Grund dafür, dass wir dauernd über Mobiltelefone sprechen und SMS senden – oft wegen der Schnelligkeit in Abkürzungen und Fragmenten. Nicht die Botschaft selbst ist bedeutend sondern der dauernde Kreislauf an Botschaften, ohne den wir uns ausgeschlossen fühlen.

Bauman bemerkt, dass die Menschen heute mehr über Verbindungen und Netzwerke sprechen als über Beziehungen. Während eine Beziehung gegenseitiges Engagement bedeutet, deuten Netzwerke auf flüchtige Momente des Kontaktes. In einem Netzwerk können Verbindungen nach Wunsch hergestellt und unterbrochen werden. Verbindungen sind virtuell und keine realen Beziehungen. Was die flüchtige moderne Beziehung wirklich symbolisiert, sind für Bauman Rendezvous in Dating-Chatrooms. Er zitiert ein Interview mit einem 28-jährigen Mann, der als entscheidenden Vorteil der elektronischen Beziehungen erwähnt: „Man kann immer ENTFERNEN drücken."

Bauman wird oft vorgeworfen, zu pessimistisch über den Wandel unserer Beziehungen in der letzten Zeit zu sein. Stimmt sein Urteil? Die Sicht, die wir von diesem Wandel haben, betrifft einige der großen sozialen und politischen Fragen der letzten Zeit. Wir werden uns im Folgenden der laufenden Debatte über den vermeintlichen Untergang der Familienwerte zuwenden.

Schlussfolgerung: Die Debatte über Familienwerte

„Die Familie bricht zusammen!", rufen die Verteidiger der Werte der Familie, wenn sie sich mit den Veränderungen der letzten Jahrzehnte auseinandersetzen – einer liberaleren und offeneren Haltung gegenüber der Sexualität, rapide steigenden Scheidungsraten und einer allgemeinen Suche nach dem persönlichen Glück auf Kosten älterer Konzeptionen familiärer Verpflichtungen. Wir müssen den moralischen Wert des Familienlebens wiedergewinnen, sagen sie. Wir müssen die traditionelle Familie zurückbringen, die wesentlich stabiler und geordneter war als das komplizierte Geflecht von Beziehungen, in das die meisten von uns sich heutzutage eingebunden fühlen (O'Neill 2002).

Diese Debatte wird nicht nur in Europa und den Vereinigten Staaten geführt. Veränderungen in der persönlichen und emotionalen Sphäre gehen weit über die Grenzen irgendeines Landes hinaus. Wir finden fast überall die gleichen Themen nur in Nuancen abgewandelt und auf den jeweiligen kulturellen Kontext angepasst. In China etwa überlegt der Staat, die Scheidung zu erschweren. In den späten 1960er Jahren waren sehr liberale Scheidungsgesetze erlassen worden. Die Ehe ist ein Vertrag, der aufgelöst werden kann, wenn beide Partner das wollen. Sogar wenn ein Partner dagegen ist, kann die Scheidung vollzogen werden, wenn die gegenseitige Zuneigung verloren gegangen ist. Nach einer zweiwöchigen Wartephase bezahlen die Partner einige Yuan und sind fortan unabhängig. Die chinesische Scheidungsrate ist im Vergleich zu westlichen noch immer niedrig, aber sie steigt rapide, was auch auf andere asiatische Entwicklungsländer zutrifft. In chinesischen Städten werden nicht nur Scheidungen sondern auch Lebensgemeinschaften immer häufiger. In den riesigen ländlichen Gebieten allerdings ist alles anders. Heirat und Familie sind viel traditioneller – trotz der offiziellen Politik zur Beschränkung der Kinderzahl durch eine Mischung aus Anreizen und Verboten. Die Ehe ist mehr ein Arrangement zwischen zwei Familien als zwischen den zwei betroffenen Individuen. Wie eine Studie in der Provinz Gansu, die wirtschaftlich nur wenig entwickelt ist, kürzlich festgestellt hat, werden noch immer 60 Prozent der Ehen von den Eltern arrangiert (Xu u.a. 2007, S. 146). Ein chinesisches Sprichwort besagt: „Trefft euch einmal, nickt und heiratet." Die Ironie der Geschichte vom sich modernisierenden China ist, dass viele, die nach traditioneller Art auf dem Land verheiratet wurden, sich jetzt in den Städten scheiden lassen.

In China gibt es viel Gerede über den Schutz der „traditionellen" Familie. In manchen westlichen Ländern herrscht dazu sogar noch mehr Uneinigkeit und die Debatte ist intensiver. Verteidiger der traditionellen Familie behaupten, dass die Betonung der Beziehungen auf Kosten der Familie als grundlegende Institution der Gesellschaft ginge. Viele dieser Kritiker sprechen vom heutigen Zusammenbruch der Familie. Wenn dieser Zusammenbruch stattfindet, ist er äußerst bedeutsam. Die Familie ist der Schnittpunkt einer Reihe von Trends, die die Gesamtgesellschaft betreffen – zunehmende Gleichberechtigung zwischen den Geschlechtern, der verbreitete Eintritt von Frauen in die Erwerbsarbeit, Veränderungen im Sexualverhalten und sexuelle Erwartungen, das veränderte Verhältnis zwischen Heim und Arbeit. Unter all diesen sich vollziehenden Veränderungen sind die wichtigsten jene, die sich in unserem Privatleben abspielen – in der Sexualität, im Gefühlsleben, in der Ehe und in der Familie. Wie wir über uns denken und wie wir unsere Bindungen zu anderen formen, unterliegt gerade einer globalen Revolution. Es ist eine Revolution, die in den unterschiedlichen Plätzen der Welt verschieden schnell fortschreitet, und sie erfährt viel Widerstand.

„Nein!", antworten die Kritiker. „Ihr glaubt, dass die Familie zusammenbricht, tatsächlich nimmt sie nur immer vielfältigere Formen an. Wir sollten eine Vielfalt familiärer Formen und des Geschlechtslebens aktiv ermutigen, statt anzunehmen, dass alle Menschen über denselben Leisten geschlagen werden können." (Hite 1994)

Welche Partei hat recht? Wir sollten vermutlich gegenüber beiden Auffassungen eine kritische Distanz bewahren. Eine Rückkehr zur traditionellen Familie ist keine echte Möglichkeit. Das ist nicht nur deshalb so, weil, wie weiter oben erläutert, die traditionelle Familie, wie sie im Allgemeinen konzipiert wird, nie existiert hat, oder weil die Familien der Vergangenheit zu viele repressive Facetten gehabt haben, um sie als ein Modell für die heutige Zeit aufzufassen. Dies ist auch darauf zurückzuführen, dass die sozialen Wandlungsprozesse, die die früheren Formen der Ehe und der Familie transformiert haben, großteils nicht mehr rückgängig gemacht werden können. Frauen werden nicht in größerer Anzahl in die häusliche Situation zurückkehren, aus der sie sich unter großen Mühen gerade erst befreit haben. Sexuelle Beziehungen und die Ehe können, wie immer man dazu auch stehen mag, nicht so sein, wie sie einmal waren. Emotionale Kommunikation – genauer gesagt, die aktive Erschaffung und Erhaltung von Beziehungen – haben in unserem Leben, im persönlichen und familiären Bereich, zentrale Bedeutung gewonnen.

Was wird das Ergebnis sein? Die Scheidungsrate mag nicht mehr so rapide ansteigen wie vorher, aber sie sinkt jedenfalls nicht mehr. Alle Maße der Scheidungshäufigkeit sind in gewissem Ausmaß Schätzungen, doch auf der Grundlage vergangener Trends können wir schätzen, dass zirka 60 Prozent aller heute geschlossenen Ehen in zehn Jahren geschieden sein könnten.

Wie wir gesehen haben, ist die Scheidung nicht immer eine Ausdruck des Unglücks. Menschen, die sich in früheren Zeiten gezwungen gefühlt haben, in unglücklichen Ehen zu verbleiben, können heute einen Neubeginn wagen. Doch kann es keinen Zweifel geben, dass die Entwicklungen, die die Sexualität, die Ehe und die Familie verändert haben, manche Leute psychisch stark belastet haben, während sie anderen gleichzeitig neue Möglichkeiten der Befriedigung und der Selbstverwirklichung eröffnet haben.

Jene, die die heute bestehende große Vielfalt der familiären Formen willkommen heißen, da sie uns von den Beschränkungen und den leidvollen Erfahrungen der Vergangenheit befreien, haben sicherlich einiges vorzuweisen, das für ihre Position spricht. Männer und Frauen können nun alleine bleiben, wenn sie das wollen, ohne der sozialen Missbilligung ausgesetzt zu sein, die früher dem Junggesellen und in noch höherem Ausmaß der alten Jungfer entgegengebracht wurde. Paare, die sich in Lebensgemeinschaften zusammengetan haben, sind nicht mehr dem sozialen Ausschluss durch ihre „ehrbareren" verheirateten Freunde ausgesetzt. Homosexuelle Paare können miteinander einen Hausstand gründen und Kinder aufziehen, ohne auf das Ausmaß von Feindseligkeit zu stoßen, mit dem sie in der Vergangenheit konfrontiert waren.

Wenn wir all dies festgehalten haben, dann können wir uns nur schwer der Schlussfolgerung verschließen, dass wir uns an einem Scheideweg befinden. Wird die Zukunft einen weiteren Verfall der dauerhaften Ehen oder Partnerschaften bringen? Werden wir in zunehmendem Ausmaß in einer emotionalen und sexuellen Landschaft leben, die von Bitterkeit und Gewalttätigkeit zerfurcht ist? Wir wissen keine genaue Antwort auf diese Fragen. Doch die soziologische Analyse der Ehe und der Familie, die wir gerade durchgeführt haben, verweist uns nachhaltig darauf, dass wir unsere

Probleme nicht dadurch lösen können, dass wir uns an der Vergangenheit orientieren. Wir müssen den Versuch unternehmen, die individuellen Freiheiten, die vielen von uns in unserem persönlichen Leben ans Herz gewachsen sind, mit dem Bedürfnis zu vereinbaren, stabile und dauerhafte Beziehungen mit anderen Menschen zu bilden.

Zusammenfassung

1. Verwandtschaft, Familie und Ehe sind eng verwandte Zentralbegriffe der Soziologie und der Ethnologie. Verwandtschaft bedeutet entweder genetische Zusammengehörigkeit oder durch Heirat geschaffene Bindungen. Eine Familie ist eine Gruppe miteinander verwandter Menschen, die für das Aufziehen von Kindern verantwortlich sind. Ehe bedeutet eine Verbindung zwischen zwei Menschen, die miteinander in einer gesellschaftlich gebilligten sexuellen Beziehung zusammenleben.

2. Eine Kernfamilie ist ein Haushalt, in dem ein verheiratetes Paar (oder ein Alleinerzieher) mit eigenen oder adoptierten Kindern lebt. Wenn noch andere Familienmitglieder als das Ehepaar und die Kinder im selben Haushalt oder in einer ständigen und engen Beziehung mit diesem leben, spricht man von einer Großfamilie.

3. In den westlichen Gesellschaften assoziiert man Ehe und damit auch Familie mit Monogamie (einer kulturell gebilligten sexuellen Gemeinschaft zwischen einem Mann und einer Frau). Viele andere Kulturen jedoch tolerieren oder fördern im Gegensatz dazu die Polygamie, eine Form des ehelichen Zusammenlebens, bei der ein Mann bzw. eine Frau mehrere Ehepartner gleichzeitig haben kann.

4. Im 20. Jahrhundert wurde die Vorherrschaft der traditionellen Kernfamilie in den meisten Industriegesellschaften von einer größeren Vielfalt der Familienformen abgelöst.

5. In Europa existiert eine Vielfalt familiärer Formen unter den verschiedenen ethnischen Gruppen der Zuwanderer.

6. In der Nachkriegszeit haben sich die Strukturen des Familienlebens im Westen stark verändert. Ein Großteil der Frauen gehört heute der erwerbstätigen Bevölkerung an, die Scheidungsraten steigen, und ein beträchtlicher Teil der Bevölkerung lebt entweder in Alleinerzieherhaushalten oder in Stieffamilien.

7. Wiederverheiratungsraten sind hoch. Wiederverheiratung kann zu Stieffamilien oder Patchwork-Familien führen. Eine Stieffamilie entsteht, wenn ein Elternteil mit einem oder mehreren Kindern sich wiederverheiratet oder eine Lebensgemeinschaft eingeht. Der Begriff der Vaterlosigkeit bezieht sich auf Väter, die nach einer Trennung oder Scheidung nur wenig oder gar keinen Kontakt zu ihren Kindern haben.

8. Die Ehe ist nicht länger die Basis einer Vereinigung von zwei Menschen. Lebensgemeinschaften (in denen Paare zusammenleben und

eine sexuelle Beziehung unterhalten) sind in den meisten Industriegesellschaften weitverbreitet. Schwule und Lesben können heute immer häufiger in Partnerschaften zusammenleben, da die Einstellungen zur Homosexualität entspannter geworden sind. In manchen Fällen haben homosexuelle Paare auch das Recht bekommen, sich rechtlich als Familie zu definieren.

9. Das Familienleben ist keinesfalls immer ein Musterbeispiel für Harmonie und Glück. Die „Schattenseite" der Familie weist nicht selten Formen des sexuellen Missbrauchs und der Gewaltanwendung zwischen Familienmitgliedern auf. In der Mehrzahl der Fälle werden Kinder von Männern missbraucht, was mit anderen Arten von Gewalttätigkeit in Zusammenhang zu stehen scheint.

10. Die Ehe ist für keines der Geschlechter mehr eine Vorbedingung der regelmäßigen sexuellen Erfahrung (wenn sie es jemals war) und dient auch nicht mehr als Basis für wirtschaftliche Aktivitäten. Es scheint sicher zu sein, dass eine große Vielfalt sozialer und sexueller Beziehungen eine weitere Blüte erleben wird. Zwar sind Ehe und Familie einem gewaltigen Anpassungsdruck unterworfen, doch werden sie als zentrale Institutionen weiterbestehen.

Glossar

Affektiver Individualismus. Der Glaube an die romantische Zuneigung als Grundlage der Eheschließung.

Binukleare Familie. Eine Familienform, bei der die Eltern eines Kindes in zwei verschiedenen Haushalten leben und beide an der Versorgung des Kindes teilhaben.

Ehe. Eine sozial gebilligte sexuelle Beziehung zwischen zwei Personen. Die Ehepartner sind fast immer zwei Personen verschiedenen Geschlechts, doch werden in manchen Kulturen Formen der Ehe zwischen Homosexuellen toleriert. Die Ehe bildet im Allgemeinen die Grundlage der Fortpflanzungsfamilie – es wird also erwartet, dass das Ehepaar Kinder hervorbringt und aufzieht. Viele Gesellschaften gestatten die Polygamie, bei der ein Individuum gleichzeitig mehr als einen Ehepartner haben kann.

Familie. Eine Gruppe von Individuen, die einander durch Abstammung, Ehe oder Adoption verbunden sind und die eine wirtschaftliche Einheit bilden, wobei die erwachsenen Mitglieder der Gruppe für die Betreuung und Erziehung der Kinder verantwortlich sind. In allen uns bekannten Gesellschaften gibt es irgendeine Art von Familiensystem, wenn auch die Beschaffenheit dieser Systeme stark variiert. Während in modernen Gesellschaften die hauptsächliche Form die Kernfamilie ist, findet man auch verschiedene Formen der Großfamilie.

Familienerhalter. Bis vor Kurzem bestand die traditionelle Rolle des Mannes in industrialisierten Gesellschaften darin, dass er die Familie durch Erwerbstätigkeit außerhalb des Hauses erhält und seine Frau sich als Gegenleistung unbezahlt ausschließlich um Haushalt und Kindererziehung kümmert. Das Familienerhalter- oder Alleinverdienermodell hat mit der Änderung der Familienstrukturen und der zunehmenden Erwerbstätigkeit der Frauen an Bedeutung verloren.

Großfamilie. Eine Familiengruppe, die aus engen Verwandten besteht, die über ein Paar und seine Kinder hinausgeht und die entweder im selben Haushalt oder sehr nahe beieinander lebt.

Inzest. Sexuelle Beziehungen zwischen nahen Verwandten, wie z.B. Vätern und Töchtern oder Brüdern und Schwestern. Alle Gesellschaften haben Inzestverbote des einen oder anderen Typs.

Kernfamilie. Eine Familiengruppe, die aus Mutter, Vater (oder einem von beiden) und den von ihnen abhängigen Kindern besteht.

Lebensgemeinschaft. Das Zusammenleben zweier Personen in einer einigermaßen dauerhaften sexuellen Beziehung, ohne dass sie verheiratet sind.

Lebenslauf oder Lebenszyklus. Die verschiedenen Stadien des Lebens des Individuums, von der Geburt, durch die Jugend und das Erwachsenenalter bis zum Tod.

Matrilineare Vererbung. Die Vererbung von Eigentum oder Titeln durch die weibliche Linie.

Matrilokal. Familiensysteme, bei denen vom Mann erwartet wird, dass er nach der Eheschließung bei oder nahe der Eltern seiner Frau lebt.

Modellierbare Sexualität. Sexualität, die sich von den Reproduktionsfunktionen abgekoppelt hat und vom Individuum frei gestaltet werden kann.

Monogamie. Eine Form der Ehe, bei der jeder Partner zu einem bestimmten Zeitpunkt nur mit einer einzigen Person verheiratet sein darf.

Neolokale Wohnstrukturen. Wenn ein Kind heiratet oder ökonomisch unabhängig wird, verlässt es den Haushalt der Eltern und gründet einen eigenen.

Partnerschaftliche Liebe. Aktive und risikobewusste Liebe, die den Ansprüchen von „für immer und ewig", die für die romantische Liebe typisch sind, abgeschworen hat.

Patchwork-Familien, auch Fortsetzungsfamilien. Familien, in denen zumindest ein Partner Kinder aus einer vorhergehenden Verbindung hat, die entweder zu Hause leben oder in der Nähe.

Patrilineare Vererbung. Die Vererbung von Eigentum oder Titeln durch die männliche Linie.

Patrilokal. Familiensysteme, bei denen von der Frau erwartet wird, dass sie nach der Eheschließung bei oder nahe der Eltern ihres Mannes lebt.

Persönlichkeitsstabilisation. Nach funktionalistischer Sicht sorgt die Familie für die emotionale Unterstützung ihrer erwachsenen Mitglieder und erfüllt dadurch eine wesentliche soziale Rolle. Die Ehe zwischen erwachsenen Männern und Frauen ist die Verbindung, durch die erwachsene Persönlichkeiten unterstützt und gesund erhalten werden.

Polyandrie. Eine Form der Ehe, bei der eine Frau gleichzeitig zwei oder mehrere Ehemänner haben darf.

Polygamie. Eine Form der Ehe, bei der eine Person zugleich zwei oder mehrere Partner haben darf.

Polygynie. Eine Form der Ehe, bei der ein Mann mehr als eine Ehefrau zur selben Zeit haben darf.

Primärsozialisation. Der Prozess, bei dem Kinder die kulturellen Normen einer Gesellschaft lernen, in die sie geboren werden. Primärsozialisation findet hauptsächlich in der Familie statt.

Reine Beziehung. Eine Beziehung auf „Augenhöhe" also in sexueller und emotionaler Gleichheit.

Romantische Liebe. Eine spezifische Form leidenschaftlicher Liebe, deren Idee aus dem 18. Jahrhundert stammt. Sie geht von der Vorstellung aus, dass die Ehe auf gegenseitige Sympathie und Zuneigung und nicht auf wirtschaftlichen Motiven gründet. Romantische Liebe stellt das Vorspiel zur reinen Beziehung dar, mit der sie aber durchaus auch in Konflikt steht.

Vaterlosigkeit. In dieser Situation hat der Vater aufgrund einer Scheidung oder aus anderen Gründen wenig oder keinen Kontakt mit seinen Kindern.

Verwandtschaft. Eine Beziehung zwischen Personen, die auf Abstammung, Ehe oder Adoption beruht. Verwandtschaftliche Beziehungen bestehen per definitionem zwischen Eheleuten und innerhalb der Familie, doch reichen sie weit über diese Institutionen hinaus. Während in den meisten modernen Gesellschaften Verwandtschaftsbeziehungen, die über die unmittelbare Familie hinausreichen, nur wenig soziale Verpflichtungen mit sich bringen, ist in vielen anderen Kulturen die Verwandtschaft für weite Bereiche des gesellschaftlichen Lebens von zentraler Bedeutung.

Weiterführende Literatur

Burkart, Günter (2008), *Familiensoziologie*, Konstanz: UVK.

Sieder, Reinhard (2008), *Patchworks. Das Familienleben getrennter Eltern und ihrer Kinder*, Stuttgart: Klett Cotta.

Filme zum Thema

„Das Fest" (Dänemark, Schweden 1998), Regie: Thomas Vinterberg

„Ein (un)möglicher Härtefall" (USA 2003), Regie: Ethan und Joel Coen

„Der Eissturm" (USA 1997), Regie: Ang Lee

„Smoking/No Smoking" (Frankreich 1993), Regie: Alain Resnais

„Zeiten des Aufruhrs" (USA 2008), Regie: Sam Mendes

Internet-Tipps

Deutsches Jugendinstitut, Abteilung Familie
www.dji.de/cgi-bin/projekte/output.php?projekt=6

7

Gesundheit, Krankheit und Behinderung

Betrachten Sie die beiden Fotografien auf dieser Seite. Beide Bilder zeigen einen ausgemergelten Körper. Das Mädchen links ist aus Somalia; sie stirbt an den Folgen von Unterernährung. Die junge Frau rechts ist ein amerikanischer Teenager, und sie stirbt in einer Gesellschaft, in der Nahrungsmittel im Überfluss verfügbar sind, weil sie sich dazu entschlossen hat, nichts zu essen oder nur so wenig zu essen, dass ihr Leben nun in Gefahr ist.

Allerdings gibt es gewaltige Unterschiede in den sozialen Dynamiken, die in den beiden Fällen am Werk sind. Das Verhungern aufgrund von Nahrungsmangel wird von Faktoren verursacht, die jenseits der Kontrolle von Menschen liegen, und betrifft nur die sehr Armen. Die junge Amerikanerin leidet an Anorexie, einer Krankheit ohne bekannten physischen Ursprung; besessen vom Ideal einer schlanken Figur hat sie fast gänzlich zu essen aufgehört. Anorexie und andere Essstörungen sind Krankheiten der Wohlhabenden, nicht jener, denen wenig oder keine Nahrung zur Verfügung steht. Essstörungen sind in Ländern der Dritten Welt, in denen Nahrungsmittel knapp sind, gänzlich unbekannt.

Die Soziologie des Körpers

Während eines Großteils der menschlichen Geschichte haben einige wenige Menschen, wie Asketen oder Mystiker, sich entschlossen, sich aus reli-

giösen Gründen zu Tode zu hungern. Das waren fast immer Männer. Heute betrifft die Anorexie vor allem Frauen; es besteht hier kein spezifischer Bezug zur Religion. Anorexie ist eine körperliche Erkrankung, was uns dazu verleiten könnte, nach biologischen oder physischen Erklärungsfaktoren zu suchen. Doch wie die anderen Themen, mit denen wir uns bisher befasst haben, sind auch Gesundheit und Krankheit sozialen und kulturellen Einflüssen unterworfen.

Obwohl sie eine Krankheit ist, steht die Anorexie in enger Beziehung zur Idee der Diät, die ihrerseits mit wechselnden Auffassungen von körperlicher Attraktivität, besonders bei Frauen, in der modernen Gesellschaft zusammenhängt. In den meisten vormodernen Gesellschaften, wie den in Kapitel 2 beschriebenen, war das weibliche Idealbild eines der Üppigkeit. Magerkeit wurde in keiner Weise als begehrenswert aufgefasst – zum Teil, da man sie mit Nahrungsmangel und daher mit Armut in Verbindung brachte. Auch im Europa des 17. und 18. Jahrhunderts war die weibliche Idealfigur wohlgerundet. Wer die Gemälde jener Zeit sieht, wie z.B. jene von Rubens, wird bemerken, wie kurvenreich die dort dargestellten Frauen sind. Die Vorstellung, dass Schlankheit ein begehrenswertes Merkmal der weiblichen Figur sein könnte, entstand in Teilen der Mittelschicht gegen Ende des 19. Jahrhunderts, hat sich jedoch als Ideal, dem die meisten Frauen folgen, erst vor Kurzem durchgesetzt.

Die Anorexie hat daher ihre Wurzeln in den wechselnden Vorstellungen über den Körper von Frauen in der jüngeren Vergangenheit moderner Gesellschaften. Als Störung wurde sie zuerst 1874 in Frankreich identifiziert, doch bis vor etwa 30 oder 40 Jahren blieb sie vergleichsweise unbekannt (Brown und Jasper 1993). Seit damals hat sie bei jungen Frauen immer weitere Verbreitung gefunden. Dasselbe trifft auch auf Bulimie zu – Heißhungerattacken, wobei die aufgenommene Nahrung freiwillig immer wieder erbrochen wird. Häufig ist jemand sowohl von Anorexie als auch von Bulimie betroffen. Jemand kann außergewöhnlich dünn sein, dann durch eine Phase hindurch gewaltige Mengen essen und stark übergewichtig werden, worauf wiederum eine Phase des extremen Abnehmens folgt.

Nach einer Umfrage unter Wiener Schülerinnen im Alter zwischen 14 und 17 Jahren hat durchschnittlich jede zweite schon einmal eine Diät gemacht; diese Zahlen sind in Westeuropa ähnlich. Unter normalgewichtigen Mädchen und Frauen im Alter zwischen elf und 19 Jahren fühlen sich zwei Fünftel zu dick. In Wien geben 80 Prozent der Frauen und 90 Prozent der Mädchen an, mit ihrer Figur unzufrieden zu sein (Sowhat).

Die Zwangsvorstellung, schlank sein zu müssen, und die daraus resultierenden Essstörungen sind nicht auf Frauen in Europa oder Nordamerika beschränkt. Mit der Ausbreitung des westlichen Schönheitsideals im Rest der Welt kam es auch zur Verbreitung damit verbundener Krankheiten. So wurden Essstörungen in Japan erstmals in den 1960ern, als Folge des raschen Wirtschaftswachstums und der Eingliederung in die globale Wirtschaft, registriert. Heute leidet ca. ein Prozent der jungen Japanerinnen an Anorexie, das ist etwa der gleiche Anteil wie in den Vereinigten Staaten. Während der 1980er und 1990er Jahre tauchten Essstörungen unter den jungen, vor allem wohlhabenden Frauen in Hongkong, Singapur und den Städten Taiwans, Chinas, der Philippinen, Indiens und Pakistans auf (Efron 1997). Medscape *General Medicine* (Makino u.a. 2004) berichtet von einer Studie, in der die Prävalenz (das jährliche Neuauftreten von Fällen) von Bulimie in den westlichen Ländern mit 0,3 bis 7,3 Prozent und in der nicht westlichen Welt mit 0,46 bis 3,2 Prozent angegeben wird.

Wieder einmal erweist sich ein scheinbar rein persönliches Problem – nämlich Schwierigkeiten mit der Ernährung und Unzufriedenheit mit dem eigenen Aussehen – als ein soziologisches Thema. Wenn wir nicht nur lebensbedrohliche Formen der Anorexie, sondern auch die zwanghafte Beschäftigung mit Diäten und mit dem Aussehen betrachten, gehören Essstörungen heute zum Alltag von Millionen von Menschen in Europa und der ganzen Welt.

Soziologie des Körpers Das Gebiet, das als Soziologie des Körpers bekannt ist, untersucht, in welcher Weise unser Körper durch derartige soziale Einflüsse betroffen ist. Als Menschen sind wir körperliche Wesen – wir alle haben einen Körper. Doch der Körper ist nicht etwas, das wir bloß haben, und es ist nicht bloß etwas Physisches, das außerhalb der Gesellschaft existiert. Unsere Körper werden von unseren sozialen Erfahrungen in profunder Weise beeinflusst, genauso wie durch die Normen und Werte der Gruppen, denen wir angehören.

Ein wichtiges Thema ist die zunehmende Trennung des Körpers von der „Natur" – von der uns umgebenden Umwelt und unseren biologischen **Technologie** Rhythmen. Unsere Körper sind dem Einfluss von Wissenschaft und Technologie unterworfen, das reicht von Maschinen bis zu Diäten, woraus neue Dilemmata entstehen. Die zunehmende Verbreitung von plastischer Chirurgie etwa hat einerseits neue Optionen eröffnet, aber andererseits auch zu intensiven Kontroversen geführt.

Der Ausdruck „Technologie" sollte hier nicht allzu eng verstanden werden. In seiner Grundbedeutung bezieht er sich auf materielle Technologien, wie jene, derer sich die moderne Medizin bedient. Zum Beispiel das Ultraschallgerät, das es dem Arzt ermöglicht, die Entwicklung des Kindes zu überwachen. Wir müssen jedoch auch die von Michel Foucault (Martin 1988) so bezeichneten sozialen Technologien, die Auswirkungen auf den Körper haben, berücksichtigen. Durch diese Formulierung möchte er nahelegen, dass der Körper in zunehmendem Ausmaß etwas ist, das wir „erschaffen" müssen, statt es nur einfach hinzunehmen. Eine soziale Technologie ist jede Art der regelmäßigen Intervention in das Funktionieren unseres Körpers, um ihn in spezifischer Weise zu verändern. Ein Beispiel ist die Diät, die für die Anorexie von so zentraler Bedeutung ist.

Im Folgenden werden wir zuerst analysieren, warum sich Essstörungen so weitverbreitet haben. Daran anschließend untersuchen wir die allgemeineren sozialen Dimensionen von Gesundheit. Schließlich wenden wir uns der Soziologie der Behinderung zu und betrachten insbesondere die soziale und kulturelle Konstruktion von Behinderung.

Die Soziologie von Gesundheit und Krankheit

Um ein Verständnis dafür zubekommen, warum sich in neuerer Zeit Essstörungen so weitverbreitet haben, sollten wir uns an die sozialen Veränderungen erinnern, die in früheren Kapiteln analysiert wurden. Ein weiteres wichtiges Thema dieses Kapitels ist die Auswirkung des sozialen Wandels auf den Körper. Die Anorexie spiegelt tatsächlich allgemeine Aspekte des sozialen Wandels wider, darunter auch die Auswirkungen der Globalisierung.

Die Zunahme der Essstörungen in westlichen Gesellschaften ging Hand in Hand mit der Globalisierung der Nahrungsprodukion, die sich in den letzten drei oder vier Jahrzehnten dramatisch beschleunigt hat. Die Entwicklung neuer Kühlmethoden und die Verwendung des Containers als Transportmittel haben es ermöglicht, dass Nahrungsmittel durch lange Zeit hindurch gelagert werden können, und von einer Seite der Welt zur anderen geliefert werden können. Seit den 1950er Jahren (und für jene, die sich das leisten können, also heute für einen Großteil der Bevölkerung in westlichen Gesellschaften), sind die Supermarktregale voll mit Nahrungsmitteln aus allen Teilen der Welt. Die meisten derartigen Nahrungsmittel sind das ganze Jahr über erhältlich und nicht, wie das früher der Fall war, nur, wenn sie gerade Saison haben.

Während der vergangenen Jahre haben sich die Menschen in Europa und in den entwickelten Gesellschaften genauer mit ihrer Ernährung auseinandergesetzt. Dies heißt nicht, dass alle sich verzweifelt darum bemühen, dünn zu werden. Es bedeutet vielmehr – wenn alle Arten von Nahrungsmitteln praktisch ganzjährig zur Verfügung stehen –, dass wir uns entscheiden müssen, was wir essen, also eine Diät zu erstellen, wobei „Diät" hier die Nahrungsmittel bedeutet, die wir gewohnheitsmäßig verzehren. Zuerst müssen wir unseren Speiseplan in Bezug auf die vielfältige neue medizinische Information gestalten, mit der die Wissenschaft uns bombardiert – zum Beispiel, dass der Cholesterinspiegel einen Kausalfaktor bei der Entstehung von Herzkrankheiten darstellt. In einer Gesellschaft, die über Nahrung in Überfluss verfügt, sind wir erstmals in der Lage, unseren Körper in Bezug auf bestimmte Lebensgewohnheiten (Laufen, Radfahren, Schwimmen und Yoga) und das, was wir essen, zu planen. Essstörungen wurzeln in den Möglichkeiten und den Spannungen, die diese Situation hervorbringt.

Warum sind vor allem Frauen, und hier insbesondere junge Frauen, von Essstörungen betroffen? Zuerst sollte darauf hingewiesen werden, dass sich unter den Opfern von Essstörungen nicht nur Frauen befinden; ungefähr zehn Prozent sind Männer. Doch Männer leiden seltener als Frauen an Anorexie oder Bulimie, teils, weil weitverbreitete soziale Normen die Bedeutung körperlicher Attraktivität für Frauen wesentlich nachdrücklicher festlegen als für Männer und zum Teil, weil die Körperideale von Männern sich von jenen der Frauen unterscheiden. Gestützt auf Tagebucheinträge amerikanischer Mädchen über die vergangenen Jahrhunderte stellt Joan Jacobs Brumberg (1998) die These auf, dass jugendliche Mädchen heute im Gegensatz zu vor 100 Jahren in den USA die Frage „Wer bin ich?" und „Wer will ich sein?" auf ihren Körper beziehen. Brumberg sagt, dass „kommerzielle Interessen" sich zunehmend der körperlichen Unsicherheiten junger Mädchen bedienen. Sie schließt daraus, dass der Körper für junge Amerikanerinnen zentral für ihr Selbstbewusstsein und zu ihrem wichtigsten „Projekt" geworden ist.

Anorexie und andere Essstörungen spiegeln eine Situation wider, in der Frauen eine wesentlich bedeutsamere Rolle in der Gesellschaft spielen, als dies früher der Fall war, doch wo sie noch immer aufgrund ihres Äußeren mindestens ebenso stark bewertet werden wie aufgrund ihrer Leistungen. Essstörungen wurzeln in Schamgefühlen gegenüber dem Körper. Die davon betroffene Frau fühlt sich inadäquat und unvollkommen; ihre Ängste dahingehend, wie andere sie wahrnehmen, werden nun durch ihre Ängste bezüglich ihres eigenen Körpers gebündelt. An dieser Stelle werden Schlankheitsideale zwanghaft – der Gewichtsverlust wird zum Mittel, in ihrer Welt alles in Ordnung zu bringen. Wenn die Frau einmal begonnen hat, sich einer Diät zu unterwerfen und zwanghaft zu trainieren, kann sie sich in ein Verhaltensmuster verstricken, bei dem sie die Nahrungsaufnahme überhaupt verweigert bzw. das, was sie gegessen hat, erbricht. Wenn diese Spirale nicht unterbrochen wird (manche Formen der Psychotherapie und der medizinischen Behandlung haben sich hier durchaus als wirksam erwiesen), dann kann es geschehen, dass die betreffende Person sich tatsächlich zu Tode hungert.

Die Ausbreitung von Essstörungen spiegelt den Einfluss von Wissenschaft und Technologie auf unsere heutige Lebensweise wider: Das Kalorienzählen wurde erst aufgrund von technologischen Fortschritten möglich. Doch die Auswirkungen der Technologie sind stets durch soziale Faktoren vermittelt. Wir haben heute wesentlich mehr Autonomie gegenüber unserem Körper als früher, eine Situation, die sowohl neue positive Möglichkeiten als auch neue Ängste und Probleme schafft. Was hier geschieht, **Sozialisierung der** ist Teil dessen, was Soziologen die Sozialisierung der Natur nennen. Die **Natur** Formulierung bezieht sich auf die Tatsache, dass Phänomene, die früher „natürlich" oder durch die Natur vorgegeben waren, nun sozial geworden sind – sie hängen von unseren eigenen gesellschaftlichen Entscheidungen ab.

Soziologische Perspektiven auf die Medizin

Der Aufstieg des biomedizinischen Modells von Gesundheit

„Gesundheit" und „Krankheit" sind Ausdrücke, die kulturell und sozial definiert sind. Die Auffassung vom Gesunden und Normalen ist kulturell unterschiedlich, wie unsere Erörterung der Essstörungen gezeigt hat. Alle Kulturen haben Vorstellungen von körperlicher Gesundheit und Krankheit, doch das meiste, was wir heute unter der Bezeichnung Medizin kennen, ist die Folge von Entwicklungen in westlichen Gesellschaften während der vergangenen drei Jahrhunderte. In vormodernen Kulturen war die Familie die Hauptinstitution, die Krankheit und Leiden bewältigen musste. Es gab auch immer einzelne Menschen, die sich als Heiler spezialisiert haben, indem sie eine Mischung von Arzneien und Zaubersprüchen anwandten, und viele dieser traditionellen Behandlungssysteme überleben heute in nichtwestlichen Kulturen auf der ganzen Welt. Viele davon gehören zur Kategorie der sogenannten Alternativmedizin.

Seit ca. 200 Jahren allerdings drückt sich die vorherrschende westliche Vorstellung von Medizin im biomedizinischen Gesundheitsmodell aus. Dieses Verständnis von Gesundheit und Krankheit entwickelte sich mit der Ausformung moderner Gesellschaften. Tatsächlich kann es als eines der Hauptkennzeichen dieser Gesellschaften betrachtet werden. Die Entstehung des biomedizinischen Gesundheitsmodells ist eng verknüpft mit dem Triumph von Wissenschaft und Vernunft über traditionelle oder religiöse Erklärungen über die Welt. Bevor wir uns das biomedizinische Modell näher ansehen, wollen wir kurz seinen sozialen und historischen Entstehungszusammenhang betrachten.

biomedizinisches Gesundheitsmodell

Siehe dazu auch die Diskussion von Weber und der Rationalisierung in Kapitel 1 – Was ist Soziologie?

Public Health

Wie wir eben gesehen haben, verließen sich traditionelle Gesellschaften weitgehend auf Volksmedizin und Behandlungen und Heiltechniken, die von Generation zu Generation überliefert wurden. Krankheiten wurden häufig mit magischen oder religiösen Begriffen bezeichnet und bösen Geistern oder der „Sünde" zugeschrieben. Für die Bauern und einfachen Stadtbewohner gab es keine Autorität, die sich um ihre Gesundheit kümmerte, wie dies Staaten und öffentliche Gesundheitssysteme heute tun. Gesundheit war Privatsache – nicht ein Anliegen der Öffentlichkeit.

Die Industrialisierung und der Aufstieg des Nationalstaates brachten jedoch drastische Veränderungen dieser Situation mit sich. Die Entstehung von Nationalstaaten mit festgeschriebenen Territorien führte zu einem Wandel der Einstellungen gegenüber der ansässigen Bevölkerung, die nicht mehr einfach Bewohner des Landes waren, sondern Teil eines Volkes, das unter der Herrschaft einer zentralen Autorität stand. Die menschliche Bevölkerung wurde als Ressource gesehen, die im Interesse des Wohlergehens und der Macht der Nation überwacht und reguliert werden musste. Der Staat begann sich mehr für die Gesundheit des Volkes zu interessieren, da das Wohlbefinden seiner Bürger die Produktivität der Volkswirtschaft, die Höhe des Wohlstandes, die Verteidigungsstärke und die Wachstumsrate beeinflusste.

Die Demografie – die Erforschung der Größe, der Zusammensetzung und der Entwicklungsdynamik der menschlichen Bevölkerung – erhielt größere Bedeutung. Die Volkszählungen wurden eingeführt, um Veränderungen in der Bevölkerung aufzuzeichnen und zu beobachten. Unterschiedlichste Statistiken wurden gesammelt und errechnet: Geburtenraten, Sterberaten, durchschnittliches Heiratsalter und Alter der Frauen bei der Geburt, Selbstmordraten, Lebenserwartung, Ernährung, häufige Krankheiten und Todesursachen usw.

Demografie

Demografie wird im Kapitel 20 – Globale Ungleichheit näher behandelt.

Michel Foucault (1926–1984) übte großen Einfluss auf unser Verständnis von der Entstehung moderner Medizin aus, indem er auf die Regulierung und Disziplinierung der Körper durch den Staat aufmerksam machte ([1963] 2005). Er sagte, dass Sexualität und Sexualverhalten von zentraler Bedeutung für diesen Prozess waren. Sexualität, die nicht an Fortpflanzung geknüpft war, musste kontrolliert und unterdrückt werden. Diese Überwachung der Sexualität durch den Staat fand zum Teil durch das Sammeln von Daten über Heirat, Sexualverhalten, legitime und illegitime (eheliche und uneheliche) Beziehungen und Kinder sowie den Gebrauch von Verhütungsmitteln und Abtreibungen statt. Diese Überwachung ging Hand in Hand mit der Förderung starker öffentlicher Normen über die Sexualmoral und akzeptierte sexuelle Aktivität. So wurden etwa Homosexualität, Masturbation und außerehelicher Sex als sexuelle „Perversionen" bezeichnet und verurteilt.

Zur Homosexualität lesen Sie auch Kapitel 5 – Sexualität, Geschlecht und Gender.

Pathologie

Die Idee der Volksgesundheit (Public Health) entstand als Versuch, „Pathologien" in der Bevölkerung – dem sozialen Körper – auszumerzen. Der Staat übernahm damit Verantwortung für die Lebensbedingungen der Bevölkerung. So wurden Kanalisation und Trinkwasserleitungen gebaut, um den Ausbruch von Seuchen zu verhindern. Straßen wurden gepflastert und der Qualität der Wohnverhältnisse wurde mehr Aufmerksamkeit geschenkt. Mit der Zeit wurden Vorschriften für Schlachthöfe und andere Lebensmittelproduktionsstätten erlassen. Begräbnisse und der Umgang mit Leichen wurden überwacht, um sicherzustellen, dass keine Gesundheitsgefährdung besteht. Eine Reihe von Institutionen wie Gefängnisse, Nervenheilanstalten, Arbeitshäuser, Schulen und Spitäler entstanden als Teil der Bewegung zur Überwachung, Kontrolle und Reformierung der Menschen.

Das biomedizinische Modell

Die medizinische Praxis war eng verknüpft mit den oben beschriebenen sozialen Veränderungen. Die Anwendung der Wissenschaft für die medizinische Diagnose und Heilung war das Hauptmerkmal der Entwicklung moderner Gesundheitssysteme. Krankheit wurde objektiv definiert, im Sinne von erkennbaren objektiven „Zeichen" am Körper, im Gegensatz zu Symptomen, die der Patient verspürt. Formale medizinische Betreuung durch ausgebildete „Experten" wurde die anerkannte Behandlung von sowohl körperlichen als auch geistigen Krankheiten. Die Medizin wurde ein Werkzeug zur Veränderung des Verhaltens oder der Bedingungen, die als „deviant" wahrgenommen wurden – von Kriminalität über Homosexualität bis hin zu Geisteskrankheit.

Das biomedizinische Modell basiert auf drei Hauptannahmen: Erstens wird Krankheit als eine Störung im menschlichen Körper gesehen, die vom „normalen" Zustand abweicht. Die Theorie von Krankheitskeimen wurde im späten 19. Jahrhundert entwickelt und besagt, dass es spezifische erkennbare Auslöser bei jeder Krankheit gibt. Um den Körper wieder gesund zu machen, muss daher die Ursache der Krankheit isoliert und behandelt werden.

Zweitens meinte man, dass Köper und Seele getrennt voneinander behandelt werden können. Ein Patient ist in erster Linie ein kranker Körper, eine Pathologie – und nicht ein ganzes Individuum. Die Betonung liegt auf der Heilung der Krankheit und nicht auf dem Wohlbefinden des gesamten Individuums. Das biomedizinische Modell besagt, dass der kranke Körper isoliert untersucht, bearbeitet und behandelt werden kann, ohne andere Faktoren beachten zu müssen. Mediziner entwickeln einen „Medizinerblick", eine distanzierte Betrachtungsweise, den kranken Patienten zu sehen und zu behandeln. Die Behandlung muss in einer neutralen, wertfreien Art durchgeführt werden, wobei klinische Informationen über den Patienten in seiner Krankenakte gesammelt und zusammengetragen werden.

Drittens werden ausgebildete „medizinische Spezialisten" als die einzigen Experten zur Behandlung von Krankheit betrachtet. Die Ärzteschaft hält sich an einen anerkannten Ethik-Kodex und setzt sich zusammen aus akkreditierten Personen, die langwierige Ausbildungen absolviert haben. Es gibt keinen Platz für selbsternannte Heiler oder „unwissenschaftliche" medizinische Praktiken. Das Krankenhaus stellt die angemessene Umwelt für die Behandlung ernster Krankheiten dar; diese Behandlungen bestehen meist in einer Kombination aus Technologie, Medikation oder Chirurgie. Die Hauptannahmen und Kritik am biomedizinischen Modell sind in Tabelle 7.1 zusammengefasst.

Annahmen	Kritik
Krankheit ist eine Störung des menschlichen Körpers, die von einem spezifischen biologischen Auslöser verursacht wird.	Krankheit ist sozial konstruiert, nicht etwas, das durch „wissenschaftliche Wahrheit" entdeckt werden kann.
Der Patient ist ein passives Wesen, dessen „kranker Körper" getrennt von seiner Seele behandelt werden kann.	Die Ansichten des Patienten und seine Krankheitserfahrung sind zentral für die Behandlung. Der Patient ist ein aktives „ganzes" Wesen, dessen allgemeines Wohlbefinden, das über die körperliche Gesundheit hinausgeht, wichtig ist.
Medizinische Spezialisten verfügen über „Fachwissen" und bieten das einzige gültige Behandlungsverfahren für eine Krankheit.	Medizinische Experten sind nicht die einzige Wissensquelle, wenn es um Krankheit und Gesundheit geht. Alternative Formen des Wissens sind genauso gültig.
Die angemessene Umgebung für die Behandlung ist das Krankenhaus, wo medizinische Technologie in geballter Form am besten angewendet werden kann.	Heilung muss nicht in einem Krankenhaus stattfinden. Behandlungen, die Technologie einsetzen, Medikamente und Chirurgie sind nicht unbedingt erfolgreicher.

Tab. 7.1: Annahmen und Kritik am biomedizinischen Modell

Kritik am biomedizinischen Modell

In letzter Zeit wurde das oben beschriebene biomedizinische Modell von Krankheit Gegenstand wachsender Kritik. Erstens behaupteten einige Wissenschaftler, dass die Wirksamkeit der wissenschaftlichen Medizin „überbewertet" werde. Zur allgemeinen Verbesserung des Gesundheitszustandes trugen soziale und Umweltveränderungen ebenso sehr bei wie die Heilkunst selbst. Funktionierende Kanalisation, bessere Ernährung und verbesserte Hygiene hatten einen größeren Einfluss, speziell auf die Verringerung der Kindersterblichkeit (McKeown 1982), als medizinische Innovationen. Medikamente, Fortschritte in der Chirurgie und Antibiotika konnten zur Senkung der Sterberaten erst im Laufe des 20. Jahrhunderts beitragen. Antibiotika zur Behandlung bakterieller Infektionen kamen erstmals in den 1930er und 1940er Jahren auf, während Impfungen (gegen Krankheiten wie Kinderlähmung) erst später entwickelt wurden. Ivan Illich (1973) hat sogar behauptet, dass die moderne Medizin mehr Schaden als Nutzen angerichtet hat und nennt als Grund dafür die sogenannte _Iatrogenese_, also „ärztlich erzeugte" Krankheiten. Illich sagt, es gebe drei Typen von Iatrogenese: klinische, soziale und kulturelle. Klinische Iatrogenese besteht dann, wenn die medizinische Behandlung den Patienten krank macht oder neue Krankheiten hervorruft. Soziale Iatrogenese bezeichnet das Vordringen der Medizin in immer mehr Gebiete, wobei sie dabei eine künstliche Nachfrage nach ihren Dienstleistungen erzeugt. Soziale Iatrogenese, so Illich, führt zu kultureller Iatrogenese, wo die Fähigkeit, in den Herausforderungen des Alltagslebens zu bestehen, schwindet und zunehmend durch medizinische Erklärungen ersetzt wird. Kritiker wie Illich fordern, dass der Einfluss der modernen Medizin deutlich verringert werden sollte.

Zweitens wurde die moderne Medizin beschuldigt, die Meinungen und Erfahrungen der von ihr behandelten Patienten völlig zu übergehen. Weil die Medizin vorgibt, auf objektiven, wissenschaftlichen Erkenntnissen von Ursachen und Therapien spezifischer körperlicher Leiden zu basieren, besteht für sie kein Interesse an den Interpretationen, die die Patienten selbst für ihren Zustand vorbringen. Jeder Patient ist ein „kranker Körper", der behandelt und geheilt werden muss. Kritiker sagen jedoch, dass wirksame Behandlungen voraussetzen, dass der Patient als denkendes Wesen mit eigenen zutreffenden Deutungen und einem eigenen Verständnis seiner Krankheit gesehen wird.

Drittens argumentieren Kritiker, dass die wissenschaftliche Medizin sich gegenüber alternativen Heilpraktiken überlegen gibt. Diese Auffassung hat dazu geführt, dass alles, was „unwissenschaftlich" ist, auch zwangsläufig als unterlegen gilt. Wie wir bereits gesehen haben, wird die Behauptung, dass die moderne Medizin mit ihren Erkenntnissen näher an der objektiven Wahrheit liegt, durch die zunehmende Popularität der Alternativmedizin, wie etwa Homöopathie und Akupunktur, untergraben. Die zunehmende Zahl der alternativ- und komplementärmedizinischen Angebote, die Ärzte ihren Patienten offerieren, legt allerdings nahe, dass die Ärzte selbst an der Überlegenheit der „wissenschaftlichen" Medizin zu zweifeln begonnen haben.

Viertens sagen einige Soziologen, dass die Ärzteschaft eine enorme Macht erhalte, weil sie festlege, was krank ist und was nicht. Sie kann ihre Position als Herr und Gebieter über „wissenschaftliche Wahrheit" auch dafür verwenden, immer mehr Bereiche des menschlichen Lebens unter medizinische Kontrolle zu bringen. In diese Richtung wurde die schärfste Kritik von Frauen formuliert, die der Medizin vorwarfen, sich die natürlichen Prozesse von Schwangerschaft und Geburt angeeignet und sie „medikalisiert" zu haben. Statt die Geburt in den Händen der Frauen zu belassen – durch die Hilfe von Hebammen im Haus –, findet sie heute unter der Führung von überwiegend männlichen Spezialisten in Spitälern statt. Schwangerschaft wird wie eine „Krankheit" voller Gefahren und Risiken behandelt, obwohl sie ein gewöhnliches natürliches Phänomen ist. Feministinnen argumentieren, dass die Frauen die Kontrolle über die Geburt verloren haben, da ihre Ansichten und ihr Wissen darüber von den Experten, die heute die Reproduktionsprozesse überwachen, als irrelevant betrachtet werden (Oakley u.a. 1994). Ähnliche Bedenken über die Medikalisierung „normaler" Zustände wurden in Verbindung mit der „Hyperaktivität" von Kindern (siehe dazu Kasten), der Traurigkeit und gewöhnlichen Niedergeschlagenheit (allgemein mit Medikamenten wie Prozac bekämpft) sowie der Müdigkeit (oft als Chronisches Müdigkeits-Syndrom – Chronic Fatigue Syndrome bezeichnet) vorgebracht. Viele Annahmen des biomedizinischen Modells werden im Zuge der Veränderung der Welt, immer mehr infrage gestellt.

Fünftens haben Kritiker darauf hingewiesen, dass die Grundannahmen des biomedizinischen Modells oft missbräuchlich für politische Machenschaften verwendet wurden, das gilt insbesondere für die Eugenik, also den Versuch, die menschliche Rasse genetisch durch „Zuchtwahl" zu „verbessern". Wissenschaftliche und medizinische „Experten" in Nazideutschland führten diese Politik zum äußersten Extrem, indem sie behaupteten, eine rassisch überlegene hellhäutige „arische" Rasse gefunden zu haben. Ihre eugenischen Programme führten zum Völkermord an Millionen von Juden und Roma (Zigeuner), die die Nazis als biologisch minderwertig betrachteten; ebenso wurde unter dem Vorwand der Eugenik mehr als eine Viertelmillion behinderter Menschen systematisch ermordet (Aly 1985, 1989; Klee 1986).

Obwohl Nazideutschland bei Weitem für die mörderischste Anwendung von eugenischen Maßnahmen steht, so sollte nicht vergessen werden, dass im 20. Jahrhundert Eugenik oft als „Bevölkerungspolitik" in mehreren europäischen Ländern und den USA gegen bestimmte Teile der Bevölkerung, insbesondere die behinderten Menschen eingesetzt wurde. Diese Maßnahmen umfassten meist Zwangssterilisierungen von „schwachsinnigen" Frauen. Rassismus führte dazu, dass unter den 60.000 Zwangssterilisationen, die in den USA zwischen 1907 und 1960 stattgefunden haben, schwarze Frauen stark überrepräsentiert sind. In Skandinavien führten Politiker und Genetiker Maßnahmen zur Zwangssterilisierung ein, weil sie befürchteten, dass der Wohlfahrtsstaat insbesondere die „minderwertigen" Menschen zur Fortpflanzung ermutigen würde, und dadurch die Qualität des nationalen Erbgutes abnehmen würde. Allein in Schweden wurden zwischen 1934 und 1975 insgesamt 63.000 Personen – zu 90 Prozent Frauen – sterilisiert. Norwegen, das viel kleiner ist, sterilisierte im gleichen Zeitraum 48.000 Menschen. Britische und holländische Experten und Politiker führten im Gegensatz dazu die freiwillige Sterilisation zusammen mit der massenhaften Institutionalisierung und Segregierung der „Schwachsinnigen" ein (Rose 2007).

Heute wirft die rasche Entwicklung der medizinischen Technologie neue schwierige Fragen für Kritiker des biomedizinischen Modells auf. Ein großer Teil der wissenschaftlichen Anstrengungen widmet sich heute der Gentechnik, die es möglich macht, in die Erbanlagen des Fötus einzugreifen, um seine weitere Entwicklung zu gestalten. Die Debatte um die Gentechnik ist stark polarisiert zwischen den Kritikern, die die Gentechnik durch die Geschichte der Eugenik im 20. Jahrhundert völlig korrumpiert sehen, und auf der anderen Seite den Unterstützern, die sagen, dass sie von diesen Ereignissen getrennt zu sehen ist (Kerr 2002). Die Gentechnik kann ihren Unterstützern zufolge enorme Möglichkeiten bieten. So können etwa genetische Faktoren aufgezeigt werden, die manche Menschen anfällig für bestimmte Krankheiten machen. Genetisches Umprogrammieren soll verhindern, dass diese Krankheiten von einer zur nächsten Generation weitervererbt werden. 2004 wurde in Großbritannien einer Gruppe von Menschen mit einer speziellen erblichen Form von Darmkrebs von der Behörde für menschliche Befruchtung und Embryologie erlaubt, Embryos bei einer In-Vitro-Fertilisation auszuscheiden, die dieses Krebsgen trugen. Dies bedeutet, dass nur jene Embryos in die Gebärmutter eingepflanzt wurden, bei denen das Gen, das den Krebs auslösen kann, nicht festgestellt wurde. Ohne diesen Screening-Prozess, hätten die Babys ein Risiko von 50 Prozent, die Krankheit zu erben (Henderson 2004). Die Selektion von Embryos war bis dahin nur bei Störungen wie zystischer Fibrose oder der neurologischen Krankheit Chorea Huntington anerkannt (Rose 2009). Andererseits trägt die Entscheidung der (britischen) Behörde für menschliche Befruchtung und Embryologie zur Kontroverse über Designerbabys bei. Es wird ein Präzedenzfall geschaffen, der Ärzten in Zukunft erlauben wird, eine Menge anderer Eigenschaften bei „handverlesenen" Embryos zu bestimmen. Es ist heute etwa wissenschaftlich möglich, das Aussehen in Bezug auf Haut-, Augen- und Haarfarbe vor der Geburt festzustellen. In Deutschland löste Peter Sloterdijk mit seiner 1999 gehaltenen Rede „Regeln für den Menschenpark" (Sloterdijk 1999) eine heftige Kontroverse über die Gentechnik aus. Einer seiner heftigsten Kritiker war Jürgen Habermas, der sich in *Die Zukunft der menschlichen Natur. Auf dem Weg zu einer liberalen Eugenik?* (Habermas 2001) gegen jede Form eugenischer Eingriffe aussprach.

Einiges von der oben erwähnten Kritik am biomedizinischen Modell gilt auch für die Debatte um die Gentechnik. Viele Leute, die Bedenken

Die Medikalisierung der Hyperaktivität

Seit 2000 nimmt die Zahl der Psychopharmaka, die österreichischen Kindern verschrieben werden, stark zu, obwohl insgesamt nicht mehr Psychopharmaka verschrieben werden. Waren es im Jahr 2000 ca. 15.000 Packungen, die an Kinder im Alter von zehn bis 15 Jahren verschrieben wurden, sind es 2008 schon über 40.000. Dabei handelt es sich in erster Linie um Medikamente gegen Aufmerksamkeitsdefizitstörungen und Hyperaktivität (Khorsand 2008).

In den USA ist in den letzten Jahren die Zahl der Verschreibungen des Medikamentes Ritalin exponentiell angestiegen, dort erhalten fast drei Prozent der Kinder im Alter von fünf bis 18 Jahren Ritalin. In Großbritannien wurden 1998 mehr als 125.000 Rezepte für Ritalin ausgestellt, fünf Jahre davor waren es erst 3.500 gewesen. Bis 2007 werde, so schätzen Experten eines von sieben Kindern das Medikament nehmen (Townsend 2003). Was ist Ritalin, und warum sollen sich Soziologen damit beschäftigen? Ritalin wird Kindern und Erwachsenen verschrieben, die an ADHS **A**ufmerksamkeits**d**efizitstörung mit **H**yperaktivität-Syndrom (Englisch: Attention Deficit Hyperactive Disorder – ADHD) leiden, das als psychische Störung betrachtet wird. Die Störung verursache Ärzten und Psychiatern zufolge Unaufmerksamkeit bei Kindern, Konzentrations- und Lernschwierigkeiten in der Schu-

le. Ritalin wurde als „Zauberpille" beschrieben. Es hilft Kindern, sich zu konzentrieren, beruhigt sie und lässt sie effektiver lernen. Kinder, die früher im Klassenzimmer gestört und Probleme verursacht haben, werden Lehrern zufolge durch die Einnahme von Ritalin zu wahren „Engeln".

Kritiker jedoch sagen, dass das Medikament alles andere als eine harmlose „Zauberpille" ist. Obwohl Ritalin in den letzten Jahren in steigender Zahl in den USA und Großbritannien verschrieben wurde, gibt es keine gründlichen Studien über die Langzeiteffekte auf Körper und Geist der Kinder. Was vielleicht noch mehr Anlass zur Besorgnis gibt ist der Umstand, dass Ritalin eine bequeme „Lö-

sung" für etwas ist, das nicht wirklich eine körperliche Störung ist. Gegner von Ritalin argumentieren, dass die „Symptome" von ADHD eigentlich Reaktionen auf den steigenden Stress und Druck auf die Kinder in der modernen Gesellschaft sind: eine zunehmend schnelllebige Zeit, der überwältigende Einfluss von Informationstechnologien, fehlende körperliche Betätigung, stark zuckerhältige Ernährung und das aufreibende Familienleben. Durch den Einsatz von Ritalin, so die Kritiker, ist es den Ärzten gelungen, die Hyperaktivität und Unaufmerksamkeit von Kindern zu medikalisieren, statt die Aufmerksamkeit auf die sozialen Ursachen des beobachteten Symptoms zu lenken.

gegenüber dem biomedizinischen Modell haben, werden die Rolle medizinischer Experten bei der Ausübung ihrer Macht über biotechnologische Anwendungen infrage stellen. Wird es unerwünschte Folgen der medizinischen Eingriffe geben? Welche Rolle werden werdende Eltern bei der Entscheidung über die Selektion von Embryos haben? Liegt hier wieder ein Fall vor, wo (traditionellerweise männliche) medizinische Experten autoritativen medizinischen Rat an die werdenden Mütter geben? Welche Vorsichtsmaßnahmen sollten ergriffen werden, um Sexismus, Rassismus oder Behindertenfeindlichkeit bei der Selektion von Embryos zu verhindern? Und wie definiert man diese Kategorien? Die Genmanipulation ist höchstwahrscheinlich nicht billig. Heißt das, dass diejenigen, die es sich leisten können, alle sozial unerwünschten Eigenschaften von ihren Kindern gentechnisch entfernen werden? Was wird mit den Kindern der ärmeren Gruppen, die auch weiterhin natürlich auf die Welt kommen werden, geschehen? Einige Soziologen argumentieren, dass ungleicher Zugang zu Genmanipulation eine „biologische Unterschicht" hervorbringen wird. Wer nicht die physischen Vorzüge der Genmanipulation aufweisen kann, könnte Opfer von Vorurteilen und Diskriminierung durch die gentechnisch „Verbesserten" werden. Die nicht genmanipulierten Menschen könnten Schwierigkeiten haben, Arbeit zu finden oder eine Lebens- oder Krankenversicherung abzuschließen (Duster 1990). Für Soziologen wirft der rasche Fortschritt der medizinischen Technologien immer mehr neue und schwierige Fragen auf.

Medizin und Gesundheit in der sich verändernden Welt

Die Erkenntnis, dass nicht nur medizinische Experten Wissen von Krankheit und Gesundheit und ihren Ursachen besitzen, setzt sich zunehmend durch. Wir alle sind in der Lage, unser Wohlbefinden zu beeinflussen, indem wir ein Verständnis von den körperlichen Vorgängen entwickeln und tagtäglich Entscheidungen über Ernährung, körperliche Betätigung, Konsummuster und Lebensstil treffen. Diese neue Richtung im Gesundheitsbewusstsein der Bevölkerung gemeinsam mit der oben erwähnten Kritik an der modernen Medizin führen zu tief greifenden Veränderungen in den Gesundheitssystemen der modernen Gesellschaften (s. Abb 7.1). Sie erklären auch den Aufstieg der Alternativ- und Komplementärmedizin.

Allerdings sind auch andere Faktoren von Bedeutung: Die Arten und das Ausmaß von Krankheit haben sich verändert. In früheren Zeiten waren die meisten schweren Krankheiten Infektionskrankheiten, wie Tuberkulose, Cholera, Malaria und Kinderlähmung. Sie haben oft das Ausmaß von Epidemien angenommen und konnten ganze Bevölkerungen bedrohen. In den heutigen Industriegesellschaften führen solche Infektionskrankheiten nur noch selten zum Tod; einige sind auch fast vollständig verschwunden. Die häufigsten Todesursachen in den Industriegesellschaften sind heute nichtinfektiöse chronische Krankheiten wie Krebs, Herz-Kreislauf-Erkrankungen oder Diabetes. Dieser Umschwung wird als „Gesundheitswandel" bezeichnet. Während in der vormodernen Zeit die höchste Sterblichkeit bei Babys und Kleinkindern auftrat, steigen die Sterberaten heute mit dem Alter an. Weil Menschen länger leben, leiden sie eher unter chronischen degenerativen Erkrankungen, weshalb es einer neuen Sichtweise von Gesundheit und Pflege bedarf. Sogenannte „Lebensstilentscheidungen" – wie etwa Rauchen, Sport und Ernährung –, die als Verursacher vieler chronischer Leiden gesehen werden, werden zunehmend betont.

Es ist unklar, ob diese gegenwärtigen Veränderungen im Gesundheitswesen, wie einige Wissenschaftler meinen, sich in einem neuen „Gesundheitsparadigma" manifestieren werden, das das biomedizinische Modell ablösen wird. Es ist jedoch gewiss, dass wir eine Periode bedeutender und rascher Reform in der modernen Medizin und der Einstellungen der Menschen ihr gegenüber erleben.

Soziologische Sichtweisen von Gesundheit und Krankheit

Eines der Hauptanliegen von Soziologen ist es, die Erfahrung des Krankseins zu untersuchen. Soziologen fragen, wie Krankheit, wie etwa die erwähnte Anorexie, von der betroffenen Person und von ihren Interaktionspartnern erlebt und gedeutet wird. Wenn Sie daran denken, wie es ist, krank zu sein – auch wenn es sich nur um eine kurze Krankheitsdauer handelt – wissen Sie, dass sich alltägliche Muster und die Interaktionen mit anderen vorübergehend verändern. Das liegt daran, dass das „normale" Funktionieren des Körpers ein wichtiger, aber oft unbeachteter Bestandteil unseres Lebens ist. Wir sind davon abhängig, dass unser Körper so funktioniert, wie er sollte; unser Bewusstsein von uns selbst basiert auf der Erwartung, dass unser Körper unsere sozialen Interaktionen und täglichen Aktivitäten ermöglicht und nicht verhindert.

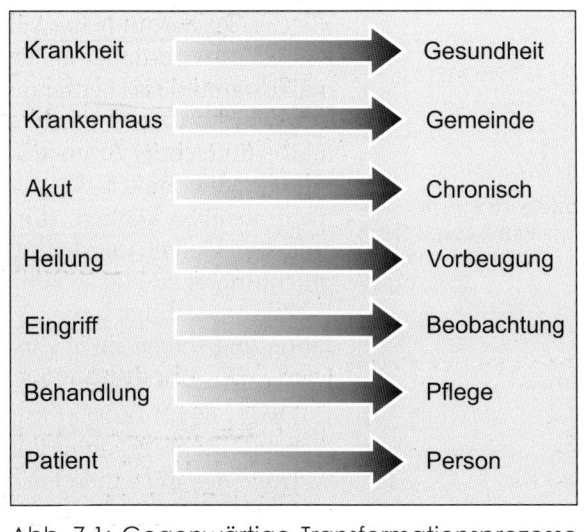

Abb. 7.1: Gegenwärtige Transformationsprozesse in Medizin und Gesundheitswesen
Quelle: Nettleton (2006).

Krankheit hat sowohl persönliche, als auch öffentliche Dimensionen. Wenn wir krank werden, erleiden nicht nur wir selbst Schmerzen, Beschwerden, Verwirrung und andere Spannungen, sondern auch unsere Umwelt ist davon betroffen. Menschen in unserer unmittelbaren Nähe drücken vielleicht ihre Anteilnahme aus und pflegen und unterstützen uns. Sie haben womöglich Mühe, die Tatsache, dass wir krank sind, zu verstehen und sie in ihren Lebensalltag zu integrieren. Andere, mit denen wir in Kontakt kommen, mögen auch auf unsere Krankheit reagieren; diese Reaktionen wiederum beeinflussen unsere eigenen Interpretationen und können unser Selbstbewusstsein herausfordern.

In der Soziologie waren zwei Arten, die Erfahrung der Krankheit zu interpretieren, besonders einflussreich. Die erste Interpretation steht in Zusammenhang mit der funktionalistischen Schule und legt die Verhaltensnormen dar, an die sich Individuen – wie man glaubt – anpassen, wenn sie krank sind. Die zweite Ansicht wird von den symbolischen Interaktionisten vertreten und stellt einen breiteren Versuch dar, die Interpretationen von Krankheit zu enthüllen und aufzuzeigen, wie diese die Bedeutungen, die Handlungen und das Verhalten der Menschen beeinflussen.

Die Rolle des Kranken

Rolle des Kranken

Der prominente funktionalistische Denker Talcott Parsons ([1951] 2001) prägte den Begriff der Rolle des Kranken, der die Verhaltensmuster beschreibt, die ein Kranker annimmt, um die Störung durch die Krankheit zu minimieren. Im Funktionalismus besteht die generelle Annahme, dass die Gesellschaft üblicherweise störungsfrei und im Konsens funktioniert. Krankheit wird daher als Dysfunktion gesehen, die die Abläufe des Normalzustandes durcheinanderbringen kann. Ein krankes Individuum kann möglicherweise nicht mehr alle seine Verantwortlichkeiten im vollen Ausmaß erfüllen oder ist vielleicht nicht mehr so zuverlässig oder leistungsfähig wie gewöhnlich. Weil kranke Menschen ihre normalen Rollen nicht mehr ausüben können, stört dies auch das Leben ihrer Umwelt: Arbeitsaufgaben bleiben unerledigt und verursachen Stress bei den Kollegen, Verpflichtungen zu Hause können nicht erfüllt werden usw.

Mehr zum Funktionalismus lesen Sie in Kapitel 1 – Was ist Soziologie?

Parsons zufolge lernen Menschen die Rolle des Kranken durch Sozialisation und setzen sie in Zusammenspiel mit anderen um, wenn sie krank werden. Es gibt drei Säulen der Rolle des Kranken:

1. *Die kranke Person ist nicht persönlich verantwortlich für das Kranksein.* Krankheit wird als Ergebnis körperlicher Ursachen gesehen, die sich der Kontrolle des Einzelnen entziehen. Der Ausbruch einer Krankheit steht in keiner Verbindung zum Verhalten oder Handeln des Individuums.

2. *Die kranke Person erhält bestimmte Rechte und Privilegien einschließlich des Rückzuges von normalen Verantwortlichkeiten.* Da die kranke Person keine Schuld an ihrer Krankheit hat, ist sie von bestimmten Pflichten, Rollen und Verhaltensformen, die sonst für sie gültig sind, ausgenommen. So kann eine kranke Person etwa von der Erfüllung der häuslichen Verpflichtungen befreit werden und unhöfliches und unbedachtes Benehmen mag entschuldigt werden. Der Kranke erhält das Recht, im Bett zu liegen, oder von der Arbeit fernzubleiben.

3. *Die kranke Person muss sich bemühen, wieder gesund zu werden, indem sie einen Arzt konsultiert und sich bereit erklärt, ein „Patient" zu werden.* Die Rolle des Kranken ist eine vorübergehende und „bedingte", die davon abhängt, dass der Kranke aktiv versucht zu genesen. Um die Rolle des Kranken in Anspruch nehmen zu können, muss der Kranke sich die Erlaubnis eines Arztes einholen, der das Kranksein legitimiert. Die Bestätigung der Krankheit durch einen Experten ermöglicht es der Umwelt des Kranken, seinen Anspruch auf Ausnahme als gültig anzuerkennen. Vom Patienten wird erwartet, dass er sich an die ärztlichen Anweisungen hält und damit kooperativ an seiner Genesung mitwirkt. Ein Kranker, der es ablehnt, einen Arzt aufzusuchen oder sich nicht an den Rat der medizinischen Autorität hält, gefährdet seinen Status als Kranker.

Parsons' Konzept der Rolle des Kranken wurde von anderen Soziologen verfeinert, die meinten, dass im Hinblick auf die Rolle des Kranken nicht alle Krankheiten gleich sind. Sie sagen, dass das Erleben der Rolle des Kranken von der Art der Krankheit abhängig ist, da die Reaktionen der anderen auf den Kranken davon beeinflusst werden, wie schwer die Krankheit ist und wie sie wahrgenommen wird. Daher werden die Rechte und Privilegien, die Teil der Rolle des Kranken sind, nicht überall völlig gleich erfahren. Die *bedingte* Rolle des Kranken bezieht sich auf Individuen, die an einer vorübergehenden Krankheit leiden, von der man genesen kann. Vom Kranken wird erwartet, dass er wieder gesund wird, und daher erhält er einige Rechte und Privilegien, entsprechend dem Schweregrad der Krankheit. Z.B. erhält jemand, der an einer Bronchitis leidet, mehr Vorrechte als jemand, der nur eine gewöhnliche Erkältung hat. Die *bedingungslos legitimierte* Rolle des Kran-

„Wir sind ein wenig im Rückstand. Ich möchte daher, dass sich jeder von Ihnen fragt, ‚Bin ich wirklich krank oder würde ich nur die kostbare Zeit des Arztes vergeuden?'"

ken bezieht sich auf Menschen, die an unheilbaren Krankheiten leiden. Weil die kranke Person nichts „tun" kann, um wieder gesund zu werden, wird ihr automatisch das Recht auf die Rolle des Kranken gegeben. Diese bedingungslos legitimierte Rolle des Kranken kann Menschen zugestanden werden, die etwa an Alopezie (völlige Kahlheit) leiden oder an starker Akne. In beiden Fällen gibt es keine besonderen Vorrechte, sondern es wird eher anerkannt, dass der Einzelne keine Schuld an seiner Krankheit hat. Sie kann aber auch für Menschen gelten, die an Parkinson oder Krebs leiden, wobei wichtige Privilegien wirksam werden und man von vielen, wenn nicht sogar allen Pflichten entbunden wird. Die letzte Form der Rolle des Kranken ist die *illegitime* Rolle des Kranken. Die illegitime Rolle tritt auf, wenn ein Mensch eine Krankheit oder ein Leiden hat, das von anderen stigmatisiert wird. In solchen Fällen wird angenommen, dass der Einzelne irgendwie verantwortlich für seine Krankheit ist; zusätzliche Rechte und Privilegien werden nicht unbedingt zugestanden. Alkoholismus ist ein Beispiel für eine stigmatisierte Krankheit, die das Anrecht auf die Rolle des Kranken beschneidet.

Erving Goffman ([1963] 2007) meint, ein Stigma sei eine diskreditierende Beziehung, bei der ein Individuum von voller Akzeptanz ausgeschlossen wird. Stigma kann verschiedene Formen annehmen, etwa körperlich, **Stigma** biografisch (etwa, wenn man eine Akte als Straffälliger hat) oder kontextuell (etwa mit den „falschen Leuten" zusammen zu sein). Stigmata entspringen häufig vorurteilsbehafteten Vorstellungen, die völlig falsch sein können oder nur zum Teil stimmen. Stigmatisierung tritt oft in medizinischem Zusammenhang auf. Goffman verweist darauf, dass dem Prozess der Stigmatisierung eine soziale Kontrolle innewohnt. Indem die Gesellschaft Gruppen stigmatisiert, kontrolliert sie ihr Verhalten. In manchen Fällen wird das Stigma nie entfernt und die Person wird in der Gesellschaft nie voll anerkannt. Letzteres traf etwa auf Personen zu, die zu früheren Zeiten an Lepra litten (oder heute in Ländern leben, in denen Lepra noch nicht eliminiert ist) und die öffentlich geächtet wurden und in eigenen Leprakolonien leben mussten. In jüngerer Zeit gilt Ähnliches für AIDS-Kranke. Innerhalb medizinischer Einrichtungen kann Stigma eine Rolle spielen, um die Einstellung des Arztes gegenüber dem Patienten zu bestimmen. Stigmatisierte Personen wie Drogenabhängige werden womöglich mit ihren Fragen über ihre Behandlung ignoriert. Das Ergebnis ist die medizinische Vorherrschaft der Ärzte und des Krankenpflegepersonals über den Patienten.

Kritik an der Rolle des Kranken

Das Modell der Rolle des Kranken war als Theorie sehr einflussreich, da sie verdeutlichte, wie die kranke Person ein integraler Bestandteil des größeren sozialen Zusammenhangs ist. Aber es gibt auch umfassende Kritik daran. Einige Autoren verweisen darauf, dass die Formel von der Rolle des Kranken die *Erfahrung* der Krankheit nicht zu erfassen vermag. Andere betonen, dass sie nicht universell anwendbar ist. So kann die Theorie von der Rolle des Kranken letztlich nichts zu dem Fall sagen, wenn Ärzte und Patienten sich über die Diagnose uneinig sind oder gegensätzliche Interessen haben. Außerdem ist das Annehmen der Rolle des Kranken nicht immer ein linearer Prozess. Manche Menschen leiden über Jahre an chronischen Schmerzen und an Symptomen, die immer wieder falsch diagnostiziert werden. Ihnen wird die Rolle des Kranken verweigert, bis eine klare Diagnose ihres Leidens vorliegt. In anderen Fällen können soziale Faktoren bestimmen, ob und wie bereitwillig jemandem die Rolle des Kranken zugestanden wird. Die Rolle des Kranken kann nicht von sozialen kulturellen und ökonomischen Einflüssen isoliert werden.

Die Wirklichkeit des Lebens und der Krankheit ist komplexer als dies die Rolle des Kranken andeutet. Die steigende Betonung des Lebensstils und der Gesundheit in unserer modernen Zeit bedeutet, dass dem Einzelnen zunehmend Verantwortung für sein Wohlbefinden auferlegt wird. Dieser Umstand steht im Widerspruch zur ersten Prämisse der Rolle des Kranken – dass man den einzelnen Kranken nicht für seinen Zustand verantwortlich machen soll. Darüber hinaus hat in modernen Gesellschaften das weitgehende Verschwinden von akuten Infektionskrankheiten und das gleichzeitige massenhafte Auftreten chronischer Erkrankungen die Krankenrolle weniger anwendbar gemacht. Während diese Theorie nützlich für das Verständnis akuter Krankheiten sein mag, ist sie weniger brauchbar für die chronischen Krankheiten: Es gibt keine einheitliche Formel für Menschen mit chronischen Krankheiten oder mit Behinderungen. Mit einer Krankheit zu leben, wird von den Kranken und ihrer Umwelt in mannigfaltiger Weise erfahren.

Wir wenden uns nun der symbolisch interaktionistischen Sichtweise der Krankheitserfahrung zu.

Krankheit als „gelebte Erfahrung"

Symbolische Interaktionisten interessieren sich dafür, wie Menschen die soziale Welt interpretieren und wie sie ihr Bedeutungen zuschreiben. Viele Soziologen haben diese Sichtweise auf den Bereich der Gesundheit und Krankheit angewendet, um zu verstehen, wie Menschen ihr eigenes oder das Kranksein anderer wahrnehmen. Wie reagieren Menschen auf die Nachricht von einer ernsthaften Erkrankung und wie passen sie sich an? Wie beeinflusst Krankheit den Alltag der Menschen? Wie sehr beeinflusst das Leben mit einer chronischen Erkrankung das Bewusstsein von der eigenen Identität?

Wie wir in der Diskussion über das Altern gesehen haben (Kapitel 4), leben die Menschen in Industriegesellschaften länger, doch im Alter leiden sie an chronischen Krankheiten. Die Medizin kann heute einige der Schmerzzustände und Beschwerden lindern, aber eine wachsende Zahl von Menschen ist damit konfrontiert, dass sie lange Zeit mit ihrer Krankheit leben müssen. Soziologen beschäftigen sich damit, inwieweit Krankheit in diesen Fällen in die „Biografie" des Betroffenen inkorporiert wird.

Eine Fragestellung, die Soziologen hier erforscht haben, handelt davon, wie chronisch kranke Menschen die praktischen und emotionalen Implikationen ihrer Krankheit zu bewältigen lernen. Bestimmte Krankheiten bedürfen regelmäßiger Behandlungen oder Überwachung, die sich auf die alltäglichen Routinen des Betroffenen auswirken können. Dialyse, Insulininjektionen, oder das Einnehmen großer Mengen von Tabletten verlangen vom Einzelnen, dass er seinen Tagesablauf auf die Krankheit abstimmt. Andere Krankheiten können unvorhersehbare Auswirkungen auf den Körper haben, wie etwa der Verlust der Kontrolle des Schließmuskels oder extreme Übelkeit. Menschen, die an diesen Krankheiten leiden, sind gezwungen, Strategien zu entwickeln, wie sie ihre Krankheit im Alltagsleben handhaben. Das umfasst sowohl praktische Überlegungen – wie etwa die Lage der Toilette in fremden Orten auszukundschaften – als auch die Geschicklichkeit, Beziehungen zu anderen zu pflegen, unabhängig davon, ob dies intime oder ganz allgemeine Beziehungen sind. Obwohl die Symptome der Krankheit peinlich und störend sein können, entwickeln die Betroffenen Bewältigungsstrategien, damit sie ihr Leben so normal wie nur möglich führen können (Kelly 1992).

Gleichzeitig kann die Erfahrung der Krankheit auch das Selbstbewusstsein und die Selbsterfahrung herausfordern und verändern. Dies geschieht durch die tatsächlichen und vorgestellten Reaktionen der anderen auf die Krankheit. Für chronisch Kranke oder Menschen mit Behinderung bekommen soziale Interaktionen, die für die meisten Menschen Routine sind, einen Beigeschmack von Risiko und Unsicherheit. Das gemeinsame Verständnis, auf dem gewöhnliche alltägliche Interaktionen gründen, kann durch Krankheit und Behinderung verändert sein, und die Interpretationen gewöhnlicher Situationen können sich deutlich unterscheiden. Eine kranke Person kann etwa Hilfe benötigen, aber gleichzeitig nicht abhängig erscheinen wollen. Ein anderer mag Mitgefühl für jemanden empfinden, bei dem eine Krankheit diagnostiziert wurde, und unsicher sein, ob er das Thema direkt ansprechen soll. Der veränderte Kontext sozialer Interaktionen kann sich auf Veränderungen in der persönlichen Identität niederschlagen.

Einige Soziologen haben untersucht, wie chronisch kranke Menschen ihre Krankheit im allgemeinen Lebenszusammenhang handhaben (Jobling 1988; Williams 1993). Kranksein kann enorm viel Zeit, Energie, Kraft und emotionale Reserven fordern. Corbin und Strauss (1988) erforschten die Strategien, die chronisch Kranke entwickeln, um ihren Alltag zu organisieren. Sie differenzierten drei Arten von „Arbeit" bei den Alltagsstrategien der Menschen. *Krankheitsarbeit* bezeichnet die Aktivitäten, die nötig sind, um ihre Beschwerden zu handhaben, wie etwa die Behandlung von Schmerzen, die Durchführung diagnostischer Tests oder körperliche Therapien. *Alltagsarbeit* zielt auf das Meistern des täglichen Lebens – die Aufrechterhaltung von Beziehungen zu anderen, den Haushalt führen, persönliche oder berufliche Interessen verfolgen. *Biografiearbeit* umfasst jene Aktivitäten, die die kranke Person setzt, um die persönliche Lebensgeschichte zu konstruieren oder umzuformen. Mit anderen Worten ist hier der Prozess gemeint, der die Krankheit in das eigene Leben inkorporiert, der ihr einen Sinn gibt und der Wege entwickelt, wie man sie anderen erklären kann. Dieser Prozess kann Menschen helfen, ihrem Leben wieder Sinn und Ordnung zu geben, nachdem sie mit dem Wissen über die chronische Krankheit klargekommen sind. Von der Erforschung der individuellen Auswirkungen von Krankheit wenden wir uns nun den gesellschaftlichen Mustern von Gesundheit und Krankheit zu und erörtern, wie der Gesundheitszustand zwischen sozialen Gruppen variiert.

Die soziale Basis der Gesundheit

Im 20. Jahrhundert erlebten wir in den Industriegesellschaften einen bedeutenden allgemeinen Anstieg der Lebenserwartung der Menschen. Die Lebenserwartung bei der Geburt stieg für Jungen von 44,8 Jahren im Jahr 1910 (im Deutschen Reich) um 30 Jahre auf 76,6 Jahre im Jahr 2004/6 (in der Bundesrepublik Deutschland), für Mädchen von 48,3 Jahren auf 82,1 Jahre (Gesundheitsberichterstattung des Bundes (GBE)). Krankheiten wie Kinderlähmung, Scharlach und Tuberkulose wurden regelrecht ausgelöscht. Im Vergleich zu anderen Teilen der Welt sind die Gesundheitsstandards und das allgemeine Wohlbefinden relativ hoch. Viele dieser Fortschritte in der öffentlichen Gesundheitsversorgung wurden der Macht der modernen Medizin zugeschrieben. Es besteht die allgemeine Annahme, dass medizinische Forschung bei der Entdeckung der biologischen Ursachen von Krankheiten und der Entwicklung wirksamer Behandlungen erfolgreich war – und auch weiterhin sein wird. Mit dem Anwachsen medizinischen Wissens, so das Argument, können wir eine nachhaltige und kontinuierliche Verbesserung des Gesundheitszustandes der Bevölkerung erwarten.

Obwohl diese Sichtweise von Gesundheit und Krankheit äußerst einflussreich war, ist sie für Soziologen unbefriedigend, und zwar weil sie die wichtige Rolle von sozialen und Umwelteinflüssen auf Krankheitsmuster vernachlässigt. Die im vergangenen Jahrhundert stattgefundenen Verbesserungen der Gesundheit der Bevölkerung können nicht über die Tatsache hinwegtäuschen, dass Gesundheit und Krankheit nicht gleichmäßig über die Bevölkerung verteilt sind. Studien haben gezeigt, dass manche Gruppen sich tendenziell einer viel besseren Gesundheit erfreuen als andere. Diese Ungleichheiten im Gesundheitszustand sind offenbar an größere sozioökonomische Muster geknüpft.

Soziologen und Epidemiologen – also Wissenschaftler, die die Verbreitung und das Auftreten von Krankheiten und Seuchen in der Bevölkerung erforschen – versuchten, die Verbindung zwischen Gesundheit und Variablen wie sozialer Schicht, Geschlecht, ethnische Zugehörigkeit, Alter und Geografie zu erklären. Während die meisten Wissenschaftler die Korrelation zwischen Gesundheit und sozialer Ungleichheit anerkennen, gibt es keine Übereinstimmung über die Art dieser Verbindung und wie Ungleichheiten im Gesundheitszustand beseitigt werden sollen. Ein Hauptbereich der Debatte bezieht sich auf die relative Wichtigkeit individueller Variablen (wie Lebensstil, Verhalten, Ernährung und kulturelle Muster) gegenüber strukturellen oder Umweltfaktoren (wie Einkommensverteilung und Armut). In diesem Abschnitt werden wir kurz eine Studie des Robert-Koch-Instituts über unterschiedliche Gesundheitsmuster bezogen auf soziale Schicht, Geschlecht und Ethnizität behandeln, die im Rahmen des Zweiten Armuts- und Reichtumsberichtes der deutschen Bunderegierung erschienen ist. Dabei werden wir auch einige der konkurrierenden Erklärungen diskutieren.

Epidemiologie

Soziale Schicht und Gesundheit

Personen aus höheren sozialen Schichten sind im Durchschnitt gesünder, größer, stärker und leben länger als jene aus unteren Schichten. Menschen mit niedrigem Einkommen haben generell einen niedrigeren Lebensstandard, begegnen häufiger finanziellen Engpässen und Überschuldung, verhalten sich weniger gesundheitsbewusst und müssen unter schlechteren Arbeitsbedingungen arbeiten.

So leiden Erwachsene mit einem Netto-Äquivalenzeinkommen von unter 60 Prozent des gesamtgesellschaftlichen Medians häufiger an Krankheiten wie Herzinfarkt, Schlaganfall, Bluthochdruck, Adipositas (Fettsucht), chronischer Bronchitis und Depression. Bei Männern tritt auch noch Lungenkrebs und Leberzirrhose häufiger auf (Lampert und Ziese 2005).

Zu Armutsmessung lesen Sie in Kapitel 12 – Armut, soziale Ausgrenzung und soziale Sicherheit.

Bei Männern ist das Mortalitätsrisiko der Armutsrisikogruppe (jene, die über max. 60 Prozent des Medianeinkommens verfügen) gegenüber den überdurchschnittlich gut verdienenden Männern (die über min. 150 Prozent des Medianeinkommens verfügen) um das 2,5-Fache erhöht (Lampert und Ziese 2005, S. 37).

	Innerhalb der Ehe		Außerhalb der Ehe	
	1991	2001	1991	2001
Freie Berufe	5,1	3,6	4,2	4,5
Manager und Techniker	5,3	3,6	6,6	4,0
Gelernt, nicht manuelle Arbeit	6,1	4,5	8,5	5,3
Gelernt, manuelle Arbeit	6,2	5,0	7,7	5,8
Angelernt, manuelle Arbeit	7,1	6,2	9,6	6,7
Ungelernte manuelle Arbeiter	8,2	7,2	11,0	7,5
Andere	11,6	6,7	21,2	10,8
Gesamt	6,3	4,6	8,8	6,1

Tab. 7.2: Säuglingssterblichkeit: nach sozialer Schicht in England und Wales (per 1.000 Lebendgeburten)[a]
[a] Säuglingssterblichkeit ist Versterben innerhalb des ersten Lebensjahres; soziale Schicht basiert auf Beruf des Vaters zum Zeitpunkt der Registrierung des Todes seines Kindes. Quelle: Social Trends 34 (2004).

Bildungsunterschiede zeigen sich deutlich bei der Einschätzung des subjektiven Gesundheitszustandes und schlagen sich auch stark im gesundheitsrelevanten Verhalten nieder. Mehr als zwei Drittel der jungen Männer (zwischen 18 und 29 Jahren) mit einem Volks- und Hauptschulabschluss rauchen. Bei Frauen zeigt sich ein starker Zusammenhang zwischen Bildungstand und Körpergewicht, denn fast drei Viertel der Frauen, die nur einen Volks- und Hauptschulabschluss haben, sind übergewichtig oder adipös. Dem gegenüber sind nicht einmal zwei Fünftel der Frauen mit Abitur übergewichtig oder adipös.

Darüber hinaus arbeiten Menschen aus unteren sozialen Schichten häufig unter extrem gefährlichen Bedingungen. Obwohl die Zahl der Arbeitsunfälle ständig zurückgeht, sind etwa Bauarbeiter noch immer einem überdurchschnittlichen Unfallrisiko ausgesetzt.

In Deutschland sind Kinder und Jugendliche die Bevölkerungsgruppe, die am stärksten von Armut betroffen ist. Diese wirkt sich oft auf die gesundheitliche Entwicklung aus. In sozial schwächeren Familien treten Entwicklungsdefizite häufiger auf, d.h. Sprachauffälligkeiten, psychomotorische Defizite, Adipositas, Beeinträchtigungen in der geistigen Entwicklung und psychische und soziale Störungen. Kinder aus armen Familien zeigen auch ein wenig gesundheitsbewusstes Verhalten, sie sehen mehr fern, treiben weniger Sport und ernähren sich häufig übermäßig von Süßigkeiten und Limonaden. Sie gehen auch häufiger ohne Frühstück außer Haus (Lampert und Ziese 2005).

Studien in anderen Industriegesellschaften haben bestätigt, dass es beim Gesundheitszustand ein eindeutiges schichtbedingtes Gefälle gibt. Dasselbe gilt für die Sterblichkeit, wie Abb. 7.2 und Abb. 7.3 für Deutschland zeigen: Die Survivorfunktionen oder Überlebenskurven unterschiedlicher Einkommensschichten verdeutlichen, dass Armutsgefährdete praktisch in jeder Altersgruppe ein höheres Todesrisiko haben als Wohlhabende. Einige Wissenschaftler meinen, dass sich der Unterschied in der Gesundheit der reichsten und der ärmsten Gesellschaftsmitglieder noch vergrößert. Obwohl es eine zunehmende Zahl an Studien über Korrelation zwischen sozialer Schicht und Gesundheitszustand gibt, waren Wissenschaftler bis jetzt noch nicht in der Lage, die eigentlichen Mechanismen aufzuspüren, die die beiden Variablen verbinden. Es gibt mehrere konkurrierende Erklärungen für diese Korrelation.

Bildungsebene	Männer	Frauen
Hochschule/Universität	62,9	74,7
Höhere Schule	57,4	73,3
Mittlere Schule	54,1	72,0
Lehre	47,7	68,7
Pflichtschule	41,8	65,2
Insgesamt	47,9	67,5

Tab. 7.3: Wahrscheinlichkeit, den 80. Geburtstag zu erleben, Österreich (in Prozent)
Quelle: Statistik Austria (26. April 2007).

Materialistische und umweltbezogene Erklärungen sehen die Ursache für die schlechtere Gesundheit der unteren Schichten in großen sozialen Strukturen wie Armut, Ungleichverteilung von Wohlstand und Einkommen, Arbeitslosigkeit, in Wohnverhältnissen, Umweltverschmutzung und schlechten Arbeitsbedingungen. Die Muster des Gesundheitszustandes in unterschiedlichen sozialen Schichten werden als Folge materieller Deprivation oder Verarmung gesehen. Die Ungleichheit im Gesundheitszustand der Bevölkerung kann daher nur verringert werden, indem man sich mit der Wurzel der allgemeinen sozialen Ungleichheit auseinandersetzt. Während man andere Argumente nicht völlig unberücksichtigt lassen sollte, sehen die Vertreter der materialistischen Erklärung die Notwendigkeit, die Armut zu bekämpfen und Verbesserungen im Bildungssystem herbeizuführen, um die Unterschiede im Gesundheitszustand der Bevölkerung zu eliminieren.

Kulturelle und verhaltensbedingte Erklärungen betonen die Bedeutung des individuellen Lebensstils für die Gesundheit. Untere soziale Schich-

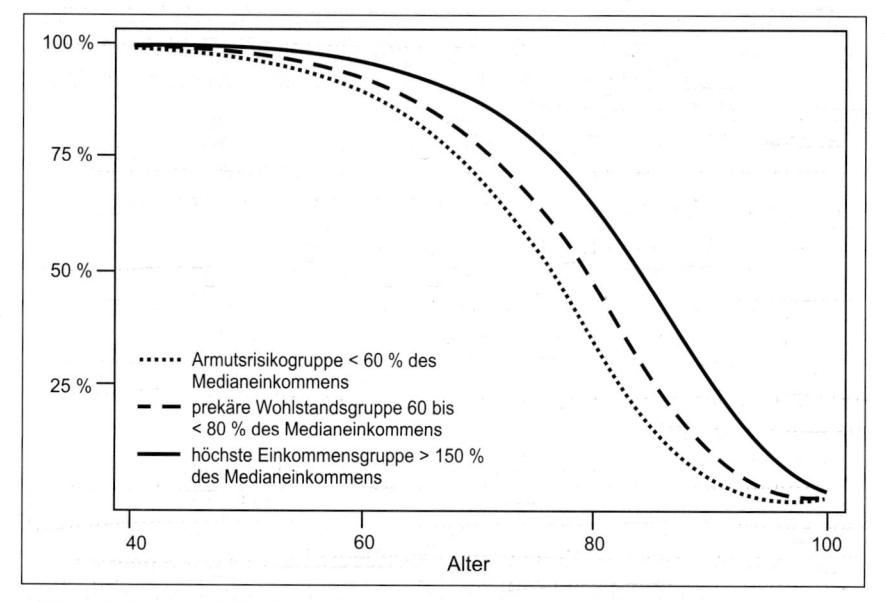

Abb. 7.2: Survivorfunktionen für Männer nach Einkommen
Datenbasis: Sozio-oekonomisches Panel 1998–2003
Quelle: Lampert und Ziese (2005), S. 37f.

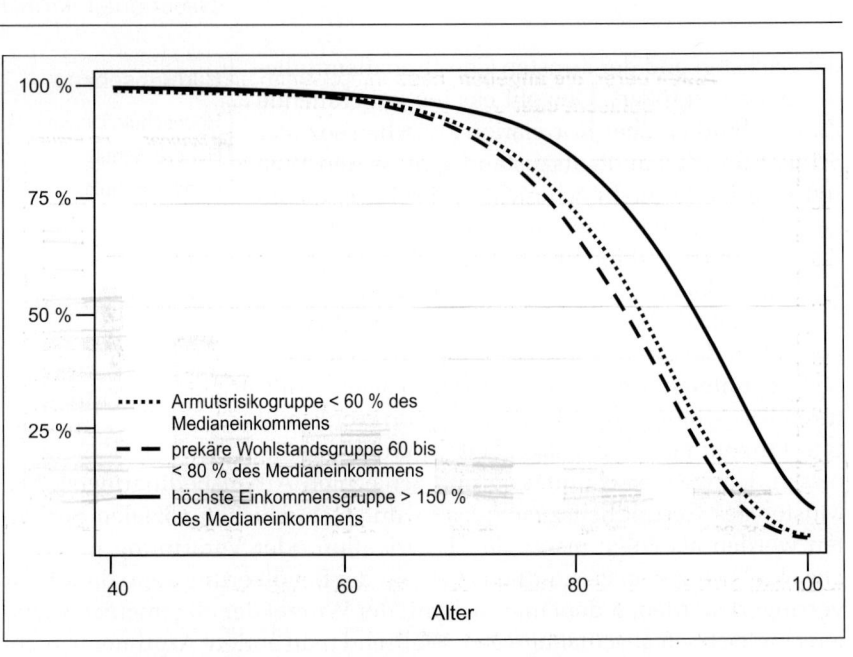

Abb. 7.3: Survivorfunktionen für Frauen nach Einkommen
Datenbasis: Sozio-oekonomisches Panel 1998–2003
Quelle: Lampert und Ziese (2005), S. 37f.

ten neigen zu einer ungesunden Lebensweise – wie Rauchen, schlechte Ernährung und hoher Alkoholkonsum. Dieses Argument schreibt Individuen die Hauptverantwortung für schlechte Gesundheit zu, da die meisten Lebensstilentscheidungen frei getroffen werden. Manche Proponenten dieser Sichtweise sagen zwar, dass derartiges Risikoverhalten weniger eine individuelle Entscheidung als vielmehr eine in die Alltagskultur der sozialen Schicht eingebettete Praxis ist. Dennoch betrachten sie Lebensstil und Konsummuster als die Hauptursachen für schlechte Gesundheit. Antiraucherinitiativen, gesunde Ernährung und Fitnessprogramme sind Beispiele für diese Anstrengungen, um das Verhalten der Menschen zu ändern. Solche Kampagnen ermahnen den Einzelnen, Verantwortung für sein Wohlbefinden zu übernehmen. Sie legen weniger Augenmerk auf die Frage, wie sehr die soziale Position den Entscheidungsspielraum der Menschen einschränken kann. So sind etwa frisches Obst und Gemüse, das zu einer gesunden Ernährung gehört, viel teurer als viele fett- und cholesterinhältige Lebensmittel. Studien zeigen, dass der Konsum von gesunden Nahrungsmitteln am höchsten unter Gutverdienenden ist.

Das Bewusstsein über die schichtspezifischen Differentiale in der öffentlichen Gesundheit ist in den letzten Jahren gestiegen, sodass in mehreren Ländern EU-Strategien zur Beseitigung der Ungleichheit im Gesundheitszustand eingeführt wurden. Auf internationaler Ebene haben sowohl die Weltgesundheitsorganisation WHO als auch die EU Beraterstäbe eingerichtet, die die sozialen Determinanten der Gesundheit erforschen sollen (OECD 2007a).

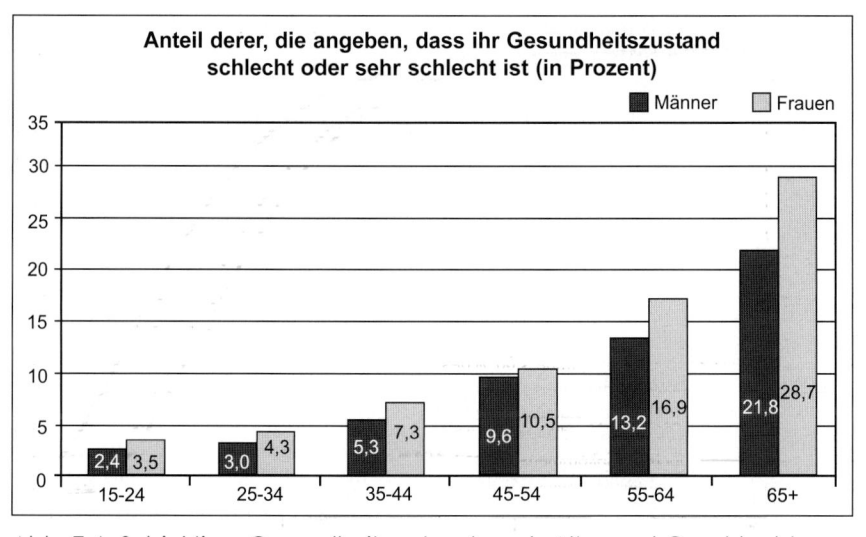

Abb. 7.4: Subjektiver Gesundheitszustand nach Alter und Geschlecht,
EU-15, 2001
Quelle: European Communities (2007), S. 97.

Geschlecht und Gesundheit

Die Forschung hat Unterschiede im Gesundheitszustand zwischen Männern und Frauen aufgezeigt. Frauen haben zwar eine längere Lebenserwartung in nahezu allen Ländern der Erde als Männer (UNDP 2004), doch
in Europa zeigen Todesursachen und Krankheitsmuster einige Unterschiede zwischen Männern und Frauen. Obwohl Herz-Kreislauf-Erkrankungen
mehr Männer als Frauen das Leben kosten, sind sie doch bei beiden Geschlechtern unter den häufigsten Todesursachen in den 25 EU-Ländern
(European Communities 2007, S. 104). Männer sind jedoch stärker gefährdet, Opfer von Verkehrsunfällen oder Gewalttaten zu werden und haben
eine größere Neigung zu Drogen- oder Alkoholabhängigkeit.

Materielle Umstände scheinen den Gesundheitszustand von Frauen zu
beeinflussen, aber dieser Faktor ist bekanntermaßen schwer zu beurteilen.
Viele Studien leiteten die soziale Schicht der Frauen von der ihrer Ehepartner ab, was ein verzerrtes Bild der Gesundheit von Frauen ergab. Wir
wissen jedoch, dass Frauen eher zum Arzt gehen und auch angeben, mehr
Beschwerden zu haben als Männer.

*Siehe auch Kapitel
11 – Schichtung und
Klassenstruktur.*

Frauen in Industriegesellschaften geben doppelt so häufig an, an Angst-
zuständen oder Depressionen zu leiden als Männer. Einigen Beobachtern
zufolge kann die Doppelbelastung von Frauen – Hausarbeit, Kindererziehung und Berufstätigkeit – den Stress unter Frauen erhöhen und somit zu
höheren Erkrankungsraten führen. Lesley Doyal (1995) meint, dass die
Gesundheits- und Krankheitsmuster von Frauen am besten in Beziehung

zu den Hauptaktivitätsfeldern der Frauen erklärt werden. Der Alltag der Frauen ist von vornherein von jenem der Männer verschieden, und zwar in Hinblick auf übliche geschlechtsspezifische Tätigkeiten wie Hausarbeit, Fortpflanzung und Sexualität, Schwangerschaft und Mutterschaft, Schwangerschaftsverhütung usw. (Wenngleich man behaupten könnte, dass dies immer weniger zutreffend ist, da mehr und mehr Frauen in den Arbeitsmarkt eintreten.) Doyal hält die kumulierten Effekte dieser verschiedenen Arbeiten für den Gesundheitszustand von Frauen für ausschlaggebend. Daher müsse jede Analyse des weiblichen Gesundheitszustandes die Interaktion von sozialen, psychologischen und biologischen Einflüssen berücksichtigen.

Hilary Graham hat die Auswirkungen von Stress auf weiße Frauen der Arbeiterschicht untersucht und herausgefunden, dass, je niedriger die Schicht ist, desto eingeschränkter auch der Zugang zu Unterstützungsnetzwerken in Zeiten einer Lebenskrise ist. Frauen der Arbeiterschicht erleben generell öfter Lebenskrisen (wie Verlust des Arbeitsplatzes, Scheidung, Delogierung oder Tod eines ihrer Kinder), haben jedoch schwächer ausgeprägte Bewältigungsstrategien und weniger Entlastungsmöglichkeiten für ihre Ängste und Anspannung. Nicht genug, dass der daraus resultierende Stress physisch und psychisch schädlich ist, so sind auch einige der von diesen Frauen benutzten Bewältigungsstrategien – wie etwa das Rauchen – gesundheitsschädlich. Graham behauptet, dass Rauchen eine Möglichkeit ist, um Spannung zu verringern, wenn die persönlichen oder materiellen Ressourcen bis zum Zerreißen gespannt sind. So gesehen, hat es eine paradoxe Rolle im Leben von Frauen – es erhöht das Gesundheitsrisiko der Frauen und ihrer Kinder, während es ihnen gleichzeitig ermöglicht, die schwierigen Umstände auszuhalten (Graham 1987, 1994).

Ann Oakley und ihre Mitautoren (1994) haben in vier englischen Städten die Rolle sozialer Unterstützung für die Gesundheit sozial benachteiligter Frauen und Kinder untersucht. Sie sagen, dass die Beziehung zwischen Stress und Gesundheit sowohl bei großen Lebenskrisen als auch bei kleineren Probleme besteht, und dass dies besonders akut von Menschen aus der Arbeiterschicht empfunden wird. Oakley merkt an, dass soziale Unterstützung – wie etwa Beratungsdienste, Hotlines oder Hausbesuche – als Buffer fungieren können, der die negativen Gesundheitsfolgen des üblichen Stresses von Frauen mildern kann. Andere Studien besagen, dass soziale Unterstützung ein wichtiger Faktor ist, der Menschen helfen kann, mit Krankheiten und Beschwerden leben zu lernen (Ell 1996).

Ethnizität und Gesundheit

Obwohl der Gesundheitszustand der Bevölkerung in Industriegesellschaften einem ethnischen Muster folgt, ist unser Verständnis vom Zusammenhang zwischen Ethnizität und Gesundheit bestenfalls lückenhaft. Eine zunehmende Zahl soziologischer Studien wird zu diesen Fragen erstellt, doch die Ergebnisse sind widersprüchlich. In einigen Fällen könnten Trends, die bestimmten ethnischen Gruppen zugeschrieben wurden, andere vielleicht bedeutendere Faktoren wie Schicht und Geschlecht vernachlässigt haben.

Einige Wissenschaftler halten bei der Erklärung der Unterschiede im Gesundheitszustand verschiedener ethnischer Gruppen kulturelle und Verhaltensmuster für bedeutsam. Ähnlich wie bei den kulturellen Erklärungen der schichtspezifischen Unterschiede im Gesundheitszustand liegt die Betonung auf individuellen und gruppenspezifischen Lebensstilen, die dann schlechtere Gesundheit hervorbringen. Diese Verhaltensweisen werden oft in Verbindung gebracht mit religiösen oder kulturellen Überzeugungen, wie etwa Esskulturen oder der Ehe unter Blutsverwandten, wie Cousins zweitens Grades. Kritiker sagen, dass kulturelle Erklärungen nicht in der Lage sind, das wirkliche Problem aufzuzeigen, nämlich die strukturelle Ungleichheit ethnischer Gruppen und den im Gesundheitswesen vorhandenen Rassismus und die Diskriminierung. Sozialstrukturelle Erklärungen für ethnische Muster im Gesundheitszustand der Bevölkerung konzentrieren sich auf den sozialen Zusammenhang, in dem Migranten in Europa leben. Viele Migranten aus Südeuropa, dem Balkan und der Türkei erleben oft Mehrfachbenachteiligungen, die sich negativ auf ihre Gesundheit auswirken. Das kann etwa schlechte und beengte Wohnverhältnisse, hohe Arbeitslosigkeitsraten oder gefährliche Arbeitsbedingungen und niedrige Bezahlung umfassen. Diese materiellen Faktoren vermischen sich dann mit den Auswirkungen des Rassismus, der entweder direkt in Gewalttaten erfahren wird oder in Form von Drohungen, Diskriminierung oder in „institutionalisierter" Form.

institutionalisierter Rassismus

In der Gesundheitsversorgung wurde institutionalisierter Rassismus festgestellt (Alexander 1999). Migranten haben oft Schwierigkeiten beim Zugang zu Gesundheitsleistungen. Sprachbarrieren können die effektive Vermittlung von Informationen beeinträchtigen; kulturspezifische Auffassungen von Krankheit und Behandlung werden von den Angestellten in den Gesundheitsdiensten oft nicht berücksichtigt. So wurde etwa das britische staatliche Gesundheitswesen dafür kritisiert, sein Personal zu wenig für kulturelle oder religiöse Sitten zu sensibilisieren, und Krankheiten, die unter Zuwanderern häufig auftreten, zu wenig zu beachten.

Institutioneller Rassismus wird in Kapitel 10 – Ethnien, Ethnizität und Migration detailliert diskutiert.

Interessanterweise gibt es aber auch Studien, die nachweisen, dass Migranten eine niedrigere Mortalität als die Bevölkerung des Einwanderungslandes haben. Dies wird einerseits auf einen Selektionsprozess zurückgeführt, durch den nur gesunde und sozial besonders geschickte und anpassungsfähige Menschen migrieren. Für Deutschland stellten Razum und seine Kollegen fest, dass türkische Migranten beiderlei Geschlechts trotz schlechterer sozioökonomischer Lebensbedingungen in allen Altersgruppen eine niedrigere Sterblichkeit als Deutsche haben (Razum u.a. 1998). Die Autoren argumentieren, dass möglicherweise ein salutogenetischer Effekt (Antonovsky und Franke 1997) bei Migranten auftritt, die aufgrund ausgeprägterer Solidarität einen stärkeren Zusammenhalt und stärkere kulturelle Identitäten ausbilden.

Salutogenese

Es gibt keinen Konsens über die Korrelation von Ethnizität und Unterschieden im Gesundheitszustand. Tatsächlich muss noch viel Forschung betrieben werden, doch es liegt auf der Hand, dass dabei die Frage der Ethnizität in einem größeren Zusammenhang sozialer, ökonomischer und wirtschaftlicher Faktoren behandelt werden muss.

Gesundheit und sozialer Zusammenhalt

Beim Versuch, die Ursachen für Unterschiede im Gesundheitszustand von Bevölkerungsgruppen zu entschlüsseln, wendet sich eine steigende Zahl von Soziologen der gesundheitsfördernden Rolle sozialer Unterstützung und sozialen Zusammenhalts zu. Wie Sie sich erinnern werden, haben wir bei unserer Diskussion Durkheims in Kapitel 1, soziale Solidarität als eines der wichtigsten Konzepte der Soziologie erwähnt. Durkheim sah das Ausmaß und die Art der Solidarität innerhalb einer Kultur als entscheidend an. In seiner Studie des Selbstmordes etwa fand er, dass Individuen und Gruppen, die in die Gesellschaft integriert waren, weniger selbstmordgefährdet waren.

In mehreren Artikeln und in seinem Buch *Kranke Gesellschaften. Soziales Gleichgewicht und Gesundheit* (2001) hat Richard Wilkinson argumentiert, dass die gesündesten Gesellschaften der Welt nicht die reichsten Länder der Welt sind, sondern jene, in denen das Einkommen am gerechtesten verteilt ist und der Grad der sozialen Integration am höchsten ist. Hoher Wohlstand in einer Volkswirtschaft sei nicht notwendigerweise gleichbedeutend mit besserer Gesundheit der Bevölkerung. Indem Wilkinson empirische Daten von Ländern rund um den Globus verglich, bemerkte er einen klaren Zusammenhang zwischen Sterblichkeitsraten und Verteilungsmustern des Einkommens in einem Land. Bewohner von Ländern wie Japan oder Schweden, die als die egalitärsten der Welt angesehen werden, haben einen durchschnittlich besseren Gesundheitszustand als Bürger von Staaten, wo der Unterschied zwischen Armen und Reichen so groß ist wie in den Vereinigten Staaten.

Aus Wilkinsons Sicht untergräbt die wachsende Spaltung der Gesellschaft in Arme und Reiche den sozialen Zusammenhalt, was es für die Menschen schwieriger macht, Risiken und Herausforderungen zu bewältigen. Verstärkte soziale Isolation und die Unfähigkeit, mit Stress umzugehen, schlagen sich in Gesundheitsindikatoren nieder. Wilkinson sagt, dass soziale Faktoren – die Stärke sozialer Kontakte, die Bindungen in Gemeinschaften, die Verfügbarkeit sozialer Unterstützung und ein Gefühl der Sicherheit – die Hauptbestimmungsgründe für den relativen Gesundheitszustand einer Gesellschaft sind.

Wilkinsons These hat heftigen Widerspruch hervorgerufen. Einige verlangen, dass seine Arbeit zur Pflichtlektüre von Politikern und Entscheidungsträgern werden sollte. Sie stimmen Wilkinson zu, dass zu viel Augenmerk auf Marktbeziehungen und auf den Druck, größeren Wohlstand zu erzielen, gelegt worden ist, denn diese Sichtweise habe viele Gesellschaftsmitglieder ausgeschlossen; nun sei es an der Zeit, humanere und sozial verantwortungsvollere Politik zu betreiben, die die sozial Benachteiligten unterstützt. Andere wiederum kritisieren die Methode von Wilkinsons Studie und argumentieren, dass es ihm nicht gelungen sei, eine klare Kausalbeziehung zwischen Einkommensverteilung und schlechter Gesundheit aufzuzeigen (Judge 1995). Krankheit – so die Kritiker – kann durch eine Vielzahl von mittelbaren Faktoren verursacht werden. Wilkinsons Kritiker sagen, dass die empirischen Belege für seine Behauptung bestenfalls suggestiv sind.

Eine deutsche Studie über Kinder- und Jugendgesundheit stellte fest, dass Kinder aus niedrigen sozialen Schichten weniger soziale und personale Ressourcen haben und daher weniger gut Schutzfaktoren zur Wahrung ihrer Gesundheit bzw. zur Bewältigung von gesundheitlichen Störungen ausbilden können (Erhart u.a. 2007).

Weiter vorne in diesem Kapitel haben wir einige Annahmen untersucht, die in der Vergangenheit als Grundlagen für das orthodoxe biomedizinische Gesundheitsmodell dienten. Viele dieser Annahmen waren auch Teil des konventionellen Verständnisses von Behinderung in Europa und anderen entwickelten Gesellschaften. Die jüngeren Trends in der Reaktion auf das biomedizinische Gesundheitsmodell, die wir weiter oben besprochen haben – wie etwa der Skeptizismus, dass der medizinische Experte immer weiß, was das Beste für den Patienten ist und die Bewegung hin zu mehr Beachtung der Ansichten und Erfahrungen der Patienten –, haben in ähnlicher Weise in den letzten Jahren zur Zurückweisung der konventionellen Auffassung von Behinderung beigetragen. Wir wenden uns nun der Diskussion einiger Themen der Behinderung zu.

Die Soziologie der Behinderung

Der Dichter Simon Brisenden fasst das Gefühl des Ausgegrenztseins, das viele Menschen mit Behinderung beim Umgang mit Ärzten und der Schulmedizin empfinden, in seinen *Poems for Perfect People* schön zusammen, wenn er fragt: „Der Mensch, der in deine Haut schneidet / und sich darin vergräbt / hat er keine Narben?" Brisenden war einer von vielen behinderten Menschen, deren Arbeit zu einer Neubewertung der konventionellen Sicht von Behinderung in Großbritannien und anderen entwickelten Ländern geführt hat. Diese Diskussion wird zu einem Großteil im neuen Feld der sogenannten Disability Studies (der Soziologie der Behinderung) geführt. Im folgenden Abschnitt untersuchen wir vorherrschende Vorstellungen von Behinderung, indem wir das als „individuelles Modell der Behinderung" bekannt gewordene Konzept diskutieren. Dann sehen wir uns an, wie dieses Modell mit dem sozialen Modell der Behinderung hinterfragt wurde, insbesondere von behinderten Menschen selbst, und bieten eine kurze Bewertung dieser Kritik. Zum Schluss sehen wir uns kurz das Ausmaß von Behinderung an, sowohl in Europa als auch global. Wir beginnen jedoch mit einer Diskussion des Begriffes der Behinderung.

Disability Studies

Soziologen argumentieren, dass unser Bewusstsein und unser Verständnis von sozialen Fragen zumindest teilweise von den Begriffen geprägt werden, die wir dafür benutzen. In den letzten Jahren nahm die Kritik an

Begriffen zu, die die Menschen für die Benennung von Behinderungen verwendet haben. Begriffe, die in der Vergangenheit zur Beschreibung bestimmter Behinderungen benutzt wurden, wie etwa Krüppel, Taubstummer, Liliputaner oder Mongoloider, werden heute meist als beleidigend zurückgewiesen. Auch Metaphern des Alltags wie „blindes Huhn" wurden für ihre implizit ausgrenzende Wirkung kritisiert. „Ich bin in erster Linie Mensch und erst viel später behindert." Diesem Satz werden vermutlich alle Personen, die behindert sind, zustimmen. Trotzdem wird in der Öffentlichkeit häufig von „den Behinderten" gesprochen. (Firlinger 2003, S. 22f.) In einer vom österreichischen Sozialministerium herausgegebenen Broschüre werden Vorschläge für den nicht diskriminierenden Sprachgebrauch gemacht. Demnach heißt es „Menschen mit Behinderung" und nicht „Behinderte", „Gehörloser" und nicht „Taubstummer", „Kleinwüchsiger" und nicht „Liliputaner" und „Down-Syndrom" und nicht „Mongoloismus". Wie wir noch sehen werden, ist auch die Art des Verständnisses von Behinderung Gegenstand vieler Diskussionen.

Das individuelle Modell von Behinderung

individuelles Modell von Behinderung

Historisch betrachtet war in westlichen Gesellschaften das individuelle Modell der Behinderung vorherrschend. Es geht davon aus, dass die individuellen Beschränkungen die Hauptursachen der Probleme sind, die Menschen mit Behinderung erfahren. Im individuellen Modell von Behinderung sieht man körperliche „Abnormalität" als Ursache für einen gewissen Grad an „Behinderung" oder funktionaler Einschränkung. So kann zum Beispiel ein Individuum, das an Tetraplegie (Lähmung aller vier Gliedmaßen) „leidet", nicht gehen. Diese funktionale Einschränkung wird als Basis für eine weitergehende Klassifikation der Person als „Invalide" genommen. Dem individuellen Modell liegt eine Sichtweise von Behinderung zugrunde, die sie als „persönliche Tragödie" betrachtet. Der behinderte Mensch wird als Opfer, das zufällig Pech hatte, gesehen. Ärzte und medizinisches Personal spielen eine Hauptrolle im individuellen Modell der Behinderung, weil es ihre Aufgabe ist, heilende und rehabilitative Verfahren für die „Probleme" anzubieten, unter denen der behinderte Mensch leidet. Daher wird das individuelle Modell oft auch als „medizinisches Modell" von Behinderung bezeichnet. Die Macht der Ärzte und Gesundheitsexperten über das Leben der behinderten Menschen hat der zu Beginn des Kapitels zitierte Dichter Brisenden angegriffen. In den letzten Jahren wurde dieses individuelle Modell der Behinderung zunehmend kritisiert, wie wir weiter unten sehen werden.

Das soziale Modell von Behinderung

Der Slogan „Behindert ist, wer behindert wird" fasst das soziale Modell von Behinderung kürzestmöglich zusammen. Dieses soziale Verständnis von Behinderung – nicht als eine biomedizinische Eigenschaft individueller Menschen – fordert die konventionelle Auffassung von Behinderung heraus. Behinderung ist damit plötzlich nicht mehr das Problem des Einzelnen, sondern wurde im Hinblick auf Barrieren verstanden, die Menschen mit Behinderung in der Gesellschaft an der vollen Teilhabe hindern. Michael Oliver ([1983] 2006) machte als erster Theoretiker den Unterschied zwischen dem individuellen und dem sozialen Modell von Behinderung explizit (die Unterscheidung ist in Tabelle 7.4 zusammengefasst). Das soziale Modell der Behinderung wurde wissenschaftlich untermauert durch die Arbeiten von Victor Finkelstein (1980, 1981), Colin Barnes (2000) und Oliver selbst (1990, 2006).

soziales Modell von Behinderung

Die Theoretiker des sozialen Modells müssen eine Erklärung dafür geben, warum soziale, kulturelle oder historische Barrieren für Menschen mit Behinderung entstanden sind. Einige Anhänger des sozialen Modells, die von Marx beeinflusst waren, haben argumentiert, dass man Behinderung materialistisch fassen müsse. Oliver (2006) etwa sagt, dass Barrieren gegen die volle Teilnahme behinderter Menschen in der Gesellschaft errichtet wurden, als diese während der industriellen Revolution vom Arbeitsmarkt ausgeschlossen wurden und als die ersten kapitalistischen Fabriken auf der Grundlage des Individuallohns zu funktionieren begannen. Als sich dieser historische Prozess entfaltete, so Oliver, waren viele behinderte Menschen nicht mehr in der Lage, sich von ihrer Arbeit zu erhalten, sodass sie ein Problem für den kapitalistischen Staat darstellten, dessen erste Antwort auf alle sozialen Probleme harte Abschreckung und Institutionalisierung war. Sogar heute noch ist der Anteil behinderter Menschen an der Erwerbsbevölkerung relativ gering.

Bewertung des sozialen Modells

Das soziale Modell der Behinderung hatte großen Einfluss auf unser heutiges Verständnis von Behinderung. Es gewann, ausgehend von Großbritannien, wo es als die „große Idee" der britischen Bewegung von Men-

Individuelles Modell	Soziales Modell
Persönliche Tragödie	Soziale Unterdrückung
Persönliches Problem	Soziales Problem
Individuelle Behandlung	Soziales Handeln
Medikalisierung	Selbsthilfe
Professionelle Vorherrschaft	Individuelle und kollektive Verantwortung
Fachwissen	Erfahrung
Individuelle Identität	Kollektive Identität
Vorurteil	Diskriminierung
Pflege	Rechte
Kontrolle	Wahlfreiheit
Richtlinien	Politik
Individuelle Anpassung	Sozialer Wandel

Tab. 7.4: Zwei Modelle von Behinderung
Quelle: Adaptiert nach Oliver (2006), S. 34.

schen mit Behinderung beschrieben wurde (Hasler 1993), global an Bedeutung. Indem sich das soziale Modell auf die Beseitigung sozialer Barrieren konzentriert, die die volle Teilhabe am gesellschaftlichen Leben verhindern, ermöglicht es behinderten Menschen, eine politische Strategie zu entwickeln. Dies hat dazu geführt, dass manche von der Entstehung einer „neuen sozialen Bewegung" sprechen (Oliver und Zarb 1989). Die Abkehr vom individuellen Modell, das die „Invalidität" bzw. Gebrechen eines Menschen als die Ursache für seine Behinderung betrachtet, hin zu einem Modell, das Behinderung als eine Folge von Unterdrückung begreift, wurde von manchen behinderten Menschen als „befreiend" gesehen (Beresford und Wallcraft 1997).

Seit den späten 1980er Jahren wurde allerdings Kritik am sozialen Modell laut. Zuerst, so sagte man, vernachlässige es die oft schmerzhaften und unangenehmen Erfahrungen von Behinderung, die zentral für das Leben vieler behinderter Menschen sind. Shakespeare und Watson (2001) weisen darauf hin, dass Menschen mit Behinderung sehr wohl unter den Beeinträchtigungen selbst leiden, und dies zu verleugnen, würde einen wichtigen Teil ihrer Biografie ausblenden. Gegen diesen Vorwurf haben Verteidiger des sozialen Modells ins Treffen geführt, dass das soziale Modell die alltägliche Erfahrung der Beeinträchtigung nicht negiert, aber sich auf die sozialen Barrieren konzentriert, die die Gesellschaft gegen behinderte Menschen errichtet.

Zweitens würden viele Menschen akzeptieren, dass sie Leiden und Einschränkungen haben, doch sie wünschen sich nicht, das Etikett „Behinderung" verpasst zu bekommen. In einer Studie über Menschen, die Sozialleistungen vom Staat beantragen, wollten weniger als die Hälfte der Betroffenen sich als behindert bezeichnen. Viele Menschen wiesen den Ausdruck auch zurück, weil sie ihre Gesundheitsprobleme als Folgen einer Krankheit sahen, statt als Behinderung, oder weil sie das Gefühl hatten, dass ihre Leiden nicht so schwer seien, dass sie den Begriff Behinderung rechtfertigen würden (Grewal u.a. 2002). Allerdings hat Barnes (2003) festgestellt, dass es kein Wunder sei, wenn in einer Gesellschaft, in der Behinderung noch immer mit Abnormalität assoziiert wird, einige Menschen es vorziehen würden, nicht als „behindert" zu gelten.

Schließlich weisen Medizinsoziologen auch deshalb das soziale Modell zurück, da es eine künstliche Unterscheidung zwischen biomedizinisch definierter physischer Einschränkung und sozialer Behinderung einführe. Diese Kritiker sagen, dass sowohl die physische Einschränkung als auch die soziale Behinderung sozial strukturiert und stark miteinander verwoben sind. Shakespeare und Watson (2001) sehen etwa die Trennung von physischer und sozialer Behinderung zusammenbrechen, sobald man fragt, wo die eine Form der Behinderung aufhört und die andere beginnt. In manchen Fällen ist diese Trennung recht einfach möglich, wenn z.B. Gebäude keinen barrierefreien Zugang haben, konstruieren sie eine soziale Behinderung für Rollstuhlfahrer. Jedoch gibt es auch viele andere Fälle von Behinderung, die sich nicht auflösen lassen, da sie nicht durch entfernbare Barrieren hervorgerufen wurden. So machen Medizinsoziologen, die das soziale Modell kritisieren, darauf aufmerksam, dass man jemandem, der durch permanente Schmerzen oder durch starke intellektuelle Beeinträchtigungen behindert ist, nicht mithilfe sozialen Wandels die volle Teilhabe ermöglichen kann. Diese Kritiker sagen auch, dass eine korrekte Darstellung von Behinderung berücksichtigen müsse, dass Behinderungen auch durch physische Einschränkungen und nicht nur durch soziale Barrieren verursacht werden.

Die Unterstützer des sozialen Modells erwidern darauf, dass diese Kritik auf einer Verwischung der Unterscheidung zwischen physischer Einschränkung und sozialen Barrieren beruhe, die sich aus dem biomedizinischen Denkmodell – dem Fundament des individuellen Modells der Behinderung – ergibt. Das soziale Modell negiert keineswegs, dass eine Behinderung Schmerzen verursachen kann oder ein Individuum daran hindern kann, bestimmte Dinge zu tun. Carol Thomas (1999, 2002), eine Befürworterin des sozialen Modells, spricht etwa von „Effekten der Behinderung", um die psycho-emotionalen Implikationen von Behinderung zu berücksichtigen.

Ausgehend von der umstrittenen Bedeutung des Begriffes „Behinderung" und der großen Vielfalt an Behinderungen ist es schwer, einen Überblick über die exakte Zahl behinderter Menschen in Europa oder weltweit zu geben. Häufig treten etwa Mehrfachbehinderungen auf, sodass dann ein und dieselbe Person mehrmals in den Statistiken gezählt wird. Wir wollen es dennoch im Folgenden versuchen.

Behinderung in Österreich und Deutschland

In Österreich ist 2006 das Bundesbehindertengleichstellungsgesetz als wichtige rechtliche Antidiskriminierungsmaßnahme in Kraft getreten, schon seit 1969 gibt es das Behinderteneinstellungsgesetz, das die Integration von behinderten Menschen am Arbeitsplatz fördern soll. Maßgebend für die Behindertenpolitik sind jedoch die verschiedenen Landesgesetze der Bundesländer, die jeweils Maßnahmen gegen die Diskriminierung von Menschen mit Behinderung vorschreiben. In Deutschland besteht seit 2002 das Behindertengleichstellungsgesetz, das die Benachteiligung von behinderten Menschen beseitigen bzw. verhindern soll, sowie den Betroffenen uneingeschränkte Teilhabe am gesellschaftlichen Leben sichern soll. Dabei wird als behindert jemand definiert, dessen „körperliche Funktion, geistige Fähigkeit oder seelische Gesundheit mit hoher Wahrscheinlichkeit länger als sechs Monate von dem für das Lebensalter typischen Zustand abweichen" und der daher an der „Teilhabe am Leben in der Gesellschaft beeinträchtigt ist" (§3 BGG).

Im Jahr 2002 ergab eine Arbeitskräfteerhebung in den 25 EU-Ländern, dass 44,6 Millionen Europäer zwischen 16 und 64 Jahren, eine länger dauernde Gesundheitsbeeinträchtigung oder eine Behinderung haben – das entspricht fast 16 Prozent der Bevölkerung im Erwerbsalter. Bei jedem sechsten Menschen mit Behinderung besteht die Behinderung seit der Geburt, fast ein Fünftel erwirbt die chronische Gesundheitsbeeinträchtigung oder Behinderung in der Arbeit, und für etwa die Hälfte der Betroffenen haben andere, nicht mit der Arbeit in Zusammenhang stehende Lebensbedingungen zur Beeinträchtigung geführt (Eurostat 2003).

Mehr als zwei Drittel der schwerbehinderten Menschen im erwerbsfähigen Alter sind nicht erwerbstätig (verglichen mit weniger als einem Drittel der nicht behinderten Menschen). Behinderte Menschen haben eine doppelt so hohe Arbeitslosenrate wie nicht behinderte Menschen (Eurostat 2003).

Behinderungen treten zunehmend im Alter auf und sind häufiger in der Gruppe der niedrig Gebildeten, der Verwitweten und Geschiedenen vorzufinden (Eurostat 2003).

In den 25 EU Ländern schwankt der Prozentsatz der behinderten Personen im Erwerbsalter stark, während in Rumänien knapp sechs Prozent angeben, behindert zu sein, sind es in Finnland 32 Prozent (Diese Unterschiede haben wohl mit dem Verständnis der Frage im jeweiligen sozialen Kontext zu tun). In Deutschland sind elf Prozent und in Österreich 13 Prozent der Erwerbsfähigen von einer Behinderung oder länger dauernden Krankheit betroffen (Eurostat 2003).

Bis ins Jahr 1999 haben die reichsten Länder mindestens doppelt so viel Geld für behinderte Menschen aufgewendet wie für Arbeitslose (OECD 2003).

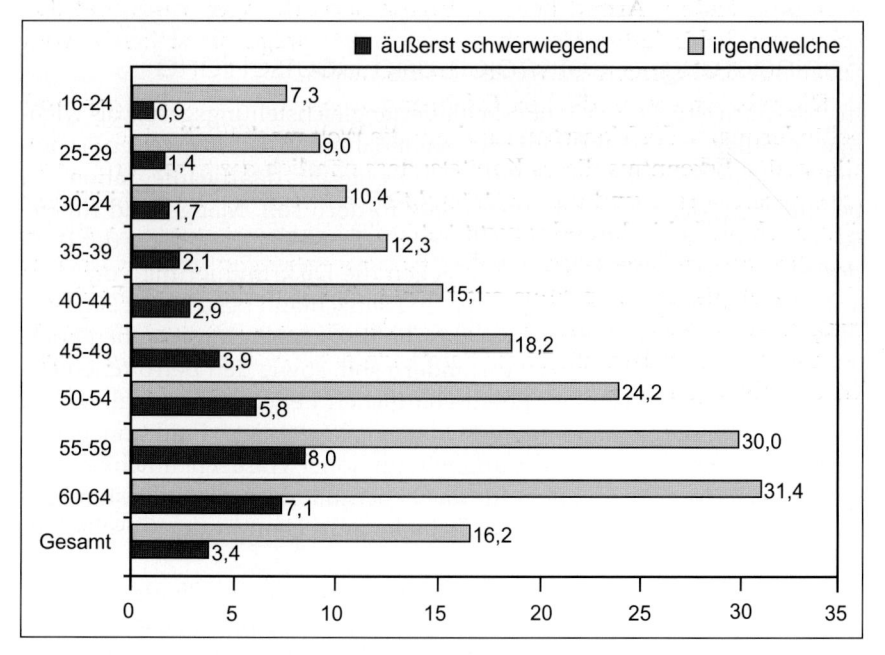

Abb. 7.5: Anteil der 16- bis 64-Jährigen, die nach eigenen Angaben unter langfristigen Gesundheitsproblemen oder einer Behinderung leiden, EU-25, 2002, nach Altersgruppen
Quelle: European Communities (2007), S. 99, Grafik 6.3.

Man schätzt, dass weltweit etwa 500 Millionen behinderte Menschen leben, 80 Prozent davon in Entwicklungsländern wie Indien und China (World Bank 2002). Die Weltgesundheitsorganisation WHO sagt, dass die Hauptursache für chronische Krankheiten und langfristige Behinderungen in Entwicklungsländern Armut, schlechte Hygiene, unzureichende Ernährung und schlechte Wohnverhältnisse sind. Verletzungen wie ein Knochenbruch führen in Entwicklungsländern oft zu langfristigen Behinderungen, die nicht auftreten müssten, wenn Behandlungs- und Rehabilitationsmöglichkeiten in gleichem Ausmaß wie im Westen zur Verfügung stünden. Eisenmangel, Anämie, chronische Nierenbeckenentzündungen (die mitunter durch die weibliche Genitalverstümmelung verursacht werden) sind Hauptgründe für Behinderungen von Frauen in Entwicklungsländern. Schätzungsweise 250.000 Kinder verlieren jährlich ihr Augenlicht wegen Unterversorgung mit Vitamin A, das etwa in Milchprodukten oder in grünem Gemüse vorkommt. So wird angenommen, dass bis zur Hälfte der weltweiten Behinderungen durch Maßnahmen gegen Armut und Unterernährung, die Verbesserung der Hygiene und Trinkwasserversorgung sowie Unfallverhütung am Arbeitsplatz (Charlton 1998) vermieden werden könnten. Kriege und ihre Folgen (wie verminte Landstriche) sind eine weitere Ursache für Behinderungen. Darüber hinaus erhalten in armen Ländern behinderte Kinder selten eine gleich gute Bildung wie nicht behinderte Kinder, was ihre Armut im späteren Leben nur noch verschlimmert. Aufgrund dieser Befunde können wir erkennen, dass in den Entwicklungsländern Armut Behinderungen hervorbringen kann und das Leben von behinderten Menschen in einer Art prägt, die sich sehr vom Leben mit Behinderung im Westen unterscheidet.

Die sehr unterschiedlichen Erfahrungen von Einschränkungen und Behinderungen, die Menschen rund um die Welt machen, illustrieren eine allgemeine Erkenntnis dieses Kapitels: dass nämlich die Erfahrung unserer eigenen Körper und unserer Interaktionen mit anderen – unabhängig davon, ob sie behindert oder nicht behindert, krank oder gesund sind – von den sich verändernden sozialen Zusammenhängen geprägt ist. Um eine soziologische Perspektive auf Krankheit, Gesundheit und Behinderung zu entwickeln, müssen wir die sozialen und technologischen Veränderungen untersuchen, die unser Verständnis dieser Aspekte im menschlichen Leben gestalten.

Zusammenfassung

1. Die westliche Medizin basiert auf dem biomedizinischen Modell von Gesundheit – der Vorstellung, dass Krankheit objektiv erklärbar ist und dass ein kranker Körper mit wissenschaftlicher medizinischer Behandlung wieder gesund werden kann. Das biomedizinische Modell von Gesundheit entstand gemeinsam mit modernen Gesellschaften. Es war an den Aufstieg der Bevölkerungswissenschaft (der Demografie, die die Größe, Zusammensetzung und Veränderungsdynamik der menschlichen Bevölkerung erforscht) und an das steigende Interesse der Staaten an der Förderung von Public Health geknüpft. Moderne Gesundheitssysteme werden stark von der Anwendung der Wissenschaft in medizinischer Diagnose und Behandlung beeinflusst.

2. Das biomedizinische Gesundheitsmodell wird zunehmend kritisiert. Diese Kritik besagt, dass die wissenschaftliche Medizin nicht so wirksam ist, wie man ihr das zuschreibt, dass weiters das medizinische Personal und insbesondere die Ärzte die Ansichten ihrer Patienten zu wenig würdigen und dass sich die Schulmedizin den alternativen Heilbehandlungen überlegen fühlt.

3. Soziologen interessieren sich für die Erfahrung der Krankheit – wie das Kranksein, eine chronische Krankheit oder eine Behinderung von der betroffenen Person und ihrem sozialen Umfeld erfahren wird. Die Idee der Rolle des Kranken wurde von Talcott Parsons entwickelt und besagt, dass eine kranke Person gewisse Verhaltensformen annimmt, um die durch die Erkrankung ausgelöste Störung des Alltags so gering wie möglich zu halten. Ein krankes Individuum erhält bestimmte Vorrechte, wie etwa das Recht sich von den normalen Verantwortlichkeiten zurückziehen zu dürfen, muss jedoch im Gegenzug aktiv am Gesundwerden mitwirken, indem es dem ärztlichen Rat folgt.

4. Symbolische Interaktionisten haben untersucht, wie (chronisch) kranke Menschen ihren Alltag bewältigen. Die Krankheitserfahrung kann Veränderungen in der persönlichen Identität und den täglichen Routinen auslösen. Diese soziologische Dimension des Köpers wird in vielen Gesellschaften immer wichtiger; die Menschen leben heute länger als je zuvor und leiden eher an chronischen und auszehrenden Krankheiten als an akuten Erkrankungen.

5. Die soziologische Forschung zeigt eine enge Verbindung zwischen Krankheit und sozialer Ungleichheit auf. In Industriegesellschaften haben Arme eine durchschnittlich niedrigere Lebenserwartung und sind anfälliger für Krankheiten als Wohlhabende. Reiche Länder haben auch eine durchschnittlich höhere Lebenserwartung als ärmere Länder. Einige Wissenschaftler meinen, dass man schichtspezifische Unterschiede im Gesundheitszustand durch kulturelle und verhaltensbedingte Muster erklären könne, wie etwa Ernährungsgewohnheiten und Lebensstil. Andere betonen die strukturellen Einflüsse wie Arbeitslosigkeit, Wohnqualität und schlechte Arbeitsbedingungen.

6. Gesundheits- und Krankheitsmuster variieren auch nach Geschlecht oder ethnischer Zugehörigkeit. In nahezu allen Ländern der Erde leben Frauen im Allgemeinen länger als Männer, doch sie haben eine

höhere Krankheitshäufigkeit als Männer. Manche Krankheiten treten häufiger bei ethnischen Minderheiten und Migranten auf. Genetische Erklärungen wurden vorgebracht, um geschlechtsspezifische und ethnische Unterschiede der Gesundheit zu erklären, doch sie allein können die Ungleichheit nicht erklären. Wenngleich es offenkundig eine biologische Basis für den Gesundheitszustand gibt, müssen die allgemeinen Gesundheits- und Krankheitsmuster auch die sozialen Faktoren und Unterschiede in den materiellen Lebensbedingungen der Gruppen berücksichtigen.

7. Das individuelle Modell von Behinderung behauptet, dass individuelle Einschränkungen die Hauptursache der Probleme sind, die behinderte Menschen erfahren. Im individuellen Modell wird die „körperliche Abnormalität" als Ursache für einen gewissen Grad an Behinderung und funktioneller Einschränkung gesehen. Diese funktionelle Einschränkung wird zur Basis einer allgemeinen Klassifikation des Individuums als „Invalide". Hintergrund des individuellen Modells ist die Sichtweise der Behinderung als „persönliche Tragödie".

8. Das soziale Modell der Behinderung ordnet die Ursache für die Behinderung eher der Gesellschaft als dem Individuum zu. Es sind nicht die Einschränkungen des Individuums, die die Behinderung verursachen, sondern die Barrieren, die die Gesellschaft gegen die volle Teilhabe der behinderten Menschen errichtet.

9. In den meisten reichen Ländern geben die Staaten für behinderte Menschen viel mehr Geld aus als für Arbeitslose. Dennoch sind behinderte Menschen eine der am meisten benachteiligten Gruppen in den entwickelten Ländern. Die meisten behinderten Menschen leben jedoch in den Entwicklungsländern.

Glossar

Biomedizinisches Gesundheitsmodell. Die Prinzipien der westlichen Medizin, durch die Krankheit objektiv anhand von Symptomen definiert werden kann. Das biomedizinische Modell geht davon aus, dass ein gesunder Körper durch wissenschaftlich überprüfte medizinische Behandlungsmethoden wieder hergestellt werden kann. Der menschliche Körper wird wie eine Maschine betrachtet, die man reparieren kann.

Demografie. Die Wissenschaft der menschlichen Bevölkerung. Sie untersucht vor allem die Größe, die Zusammensetzung nach Altersgruppen und Geschlecht und die Veränderungen aufgrund von Geburt und Tod.

Disability Studies. Soziologie der Behinderung: ein Wissenschaftszweig, der sich im Sinne des sozialen Modells der Behinderung für die Rechte behinderter Menschen – insbesondere ihre volle Teilhabe an der Gesellschaft und ihr unabhängiges Leben im Alltag – starkmacht. In den USA und Großbritannien wurden an Universitäten auch Studiengänge und Institute zu Disability Studies eingerichtet. Der Zugang der Disability Studies entspricht dem vieler sogenannter kulturwissenschaftlicher (Sub-)Disziplinen (wie etwa Postcolonial Studies oder Critical Whiteness Studies usw.), bei denen ein Perspektivenwechsel vollzogen wird: Behinderte Menschen sind nicht mehr das Objekt der medizinischen und sozialpädagogischen Forschung, sondern behinderte Menschen wollen Behinderung in ihrer Vielfalt – durchaus auch interdisziplinär – zum Ausgangspunkt einer anderen Weltsicht machen und damit eine Umwertung dessen, was im Allgemeinen als „normal" und „gesund" gilt, erreichen.

Epidemiologie. Die Erforschung von Verteilungsmustern und Auftretenshäufigkeiten von Krankheiten und krank machendem Verhalten (wie etwa Suchtverhalten) in der Bevölkerung.

Individuelles Modell der Behinderung. Die Theorie, die die individuellen Defizite eines behinderten Menschen als die Hauptursache für seine Schwierigkeiten betrachtet. In der körperlichen Abnormalität wird die Ursache der Behinderung oder funktionalen Beeinträchtigungen gesehen. Diese funktionale Beeinträchtigung wiederum führt zur Klassifizierung des behinderten Individuums als Invalide. Das individuelle Modell von Behinderung wird von Vertretern des sozialen Modells der Behinderung heftig kritisiert.

Institutionalisierter Rassismus. Diskriminierungspraktiken sozialer Institutionen, wobei die Diskriminierung auf ethnischen Unterschieden beruht.

Pathologien. Buchstäblich die wissenschaftliche Erforschung der Krankheiten, ihrer Ursachen, Prozesse, Entwicklungen und Konsequenzen.

Rolle des Kranken. Ein Begriff, der vom amerikanischen Funktionalisten Talcott Parsons stammt und der die Verhaltensmuster beschreibt, die ein Kranker annimmt, um die Störung anderer so gering wie möglich zu halten, die seine Krankheit verursacht.

Salutogenese. Als kritische Abgrenzung gegen die in unserer Gesellschaft vorherrschende Sicht der Gesundheit, die sich auf die einzelnen Symptome und vor allem auf die Defizite konzentriert, entwickelte der Medizinsoziologe Aaron Antonovsky das an den positiven Ressourcen ansetzende Modell der Salutogenese. Faktoren, die die Gesundheit schützen oder fördern, die daher auch präventiv wirken können, stehen im Zentrum dieser Perspektive. In ganzheitlicher Sicht betrachtet das Konzept der Salutogenese auch die psychosozialen und persönlichkeitsspezifischen Voraussetzungen, die einen Menschen nicht krank werden oder rascher gesunden lassen.

Soziales Modell der Behinderung. Eine Theorie, die die Ursache für Behinderung in der Gesellschaft und nicht im Individuum sieht. Nicht die individuellen Beeinträchtigungen führen demnach zu Behinderung, sondern die Barrieren der Gesellschaft, die volle Teilhabe für behinderte Menschen vereiteln.

Sozialisierung der Natur. Der Prozess durch den Menschen sich die Natur aneignen, also Prozesse kontrollieren, die als „natürlich" gelten wie etwa die Fortpflanzung.

Soziologie des Körpers. Die Untersuchung der sozialen Einflüsse auf unsere körperliche Beschaffenheit. Gesundheit und Krankheit sind beispielsweise von sozialen und kulturellen Einflüssen bestimmt.

Stigma. Ursprünglich vor allem körperliche Merkmale, die religiös als Zeichen für Ausgewähltheit gedeutet wurden, in der Soziologie aber auch soziale Merkmale, die benutzt werden, um als Anzeichen für Geringschätzung oder Abwertung benutzt zu werden.

Technologie. Die Anwendung von Wissen auf die materielle Produktion. Bei der Technologie werden materielle Geräte entwickelt (wie z.B. Maschinen), die bei der Auseinandersetzung des Menschen mit der Natur Anwendung finden.

Weiterführende Literatur

Nowotny, Helga & Giuseppe Testa (2009), *Die gläsernen Gene. Die Erfindung des Individuums im molekularen Zeitalter*, Frankfurt: Suhrkamp.

Wendt, Claus & Christof Wolf, Hg. (2006), *Soziologie der Gesundheit*, Kölner Zeitschrift für Soziologie und Sozialpsychologie, Sonderheft 46, Opladen: VS Verlag für Sozialwissenschaften.

Filme zum Thema

„Mein linker Fuß" (Irland 1989), Regie: Jim Sheridan

„Einer flog über das Kuckucksnest" (USA 1975), Regie: Miloš Forman

„Der Elefantenmensch" (USA 1980), Regie: David Lynch

„Schmetterling und Taucherglocke" (USA, Frankreich 2007), Regie: Julian Schnabel

„Das Meer in mir" (Frankreich, Spanien, Italien 2004), Regie: Alejandro Amenábar

„Sprich mit ihr" (Spanien 2002), Regie: Pedro Almodóvar

Internet-Tipps

Weltgesundheitsbehörde WHO
www.who.int/en/

Robert Koch Institut
www.rki.de/

8

Kriminalität und Devianz

Warum begehen manche Leute Verbrechen? Vor 100 Jahren dachten die meisten, die sich mit dieser Frage befassten, dass manche Menschen einfach biologisch kriminell seien. Der italienische Kriminologe Cesare Lombroso (1836–1909), glaubte sogar, dass man Kriminelle an anatomischen Eigenheiten erkennen könnte. Er untersuchte das Aussehen und die körperlichen Merkmale von Kriminellen, wie etwa die Schädelform, die Größe des Kiefers und die Armlänge, und schloss daraus auf Eigenschaften, die aus früheren Entwicklungsstadien der menschlichen Evolution stammten. Die Bilder Lombrosos, die die Körpermerkmale von Kriminellen zeigen sollen, finden Sie in nebenstehender Abbildung.

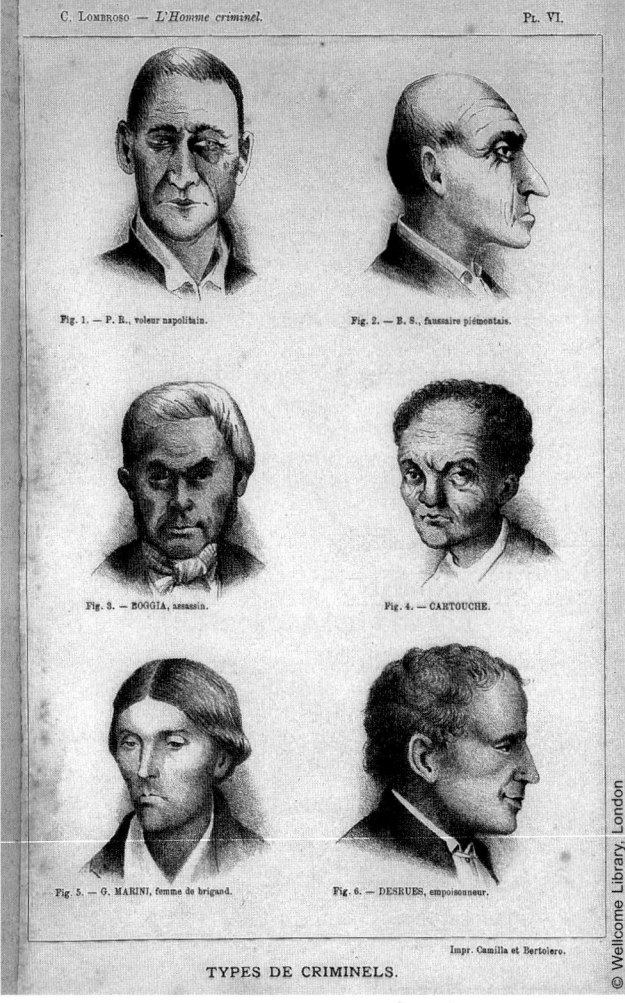

C. LOMBROSO — *L'Homme criminel.*   PL. VI.

Fig. 1. — P. R., voleur napolitain.

Fig. 2. — B. S., faussaire piémontais.

Fig. 3. — BOGGIA, assassin.

Fig. 4. — CARTOUCHE.

Fig. 5. — G. MARINI, femme de brigand.

Fig. 6. — DESRUES, empoisonneur.

Impr. Camilla et Bertolero.

TYPES DE CRIMINELS.

© Wellcome Library, London

Kriminelle Typen, wie sie Cesare Lombroso in seinem Buch *Der Verbrecher* ([1876] 1887) darstellt: ein Räuber aus Neapel, ein Fälscher aus dem Piemont, ein Mörder, Cartouche, dessen kriminelle Tendenz nicht genauer angegeben wird, die Frau eines Banditen und ein Giftmörder.

Lombrosos Ideen wurden schließlich gründlich diskreditiert und wirken heute für uns fast unfreiwillig komisch, wenngleich zu unterschiedlichen Zeitpunkten des vergangenen Jahrhunderts nur wenig verfeinerte Varianten seiner biologischen Erklärungen von Kriminalität wieder aufgetaucht sind. Eine spätere Theorie unterschied drei Haupttypen des menschlichen Körperbaues und behauptete, dass ein Typus direkt mit Delinquenz verknüpft wäre. Muskulöse, aktive Typen (*mesomorphe*) hatten dieser Auffassung nach eine höhere Wahrscheinlichkeit, kriminell zu werden, als jene, die schlank gebaut waren (*ektomorphe*), oder jene, die dicker waren (*endomorphe*) (Sheldon 1949; Glueck und Glueck 1956). Auffassungen dieses Typs wurden stark kritisiert. Sogar wenn ein Gesamtzusammenhang zwischen Körpertyp und Delinquenz bestünde, würde dies über die Wirksamkeit erblicher Faktoren nichts aussagen. Es mag sein, dass Leute von jenem muskulösen Körperbau, den Sheldon mit Delinquenz in Verbindung brachte, sich zu Bandenaktivitäten hingezogen fühlen, weil diese Gelegenheiten bieten, sportliche Neigungen körperlich auszuleben. Darüber hinaus waren fast alle Studien auf diesem Gebiet auf die Insassen von Jugendstrafanstalten beschränkt. Besteht also ein Zusammenhang mit dem Körperbau, dann kann auch sein, dass die kämpferischer und athletischer aussehenden Delinquenten eher eingesperrt werden als schlanke und zerbrechlich wirkende. Manche Individuen könnten zur Reizbarkeit und Aggressivität neigen, und dies könnte seinen Niederschlag in körperlichen Angriffen gegen andere finden. Doch gibt es keine schlüssigen Beweise, dass irgendwelche Persönlichkeitsmerkmale auf diese Art vererbt werden, und auch wenn das der Fall wäre, dann wäre ihr Zusammenhang mit der Kriminalität bestenfalls ein ziemlich weitläufiger.

Wenn biologische Sichtweisen der Kriminologie die Frage, warum manche Leute Verbrechen begehen, nicht zufriedenstellend beantworten können, wie ist es dann mit der Psychologie? Psychologische Sichtweisen der Kriminalität haben nach Erklärungen für die Devianz im Individuum gesucht und nicht in der Gesellschaft. Doch wo biologische Sichtweisen den Blick auf die körperlichen Eigenschaften richten, die ein Individuum zur Kriminalität prädisponieren, konzentrieren sich psychologische Darstellungen auf Persönlichkeitstypen. Viele frühe kriminologische Studien wurden in Gefängnissen oder anderen Institutionen wie Irrenanstalten durchgeführt. In dieser Umgebung hatten die psychiatrischen Theorien großen Einfluss. Man betonte besondere Eigenheiten an Kriminellen wie etwa „Schwachsinnigkeit" oder „moralische Entartung". Zum Beispiel meinte Hans Eysenck ([1964] 1980), dass abnormale geistige Zustände erblich seien; sie könnten ein Individuum entweder zur Kriminalität prädisponieren oder Probleme im Prozess der Sozialisation verursachen.

Manche legten nahe, dass sich bei einer Minderheit von Individuen eine amoralische oder psychopathische Persönlichkeit entwickelt. Psychopathen werden als in sich zurückgezogene, emotionslose Charaktere aufgefasst, die sich an der Gewalt um ihrer selbst willen ergötzen. Individuen mit psychopathischen Zügen begehen manchmal Gewaltverbrechen, doch ist das Konzept der Psychopathie sehr problematisch. Es ist keineswegs ausgemacht, dass psychopathische Züge unweigerlich kriminell sind. Fast alle Studien von Individuen, denen psychopathische Merkmale zugeschrieben wurden, wurden an Häftlingen durchgeführt, und diese Merkmale werden damit fast unweigerlich in negativer Weise dargestellt. Wenn wir die angeblich beteiligten Persönlichkeitsmerkmale positiv beschreiben, dann klingt dieser Persönlichkeitstyp ganz anders, und es scheint keinen besonderen Grund mehr zu geben, warum Leute dieses Typs inhärent kriminell sein sollten.

Psychopath

Psychologische Theorien der Kriminalität können bestenfalls einige Aspekte des Verbrechens erklären. Zwar mag eine kleine Minderheit von Verbrechern Persönlichkeitsmerkmale haben, die sich von jenen des Rests der Bevölkerung unterscheiden, doch ist es äußerst unwahrscheinlich, dass dies auf die Mehrheit zutreffen könnte. Es gibt sehr viele verschiedene Typen von Verbrechen, und es ist eher unplausibel, dass jene, die sie begehen, irgendwelche spezifischen psychologischen Merkmale gemeinsam haben.

Biologische und psychologische Sichtweisen der Kriminalität gehen von einer gemeinsamen Annahme aus: Devianz ist ein Zeichen dafür, dass mit dem Individuum etwas „nicht stimmt", und nicht eines, das etwas mit der

Gesellschaft zu tun hat. Kriminalität wird durch Faktoren verursacht gesehen, die sich der Kontrolle des Individuums entziehen und entweder im Körper oder im Geist eingebettet sind. Sobald die wissenschaftliche Kriminologie die Ursachen für Kriminalität bestimmen kann, wäre es möglich, diese Ursachen zu behandeln. In dieser Hinsicht sind sowohl die biologischen als auch die psychologischen Theorien von Kriminalität *positivistisch*. Wie wir in unserer Diskussion von Auguste Comte im Kapitel 1 gelernt haben, versteht man unter Positivismus die Auffassung, dass die Anwendung der naturwissenschaftlichen Methoden bei der Erforschung der sozialen Welt ihre Grundwahrheiten freilegen würde. Im Fall der Kriminologie führte dies zur Ansicht, dass empirische Forschung die Ursachen für Kriminalität festmachen und des Weiteren Empfehlungen zu ihrer Beseitigung abgeben könne. In jüngster Zeit haben einige Hirnforscher Vorstellungen propagiert, die auf eine modernisierte Version einer biologischen Erklärung von Kriminalität hinauslaufen. Sie argumentieren, dass sich mittels bildgebender Verfahren der Neurowissenschaften demonstrieren lasse, dass der „freie Wille" eine Fiktion sei und daher die herkömmliche Sicht der Kriminalität aufgegeben werden müsse. Kritiker dieser Sichtweise halten die bislang vorgebrachten Beweise für nicht stichhaltig, aber unzweifelhaft werden wir in der Zukunft wieder stärker mit, dieses Mal neurobiologischen Theorien der Kriminalität zu tun haben.

Frühe positivistische Kriminologie wurde von späteren Generationen von Wissenschaftlern heftig kritisiert. Sie argumentierten, dass eine zufriedenstellende Erklärung von Kriminalität soziologisch sein müsse, da soziale Institutionen festlegen, was kriminell ist und was nicht. Im Laufe der Zeit verlagerte sich das Interesse weg von individuellen Erklärungen der Kriminalität, wie die oben erläuterten, hin zu soziologischen Theorien, die den sozialen und kulturellen Kontext betonen, innerhalb dessen kriminelles und deviantes Verhalten auftritt. Jede vollständige Antwort auf die Frage, warum manche Leute Verbrechen begehen, muss soziologisch sein und wird höchstwahrscheinlich damit beginnen, die in der Frage enthaltenen Begriffe zu hinterfragen. In diesem Kapitel sehen wir uns mehrere soziologische Erklärungen für kriminelles und deviantes Verhalten an. Zuerst befassen wir uns näher mit der Bedeutung von Begriffen wie „Devianz" und „Kriminalität". Anschließend untersuchen wir Kriminalität in Europa, bevor wir uns am Ende dieses Kapitels einigen der wichtigsten Themen, die Verbrechensopfer und Täter betreffen, zuwenden.

Grundlegende Begriffe

Devianz kann als mangelnde Konformität gegenüber einer gegebenen Norm oder einer Menge von Normen definiert werden, die von einer hinreichend großen Anzahl von Personen in einer Gemeinschaft oder Gesellschaft akzeptiert werden. Man kann eine Gesellschaft nicht einfach in jene zerlegen, die von Normen abweichen, und in jene, die sich ihnen gegenüber konform verhalten. Die meisten von uns verstoßen gelegentlich gegen allgemein akzeptierte Verhaltensregeln. Wir haben vielleicht irgendwann einmal kleinere Diebstähle begangen, z.B. indem wir etwas in einem Geschäft mitgehen ließen, ohne dafür zu bezahlen, oder indem wir am Arbeitsplatz kleinere Dinge – wie etwa das im Büro aufliegende Schreibpapier – an uns genommen und privat verwendet haben. Dann und wann haben wir vielleicht einmal eine Geschwindigkeitsbeschränkung überschritten, jemandem einen Streich am Telefon gespielt oder illegale Drogen – wie Marihuana – konsumiert.

Devianz und Kriminalität sind keine Synonyme, wenn sie sich auch in vielen Fällen überlappen. Das Konzept der Devianz ist wesentlich breiter als das der Kriminalität, das sich nur auf nonkonformes Verhalten, das Gesetze bricht, bezieht. Viele Formen devianten Verhaltens werden nicht gesetzlich verboten und bestraft. Daher kann die Devianzforschung so unterschiedliche Phänomene wie FKK, die Ravekultur und New-Age-Anhänger untersuchen. **Devianz**

Devianz bezieht sich nicht nur auf individuelles Verhalten, sondern auch auf die Aktivitäten von Gruppen. Ein Beispiel ist der Hare-Krishna-Kult, eine religiöse Gruppe, deren Glaubensvorstellungen und Lebensweise sich von jenen der Mehrheit der Bevölkerung deutlich unterscheidet. Die Sekte fasste in den 1960er Jahren Fuß, als Sril Prabhupada aus Indien kam, um das Wort Krishnas im Westen zu verbreiten. Durch seine Botschaft wollte er vor allem junge Leute ansprechen, die Drogen nahmen, indem er verkündete, dass man, wenn man nur seinen Lehren folgte, „beständig high sein könnte und ein immerwährendes Glück entdecken könnte". Die Hare Krishnas wurden für viele zum vertrauten Anblick, wenn sie durch die Straßen, in Flughäfen und an anderen Orten tanzten und dazu sangen. Sie wurden vom Großteil der Bevölkerung mit Nachsicht betrachtet, auch wenn ihr Glaube als exzentrisch erschien.

Die Hare Krishnas stellen ein Beispiel einer devianten Subkultur dar. Obwohl die Zahl ihrer Mitglieder heute kleiner geworden ist, ist es ihnen nicht schwergefallen, innerhalb der Gesellschaft zu überleben. Die Organisation ist wohlhabend, da sie durch Spenden von Mitgliedern und Sympathisanten finanziert wird. Ihre Stellung unterscheidet sich von jener einer anderen devianten Subkultur, die wir hier zu Vergleichszwecken erwähnen können: jener der dauerhaft Obdachlosen. Solche Menschen leben bei Tag auf den Straßen und verbringen ihre Zeit in Parks oder öffentlichen Gebäuden (wie z.B. Bibliotheken). Oft schlafen sie auch im Freien, oder sie finden in Obdachlosenasylen eine Zuflucht. Viele dauerhaft Obdachlose können dem Leben nur eine erbärmliche Existenz am Rand der allgemeinen Gesellschaft abtrotzen. **deviante Subkultur**

Zwei unterschiedliche aber miteinander verwandte Disziplinen beschäftigen sich mit der Erforschung von Kriminalität und Devianz. Kriminologie befasst sich mit Verhalten, das strafrechtlich verfolgt wird. Kriminologen interessieren sich für die Messung von Kriminalität, Trends in Kriminalitätsraten und politische Strategien zur Kriminalitätsbekämpfung. Die Devianzforschung bezieht sich zwar auf kriminologische Forschung, aber untersucht auch Verhalten jenseits des Strafrechts. Devianzforscher versu- **Kriminologie** chen zu verstehen, warum manches Verhalten allgemein als deviant angesehen wird und wie diese Definitionen von Devianz auf unterschiedliche Menschen in der Gesellschaft verschieden angewendet werden.

Devianzforschung Die Devianzforschung lenkt unsere Aufmerksamkeit daher auf soziale *Macht* und auf den Einfluss sozialer Schichtung. Wenn wir die Devianz von oder die Konformität mit sozialen Regeln und Normen betrachten, müssen wir uns immer fragen, um *wessen* Regeln es sich handelt. Wie wir sehen werden, hängen soziale Normen stark von unterschiedlichen Machtpositionen und sozialer Schicht ab.

Kriminalität und Devianz erklären: Soziologische Theorien

Im Gegensatz zu einigen anderen Bereichen der Soziologie, wo eine bestimmte theoretische Perspektive sich als überragend herauskristallisiert hat, bleiben für die Devianzforschung viele theoretische Richtungen relevant. Nachdem wir kurz biologische und psychologische Erklärungen behandelt haben, wenden wir uns nun den vier soziologischen Sichtweisen zu, die in der Devianzforschung am einflussreichsten sind: funktionalistische Theorien, interaktionistische Theorien, Konflikttheorien und Kontrolltheorien.

Funktionalistische Theorien

Funktionalistische Theorien sehen Kriminalität und Devianz als Auswirkungen struktureller Spannungen bei gleichzeitigem Mangel an Regulierung in der Gesellschaft. Wenn das Streben von Individuen und Gruppen sich nicht mit den vorhandenen Belohnungen in Deckung bringen lassen, wird sich dieses Ungleichgewicht zwischen Wünschen und ihrer Erfüllung in devianten Reaktionen einiger Gesellschaftsmitglieder niederschlagen.

Kriminalität und Anomie: Durkheim und Merton

Wie schon im Kapitel 1 erwähnt, entwickelte Durkheim, einer der Gründerväter der Soziologie, den Begriff der Anomie im Zusammenhang mit der These, dass in modernen Gesellschaften traditionelle Normen und Standards untergraben werden, ohne durch neue ersetzt zu werden. Anomie
Anomie besteht, wo es in einem gegebenen Bereich des gesellschaftlichen Lebens keine klaren Verhaltensstandards gibt. Unter diesen Umständen, so Durkheim, fühlen sich Leute desorientiert und von Ängsten geplagt; Anomie ist daher einer der sozialen Faktoren, der der Neigung zum Selbstmord zugrunde liegt.

Durkheim sah Kriminalität und Devianz als soziale Tatsachen; er hielt beide für unvermeidliche und notwendige Elemente der modernen Gesellschaft. Durkheim zufolge unterliegen die Menschen in der modernen Zeit weniger Beschränkungen als in traditionellen Gesellschaften. Da es in der modernen Welt mehr individuellen Entscheidungsspielraum gibt, ist ein gewisses Maß an Nonkonformität unvermeidbar. Durkheim erkannte, dass in keiner Gesellschaft jemals vollständiger Konsens über die Normen und Werte bestehen kann.

Devianz ist nach Durkheim für die Gesellschaft also notwendig; sie erfüllt zwei wichtige Funktionen. Erstens hat Devianz eine *adaptive* Funktion. Indem sie neue Ideen und Herausforderungen in die Gesellschaft bringt, ist sie eine innovative Kraft und führt zu sozialem Wandel. Zweitens hält Devianz die Grenzen zwischen „gutem" und „schlechtem" Verhalten in der Gesellschaft aufrecht und hat damit eine *Erhaltungsfunktion*. Eine kriminelle Tat kann eine kollektive Reaktion hervorrufen, die die Gruppensolidarität erhöht und soziale Normen klarstellt. So können z.B. nach öffentlich diskutierten Fällen von Kindesmisshandlung Lehrer ein besonders wachsames Auge auf die ihnen anvertrauten Kinder haben und beim Verdacht von gewalttätigen Übergriffen sofort Anzeige erstatten.

Durkheims Vorstellungen von Devianz und Kriminalität hatten großen Einfluss darauf, das Gewicht von individuellen Erklärungen auf soziale Kräfte zu verlegen. Sein Begriff der Anomie wurde vom amerikanischen Soziologen Robert K. Merton (1910–2003) aufgenommen, der eine äußerst bedeutende Theorie der Devianz entwickelte, die die Quelle der Devianz in der Struktur der amerikanischen Gesellschaft ausmachte (Merton 1938, 1995).

Merton modifizierte den Begriff der Anomie, der sich bei ihm auf den Konflikt zwischen akzeptierten Normen und der gesellschaftlichen Realität und die dadurch erzeugte Belastung des individuellen Verhaltens bezieht. In der amerikanischen Gesellschaft – und in gewissem Ausmaß auch in anderen industrialisierten Gesellschaften – betonen allgemein verbreitete Werte das „Vorwärtskommen", das „Geldverdienen" etc., sprich: den materiellen Erfolg. Die Mittel zu dessen Erreichung sollen Selbstdisziplin und harte Arbeit sein. In diesem Glaubenssystem können Leute, die wirklich hart arbeiten, Erfolg haben, unabhängig davon, wo sie ihre Karriere begonnen haben. Dies stimmt in der Realität oft nicht, da die Mehrzahl der Benachteiligten über sehr eingeschränkte Gelegenheiten des Vorwärtskommens verfügt. Dennoch finden sich jene, die keinen „Erfolg haben", mit gesellschaftlicher Missbilligung konfrontiert, weil sie allem Anschein nach unfähig sind, materielle Fortschritte zu erzielen. In dieser Situation entsteht ein großer Druck, das „Vorwärtskommen" durch beliebige Mittel anzustreben, seien diese legitim oder illegitim. Nach Merton ist Devianz also ein Nebenprodukt wirtschaftlicher Ungleichheiten.

Merton identifizierte fünf mögliche Reaktionen auf die Spannungen zwischen den sozial akzeptierten Werten und den begrenzten Mitteln, diese zu verwirklichen.

Konformisten akzeptieren sowohl die allgemein verbreiteten Werte als auch die konventionellen Mittel, diese zu erreichen, unabhängig davon, ob sie nun erfolgreich sind oder nicht. Der Großteil der Bevölkerung fällt in diese Kategorie. *Innovatoren* sind jene, die die sozial gebilligten Werte weiterhin akzeptieren, doch illegitime oder illegale Mittel zu ihrer Erreichung einsetzen. Kriminelle, die durch illegale Betätigung zu Wohlstand gelangen wollen, illustrieren diese Reaktionsform.

Ritualismus charakterisiert jene, die sich weiterhin dem sozial akzeptierten Standard unterordnen, obwohl die Werte, die ursprünglich ihre Aktivität auslösten, schon längst aus ihrem Gesichtsfeld verschwunden sind. Die Regeln werden in zwanghafter Weise um ihrer selbst willen befolgt, ohne ein weiteres Ziel vor Augen. Ein Ritualist wäre z.B. jemand, der sich mit Hingabe einem langweiligen Job widmet, obwohl dieser keine Aufstiegsmöglichkeiten und wenig sonstige Auszahlungen bietet. *Aussteiger* sind Leute, die die Wettbewerbsperspektive gänzlich über Bord geworfen haben, also sowohl die herrschenden Werte als auch die üblichen Mittel, sie zu erreichen, ablehnen. Ein Beispiel wären die Mitglieder einer ihren Eigenbedarf deckenden Kommune. Schließlich ist *Rebellion* die Reaktion von Individuen, die sowohl die existierenden Werte als auch die vorgeschriebenen Mittel ihrer Verwirklichung verwerfen, aber aktiv den Wunsch verfolgen, diese durch neue zu ersetzen und das soziale System umzugestalten. In diese Kategorie fallen die Mitglieder radikaler politischer Gruppen.

Mertons Schriften sprachen eines der wichtigsten Rätsel der Kriminologie an, nämlich die Frage, warum bei zunehmendem Wohlstand einer Gesellschaft die Kriminalitätsraten weiter ansteigen. Indem Merton auf den Kontrast zwischen gestiegenen Ansprüchen und Bestrebungen und bestehender Ungleichheit in der Verwirklichung dieser Ansprüche betont, verweist er auf die *relative Deprivation* als wichtiges Element des abweichenden Verhaltens.

Die Idee der relativen Deprivation wird auch im Kapitel 12 – Armut, soziale Ausgrenzung und soziale Sicherheit diskutiert.

Subkulturelle Erklärungen

Später identifizierten Forscher abweichendes Verhalten mit subkulturellen Gruppen, die Normen übernehmen, die kriminelles Verhalten belohnen. Wie Merton sah Albert Cohen die Widersprüche innerhalb der amerikanischen Gesellschaft als Hauptursache für Kriminalität. Doch während Merton individuelle deviante Reaktionen auf die Spannung zwischen Werten und legitimen Mitteln betonte, sah Cohen die Reaktionen kollektiv in Subkulturen auftreten. In dem Buch *Delinquent Boys* (1961) argumentierte Cohen, dass junge Männer aus der Unterschicht sich aus Frustration über die Positionen, die sie in ihrem Leben erreichen, oft zu delinquenten Subkulturen – wie z.B. Banden – zusammenschließen. Diese Subkulturen lehnen die Mittelschichtswerte ab und ersetzen diese durch Normen, mit denen sie Missachtung ausdrücken, wie etwa Delinquenz oder andere Akte der Nonkonformität.

Richard A. Cloward und Lloyd E. Ohlin ([1960] 2001) stimmten mit Cohen darin überein, dass die meisten delinquenten Jugendlichen aus der Unterschicht kämen. Doch sie argumentierten, dass jene Jungen am stärksten gefährdet sind, die Mittelschichtwerte internalisiert haben und aufgrund ihrer Fähigkeiten ermutigt worden sind, eine Zukunft in der Mittelschicht anzustreben. Wenn diese Jungen dann ihre Ziele nicht realisieren können, sind sie besonders anfällig für Delinquenz. In ihrer Studie über Banden von kriminellen Jugendlichen fanden Cloward und Ohlin, dass solche Banden in subkulturellen Gemeinschaften entstehen, wo die Chancen, auf legitime Weise Erfolg zu haben, klein sind, wie z.B. bei unterprivilegierten ethnischen Minderheiten.

Definition von Devianz

Viele Menschen betrachten es als selbstverständlich, dass eine gut geordnete Gesellschaft darauf ausgerichtet ist, das Auftreten von abweichendem Verhalten zu verhindern. Doch wie wir gesehen haben, argumentieren Funktionalisten im Geiste Durkheims anders. Durkheim meinte, dass Devianz auch in der geordneten Gesellschaft eine wichtige Rolle spielt. Er argumentiert, dass wir durch die Festlegung, was deviant ist, uns unserer moralischen Standards vergewissern. Daher sollten wir nicht notwendigerweise die vollständige Beseitigung von Devianz anstreben. Es ist wahrscheinlicher, dass die Gesellschaft Devianz innerhalb angemessener Grenzen duldet und benötigt.

70 Jahre nachdem Durkheims Arbeiten erschienen sind, veröffentlichte der Soziologe Kai Erikson das Buch *Wayward Puritans* (Die widerspenstigen Puritaner. Zur Soziologie abweichenden Verhaltens, 1978), eine Studie der Devianz im Neuengland (USA) des 17. Jahrhunderts. Erikson war darauf aus, Durkheims Meinung zu überprüfen, dass die Zahl der Devianten, die eine Gemeinschaft aushält, über die Zeit konstant bleibt. Seine Forschungen führten zur Schlussfolgerung:

> Die Kapazität einer Gemeinschaft zur Bewältigung von Abweichungen kann grob geschätzt werden, indem man ihre Gefängniszellen und Krankenhausbetten zählt, ihre Polizisten und Psychiater, ihre Gerichte und Kliniken [...] Die Kontrollorgane (scheinen) ihre Aufgabe oft nur darin zu sehen, die Abweichungen *in Grenzen zu halten,* nicht aber, sie ganz und gar auszutilgen. (1978, S. 32)

Erikson geht in seiner Hypothese so weit zu sagen, dass Gesellschaften ihre Quoten an Devianz benötigen und auch so organisiert sind, diese aufrechtzuerhalten.

Was macht eine Gesellschaft, wenn der Anteil des devianten Verhaltens außer Kontrolle gerät? In dem 1993 geschriebenen umstrittenen Artikel *Defining Deviance Down* argumentierte der amerikanische Sozialwissenschaftler und Politiker Patrick Moynihan, dass das Niveau der Devianz in den USA die Akzeptanzgrenze überschritten habe. Dementsprechend habe man Devianz umdefiniert, um Verhaltensformen auszunehmen, die früher stigmatisiert worden waren, und gleichzeitig stillschweigend den Anteil des Normalen dadurch erhöht, dass man Verhalten als normal betrachtet, das früher als abnormal gegolten hatte.

Wie hat die amerikanische Gesellschaft das bewerkstelligt? Ein Beispiel von Moynihan war die in den 1950er Jahren beginnende Psychiatriereform der USA, die die Zwangsbehandlung von psychisch Kranken in Institutionen durch die Verabreichung von Beruhigungsmitteln ersetzte. So fiel die Zahl der Psychiatriepatienten in New York von 93.000 im Jahr 1955 auf 11.000 im Jahr 1992.

Was ist aber mit diesen Psychiatriepatienten passiert? Viele von ihnen sind die heutigen Obdachlosen, die auf den Straßen von New York City schlafen. Indem man Devianz „hinunterdefiniert", sind die Obdachlosen nicht irr, sondern nur mehr Menschen, denen der Zugang zu leistbaren Wohnungen fehlt. Gleichzeitig stieg das „normale" akzeptierte Niveau der Kriminalität. Moynihan erinnert daran, dass nach dem Valentinstag-Massaker 1929, bei dem sieben Gangster ermordet wurden, ganz Amerika empört war. Heute sind Gewaltverbrechen in Banden dagegen so häufig, dass sie kaum registriert werden. Moynihan sieht auch im Rückgang der Anzeigebereitschaft einen Normalisierungstrend. Er schließt daraus, dass wir uns heute an eine große Bandbreite von Verhalten gewöhnt haben, obwohl uns das nicht unbedingt guttut.

Bewertung

Funktionalisten betonen zu Recht die Verbindungen zwischen Konformität und Devianz in verschiedenen sozialen Zusammenhängen. Ein Mangel an Gelegenheiten, zu Erfolg im weiteren Sinne der Gesellschaft zu kommen, bildet den Hauptunterschied zwischen den Konformen und jenen, die kriminell werden. Wir sollten jedoch vorsichtig sein anzunehmen, dass die Leute aus den ärmeren Schichten das gleiche Maß an Erfolg anstreben wie die Reichen. Die meisten neigen dazu, ihre Erwartungen auf ein realistischeres Maß zurückzuschrauben. Merton, Cohen, Cloward und Ohlin können dafür kritisiert werden, dass sie annehmen, dass die Mittelschichtwerte in der gesamten Gesellschaft akzeptiert werden. Es wäre auch falsch anzunehmen, dass nur bei den Unterprivilegierten ein Ungleichgewicht zwischen Bestrebungen und Erfolgschancen gegeben sei. Es gibt auch unter anderen Gruppen den Druck, kriminell zu werden, wie etwa an Wirtschaftskriminalität („white-collar crime"), Unterschlagung, Betrug und Steuerhinterziehung abzulesen ist, die wir weiter unten untersuchen werden.

Interaktionistische Theorie

Soziologen, die sich aus der interaktionistischen Perspektive mit Kriminalität und Abweichung auseinandersetzen, konzentrieren sich darauf, Devianz als ein sozial definiertes Phänomen zu betrachten. Sie lehnen die Vorstellung ab, dass es ein Verhalten gibt, das inhärent deviant sein könne. Stattdessen fragen Interaktionisten, wie bestimmtes Verhalten ursprünglich als deviant definiert wird und warum bestimmte Gruppen als deviant etikettiert werden und andere nicht.

Einer der wichtigsten Ansätze der Erklärung der Kriminalität wird heute Etikettierungstheorie genannt – obwohl dieser Ausdruck selbst eher ein Etikett für ein Bündel von miteinander verwandten Ideen ist als die Bezeichnung eines einheitlichen Erklärungsansatzes. Die Etikettierungstheoretiker interpretieren abweichendes Verhalten nicht als Merkmal von Individuen oder Gruppen, sondern als einen *Prozess* der Interaktion zwischen Devianten und Nichtdevianten. Ihrer Auffassung nach müssen wir verstehen, warum manchen Leuten ein „deviantes" Etikett angeheftet wird, um das Wesen der Devianz selbst zu verstehen.

Etikettierungstheorie

Leute, die die Instanzen von Gesetz und Ordnung repräsentieren bzw. berechtigt sind, anderen ihre Definitionen der konventionellen Moral vorzuschreiben, sind die wichtigsten Akteure im Etikettierungsprozess. Die Etiketten, die durch ihre Anwendung Kategorien von Devianz erzeugen, bringen also die Machtstruktur einer Gesellschaft zum Ausdruck. Im Großen und Ganzen werden die Regeln, die abweichendes Verhalten definieren, und die Kontexte, in denen sie angewendet werden, den Armen von den Wohlhabenden vorgegeben, den Frauen von den Männern, den Jüngeren von den Älteren und den Minderheiten von den ethnischen Mehrheiten. So pflegen viele Kinder in die Gärten anderer Leute einzudringen, Fensterscheiben einzuwerfen, Obst zu stehlen oder die Schule zu schwänzen. In einem wohlhabenden Viertel könnten diese Aktivitäten von den Eltern, den Lehrern und auch der Polizei als vergleichsweise harmlose Aspekte des Heranwachsens aufgefasst werden. In armen Gebieten könnten sie

© Howard S. Becker

Howard S. Becker
geb. 1928

als Beweis jugendlicher krimineller Tendenzen aufgefasst werden. Wird ein Kind einmal als delinquent etikettiert, ist es als kriminell stigmatisiert und wird vermutlich von Lehrern und künftigen Arbeitgebern als wenig vertrauenswürdig eingeschätzt. Auch wenn die Handlungen in beiden Fällen dieselben sind, werden ihnen andere Bedeutungen zugeschrieben.

Howard Becker ist einer der Soziologen, der am engsten mit der Etikettierungstheorie in Verbindung gebracht wird. Er bemühte sich zu zeigen, wie deviante Identitäten durch Etikettierung entstehen und nicht durch deviante Motive oder deviantes Verhalten. Becker zufolge ist deviantes Verhalten deshalb deviant, weil es als deviant bezeichnet wird. Er war sehr kritisch gegenüber kriminologischen Ansätzen, die eine klare Trennung zwischen normal und deviant behaupteten. Für Becker ist das abweichende Verhalten nicht der bestimmende Faktor, der jemand deviant werden lässt. Vielmehr gibt es Vorgänge, die mit dem eigentlichen Verhalten gar nichts zu tun haben, die großen Einfluss darauf haben, ob eine Person als deviant etikettiert wird oder nicht; z.B. können die Kleidung, die Sprache oder das Herkunftsland einer Person zu Schlüsselfaktoren für die Etikettierung werden.

Die Etikettierungstheorie wurde auch mit Beckers Studien zum Marihuanagebrauch assoziiert (Becker [1963] 1981). Becker stellte fest, dass der regelmäßige Gebrauch von Marihuana nicht eine Frage der psychischen Spannungszustände des Konsumenten ist, sondern davon abhängt, ob man gelernt hat, die Effekte der Droge zu genießen, sich Quellen für diese illegale Droge erschlossen und für sich die Sicherheit im Konsum gewonnen hat, dass man nicht süchtig ist und sich durch den Konsum nicht gefährdet. Außerdem entwickeln Marihuanakonsumenten Rationalisierungen für den Konsum der Droge, wie etwa jene, dass Alkohol viel gefährlicher und dennoch legal sei.

Etikettierung beeinflusst aber nicht nur, wie andere eine Person sehen, sondern auch die Selbstwahrnehmung der Person. Edwin Lemert (1972) entwickelte ein Modell zum Verständnis dafür, wie Devianz entweder mit der Identität koexistieren kann oder aber zentral für sie wird. Lemert argumentiert, dass abweichendes Verhalten im Gegensatz zur landläufigen Auffassung ziemlich häufig ist und die Menschen meistens ungeschoren davonkommen. Das gilt zum Beispiel für deviante Handlungen wie Verkehrsvergehen, die selten ans Tageslicht kommen, während Kleinkriminalität wie Diebstahl von Büromaterial „übersehen" (i.S. von geduldet) wird.

primäre Devianz Lemert nennt die ursprüngliche Übertretungshandlung primäre Abweichung. In den meisten Fällen bleibt dieser Akt der Devianz marginal für die Identität der Person – der Prozess der sogenannten Normalisierung setzt ein. In manchen Fällen findet jedoch keine Normalisierung statt und die Person wird zum Kriminellen oder Devianten abgestempelt. Lemert **sekundäre** benutzte den Begriff sekundäre Abweichung, wenn das Individuum das **Devianz** ihm verliehene Etikett akzeptiert und sich selbst als deviant betrachtet. In solchen Fällen kann das Etikett für die Identität der Person zentral werden und zu einer Fortsetzung und Intensivierung des devianten Verhaltens führen.

Nehmen wir das Beispiel von Paul, der am Samstagabend mit seinen Freunden ausgeht und dabei ein Auslagenfenster zertrümmert. Diese Handlung kann unter Umständen als Zufallsergebnis übermütigen Verhaltens definiert werden, ein Merkmal, das man bei jungen Männern entschuldbar findet. Paul könnte mit einer Ermahnung oder einer kleinen Geldstrafe davonkommen. Hat er einen „ordentlichen" familiären Hintergrund, ist dies das wahrscheinliche Ergebnis. Das Zertrümmern des Fensters verbleibt dann im Bereich der primären Devianz, wenn der jugendliche Täter als jemand mit einem guten Charakter gesehen wird, der eben bei diesem Anlass etwas zu ausgelassen war. Wenn jedoch die Polizei und das Gericht in schärferer Weise reagieren, indem sie etwa eine bedingte Gefängnisstrafe verhängen und Paul dazu verpflichten, sich regelmäßig bei einem Sozialarbeiter zu melden, dann könnte der Vorfall den ersten Schritt auf dem Weg zur sekundären Devianz darstellen. Das „Erlernen des abweichenden Verhaltens" wird von eben jenen Organisationen verstärkt, die angeblich dazu da sind, deviantes Verhalten zu korrigieren – von Gefängnissen und sozialen Einrichtungen. (Chambliss' Studien über die „Heiligen und Raufbolde" wird im Kasten weiter unten diskutiert.)

Bewertung

Die Etikettierungstheorie ist wichtig, weil sie von der Annahme ausgeht, dass keine Handlung per se kriminell ist. Definitionen der Kriminalität werden von den Mächtigen produziert – durch die Formulierung von Gesetzen und deren Interpretation durch Polizei, Gerichte und Besserungsanstalten. Kritiker der Etikettierungstheorie haben manchmal darauf hingewiesen, dass es tatsächlich eine Anzahl von Handlungen gibt, die in allen oder praktisch allen Kulturen verboten sind, wie etwa Mord, Vergewaltigung und Raub. Diese Auffassung ist sicherlich falsch: Sogar in unserer eigenen Kultur wird das Töten nicht immer als Mord aufgefasst. In Kriegszeiten wird die Tötung des Feindes gebilligt, und bis vor Kurzem hat z.B. die deutsche Rechtsordnung den einer Frau von ihrem Ehemann aufgezwungenen Geschlechtsverkehr nicht als Vergewaltigung aufgefasst.

In überzeugenderer Weise können wir die Etikettierungstheorie aus anderen Gründen kritisieren. Bei der Betonung des aktiven Etikettierungsprozesses geraten jene Faktoren aus dem Blickfeld, die zu Handlungen führen, die als deviant definiert sind. Die Etikettierung ist offenkundig nicht völlig willkürlich; Unterschiede der Sozialisation, der Einstellungen und der Gelegenheiten beeinflussen das Ausmaß, in dem Leute Verhaltensweisen zeigen, die besonders anfällig dafür sind, als abweichend etikettiert zu werden.

Die Verbindung zwischen Mikro- und Makrosoziologie: „Die Heiligen und die Raufbolde"

William Chambliss hat in einer berühmten Studie die Verbindungen zwischen abweichendem Verhalten und sozialer Schichtung beschrieben. In *The Saints and the Roughnecks* (1973) erforschte Chambliss zwei Gruppen Delinquenter in einer amerikanischen Schule; Mitglieder der einen Gruppe (die Heiligen) stammten aus Familien der oberen Mittelschicht, die der anderen (die Raufbolde) aus armen Familien. Während die Heiligen konstant in Kleinkriminalität verwickelt waren, wie z.B. Trunkenheit, Vandalismus, Schulschwänzen und Diebstahl, wurde keiner von ihnen je verhaftet. Die Raufbolde verübten ähnliche Delikte, doch sie bekamen dauernd Schwierigkeiten mit der Polizei. Chambliss kam zum Schluss, dass keine Gruppe delinquenter als die andere war. Daraufhin betrachtete er andere Faktoren, die die unterschiedlichen Reaktionen der Polizei und der Öffentlichkeit auf die beiden Gruppen erklären könnten.

Chambliss fand z.B., dass die Mittelschichtsbande Autos hatte und sich daher den Blicken der Öffentlichkeit entziehen konnte, während sich die Unterschichtsjungen an öffentlichen Plätzen trafen. Chambliss schloss daraus, dass Unterschiede wie diese eigentlich auf die Schichtunterschiede in der Gesellschaft zurückgehen, wodurch bestimmte wohlhabendere Gruppen bevorzugt werden, wenn es um die Etikettierung als deviant geht. So betrachteten etwa die Eltern der Heiligen die Taten ihrer Söhne als harmlose Streiche, während die Eltern der Raufbolde sich der Meinung der Polizei anschlossen, die ihre Söhne als Kriminelle etikettierte. Die Gemeinde schien auch mit diesen Etiketten übereinzustimmen.

Alle Jungen führten ihr weiteres Leben in Übereinstimmung mit der Etikettierung: Die Heiligen lebten einen konventionellen Mittelschichtsalltag und die Raufbolde kamen kontinuierlich mit dem Gesetz in Konflikt. Wie wir weiter vorne in diesem Kapitel gesehen haben, wurde eine solche Entwicklung von Lemert als „sekundäre Devianz" bezeichnet, weil man annimmt, dass es einer Person unmöglich ist, ein normales Leben zu führen, wenn sie einmal als deviant etikettiert wurde.

Chambliss' Studie wird von Soziologen häufig herangezogen, um die Verbindung zwischen makrosoziologischen Faktoren, wie soziale Schicht, und mikrosoziologischen Phänomenen, wie die Etikettierung von Menschen als deviant, aufzuzeigen. Seine Studie bietet ein Beispiel dafür, wie schwer es ist, mikro- und makrosoziologische Faktoren in der sozialen Konstruktion von Devianz voneinander zu trennen.

Konflikttheorien: „Die Neue Kriminologie"

Das Buch *The New Criminology* von Taylor, Walton und Young im Jahr 1973 stellte einen wichtigen Bruch zu früheren Devianztheorien dar. Die Autoren griffen auf Elemente marxistischer Theorie zurück und argumentierten, dass Devianz eine bewusste Entscheidung und ihrer Natur nach politisch ist. Sie wiesen die Vorstellung zurück, dass Devianz von Faktoren wie Biologie, Persönlichkeit, Anomie, sozialer Zerrüttung oder Etiketten bestimmt werde. Stattdessen, so die Autoren, entschieden sich Individuen aktiv dafür, deviant zu sein, um damit auf die Ungleichheit im kapitalistischen System zu reagieren. Die Mitglieder von Gruppen der Gegenkultur, die als deviant angesehen werden – wie etwa die Black Power oder die Homosexuellenbewegung –, engagierten sich eindeutig politisch, um die

Neue Kriminologie soziale Ordnung damit herauszufordern. Die Theoretiker der Neuen Kriminologie betteten ihre Analyse von Kriminalität und Devianz in Begriffe der Gesellschaftsstruktur und der Machterhaltung der herrschenden Klasse.

Die erweiterte Perspektive der Neuen Kriminologie wurde von anderen Wissenschaftlern weiterentwickelt: Stuart Hall und andere Forscher am Birmingham Centre for Cultural Studies führten eine bedeutende Studie über verbrecherische Überfälle durch, die in den frühen 1970er Jahren in Großbritannien enorme Aufmerksamkeit erregten. Einige Überfälle erhielten sehr viel Beachtung und nährten die öffentliche Sorge über eine Explosion der Straßenkriminalität. Straßenräuber wurden durchwegs als schwarz dargestellt und trugen zum Vorurteil bei, dass Immigranten für den Zusammenbruch der Gesellschaft verantwortlich seien. In dem Buch *Policing the Crisis* (1978) argumentierten Hall und seine Kollegen, dass die moralische Entrüstung über die Raubüberfälle vom Staat und den Medien geschürt werde, um die Aufmerksamkeit weg von der Arbeitslosigkeit, den sinkenden Löhnen und anderen strukturellen Fehlern in der Gesellschaft zu lenken.

Zur gleichen Zeit untersuchten andere Kriminologen die Entstehung und Anwendung von Gesetzen und sagten, dass Gesetze die Werkzeuge der Mächtigen seien, um deren privilegierte Position zu schützen. Sie wiesen die Auffassung zurück, dass Gesetze etwas Neutrales seien oder gar auf alle Gesellschaftsmitglieder gleich angewendet werden würden. Stattdessen behaupteten sie, dass mit steigender Ungleichheit zwischen der herrschenden Klasse und der Arbeiterschicht die Bedeutung der Gesetze zur Aufrechterhaltung der ungerechten Ordnung immer mehr Gewicht bekäme. Diese Dynamik könne man an der Funktionsweise des Strafrechtssystems ablesen, das zunehmend unterdrückerischer gegenüber Tatverdächtigen aus der Unterschicht geworden sei; oder in der Steuergesetzgebung, die die Reichen unverhältnismäßig bevorzugt habe. Das Machtungleichgewicht ist jedoch nicht nur auf die Gesetzgebung beschränkt. Die Mächtigen brechen Gesetze häufig und werden dabei nur selten gefasst, doch diese Verbrechen sind insgesamt viel gravierender als die alltägliche Kleinkriminalität, die aber am meisten Beachtung findet. Doch aus Angst

Devianzverstärkung

Leslie Wilkins ([1964] 2001) interessierte sich dafür, welche Konsequenzen es hat, wenn man eine deviante Identität handhaben und in seinen Alltag integrieren muss. Er meint, dass das Resultat oft ein Prozess der Devianzverstärkung ist. Das bezieht sich auf die nicht beabsichtigten Handlungsfolgen, die sich daraus ergeben können, wenn eine Instanz, die ein Verhalten als deviant etikettiert, dadurch mehr von diesem Verhalten produziert. Wenn die etikettierte Person das Etikett durch sekundäre Devianz in ihre Identität integriert, wird dies höchstwahrscheinlich mehr Reaktionen der Kontrollinstanzen provozieren. Mit anderen Worten wird genau das Verhalten, das als unerwünscht angesehen wurde, verbreiteter und diejenigen, die als deviant etikettiert wurden, werden sich immer heftiger einer Änderung widersetzen.

Die weiteren Auswirkungen der **Devianzverstärkung** wurden durch das wichtige Buch von Stanley Cohen *Folk Devils and Moral Panics* (2004) illustriert. In dieser klassischen Studie untersuchte Cohen, wie die Polizei die britische Jugendsubkultur in den 1960er Jahren – die sogenannten Mods und Rocker – zu kontrollieren versuchte und sie dabei nur bekannter und attraktiver für andere Jugendliche machte. Im Versuch, die Jugendlichen zu kontrollieren, bewirkte der Prozess der Etikettierung einer Gruppe als Außenseiter und Unruhestifter das genaue Gegenteil und verursachte nur noch größere Probleme für die Ordnungskräfte. Exzessive Sensationsberichterstattung der Medien über die Mods und Rocker löste eine **moralische Panik** aus – ein Begriff, den Soziologen benutzen, um eine mediengesteuerte Überreaktion auf eine bestimmte Gruppe oder eine bestimmte Verhaltensform zu bezeichnen. Moralische Panik entsteht oft im Zusammenhang mit öffentlichen Angelegenheiten, die symptomatisch für die allgemeine soziale Ordnung angesehen werden; moralische Panik ist in den vergangenen Jahren z.B. bei Fragen wie Jugendkriminalität oder „Scheinasylanten" ausgebrochen.

vor der Verfolgung der Wirtschaftskriminellen konzentrieren sich die Ordnungshüter auf die weniger Mächtigen in der Gesellschaft, wie Prostituierte, Drogenkonsumenten und Kleinkriminelle (Pearce 1976; Chambliss 1978).

Diese und andere Studien der Neuen Kriminologie waren wichtig, um die Debatte über Kriminalität und Devianz zu verbreitern und Fragen der sozialen Gerechtigkeit, der Macht und der Politik hereinzuholen. Sie betonten, dass Kriminalität in allen Gesellschaftsschichten auftritt und im Zusammenhang mit Ungleichheit und Interessenkonflikten zwischen sozialen Gruppen gesehen werden muss.

Linker Realismus

In den 1980er Jahren kam ein neuer Strang der Kriminologie auf. Der als Neue Linke oder Linker Realismus bekannt gewordene Zweig der Kriminologie bezog einige neomarxistische Ideen der oben behandelten Neuen Kriminologen ein, doch distanzierte er sich stärker von „linken Idealisten", die eine zu romantische Sicht der Devianz hätten und die reale Angst vor Verbrechen in der Bevölkerung bagatellisierten. Über lange Zeit neigten viele Kriminologen dazu, die Bedeutung steigender offizieller Verbrechensraten herunterzuspielen. Sie bemühten sich nachzuweisen, dass die Medien unnötige öffentliche Unruhe über die Thematik erzeugten oder argumentierten, dass viele Verbrechen eine versteckte Auflehnung gegen die Ungerechtigkeit waren. Der Linke Realismus bewegte sich von dieser Position weg und betonte, dass es tatsächlich zu einem Anstieg in den Kriminalitätsraten gekommen war und dass die Sorge der Öffentlichkeit darüber verständlich und berechtigt war. Er besagt, dass die Kriminologie

Linker Realismus

sich stärker mit den eigentlichen Themen der Verbrechensbekämpfung und der Sozialpolitik beschäftigen sollte, statt abstrakt darüber zu diskutieren (Lea und Young 1984; Matthews und Young 1986).

Linker Realismus lenkte die Aufmerksamkeit auf die Opfer von Verbrechen und sagte, dass Opferstudien ein realistischeres Bild vom wahren Ausmaß der Kriminalität abgäben als offizielle Statistiken (Evans 1992). Solche Studien enthüllten, dass Kriminalität ein ernstes Problem vor allem in verarmten Stadtvierteln war. Linke Realisten hoben hervor, dass sich hohe Verbrechensraten und hohe Opferzahlen in marginalisierten Vierteln häuften – deprivierte und verarmte Gruppen der Gesellschaft haben ein viel höheres Risiko, Opfer eines Verbrechens zu werden als andere. Diesen Denkansatz ziehen Merton, Cloward und Ohlin und andere heran, wenn sie feststellen, dass sich in städtischen Gettos kriminelle Subkulturen entwickeln. Solche Subkulturen entwickeln sich nicht direkt aus der Armut als solcher, sondern aus der Ausgrenzung von der größeren Gemeinschaft. Gruppen kriminalisierter Jugendlicher operierten am Rande der „achtbaren Gesellschaft" und stellten sich gegen sie. Die Tatsache, dass die Verbrechensrate bei Schwarzen in den letzten Jahren gestiegen ist, wurde dem Umstand zugeschrieben, dass die Rassenintegration gescheitert ist.

Die in Kapitel 12 – Armut, soziale Ausgrenzung und soziale Sicherheit diskutierten Theorien der sozialen Ausgrenzung stellen den theoretischen Hintergrund des Linken Realismus dar.

Linker Realismus formulierte „realistische" Vorschläge für eine veränderte Polizeiarbeit, um die Trends in der Kriminalität zu durchbrechen. Die Ordnungskräfte müssen stärker auf die Gemeinden eingehen, statt sich auf militärisches Patrouillieren zu verlassen, durch das die Polizei den Rückhalt in der Öffentlichkeit verliert. Darüber hinaus kann die Polizei durch die Verlagerung des Hauptgewichts der Polizeiarbeit von der Routinearbeit und den administrativen Aufgaben auf die Untersuchung und Aufklärung von Verbrechen das Vertrauen der lokalen Bevölkerung gewinnen. Insgesamt stellt der Linke Realismus einen pragmatischeren und stärker politikorientierten Ansatz dar als viele kriminologische Sichtweisen, die ihm vorausgingen.

Kritiker des Linken Realismus akzeptieren die Betonung der Verbrechensopfer, doch sie werfen dem Linken Realismus vor, dass er sich nur auf die individuellen Opfer der politischen und mediengesteuerten Diskussionen des „Kriminalitätsproblems" beschränkt habe. Dieses eingeengte Verständnis von Kriminalität konzentriere sich auf die am meisten sichtbaren Formen der Kriminalität, wie der Straßenkriminalität, während es andere Vergehen, die etwa vom Staat oder großen Konzernen begangen werden, vernachlässige (Walton und Young 1998).

Kontrolltheorien

Die Kontrolltheorie postuliert, dass Kriminalität dann auftritt, wenn ein Ungleichgewicht zwischen den kriminellen Impulsen und der sozialen oder physischen Kontrolle zur Abschreckung besteht. Sie interessiert sich weniger für die Motive der Individuen, eine kriminelle Tat zu begehen; vielmehr wird angenommen, dass die Menschen rational handeln und dass jeder unter der Voraussetzung entsprechender Gelegenheiten deviant werden kann. Viele Formen der Kriminalität – so wird behauptet – seien das Ergebnis „situierter Entscheidungen" – eine Person sieht eine Gelegenheit und wird dadurch veranlasst zu handeln.

Einer der bekanntesten Kontrolltheoretiker ist Travis Hirschi, der argumentierte, dass die Menschen grundsätzlich selbstsüchtige Wesen seien, die in genauer Abwägung des Nutzens und Risikos entscheiden, ob sie sich kriminell verhalten sollen. In seinem Buch *Causes of Delinquency* ([1969] 2004) behauptet Hirschi, dass es vier Arten gibt, wie Menschen an die Gesellschaft und an gesetzeskonformes Verhalten gebunden sind: Verbundenheit („attachment"), Verbindlichkeit („commitment"), Beteiligung („involvement") und Glaube („belief"). Wenn diese Elemente stark genug sind, helfen sie, die soziale Kontrolle und Konformität aufrechtzuerhalten, indem sie den Menschen die Freiheit nehmen, Regeln zu brechen. Wenn die Bindungen zur Gesellschaft schwach sind, kann allerdings Delinquenz und Devianz auftreten. Hirschis Sichtweise deutet in die Richtung, dass Delinquente oft Menschen seien, deren niedrige Selbstkontrolle sich auf unvollständige Sozialisation zu Hause oder in der Schule zurückführen ließe (Gottfredson und Hirschi 1990).

Kontrolltheorie

Rechter Realismus

In den späten 1970er Jahren führte der Aufstieg der konservativen Premierministerin Margaret Thatcher in Großbritannien und des republikanischen Präsidenten Ronald Reagan in den USA zu einer drastischen Law-and-Order-Sicht der Kriminalität, die oft als Rechter Realismus beschrieben wird. Diese Sichtweise ist in der Kriminologie immer noch sehr einflussreich, vor allem in den USA. Die Wahrnehmung eines Anstiegs der Kriminalität wurde dem moralischen Verfall der Gesellschaft zugeschrieben, der Abnahme individuellen Verantwortungsgefühls aufgrund der Abhängigkeit vom Wohlfahrtsstaat, den freizügigen Erziehungspraktiken, dem Zerfall der Familie und der Gemeinden und der allgemeinen Auflösung traditioneller Werte (Wilson 1975). Öffentliche Debatten und ausufernde Medienberichterstattung kreisten um die Gewaltkrise und die Gesetzlosigkeit, die von der Gesellschaft Besitz zu ergreifen drohte.

Rechter Realismus

Für Rechte Realisten ist Devianz eine individuelle Pathologie – ein Bündel von destruktivem gesetzlosen Verhalten, zu dem sich die Menschen aktiv und bewusst entschließen, weil es ihnen an Selbstkontrolle und Moral fehle. Die Rechten Realisten lehnten die theoretischen Ansätze der Erforschung von Kriminalität, die weiter vorne in diesem Kapitel vorgestellt wurden, ab, insbesondere solche, die Kriminalität mit Armut in Verbindung bringen. Konservative Regierungen in Großbritannien und den USA begannen unter dem Einfluss des Rechten Realismus die Aktivitäten zur Strafverfolgung zu intensivieren. Polizeiapparate wurden ausgebaut, die Justizbudgets erhöht und lange Gefängnisstrafen wurden zunehmend als wirksamste Abschreckungsmaßnahme gegen Kriminalität gesehen.

Situierte Kriminalitätsbekämpfung – wie Alarm- und Überwachungssysteme – wurde zu einer verbreiteten Strategie des Kriminalitätsrisikomanagements (Vold u.a. 2002). Solche Strategien sind oft bei Politikern beliebt, weil sie ebenso wie bestehende Polizeieinsatzstrategien einfach einzuführen sind und den Bürgern das Gefühl vermitteln, dass entschieden gegen Kriminalität vorgegangen werde. Doch Kritiker sagen, dass solche Strategien nichts gegen die tiefer liegenden Ursachen der Kriminalität ausrichten könnten, wie etwa soziale Ungleichheit, Arbeitslosigkeit und Armut, und dass ihr größter Erfolg darin bestünde, einzelne Teile der Bevölkerung vor Kriminalität zu bewahren und die Delinquenz in andere Bereiche zu verlagern. Diese Dynamik kann an der physischen Ausgrenzung verschiedener Kategorien von Menschen aus öffentlichen Räumen illustriert werden, durch die Kriminalität reduziert oder das Sicherheitsempfinden gesteigert werden kann. Öffentliche Räume der Gesellschaft – wie Bibliotheken, Parks und auch Straßenecken – werden als Reaktion auf das Unsicherheitsgefühl in der Bevölkerung zu „Sicherheitsblasen". Risikomanagement wie Polizeipatrouillen, private Sicherheitsdienste und Überwachungskameras zielen darauf ab, die Öffentlichkeit vor potenziellen Risiken zu schützen. In Einkaufsstraßen werden Sicherheitsmaßnahmen immer häufiger und bilden einen Teil eines informellen Vertrages zwischen Konsumenten und Geschäften. Um Kunden anzuziehen und zu halten, müssen Geschäfte die Sicherheit und Bequemlichkeit ihrer Kunden gewährleisten. Junge Menschen werden von solchen Gebieten überproportional ausgeschlossen, weil sie als größere Bedrohung der Sicherheit wahrgenommen werden und statistisch häufiger Straftaten begehen als Erwachsene. In dem Maße, in dem mehr „Orte des Vertrauens" für Konsumenten geschaffen werden, schrumpfen die öffentlichen Orte für Jugendliche.

Die Polizeikräfte wurden infolge steigender Kriminalität ebenfalls verstärkt. Wenn Kriminalitätsraten steigen, ist der Ruf nach mehr Polizeipräsenz auf den Straßen nahezu unvermeidlich. Politiker, die entschiedenes Vorgehen gegen Kriminalität demonstrieren wollen, befürworten die Erhöhung der Zahl der Polizisten und der Polizeibudgets, um Kriminelle abzuschrecken. Die allgemeine Auffassung von Polizeiarbeit sieht diese als Eckpfeiler der Aufrechterhaltung von Recht und Ordnung. Doch worin besteht die eigentliche Rolle der Polizei bei der Verbrechenskontrolle? Eine größere Zahl von Polizisten muss nicht unbedingt zu sinkenden Kriminalitätsraten führen. In Großbritannien lassen Statistiken Zweifel über den Zusammenhang zwischen den beiden Zahlen aufkommen. Wenn allerdings mehr Polizei nicht weniger Kriminalität bedeutet, warum verlangt die Öffentlichkeit dann immer wieder nach mehr Polizeipräsenz auf den Straßen? Welche Rolle spielt die Polizeiarbeit in unserer Gesellschaft?

Verbrechenskontrolle

Einige Kontrolltheoretiker sehen in der steigenden Zahl der Gelegenheiten und Ziele die Ursache für die steigende Kriminalität in der modernen

Gesellschaft. Die Bevölkerung wird immer reicher, Konsum wird immer wichtiger für das Leben der Menschen. Immer mehr Menschen besitzen Waren wie Fernseher, Videoausrüstung, Computer, Autos und Designermode, die bei Dieben begehrt sind. Wohnungen und Häuser sind tagsüber verlassen, weil eine zunehmende Zahl von Frauen außer Haus erwerbstätig ist. „Potenzielle Straftäter" können also aus einer breiten Palette „passender Ziele" wählen. Weiters führt erhöhte Mobilität zu größerer Anonymität in den Städten.

Dementsprechend haben sich viele Strategien der Verbrechensbekämpfung in den letzten Jahren darauf konzentriert, die Zahl der Gelegenheiten für kriminelle Taten zu verringern. Zentral für diese Strategien sind Alarm- und Sicherungssysteme, die kriminelle Taten verhindern sollen, indem sie direkt in die Gelegenheitsstrukturen eingreifen. So sollen etwa Lenkradsperren bei neuen Autos Autodiebstähle verhindern. In manchen Telefonzellen wurden robustere Münzbehälter eingebaut, um opportunistische Vandalen abzuschrecken. Auch öffentliche Überwachungskameras (CCTV – Closed Circuit Television) in Stadtzentren und auf öffentlichen Plätzen wie U-Bahnen sind ein Versuch, kriminelle Aktivitäten zu verhindern. Kontrolltheoretiker sagen, dass es die bessere Strategie ist, praktische Maßnahmen zu setzen, um die Möglichkeiten eines Kriminellen, eine Straftat zu begehen, einzuengen, anstatt den Kriminellen selbst zu ändern.

Überwachungsstrategien werden in Kombination mit Null-Toleranz-Polizeiarbeit von Politikern in den letzten Jahren stark favorisiert und scheinen in manchen Zusammenhängen tatsächlich die Kriminalität eingeschränkt zu haben. Null-Toleranz-Polizeiarbeit bezieht sich auf Kleinkriminalität und verschiedene Formen des Unruhestiftens, wie etwa Vandalismus, Herumlungern, Betteln und öffentliche Trunkenheit. Polizeirazzien bei Kleinkriminalität sollen angeblich einen positiven Effekt auf die Reduktion ernsthafterer Verbrechen haben (siehe auch die folgende Diskussion der Glasscherbenvierteltheorie). Doch man kann auch Kritik daran üben. Überwachungskameras und Null-Toleranz der Polizei können nichts gegen die der Kriminalität zugrunde liegenden Ursachen ausrichten, sondern letztlich nur bestimmte Elemente der Gesellschaft vor Kriminalität schützen. Die wachsende Beliebtheit privater Sicherheitsdienste, Auto- und Einbruchsalarmsysteme, Sicherheitsschlösser, von Wachhunden und umzäunten Wohngebieten („gated communities" – vor allem in den USA und Südamerika) ließ manche Menschen annehmen, dass wir in einer Wehrgesellschaft leben, in der manche Segmente der Bevölkerung sich gezwungen fühlen, sich vor anderen zu verteidigen. Diese Tendenz zeigt sich nicht nur in Großbritannien und den USA bei der sich vergrößernden Kluft zwischen Arm und Reich, sondern tritt besonders drastisch in der früheren Sowjetunion, Südafrika und Brasilien hervor, wo sich unter den Privilegierten eine „Festungsmentalität" ausgebildet hat.

Es gibt auch noch eine andere nicht beabsichtigte Konsequenz dieser Strategien: Wenn die üblichen Kriminalitätsziele weniger zugänglich sind, verändern sich die Kriminalitätsmuster hin zu anderen Zielen. So betraf die Vorschrift, Lenkradsperren anzubringen, in Großbritannien nur neue

Null-Toleranz

Autos, woraufhin sich die Autodiebstähle einfach von den neueren auf die älteren Modelle verschoben. Überwachungsstrategien und Null-Toleranz-Polizeiarbeit führen unter Umständen dazu, dass sich die Kriminalität von gut geschützten in ärmere Gebiete verlagert. Viertel, die arm sind oder wenig sozialen Zusammenhalt bieten, nehmen dann einen Anstieg an Verbrechen wahr, während in den reichen Vierteln die Verteidigungsstrategien zunehmen.

Die Theorie der Glasscherbenviertel

Überwachungs- und Null-Toleranz-Strategien gehen zurück auf die Broken-Windows-Theorie (Glasscherbenvierteltheorie) (Kelling und Coles 1997). Die Theorie fußt auf einer Studie, die in den 1960er Jahren vom amerikanischen Sozialpsychologen Philip Zimbardo durchgeführt wurde. Er ließ alte verlassene Autos ohne Nummernschilder und mit offenen Kofferräumen in zwei völlig unterschiedlichen sozialen Umwelten aufstellen: in einem reichen Teil von Palo Alto in Kalifornien (nahe San Francisco, wo die private Stanford University beheimatet ist) und in einem armen Viertel in der Bronx in New York. An beiden Plätzen wurden die Autos demoliert, sobald Passanten – unabhängig ob weiß oder schwarz – bemerkten, dass die Autos verlassen waren und sich „niemand darum kümmerte" (Zimbardo 1969).

Die Vertreter der Glasscherbenvierteltheorie schlossen aus der Studie, dass jedes Anzeichen sozialer Unordnung oder Gewalt – und sei es nur eine zerbrochene Fensterscheibe – in einer Gemeinde das Auftreten ernsthafterer Verbrechen begünstige. Eine zerbrochene Fensterscheibe ist ein Zeichen dafür, dass sich niemand kümmert, sodass es einleuchtend erscheint, wenn man mehr Scheiben einwirft. So könnten kleinere Akte des Vandalismus und der sozialen Unordnung zu einer Spirale der Gewalt und des sozialen Ruins führen (Felson 1994).

Seit den 1980er Jahren hat die Glasscherbenvierteltheorie dazu geführt, dass sich neue Polizeistrategien vor allem auf die Ahndung der Kleinkriminalität konzentrierten, wie Trunkenheit oder Drogengebrauch in der Öffentlichkeit und Verkehrsvergehen. In großen amerikanischen Städten wurde die Null-Toleranz-Polizeiarbeit allgemein eingeführt, nachdem sie so erfolgreich in der Kriminalitätsbekämpfung in New York City in der Amtszeit von Bürgermeister Rudolph Giuliani (1994–2001) war. Beginnend mit einer Kampagne, die Sicherheit in der U-Bahn zu erhöhen, dehnte die New Yorker Polizei ihre Null-Toleranz-Strategie auf die Straßen aus, indem sie gegen Bettler, Obdachlose, Straßenverkäufer und Besitzer von Sexshops und -clubs vorging. Nicht nur die Raten für gewöhnliche Straftaten wie Diebstahl und Raubüberfälle gingen zurück, sondern die Zahl der Morde erreichte einen historischen Tiefstand.

Ein wichtiger Makel der Glasscherbenvierteltheorie ist allerdings, dass es der Polizei überlassen wird zu definieren, was soziale Unordnung ausmacht. Ohne eine systematische Definition von Unordnung hat die Polizei freie Hand, in fast allem, was sie sieht, Zeichen sozialer Unordnung und eine Bedrohung zu sehen. Tatsächlich stiegen mit den fallenden Kriminalitätsraten die Zahlen der Beschwerden wegen Polizeiübergriffen und Gewalt vor allem gegen junge, schwarze Männer, da diese dem „Profil" des potenziellen Kriminellen entsprachen.

Theoretische Schlussfolgerungen

Welches Ergebnis wird also durch diesen Überblick über die verschiedenen existierenden Theorien der Kriminalität nahegelegt? Zunächst müssen wir eine Beobachtung, die wir weiter oben bereits angestellt haben, wiederholen. Obwohl das „Verbrechen" nur eine Subkategorie des devianten Verhaltens ist, beinhaltet es eine derartige Vielfalt von Verhaltensweisen – von der Entwendung einer Schokoladetafel bis hin zum Massenmord –, dass es unwahrscheinlich und unmöglich ist, eine einzige Theorie zu formulieren, die alle Formen des kriminellen Verhaltens erklären könnte.

Der allgemeine Beitrag soziologischer Theorien des Verbrechens ist ein zweifacher. Erstens betonen diese Theorien zu Recht die fließenden Übergänge zwischen kriminellem und „respektablem" Verhalten. Die Situationen, in denen bestimmte Arten der Aktivität als kriminell und als strafrechtlich bedeutsam aufgefasst werden, sind äußerst vielfältig. Zweitens herrscht allgemeine Übereinstimmung darüber, dass kriminelle Aktivitäten ein starkes kontextuelles Element aufweisen. Ob jemand kriminelle Handlungen begeht oder als Verbrecher betrachtet wird, wird in grundlegender Weise von sozialen Lernprozessen und den sozialen Umgebungen der Individuen beeinflusst.

Trotz ihrer Mängel ist die Etikettierungstheorie vielleicht der nützlichste Zugang zum Verständnis von Aspekten des Verbrechens und des abweichenden Verhaltens. Diese Theorie macht uns hellhörig gegenüber den Bedingungen, unter denen manche Arten von Aktivität als strafwürdig definiert werden, und gegenüber den Machtbeziehungen, die der Bildung solcher Definitionen zugrunde liegen, wie auch gegenüber den Umständen, unter denen bestimmte Individuen „vom rechten Weg abweichen".

Das Verständnis von Kriminalität hat direkte Auswirkungen auf die Strategien zur Verbrechensbekämpfung. Wenn z.B. Kriminalität als Ergebnis der Verarmung und sozialer Desorganisation gesehen wird, werden sich die Strategien auf die Bekämpfung von Armut und den Ausbau sozialer Dienste beziehen. Gilt Kriminalität als ein freiwilliges Handeln der Menschen, dann wer-

© New Yorker Cartoonbank.com

„Wir sind zu dem Urteil gekommen, dass wir alle als Gesellschaft verantwortlich sind, aber nur der Angeklagte schuldig ist."

den die Bemühungen zur Verbrechensbekämpfung eine andere Form annehmen. Wir wenden uns nun den jüngsten Entwicklungen in der Kriminalität in Europa und speziell in Deutschland zu und betrachten darüber hinaus einige politische Gegenstrategien.

Kriminalität in Europa

Gemessen an der polizeilichen Kriminalstatistik ist die Zahl der Straftaten in Deutschland in den letzten 50 Jahren stark gestiegen: Wurden 1963 gerade einmal 3.000 Straftaten pro 100.000 Einwohner registriert, stieg diese Zahl auf mehr als 8.000 in den frühen 1990er Jahren an und sank seither wieder leicht ab. Zwischen 1975 und 1995 hat sich die Zahl der angezeigten Straftaten in Deutschland mehr als verdoppelt (BMI 2006).

In den Ländern der Europäischen Union ist die polizeilich registrierte Kriminalität seit 2002 leicht zurückgegangen, wobei es nur in etwa der Hälfte der EU-Länder vergleichbare statistische Daten gibt, die eine Trendaussage zulassen. Das Ende der ständig steigenden Kriminalitätsrate hat auch Experten überrascht. Die Ursachen für diese Trendumkehr sind noch immer ebenso ungewiss, wie die Frage, ob es sich um eine dauerhafte Umkehrung eines Trends handelt.

Trotz dieses Rückganges in der polizeilichen Kriminalstatistik bleibt in der Bevölkerung der Eindruck weitverbreitet, dass die Kriminalität über die Jahre gestiegen ist und auch gravierender wurde (Nicholas u.a. 2005). Kürzlich wurde darüber berichtet, dass die Angst vor den wichtigsten Verbrechensarten rückläufig sei, während die Furcht vor antisozialem Verhalten zunahm (Clegg u.a. 2005). Wenn früher Verbrechen als etwas Außergewöhnliches und Randständiges betrachtet wurde, so ist es in den letzten Jahren zu einer bedeutenden Sorge im Alltag vieler Menschen geworden. Umfragen zeigen, dass die Menschen heute wesentlich mehr Angst vor Kriminalität haben als früher und dass sie sich deshalb unsicherer fühlen, wenn sie nach Einbruch der Dunkelheit außer Haus gehen. Sie fürchten sich auch mehr vor Einbrüchen oder vor Gewalttätigkeiten. Die Menschen sorgen sich heute mehr über weniger bedeutende Störungen, wie Graffiti, betrunkene Rowdies und Gruppen von Jugendlichen, die sich in den Straßen aufhalten.

Wie viel Kriminalität gibt es tatsächlich und wie groß ist das Risiko, Opfer eines Verbrechens zu werden? Diese Fragen waren in den letzten Jahren heiß umstritten, weil die zunehmende Medienberichterstattung über Verbrechen einen öffentlichen Aufschrei provoziert hat und weil Politiker immer wieder versprochen haben, dass sie „hart durchgreifen" werden. Doch die Art und Verteilung der Kriminalität oder gar die Effekte der Verbrechensbekämpfung zu klären, hat sich als äußerst komplizierte Aufgabe erwiesen.

Gründe	Vandalismus	Einbruch	Diebstahl aus Fahrzeugen und versuchte Diebstähle[a]	Anderer Diebstahl aus Haushalt	Taschen-diebstahl	Gewalt-verbrechen[b]	Alle Verbrechen
Banal/kein Schaden/Polizei würde oder könnte nichts unternehmen[c]	82	72	85	78	71	47	72
Privat geregelt	16	20	12	19	16	46	22
Anzeige zu aufwändig	5	4	8	6	9	5	6
Anderen Behörden angezeigt	2	4	1	2	17	8	5
Gründe, die mit Polizei zu tun haben[d]	3	3	3	2	1	2	2
Angst vor Vergeltung	2	4	1	1	0	6	2
Andere Gründe	1	2	1	1	1	2	2
Ungewichtete Basis	*1377*	*284*	*926*	*818*	*377*	*545*	*4739*

a) Fahrzeugdiebstahl wegen geringer Fallzahl nicht angeführt.
b) Inkludiert Delikte wie Vandalismus, Einbruch, Fahrzeugdiebstahl, leichte und schwere Körperverletzung, Raub und Trickdiebstahl.
c) Die Antwortmöglichkeiten „Zu banal/kein Schaden entstanden/wären nicht interessiert gewesen/Straftat nur versucht aber nicht erfolgreich" wurden wegen ihrer Ähnlichkeit zusammengefasst.
d) Gründe der Polizei umfassen: Angst oder Vorbehalte gegenüber der Polizei und negative Vorerfahrungen mit Polizei und Justiz.

Tab. 8.1: Gründe, ein Verbrechen nicht bei der Polizei anzuzeigen, 2003/2004, in Prozent (mehr als eine Antwortmöglichkeit)
Quelle: Nicholas u.a. (2005).

Kriminalität und Kriminalstatistik

Um das Ausmaß der Gesamtkriminalität bzw. einzelner häufiger Verbrechensarten zu bestimmen, kann man die offiziellen polizeilichen Statistiken über angezeigte Verbrechen heranziehen. Da solche Statistiken regelmäßig veröffentlicht werden, scheint es nichts Einfacheres zu geben, als die Kriminalitätsrate zu ermitteln – doch das ist ein Irrglaube. Statistiken über Kriminalität und Delinquenz gehören wahrscheinlich zu den am wenigsten verlässlichen Zahlen über soziale Belange. Kriminologen haben immer wieder betont, dass man Kriminalitätsstatistiken mit Vorsicht genießen muss.

Erstens ist eines der Hauptprobleme der polizeilichen Kriminalstatistik, dass eine große Zahl von Verbrechen der Polizei gar nicht bekannt gemacht wird. Es gibt viele Gründe, warum Menschen sich gegen eine Anzeige entscheiden (s. Tab. 8.1). Sogar in Fällen, wo ein Opfer verletzt worden ist, werden mehr als die Hälfte der Fälle nicht bei der Polizei angezeigt; die Opfer behaupten etwa, dass es sich um eine Privatangelegenheit handle oder um etwas, das sie selbst in den Griff bekommen können. Verbrechen werden auch aus anderen Gründen nicht angezeigt. Manche Formen von Gewalt sind etwa „versteckter". Körperliche oder sexuelle Misshandlungen finden häufig hinter verschlossenen Türen im Privathaushalt oder in Heimen oder Gefängnissen statt. Opfer fürchten mitunter, dass ihnen die Polizei keinen Glauben schenken werde oder dass die Misshandlungen nur noch schlimmer werden würden. Wie wir weiter unten sehen werden, sind die Opfer häuslicher Gewalt besonders zurückhaltend, wenn es darum geht, die Straftat anzuzeigen. Manche Menschen glauben, dass die Tat zu belanglos ist, um angezeigt zu werden, oder dass die Polizei ohnehin nichts dagegen ausrichten kann. Autodiebstähle wiederum werden wohl ausnahmslos angezeigt, weil das für die Forderungen der Bestohlenen bei der Versicherung notwendig ist.

Eine personelle Vergößerung des Polizeiapparates erhöht die polizeiliche Kriminalitätsrate bei bestimmten Delikten wie etwa Drogenhandel, weil Anzeigen immer auch eine Art von Erfolgsnachweis der ermittelnden Polizisten sind.

Der allgemeine Effekt dieser lediglich teilweisen Erfassung von Straftaten durch die polizeiliche Kriminalstatistik ist, dass die Kriminalitätsrate nur einen Ausschnitt der begangenen Verbrechen zeigt. Die Taten, die nicht in der offiziellen Statistik aufscheinen, werden *Dunkelziffer* genannt.

Opferstudien Möglicherweise bietet der European Crime and Safety Survey (EU ICS 2005) – eine international vergleichende Opferstudie – ein genaueres Bild der Kriminalität. Bei Opferstudien wird in einer repräsentativen Bevölkerungsumfrage gefragt, ob man im vergangenen Jahr Opfer einer Straftat geworden ist, womit auch Verbrechen registriert werden, die nicht in der polizeilichen Kriminalstatistik aufscheinen. Opferstudien basieren auf Befragungen von Menschen, die in Privathaushalten leben. Der European Crime and Safety Survey fragte etwa danach, ob man Opfer eines Gewalt- oder Eigentumsdeliktes geworden ist, ob man Opfer sexueller Gewalt

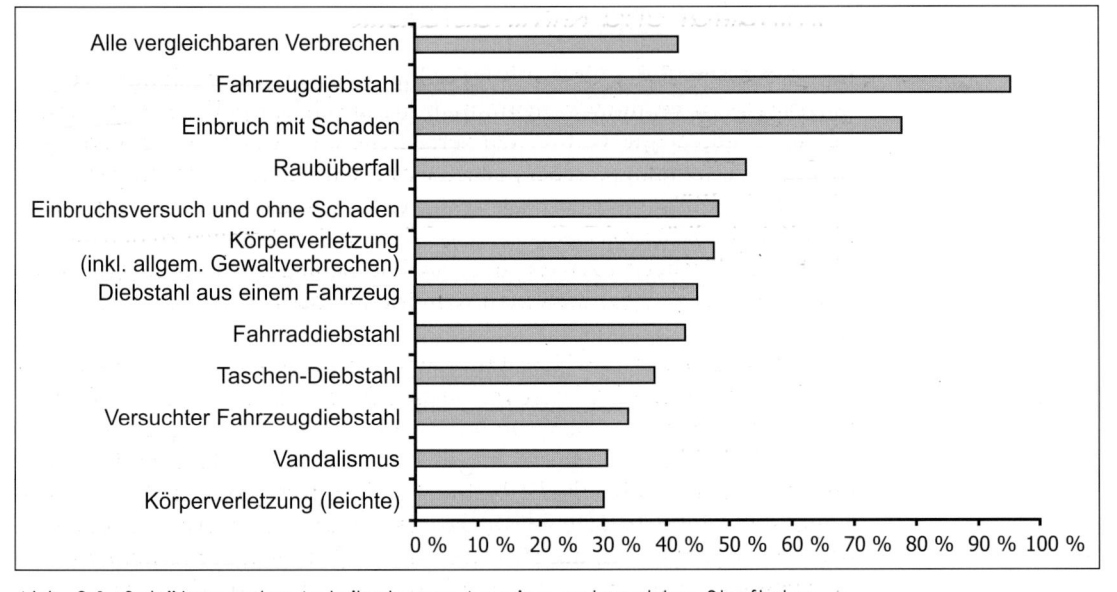

Abb. 8.1: Schätzung des Anteils der zur Anzeige gebrachten Straftaten
Quelle: Nicholas u.a. (2005).

wurde, ob man persönlich in Kontakt mit Problemen kam, die mit Drogenkriminalität in Verbindung stehen, wie etwa weggeworfene Spritzen in einem Park, oder ob man aufgefordert wurde, ein Bestechungsgeld zu bezahlen. Das Hauptergebnis des European Crime and Safety Survey 2005 war, dass die Kriminalität in 16 der 18 untersuchten EU-Länder signifikant zurückgegangen ist (EU ICS 2005).

Obwohl Opferstudien wertvolle Indikatoren liefern, sind auch ihre Befunde mit Vorsicht zu behandeln. In manchen Fällen kann die Methode der Studie selbst dazu führen, dass manche Verbrechen deutlich unterrepräsentiert sind. Da Personen in Privathaushalten befragt werden, kann das in Fällen häuslicher Gewalt dazu führen, dass ein befragtes Opfer in Anwesenheit seines Peinigers bzw. am Ort des Verbrechens nicht angeben wird, dass eine Straftat begangen worden ist. Darüber hinaus werden Kinder unter 16 Jahren nicht befragt. Dasselbe gilt für Obdachlose oder Anstaltsinsassen, was insbesondere bei Häftlingen in Gefängnissen, die sehr häufig Opfer von Gewaltverbrechen werden, eine gravierende Verzerrung mit sich bringt. Generell weiß man, dass diese Gruppen ein viel größeres Risiko tragen, Opfer von Straftaten zu werden.

Eine andere Informationsquelle über Kriminalität bilden Selbstauskunftsstudien, in denen Menschen gebeten werden, anonym die von ihnen jemals begangenen Straftaten zu gestehen. Natürlich haben auch diese Studien den Nachteil, dass sie kein getreues Bild abgeben, weil die Befragten womöglich aus Angst vor den Konsequenzen nicht bereit sind, ein Fehlverhalten in der Studie zuzugeben. Es kann auch zu Verzerrungen nach oben kommen, wenn jemand damit prahlen will, was für ein „schwerer Junge" er ist.

Opfer und Täter

Werden manche (Gruppen von) Menschen häufiger als andere Verbrecher und Opfer von Verbrechen? Kriminologen bejahen dies – Forschungen und die Kriminalstatistik zeigen, dass Kriminalität und Viktimisierung (Opfer zu sein) in der Bevölkerung nicht zufällig verteilt sind. Männer begehen viel mehr Straftaten als Frauen; junge Menschen sind häufiger in Verbrechen verwickelt als ältere.

Die Wahrscheinlichkeit, Opfer von Straßenkriminalität zu werden, ist eng an die Wohnumgebung geknüpft. In verarmten Gebieten gibt es allgemein höhere Kriminalitätsraten als etwa in reichen Vorstadtvierteln. Oft leben überproportional viele Migranten in heruntergekommenen Stadtvierteln, was dazu führt, dass sie ein höheres Risiko haben, Opfer von Verbrechen zu werden.

Gender und Kriminalität

Wie viele Bereiche der Soziologie hat auch die Kriminologie traditionell die Hälfte der Bevölkerung ignoriert. Feministinnen haben die Kriminologie völlig zu Recht dafür kritisiert, dass Frauen weitgehend unsichtbar bleiben, sowohl was theoretische Überlegungen als auch empirische Studien betrifft. Seit den 1970er Jahren haben feministische Arbeiten das Augenmerk darauf gerichtet, dass kriminelle Handlungen von Frauen in anderen sozialen Zusammenhängen auftreten als bei Männern; sie haben auch untersucht, inwiefern die Erfahrungen der Frauen mit dem Polizeiapparat und der Strafjustiz von geschlechtsspezifischen Annahmen über angemessene Frauen- und Männerrollen beeinflusst sind. Feministinnen haben mit ihrer Kritik dazu beigetragen, die Häufigkeit von Gewalt gegen Frauen zu Hause und in der Öffentlichkeit aufzuzeigen.

Männliche und weibliche Kriminalitätsraten

Die Statistiken über Gender und Kriminalität sind verblüffend. Nach der polizeilichen Kriminalstatistik des deutschen Innenministeriums sind gerade einmal 24 Prozent der Tatverdächtigen Frauen (Bundeskriminalamt 2007). Es besteht auch ein enormer Männerüberhang bei den Gefängnisinsassen, und zwar nicht nur in Deutschland und Österreich, sondern in allen Industrieländern. Wenngleich der Anteil der Frauen unter den Inhaftierten in den letzten Jahren in Deutschland leicht gestiegen ist, sind aktuellen Zahlen zufolge nur fünf Prozent der deutschen Gefängnisinsassen Frauen (Statistisches Bundesamt 2007).

Es gibt außerdem starke Unterschiede zwischen den Verbrechensarten, die von Männern oder Frauen begangen werden. Wie Abbildung 8.2 illustriert, begehen Frauen viel eher Diebstahl, Betrug und Urkundenfälschung als Gewalttaten.

Allerdings könnte es sein, dass der tatsächliche Geschlechtsunterschied geringer ist, als er in den offiziellen Statistiken berichtet wird – Otto Pollak

(1950) vertrat diese Auffassung. Er behauptete, dass bestimmte Verbrechen, die von Frauen begangen werden, nicht erfasst würden. Er sah in der hauptsächlich auf das häusliche Umfeld beschränkten Frauenrolle die Gelegenheit, Verbrechen in der Privatsphäre weitgehend unbemerkt zu begehen. Pollak betrachtete Frauen als von Natur aus hinterlistig und äußerst geschickt, ihre Verbrechen zu vertuschen. Dies sei, so Pollak biologisch bedingt, da Frauen gelernt hätten, Menstruationsschmerzen vor Männern und der Öffentlichkeit zu verbergen und andererseits sexuelle Begierde vorzutäuschen, wie dies Männer nicht können. Pollak argumentierte auch, dass weibliche Tatverdächtige von der hauptsächlich männlichen Polizei viel nachsichtiger und ritterlicher behandelt würden (Pollak 1950).

Pollaks Bild von Frauen als hinterhältig und falsch beruft sich auf völlig irrwitzige Stereotype, doch seine Meinung, dass weibliche Straftäter von Polizei und Justiz nachsichtiger behandelt würden, hat viel Diskussion ausgelöst und zu weiteren Untersuchungen geführt. Die Ritterlichkeitsthese wurde in zwei Varianten angewandt. Erstens kann es sein, dass die Polizei und andere Behörden weibliche Straftäter allgemein als weniger gefährlich einstufen und sie mit Taten davonkommen lassen, für die Männer inhaftiert werden würden. Zweitens werden Frauen weit weniger häufig zu Gefängnisstrafen verurteilt als Männer. Einige empirische Studien wurden zwar durchgeführt, um die Ritterlichkeitsthese zu überprüfen, doch ihre Ergebnisse sind wenig schlüssig. Eine der Hauptschwierigkeiten besteht darin, den Einfluss des Geschlechts im Vergleich zu Alter, sozialer Schicht oder ethnischer Zugehörigkeit zu isolieren. So scheinen Studien nachzuweisen, dass ältere weibliche Straftäter weniger aggressiv behandelt werden als männliche. Andere Studien wiederum zeigten, dass schwarze Frauen schlechtere Behandlung von der Polizei erfahren als weiße.

Eine andere Sichtweise, die von Feministinnen entwickelt wurde, bezieht sich auf die sozialen Vorstellungen von Femininität und wie diese die Erfahrungen von Frauen in der Strafverfolgung beeinflussen. Frances Heidensohn (1985) argumentiert, dass Frauen in Fällen, bei denen sie von der vermeintlich weiblichen Geschlechtsrolle abweichen, strengere Strafen erhalten. So werden etwa junge Frauen, die als sexuell freizügig wahrgenommen werden, eher inhaftiert als junge Männer. In solchen Fällen werden Frauen als „doppelt deviant" gesehen, denn sie haben nicht nur das Gesetz gebrochen, sondern sich auch über die Norm des angemessenen weiblichen Verhaltens hinweggesetzt. In solchen Fällen werden sie weniger nach der Art des Verbrechens und mehr nach ihrem „devianten" Lebenswandel beurteilt. Heidensohn und andere haben auf die Doppelmoral des Strafverfolgungssystems hingewiesen, in dem männliche Aggression und Gewalt als etwas Natürliches gilt, während Aggression bei Frauen als Folge „psychologischen Ungleichgewichts" betrachtet wird. Weibliche Straftäter werden häufig als psychisch unzurechnungsfähig definiert.

Im Versuch, die Straftaten von Frauen „sichtbarer" zu machen, haben Feministinnen eine Reihe detaillierter Untersuchungen an weiblichen Kriminellen vorgenommen, angefangen von Mädchenbanden über Terroris-

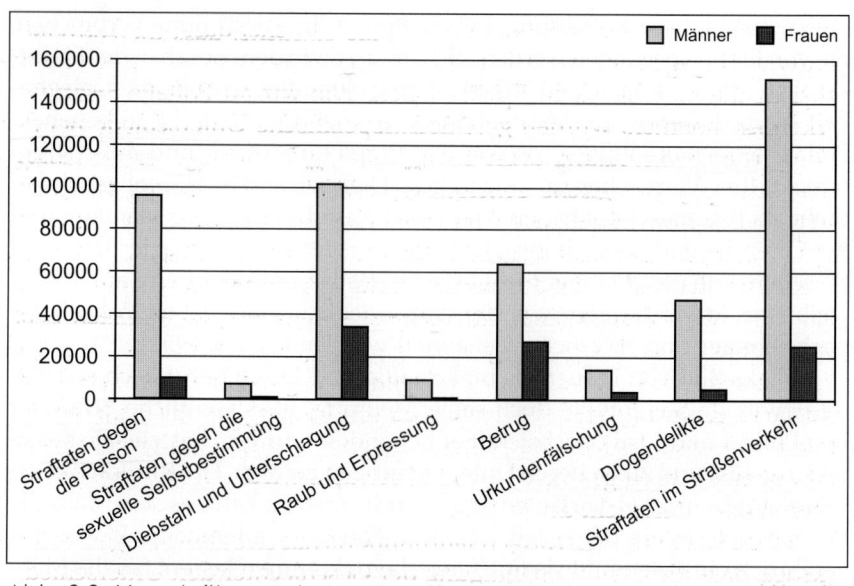

Abb. 8.2: Verurteilte nach ausgesuchten Straftaten und Geschlecht in Deutschland 2006
Quelle: Statistisches Bundesamt (2007), S. 35.

tinnen bis zu weiblichen Gefängnisinsassen. Diese Studien zeigten, dass Gewalttätigkeit nicht ausschließliches Merkmal männlicher Kriminalität ist. Frauen verüben zwar weit weniger häufig Gewaltverbrechen, doch sie sind in der Lage, ähnliche Akte der Gewalt zu setzen.

Warum nun sind die Kriminalitätsraten für Frauen um so viel niedriger als jene der Männer? Es gibt einige Hinweise darauf, dass es weibliche Gesetzesbrecher ziemlich häufig vermeiden können, vor Gericht zu kommen, weil es ihnen gelingt, die Polizei oder andere Amtspersonen dazu zu bringen, ihre Handlungen in einem bestimmten Licht zu sehen. Sie berufen sich auf den „Geschlechtervertrag", wie es genannt wurde, – den impliziten Kontrakt zwischen Männern und Frauen, der festhält, dass Frau-Sein bedeutet, einerseits kopflos und impulsiv, andererseits schutzbedürftig zu sein (Worrall 1990). Dieser Ansicht nach würden Polizisten und Gerichte ritterlich handeln und Frauen für Verhalten, das bei Männern als inakzeptabel gilt, nicht bestrafen wollen. Andere Forschungen deuten an, dass Frauen, die nicht der Weiblichkeitsnorm entsprechen, mit strengerer Behandlung rechnen müssten. Frauen, die als „Rabenmütter" wahrgenommen würden, erhielten mitunter härtere Strafen im Gericht (Carlen 1983).

Doch kann die unterschiedliche Behandlung kaum den gewaltigen Unterschied zwischen den männlichen und weiblichen Verbrechensraten erklären. Die Gründe dafür sind wohl eben jene, die Geschlechtsunterschiede auch in anderen Bereichen erklären. Selbstverständlich gibt es bestimmte spezifisch „weibliche Delikte" – vor allem Prostitution –, derentwegen Frauen verurteilt werden, während ihre männlichen Kunden straffrei bleiben. „Männliche Verbrechen" bleiben „männlich"; dies ist auf Sozialisationsunterschiede zurückzuführen und auf die Tatsache, dass die Aktivitäten und das Engagement von Männern im Gegensatz zu Frauen noch immer eher in die nichthäusliche Sphäre fallen. Wie wir an Pollaks Sichtweise erkennen konnten, wurden geschlechtsspezifische Unterschiede bei den Verbrechensraten häufig unter Bezug auf angeblich angeborene biologische oder psychologische Unterschiede erklärt – unter Bezug auf Unterschiede der Körperkraft, auf Passivität oder auf die vorzugsweise Befassung mit reproduktiven Aufgaben. Heute sieht man „weibliche" Merkmale als zum Großteil sozial definiert an, ganz wie die Merkmale der „Männlichkeit". Viele Frauen sind dahingehend sozialisiert, im sozialen Leben auf andere Dinge Wert zu legen als Männer (etwa für andere zu sorgen und persönliche Beziehungen zu pflegen). Von gleicher Bedeutung ist die Tatsache, dass aufgrund des Einflusses von Ideologien und anderen Faktoren – wie etwa der Idee des „netten Mädchens" – das Verhalten von Frauen oft auf eine Art eingeschränkt und überwacht wird, wie dies bei männlichen Aktivitäten nicht der Fall ist.

Schon seit Ende des vorigen Jahrhunderts haben Kriminologen vorhergesagt, dass die Gleichberechtigung der Geschlechter den Unterschied in den Kriminalitätsraten zwischen Männern und Frauen verringern oder eliminieren würde, doch bis heute sind diese Unterschiede ausgeprägt geblieben. Ob diese Verschiedenheiten von männlichen und weiblichen Verbrechensraten eines Tages verschwinden werden, ist etwas, das wir nicht mit Bestimmtheit sagen können.

Verbrechen und die „Krise der Männlichkeit"

Die hohen Verbrechensraten, die man in ärmeren Stadtteilen findet, sind vor allem mit den Aktivitäten junger Männer verknüpft. Warum wenden sich so viele junge Männer in diesen Gebieten dem Verbrechen zu? Einige der Antworten haben wir bereits gestreift. Die Jungen sind häufig von Kindesbeinen an in Jugendbanden verwickelt, als Teil einer Subkultur, in der bestimmte Formen der Kriminalität eine Lebensform darstellen. Wenn Bandenmitglieder einmal von den Behörden als Kriminelle etikettiert wurden, dann wenden sie sich eher einer kriminellen Karriere zu. Obwohl es heutzutage auch Mädchenbanden gibt, sind diese Subkulturen im Grunde maskulin und von den männlichen Werten des Abenteuers, der Spannung und der Kameradschaft bestimmt.

Auf Grundlage einer empirischen Untersuchung des gewalttätigen Verhaltens junger Männer in einer Anzahl von Städten hat Beatrix Campbell nahegelegt, dass dieses Verhalten zum Teil eine Reaktion auf die „Krise der Männlichkeit" in modernen Gesellschaften ist (Campbell 1993). In der Vergangenheit hatten junge Männer auch in Stadtvierteln mit hohen Kriminalitätsraten eine wohldefinierte Anzahl von Zielen, die sie in ihrem Leben anstreben konnten: einen Job in der offiziellen Ökonomie zu erlangen und der Ernährer einer Frau und einer Familie zu werden. Doch diese typisch männliche Rolle, so Campbell, ist nun unter Druck geraten, vor allem bei den jungen Männern aus unterprivilegierten Wohnvierteln. Wo die einzige Zukunftsaussicht Langzeitarbeitslosigkeit ist, dort ist es nicht sinnvoll, die Familiengründung ins Auge zu fassen. Darüber hinaus sind Frauen unabhängiger geworden, als sie es einmal waren, und brauchen keinen Mann, um ihre Position in der Gesellschaft zu behaupten. Das Ergebnis ist eine Spirale des sozialen Verfalls, wie man sie heutzutage in heruntergekommenen innerstädtischen Vierteln beobachten kann. Campbells Untersuchung passt sehr gut zu anderen jüngeren soziologischen Arbeiten über Armut und Verbrechen in Städten.

Verbrechen gegen Frauen

Es gibt bestimmte Formen der Kriminalität, bei denen Männer mehrheitlich die Täter und Frauen die Opfer sind. Gewalt in der Familie, sexuelle Belästigung und Vergewaltigung. Obwohl auch Frauen gegenüber Männern diese Verhaltensweisen an den Tag legen, bleiben sie doch überwiegend Verbrechen gegen Frauen. Man schätzt, dass 25 Prozent der Frauen im Laufe ihres Lebens Opfer von Gewalt werden, doch alle Frauen sind mit der Bedrohung durch solche Verbrechen direkt oder indirekt konfrontiert, weil sie ihrer Natur nach gegen Frauen gerichtet sind.

Lesen Sie in Kapitel 6 – Familien und intime Beziehungen zu familiärer Gewalt und in Kapitel 16 – Arbeit und Wirtschaftsleben zur sexuellen Belästigung.

Viele Jahre lang wurden diese Verbrechen von der Strafverfolgung ignoriert. Opfer mussten unermüdlich ankämpfen, um endlich rechtlich gegen den Angreifer vorgehen zu können. Sogar heute ist die Verfolgung von Verbrechen gegen Frauen alles andere als selbstverständlich. Doch die feministische Kriminologie hat viel dazu beigetragen, das Bewusstsein für Verbrechen gegen Frauen zu erhöhen und solche Straftaten in die allgemeine Debatte über Kriminalität hereinzunehmen.

Es ist äußerst schwierig, die Zahl der Vergewaltigungen auch nur annähernd genau zu schätzen. Nur ein geringer Prozentsatz der Vergewaltigungen wird der Polizei tatsächlich bekannt und in die Statistik aufgenommen. Nach der polizeilichen Kriminalstatistik wurden 2006 in Deutschland 8.118 Fälle von Vergewaltigung und sexueller Nötigung angezeigt (Bundeskriminalamt 2007, S. 49). Der European Crime and Safety Survey lässt allerdings vermuten, dass die Zahl der Vergewaltigungen viel höher ist – schließlich sagten 2005 in der Bevölkerungsumfrage 2,4 Prozent der weiblichen Befragten, dass sie in den vergangenen zwölf Monaten Opfer sexueller Übergriffe geworden sind (EU ICS 2005, S. 104) –, aber, wie oben erwähnt, spiegeln wohl auch Opferstudien nicht das wahre Ausmaß der familiären Gewalt wider.

Das öffentliche Bewusstsein in Bezug auf die sexuelle Selbstbestimmung der Frau hat sich in den letzten Jahrzehnten erfreulicherweise geändert, sodass etwa die völlig antiquierte Vorstellung, dass Männer über ihre Ehepartnerinnen sexuell verfügen können sollen, heute Vergangenheit ist. Bis in die 1990er Jahre wurde allerdings Vergewaltigung in der Ehe in Deutschland und Österreich nicht strafrechtlich geahndet.

Es kann viele Gründe geben, warum ein Opfer sexueller Gewalt sich entschließt, keine Anzeige bei der Polizei zu machen. Die meisten vergewaltigten Frauen wollen den Vorfall vergessen oder sind nicht gewillt, sich einem möglicherweise demütigenden Prozess mit ärztlicher Untersuchung, polizeilicher Vernehmung und gerichtlicher Befragung zu stellen. Das Verfahren dauert oft lange; es können Monate vergehen, ehe ein Gerichtsurteil gefällt wird.

Die Gerichtsverhandlung ist öffentlich, und das Opfer wird dem Angeklagten gegenübergestellt. Beweise der Penetration, der Identität des Vergewaltigers und der Tatsache, dass der Akt ohne die Zustimmung der Frau geschah, müssen erbracht werden. Für eine Frau kann so der Eindruck entstehen, dass sie es ist, die vor Gericht steht, insbesondere wenn ihre eigene sexuelle Geschichte öffentlich erörtert wird, was häufig der Fall ist. Der Ausschluss der Öffentlichkeit und des Angeklagten – also mutmaßlichen Vergewaltigers – ist jedoch mittlerweile zumindest zeitweise möglich, um das Opfer zu schonen.

In den vergangenen Jahren haben Frauengruppen Druck ausgeübt, um die Einstellung der Öffentlichkeit sowie der Juristen und Parlamentarier zur Vergewaltigung zu ändern. Sie haben darauf hingewiesen, dass Vergewaltigung nicht als sexuelles Delikt, sondern als Gewaltverbrechen gesehen werden sollte. Vergewaltigung ist nicht nur ein Angriff auf den Körper, sondern auf die Integrität und die Würde eines Individuums. Eine Autorin drückte es so aus: Vergewaltigung ist „ein aggressiver Akt, bei dem dem Opfer die Selbstbestimmung verweigert wird. Vergewaltigung ist ein Akt der Gewalt, der, auch wenn er nicht von Misshandlungen begleitet ist oder in den Mord mündet, eine Todesdrohung in sich trägt" (Griffin 1979, S. 342). Die Kampagne hat zu einigen tatsächlichen Änderungen in der Gesetzgebung geführt: Vergewaltigung wird heute vom Gesetz als spezifische Form strafrechtlich relevanter Gewalt angesehen.

In einer Hinsicht sind alle Frauen Vergewaltigungsopfer: Frauen, die niemals vergewaltigt wurden, leiden oft unter ähnlichen Ängsten wie Frauen, die tatsächlich vergewaltigt wurden. Sie haben möglicherweise Angst, in der Dunkelheit allein auszugehen, auch wenn die Straßen belebt sind, und haben vielleicht ebenso viel Angst davor, sich allein in ihrem Haus oder in ihrer Wohnung aufzuhalten. Susan Brownmiller, die den engen Zusammenhang zwischen Vergewaltigung und traditioneller männlicher Sexualität unterstrichen hat, meint, dass die Vergewaltigung Teil eines männlichen Einschüchterungssystems ist, das Frauen in ständige Angst versetzt. Jene Frauen, die nie vergewaltigt wurden, fühlen sich von solchermaßen hervorgerufenen Ängsten betroffen und sehen sich veranlasst, in ihrem Alltag mehr Vorsicht walten zu lassen als Männer (Brownmiller 1994).

Feministinnen haben herausgestrichen, dass die Auffassungen von Gewalttaten äußerst geschlechtsspezifisch sind und dass sie von landläu-

© Michael Unterleitner

figen Sichtweisen von Gefahr und Verantwortung beeinflusst werden. Weil Frauen allgemein als schwach und wehrlos gegenüber einer Gewaltattacke gesehen werden, verlangt der gesunde Menschenverstand von ihnen, dass sie ihr Verhalten dahingehend verändern und damit das Risiko verringern, Opfer einer Gewalttat zu werden. So sollten unbegleitete Frauen etwa nicht nur abends unsichere Stadtviertel meiden, sondern auch nicht aufreizend gekleidet sein oder sich in einer Art verhalten, die man missverstehen könnte. Wenn Frauen sich nicht daran halten, können sie dafür beschuldigt werden, Übergriffe provoziert zu haben. In einem Gerichtsverfahren könnte ihr Verhalten als strafmildernder Umstand für den Angreifer ausgelegt werden (Dobash und Dobash 1992; Richardson und May 1999).

Verbrechen gegen Minderheiten

Eine ähnliche Logik des „gesunden Menschenverstandes" wird auch bei Fällen von Gewalt gegen Homosexuelle oder bei der in Deutschland immer wieder auftretenden Gewalt gegen Migranten angewendet. Opferstudien zeigen, dass Homosexuelle häufiger Opfer von Gewalttaten und Belästigungen werden.

Die immer wieder auftretenden Gewalttaten gegen Migranten in Deutschland, die von rechtsradikalen Jugendlichen – oft unter der Duldung der Öffentlichkeit – in deutschen Städten verübt werden, lassen auf eine ähnliche Auffassung schließen. Marginalisierte und stigmatisierte Minderheiten werden oft Ziel von Attacken durch radikalisierte Angehörige der Mehrheitsgesellschaft. Die Opfer der Gewalt werden dann zu allem Überfluss noch dafür verantwortlich gemacht, dass sie eben bestimmte – z.B. ostdeutsche – Gebiete meiden hätten sollen oder sich unauffällig verhalten hätten müssen. In einer Stimmung allgemeiner Fremdenfeindlichkeit wird die Gewalt gegen die Migranten dann mit den üblichen falschen Anschuldigungen gegenüber Fremden – wie Konkurrenz auf dem Arbeitsmarkt, Sozialleistungsbetrug o.Ä. – gerechtfertigt.

Jugendkriminalität

Die allgemeine Angst vor Kriminalität konzentriert sich auf Delikte wie Diebstahl, Einbruch, tätliche Angriffe oder Vergewaltigung – sogenannte Straßenkriminalität, die weitgehend als eine Domäne der jungen Männer aus der Arbeiterschicht gesehen wird. Medienberichte über steigende Kriminalitätsraten beziehen sich oft auf den Niedergang der Moral unter jungen Menschen und betonen Vorfälle wie Vandalismus, Schulschwänzen und Drogenkonsum, um die zunehmende Freizügigkeit der Gesellschaft herauszustreichen. Die Gleichung Jugend ist gleich kriminelle Aktivitäten ist nicht neu, wenn man einigen Soziologen Glauben schenken darf. Junge Menschen werden oft als Indikatoren für die Gesundheit und den Wohlstand einer Gesellschaft selbst gesehen.

Offizielle Statistiken über Kriminalitätsraten zeigen tatsächlich höhere Raten von Straftaten unter jungen Menschen. Selbstauskunftsstudien zufolge geben weniger Mädchen als Jungen zu, jemals eine Straftat begangen zu haben, doch wie wir bereits erwähnt haben, sind Selbstauskunftstudien auch nicht immer ganz zuverlässig. Abbildung 8.3 zeigt die in der Polizeilichen Kriminalstatistik registrierten Tatverdächtigen. Vergleicht man diese mit dem Bevölkerungsstand in Deutschland 2006, so zeigt sich, dass die Kriminalitätsrate ab dem 14. Lebensjahr auf über sieben Prozent der Altersgruppe anzusteigen beginnt, bei den 21- bis 25-Jährigen fast zehn Prozent erreicht und dann wieder auf unter fünf Prozent zurückgeht (Bundeskriminalamt 2007; Destatis 2006).

Demzufolge scheint es, dass Straftaten von jungen Menschen ein großes Problem darstellen; dennoch sollten wir weitverbreiteten Vorannahmen über Jugendkriminalität mit einiger Vorsicht begegnen, wie John Muncie festgehalten hat (1999). Er sagt, dass die moralische Panik über die enorme Jugendkriminalität nicht die Realität widerspiegelt. Ein einzelner Vorfall von jungen kriminellen Menschen wird symbolisch zu einer ausgewachsenen „Krise der Kindheit" transformiert, was dann hartes Durchgreifen und Law-and-Order-Antworten nach sich zieht. Der grausame Mord, den zwei Zehnjährige an dem zweijährigen John Bulger im Jahr 1993 verübt haben, ist ein Beispiel dafür, wie die moralische Entrüstung die Aufmerksamkeit von anderen sozialen Problemen ablenken kann. Im Bulger-Fall haben Überwachungskameras eines Einkaufszentrums das Bild älterer Jungen aufgenommen, die ein kleines Kind an der Hand führten; dieses Bild hat sich in das öffentliche Bewusstsein eingebrannt. Muncie zufolge war der brutale Mord ein Wendepunkt in der politischen und Mediendebatte über Jugendkriminalität. Sogar junge Kinder wurden als potenzielle Gewalttäter dämonisiert. Die zehnjährigen Jungen wurden als Monster und Tiere bezeichnet, doch weniger Augenmerk wurde den persönlichen Geschichten der Straftäter geschenkt oder der Tatsache, dass trotz früher Anzeichen einer Neigung zu Gewalt und Autoaggression bei einem der Jungen keine präventiven Maßnahmen ergriffen worden waren (Muncie 1999).

Ähnlich vorsichtig muss man gegenüber der landläufigen Meinung sein, dass die meiste Jugendkriminalität in Zusammenhang mit Drogen steht. Muncie hat etwa die allgemeine Meinung festgehalten, dass Raubüberfälle von Jugendlichen begangen würden, um ihren Drogenkonsum zu finanzieren. Kürzlich haben Studien gezeigt, dass Drogen- und Alkoholkonsum unter Jugendlichen sich relativ „normalisiert" hat (Parker u.a. 1998). So zeigt auch die deutsche Kinder- und Jugendgesundheitsstudie KIGGS (www.kiggs.de), die fast 18.000 Kinder und Jugendliche in den Jahren 2003–2006 befragt hat, dass 20 Prozent der 11- bis 17-jährigen Jungen und 20 Prozent der gleichaltrigen Mädchen rauchen, dass etwa ein Drittel der Jungen und ein Viertel der Mädchen mindestens einmal pro Woche Alkohol konsumieren und neun Prozent der Jungen und sechs Prozent der Mädchen im vergangenen Jahr Drogen wie Marihuana oder Haschisch konsu-

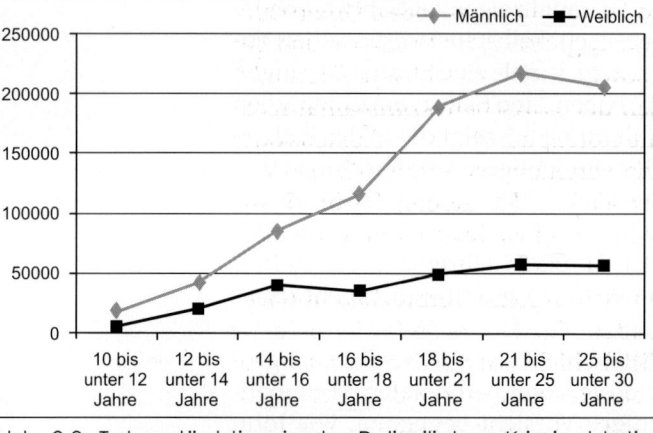

Abb. 8.3: Tatverdächtige in der Polizeilichen Kriminalstatistik, Deutschland 2006

Quelle: Bundeskriminalamt (2007).

miert haben. Andere Drogen wie Amphetamine, Aufputschmittel, Lösungsmittel usw. sind mit unter einem Prozent unter den deutschen Kindern und Jugendlichen nur wenig verbreitet (Lampert und Thamm 2007).

Der Drogenkonsum hat sich in den letzten Jahren weg von „harten" Drogen zu Kombinationen von Amphetaminen, Alkohol und Ecstasy entwickelt. Ecstasy wurde eine „Lifestyledroge", die eher mit der Rave- und Klubsubkultur assoziiert wird, und hat daher weniger mit einer teuren Sucht zu tun. Der „Kampf gegen Drogen" wird dazu benutzt, große Segmente der Jugend zu kriminalisieren, die jedoch zum Großteil keine Gesetze verletzen, wie Muncie meint (Muncie 1999).

Die Analyse von Jugendkriminalität ist selten einfach. Wenn Kriminalität eine Gesetzesübertretung impliziert, gilt für die Jugendkriminalität, dass sie oft mit Handlungen in Verbindung steht, die genau genommen keine Straftaten sind. Antisoziales Verhalten, Subkulturen und Nonkonformität werden bei jungen Menschen als Delinquenz wahrgenommen, doch sind sie eigentlich kein kriminelles Verhalten. Kritiker argumentieren gegen die jüngsten Maßnahmen gegen antisoziales Verhalten, dass dies zur Kriminalisierung von normalem grenzwertigen lästigen Verhalten beitragen würde, das für viele ein normaler Teil des Erwachsenwerdens ist.

Verbrechen der Wohlhabenden und Mächtigen

Obwohl es eine Tendenz gibt, bei Kriminalität sofort an junge Menschen, vor allem Männer aus unteren Schichten zu denken, beschränkt sich Kriminalität keineswegs auf dieses Bevölkerungssegment. Gerade in den letzten Jahren drangen spektakuläre Fälle der Wirtschaftskriminalität in Deutschland und Österreich an die Öffentlichkeit: Aus dem Industriekonzern Siemens wurden ganze Managerriegen wegen Korruption vor Gericht gestellt, in Österreich setzte das Management der Gewerkschaftsbank BAWAG mehr als eine Milliarde Euro in Spekulationsgeschäften in den Sand und unternahm große Anstrengungen, das vor dem Aufsichtsrat und den Behörden zu vertuschen. Im Jahr 2007 kamen deutsche Spitzenmanager in das Visier der Steuerfahndung, die auf Bankkonten in Liechtenstein Millionenbeträge an den Finanzbehörden vorbeigeschwindelt hatten.

White-Collar-Verbrechen Der Ausdruck White-Collar-Verbrechen wurde von Edwin Sutherland (1949) geprägt und bezieht sich auf Verbrechen, die von Angehörigen der wohlhabenderen Gesellschaftsschichten begangen werden. Gemeint sind viele Arten des kriminellen Verhaltens, darunter Steuerhinterziehung, illegale Verkaufspraktiken, Finanz- und Immobilienschwindel, Unterschlagungen, die Herstellung oder der Verkauf gefährlicher Produkte und gesetzwidrige Umweltverschmutzung sowie auch der einfache Diebstahl. Natürlich sind die meisten Verbrechen der Wirtschaftskriminalität nicht so umfangreich und gravierend wie die Korruptionsfälle bei Siemens oder der Milliardenverlust der BAWAG. Die Verteilung von White-Collar-Verbrechen ist noch schwieriger zu messen als jene der anderen Verbrechensarten; die meisten dieser Verbrechensformen gehen überhaupt nicht in die offizielle Statistik ein.

Generell können wir zwischen den White-Collar-Verbrechen und den Verbrechen der Mächtigen unterscheiden. Bei White-Collar-Verbrechen wird vor allem eine Position in der Mittelschicht oder in den Professionen dazu missbraucht, illegale Aktivitäten zu setzen. Die Verbrechen der Mächtigen sind jene, bei denen die durch eine bestimmte Position verliehene Autorität in krimineller Weise eingesetzt wird. Sie umfassen eine große Bandbreite, die von einem Beamten, der sich bestechen lässt, über illegale Aktivitäten von staatlichen Behörden (Abhören und Bespitzeln von Bürgern) bis zu verschwörungsartigen Aktivitäten reichen, in die staatliche Stellen und Politiker involviert sind; ein Beispiel für Letzteres ist der skandalöse Umgang der österreichischen Nachkriegsregierungen bei der Rückgabe von Kunstwerken, die während der Nazizeit Juden entzogen wurden. Um des vermeintlichen nationalen Kulturerbes willen wurden rechtmäßige Eigentümer und deren Erben jahrzehntelang betrogen. Die Verbrechen der Mächtigen sind in nichtdemokratischen Staaten natürlich noch viel umfangreicher und oftmals für die dortigen Bewohner noch weitaus bedrohlicher.

Verbrechen der Mächtigen

Obwohl White-Collar-Verbrechen von den Behörden mit wesentlich mehr Nachsicht betrachtet werden als die Verbrechen der weniger Privilegierten, sind ihre Kosten enorm. In den Vereinigten Staaten wurden weit mehr Untersuchungen über White-Collar-Verbrechen durchgeführt als z.B. in Europa. Berechnungen zufolge geht es beim White-Collar-Verbrechen (definiert als Steuerhinterziehung und betrügerische Machenschaften, die sich auf finanzielle Angelegenheiten, auf Drogen und medizinische Dienstleistungen, auf häusliche Instandhaltungsarbeiten und Autoreparaturen beziehen) in Amerika um Geldbeträge, die 40-mal so groß sind wie bei gewöhnlichen Eigentumsdelikten (Raubdelikten, Einbrüchen, Diebstählen, Fälschungen und Autodiebstählen) (United States, Congress, Senate & Committee on the Judiciary 1984).

Wirtschaftskriminalität

Manche Kriminologen bezeichnen mit Wirtschaftskriminalität jene Straftaten, die von großen Konzernen in der Gesellschaft verübt werden. Umweltverschmutzung, falsche Etikettierungen von Waren und Verletzung der Gesundheits- und Sicherheitsbestimmungen betreffen eine viel größere Zahl von Menschen als die Kleinkriminalität. Die zunehmende Macht und der Einfluss der großen Konzerne und die rasch wachsende globale

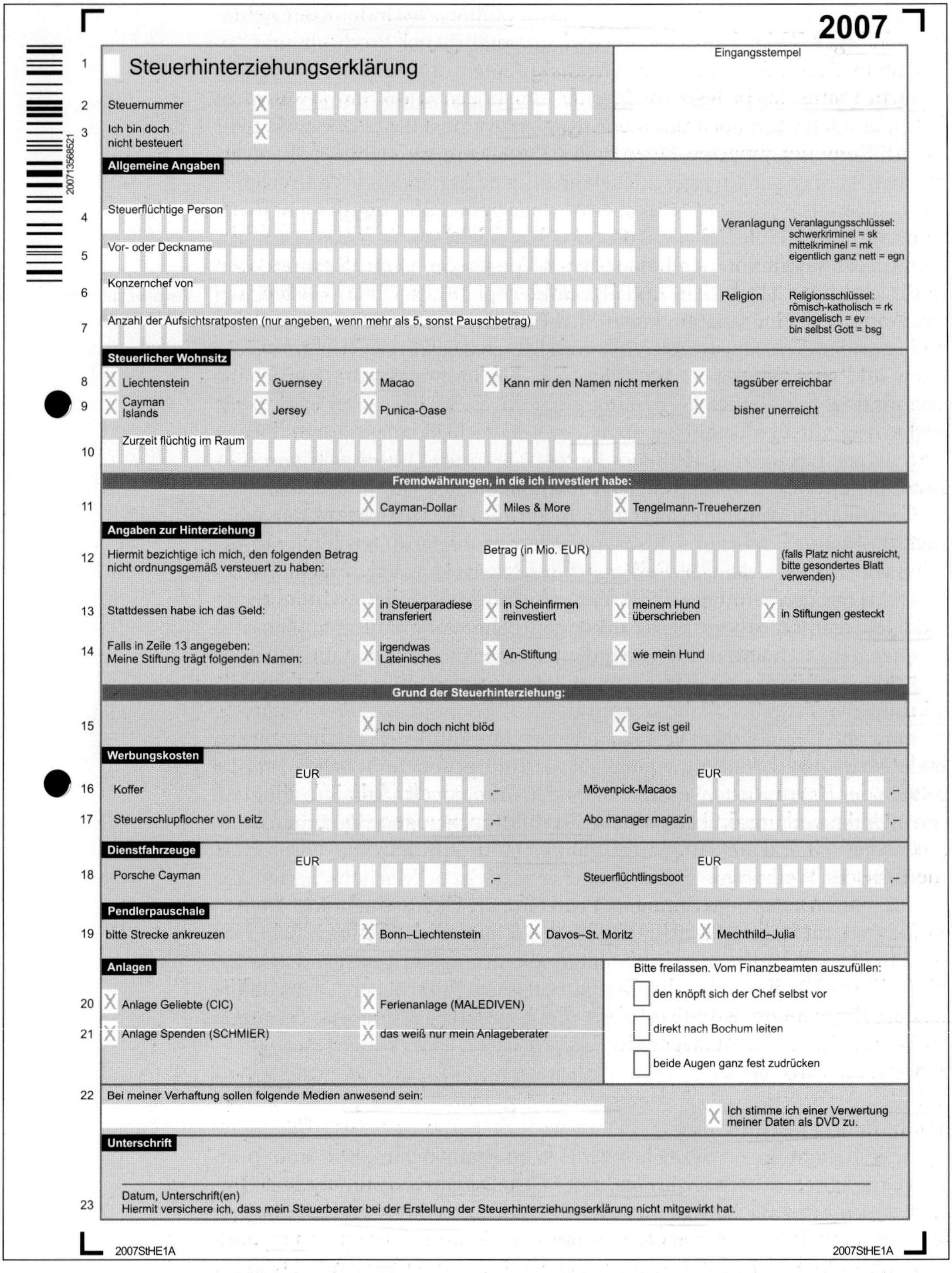

2007

☐ Steuerhinterziehungserklärung

Eingangsstempel

1

2 Steuernummer ☒ ☐☐☐☐☐☐☐☐☐☐☐☐☐☐☐

3 Ich bin doch nicht besteuert ☒

2007135685821

Allgemeine Angaben

4 Steuerflüchtige Person ☐☐☐☐☐☐☐☐☐☐☐☐☐☐☐☐☐ Veranlagung ☐ Veranlagungsschlüssel:
schwerkriminel = sk
mittelkriminel = mk
5 Vor- oder Deckname ☐☐☐☐☐☐☐☐☐☐☐☐☐☐☐☐☐ eigentlich ganz nett = egn

6 Konzernchef von ☐☐☐☐☐☐☐☐☐☐☐☐☐☐☐☐☐ Religion ☐ Religionsschlüssel:
römisch-katholisch = rk
evangelisch = ev
7 Anzahl der Aufsichtsratposten (nur angeben, wenn mehr als 5, sonst Pauschbetrag) bin selbst Gott = bsg

Steuerlicher Wohnsitz

8 ☒ Liechtenstein ☒ Guernsey ☒ Macao ☒ Kann mir den Namen nicht merken ☒ tagsüber erreichbar

9 ☒ Cayman Islands ☒ Jersey ☒ Punica-Oase ☒ bisher unerreicht

10 Zurzeit flüchtig im Raum ☐☐☐☐☐☐☐☐☐☐☐

Fremdwährungen, in die ich investiert habe:

11 ☒ Cayman-Dollar ☒ Miles & More ☒ Tengelmann-Treueherzen

Angaben zur Hinterziehung

12 Hiermit bezichtige ich mich, den folgenden Betrag nicht ordnungsgemäß versteuert zu haben: | Betrag (in Mio. EUR) ☐☐☐☐☐☐☐☐☐☐☐ | (falls Platz nicht ausreicht, bitte gesondertes Blatt verwenden)

13 Stattdessen habe ich das Geld: ☒ in Steuerparadiese transferiert ☒ in Scheinfirmen reinvestiert ☒ meinem Hund überschrieben ☒ in Stiftungen gesteckt

14 Falls in Zeile 13 angegeben: Meine Stiftung trägt folgenden Namen: ☒ irgendwas Lateinisches ☒ An-Stiftung ☒ wie mein Hund

Grund der Steuerhinterziehung:

15 ☒ Ich bin doch nicht blöd ☒ Geiz ist geil

Werbungskosten

16 Koffer EUR ☐☐☐☐☐☐☐,– Mövenpick-Macaos EUR ☐☐☐☐☐☐☐,–

17 Steuerschlupflocher von Leitz ☐☐☐☐☐☐☐,– Abo manager magazin ☐☐☐☐☐☐☐,–

Dienstfahrzeuge

18 Porsche Cayman EUR ☐☐☐☐☐☐☐,– Steuerflüchtlingsboot EUR ☐☐☐☐☐☐☐,–

Pendlerpauschale

19 bitte Strecke ankreuzen ☒ Bonn–Liechtenstein ☒ Davos–St. Moritz ☒ Mechthild–Julia

Anlagen

Bitte freilassen. Vom Finanzbeamten auszufüllen:

☐ den knöpft sich der Chef selbst vor

20 ☒ Anlage Geliebte (CIC) ☒ Ferienanlage (MALEDIVEN)

☐ direkt nach Bochum leiten

21 ☒ Anlage Spenden (SCHMIER) ☒ das weiß nur mein Anlageberater

☐ beide Augen ganz fest zudrücken

22 Bei meiner Verhaftung sollen folgende Medien anwesend sein: _____ ☒ Ich stimme ich einer Verwertung meiner Daten als DVD zu.

Unterschrift

23 Datum, Unterschrift(en)
Hiermit versichere ich, dass mein Steuerberater bei der Erstellung der Steuerhinterziehungserklärung nicht mitgewirkt hat.

2007StHE1A | 2007StHE1A

Abb. 8.4: Satirische „Steuerhinterziehungserklärung" aus dem ZEITmagazin
Quelle: ZEITmagazin 28.02.2008, S. 27.

Ausdehnung ihrer Aktivitäten haben dazu geführt, dass sie unser Leben in vielfältiger Weise betreffen. Besonders umfangreich sind wirtschaftskriminelle Aktivitäten im Zusammenhang mit den Finanzmärkten. Dabei ist nicht immer leicht festzustellen, ob es sich schon um ein kriminelles Delikt handelt oder noch um die Folgen riskanter Investitionsstrategien. Als im Zuge der jüngsten Finanzmarktkrise mehrere amerikanische Investmentbanken pleite gingen, löste dies einen Dominoeffekt aus und Firmen wie jene von Bernard Madoff oder von Robert Allen Stanford wurden näher durchleuchtet. Dabei zeigte sich, dass jahrelang Anleger getäuscht wurden (bzw. sich von den fantastischen Versprechen von Renditen über 25 Prozent täuschen ließen) und Pyramidenspiele betrieben worden waren. Andere Makler nutzten den großen Freiraum auf den Finanzmärkten und erfanden Finanzprodukte, die auch Experten nicht mehr verstanden, um exorbitante Gewinne zu erzielen. Das Fehlen von Kontrollen des Finanzmarktes eröffnete einen großen Spielraum für vollkommen legale, aber höchst fragwürdige Geschäftspraktiken. Die öffentliche Debatte wird noch länger mit einer Klärung der Vorfälle beschäftigt sein, die sich allesamt in Graubereichen der Hochfinanz abgespielt haben.

Gary Slapper und Steve Tombs (1999) haben sowohl quantitative als auch qualitative Studien zur Wirtschaftskriminalität durchgesehen und den Schluss gezogen, dass eine Reihe großer Unternehmen sich nicht an die gesetzlichen Bestimmungen hält. Wirtschaftskriminalität beschränkt sich nicht auf ein paar schwarze Schafe, wie in den untersuchten Studien behauptet wird, sondern ist weitverbreitet. Studien zeigen sechs verschiedene Arten von Übertretungen, die mit großen Konzernen zu tun haben: administrative Vergehen (falsche Angaben auf Formularen oder Nichteinhaltung von Regeln), auf die Umwelt bezogene Delikte (Verschmutzung, Verletzung von Genehmigungen), finanzielle Übertretungen (Steuervergehen oder Korruption), Verbrechen in der Arbeitswelt (Arbeitsbedingungen oder Anwerbepraktiken), auf die Produktion bezogene Vergehen (Produktsicherheit, Etikettierung) und unfaire Handelspraktiken (Preisabsprachen, falsche Werbung).

Die von Wirtschaftskriminalität betroffenen Opfer sind nicht immer einfach auszumachen. Manchmal gibt es offensichtliche Opfer, wie in Fällen von Umweltkatastrophen wie der Verseuchung durch die Chemiefabrik in Bhopal/Indien oder die Gesundheitsrisiken für Frauen durch Silikonbrustimplantate. Kürzlich haben die Angehörigen der Opfer von Eisenbahnunfällen die Manager der Unternehmen zur Rechenschaft gezogen, die die Züge betreiben oder die Infrastruktur warten. Doch oft sehen sich die Opfer der Wirtschaftskriminalität gar nicht als Opfer. Das liegt daran, da bei „traditionellen" Verbrechen die Nähe zwischen Täter und Opfer viel enger ist – schließlich kann man kaum übersehen, dass man gerade ausgeraubt wurde! Im Fall der Wirtschaftskriminalität jedoch bestehen größere zeitliche und räumliche Abstände zwischen Täter und Opfer, was dazu führt, dass die Opfer unter Umständen nicht erkennen, dass sie gerade Opfer einer Straftat geworden sind und/oder auch nicht wissen, wie sie für das Verbrechen Abgeltung einklagen können.

© Sidney Harris

„Bestechung, Veruntreuung, Preisabsprachen, Betrug ... das ist wirklich ein extrem kriminelles Viertel."

Die Auswirkungen der Wirtschaftskriminalität werden in der Gesellschaft oft sehr unterschiedlich wahrgenommen. Die nach anderen sozioökonomischen Formen der Ungleichheit Benachteiligten sind in der Regel am schlimmsten betroffen. So konzentrieren sich etwa die Gesundheits- und Sicherheitsrisiken auf Arbeitsplätzen meistens auf die schlecht bezahlten Jobs. Auch treffen viele Gefahren aus Pharmazeutika und Gesundheitsartikeln Frauen stärker als Männer, wie etwa im Fall von Verhütungsmitteln oder Unfruchtbarkeitsbehandlungen mit gesundheitsschädigenden Nebenwirkungen (Slapper und Tombs 1999).

Die Gewalttätigkeit des White-Collar-Verbrechens zeigt sich weniger deutlich als jene von Morden oder Überfällen, doch ist sie genauso real – und kann gelegentlich wesentlich gravierendere Konsequenzen haben. So können z.B. Verstöße gegen die Vorschriften über die Herstellung neuer Medikamente, über die Sicherheit am Arbeitsplatz oder die Umweltverschmutzung sehr vielen Menschen körperlichen Schaden zufügen oder sogar ihren Tod verursachen. Gefährliche Arbeitsbedingungen fordern wesentlich mehr Todesopfer als Morde, obwohl es schwierig ist, genaue Statistiken über Arbeitsunfälle zu erstellen. Selbstverständlich können wir nicht annehmen, dass alle oder auch nur die Mehrheit dieser Todesfälle und Verletzungen das Ergebnis der Vernachlässigung von Sicherheitsbestimmungen seitens der Arbeitgeber sind, für die sie rechtlich zur Verantwortung gezogen werden können. Nichtsdestoweniger gibt es Grund zur Annahme, dass viele davon auf die Vernachlässigung gesetzlich vorgeschriebener Sicherheitsbestimmungen durch Arbeitgeber oder Manager zurückzuführen sind.

Organisiertes Verbrechen

Der Ausdruck organisiertes Verbrechen bezieht sich auf Tätigkeiten, die sehr vieles mit gewöhnlichen geschäftlichen Unternehmungen gemeinsam haben; die damit verknüpften Aktivitäten sind jedoch illegal. Zum organisierten Verbrechen gehören neben anderen Aktivitäten Drogenhandel, Menschenhandel, Produktpiraterie und die Erpressung von Schutzgeldern. Oft beruht organisiertes Verbrechen auf Gewalt oder Gewaltandrohung. Während das organisierte Verbrechen sich ursprünglich traditionellerweise in einzelnen Ländern auf kulturell spezifische Art entwickelt hat, ist es mittlerweile zunehmend international.

Die Reichweite des organisierten Verbrechens zeigt sich heute in vielen Ländern der Erde, doch historisch war es besonders stark in einer kleinen

Zahl von Ländern. In Amerika zum Beispiel ist das organisierte Verbrechen eine gewaltige Industrie, die mit jedem der großen herkömmlichen Wirtschaftssektoren mithalten kann, wie z.B. mit der Automobilindustrie. Landesweite und örtliche kriminelle Organisationen beliefern eine Massenkundschaft mit illegalen Gütern und Dienstleistungen; einige kriminelle Netzwerke sind auch international tätig.

organisiertes Verbrechen

Das illegale Glücksspiel, Lotterien, das Wetten auf Pferde und andere Sportereignisse stellen die bedeutendsten Einkommensquellen des organisierten Verbrechens in den Vereinigten Staaten dar. Das organisierte Verbrechen ist in Amerika wahrscheinlich so wichtig geworden, weil es sich schon früh mit den Aktivitäten der industriellen „Raubritter" des späten 19. Jahrhunderts verknüpfte und sich diese teilweise zum Vorbild nahm. Viele der frühen Industriellen häuften ihr Vermögen an, indem sie die Arbeitskraft von Einwanderern ausbeuteten, wobei sie die arbeitsrechtlichen Bestimmungen weitgehend ignorierten und häufig eine Mischung aus Korruption und Gewalt einsetzten, um ihre industriellen Imperien zu errichten.

Obwohl es wenig systematische Informationen über das organisierte Verbrechen in Europa gibt, ist bekannt, dass weitläufige kriminelle Netzwerke in den verschiedensten europäischen Ländern tätig sind. Durch die Öffnung der Grenzen innerhalb der EU-Mitgliedsstaaten und die Zunahme von Migrantengemeinschaften hat sich die Möglichkeit zur Ausweitung internationaler Netzwerke verbessert. Laut Europol sind die wichtigsten Gruppierungen organisierter Kriminalität innerhalb der EU ursprüngliche nationale Gruppierungen aus Italien, Holland, Litauen, Polen, Rumänien und Bulgarien. Sie kooperieren untereinander – insbesondere die polnische organisierte Kriminalität scheint wegen der langen EU-Außengrenze eine Schlüsselstellung für die Verbindung nach Osteuropa und Russland innezuhaben – und mit Gruppierungen außerhalb der EU. Europol nennt hierbei die straff hierarchisch organisierte ethnisch albanische Gruppierung der organisierten Kriminalität, die chinesische und die russische „Mafia", Gruppierungen aus dem ehemaligen Jugoslawien, die kurdische und türkische organisierte Kriminalität, die marokkanische, nigerianische, kolumbianische, indische und pakistanische organisierte Kriminalität (Europol 2004).

Jede Gruppierung hat eine unterschiedliche Domäne, wenngleich viele ein weitgefächertes Portfolio an kriminellen und legalen Aktivitäten (in denen das Geld dann „reingewaschen" werden kann) entwickelt haben. So ist in der Herstellung synthetischer Drogen die holländische organisierte Kriminalität exemplarisch sowie im Drogenhandel die marokkanische, kolumbianische (Kokain), türkische und kurdische (Heroin), pakistanische (ebenfalls Heroin). Bulgarische und rumänische Gruppierungen spezialisieren sich auf Menschenhandel und Kinderprostitution. Die litauische organisierte Kriminalität hat laut Europol besonders geschickte Eurobanknotenfälscher unter Vertrag und engagiert sich auch im Handel mit synthetischen Drogen.

Für alle Gruppen gilt, dass sie in Geldwäsche, Drogenhandel und großen Betrügereien verwickelt sind. Außerdem steigt in den letzten Jahren der Bereich der illegalen Einwanderung (Schlepper) an, da es sich hier um einen lukrativen Zweig der organisierten Kriminalität mit niedrigem Risiko handle. Insbesondere chinesische Banden schleusten illegal Menschen in die EU-Länder, wo diese dann als Arbeitssklaven ihre „Schuld" abarbeiten mussten.

Organisierte Kriminalität ist heute komplexer als früher. Es besteht nicht mehr eine einzige nationale Organisation, die die verschiedenen kriminellen Gruppen zusammenhält, sondern das organisierte Verbrechen wurde zunehmend ausgefeilter. So haben große kriminelle Organisationen Wege gefunden, Geld in Bankkonten zu waschen und das „saubere" Geld dann in ganz legalen Unternehmen zu investieren.

Das veränderte Gesicht des organisierten Verbrechens

In *End of Millennium* (2003) argumentiert Manuel Castells, dass die Aktivitäten der Gruppierungen der organisierten Kriminalität zunehmend internationaler werden. Er stellt fest, dass die Koordinierung krimineller Aktivitäten über Grenzen hinweg ein Hauptmerkmal der neuen globalen Wirtschaft wird. Organisierte Kriminalität agiert heute bei Drogenhandel, Fälschungen, Schmuggel, illegaler Einwanderung oder Organhandel in flexiblen internationalen Netzwerken statt innerhalb ihrer eigenen territorialen Grenzen.

Castells zufolge schmieden kriminelle Gruppen strategische Bündnisse miteinander. Der internationale Drogen- oder Waffenhandel, der Verkauf radioaktiven Materials und Geldwäsche reichen jeweils über nationale Grenzen und verbinden unterschiedliche Gruppierungen organisierter Kriminalität. Kriminelle Organisationen haben ihre Heimatbasis meist in einem Land, wo ihren Aktivitäten wenig Störung durch Strafverfolgungsbehörden droht. In den letzten Jahren sind viele Stränge der internationalen organisierten Kriminalität in den Ländern der ehemaligen Sowjetunion zusammengelaufen. Die flexible Art der vernetzten Kriminalität erlaubte es, sich den Strafverfolgungsbehörden zu entziehen. Wenn ein sicherer Hafen der Kriminalität riskanter wird, kann sich die Organisationsgeometrie verändern und ein neues Muster bilden.

Die von neoliberalen Wirtschaftsexperten verordnete Deregulierung in den osteuropäischen Staaten hat ein Übrigens dazu getan, die Entstehung krimineller Netzwerke zu begünstigen. Heute reichen die Aktivitäten der „russischen Mafia" bis nach Westeuropa. Die „russische Mafia" ist an Geldwäsche beteiligt und verbindet ihre Aktivitäten mit den weitgehend unkontrollierten russischen Banken. Einige Experten denken, dass die „russische Mafia" zu den weltweit größten kriminellen Netzwerken gehört. In ihrem Ausgangsland Russland gehört die Schutzgelderpressung für Unternehmen mittlerweile zum Alltag. Äußerst besorgniserregend ist, dass die neuen russischen Gangster auch im internationalen Schmuggel von

Nuklearmaterial aus dem ehemaligen sowjetischen Atomarsenal verwickelt sind.

Trotz der vielen Regierungs- und Polizeikampagnen expandiert der Drogenhandel immer noch am schnellsten von allen kriminellen Aktivitäten. Die jährliche Wachstumsrate wird auf ca. zehn Prozent in den 1980er und 1990er Jahren geschätzt. Heroinschmuggel erstreckt sich vom Fernen Osten (speziell Südasien) und ist auch in Nordafrika und Lateinamerika angesiedelt. Versorgungsketten laufen über den Balkan durch Österreich und Slowenien als Transitländer (Europol 2004).

Internetkriminalität

Das internationale organisierte Verbrechen wurde durch die jüngsten Fortschritte in der Informationstechnologie stark begünstigt. Darüber hinaus scheint die Revolution in Informations- und Kommunikationstechnologie das Gesicht der Kriminalität grundlegend zu verändern. Die technologischen Fortschritte bieten aufregende neue Möglichkeiten und Vorteile, aber sie erhöhen auch die Anfälligkeit für kriminellen Missbrauch. Wenngleich es schwierig ist, das Ausmaß der Internetkriminalität – kriminelle Handlungen mithilfe der Informationstechnologie – abzuschätzen, ist es doch möglich, einige der wichtigsten Formen zu skizzieren. Peter Grabosky und Russell Smith (1998) haben neun Arten der technologiegestützten Kriminalität unterschieden:

Internetkriminalität

1. Illegales Abfangen von Informationen im Telekommunikationssystem bedeutet, dass Belauschen heute einfacher geworden ist. Das wirkt sich vom heimlichen Überwachen des Ehepartners bis zur Spionage aus.

2. Es gibt eine erhöhte Anfälligkeit für elektronischen Vandalismus und Terrorismus, denn westliche Gesellschaften sind zunehmend von funktionierenden Computersystemen abhängig; das Eindringen in diese Netzwerke durch Hacker und Computerviren kann ernsthafte Bedrohungen der Sicherheit mit sich bringen.

3. Der Diebstahl von Telekommunikationsdiensten ermöglicht Kriminellen, illegale Machenschaften betreiben zu können, ohne entdeckt zu werden, oder verschafft kostenfreien Zugang zu Telekommunikationsdiensten und Mobiltelefonen.

4. Der Datenschutz in der Telekommunikation ist ein wachsendes Problem. Es wurde relativ einfach, Urheberrechte zu verletzen, indem man Filme, Musik oder Software kopiert. Andererseits ist hier anzumerken, dass die Vorstellung eines individuellen Urheberrechtes relativ jung ist und aus der Kulturgüterproduktion im 19. Jahrhundert stammt.

5. Im Internet fällt es schwer, Pornografie oder die Menschenwürde verletzendes Material zu kontrollieren. Kinderpornos, rassistische Propa-

ganda oder Anleitungen zum Bombenbau können einfach im Internet zugänglich gemacht und heruntergeladen werden. „Cyberstalking" – also die belästigende Verfolgung von Menschen im virtuellen Raum – kann auch eine reale Bedrohung für Onlinenutzer darstellen.

6. Ein Zuwachs an Internetbetrügereien in Form von Marketing oder Spendenaufrufen durch das Internet wurde in den letzten Jahren ebenso verzeichnet wie das Anpreisen betrügerischer Investitionstätigkeiten.

7. Es gibt ein erhöhtes Diebstahlrisiko bei elektronischem Geldtransfer. Durch die ausgedehnte Nutzung der Bezahlung mit Kreditkarten und elektronischen Banktransfers im Internet, erhöht sich das Risiko, dass Informationen abgefangen werden und in die falschen Hände geraten.

8. Elektronische Geldwäsche kann dazu benutzt werden, die illegalen Gewinne so zu verschieben, dass ihr Ursprung verschleiert wird.

9. Telekommunikation kann für weitergehende kriminelle Verschwörungen genutzt werden. Da ausgefeilte Verschlüsselungssysteme und Hochgeschwindigkeitsdatentransfer eingesetzt werden, können Strafverfolgungsbehörden die Informationen über kriminelle Aktivitäten nicht so einfach einsehen. Das ist besonders relevant bei internationaler Kriminalität und terroristischen Aktivitäten. Im Februar 2008 entschied der deutsche Verfassungsgerichtshof, dass die verdeckte Onlinedurchsuchung von privaten Rechnern mit sogenannten Bundestrojanern unter bestimmten Auflagen rechtlich zulässig sei.

Es gibt einige Anzeichen dafür, dass die Internetkriminalität im Zunehmen begriffen ist. Internetbetrügereien führten im Jahr 2006 zu einem Anstieg des Waren- und Warenkreditbetruges in der deutschen polizeilichen Kriminalstatistik (Bundeskriminalamt 2007).

Die globale Reichweite der Internetkriminalität stellt eine besondere Herausforderung für die Strafverfolgungsbehörden dar. Kriminelle Handlungen, die in einem Land begangen werden, können Opfer quer über den Erdball betreffen. Wie Grabosky und Smith (1998) feststellen, hat das besonders erschwerende Konsequenzen für das Aufspüren und Verfolgen von Straftätern. Für die Polizei wird es notwendig, die rechtliche Lage in den Herkunftsländern der Kriminalität ausfindig zu machen und die Auslieferung der Straftäter sowie die Aushändigung von Beweismaterial zu erwirken. Obwohl die Kooperation der Polizeiapparate über nationale Grenzen hinweg in Zukunft durch den Anstieg der Internetkriminalität zunehmen wird, haben Internetkriminelle zurzeit noch viel Spielraum.

Zu einer Zeit, in der finanzielle, kommerzielle und Produktionssysteme in den verschiedensten Ländern weltweit elektronisch integriert werden, versuchen die Behörden sich gegen die andauernde Bedrohung der Sicherheit durch Internetbetrügereien, Abhörangriffe und Computerviren zu schützen.

Gefängnisse – die Antwort auf Kriminalität?

Das zugrunde liegende Prinzip des Gefängnissystems ist jenes der „Besserung" des Individuums, damit es eine angemessene Rolle in der Gesellschaft spielen kann. Gefängnisse und die Verhängung langer Haftstrafen werden auch als bedeutendes Mittel der Abschreckung vor Verbrechen gesehen. Deshalb haben viele Politiker, die bei steigenden Kriminalitätsraten „hart durchgreifen" wollen, ein stärker auf das Strafen ausgerichtetes Justizsystem und die Ausweitung von Haftanstalten favorisiert.

Haben Gefängnisse tatsächlich eine bessernde Wirkung auf verurteilte Verbrecher und schrecken sie potenzielle Straftäter ab? Das ist eine komplizierte Frage, doch es gibt starke Hinweise darauf, dass dies nicht der Fall ist.

Die Zahl der Gefängnisinsassen ist in der EU zwischen 1991 und 2001 um mehr als ein Viertel gestiegen, in Deutschland kamen 2001 auf 100.000 Einwohner 85 Häftlinge, in Österreich 87 (was genau dem EU-Schnitt entspricht) und in der Schweiz 71. Unter dem EU-Schnitt liegen die skandinavischen Länder Dänemark, Schweden, Norwegen und Finnland mit 58 bis 69 Häftlingen pro 100.000 Einwohnern, über dem EU-Schnitt liegt Großbritannien und vor allem die baltischen und osteuropäischen Staaten. Doch im weltweiten Vergleich sind die Vereinigten Staaten die führende Nation, wenn es um Gefängnisstrafen geht – mit 689 Häftlingen auf 100.000 Einwohner sperren sie am meisten Menschen ein –, dicht gefolgt von Russland, das im Jahr 2001 673 Häftlinge auf 100.000 Einwohner zählte (Barclay und Tavares 2003).

Häftlinge werden heute im Allgemeinen nicht mehr körperlich misshandelt, wie das früher weitgehend üblich war – obwohl solche Misshandlungen keineswegs unbekannt sind. Häftlinge leiden jedoch unter vielen anderen Arten von Entbehrungen. Sie werden nicht nur ihrer Freiheit beraubt, sondern auch eines angemessenen Einkommens, der Gesellschaft ihrer Familie und früheren Freunde, heterosexueller Beziehungen, ihrer eigenen Kleidung und anderer persönlicher Gegenstände. Sie leben häufig zusammengepfercht mit anderen und müssen sich strengen Verhaltensregeln und der Reglementierung ihres täglichen Lebens unterwerfen (Stern 1993).

Das Leben unter solchen Bedingungen tendiert eher dazu, zwischen den Häftlingen und der Gesellschaft außerhalb des Gefängnisses einen Graben aufzureißen, als ihr Verhalten an die Normen dieser Gesellschaft anzupassen. Strafgefangene müssen sich mit einer Umwelt auseinandersetzen, die sich von „draußen" deutlich unterscheidet, und die Gewohnheiten und Einstellungen, die sie im Gefängnis erlernen, sind häufig genau das Gegenteil jener, die man ihnen eigentlich vermitteln möchte. Sie können z.B. Ressentiments gegen den Durchschnittsbürger entwickeln, dazu gelangen, Gewalttätigkeit als normal zu akzeptieren, Kontakte zu hartgesottenen Verbrechern aufbauen, die sie später in der Freiheit aufrechterhalten, und sich kriminelle Fertigkeiten aneignen, von denen sie

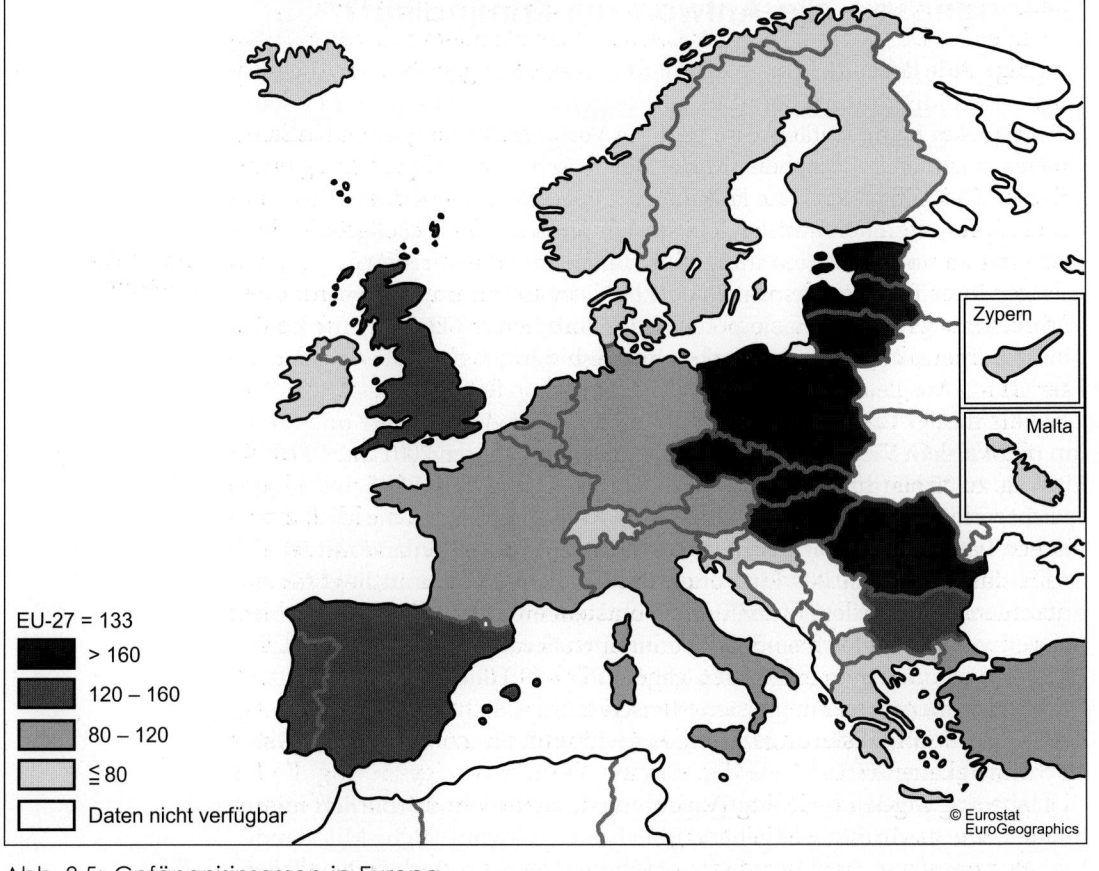

Abb. 8.5: Gefängnisinsassen in Europa
Pro 100.000 Einwohner, Durchschnitt pro Jahr 2002 bis 2004 (ausgenommen Malta und Norwegen: 2001 bis 2003)
Quelle: Eurostat – GISCO (2007).

Rückfälligkeit
vorher wenig Ahnung hatten. Es ist daher nicht überraschend, dass es beunruhigend hohe Steigerungen der Rückfallraten – die neuerliche Straffälligkeit von Personen, die in Erziehungsanstalten oder Gefängnissen waren – gibt. Mehr als 60 Prozent aller Männer, die aus dem Gefängnis entlassen wurden, werden innerhalb von vier Jahren nach der Begehung des ursprünglichen Verbrechens wieder verhaftet.

Wenngleich die Daten eher darauf hinzuweisen scheinen, dass Gefängnisse nicht zur Resozialisierung der Häftlinge beizutragen imstande sind, besteht doch in der Öffentlichkeit ein enormer Druck zur Ausweitung der Haftanstalten und zur Verschärfung der Haftstrafen. Das Gefängnissystem ist überfüllt und verlangt nach dem Bau neuer Haftanstalten. Doch Kritiker sagen, dass der Ausbau des Strafvollzugs nicht nur eine enorme Belastung für den Steuerzahler darstellt, sondern auch wenig gegen die Kriminalität ausrichtet. Einzelne Kampagnen zur Strafrechtsreform verlangen eine Abkehr vom Strafen und eine Intensivierung des Täter-Opfer-Ausgleichs. Der Täter-Opfer-Ausgleich soll bei Straftätern durch gemeinnützige Arbeit das Bewusstsein für die Auswirkungen ihrer Taten erhöhen.

In Deutschland und Österreich gibt es seit den 1990er Jahren Maßnahmen des außergerichtlichen Tatausgleiches bzw. Täter-Opfer-Ausgleichs, der auf freiwilliger Basis Konfliktmediation in Strafsachen zwischen Täter und Opfer anbietet. Statt nach einer Straftat von der Gesellschaft abgeschottet zu werden, sollen dadurch Straftäter in sinnvoller Weise mit den Folgen ihrer Taten konfrontiert werden. Nicht alle Straftaten sind für diese Maßnahme geeignet – wie etwa schwere Verbrechen wie Mord, Totschlag oder Vergewaltigung. Doch insbesondere bei Jugendlichen wird der Täter-Opfer-Ausgleich als Alternative mit größerem Resozialisierungspotenzial als eine Geldstrafe angewendet.

Täter-Opfer-Ausgleich

Obwohl Gefängnisse bei der Resozialisierung von Häftlingen wenig Erfolg zu haben scheinen, ist es dennoch möglich, dass sie Leute davon abschrecken, Verbrechen zu begehen. Während jene, die tatsächlich eingesperrt werden, nicht abgeschreckt werden, könnte es sehr wohl der Fall sein, dass die Unannehmlichkeiten des Gefängnislebens auf andere eine abschreckende Wirkung ausüben. So entsteht ein fast unlösbares Problem für Leute, die das Gefängnis reformieren wollen. Macht man aus Gefängnissen Orte, in denen es äußerst ungemütlich ist, dann hilft dies vermutlich bei der Abschreckung potenzieller Täter, doch bewirkt es gleichzeitig, dass die Resozialisierungsziele des Gefängnisses nur unter äußersten Schwierigkeiten erreicht werden können. Doch je weniger streng die Lebensbedingungen im Gefängnis sind, desto mehr verliert die Gefängnisstrafe ihre abschreckende Wirkung.

Wenn Gefängnisse auch dafür sorgen mögen, dass manche gefährliche Menschen weggesperrt werden, weisen die empirischen Daten eher darauf hin, dass wir andere Formen der Abschreckung in der Kriminalitätsbekämpfung brauchen. Eine soziologische Interpretation von Kriminalität macht klar, dass es keine schnellen und einfachen Lösungen gibt. Die Ursachen der Kriminalität sind mit strukturellen Gegebenheiten in der Gesellschaft wie Armut, städtische Brennpunkte und die Verschlechterung der Lebensumstände vieler junger Männer verbunden. Kurz- bzw. mittelfristige Maßnahmen wie Reformen im Strafvollzug, die Gefängnisse von bloßen Stätten des Einsperrens zu Orten der Rehabilitation machen wollen, oder Mediationsverfahren und der Täter-Opfer-Ausgleich in Form von gemeinnütziger Arbeit, müssen jedoch noch weiter auf ihre Nachhaltigkeit untersucht werden, um Lösungen zu finden, die langfristig Erfolg bringen (Currie 1998).

© Michael Unterleitner

Strafjustiz in den USA

Die Vereinigten Staaten haben das bei Weitem repressivste Strafjustizsystem der Welt. Weltweit gibt es etwa 8,75 Millionen Häftlinge, davon sind fast zwei Millionen in den amerikanischen Gefängnissen eingesperrt.

Das amerikanische Gefängnissystem beschäftigt mehr als eine halbe Million Menschen und kostet 35 Milliarden US-Dollar pro Jahr. Es wurde teilweise privatisiert, sodass Privatunternehmen nach Ausschreibung einen Vertrag zum Bau und Betrieb eines Gefängnisses bekommen können, um die wachsende Population an Häftlingen unterzubringen. Kritiker sprechen vom Entstehen einer Gefängnisindustrie, durch die eine große Zahl von Bürokraten, Politikern und Gefängnisangestellten ein persönliches Interesse an der weiteren Expansion des Gefängnissystems haben.

Die Unterstützung für die Todesstrafe ist in den Vereinigten Staaten anhaltend hoch. 2008 sagten 64 Prozent der Befragten einer Umfrage, dass sie „für" und 30 Prozent, dass sie „gegen" die Todesstrafe seien. Das kennzeichnet einen bedeutenden Umschwung seit 1966, als 42 Prozent der Befragten für und 47 Prozent gegen die Todesstrafe waren (Gallup 2008). Die Zahl der Todeskandidaten ist von 1977 an ständig gestiegen, damals wurde vom Obersten Gerichtshof die Todesstrafe wieder eingeführt. Im Jahr 2007 gab es 3.220 Gefangene in der Todeszelle, davon waren mehr als zwei Fünftel Afroamerikaner. (In der Bevölkerung der USA sind allerdings nur ca. 13 Prozent Afroamerikaner.) 56 Frauen (das entspricht 1,7 Prozent) saßen 2007 in Todeszellen (United States, Department of Justice 2007).

Seit die Gefängnisstrafe zur Hauptform der Ahndung von Verbrechen geworden ist, wurde die Todesstrafe immer umstrittener. Menschen wegen ihrer Verbrechen hinzurichten, ist den meisten Sozialreformern als barbarisch erschienen. Darüber hinaus ist es bei Anwendung der Todesstrafe unmöglich, Fehlurteile im Nachhinein zu korrigieren, sollten neue Beweise auftauchen, die zeigen, dass jemand zu Unrecht verurteilt wurde.

Länder, in denen die Todesstrafe abgeschafft wurde, haben keine sichtbar höheren Mordraten als zuvor. Obwohl die Vereinigten Staaten an der Todesstrafe festhalten, sind die amerikanischen Mordraten mit Abstand die höchsten in der industrialisierten Welt.

Freilich mag es sein, dass die starken Emotionen der Öffentlichkeit hier eher Einstellungen gegenüber der Bestrafung widerspiegeln als die Idee, dass die Todesstrafe eine abschreckende Wirkung hat. Vielleicht meinen die Leute, dass jemand, der einem anderen das Leben genommen hat, sein eigenes verwirkt hat. Die Gegenauffassung ist die, dass die Gesellschaft ein moralisches Unrecht begeht, wenn sie ihre eigenen Bürger tötet, welche Verbrechen diese auch immer begangen haben mögen. Diese zweite Auffassung, unterstützt durch die mangelnde abschreckende Wirkung, hat sich bisher bei den meisten Gesetzgebern durchgesetzt.

Verfechter des repressiven Strafvollzuges in den USA verweisen auf den Rückgang der Kriminalitätsrate in den letzten zehn Jahren als Beweis für die Wirksamkeit von Gefängnissen. Doch die Kritiker entgegnen, dass die rückläufige Kriminalitätsrate sich eher durch Faktoren wie eine niedrigere Arbeitslosenrate und eine boomende Wirtschaft erklären lässt. Sie argumentieren, dass die hohe Inhaftierungsrate Familien und Gemeinschaften unnötigerweise zerstört. Mehr als ein Viertel der afroamerikanischen Männer sind entweder im Gefängnis oder unter der Kontrolle des Strafvollzugssystems. Mehr als 60 Prozent der Häftlinge in den USA verbüßen Strafen wegen nicht gewalttätiger Drogendelikte. Kritiker sagen, dass dieses Ungleichgewicht zeigt, dass das Gefängnis nicht mehr als letztes Mittel eingesetzt wird, sondern generell für alle sozialen Probleme.

Schlussfolgerung: Verbrechen, Devianz und Gesellschaftsordnung

Es wäre ein schwerer Fehler, abweichendes Verhalten gänzlich negativ zu sehen. Jede Gesellschaft, die anerkennt, dass Menschen verschiedene Werte und Interessen haben, muss Raum für Individuen oder Gruppen finden, deren Aktivitäten nicht den von der Mehrheit befolgten Normen entsprechen. Leute, die in der Politik, in der Wissenschaft, in der Kunst oder auf anderen Gebieten neue Ideen entwickeln, werden häufig von jenen, die eher herkömmliche Wege beschreiten, mit Misstrauen oder Feindseligkeit betrachtet. Die politischen Ideale etwa, die in der amerikanischen Revolution entwickelt wurden – die Freiheit des Einzelnen und die Chancengleichheit –, trafen damals auf den leidenschaftlichen Widerstand vieler Leute, doch sind sie heute auf der ganzen Welt akzeptiert. Von den herrschenden Normen einer Gesellschaft abzuweichen, erfordert Mut und Entschlossenheit; diese Form der Devianz ist oft unerlässlich für die Erzielung von Fortschritten, die später als im allgemeinen Interesse liegend aufgefasst werden.

Ist „schädliche Devianz" der Preis, den eine Gesellschaft dafür entrichten muss, dass sie ihren Mitgliedern beträchtliche Freiheiten einräumt, sich in nonkonformistischer Weise zu betätigen? Sind z.B. hohe Raten krimineller Gewalttätigkeit die gesellschaftlichen Kosten, die im Austausch dafür anfallen, dass die einzelnen Bürger individuelle Freiheiten genießen? Einige Autoren haben dies tatsächlich behauptet und argumentiert, dass Gewaltverbrechen in einer Gesellschaft ohne strenge Definitionen der Konformität unvermeidlich sind. Diese Auffassung hält allerdings einer genaueren Betrachtung nicht stand. In manchen Gesellschaften, in denen eine große Bandbreite individueller Freiheiten besteht, und abweichende Aktivitäten weitgehend toleriert werden (wie in Schweden), sind die Raten der Gewaltverbrechen niedrig. Umgekehrt finden wir Länder, wo die individuellen Freiheiten beschränkt sind (wie einige lateinamerikanische Gesellschaften), in denen wir hohe Niveaus der Gewalt beobachten können.

Eine Gesellschaft, die gegenüber dem abweichenden Verhalten tolerant ist, muss nicht unbedingt soziale Auflösungserscheinungen zeigen. Dieses Ergebnis kann jedoch vermutlich nur erreicht werden, wenn individuelle Freiheiten mit einem Ausmaß an sozialer Gerechtigkeit verbunden sind – in einer Gesellschaftsordnung, in der die Ungleichheiten nicht auffallend groß sind und in der die Bevölkerung als Ganzes die Chance hat, ein erfülltes und befriedigendes Leben zu führen. Wenn Freiheit nicht das Gegengewicht der Gleichheit findet und wenn viele Menschen entdecken müssen, dass ihnen die Chance auf Selbstverwirklichung weitgehend verschlossen ist, dann wird abweichendes Verhalten mit großer Wahrscheinlichkeit in eine sozial destruktive Richtung kanalisiert.

Zusammenfassung

1. Der Ausdruck „deviantes Verhalten" bezieht sich auf Handlungen, die allgemein gültige Normen verletzen. Was als abweichend betrachtet wird, kann sich von Zeit zu Zeit und von Ort zu Ort ändern; das „normale" Verhalten eines kulturellen Kontextes kann in einem anderen als „deviant" etikettiert werden.

2. Formelle oder informelle Sanktionen werden von der Gesellschaft dazu benützt, die Einhaltung sozialer Normen zu erzwingen. Gesetze sind Normen, die von Regierungen definiert und überwacht werden; Verbrechen sind Handlungen, die diesen Gesetzen zuwiderlaufen.

3. Es wurden biologische und psychologische Theorien entwickelt, denen zufolge Verbrechen und andere Formen der Abweichung ge-

netisch bestimmt sind. Diese Ansichten sind in den letzten Jahrzehnten weitgehend aufgegeben worden, wurden aber in jüngster Zeit von einigen Neurowissenschaftlern reanimiert, die beispielsweise meinen, zeigen zu können, dass Willensfreiheit nicht existiert und daher auch kein Subjekt für seine Handlungen verantwortlich gemacht werden kann, sondern nur seine Gene. Soziologen argumentieren, dass Konformität und Devianz in verschiedenen sozialen Kontexten in verschiedener Weise definiert werden. Unterschiede des Reichtums und der Macht in der Gesellschaft haben einen starken Einfluss auf die Gelegenheiten, die verschiedenen Gruppen von Individuen offenstehen, und darauf, welche Aktivitäten als kriminell betrachtet werden. Kriminelles Handeln wird auf ganz ähnliche Weise erlernt wie gesetzestreues und richtet sich im Allgemeinen auf dieselben Bedürfnisse und Werte.

4. Funktionalistische Theorien sehen Verbrechen und Devianz als Auswirkung struktureller Spannungen und eines Mangels an moralischer Regulierung innerhalb der Gesellschaft. Durkheim führte den Begriff der „Anomie" ein, um ein Gefühl der Angst und Desorientierung zu beschreiben, das sich infolge des Zusammenbruchs des traditionellen Lebens in der modernen Gesellschaft ergibt. Robert K. Merton erweiterte das Konzept und betont die Spannung, die Gruppen von Individuen erleben, wenn sie bemerken, dass die soziale Norm mit den zur Verfügung stehenden Mitteln nicht realisiert werden kann. Subkulturelle Erklärungen legen das Augenmerk auf Gruppen wie Banden, die die allgemeinen Werte der Gesellschaft zurückweisen und sie mit Normen ersetzen, die Widerstand, Delinquenz und Nonkonformität hochhalten.

5. Die Etikettierungstheorie (die annimmt, dass die Etikettierung einer Person als deviant ihr abweichendes Verhalten verstärken wird) ist von großer Bedeutung, da sie von der Annahme ausgeht, dass keine Handlung intrinsisch kriminell (oder normal) ist. Diese Theorie muss jedoch durch die Frage ergänzt werden: Wodurch wurde das Verhalten (das als deviant etikettiert wurde) ursprünglich verursacht?

6. Konflikttheorien analysieren Kriminalität und Devianz als Ausdruck eines strukturellen Konfliktes in der Gesellschaft, bei dem es zum Zusammenstoß gegensätzlicher Interessen von sozialen Gruppen kommt und bei dem die Elite ihre Macht bewahren will.

7. Kontrolltheorien behaupten, dass Kriminalität auftritt, wenn es unzureichende physische oder soziale Kontrollen zur Verhinderung von Verbrechen gibt. Die Zunahme an Verbrechen wird als Folge der Zunahme von Möglichkeiten und Zielen in der modernen Gesellschaft interpretiert. Die Theorie der Glasscherbenviertel deutet an, dass es eine direkte Verbindung zwischen sichtbarer Unordnung und eigentlichen Verbrechen gibt.

8. Das Ausmaß verbrecherischer Aktivitäten in einer Gesellschaft ist schwierig zu bestimmen, da nicht alle Verbrechen zur Anzeige gelangen. Die Dunkelziffer bezeichnet Verbrechen, die nicht in der offiziellen Statistik aufscheinen. Opferstudien (Bevölkerungsumfragen, die erheben, ob man im Laufe des vergangenen Jahres Opfer eines

Verbrechens geworden ist) zeigen auf, wie groß die Diskrepanz zwischen offiziellen Kriminalitätsraten und den Erfahrungen der Menschen sind.

9. Die Verbrechensraten von Frauen sind wesentlich niedriger als die von Männern, vermutlich wegen der allgemeinen Sozialisationsunterschiede zwischen Männern und Frauen und der größeren Teilhabe von Männern an Tätigkeiten außerhalb des Haushalts. Arbeitslosigkeit und die Krise der Männlichkeit wurden als Erklärungen für die höheren Kriminalitätsraten bei Männern herangezogen. Vergewaltigung ist ebenfalls wesentlich weiter verbreitet, als die offiziellen Statistiken vermuten lassen. In einem gewissen Sinn sind alle Frauen Vergewaltigungsopfer, weil sie besondere Vorkehrungen für ihren Schutz treffen müssen und weil sie mit der Angst vor einer möglichen Vergewaltigung leben müssen. Frauen, Homosexuelle und ethnische Minderheiten werden häufiger Opfer von Gewalt und Belästigung, doch werden sie dafür in der landläufigen Meinung oft selbst verantwortlich gemacht, weil man ihnen unterstellt, dass sie den Übergriff herausgefordert hätten. Man betrachtet sie nicht als Opfer, die von der Gesellschaft marginalisiert werden und deshalb ungeschützter gegenüber Übergriffen sind.

10. Die Angst der Öffentlichkeit vor Kriminalität bezieht sich häufig auf die Straßenkriminalität wie Diebstahl, Einbrüche und Gewaltverbrechen, die als Domäne der männlichen Unterschichtjugend gesehen werden. Offizielle Statistiken zeigen hohe Kriminalitätsraten bei jungen Menschen, doch sollte man umsichtig sein und keine moralische Panik über die grassierende Jugendkriminalität lostreten. Die meisten Jugendlichen, die mit dem Gesetz in Konflikt kommen, erfahren dies nur als eine vorübergehende Episode des Erwachsenwerdens und sind später nicht mehr auffällig. Weiters sind viele Verhaltensformen, die als deviant wahrgenommen werden, wie Randalieren und Nonkonformität, eigentlich nicht kriminell.

11. Die Ausdrücke White-Collar-Verbrechen und Wirtschaftskriminalität beziehen sich auf Delikte, die von den Angehörigen der wohlhabenden Gesellschaftssegmente begangen werden. Mit organisiertem Verbrechen sind institutionalisierte Formen der kriminellen Betätigung gemeint, bei denen zwar viele Merkmale von herkömmlichen Organisationen auftreten, die jedoch insgesamt illegal sind. Internetkriminalität beschreibt die kriminelle Aktivität, die mit der Hilfe von Informationstechnologie begangen wird, wie etwa Internetbetrügereien oder auch Geldwäsche im Internet.

12. Gefängnisse entstanden zum Teil in der Absicht, die Gesellschaft zu schützen, und zum Teil mit der Absicht, die Straftäter zu „bessern". Gefängnisse scheinen keine abschreckende Wirkung auszuüben, und das Ausmaß, in dem sie Häftlinge dazu bringen, sich in der Außenwelt bewegen zu können, ohne Rückfälle zu erleiden, ist ungeklärt. Es wurden viele Alternativen zum Gefängnis vorgeschlagen, darunter Strafen auf Bewährung, Arbeiten im Dienst der Gemeinschaft, Geldstrafen, die Entschädigung des Opfers und andere Maßnahmen. Einige davon sind in bestimmten Ländern bereits weitverbreitet.

Glossar

Anomie. Von Durkheim eingeführter Begriff, der das Gefühl der Ziellosigkeit oder der Orientierungslosigkeit bezeichnet, das von den Änderungen hervorgerufen wird, die die moderne Welt kennzeichnen. Die traditionellen moralischen Standards und sozialen Normen sind in modernen Gesellschaften nicht mehr gültig und neue sind (noch nicht) an deren Stelle getreten.

Deviante Subkultur. Eine Subkultur, deren Mitglieder Werte haben, die sich von jenen der Mehrheit einer Gesellschaft beträchtlich unterscheiden.

Devianz. Verhaltensweisen, die nicht mit den von der Mehrzahl der Mitglieder einer Gruppe oder einer Gesellschaft akzeptierten Normen oder Werten übereinstimmen. Was als „deviant" betrachtet wird, ist so vielfältig wie die Normen und Werte, die verschiedene Kulturen oder Subkulturen voneinander unterscheiden. Viele Verhaltensweisen, die in einem bestimmten Kontext oder in einer bestimmten Gruppe höchste Anerkennung finden, werden anderswo abgelehnt.

Devianzforschung. Die Soziologie abweichenden Verhaltens oder Devianzforschung befasst sich damit, abweichendes Verhalten zu erforschen und zu verstehen, warum bestimmtes Verhalten als deviant gilt.

Devianzverstärkung. Die nicht beabsichtigte Folge der Etikettierung eines Verhaltens als deviant durch eine Kontrollinstanz, wodurch schließlich mehr von dem devianten Verhalten hervorgerufen wird. So können die Reaktionen der Polizei, der Medien und der Öffentlichkeit zu wahrgenommener Devianz diese verstärken, indem eine Spirale der Devianz entsteht.

Etikettierungstheorie. Ein Ansatz der Untersuchung der Devianz, der nahelegt, dass Menschen „deviant" werden oder bleiben, weil ihrem Verhalten von politischen Autoritäten und anderen bestimmte Etiketten angeheftet werden.

Internetkriminalität. Kriminelle Handlungen, die mithilfe elektronischer Netzwerke begangen werden oder die neue Informationstechnologien nutzen. Dazu gehört elektronische Geldwäsche, Identitätsdiebstahl (die missbräuchliche Verwendung eines fremden Namens, einer fremden Kreditkarte usw.), elektronischer Vandalismus und Ausspionieren elektronischer Korrespondenz.

Kontrolltheorie. Eine Theorie, die Kriminalität als den Ausdruck eines Ungleichgewichts zwischen kriminellen Impulsen und abschreckenden Kontrollmechanismen sieht. Kontrolltheoretiker sehen Kriminelle als rational handelnde Individuen, die ihren Gewinn zu maximieren trachten, und durch soziale und physische Kontrollen davon abgehalten werden müssen.

Kriminologie. Die Erforschung des abweichenden Verhaltens, das gegen das Strafrecht verstößt.

Linker Realismus. Eine Richtung der Kriminologie, die in den 1980er Jahren durch Arbeiten von Jock Young verbreitet wurde und sich auf die Opfer von Verbrechen konzentrierte. Der Linke Realismus appellierte für eine Kriminologie, die sich für Verbrechenskontrolle und Sozialpolitik einsetzt.

Moralische Panik (Öffentliche Entrüstung). Ein Begriff, den Stanley Cohen bekannt gemacht hat, um die von den Medien ausgelöste Überreaktion auf eine Gruppe oder ein bestimmtes Verhalten zu beschreiben, das als symptomatisch für den allgemeinen Sittenverfall gesehen wird. Moralische Panik entsteht meist rund um Vorkommnisse, die hinsichtlich der Art und des Umfangs der Beteiligten relativ alltäglich sind.

Neue Kriminologie. Eine Richtung in der Kriminologie, die im Großbritannien der 1970er Jahre aufgekommen ist und Devianz als absichtliches Verhalten politischer Natur betrachtet. Die Neuen Kriminologen argumentieren, dass man Kriminalität und Devianz nur im Zusammenhang mit Macht und sozialer Ungleichheit verstehen könne.

Null Toleranz. Die Null-Toleranz-Strategie der Polizei, die die Aufrechterhaltung von Ordnung als Schlüssel für die Verhinderung und Kontrolle von Schwerverbrechen sieht. Indem bereits Kleinkriminalität und Bagatelldelikte geahndet werden, spiegelt die Null-Toleranz-Strategie der Polizei die Prinzipien der Glasscherbenvierteltheorie (Broken Windows Theory) wider.

Opferstudien. Bevölkerungsumfragen, die darauf abzielen, den Anteil der Menschen zu erheben, der innerhalb einer bestimmten Periode Opfer eines Verbrechens geworden ist. Opferstudien versuchen die sogenannte Dunkelziffer der nicht angezeigten Verbrechen auszugleichen, die bei der Interpretation der Polizeilichen Kriminalstatistik (PKS) immer berücksichtigt werden muss, indem nach den direkten Erfahrungen der Menschen mit Kriminalität gefragt wird.

Organisiertes Verbrechen. Kriminelle Aktivitäten von Organisationen, die als Wirtschaftsunternehmen etabliert sind.

Primäre und sekundäre Devianz. Eine Idee, die mit dem amerikanischen Kriminologen Edwin Lemert assoziiert wird. Der Ausdruck primäre Devianz bezieht sich auf eine Handlung, die einer Norm oder einem Gesetz widerspricht – z.B. auf einen Ladendiebstahl. Lemert zufolge bleiben primär deviante Handlungen weitgehend unbedeutend für die Ich-Identität des Individuums und üblicherweise kommt es zu einer Normalisierung der devianten Handlung. Von sekundärer Devianz spricht man dann, wenn dem Individuum, das die Handlung ausgeführt hat, ein Etikett angeheftet wird, z.B. wenn der Person, die etwas in einem Geschäft gestohlen hat, das Etikett „Ladendieb" angeheftet wird.

Psychopath. Ein spezifischer Persönlichkeitstypus; solchen Individuen fehlen der moralische Sinn und die Identifikation mit anderen, die man bei den meisten normalen Menschen antrifft.

Rechter Realismus. In der Kriminologie entstand der Rechte Realismus aus der Kontrolltheorie und dem politischen Konservativismus. Er sieht eine Eskalation der Kriminalität als eine Folge des Niedergangs individueller Verantwortungsgefühle und moralischer Degeneration. Für rechte Realisten drückt Kriminalität und Devianz individuelle Pathologie aus, indem aus Selbstsüchtigkeit, mangelnder Selbstdisziplin und Moral eine Reihe destruktiver gesetzloser Handlungen gesetzt wird. Rechte Realisten betrachten die theoretischen Zugänge zur Erforschung der Kriminalität als sinnlos.

Rückfälligkeit (auch Rezidivismus). Der Rückfall von Straftätern.

Täter-Opfer-Ausgleich. Eine der Maßnahmen der Strafjustiz, bei der Strafen durch überwachte und begleitete gemeinnützige Arbeiten ersetzt werden, um in den Tätern ein Bewusstsein für den angerichteten Schaden zu erzeugen.

Verbrechen der Mächtigen. Verbrecherische Aktivitäten, die von Personen begangen werden, die sich in Machtpositionen befinden.

White-Collar-Verbrechen. Die kriminellen Aktivitäten von Professionals und jenen in White-Collar-Positionen (der mittleren und höheren Angestellten).

Weiterführende Literatur

Christie, Nils (2005), *Wieviel Kriminalität braucht die Gesellschaft?*, München: Beck.

Hassemer, Winfried (2009), *Warum Strafe sein muss. Ein Plädoyer*, Berlin: Ullstein.

Popitz, Heinrich, (2006), *Soziale Normen*, Frankfurt: Suhrkamp.

Sutterlüty, Ferdinand (2002), *Gewaltkarrieren. Jugendliche im Kreislauf von Gewalt und Missachtung*, Frankfurt: Campus.

Filme zum Thema

„Das Leben des David Gale" (USA 2003), Regie: Alan Parker

„Michael Clayton" (USA 2007), Regie: Tony Gilroy

„Volver – Zurückkehren" (Spanien 2006), Regie: Pedro Almodóvar

„Pulp Fiction" (USA 1994), Regie: Quentin Tarantino

„M – Eine Stadt sucht einen Mörder" (Deutschland 1931), Regie: Fritz Lang

„Bad Lieutenant" (USA 1992), Regie: Abel Ferrara

„Kops" (Schweden, Dänemark 2003), Regie: Josef Fares

Internet-Tipps

Amnesty International
www.amnesty.org/

Todesstrafe
www.deathpenaltyinfo.org/

Über Korruption informiert
www.transparency.org/

European Crime and Safety Survey (EU ICS)
www.europeansafetyobservatory.eu/

9

Bildung

Mehmet hatte fast neun Jahre Schulbesuch hinter sich. Er ist der Sohn türkischer Eltern, die ihr Dorf am Marmarameer verließen und nach Vorarlberg kamen, um in der Textilindustrie Beschäftigung zu finden. Mehmet wurde in Vorarlberg geboren und wuchs gemeinsam mit einheimischen Kindern auf, deren Sprache er in allen ihren Färbungen und Dialekteigenheiten beherrscht. Anders seine Eltern, die in ihrer Freizeit vor allem die Nähe anderer als Gastarbeiter in den Westen Österreichs gekommener Türken suchen.

Rückblickend kann Mehmet sich nicht erinnern, dass ihm vor der Wahl seines weiteren Bildungsweges von irgendjemandem Rat und Hilfe angeboten worden wäre: „Irgendwie bin ich auf die Handelsschule gekommen und das war, weil der Kollege, mit dem ich auch dauernd zusammen war, auch die Handelsschule gemacht hat. So haben wir gesagt, okay, jetzt machen wir das zusammen." Mehmet wusste nicht genau, was eine Handelsschule bietet und hatte nur sehr vage Vorstellungen davon, wofür ein dort erworbener Abschluss nützlich sein könnte. „Handel hat überhaupt schon einmal gut geklungen und vor allem für Migranten ist der Begriff Handel ganz wichtig. Sie wollen, dass ihre Kinder was lernen, was Hand und Fuß hat." Mehmets Vater stimmte der Schulwahl zu: „Handelsschule klingt gut, da können wir auch gleich einen Laden aufmachen. Und wenn du dich auskennst im Einkauf/Verkauf, wird das schon passen."

Der Alltag in der Handelsschule ist für die beiden Jugendlichen türkischer Herkunft kein Spaß, die Einheimischen hänseln sie und die Lehrer verhalten sich nicht viel besser. Wenn sich einer der beiden beim Klassenvorstand über die Mitschüler beklagt, bekommt er zu hören, „zum Streiten braucht es zwei". Im Deutschunterricht verspottete er die beiden: „Leute, hört einmal her, was der Ahmet schreibt: ,Der Junge fiel in den Teich und ist zugefroren' statt erfroren." Auch als sich Mehmet und sein Freund am Ende der Handelsschule als Einzige für den Aufbaulehrgang der Handelsakademie in der Nachbarstadt anmelden, ernten sie statt Anerkennung Hohn: „Da hat man uns einfach ausgelacht, ,ihr zwei Versager' auf die Art."

Während Mehmet in der Handelsschule in Deutsch nie eine bessere Note als „Vier" erreichte, war er in der Handelsakademie in Deutsch plötzlich unter den Besten. Für diesen Lehrer war er

> einfach ein Zweier-Kandidat. Und dann haben wir auch noch deutsche Literatur und österreichische Literatur durchgenommen. Es waren kleine Worte, aber die haben uns extrem gepuscht. Zum Beispiel während einer Literaturprüfung, ich war so gut drauf, dass er dann gesagt hat: „So Leute schämt euch, ein Türke kennt sich besser in der österreichischen oder deutschen Literatur aus als ihr." Und das waren so Sachen, die mich extrem motiviert haben. Ich war dann einfach der Beste [lacht]. Das sind die Sachen, die dich einfach weiter bringen, wo du dann einfach wieder eine Hoffnung und ein Licht am Ende des Tunnels siehst und du das erreichen willst.

Die Eltern sind auf Mehmet und seinen Schulerfolg stolz, von der Eröffnung eines eigenen Ladens ist schon bald nicht mehr die Rede, sondern vom Wunsch des Sohnes, weiter zu studieren. Glücklicherweise verfügen Mehmets Eltern über genügend Einkommen, um sein Lehramtsstudium finanzieren zu können.

Mehmets Geschichte, die wir hier in komprimierter Form wiedergegeben haben (ausführlicher analysiert wird sie in: Burtscher 2009), illustriert viele Aspekte, die von der Soziologie der Bildung untersucht werden: die Wahl von und Entscheidung für Schullaufbahnen, die Rolle von Peers und Familienmitgliedern, der enge Zusammenhang zwischen den Einstellungen von Lehrern und deren Benotung der Leistung von Schülern, die Rolle von Lehrern für das Fortkommen von Schülern oder die Frage, wer welche Bildungsabschlüsse erreichen kann.

Mehmets Orientierungslosigkeit am Ende der Pflichtschule hätte durch eine funktionierende Berufsberatung verkleinert werden können, aber andere Einflüsse auf die Bildungsentscheidung von Schülern sind auch durch beste Beratung nicht eliminierbar. Mit Freunden zusammenbleiben wollen, Erwartungen von Eltern und Beurteilungen durch Lehrer beeinflussen in allen industrialisierten Gesellschaften Bildungserfolge in letzter Instanz wohl ebenso intensiv wie die Stärken oder Schwächen junger Menschen bei der Bewältigung intellektueller und anderer schulischer Anforderungen.

Dieses Kapitel beginnen wir mit der breiteren Frage, wofür Bildung denn gut ist, bevor wir uns den Ursprüngen des heutigen Bildungssystems widmen, wobei wir versuchen, die Bildungssysteme der deutschsprachigen Länder, die den Leserinnen und Lesern dieses Buches ja aus eigener Erfahrung bekannt sind, mit jenen anderer europäischer Länder zu vergleichen. Gerade bei diesem Vergleich wird deutlich werden, dass die Trennung von (beruflicher) Ausbildung und (allgemeiner) Bildung eine Besonderheit unserer Gesellschaften ist. Danach diskutieren wir einige der bekanntesten Bildungstheorien und wenden uns dann der Frage der Ungleichheiten zu, die Bildungssysteme hervorbringen. Schließlich behandeln wir noch, welche Folgen technologische Veränderungen auf das Bildungswesen haben und wie dieses auf die Herausforderungen der globalen Wissensökonomie reagiert. Zum Abschluss erörtern wir die Frage der Intelligenz und beschließen das Kapitel mit ein paar Überlegungen über die Zukunft der Bildung.

Die Bedeutung von Bildung

Warum ist Bildung für Soziologen ein wichtiges Thema? Durkheim, einer der Gründerväter, meinte, dass Bildung eine wichtige Rolle bei der Sozialisation der Kinder spielt.

Durkheims funktionalistische Sichtweise haben wir im Kapitel 1 – Was ist Soziologie? vorgestellt.

Durch Bildung und vor allem durch das Studium der Geschichte des eigenen Landes erwerben Kinder nach Meinung Durkheims ein grundlegendes Verständnis der kollektiv geteilten Werte der Gesellschaft, zu deren kompetenten Mitgliedern sie durch gemeinsame Erfahrungen in Bildungseinrichtungen werden sollen, um so eine Einheit von vielen verschiedenen Individuen zu bilden. Zu den gemeinsamen Werten zählen religiöse und moralische Überzeugungen, ein bestimmtes Verständnis von Selbstdisziplin, aber auch das bunte Bündel von Erwartungen, die festlegen, wer „wir" sind: Letzteres formt Geschlechtsrollen ebenso wie es Heranwachsenden nahebringt, was einen echten Schweizer ausmacht oder wodurch wir Europäer uns von allen anderen unterscheiden. Durkheim betonte als einer der Ersten, dass Bildung Kinder veranlasst, soziale Regeln zu internalisieren, was das Funktionieren von Gesellschaft erst ermögliche.

In industriellen Gesellschaften erfüllt Bildung nach Ansicht Durkheims (1995) eine weitere bedeutende Funktion bei der Sozialisation von Kindern: Sie lehrt sie die besonderen Kenntnisse, die nötig sind, um spezialisierte Berufe ausüben zu können. In vormodernen Gesellschaften wurden diese beruflichen Kenntnisse weitestgehend in den Familien weitergegeben. In dem Maße, in dem Gesellschaften komplexer wurden und Güter arbeitsteilig hergestellt wurden, entstand ein Bildungssystem, das die Kenntnisse vermittelte, die man braucht, um die unterschiedlichen spezialisierten beruflichen Rollen ausüben zu können.

Eine andere funktionalistische Sichtweise auf Bildung findet man im Werk des amerikanischen Soziologen Talcott Parsons. Während Durkheim sich dafür interessierte, wie sich im 19. Jahrhundert die in steigendem Maße individualistisch werdende französische Gesellschaft entwickelte und den Beitrag des Bildungssystems dafür darin erblickte, dass es soziale Solidarität hervorbrachte, sah Parsons in der Mitte des 20. Jahrhunderts die Aufgabe des Bildungssystems vornehmlich darin, dem einzelnen Kind den Wert individueller Leistung zu vermitteln. Dieser Wert war für industrialisierte Gesellschaften von entscheidender Bedeutung, doch konnte er nach Ansicht Parsons nicht in der Familie erlernt werden. Eltern behandeln ihre Kinder in einer *partikularistischen* Weise. Der Status des Kindes in der Familie wird ihm *zugeschrieben*; er ist weitestgehend schon bei seiner Geburt fixiert. Dagegen ist der Status des Kindes in der Schule ein selbst *erworbener*. In Schulen werden Kinder aufgrund *universaler* Normen, wie sie beispielsweise in Lehrplänen oder zentral geregelten Prüfungen fixiert sind, beurteilt. Nach Parsons ist es die Funktion des Bildungssystems, Kindern den Weg von den partikularistischen Standards der eigenen Familie zu den universalistischen zu weisen, die die moderne Gesellschaft der Erwachsenen kennzeichnet. Parsons findet, dass Schulen, wie die weitere **Meritokratie** Gesellschaft, in die sie eingebettet sind, weitgehend auf meritokratischer Grundlage operieren: Kinder erwerben ihren Status auf der Grundlage ihrer Leistungen (Meriten) anstatt wegen ihres Geschlechts, ihrer ethnischen Zugehörigkeit oder der sozialen Schicht, aus der sie stammen (Parsons und Bales 1956). Zur Beurteilung von Parsons' Theorie ist es hilfreich zu bedenken, dass, als er diese Sichtweise entwickelte, in den USA standardisierte Tests, die bei der Aufnahme in Colleges heute eine noch viel wichtigere Rolle spielen, bereits praktiziert wurden. Parsons' These der sozialen Bedeutung universaler Standards war also durchaus begründet. Wie wir sehen werden, wurde Parsons' Sichtweise, Schulen beruhten vornehmlich auf unpersönlichen meritokratischen Prinzipien, von anderen Sozialwissenschaftlern strikt abgelehnt. Soziologen, die von soziologischen Konflikttheorien beeinflusst waren, haben die Mechanismen betont, die dazu führen, dass im Bildungssystem *zugeschriebene* Ungleichheiten reproduziert werden.

Gemeinsamkeiten und Unterschiede der Bildungssysteme in Europa

Die Bedeutung der Bildung für Peerbeziehungen in der Sozialisation wird genauer im Kapitel 4 – Sozialisation, Lebenslauf und Altern diskutiert.

Bis vor 150 Jahren gab es nirgendwo auf der Welt ein Bildungssystem. Wohlhabende Familien ließen ihre Kinder durch Hauslehrer unterrichten, während die Mehrheit der Bevölkerung nicht einmal über elementare Kenntnisse verfügte. Des Schreibens und Lesens unkundig waren sie mehr oder weniger Analphabeten. Die Industrialisierung führte überall zu einer steigenden Nachfrage nach besser ausgebildeten Arbeitskräften, Soldaten und Untertanen. Die Ausdehnung der Städte verbesserte das Angebot an Bildungseinrichtungen nachhaltig. Die Bildungssysteme entwickelten sich in den verschiedenen europäischen Staaten dennoch sehr unterschiedlich, nicht alle reagierten in gleicher Weise auf die Herausforderungen und oftmals bestimmten anfänglich getroffene Entscheidungen die weitere Entwicklung – ein weiteres Beispiel für Pfadabhängigkeit (siehe dazu Kapitel 1 – Was ist Soziologie?).

Die Einführung des Schulsystems führte überall in Europa dazu, dass der Analphabetismus praktisch eliminiert wurde, während er in vielen weniger entwickelten Gesellschaften bekanntlich nach wie vor in großem Umfang existiert.

Das Ausmaß des Analphabetismus in den armen Ländern dieser Welt wird in Kapitel 20 – Globale Ungleichheit genauer behandelt.

Die heute benötigten Kenntnisse gehen über die elementaren Fertigkeiten des Lesens und Schreibens weit hinaus. Beispielsweise ist es nötig, sich Wissen auch über recht abstrakte oder zumindest komplizierte Sachverhalte zu verschaffen. Da in gegenwärtigen Gesellschaften durchaus nicht alle über diese Fähigkeiten verfügen, wurde der Begriff der funktionalen Illiteralität (oder des funktionalen bzw. sekundären Analphabetismus) eingeführt, um diese moderne Erscheinungsform des Analphabetismus zu kennzeichnen. Damit ist gemeint, dass Menschen zwar eine schulische Ausbildung durchlaufen haben, aber mit essenziellen Anforderungen der heutigen Welt nicht zurande kommen. Tests zur Feststellung von funktionaler Illiteralität unter Erwachsenen enthalten beispielsweise Fragen danach, wie man am schnellsten und günstigsten von einem Ort zum anderen kommen kann, wie man ein Konto eröffnet und dabei auch das Kleingedruckte richtig versteht oder wie man, wenn man in Not geraten ist, Sozialhilfe beantragt. Für Deutschland wurde geschätzt, dass 0,75 Prozent bis drei Prozent der erwachsenen Bevölkerung funktionale Analphabeten sind; in absoluten Zahlen wären das zwischen einer halben und mehr als zwei Millionen Menschen (Döbert und Hubertus 2000, S. 27). Der International Adult Literacy Survey untersuchte die Bevölkerung von 20 OECD-Staaten und berichtet von relativ hohen Raten von Personen, die mit Zah-

funktionale Illiteralität

len, schematischen Darstellungen oder Texten große Schwierigkeiten hatten. Der Bericht enthält eine große Zahl von Daten und Vergleichen, scheut aber davor zurück, für die beteiligten Länder Raten auszuweisen (OECD und Statistics Canada 2000). In einer früheren Veröffentlichung wurde davon berichtet, dass in der erwachsenen Bevölkerung im Schnitt aller beteiligten Länder fast sieben Prozent Probleme mit Zahlen, neun Prozent Schwierigkeiten mit schematischen Darstellungen haben und 14 Prozent Schwierigkeiten beim Verständnis von Texten zeigten (OECD und Statistics Canada 1995, S. 57).

Vor allem aber muss man in den gegenwärtigen gesellschaftlichen Verhältnissen lernen, wie man lernt. Auf heute bestehende Unterschiede des Bildungsgrades verschiedener Gruppen der Bevölkerung kommen wir gleich noch zu sprechen. Doch davor wollen wir kurz die historische Entwicklung der Bildungssysteme behandeln.

Ursprünge

In allen hoch entwickelten Ländern dieser Welt besteht heute de facto eine Schulpflicht von zumindest neun Jahren. Das war nicht immer so. Die Industrialisierung und die Ausweitung der Bürgerrechte waren die beiden Kräfte, die den Anstoß zur Etablierung der Schulpflicht gaben. In den deutschsprachigen Ländern war die Reformation ein starker Fürsprecher der Einführung einer Elementarbildung, da Martin Luther und seine Anhänger der Auffassung waren, dass jeder Christenmensch in die Lage versetzt werden müsse, die Bibel selbst lesen zu können. Als Folge dieser Überzeugung führte die damalige Freie Reichsstadt Strassburg als erstes Territorium 1598 eine Schulpflicht ein. Andere protestantische Länder folgten, während die katholischen Gebiete zögerlich blieben. Österreich bildete hier die Ausnahme, da unter der Regierung von Maria Theresia 1774 eine sechsjährige Schulpflicht eingeführt wurde, während etwa das katholische Bayern erst 1802 entsprechende Gesetze erließ.

Anfangs war die Schulpflicht vor allem in ländlichen Gebieten, wo damals die überwiegende Mehrheit der Bevölkerung lebte, wenig beliebt. Kinder wurden als Arbeitskräfte benötigt und Eltern rebellierten mehrfach gegen die ihren Kindern auferlegte Pflicht, in die Schule zu gehen. Bis zum Ende des 19. Jahrhunderts stand die Schulpflicht vielerorts ohnehin eher auf dem geduldigen Papier, da es an Lehrern und Schulgebäuden fehlte. In den ländlichen Regionen blieben Kinder bis in die 1960er Jahre regelmäßig der Schule fern, wenn die elterliche Landwirtschaft ihre Arbeitskraft benötigte oder die Witterung den Fußmarsch in die Schule unzumutbar machte. Erst die Technisierung der bäuerlichen Arbeit und die Einführung von Schulbussen, die die Kinder einsammelten und zur Schule fuhren, änderte das.

In anderen Teilen der Welt, wie beispielsweise in der Schweiz, Frankreich, Großbritannien, den skandinavischen Staaten, den USA und weiteren Ländern gibt es bis heute keine Schul- sondern nur eine Bildungspflicht. Das erlaubt es Eltern, ihre Kinder zu Hause zu unterrichten; zumindest einmal im Jahr müssen die Kinder jedoch von Behörden kontrollierte Prüfungen ablegen. Die schwächere Rolle, die in diesen Ländern der Staat in Fragen des Bildungssystems spielt, kann man auch daran ablesen, dass Gesetze, die eine Schul- oder Bildungspflicht festschreiben, erst vergleichsweise spät erlassen wurden: in England beispielsweise erst 1880. In den USA, wo die Schulgesetzgebung den Einzelstaaten überlassen ist, wurde die Bildungspflicht ebenfalls erst im späten 19. Jahrhundert eingeführt, einige Staaten, z.B. Missouri, New Jersey und Louisiana hatten 1900 noch keine derartigen Gesetze erlassen (Everhart 1977, Margo und Finegan 1996).

In den meisten europäischen Staaten können auf freiwilliger Basis vor der Grundschule Kindergärten oder Vorschulen besucht werden, doch ist deren Versorgungsdichte nicht überall ausreichend. In einigen Staaten beginnt die Schul- bzw. Bildungspflicht bereits vor dem sechsten Lebensjahr: Luxemburg und Nordirland (ab vier), Ungarn, Malta, Niederlande, Großbritannien und Lettland (ab fünf).

Gemeinsame vs. differenzierte Schule

Die schrittweise Ausweitung der Dauer der Schulpflicht auf die heute allgemein üblichen neun Jahre hatte in den verschiedenen Staaten sehr unterschiedliche Systeme zur Folge. Die Differenzierung in verschiedene Schulzweige und das Ausmaß, in welchem private neben öffentlichen Schulen bestehen, charakterisieren die gegenwärtige Vielfalt des Bildungswesens in Europa.

Die Dauer der gemeinsamen Schule variiert sehr stark. Deutschland und Österreich gehören, gemeinsam mit Ungarn und der Slowakei, zu jenen Staaten, in denen die gemeinsame Schule mit dem zehnten Lebensjahr endet. In der Schweiz endet die gemeinsame Schule nach sechs Schuljahren. In den skandinavischen Ländern, Spanien, Frankreich, dem Vereinigten Königreich, in Irland, Malta und Zypern werden die Schüler hingegen bis zum Ende der Schulpflicht (die in den meisten europäischen Ländern neun oder zehn Jahre dauert) nach einem einheitlichen Lehrplan in gemeinsamen Schulen unterrichtet.

Warum praktizieren die deutschsprachigen Länder diese frühe Aufteilung der Schüler auf unterschiedliche Bildungseinrichtungen? Die Antwort darauf ist nicht einfach und verschiedene Interessengruppen bevorzugen unterschiedliche Deutungen, warum es dazu kam und welche Vorzüge das differenzierte System hat. Die starke Rolle des Nationalstaates – auch in seiner föderalen Variante der deutschen Länderhoheit in Bildungsfragen – ließ die Entstehung von elitären Privatschulen wie in England nicht zu. Das Bildungsbürgertum des 19. Jahrhunderts hielt sich in Deutschland und Österreich für jene soziale Schicht, die sich vor allem dem Staatswohl verpflichtet sah. Seine Kinder sollten, von denen aus unteren Schichten getrennt, auf ihre künftige Rolle als Staatsdiener vorbereitet werden. Sozial exklusive Schulen eignen sich besonders gut für die Ausbildung eines Korpsgeistes und die Schaffung sozialer Netzwerke, die die Beteiligten ein Leben lang nutzen können. Das Gymnasium mit seiner Orientierung am humanistischen Bildungskanon – neben Latein und Griechisch wurde vor allem Wert auf deutsche Sprache und Literatur sowie Geschichte gelegt – versinnbildlicht die soziale Distanz gegenüber den Anforderungen der Industriegesellschaft. Was man im Gymnasium lernte, sollte der Bildung, nicht der Ausbildung dienen.

Die Differenzierung des Erziehungsbegriffs in zweckfreie, die Persönlichkeit formende *Bildung* und in *Ausbildung* für Büro-, später dann auch technische Berufe, geht auf die Philosophie des deutschen Idealismus zurück, der auch für die Entstehung der Geisteswissenschaften von großem Einfluss war. Beide produzierten wichtige Beiträge zu einer Bildungsideologie, deren gemeinsames Merkmal die Betonung der Zweckfreiheit von Bildung ist. Innerhalb der Mittelschicht hat das die Unterscheidung zwischen jenen, die sich bilden dürfen und denen, die es nötig haben, ihrer Ausbildung einen verwertbaren Sinn zugrunde zu legen, zur Folge gehabt. Die „Gebildeten" sprachen von sich selbst auch gerne als von Mitgliedern einer „Geistesaristokratie", was deutlich zum Ausdruck bringt, dass sie Bildung durchaus als Mittel der sozialen Differenzierung zu verwenden bereit waren.

Die Reproduktion der Klassenteilung der Gesellschaft durch sozial differenzierte Bildungseinrichtungen ist augenscheinlich und im deutschen und österreichischen Fall von einer Feingliederung am Ende der Schulpflicht gekennzeichnet, die nirgendwo sonst zu finden ist. Vergleicht man, auf wie viele Schulen sich 14- bis 15-Jährige verteilen können, gibt es in 18 von 30 in diesen Vergleich einbezogenen Staaten einen gemeinsamen Schultyp, in vier Ländern existieren zwei Schultypen nebeneinander, drei Schulformen bestehen in vier Ländern, die Niederlande haben vier verschiedenen Schulen und nur Österreich, Deutschland und die Slowakei bringen es auf fünf (Europäische Kommission, Eurydice, Eurostat 2005, S. 56ff.). Die Übertrittsraten zwischen diesen Schulformen unterstreichen, dass es wenig Wechsel gibt: Drei Viertel der Schüler der ersten Klasse der Oberstufe der (österreichischen) Allgemeinbildenden Höheren Schule (AHS, das frühere Gymnasium) waren davor bereits in der Unterstufe der AHS, und 71 Prozent der Universitätsanfänger können auf eine Bildungskarriere in der AHS zurückblicken (Statistik Austria 2008, S. 45).

Das differenzierte Bildungssystem wird von seinen Befürwortern damit gerechtfertigt, dass es den unterschiedlichen Begabungen am besten Rechnung trage. Die PISA-Studien lieferten allerdings eine große Zahl von Gegenbeweisen. Beispielsweise ergab die Studie von 2006 bei den naturwissenschaftlichen Kompetenzen für Österreich eine Varianz innerhalb von Schulen von 51 Prozent und eine Varianz zwischen den Schulen von 61 Prozent; für Deutschland 51 Prozent innerhalb von Schulen und 66 Prozent zwischen den Schulen (OECD 2007b, S. 35). Diese Daten unterstreichen, dass die selektiven Schulangebote keine markanten Unterschiede bei den erworbenen Kompetenzen hervorbringen. Zwischen den Schultypen müssten die Varianzen viel stärker und innerhalb gleicher Schultypen viel schwächer sein. Die geringen Unterschiede deuten eher darauf hin, dass die verschiedenen Schultypen nicht von unterschiedlich fähigen Schülern besucht werden.

Eine wichtige Rolle bei der Aufrechterhaltung und Rechtfertigung differenzierter Schulangebote spielen Interessenvertreter der verschiedenen Lehrergruppen, die die soziale Exklusivität ihrer eigenen Berufsgruppe gerne als Dienst gegenüber den Bedürfnissen der unterschiedlich begabten Schülergruppen ausgeben. Die Realität widerspricht den Bekundungen der Sprecher der Gymnasiallehrer, weil Kinder der untersten sozialen Schichten in den Hauptschulen zu finden sind, die die wachsenden Ansprüche der Industriegesellschaft nach besser qualifizierten Arbeitskräften nicht befriedigen können; die dort unterrichtenden Lehrer durchlaufen eine kürzere (nichtuniversitäre) Ausbildung, erhalten einen geringeren Lohn und können sich in der Öffentlichkeit weniger Gehör verschaffen.

Anfangs waren Mädchen in den weiterführenden Schulen überhaupt nicht vorgesehen, als diese in zunehmendem Maße nach Beendigung der Schulpflicht an einem Verbleib im Schulsystem Interesse zeigten, wurden beispielsweise hauswirtschaftliche Schulen eingerichtet, in denen den jungen Frauen Kochen, die Führung eines Haushaltsbuches und die Kinderpflege nahegebracht wurden. Wir werden weiter unten sehen, dass die unterschiedlichen Organisationsformen sehr stark zu sozialen Ungleichheiten beitragen.

Trennung von Bildung und Ausbildung

Die Differenzierung zwischen (elitärer) Bildung und (profaner) Ausbildung dient auch dazu, eine weitere Seite der Versorgung der Industriegesellschaft mit qualifizierten Arbeitskräften abzudecken. Jene Schulen, die von Kindern der unteren sozialen Schichten besucht werden, bereiten für den Eintritt in eine, an die Schulpflicht anschließende Berufsausbildung vor. Die Berufsausbildung wurde in der Vergangenheit und ist in der Gegenwart weitestgehend außerhalb des (schulischen) Bildungssystems angesiedelt und wird nur sehr selten als Teil des Bildungssystems gesehen. Eine Illustration liefert das österreichische Bundesministeriengesetz (BMG 1986, in der Fassung vom Jänner 2008), das die Zuständigkeiten der verschiedenen Ministerien auflistet. Neben dem Bundesministerium für Unterricht, Kunst und Kultur, das für „Schulwesen einschließlich Schulerhaltung, Schulerrichtung und Schulauflassung" sowie für die Pädagogischen Hochschulen und Volksbildung zuständig ist, sind noch drei weitere Ministerien mit spezifischen Fragen des (Aus-)Bildungswesens befasst: das Bundesministerium für Wirtschaft, Familie und Jugend ist zuständig für „Angelegenheiten der betrieblichen Berufsausbildung und Berufsfortbildung", zu den Aufgaben des Bundesministeriums für Wissenschaft und Forschung gehören „Angelegenheiten der wissenschaftlichen Berufsvorbildung, Berufsausbildung und Berufsfortbildung" und das Bundesministerium für Land- und Forstwirtschaft, Umwelt und Wasserwirtschaft ist nicht nur für die Spanische Hofreitschule, sondern auch für „Angelegenheiten der Schulerhaltung der land- und forstwirtschaftlichen Schulen sowie Dienstrechtsangelegenheiten der Lehrer an land- und forstwirtschaftlichen Schulen, soweit diese nicht dem Bundeskanzleramt obliegen", zuständig. Der österreichische Zuständigkeitsdschungel unterstreicht, dass verschiedene Schüler- und vor allem Lehrergruppen von unterschiedlichen Ministerien verwaltet werden und eine gemeinsame Bildungspolitik gar nicht angestrebt wird.

Die Trennung der Berufsausbildung von allen anderen Bildungswegen rührt daher, dass es in den deutschsprachigen Ländern seit alters her das sogenannte duale Ausbildungssystem gab. Damit bezeichnet man die parallele Ausbildung, praktisch in Betrieben durch Meister und theoretisch in Berufsschulen durch Lehrer. Der Begriff der Dualität kann aber auch dafür herangezogen werden, das zugrunde liegende System der Lehrausbildung zu verstehen. Wegen der kleinbetrieblichen Struktur und der starken Rolle der gewerblichen Wirtschaft überlebte das mittelalterliche System der Ausbildung in Zünften bis in die späte Moderne. Zünfte waren im Mittelalter und der frühen Neuzeit Berufsvereinigungen von Handwerkern, die über die Ausbildung wachten, Arbeitszeiten regelten und die Qualität der Produkte kontrollierten. Vor allem regelten sie den Zugang zu bestimmten Berufen, d.h. wer und wie viele Personen ein bestimmtes Handwerk ausüben durften. Die berufliche Zukunft war für jene, die die Ausbildungsstufen des Lehrlings und Gesellen erfolgreich absolvierten, gesichert. Sie konnten erwarten, den Rest ihres Berufslebens als Geselle, möglicherweise aber auch als Meister und selbstständiger Gewerbetreibender in dem Beruf verbringen zu können, für den sie ausgebildet wurden. (Um die Hürde zum selbstständigen Meister zu nehmen, bedurfte es eines beträchtlichen Kapitalaufwandes, den nur eine Minderheit der Gesellen aufbringen konnte; wem das nicht gelang, der konnte noch darauf hoffen, in einen Betrieb „einheiraten" zu können, oder er musste sich mit dem Status des Gesellen zufriedengeben).

Der Wandel der Berufe in der modernen Gesellschaft hat auch die Lehrberufe verändert. Zum einen nahm ihre Zahl ständig zu, weil immer mehr Berufsgruppen versuchten, ihren sozialen Status durch Etablierung einer Lehre zu verbessern. Heute gibt es in Österreich, wo die Anerkennung der Lehrberufe gesetzlich geregelt ist, 248 verschiedene Lehrberufe, die meisten erfordern eine dreijährige Ausbildung, aber es gibt auch einige, die nur zwei Jahre (19) oder vier Jahre (zehn) in Anspruch nehmen. 74 Prozent der weiblichen und 48 Prozent der männlichen Lehrlinge (Deutschland: 80 Prozent der weiblichen und 52 Prozent der männlichen Auszubildenden) werden allerdings nur in jeweils zehn Lehrberufen ausgebildet (s. Tab. 9.1).

Die Lehrausbildung steht heute vor mehreren Problemen. Zuallererst gibt es immer weniger Betriebe, die ausbilden. Vor einem Vierteljahrhundert bildete rund ein Viertel der österreichischen Betriebe Lehrlinge aus. Bis zum Jahr 2005 reduzierte sich der Anteil der Lehrbetriebe um rund die Hälfte (Alteneder u.a. 2006). Das ist zum Teil auf die Umstrukturierung der Betriebe zurückzuführen, vor allem aber ist es die Folge des Trittbrett-

duales Ausbildungssystem

Deutschland Männer (2000 bis 2004)	
1 Elektroinstallateure und -monteure	8,6
2 KFZ-Instandsetzer	8,5
3 Bürofachkräfte	8,1
4 Maschinen- und Motorenschlosser	5,2
5 Rohrinstallateure	5,0
6 Groß- und Einzelhandelskaufleute	4,7
7 Tischler	3,3
8 Bankfachleute	3,3
9 Maler und Lackierer	3,1
10 Werkzeugmacher	2,6
sonstige Berufe	47,6
insgesamt	**100,0**

Österreich Männer (2005)	
1 Kraftfahrzeugtechnik	8,6
2 Elektroinstallationstechnik	6,5
3 Einzelhandel, insgesamt	5,2
4 Maschinenbautechnik	5,0
5 Tischlerei	4,9
6 Koch	4,5
7 Maurer	3,6
8 Sanitär-, Klima- und Heizungsinstallateur	3,5
9 Metalltechnik und -bearbeitungstechnik	3,5
10 Maler und Anstreicher	2,7
sonstige Berufe	52,0
insgesamt	**100,0**

Deutschland Frauen (2000 bis 2004)	
1 Bürofachkräfte	29,0
2 Sprechstundenhelferinnen	16,4
3 Verkäuferinnen	8,1
4 Groß- und Einzelhandelskaufleute	6,6
5 Bankfachleute	6,0
6 Frisörinnen	5,5
7 Steuerfachgehilfen	3,1
8 Hotel- und Restaurantfachleute	2,8
9 Versicherungskaufleute	1,4
10 Apothekenhelferinnen	1,4
sonstige Berufe	19,6
insgesamt	**100,0**

Österreich Frauen (2005)	
1 Einzelhandel insgesamt	24,9
2 Frisörin und Perückenmacherin	13,6
3 Bürokauffrau	12,3
4 Restaurantfachfrau	5,5
5 Gastronomiefachfrau	4,6
6 Köchin	4,1
7 Hotel- und Gastgewerbeassistentin	2,9
8 Pharmaz.-kaufmännische Assistenz	2,3
9 Verwaltungsassistentin	2,1
10 Blumenbinderin und -händlerin	1,9
sonstige Berufe	25,8
insgesamt	**100,0**

Tab. 9.1: Die zehn häufigsten Lehr- bzw. Ausbildungsberufe in Österreich und Deutschland (in Prozent)

Die Bezeichnung der Berufe variiert zwischen den beiden Ländern und ist nicht direkt vergleichbar.
Quelle: Institut für Arbeitsmarkt- und Berufsforschung (2007), S. 2; Lehrlingsstatistik 2005, Wirtschaftskammer Österreich, in: Alteneder u.a. (2006), S. 61.

Trittbrettfahrerproblem

fahrerproblems (free rider): Für jeden Betrieb, der Facharbeitskräfte benötigt, ist es rational, selbst nicht in die Ausbildung zu investieren, sondern die von anderen Betrieben Ausgebildeten anzuwerben. Ein nicht beabsichtigter Nebeneffekt dieser Situation ist, dass Lehrstellen vor allem von jenen Betrieben angeboten werden, wo die jungen Arbeitskräfte produktiv für Hilfsarbeiten eingesetzt werden können.

Deutlich ablesbar ist das an der hohen Zahl jener, die nach Abschluss ihrer Lehrausbildung vom Ausbildungsbetrieb nicht übernommen werden (70 Prozent) oder schon nach kurzer Zeit in einem anderen Beruf tätig sind: Jeder zweite wechselte die Branche innerhalb von zwei Jahren. In Deutschland wechselt rund ein Viertel der Männer und nur eine von sechs weiblichen Ausgebildeten den Beruf, wobei die Zahlen zwischen den verschiedenen Berufen stark variieren. Die höchsten Berufswechslerraten verzeichnen in Deutschland Groß- und Einzelhandelskaufleute (45 bzw. 51

Prozent), gefolgt von Hotel- und Restaurantfachfrauen (39 Prozent) und männlichen Maschinen- und Motorenschlossern (34 Prozent) (IAB 2007, 19. Jänner).

Universitäten

Die ältesten Institutionen des heutigen Bildungssystems sind die Universitäten, die in ihren Anfängen von den Ausbildungsstätten der Handwerker kaum zu unterscheiden waren. Studenten zogen wie Gesellen von einer Ausbildungsstätte zur anderen, organisierten sich in Nationen bzw. Landsmannschaften (manche heute noch bestehende Studentenverbindungen verweisen auf diese Tradition, wenngleich sich in ihnen heute vor allem Reaktionäre und Nationalisten moderneren Zuschnitts versammeln) und lernten von ihren Meistern das geistige Handwerkszeug. Auf diese Tradition geht es zurück, dass manche heutige Anhänger eines lebenden oder kürzlich verstorbenen Wissenschaftlers diesen als ihren Meister bezeichnen – und das nicht immer in ironischer Absicht. Die mittelalterlichen Universitäten waren aber auch der Versuch, das Monopol der Klosterschulen zu brechen und der Gelehrsamkeit eine eigene Stätte und etwas mehr Freiheit zu erobern. Anfangs wurde an den Universitäten und ihren Vorläuferinstitutionen vor allem Recht und Medizin unterrichtet. In den meisten Städten, in denen es zu Universitätsgründungen kam, schlossen die Universitäten dann doch einen Kompromiss mit der katholischen Kirche, was dazu führte, dass die Theologie an die Universitäten gelangte.

Die Universität Bologna nimmt für sich in Anspruch, die älteste Universität zu sein, und führt als ihr Gründungsjahr 1088 an. Oxford 1167, Cambridge 1209 und die 1231 gegründete Sorbonne in Paris sind andere berühmte Beispiele von Universitäten mit einer durchgehenden Geschichte. Die Pariser Universität wurde errichtet, um die Ausbildung der Theologen zu zentralisieren und sie dadurch auch besser unter Kontrolle halten zu können. Die älteste deutsche Universität ist die Karls-Universität in Prag, die 1348 gegründet wurde, wobei die Kennzeichnung als „deutsche" Universität sich nicht auf die Unterrichtssprache bezieht, die sehr lange Latein blieb (für eine knappe Geschichte der Universitäten siehe Weber 2002; sehr umfangreich dazu Rüegg 1993).

Die Universitäten waren die längste Zeit vor allem Ausbildungseinrichtungen, in denen ein strikt fixiertes Curriculum einzuhalten war. Erst im 19. Jahrhundert setzte sich langsam die Idee der Freiheit der Lehre und Forschung durch, wodurch vor allem staatliche oder kirchliche Direktiven zurückgedrängt werden sollten. Diese Entwicklung ist mit dem Namen Wilhelm von Humboldt (1767–1835) eng verbunden, der Anfang des 19. Jahrhunderts eine Bildungsreform initiierte, zu deren wesentlichen Bestandteilen die schon erwähnte Bildungsideologie und die Einheit von Lehre und Forschung zählte. Letztere trug ganz wesentlich zur Vormachtstellung des deutschen Universitätssystems seit der Mitte des 19. Jahrhunderts bei. Bis zum Ersten Weltkrieg zogen die deutschen Universitäten Studenten aus allen Ländern der Welt an und das Modell der deutschen Universität wurde anderswo imitiert. Neu war, dass die Studenten zu selbstständigen Forschern ausgebildet werden sollten, wozu es nötig war, dass sie in einem sehr engen persönlichen Kontakt mit den Professoren Wissen selbstständig erwarben und erweiterten. Die Suche nach Neuem als Aufgabe der Universität war die Neuerung, die am folgenreichsten blieb, weil sie den Unterricht grundlegend änderte: Es sollte nicht mehr darum gehen, bekanntes Wissen zu erwerben, sondern neues zu entdecken. Allerdings blieb Humboldt insofern der älteren Tradition verpflichtet, als die von ihm mitbegründete 1810 eröffnete Berliner Universität, die anfangs nach dem deutschen Kaiser Friedrich Wilhelm und später nach Humboldt benannt wurde, aus den traditionellen vier Fakultäten bestand. Neben Recht, Medizin und Theologie wurde die frühere Artistenfakultät, deren Vorlesungen alle Studenten zuerst zu besuchen hatten, zur Philosophischen Fakultät aufgewertet und den drei anderen gleichgestellt. Damit endete aber auch die propädeutische Ausbildung in Grammatik, Rhetorik, Dialektik und Arithmetik, Geometrie, Musik und Astronomie (das Undergraduate-Studium an amerikanischen Colleges bewahrte einige Elemente dieser gemeinsamen universitären Ausbildungsstufe, auch wenn dort heute nicht mehr Dialektik, sondern World Civilizations oder Great Books am Lehrplan stehen).

Ganz wesentlich zum Wandel des Verständnisses und der Aufgabe von Wissenschaft trug die „Wissenschaftliche Revolution" bei, die mit dem Namen und den bahnbrechenden Forschungen von Isaac Newton (1643–1727) verbunden ist. In ihrer Folge kam es zu einer Intensivierung der naturwissenschaftlichen Forschung, die in den Anfangsjahren außerhalb oder zumindest unabhängig von den Universitäten betrieben wurde: Die 1660 gegründete Royal Society of London for the Improvement of Natural Knowledge (heute zumeist nur Royal Society genannt) sah sich im Gegensatz zu den dogmatische Lehren weitergebenden Universitäten. Diese Vereinigung selbstständiger Forscher, die oft genug ihren Lebensunterhalt aus anderen Quellen bestritten, propagierte eine experimentelle Philosophie, ein anderer Name für naturwissenschaftliche Forschung. Die Humboldtsche Universität hatte lange Zeit große Schwierigkeiten, wo in ihr die Naturwissenschaften ihren Platz finden sollten, und erst ab den 1960er Jahren wurden eigene naturwissenschaftliche Fakultäten gegründet. Davor war ein Teil der Naturwissenschaften in der Philosophischen Fakultät beheimatet, ein anderer entwickelte sich unter dem Dach der Medizin und alle angewandte Naturwissenschaft wurde in die erst viel später (ab den 1870er Jahren) errichteten Technischen Hochschulen ausgelagert (in Frankreich wurde im Gefolge der Französischen Revolution 1794 die noch heute bestehende *École Polytechnique* gegründet).

Die revolutionäre Haltung der experimentellen Philosophie, die sich unter Naturforschern rasch verbreitete, machte eine Änderung der bis dahin praktizierten universitären Lehrmethoden unerlässlich: Empirisches, das heißt provisorisches und korrigierbares Wissen kann nicht in derselben Weise gelehrt werden wie unumkehrbare Wahrheiten, die die längste Zeit hindurch die universitäre Lehre dominierten. Die Vorlesung, bei der ein

Professor aus einem Buch vorlas und die Studenten mitschrieben (Bücher waren selten und teuer), wurde zunehmend durch Laboratorien, Observatorien, botanische Gärten und selbstständige Übungen der Studenten unter Anleitung der Lehrenden ergänzt.

Die Universitäten schlossen Frauen sehr lange vom Studium aus. In den deutschsprachigen Ländern war die Universität Zürich die erste, an der 1867 eine Frau zur Doktorin promoviert wurde. Erst nach dem Ersten Weltkrieg und der Ausrufung der Republiken in Deutschland und Österreich wurden die letzten, Frauen diskriminierenden gesetzlichen Beschränkungen aufgehoben. Zu einer merkbaren Ausweitung des Frauenstudiums kam es in den deutschsprachigen Ländern aber erst im Zuge der Bildungsreformen der 1960er Jahre. Bis dahin blieben die Universitäten einem sehr kleinen Teil der Jugend vorbehalten. Anfang der 1920er Jahre kamen auf 100.000 Einwohner in Österreich 298 Studenten, in der Schweiz 178 und in Deutschland 143. Ein halbes Jahrhundert später lauten diese Zahlen für die Schweiz 515, für Deutschland 679 und Österreich 840. Trotz der beträchtlichen Steigerungen in den darauffolgenden drei Jahrzehnten sind die drei Staaten zur Jahrtausendwende mit 3.217 (Österreich), 2.160 (Schweiz) und 1.449 (Deutschland) auf 100.000 Einwohner im internationalen Vergleich Nachzügler (Fleck 2007, S. 26f.).

Noch deutlicher wird das, wenn man die „Akademikerraten" der drei Länder im internationalen Vergleich betrachtet. Abbildung 9.1 vergleicht für die in der OECD versammelten Länder die Anteile der Bevölkerung mit einem tertiären, d.h. universitären Abschluss für zwei Generationen. Nicht nur liegen die deutschsprachigen Länder im unteren Drittel, auch die Steigerung von der älteren zur jüngeren Generation ist gering, im Falle Deutschlands sogar rückläufig.

Den Universitäten wird bei der weiteren Entwicklung der Wissensgesellschaft eine bedeutende Rolle zugewiesen. Die Europäische Union hat beispielsweise in ihrer sogenannten Lissabon-Strategie, die Europa zum „Weltmeister" unter den konkurrierenden Wirtschaftsräumen Amerika, Japan und zunehmend China und Indien machen soll, der Ausweitung der Gesamtaufwendungen für Forschung und Entwicklung (F&E) eine entscheidende Rolle zugewiesen – bis 2010 soll dieser Wert auf drei Prozent des Bruttoinlandsprodukts erhöht werden. Als eine wichtige Voraussetzung für den Erfolg dieser Strategie wird allgemein die Schaffung eines einheitlichen europäischen Forschungsraums angesehen, der sogenannte Bologna-Prozess (bekanntlich lieben es die „EUrokraten", ihre Programme nach Städten oder Prominenten zu benennen).

Der europäische Hochschul- und Forschungsraum soll die Mobilität von Lehrern, Forschern und Studenten erhöhen, um auf diese Weise ein System der höheren Bildung (und der Forschung) entstehen zu lassen, das mit dem in den USA konkurrieren kann. Es besteht unter Experten wenig Zweifel darüber, dass das amerikanische Universitätssystem heute dem europäischen überlegen ist. Alljährlich wird das den Europäern bei der Bekanntgabe der Nobelpreise vor Augen geführt, die mit großer Regelmä-

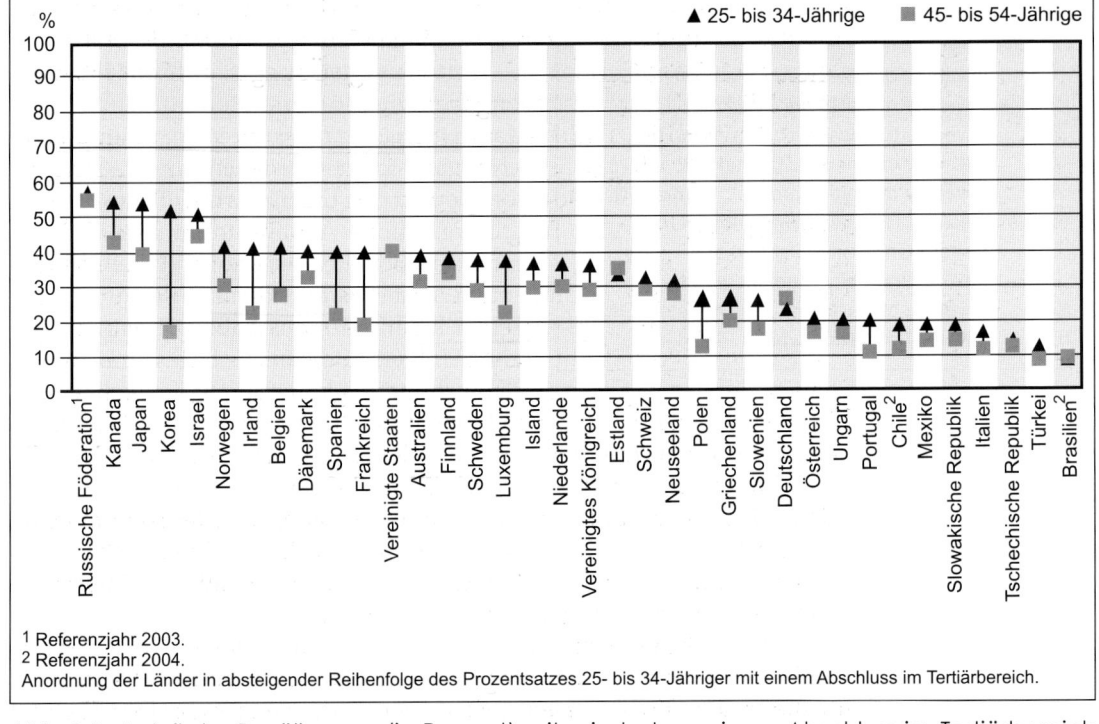

%   ▲ 25- bis 34-Jährige   ■ 45- bis 54-Jährige

1 Referenzjahr 2003.
2 Referenzjahr 2004.
Anordnung der Länder in absteigender Reihenfolge des Prozentsatzes 25- bis 34-Jähriger mit einem Abschluss im Tertiärbereich.

Abb. 9.1: Anteil der Bevölkerung (in Prozent) mit mindestens einem Abschluss im Tertiärbereich (2005), nach Altersgruppe
Quelle: OECD (2007c), S. 33.

ßigkeit an Forscher verliehen werden, die ihre preiswürdige Forschung in den USA durchführten, auch wenn sie nicht unbedingt dort geboren oder ausgebildet wurden oder amerikanische Staatsbürger sind.

Warum ist das amerikanische System dem europäischen überlegen? Erstens, weil es größer und besser integriert ist. Amerikanische Studenten wechseln zwischen dem High-School-Abschluss und dem Beginn der Undergraduate-Ausbildung in einem College sehr oft den Ort und, falls sie danach ein Graduate-Studium anschließen, wechseln sie zumeist nochmals die Ausbildungsstätte. Damit verbunden ist die Möglichkeit zu neuen Erfahrungen und zu einer Ausweitung des sozialen Netzwerks. Zweitens folgt diese Verteilung der Studierenden auf unterschiedliche Orte weitaus mehr als in Europa dem meritokratischen Muster (das bleibt auch angesichts berechtigter Kritik an regelmäßig stattfindenden Verletzungen dieser Norm im Prinzip zutreffend). Drittens führt diese starke Leistungsselektion dazu, dass sich an den Top-20-Universitäten die besten jungen Wissenschaftler versammeln, die während ihrer Graduate-Ausbildung davon profitieren, von den besten Professoren betreut zu werden. Tatsächlich gehören weit mehr als 20 Universitäten zu den Spitzeninstitutionen, weil die Rangordnung für jede einzelne Studienrichtung erstellt wird (für

Rang	Name
1	University of Wisconsin*, Madison, WI
2	University of California*, Berkeley, CA
3	University of Michigan*, Ann Arbor, MI
4	University of Chicago, Chicago, IL
4	University of North Carolina*, Chapel Hill, NC
6	Princeton University, Princeton, NJ
6	Stanford University, Stanford, CA
8	Harvard University, Cambridge, MA
9	University of California*, Los Angeles, CA
10	University of Pennsylvania, Philadelphia, PA

Tab. 9.2: Die 10 besten US-Graduate-Program-
me in Soziologie 2008
Man beachte, dass es sich bei der Hälfte um staatliche Universitäten (mit * gekennzeichnet) handelt,
die auch die ersten drei Ränge einnehmen!
Quelle: US News and World Report (2008).

die besten zehn Graduate-Programme in Soziologie im Jahr 2005 s. Tab. 9.2).

Viertens verteilen sich auch die Professoren über die Universitäten aufgrund ihres
Marktwertes, der nicht nur in erstrangigen For-
schungsleistungen bestehen muss, sondern –
vor allem in den Liberal Arts Colleges, die nur
Undergraduate-Ausbildung anbieten, diese
dafür traditionellerweise auf höchstem Niveau
– auch in herausragenden Lehrleistungen bestehen kann. Fünftens haben die amerikanischen Universitäten und Colleges im Laufe des
20. Jahrhunderts lange genug Zeit gehabt, um
im Management Erfahrungen zu sammeln und
beim Einwerben von Stiftungsvermögen erfolgreich zu sein. Das Stiftungsvermögen der
reichsten Universität, Harvard in Cambridge,
Massachusetts, betrug bis zur jüngsten Finanzmarktkrise fast 37 Milliarden US-Dollar. Ver-
luste in Höhe von mehr als einem Fünftel zwingen nun auch diese Elite-
universität zum Sparen (Fabrikant 2008). Princeton, das mit 16 Milliarden
über deutlich weniger Vermögen verfügt, gibt beispielsweise jährlich vier
Prozent seines Vermögens für seine Studenten aus, was im Durchschnitt
für jeden seiner rund 7.000 Studierenden 90.000 US-Dollar jährlich für Bibliotheken, Labors und dergleichen bedeutet. Graduate-Studenten wird
die Teilnahme an Kongressen bezahlt und für junge Mütter unter ihnen
gibt es einen bezahlten Mutterschutzurlaub und Kinderbetreuungseinrich-
tungen. Dem steht eine Studiengebühr von 33.000 US-Dollar jährlich gegenüber, mit anderen Worten: Die exorbitanten Studiengebühren decken
ein Drittel der Kosten ab. Die staatliche Universität von Wisconsin, mit
dem Rang-1-Department in Soziologie, kann dagegen pro Student nur
40.000 US-Dollar ausgeben, beherbergt insgesamt aber auch 40.000 Studierende, die jährlich 6.700 US-Dollar Studiengebühr bezahlen müssen,
wenn sie aus Wisconsin stammen (Arenson 2008).

Geld ist, wie man am Erfolg der Soziologen aus Madison, Wisconsin
sehen kann, nicht alles, aber der Vergleich mit den Ausgaben pro Student
in europäischen Staaten illustriert dennoch den deutlichen Unterschied.
Österreich wendet beispielsweise jährlich für tertiäre Bildungseinrichtungen pro Studierendem 9.385 US-Dollar, Deutschland 7.675 US-Dollar und
die Schweiz 11.623 US-Dollar auf, während die USA im Schnitt 19.842 US-
Dollar aufwenden (kaufkraftbereinigt für 2004 nach OECD 2007c, S. 207).
Der Großteil der Ausgaben für die Universitäten kommt in Österreich und
Deutschland aus öffentlichen Mitteln, während in den USA, die 2,9 Prozent des BIP für den tertiären Bildungsbereich ausgeben, je die Hälfte privat und öffentlich finanziert wird.

Wer bezahlt das Bildungswesen?

Die Bildungssysteme unterscheiden sich auch danach, aus welchen Quellen die enormen Kosten beglichen werden. Wie wir gesehen haben, gibt es Länder, in denen privates Vermögen und Stiftungskapital in den Händen der Universitätsleitungen eine wichtige Rolle spielen. Aber wie sieht das für das gesamte Bildungssystem aus? Die OECD hat für ihre Mitgliedsländer berechnet, wie viel pro Schüler bzw. Student in jedem Land finanziell aufgewendet wird. Der OECD-Schnitt lag 2004 bei 7.572 US-Dollar (kaufkraftäquivalent), an der Spitze liegen die USA mit 12.092 US-Dollar, deutlich über dem Durchschnitt liegen die Schweiz mit 11.035 US-Dollar, Österreich mit 9.561 US-Dollar, während Deutschland mit 7.753 US-Dollar nur knapp über dem OECD-Durchschnitt liegt. Dabei werden die verschiedenen Schulstufen unterschiedlich bedient. Abbildung 9.2 zeigt den Anteil der Schüler/Studenten auf vier Ebenen und den Anteil der Bildungsaufwendungen, die für diesen Teil ausgegeben werden. Neben den drei deutschsprachigen Ländern haben wir in dieser Abbildung auch jene Länder aufgenommen, die auf einem der drei Bildungsniveaus die höchsten Ausgabenanteile aufweisen: Ungarn im Vorschulbereich, das Vereinigte Königreich im Primär- und Sekundarsektor und die USA im Tertiärbereich. Das Bild ist eindeutig. Dem Vorschulbereich werden am wenigsten Mittel gewährt. Im Hauptteil des Bildungssystems, den Schulen für die 6- bis 18-Jährigen, entspricht der Aufwand ungefähr der Zahl der auf dieses Bildungsniveau entfallenden Schüleranteile. Im Tertiärbereich, also den Universitäten, wird hingegen deutlich mehr Geld aufgewandt, als sich dort

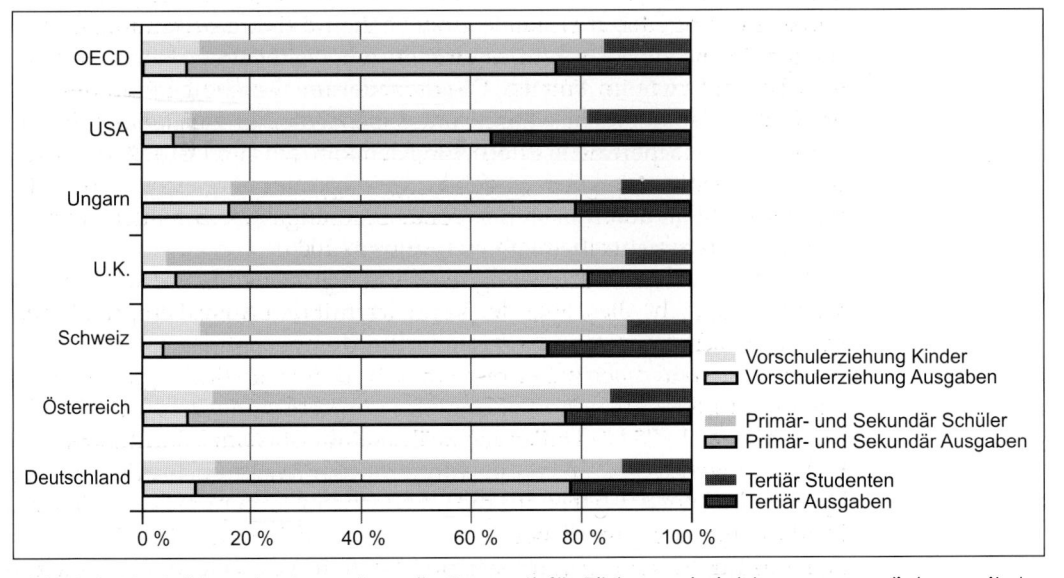

Abb. 9.2: Verteilung der Ausgaben (in Prozent) für Bildungseinrichtungen verglichen mit der Zahl der Kinder/Schüler/Studenten jedes Niveaus
Hinweis: Für die Schweiz wurden nur die Ausgaben für öffentliche Institutionen berücksichtigt.
Quelle: OECD (2007c), S. 188.

anteilsmäßig Studenten befinden. Das hat einen sehr naheliegenden Grund: Universitäten sind mit all ihren Einrichtungen teurer als die anderen Einrichtungen, aber es ist zugleich ein deutlicher Hinweis auf die Verteilungsgerechtigkeit innerhalb des Bildungssystems, weil jene, die es bis zu einer Universitätsausbildung schaffen, mit deutlich mehr Zuwendungen rechnen können, als die, die nur die „niedrigeren" Bildungsniveaus besuchen.

Die Frage der Verteilungsgerechtigkeit wird noch deutlicher, wenn man berücksichtigt, aus wessen Taschen der Bildungssektor bezahlt wird. Würden beispielsweise die Studenten bzw. deren Eltern zu einem bestimmten Anteil für ihre Ausbildung selbst aufkommen müssen, wäre das eine andere Situation als jene, wo die tertiäre Bildung nahezu vollständig aus Steuermitteln bezahlt wird. Zu den Steuern tragen die verschiedenen sozialen Schichten zwar auch ungleich bei, aber in den meisten, jedenfalls in unseren Staaten setzen sich die Bundesbudgets vor allem aus Massenverbrauchssteuer- und Lohnsteuereinkünften zusammen. Mit anderen Worten, wenn die Universität von allen bezahlt wird, aber nur wenigen zugutekommt, wird man das als sozial weniger gerecht bezeichnen müssen als ein System, in dem jene, die von höherer Bildung profitieren, auch dafür einen größeren Anteil aufwenden müssen.

In der Tat ist es so, dass Österreich unter den OECD-Ländern den geringsten privaten Anteil an allen Bildungskosten aufweist: Für den Vorschulbereich ist der privat aufgebrachte Anteil noch vergleichsweise hoch (gleiches Niveau in Deutschland), im Primär- und Sekundärbereich sinkt er auf weniger als fünf Prozent ab und im Tertiärbereich steigt er nur unwesentlich an. Tabelle 9.3 liefert zum Vergleich die Daten für die USA und den OECD-Durchschnitt.

Auf die Frage, ob die soziale Ungleichheit durch das Bildungssystem reduziert oder verstärkt wird, kommen wir weiter unten noch zu sprechen. Der relativ hohe Anteil der Kosten, der im Vorschulbereich von den Eltern selbst aufgebracht werden muss, benachteiligt zweifellos die Einkommensschwächeren. Da Eltern von Kleinkindern zumeist selbst erst am Anfang ihrer Erwerbskarriere stehen, verstärkt der vergleichsweise hohe private Anteil an den Kosten der Vorschulerziehung soziale Ungleichheiten und zwingt wahrscheinlich mehr junge Mütter, von einer eigenen Erwerbstätigkeit Abstand zu nehmen, als das der Fall wäre, wenn mehr und besser subventionierte Einrichtungen für Vorschulkinder vorhanden wären. Am oberen Ende, dem höchsten Niveau an Bildung, das zur Verfügung steht – den Universitäten – kommt dagegen in Österreich und in ähnlicher Weise auch in Deutschland und der Schweiz der Staat weitgehend für die Kosten auf. Wir werden gleich noch sehen, dass diese Verhältnisse privilegierte soziale Schichten zusätzlich bevorzugen. Davor behandeln wir aber einige soziologische Theorien der Bildung.

	Vorschule	Primär und Sekundär	Tertiär
Österreich	30	5	6
Deutschland	28	18	14
Schweiz	—	14	—
USA	25	9	65
OECD-Schnitt	20	8	24

Tab. 9.3: Anteil der privaten Aufwendungen für Bildung nach Niveaus 2004 (in Prozent der Gesamtaufwendungen)
Quelle: OECD (2007c), S. 220f.

PISA – Hitparade oder Weltmeisterschaft der Schülerleistungen?

Die Bürger der toskanischen Stadt dürften schön langsam eifersüchtig werden, da Pisa immer öfter nicht mit der Stadt mit dem schiefen Turm assoziiert wird, sondern mit dem Test gleichen Namens. Seitdem die OECD im Jahr 2000 zum ersten Mal in 43 Ländern weltweit das damals kaum jemandem bekannte Programme for International Student Assessment (PISA) durchführte, wurde dieses Akronym zu einem, allerdings umstrittenen Markenartikel.

Ziel der Tests ist festzustellen, inwieweit Schüler am Ende der Schulpflicht über das Wissen und die Fähigkeiten verfügen, die für eine aktive Teilnahme an der Gesellschaft nötig sind, erläutert die OECD. Es geht also um jene Art von Alphabetisierung, die über die elementaren Lese- und Schreibfähigkeiten hinaus heute nötig ist. Unter Leitung australischer Erziehungswissenschaftler wurden Tests entwickelt, die nicht das in Schulfächern vermittelte Wissen abfragen, sondern Fertigkeiten und Problemlösungskompetenz ins Zentrum stellen. In jeder der drei bisherigen Erhebungen stand ein anderer Bereich im Mittelpunkt: Textverständnis (2000), Mathematik (2003), Problemlösung (2003) und Naturwissenschaften (2006); 2009 soll wiederum das Textverständnis im Vordergrund stehen, auch um den teilnehmenden Ländern Informationen über allfällige Verbesserungen zu liefern. Soziologen und mehr noch Geisteswissenschaftler – die Gralshüter der Bildung – müssen natürlich ein wenig enttäuscht darüber sein, dass die Fertigkeiten, die sie vermitteln, nach Meinung der OECD für eine aktive Teilnahme an der Gesellschaft nicht wichtig sind. Allerdings kann man zugunsten dieser Entscheidung ins Treffen führen, dass dadurch einem wesentlichen Kritikpunkt von vorneherein der Wind aus den Segeln genommen wurde. Der PISA-Test bemüht sich sehr darum, (national-)kulturelle Unterschiede nicht wirksam werden zu lassen.

Die Tests werden in standardisierten Skalen präsentiert, manche Ergebnisse werden kombiniert und die meisten Skalen in Bereiche eingeteilt, um Gruppenvergleiche zu erleichtern. Die Stichproben sind ungewöhnlich groß, und es wird sehr darauf geachtet, dass möglichst wenig technische Fehler passieren (2003 genügten beispielsweise die britischen Daten nicht den Qualitätsanforderungen und wurden daher nicht in die OECD-Veröffentlichung aufgenommen). Zusätzlich steht es den teilnehmenden Staaten frei, weiterführende Tests anzuhängen, wovon beispielsweise Deutschland sehr stark Gebrauch machte. Die Auswertung der Daten erfordert recht viel Zeit und die Teilnehmerstaaten können die Originaldaten zu weiterführenden Analysen verwenden.

2006 wurden in 57 Ländern (sie repräsentieren nahezu 90 Prozent der Weltwirtschaft) 400.000 Schüler getestet. Unten finden Sie die Ergebnisse für Mathematik. Die Spalte Spannweite der Rangplätze gibt für jedes Land an, welchen Rang seine besten bzw. schlechtesten Schüler im Vergleich mit den OECD bzw. allen teilnehmenden Staaten einnehmen. Daraus ersieht man beispielsweise, dass die schlechtesten finnischen Schüler immer noch weit vor allen anderen Ländern liegen, während beispielsweise die Amerikaner in Mathematik ziemlich einheitlich schlecht abschneiden. Österreich und Deutschland zeichnen sich dadurch aus, dass sie große Spannweiten aufweisen: Der Abstand zwischen den besten und den schlechtesten beträgt immerhin sechs Ränge. Unter den OECD-Staaten weist nur noch Frankreich eine vergleichbar breite Spannweite auf.

Mit anderen Worten gelingt es Ländern wie Finnland, Korea u.a. die „besten" und die „schlechtesten" Schüler gleichermaßen zu fördern.

Für Soziologen ist an PISA zweierlei von besonderem Interesse: Erstens hat die Durchführung dieses Tests dazu geführt, dass das Interesse an der Bildungssoziologie wieder stark zugenommen hat, nicht zuletzt dank der reichhaltigen Daten, die für Sekundäranalysen zur Verfügung stehen. Zweitens ist seit der ersten Ver-

öffentlichung der Ergebnisse eine interessante Reaktion der Öffentlichkeit, von Bildungspolitikern, Fachleuten aber auch Laien zu beobachten. PISA schafft soziale Tatsachen, worauf verschiedene Interessengruppen reagieren. Manche beweisen, dass sie beim Problemlösungstest wohl recht schlecht abgeschnitten hätten, weil sie an PISA in einer Weise Kritik üben, die schlicht inkompetent ist. Vergleichende Studien über die Reaktionen auf von einer fachlichen Autorität wie der OECD festgestellte Mängel nationaler Bildungssysteme fehlen leider noch, doch eine unsystematische Beobachtung legt den Schluss nahe, dass die auf den vorderen Rängen liegenden Ländern die Ergebnisse recht gleichmütig wahrnehmen, während jene Länder, die ein Selbstbild von sich haben, das durch die Ergebnisse nicht bestätigt wird, sehr ablehnend reagieren. Das lässt sich anhand der unterschiedlichen Wikipedia-Seiten illustrieren. Die finnische PISA-Seite ist von lakonischer Kürze, während die deutsche geradezu von Kritik überquillt (und sogar eine eigene Subseite „Kritik an den PISA-Studien" aufweist).

Staaten, in denen es seit Langem einheitliche Tests oder nationale Abschlussprüfungen gibt, reagieren selbst dann, wenn sie bei PISA schlecht abschnitten, weitaus weniger empört als deutsche und österreichische Bildungspolitiker, Journalisten und Schüler. Es scheint, dass die „Verlierer" PISA gerne als beliebige und wenig aussagekräftige Hitparade hinstellen wollen, obwohl es sich bei PISA wohl eher um eine Weltmeisterschaft handeln dürfte, bei der die Sieger in einem transparenten Wettbewerb erkoren wurden.

Die OECD hat angekündigt, an einem vergleichenden Test für Erwachsene zu arbeiten, von dem es anfangs noch hieß, er würde Universitätsstudenten testen (The Economist, 15. November 2007). Davon schreckten die Bildungsminister dann offenbar doch zurück und begnügten sich mit einem bescheideneren Ziel, denn wer wird die Verantwortung da-

		Gesamtskala Mathematik			
		Spannweite der Rangplätze			
		OECD-Länder		Alle Länder	
	Mittelwert	Oberer Rangplatz	Unterer Rangplatz	Oberer Rangplatz	Unterer Rangplatz
Taiwan	549			1	4
Finnland	548	1	2	1	4
Hongkong (China)	547			1	4
Korea	547	1	2	1	4
Niederlande	531	3	5	5	8
Schweiz	530	3	6	5	9
Kanada	527	3	6	5	10
Macao (China)	525			7	11
Liechtenstein	525			5	13
Japan	523	4	9	6	13
Neuseeland	522	5	9	8	13
Belgien	520	6	10	8	14
Australien	520	6	9	10	14
Estland	515			12	16
Dänemark	513	9	11	13	16
Tschech. Rep.	510	10	14	14	20
Island	506	11	15	16	21
Österreich	505	10	16	15	22
Slowenien	504			17	21
Deutschland	504	11	17	16	23
Schweden	502	12	17	17	23
Irland	501	12	17	17	23
Frankreich	496	15	22	21	28
Ver. Königr.	495	16	21	22	27
Polen	495	16	21	22	27
Slowakei	492	17	23	23	30
Ungarn	491	18	23	24	31
Luxemburg	490	20	23	26	30
Norwegen	490	19	23	25	31
Litauen	486			27	32
Lettland	486			27	32
Spanien	480	24	25	31	34
Aserbaidschan	476			32	35
Russ. Föderation	476			32	36
Ver. Staaten	474	24	26	32	36
Kroatien	467			35	38
Portugal	466	25	27	35	38
Italien	462	26	28	37	39
Griechenland	459	27	28	38	39
Israel	442			40	41
Serbien	435			40	41
Uruguay	427			42	43
Türkei	424	29	29	41	45
Thailand	417			43	46
Rumänien	415			43	47
Bulgarien	413			43	48
Chile	411			44	48
Mexiko	406	30	30	46	48
Montenegro	399			49	50
Indonesien	391			49	52
Jordanien	384			50	52
Argentinien	381			50	53
Kolumbien	370			52	55
Brasilien	370			53	55
Tunesien	365			53	55
Katar	318			56	56
Kirgisistan	311			57	57

☐ Statistisch signifikant über dem OECD-Durchschnitt

▨ Kein statistisch signifikanter Unterschied zum OECD-Durchschnitt

☐ Statistisch signifikant unter dem OECD-Durchschnitt

Tab. 9.4: Spannweite der Rangplätze der Länder auf der Gesamtskala Mathematik
Quelle: OECD, PISA-2006-Datenbank, zit. n. OECD (2007b), S. 58.

für übernehmen wollen, wenn sich herausstellt, dass auch Erwachsene verschiedener Staaten in ihrem intellektuellen Fähigkeiten, die moderne Welt zu bewältigen, anderen nachhinken? Die Reaktionen auf die Ankündigung des OECD Programme for the International Assessment of Adult Competencies (PIAAC) lassen jedenfalls vermuten, dass manche Staaten befürchten, schlechter abzuschneiden, als es ihrem Selbstbild entspricht. Doch die immer stärkere Vernetzung der Welt im Zuge der weiter voranschreitenden Globalisierung wird wohl ohnehin auf die eine oder andere Weise auch zu internationalen Vergleichen von Universitätsleistungen führen.

Theorien der Bildung

Wie wir am Beginn dieses Kapitels anhand der Geschichte von Mehmet gesehen haben, sind Bildung und Ungleichheit stark miteinander verknüpft. Mehmets türkische Herkunft legte ihm manche zusätzliche Hürden in den Weg, den er dennoch zu seiner Zufriedenheit bewältigen konnte. Nicht allen Bildungswilligen gelingt das. In diesem Abschnitt behandeln wir eine Reihe von Theoretikern, die sich mit der Frage der sozialen Ungleichheit, die durch Bildung nicht beseitigt, sondern manchmal erst geschaffen wird, auseinandersetzen. Sie alle beschäftigen sich auf die eine oder andere Weise mit der „sozialen Reproduktion", tun das aber mit durchaus unterschiedlichen Akzentsetzungen. Ivan Illich betont die Auswirkungen von informellen Prozessen, was er den „heimlichen Lehrplan" nennt. Basil Bernstein hebt die Bedeutung der Sprache hervor; Pierre Bourdieu untersucht den Zusammenhang zwischen den Kulturen der Schule und denen der Familien; und Paul Willis interessiert sich dafür, welche Rolle kulturelle Werte bei der Formung der Einstellungen von Jugendlichen gegenüber Bildung und Arbeit spielen.

Ivan Illich: Der verborgene Lehrplan

Einer der umstrittensten Bildungstheoretiker war Ivan Illich (1926–2002). Er ist für seine Kritik der modernen wirtschaftlichen Entwicklung bekannt, die er als einen Prozess bezeichnet, in dessen Verlauf vormals selbstständige Menschen ihrer traditionellen Fähigkeiten beraubt wurden und sich in der Folge auf Ärzte verlassen mussten, wenn es um ihre Gesundheit ging, auf Lehrer, um Bildung zu erlangen, auf das Fernsehen, um unterhalten zu werden, und auf Arbeitgeber, um sich den Lebensunterhalt verdienen zu können.

Illichs Ansichten über Gesundheit werden im Kapitel 7 – Gesundheit, Krankheit und Behinderung diskutiert.

Illich (2003) ist der Meinung, dass die Idee der Schulpflicht, die heute überall auf der Welt akzeptiert wird, infrage gestellt werden sollte. Er betont die Verbindung zwischen der Entwicklung des Bildungswesens und den wirtschaftlichen Erfordernissen der Disziplin und Hierarchie. Er argumentiert, dass sich die Schulen so entwickelt haben, dass sie vier grundlegende Aufgaben erfüllen können: die Beaufsichtigung der Schüler, die Verteilung der Menschen auf die verschiedenen Bereiche des Arbeitslebens, die Weitergabe dominanter Werte sowie die Vermittlung gesellschaftlich gebilligter Fähigkeiten und Kenntnisse. Die Schule wurde zu einer

verborgener Lehrplan

Beaufsichtigungsorganisation, da der Schulbesuch obligatorisch ist und die Kinder zwischen der frühen Kindheit und ihrem Eintritt in die Arbeitswelt „von der Straße ferngehalten" werden.

In der Schule wird viel gelernt, was mit den offiziellen Bildungsinhalten nichts zu tun hat. Die Schulen lehren aufgrund der dort herrschenden Disziplin und Ordnung das, was Illich passiven Konsum nennt, d.h. eine unkritische Akzeptanz der existierenden sozialen Ordnung. Diese Dinge werden nicht bewusst unterrichtet, sondern sie sind ein fixer Bestandteil der Schulorganisation und des schulischen Ablaufs. Der verborgene Lehrplan lehrt die Kinder, dass ihre Rolle im Leben darin besteht, „ihren Platz zu kennen und still dort zu verharren" (Illich 2003).

Illich schlägt vor, die Gesellschaft wieder zu „entschulen". Er weist darauf hin, dass die Schulpflicht eine relativ junge Erfindung ist und argumentiert, es gebe keinen Grund, sie als etwas Unvermeidliches zu akzeptieren. Warum sollte man die Schulen in ihrer gegenwärtigen Form nicht einfach abschaffen, da sie weder größere Gleichheit herbeiführen, noch die Entwicklung der individuellen kreativen Fähigkeiten ermöglichen? Illich meint damit nicht, dass alle Arten von Bildungsinstitutionen abgeschafft werden sollten. Das Bildungswesen, so argumentiert er, sollte jedem, der lernen möchte, den Zugang zu den verfügbaren Ressourcen eröffnen – in jedem Lebensalter und nicht nur während der Kindheit oder Jugend. Ein solches System sollte es ermöglichen, dass Wissen geteilt und weitverbreitet wird und nicht auf Spezialisten beschränkt bleibt. Die Lernenden sollten sich nicht einem standardisierten Lehrplan unterwerfen müssen, sondern frei wählen können, was sie lernen möchten.

Ivan Illich
1926–2002

© Süddeutsche Zeitung Photo/Brigitte Hellgoth

Was das praktisch gesehen bedeutet, ist nicht ganz klar. Anstelle von Schulen schlägt Illich jedenfalls mehrere Arten von Rahmenstrukturen für den Bildungssektor vor. Die materiellen Ressourcen für das formale Lernen würden seinem Vorschlag zufolge in Bibliotheken, Leihagenturen, Laboratorien und Datenbanken gelagert werden und allen Schülern bzw. Studenten zugänglich sein. Man würde „Kommunikationsnetzwerke" aufbauen, mit deren Hilfe Daten über die Kenntnisse und Fertigkeiten jedes Einzelnen abrufbar wären und auch festgestellt werden könnte, ob der Betreffende bereit wäre, andere zu unterrichten oder an gegenseitigen Lernaktivitäten teilzunehmen. Die Studenten würden Gutscheine bekommen, mit denen sie die Dienste des Bildungssystems in Anspruch nehmen könnten, wann und wie sie wollen.

Sind diese Vorschläge ganz und gar utopisch? Viele würden diese Frage bejahen. Doch angesichts der Möglichkeit, dass die Erwerbsarbeit in der Zukunft beträchtlich eingeschränkt und umstrukturiert werden könnte, erscheinen sie weniger unrealistisch. Würde die Erwerbstätigkeit eine weniger zentrale Rolle im gesellschaftlichen Leben spielen, dann würden sich die Menschen stattdessen vielleicht einer größeren Vielfalt von Beschäftigungen widmen. Vor diesem Hintergrund ergeben manche von Illichs Ideen durchaus Sinn. Die Bildung wäre nicht bloß eine Art von Jugenderziehung und wäre auch nicht auf spezielle Institutionen beschränkt, sondern würde jedem zugänglich sein, der Bildungsmöglichkeiten wahrnehmen möchte.

Mit dem Aufstieg neuer Kommunikationstechnologien erlebten Illichs Ideen aus den 1970er Jahren eine Renaissance. Manche sind der Auffassung, dass die Ausbreitung neuer Kommunikationstechnologien das Bildungswesen revolutionieren kann – ein Thema, das wir weiter unten noch einmal aufgreifen.

Basil Bernstein: Sprachcodes

Ähnlich wie Illich war auch Basil Bernstein (1924–2000) daran interessiert, wie Bildung Ungleichheiten in unseren Gesellschaften reproduziert. Aufbauend auf der Konflikttheorie (die wir im Kapitel 1 – Was ist Soziologie? erläuterten) untersuchte Bernstein Ungleichheiten im Bildungswesen durch Analyse sprachlicher Fertigkeiten. In den 1970er Jahren schrieb Bernstein, dass Kinder mit unterschiedlichem sozialen Hintergrund in ihren frühen Jahren unterschiedliche Codes oder Sprachstile entwickeln, die später ihre schulischen Erfahrungen beeinflussen (Bernstein 2003). Damit sind nicht Verschiedenheiten des Wortschatzes oder der verbalen Kompetenz zu verstehen, an die man in diesem Zusammenhang häufig denkt. Bernstein interessiert sich vielmehr für die systematischen Unterschiede des Sprachgebrauchs, wobei er insbesondere Vergleiche zwischen armen und wohlhabenderen Kindern anstellte.

Die Sprache der Kinder aus der Arbeiterklasse, so argumentierte Bernstein, stelle einen restringierten Code dar, das heißt einen Sprachgebrauch, für den eine große Anzahl stillschweigender Voraussetzungen typisch ist, von denen die Sprecher annehmen, dass sie den anderen ohnehin bekannt sind. Ein restringierter Code ist ein Typus von Sprachgebrauch, der eng an die spezifischen Gegebenheiten der kulturellen Umgebung und der Wohnbezirke der Sprecher gebunden ist. Viele Angehörige der Arbeiterklasse leben in einer stark familiär oder nachbarschaftlich geprägten Kultur, in der Werte und Normen als gegeben betrachtet und sprachlich nicht zum Ausdruck gebracht werden. Die Eltern neigen dazu, ihre Kinder zu erziehen, indem sie deren Verhalten in direkter Art und Weise durch Belohnungen oder Zurechtweisungen korrigieren. Ein restringierter Code ist für die Kommunikation über praktische Erfahrungen eher geeignet als für die Diskussion abstrakterer Gedanken, Prozesse oder Beziehungen. Der restringierte Code ist deshalb charakteristisch für Kinder, die in Unterschichtfamilien aufwachsen, sowie für die Peergruppen, in denen sie ihre Zeit verbringen. Die Sprache orientiert sich an den Normen der Gruppe, ohne dass irgendjemand so leicht erklären könnte, warum er den jeweiligen Verhaltensmustern folgt.

restringierter Code

elaborierter Code

Die sprachliche Entwicklung der Kinder aus den mittleren Gesellschaftsschichten hingegen schließt nach Bernstein das Erlernen eines elaborierten Codes ein, das heißt eines Sprachstils, bei dem die Bedeutung der Wörter *individualisiert* werden kann, um den Anforderungen der jeweiligen Situation gerecht zu werden. Die Formen des Spracherwerbs durch Kinder der Mittelschicht sind weniger stark an bestimmte Kontexte gebunden. Diesen Kindern fällt es deshalb leichter, zu verallgemeinern und abstrakte Gedanken zum Ausdruck zu bringen. Deshalb erklären Mütter aus der Mittelschicht ihren Kindern häufig die Gründe und Prinzipien, die ihren Reaktionen auf das Verhalten der Kinder zugrunde liegen. Während eine Mutter aus der Arbeiterklasse ihrem Kind, das zu viel Süßes essen will, einfach „Keine Süßigkeiten mehr!" sagt, wird eine Mutter aus den mittleren Gesellschaftsschichten wahrscheinlich eher erklären, dass es für die Gesundheit und die Zähne schlecht ist, wenn man zu viele Süßigkeiten isst. Kinder, die einen elaborierten Sprachcode erlernt haben, meint Bernstein, sind besser in der Lage, den Anforderungen einer formalen akademischen Ausbildung zu entsprechen, als jene, die nur auf einen restringierten Code zurückgreifen können. Das bedeutet nicht, dass Kinder aus niedrigeren Gesellschaftsschichten eine „niedrigere" Art der Sprachverwendung aufweisen oder ihre Sprachcodes „verarmt" sind. Es ist eher so, dass ihr Sprachstil mit der akademischen Kultur der Schule kollidiert. Jene, die einen elaborierten Code beherrschen, fügen sich leichter in die schulische Umgebung ein.

Es gibt empirische Belege für Bernsteins Theorie, obwohl ihre Gültigkeit immer noch infrage gestellt wird. Joan Tough hat die Sprache von Kindern aus der Arbeiterklasse und aus der Mittelschicht untersucht und tatsächlich systematische Unterschiede entdeckt. Sie bestätigt Bernsteins These, dass Kinder aus niedrigeren Gesellschaftsschichten im Allgemeinen weniger häufig Antwort auf ihre Fragen bekommen und ihnen seltener Erklärungen der Überlegungen anderer Personen zur Verfügung gestellt werden (Tough 1976). Zu denselben Schlussfolgerungen gelangten in späteren Untersuchungen auch Barbara Tizard und Martin Hughes (1988).

Bernsteins Ideen helfen uns zu verstehen, warum Kinder aus den unteren sozioökonomischen Schichten dazu neigen, in der Schule „unter dem Durchschnitt" zu bleiben. Die folgenden Charakteristika wurden mit dem restringierten Sprachcode in Verbindung gebracht und verringern die Bildungschancen von Kindern aus niedrigeren Gesellschaftsschichten:

1. Das Kind bekommt wahrscheinlich nur in beschränktem Ausmaß Antwort auf die Fragen, die es zu Hause stellt, und wird daher weniger gut informiert sein und der Welt mit weniger Neugier gegenübertreten als Kinder, die einen elaborierten Code beherrschen.

2. Dem Kind wird es schwerfallen, auf die unemotionale und abstrakte Sprache zu reagieren, mit der es im Unterricht konfrontiert wird. Es wird auch Probleme haben, mit den allgemeinen Regeln der schulischen Disziplin zurechtzukommen.

3. Wenn Arten der Sprachverwendung eingesetzt werden, die von jenen, mit denen das Kind vertraut ist, abweichen, wird viel von dem, was der Lehrer sagt, für das Kind unverständlich bleiben. Das Kind wird unter Umständen versuchen, dieses Problem zu bewältigen, indem es die Sprache des Lehrers in die ihm verständliche übersetzt. Unter diesen Umständen kann es jedoch geschehen, dass eben jene Inhalte, die der Lehrer vermitteln möchte, verloren gehen.

4. Während das Kind wenig Schwierigkeiten mit routinemäßigem „Drill" oder Auswendiglernen haben wird, sind größere Probleme zu erwarten, wenn es um begriffliche Unterscheidungen geht, die Verallgemeinerung und Abstraktion erfordern.

Bildung und kulturelle Reproduktion

Will man die Themen dieser theoretischen Perspektiven miteinander verknüpfen, kann man das vielleicht am aufschlussreichsten tun, wenn man auf den Begriff der kulturellen Reproduktion zurückgreift (Bourdieu 1982, 2005; Bourdieu und Passeron 1971). Kulturelle Reproduktion bezieht sich darauf, wie die Schulen gemeinsam mit anderen sozialen Institutionen dazu beitragen, dass soziale und wirtschaftliche Ungleichheiten über Generationen hinweg erhalten bleiben. Unsere Aufmerksamkeit wird auf jene Mittel gelenkt, durch die die Schulen über das, was Illich „verborgenen Lehrplan" genannt hat (siehe weiter oben), das Erlernen von Werten, Einstellungen und Gewohnheiten beeinflussen. Die Schulen verstärken Unterschiede der in den frühen Lebensjahren erworbenen kulturellen Werthaltung und Anschauungen. Wenn die Kinder die Schule verlassen, wirken sich diese so aus, dass für manche die Chancen verringert, für andere hingegen verbessert werden.

kulturelle Reproduktion

Bourdieus Theorie der Klassen und des sozialen Kapitals werden genauer in Kapitel 11 – Schichtung und Klassenstruktur behandelt.

Die von Bernstein identifizierten Sprachstile stehen zweifellos mit jenen allgemeinen kulturellen Variationen in Verbindung, die den unterschiedlichen Interessen und Vorlieben zugrunde liegen. Kinder aus niedrigeren Gesellschaftsschichten und insbesondere aus ethnischen Minderheitengruppen entwickeln eine Art zu sprechen und sich zu benehmen, die mit dem in der Schule üblichen Sprachgebrauch und Benehmen kollidiert. Schulen zwingen den Schülern disziplinäre Regeln auf, wobei sich die Autorität der Lehrer auf das akademische Lernen konzentriert. Kinder aus der Arbeiterklasse erleben beim Eintritt in die Schule einen wesentlich stärkeren kulturellen Konflikt als jene aus den privilegierteren Familien. Erstere finden sich nämlich tatsächlich in einer fremden kulturellen Umgebung wieder. Nicht nur sind sie meist weniger motiviert, gute schulische Leistungen zu erbringen, sondern nach Bernstein kollidieren ihr gewohnter Sprachgebrauch und ihr gewohntes Verhalten selbst dann mit dem Sprechen und Handeln der Lehrer, wenn beide Seiten sich intensiv um eine erfolgreiche Kommunikation bemühen.

Kinder verbringen viele Stunden in der Schule. Wie Illich betont, lernen sie viel mehr als das, was in den Unterrichtslektionen tatsächlich enthalten ist. Die Kinder bekommen einen Vorgeschmack davon vermittelt, wie die Arbeitswelt sein wird, und lernen, dass sie pünktlich sein und sich den von den jeweiligen Autoritätspersonen gestellten Aufgaben mit Fleiß und Sorgfalt widmen sollen.

Fürs Arbeiten lernen: Paul Willis' Analyse der kulturellen Reproduktion

Eine sehr bekannte Diskussion der kulturellen Reproduktion findet sich in dem Bericht über eine Feldstudie, die Paul Willis in einer Schule in Birmingham durchführte (Willis 1979). Obwohl die Studie schon vor drei Jahrzehnten durchgeführt wurde, gilt sie als eine klassische Studie der empirischen Sozialforschung.

Die Frage, die sich Willis stellte, war, wie sich die kulturelle Reproduktion vollzieht – oder, wie er es ausdrückt, „wie Kinder aus der Arbeiterklasse Arbeiterklasse-Jobs bekommen". Es wird gemeinhin angenommen, dass die Kinder aus den unteren Schichten oder aus ethnischen Minderheitengruppen während des Schulprozesses einfach zu der Ansicht gelangen, dass sie „nicht gescheit genug" seien, um für ihr künftiges Berufsleben eine Arbeit mit guter Bezahlung oder hohem Prestige erwarten zu können. Mit anderen Worten lehrt sie der schulische Misserfolg, ihre intellektuellen Schranken zu erkennen. Haben sie ihre „Minderwertigkeit" akzeptiert, wenden sie sich Tätigkeiten zu, die nur geringe Aufstiegsmöglichkeiten bieten.

Paul Willis
geb. 1950

© Steve Taylor

Wie Willis hervorhebt, entspricht diese Interpretation ganz und gar nicht der Realität des Lebens und den Erfahrungen der Betroffenen. Die „Bauernschläue" der Bewohner der ärmeren Viertel mag für den schulischen Erfolg wenig bis gar nicht relevant sein, schließt jedoch Fähigkeiten ein, die ebenso subtil, anspruchsvoll und komplex sind, wie die intellektuellen Fertigkeiten, die in der Schule gelehrt werden. Wenn überhaupt, gibt es nur wenige Kinder, die aus der Schule kommen und denken: „Ich bin so dumm, dass es nur fair und gerecht ist, wenn ich den ganzen Tag in der Fabrik Kartons aufeinanderstapeln muss." Wenn Kinder aus weniger privilegierten Gesellschaftsschichten niedrige Tätigkeiten akzeptieren, ohne sich ihr ganzes Leben lang als Versager zu fühlen, müssen wohl andere Faktoren beteiligt sein.

Willis konzentrierte sich auf eine bestimmte Gruppe von Jungen in der Schule und verbrachte viel Zeit mit ihnen. Die Mitglieder der Bande, die sich selbst *„the Lads"* nannten, waren weiß, es gab in der Schule jedoch auch viele Kinder karibischer und asiatischer Herkunft. Willis fand heraus, dass die *Lads* das Autoritätssystem der Schule sehr genau verstanden und durchschauten, dieses Wissen jedoch eher dazu benutzten, das System zu bekämpfen, als sich damit zu arrangieren. Sie betrachteten die Schule als fremde Umgebung, die sie jedoch für ihre eigenen Zwecke manipulieren konnten. Sie genossen die ständigen Konflikte mit den Lehrern, die sie meist auf unbedenkliche Plänkeleien beschränkten. Sie konnten mit großer Präzision die Schwachstellen im Autoritätsanspruch ihrer Lehrer identifizieren und wussten auch, wo diese als Einzelpersonen verletzbar waren.

Die *Lads* wussten, dass das Arbeitsleben der Schule sehr ähnlich sein würde, freuten sich jedoch schon darauf. Sie waren darauf vorbereitet, dass sie am Arbeitsplatz keine direkte Befriedigung finden würden, doch freuten sie sich auf den Lohn. Weit davon entfernt, sich ihren Berufstätigkeiten – Reifenmonteur, Teppichleger, Installateur, Maler und Anstreicher – aufgrund von Minderwertigkeitsgefühlen zuzuwenden, legten sie gegenüber der Arbeit dieselbe verächtliche Überlegenheit an den Tag wie gegenüber der Schule. Sie genossen den Erwachsenenstatus, der mit dem Eintritt ins Berufsleben einherging, waren jedoch nicht daran interessiert, selbst „Karriere zu machen". Wie Willis betont, findet man unter den Arbeitern häufig ähnliche kulturelle Merkmale, wie jene, die die *Lads* in ihrer „Schuloppositionskultur" aufwiesen – Hänselei, Schlagfertigkeit und die Fähigkeit, die Forderungen der Autoritätspersonen, wenn nötig, zu unterlaufen.

Erst später im Leben würden sie sich vielleicht als Gefangene einer mühseligen und unterbezahlten Arbeit sehen. Wenn sie Familien haben, werden sie vielleicht nachträglich – und ohne Hoffnung – auf die Bildung als einzigen Ausweg zurückblicken. Doch wenn sie versuchen, diese Einsicht ihren eigenen Kindern zu vermitteln, könnte es nur allzu leicht sein, dass sie nicht mehr Erfolg haben als seinerzeit ihre eigenen Eltern.

Lernen, Arbeit zu meiden: Macho Lads

Mehr als zwei Jahrzehnte nachdem Willis seine Untersuchung der *Lads* in Birmingham durchführte, untersuchte ein anderer Soziologe, Máirtín an Mac Ghaill, die Erfahrungen junger Männer aus der Arbeiterklasse in der Parnell Schule in den westlichen Midlands (1994). Mac Ghaill interessierte sich besonders dafür, wie männliche Schüler als Teil ihres Erwachsenwerdens in der Schule bestimmte Formen von Maskulinität entwickeln. Anders als die *Lads*, die Willis studierte, wuchsen die Schüler der Parnell Schule im Schatten hoher Arbeitslosigkeit auf, erlebten den Zusammenbruch der Industriebetriebe ihrer Region und waren mit den Einsparungen der Regierung bei

Ausgaben, die gerade Jugendlichen zugute kämen, konfrontiert.

Mac Ghaill fand, dass der Übergang ins Erwachsenenleben in der Parnell Schule viel brüchiger war als bei Willis' *Lads* 25 Jahre davor. Eine klare Laufbahn, die von der Schule in die Erwerbsarbeit führt, gab es nicht mehr. Viele der Jungen sahen ihre Zukunft nach Beendigung der Schule als eine Periode der Abhängigkeit (vor allem von ihren Familien), in der sie in „wertlose", von der Regierung aufgenötigte Ausbildungskurse gezwängt und einem unsicheren Arbeitsmarkt, der für junge manuelle Arbeiter nicht sehr vorteilhaft war, überantwortet wurden. Unter vielen Schülern herrschte eine weit-

verbreitete Unsicherheit darüber, welchen Nutzen die Bildung für sie und ihre Zukunft haben konnte. Diese Verwirrtheit drückte sich in verschiedenen Reaktionen gegenüber der Schule aus – während einige männliche Peergruppen versuchten, sich als akademische Überflieger oder „neue Unternehmer" einen Weg des sozialen Aufstiegs auszumalen, reagierten andere gegenüber der Schule völlig feindselig.

Unter den vier Peergruppen, die Mac Ghaill in dieser Schule fand, waren die *Macho Lads* die traditionellste Arbeiterklassegruppe der Schule. Die *Macho Lads* hatten sich zu einer Gruppe zusammengeschlossen, als sie Teenager waren; die Mitglieder gehörten alle zu den unteren beiden Leistungsgruppen in allen Fächern. Ihre Einstellungen gegenüber Bildung waren offen ablehnend – sie waren alle der Meinung, die Schule sei Teil eines autoritären Systems, das Schülern sinnlose schulische Anforderungen aufzwingt. Während Willis' Lads Wege fanden, die schulische Umwelt zu ihren Gunsten zu manipulieren, verhielten sich die *Macho Lads* aufsässig gegen die Rolle, die ihnen zugemutet wurde.

Die *Macho Lads* wurden von der Schuladministration als die gefährlichste Anti-Schul-Gruppe unter allen Schülern der Parnell Schule betrachtet. Lehrer wurden von der Schulleitung ermuntert, gegen sie weitaus autoritärer vorzugehen als gegen alle anderen Schüler. Die symbolische Darstellung der Arbeiterklassenmaskulinität durch die *Macho Lads* – durch bestimmte Kleidung, Haartracht und Ohrringe – wurde von der Schulleitung verboten. Lehrer waren mit der Überwachung der Schüler beauftragt, hatten ein Auge auf sie in den Fluren der Schule, wiesen sie an „schau mich an, wenn ich mit dir rede" und belehrten sie, anständig den Gang entlangzugehen.

Die Sekundarstufe bildete für die *Macho Lads* die Lehrjahre, um zu lernen, „tough" (hart) zu sein. Die Schule drehte sich für sie nicht um die drei Rs (reading, writing, and arithmetic – Lesen, Schreiben und Rechnen), sondern um die drei Fs (fighting, fucking, and football – Kämpfen, Vögeln und Fußball). „Auf seine Spezis achten" und „zusammenhalten" waren die zentralen Werte in der sozialen Welt der *Macho Lads*. Die Schule wurde, wie die Straße, zu einem umkämpften Territorium. Die Lehrer wurden von den *Macho Lads* wie andere Exekutivorgane betrachtet (mit offener Verachtung) und für die Hauptquelle der Konflikte in der Schule angesehen. Sie lehnten die Autorität der Lehrer rundweg ab und waren überzeugt davon, dass diese sie ständig auswählten, um bestraft, diszipliniert oder gedemütigt zu werden.

Wie Willis' *Lads* sahen auch die *Macho Lads* schulische Leistungen und Prüfungen als minderwertig und weibisch an. Gute Schüler wurden von ihnen als „Streber" heruntergemacht. Hausaufgaben lehnten sie rundweg ab und hielten sie für einen Mann nicht würdig. Leon, einer der *Macho Lads*, sagte dazu: „Die

Arbeit, die du hier machen musst, ist nur für Mädels. Das ist keine richtige Arbeit. Das ist nur was für Kinder. Sie [die Lehrer] wollen haben, dass du darüber schreibst, wie du dich dabei fühlst. Das geht sie einen Scheißdreck an." (Mac Ghaill 1994, S. 59)

Mac Ghaills Studie zeigt, wie die *Macho Lads*, weitaus mehr als die anderen Peergruppen, eine bestimmte Form der „Krise der Männlichkeit" durchliefen. Sie rührt daher, dass die *Macho Lads* aktiv eine überkommene Form von Arbeiterklassenmaskulinität zu entwickeln trachteten, die sich um bezahlte manuelle Arbeit drehte und das zu einer Zeit, als alle Möglichkeiten eine sichere Zukunft als Arbeiter zu finden, längst verschwunden waren. Nach Mac Ghaill fantasierten die *Macho Lads* immer noch von einer Vollbeschäftigungsgesellschaft, die ihre Väter und Onkel erlebt hatten. Obschon einige ihrer Verhaltensweisen hypermaskulin und daher defensiv waren, gründeten sie voll und ganz in einer Weltsicht der Arbeiterklasse, die sie von den älteren Generationen übernommen hatten.

Ungleichheit und Bildung

Lesen Sie zu Wohlfahrtsstaatregimes in Kapitel 12 – Armut, soziale Ausgrenzung und soziale Sicherheit.

Soziologen interessieren sich für das Bildungssystem vor allem wegen seines Einflusses auf die soziale Schichtung der Gesellschaft. Verstärkt Bildung bestehende Ungleichheiten, spielt sie keine Rolle oder reduziert sie diese gar? Dem liegt die Annahme zugrunde, dass in industrialisierten Gesellschaften Bildungsabschlüsse den Zugang zu fast allen Berufen bestimmen. Ohne ein entsprechendes Zertifikat ist man nicht berechtigt, professionelle Berufe auszuüben. Wie wir gesehen haben, benötigt man beispielsweise in Österreich auch für die Aufnahme einer handwerklichen Arbeit eine Lehrabschlussprüfung. In anderen Ländern, vor allem jenen, die dem sogenannten liberalen Wohlfahrtsstaatregime zugeordnet werden, gibt es für gewerbliche und handwerkliche Berufe kein System der (Aus-)Bildungszertifikate; dort entscheidet der Markt darüber, ob jemand als Frisör oder Gastronom gut genug ist, um seine Kunden zu einem nochmaligen Besuch zu veranlassen. Der Marktzutritt ist gelegentlich durch staatlich kontrollierte Lizenzen geregelt, die man allerdings in der Regel nach recht kurzen Ausbildungsgängen erfolgreich absolvieren kann. Neben dem

Zusammenhang von Bildung und Beruf spielen die Schulen aber auch bei der Aufrechterhaltung oder dem Abbau von Geschlechtsungleichheiten und bei der Segregation oder Integration ethnischer Minderheiten eine bedeutende Rolle.

Dabei muss man sich im Klaren darüber sein, dass der soziologischen Untersuchungsperspektive eine Sicht auf die „menschliche Natur" zugrunde liegt, die in der Zeit der Aufklärung entwickelt wurde, aber bis heute nachwirkt und immer noch Kontroversen auslöst. Philosophen und Sozialtheoretiker der Aufklärungsperiode entwickelten als Erste die Idee, dass die Menschen fundamental gleich sind, also über gleiche intellektuelle Potenziale verfügen, die durch die soziale Umgebung, in der sie heranwachsen oder erzogen werden, gefördert oder beengt werden. Jean Jacques Rousseau (1712–1778) propagierte in seinem Erziehungsroman *Emile oder über die Erziehung* ([1762] 2004) eine Idee der Bildung, die auf die Förderung der natürlichen Anlagen der Zöglinge Bedacht nimmt. Spätere Bildungsutopien folgen entweder dieser Rousseauschen Idee der natürlichen Güte und Entfaltungsfähigkeit oder betonen stärker die soziale Formbarkeit derer, die erzogen werden. In den 1960er Jahren zog die von einem Rousseauschen Pädagogen, A. S. Neill, geleitete Schule Summerhill ziemliche Aufmerksamkeit auf sich, weil dort die Schüler zu gar nichts gezwungen wurden. Unter dem Einfluss des Behaviorismus und der Konditionierungsexperimente steht die Sozialutopie *Walden Two*, die einer der führenden amerikanischen behavioristischen Psychologen, B. F. Skinner, 1948 (im selben Jahr erschien auch George Orwells negative Utopie *1984*) veröffentlichte. *Walden Two* beschreibt eine Gemeinde von 1.000 Bewohnern in allen Details einer unter Leitung von Wissenschaftlern stehenden durch und durch glücklichen Gemeinschaft. Nicht alle Seiten in *Walden Two* erinnern an die Kommunebewegung der 1960er Jahre, aber mit dieser hat Skinners Utopie die Vorstellung der nahezu grenzenlosen Formbarkeit der menschlichen Natur und der Bedürfnisse gemeinsam. Auch die Gemeinschaftserziehung in den frühen Kibbuzim gehört zu diesem breiten Spektrum von Versuchen, durch Bildungseinrichtungen die Beschränkungen der familiären Herkunft zu überwinden.

Die soziologischen Untersuchungen der Ungleichheit der Menschen durch Bildung gehen in ihren Ambitionen nicht so weit wie Rousseau, Neill oder Skinner, doch teilen sie die Annahme einer grundlegenden intellektuellen Gleichheit der Menschen zumindest so weit, dass sie der Meinung sind, intellektuelle Begabungen sind über soziale Schichten, ethnische Gruppen oder Geschlechter hinweg gleich verteilt. Das war lange Zeit nicht selbstverständlich. Noch am Beginn des 20. Jahrhunderts konnten, ansonsten ernst zu nehmende Autoren wie der Psychiater Paul Julius Möbius mit Thesen *Über den physiologischen Schwachsinn des Weibes* (Möbius [1900] 2000) hervortreten, ohne sofort jegliche Glaubwürdigkeit zu verlieren. Wir werden weiter unten sehen, dass ähnlich gelagerte Ansichten heute durchaus noch nicht ganz verschwunden sind, auch wenn am Ende des 20. Jahrhunderts nicht mehr Frauen, sondern andere Personengruppen für intellektuell fundamental unterlegen ausgegeben werden.

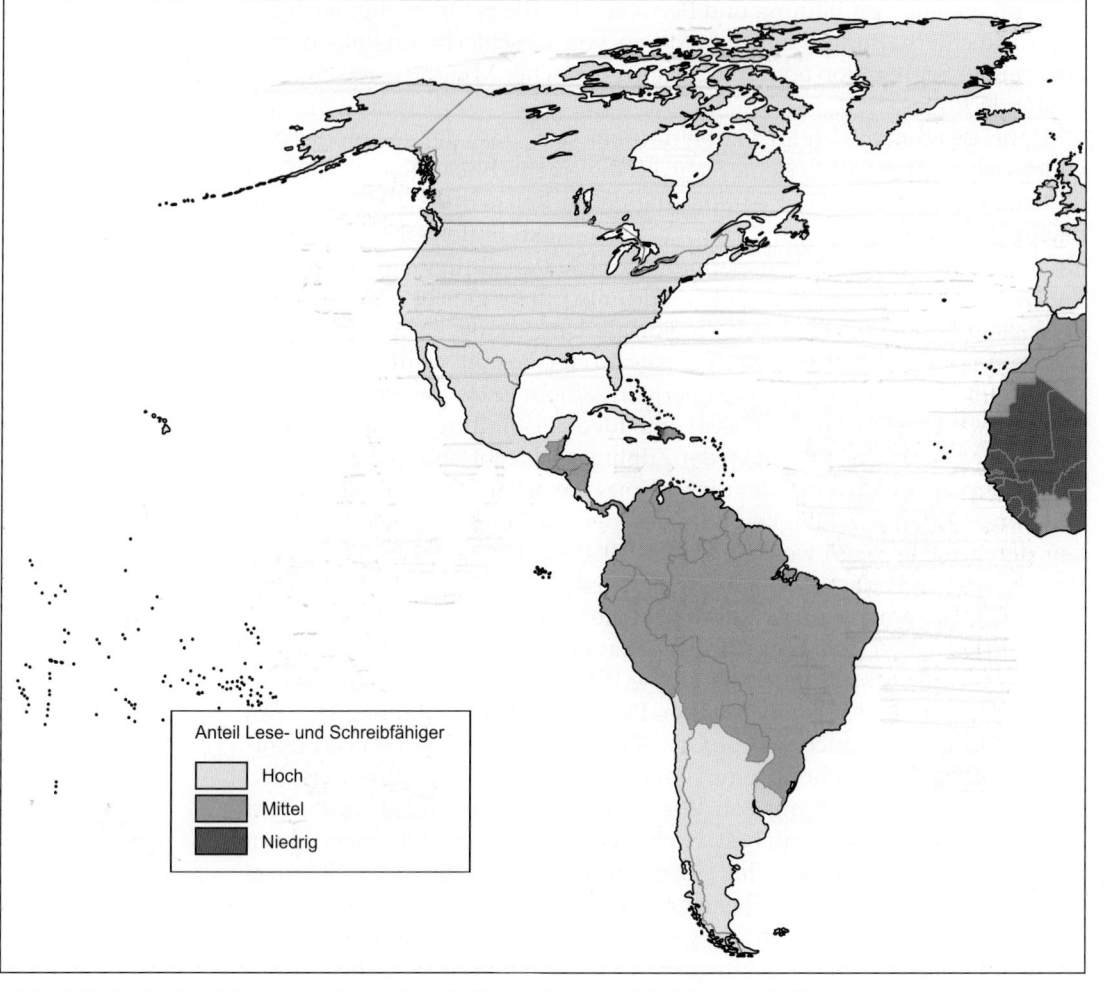

Abb. 9.3: Alphabetisierungsrate weltweit (Erwachsene, 15 Jahre und älter)
Quelle: UNDP 2003 (Daten: 2001).

Gender und Bildung

Am Beginn des 21. Jahrhunderts scheint die Gleichheit zwischen den beiden Geschlechtern in den Bildungssystemen der entwickelten Welt weitestgehend erreicht worden zu sein. Im Vergleich mit vor 100 Jahren und mit anderen gesellschaftlichen Teilsystemen (Arbeit, Politik, ökonomische Elite) muss man zum Schluss kommen, dass Mädchen und Frauen auf den verschiedenen Bildungsebenen jedenfalls nicht mehr in einer Weise diskriminiert werden, die sich in unterschiedlichen Beteiligungs- und Absolventenraten niederschlagen würde.

In Österreich sind die Schulen der Sekundarstufe mit den geringsten Anteilen an Mädchen die Berufsschulen (nur 34 Prozent), gefolgt von den

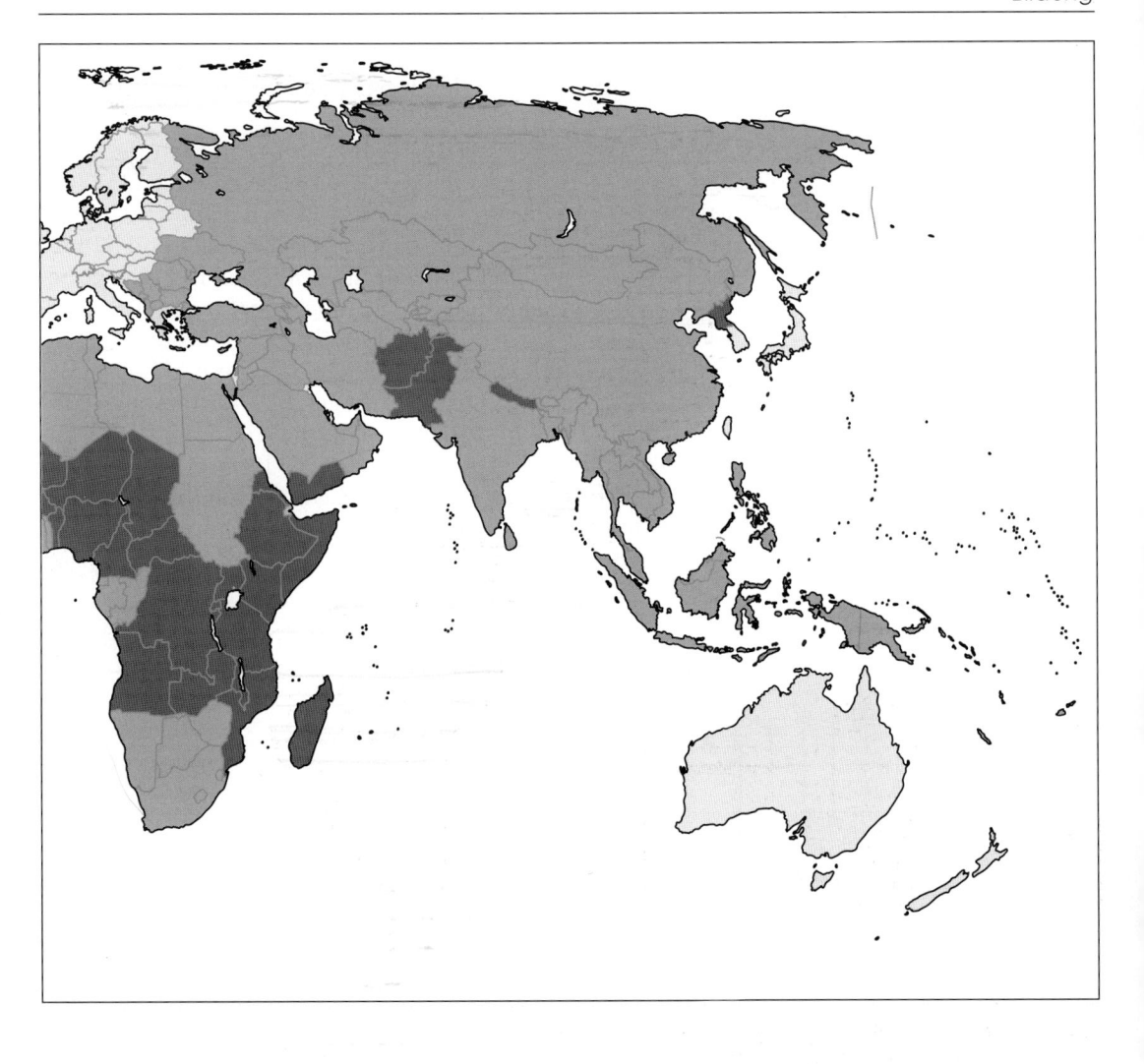

polytechnischen Schulen (36 Prozent) und den Hauptschulen (47 Prozent); die Schultypen mit Reifeprüfung weisen hingegen einen deutlichen Mädchenüberhang auf. Da die Geschlechterproportion in dieser Altersgruppe einen Überhang von Jungen aufweist, entspricht die Rate der Mädchen in Hauptschulen nahezu dem Anteil an der Altersgruppe (48,7 Prozent). In allen Schultypen unterhalb der Universitäten (aber unter Einschluss der Pädagogischen Hochschulen und anderer nichtuniversitärer Ausbildungseinrichtungen, die eine Matura voraussetzen) liegt die Beteiligungsrate der Mädchen bzw. Frauen um ein Prozent unter ihrem Bevölkerungsanteil (Statistik Austria 2008). Ehe man das nun als, wenn auch sehr kleine, Diskriminierung der Frauen nimmt, sollte man bedenken, dass die höhere Zahl der Jungen und Männer daraus resultieren dürfte, dass diese öfter eine

Schulstufe wiederholen müssen. Am Beginn des 21. Jahrhunderts sind die Mädchen in der Welt der Bildung den Jungen quantitativ und qualitativ überlegen.

Bei den Abschlüssen im Sekundarbereich zeigt sich (Daten für 2005), dass insgesamt mehr Mädchen als Jungen Abschlüsse erreichen (51 Prozent Mädchen), wobei es zwischen den verschiedenen Schultypen große Unterschiede gibt. 60 Prozent der Maturanten der allgemein und 52 Prozent der berufsbildenden höheren Schulen sind Mädchen. Der einzige Sekundarbildungsbereich, in dem Jungen disproportional mehr Absolventen stellen, sind die Lehrabschlüsse, die bekanntlich keine Studienberechtigung für tertiäre Schultypen offerieren. Das sekundare Bildungswesen trägt in Österreich ganz enorm zur beruflichen geschlechtlichen Segregation bei. Neben den männlich dominierten Lehrberufen gibt es mittlere Schulen für Gesundheitsberufe, deren Absolventen zu 83 Prozent Frauen sind, und die lehrerbildenden höheren Schulen, die Lehrerinnen für die Grund- und Hauptschulen ausbilden, wo der Frauenanteil 96 Prozent ausmacht (Statistik Austria 2008).

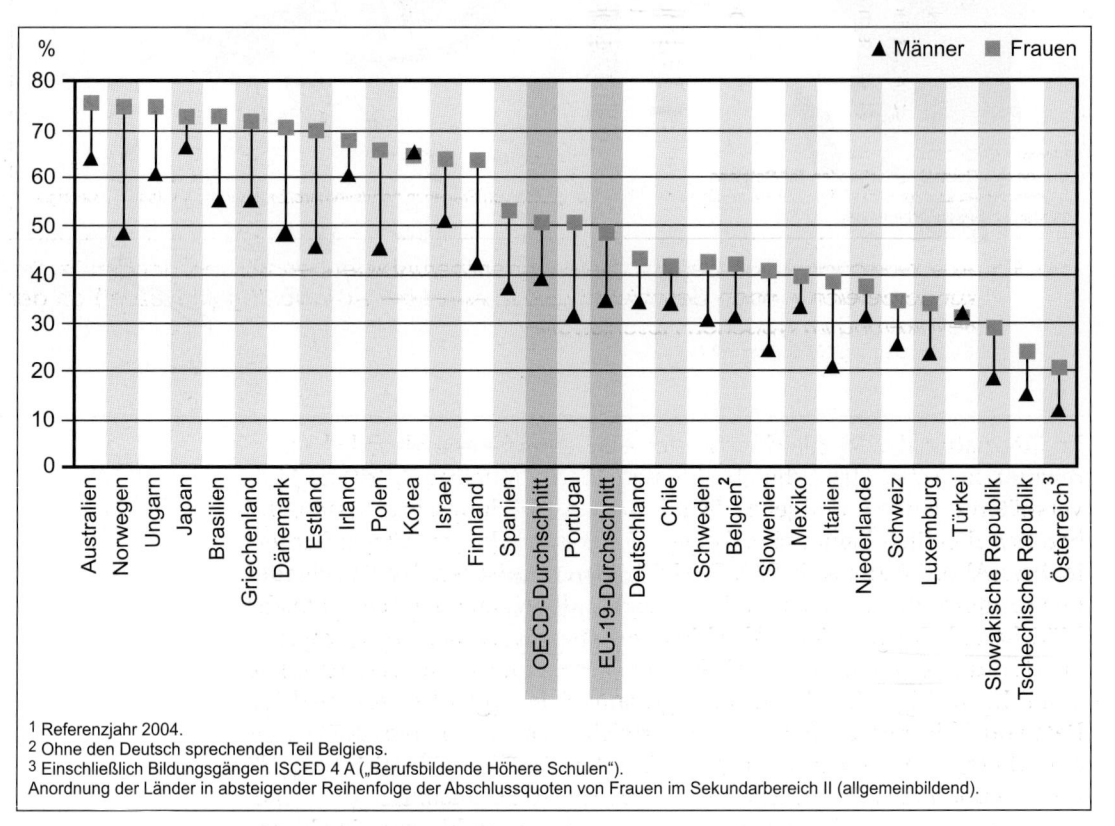

¹ Referenzjahr 2004.
² Ohne den Deutsch sprechenden Teil Belgiens.
³ Einschließlich Bildungsgängen ISCED 4 A („Berufsbildende Höhere Schulen").
Anordnung der Länder in absteigender Reihenfolge der Abschlussquoten von Frauen im Sekundarbereich II (allgemeinbildend).

Abb. 9.4: Abschlussquoten von allgemeinbildenden Bildungsgängen im Sekundarbereich II, nach Geschlecht (2005), Anteil der Absolventen (in Prozent) an der Bevölkerung im typischen Abschlussalter
Quelle: OECD (2007c), Tab. A2.1.

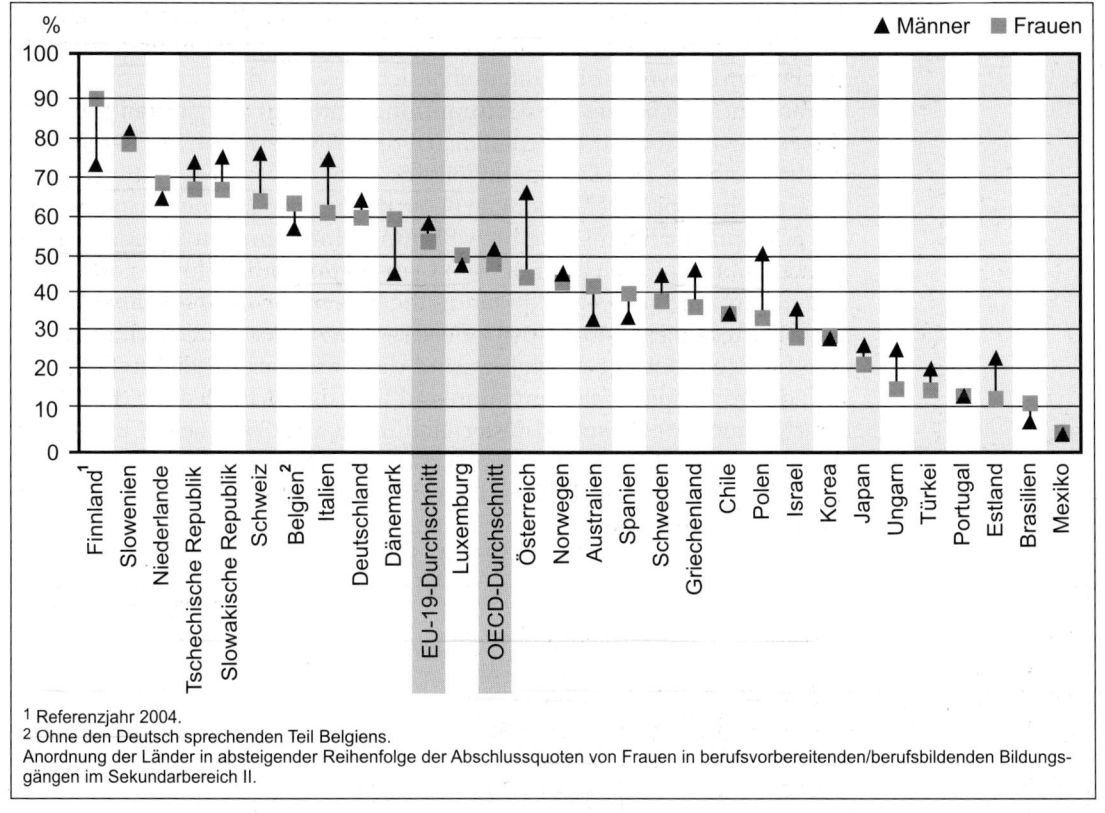

¹ Referenzjahr 2004.
² Ohne den Deutsch sprechenden Teil Belgiens.
Anordnung der Länder in absteigender Reihenfolge der Abschlussquoten von Frauen in berufsvorbereitenden/berufsbildenden Bildungs-gängen im Sekundarbereich II.

Abb. 9.5: Abschlussquoten von berufsvorbereitenden/berufsbildenden Bildungsgängen im Sekundarbereich II, nach Geschlecht (2005), Anteil der Absolventen (in Prozent) an der Bevölkerung im typischen Abschlussalter
Quelle: OECD (2007c), Tab. A2.1.

Im internationalen Vergleich zeigt sich eine ähnliche geschlechtliche Segregation zwischen den Schulabschlüssen, die unmittelbar Zutritt zu Universitäten erlauben, und jenen Schul- oder Ausbildungsabschlüssen, die berufsvorbereitend sind, aber keinen Zugang zu Universitätsstudien erlauben (Abb. 9.4 und Abb. 9.5). Die Differenzen zwischen den verschiedenen Ländern sind ziemlich groß, aber in fast allen Ländern erreichen mehr Mädchen als Jungen einen Abschluss, der die Aufnahme eines Universitätsstudiums erlaubt. Hervorzuheben ist hier aber noch etwas anderes: Die deutschsprachigen Länder haben insgesamt eine vergleichsweise niedrige Rate von Abiturienten. In Österreich erreichen nur knapp über 40 Prozent der Altersgruppe einen derartigen Abschluss, in Deutschland knapp 38 Prozent und in der Schweiz gar nur 26 Prozent (OECD 2007c, S. 49). Dabei ist die Entwicklung über das letzte halbe Jahrhundert hinweg eine beeindruckende Illustration dafür, wie Mädchen ihren Rückstand gegenüber den Jungen aufgeholt haben. Anfang der 1960er Jahre wies in Österreich einer von sechs 18- bis 21-Jährigen eine Reifeprüfung auf, bis 2000 stieg diese Rate auf mehr als das Doppelte an. Während am Beginn dieser Periode der Anteil der Maturanten unter den gleichaltrigen Männern jenen bei den Frauen ein wenig übertraf, drehte sich dieses Verhältnis seit den 1980er Jahren um. 2000 betrug der Maturantinnenanteil an der gleichaltrigen Bevölkerung 46 Prozent, während er bei den Männern nur 34 Prozent ausmachte (Landler und Dell'mour 2006, S. 19).

Die Umkehr der jahrzehntelangen Benachteiligung von Mädchen in den über die Schulpflicht hinausgehenden Bildungseinrichtungen in eine Überrepräsentation setzt sich auch bei den Universitätsstudien fort. In der EU-27 sind elf Prozent der 19- bis 39-Jährigen Studenten, wobei der Anteil unter den Männern dieser Altersgruppe zehn Prozent, der der Frauen hingegen zwölf Prozent beträgt. Auch hier sind die Differenzen zwischen den verschiedenen Ländern markant: Finnland liegt mit 18 Prozent an der Spitze, Deutschland mit neun und Österreich mit 8,5 Prozent liegen unter dem Durchschnitt (Eurydice 2007, S. 41).

Auch bei den Studienrichtungen zeigt sich eine analoge Geschlechtersegregation. Deutlich überrepräsentiert sind Frauen in den Lehramtsstudien, in Medizin, den Geistes-, Sozial-, Wirtschafts- und Rechtswissenschaften, während sie in Naturwissenschaften und der Technik eine Minderheit darstellen (Tab. 9.5).

Auch bei den Abschlüssen universitärer Studien zeigt sich kein Ende des Trends der größeren und erfolgreicheren Bildungsbeteiligung von Frauen. Insgesamt liegen Deutschland und Österreich allerdings mit ihren Studienabbrecherraten im Spitzenfeld: Nur einer von fünf Studierenden schließt ein begonnenes Studium auch ab; im EU-19-Schnitt sind es 35 Prozent, und das Land mit den höchsten Abschlussraten ist Finnland mit 47 Prozent (Statistik Austria 2008, S. 41). Bei den Erstabschlüssen universitärer Studien weisen die Frauen in Deutschland und Österreich jeweils einen etwas größeren Anteil auf als die Männer. Bezogen auf je 1.000 Gleichaltrige (20- bis 29-Jährige) haben in Deutschland 20,2 Prozent der Männer und 20,8 Prozent der Frauen und in Österreich 19,4 Prozent der Männer und 20,4 Prozent der Frauen ein derartiges Diplom (Eurydice 2007, S. 163f.).

	EU-27	D	Ö
Lehrerausbildung	75,0	68,6	73,9
Medizin und Gesundheitsberufe	74,6	73,0	67,6
Geisteswissenschaften, Kunststudien	65,9	65,2	65,2
Sozial-, Wirtschaftswissenschaften, Recht	57,3	47,7	54,9
Landwirtschaft und Veterinärmedizin	47,5	46,3	61,2
Naturwissenschaft, Mathematik und Informatik	37,5	33,8	34,6
Ingenieurwissenschaften, Technik	24,0	18,9	20,6

Tab. 9.5: Anteil der Frauen an den Studierenden 2003/04, nach Fachgruppen (in Prozent)
Quelle: Eurydice 2007, S. 49.
Hinweis: Die Klassifikation der Studienrichtungen nach UNESCO (2006), S. 41ff.

Ungleichheit zwischen den Geschlechtern ist also nicht mehr das, was die verschiedenen Ebenen der Bildungssysteme charakterisiert. Während in der öffentlichen Meinung noch eine starke Tendenz auszumachen ist, Diskriminierungen der Mädchen und Frauen im Bildungssektor zu vermuten, lässt sich diese Annahme bei den hier betrachteten Kennzahlen der Bildungsbeteiligung und der Abschlüsse nicht nachweisen. Die Bildungsexpansion des vergangenen halben Jahrhunderts hat den Frauen den Zugang zu allen Bildungsebenen eröffnet, Ungleichheit herrscht noch insofern, als es eine Segregation in Ausbildungsberufen und Bildungsgängen gibt – bei der Verwertung der Bildungsinvestitionen in der Berufswelt sieht das Bild anders aus (siehe dazu den Kasten: Bildung macht sich bezahlt)

Erklärungen für den Erfolg

Für die Trendumkehr im Bildungssektor gibt es verschiedene Erklärungen. Ein Faktor, der berücksichtigt werden sollte, wenn man den Erfolg der Mädchen verstehen will, ist der Einfluss der Frauenbewegung auf das Selbstbewusstsein und die Erwartungen Heranwachsender. Viele Mädchen, die heute eine Schule besuchen, wuchsen in einer Umgebung von berufstätigen Frauen auf, oft genug waren ihre eigenen Mütter außerhalb des Haushalts beschäftigt. Diese Rollenmodelle erleichterten aufseiten der Töchter die Ausbildung von Ambitionen, die im Gegensatz zum tradierten Stereotyp der Hausfrau stehen. Ein anderer Effekt der Frauenbewegung bestand sicherlich darin, dass die feministische Kritik Lehrer und andere am Bildungswesen Beteiligte auf die diskriminierenden Praktiken gegen Frauen aufmerksam machte und zum Handeln aufforderte. Geschlechterstereotypen wurden aus den Lehrbüchern eliminiert und in den letzten Jahrzehnten wurden verschiedene Initiativen gestartet, die Aufmerksamkeit von Mädchen auf nichttraditionelle Bildungswege zu richten.

Andere Erklärungen weisen auf unterschiedliche Lernstile zwischen Mädchen und Jungen hin. Mädchen erweisen sich oftmals als besser organisiert und motiviert, und es spricht vieles dafür, dass Mädchen früher reifen als Jungen. Dafür wird auch ins Treffen geführt, dass Mädchen mehr miteinander sprechen und auf diesem Weg ihre verbalen Fähigkeiten trainieren. Jungen würden hingegen in stärkerem Maße Aktivitäten wie Sport oder Computerspiele betreiben, die sie zwar in eine Konkurrenzwelt sozialisieren, aber nicht unbedingt ihre kognitiven Fertigkeiten trainieren.

Ein Effekt, der noch kaum systematisch untersucht wurde, hängt mit der starken Verweiblichung des Lehrerberufes zusammen. Heute sind sieben von zehn Lehrern Frauen und die Vermutung ist nicht leicht von der Hand zu weisen, dass die Interaktion zwischen Lehrerinnen und Jungen und Mädchen ebenso geschlechtstypisch erfolgt, wie sie es vor drei Generationen war, als männliche Lehrer die ersten Mädchen als Schülerinnen vor sich sitzen sahen.

Im Anschluss an die weiter oben referierte klassische Studie von Willis und deren Replikation in den 1990er Jahren (siehe Kasten) hat sich jedenfalls für England ein Weiterbestehen des „Laddismus" herausgestellt. Darunter versteht man ein Bündel von antischulischen Einstellungen und Meinungen, die von vielen Jungen geteilt werden und deren Verweigerung gegenüber der Welt des Lernens und der Bildung erklären können. Viele Beobachter meinen, dass in bestimmten männlichen Peergruppen Lernen und aktive Teilnahme an der Schule als „extrem uncool" gilt.

Andere haben das große Interesse für die „benachteiligten" Jungen, das in einer Art von Fürsorglichkeit ausartete, kritisiert und vertreten die Meinung, dass es noch nicht angebracht sei, sich der zurückgebliebenen jungen Männer besonders annehmen zu müssen. Die kommenden Jahre werden uns wohl eine Menge an neuen Einsichten über den Zusammenhang von Geschlecht und Bildungserfolg bescheren, nicht zuletzt weil die PISA-Studien (und die angekündigte Erweiterung auf den Vergleich der Leistungen von Erwachsenen) die öffentliche Aufmerksamkeit regelmäßig auf das Bildungssystem lenken.

Selbstrekrutierung

Erst in den 1960er Jahren haben praktisch alle reichen Länder dieser Welt Mädchen und Frauen die Tore zum Bildungssystem geöffnet. 1964 traten beispielsweise in Österreich nur elf Prozent der Volksschülerinnen in eine allgemeinbildende höhere Schule über (bei den Jungen waren es 15 Prozent); während im Jahr 2000 diese Anteile sich bei den Mädchen auf 32 Prozent verdreifachten, verdoppelten sie sich bei den Jungen nicht einmal (28 Prozent). Richtet man den Blick darauf, wie die soziale Zusammensetzung der besser Gebildeten aussieht, stellt man fest, dass sich in dieser Hinsicht fast nichts geändert hat. Oder anders gesagt: Die Bildungsexpansion und die „Massenuniversität" haben den Töchtern der Besitzer von Bildungskapital den Weg zum Erwerb ihres eigenen Bildungskapitals geebnet, aber nicht jene gefördert, die in sogenannten bildungsfernen Schichten geboren wurden und aufgewachsen sind.

Diesem Thema wollen wir uns nun zuwenden und die Frage erörtern, aus welchen sozialen Schichten die heutigen Studierenden der Universitäten stammen. Wir beschränken unsere Darstellung und Analyse auf die höchste Stufe des Bildungssystems, weil zum einen die Leser dieses Lehrbuchs selbst dieser Gruppe angehören dürften, und zum anderen, weil die sozialen Ungleichheiten in diesem Bereich in den deutschsprachigen Ländern immer noch ziemlich deutlich ausgeprägt sind.

Um feststellen zu können, ob das Bildungssystem sozial selektiv ist, vergleicht man in der Soziologie der Bildung die aktuellen Studierenden mit ihren Eltern, richtet also die Aufmerksamkeit darauf, ob das Bildungssystem zu einer kulturellen Reproduktion beiträgt. Üblicherweise geht man dabei so vor, dass man den sozialen Status, gemessen am Beruf des Vaters der Studierenden betrachtet. In Kapitel 11 – Schichtung und Klassenstruktur beschäftigen wir uns ausführlich mit der Frage, ob die Wahl des Vaters als Vergleichsgröße heute noch sinnvoll ist. Trotz der dort gemachten Einwände und Vorbehalte benutzen wir hier diesen Indikator, weil sich zeigen wird, dass die Unterschiede so dramatisch sind, dass eine theoretisch durchaus sinnvolle Einbeziehung des Status bzw. Berufs der Mütter der Analyse nicht viel Neues hinzufügen würde.

Das System der höheren Bildung ist in Deutschland und Österreich in einem sehr starken Maß sozial reproduktiv. In Österreich haben 27 Prozent der Väter der Studierenden an Universitäten selbst einen universitären Studienabschluss, während in der Bevölkerung (40- bis 60-Jährige) nur elf Prozent einen solchen Abschluss aufweisen. Deutschland weist eine ähnlich große Differenz auf (39 Prozent der Väter der Studierenden haben einen Uniabschluss, aber nur 18 Prozent in der Bevölkerung). Eine derart starke Überrepräsentation von 2,2 (für Deutschland) bzw. 2,5 (für Österreich) findet man nur noch in Portugal, während andere europäische Staaten sozial weitaus weniger selektiv sind, Irland weist beispielsweise nur einen Wert von 1,1 auf, Spanien 1,5, Niederlande 1,6 (OECD 2007c, S. 120).

Das Bild der sozialen Exklusivität der höheren Bildung kann man vervollständigen, wenn man auch noch betrachtet, wie viele Studenten Väter haben, die der Arbeiterklasse angehören („blue-collar worker"): Tabelle 9.6 liefert die Daten für einige europäische Staaten. Stellt man eine einfache Berechnung der sozialen Ungleichheit derart an, dass man die Differenz zwischen den beiden Anteilen vergleicht, so lautet die Reihenfolge Deutschland 21, Österreich 19, Frankreich 16, Finnland 9, Spanien 5, Irland 3 und Niederlande 2.

Der amerikanische Politikwissenschaftler Ben Ansell hat in einer vergleichenden Untersuchung über die politische Ökonomie der Umverteilung im Bildungssystem den Zusammenhang zwischen Ausweitung des höheren Bildungswesens und dessen Finanzierungsalternativen – mehr privat oder mehr Staat – untersucht. Er vertritt die Ansicht, dass Regierungen vor einem Trilemma stehen und zu wählen haben, welche der drei folgenden Parameter sie verändern wollen: die öffentlichen Kosten für die Universitäten, die Zahl der Studenten oder den privaten Finanzierungsanteil der Kosten der Universitätsausbildung. Je nachdem, welche Entscheidung getroffen wird, resultieren unterschiedliche Systeme höherer Bildung: das angloamerikanische System der teilweisen privaten Finanzierung, das skandinavische hoher öffentlicher Kosten und hoher Beteiligungsraten und das deutsche und österreichische elitäre System, das aber nahezu vollständig öffentlich finanziert wird. Ansells Interesse richtet sich darauf zu er-

	Österreich	Deutsch-land	Irland	Frank-reich	Nieder-lande	Finnland	Spanien
Arbeiter an der Gesamtbevölkerung	39	37	21	35	7	38	45
Studenten mit Vätern in Arbeiterberufen	20	16	18	19	5	29	40

Tab. 9.6: Anteil der Studenten, deren Väter zur Arbeiterklasse gehören, im Vergleich mit dem Anteil der Arbeiterklasse an der Gesamtbevölkerung der 40- bis 60-Jährigen
Quelle: OECD (2007c), S. 116.

klären, wie es möglich ist, dass ein elitäres System von allen bezahlt wird. Seine Erklärung lautet, dass die politischen Parteien unterschiedliche Präferenzen hinsichtlich der Expansion des Universitätssystems haben und sich diese während der Expansion des Universitätssystems ändern. Rechte Parteien verteidigen anfangs das elitäre System, da es ihrem Klientel zugute kommt, schwenken aber zu einer Politik der privaten Beteiligung an den Kosten, je größer die Zahl der Studierenden aus unteren sozialen Schichten wird. Hingegen interessieren sich linke Parteien anfangs gar nicht für die Universitäten und sind eher für private Finanzierung, sie beginnen sich erst für die Universitäten zu interessieren, wenn die dort befindlichen Studenten Kinder ihres Klientel sind oder selbst zu ihrem Klientel werden können. Dann sprechen sich linke Parteien auch für öffentliche Finanzierung des Universitätssystems aus (Ansell 2006).

In der Tat ist überraschend, in welch hohem Maße in Deutschland und Österreich die Ausbildung einer nach wie vor kleinen Gruppen von künftigen Bildungskapitalbesitzern von der Allgemeinheit bezahlt wird. Dem hohen Anteil öffentlicher Finanzierung der Universitätsbildung steht gegenüber, dass der finanzielle Nutzen besserer Bildung privat lukriert wird.

Bildung macht sich bezahlt

An einer Universität zu studieren ist nicht nur ein angenehmer Zeitvertreib und trägt zur persönlichen Entwicklung bei, ein Studienabschluss macht sich auch bezahlt. Theoretisch ist das seit Gary Beckers Arbeiten zur Humankapitaltheorie ([1964] 2008) bekannt. Dem steht ein unter Studierenden und ihren Angehörigen weitverbreitetes Gefühl gegenüber, dass die Zeiten immer schwerer und der materielle Nutzen von Bildungsinvestitionen immer unsicherer werden. Zusätzlich empfinden manche die kalte Sprache der Ökonomen irritierend, die von Investitionen, Humankapital und Bildungsrenditen sprechen, wo zur gleichen Zeit Philosophen und Bildungstheoretiker meinen, dass Bildung zweckfrei sein soll, und andere Kommentatoren dem Bildungswesen gar die Rolle der Gesellschaftskritik aufbürden wollen. Das eine schließt das andere aber nicht aus.

Jüngst haben einige Ökonomen für Österreich die Bildungserträge auszurechnen versucht und eine ökonomische Modellrechnung erstellt. Die Ergebnisse können natürlich nicht so gelesen werden, dass nun jeder einzelne Absolvent garantiert bekommt, dass auch er oder sie zu den Nutznießern der Rückflüsse aus der Investition in höhere Bildung gehören wird.

Tatsächlich war es zwischen 1981 und 1997 in Österreich zu einem Absinken der Bildungsrendite gekommen. Doch seit 1999 zeigt sich ein anderer Trend. „Pro zusätzlichem Ausbildungsjahr verzeichnen Männer einen Nettostundenlohnzuwachs von 7,2 bis acht Prozent, Frauen liegen mit Zuwächsen zwischen 6,6 und 7,3 Prozent geringfügig darunter." (Steiner u.a. 2007, S. 9)

Die beiden Abbildungen stellen die Ergebnisse auf der Basis der erhöhten Stundenlöhne für die unterschiedlichen Bildungsabschlüsse dar:

Getrennt nach den Ebenen der höchsten abgeschlossenen Ausbildung zeigt sich, dass männliche Absolventen einer Tertiärausbildung (Universität, Fachhochschule und hochschulverwandte Lehranstalten) am Arbeitsmarkt durchschnittlich um bis zu knapp 80 Prozent mehr Nettostundenlohn lukrieren als jene, die maximal über einen Pflichtschulabschluss verfügen (Abb. 9.6). Absolventen der Sekundarstufe II erhalten zwischen 40 Prozent und 50 Prozent, Absolventen berufsbildender weiterführender Schulen ohne Reifeprüfung zwischen 20 und 30 Prozent und Lehrabsolventen um rund 15 Prozent mehr Nettostundenlohn als Personen der Vergleichsgruppe. Eine generelle Tendenz sinkender oder steigender Erträge lässt sich nicht erkennen, einzig die Schätzungen für Absolventen der berufsbildenden Schulen ohne Reifeprüfungsabschluss deuten auf leicht fallende Bildungserträge hin. Bei den Frauen zeigt sich im Zeitraum 1999 bis 2005 im Wesentlichen das gleiche Bild des relativ konstant bleibenden Verlaufs wie bei den Männern (Abb. 9.7), jedoch mit vergleichsweise geringeren Ertragsraten bei den höheren Bildungsabschlüssen. Geringe Unterschiede zwischen den Geschlechtern gibt es auch hinsichtlich der Ausbildungsebenen: Während Frauen aus berufsbildenden mittleren Schulen etwas höhere Erträge lukrieren können als ihre Fachkollegen, erzielen die Männer mit BHS-Abschlüssen etwas höhere

Ertragsraten. Für beide Geschlechter haben sich auch die Erträge der höheren Bildungsebenen etwa auf dem Niveau von Mitte der 1990er Jahre stabilisiert, nachdem diese in den 1980er und Anfang der 1990er Jahre Rückgänge zu verzeichnen hatten, die mit zunehmendem Bildungsniveau stärker ausgefallen sind. (Steiner u.a. 2007, S. 10).

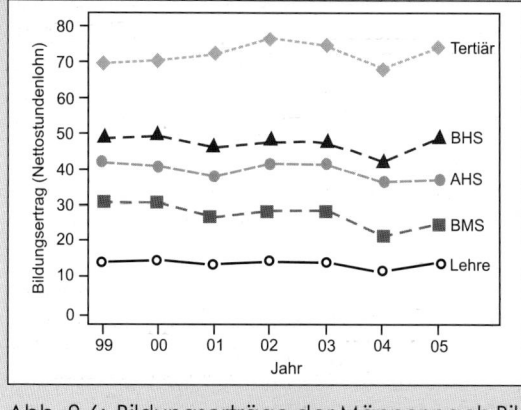
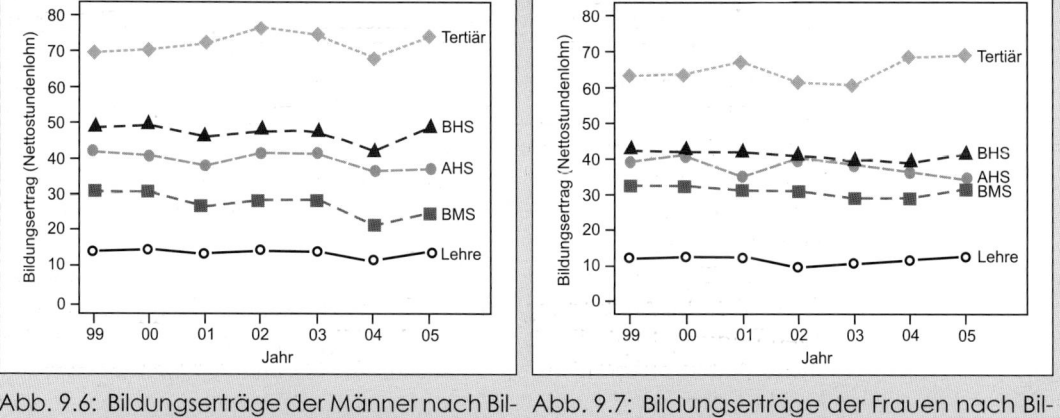

Abb. 9.6: Bildungserträge der Männer nach Bildungsstand im Vergleich zum Pflichtschulabschluss 1999 bis 2005
Quelle: Mikrozensen, Lohnsteuerdaten; Berechnung: IHS, Statistik Austria, Steiner u.a. (2007), S. 11.

Abb. 9.7: Bildungserträge der Frauen nach Bildungsstand im Vergleich zum Pflichtschulabschluss 1999 bis 2005
Quelle: Mikrozensen, Lohnsteuerdaten; Berechnung: IHS, Statistik Austria, Steiner u.a. (2007), S. 11.

Ethnische Minderheiten

Soziologen haben bis vor Kurzem wenig Aufmerksamkeit auf die Bildungsverläufe von Kindern ethnischer Minderheiten gerichtet. Bildungsungleichheit wurde lange Zeit entlang der klassischen Dimensionen sozialer Schichtung und der Geschlechtsdifferenz untersucht. Auch hier führte PISA zu einer Neuorientierung. In der 2006 durchgeführten Untersuchung wurde die ethnische Zugehörigkeit über zwei Merkmale erfasst. Das ermöglicht den Vergleich von drei Gruppen:

1. „Einheimische" Kinder: Sie und zumindest ein Elternteil wurden im jeweiligen Land geboren;

2. Zweite Generation Immigranten: Schüler, die im Inland geboren wurden, deren Eltern im Ausland geboren wurden;

3. Erste Generation Immigranten: Schüler, die im Ausland geboren wurden und mit ihren im Ausland geborenen Eltern einwanderten.

Die beiden Immigrantengruppen werden auch als Personen mit Migrationshintergrund bezeichnet, wenn man über beide gemeinsam etwas sagen will. Tabelle 9.7 zeigt die Anteile der Schüler mit Migrationshintergrund für ausgewählte Länder. Daraus ist ersichtlich, dass die deutschsprachigen Länder einen deutlich über dem OECD-Schnitt liegenden Anteil an Migranten aufweisen, der ähnlich groß wie in den klassischen Einwanderungsländern und deutlich höher als in Ländern mit einer kolonialen Vergangenheit ist.

	Einheimische	1. Generation	2. Generation
Finnland	98,5	0,2	1,3
Vereinigtes Königreich	91,4	5,0	3,7
Schweden	89,2	6,2	4,7
Niederlande	88,7	7,8	3,5
Frankreich	87,0	9,6	3,4
Österreich	86,8	5,3	7,9
Deutschland	85,8	7,7	6,6
USA	84,8	9,4	5,8
Kanada	78,9	11,2	9,9
Schweiz	77,6	11,8	10,6
OECD	90,9	5,1	3,9

Tab. 9.7: Schüler, nach ethnischer Zugehörigkeit (in Prozent), ausgewählte Länder
Quelle: OECD (2007b), Tabelle 4.2c.

Die Tabelle 9.8 zeigt den Unterschied zwischen Einheimischen und Ausländern. Die Tabelle ist folgendermaßen zu lesen: In Finnland ist der Anteil der Personen mit Migrationshintergrund, die nur einen Pflichtschulabschluss haben, um 13 Prozentpunkte größer als bei den im Inland Geborenen. Mit Ausnahme des Vereinigten Königreichs und Kanadas erreichen in allen anderen Ländern im Ausland Geborene deutlich häufiger nur einen Pflichtschulabschluss.

Die Abstände sind in den Ländern mit einem Schüleranteil mit Migrationshintergrund, der deutlich größer als zehn Prozent ist (in der Tabelle kursiv kenntlich gemacht), beträchtlich größer als im OECD-Durchschnitt oder in jenen Ländern, in denen es nur wenige Schüler mit Migrationshintergrund gibt. Die Ausnahme stellen Frankreich und Kanada dar, in letzterem Land gelangen Immigrantenkinder in ihren Bildungskarrieren sogar ein wenig weiter als die im Land Geborenen.

In den PISA-Studien wird bekanntlich die Kompetenz in standardisierter Weise vergleichend untersucht und dargestellt. Als Beispiel, um die Bildungsungleichheit für Angehörige ethnischer Minderheiten darzustellen, zeigt Abbildung 9.8 die von den drei Schülergruppen erzielten Werte in den naturwissenschaftlichen Kenntnissen. In den deutschsprachigen Ländern liegen beide Immigrantengenerationen deutlich unter dem Niveau, das die im Land Geborenen erreichen. Qatar, Hongkong und Macao-China sind als Stadtstaaten mit den anderen Staaten ebenso schlecht vergleichbar wie jene Länder, die wegen der erst jüngst erfolgten (Neu-)Gründung vermutlich einen höheren Anteil zwar im Ausland Geborener aufweisen, die sich aber von den Einheimischen vielleicht weniger unterscheiden, als das in den westeuropäischen Staaten der Fall ist. Wenn man jedoch die traditionellen Einwanderungsstaaten betrachtet, die eine ziemlich selektive und restriktive Einwanderungspolitik verfolgen (Kanada, Australien und Neuseeland lassen nur jene ins Land, die bestimmte Qualifikationserfordernisse erfüllen), sieht man deutlich, dass sich dort der Migrationshintergrund nicht markant niederschlägt. Die Länder, in denen ein überdurchschnittlicher Anteil der Schüler das höchste Kompetenzniveau (Stufe 6) erreicht, sind Neuseeland und Finnland (3,9 Prozent, was dem Dreifachen des OECD-Durchschnitts entspricht). Das Vereinigte Königreich, Australien und Kanada liegen zwischen zwei und drei Prozent der Schüler auf diesem höchsten Niveau. Da diese Länder die Schüler in gemeinsamen Schulen unterrichten, kann man folgern, dass ein höherer Anteil von im Ausland Geborenen die „guten" Schüler jedenfalls nicht behindert.

Die PISA-Studien versuchen auch die Frage zu beantworten, ob die Schüler mit Migrationshintergrund vielleicht aus Familien stammen, die man als bildungsfern bezeichnet, also den Kindern zu Hause eine weniger günstige Umgebung bieten, als das einheimische Familien im Durchschnitt in der Lage zu tun sind. Generell beeinflusst der sozioökonomische Status der Eltern das Leistungsniveau der Schüler.

	Differenz
Finnland	13
Vereinigtes Königreich	-10
Schweden	5
Niederlande	12
Frankreich	9
Österreich	16
Deutschland	20
USA	18
Kanada	-2
Schweiz	16
OECD	10

Tab. 9.8: Differenz des Anteils der im Ausland geborenen über 15-jährigen Bevölkerung, die nur einen Pflichtschulabschluss aufweist, zu den Inländern mit lediglich Pflichtschulabschluss, ca. 2000
Quelle: OECD (2008).

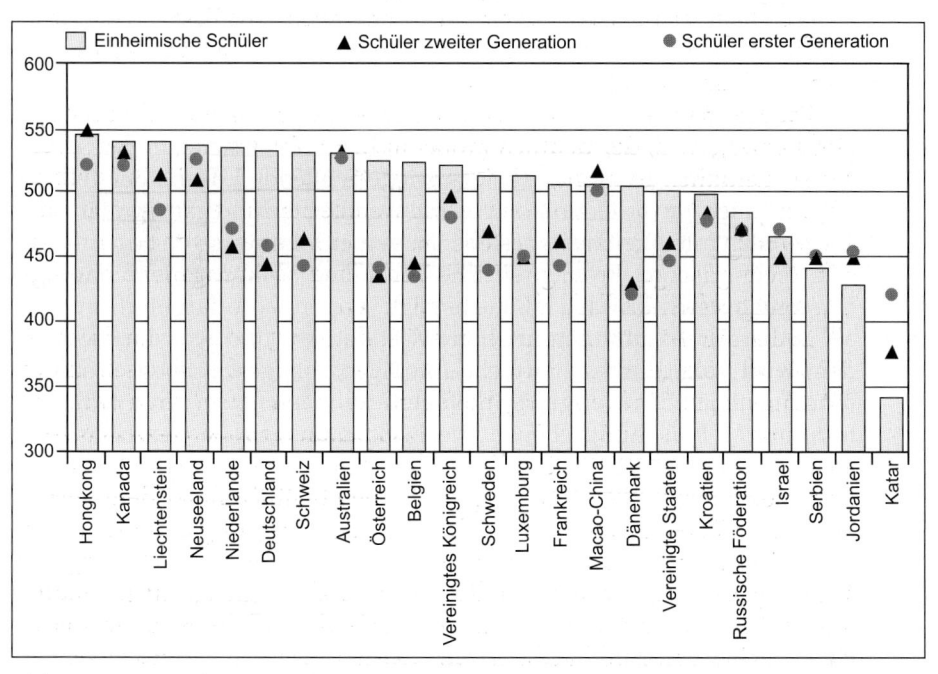

Abb. 9.8: Naturwissenschaftliche Kompetenzen der Schüler nach Migrationshintergrund, PISA 2006
Hinweis: Es wurden nur jene Länder dargestellt, die zumindest jeweils drei Prozent Schüler mit Migrationshintergrund aufweisen.
Quelle: OECD (2007b), Tabelle 4.2a.

IQ und Bildung

In unserer bisherigen Erörterung wurde die mögliche Bedeutung erblicher Begabungsunterschiede vernachlässigt. Was wäre, wenn unterschiedliche schulische Leistungen und daraus resultierende unterschiedliche berufliche Positionen und Einkommensunterschiede eine direkte Folge unterschiedlicher Intelligenz wären? Unter diesen Umständen, so könnte man argumentieren, herrscht im Schulsystem tatsächlich Chancengleichheit, denn jeder findet ein seinem angeborenen Potenzial entsprechendes Niveau.

Was ist Intelligenz?

Die Psychologen diskutieren schon seit Jahrzehnten, ob eine einzige menschliche Fähigkeit, die man als Intelligenz bezeichnen könnte, tatsächlich existiert und wie weit diese – wenn es sie tatsächlich gibt – auf erblich bedingten Unterschieden beruht. Der Begriff Intelligenz ist schwer zu definieren, da er sich auf viele verschiedene Eigenschaften bezieht, die oft nichts miteinander zu tun haben. Wir könnten z.B. annehmen, dass die „reinste" Form von Intelligenz in der Fähigkeit besteht, abstrakte mathematische Aufgaben zu lösen. Menschen, die dies sehr gut beherrschen, weisen jedoch auf anderen Gebieten, wie Kunst oder Geschichte, häufig nur geringe Fähigkeiten auf. Da sich der Begriff Intelligenz so hartnäckig jeder akzeptablen Definition entzieht, haben einige Psychologen den Vorschlag gemacht – der von vielen Angehörigen des Bildungssystems, denen auch nichts Besseres eingefallen war, akzeptiert wurde –, dass Intelligenz einfach als das betrachtet werden kann, „was in IQ-(Intelligenzquotient-)Tests gemessen wird". Dass dies keine zufriedenstellende Lösung darstellt, ist offensichtlich, da die Definition von Intelligenz ganz und gar zirkulär wird. Die meisten Intelligenztests bestehen aus einer Mischung von begrifflichen und rechnerischen Problemen. Die Tests sind so konstruiert, dass das Durchschnittsergebnis 100 Punkte beträgt: Wessen Score darunterliegt, wird als „unterdurchschnittlich intelligent" etikettiert, und wer darüberliegt, dem wird „überdurchschnittliche Intelligenz" zugeschrieben. Trotz der fundamentalen Schwierigkeit, Intelligenz zu messen, werden Intelligenztests in der Forschung ebenso wie in Schulen und im Geschäftsleben weiterhin verwendet.

Intelligenz *(Randbegriff)*

IQ und genetische Faktoren

Zwischen den Ergebnissen von IQ-Tests und der schulischen Leistung besteht tatsächlich eine hohe Korrelation (was nicht überraschend ist, da Intelligenztests ursprünglich entwickelt wurden, um schulische Erfolge vorherzusagen). Daher besteht auch ein enger Zusammenhang zwischen diesen Ergebnissen und sozialen, wirtschaftlichen und ethnischen Unterschieden, weil diese ihrerseits mit unterschiedlichen schulischen Leistungen korrelieren. Weiße Schüler erzielen im Durchschnitt eine höhere Punkte-

IQ *(Randbegriff)*

zahl als Schwarze oder die Mitglieder anderer benachteiligter Minderheiten. Ein 1967 vom amerikanischen Psychologen Arthur Jensen veröffentlichter Artikel verursachte großes Aufsehen, weil darin die IQ-Unterschiede zwischen Schwarzen und Weißen zum Teil auf genetische Unterschiede zurückgeführt wurden (Jensen 1967, 1980).

Einen neueren Beitrag zum Thema lieferten der Psychologe Richard J. Herrnstein und der Politikwissenschaftler Charles Murray, indem sie in kontroversieller Weise die Debatte über den Intelligenzquotienten und die Bildung wieder aufnahmen. Sie argumentieren in ihrem Buch *The Bell Curve: Intelligence and Class Structure in American Life* (1994), dass das angehäufte Beweismaterial, das den IQ mit genetischen Faktoren verknüpft, bereits überwältigend geworden sei. Die signifikanten Unterschiede der Intelligenz zwischen verschiedenen rassischen und ethnischen Gruppen müssen ihrer Auffassung nach teilweise durch erbliche Faktoren erklärt werden. Das meiste von ihnen angeführte Beweismaterial stammt aus Studien, die in den USA durchgeführt wurden. Nach Herrnstein und Murray zeigt dieses Beweismaterial, dass einige ethnische Gruppen durchschnittlich höhere IQs haben als andere Gruppen. Amerikaner asiatischer Abstammung, besonders Amerikaner japanischer und chinesischer Abstammung, haben im Durchschnitt höhere IQs als Weiße, obwohl der Unterschied nicht sehr groß ist. Der Durchschnitts-IQ von Asiaten und Weißen ist jedoch wesentlich höher als jener von Schwarzen. Indem sie die Befunde von 156 Untersuchungen zusammenfassen, stellen Herrnstein und Murray einen durchschnittlichen Unterschied von 16 IQ-Punkten zwischen diesen beiden „rassischen" Gruppen fest. Die Autoren argumentieren, dass diese Unterschiede der ererbten Intelligenz einen wichtigen Beitrag zu den sozialen Spaltungen der amerikanischen Gesellschaft leisten. Je intelligenter eine Person, desto größer ist die Chance, dass sie die soziale Stufenleiter hinaufklettern wird. Jene, die an die Spitze gelangt sind, sind zum Teil deshalb dort, weil sie klüger sind als der Rest der Bevölkerung – woraus folgt, dass jene am unteren Ende des Statusgebildes dort bleiben, weil sie im Schnitt nicht so klug sind.

Kritiker von Herrnstein und Murray leugnen, dass IQ-Unterschiede zwischen rassischen und ethnischen Gruppen genetischen Ursprungs sind. Sie argumentieren, dass Unterschiede des IQ-Scores auf soziale und kulturelle Unterschiede zurückzuführen sind. IQ-Tests, so die Kritik, stellen Fragen – die zum Beispiel mit abstrakten Denkprozessen zu tun haben –, die mit größerer Wahrscheinlichkeit Teile der Erfahrung der privilegierteren weißen Studenten darstellen als jene von Schwarzen und ethnischen Minderheiten. Die Resultate von IQ-Tests könnten auch durch Faktoren beeinflusst sein, die nichts mit den Fähigkeiten zu tun haben, die angeblich gemessen werden, z.B. damit, ob die Testsituation als stressig erfahren wird. Forschungen haben gezeigt, dass Afroamerikaner bei IQ-Tests um sechs Punkte weniger erzielen, wenn der Testadministrator weiß ist, als wenn er schwarz ist (Kamin 1974).

Die im Durchschnitt niedrigeren IQ-Werte von Afroamerikanern in den Vereinigten Staaten sind jenen marginalisierter ethnischer Minderheiten in anderen Ländern bemerkenswert ähnlich – wie jenen der „Unberührbaren" in Indien (die im Kastensystem ganz unten stehen), der Maoris in Neuseeland und der Burakumin in Japan. Kinder dieser Gruppen erzielen im Durchschnitt IQ-Ergebnisse, die zehn bis 15 Punkte unter jenen der Kinder, die der ethnischen Mehrheit angehören, liegen. Die Burakumin – Abkömmlinge von Leuten, die im 18. Jahrhundert als Ergebnis lokaler Kriege von ihrem Land vertrieben und zu Außenseitern und Landstreichern gemacht worden waren – stellen ein besonders interessantes Beispiel dar. Sie unterscheiden sich in keiner Weise von anderen Japanern, obwohl sie seit Jahrhunderten von Vorurteilen und Diskriminierung betroffen waren. In diesem Fall kann der Unterschied der durchschnittlichen IQ-Resultate nicht auf genetische Faktoren zurückzuführen sein, da es zwischen ihnen und der Mehrheitspopulation keine genetischen Unterschiede gibt. Doch ist der Unterschied der Messergebnisse beim IQ-Test genauso stabil wie der zwischen Schwarzen und Weißen. Kinder der Burakumin in Amerika, wo sie behandelt werden wie andere Japaner, erzielen bei IQ-Tests dieselben Ergebnisse wie andere Japaner. Solche Beobachtungen weisen nachdrücklich darauf hin, dass die IQ-Unterschiede zwischen Afroamerikanern und Weißen in den Vereinigten Staaten aus sozialen und kulturellen Unterschieden resultieren. Diese Schlussfolgerung wird durch eine vergleichende Studie von 14 Nationen (darunter auch die Vereinigten Staaten) zusätzlich gestützt, die zeigt, dass während des vergangenen halben Jahrhunderts die durchschnittlichen IQ-Scores der ganzen Bevölkerung spürbar gestiegen sind (Coleman 1995). IQ-Tests werden deswegen regelmäßig einer Revision unterzogen.

Wenn dieselbe Gruppe von Leuten alten und neuen Versionen der Tests unterzogen wird, erzielen sie bei den älteren Tests signifikant höhere Scores. Heutige Kinder, die IQ-Tests aus den 1930er Jahren absolvierten, erzielten im Schnitt Ergebnisse, die um 15 Punkte über jenen der Versuchspersonen in den 30er Jahren lagen – und das ist eben jener durchschnittliche Unterschied, der heute die Schwarzen von den Weißen trennt. Heutige Kinder sind nicht von der Geburt her mit höherer Intelligenz ausgestattet als ihre Eltern oder Großeltern; die Verlagerung rührt vermutlich vom zunehmenden Wohlstand und sozialen Vorteilen her. Die durchschnittliche soziale und wirtschaftliche Kluft zwischen Weißen und Afroamerikanern ist zumindest so groß wie jene zwischen den verschiedenen Generationen und reicht aus, um die Unterschiede der IQ-Scores zu erklären.

Während es genetische Unterschiede zwischen Individuen geben mag, die die bei IQ-Tests erzielten Ergebnisse beeinflussen, ist die Annahme, dass manche ethnische Gruppen im Schnitt klüger sind als andere, weiterhin unbewiesen und unwahrscheinlich.

Krieg um die Glockenkurve

In *The Bell Curve Wars* (Fraser 1995) finden wir eine Anzahl bekannter Gelehrter versammelt, die die Ideen von Herrnstein und Murray untersuchen. Der Herausgeber des Sammelbandes beschreibt *The Bell Curve* als

„das provokanteste Stück Sozialwissenschaft, das seit einem Jahrzehnt oder mehr erschienen ist". Die Behauptungen und Thesen der Arbeit hätten „Sturzfluten von Leserbriefen an alle größeren Zeitungen und Zeitschriften ausgelöst, ganz zu schweigen von den zahllosen Kommentaren in Rundfunk- und Fernsehshows" (Fraser 1995, S. 3).

Nach Stephen Jay Gould, einem der Autoren, die zu *The Bell Curve Wars* einen Beitrag geleistet haben, befinden sich Herrnstein und Murray in viererlei Hinsicht im Unrecht. Er bestreitet ihre Behauptung, dass Intelligenz durch einen einzigen IQ-Wert beschrieben werden kann, dass Personen sinnvoll auf einer einzigen Intelligenzskala angeordnet werden können, dass Intelligenz in nennenswertem Ausmaß auf genetische Mechanismen zurückzuführen ist; und dass sie nicht verändert werden könne. Er zeigt, dass jede dieser Annahmen fragwürdig ist.

Howard Gardner, der ebenfalls einen Beitrag geschrieben hatte, argumentiert, dass ein Jahrhundert der Forschung die Idee der „Intelligenz" als allgemeine Kategorie diskreditiert habe. Es gibt lediglich „multiple" Formen der Intelligenz – praktische, musikalische, räumliche, mathematische usw. Andere, die zu *The Bell Curve Wars* beigetragen haben, behaupteten, dass es keine systematische Beziehung zwischen IQ-Werten und der späteren Arbeitsleistung gibt. Ihre Reaktionen lassen sich auf den gemeinsamen Nenner „rassistische Pseudowissenschaft" bringen.

Gould kommt zu folgendem Schluss:

> Wir müssen die Doktrin von *The Bell Curve* bekämpfen, sowohl, weil sie falsch ist, als auch, weil sie, wenn sie sich in Praxis übersetzt, alle Möglichkeiten der adäquaten Förderung der Intelligenz aller Menschen unterminieren wird. Selbstverständlich können wir nicht alle Raketenwissenschaftler oder Neurochirurgen werden, doch jene, die das nicht können, könnten eventuell Rockmusiker oder Berufssportler werden (und dadurch wesentlich mehr soziales Prestige erreichen und ein wesentlich höheres Einkommen erzielen). (Gould 1995, S. 22)

Der neue IQismus

In ihrem Artikel *Der neue IQismus: Intelligenz, Begabung und die Rationierung von Bildung* argumentieren David Gillborn und Deborah Youdell (2001), dass die IQ-Messung in der Bildungsdebatte nur noch selten ausdrücklich benutzt wird, aber Bildungswissenschaftler heute den Begriff Begabung („Ability") in ganz ähnlicher Weise verwenden. Gillborn und Youdell meinen, dass die Verwendung des Begriffs Begabung in ganz systematischer Weise afroamerikanische und Schüler aus der Arbeiterklasse benachteilige.

Die beiden Autoren haben in der Mitte der 1990er Jahre in zwei Londoner Schulen Befragungen durchgeführt. Sie interviewten und beobachteten Lehrer und Schüler in der Abschlussklasse der Pflichtschule. An beiden Schulen stellten sie fest, dass der Unterricht völlig rund um die „A- bis C-Wirtschaft" stattfindet. Mit diesem Ausdruck verweisen die beiden

Autoren auf den in England gebräuchlichen standardisierten Test „General Certificate of Secondary Education (GCSE)", der nicht obligatorisch ist, aber von praktisch allen Schülern gemacht wird. Die Noten bei diesem Test reichen von A bis G. Gillborn und Youdell entdeckten, dass die Lehrer ein hohes Eigeninteresse haben, eine möglichst große Zahl von Schülern mit Noten zwischen A und C zu produzieren, weil diese Noten in den alljährlich veröffentlichten nationalen Vergleichen der Schulen Verwendung finden und auch für die finanzielle Ausstattung ihrer Schule wichtig sind. Ein Schulleiter sagte dazu in einem Memo an seine Lehrer: „Das Beste, was wir machen können, ist zu schauen, den größtmöglichen Anteil von Schülern zu produzieren, die A bis C bekommen."

Obwohl das ja ein löbliches Ziel ist, fanden Gillborn und Youdell heraus, dass diese Vorgabe dazu führte, dass alle Lehrer sich vor allem um jene Schüler kümmerten, die eine realistische Chance hatten, dieses Ziel zu erreichen. Das ging aber auf Kosten jener Schüler, die dieses Ziel jedenfalls verfehlen würden. Die „A- bis C-Wirtschaft" zwingt die Lehrer dazu, den besseren Schülern weitaus mehr Aufmerksamkeit zu widmen – und das waren die Schüler, denen sie Begabung attestierten. Gillborn und Youdell fanden heraus, dass in beiden Schulen die Lehrer der Meinung waren, dass Begabung etwas Fixes sei (wie sich ein Lehrer ausdrückte: „Du kannst keinem Schüler Begabung geben, oder? Du kannst einfach nicht mehr erreichen als deine Begabung dir erlaubt, ist es nicht so?"). Viele Lehrer meinten, dass man die Begabung objektiv feststellen könnte. An einer der beiden Schulen wurden Schüler einem kognitiven Begabungstest unterzogen und die Lehrer hielten diese Testergebnisse für einen guten Hinweis darauf, welche GCSE-Testwerte jemand erzielen wird können.

Gillborn und Youdell stellten an beiden von ihnen untersuchten Schulen fest, dass Schüler darüber klagten, bestimmte Mitschüler würden von den Lehrern bevorzugt behandelt. Das waren jene, die für begabt gehalten wurden, meist aus der Mittelschicht stammten und Weiße waren. Ein Lehrer, den die beiden Sozialforscher interviewten, meinte, ärmere, arbeitslose Eltern „haben nicht dieselben Erwartungen an ihre Kinder und deren Bildung wie Eltern aus der Mittelschicht oder den aufstiegsorientierten Teilen der Arbeiterklasse". Auf diesem Weg ergänzen Klassenunterschiede und elterliche Erwartungen die Beurteilung der Lehrer hinsichtlich Begabung. Die Autoren beobachteten auch, dass schwarze Schüler unfreundlicher behandelt wurden und die Lehrer von ihnen weniger erwarteten als von Schülern aus anderen ethnischen Gruppen. Die Annahmen darüber, welche Schüler begabt wären, führen zu einer unabsichtlichen Diskriminierung gegen Schwarze und Schüler aus ärmeren Familien.

Die inoffizielle Bewertung durch Lehrer, welche Schüler begabt seien, habe zur Folge, dass schwarze und ärmere Schüler viel weniger wahrscheinlich unter jenen sind, die die besseren Noten erhalten. In einer der beiden Schulen erhielten beispielsweise nur 16 Prozent der schwarzen Schüler die begehrten besseren Noten, verglichen mit 35 Prozent der weißen Schüler.

Gillborn und Youdell kamen zum Ergebnis, dass zwar die überwiegende Mehrheit der Lehrer die Idee stark ablehnten, Intelligenz sei, wie das in

Bücher wie *The Bell Curve* behauptet wird, vererbt. Dennoch hätten sich die Ideen, die hinter Büchern wie jenem von Herrnstein und Murray steckten, auf anderem Weg durchgesetzt. Nur spreche man nun eben nicht mehr von Intelligenz sondern von Begabung, benachteilige aber dieselben Gruppen wie zuvor.

Emotionale Intelligenz

In seinem gleichnamigen Buch hat Daniel Goleman (1996) argumentiert, dass „emotionale Intelligenz" zumindest so wichtig wie der IQ für den Ablauf unseres Lebens sein könnte. Der Ausdruck emotionale Intelligenz bezieht sich darauf, wie Menschen ihre Emotionen einsetzen – auf die Fähigkeit, sich selbst zu motivieren, Selbstkontrolle auszuüben, Enthusiasmus und Durchhaltevermögen zu haben. Im Großen und Ganzen sind diese Fähigkeiten nicht vererbt, und je mehr den Kindern in dieser Hinsicht beigebracht wird, desto besser sind ihre Chancen, ihre intellektuellen Fähigkeiten zu nutzen. Nach Goleman können die „klügsten unter uns durch ungezügelte Leidenschaften und zerstörerische Impulse zu Schaden kommen; Leute mit einem hohen IQ können erstaunlich schlechte Piloten ihres eigenen Privatlebens sein" (S. 34). Dies ist ein Grund, warum Maße der gewöhnlichen Intelligenz nicht sehr gut mit den späteren Leistungen korrelieren.

*[Randnotiz: **emotionale Intelligenz**]*

So verfolgte eine Untersuchung die Biografien von 95 Harvard-Absolventen, die in den 1940er Jahren graduiert hatten. Als sie das mittlere Alter erreicht hatten, waren jene, die im College die besten IQ-Resultate erzielt hatten, nur marginal erfolgreicher, als jene, die schlechtere Ergebnisse erzielt hatten. Eine andere Untersuchung betrachtete das andere Ende der IQ-Skala. 450 Jungen, zwei Drittel davon aus Familien, die von der Sozialhilfe lebten, und alle aus einem Slumgebiet in der Nähe von Harvard, wurden untersucht. Ein Drittel der Gruppe hatte Intelligenzquotienten von unter 90 Punkten. Wiederum hatte der IQ wenig Zusammenhang mit der späteren Karriere. So waren etwa sieben Prozent der Männer mit IQs von unter 80 Punkten arbeitslos, ebenso aber auch sieben Prozent jener mit IQs von über 100. Fähigkeiten, die sich in der Kindheit zeigen, wie etwa der Umgang mit Emotionen und mit anderen zurechtkommen zu können, lieferten bessere Prognosen; wie es Howard Gardner formuliert hat:

> *Inter*personelle Intelligenz ist die Fähigkeit, andere Menschen zu verstehen: was sie motiviert, wie sie arbeiten, wie man mit ihnen kooperativ zusammenarbeitet. Erfolgreiche Verkäufer, Politiker, Lehrer, Kliniker und religiöse Anführer werden allesamt Menschen sein, die über hohe Ausmaße von interpersoneller Intelligenz verfügen. *Intra*personelle Intelligenz [...] ist die Fähigkeit, ein genaues und wahrhaftes Modell seiner selbst zu erstellen, und fähig zu sein, dieses Modell dazu zu verwenden, um im Leben funktionsfähig zu sein. (Gardner 1993, S. 9)

Wir müssen unsere Vorstellungen von Intelligenz dahingehend revidieren, dass wir die Vielfalt der Faktoren berücksichtigen, die dem Erfolg im

Leben zugrunde liegen. Ähnliches ließe sich von der Bildung selbst sagen. Wie zu Anfang des Kapitels betont wurde, ist Bildung ein breiterer Begriff als jener der Unterweisung in der Schule. Neue technologische Entwicklungen, vor allem jene, die mit der Informationstechnologie verknüpft sind, können uns eventuell in der Zukunft dazu bringen, unsere Haltung gegenüber Bildungsprozessen neu zu überdenken.

Bildung im Internetzeitalter

Die Verbreitung der Informationstechnologie beeinflusst die Welt der Bildung bereits in verschiedener Weise. Die Wissensgesellschaft erfordert Arbeitskräfte, die mit der Informationstechnologie umgehen können, und es ist völlig klar, dass die Schulen dem in irgendeiner Weise Rechnung tragen müssen. Der Anteil der Haushalte mit Heimcomputer hat mittlerweile ein Ausmaß erreicht, dass in Deutschland, der Schweiz und in Österreich über 80 Prozent der 15-Jährigen zu Hause über einen Computer verfügen oder ihn zumindest mitbenutzen können, doch in den Schulen arbeiten nur 23 Prozent der deutschen, 30 Prozent der Schweizer, allerdings 53 Prozent der österreichischen Schüler regelmäßig am Computer (OECD 2008, S. 176). Wie wir alle wissen, nutzen die Jugendlichen den Computer nicht nur für ihre Bildung und selbst dann, wenn sie das tun, nicht immer in einer billigenswerten Weise. Mit der Ausweitung des Zugangs zum Internet hat auch die Zahl der Hausarbeiten, die aus dem Netz heruntergeladen werden, enorm zugenommen und die ungekennzeichnete Übernahme von Texten anderer ist heute so oft anzutreffen, dass man wohl schon mit einigem Recht von einer Epidemie des IT-Zeitalters sprechen kann.

Wie wir weiter oben gesehen haben, waren die Einführung der Schulpflicht und die Ausweitung des Bildungssystems eng mit wirtschaftlichen und sozialen Veränderungen des 19. Jahrhunderts verbunden: die Druckmaschinen und das Aufkommen einer „Buchkultur", später dann die immer billigere Herstellung von Taschenbüchern (übrigens eine Erfindung, die erst in den 1950er Jahren gemacht wurde) – überhaupt war die Verbreitung von Gedrucktem neben den Maschinen und Fabriken ein charakteristisches Merkmal des Industriezeitalters. Das Bildungssystem lieferte dafür die Fertigkeiten; wer des Lesens und Rechnens fähig war, hatte Zutritt zur Welt der gedruckten Medien. Nichts kennzeichnet die Schule des 20. Jahrhunderts deutlicher als das Schulbuch.

All das wird sich, nach Meinung vieler, mit der weiteren Ausbreitung der Computer und der multimedialen Technologien ändern. Werden Multimediaprodukte das Schulbuch verdrängen? Wird es noch Schulklassen in dem uns bekannten Sinn geben, wenn am Beginn des Unterrichts jeder Schüler sein Notebook hochfährt, statt dem Lehrer zuzuhören? Die neuen Technologien, so meinen viele, werden den bestehenden Lehrplan nicht ergänzen, sondern grundlegend verändern, ja, revolutionieren. Junge Menschen, die mit Computer und Internet aufwachsen, sind oft genug mit dieser Technologie, ihren Vorzügen und Untiefen, weit besser vertraut als ihre Eltern oder Lehrer.

Kommt die E-Universität?

Während die Schulbildung der Jüngeren wohl noch längere Zeit hindurch in Schulen und Klassenzimmern stattfinden wird, scheint das bei der universitären Bildung weniger sicher zu sein. Das Fernsehzeitalter haben die Universitäten gleichsam verschlafen. Nur Fernstudieneinrichtungen wie die 1971 eröffnete britische Open University oder die Fernuniversität Hagen, die 1975 ihren Betrieb aufnahm, nutzten Fernsehen und Filme in einer systematischeren Weise für das Fernstudium.

Das Internet scheint hingegen die Universitäten in einem stärkeren Maße zu erfassen. An vielen Orten wird mit Onlinekursen, archivierten Vorlesungen, die man ansehen kann, wann immer man dazu Zeit und Lust hat, mit Podcasts und anderen neuen Vermittlungsformen experimentiert. Eine der in diesem Feld führenden Universitäten ist die University of Phoenix (UOP) in den USA. Sie wurde 1989 gegründet und ist heute die größte akkreditierte amerikanische Universität. Doch im Unterschied zu anderen amerikanischen Universitäten hat sie weder einen Campusrasen, noch eine Bibliothek oder eine Footballmannschaft und auch keine Mensa. Ihre mittlerweile über 200.000 Studenten treffen sich vornehmlich im virtuellen Raum – dem Onlinecampus der UOP – oder in einem der 117 Studienzentren, die über die USA verstreut eingerichtet wurden. Die Universität bietet mittlerweile Studiengänge auf allen drei Niveaus (Bachelor, Master und Doktoratsstudien) für praktisch alle Fächer an. Das Studium verläuft dabei durchaus in konventionellen Bahnen: Jede Woche erhalten die Studierenden online Arbeitsaufgaben, liefern diese in einem elektronischen Hörsaal ab und erhalten am Ende der Woche ihre Arbeiten beurteilt zurück. Ihnen steht dafür eine Onlinebibliothek zur Verfügung, die die mittlerweile sehr große Zahl von Datenbanken und Volltextbüchern und -zeitschriften umfasst. Die Universität zeichnet sich nicht nur dadurch aus, dass sie ein neues Medium des Unterrichtens verwendet, sondern ist auch in einer anderen Hinsicht ungewöhnlich: Sie nimmt nur Berufstätige, die älter als 23 Jahre sind, auf. Von ihnen verlangt sie für amerikanische Studiengänge übliche Vorkenntnisse und Studiengebühren, die sich von denen anderer Colleges nicht sehr unterscheiden (für 2008: 13.325 US-Dollar). Dafür bietet diese Universität sehr kompakte und intensive Lehrveranstaltungen an, die üblicherweise fünf bis acht Wochen dauern.

Auch wenn die University of Phoenix bislang einige Kritik hinnehmen musste und in mehrere gerichtliche Auseinandersetzung verwickelt ist, bei denen es um Verletzungen von bundesstaatlichen Vorschriften über die Bezahlung von Werbern von Studierwilligen und damit in Verbindung stehend um Verletzungen von Offenlegungspflichten gegenüber den Aktionären geht (Lederman 2008), scheint der von ihr eingeschlagene Weg jedenfalls nicht ganz ohne Erfolgsaussichten. Auch andere Universitäten experimentieren mit E-Learning und Onlinelehrbüchern.

Bislang scheint es aber, dass die Face-to-face-Interaktion dem Lernen im virtuellen Campus immer noch überlegen ist. Die verschiedenen Onlinelehrangebote weisen eine deutlich höhere Studienabbrecherrate auf als vergleichbare Lehrangebote. Dagegen scheinen singuläre Auftritte von Prominenten im virtuellen Hörsaal durchaus mehr Zuspruch zu erhalten.

Schlussfolgerung: Die Zukunft der Bildung

Die neuen Kommunikationstechnologien bieten enorme Möglichkeiten für das Bildungswesen. Sie erlauben es möglicherweise, die traditionellen Klassenzimmer und Hörsäle wenigstens teilweise zu verlassen – allerdings nur unter der Voraussetzung, dass man zu denen gehört, die Zugang zu den neuen Technologien haben. Wissensarmut wird möglicherweise in der näheren Zukunft eine ebenso bedeutende Rolle spielen, wie die bekannteren Formen der sozialen Ungleichheit. Die rasche Entwicklung der Informationstechnologie nötigt die Arbeitskräfte dazu, ihre Kenntnisse in recht kurzen Zyklen grundlegend zu erneuern – und niemand kann heute wissen, was in diesem Feld demnächst an Neuigkeiten auf den Markt kommt. Als der Heimcomputer in den 1980er Jahren auf den Markt kam, konnte sich kaum jemand vorstellen, was mit diesen Geräten am Beginn des 21. Jahrhunderts alles getan wird und getan werden kann. In dieser Hinsicht ist die Vergangenheit durchaus lehrreich, weil sie uns darauf aufmerksam machen kann, was sich innerhalb sehr kurzer Zeit, jedenfalls innerhalb der Lebenszeit der Leser dieses noch sehr traditionellen Lehrbuches, vielleicht ändern wird.

Zusammenfassung

1. Bildung in ihrer modernen Form, d.h. das Unterrichten von Schülern in speziell diesem Zweck gewidmeten Schulgebäuden, begann sich mit der Verbreitung gedruckter Materialien und zunehmender Alphabetisierung zu entwickeln. Wissen konnte von mehr Menschen an mehr Orten aufbewahrt, reproduziert und konsumiert werden. Mit der Industrialisierung spezialisierte sich die Arbeit, und Wissen wurde in zunehmendem Ausmaß in abstrakter statt in praktischer Weise erworben – nämlich als Fähigkeiten des Lesens, Schreibens und Rechnens.

2. Die Ausweitung des Bildungswesens im 20. Jahrhundert war eng mit einem Bedarf an einer disziplinierten Arbeiterschaft mit Lese- und Schreibkenntnissen verbunden. Obwohl Reformer Bildung vor allem als Mittel zur Verringerung von Ungleichheiten sahen, sind ihre Auswirkungen in dieser Hinsicht eher begrenzt. Durch die Bildung werden bestehende Ungleichheiten eher zum Ausdruck gebracht und bestätigt als geändert.

3. Die Schulpflicht wurde in den verschiedenen Staaten zu sehr unterschiedlichen Zeitpunkten eingeführt. Die Schulsysteme sind in den hoch entwickelten Staaten sehr unterschiedlich. Während die über-

wiegende Mehrheit der Länder die Schüler zumindest bis zur sechsten Schulstufe gemeinsam unterrichtet, weisen Deutschland und Österreich ein sehr stark differenziertes System auf. In diesen Ländern besteht auch eine sehr deutliche Trennung der beruflichen Lehrausbildung vom restlichen Schulsystem. Eine Lehrausbildung erfolgreich absolviert zu haben, bedeutet heute aber nicht mehr, dass man in diesem Beruf auch weiterhin tätig ist. Jeder Zweite verlässt innerhalb sehr kurzer Zeit den erlernten Beruf.

4. Die Universitäten expandierten seit Mitte der 1960er Jahre in praktisch allen entwickelten Ländern massiv. Doch in den deutschsprachigen Ländern sind Anteile der jungen Menschen, die eine tertiäre (universitäre) Bildungseinrichtung besuchen, vergleichsweise niedrig. Die Studienabbrecherrate ist im internationalen Vergleich sehr hoch und daher auch der Akademikeranteil an der Gesamtbevölkerung vergleichsweise niedrig. Dabei kommen Universitätsabsolventen zu einem sehr hohen Maße aus Familien, die auch schon über einen derartigen Abschluss verfügen.

5. Geschlechtsspezifische Ungleichheiten sind beim Zugang zu allen Bildungsebenen und bei ihren Absolventen nicht mehr auszumachen. Im Gegenteil übertreffen mittlerweile die Mädchen und Frauen sowohl beim Besuch als auch bei der Absolvierung weiterführender Bildungswege die Jungen und Männer. Vom Bildungssystem benachteiligt werden weiterhin Schüler aus „bildungsfernen" sozialen Schichten und vor allem Immigranten und deren Kinder.

6. Die Finanzierung des Bildungssystems ist ein weiteres wichtiges Unterscheidungskriterium zwischen den entwickelten Staaten. In Österreich und Deutschland sind die privaten Aufwendungen im Vorschulbereich am höchsten. Hingegen wird das tertiäre Bildungssystem in diesen Staaten vor allem von der Allgemeinheit finanziert.

7. Bildung macht sich bezahlt: Jedes Jahr zusätzlicher Ausbildung bedeutet eine Erhöhung des Lohns um rund sieben Prozent. Die Bildungserträge der Universitätsabsolventen liegen bei Männern 70 Prozent über dem Lohnniveau der Pflichtschulabsolventen.

8. Als funktionale Illiteralität (oder funktionaler bzw. sekundärer Analphabetismus) wird das Fehlen elementarer Fertigkeiten, die für die Teilnahme an modernen Gesellschaften nötig sind, bei Erwachsenen bezeichnet. Es handelt sich dabei um eine moderne Erscheinungsform des Analphabetismus: Die Betroffenen lernten Lesen, Schreiben und Rechnen, kommen aber mit komplexeren Situationen nicht zurecht.

9. Verschiedene soziologische Theorien haben unsere Deutung des Bildungs- und Erziehungswesens beeinflusst. Nach der Theorie Bernsteins sind Kinder, die einen elaborierten Sprachcode erlernt haben, leichter in der Lage, den Anforderungen einer formalen schulischen Bildung zu entsprechen, als jene, die nur auf restringierte Codes zurückgreifen können. Intelligenztests beruhen auf einer standardisierten Auffassung von „nützlichen" Fähigkeiten und Fertigkeiten, sind kulturgebunden und deshalb nur beschränkt anwendbar.

10. Der formelle Lehrplan ist nur ein Teil eines allgemeineren Prozesses der kulturellen Reproduktion, der durch verschiedene informelle Aspekte des Lernens, der Bildung und der schulischen Umgebung beeinflusst wird. Der „verborgene Lehrplan" spielt bei der kulturellen Reproduktion eine wichtige Rolle.

11. Da Intelligenz schwierig zu definieren ist, hat es um sie heftige Kontroversen gegeben. Manche behaupten, dass der IQ genetisch determiniert ist; andere glauben, dass er von sozialen Einflüssen festgelegt wird. Jene, die für die soziale und kulturelle Determiniertheit des IQ argumentieren, scheinen einen Großteil der Beweise auf ihrer Seite zu haben.

12. Die Informationstechnologie wird in zunehmendem Maße in den Unterricht integriert. Computer werden von Schülern und Studenten im Unterricht und zu Hause benutzt. Das Internet eröffnet neue, bis vor Kurzem ungeahnte Möglichkeiten, an Informationen zu gelangen, die allerdings sehr oft in einer unzulässigen Weise verwendet werden, wenn etwa Hausarbeiten plagiiert werden. Wegen der raschen Entwicklung der Informationstechnologie droht die Entstehung einer Wissensarmut, womit das Fehlen von Fertigkeiten oder mangelnder Zugang zur Informationstechnologie bezeichnet wird.

Glossar

Duales Ausbildungssystem. Das vor allem in Deutschland und Österreich übliche System, das auf einer Trennung von Berufsausbildung (durch Lehre) und Allgemeinbildung (in Schulen) beruht.

Elaborierter Code. Ein Sprachstil, der auf der bewussten und konstruierten Verwendung von Wörtern basiert, um präzise Bedeutungen zu vermitteln.

Emotionale Intelligenz. Die Fähigkeit einer Person, sich auf ihre eigenen Emotionen und die Emotionen anderer einzustellen.

Funktionale Illiteralität (oder funktionaler bzw. sekundärer Analphabetismus). Moderne Erscheinungsform des Analphabetismus. Damit ist gemeint, dass Menschen zwar eine schulische Ausbildung durchlaufen haben, aber mit essenziellen Anforderungen der heutigen Welt nicht zurande kommen.

Intelligenz. Ausmaß der intellektuellen Fähigkeit, vor allem wie sie durch Intelligenztests und den IQ gemessen wird.

IQ (Intelligenzquotient). Ein bei Tests der symbolischen oder logischen Fähigkeiten erreichtes Ergebnis.

Kulturelle Reproduktion. Die Weitergabe von kulturellen Werten und Normen von Generation zu Generation. Der Ausdruck „kulturelle Reproduktion" bezieht sich auf die Mechanismen, durch die die Kontinuität der kulturellen Erfahrung über die Zeit hinweg gewahrt wird. In modernen Gesellschaften gehören zu den Hauptmechanismen der kulturellen Reproduktion Bildungsprozesse, die nicht bloß über die formellen Unterrichtsinhalte wirken. Die kulturelle Reproduktion erfolgt in tief greifender Weise durch den verborgenen Lehrplan, der Schülern auf informelle Weise bestimmte Verhaltensformen vermittelt.

Meritokratie. Ein System, in dem soziale Positionen auf der Grundlage persönlicher Anstrengungen und Leistungen eingenommen werden und nicht aufgrund zugeschriebener Kriterien wie vererbter Wohlstand, Geschlecht oder sozialer Herkunft.

Restringierter Code. Ein Sprachstil, der auf einem stark entwickelten kulturellen Vorverständnis beruht, so dass man viele Ideen nicht verbal zu formulieren braucht.

Trittbrettfahrerproblem (free rider). Da niemand vom Konsum öffentlicher Güter ausgeschlossen werden kann, stehen diese auch jenen zur Verfügung, die zu Herstellung dieser (deswegen öffentlich genannten) Güter nicht beigetragen haben. Beispielsweise erzielen Gewerkschaften durch einen Streik höhere Lohnabschlüsse, die aber dann auch jenen gewährt werden, die sich am Streik und den damit verbundenen Risiken nicht beteiligt haben.

Verborgener Lehrplan. Verhaltensmerkmale oder Einstellungen, die in der Schule vermittelt werden, doch keinen Teil des formellen Lehrplans darstellen. Der verborgene Lehrplan ist die „stillschweigende Tagesordnung" im Bildungsprozess – sie übermittelt z.B. Aspekte der Geschlechtsunterschiede.

Weiterführende Literatur

Bourdieu, Pierre (2007), *Die Erben. Studenten, Bildung und Kultur*, Konstanz: UVK.

Karabel, Jerome (2005), *The chosen: The hidden history of admission and exclusion at Harvard, Yale, and Princeton*, Boston: Houghton Mifflin.

Nowotny, Helga (2005), *Unersättliche Neugier. Innovation in einer fragilen Zukunft*, Berlin: Kadmos.

Prisching, Manfred (2008), *Bildungsideologien. Ein zeitdiagnostischer Essay an der Schwelle zur Wissensgesellschaft*, Wiesbaden: VS Verlag für Sozialwissenschaften.

Filme zum Thema

„Tagebuch eines Skandals" (Großbritannien 2006), Regie: Richard Eyre

„If ..." (Großbritannien 1968), Regie: Lindsay Anderson

„Der junge Törless" (Deutschland, Frankreich 1966), Regie: Volker Schlöndorff

„Good Will Hunting" (USA 1997), Regie: Gus Van Sant

„Der Club der toten Dichter" (USA 1989), Regie: Peter Weir

Internet-Tipps

Die OECD publiziert jährlich Education at a glance
www.oecd.org/document/9/0,3343,en_2649_39263238_41266761_
1_1_1_1,00.html

PISA
www.pisa.oecd.org

Überblick über europäische Bildung
www.eurydice.org

Tägliche Neuigkeiten über die amerikanische Universitätswelt
www.insidehighered.com

Tägliche Wissenschaftsberichterstattung
www.sciencedaily.com/

10

Ethnien, Ethnizität und Migration

Bis Mitte der 1990er Jahre herrschte in Südafrika das Apartheid-Regime. Apartheid ist der Name für ein System erzwungener „rassischer" Segregation. Unter dem Apartheid-Regime wurde jeder Südafrikaner einer der folgenden vier Kategorien zugeordnet: Weiße (Nachkommen europäischer Einwanderer), Farbige (Nachkommen aus Verbindungen zwischen Menschen verschiedener „Rassen"), Asiaten und Schwarze. Zur weißen Minderheit Südafrikas zählten ungefähr 13 Prozent der Bevölkerung, die über die nicht-weiße Mehrheit herrschten. Die Nicht-Weißen hatten kein Wahlrecht und waren nicht in der Regierung vertreten. Die Segregation wurde auf allen Ebenen des gesellschaftlichen Lebens praktiziert, von öffentlichen Plätzen wie Toiletten, Wartesälen und Eisenbahnwaggons, bis hin zu Wohngebieten und Schulen. Millionen Schwarze wurden in sogenannten „Homelands" zusammengepfercht, eigens errichtete Territorien, weit weg von den größeren Städten, und sie arbeiteten als Wanderarbeiter in den Gold- und Diamantenminen.

Die Apartheid war per Gesetz geregelt und wurde mit Gewalt und Brutalität durchgesetzt. Die National Party, die die Apartheid nach ihrer Machtübernahme im Jahr 1948 in Kraft gesetzt hatte, benutzte Polizei und Sicherheitskräfte zur Unterdrückung jeglicher Form von Widerstand gegen das Apartheid-Regime. Oppositionsgruppen waren verboten und politische Gegner wurden ohne Gerichtsverfahren eingesperrt und häufig wurden sie sogar gefoltert. Friedliche Demonstrationen wurden regelmäßig gewaltsam aufgelöst. Nach Jahren internationaler Ablehnung, wirtschaftlicher und politischer Sanktionen und wachsendem Widerstand begann das Apartheid-Regime zu wanken. Als Frederik W. de Klerk 1989 Präsident Südafrikas wurde, übernahm er ein krisengeschütteltes und nahezu unregierbares Land. 1990 legalisierte de Klerk den Afrikanischen Nationalkongress (ANC), die wichtigste oppositionelle Partei, und enthaftete nach 27-jähriger Einkerkerung seinen Führer Nelson Mandela. Komplizierte Verhandlungen folgten, die schließlich den Weg zu den ersten freien Wahlen in Südafrika ebneten, an denen Weiße und Schwarze teilnahmen. Am 27. April 1994 gewann der ANC die Wahlen mit 62 Prozent der Stimmen mit überwältigender Mehrheit, und Nelson Mandela wurde zum ersten Präsidenten Südafrikas nach der Apartheid.

Die Probleme, die Mandela und der ANC zu lösen hatten, waren enorm. In einem Land mit 38 Millionen Einwohnern lebten neun Millionen Menschen in extremster Armut und 20 Millionen waren ohne Elektrizität. Arbeitslosigkeit war vorherrschend. Mehr als die Hälfte der schwarzen Bevölkerung waren Analphabeten, und die Säuglingssterblichkeit war unter Schwarzen zehn Mal höher als unter Weißen. Abgesehen von der Tatsache tiefgehender Ungleichheit in materieller Hinsicht, war Südafrika sozial tief gespalten. Nach Jahrzehnten ideologisch bedingter Herrschaft, die auf der Idee rassischer Überlegenheit beruhte, befand sich das Land in einer verzweifelten Lage und bedurfte dringender Hilfe, um seine innere Stabilität zu sichern. Die Verbrechen des Apartheid-Regimes verlangten nach Sühne, und die Kultur der rassischen Unterdrückung musste beseitigt werden. Ethnische Spannungen innerhalb der afrikanischen Bewohner führten zu gewaltsamen Zusammenstößen und drohten das Land in einen Bürgerkrieg zu stoßen.

Während seiner Präsidentschaft, die bis 1999 dauerte, gelang es Mandela, die Grundlagen für eine gleichberechtigte multi-ethnische Gesellschaft zu errichten. Die Verfassung, die 1996 beschlossen wurde, ist eine der fortschrittlichsten der Welt, die alle Formen der Diskriminierung gesetzlich untersagte – sei es aus rassischen, ethnischen oder sozialen Gründen, wegen der Religion oder anderen Glaubens, ebenso wie wegen der sexuellen Orientierung, Behinderung oder Schwangerschaft. Mandelas wiederholte Aufrufe zu einem „neuen Patriotismus" versuchten, sowohl „nervöse Weiße" wie „ungeduldige Schwarze" im Projekt der Nationenbildung zusammenzubringen. Oppositionelle politische Gruppierungen, wie die sich aus Zulus zusammensetzende Inkatha Freedom Party (IFP), wurden in die Regierung aufgenommen, um ethnische und politische Spannungen zu reduzieren, die zu Ausbrüchen von Gewalt hätten führen können.

Eine der bemerkenswertesten Errungenschaften, die während Mandelas Präsidentschaft erzielt wurde, war der Versuch, die Erbschaft der Apartheid-Vergangenheit zu bewältigen. Von April 1996 bis Juli 1998 führte die Wahrheits- und Versöhnungskommission (Truth and Reconciliation Commission, TRC) Anhörungen in allen Gemeinden Südafrikas durch, die die Menschenrechtsverletzungen während des Apartheid-Regimes zum Gegenstand hatten. Der Friedensnobelpreisträger Bischof Desmond Tutu leitete die TRC, die Ereignisse und Übergriffe zwischen 1960 und 1994 untersuchte. Mehr als 21.000 Zeugenaussagen wurden gesammelt und dokumentiert; die Sitzungen der Kommission waren öffentlich und über sie wurde in den Medien ausführlich berichtet. Die Anhörungen der Kommission zielten auf die Offenlegung der Vorgänge während des Apartheid-Regimes – sie reichten von den schrecklichsten Vorkommnissen bis zu den banalsten – für alle; sie sollten nicht Recht sprechen oder Verurteilungen aussprechen. Jenen, die während der Apartheid Verbrechen begingen, einschließlich der Polizisten und Geheimdienstmitarbeiter, wurde Amnestie angeboten, falls sie gewillt waren, wahrheitsgemäß auszusagen und alle relevanten Informationen auszupacken.

Die Wahrheits- und Versöhnungskommission veröffentlichte 1998 einen 3.500-seitigen Bericht ihrer Nachforschungen. Wenig überraschend wurde die Apartheid-Regierung als der hauptsächliche Täter der Menschenrechtsverletzungen benannt, aber es wurden auch Übergriffe anderer Organisationen, einschließlich des ANC benannt. Einige kritisierten die Arbeit der Kommission als bloßes Archiv der Verbrechen der Apartheid-Zeit, das nicht in der Lage gewesen sei, die Täter auch zur Rechenschaft zu ziehen. Viele andere sind aber der Überzeugung, dass allein schon der Vorgang des Sammelns der Zeugenaussagen – sowohl von solchen, die sie begangen haben, als auch jenen, die Opfer waren – das Unrecht des Apartheid-Regimes deutlich machte.

Sicherlich konnte die Kommission allein nicht die jahrzehntelange rassische Spaltung und Diskriminierung überwinden. Südafrika bleibt eine gespaltene Gesellschaft und hat weiterhin gegen Borniertheit und Diskriminierung zu kämpfen. Eine ganze Reihe von im Jahre 2000 beschlossenen „Transformationsgesetzen" verbot Hetzreden („hate speech") und führte zur Einrichtung von „Gleichheitsgerichtshöfen" für Verfahren gegen rassische Diskriminierung. Zweifelsfrei waren die Anhörungen der Kommission eine machtvolle Episode in Südafrikas Geschichte nach der Apartheid und etablierten neue Standards für Offenheit und Ehrlichkeit beim Umgang mit rassischer Spaltung. Die TRC richtete die Aufmerksamkeit auf die gefährlichen Folgen rassistischer Hetze und demonstrierte durch ihr vorbildliches Vorgehen die Macht der Aussprache und des Dialogs im Prozess der Versöhnung. Die Bedeutung der Arbeit der Kommission tritt noch klarer zutage, wenn man sie mit der Politik der Vergangenheitsbewältigung anderer Länder vergleicht, die ihre unrühmliche Vergangenheit meist schweigend zu bewältigen versuchen.

In diesem Kapitel untersuchen wir die Vorstellungen von „Rasse" und Ethnizität und fragen, warum rassische und ethnische Spaltungen so häufig zu sozialen Konflikten führen – wie das in Südafrika, aber auch in vielen anderen Gesellschaften geschah. Nachdem wir uns mit dem sozialwissenschaftlichen Verständnis von „Rasse" und Ethnizität befasst haben, wenden wir uns Fragen des Vorurteils, der Diskriminierung und des Rassismus zu und diskutieren soziologische Interpretationen, die uns helfen können, ihr Fortbestehen zu erklären. Danach werden wir Modelle der ethnischen Integration behandeln und Beispiele von ethnischen Konflikten untersuchen. Im abschließenden Teil dieses Kapitels werden wir die ethnische Vielfalt im gegenwärtigen Europa schildern und dabei besondere Aufmerksamkeit Trends der Migration und Mustern der ethnischen Ungleichheit widmen, ehe wir mit einem Ausblick auf die Migration im globalen Maßstab dieses Kapitel schließen.

Schlüsselbegriffe

Rasse

Rasse ist einer der vielschichtigsten Begriffe in der Soziologie, nicht zuletzt wegen des Widerspruchs zwischen seiner alltäglichen Verwendungsweise und seiner wissenschaftlichen Grundlage (oder des Fehlens derselben). Viele Leute glauben – fälschlicherweise –, dass die Menschen ohne Weiteres in biologisch unterschiedliche Rassen eingeteilt werden können. Das ist nicht weiter verwunderlich, wenn man die vielen Versuche von Wissenschaftlern und Regierungen bedenkt, wie jener Südafrikas vor dem Ende der Apartheid (die wir gerade behandelt haben), die Völker der Welt nach Kategorien der Rasse einzuteilen. Einige Autoren unterschieden vier bis fünf Hauptrassen, während andere gleich drei Dutzend identifizierten.

Wissenschaftliche Theorien über Rasse entstanden erstmals im 18. und 19. Jahrhundert. Sie dienten vor allem zur Rechtfertigung der neu entstehenden sozialen Ordnung, die Großbritannien und andere europäische Nationen zu imperialen Mächten werden ließ, die überseeische Territorien und

Völker beherrschten. Joseph Arthur Comte de Gobineau (1816–1882), der manchmal als Vater des modernen Rassismus bezeichnet wird, behauptete, es gäbe drei Rassen: die weiße (*Kaukasier*), die schwarze (*Negroide*) und die gelbe (*Mongolen*). Nach Meinung de Gobineaus ist die weiße Rasse intelligenter, moralischer und willensstärker als die beiden anderen, und diese ererbten Eigenschaften liegen der Verbreitung des westlichen Einflusses in der ganzen Welt zugrunde. Die Schwarzen sind unter den dreien die unfähigsten, ihrem Wesen nach animalisch, emotional instabil und unmoralisch. Die Ideen de Gobineaus und anderer, die ähnliche Ansichten verbreiteten, beeinflussten später Adolf Hitler, der sie in die Ideologie der Nazis einbaute, und Gruppen, die die Überlegenheit der weißen Rasse predigten, wie der Ku-Klux-Klan in den USA und die Architekten der Apartheid in Südafrika.

Rasse

Nach Ende des Zweiten Weltkriegs waren alle Rassentheorien vollständig diskreditiert. Biologisch lassen sich „Rassen" nicht unterscheiden, sondern nur Bandbreiten physischer Variationen zwischen verschiedenen Menschen feststellen. Unterschiede des körperlichen Typus zwischen Gruppen von Menschen entstehen aus der genetischen Durchmischung von Populationen, die mit dem Ausmaß des Kontaktes zwischen verschiedenen sozialen und kulturellen Gruppen variiert. Menschliche Bevölkerungsgruppen liegen auf einem Kontinuum. Die genetische Vielfalt innerhalb von Populationen, denen sichtbare äußere Merkmale gemeinsam sind, ist gleich groß wie die Variation der Vielfalt zwischen ihnen. Aufgrund dieser Sachverhalte hat die Wissenschaft den Begriff der Rasse praktisch vollständig aufgegeben. In jüngster Zeit lieferte die Zusammenarbeit von Paläoanthropologen, Demografen und Molekularbiologen ganz neue Einsichten über die Verwandtschaft zwischen verschiedenen „Rassen". Die Ergebnisse dieser Forschung dürften weder weißen Rassisten noch Bibelgläubigen Freude machen, weil sie beweisen, dass alle Menschen von afrikanischen Vorfahren abstammen. Viele Sozialwissenschaftler sind der Auffassung, „Rasse" sei nichts anderes als eine ideologische Konstruktion, deren Verwendung in den Wissenschaften nur dazu beitragen würde, eine unzutreffende Vorstellung am Leben zu erhalten (Miles 1993). Andere Sozialwissenschaftler widersprechen mit dem Hinweis darauf, dass der Begriff „Rasse" für viele Menschen etwas bedeute, auch wenn die biologische Begründung dafür hinfällig sei. Für die soziologische Analyse bleibe „Rasse" ein, wenn auch sehr umstrittener, so dennoch lebendiger Begriff. Aus diesem Grund verwenden viele das Wort „Rasse" nur unter Anführungszeichen, um deutlich dessen irreführende, wenn auch sozial folgenreiche Verwendung kenntlich zu machen. Das eben Gesagte gilt vor allem für den englischen Ausdruck „race", während im deutschen Sprachraum der Ausdruck „Rasse" kaum mehr zur Kennzeichnung von Unterschieden zwischen Menschengruppen benutzt wird. Die Scham über die im Namen einer Rassenpolitik erfolgte Ausrottung von Millionen Menschen durch die Nazis hat „Rasse" sogar weitestgehend aus der Umgangssprache eliminiert.

Was ist aber dann unter Rasse zu verstehen, wenn dieser Ausdruck sich nicht auf biologische Kategorien bezieht? Zwischen den einzelnen Menschen gibt es deutliche körperliche Unterschiede, wobei einige dieser Unterschiede vererbt sind; die Frage, warum bestimmte physische Unterschiede der Anlass für gesellschaftliche Diskriminierung und Vorurteile sind, andere aber nicht, hat jedoch nichts mit Biologie zu tun. Rassenunterschiede sollten deshalb als jene körperlichen Variationen angesehen werden, die Angehörige einer Gemeinschaft oder Gesellschaft als sozial bedeutsam auffassen. Unterschiede in der Hautfarbe werden oft für wichtig erachtet, solche der Haarfarbe aber nicht. „Rasse" kann also verstanden werden als ein Bündel von sozialen Beziehungen, die es erlauben, Einzelne und Gruppen zu verorten, ihnen verschiedene Merkmale oder Fähigkeiten zuzuschreiben und sich dabei vage auf biologisch konnotierte Eigenschaften zu beziehen. Rassische Unterscheidungen sind dabei mehr als bloße Kennzeichnungen von Unterschieden zwischen Menschen – ihre Benutzung ist in erster Linie ein wichtiger Mechanismus der Reproduktion von Macht- und Ungleichheitsmustern innerhalb einer Gesellschaft.

Rassenzuschreibung

Der Prozess, aufgrund dessen wie auch immer verstandene Vorstellungen von Rasse verwendet werden, um Individuen oder Gruppen zu klassifizieren, wird Rassenzuschreibung (*racialization*) genannt. Damit ist gemeint, dass bestimmte Gruppen von Menschen auf der Grundlage von natürlich vorkommenden physischen Merkmalen (solche, die de Gobineaus Ideen zugrunde liegen) als konstitutionell unterscheidbare biologische Gruppen etikettiert wurden. Seit dem 15. Jahrhundert kamen die Europäer immer öfters in Kontakt mit Menschen aus ganz anderen Teilen der Welt und seit damals wird versucht, das Wissen über sie zu systematisieren und sowohl als biologisches als auch als soziales Phänomen zu erklären. Nichteuropäische Völker wurden durch Rassenzuschreibung zum Gegenbild der von den Europäern verkörperten „weißen Rasse". In manchen Fällen erfolgte die Rassenzuschreibung in kodifizierter Form im Rahmen von Institutionen, wie beispielsweise im Fall der Sklaverei in den amerikanischen Kolonien und dem Apartheid-Regime in Südafrika. Viel häufiger wurden jedoch in sozialen Institutionen stillschweigend Rassenzuschreibungen praktiziert. Derartige Rassenzuschreibungssysteme formen viele Aspekte des individuellen Alltagslebens – einschließlich Beschäftigung, persönliche Beziehungen, Wohnen, Gesundheitsversorgung, Bildung und Rechtsstellung – und schränken jeden auf jene Position ein, die einem Angehörigen seiner „Rasse" in einem solchen System zugestanden wird.

Ethnizität

Während die Vorstellung von Rasse irrtümlich nahelegt, es handle sich um etwas Fixes und Biologisches, ist der Begriff der Ethnizität eine Idee mit ausschließlich sozialem Sinn. Ethnizität bezieht sich auf kulturelle Praktiken und Einstellungen, durch die sich eine Gemeinschaft von einer anderen unterscheidet. Mitglieder ethnischer Gruppen betrachten sich selbst als von anderen Gruppierungen einer Gesellschaft kulturell verschieden und werden von diesen auch so wahrgenommen. Es gibt viele verschiedene Kriterien, anhand derer man ethnische Gruppen voneinander unterscheiden kann, aber die am häufigsten verwendeten sind die Sprache, die Geschichte oder die Herkunft (ob tatsächlich oder imaginär), die Religion, die Kleidung oder der Schmuck. Ethnische Unterschiede sind zur Gänze erlernt, was selbstverständlich scheint, wenn wir uns daran erinnern, wie häufig bestimmte Gruppen als „zum Herrschen geboren" aufgefasst oder als „unintelligent" etc. bezeichnet wurden. Tatsächlich gibt es bei der Ethnizität nichts Angeborenes; es ist ein rein soziales Phänomen, das im Laufe der Zeit produziert und reproduziert wird. Durch Sozialisation übernehmen junge Menschen Lebensstile, Normen und Glaubensvorstellungen der Gemeinschaft, in die sie hineingeboren wurden.

Für viele Menschen ist Ethnizität von zentraler Bedeutung für ihre persönliche und soziale Identität, bei anderen mag sie hingegen kaum eine oder gar keine Rolle spielen. Deshalb kann man auch von einem Prozess der ethnischen Vergemeinschaftung sprechen, der jeder Ethnizität vorausgeht. Bei dieser aktiven Auseinandersetzung mit dem, was man mit anderen gemeinsam hat, spielen historische Verwurzelung und Kontinuität mit der Vergangenheit eine bedeutende Rolle. Die Pflege kultureller Traditionen hält die Gemeinschaftlichkeit am Leben. Jedes Jahr veranstalten beispielsweise Immigranten aus der Karibik in Notting Hill ihren Karnevalsumzug; die dritte Generation Amerikaner irischer Abstammung nennt sich immer noch stolz Irish-Americans und zelebriert am St.-Patrick's-Day ihre gemeinsame irische Tradition, die manche der Irish-Americans dazu verleitete, der IRA freundlich zu begegnen und ihr beim Geldsammeln für die „irische Sache" zu helfen. Der Sudetendeutsche Tag diente über viele Jahrzehnte hinweg den 1945 Vertriebenen zur Aufrechterhaltung ihres Zusammenhalts, während die Versuche der westdeutschen Regierung, durch die Erinnerung an den Aufstand vom 17. Juni 1953 die Einheit der Deutschen dies- und jenseits des Eisernen Vorhangs zu sichern, eher von geringem Erfolg gekennzeichnet war. Der ethnische Zusammenhalt wird nicht nur durch Stolz aufrechterhalten, sondern kann sich auch aus dem glatten Gegenteil, der nationalen Schande nähren: Die Serben erinnern sich alljährlich der 1389 erlittenen Niederlage gegen die Osmanen auf dem Amselfeld nahe Priština.

Viele Soziologen bevorzugen den Begriff Ethnizität gegenüber dem der Rasse, weil sie hoffen, er mache deutlich, dass es sich um ein soziales Phänomen handelt. Schwierig wird es, wenn die Rede von Ethnizität und ethnischen Unterschieden den Eindruck entstehen lässt, es gäbe so etwas wie eine „nicht-ethnische" Norm. „Ethnisch" sind dann immer die anderen, die Minderheit oder die Neuzuwanderer, aber niemals die Alteingesessenen. Deutlich wird dies bei der Verwendung des Etiketts „ethnisch" in der Gastronomie, Modeindustrie oder Musik. Derartige Verwendungsweisen zementieren die sozialen Unterschiede zwischen „wir" und den „anderen", während sich der soziologische Begriff der Ethnizität auf ein Merkmal bezieht, das alle Mitglieder einer Bevölkerung besitzen – und nicht nur ein Segment davon. In der gehobenen Umgangssprache und der poli-

Ethnizität

tischen Öffentlichkeit ist Ethnizität aber, wie wir gleich sehen werden, unausrottbar für Minderheiten reserviert.

Minderheiten

Minderheitengruppe

ethnische Minderheit

Der Begriff Minderheitengruppe (oder ethnische Minderheit) wird in der Soziologie häufig verwendet und meint nicht nur eine zahlenmäßige Distinktion. Statistisch gesehen gibt es viele Minderheiten, wie z.B. Menschen, die über zwei Meter groß oder über 100 Kilo schwer sind, aber das sind keine Minderheiten im soziologischen Sinn. In der Soziologie sind die Angehörigen einer Minderheitengruppe gegenüber der Mehrheit (eine Gruppe, die über mehr Reichtum, Macht und Prestige verfügt) benachteiligt und verfügen über ein Gefühl der *Gruppensolidarität,* ein Gefühl der Zusammengehörigkeit. Die Erfahrung der Diskriminierung und der Ausgesetztheit gegenüber Vorurteilen intensiviert im Allgemeinen Gefühle der wechselseitigen Loyalität und der Gemeinsamkeit der Interessen.

Soziologen benutzen den Ausdruck „Minderheit" daher nicht im wörtlichen Sinn; wenn sie davon sprechen, dass eine Gruppe innerhalb einer Gesellschaft eine unterlegene Position einnimmt, meinen sie zumeist nicht deren numerische Größe. Es gibt viele Fälle, in denen die „Minderheit" in der Tat die Mehrheit der Bevölkerung stellt. Das gilt nicht nur für bestimmte Wohngebiete in Ballungsgebieten, wie die innerstädtischen Gettos der USA und die Banlieus in Frankreich, sondern auch für ganze Staaten. Beispielsweise wurden die Schiiten während des Baath-Regimes unter Saddam Hussein oder die Hutus in Ruanda über viele Jahrzehnte hinweg als Minderheiten behandelt, obwohl sie in beiden Ländern die größere Bevölkerungsgruppe bildeten. Während in den westlichen Gesellschaften die Prozesse der Segregation verantwortlich sind für die Konzentration der Minderheiten in Stadtteilen, wo sie die Mehrheit stellen, stützte sich in Irak, Ruanda und anderswo die Kolonialherrschaft häufig auf Minderheiten, die nach der Unabhängigkeit dann ihre Eliteposition bewahren konnten. „Minderheit" meint also nicht die zahlenmäßige Unterlegenheit, sondern die Benachteiligung. Aus eben diesem Grund sprach man auch lange Zeit von den Frauen als Minderheit, obwohl sie in den meisten Ländern dieser Welt die numerische Mehrheit stellen. Eine „Minderheit" waren und sind die Frauen, weil sie der „Mehrheit" gegenüber bezüglich der Macht unterlegen waren oder noch sind.

Mitglieder von Minderheitengruppen sehen sich selbst häufig als Menschen, die sich von der Mehrheit drastisch unterscheiden. Minderheitengruppen sind im Allgemeinen von der weiteren Gemeinschaft physisch und sozial isoliert. Sie sind im Allgemeinen auf bestimmte Viertel, Städte oder Landstriche konzentriert. Ehen zwischen Angehörigen der Mehrheit und Mitgliedern der Minderheit sind selten. Die Endogamie (die Heirat

Endogamie

innerhalb der Gruppe) wird von den Angehörigen der Minderheit oft aktiv gefördert, um ihre kulturellen Besonderheiten zu bewahren.

Einige Wissenschaftler benutzen den Ausdruck „Minderheiten", um das Kollektiv aller Gruppen zu bezeichnen, die unter Vorurteilen zu leiden haben, die von der „Mehrheit" der Bevölkerung ausgehen. Der Ausdruck „Minderheiten" soll dabei auf die Gemeinsamkeiten aufmerksam machen, die alle Gruppen erfahren, die andauernden Benachteiligungen ausgesetzt sind. Beispielsweise weisen ablehnende Einstellungen Behinderten gegenüber, Antisemitismus, Homophobie und Rassismus tatsächlich einige Gemeinsamkeiten auf und führen vor Augen, wie Unterdrückung gegenüber verschiedenen sozialen Gruppen in gleicher Weise stattfinden kann. Zugleich wäre es aber grob irreführend, wenn man aus der Ähnlichkeit der diskriminierenden Praktiken auf die Gemeinsamkeit der Erfahrung schließen würde oder gar nahelegte, dass alle benachteiligten und unterdrückten Minderheiten sich gegen die Mächtigen verbünden könnten.

Viele Minderheiten unterscheiden sich sowohl ethnisch als auch physisch vom Rest der Bevölkerung. Körperliche Unterschiede wie die Hautfarbe werden allgemein als das entscheidende Merkmal zur Definition von ethnischen Gruppen herangezogen. Dies trifft z.B. auf Afrikaner in Westeuropa, Westindier und Asiaten in Großbritannien und auf Afroamerikaner, Chinesen und andere Gruppen in den Vereinigten Staaten zu. Hingegen werden beispielsweise Österreicher in Deutschland kaum als ethnische Minderheit wahrgenommen, wohl aber gelten in manchen ländlichen Gebieten in den Alpen nur jene als „Einheimische", die im jeweiligen Dorf geboren wurden, während alle anderen als „Zuagroaste" (Zugereiste) von prestigeträchtigen Positionen der Dorfgemeinschaft ferngehalten werden. Ethnische Unterscheidungen sind kaum jemals neutral, sondern im Allgemeinen mit Ungleichheiten des Wohlstandes und der Macht verbunden.

Vorurteil und Diskriminierung

Obwohl es den Begriff „Rasse" noch nicht lange gibt, hat es in der Menschheitsgeschichte immer wieder Vorurteile und Diskriminierung gegeben, und wir müssen zunächst klar zwischen diesen beiden unterscheiden. Mit Vorurteil bezeichnet man Meinungen oder Einstellungen, die Angehörige einer Gruppe gegenüber den Mitgliedern einer anderen hegen, während man unter Diskriminierung das tatsächliche Verhalten ihnen gegenüber versteht. Ein Vorurteil liegt dann vor, wenn man vorgefertigte Ansichten über eine Person oder über eine Gruppe hat, die sich oft auf Hörensagen statt auf Fakten stützen, Ansichten, die gegen neue Informationen resistent sind. Man kann gegenüber Gruppen, mit denen man sich identifiziert, positive Vorurteile hegen und negative gegenüber anderen. Hat jemand gegen eine spezifische Gruppe ein Vorurteil, wird er ihre Mitglieder nicht mit der nötigen Fairness behandeln.

Vorurteil

Vorurteile sind häufig Ergebnis stereotypen Denkens; eines Denkens in fixen und unveränderlichen Kategorien. Stereotypen werden häufig auf Mitglieder ethnischer Minderheiten angewandt, wenn beispielsweise behauptet wird, alle Schwarzen seien von Natur aus athletisch, Ostasiaten hart arbeitend oder Juden besonders geschäftstüchtig. Nicht alle Stereotypen sind auf sozial schwache Gruppen gemünzt: In Karikaturen werden

Stereotyp

Projektion

Reiche gerne als Zigarre rauchende Geldsäcke dargestellt, Franzosen erkennt man daran, dass sie ein Baguette unter dem Arm tragen. Einige Stereotype enthalten das sprichwörtliche Quäntchen Wahrheit; andere sind schlicht mit dem psychologischen Mechanismus der Projektion verbunden. Bei der Projektion richten sich Gefühle wie Feindseligkeit oder Wut gegen Objekte, die nicht der wirkliche Ursprung dieser Ängste sind. Stereotypen sind tief in den kulturellen Gewohnheiten verankert und nur sehr schwer zu beseitigen, selbst dann, wenn sie eine grobe Verzerrung der Wirklichkeit darstellen. Das Arsenal an antijüdischen Stereotypen, das die christlich geprägten Kulturen Europas tradieren, ist dafür ein illustratives Beispiel, weil es ebenso einander widersprechende Stereotype aufweist („Juden sind intelligent" und „Juden sind erfolgreich, weil sie zusammenhalten") wie auch Behauptungen, die einer Überprüfung an der Wirklichkeit nicht standhalten („Juden dominieren die Medien der amerikanischen Ostküste"). „Sündenböcke" werden immer dann ausfindig gemacht, wenn ethnische Gruppen miteinander um wirtschaftliche Vorteile konkurrieren. Menschen, die rassistische Attacken gegen Minderheiten initiieren, befinden sich häufig in einer sozialen Lage, die sich von jener der Angegriffenen wenig oder gar nicht unterscheidet. Bewohner der Wiener kommunalen Wohnbauten sprechen sich seit Jahren lautstark gegen die Vergabe von Gemeindewohnungen an Ausländer aus und erfuhren Unterstützung durch einen früheren Bürgermeister ihrer Stadt, der die Türken in den Wohnanlagen schon ihre Hammel braten sah. Boulevardzeitungen und rechtspopulistische Politiker hetzen mit Schauermärchen gegen Ausländer im Gemeindebau und verkaufen dort besonders viele Exemplare ihrer Zeitung oder erzielen besonders hohe Stimmanteile bei Wahlen. Der Ausdruck „Sündenbock" geht auf ein Ritual der alten Hebräer zurück, die alljährlich ihre Sünden einem Ziegenbock aufluden, der dann in die Wüste hinausgejagt wurde.

Zu Sündenböcken werden im Allgemeinen Gruppen gemacht, die sich von der Mehrheit deutlich abgrenzen und die relativ machtlos sind, weshalb sie ein leichtes Ziel abgeben. Protestanten, Katholiken, Juden, Italiener, Schwarzafrikaner und andere haben zu verschiedenen Zeitpunkten in der Geschichte die Rolle des Sündenbockes übernehmen müssen. Zur Identifikation von Sündenböcken gehört häufig die Projektion: die unbe-

Dieses Plakat wurde 1973 von der Aktion Mitmensch in Österreich plakatiert („Tschusch": österreichisches Schimpfwort für Jugoslawen).
Quelle: Aktion Mitmensch.

wusste Zuschreibung der eigenen Wünsche oder Merkmale auf andere; dies mag in den Bereich der Sexualität führen. Untersuchungen haben nachhaltig demonstriert, dass Mitglieder einer dominanten Gruppe, die gegenüber einer Minderheit Gewalt anwenden und diese sexuell ausbeuten, häufig glauben, dass die Minderheitengruppe selbst diese Züge der sexuellen Gewalttätigkeit aufweist. So entstanden die bizarren Ideen weißer Männer im früheren amerikanischen Süden über die Lüsternheit afroamerikanischer Männer vermutlich aus ihren eigenen Frustrationen, da der sexuelle Zugang zu weißen Frauen durch die Konventionen des Werbungsverhaltens beschränkt war. In ähnlicher Weise war in Südafrika unter Weißen der Glaube weitverbreitet, dass schwarze Männer sexuell außergewöhnlich potent und dass schwarze Frauen lüstern sind. Man betrachtete schwarze Männer als für weiße Frauen höchst gefährlich – während tatsächlich praktisch alle sexuellen Kontakte zwischen Weißen und Schwarzen von weißen Männern geknüpft wurden, die schwarze Frauen umwarben.

Während ein Vorurteil eine Einstellung betrifft, versteht man unter Diskriminierung Aktivitäten, durch die die Mitglieder einer Gruppe von Möglichkeiten, die anderen offenstehen, ausgeschlossen werden: wenn z.B. jemandem türkischer Herkunft eine Stelle verweigert wird, die für einen „Inländer" verfügbar ist. Obwohl Vorurteile oft die Grundlage für Diskriminierung sind, können beide unabhängig voneinander auftreten. Menschen können Vorurteile haben, ohne jemals nach diesen zu handeln. Genauso muss Diskriminierung nicht immer direkt von einem Vorurteil herrühren. Kauft z.B. ein Weißer ein Haus, könnte er vor bestimmten, vorwiegend von Schwarzen bewohnten Stadtvierteln Abstand nehmen, nicht etwa, weil er Schwarzen gegenüber feindselig eingestellt ist, sondern weil er befürchtet, ein dort stehendes Haus schwer wieder verkaufen zu können. Vorurteile haben hier einen indirekten Einfluss auf die Diskriminierung.

Norbert Elias (1897–1990) hat sich eingehend mit Etablierten-Außenseiter-Konfigurationen befasst und darauf aufmerksam gemacht, dass in manchen Fällen die unterschiedliche „Lebensdauer" Machtunterschiede zwischen Gruppen begründet. Eine Gruppe, die eine längere gemeinsame Geschichte aufweist, verfügt über einen größeren Zusammenhalt, der die Ausbildung eines Gruppencharismas erleichtert. Dieses Gruppencharisma bildet sich um den Ruhm der „Besten" der eigenen Gruppe und hebt sich von der Gruppenschande der Außenseitergruppe ab, die durch die „Minorität der Schlechtesten" gebildet wird (Elias und Scotson [1965] 2006).

Diskriminierung

Rassismus

Eine weitverbreitete Form des Vorurteils ist Rassismus – ein Vorurteil, das sozial folgenreich körperliche Unterschiede ins Zentrum rückt. Ein Rassist ist jemand, der glaubt, dass manche Individuen anderen über- oder unterlegen sind und das auf „rassische" Unterschiede zurückführt. Rassismus wird üblicherweise als ein Verhalten oder eine Einstellung betrachtet, die bestimmte Personen oder Gruppen aufweisen. Ein Individuum mag

Rassismus

rassistische Überzeugungen haben, oder einer bestimmten Gruppe angehören, die beispielsweise die Überlegenheit der „Arier" propagiert. Viele Autoren haben allerdings darauf aufmerksam gemacht, dass Rassismus mehr ist als bloß die Überzeugungen, die von einer bestimmten Zahl von bornierten Personen vertreten werden. Ihrer Auffassung nach ist Rassismus in der Struktur und in die Praktiken einer Gesellschaft eingebettet. Die Idee des institutionellen Rassismus legt nahe, dass Rassismus alle gesellschaftlichen Strukturen durchdringt. Gemäß dieser Auffassung verfolgen Institutionen wie die Polizei, das Gesundheits- oder das Bildungswesen Praktiken, die bestimmte Gruppen bevorzugen, während andere diskriminiert werden.

institutioneller Rassismus

Der Begriff des institutionellen Rassismus wurde in den USA in den späten 1960er Jahren von Bürgerrechtsaktivisten entwickelt, die der Meinung waren, Rassismus sei in der Gesellschaft als Ganzes verankert und nicht nur eine Verkörperung der Meinungen einer kleinen Minderheit der Bevölkerung (Omi und Winant 1994). In den folgenden Jahren wurde die Existenz eines institutionellen Rassismus weithin als gegeben erachtet. Eine Studie über die Praxis des institutionellen Rassismus in England zeigte, dass Polizei und Gerichte sehr weitgehend davon erfasst waren (MacPherson 1999). Die Erschießung eines völlig unschuldigen Südamerikaners durch Polizisten nach einem der Bombenanschläge in London, wie überhaupt die Reaktionen westlicher Gesellschaften auf den islamistischen Terror seit dem 11. September 2001 lassen die Idee eines institutionellen Rassismus plausibel erscheinen.

Vom alten zum neuen Rassismus

Ähnlich wie die Vorstellung biologisch bestimmter „Rassen" an Ansehen verloren hat, wird heute ein altmodischer biologischer Rassismus, der auf körperliche Merkmale Bezug nimmt, immer seltener öffentlich zum Ausdruck gebracht. Die Ausrottungspolitik der Nazis, die gesetzlich verankerte Rassensegregation in den Vereinigten Staaten und das Apartheid-Regime in Südafrika diskreditierten den Rassebegriff nachhaltig. Derart offensichtlich rassistische Ideen, wie sie in den 1950er Jahren im Süden der USA noch öffentlich vertreten wurden, finden heute nur noch in rechtsextremistischen Zirkeln Gehör. Das bedeutet aber keinesfalls, dass in modernen Gesellschaften rassistische Einstellungen verschwunden sind; was sich nachhaltig geändert hat, ist das Fehlen von Zustimmung zu solchen Äußerungen in der Öffentlichkeit. Einige Sozialwissenschaftler argumentieren, dass der alte durch einen etwas ausgeklügelteren neuen Rassismus (oder kulturellen Rassismus) ersetzt wurde, der die Vorstellung kultureller Unterschiede benutzt, um bestimmte Gruppen auszuschließen (Barker 1981).

neuer Rassismus

Jene, die von einem „neuen Rassismus" sprechen, behaupten, dass anstelle biologischer Argumente kulturelle getreten sind, die dazu dienen, bestimmte Teile der Bevölkerung zu diskriminieren. Sie argumentieren weiters, dass Vorstellungen von Hierarchien der Über- und Unterlegenheit geschaffen wurden, die die vorherrschenden Wertvorstellungen spiegeln. Gruppen, die der Mehrheit fernstehen, können ausgegrenzt oder beschuldigt werden, assimiliationsunwillig zu sein. Außerdem wird behauptet, dass der neue Rassismus eine deutlich politische Dimension besitze. Beispiele, die dafür angeführt werden, sind der Streit um das Kopftuch von Musliminnen, die Errichtung von Moscheen und die Problematik der arrangierten Ehen. Der Umstand, dass Rassismus zunehmend entlang von kulturellen Unterschieden und nicht mehr in Zusammenhang mit der biologischen Natur zum Ausdruck gebracht wird, hat einige Wissenschaftler veranlasst, davon zu sprechen, dass wir in einer Zeit „multipler Rassismen" leben, in der verschiedene Segmente der Bevölkerung sehr unterschiedliche Diskriminierung erfahren (Back 1996).

Soziologische Interpretationen des Rassismus

Einige der Begriffe, die wir gerade verwendet haben – wie stereotypes Denken und Projektion –, helfen, Vorurteil und Diskriminierung als psychologische Mechanismen zu erklären. Sie liefern ein Verständnis der Natur von vorurteilsbehafteten und rassistischen Einstellungen und helfen zu verstehen, warum ethnische Unterschiede für viele Leute bedeutsam sind, aber sie sagen wenig aus über die sozialen Prozesse, die zu Rassismus führen. Um solche Prozesse zu untersuchen, benötigen wir soziologische Ideen.

Ethnozentrismus, Gruppenschließung und Ressourcenverteilung

Soziologische Begriffe, mit denen ethnische Konflikte allgemein beschrieben werden können, sind Ethnozentrismus, Schließung von Gruppen und Ressourcenverteilung. Ethnozentrismus ist ein Argwohn gegen andere, **Ethnozentrismus** verbunden mit der Tendenz, die Kulturen anderer an seiner eigenen Kultur zu messen. Praktisch alle Kulturen waren und sind mehr oder weniger ethnozentrisch, und es ist leicht zu erkennen, wie sich Ethnozentrismus und stereotypes Denken miteinander verbinden. Außenstehende werden als Fremdlinge, Barbaren oder als moralisch und geistig unterlegen angesehen. Diese Einstellung hatten die meisten Kulturen z.B. gegenüber den Angehörigen kleinerer Kulturen, was im Laufe der Geschichte zu zahllosen ethnischen Konflikten beigetragen hat.

Ethnozentrismus geht oft mit der Schließung von Gruppen einher. Un- **Schließung von** ter „Schließung" versteht man einen Prozess, durch den Gruppen bestimm- **Gruppen** te Grenzen aufrechterhalten, die sie von anderen trennen. Diese Grenzen werden mittels „Ausschließungsinstrumenten" entwickelt und aufrechterhalten, wodurch die Unterschiede zwischen zwei Ethnien verschärft **Ethnie** werden (Barth 1969). Ausschließungsinstrumente wären z.B. die Beschränkung oder das Verbot von Eheschließungen zwischen Angehörigen verschiedener Gruppen, die Einschränkung sozialer Kontakte oder wirtschaftlicher Beziehungen, wie z.B. Handel, oder die physische Trennung der

Gruppen voneinander (wie im Fall ethnischer Gettos). Afroamerikaner in den USA waren mit allen drei Ausschlusstechniken konfrontiert: „Gemischtrassische" Ehen waren in einigen Bundesstaaten verboten, und die wirtschaftliche und soziale Segregation war im Süden gesetzlich verankert, und noch heute existieren in den meisten größeren Städten segregierte schwarze Gettos.

Manchmal können sich gleich starke Gruppen gegeneinander abschließen, indem sich ihre Mitglieder voneinander fernhalten, jedoch keine der beiden Gruppen die andere beherrscht. Häufiger ist allerdings, dass eine Gruppe eine oder mehrere andere ethnische Gruppen beherrscht. Unter diesen Umständen deckt sich die ethnische Gruppenschließung mit der **Ressourcenverteilung** Ressourcenverteilung, anders gesagt, mit Ungleichheiten in der Verteilung von Vermögen und materiellen Gütern.

Einige der erbittertsten Konflikte zwischen ethnischen Gruppen entzünden sich an den Schließungslinien zwischen ihnen, weil eben diese Linien Ungleichheiten des Vermögens, der Macht oder des sozialen Prestiges signalisieren. Der Begriff der ethnischen Gruppenschließung hilft uns, dramatische und eher alltägliche Vorfälle zu verstehen, welche die Bruchlinien zwischen verschiedenen Gemeinschaften von Menschen markieren: warum die Mitglieder mancher Gruppen erschossen, verprügelt, belästigt werden oder der Lynchjustiz zum Opfer fielen, aber auch, warum sie keine guten Arbeitsplätze, keine gute Bildung oder keine angemessene Wohnung bekommen. Wohlstand, Macht und Sozialprestige sind knappe Ressourcen – manche Gruppen haben mehr davon als andere. Um ihre Position zu verteidigen, verfallen privilegierte Gruppen manchmal auf extreme Formen der Gewaltausübung gegen andere. In ähnlicher Weise können auch Mitglieder unterprivilegierter Gruppen sich auf Gewalttätigkeit verlegen, um dadurch ihre eigene Situation zu verbessern.

Konflikttheorien

Konflikttheorien befassen sich mit den Zusammenhängen zwischen Rassismus und Vorurteil auf der einen Seite und Machtbeziehungen und Ungleichheit auf der anderen. Frühe Konfliktansätze waren stark vom Marxismus beeinflusst, der bekanntlich die wirtschaftlichen Verhältnisse als die bestimmende Größe für alle anderen Aspekte des sozialen Lebens betrachtete. Einige marxistische Theoretiker vertraten die Auffassung, Rassismus sei ein Produkt des kapitalistischen Systems, und sie argumentierten, dass die herrschende Klasse Sklaverei, Kolonialisierung und Rassismus als Instrumente zur Ausbeutung der Arbeit benutzte (Cox 1959).

Später hielten Neomarxisten diese frühen Formulierungen für zu eng und vereinfacht und schlugen vor, Rassismus nicht nur als Ergebnis wirtschaftlicher Kräfte wahrzunehmen. Das Birmingham Centre for Contemporary Studies trat in seiner 1982 veröffentlichten Studie *The Empire Strikes Back* für eine breitere Sichtweise ein. John Solomos, Paul Gilroy und andere sahen die kapitalistische Ausbeutung der Arbeit als einen Faktor, wiesen aber darauf hin, dass eine Vielzahl historischer und politischer Einflüsse zur Entstehung einer besonderen Form von Rassismus in Großbritannien in den 1970er und 1980er Jahren beitrug. Sie meinten, der Rassismus sei ein komplexes und vielseitiges Phänomen, das aus einem Zusammenspiel der Identitäten und Überzeugungen der ethnischen Minderheiten und der Arbeiterklasse resultiere. In ihren Augen ist Rassismus mehr als bloß unterdrückende Maßnahmen mächtiger Eliten gegenüber der nichtweißen Bevölkerung (Centre for Contemporary Cultural Studies 1982).

Ethnische Integration und Konflikt

Viele Staaten der Welt haben heute eine multi-ethnische Bevölkerung. Dazu kam es zumeist im Laufe eines mehrere Jahrhundert dauernden Prozesses. Staaten wie die Türkei oder Ungarn besitzen eine ethnische Vielfalt, die das Ergebnis einer langen Geschichte ist, die von wechselnden äußeren Grenzen gekennzeichnet war. Andere Gesellschaften wurden zu multiethnischen, als Resultat gezielter Einwanderungspolitik oder als Folge ihres kolonialen oder imperialen Erbes.

Im Zeitalter der Globalisierung ist eine wachsende Zahl von Staaten mit den Vorzügen und komplexen Herausforderungen ethnischer Vielfalt konfrontiert. Die internationale Migration nimmt mit der wachsenden Integration der globalen Wirtschaft zu, und es spricht alles dafür, dass die Wanderung und die Durchmischung der Bevölkerungen in den kommenden Jahren eher noch zunehmen werden. Zugleich beobachten wir in vielen Staaten der Welt ethnische Spannungen und Konflikte, die zur Instabilität beitragen, mancherorts zur Desintegration multi-ethnischer Staaten führen und sich anderswo gewaltsam artikulieren. Wie kann ethnische Vielfalt bewahrt werden und wie kann das Ausbrechen ethnischer Konflikte verhindert werden? Wie sollen die Beziehungen zwischen Mehrheit und ethnischen Minderheiten in multi-ethnischen Gesellschaften organisiert werden? Es gibt drei Grundmodelle ethnischer Integration, die in multi-ethnischen Gesellschaften bislang Verwendung fanden, um mit diesen Herausforderungen zurande zu kommen: Assimilation, „Schmelztiegel" und jüngst kultureller Pluralismus oder Multikulturalismus. Dabei ist wichtig zu beachten, dass diese drei Modelle Idealtypen sind und in der sozialen Wirklichkeit in reiner Form daher selten vorkommen.

Idealtypen haben wir im Kapitel 1 – Was ist Soziologie? diskutiert.

Modelle ethnischer Integration

Der erste Weg ist jener der Assimilation, womit gemeint ist, dass Einwanderer ihre ursprünglichen Gebräuche und Praktiken aufgeben und ihr Verhalten an die Werte und Normen der Mehrheit anpassen. Assimilation verlangt von den Einwanderern den Wechsel ihrer Umgangssprache, ihrer Kleidung, ihrer Lebensstile und kultureller Gewohnheiten zugunsten der Integration in die neue soziale Ordnung. In den Vereinigten Staaten, die sich von Anbeginn an als eine Einwanderernation sahen, waren Generationen von Einwanderern gefordert, sich zu assimilieren und viele ihrer Kin-

Assimilation

445

der wurden in Folge vollständig zu „Amerikanern". Obwohl sich kein europäisches Land in vergleichbarer Weise als Einwanderernation versteht, wurde in den meisten Ländern die Assimilation, wenn schon nicht ausdrücklich, so doch stillschweigend praktiziert.

Schmelztiegel Ein zweites Modell ist der Schmelztiegel: Statt die Traditionen der Einwanderer zugunsten jener der bereits im Land lebenden Mehrheit aufzugeben, mischen sich die Kulturen, um neue, sich langsam entfaltende kulturelle Muster zu bilden. Dabei werden unterschiedliche kulturelle Werte und Normen in eine Gesellschaft nicht nur von außen hineingetragen, Vielfalt entsteht vielmehr auch durch die Anpassung ethnischer Gruppen an die weitere soziale Umgebung, in der sie leben. Ein gerne zitiertes Beispiel ist der wörtliche Schmelztiegel unserer Mahlzeiten. Die Pizza wurde nördlich der Alpen heimisch, als die ersten italienischen Gastarbeiter ihre Fabrikjobs aufgaben und Pizzerias eröffneten; Ähnliches geschah mit Schaschlik, Kebab und anderen Speisen; wahr ist allerdings, dass kulinarische Genüsse von der Mehrheitsgesellschaft offenbar rascher aufgenommen werden als deren Köche, denen bei ihrem Versuch, sich zu assimilieren, weit mehr Prügel in den Weg gelegt werden.

Viele glaubten, dass der Schmelztiegel die erstrebenswerteste Lösung für eine ethnisch gemischte Gesellschaft wäre. Traditionen und Gebräuche der Einwanderer werden nicht aufgegeben, sondern tragen ihrerseits zur Ausgestaltung und Veränderung sozialer Milieus bei. Hybride Formen der Küche, Mode, Musik und Architektur sind deutliche Beweise für den Erfolg der Praxis des Schmelztiegels.

kultureller Pluralismus Das dritte Modell ist der kulturelle Pluralismus, bei dem ethnische Kulturen das Recht eingeräumt wird, ungehindert nebeneinander zu bestehen und zugleich am wirtschaftlichen und politischen Leben der Gesellschaft als Ganzes teilzuhaben. Eine jüngste Abwandlung des Pluralismus ist der Multikulturalismus, in dem ethnische Gruppen verschieden, aber gleichwertig nebeneinander existieren. Die Vereinigten Staaten und andere westliche Staaten sind seit langer Zeit in vielerlei Hinsicht pluralistisch, aber ethnische Unterschiede bedeuten dort eher Ungleichheiten, als unabhängige, gleichberechtigte Teilhabe an der nationalen Gemeinschaft. Dennoch scheint es zumindest denkbar, eine Gesellschaft zu formen, in der verschiedene ethnische Gruppen gleichberechtigt nebeneinander und miteinander leben, wie das Beispiel der Schweiz demonstriert.

In den meisten westeuropäischen Ländern haben sich Sprecher ethnischer Minderheiten für den Weg des Pluralismus ausgesprochen. Um den Zustand „verschieden, aber gleichberechtigt" zu erreichen, wird es noch vieler Auseinandersetzungen bedürfen, gegenwärtig ist das noch Zukunftsmusik. Ethnische Minderheiten erscheinen vielen Leuten noch als Bedrohung: für ihre Arbeitsplätze, ihre Sicherheit und ihre „Nationalkultur". Die Sündenbockstrategie gegenüber ethnischen Minderheiten ist momentan die vorherrschende Tendenz. Da sich in Europa die Jüngeren selten rasch von den Vorurteilen der älteren Generationen lösen, werden ethnische Minderheiten in den meisten Ländern auch zukünftig anhaltender

Diskriminierung ausgesetzt sein und in einem sozialen Klima leben müssen, das von Spannungen und Ängsten gekennzeichnet ist.

Eine bedeutende Rolle in allen Prozessen der ethnischen Integration kommt der Verleihung der Staatsbürgerschaft zu. Die wohlhabenden Einwanderungsländer – neben den USA auch Kanada, Australien und Neuseeland – trachten danach, die Immigration nur jenen zu erlauben, von denen die jeweilige Regierung meint, sie seien assimilationsfähig, weil ihre beruflichen Qualifikationen gefragt sind; jene, die ins Land gelassen werden, können daher innerhalb vergleichsweise kurzer Frist die Staatsbürgerschaft bekommen. Die europäischen Staaten unterscheiden sich hinsichtlich der Gewährung der Staatsbürgerschaft in markanter Weise voneinander. In Frankreich, Großbritannien und anderen Staaten ist jeder im Land Geborene automatisch Staatsbürger, während die deutschsprachigen Länder dieses Recht nicht kennen. Die formelle Gleichheit des Besitzes der Staatsbürgerschaft ist keine Garantie für erfolgreiche Integration, wie das Beispiel der deutschen Spätaussiedler aus Russland und den Nachfolgestaaten der Sowjetunion zeigt; doch ohne sie ist der Erfolg noch viel unwahrscheinlicher.

Ethnischer Konflikt

Ethnische Vielfalt kann Gesellschaften bereichern. Multi-ethnische Staaten sind häufig pulsierende und dynamische Plätze, die durch die vielfältigen Beiträge ihrer Bewohner belebt werden. Solche Staaten können aber auch sehr zerbrechlich sein, vor allem dann, wenn es zu Unruhen im Land oder Bedrohungen von außen kommt. Unterschiedliche sprachliche, religiöse und kulturelle Traditionen können zu Bruchlinien instrumentalisiert werden, die in offenen Konflikten zwischen ethnischen Gruppen enden. Manchmal brechen in Gesellschaften mit einer langen Geschichte ethnischer Toleranz und Integration plötzlich ethnische Konflikte aus – es kommt zu Feindschaften zwischen verschiedenen ethnischen Gruppen und Gemeinschaften.

Das war im früheren Jugoslawien in den 1990er Jahren der Fall, einem Staat, der dem Beobachter aus der Ferne das Modell des Schmelztiegels geradezu vorbildlich zu verkörpern schien. Der Balkan war seit Langem ein Ort, an dem sich verschiedene Kulturen begegneten. Jahrhunderte der Migration und der Herrschaft aufeinanderfolgender Imperien führten zu einer durchmischten Bevölkerung, die zwar zum überwiegenden Teil aus Slawen bestand, die aber höchst unterschiedlichen Religionen angehörten: orthodoxe Serben, Mazedonier und Montenegriner, katholische Kroaten, Ungarn und Slowenen, muslimische Bosnier und Albaner, Roma und Sinti, Juden und noch einige weitere kleinere Gruppen. Städte wie Sarajewo waren in der Tat multikulturell. 1991 brachen gewaltsame Konflikte aus, die eine mehr als zehn Jahre dauernde Agonie des politisch immer unregierbarer gewordenen Jugoslawien beendeten, dessen Regierungen darüber hinaus auch nicht fähig waren, massive wirtschaftliche Probleme zu bewältigen.

ethnische Säuberungen Die Konflikte im früheren Jugoslawien waren von ethnischen Säuberungen gekennzeichnet (dieser Ausdruck wurde während dieser Zeit geprägt), die darauf zielten, ethnisch homogene Siedlungsgebiete zu schaffen, was durch Vertreibung und Ermordung der Mitglieder der jeweils anderen Ethnie zu erreichen versucht wurde. Massive, gewaltsam herbeigeführte Bevölkerungsverschiebungen waren die Folge. All jene, die sich dem mono-ethnischen Imperativ nicht unterordnen wollten oder konnten – beispielsweise Personen, die in internethnischen Partnerschaften lebten oder sich als „Jugoslawen" betrachteten – fanden sich buchstäblich zwischen den Fronten wieder.

Genozid Eine Steigerungsform ethnischer Säuberungen, die selbst schon von Gewalt, Mord, Vergewaltigungen und Terror gekennzeichnet sind, ist der Genozid, die systematische Ermordung von Menschen, weil sie einer ethnischen Gruppe zugerechnet werden. Die Ausrottung der indigenen Völker im Zuge der Kolonisierung von sowohl Nord- als auch Südamerika durch Europäer wird von vielen Autoren als Genozid bezeichnet, obwohl es umstritten ist, in welchem Umfang dies als gezielte Politik betrieben wurde und in welchem Ausmaß der Bevölkerungsrückgang als Nebenfolge von eingeschleppten Krankheiten, die zu Seuchen führten, eintrat.

Das 20. Jahrhundert erlebte jedenfalls mehrere organisierte Genozide und wird daher zu Recht als das Jahrhundert der Genozide bezeichnet. Der Genozid an den Armeniern in den Jahren 1915–23 durch das Ottomanische Reich forderte mehr als eine Million Opfer. Der systematischen Ermordung der europäischen Juden durch die Nazis fielen mehr als fünf Millionen zum Opfer. Der Holocaust wurde mit allen einem modernen Staat zur Verfügung stehenden technischen Mitteln betrieben und ist wegen seiner fabriksmäßigen Tötung in den Gaskammern das schrecklichste Beispiel einer Ausrottung einer ethnischen Gruppe durch eine andere. Roma und Sinti erlitten unter den Nazis ebenfalls einen Genozid. 1994 betrieb die Mehrheitsbevölkerungsgruppe der Hutus in Ruanda die Ermordung der Minderheit der Tutsi und aller anderen, die sich ihnen in den Weg stellten, und ermordete innerhalb von drei Monaten mehr als 800.000 Menschen. Mehr als zwei Millionen Ruander flüchteten in die benachbarten Länder. 2003 begannen von der sudanesischen Regierung unterstützte arabische Milizen in Darfur die dort lebende Bevölkerung zu terrorisieren und ermordeten 70.000 Menschen und vertrieben zwei Millionen Bewohner aus ihren Dörfern und Siedlungen.

Beobachter internationaler Konflikte haben darauf hingewiesen, dass die Zahl der Konflikte zwischen Staaten in den letzten Jahrzehnten abgenommen habe, jene innerhalb von Staaten hingegen deutlich angestiegen sei. Letztere stehen sehr häufig mit ethnischen Spannungen in Verbindung oder wurden von diesen verursacht. Verschiedene Faktoren führen dazu, dass Konflikte, wie sie oben beschrieben wurden, in zunehmendem Maß internationale Beachtung finden und internationale Reaktionen auslösen. Die staatliche Souveränität, also die Nichteinmischung in interne Angelegenheiten eines Staates, wird nicht mehr als ein unverrückbares Prinzip des Völkerrechts betrachtet, wozu das Ende des Kalten Krieges seinen Beitrag geleistet hat. Die zunehmende Verrechtlichung der internationalen Beziehungen wurde begleitet von einer steigenden Bereitschaft zur Intervention in innerstaatliche Konflikte, wie das beispielsweise in Exjugoslawien mehrfach der Fall war. Die Einrichtung von internationalen Gerichtshöfen und Anklageerhebungen gegen Staatsmänner werden das Ausbrechen ethnischer Konflikte nicht verhindern können, aber es ist damit ein neues Element in den internationalen Beziehungen hinzugekommen, das der Herstellung von mehr Gerechtigkeit dient.

Lesen Sie über internationale Gerichtshöfe mehr im Kapitel 18 – Politik und Regierung.

Migration und ethnische Vielfalt

Seit Beginn des 15. Jahrhunderts begannen die Europäer in bis dahin unbekannte Meere und Landstriche vorzudringen, wobei sie nicht nur die Gebiete erforschen und für den Handel erschließen wollten, sondern auch in vielen Gegenden die eingeborenen Völker besiegten und unterwarfen. Millionen Europäer verließen ihre Heimatländer, um sich in diesen Gebieten anzusiedeln. Durch den Sklavenhandel bewirkten sie auch eine gewaltige Bevölkerungsbewegung von Afrika nach Nord- und Südamerika. Im Folgenden sind die wichtigsten Bevölkerungsbewegungen innerhalb der letzten 350 Jahre angeführt.

- Von Europa nach Nordamerika: Seit dem 17. Jahrhundert emigrierten etwa 45 Millionen Menschen von Europa in die heutigen USA und nach Kanada. Heute haben ungefähr 150 Millionen Nordamerikaner Vorfahren, die aus Europa eingewandert sind.

- Von Europa nach Mittel- und Südamerika: Ungefähr 20 Millionen Europäer, hauptsächlich aus Spanien, Portugal und Italien, wanderten nach Mittel- und Südamerika aus. Etwa 50 Millionen Menschen in diesen Teilen der Welt haben europäische Vorfahren.

- Von Europa nach Afrika, Australien und Ozeanien: An die 17 Millionen Afrikaner, Australier und Neuseeländer haben europäische Vorfahren. In Afrika leben die meisten von ihnen in der Republik Südafrika, die hauptsächlich von den Engländern und Holländern kolonialisiert wurde.

- Von Afrika nach Nord- und Südamerika: Ab dem 16. Jahrhundert wurden etwa 15 Millionen Schwarze als Sklaven auf den amerikanischen Kontinent gebracht. Nicht ganz eine Million kam im 16. Jahrhundert an; ca. 1,3 Millionen im 17. Jahrhundert; sechs Millionen im 18. Jahrhundert; und zwei Millionen im 19. Jahrhundert. Schwarze Afrikaner wurden in Ketten nach Amerika gebracht, um dort als Sklaven ausgebeutet zu werden; dabei wurden Familien und ganze Gemeinschaften brutal zerstört.

Diese Wanderungsbewegungen bildeten die Grundlage für die ethnische Zusammensetzung der Gesellschaften in den Vereinigten Staaten, in Kanada, den Ländern Mittel- und Südamerikas, in Südafrika, Australien und

Neuseeland. In all diesen Ländern wurde die eingeborene Bevölkerung unterworfen und geriet unter europäische Herrschaft – was von ihr übrig blieb, waren relativ kleine ethnische Minderheiten in Nordamerika, Australien und Neuseeland.

Einwanderung

In den letzten Jahren konnte man den Eindruck gewinnen, dass Einwanderung erst in jüngster Zeit aufgetreten sei; tatsächlich gab es immer schon Wanderungen, innerhalb von Staaten und über Staatsgrenzen hinweg. Die Bevölkerung Wiens setzt sich zu einem sehr hohen Anteil aus Nachkommen von Zuwanderern zusammen, wie ein Blick in das lokale Telefonbuch beweist. Tschechische Familiennamen sind dort ebenso häufig wie im Ruhrgebiet polnische. Diese Migrationsbewegungen waren ein Resultat der Industrialisierung, die Tausende dazu veranlasste, ihre ländliche Heimat zu verlassen und in den städtischen Ballungsgebieten nach Arbeit zu suchen.

Um die Wende zum 20. Jahrhundert stieg die Auswanderung nach Übersee stark an. Bis zur deutschen Reichsgründung von 1871 wanderten rund 2,3 Millionen Deutsche, aber nur 8.000 Bürger der k.u.k. Monarchie in die USA aus. Bis zum Beginn des Ersten Weltkriegs folgten weitere 2,6 Millionen Deutsche und 3,6 Millionen aus Österreich-Ungarn. Das nationalsozialistische Regime vertrieb während seiner Herrschaft Hunderttausende seiner Staatsangehörigen und Millionen in den eroberten Gebieten. Die Niederlage Nazi-Deutschlands löste eine weitere Wanderungsbewegung aus dem Osten aus, die keine Suche nach Arbeit, sondern Flucht und Vertreibung war.

Das „Wirtschaftswunder" der 1960er Jahre brachte für die meisten west- und mitteleuropäischen Staaten die erste nennenswerte Einwanderungswelle mit sich: Süditaliener, Spanier und Portugiesen strebten nach Norden und die deutschen und österreichischen Regierungen begannen zu dieser Zeit mit einer Anwerbepolitik von Arbeitskräften aus Jugoslawien und der Türkei. Heute leben rund 2,5 Millionen Türken in Deutschland und ungefähr 160.000 in Österreich. Zu dieser Arbeitskräftewanderung der sogenannten Gastarbeiter kamen politisch verursachte Flüchtlingsströme, insbesondere nach der Niederschlagung von Protestbewegungen in den ehemaligen kommunistischen Ländern. 1956 flüchteten Hunderttausende Ungarn, 1968 flüchteten 160.000 Tschechen und Slowaken über Österreich in den Westen, Anfang der 1980er Jahre gab es eine nahezu ebenso zahlreiche Flucht von Polen in den Westen. Insgesamt verließen rund 14 Millionen Personen den kommunistischen Herrschaftsbereich, die Hälfte davon waren Ostdeutsche und „Deutschstämmige". Darin nicht enthalten sind die Bewohner des zerbrechenden Jugoslawien, die in den 1990er Jahren versuchten, sich vor den Bürgerkriegen in Sicherheit zu bringen.

In der vergleichenden Migrationsforschung wird als Kennzahl die Zahl der Bewohner eines Landes, die im Ausland geboren wurden, herangezogen, um Verzerrungen durch Unterschiede der Einbürgerungspolitiken auszuschließen. Anfang des 21. Jahrhunderts ist die Zahl der im Ausland

Geborenen nicht mehr nur in den klassischen Einwandererstaaten hoch, sondern auch in solchen Ländern, deren offizielle Rhetorik immer noch davor zurückschreckt, vom jeweiligen Land als Einwandererland zu sprechen. Eine Übersicht über die unterschiedlichen Raten der im Ausland Geborenen in den europäischen Ländern findet man in Abbildung 10.1. Einige der kleineren Staaten Europas wurden in diese Übersicht nicht aufgenommen (so ist beispielsweise der Anteil der im Ausland Geborenen im Vatikanstaat natürlich 100 Prozent); als Beispiel für die Stadtstaaten wurde hier Monaco ausgewählt, um deutlich zu machen, dass diese Staaten geradezu davon leben, dass sie Ausländer anziehen. Mit einigen Einschränkungen gilt das auch für die Schweiz. Der hohe Anteil von im Ausland Geborenen in Deutschland und Österreich hat nichts damit zu tun, dass diese beiden Staaten, wie einige andere, sehr zurückhaltend in der Verleihung der Staatsbürgerrechte an im Ausland Geborene sind, da ja dieser Umstand in der Tabelle keinen Niederschlag findet. Im Fall Deutschlands

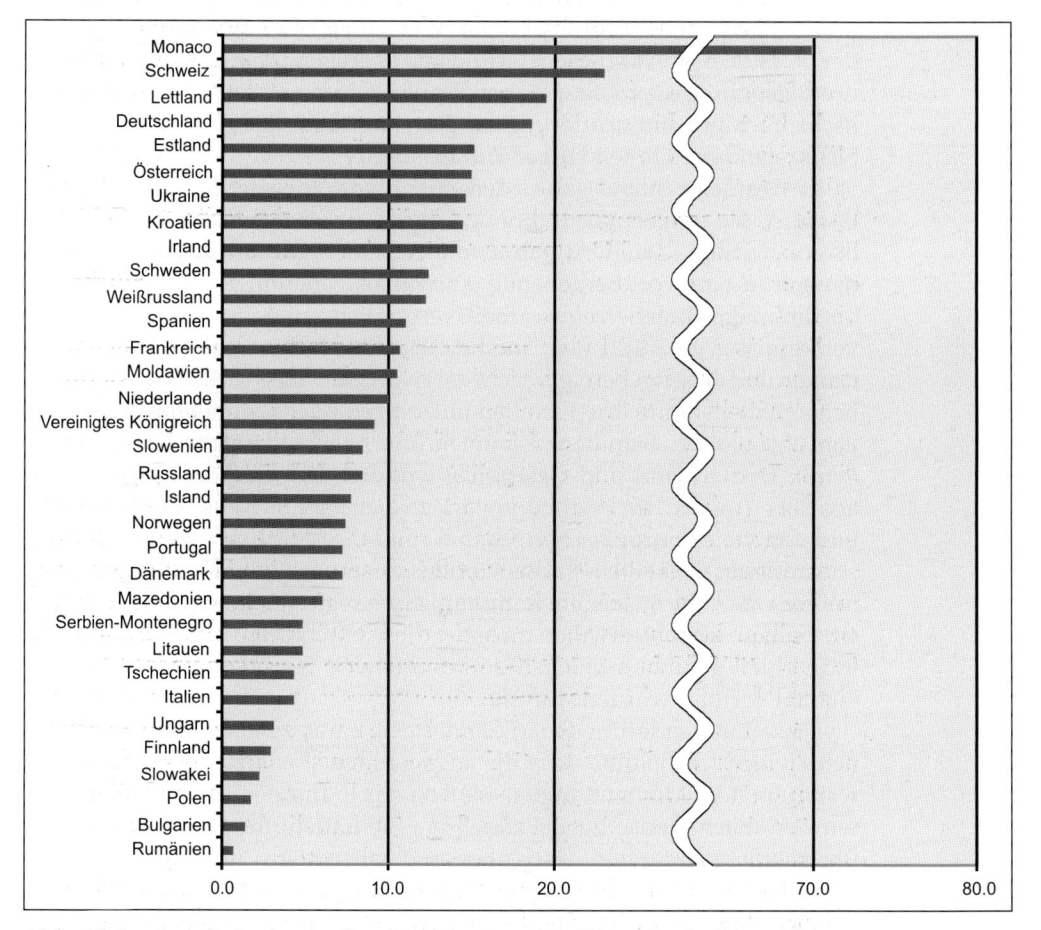

Abb. 10.1: Anteil der im Ausland geborenen Bevölkerung (in Prozent)
Quelle: Für Deutschland: Statistisches Bundesamt (2009), S. 332; alle anderen: UN Department of Economic and Social Affairs, Population Division (2006).

ist der hohe Anteil auf die sogenannten Volksdeutschen zurückzuführen, die definitionsgemäß im Ausland geboren wurden. Österreich, Irland und Schweden sind überraschenderweise aufnahmewilliger als die ehemaligen Kolonialmächte Großbritannien, Frankreich und die Niederlande. Die Länder der ehemaligen Sowjetunion und des früheren Jugoslawien weisen als Nachfolger multinationaler Staaten wenig überraschend hohe Anteile an im Ausland Geborenen auf.

Einwanderungspolitik

Von den 1960er Jahren bis zum Ende der Sowjetunion und der kommunistischen Regimes in Mittel- und Osteuropa Ende der 1980er und Anfang der 1990er Jahre erfolgte die Einwanderung nach Deutschland und Österreich durch vier Kanäle, die unterschiedlich hohe Hürden aufwiesen. Allerdings sprach fast niemand davon, dass es sich um ein Ergebnis einer Einwanderungspolitik handelt, weil Deutschland, Österreich, die Schweiz und einige andere europäische Staaten sich nicht als Einwanderungsländer betrachteten. Aus diesem Grund gab es auch nur eine de facto Einwanderungspolitik, aber keine klaren Regeln, wie sie in den klassischen englischsprachigen Einwanderungsländern Nordamerikas, in Australien und Neuseeland bereits seit langer Zeit existierten.

In Westdeutschland gab es den Zuzug von Volksdeutschen und DDR-Bürgern, die umgehend und ohne Zögern zu Staatsbürgern der BRD gemacht wurden. Zweitens gab es die Arbeitsmigration der Gastarbeiter, denen nur eine vorübergehende Aufenthaltsgenehmigung gewährt wurde, die an das Bestehen eines arbeitsvertraglich geregelten Beschäftigungsverhältnisses geknüpft war; anfangs wurde von den anheuernden Regierungen und Arbeitgebern gar nicht daran gedacht, dass diese zumeist männlichen Arbeitskräfte ihre Familien mitbringen oder nachholen. Tatsächlich kam es sowohl zu Familienzusammenführungen wie zu Familiengründungen in Deutschland und Österreich, wodurch die Zahl der Immigranten aus der europäischen Peripherie stark anstieg. Familienzusammenführung bildet in vielen europäischen Staaten rund die Hälfte der jährlichen Neuzuwanderer. Schließlich gab es viertens relativ großzügig gewährtes Asyl für Personen, die aus einem kommunistisch regierten Land flüchten konnten (in den seltensten Fällen mussten diese Flüchtlinge ihre Fluchtgründe individuell glaubhaft machen und den Beweis antreten, dass sie in ihrer Heimat verfolgt worden waren).

Diese Einwanderungspolitik änderte sich aus zwei Gründen: Zum einen stellte sich heraus, dass die sogenannten Gastarbeiter nicht gewillt waren, in dem Moment, in dem sie von der Industrie nicht mehr benötigt wurden, nach Hause zurückzukehren. Sie hatten, für Soziologen wenig überraschend, Wurzeln geschlagen und sahen selbst im Fall von Entlassungen hier bessere Chancen, wieder eine Arbeit zu finden als in ihrer Heimat, in die manche allerdings nach Erreichen des Rentenalters zurückkehrten. Tatsächlich sind weit mehr Immigranten von Arbeitslosigkeit betroffen als Einheimische. Für 2004 berichtet die OECD, dass der Anteil der

Arbeitslosen unter den nicht im Land Geborenen in Österreich mehr als doppelt so hoch und in Deutschland doppelt so hoch ist, während klassische Einwanderungsländer wie Australien und die USA keinen Unterschied zu verzeichnen haben (OECD 2006).

Trotz immer wieder unternommener Versuche, die Zuwanderung einzuschränken, weisen die Daten für alle EU-Staaten seit den 1990er Jahren in die andere Richtung. Die höchste Zahl von Zuwanderern weisen Spanien und Italien auf, gefolgt von Großbritannien, Frankreich und Deutschland.

Nach dem Ende des Kommunismus änderte sich die Asylpolitik und wurde zunehmend restriktiver gehandhabt. Zwar strömten immer noch Flüchtlinge aus Kriegs- und Bürgerkriegsgebieten nach Europa, doch hier waren sie immer weniger willkommen. Von 1994 bis 2004 ging die Zahl der Asylanträge in Deutschland von rund 127.000 auf nur noch 35.000 pro Jahr zurück, während im selben Zeitraum in Österreich noch eine steigende Tendenz zu verzeichnen war: Von 6.000 Anträgen im Jahr 1994 stiegen die Zahlen bis 2002 auf einen Höchststand von fast 40.000 Anträgen und verringerten sich bis zum Jahr 2004 auf 24.000. Die Ablehnungsraten bei den Asylsuchenden variieren in Europa sehr stark: Unter den Ländern, die hohe Zahlen von Asylsuchenden aufweisen, lehnten im Jahr 2004 Frankreich und Spanien 90 Prozent, England und Schweden 80 Prozent der Anträge ab, während Deutschland zwei Drittel und Österreich sogar vier Fünftel der Asylsuchenden positiv beschieden. (Eurostat 2007, S. 79f.).

Die hohen Ablehnungsraten bei Personen, die in Europa um politisches Asyl ansuchen, resultieren daraus, dass sich unter die Flüchtlinge immer häufiger und immer zahlreicher Personen mischten, die – wie die europäischen Überseeauswanderer der letzten Jahrhundertwende – hofften, in Europa eine wirtschaftlich bessere Zukunft zu finden. Dies führt uns zu einem fünften Weg, auf dem Personen einwandern: illegale Einwanderung. Da Europa seine Tore nur jenen Zuwanderern öffnen will, die über entsprechende Qualifikationen verfügen, ist der Versuch, als Asylwerber Einlass zu erhalten, eine der wenigen Möglichkeiten, zumindest vorübergehend legal in Europa zu leben (da erst nach der endgültigen Ablehnung eines Asylantrags eine Ausweisung erfolgt). Asylwerber und Wirtschaftsflüchtlinge profitierten in gewisser Weise von der Globalisierung, zumindest von der Erleichterung und Verbesserung der Transportmöglichkeiten. Immer häufiger wurden europäische Flughäfen zu den Eingangstüren nach Europa und immer stärker wehrten sich die europäischen Staaten dagegen, Personen Zutritt zu gewähren, die hierher nur gekommen waren, weil sie ihre individuelle Lebenssituation verbessern wollten. Kritiker dieser Politik sprachen von der „Festung Europa", die gegen den Ansturm der Armen dieser Welt errichtet worden sei, und jeden Sommer sehen wir in den Fernsehnachrichten Berichte über „Boat People", die in heillos überfüllten Kähnen versuchen, mittlerweile nicht nur die Meerenge von Gibraltar zu überqueren, sondern den riskanten Weg von Westafrika auf die Kanarischen Inseln oder quer über das Mittelmeer nach Malta oder eine italienische Insel antreten. (Der Ausdruck Boat People wurde in den 1970er Jahren geprägt und bezeichnete damals Flüchtlinge, die auf dem Meerweg aus Vietnam und Kambodscha flüchteten.)

Seit vielen Jahren wird versucht, sich auf eine gemeinsame EU-Einwanderungspolitik zu einigen, doch die nationalstaatlichen Interessenlagen und eine geringe Bereitschaft der Bevölkerung für europaweite Regelungen haben das bislang verhindert. Die Einwanderung nach Europa wird auch in der näheren Zukunft nicht schwächer werden, weil das Reisen für alle Menschen leichter und billiger wurde und echte und virtuelle Zäune gegen unwillkommene Reisende nicht so dicht sein können, um alle draußen zu halten.

Globale Migration

Europa hat in der Vergangenheit zur weltweiten Migration vor allem durch Errichtung überseeischer Dependance, Kriegsführung und damit verbundenen Grenzziehungen, Sklavenhandel und selektiver Abwerbepolitik beigetragen. Es hat über die letzten 300 Jahre hinweg eine Menge seiner Bewohner „exportiert", teilweise sogar die Reise nach Übersee bezahlt, sie zum Teil gewaltsam vertrieben, aber manchmal auch versucht, Ausreisewillige daran zu hindern, das Land zu verlassen. Die Auswanderer formten in den Kolonien und späteren unabhängigen Staaten in Übersee neue, zumeist multi-ethnische Gesellschaften. Seit diesen Anfängen globaler Migration fuhren Menschen weltweit fort, mit ihnen Fremden zu interagieren und sich in irgendeiner Weise auch mit ihnen zu vermischen. In diesem Abschnitt behandeln wir einige der grundlegenden Begriffe globaler Migration und geben einen groben Überblick über das gegenwärtige Ausmaß an weltweiten Wanderungsbewegungen.

Migrationsbewegungen

Obwohl Migration kein neues Phänomen ist, hat die Soziologie erst jüngst diesem Aspekt des sozialen Lebens größere Aufmerksamkeit gewidmet. In der deutschsprachigen Soziologie wurde das Thema unter dem Begriff Wanderung abgehandelt, doch seit einiger Zeit benutzt man auch im Deutschen den Ausdruck Migration. Das gestiegene Interesse für das Phänomen Migration hängt sehr eng mit ihrer ansteigenden Bedeutung und ihrem wachsendem Umfang zusammen. Schätzungen gehen dahin, dass gegenwärtig rund 175 Millionen Menschen oder drei Prozent der Weltbevölkerung in einem anderen als dem Land, in welchem sie geboren wurden, leben (United Nations/Department of Economic and Social Affairs/Population Division 2002), was einige Sozialwissenschaftler veranlasst hat, von einem „Zeitalter der Migration" zu sprechen (Castles und Miller 1993).

Immigration   Immigration, also die Einwanderung von Menschen in ein Land, um
Emigration   sich dort niederzulassen, und Emigration, der Prozess, im Verlauf dessen Menschen ein Land verlassen, um sich in einem anderen niederzulassen, verknüpfen verschiedene Länder so miteinander, dass ein globales Migra-

tionsmuster entsteht, welches Entsende- und Aufnahmeländer miteinander verknüpft. Verschiedene Soziologen haben versucht, durch Klassifikationen ein wenig mehr Klarheit in diese Muster zu bringen. Der amerikanische Soziologe Charles Tilly hat vorgeschlagen, zwei Dimensionen zu berücksichtigen, nämlich die Entfernung, die zwischen Ausgangs- und Zielland liegt, und das Ausmaß, in welchem Migranten sich von ihrer Herkunftsumgebung kulturell und sozial distanzieren. Kreuzt man diese zwei Dimensionen, erhält man vier Typen von Migration:

1. lokale Migration (geringe Entfernung, geringe Distanzierung),

2. zirkulare Migration (beliebige Entfernung, geringe Distanzierung),

3. Kettenmigration (mittlere bis große Entfernung, mittlere Distanzierung) und

4. Karrieremigration (große Entfernung und große Distanzierung) (Tilly 1978).

Beispiele für lokale Migration sind heiratsbedingte Ortswechsel; zur zirkularen Migration gehören alle Formen von Saisonarbeit, die Kettenmigration führt dazu, dass Stadtteile wie Little Italy oder Chinatown entstehen können, wohin Verwandte und Freunde von Migranten nachkommen – im Fall des Entstehens ethnischer Enklaven in der Aufnahmegesellschaft wird die Distanzierung gegenüber der Herkunftskultur geringer sein, als wenn sich die Migranten stärker in die neue Mehrheitsgesellschaft integrieren, wie beispielsweise die meisten der frühen deutschsprachigen Auswanderer in die USA. Von Karrieremigration spricht Tilly, um jene zu charakterisieren, die wegen eines besseren Fortkommens anderswo hin ziehen, was meist mit einer starken Distanzierung von der Herkunftskultur verbunden ist. Diese Typologie hilft verschiedene Formen von Migrationsgründen und -folgen auseinanderzuhalten, ohne dass man gleich bei völliger Beliebigkeit landet.

Beim Studium aktueller Trends der Migration haben Stephen Castles und Mark Miller (1993) vier Tendenzen ausgemacht, von denen die beiden Autoren meinen, dass sie die Migration in den kommenden Jahren charakterisieren werden:

1. *Beschleunigung*
Migration über Staatsgrenzen hinweg wird quantitativ weiter zunehmen.

2. *Auffächerung*
Die meisten Länder erleben, dass die heute kommenden Migranten viel unterschiedlicher sind, verschiedene Qualifikationen mitbringen und Industriearbeiter und politische Flüchtlinge nicht mehr die dominanten Migranten sind.

3. *Globalisierung*
Migration findet heute weltweit statt und umfasst neben Entsender- und Empfängerländern auch Transitstaaten.

4. *Feminisierung*

Während in früheren Zeiten Migranten vornehmlich Männer waren, wandern heute zunehmend auch Arbeit suchende Frauen aus, während sie in früheren Zeiten vor allem als Ehefrauen den Männern folgten. Das hängt mit der steigenden Nachfrage nach Hausangestellten und Pflegepersonal ebenso zusammen wie mit der Expansion von Sextourismus und dem modernen Frauenhandel, der Frauen zu Prostituierten macht oder sie als Ehefrauen vermittelt.

Siehe dazu auch Kapitel 5 – Sexualität, Geschlecht und Gender.

Globalisierung und Migration

Was sind die Kräfte, die die globale Migration vorantreiben, und welche Rolle spielt dabei die Globalisierung? Viele frühe Theorien über Migration konzentrierten sich auf die sogenannten Schub- und Sogfaktoren (*push and pull factors*). Schubfaktoren waren alle Umstände, die jemanden veranlassten, das Land, in dem man bisher lebte, zu verlassen: Krieg, Hunger infolge von Missernten, politische Unterdrückung oder Bevölkerungswachstum. Als Sogfaktoren wurden dagegen jene Kräfte bezeichnet, die das Leben in einem anderen Land erstrebenswerter erscheinen ließen, weil sich dort mehr oder bessere Gelegenheiten boten: Prosperierende Arbeitsmärkte, bessere Lebensbedingungen oder auch geringere Bevölkerungsdichte zogen Migranten in bestimmte Länder.

Schub- und Sogfaktoren

In jüngerer Zeit wurden Theorien, die Schub und Sog gegenüberstellten, als zu schlichte Erklärungen für sehr komplexe Phänomene kritisiert. Die Kritiker hoben hervor, dass globale Migrationsmuster ein System bilden, in dem Mikro- und Makroprozesse ineinandergreifen. Das klingt komplizierter, als es ist: Makroprozesse sind hier Phänomene, wie die politische Situation, Einwanderungsgesetze, Änderungen der Weltwirtschaft; als Mikroprozesse werden die Ressourcen, das Wissen und die Situationsdeutungen der Migranten selbst verstanden.

Das Ineinandergreifen von Makro- und Mikroprozessen kann man sich am Beispiel der Türken in Deutschland vergegenwärtigen. Auf der Makroebene benötigte die deutsche Wirtschaft in den Jahren des Wirtschaftswunders billige Arbeitskräfte und führte deswegen das Gastarbeitersystem ein; die wirtschaftliche Situation in der Türkei war damals – und ist weitgehend noch heute – dadurch gekennzeichnet, dass dort niedrigere Löhne bezahlt wurden. Auf der Mikroebene sind die Netzwerke und gegenseitige Hilfe der türkischen Immigranten in Deutschland und die Aufrechterhaltung enger Beziehungen zu in der Türkei verbliebenen Familienangehörigen und Verwandten zu erwähnen. Unter potenziellen türkischen Emigranten spielten das Wissen über in Deutschland vorhandenes soziales Kapital – Hilfe durch die türkische Gemeinschaft und dergleichen – und das zugängliche oder vorhandene Wissen über Arbeits- und Verdienstmöglichkeiten in Deutschland derart zusammen, dass Deutschland zum beliebtesten Migrationsland der emigrierenden Türken wurde.

Globale Diaspora

Eine weitere Möglichkeit, globale Migrationsmuster zu verstehen, konzentriert sich auf die Analyse der Diaspora. Dieser Ausdruck bezeichnet eine ethnische Gruppe, die außerhalb des Heimatlandes lebt, was oft genug das Resultat gewaltsamer Vertreibung ist, in der Fremde aber den Zusammenhalt als ethnische Gruppe bewahren kann. Die historisch bekanntesten Beispiele sind die jüdische und die afroamerikanische Diaspora. Obwohl die Mitglieder einer Diaspora definitionsgemäß geografisch weit verstreut sind, gelingt es ihnen, einen Zusammenhalt zu bewahren, sei es im Wege eines kollektiven Gedächtnisses, in dem die Bindungen an eine gemeinsame Vergangenheit die wichtigste Rolle spielen, oder auch durch Aufrechterhaltung des Kontaktes mit dem Herkunftsland, wenn die Vertreibung keine vollständige war.

Robin Cohen hat betont, dass es neben den bekanntesten Formen von Diaspora, die durch eine gewaltsame, nahezu vollständige Vertreibung aus dem Herkunftsland gekennzeichnet sind, auch noch ganz andere Formen von Diaspora geben kann. In *Global Diasporas* (1997) benutzt Cohen einen historischen Zugang und identifiziert auf der Basis der Kräfte, die die ursprüngliche Vertreibung verursachten, fünf Kategorien von Diaspora: *Opfer* (wie bei den nach Amerika verschleppten Afrikanern, den Juden und den Armeniern), *Imperien* (wie z.B. als Folge des Britischen Empire), *Arbeit* (z.B. Inder in Südafrika, Türken in Europa), *Handel* (z.B. Chinesen, die in Südostasien, Amerika und Europa „Chinatowns" bilden) und *Kultur* (z.B. die Reggae-Musik, die aus der Karibik nach Europa und in die USA „wandert"). In bestimmten Fällen erfolgte die Migration großer Zahlen von Personen freiwillig und nicht als Resultat traumatischer Erfahrungen. Zumeist, so räumt Cohen ein, überlappen sich in der sozialen Realität die verschiedenen Formen.

globale Diaspora

Trotz all dieser Verschiedenheiten weisen alle Formen von Diaspora einige gemeinsame Merkmale auf. Cohen meint, dass sie alle die folgenden Kriterien erfüllen:

- gezwungene oder freiwillige Migration aus einem Heimatland in eines oder mehrere andere Länder;
- ein gemeinsam geteiltes Gedächtnis über die Ursprünge im Heimatland, eine Bindung an dieses und ein gemeinsam geteilter Glaube der Möglichkeit, einst dorthin zurückzukehren;
- eine starke ethnische Identität, die über Zeit und Raum hinweg aufrechterhalten wird;
- ein Gefühl der Solidarität gegenüber den anderen Mitgliedern der eigenen ethnischen Gruppe, die auch in der Diaspora leben;
- ein gewisses Maß an Distanz gegenüber der Aufnahmegesellschaft und
- die Fähigkeit zu wertvollen und kreativen Beiträgen zur Kultur der pluralistischen Aufnahmeländer.

Cohen wurde dafür kritisiert, komplexe und viele Besonderheiten aufweisende Migrationsphänomene allzu sehr vereinfacht zu haben, indem er bestimmte Typen von Diaspora mit bestimmten ethnischen Gruppen zu eng verknüpfte; andere kritisierten ihn dafür, dass seine Kriterien nicht genau genug definiert worden wären. Dennoch ist sein Beitrag von Bedeutung, weil er uns daran erinnert, dass Diaspora kein statisches Phänomen ist, sondern einen lebendigen Prozess der Bildung und Aufrechterhaltung eines kollektiven Gedächtnisses darstellt, das ethnische Identität in einer Zeit raschen sozialen Wandels aufrechtzuerhalten vermochte.

Ein bemerkenswertes Phänomen im Zusammenhang mit Diaspora-Gruppen sind die Rücküberweisungen (Rimessen) von in der Fremde Lebenden und Arbeitenden zugunsten ihrer Angehörigen in den Herkunftsländern. Die Weltbank errechnete, dass von Migranten, die in den Aufnahmeländern wenigstens ein Jahr lang oder auch länger leben, im Jahr 2004 insgesamt 226 Milliarden US-Dollar in die jeweiligen Heimatländer überwiesen wurden. In bestimmten Ländern, wie beispielsweise Bosnien-Herzegowina, Moldawien, Jordanien, Haiti und Lesotho, machten die Rücküberweisungen mehr als ein Fünftel des dortigen Bruttonationalprodukts aus (UN Department of Economic and Social Affairs 2006).

Schlussfolgerung

In unserer globalisierten Welt wandern Ideen und Personen viel leichter und in größerer Zahl über Staatsgrenzen hinweg. Diese Vorgänge beeinflussen die Gesellschaften, in denen wir leben, nachhaltig. Viele Gesellschaften wurden zum ersten Mal in ihrer Geschichte ethnisch bunter; andere erleben, dass bestehende multi-ethnische Verhältnisse verändert und intensiviert wurden. In allen Gesellschaften kommt eine immer größere Zahl von Individuen regelmäßig mit anderen in Kontakt, die anders denken, anders aussehen und anders leben als sie selbst. Dabei spielen reale Personen ebenso eine Rolle wie die Bilder, die wir durch Medien und das Internet von anderen vermittelt bekommen.

Einige begrüßen diese neue ethnische und kulturelle Vielfalt als Zeichen einer vitalen kosmopolitischen Gesellschaft. Andere empfinden Angst und fühlen sich bedroht. Jene, die zu einer fundamentalistischen Sichtweise neigen, lehnen den Kontakt mit Angehörigen fremder Kulturen und Religionen ab und suchen Rückhalt in einer traditionellen Lebensform. Viele der heute stattfindenden ethnischen Konflikte wurzeln in dieser traditionellen oder vielfach auch fundamentalistischen Weltsicht. Eine der wichtigsten Herausforderungen, mit der eine sich globalisierende Welt konfrontiert ist, ist die Schaffung einer Gesellschaft, die tatsächlich kosmopolitisch ist.

Zusammenfassung

1. Der Begriff Rasse bezieht sich auf physische Merkmale, wie Hautfarbe, die von Mitgliedern einer Gemeinschaft oder einer Gesellschaft als ethnisch signifikant behandelt werden. Viele der landläufigen Meinungen zur „Rasse" gehören in das Reich der Mythen. Es gibt keine eindeutigen körperlichen Merkmale, anhand derer man die Menschen nach Rassen einteilen könnte.

2. Bestimmte Teile der Bevölkerung bilden ethnische Gruppen, wenn sie gemeinsame kulturelle Merkmale aufweisen, durch die sie sich von der übrigen Bevölkerung unterscheiden. Der Ausdruck Ethnizität bezieht sich auf kulturelle Unterschiede, die Gruppen voneinander abgrenzen. Die wichtigsten Unterscheidungsmerkmale einer Gruppe sind Sprache, Geschichte, Vorfahren, Religion und der Stil der Bekleidung oder der Haartracht. Ethnische Unterschiede sind zur Gänze erlernt, obwohl sie manchmal als „angeboren" betrachtet werden.

3. Eine Minderheit ist eine Gruppe, deren Mitglieder von der Mehrheitsbevölkerung diskriminiert werden. Mitglieder einer Minderheit haben oft ein starkes Zusammengehörigkeitsgefühl, das zum Teil aus der kollektiven Erfahrung der Ausgrenzung resultiert.

4. Rassismus bedeutet, dass man Individuen mit einer bestimmten physischen Erscheinungsform fälschlich ererbte Persönlichkeits- oder Verhaltensmerkmale zuschreibt. Ein Rassist ist jemand, der glaubt, dass die angeblich minderwertigen Merkmale von Menschen eines bestimmten physischen Typs biologisch erklärt werden können.

5. Als institutionellen Rassismus bezeichnet man ein Muster der Diskriminierung, das zu Strukturen bestehender sozialer Institutionen verfestigt wurde.

6. Als neuen Rassismus bezeichnet man Einstellungen, die auf kulturelle Unterschiede Bezug nehmen, und nicht mehr auf biologische Unterlegenheit.

7. In multi-ethnischen Gesellschaften wurden drei Modelle der ethnischen Integration entwickelt: Assimilation, der Schmelztiegel und der kulturelle Pluralismus. Assimilation: Neue Migrantengruppen übernehmen die Einstellung und die Sprache der dominanten Gemeinschaft. Schmelztiegel: Die verschiedenen Kulturen und Perspektiven der ethnischen Gruppen einer Gesellschaft vermischen sich miteinander. Pluralismus: Ethnische Gruppen existieren getrennt voneinander und nehmen am wirtschaftlichen und politischen Leben teil.

8. Multi-ethnische Staaten sind häufig sehr anfällig für ethnische Konflikte. Ethnische Säuberung ist eine Form des ethnischen Konflikts, bei dem durch massenhafte Vertreibungen anderer ethnischer Gruppen ethnisch homogene Gebiete geschaffen werden. Als Genozid bezeichnet man die systematische Tötung von Angehörigen einer ethnischen Gruppe durch eine andere Gruppe.

9. Immigration hat dazu geführt, dass in Europa, den USA und anderen industriellen Ländern zahlreiche verschiedene ethnische Gruppen existieren. In den Vereinigten Staaten gibt es bedeutende ethnische Spaltungen, vor allem zwischen Weißen und Schwarzen. Ethnische Spaltungen sind in den europäischen Ländern weniger tief greifend, doch auch dort sind schon größere Konflikte aufgetreten.

10. In Europa traten nach dem Ende des Kalten Krieges, im Zusammenhang mit den ethnischen Konflikten im früheren Jugoslawien und im Zuge der Erweiterung der Europäischen Union neue Formen der Immigration auf. Die illegale Einwanderung nach Europa nahm in dem Maße zu, in dem legale Einwanderung und die Gewährung politischen Asyls erschwert wurde.

11. Migration ist die Wanderung von Personen aus einer Region oder Gesellschaft der Welt in eine andere, die mit der Absicht unternommen wird, sich am neuen Ort permanent niederzulassen. Globale Migration heißt die Wanderung von Personen über Staatsgrenzen hinweg; sie hat seit Ende des Zweiten Weltkriegs stark zugenommen und wird im Zusammenhang mit der Globalisierung wohl auch in Zukunft eine große Bedeutung haben. Als Diaspora bezeichnet man die Verstreuung ethnischer Gruppen vom Ursprungsland in andere Staaten, was oftmals mit gewaltsamer Vertreibung verbunden ist und unter traumatischen Umständen erfolgt.

Glossar

Assimilation. Die Absorption einer Minderheit durch die Mehrheitsbevölkerung, wobei die Minderheitengruppe die Werte und Normen der dominanten Kultur übernimmt.

Diskriminierung. Aktivitäten, durch die den Mitgliedern einer bestimmten Gruppe Ressourcen oder Auszahlungen vorenthalten werden, die anderen zur Verfügung stehen. Diskriminierung muss von Vorurteilen unterschieden werden, obwohl die beiden Phänomene für gewöhnlich in einem engen Zusammenhang stehen. Es kann vorkommen, dass Personen zwar Vorurteile gegenüber bestimmten Menschen haben, diese aber nicht diskriminieren; umgekehrt kann jemand Leute diskriminieren, gegen die er keinerlei Vorurteile hegt.

Emigration. Die Wanderung von Personen von einem Land in ein anderes, in dem sie sich permanent niederlassen wollen.

Endogamie. Das Verbot der Heirat oder von sexuellen Beziehungen mit Personen anderer als der eigenen sozialen Gruppe.

Ethnie. Eine Bevölkerungsgruppe, die Vorstellungen über gemeinsame Vorfahren, eine geteilte kulturelle Identität und eine Verbindung zu einem bestimmten als Heimat begriffenen Territorium teilt.

Ethnische Säuberung. Die Schaffung ethnisch homogener Territorien durch die Vertreibung von Mitgliedern anderer ethnischer Gruppen.

Ethnizität. Kulturelle Werte und Normen, die die Mitglieder einer gegebenen Gruppe von anderen unterscheiden. Die Mitglieder einer ethnischen Gruppe verfügen über ein deutliches Bewusstsein einer gemeinsamen kulturellen Identität, die sich von den sie umgebenden Gruppen abhebt. In praktisch allen Gesellschaften sind ethnische Unterschiede mit Unterschieden der Macht und des Besitzes verknüpft. Haben ethnische Distinktionen eine „rassische" Basis, sind derartige Unterschiede nicht selten besonders stark ausgeprägt.

Ethnozentrismus. Die Tendenz, die Ideen oder Praktiken einer anderen Kultur unter Bezug auf jene der eigenen Kultur zu interpretieren. Ethnozentrischen Urteilen gelingt es nicht, die wahren Qualitäten anderer Kulturen zu erkennen. Ein ethnozentrisches Individuum ist jemand, der unfähig oder unwillig ist, andere Kulturen relativ zu deren eigenen Kriterien zu betrachten.

Genozid. Die systematisch geplante Ausrottung einer „rassischen", politischen oder kulturellen Gruppe.

Globale Diaspora. Eine ethnische Gruppe, die oft als Resultat gewaltsamer Vertreibung außerhalb des Heimatlandes lebt, in der Fremde aber den Zusammenhalt als ethnische Gruppe bewahren kann.

Immigration. Die Einwanderung von Personen eines anderen Landes in ein bestimmtes Land, in dem sie sich permanent niederlassen wollen.

Institutioneller Rassismus. Muster der Diskriminierung, die auf ethnische Merkmale Bezug nimmt und in bestehenden sozialen Institutionen ihren Ausdruck findet.

Kultureller Pluralismus (Multikulturalismus). Ethnische Gruppen leben gleichberechtigt innerhalb einer Gesellschaft und bilden in ihr Subkulturen.

Minderheitengruppe (oder **Ethnische Minderheit**). Eine Gruppe von Menschen, die in einer bestimmten Gesellschaft eine Minderheit darstellt und die sich aufgrund ihrer spezifischen physischen oder kulturellen Merkmale gegenüber anderen Mitgliedern dieser Gesellschaft benachteiligt findet.

Neuer Rassismus. Rassistische Weltanschauung, die kulturelle und religiöse Differenzen stärker betont als biologische.

Projektion. Die Verlagerung von Ideen oder Emotionen von ihrer wahren Quelle fort auf ein anderes Objekt.

Rasse. Biologische Unterschiede zwischen Menschen, die als Grundlage der Zusammenfassung großer Zahlen von Individuen wahrgenommen werden.

Rassenzuschreibung (racialization). Der Prozess, aufgrund dessen wie immer verstandene Vorstellungen von „Rasse" verwendet werden, um Individuen oder Gruppen zu klassifizieren. Die dabei verwendeten „rassischen" Unterschiede beschreiben nicht nur Differenzen, sondern sind wichtige Faktoren bei der Reproduktion von Machtunterschieden und Ungleichheiten.

Rassismus. Die Zuschreibung der Überlegenheit oder der Minderwertigkeit an eine Bevölkerungsgruppe, deren Mitglieder bestimmte vererbte Körpermerkmale gemeinsam haben. Der Rassismus ist eine spezifische Form des Vorurteils, das an die physischen Unterschiede zwischen Personen anknüpft. Rassistische Einstellungen fassten vor allem während der Kolonialisierung durch den Westen Fuß, doch scheinen sie auch auf Mechanismen des Vorurteils und der Diskriminierung zu beruhen, die man in sehr vielen Kontexten des Lebens verschiedener menschlicher Gesellschaften findet.

Ressourcenverteilung. Die Verwendung verschiedener sozialer und materieller Ressourcen durch soziale Gruppen oder soziale Bewegungen.

Schließung von Gruppen. Der Prozess, durch den Gruppen für sich selbst eine deutliche Grenze schaffen und sich so von anderen Gruppen absetzen.

Schmelztiegel. Die Idee, dass ethnische Unterschiede miteinander kombiniert werden können, um neue Verhaltensmuster hervorzubringen, die sich aus verschiedenen kulturellen Quellen herleiten.

Schub- und Sogfaktoren (push and pull factors). Bezeichnung der internen und externen Kräfte, die Migration beeinflussen. Schubfaktoren sind jene Kräfte, die Personen zum Verlassen ihres Landes drängen, wie Krieg, Hunger, Arbeitslosigkeit, Verfolgung. Sogfaktoren sind jene Kräfte, die ein anderes Land attraktiv erscheinen lassen, um dorthin zu übersiedeln, wie z.B. Arbeitsmarktlage, Aufstiegsmöglichkeiten, geringere Bevölkerungsdichte, höherer Lebensstandard.

Stereotyp. Starre und unveränderliche Charakterisierung einer Gruppe von Personen.

Vorurteil. Vorgefasste Meinung über ein Individuum oder eine Gruppe, die sich der Veränderung auch angesichts neuer Informationen widersetzen. Vorurteile können positiv oder negativ sein.

Weiterführende Literatur

Burtscher, Simon (2009), *Zuwandern – aufsteigen – dazugehören. Etablierungsprozesse von Eingewanderten*, Innsbruck: StudienVerlag.

Elias, Norbert & John L. Scotson ([1965] 2006), *Etablierte und Außenseiter*, Frankfurt: Suhrkamp.

Kalter, Frank, Hg. (2008), *Migration und Integration*, Kölner Zeitschrift für Soziologie und Sozialpsychologie, Sonderheft 48, Wiesbaden: VS Verlag für Sozialwissenschaften.

Filme zum Thema

„Just a Kiss"(USA 2002), Regie: Ken Loach

„Gangs of New York" (USA 2002), Regie: Martin Scorsese

„Operation Spring" (Österreich 2006), Regie: Angelika Schuster, Tristan Sindelgruber

„Rat mal wer zum Essen kommt" (USA 1967), Regie: Stanley Kramer

„Mississippi Burning – Die Wurzel des Hasses" (USA 1988), Regie: Alan Parker

„Ein Augenblick Freiheit" (Österreich, Frankreich, Türkei 2007), Regie: Arash T. Riahi

Internet-Tipps

International Organization for Migration
www.iom.int/jahia/jsp/index.jsp

UN Department of Economic and Social Affairs (UNDP)
www.un.org/esa/population/unpop.htm

Die Agentur der Europäische Union für Grundrechte berichtet regelmäßig
über Diskriminierung und Vorurteile
http://fra.europa.eu/fraWebsite/home/home_en.htm

UN Flüchtlingshochkommisariat (UNHCR)
www.unhcr.at/

Schichtung und Klassenstruktur

11

Die wenigsten Autofahrer wissen vermutlich, dass viele Teile ihres Fahrzeuges von derselben Zulieferfirma stammen, gleich welche Automarke sie bevorzugen. Jedes in den USA hergestellte Auto enthält Teile im Wert von 700 US-Dollar von dieser einen Firma: Ihr Name ist Magna International und sie betreibt weltweit rund 300 Fabriken an vielen verschiedenen Standorten. Ihr Gründer und Haupteigentümer ist Frank Stronach. Er wurde als Franz Strohsack in der Oststeiermark (Österreich) geboren, wo er eine Lehre als Maschinenschlosser absolvierte und danach als Schlosser arbeitete. 1954 wanderte er nach Kanada aus, wo er anfangs als Hilfsarbeiter tätig war. Drei Jahre später gründete er seine erste Firma. Bis in die 1990er Jahre war er in seiner alten Heimat kaum bekannt, in Kanada besaß Magna wegen seiner gewerkschaftsfeindlichen Haltung schon damals einen zweifelhaften Ruf. Nachdem er 1986 in Österreich eine erste Produktionsstätte eröffnete, erwarb Stronach rasch großes Ansehen, wozu auch beitrug, dass er es gern sah, wenn die Medien über ihn und seine Aktivitäten berichteten – außer sie nahmen sich der Frage der Belegschaftsvertretung an.

Wenige von uns können erwarten, jemals so reich wie Stronach zu werden. Sein bemerkenswerter Aufstieg wirft für Soziologen einige interessante Fragen auf. Ist Stronach bloß die sprichwörtliche Ausnahme? Wie groß ist die Wahrscheinlichkeit, dass jemand aus eigenem Können den Weg vom gewöhnlichen Arbeiter zum Superreichen schafft? Wie viele Leute steigen sozial im Laufe ihres Lebens *ab*, verglichen mit den wenigen Stronachs, die es hinauf schaffen? Die Frage des enormen Reichtums, den Stronach in demonstrativer Weise vorführt – sein Jahressalär als CEO von Magna betrug im Jahr 2004 40 Millionen US-Dollar, genug, um sich einen der größten Rennpferdeställe der Welt leisten zu können (Watson 2005) –, führt zu allgemeinen Fragen über die Ungleichheit in unseren Gesellschaften. Welche Faktoren beeinflussen die soziale Position, die jemand in unseren Gesellschaften einnimmt? Sind Ihre Chancen geringer, wenn Sie eine Frau sind? Wie wirkt sich die Globalisierung auf Ihre Lebenschancen aus? Das sind bloß ein paar der Fragen, die Soziologen stellen und auf die sie Antworten suchen. Die Untersuchung sozialer Ungleichheiten ist eines der wichtigsten Felder soziologischer Forschung, weil die uns zur Verfügung stehenden materiellen Ressourcen weitgehend unser Leben beeinflussen. In diesem Kapitel behandeln wir die Fragen, die sich Soziologen stellen, wenn sie über soziale Schichtung und Klassenstruktur sprechen. Danach diskutieren wir einige der einflussreichsten Klassentheorien und ihre Bemühungen, Schichtungsunterschiede empirisch festzustellen. Nach einem detaillierten Überblick über die Klassenstruktur westlicher Gesellschaften wenden wir uns der Frage der sozialen Mobilität zu, schließlich erörtern wir am Ende des Kapitels die Frage, welche Bedeutung soziale Klassen für unser Verständnis der Gegenwartsgesellschaften besitzen.

Systeme der sozialen Schichtung

Soziologen sprechen von sozialer Schichtung, um Ungleichheiten zwischen Individuen und sozialen Gruppen in menschlichen Gesellschaften zu beschreiben. Oft denken wir über Schichtung in Begriffen von persönlichem Besitz oder Reichtum, aber es können auch Faktoren wie Geschlecht, Alter, Religionszugehörigkeit oder militärischer Rang die Schichtung bestimmen.

Individuen und soziale Gruppen besitzen unterschiedlichen (ungleichen) Zugang zu Belohnungen, die dem System der sozialen Schichtung zugrunde liegen. Am einfachsten kann Schichtung als strukturierte Ungleichheit zwischen bestimmten Gruppen von Menschen definiert werden. Dabei ist es hilfreich, sich die soziale Schichtung wie verschiedene übereinanderliegende Gesteinsschichten vorzustellen. Gesellschaften können so betrachtet werden, dass sie aus hierarchisch übereinanderliegenden Schichten bestehen, wo die Bevorzugtesten an der Spitze und die am wenigsten Privilegierten am Boden zu finden sind.

Alle sozial geschichteten Systeme haben drei Merkmale gemeinsam:

1. *Die Rangordnungen beruhen auf sozialen Merkmalen, die Personen gemeinsam aufweisen, ohne dass diese notwendigerweise miteinander verknüpft sind oder einander gegenseitig beeinflussen.* Beispielsweise können Frauen eine andere Position als Männer einnehmen oder Reiche von Armen unterschieden werden. Dabei ist nicht gemeint, dass einzelne Personen einer bestimmten Kategorie diese nicht wechseln können; allerdings bleiben die Kategorien selbst bestehen, auch wenn Individuen in einen anderen Rang wechseln können.

2. *Die Lebenserfahrungen und Lebenschancen von Menschen hängen sehr stark davon ab, welchen Rang die Kategorie hat, der sie zugeordnet sind.* Ob Frau oder Mann, Einwanderer oder Einheimischer, Oberschicht oder Arbeiterklasse beeinflusst sehr stark die Lebenschancen – oft ebenso stark wie persönliche Erfolge oder Glück (wie im Fall eines Lotteriegewinns).

3. *Die Rangplätze verschiedener sozialer Kategorien ändern sich im Verlauf der Zeit nur sehr langsam.* So haben Frauen erst in jüngster Zeit die formale Gleichheit gegenüber Männern erlangt.

Mehr über Gleichheit zwischen Männern und Frauen findet man im Kapitel 5 – Sexualität, Geschlecht und Gender.

Wie wir im Kapitel 2 gesehen haben, haben sich geschichtete Gesellschaften im Verlauf der Menschheitsgeschichte durchaus gewandelt. In den frühesten menschlichen Gesellschaften, die von Jägern und Sammlern gebildet wurden, gab es wenig soziale Schichtung – vornehmlich, weil wenig Reichtum oder andere Güter vorhanden waren, die aufgeteilt werden hätten können. Die Entwicklung der Landwirtschaft hatte einen bedeutend größeren Reichtum zur Folge und folglich nahm die soziale Schichtung zu. Die soziale Schichtung agrarischer Gesellschaften erinnert sehr stark an eine Pyramide, mit einer großen Zahl von Personen an der Basis und zunehmend kleineren Gruppen weiter oben. Heutige industrielle oder postindustrielle Gesellschaften sind weitaus komplexer; ihre Form erinnert an einen Tropfen, mit einer großen Zahl von Personen in mittleren und Rängen der unteren Mitte (die sogenannte Mittelschicht), eine etwas kleinere Zahl am unteren Ende und immer weniger Personen, je mehr wir uns der Spitze nähern.

Historisch lassen sich vier grundlegende Systeme der sozialen Schichtung unterscheiden: Sklaverei, Kastenwesen, Stände und Klassen. Manchmal findet man mehrere zur gleichen Zeit: Beispielsweise existierten im antiken Griechenland und Rom Sklaverei neben Klassen, dasselbe war der Fall im amerikanischen Süden vor dem Bürgerkrieg der 1860er Jahre.

Sklaverei

Die Sklaverei ist eine extreme Form der Ungleichheit, bei der bestimmte Individuen buchstäblich Eigentum anderer Personen sind. Die gesetzlichen Grundlagen für dieses Eigentum waren von Gesellschaft zu Gesellschaft verschieden. Manchmal hatten Sklaven vor dem Gesetz praktisch überhaupt keine Rechte – wie das in den amerikanischen Südstaaten der Fall war –, in anderen Fällen wiederum entsprach ihre Position eher der eines Dieners. Im Athen der Antike hatten Sklaven manchmal verantwortungsvolle Posten inne. Außer in der Politik und beim Militär waren sie praktisch in allen Berufen anzutreffen. Einige konnten lesen und schreiben und arbeiteten als Regierungsbeamte, viele waren Handwerker. Allerdings konnten sich nicht alle Sklaven derart glücklich schätzen. Für die weniger Begünstigten begann und endete der Tag in den antiken Bergwerken.

Sklaverei　Die Versklavten haben immer wieder gegen ihr Los rebelliert. Es gab Sklavenaufstände, bei denen sich Sklaven zusammentaten und ihre Herren abzuschütteln versuchten. Die Systeme der Sklavenzwangsarbeit – wie jene auf den Plantagen – haben sich aber aus einem anderen Grund immer wieder als instabil erwiesen: Hohe Produktivität kann nur durch ständige Überwachung und brutale Strafen erreicht werden. Systeme, die auf Sklavenarbeit beruhen, brechen einerseits wegen der Konflikte, die sie hervorrufen, auseinander, und andererseits, weil wirtschaftliche oder andere Anreize Menschen wirksamer motivieren als direkter Zwang. Die Sklaverei ist einfach nicht sehr effizient. Dazu kam noch, dass etwa ab dem 18. Jahrhundert viele Menschen in Europa und Amerika die Sklaverei für unmoralisch zu halten begannen. Auch wenn Sklaverei heute weltweit verboten ist, existiert sie noch in einigen Gegenden. Jüngste Forschungen haben dokumentiert, dass immer noch Personen gewaltsam und gegen ihren Willen festgehalten und zur Arbeit gezwungen werden. Versklavte Ziegelarbeiter in Pakistan, Sexarbeiterinnen in Thailand und Haussklaven in vergleichsweise reichen Ländern des Westens zeigen, dass Sklaverei, und damit eine sehr ernsthafte Verletzung der Menschenrechte, auch heute noch besteht (Bales 2001).

Das Kastenwesen

Das Kastenwesen ist ein soziales System, worin jemandes sozialer Status lebenslang fixiert ist. In Kastengesellschaften sind die verschiedenen sozialen Schichten geschlossen, sodass Individuen lebenslang dort, wo sie durch den Zufall der Geburt platziert wurden, zu verharren haben. Jedermanns sozialer Status beruht auf persönlichen Merkmalen – wie Rasse oder ethnische Zugehörigkeit, die vielfach auf physische Merkmale wie Hautfarbe Bezug nimmt –, die dem Zufall der Geburt zu verdanken sind und die man in Kastengesellschaften für unveränderlich hält. Eine Person wird in eine bestimmte Kaste hineingeboren und verbleibt dort ihr Leben lang. In gewisser Weise können Kastengesellschaften als Sonderfall von Klassengesellschaften betrachtet werden, wo die Klassenzugehörigkeit durch Geburt zugeschrieben wird. Kastensysteme findet man vor allem in agrarischen Gesellschaften, die sich nicht zu industriellen Gesellschaften weiterentwickelt haben, wie beispielsweise das ländliche Indien oder Südafrika vor dem Ende der weißen Herrschaft im Jahr 1992.

Kasten

   In vormoderner Zeit gab es Kastensysteme weltweit. In Europa wurden beispielsweise die Juden sehr häufig wie eine Kaste behandelt. Sie wurden gezwungen, in bestimmten Stadtteilen zu leben und es war ihnen verboten, nichtjüdische Personen zu heiraten (oft durften sie mit diesen nicht einmal verkehren). Der Name Getto geht auf das Venedig des Mittelalters zurück, wo 1516 ein Stadtteil dieses Namens geschaffen wurde, in dem die Juden zu leben gezwungen waren. In der damaligen venezianischen Sprache bezeichnete der Ausdruck „campo gheto" den Platz, wo Gießereien ihre Schlacke auskühlen ließen. Später wurde dieser Ausdruck europaweit für jene Stadtbezirke benutzt, in denen die Juden per Gesetz verpflichtet waren, ihren Aufenthalt zu nehmen. Erst viel später wurde der Name auch für die innerstädtischen Wohnbezirke verwendet, die in amerikanischen Städten von ethnischen Minderheiten bewohnt werden. Der Name erinnert zu Recht an die Kastenartigkeit dieser Lebensumstände.

   In Kastengesellschaften ist der intime Kontakt mit Angehörigen anderer Kasten verpönt. Die „Reinheit" der Kaste wird häufig durch Regeln der Endogamie aufrechterhalten. Als Endogamie wird ein Heiratssystem bezeichnet, bei dem die Eheschließung durch Gesetz oder Sitte auf Angehörige der eigenen sozialen Gruppe (z.B. Kaste) beschränkt ist.

Endogamie

Stände

Die Stände waren Teil des europäischen Feudalismus, aber es gab sie auch in vielen anderen vormodernen Kulturen. Die feudalen Stände umfassen Bevölkerungsschichten mit wechselseitigen Verpflichtungen und Rechten, wobei einige dieser Unterschiede gesetzlich festgeschrieben waren. In Europa umfasste der höchste Stand den hohen und den niederen Adel. Der Klerus bildete einen weiteren Stand; sein Status war zwar niedriger, aber er besaß verschiedene Privilegien. Die Angehörigen des „dritten Standes"

– ein Ausdruck, der sich erst allmählich durchsetzte – waren die Gemeinen: Leibeigene, freie Bauern, Kaufleute und Handwerker. Im Unterschied zu den Kastengesellschaften wurden Heiraten und die individuelle Mobilität zwischen den Ständen bis zu einem bestimmten Grad toleriert. Gemeine konnten z.B. vom Herrscher zu Rittern geschlagen werden, um sie für besondere Dienste zu belohnen. Kaufleute konnten sich manchmal Titel kaufen. In Großbritannien gibt es immer noch Relikte aus dieser Zeit: Erbliche Titel werden dort noch anerkannt (obwohl die Peers seit 1999 nicht mehr automatisch das Stimmrecht im House of Lords, dem britischen Oberhaus, besitzen) und Geschäftsleute, Staatsdiener oder andere können für ihre Dienste zum Ritter geschlagen oder in den Rang von Peers erhoben werden.

Stände

Die Stände haben sich in der Vergangenheit überall dort herausgebildet, wo es eine auf Abstammung beruhende traditionelle Aristokratie gab. In Feudalsystemen wie im Europa des Mittelalters gab es eine enge Verbindung zwischen den Ständen und der lokalen Grundherrschaft; es handelte sich daher eher um lokale als um nationale Schichtungssysteme. In stärker zentralisierten traditionellen Reichen, wie z.B. China oder Japan, waren sie eher landesweit durchorganisiert. Manchmal rechtfertigte man die Unterschiede zwischen den Ständen mit religiösen Argumenten, aber sie wurden niemals so streng wie im hinduistischen Kastensystem durchgehalten.

Klasse

Klassensysteme unterscheiden sich in mehrfacher Hinsicht von der Sklaverei, vom Kastenwesen und von den Ständen. Wir können Klasse definieren als eine große Gruppe von Menschen, die über ähnliche wirtschaftliche Mittel verfügen, die die Gestalt ihres Lebensstils stark beeinflussen. Besitz von Reichtum und Beruf bilden die Basis der Klassendifferenzierung. Klassen unterscheiden sich von älteren Formen der sozialen Schichtung durch vier Merkmale:

1. *Klassensysteme sind fließend.* Im Unterschied zu den anderen Typen der Schichtung sind Klassen nicht durch rechtliche oder religiöse Vorschriften bestimmt. Die Grenzen zwischen den Klassen sind niemals scharf gezogen. Es gibt keine formalen Einschränkungen bezüglich der Heirat von Menschen aus verschiedenen Klassen.

Klasse 2. *Klassenlagen sind in gewissen Umfang erworben.* Die Klassenzugehörigkeit des Einzelnen wird nicht durch die Geburt fixiert, wie das in den anderen Schichtungssystemen der Fall ist. Die soziale Mobilität – der Aufstieg und der Abstieg innerhalb der Klassenstruktur – ist viel weiter verbreitet als in den anderen Schichtungstypen.

3. *Klasse ist wirtschaftlich bestimmt.* Die Klasse wird durch wirtschaftliche Unterschiede zwischen Gruppen von Individuen bestimmt – durch die Ungleichheiten des Eigentums an materiellen Ressourcen und der Kontrolle darüber. In den anderen Schichtungssystemen spielen im Allge-

meinen nichtwirtschaftliche Faktoren die wichtigste Rolle (z.B. im indischen Kastenwesen die Religion).

4. *Klassensysteme sind umfassend und unpersönlich.* In den anderen Schichtungssystemen drücken sich Ungleichheiten vor allem über das Verhältnis der persönlichen Verpflichtung aus – zwischen Leibeigenen und Grundherren, Sklaven und Herren oder zwischen den Angehörigen einer höheren und jenen einer niedrigeren Kaste. Klassensysteme funktionieren hauptsächlich auf der Basis umfassender und unpersönlicher Beziehungen. Eine wichtige Klassendistinktion besteht beispielsweise in der Ungleichheit des Einkommens und der Arbeitsbedingungen.

Es gibt Hinweise darauf, dass die Globalisierung die verbliebenen Kastensysteme beseitigen wird. Moderne industrielle Produktion hat zur Voraussetzung, dass Arbeitskräfte frei sind, jene Arbeiten anzunehmen, für die sie qualifiziert sind und die am Markt nachgefragt werden. Entsprechend der wirtschaftlichen Lage können sie Arbeitsplätze wechseln. Die strengen Beschränkungen, die in Kastensystemen vorherrschen, kollidieren mit dieser Freizügigkeit. Insofern die ganze Welt im Zuge der Globalisierung zu einem einheitlichen wirtschaftlichen System wird, geraten Kastensysteme unter zunehmenden Druck. Andererseits überleben bestimmte Elemente des Kastenwesens auch in postindustriellen Gesellschaften, beispielsweise in Form der Aufrechterhaltung des Systems arrangierter Ehen bei Immigranten.

Theorien der sozialen Schichtung in modernen Gesellschaften

Die Theorien von Karl Marx und Max Weber bilden die Basis für alle späteren soziologischen Analysen von Klasse und sozialer Schichtung.

Wissenschaftler, die in der marxistischen Tradition stehen, haben versucht, Ideen von Marx weiterzuentwickeln; andere bauen auf Webers Ideen auf. Wir beginnen mit einer Darstellung der Theorien von Marx und Weber und analysieren dann den neomarxistischen Ansatz, den Erik Olin Wright ausgearbeitet hat.

Kapitel 1 – Was ist Soziologie? enthält eine Einführung in die Gedanken von Marx und Weber und diskutiert, wozu Theorien dienen.

Die Theorie von Karl Marx

Die meisten Arbeiten von Karl Marx beschäftigten sich mit der Schichtung und vor allem mit den gesellschaftlichen Klassen, aber überraschenderweise hat er nie das Klassenkonzept systematisch entwickelt. Das Manuskript, an dem Marx arbeitete, als er starb (und das nach seinem Tod als Teil seines Hauptwerkes *Das Kapital* veröffentlicht wurde), bricht genau mit der Frage „Was konstituiert eine Klasse?" ab. Wir müssen also von seinem Gesamtwerk auf seinen Klassenbegriff schließen. Da die verschiedenen Passagen, in denen er auf die Klasse zu sprechen kommt, nicht immer ganz zusammenpassen, gab und gibt es unter den Wissenschaftlern zahlreiche Auseinandersetzungen darüber, was „Marx denn nun wirklich gemeint habe". Die wichtigsten Konturen seiner Theorie sind aber ziemlich klar (Marx [1867] 1993).

Was ist eine Klasse?

Marx versteht unter einer Klasse eine Gruppe von Menschen, die zu den Produktionsmitteln – den Mitteln, mit denen sie ihren Lebensunterhalt verdienen – eine gemeinsame Beziehung haben. Vor dem Aufkommen der modernen Industrie waren Grund und Boden bzw. Erntegeräte oder Weidevieh die wichtigsten Produktionsmittel. In vorindustriellen Gesellschaften gab es deshalb zwei große Klassen: die Landbesitzer (Aristokraten, niederer Adel oder Sklavenhalter) und jene, die ihre Arbeitskraft einsetzten, um auf diesem Land etwas zu produzieren (Leibeigene, Sklaven und freie Bauern). In den modernen Industriegesellschaften wurden Fabriken, Büros, Maschinen und das zu deren Anschaffung nötige Kapital immer wichtiger. Die beiden wichtigsten Klassen sind nun einerseits jene, die über diese neuen Produktionsmittel verfügen – Industrielle oder Kapitalisten – und andererseits die Arbeiterklasse, die durch den Verkauf ihrer Arbeitskraft an die Kapitalisten ihren Lebensunterhalt verdient. Etwas altertüm-

Proletariat lich ausgedrückt – doch von Marx manchmal vorgezogen – nennt man die Arbeiterklasse auch das Proletariat.

Das Verhältnis zwischen den Klassen ist Marx zufolge eines der Ausbeutung. In feudalen Gesellschaften bestand die Ausbeutung oft in Form eines direkten Transfers von Erzeugnissen von den Bauern an den Adel. Leibeigene mussten einen bestimmten Anteil ihrer Produktion ihren adeligen Herren überlassen oder eine bestimmte Anzahl von Tagen im Monat unentgeltlich auf den Feldern der Grundherrschaft arbeiten, damit der Grundherr und sein Gefolge von den Erträgen leben konnten. In modernen kapitalistischen Gesellschaften ist die Quelle der Ausbeutung besser verborgen, und Marx hat sich sehr bemüht, ihre Beschaffenheit zu klären und zu beschreiben. Im Verlaufe eines Arbeitstages, so Marx, produzieren die Arbeiter mehr, als die Arbeitgeber für das Entgelt der Arbeiter aufwenden. Dieser Mehrwert ist die Quelle des Profits, den Kapitalisten für ihre eigenen Zwecke nützen können. Nehmen wir an, eine Gruppe von Textilarbeitern würde z.B. pro Tag 100 Anzüge herstellen. Der Erlös aus dem Verkauf von 75 Prozent dieser Anzüge würde reichen, um die Löhne der Arbeiter zu zahlen. Das Einkommen aus dem Verkauf der übrigen Textilien wird als Profit abgeschöpft.

Marx stand unter dem Eindruck der Ungleichheiten, die das kapitalistische System hervorbringt. Obwohl in früheren Zeiten Adelige ein luxuriöses Leben führten, das von jenem der Bauern vollkommen verschieden war, waren agrarische Gesellschaften relativ arm. Auch wenn es keine Aristokratie gegeben hätte, wäre der Lebensstandard auf jeden Fall niedrig gewesen. Mit der Entwicklung der modernen Industrie wird ein nie da gewesener Wohlstand hervorgebracht, doch die Arbeiter haben zum Reichtum, den sie mit ihrer Arbeit schaffen, wenig Zugang. Sie bleiben relativ arm, während der Reichtum der besitzenden Klasse zunimmt. Marx benutzte den Ausdruck Verelendung, um den Prozess zu beschreiben, durch den die Arbeiterklasse im Vergleich zur Kapitalistenklasse zunehmend verarme. Selbst dann, wenn die Arbeiter in absoluten Zahlen wohlhabender werden, vergrößere sich der Abstand zur Kapitalistenklasse immer mehr. Die Ungleichheiten zwischen Kapitalisten und Arbeiterklasse werden dabei von Marx nicht nur in rein wirtschaftlichen Begriffen gefasst. Marx beschrieb, wie die Arbeit mit dem Aufkommen der modernen Fabriken und der Mechanisierung der Produktion oft äußerst eintönig und bedrückend wurde. Der Einsatz der Arbeitskraft, die die Quelle unseres Reichtums darstellt, führt zur körperlichen und psychischen Erschöpfung, wie z.B. bei einem Fabrikarbeiter, der tagein, tagaus in einer sich nie ändernden Umgebung immer dieselben Routinearbeiten ausführt.

Verelendung

Die Theorie Max Webers

Webers Schichtungstheorie geht von Marx' Analyse aus, die er aber modifiziert und verfeinert. Wie Marx sieht Weber die Gesellschaft durch Konflikte über Macht und Ressourcen gekennzeichnet. Während Marx im Zentrum aller sozialen Konflikte polarisierte Klassenbeziehungen und wirtschaftliche Aspekte sah, entwickelte Weber eine komplexere, mehrdimensionale Sicht der Gesellschaft. Nach Weber ist soziale Schichtung nicht nur eine Frage der Klasse, sondern durch zwei weitere Faktoren bestimmt: Status und Partei. Diese drei gleichzeitig wirkenden Faktoren haben ein System der sozialen Schichtung zur Folge, das weitaus mehr Positionen in der Gesellschaft ermöglicht als das rigide bipolare System, das Marx vertrat.

Obwohl Weber mit Marx darin übereinstimmt, dass sich eine Klasse auf objektiv vorhandene wirtschaftliche Bedingungen gründet, ist er der Ansicht, dass bei der Bildung einer Klasse eine größere Vielfalt von Wirtschaftsfaktoren mitspielt, als Marx glaubte. Weber kommt zu der Ansicht, dass die Klassenunterschiede nicht nur in der Kontrolle bzw. in der mangelnden Verfügung über die Produktionsmittel ihren Ursprung haben, sondern auch in Unterschieden, welche sich nicht direkt von ökonomischen Verhältnissen herleiten. Er meint damit speziell die Fertigkeiten oder Qualifikationen, die für die Art der Stellen, die Leute erreichen können, entscheidend sind. Weber war der Ansicht, dass die Marktlage die Lebenschancen des Einzelnen sehr stark bestimme. Manager und Freiberufler verdienen z.B. mehr und haben bessere Arbeitsbedingungen als Arbeiter. Durch ihre Qualifikationen – akademische Titel, Diplome und Fähigkeiten, die sie erworben haben – haben sie einen höheren Marktwert als jene, die weniger qualifiziert sind. Weiter unten auf der sozialen Leiter, bei den Arbeitern, verdienen Facharbeiter mehr als angelernte oder ungelernte Arbeiter.

Unter Stand oder Status (genau genommen ist Webers Begriff „Stand" ein Statusset) versteht Weber Unterschiede zwischen sozialen Gruppen hinsichtlich des sozialen Ansehens (Weber spricht hier von „sozialer Ehre"),

Status

das sie bei anderen genießen. In vormodernen Gesellschaften war der Stand häufig durch das unmittelbare Wissen einer Person bestimmt, das sie durch zahlreiche Interaktionen in verschiedenen Zusammenhängen über mehrere Jahre hinweg erwarb. In dem Maße, in dem Gesellschaften komplexer wurden, wurde es zunehmend unmöglich, den Stand auf diesem Weg zuzuweisen. Stattdessen wurde, nach Weber, der Stand in steigendem Ausmaß durch den *Lebensstil* der Individuen ausgedrückt. Anzeichen und Symbole für den Status – wie Wohnformen, Kleidung, verbale Ausdrucksformen und Beruf – tragen zum Ansehen, das jemand in den Augen der anderen genießt, bei. Personen gleichen Status bilden eine Gemeinschaft, die durch ein Gefühl geteilter Identität gekennzeichnet ist.

Während Marx der Ansicht war, dass Statusunterschiede das Ergebnis der Klassenteilung einer Gesellschaft sind, vertritt Weber die Auffassung, dass der Status oft unabhängig von der Klassenteilung variiert. Der Besitz von Vermögen ist normalerweise mit einem höheren Status verbunden, aber es gibt zahlreiche Ausnahmen, wie zum Beispiel den „verarmten Adel". Abkömmlinge aristokratischer Familien erfreuen sich praktisch in allen europäischen Ländern eines beträchtlichen sozialen Prestiges, auch wenn sie kein Vermögen mehr haben. Umgekehrt werden „Neureiche" von eingesessenen Reichen meist gering geschätzt.

Partei Wie Weber aufzeigt, ist die Ausformung von Parteien in modernen Gesellschaften ein wichtiger Aspekt der *Macht* und kann unabhängig von der Klasse oder vom Stand die Schichtung beeinflussen. Mit Partei wird eine Gruppe von Einzelpersonen bezeichnet, die zusammenarbeiten, weil sie aus dem gleichen Milieu kommen oder weil sie gleiche Ziele oder Interessen haben. Oft verfolgt eine Partei in organisierter Form ein bestimmtes Ziel, das den Interessen der Parteimitglieder dient. Marx tendierte dazu, sowohl Statusunterschiede als auch die Parteiorganisation mit dem Klassenbegriff zu erklären. Weder das eine noch das andere, argumentiert Weber, kann auf Klassenunterschiede reduziert werden, obwohl beide von ihnen beeinflusst werden und ihrerseits für die wirtschaftlichen Bedingungen von Individuen und Gruppen mitverantwortlich sind und dadurch an der Formung der Klassen mitwirken. Parteien können sich für Anliegen engagieren, die quer durch die unterschiedlichen Klassen verlaufen; Parteien können z.B. ein Naheverhältnis zu einer bestimmten Religion oder zu nationalen Idealen haben. Ein Marxist würde die Konflikte zwischen Katholiken und Protestanten in Nordirland wohl mit Klassenunterschieden erklären, weil mehr Katholiken Arbeiter sind als Protestanten. Ein Anhänger Webers würde dagegenhalten, dass eine solche Erklärung unzureichend ist, weil auch viele Protestanten aus dem Arbeitermilieu stammen. Die Parteien, denen diese Leute angehören, stehen sowohl für Religions- als auch für Klassenunterschiede.

Webers Schriften über die Schichtung sind wichtig, weil sie zeigen, dass nicht nur die Klasse, sondern auch andere Schichtungsdimensionen das Leben der Menschen stark beeinflussen. Während Marx versuchte, soziale Schichtung ausschließlich auf die Klassenspaltung zurückzuführen, lenkte Weber unsere Aufmerksamkeit auf das komplexe Zusammenspiel der

Dimensionen Klasse, Stand (Status) und Partei, und schuf damit eine weitaus flexiblere Grundlage für die Analyse der sozialen Schichtung als Marx.

Erik Olin Wrights Klassentheorie

Der amerikanische Soziologe Erik Olin Wright hat eine einflussreiche Theorie entwickelt, die Aspekte von Marx und Weber kombiniert (Wright 1978, 1985, 1997). Wright zufolge gibt es drei Dimensionen der Kontrolle über die wirtschaftlichen Ressourcen in der modernen kapitalistischen Produktion; anhand dieser drei Dimensionen können wir die wichtigsten Klassen identifizieren:

1. die Kontrolle über Investitionen oder Geld;
2. die Kontrolle über die physischen Produktionsmittel (Grund und Boden, Fabriken, Büros);
3. die Kontrolle über die Arbeitskraft.

Jene, die der kapitalistischen Klasse angehören, beherrschen innerhalb des Produktionssystems jede dieser drei Dimensionen, die Mitglieder der Arbeiterklasse keine einzige. Zwischen diesen beiden Hauptklassen jedoch liegen jene Gruppen, deren Position nicht so eindeutig ist – die Manager und die leitenden Angestellten. Diese Leute befinden sich in Positionen, die Wright widersprüchliche Klassenlagen nennt, weil sie in der Lage sind, einige Aspekte der Produktion zu beeinflussen, ihnen die Kontrolle über die anderen Faktoren jedoch verwehrt wird. Angestellte und qualifizierte Beschäftigte (Professionals) müssen z.B. ihre Arbeitskraft an Arbeitgeber verkaufen, um Geld zu verdienen, und unterscheiden sich darin nicht von manuell Arbeitenden. Zur gleichen Zeit jedoch haben sie mehr Macht über ihre Arbeitssituation als die meisten Arbeiter. Wright nennt die Klassenlage solcher Arbeitnehmer „widersprüchlich", weil sie weder Kapitalisten sind, noch manuell arbeiten, jedoch mit beiden etwas gemeinsam haben.

    Eine große Gruppe der Bevölkerung – nach Wright (1997) 85 bis 90 Prozent – gehört zur Kategorie jener, die ihre Arbeitskraft verkaufen müssen, weil sie keine Kontrolle über die Produktionsmittel besitzen. Zugleich herrscht innerhalb dieser Population eine sehr große Vielfalt, die vom traditionellen Handarbeiter bis zu den leitenden Angestellten reicht. Um die Klassenlagen innerhalb dieser großen Population näher zu bestimmen, zieht Wright zwei Faktoren heran: die Beziehung zur Herrschaft und den Besitz von Kenntnissen und Expertise. Erstens, argumentiert Wright, stehen viele der Mittelschicht angehörende Beschäftigte, wie leitende Angestellte und Vorgesetzte, in einer *Beziehung zur Herrschaft*, die weitaus vorteilhafter ist als jene der Arbeiterklasse. Solche Beschäftigten werden von den Kapitalisten benutzt, um bei der Kontrolle der Arbeiterklasse zu helfen – beispielsweise bei der Überwachung der Arbeitsleistung oder bei der Erstellung von Personalbeurteilungen und Arbeitsberichten –, und erhalten für ihre „Loyalität" einen höheren Lohn und regelmäßig Beförderungen.

Professionals

Zur gleichen Zeit stehen diese Personen aber auch unter der Beobachtung der Unternehmenseigentümer. Mit anderen Worten: Sie sind Ausgebeutete und Ausbeuter.

Der andere Faktor, der die Klassenlage innerhalb der Mittelschicht differenziert, ist der *Besitz von Kenntnissen und Expertise*. Nach Wright verfügen Mittelschichtangestellte über Qualifikationen, die am Arbeitsmarkt nachgefragt werden und ihre Besitzer in die Lage versetzen, im kapitalistischen System eine spezifische Form von Macht auszuüben. Da ihre Fähigkeiten im beschränkten Umfang angeboten werden, können sie höhere Löhne erzielen. Die gut bezahlten Jobs für Spezialisten in der Informationstechnologie, nach denen in der sich ausbreitenden Wissensgesellschaft eine große Nachfrage besteht, können als Illustration dienen. Ergänzend weist Wright darauf hin, dass Beschäftigte mit diesen Fähigkeiten schwieriger zu überwachen und kontrollieren sind und Unternehmungen sich ihre Loyalität und Kooperation daher durch höhere Löhne sichern müssen.

Das Messen von Klasse

Sowohl theoretische wie empirische Studien haben den Zusammenhang zwischen Klassenlage und anderen Dimensionen des sozialen Lebens, wie Wahlverhalten, Bildungsanstrengungen und Gesundheit, untersucht. Wie wir allerdings gesehen haben, ist der Begriff „Klasse" alles andere als klar. Sowohl in der akademischen Welt wie in der Alltagssprache wird der Ausdruck Klasse unterschiedlich verstanden und in einer großen Vielfalt verwendet, falls er überhaupt benutzt wird, was im deutschen Sprachraum weitaus seltener ist als in der englischsprachigen Welt. Wie können aber Soziologen und Sozialforscher im Rahmen ihrer empirischen Forschungen einen derart unpräzisen Begriff dennoch messen?

Immer dann, wenn theoretische Begriffe wie beispielsweise Klasse in messbare Variable überführt werden, sprechen wir davon, dass der Begriff operationalisiert wird. Damit ist gemeint, dass ein theoretisches Konzept durch eine begrenzte Zahl von beobachtbaren Merkmalen bzw. Merkmalsdimensionen erfasst wird. Soziologen haben Klasse mittels verschiedener Modelle operationalisiert, um die Klassenstruktur der Gesellschaft zu vermessen. Allen Modellen ist gemeinsam, dass sie versuchen, einen theoretischen Rahmen zu entwickeln, der es erlaubt, Individuen bestimmten Klassenkategorien zuzuordnen.

Ein gemeinsames Merkmal fast aller Klassenmodelle ist darin zu sehen, dass sie die Berufsstruktur zur Grundlage haben. Soziologen haben die Klassenspaltung generell als Ausdruck materieller und sozialer Ungleichheiten gesehen, die wiederum im Zusammenhang mit unterschiedlichen Formen der Beschäftigung stehen. Die Entwicklung des Kapitalismus und der industriellen Gesellschaft war gekennzeichnet von einer wachsenden sozialen Arbeitsteilung und einer zunehmend komplexeren Berufsstruktur. Auch wenn es nicht mehr im selben Maße zutrifft wie in der

Vergangenheit, bleibt der Beruf doch einer der bedeutendsten Merkmale der sozialen Lage, der Lebenschancen und des materiellen Wohlbefindens des Einzelnen. Sozialwissenschaftler haben ausführlich Gebrauch gemacht von Berufen als Indikatoren sozialer Klassenzugehörigkeit, weil sie annahmen, dass Angehörige desselben Berufs dazu neigen, in ähnlichem Maße soziale Vor- oder Nachteile zu erfahren, ähnliche Lebensstile zu praktizieren und vergleichbare Lebenschancen zu haben.

Klassenmodelle, die auf der Berufsstruktur beruhen, gibt es in verschiedenen Varianten. Einige Modelle sind weitgehend beschreibend – sie geben die Berufs- und Klassenstruktur einer Gesellschaft wieder, ohne sich viel um die Beziehungen zwischen den Klassen zu kümmern. Diese Modelle wurden von jenen Soziologen bevorzugt, die der Auffassung waren, dass soziale Schichtung kein Problem darstelle, sondern so etwas wie ein Teil der natürlichen sozialen Ordnung sei. Das gilt vor allem für jene, die der funktionalistischen Tradition verpflichtet waren.

Der Funktionalismus wurde im Kapitel 1 – Was ist Soziologie? kurz vorgestellt.

Andere Modelle waren stärker theoretisch ausgerichtet – sie bauten häufig auf Ideen von Marx und Weber auf – und an einer Erklärung der Beziehung *zwischen* den sozialen Klassen interessiert. „Relationale" Klassenmodelle werden von jenen Soziologen bevorzugt, die der Konfliktperspektive verpflichtet sind und die Spaltungen und Spannungen in der Gesellschaft hervorheben. Erik Olin Wrights Klassentheorie ist ein Beispiel eines derartigen relationalen Klassenmodells, weil es danach trachtet, die Prozesse der Klassenausbeutung aus einer marxistischen Perspektive zu zeigen.

John Goldthorpe: Klasse und Beruf

Einige Soziologen waren unzufrieden mit den bloß deskriptiven Klassenmodellen und behaupteten, dass diese nur die sozialen und materiellen Ungleichheiten wiedergaben, ohne sich um eine Erklärung der Prozesse zu kümmern, die diesen Ergebnissen zugrunde liegen. Geleitet von solchen Gedanken entwickelte John Goldthorpe ein Modell, das in der empirischen Forschung zur sozialen Mobilität Verwendung findet, so etwa in der großen deutschen Bevölkerungsumfrage ALLBUS. Goldthorpes Klassenmodell wurde nicht als Hierarchie entworfen, sondern als eine Abbildung der „relationalen" Natur gegenwärtiger Klassenstruktur.

Obwohl Goldthorpe neuerdings jeden Theorieeinfluss auf sein Modell herunterspielt (Erikson und Goldthorpe 1993), betrachten viele Soziologen seine Klassifikation als ein Beispiel eines neoweberianischen Klassenmodells. Das kommt daher, weil Goldthorpes ursprüngliches Modell die Klassenlage auf der Grundlage von zwei Hauptfaktoren festlegt: die Marktsituation und die Arbeitssituation. Die *Marktsituation* des Individuums umfasst das Lohnniveau, die Arbeitsplatzsicherheit und die Aussicht auf Beförderung; sie betont materielle Belohnungen und allgemeine Lebenschancen. Die *Arbeitssituation* bezieht sich dagegen auf Fragen der Kontrolle, der Macht und Herrschaft in Berufen. Die Arbeitssituation eines Individuums ist gekennzeichnet durch den Grad an Autonomie am Arbeitsplatz

Klasse			Arbeitsvertragliche Beziehung
Dienstklasse	I	Höhere Beamte, Professionals und leitende Angestellte, Manager und Inhaber großer Unternehmen	Arbeitgeber oder Dienstleistungsverträge
	II	Niedrigere Beamte, Professionals und Angestellte; Techniker, Manager und Inhaber kleinerer Unternehmen; Vorgesetzte von nicht-manuell Beschäftigten	Dienstleistungsverträge
Mittelklasse	IIIa	Ausführende nicht-manuelle Berufe mit Routinetätigkeit in Verwaltung und Handel (vornehmlich Büroarbeit)	gemischte
	IIIb	Gering qualifizierte nicht-manuelle Berufe mit Routinetätigkeit (Verkauf und Dienstleistungen)	gemischte (bei Männern), Arbeitsverträge (bei Frauen)
	IVa	Kleine Selbstständige und selbstständige Handwerker mit Angestellten	Arbeitgeber
	IVb	Kleine Selbstständige und selbstständige Handwerker ohne Angestellte	Selbstständige
	IVc	Landwirte und andere Selbstständige in der Landwirtschaft	Arbeitgeber oder Selbstständige
	V	technische Angestellte, Meister, Vorarbeiter	gemischte
Arbeiter	VI	Gelernte Arbeiter	Arbeitsvertrag
	VIIa	Un- und angelernte Arbeiter	Arbeitsvertrag
	VIIb	Landwirtschaftliche Arbeiter	Arbeitsvertrag

Tab. 11.1:   Goldthorpes Klassenschema
Quelle: Breen (2004), S. 12.

und die allgemeinen Kontrollbeziehungen, denen ein Beschäftigter unterworfen ist.

Goldthorpe entwarf sein Modell durch Feststellung der relativen Markt- und Arbeitssituationen der Berufe. Die daraus resultierende Klassifikation findet man in Tabelle 11.1. Sie umfasst elf Klassenlagen, womit Goldthorpes Modell weitaus detaillierter ist als viele andere. Üblicherweise werden allerdings die Klassenlagen zu drei Hauptklassen zusammengefasst: die „Service-" oder Dienst(leistungs)klasse (Klasse I und II), die „mittlere" Klasse (Klasse III und IV) und die „Arbeiterklasse" (Klasse V, VI und VII). Goldthorpe räumt die Existenz einer Eliteklasse der Besitzer von Eigentum an der Spitze seines Schemas ein, weist aber darauf hin, dass diese ein derart schmales Segment der Gesellschaft bilden, weshalb sie in empirischen Studien eine Kategorie ohne Bedeutung seien.

In jüngeren Veröffentlichungen hat Goldthorpe die *Arbeitsbeziehungen* in seinem Schema stärker als die vorhin dargestellten Arbeitssituationen hervorgehoben (Goldthorpe und Marshall 1992). Damit macht Goldthorpe auf unterschiedliche Typen von Arbeitsverträgen aufmerksam. Ein Arbeitsvertrag enthält einen deutlicher definierten Tausch von Lohn gegen Arbeitsleistung, während Dienstleistungsverträge ein „Vorschau"-Element enthalten, wie beispielsweise Aussichten auf Lohnzuwächse und Beförderungen. Nach Goldthorpe ist die Arbeiterklasse durch Arbeitsverträge gekennzeichnet und die Dienstklasse durch Serviceverträge. Die mittleren Klassenlagen erhalten gemischte Arbeitsverträge.

Eine Bewertung von Goldthorpes Klassenmodell

Goldthorpes Klassenmodell hat sich als sehr nützlich erwiesen, um Ungleichheiten, die auf Klassen beruhen, herauszuarbeiten, wie beispielsweise die Beziehungen zu Gesundheit und Bildung. Weiters ist es geeignet, klassenabhängige Dimensionen wie Wahlverhalten, politische Überzeugungen und allgemeine soziale Einstellungen zu erfassen. Einige Beschränkungen müssen dennoch festgehalten werden, die uns davor bewahren sollten, dieses Modell unkritisch zu verwenden.

Klassenmodelle, die auf Berufen beruhen, lassen sich nur mit Schwierigkeiten auf Personen anwenden, die wirtschaftlich inaktiv sind, wie Arbeitslose, Studenten, Rentner und Kinder. Arbeitslose und Rentner werden häufig auf der Grundlage ihres früheren Berufs klassifiziert, obwohl das bei Langzeitarbeitslosen oder Personen mit sporadischen Berufsverläufen problematisch sein kann. Studenten können gemäß ihrem Studienfach klassifiziert werden, aber das funktioniert nur dort befriedigend, wo es einen engen Zusammenhang zwischen Studienrichtung und späterem Beruf gibt (wie bei Medizinern oder Ingenieuren). Lepsius (1990) hat für all jene, die ihren Lebensunterhalt aus sozialstaatlichen Transferleistungen bestreiten, den Begriff der Versorgungsklasse vorgeschlagen. **Versorgungsklasse**

Klassenmodelle, die auf Berufsunterschieden beruhen, sind nicht in der Lage, die Wichtigkeit von Vermögensbesitz und Reichtum für die Klassenlage zu berücksichtigten. Berufstitel allein genügen nicht, um den Reichtum einer Person und deren Gesamtvermögen zu erfassen. Das trifft vor allem für die reichsten Mitglieder einer Gesellschaft zu, zu denen Unternehmer, Finanzkapitalisten und die „alten Reichen" gehören, deren Berufstitel „Direktor" oder „Vorstandsmitglied" sie in die gleiche Kategorie stellen, der auch Personen angehören, die über weitaus weniger Vermögen verfügen. Mit anderen Worten, Klassenmodelle, die auf Berufskategorien aufbauen, geben die enorme Konzentration von Vermögen in der wirtschaftlichen Elite nicht richtig wieder. Wenn man diese Personen gemeinsam mit Professionals in dieselbe Klasse einordnet, schenkt man der beachtlichen Rolle von Vermögen für die soziale Schichtung zu wenig Aufmerksamkeit.

John Westergaard ist einer jener Soziologen, die Goldthorpes Ansicht kritisiert haben, man könne Reiche wegen ihrer geringen Zahl in Modellen, die die Klassenstruktur detailliert erfassen wollen, ignorieren. Westergaard schreibt:

> Die Tatsache der Konzentration von Macht und Privilegien in so wenigen Händen macht diese Leute zur Spitze. Ihr sozialstrukturelles Gewicht insgesamt ist enorm disproportional zu ihrer kleinen Zahl und

macht die Gesellschaft, an deren Spitze sie stehen, zu einer Klassenge-
sellschaft, gleichgültig welche Differenzen es unten ihnen gibt. (Westergaard 1995, S. 217)

Wir haben gesehen, dass es schwierig ist, ein Klassenmodell zu entwickeln,
das die Klassenstruktur einer Gesellschaft zutreffend wiedergibt. Selbst
bei einer relativ stabilen Berufsstruktur stößt der Versuch, Klassenzuord-
nungen vorzunehmen, auf Probleme. Die raschen wirtschaftlichen Veränderungen, die Industriegesellschaften erleben, machen die „Messung" von
Klasse noch weitaus schwieriger, was einige Soziologen dazu veranlasst
hat, die Nützlichkeit des Begriffs Klasse in Zweifel zu ziehen. Neue Berufe

Das Ende der Klassen?

In jüngster Zeit gab es unter Soziologen heftige Debatten über die An-
gemessenheit des Klassenbegriffs.
Die australischen Soziologen Jan Pakulski und Malcolm Waters vertreten in *The Death of Class* (1996) die
These, gegenwärtige Gesellschaften
hätten einen so dramatischen sozialen Wandel erlebt, dass es nicht mehr
zutreffend sei, sie als „Klassengesellschaften" zu bezeichnen. Im deutschen Sprachraum hatte Ulrich Beck
schon davor eine ähnliche Auffassung vertreten. Er konstatierte in den
1980er Jahren, dass wir „jenseits von
Klasse und Stand" lebten und machte dafür einen „Fahrstuhl-Effekt" verantwortlich: Alle soziale Schichten
und Klassen haben eine Verbesserung ihrer materiellen Lebensumstände erlebt. Dadurch habe ein Prozess eingesetzt, den Beck „Individu-
alisierungsschub" nennt. Der gestiegene Wohlstand ermögliche es allen,
ihr Leben ganz anders zu gestalten,
als das ihre Eltern noch konnten (Beck
1986). Die neu gewonnene Freiheit
drückt sich in unterschiedlichen, aber
für sich relativ stabilen Lebensstilen
aus, die von Gerhard Schulze als „Milieus" bezeichnet werden. Schulze identifizierte fünf verschiedene Milieus,
die er mit den Ausdrücken Niveau,
Harmonie, Selbstverwirklichung, Unterhaltung und Integration bezeichnete (Schulze 1992). Nach Auffassung der Individualisierungstheore-
tiker ist eine eindimensionale sozia-

le Rangordnung nicht mehr angebracht. Diese Perspektive wurde von
Markt- und Meinungsforschungsin-
stituten aufgegriffen und ihren Erhebungen zugrunde gelegt. Nachhaltige Wirkung hatte eine Typologie des
Sinus-Instituts, die aus einer Kreuz-
tabellierung von sozialer Lage und
Werthaltungen hervorging (s. Abb.
11.1).
In der Diskussion um die Individualisierung spielt das Werk von
Pierre Bourdieu eine bedeutende
Rolle. Der von ihm entwickelte Begriff des Habitus erscheint vielen Interpreten besonders gut geeignet, um
in die Vielfalt sozialer Differenzierungen eine Ordnung zu bringen. In bestimmten Milieus lokalisierte Lebensstile verfestigen sich demnach zu einem Habitus, der seinerseits die
künftige Auswahl zwischen Lebens-
stilelementen steuert.
Die These vom „Ende der Klassen-
gesellschaft" wird von den meisten
Soziologen, die ihr zustimmen oder
ihr zumindest eine gewisse Plausibi-
lität einräumen, allerdings nicht so
verstanden, dass das Fortbestehen
sozialer Schichtung pauschal geleug-
net wird. Darin unterscheidet sich
der Diskurs der Soziologen von jenem der breiteren Öffentlichkeit, in
der regelmäßig Politiker und Kommentatoren auftreten, die überzeugt
davon sind, dass es heute überhaupt
keine sozialen Schichten mehr gibt,
wer anderes behaupte, sei ein „le-

bensfremder Soziologe", tatsächlich
gebe es „nur Menschen, die es schwer
haben, die schwächer sind" (Franz
Müntefering).
Die Debatte um die soziale Schichtung und darum, ob der Klassenbegriff dafür noch empirisch triftig sei,
ist in Deutschland nicht neu. Schon
1953 trat Helmut Schelsky mit der
Behauptung hervor, die deutsche
Gesellschaft sei eine „nivellierte Mittelstandsgesellschaft". Die Abnei-
gung gegen den Klassenbegriff ist
eine Besonderheit des deutschen po-
litisch-sozialen Diskurses, aus dem
sich die Soziologie nicht befreit, sondern ihn durch das begeisterte Aufgreifen jedes neuen Begriffs, der an
die Stelle der ungeliebten Klasse treten kann – Milieu, Lebensstil oder
Habitus –, bestärkt. In Gesellschaften, in denen die etablierte Elite oder
Oberschicht nie Zweifel an ihrer
Überlegenheit erleben musste, wie
beispielsweise in England, fällt es
deren Angehörigen immer noch sehr
leicht, von sich selbst als einer Klasse zu sprechen, der die andere Klasse gegenübersteht. Diese Überlegenheit wird gelegentlich in ironischer
Weise demonstriert: Der Snob sieht
auf andere hinunter und zweifelt nie
daran, dass die da unten inferior
sind. In Deutschland und Österreich
hat die soziale Elite im 20. Jahrhundert zu oft mehr als nur snobistische
Verachtung für die Masse der Unge-
bildeten und Zu-kurz-Gekommenen

demonstriert – könnte es sein, dass sich die gebildeten Mitglieder der sozialen Elite deswegen heute davor fürchten, ihr tatsächlich höheres soziales Prestige in passende soziologische Begriffe zu fassen?

In der Diskussion über soziale Ungleichheit und die Frage, ob zu deren Analyse die Verwendung des Klassenbegriffs sinnvoll ist, wird den mit verschiedenen sozialen Lagen verbundenen unterschiedlichen Lebenschancen vergleichsweise wenig Beachtung geschenkt (Dahrendorf 1979). **Lebenschancen** hängen von der sozialen Position und den mit ihr systematisch verbunden Gelegenheitsstrukturen ab. Wer zum Beispiel seine schulische Ausbildung nicht zu einem Abschluss gebracht hat, dem stehen nur noch sehr wenige Berufswege offen, während jemand, der ein Studium der Rechtswissenschaften absolviert hat, sowohl die Möglichkeit hat, einen juristischen Beruf anzustreben, aber auch weniger qualifizierte Berufe ausüben kann. Die Lebenschancen des Schulabbrechers sind jedenfalls dürftiger als die eines Absolventen einer Universitätsausbildung. Die Verteilung von Lebenschancen auf die Mitglieder einer Gesellschaft erlaubt es, diese in eine Rangordnung zu bringen, die einer Klassenstruktur ziemlich ähnelt.

Im Unterschied zur Klassentheorie von Marx geht es in entwickelten Gesellschaften des 21. Jahrhunderts nicht mehr um die Verfügung über die Produktionsmittel, sondern um Ausbildungs- und Qualifikationsdifferenzen, die zumindest in Deutschland und Österreich ähnlich folgenreich sind, wie der Kapitalbesitz vergangener Epochen.

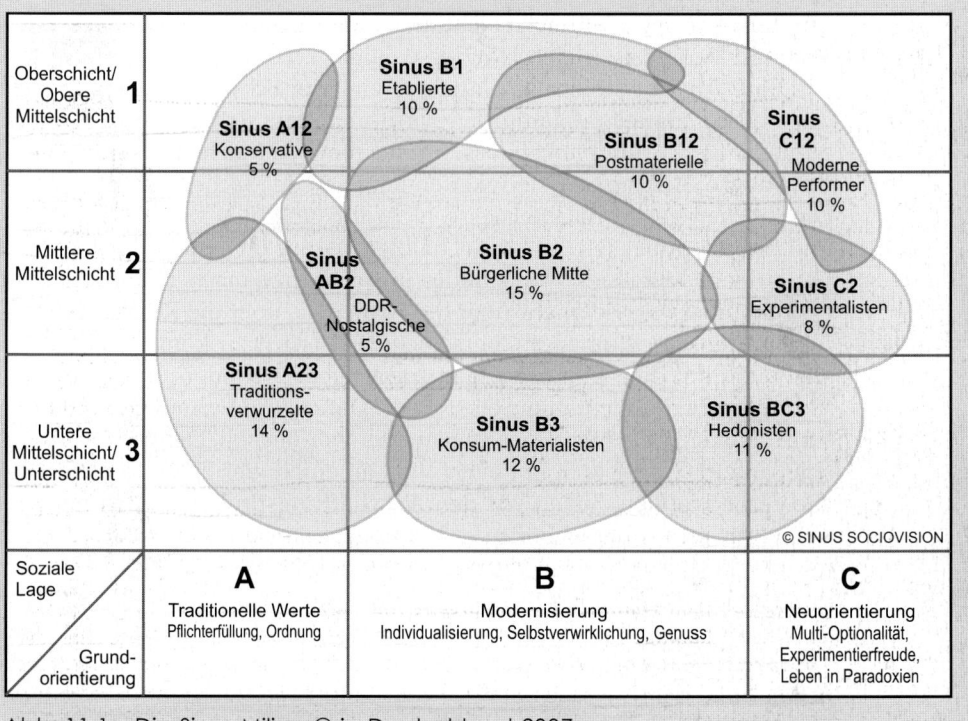

Abb. 11.1: Die Sinus-Milieus® in Deutschland 2007
Quelle: Sinus Sociovison, www.sinus-sociovision.de/.

entstehen, eine generelle Verlagerung weg von der industriellen Produktion und hin zu den Dienstleistungen und der Wissensgesellschaft fand statt, und in den vergangenen Jahrzehnten hat der Anteil der Frauen an der Gesamtbeschäftigung stark zugenommen. Klassenmodelle, die auf Berufen beruhen, sind nicht allzu gut dafür geeignet, die dynamischen Veränderungen der Klassenbildung, die Mobilität und den Wandel, der durch diese Veränderungen ausgelöst wurde, zu erfassen.

Die Klassen in den heutigen westlichen Gesellschaften

Das Problem der Oberschicht

Wer hat nun recht – Westergaard oder Goldthorpe? Gibt es immer noch eine eindeutige Oberschicht, die auf Reichtum und Besitz beruht? (Während im Englischen generell „upper class" benutzt wird, wird im Deutschen meist von der Oberschicht gesprochen; manche Soziologen bevorzugen allerdings den Ausdruck herrschende Klasse, um nicht einer verniedlichenden Sprache gezieht zu werden – wir bleiben im Folgenden bei der umgangssprachlichen Oberschicht.) Oder sollen wir lieber von der breiteren Dienstklasse sprechen, wie das Goldthorpe vorschlägt? Ein Weg, um diese Frage zu klären, besteht darin zu untersuchen, wie stark Reichtum und Vermögen in den Händen weniger konzentriert ist.

Diese Absicht stößt allerdings auf vielerlei Schwierigkeiten, manche davon kann man wohl darauf zurückführen, dass sich die Reichsten nicht gerne in die Karten blicken lassen und über die Macht verfügen, das zu verhindern. Andere Schwierigkeiten liegen in der Sache selbst begründet. Die Reichen geben üblicherweise nicht ihr gesamtes Vermögen bekannt und finden immer wieder legale, halblegale und oft genug illegale Mittel, um größere Teile ihres Wohlstandes unsichtbar zu machen. Daher stimmt es wohl, dass wir viel mehr über die Armen als über die Reichen wissen.

Oberschicht Um den Reichtum der Oberschicht feststellen zu können, kann man sich nicht mit dem Einkommen zufriedengeben, sondern muss auch das Vermögen berücksichtigen. Selbst wenn Daten zum Vermögen vorhanden sind, stellt sich die Frage, wie es bewertet werden soll. Denken Sie als Beispiel an ein Grundstück mit einer Villa an einem der Seen, an denen Reiche gerne wohnen. Sollen wir den Anschaffungspreis oder den heutigen Verkehrswert der Berechnung des Vermögens zugrunde legen? In Ländern, in denen es Grund- oder Vermögenssteuer gibt, wird das Problem ganz unterschiedlich gehandhabt: In den USA wird beispielsweise für die Festsetzung kommunaler Abgaben der aktuelle Verkehrswert des Grundstückes herangezogen, was, wenn Grundstückpreise steigen, Personen, die neben ihrem Haus wenig oder gar kein Kapital besitzen, zum Verkauf des Hauses nötigt. In Österreich werden Grund- und Hausbesitz steuerlich nur mit einem sehr geringen Wert berücksichtigt, was beispielsweise dazu führt, dass Kinder, die von ihren Eltern ein Haus oder ein Grundstück erbten, bisher kaum, solche, die Geld erbten, hingegen eine höhere Erbschaftssteuer zu zahlen hatten. Klagen, die gegen diese Ungleichbehandlung eingebracht wurden, waren erfolgreich und das Ergebnis war, dass nun niemand mehr Erbschaftssteuer zu zahlen haben wird (womit dieser Fall auch zu illustrieren vermag, auf welchen, oft recht einfachen Wegen, Reiche ihren Reichtum zu schützen und zu vermehren wissen).

Zunehmend mehr Reichtum wird über die Börsen und andere Finanzmarkteinrichtungen erworben oder vermehrt. Doch auch hier tut sich die Reichtumsforschung schwer, weil die Aktienkurse oftmals nur eine Art virtuelles Vermögen darstellen. Bill Gates, der Haupteigentümer von Microsoft „verarmte" in den späten 1990er Jahren, als sein Aktienpaket im Laufe weniger Monate auf den halben Wert fiel; dasselbe wiederfuhr ihm während der Finanzmarktkrise des Jahres 2008 als sein Vermögen innerhalb von zwölf Monaten um 18 Milliarden US-Dollar abnahm. Die Millionen, die er verlor, musste er allerdings niemandem bezahlen, da er seine Aktien einfach behielt und darauf warten konnte, dass sie wieder steigen würden. Kein Superreicher kann nennenswerte Teile seines Aktienbesitzes von einem Tag auf den anderen zu Geld machen, wohl aber auf seinen aktuellen Wert seines Aktienbesitzes einen Kredit aufnehmen.

Der Einfallsreichtum der Reichen und Superreichen hat sie mittlerweile auch auf Ideen kommen lassen, wie sie ihre Monatsbezüge, auf die Lohnsteuer zu zahlen ist, optisch reduzieren und sich statt in Bargeld in Aktienoptionen entlohnen zu lassen, die unter bestimmten Umständen, ohne Steuer bezahlen zu müssen, zu Geld gemacht werden können, oder sich großzügige Pensionsregelungen aushandeln, die ihr Lebenseinkommen enorm zu steigern vermögen.

Land	1973	1978	1981	1984	1987	1989	1992	1994	1995	1997	2000	2002
Österreich					2,88			3,47	3,73	3,37	3,15	
Deutschland	3,22	3,11	2,88	3,2		2,99		3,39			3,36	
Schweiz			3,39[a]				3,62				3,34	3,37
UK	3,40[b]	3,53[c]			3,79[d]		4,67[e]	4,32	4,56		4,57[f]	
USA	4,92[g]	4,67[h]			5,71[i]		5,65[j]	5,85		5,57	5,46	5,68[k]

[a]: 1982; [b]: 1974; [c]: 1979; [d]: 1986; [e]: 1991; [f]: 1999; [g]: 1974; [h]: 1979; [i]: 1986; [j]: 1991; [k]: 2004.

Tab. 11.2: Die Einkommensverteilung in ausgewählten Ländern: Das oberste Zehntel verdiente um das x-Fache mehr als das unterste Zehntel der Einkommensbezieher, 1973–2004
Quelle: Luxembourg Income Study, www.lisproject.org/.

Aus all diesen Gründen ist die Forschung über Wohlstand eine schwierige Angelegenheit. Ein wenig Licht auf die Proportionen des Wohlstandes und Reichtums werfen Ergebnisse ländervergleichender Studien, die sich auf Umfragen oder Angaben der Steuerbehörden stützen. Die Einkommensungleichheit eines Staates lässt sich beispielsweise als Verhältnis des untersten und des obersten Zehntels der Einkommensbezieher standardisiert feststellen; dieses Maß erlaubt dann auch Vergleiche über längere Zeiträume. Tabelle 11.2 zeigt, dass im Verlaufe der letzten drei Jahrzehnte in Deutschland und Österreich die Einkommensungleichheit leicht zugenommen hat, während sie in der Schweiz ziemlich unverändert blieb. Hingegen haben die beiden Länder, in denen die neoliberale Politik ihren Ursprung hatte und ihr Exerzierfeld fand, eine deutliche Zunahme an Ungleichheit erlebt.

Eine jüngst veröffentlichte Studie des World Institute for Development Economic Research der in Helsinki beheimateten United Nations Univer-

Land	Jahr	Die reichsten 10 % besitzen ... % des Gesamtvermögens
Dänemark	1996	76,4
Schweiz	1997	71,3
USA	2001	69,8
Frankreich	1994	61,0
Schweden	2002	58,6
UK	2000	56,0
Kanada	1999	53,0
Neuseeland	2001	51,7
Norwegen	2000	50,5
Italien	2000	48,5
Australien	2002	45,0
Deutschland	1998	44,4
Finnland	1998	42,3
Irland	1987	42,3
Spanien	2002	41,9
Japan	1999	39,3

Tab. 11.3: Vermögen in ausgewählten Ländern
Quelle: Davies u.a. (2007), S. 23.

sity über die weltweite Verbreitung des Vermögens von Haushalten (Davies u.a. 2007), die zum Großteil auf Umfragen beruht (welche das Ausmaß des Vermögens üblicherweise eher beschönigend berichten), ergab bemerkenswerte Unterschiede hinsichtlich des Anteils, den die reichsten zehn Prozent der Haushalte besitzen (Tab. 11.3).

Die Reichen bilden keine homogene Gruppe. Ebenso wenig bilden sie eine stabile Kategorie: Individuen gelangen auf verschiedenen Wegen zu Reichtum und verlieren diesen manchmal wieder. Einige wurden in Familien des „Geldadels" hineingeboren – ein Ausdruck, mit dem darauf aufmerksam gemacht werden soll, dass Reichtum von Generation zu Generation vererbt wurde. Andere gelangten zu ihrem Wohlstand kraft eigener Anstrengungen, wie der eingangs vorgestellte Frank Stronach. Gleich nach den Mitgliedern der alten Familien des Geldadels kommen Prominente aus Musik und Film, Sportler und Vertreter der „neuen Elite", die ihre Millionen durch Software und Computer, in der Telekommunikation oder im Internet erzielten. Die meisten der reichsten Deutschen erwarben ihren Reichtum in traditionellen Branchen und unter den zehn Reichsten finden sich keine Personen, die im Ausland geboren wurden. Die Profile der reichsten Mitglieder der Gesellschaft unterscheiden sich sehr stark voneinander. Ebenso wie Armut muss auch Reichtum im Zusammenhang der Lebensläufe gesehen werden. Einige Personen wurden sehr rasch reich und verloren alles oder doch große Teile; andere erleben einen stetigen Zuwachs oder Rückgang ihrer Besitztümer.

Während präzise Informationen über die Besitztümer der Reichsten schwierig zu erhalten sind, ist es leichter möglich, Wandlungen der Zusammensetzung des reichsten Segments der Gesellschaft festzustellen. Erstens scheinen die „Selfmade"-Millionäre einen größeren Anteil an den reichsten Personen zu bilden. Mehr als 75 Prozent der 1.000 reichsten Briten haben 2004 ihren Wohlstand selbst erworben und nicht geerbt. Zweitens gelangt eine kleine, aber zunehmende Zahl von Frauen in die Ränge der Reichsten. In Großbritannien gab es 1989 nur sechs Frauen unter den Superreichen, 2004 waren es schon 78 und 2007 bereits 99. Drittens sind heute viele der Reichsten sehr jung, gerade in ihren 20er oder 30er Jahren. 2000 und 2007 besaßen 17 Briten, die jünger als 30 Jahre waren, mehr als 30 Millionen Pfund. Viertens haben Mitglieder ethnischer Minderheiten, insbesondere asiatischer Herkunft, in Großbritannien Einzug in die Gruppe der Superreichen gehalten (Sunday Times Rich List). Schließlich fällt auf, dass viele der Reichsten Großbritanniens nicht im Land geboren wur-

Die zehn reichsten Briten

Times 2006	Times 2007	Times 2008	Forbes 2006	Forbes 2007	Forbes 2008	Name	Vermögen in Milliarden US-$	Branche
1	1	1	5	4	8	Lakshmi Mittal und Familie	32 – 40 – 45 – 41 – 19	Stahl
2	2	2	16	15	51	Roman Abramovich	19 – 22 – 23 – 17 – 8	Öl und Industrie
3	3	3	55	46	29	Gerald Cavendish Grosvenor Herzog von Westminster	11 – 14 – 14 – 10 – 11	Grundbesitz
7	4	4	—	—	—	Sri und Gopi Hinduja	– 13 – – 9	Industrie und Finanz
99	5	21	—	—	—	David Khalili	– 12 – – 4	Kunst und Grundbesitz
4	6	7	73	77	35	Hans Rausing und Familie	9 – 11 – 10 – 8 – 10	Nahrungsmittelverpackungen
5	7	9	104	107	105	Sir Philip und Lady Green	7 – 10 – 8 – 6 – 5	Einzelhandel
10	8	8	104	113	132	John Fredriksen	7 – 7 – 8 – 7 – 4	Transport
8	9	10	177	178	98	David und Simon Reuben	4 – 7 – 5 – 9 – 5	Metall und Grundeigentum
45	10	25	664	785	—	Jim Ratcliffe	1 – 7 – 1 – 3	Chemie

Anmerkung: Zwei Briten befinden sich nicht auf der Forbes-Liste. Die Bandbreiten der Vermögensangaben: Forbes 2007, Times 2007, Forbes 2008, Times 2008, Forbes 2009.

Die zehn reichsten Deutschen

Forbes 2006	Forbes 2007	Forbes 2008	Name	Vermögen in Milliarden US-$	Branche
15	10	6	Karl Albrecht	20 – 27 – 21	Einzelhandel
20	16	9	Theo Albrecht	17 – 23 – 19	Einzelhandel
40	34	23	Michael Otto und Familie	13 – 18 – 13	Versandhandel
44	94	Selbstmord	Adolf Merckle	13 – 9 –	Pharmaindustrie
68	55	35	Susanne Klatten	10 – 3 – 10	Auto- und Pharmaindustrie
73	120	93	Reinhold Würth	9 – 8 – 5	Werkzeugbau
78	104	164	Maria-Elisabeth Schaeffler	9 – 8 – 4	Maschinenbau
83	94	39	August von Finck	8 – 9 – 7	Finanz
96	137	108	Stefan Quandt	8 – 7 – 5	Autoindustrie
111	164	131	Johanna Quandt	7 – 6 – 4	Autoindustrie

Tab. 11.4: Die zehn reichsten Briten und Deutschen
Quelle: Sunday Times Rich List 2008; Forbes The World's Billionaires.

den – wie beispielsweise die beiden aktuell Reichsten Lakshmi Mittal und Roman Abramovich –, sondern sich aus unterschiedlichen Gründen entschlossen haben, ihren Wohnsitz nach Großbritannien zu verlegen, zum Teil wohl auch wegen der relativ niedrigen Steuersätze für Reiche. Die reichsten Deutschen haben hingegen ihren Reichtum in traditionellen Bereichen erworben: Die Brüder Albrecht zum Beispiel als Inhaber von Aldi; die meisten der anderen Reichen sind Eigentümer einer der traditionsreichen deutschen Großunternehmen. Tabelle 11.4 führt die Namen der zehn reichsten Briten und Deutschen an; dort sieht man auch, dass die Schätzungen des Reichtums der Superreichen keine einfache Sache ist: Forbes berechnet die Aktienverkehrswerte während zweier Wochen; die Londoner Times geht ähnlich vor, bezieht aber eigene Schätzungen über nicht börsenerfasste Vermögensanteile zusätzlich in die Berechnung ein.

Obwohl sich die Zusammensetzung der Reichen eindeutig gewandelt hat, ist die Ansicht, dass es keine deutlich unterschiedene Oberschicht mehr gäbe, kritisierbar. John Scott (1991) hat argumentiert, dass sich die Oberschicht zwar gewandelt habe, aber ihre Position unverändert sei. Er weist auf drei verschiedene Gruppen hin, die gemeinsam eine *Konstellation der Interessen* bilden, die das große Geschäft kontrolliere und aus diesem ihren Profit ziehe. *Spitzenmanager* großer Unternehmungen mögen diese zwar nicht besitzen, dank ihres Aktienbesitzes und ihrer Aktienoptionen sind sie eng verbunden mit den *traditionellen industriellen Unternehmern* und *Finanzkapitalisten*. Finanzkapitalisten gehören zu einer Kategorie der Spitzenmanager von Versicherungen, Banken, Investmentfonds und anderen Organisationen, die als große institutionelle Anleger auf den Kapitalmärkten über enorme Macht verfügen. Diese drei Gruppen bilden nach Scotts Meinung den Kern der heutigen Oberschicht.

Wir können aus dem Gesagten zusammenfassend folgern, dass wir sowohl das Konzept der Oberschicht wie jenes der Dienstklasse benötigen. Die Oberschicht besteht aus einer sehr kleinen Minorität von Personen, die sowohl Reichtum wie Macht besitzen und in der Lage sind, ihre Privilegien ihren Kindern weiterzugeben. Die Oberschicht kann in etwa gleichgesetzt werden mit dem reichsten einen Prozent einer Gesellschaft. **Dienstklasse** Darunter findet man die Dienstklasse angesiedelt, die sich, wie Goldthorpe schreibt, aus Professionals, Managern und höchsten Beamten zusammensetzt. Sie umfassen ungefähr fünf Prozent der Bevölkerung. Jene, die Goldthorpe als mittlere Klassen bezeichnet, kann man vielleicht einfacher Mittelschicht nennen. Lassen Sie uns diese nun etwas näher betrachten.

Die Mittelschicht

Der Ausdruck Mittelschicht (auch hier gilt wie im Fall der Übersetzung von „upper class" als Oberschicht, dass die Benutzung des Ausdrucks Klasse im Deutschen weniger üblich ist) umfasst ein sehr breites Spektrum verschiedener Berufe: von Beschäftigten in der Dienstleistungsindustrie über Schullehrer bis zu medizinischem Fachpersonal. Im Englischen bevorzugen einige Autoren die Mehrzahl Mittelklassen, um auf die Vielfalt an Berufen, Klassen und Statuslagen, sowie Lebenschancen ihrer Mitglieder aufmerksam zu machen. Im Deutschen war lange Zeit der Ausdruck Mittelstand gebräuchlich, ein deutlicher Hinweis auf die Langlebigkeit ständischer Vergesellschaftungsformen in unseren Breiten. Praktisch alle Beobachter sind sich darin einig, dass die Mittelschicht heute in den industrialisierten Gesellschaften die große Mehrheit der Bevölkerung umfasst. Das hängt mit dem starken Anstieg der Angestellten und dem parallelen Rückgang der Arbeiter zusammen, ein Wandel der als Charakteristikum des letzten Jahrhunderts betrachtet werden kann (siehe Kapitel 16 – Arbeit und Wirtschaftsleben).

Mittelschicht Angehörige der Mittelschicht nehmen dank ihrer Ausbildung und Qualifikation Positionen ein, die mehr materielle und kulturelle Vorteile bieten, als sie den manuell Arbeitenden zur Verfügung stehen. Im Gegensatz zur Arbeiterklasse können Mittelschichtangehörige ihr geistiges *und* physisches Arbeitsvermögen verkaufen, um ihren Lebensunterhalt zu bestreiten. Obwohl diese Unterscheidung hilfreich ist, um grob zwischen Arbeiterklasse und Mittelschicht zu differenzieren, machen es die ständigen Veränderungen der Berufsstruktur und die Möglichkeiten zum sozialen Auf- wie Abstieg schwierig, die Grenzen der Mittelschicht genau zu bestimmen.

Freiberufler und Professionals, Manager und Beamte zählen zu den am schnellsten wachsenden Teilen der Mittelschicht. Dafür gibt es verschiedene Gründe. Der erste hängt zusammen mit der Wichtigkeit großer Organisationen für moderne Gesellschaften (siehe Kapitel 15 – Organisationen und Netzwerke). Die Errichtung des Wohlfahrtsstaates war begleitet von einer enormen Zunahme an Professionals, die staatliche Aufgaben wahrnehmen, wie beispielsweise Sozialarbeiter, Lehrer und Fachkräfte des Gesundheitswesens. Die Ausbreitung der öffentlichen und privaten Bürokratien erhöhte die Nachfrage nach Beschäftigten unterschiedlicher Qualifikation weiter und schuf damit Beschäftigungschancen für viele innerhalb der Bürokratien, aber auch als Konsulenten und Subauftragnehmer. Neue Managementpraktiken, wie das sogenannte New Public Management und Public Private Partnership vermehrte die Zahl jener, die zwar selbstständig arbeiten, aber hinsichtlich ihrer Erwerbschancen auf die öffentliche Hand und deren Budgets angewiesen sind. Personen, wie Ärzte und Anwälte, die in früheren Zeiten vornehmlich als Selbstständige arbeiteten, sind heute sehr oft als Angestellte tätig. Schließlich wurde die wirtschaftliche und industrielle Entwicklung begleitet von einer steigenden Nachfrage nach Experten, vor allem im Rechts-, Finanz-, Buchhaltungs-, Technologie- und Informationsbereich. In dieser Hinsicht können die Professionen als Ergebnis der modernen Zeit und als deren zentraler Motor für die weitere Ausdehnung der Mittelschicht gesehen werden.

New Public Management

Public Private Partnership

Professionen

Professionals, Manager und hochrangige Beamte gelangen in ihre Positionen aufgrund ihres Besitzes von *Bildungstiteln* – akademische Titel, Diplome und andere Qualifikationen. Sie genießen relativ sichere und gut bezahlte Karrieren und der Abstand zu Leuten, die gewöhnlichen, nichtmanuellen Berufen nachgehen, hat im Verlauf der letzten Jahrzehnte wohl eher zugenommen. Einige Autoren vertreten die Ansicht, Professionals und andere hochrangige Angestelltengruppen bildeten eine eigene soziale Klasse – die Klasse der Professionals und Manager (Ehrenreich und Ehrenreich 1979). Das Ausmaß an Unterschieden zwischen dieser Gruppe und den gewöhnlichen Angestellten scheint allerdings weder markant noch tief genug, um diese These zu stützen.

Wiederum andere Autoren haben Versuche der angestellten Professionals untersucht, durch gemeinsames Handeln ihre Interessen zu maximieren und auf diesem Weg ein höheres Niveau an materiellen Belohnungen und Prestige zu sichern. Der Fall des britischen medizinischen Fachpersonals kann diesen Aspekt illustrieren (Parry und Parry 1976). Einige Gruppen der Beschäftigten im Gesundheitswesen, wie die Ärzte, haben sich erfolgreich organisiert, um ihre Stellung in der Gesellschaft zu verteidigen und ein hohes Lohnniveau aufrechtzuerhalten. Drei zentrale Dimensionen des *Professionalismus* haben das ermöglicht: Der Zugang zur jeweiligen Berufsgruppe (Profession) ist auf jene beschränkt, die ein strikt definiertes Bündel an Voraussetzungen erfüllen (Qualifikation); professionelle Organisationen überwachen und disziplinieren das Verhalten ihrer Mitglieder; schließlich wird allgemein akzeptiert, dass nur Mitglieder der jeweiligen Profession diesen Beruf auch ausüben dürfen. Durch solche Maßnahmen und Berufsmonopole gelingt es Professionen, unliebsame Konkurrenten fernzuhalten und die Marktposition ihrer Mitglieder zu schützen. Das Beispiel der Ärzte ist auch in Deutschland und Österreich für diesen Vorgang besonders instruktiv. Pflichtmitgliedschaften wie im Fall der Ärztekammer in Österreich oder exklusive Berufsverbände wie in Deutschland wehren sich beispielsweise erfolgreich dagegen, dass in China in Akupunktur ausgebildete Ärzte ihren Beruf in Deutschland oder Österreich ausüben können; erst nachdem sie ein hierzulande anerkanntes Medizinstudium nachgeholt haben, dürfen sie, nunmehr als Ärzte lizensiert, auch Akupunktur praktizieren. Deutsche und österreichische Ärzte, die Heilbehandlungen jenseits der Schulmedizin anbieten wollen, haben dafür – wenn überhaupt – vergleichsweise geringe Hürden zu überwinden.

Der Wandel der Arbeiterklasse

Arbeiterklasse

Marx glaubte, dass die Arbeiterklasse – Personen, die als Arbeiter in der Industrie tätig sind – immer größer und größer werden würde. Das bildete auch die Grundlage für seine Hoffnung, dass die Arbeiterklasse eine Bewegung für die revolutionäre Umwälzung der Gesellschaft hervorbringen würde. Tatsächlich schrumpfte die Arbeiterklasse aber und wurde immer kleiner. 1960 machten die manuellen Arbeiter (genauer: Erwerbstätige in Industrie und Gewerbe) in den meisten westlichen Gesellschaften nahezu die Hälfte der Gesamtbeschäftigung aus; bis zur Jahrtausendwende ging ihr Anteil überall deutlich zurück; in der Schweiz von 50 Prozent auf 23 Prozent, in Deutschland von 48 Prozent auf 32 Prozent, in Österreich von 41 Prozent auf 30 Prozent, in Großbritannien von 44 Prozent auf 25 Prozent, in den USA aber nur noch von 34 Prozent auf 21 Prozent, während in Japan der Anteil unverändert bei 29 Prozent blieb. (ILO: laborsta. ilo.org) Auch die Lebensbedingungen und die Lebensstile der Arbeiterklasse wandelten sich im letzten halben Jahrhundert deutlich.

In allen westlichen Gesellschaften gibt es eine bedeutende Zahl armer Menschen. Die Mehrheit der manuell Arbeitenden leben allerdings nicht mehr in Armut. Das Einkommen der Arbeiter ist im 20. Jahrhundert deutlich angestiegen. Der höhere Lebensstandard zeigt sich in der zunehmenden Verfügbarkeit von Konsumgütern für alle Klassen. Einen eindrücklichen Beweis für die Verbesserung des Lebensstandards kann man sehen, wenn man die Veränderungen der Ausgaben der privaten Haushalte für Ernährung im Zeitvergleich betrachtet. Um 1950 wurden in den westlichen europäischen Ländern im Durchschnitt noch 38 Prozent des zur Verfügung stehenden Haushaltsbudgets für Ernährung ausgegeben, 1994 lag dieser Wert nur noch bei der Hälfte, nämlich 19 Prozent. Selbst in den Ländern, die während dieser Zeit kommunistisch regiert wurden, zeigt sich ein ähnlicher, wenn auch schwächerer Rückgang. In Ungarn ging der Anteil für Ernährungsausgaben zwischen 1960 und 1989 von 39 auf 27 Prozent zurück und in der DDR zwischen 1961 und 1989 von 49 auf 41 Prozent. (Kaelble 2007, 95f.)

Das Thema wird genauer im Kapitel 12 – Armut, soziale Ausgrenzung und soziale Sicherheit behandelt.

Das Phänomen des Wohlstandes der Arbeiterklasse legt eine andere Deutung der Entwicklung in Richtung Mittelschichtgesellschaft nahe. Möglicherweise wurden die Arbeiter mit steigendem Wohlstand auch zunehmend zu Mittelschichtangehörigen. Diese Idee wurde, mit der für Soziologen charakteristischen Neigung zu schwerfälliger Ausdrucksweise, die Verbürgerlichungsthese genannt. Verbürgerlichung („embourgeoisement") meint, „dem Bourgeois ähnlich werden", ein Ausdruck im marxistischen Stil für „der Mittelschicht ähnlich werden". In den 1950er Jahren, als diese These erstmals vorgebracht wurde, behaupteten ihre Fürsprecher, dass viele Arbeiter, die Löhne wie Angehörige der Mittelschicht verdienen, auch die Werte, Sichtweisen und den Lebensstil der Mittelschicht übernehmen würden. Es herrschte weitgehend Übereinstimmung, dass der Fortschritt der industriellen Gesellschaft eine starke Auswirkung auf die Gestalt der sozialen Schichtung haben werde. Helmut Schelsky erzielte in diesen Jahren mit seiner These der *nivellierten Mittelstandsgesellschaft* eine weit über die Fachwelt hinausreichende Aufmerksamkeit, wohl auch, weil sein Befund den Erwartungen nach sozialer Harmonie vieler Deutscher Ausdruck verlieh (Schelsky 1953).

Verbürgerlichungsthese

In den 1960er Jahren haben John Goldthorpe und seine Kollegen eine Untersuchung über die Verbürgerlichungsthese durchgeführt, die sehr bekannt wurde. Ihrer Studie lag die Hypothese zugrunde, dass wenn die Verbürgerlichungsthese wahr wäre, wohlhabende Arbeiter sich in ihren Einstellungen zu Arbeit, Lebensstil und Politik nicht mehr von Mittelschichtangehörigen unterscheiden lassen würden. Die Studie basierte auf Interviews mit Arbeitern in der Automobilindustrie und in der chemischen Industrie in Luton und wurde in drei Bänden veröffentlicht: Man nennt diese Untersuchung die „Affluent-Worker"-Studie (Goldthorpe u.a. 1970–71). Es wurden 229 Arbeiter untersucht; hinzu kamen zu Vergleichszwecken 54 Angestellte. Viele Arbeiter waren auf der Suche nach gut bezahlter Arbeit in die Gegend gezogen; verglichen mit einem Großteil der anderen manuellen Arbeiter waren sie tatsächlich gut bezahlt und verdienten mehr als die meisten kleinen Angestellten.

Goldthorpe und seine Kollegen konzentrierten sich auf drei Dimensionen der Einstellungen der Arbeiterklasse und fanden sehr wenig, was für die Verbürgerlichungsthese spricht. Hinsichtlich der wirtschaftlichen Lage und der Einstellungen zur Arbeit fanden sie heraus, dass zwar viele Arbeiter tatsächlich einen Lebensstandard, der mit jenem der Mittelschicht vergleichbar ist, erreicht haben, aber dass sie diesen relativen Wohlstand in Jobs erzielten, in denen es wenig Vorteile gab, geringe Chancen zum Aufstieg vorhanden waren und nur sehr geringe intrinsische Arbeitszufriedenheit existierte. Die Autoren der Studie fanden, dass die wohlhabenden Arbeiter eine „instrumentelle" Arbeitshaltung hätten: Für sie war die Arbeit ein Mittel zum Zweck, das Mittel, um gut zu verdienen. Ihre Arbeit war meist monoton und uninteressant, und sie waren bei der Arbeit persönlich nicht sonderlich engagiert.

Trotz ihres mit Angestellten vergleichbaren Wohlstandsniveaus verbrachten die in dieser Studie Untersuchten ihre Freizeit jedoch nicht mit Angestellten und wollten auch nicht sozial „aufsteigen". Goldthorpe u.a. fanden, dass der Großteil des Freizeitlebens mit der eigenen Familie, Verwandten oder Nachbarn, die auch der Arbeiterklasse angehörten, verbracht wurde. Es gab nur wenige Anzeichen, dass sich die Arbeiter in die Richtung der Werte und Normen der Mittelschicht bewegten. Was die politischen Meinungen betraf, zeigte sich eine negative Korrelation zwischen dem Wohlstand der Arbeiter und der Stimmabgabe für die Konservativen. Vertreter der Verbürgerlichungsthese hatten vorausgesagt, dass wachsender Wohlstand unter Arbeitern zu einer Abnahme der traditionellen Bindung an die Labour Party führen würde.

Die Ergebnisse der Studie waren in den Augen der Autoren eindeutig: Die These der Verbürgerlichung war falsch. Diese Arbeiter tendierten nicht zur Mittelschicht. Goldthorpe und seine Mitautoren räumten jedoch die Möglichkeit ein, dass es an einigen Punkten zu Konvergenzen zwischen der unteren Mittelschicht und den besser gestellten Arbeitern kommen könnte. Wohlhabende Arbeiter teilten mit den benachbarten Angestellten einige Muster im Konsumverhalten, eine private auf das eigene „Heim" zentrierte Sichtweise und am Arbeitsplatz eine Unterstützung für *instrumentellen Kollektivismus* (kollektives Handeln durch Gewerkschaftsmitgliedschaft, um Arbeitsbedingungen und Löhne zu verbessern).

In den darauffolgenden Jahren wurden keine streng vergleichbaren Untersuchungen durchgeführt. Die Untersuchungen über das *Gesellschaftsbild des Arbeiters*, die von Heinrich Popitz, Hans Paul Bahrdt u.a. 1957 unter diesem Titel veröffentlicht wurden und in den folgenden Jahrzehnten Nachfolgestudien durch Horst Kern und Michael Schumann anregten (Kern und Schumann 1970, 1984), legen nahe, dass Goldthorpe und seine Mitarbeiter mit ihren Befunden durchaus richtig lagen. Es wird allgemein angenommen, dass sich die alten, traditionellen Arbeitermilieus aufgesplittert haben oder sich mit dem Niedergang der Industrie und der Ausweitung der Konsumgesellschaft überhaupt aufgelöst haben. Wie weit eine derartige Aufsplitterung fortgeschritten ist, bleibt offen.

Die Unterschicht

Der Ausdruck Unterschicht wird oft verwendet, um jene soziale Schicht zu beschreiben, die sich am untersten Ende der Schichtungshierarchie befindet. In jüngster Zeit wurde vor allem in der amerikanischen Literatur von der Entstehung einer neuen sozialen Schicht gesprochen, die als „underclass" bezeichnet wurde. In der deutschsprachigen Soziologie fand dieser Begriff bislang keine Verwendung, weil es hier immer schon die Vorstellung einer Unterschicht – unterhalb der Arbeiterklasse – gegeben hat. Bei der folgenden Darstellung sollte man berücksichtigen, dass, wenn von Veränderungen in den USA die Rede ist, es sich immer um die Debatte rund um die Entstehung dieser neuen „underclass" handelt. Mitglieder dieser Unterschicht weisen einen deutlich niedrigeren Lebensstandard als die große Bevölkerungsmehrheit auf. Es ist eine soziale Gruppe mit mehrfachen Benachteiligungen. Viele von ihnen sind Langzeitarbeitslose oder wechseln ihre Stelle ständig. Einige sind obdachlos oder verfügen über keine ständige Unterkunft. Angehörige der Unterschicht leben oft über sehr lange Zeit von Zuwendungen des Wohlfahrtsstaates. Die Unterschicht wird häufig als „marginalisiert" oder „ausgeschlossen" von den Möglichkei-

SOZIALBERATUNG

Na, was ham's gsagt?

Im Kapitalismus soll i mir nix bessers erwarten

© Michael Unterleitner

ten der Lebensgewohnheiten der großen Mehrheit der Bevölkerung beschrieben.

Die Unterschicht wird vielfach mit benachteiligten ethnischen Minderheiten in Verbindung gebracht. Ein Großteil der Debatte um die Unterschicht fand in den Vereinigten Staaten statt, wo die Massierung armer Schwarzer in den innerstädtischen Gebieten die Diskussion über die „schwarze Unterschicht" ausgelöst hat (Wilson 1978; Murray 1984; Murray 1990; Lister 1996). Es handelt sich aber nicht nur um ein amerikanisches Phänomen. In verschiedenen europäischen Staaten befinden sich heute „Gastarbeiter" und Einwanderer, die in den 1960er und 1970er Jahren dank der Prosperität damals angeworben wurden oder Arbeitsmöglichkeiten vorfanden, in einer vergleichbaren Lage. Das trifft unzweifelhaft auf Nordafrikaner in Frankreich, viele Türken in Deutschland und Bewohner früherer kolonialer Gebiete Großbritanniens oder die Niederlande zu, die heute im „Mutterland" leben.

Unterschicht

Der Begriff der Unterschicht ist Gegenstand heftiger Debatten auch innerhalb der Soziologie. Obwohl dieser Ausdruck mittlerweile in die englische Alltagssprache Eingang gefunden hat, zögern viele Kommentatoren und auch Wissenschaftler, ihn zu verwenden. Unterschicht ist ein Begriff, der ein sehr weites Feld absteckt und den manche als politisch zu aufgeladen betrachten. Die meisten europäischen Forscher bevorzugen daher den Ausdruck „soziale Ausgrenzung".

Soziale Ausgrenzung wird ausführlicher im Kapitel 12 – Armut, soziale Ausgrenzung und soziale Sicherheit diskutiert.

Soziale Ausgrenzung ist ein breiterer Begriff als Unterschicht und weist den Vorzug auf, einen Prozess – nämlich die Mechanismen der Ausschließung – zu thematisieren und nicht nur einen Zustand zu beschreiben.

Der Begriff der Unterschicht hat eine lange Vorgeschichte. So sprach Marx vom „Lumpenproletariat", das sich aus jenen Personen zusammensetzt, die ständig außerhalb der vorherrschenden Formen der wirtschaftlichen Produktion und des Austausches angesiedelt waren (Marx [1852]

1988). In späteren Jahren sprach man von den „bedrohlichen Klassen" der Verarmten, Diebe und Vagabunden, die es ablehnten, einer Arbeit nachzugehen und stattdessen am Rande der Gesellschaft als „soziale Parasiten" überlebten. In der Gegenwart bezieht sich die Rede von der Unterschicht stärker auf jene Personen, die als von der Sozialfürsorge abhängig betrachtet werden und denen es an Eigeninitiative fehle. Der Ausdruck hat dank der Schriften von Charles Murray, auf die wir gleich näher eingehen werden, eine Art Renaissance erfahren.

Der Hintergrund der Debatte um die Unterschicht

Die Debatte über die Unterschicht wurde durch einige sehr bedeutsame Veröffentlichungen amerikanischer Soziologen über die Lage der armen schwarzen Bevölkerung, die in innerstädtischen Gebieten lebt, ausgelöst. In *The Declining Significance of Race* (1978) argumentiert William J. Wilson und stützt sich dabei auf von ihm in Chicago durchgeführte Untersuchungen, dass sich während der letzten drei oder vier Jahrzehnte eine schwarze Mittelklasse von höheren Angestellten herausgebildet hat. Nicht mehr alle Afroamerikaner leben in den städtischen Gettos, und jene, die dort verbleiben, werden, so Wilson, weniger durch aktive Diskriminierung als durch ökonomische Faktoren festgehalten – mit anderen Worten, aufgrund ihrer Klassenzugehörigkeit und nicht wegen ihrer ethnischen Zugehörigkeit. Die alten rassistischen Grenzen lösen sich auf; Schwarze sind als Ergebnis wirtschaftlicher Diskriminierung auf die Gettos zurückgeworfen.

Die Vorstellung der Abhängigkeit vom Sozialstaat wird ausführlicher im Kapitel 12 – Armut, soziale Ausgrenzung und soziale Sicherheit diskutiert.

Charles Murray bestreitet das Vorhandensein einer schwarzen Unterschicht in den meisten Großstädten nicht. Nach Murray (1984) ist die niedrige gesellschaftliche Position der Afroamerikaner allerdings das Ergebnis eben jener Sozialpolitik, die ihnen helfen soll, ihre Position zu verbessern. Die Menschen werden von wohlfahrtsstaatlichen Leistungen abhängig und bauen rund um diese Abhängigkeit eine „Kultur der Armut" auf. Sie haben daher kaum Anreize, Arbeiten anzunehmen, fest gefügte Gemeinschaften zu bilden oder stabile Ehen einzugehen.

In Reaktion auf Murrays Behauptungen wiederholte Wilson seine früheren Argumente und erweiterte sie, wobei er sich wieder auf Forschungen in Chicago stützte. Der Umzug vieler Weißer aus den Städten in die Vororte, der Verfall der städtischen Industrien und andere wirtschaftliche Probleme der Städte führten nach Wilson zu hohen Arbeitslosenraten unter den afroamerikanischen Männern. Die Formen der sozialen Desintegration, auf die Murray hingewiesen hatte, darunter auch den hohen Anteil unverheirateter schwarzer Mütter, erklärte Wilson unter Bezug auf das Schrumpfen des Angebotes an „ehefähigen" (beschäftigten) Männern.

In jüngeren Veröffentlichungen hat Wilson die Rolle jener sozialen Prozesse untersucht, die dazu führen, dass eine räumliche Ballung städtischer Benachteiligung entsteht, die weitgehend von sogenannten Getto-Armen bevölkert werden. Mitglieder der Getto-Armen – vornehmlich Afroamerikaner und „Hispanics" (Einwanderer aus spanischsprachigen Teilen Mittel- und Südamerikas) – erfahren mehrfache Benachteiligungen, die von unzureichenden Bildungsmöglichkeiten über mangelhafte Gesundheitsversorgung bis zu hoher Wahrscheinlichkeit, Kriminalitätsopfer zu werden, reichen. Sie sind darüber hinaus durch eine unzureichende städtische Infrastruktur – fehlende öffentliche Verkehrsmittel, kommunale Einrichtungen und Schulen – benachteiligt, was ihre Chancen, sich sozial, politisch und wirtschaftlich integrieren zu können, weiter reduziert (Wilson 1996).

Die Unterschicht, die EU und die Migration

Die amerikanische Debatte konzentriert sich vor allem auf die ethnische Dimension. In immer stärkerem Maße gilt das auch für Europa; die Tendenzen der wirtschaftlichen Spaltung und der sozialen Ausgrenzung, die die amerikanische Gesellschaft kennzeichnen, scheinen zunehmend auch die europäischen Länder zu erfassen. Die Unterschicht ist eng verknüpft mit den Fragen der Hautfarbe, der ethnischen Zugehörigkeit und der Migration. In Städten wie London, Rotterdam, Berlin, Paris oder Neapel gibt es Stadtteile, die durch wirtschaftliche Benachteiligung gekennzeichnet sind. Hamburg ist eine der reichsten europäischen Städte, gemessen am durchschnittlichen persönlichen Einkommen, und weist in Deutschland die höchste Zahl an Millionären auf; zugleich hat es (wie Bremen und Berlin) den höchsten Bevölkerungsanteil, der auf Sozialleistungen angewiesen oder arbeitslos ist – 40 Prozent über dem nationalen Durchschnitt (Kröger 2003).

Die Mehrheit der Armen und der Arbeitslosen wird in den westeuropäischen Staaten immer noch von Einheimischen gestellt, aber immer mehr Einwanderer der ersten oder zweiten Generation sind in Armut und leben in herabgekommenen Stadtteilen. Beachtliche Teile der türkischstämmigen Bevölkerung in Deutschland, der Algerier in Frankreich und der Albaner in Italien sind als Angehörige der zweiten Generation häufig auf Gelegenheitsarbeiten angewiesen, die nur geringe Löhne und kaum Aufstiegschancen bieten. Dazu kommt, dass viele Migranten einen Teil ihres Lohns nach Hause schicken, um Familienmitglieder im Herkunftsland zu unterstützen (siehe auch Kapitel 10 – Ethnien, Ethnizität und Migration).

In jenen Fällen, wo Angehörige von Migranten illegal Familienzusammenführung praktizieren, ist die Wahrscheinlichkeit der sozialen Ausgrenzung und Marginalisierung sehr hoch. Ausländern ohne Aufenthaltsrecht fehlt der Zugang zu sozialstaatlichen Leistungen und das beraubt sie der Möglichkeiten, wenigstens einen minimalen Lebensstandard sicherzustellen. Solche Personen sind extrem gefährdet und verfügen nur über wenige Möglichkeiten, Krisensituationen oder Krankheit zu bewältigen.

Was sollen wir von den einander widersprechenden Befunden über die Unterschicht halten? Unterstützt die soziologische Forschung die Vorstellung einer deutlich konturierten Klasse benachteiligter Personen, die durch ähnliche Lebenschancen gekennzeichnet sind?

Die Idee der Unterschicht wurde zuerst für die USA entwickelt und scheint für dortige Verhältnisse einige Aussagekraft zu haben. In den USA sind die Extreme der sehr Reichen und der sehr Armen viel deutlicher ausgeprägt als in Westeuropa (siehe Kapitel 20 – Globale Ungleichheit). Insbesondere dort, wo wirtschaftliche und soziale Deprivation gemeinsam mit ethnischen Unterschieden auftreten, scheinen Gruppen von Unterprivilegierten aus der Gesellschaft nahezu ausgeschlossen zu sein.

Während der Begriff der Unterschicht für diese Verhältnisse angemessen erscheint, ist seine Nützlichkeit für europäische Verhältnisse zweifelhaft. Auch wenn ähnliche Bedingungen der Benachteiligung in Europa zu finden sind, scheinen sie weniger scharf ausgeprägt als in den USA. Jene, die in einer Situation starker Deprivation zu leben haben, sind vom großen Rest der Gesellschaft nicht so deutlich getrennt.

Sogar für die USA zeigten neuere Untersuchungen, dass, obwohl die städtischen Armen eine immobile Schicht bilden, Urteile, die von einer „geschlagenen und abgetrennten Unterschicht" sprechen, übertrieben sind. Studien über Beschäftigte in Fast-Food-Läden und über Obdachlose haben gezeigt, dass die Trennung der städtischen Armen vom Rest der Gesellschaft nicht so deutlich ist, wie das jene Forscher nahelegten, die von der Existenz einer Unterschicht überzeugt sind (Duneier 1999; Newman 1999). Diesen Befunden widersprach Barbara Ehrenreich und veröffentlichte das Protokoll ihres Selbstversuches als schlecht bezahlte Beschäftigte im unteren Dienstleistungssegment. Sie zeigt sehr überzeugend, was es bedeutet, vom Mindestlohn leben zu müssen und wie sehr der tägliche Kampf mit anderen, die sich in derselben Situation befinden, die Entfaltung solidarischer Beziehungen untergräbt (Ehrenreich 2001).

Klasse und Lebensstil

Bei der Analyse von Klassenlagen haben sich Soziologen traditionellerweise auf konventionelle Indikatoren wie Marktposition, Beziehung zu den Produktionsmitteln und Beruf gestützt. In jüngster Zeit haben jedoch einige Autoren argumentiert, dass wir die Klassenlage Einzelner nicht nur, vielleicht nicht einmal vorrangig, durch wirtschaftliche und Beschäftigungsfaktoren bestimmen sollten, sondern stärker kulturelle Faktoren, wie Lebensstil und Konsumgewohnheiten berücksichtigen sollten. Demnach spielen in unserer Zeit „Symbole" und Zeichen, die mit dem Konsum verbunden sind, eine viel größere Rolle für unser Alltagsleben. Individuelle Identitäten werden in einem höheren Maße durch die Wahl eines bestimmten

Lebensstil Lebensstils – wie wir uns kleiden, was wir essen, wie wir unseren Körper in Form halten oder wo wir uns erholen – geprägt und sind weniger von traditionelleren Indikatoren wie Beschäftigungsformen bestimmt.

Der französische Soziologe Pierre Bourdieu (1930–2002) teilte die Auffassung, dass Entscheidungen über den Lebensstil einen wichtigen Hinweis auf Klassenlagen liefern. Bourdieu argumentierte, dass ökonomisches Kapital – das aus materiellen Gütern, Vermögen, Wohlstand und Einkommen zusammengesetzt ist – wichtig war, aber nur eine partielle Erklärung der Klassen erlaube. Bourdieus Vorstellung sozialer Klassen ist weniger detailliert als beispielsweise jene von Goldthorpe, aber er stellt die Existenz von Klassen nicht in Abrede. Er spricht von drei Formen von „Kapital", die die Klassenlage bestimmen, wobei das *ökonomische Kapital* nur eine davon sei: die anderen sind das *kulturelle* und das *soziale Kapital* (Bourdieu 1983). Bourdieu vertritt die These, wonach Individuen sich in zunehmendem Maße von anderen nicht durch wirtschaftliche Faktoren unterscheiden, sondern aufgrund des *kulturellen Kapitals*, das Bildung, Präferenzen für bestimmte Kunstformen, Kulturgüter wie Bilder oder Bücher, Konsum und Freizeitbeschäftigungen umfasst. Individuen werden bei ihrem Bemühen um Akkumulation von

Pierre Bourdieu
1930–2002

kulturellem Kapital durch die Leistungen von „Profis der rationalen Seelenpflege" (Bourdieu 1982, S. 580) unterstützt, die reale oder symbolische Güter und Dienstleistungen für den Konsum innerhalb des kapitalistischen Systems zur Verfügung stellen. Werbefachleute, Verkaufsberater, Modedesigner, Stilberater, Innenarchitekten, persönliche Trainer, Therapeuten, Webdesigner und viele andere sind daran beteiligt, in einer sich immer mehr ausbreitenden Gemeinschaft der Konsumenten kulturelle Geschmäcker zu beeinflussen und die Wahl bestimmter Lebensstile zu befördern.

In Bourdieus Klassenanalyse spielt das *soziale Kapital* eine ebenso wichtige Rolle – das soziale Netzwerk von Freunden und Kontakten. Bourdieu definiert soziales Kapital als jene Ressourcen, „die einem Individuum oder einer Gruppe aufgrund der Tatsache zukommen, daß sie über ein dauerhaftes Netz von Beziehungen, einer – mehr oder weniger institutionalisierten – wechselseitigen Kenntnis und Anerkenntnis verfügen" (Bourdieu und Wacquant 1996, S. 151f.). Der Begriff des sozialen Kapitals ist ein wichtiges Instrument der gegenwärtigen Soziologie; Bourdieus Diskussion des Ausdrucks bildet einen wichtigen Schritt in der Verbreitung dieser Idee, die auch von dem amerikanischen Politikwissenschaftler Robert Putnam propagiert wurde.

Putnams Studie über soziales Kapital wird eingehender im Kapitel 15 – Organisationen und Netzwerke diskutiert.

Schließlich argumentiert Bourdieu, dass das symbolische Kapital – das darin besteht, über Ansehen zu verfügen – ein weiterer Indikator für die Klassenlage darstellt. Die Idee des symbolischen Kapitals besitzt eine große Ähnlichkeit mit dem des Prestiges des sozialen Status.

Jede Kapitalform ist in Bourdieus Konzeption auf die anderen bezogen und kann in einem bestimmten Umfang gegen andere getauscht werden. Beispielsweise mag ein Geschäftsmann, der eine Menge Geld (ökonomisches Kapital) verdient hat, keinen sehr ausgeprägten Kunstgeschmack besitzen, aber er kann seine Kinder auf eine Privatschule schicken, wo sie angehalten werden, einen solchen auszubilden (wodurch seine Kinder kulturelles Kapital erwerben). Der Geschäftsmann kann beruflich in Kontakt mit wichtigen anderen Geschäftsleuten kommen, seine Kinder lernen Kinder anderer wohlhabender Familien kennen, wodurch er und sie soziales Kapital erwerben. Ganz ähnlich mag jemand mit ausgedehnten sozialen Kontakten leichter in eine attraktive Führungsposition gelangen, die es dieser Person erleichtert, ökonomisches und symbolisches Kapital anzuhäufen. In der österreichischen Alltagssprache wird für dieses Phänomen seit Langem der Ausdruck „Vitamin B" benutzt, wobei „B" für Beziehungen steht, was nichts anderes bedeutet als Bourdieus soziales Kapital.

Zahlreiche Wissenschaftler haben Bourdieu zugestimmt, dass die Klassenteilung mit Lebensstil und Konsummustern verknüpft sein kann. Bei der Analyse bestimmter Gruppen der Mittelschicht hat Savage (1992) drei Sektoren identifiziert, die auf kulturellen Geschmäckern und „Besitztümern" beruhen. Im öffentlichen Dienst beschäftigte Akademiker, die viel kulturelles und vergleichsweise geringes ökonomisches Kapital besitzen, neigen dazu, einen gesundheitsbetonten und aktiven Lebensstil zu verfolgen, sie trinken wenig Alkohol, aber nehmen an kulturellen und Gemeinschaftsaktivitäten teil. Manager und Bürokraten zeigen hingegen „unauffällige" Muster des Konsums, mit einem geringen Grad an sportlichen Aktivitäten, wenig Beteiligung an kulturellen Ereignissen und einer Vorliebe für traditionelle Formen der Wohnungseinrichtung und Bekleidung. Die dritte Gruppe, die „Postmodernen", verfolgt einen Lebensstil, der frei ist von irgendwelchen Grundsätzen und Elemente umfassen kann, die üblicherweise nicht gemeinsam auftreten. Bei ihnen findet man Reiten und ein Interesse an klassischer Literatur neben einer Begeisterung für extreme Sportarten wie Freeclimbing und eine Liebe für Raves und Ecstacy.

Generell kann man kaum bezweifeln, dass soziale Unterschiede innerhalb, ja, sogar zwischen Klassen nicht mehr nur auf Differenzen zwischen Berufen beruhen, sondern ebenso sehr auf Unterschieden in Konsum und Lebensstil. Das kann man auch bei einem Blick auf die Gesellschaft als Ganzes leicht sehen. Die rasche Ausdehnung des Dienstleistungssektors, der Unterhaltungs- und Freizeitindustrie belegt die zunehmende Bedeutung des Konsums innerhalb der industrialisierten Gesellschaften. Moderne Gesellschaften wurden zu Konsumentengesellschaften, in denen alle danach streben, materielle Güter anzuhäufen. In gewisser Weise stellt die Konsumgesellschaft eine Massengesellschaft dar, in der Klassendifferenzen unwichtiger werden; Personen ganz verschiedener Klassenzugehörigkeit schauen sich dieselben Fernsehprogramme an oder kaufen bei den gleichen Bekleidungsketten ein. Dennoch können zur selben Zeit Klassenunterschiede durch Variationen im Lebensstil und „Geschmack" auch *ausgeprägter* werden (Bourdieu 1982). Die These von der zunehmenden Bedeutung von Lebensstilen für das System sozialer Schichtung funktioniert besonders gut für die Differenzierungen in der Mittelschicht, aber weniger, um den Gesamtaufbau einer Gesellschaft richtig zu verstehen.

Während man all diese Wandlungen im Auge behalten soll, ist die Bedeutung wirtschaftlicher Faktoren bei der Reproduktion sozialer Ungleichheit, unübersehbar. Personen, die extreme soziale und materielle Benachteilung erfahren, machen das zum Großteil nicht aufgrund von Entscheidungen über ihren Lebensstil. Weit eher trifft zu, dass ihre Lebensumstände von Faktoren beschränkt werden, die in ihrer wirtschaftlichen oder beruflichen Position zu suchen sind (Crompton 2008).

Geschlecht und Schichtung

Studien über die Schichtung waren lange Zeit hindurch „geschlechtsindifferent", das heißt, sie wurden geschrieben, als gäbe es keine Frauen oder als wären sie bei der Analyse von Unterschieden der Macht, des Reichtums und des Ansehens unwichtig und uninteressant. Das Geschlecht ist jedoch selbst ein wichtiges Schichtungskriterium. Es gibt keine Gesellschaft, in der die Männer nicht in mancherlei Hinsicht reicher, angesehener und einflussreicher als Frauen wären.

Eines der Hauptprobleme bei der Untersuchung des Zusammenhangs von Geschlecht und Schichtung in modernen Gesellschaften klingt einfach, ist aber schwierig zu lösen. Es handelt sich um die Frage, inwieweit wir geschlechtsbedingte Ungleichheiten in der modernen Zeit als Klassenunterschiede interpretieren können. Ungleichheiten der Geschlechter sind historisch tiefer verwurzelt als Klassensysteme. Sogar bei Jägern und Sammlern, wo es keine Klassen gibt, ist der soziale Rang der Männer höher als der der Frauen. Die Klassenunterschiede in den modernen Gesellschaften sind jedoch so ausgeprägt, dass sie sich zweifellos mit den geschlechtsbedingten Ungleichheiten stark überschneiden. Die materielle Lage der meisten Frauen entspricht jener ihrer Väter oder Ehemänner; deshalb könnte man argumentieren, dass geschlechtsbedingte Ungleichheiten hauptsächlich nach den Kriterien der Klasse erklärbar sind.

Die Bestimmung der Klassenlage von Frauen

Die Ansicht, dass Klassenunterschiede weitestgehend die Gender-Schichtung bestimmen, wurde bis vor Kurzem für eine zutreffende Annahme gehalten. Feministische Kritiken und die unzweifelhaften Wandlungen der wirtschaftlichen Lage der Frauen in vielen westlichen Gesellschaften haben Platz geschaffen für eine offene Debatte.

Die „konventionelle Position" der Analyse der Klasse bestand darin, dass die Erwerbstätigkeit von Frauen, verglichen mit jener von Männern, relativ unbedeutend ist und dass deshalb Frauen derselben Klasse wie ihre Männer zugerechnet werden können (Goldthorpe 1983). Goldthorpe weist darauf hin, dass diese Ansicht ursprünglich nicht auf einer sexistischen Ideologie beruht, ganz im Gegenteil: Sie geht davon aus, dass die erwerbstätigen Frauen meist in untergeordneten Positionen tätig sind. Frauen haben öfter als Männer eine Teilzeitarbeit, und ihre berufliche Karriere wird öfter durch Schwangerschaften und Kindererziehung für längere Zeiträume unterbrochen (siehe Kapitel 16 – Arbeit und Wirtschaftsleben). Aus dem Umstand, dass die Mehrheit der Frauen traditionellerweise von ihren Männern wirtschaftlich abhängig war, folgt, dass ihre Position innerhalb des Klassensystems meist durch jene ihrer Männer bestimmt war.

Goldthorpes Ansichten sind in mehrfacher Hinsicht kritisiert worden. Zunächst tragen die Frauen in zahlreichen Haushalten wesentlich zur Aufrechterhaltung der wirtschaftlichen Position und des Lebensstils der Familie bei. Unter diesen Umständen bestimmt die Erwerbstätigkeit der Frau teilweise die Klassenzugehörigkeit des Haushaltes. Zweitens kann gelegentlich die berufliche Position der Frau den Standard der Position der ganzen Familie bestimmen.

Sogar dort, wo eine Frau weniger verdient als ihr Ehemann, kann ihre berufliche Situation der entscheidende Faktor für die Klassenzugehörigkeit ihres Mannes sein. Das wäre z.B. dann der Fall, wenn der Mann ein Hilfsarbeiter oder ein angelernter Arbeiter ist und die Frau Filialleiterin in einem Geschäft. Drittens gibt es bei klassenübergreifenden Haushalten – wo also der Mann in einer anderen Klassenkategorie berufstätig ist als die Frau – einige Anlässe, wo es angebracht ist, Männer und Frauen, selbst wenn sie einen Haushalt bilden, als Mitglieder verschiedener Klassen zu behandeln. Viertens nimmt die Zahl der Haushalte, in denen die Frauen die alleinigen Einkommensbezieher sind, ständig zu. Die wachsende Zahl alleinerziehender Frauen und kinderloser Frauen belegen das. Solche Frauen sind definitionsgemäß der entscheidende Faktor, der die Klassenlage des Haushalts bestimmt, außer in jenen Fällen, wo Alimentationsleistungen eine Frau auf das Niveau ihres Exehemanns heben (Stanworth 1984; Walby 1986).

Nimmt die Ungleichheit in Klassengesellschaften ab?

Es gibt einige Hinweise darauf, dass zumindest bis in jüngste Zeit, das Klassensystem entwickelter kapitalistischer Gesellschaften offener für soziale Aufstiege wurde und auf diesem Weg die soziale Ungleichheit abnahm. Der spätere Nobelpreisträger für Wirtschaftswissenschaften Simon Kuznets formulierte schon 1955 eine Hypothese, die seither als Kuznets-Kurve bekannt wurde: Dabei handelt es sich um eine Formel, die zeigt, dass während der frühen Entwicklungsstadien die Ungleichheit zunimmt, danach wiederum zurückgeht und sich schließlich auf einem vergleichsweise niedrigen Niveau stabilisiert (Kuznets 1955; s. Abb. 11.2). Untersuchungen für europäische Länder, die USA und Kanada legen nahe, dass die Ungleichheit in diesen drei Regionen vor dem Zweiten Weltkrieg am höchsten war, während der 1950er Jahre zurückging und bis in die 1970er Jahre auf diesem Niveau blieb (Berger 1992; Nielsen 1994). Die geringere Ungleichheit in der Nachkriegszeit hat ihre Wurzeln im wirtschaftlichen Wachstum dieser Jahre, das für Personen am unteren Ende der Schichthierarchie Gelegenheiten eröffnete, sozial aufzusteigen, wozu auch jene wohlfahrtsstaatliche Politik beitrug, die genau darauf abzielte: Sozialversicherung, Gesundheitsvorsorge und andere Programme. Es könnte allerdings sein, dass Kuznets Vorhersage nur für industrielle Gesellschaften zutrifft. Das Entstehen *postindustrieller* Gesellschaft hatte seit den 1970er Jahren in vielen entwickelten Gesellschaften eine zunehmende soziale Ungleichheit zur Folge (vgl. Kapitel 12), was Kuznets Hypothese infrage stellt.

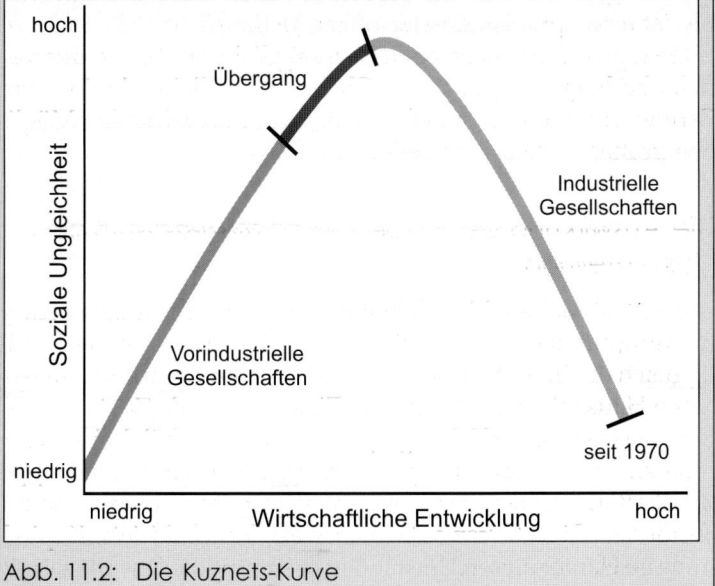

Abb. 11.2: Die Kuznets-Kurve

Goldthorpe und andere haben ihre konventionelle Position verteidigt, aber auch einige wichtige Änderungen in ihren Schemata vorgenommen. Für Forschungszwecke kann man immer den Partner mit der höheren Position berücksichtigen, egal, ob es ein Mann oder eine Frau ist. Statt die Klassenzugehörigkeit eines Haushalts durch den männlichen Erhalters zu klassifizieren, wird er nun durch den „bedeutenderen Erhalter" bestimmt. Demgemäß wurde die Klasse III in Goldthorpes Klassenmodell in zwei Subkategorien aufgeteilt, um die große Zahl von Frauen in niedrigen Angestelltenberufen zu berücksichtigen. Im Fall der Anwendung des Modells auf Frauen wird die Klasse IIIb (nichtmanuelle Berufe im Handel und in den Dienstleistungen) als Klasse VII behandelt. Dadurch würde ein zutreffenderes Bild der Position der ungelernten und angelernten Frauen am Arbeitsmarkt gezeichnet.

Jenseits des Haushalts?

In der Debatte um die Klassenzuordnung haben einige Autoren argumentiert, man solle die Klassenposition jedes Individuum unabhängig von Haushalten feststellen. Die Klassenzugehörigkeit würde, mit anderen Worten, aufgrund des Berufs, aber ohne Rücksicht auf die häuslichen Umstände der betreffenden Person bestimmt. Dieser Zugang wurde beispielsweise von Gordon Marshall und seinen Mitarbeitern bei ihrer Untersuchung des Klassensystems des Vereinigten Königreichs verwendet (Marshall 1988).

Eine derartige Sichtweise hat allerdings ihre eigenen Schwierigkeiten, da zum einen alle, die keiner bezahlten Arbeit nachgehen – und das sind nicht nur Vollzeithausfrauen, sondern auch Pensionisten und Arbeitslose –, unberücksichtigt bleiben. Die beiden letztgenannten Gruppen könnten zwar aufgrund ihres zuletzt ausgeübten Berufs klassifiziert werden, aber das ist umso problematischer, je länger sie schon nicht mehr in diesen Berufen tätig sind. Zum anderen ist es möglicherweise irreführend, den Haushalt überhaupt zu ignorieren. Ob Personen allein oder in einer häuslichen Partnerschaft leben, kann für die ihnen offenstehenden Möglichkeiten einen großen Unterschied bedeuten.

Die Auswirkung der Frauenbeschäftigung auf die Klassenteilung

Die Aufnahme bezahlter Arbeit durch Frauen hatte eine bedeutsame Auswirkung auf das Haushaltseinkommen. Die Auswirkung wurde allerdings ungleich erlebt und kann zu einer Verschärfung der Klassenspaltung zwischen Haushalten geführt haben. Eine wachsende Zahl von Frauen gelangt in professionelle und Managerpositionen und erhält hohe Einkommen. Das trägt zu einer Polarisierung zwischen gut verdienenden Doppelverdienerhaushalten auf der einen Seite und „Alleinverdiener-" und „Gar-nicht-Verdiener-"Haushalten auf der anderen Seite bei (siehe Kapitel 16 – Arbeit und Wirtschaftsleben).

Untersuchungen haben gezeigt, dass gut verdienende Frauen häufig gut verdienende Partner haben und dass Ehefrauen von Männern, die in den Professionen und im Management tätig sind, höhere Löhne erzielen als andere berufstätige weibliche Partner. Die Auswirkung dieser Doppelverdienerpartnerschaften wird zusätzlich verstärkt durch die immer spätere Geburt von Kindern, insbesondere bei Frauen in professionellen Berufen. Die zunehmende Zahl von Doppelverdienerpaaren ohne Kinder vergrößert die Kluft zwischen den best- und schlechtestverdienenden Haushalten weiter.

Soziale Mobilität

Bei einer Untersuchung der Schichtung müssen wir nicht nur die Unterschiede zwischen den wirtschaftlichen Positionen oder den Berufen in Betracht ziehen, sondern auch, wie es dem Individuum ergeht, das diese in-

soziale Mobilität nehat. Mit dem Begriff soziale Mobilität werden Bewegungen von Einzelpersonen und Gruppen zwischen verschiedenen sozioökonomischen Positionen bezeichnet. Mit vertikaler Mobilität bezeichnet man die Be-

vertikale Mobilität wegungen nach oben und unten auf der sozioökonomischen Skala. Jene, deren Vermögen oder Einkommen zunimmt und deren Status sich verbessert, sind *aufwärtsmobil* – wie Frank Stronach, dessen Karriere wir am Beginn dieses Kapitel geschildert haben –, während die, die sich in die andere Richtung bewegen, *abwärtsmobil* sind. In modernen Gesellschaften gibt

horizontale Mobilität es auch oft horizontale Mobilität, ein Ausdruck, der sich auf räumliche Bewegungen zwischen Vierteln, Städten oder Regionen bezieht. Vertikale und horizontale Mobilität treten oft zusammen auf. Eine Person, die in einer bestimmten Firma in einer bestimmten Stadt arbeitet, kann z.B. in eine höhere Position in einer Zweigstelle der Firma in einer anderen Stadt oder sogar in einem anderen Land versetzt werden.

Es gibt zwei Möglichkeiten, die soziale Mobilität zu untersuchen. Zunächst können wir einzelne Karrieren untersuchen – wie weit Individu-

Intragenerationen- en im Laufe ihres Arbeitslebens auf der sozialen Leiter auf- oder abstei-
mobilität gen. Diese Bewegung wird im Allgemeinen Intragenerationenmobilität genannt. Andererseits können wir analysieren, ob Kinder ungefähr den glei-

Intergenerationen- chen Beruf wie ihre Eltern ausüben. Diese Mobilität zwischen den Genera-
mobilität tionen wird Intergenerationenmobilität genannt.

Vergleichende Mobilitätsstudien

Das Ausmaß der vertikalen Mobilität in einer Gesellschaft ist ein Hauptindikator für ihre „Offenheit". Es gibt an, inwieweit begabte Individuen aus den unteren Schichten die sozioökonomische Leiter hinaufklettern können. In dieser Hinsicht ist soziale Mobilität ein heißes politisches Eisen, vor allem in jenen Staaten, die sich der liberalen Idee der Chancengleichheit für alle Bürger verpflichtet fühlen. Wie „offen" sind die industrialisierten Länder hinsichtlich der sozialen Mobilität? Gibt es in bestimmten Gesellschaften mehr Chancengleichheit als anderswo?

Seit mehr als 50 Jahren werden Untersuchungen über die soziale Mobilität durchgeführt, wobei häufig internationale Vergleiche angestellt wurden. Eine der wichtigsten frühen Arbeiten war die Untersuchungen von Peter Blau und Otis Dudley Duncan Ende der 1960er Jahre (Blau und Duncan 1967). Ihre Studie ist die detaillierteste Untersuchung über soziale Mobilität, die je in einem einzelnen Land durchgeführt wurde (obwohl sie äußerst umfassend angelegt war, bestätigt sie, wie die meisten anderen Mobilitätsstudien auch, die weiter oben getroffene Feststellung – alle Befragten waren Männer). Blau und Duncan sammelten Informationen über eine landesweite Stichprobe von 20.000 Männern. Sie kamen zu dem Ergebnis, dass es in den Vereinigten Staaten eine hohe vertikale Mobilität gibt, dass sie aber vor allem zwischen beruflichen Positionen stattfindet, die nahe beieinander liegen. Mobilität zwischen weiter auseinander liegenden Stufen wurde hingegen selten gefunden. Obwohl es in den Karrieren von Einzelpersonen und zwischen den Generationen eine Bewegung nach unten gab, kam sie viel seltener vor als Aufwärtsmobilität. Der Grund dafür ist, dass die Anzahl der Angestellten und Professionals viel schneller zunahm als die der Arbeiter; deshalb konnten Söhne von Arbeitern in Angestelltenpositionen vordringen. Blau und Duncan betonten die Bedeutung der Bildung und der Ausbildung für die Erfolgschancen des Einzelnen. Ihrer Meinung nach sei Aufwärtsmobilität generell eine Besonderheit von industrialisierten Gesellschaften und trage zu deren Stabilität und Integration bei.

Die vielleicht berühmteste international vergleichende Untersuchung über soziale Mobilität war jene, die Seymour Martin Lipset und Reinhard Bendix (Lipset und Bendix 1959) durchführten. Sie analysierten Daten aus neun Industriegesellschaften – Dänemark, Frankreich, Großbritannien, Italien, Japan, Schweiz, Schweden, USA und Westdeutschland –, wobei sie sich auf die Mobilität der Männer von manuellen Berufen hin zu Angestelltenberufen konzentrierten. Entgegen ihren Erwartungen fanden sie keine Hinweise, dass die Vereinigten Staaten offener wären als die europäischen Gesellschaften. Die vertikale Mobilität insgesamt über die Trennlinie Arbeiter/Angestellter hinweg lag in den Vereinigten Staaten bei 30 Prozent, während der Wert in den anderen Gesellschaften zwischen 27 und 31 Prozent variierte. Lipset und Bendix schlossen daraus, dass alle industrialisierten Länder eine ähnliche Ausweitung des Angestelltensektors zeigen. Das führte zu einer „Welle der Aufwärtsmobilität", die in allen Ländern ähnlich groß war. Andere Autoren haben diese Erkenntnisse infrage gestellt und argumentiert, dass sich signifikante Unterschiede zwischen den Ländern zeigen, wenn die Abwärtsmobilität stärker berücksichtigt und auch die Mobilität zwischen weiter auseinander liegenden Stufen einbezogen wird (Heath 1981; Hauser und Grusky 1984).

Die meisten Mobilitätsstudien haben sich, wie die beiden eben besprochenen, auf „objektive" Dimensionen der Mobilität konzentriert – also, wie viel Mobilität gibt es, in welche Richtungen und für welche Teile der Bevölkerung. Gordon Marshall und David Firth (Marshall und Firth 1999) wählten in ihrer vergleichenden Untersuchung sozialer Mobilität einen anderen Zugang; sie studierten die „subjektiven" Gefühle der Personen über ihre sich wandelnde Klassenlage. Die beiden Autoren suchten in ihrer Untersuchung nach einer Antwort auf das, was sie die „unbegründete Spekulation" der Soziologen über die wahrscheinlichen Auswirkungen der sozialen Mobilität auf das empfundene Wohlbefinden der Betroffenen nannten. Während einige argumentierten, dass soziale Mobilität ein Gefühl des Ungleichgewichts, der Isolation und der Wurzellosigkeit hervorrufe, haben andere eine optimistischere Haltung eingenommen, und nahegelegt, dass schrittweise Anpassungen an neue Klassenlagen unvermeidlich stattfinden.

Unter Verwendung von Umfragedaten aus zehn Ländern – Bulgarien, Estland, Deutschland, Großbritannien, Polen, Russland, Slowakei, Slowenien, Tschechien und die USA – untersuchten Marshall und Firth, ob soziale Mobilität mit einem steigenden Gefühl der Zufriedenheit oder Unzufriedenheit verknüpft sei, was verschiedene Aspekte des Alltagslebens anlangt, wie Familie, Gemeinschaft, Arbeit, Einkommen und Politik. Generell fanden die beiden Autoren wenig Hinweise auf einen Zusammenhang zwischen Erfahrungen der eigenen sozialen Lage mit der allgemeinen Lebenszufriedenheit. Das traf sowohl auf Personen zu, die von einem Arbeiterberuf in eine Mittelschichtposition aufgestiegen waren, als auch auf solche, die abwärtsmobil waren.

Abwärtsmobilität

Abwärtsmobilität findet weniger häufig als Aufwärtsmobilität statt. Intragenerationale Abwärtsmobilität ist sehr oft mit psychologischen Problemen und Ängsten verbunden, wenn Menschen den Lebensstandard, an den sie sich gewöhnt haben, nicht mehr aufrechterhalten können; Entlassungen im Gefolge von Betriebsstilllegungen sind häufige Ursachen von Abwärtsmobilität. Menschen mittleren Alters, die ihre Arbeit verlieren, finden entweder schwer eine neue Anstellung oder können nur eine Arbeit bekommen, die schlechter bezahlt ist als ihre vorherige Beschäftigung.

Abwärtsmobilität   Es hat bisher nur sehr wenige Studien der Abwärtsmobilität in Gegenwartsgesellschaften gegeben. Es ist jedoch wahrscheinlich, dass die nach unten gerichtete Inter- und Intragenerationenmobilität in Europa ebenso im Ansteigen begriffen ist wie in den Vereinigten Staaten. In den USA gab es verschiedene Untersuchungen des Phänomens. Während der 1980er und der frühen 1990er Jahre gab es zum ersten Mal seit dem Zweiten Weltkrieg ein Sinken des durchschnittlichen Realeinkommens (des inflationsbereinigten Einkommens) von Personen in mittleren Angestelltenjobs in den USA.

Die Neustrukturierung von Unternehmen und der Personalabbau sind die Hauptgründe dieser Entwicklungen. Angesichts der sich verschärfenden globalen Konkurrenz haben viele Unternehmen ihren Beschäftigtenstand reduziert. Angestelltenarbeitsplätze und Vollarbeitsplätze für Arbeiter sind verloren gegangen und durch schlecht bezahlte Teilzeitarbeitsplätze ersetzt worden.

In den USA sind Geschiedene oder getrennt lebende Frauen mit Kindern von der Abwärtsmobilität besonders häufig betroffen. Frauen, die sich eines halbwegs angenehmen Mittelschichtdaseins erfreuen konnten, solange sie verheiratet waren, finden sich nach einer Scheidung plötzlich in einer Situation wieder, wo sie nur noch von der Hand in den Mund leben. In vielen Fällen sind die Alimentationszahlungen bescheiden oder inexistent; Frauen versuchen Arbeit, Versorgung für die Kinder und häusliche Verpflichtungen unter einen Hut zu bringen und kommen dennoch oft nicht zurande (Schwarz und Volgy 1992).

Soziale Mobilität im europäischen Vergleich

In einer elf Länder umfassenden Studie hat eine Gruppe von Soziologen jüngst versucht, Trends der sozialen Mobilität seit den 1970er Jahren vergleichend darzustellen, und dabei auch die soziale Mobilität von Frauen behandelt. Unter Verwendung des Klassenschemas von Goldthorpe fanden sie einige Veränderungen, die in allen in die Studie einbezogenen Ländern feststellbar waren: den Rückgang der Beschäftigten in der Landwirtschaft (Goldthorpes Klasse IVc) und in den manuellen Arbeiterberufen, vor allem bei den Un- und Angelernten (Klasse VII) und überall eine starke Zunahme der beiden Dienstklassen (I und II) und der Angestelltenberufe (III). Hinsichtlich der Mobilität fanden die Autoren heraus, dass die Unterschiede zwischen den Ländern in den 1970er Jahren noch sehr markant waren, aber im Verlauf der beiden folgenden Dekaden schwächer wurden. Die soziale Mobilität geht Hand in Hand mit dem Übergang von einer agrarischen zu einer durch industrielle Produktion gekennzeichneten Sozialstruktur, die danach in eine durch einen wachsenden Dienstleistungssektor geprägte Gesellschaft mündet. Die beruflichen Auf- und Abstiege folgen im Wesentlichen diesem Entwicklungsmuster.

In den 1970er Jahren liegen die Anteile aufwärtsmobiler Männer in den westlichen europäischen Ländern zwischen 22 Prozent in Irland und 36 Prozent in den Niederlanden. Die sozialen Aufstiege von Frauen liegen zwischen 26 Prozent in Deutschland und 31 Prozent in den Niederlanden; in der folgenden Dekade nimmt die Aufwärtsmobilität der Frauen in diesen Ländern deutlich zu: Italien (38 Prozent), Norwegen (34 Prozent), die Niederlande (33 Prozent) und Frankreich (33 Prozent) verzeichnen dabei deutlich mehr soziale Aufstiege als Deutschland (30 Prozent) und Großbritannien (29 Prozent). In den 1990er Jahren steigt der Anteil der aufwärtsmobilen Frauen in allen westlichen Ländern nochmals an. Er war am schwächsten in Deutschland mit 32 Prozent und am markantesten in Norwegen, wo 37 Prozent der berufstätigen Frauen ihre Klassenlage verbessern konnten. Die Zunahme sozial mobiler Aufsteiger bei den Männern ist in den einzelnen Ländern weniger stark ausgeprägt; Frankreich, Großbritannien und Deutschland weisen Anteile um die 30 Prozent auf, während in den Niederlanden, Schweden und Norwegen der Anteil zwischen 34 und 38 Prozent liegt.

In denselben drei Jahrzehnten verzeichnen alle Länder stagnierende oder sogar rückläufige Anteile sozialer Abstiege. Im Mittelwert aller elf Länder geht der Anteil abwärtsmobiler Männer von 19 auf 16 Prozent und bei den Frauen von 22 auf 16,5 Prozent zurück (Breen 2004).

Die meisten Autoren sind sich darin einig, dass soziale Mobilität immer noch in sehr kleinen Schritten erfolgt und einige soziale Schichten von Aufstiegsmöglichkeiten nahezu völlig ausgeschlossen sind. In Westdeutschland haben beispielsweise fast 90 Prozent der Männer, die Bauern sind, Väter, die auch Bauern waren; jeder zweite männliche Facharbeiter hat einen Vater in derselben Berufsgruppe. Die Aufwärtsmobilität von Frauen und Männern ist insgesamt ziemlich gleich: Sie beträgt rund 30 Prozent; auch bei der Abwärtsmobilität unterscheiden sich westdeutsche Männer und Frauen nicht, sie liegt mit 16 Prozent deutlich niedriger als die Aufstiegsmobilität (Statistisches Bundesamt 2006).

Unter Verwendung des Klassenschemas von Goldthorpe hat Max Haller anhand einer relativ kleinen Stichprobe die intergenerationale Mobilität für Österreich dargestellt. Acht von zehn Söhnen, deren Väter Berufen nachgingen, die der oberen oder unteren Dienstklasse zugezählt werden können, haben Berufe in diesen Klassen. Am unteren Ende der Klassenhierarchie zeigt sich ein ähnliches Bild: 44 Prozent der Facharbeiterväter haben Facharbeitersöhne und jeder sechste Sohn eines unqualifizierten Arbeiters steigt höchstens bis zum Facharbeiter auf. Mobil sind nur die Angehörigen der Klasse III (einfache Angestellte und Beamte): Nahezu jeder zweite Sohn hat einen Aufstieg in eine höhere Klasse hinter sich. Bei den Töchtern zeigt sich, dass deren Aufstiege in Österreich insgesamt geringer ausfallen: Nur jede dritte Tochter steigt gegenüber der Klassenzugehörigkeit ihres Vaters sozial auf; Abstiege gegenüber der Elterngeneration sind bei Frauen doppelt so häufig wie bei Männern: Während nur jeder achte Sohn abwärtsmobil ist, trifft das für jede fünfte Frau zu (Haller 2008, S. 329).

Der deutsche Soziologe Michael Hartmann hat sich in mehreren Studien mit der sozialen Rekrutierung der gesellschaftlichen Elite seines Landes auseinandergesetzt und kam zu einen ernüchternden Resultat. Demnach rekrutieren sich die Wirtschaftskapitäne weitgehend selbst. Aufstiege Gleichqualifizierter, denen soziales und kulturelles Kapital der Eltern fehlt, in die Führungsetagen deutscher Großbetriebe sind sehr selten. Hartmann kommt zu einem unmissverständlichen Urteil:

> Von einer Leistungsgesellschaft [...] kann keine Rede sei. Zwar spielt Leistung bei der Besetzung von Führungspositionen zweifellos eine gewichtige Rolle, von ihr unabhängige und ausschließlich mit der sozialen Herkunft zusammenhängende Persönlichkeitsmerkmale sind jedoch vor allem im zentralen Sektor Wirtschaft [...] ausschlaggebend für den beruflichen Aufstieg. (Hartmann 2002, S. 151)

Leben wir in einer Meritokratie?

Der englische Sozialkritiker Michael Young veröffentlichte 1958 eine Satire mit dem Titel *The Rise of the Meritocracy 1870–2033*, die eine fiktive Gesellschaft schildert, in der soziale Positionen aufgrund der Höhe des Intelligenzquotienten verteilt wurden. Young sprach sich durchaus nicht für eine Gesellschaftsordnung aus, deren Schichtungssystem ausschließlich auf individuellen Verdiensten beruht, doch der von ihm geprägte Neologismus erlangte rasch ein Eigenleben. Was unter diesem Titel diskutiert wird, deckt sich weitgehend mit der Vorstellung einer Leistungsgesellschaft. Deren Fürsprecher vertreten die Ansicht, dass sozialer Status ausschließlich oder doch in sehr hohem Maße individuell erworben sei und daher die gegebene soziale Schichtung als sozial gerecht betrachtet werden kann. Allerdings ist kaum jemand so naiv zu glauben, dass es Gesellschaften geben könnte, wo jede neue Generation gleichsam von vorne beginnt. Die Weitergabe erworbenen Reichtums an die nächste Generation vollständig zu unterbinden, würde die Leistungsbereitschaft in einem Maße untergraben, die auch die radikalsten Befürworter einer Politik der sozialen Gleichheit nicht für wünschenswert halten können. Daher wird der Begriff Meritokratie zumeist nur als relativer Begriff sozialer Statuszuweisung benutzt – einer Gesellschaft, die Einzelnen, die sich um einen sozialen Aufstieg bemühen, zu viele Hindernisse in den Weg legt, mangelt es an Meritokratie.

Meritokratie

Die mit dem Begriff Meritokratie verbundenen Fragen werden auch im Kapitel 9 – Bildung behandelt.

Schlussfolgerung: Die Wichtigkeit der Klasse

Obwohl die traditionelle Bedeutung von Klassen mit ziemlicher Sicherheit heute schwächer ist, insbesondere mit Bezug auf die Identität der meisten Leute, steht die Klassenspaltung unverändert im Zentrum wirtschaftlicher Ungleichheiten moderner Gesellschaften. Die Klassenlage beeinflusst immer noch sehr stark unser Leben und die Klassenmitgliedschaft hängt mit einer großen Zahl von Ungleichheitsphänomenen zusammen, die von Lebenserwartung und Gesundheit bis zum Zugang zu Bildungsmöglichkeiten und gut bezahlten Jobs reicht.

Ungleichheiten zwischen Armen und Wohlhabenderen nahmen in den letzten Jahren zu. Ist die zunehmende Ungleichheit der Preis, den wir für wirtschaftliche Entwicklung zu zahlen haben? Diese Annahme wird von all jenen geteilt, die unter der Flagge des sogenannten Neoliberalismus segeln. Die Grundannahme ist recht simpel: Um Wohlstand zu erzielen, bedarf es des Wirtschaftswachstums, welches nur zustande kommen kann, wenn jeder Einzelne motiviert wird, sich mehr anzustrengen und sich nicht darauf verlassen kann, dass es schon so weitergehen werde wie bisher. Ungleichheit ist in den Augen der neoliberalen Propaganda ein positiver Anreiz, der Einzelne dazu bringt, produktiver zu arbeiten. Dem haben Kritiker entgegengehalten, dass die Politik der Globalisierung und der

Deregulierung der Märkte zu einer Verbreiterung der Spaltung zwischen Reich und Arm führt und so die Klassenungleichheit härter werde.

Jedenfalls sollte man in Erinnerung behalten, dass unser Handeln niemals vollständig durch unsere Klassenlage bestimmt wird: Viele Leute erleben soziale Mobilität. Die Ausweitung der höheren Bildung, die zunehmenden Möglichkeiten zur beruflichen Weiterbildung und das Entstehen des Internets und der IT-Branche liefern allesamt gute Hinweise auf Möglichkeiten zum sozialen Aufstieg. Diese Entwicklungen untergraben andererseits die alten Klassenspaltungen und Schichtungsmuster weiter und fungieren als Mechanismen einer stärker meritokratischen Ordnung.

Zusammenfassung

1. Unter sozialer Schichtung versteht man die Gliederung der Gesellschaft nach verschiedenen Kriterien. Der Begriff verweist uns auf die ungleichen Positionen, die von den Mitgliedern einer Gesellschaft eingenommen werden. In allen Gesellschaften gibt es eine Schichtung nach dem Alter und nach dem Geschlecht. In den größeren vormodernen Gesellschaften und in den Industrieländern ist die Gesellschaft nach Reichtum, Vermögen und Zugang zu materiellen Gütern und kulturellen Produkten geschichtet.

2. Wir können zwischen vier grundlegenden Schichtungssystemen unterscheiden: Sklaverei, Kastenwesen, Stände und Klasse. Während die ersten drei Systeme auf gesetzlich oder religiös sanktionierten Ungleichheiten basieren, ist die Gliederung nach Klassen nicht „offiziellen" Ursprungs, sondern gründet in den wirtschaftlichen Faktoren, die die materiellen Lebensbedingungen der Menschen bestimmen.

3. Die wichtigsten und einflussreichsten Schichtungstheorien stammen von Marx und Weber. Marx betont vor allem die Klasse, die er als ein objektiv gegebenes Merkmal der wirtschaftlichen Struktur der Gesellschaft ansieht. Seiner Ansicht nach gibt es einen fundamentalen Gegensatz zwischen jenen, die Kapital besitzen, und den Arbeitern, die über kein Kapital verfügen. Webers Standpunkt ist ähnlich, doch unterscheidet er zwischen zwei weiteren Aspekten der Schichtung: dem Stand und der Partei. Mit „Stand" oder „Status" meint er das Ansehen oder die „soziale Ehre", die der Einzelne oder ganze Gruppen innerhalb der Gesellschaft genießen, mit Partei die aktive Mobilisierung von Gruppen, um ihre Ziele durchzusetzen.

4. Der Beruf wird zumeist als Indikator für die Klassenzugehörigkeit verwendet. Personen desselben Berufs erleben soziale Vor- und Nachteile in ähnlicher Weise und haben ähnliche Lebenschancen. Soziologen haben traditionellerweise Berufsklassifikationen verwendet, um die Klassenstruktur einer Gesellschaft nachzuzeichnen. Klassenschemata sind nützlich, um soziale Ungleichheiten aufzufinden, sie sind hinsichtlich anderer Probleme aber nur von beschränktem Nutzen. Beispielsweise greifen Klassenschemata bei wirtschaftlich Inaktiven nicht und sie spiegeln die Bedeutung von Vermögen und Reichtum für die sozialen Klassen nicht wider.

5. Die meisten Mitglieder moderner Gesellschaften sind heute wohlhabender als noch vor einigen Generationen, aber die Reichtums- und Einkommensverteilung ist noch immer sehr ungleich. Die Reichen bedienen sich verschiedener Mittel, um ihr Vermögen von einer Generation auf die andere zu übertragen. Der Ausdruck Wohlstand bezieht sich auf alle Besitztümer von Individuen: Bargeld, Bankguthaben, Vermögen in Aktien, Anleihen und Immobilien und anderes Vermögen. Der Ausdruck Einkommen bezieht sich auf Löhne und Gehälter aus bezahlter Beschäftigung, Transferleistungen und auf die Erträge von Investitionen.

6. Der Besitz beträchtlicher Vermögenswerte, vor allem wenn dieses Vermögen von Generation zu Generation weitergegeben wird, ist das wichtigste Merkmal, das die Oberschicht von den anderen Schichten abgrenzt. Die Mittelschicht besteht grob gesprochen aus jenen, die als Angestellte arbeiten, kann aber in die ältere Mittelschicht (wie die Eigentümer kleiner Unternehmen), die obere Mittelschicht (Freiberufler und Manager) und die untere Mittelschicht (Büroangestellte, Lehrer, Krankenschwestern usw.) zerlegt werden. Die Arbeiterklasse setzt sich aus Menschen zusammen, die manuell tätig sind. Die Unterschicht besteht aus den chronisch Armen, die über keinen dauerhaften Arbeitsplatz verfügen. Die meisten Angehörigen der Unterschicht stammen aus ethnischen Minderheitengruppen.

6. Alle diese Klassengruppierungen sind von Wandlungsprozessen betroffen. Als Ergebnis von Veränderungen der Beschäftigungsstruktur wird die Arbeiterklasse im Vergleich zu anderen Klassen schmäler. Eine besonders wichtige Kontroverse bezieht sich auf die Frage, inwieweit eine desillusionierte und entwurzelte Unterschicht entsteht.

7. Die Analysen der Schichtung wurden traditionellerweise von einem männlichen Standpunkt aus geschrieben. Einer der Gründe dafür ist die Annahme, dass die geschlechtsspezifischen Ungleichheiten die Klassenunterschiede widerspiegeln. Diese Annahme ist aber mehr als fragwürdig. Das Geschlecht beeinflusst in modernen Gesellschaften die Schichtung, und zwar bis zu einem bestimmten Grad unabhängig von der Klasse.

8. Die Stellung der Einzelperson im Klassensystem wird zumindest teilweise erworben; sie wird nicht einfach bei der Geburt „verliehen". Soziale Mobilität, die Aufwärts- oder Abwärtsbewegung in der Klassenstruktur, ist ein ziemlich weitverbreitetes Phänomen.

9. Bei Untersuchungen über die soziale Mobilität unterscheidet man zwischen der Intragenerationenmobilität und der Intergenerationenmobilität. Mit Ersterer bezeichnet man die Aufwärts- und Abwärtsbewegungen innerhalb des Arbeitslebens einer Person, mit Letzterer die Bewegungen zwischen den Generationen, wenn etwa die Tochter oder der Sohn eines Arbeiters einen freien Beruf ergreift. Die soziale Mobilität ist meist von geringer Reichweite. Die meisten Leute bewegen sich nicht weit vom Status ihrer Herkunftsfamilie weg, obwohl der Zuwachs bei den Angestellten in den letzten Jahrzehnten beträchtliche Möglichkeiten für den Aufstieg „über kurze Strecken" eröffnet hat.

Glossar

Abwärtsmobilität. Soziale Mobilität, bei der sich Personen in schlechteren Jobs oder ökonomischen Lebensumständen vorfinden, als ihre Eltern sie einst hatten.

Arbeiterklasse. Eine soziale Klasse, die sich allgemein gesprochen aus Menschen zusammensetzt, die „blue-collar"-Positionen einnehmen oder Handarbeit verrichten.

Dienstklasse. Ein von John H. Goldthorpe geprägter Begriff zur Bezeichnung jener Berufe, die auf Dienstleistungsverträgen beruhen. Im Gegensatz zu den Arbeitsverträgen, die auf dem Tausch von Lohn gegen Arbeitskraft beruhen, erfordern sie ein höheres Maß an Vertrauen und bieten mehr Autonomie. Dazu gehören höhere Beamte, Professionals und leitende Angestellte, Manager und Inhaber großer Unternehmen (Klasse I). Die Dienstklasse ist nicht mit den Beschäftigten im Dienstleistungssektor zu verwechseln!

Endogamie. Das Verbot der Heirat oder von sexuellen Beziehungen mit Personen anderer als der eigenen sozialen Gruppe.

Horizontale Mobilität. Die Mobilität von Individuen aus einer Region in eine andere oder zwischen verschiedenen Ländern.

Intergenerationenmobilität. Aufwärts- oder Abwärtsbewegung im System der sozialen Schichtung von einer Generation zur anderen.

Intragenerationenmobilität. Aufwärts- oder Abwärtsbewegung im System der sozialen Schichtung innerhalb des Verlaufs einer persönlichen Karriere.

Kaste. Eine Form der Schichtung, bei der die soziale Position eines Individuums bei der Geburt festgelegt ist und nicht verändert werden kann. Es gibt praktisch keine Ehe zwischen Angehörigen verschiedener Kastengruppen.

Klasse. Obwohl dies einer der in der Soziologie am häufigsten verwendeten Begriffe ist, besteht über seine Definition eine gewisse Uneinigkeit. Die meisten Soziologen verwenden den Ausdruck allerdings, um sich auf sozioökonomische Unterschiede zwischen Gruppen von Einzelpersonen zu beziehen, die Unterschiede des materiellen Wohlstands und der Macht hervorbringen.

Lebenschancen. Die Möglichkeiten und Gefahren, die aufgrund der gesellschaftlichen Struktur einen Menschen in seinem Handeln beschränken oder unterstützen.

Lebensstil. Werthaltungen, Mentalitäten, Konsumpräferenzen, die sich auf gemeinsame Beziehungen von Menschen einer sozialen Schicht gründen.

Meritokratie. Ein System, in dem soziale Positionen auf der Grundlage persönlicher Anstrengungen und Leistungen eingenommen werden und nicht aufgrund zugeschriebener Kriterien wie vererbter Wohlstand, Geschlecht oder sozialer Herkunft.

Mittelschicht. Eine soziale Klasse, die sich – allgemein gesprochen – aus jenen zusammensetzt, die in „white-collar"-Berufen und im niedrigen Management arbeiten. Wegen der Zunahme dieser Berufe kann heute in entwickelten Gesellschaften die überwiegende Mehrheit der Bevölkerung zur Mittelschicht gehören.

New Public Management. Bezeichnung für eine neue Form der öffentlichen Verwaltung, die sich durch die Übernahme von Managementtechniken der Privatwirtschaft auszeichnet. Zumeist geht es dabei um eine stärkere Kundenorientierung, flachere Hierarchien und Zielvereinbarungen, die allesamt zu einer höheren Effizienz der Verwaltung beitragen sollen.

Oberschicht. Eine soziale Klasse, die sich allgemein gesprochen aus den wohlhabenderen Mitgliedern einer Gesellschaft zusammensetzt, vor allem aus jenen, die ein Vermögen geerbt haben, Unternehmen besitzen oder Aktienpakete halten.

(Politische) Partei. Eine Organisation, die zum Ziel hat, an die Regierungsmacht zu gelangen und diese Macht dazu zu verwenden, ein spezifisches Programm zu verfolgen.

Professionen. Berufe, die man nur ausüben kann, wenn man eine anerkannte Ausbildung absolviert hat. Die Aufnahme der Ausbildung setzt zumeist den Erwerb eines Abiturs (Matura) voraus.

Professionals. Sammelbezeichnung für die Mitglieder von Professionen.

Proletariat. Bei Marx und im Marxismus verwendeter Name für die Arbeiterklasse, die im Kapitalismus von der herrschenden Klasse („Kapitalisten") ausgebeutet wird und sich nach Ansicht von Marx in einer Revolution von dieser Herrschaft befreien wird.

Public Private Partnership (PPP). Durch Mobilisierung privaten Kapitals und Fachwissens soll eine effizientere Erfüllung öffentlicher Aufgaben ermöglicht werden. Oftmals führt das zu einer Teilprivatisierung vormals öffentlicher Aufgaben, z.B. in Form privatwirtschaftlich betriebener Gefängnisse oder Teilausgliederung von vormals öffentlichen Dienstleistungen.

Sklaverei. Eine Form der sozialen Schichtung, bei der bestimmte Individuen ganz buchstäblich im Eigentum anderer stehen.

Soziale Mobilität. Die Bewegung von Individuen oder Gruppen zwischen verschiedenen sozialen Positionen. Vertikale Mobilität führt in der Hierarchie eines Schichtungssystems auf- oder abwärts. Horizontale Mobilität ist die physische Bewegung von Individuen oder Gruppen von einer Region zur anderen. Bei der Analyse der vertikalen Mobilität unterscheiden Soziologen zwischen der Mobilität einer Person im Laufe ihrer eigenen Karriere und der Distanz, die zwischen der von einer Person erreichten Position und jener ihrer Eltern liegt.

Stände. Eine Form der Schichtung, bei der Ungleichheiten zwischen Gruppen von Individuen rechtlich verankert sind.

Status. Die gesellschaftliche Anerkennung oder das Prestige, das einer bestimmten Gruppe seitens anderer Gesellschaftsmitglieder gezollt wird. Statusgruppen verfügen im Allgemeinen über einen eigenen Lebensstil, über Verhaltensmuster, die für die Mitglieder der Gruppe spezifisch sind. Statusprivilegien können positiv oder negativ sein. „Paria"-Gruppen werden von der Bevölkerungsmehrheit verachtet oder als Ausgestoßene behandelt.

Unterschicht. Eine Klasse von Individuen, die am unteren Ende des Klassensystems angesiedelt ist und sich im Allgemeinen aus Leuten zusammensetzt, die ethnischen Minderheiten entstammen.

Verbürgerlichungsthese. Der Prozess der Übernahme eines bürgerlichen Lebensstils durch Mitglieder der Arbeiterklasse. Marxisten meinen, dass dadurch das Klassenbewusstsein der Arbeiter und ihre Kampfkraft untergraben werden.

Verelendung. Von Marx vertretene Auffassung, wonach im Kapitalismus die Arbeiterklasse in zunehmenden Maße gegenüber den Kapitalisten verarmt (und sich deswegen in einer Revolution dagegen wehren würde).

Versorgungsklasse. Ein von M. Rainer Lepsius geprägter Begriff, der darauf aufmerksam machen will, dass in modernen Gesellschaften mit entwickelter wohlfahrtsstaatlicher Versorgung eine zunehmend größere Zahl der Bevölkerung ihren Lebensunterhalt aus Transferleistungen bezieht. Beispielsweise: Rentner, Stipendienbezieher.

Vertikale Mobilität. Aufwärts- oder Abwärtsbewegung im hierarchischen System der sozialen Schichtung (siehe auch soziale Mobilität).

Weiterführende Literatur

Beckert, Jens (2004), *Unverdientes Vermögen. Soziologie des Erbrechts*, Frankfurt: Campus.

Bologna, Sergio (2006), *Die Zerstörung der Mittelschichten. Thesen zur neuen Selbständigkeit*, Graz: Nausner & Nausner.

Burzan, Nicole (2007), *Soziale Ungleichheit. Eine Einführung in die zentralen Theorien*, Wiesbaden: VS Verlag für Sozialwissenschaften.

Hartmann, Michael (2007), *Eliten und Macht in Europa. Ein internationaler Vergleich*, Frankfurt: Campus.

Filme zum Thema

„Trash" (USA 1970), Regie: Paul Morrissey

„Der Leopard" (Il Gattopardo) (Frankreich, Italien 1963), Regie: Luchino Visconti

„1900" (Novecento) (Italien 1976), Regie: Bernardo Bertolucci

„Match Point" (USA, Großbritannien 2005), Regie: Woody Allen

„Lust auf Anderes" (Le Goût des autres) (Frankreich 1999), Regie: Agnès Jaoui

Internet-Tipps

Luxembourg Income Study
www.lisproject.org

Harvard Multidisciplinary Program in Inequality & Social Policy
www.hks.harvard.edu/inequality/index.htm

Armut, soziale Ausgrenzung und soziale Sicherheit

Carola ist 24 Jahre alt und arbeitet in einem Call Center, das Menschen, die ihre Reise telefonisch buchen wollen, Information und Kundenbetreuung bietet. Sie arbeitet oft bis spät in die Nacht. Ihre Kollegen im Call Center sind meist auch Frauen. Sie sitzen in einem großen Büro in langen, von grauen Trennwänden getrennten Reihen, sprechen in ihre Headsets und geben Daten in ein Computerterminal vor ihnen ein oder rufen Informationen daraus ab.

Wie viele ihrer Kolleginnen ist auch Carola alleinerziehende Mutter. Sie versorgt mit ihrem niedrigen Lohn zwei kleine Kinder. Für die meisten Monate erhält sie auch einen kleinen Teil an Unterhaltszahlungen für die Kinder von ihrem Exmann, doch scheinen sie nie kostendeckend zu sein, und Carola hat auch viele Stunden damit verbracht, durch Anträge beim Jugendamt eine regelmäßigere Auszahlung zu erreichen. Für Carola ist es nahezu unmöglich, etwas auf die Seite zu legen. An drei Vormittagen in der Woche arbeitet sie außerdem in der Reinigung eines nahegelegenen Bürogebäudes. Durch diesen Zuverdienst kann sie die meisten Rechnungen pünktlich bezahlen, Kleider für die Kinder kaufen, einen Kredit zurückzahlen, den sie für die Möbel aufgenommen hat, und für die Kinderbetreuung aufkommen. Carolas Einkommen wird durch Zuschüsse der Gemeinde für die Sozialwohnung aufgebessert, da sie Alleinerziehende mit geringem Einkommen ist. Trotz dieser Zuschüsse und ihrer zwei Jobs hat Carola jeden Monat Mühe, über die Runden zu kommen. Ihr Hauptziel ist es, so viel zu sparen, dass sie aus der Sozialwohnung ausziehen kann in eine bessere und sicherere Wohngegend.

Nachdem Carola den Abenddienst im Call Center beendet hat, eilt sie zu ihrer Mutter, die ihre zwei Kinder nach dem Kindergarten betreut. Oft verspätet sie sich, weil der Bus unpünktlich ist. Wenn sie Glück hat, schlafen die Kinder gleich wieder ein, wenn sie sie nach Hause bringt, doch an vielen Abenden ist es ein Kampf, sie ins Bett zu bekommen. Wenn sie dann endlich im Bett sind, ist Carola zu erschöpft, um irgendetwas anderes zu tun, als den Fernseher einzuschalten. Sie hat wenig Zeit, um einkaufen zu gehen oder warme Mahlzeiten zu kochen, weshalb sie und die Kinder viel Tiefkühlkost essen. Die meisten Einkäufe erledigt sie in einem billigen Supermarkt, aber dazu muss sie den Bus nehmen und von der Haltestelle mit den schweren Einkaufstaschen nach Hause gehen, was oft sehr anstrengend ist. Sie weiß zwar, dass ihre Kinder eine ausgewogene Ernährung brauchen, aber in der Wohnanlage gibt es keine Geschäfte, und Carola kann sich frisches Obst und Gemüse ohnehin nicht leisten.

Carola hat ein schlechtes Gewissen, dass sie so wenig Zeit mit ihren Kindern verbringt, aber sie weiß keinen Ausweg aus ihrem Dilemma. Nach der Scheidung verbrachte sie 18 Monate zu Hause bei den Kindern und lebte von staatlicher Unterstützung. Obwohl ihr die jetzige Situation sehr belastend erscheint, möchte sie nicht wieder von der Unterstützung abhängig sein. Carola hofft, dass sie nach einigen Jahren im Call Center über genug Erfahrung verfügen wird, um in eine bessere Position aufsteigen zu können.

Viele Menschen, die jemanden wie Carola kennenlernen, machen sich ihre eigenen Gedanken über ihr Leben. Sie kommen vielleicht zu dem Schluss, dass Carolas Armut und soziale Lage eine Folge ihrer natürlichen Fähigkeiten oder ihrer eigenen Kindheit sind. Andere wiederum werfen ihr vielleicht vor, nicht hart genug zu arbeiten, um sich aus ihrer schwierigen Situation zu befreien. Wie kann uns die Soziologie dabei helfen, festzustellen, welche dieser Ansichten eher zutrifft? Es ist Aufgabe der Soziologie, diese Annahmen zu analysieren und eine allgemeinere Sicht von der Gesellschaft zu entwickeln, die die Erfahrungen von Menschen wie Carola erklären kann.

Carola und ihre Kinder sind nur ein Beispiel für viele Haushalte in Europa, die in Armut leben müssen. Nach OECD-Daten hat Großbritannien eine der höchsten Armutsraten unter den entwickelten Ländern. Viele Leute sind wohl über diesen zweifelhaften Ruhm Großbritanniens schockiert. Wohlhabendere Menschen wissen nur wenig über das Ausmaß der Armut in ihrer Umgebung. In diesem Kapitel untersuchen wir das Konzept und die Erfahrung von Armut genauer. Wir betrachten auch das allgemeinere Konzept der sozialen Ausgrenzung. Im letzten Abschnitt geht es dann um die Entstehung des Wohlfahrtsstaates, sowie um die Reformen der vergangenen Jahre. (Dieses Kapitel konzentriert sich auf Armut in Europa. Kapitel 20 behandelt Armut und Ungleichheit als globales Phänomen.)

Armut

Was ist Armut?

Was ist Armut und wie soll man sie definieren? Soziologen und andere Sozialwissenschaftler benutzen zwei unterschiedliche Betrachtungsweisen von Armut: absolute und relative Armut. Das Konzept der absoluten Armut basiert auf der Idee des Existenzminimums – der Grundbedingungen, die erfüllt sein müssen, um physisch ein gesundes Leben führen zu können. Menschen, deren Grundbedürfnisse, wie ausreichende Nahrung, Unterkunft und Kleidung nicht gedeckt sind, leben in Armut. Das Konzept der absoluten Armut wird als universell anwendbar betrachtet. Man nimmt dabei an, dass der Standard des Existenzminimums für Menschen vergleichbaren Alters und Körperbaus mehr oder weniger überall gleich ist, unabhängig davon, wo sie leben. Überall auf der Welt kann jeder Mensch als arm betrachtet werden, wenn er unter diesem Existenzminimum lebt. Wie wir im Kapitel 20 (Globale Ungleichheit) sehen werden, leben heute noch immer viele Menschen auf der Welt in absoluter Armut. **absolute Armut**

Allerdings stimmt nicht jeder zu, dass es möglich ist, so einen Standard festzulegen. Es sei angemessener, das Konzept der relativen Armut zu benutzen, das Armut in Relation zum allgemeinen Lebensstandard setzt, der in einer bestimmten Gesellschaft vorherrscht. Verfechter des Konzeptes der relativen Armut führen an, dass Armut kulturell definiert ist und da- **relative Armut** her nicht an einem universellen Standard der Entbehrung werden soll. Es sei falsch anzunehmen, dass menschliche Bedürfnisse auf der ganzen Welt gleich wären, tatsächlich unterscheiden sie sich sowohl zwischen verschiedenen, als auch innerhalb der Gesellschaften. Dinge, die in einer Gesellschaft als unentbehrlich angesehen werden, gelten in einer anderen als Luxus. So betrachtet man etwa in den meisten Industriegesellschaften fließendes Wasser, Wassertoiletten und den regelmäßigen Verzehr von Obst und Gemüse als Grundvoraussetzungen für ein gesundes Leben; Menschen, die ohne sie leben, können als arm bezeichnet werden. Doch in vielen Entwicklungsländern verfügt der Großteil der Bevölkerung nicht über solche Annehmlichkeiten und es würde wenig Sinn ergeben, den Grad der Armut danach zu bemessen, ob diese Güter vorhanden sind oder nicht.

Armutsgrenze   Es ist nicht einfach, sowohl relative als auch absolute Armut zu definieren. Eine allgemein anerkannte Technik, um absolute Armut zu messen, besteht in der Bestimmung einer Armutsgrenze, die sich am Preis von Gütern orientiert, die ein Mensch zum Überleben in einer bestimmten Gesellschaft benötigt. Einzelne oder Haushalte, deren Einkommen darunter liegt, werden als in Armut lebend bezeichnet. Allerdings kann es problematisch sein, ein einzelnes Kriterium für Armut heranzuziehen, denn solche Definitionen sind nicht in der Lage, Variationen der menschlichen Bedürfnisse innerhalb und zwischen Gesellschaften zu berücksichtigen. So sind etwa die Lebenshaltungskosten in manchen Landesteilen viel höher. Oder der Bedarf an Nahrung ist für Menschen, die körperliche Arbeit im Freien leisten, höher als für jemanden, der den ganzen Tag in einem Büro sitzt. Ein einzelnes Armutskriterium heißt eher, dass manche Personen zwar als über der Armutsgrenze lebend eingestuft werden, ihr Einkommen aber gar nicht ausreicht, ihre Grundbedürfnisse zu befriedigen.

Das Konzept der relativen Armut hat allerdings seine eigenen Tücken. Eine davon besteht darin, dass sich mit der Weiterentwicklung der Gesellschaften ebenfalls das Verständnis von relativer Armut ändern muss. Wenn Gesellschaften wohlhabender werden, wird der Standard für relative Armut stufenweise angehoben. Zu einem Zeitpunkt wurden etwa Kühlschränke, Zentralheizung und Telefone als Luxusgüter gewertet. Doch in den meisten heutigen Industriegesellschaften werden sie als unentbehrlich für ein aktives und normales Leben gesehen. Einige Kritiker haben davor gewarnt, dass durch das Konzept der relativen Armut tendenziell übersehen wird, dass die ärmsten Gesellschaftsmitglieder heute weitaus besser leben als die Ärmsten zu früheren Zeiten. Diese Kritiker stellen infrage, ob echte Armut, z.B. in einer europäischen Gesellschaft, überhaupt vorkommt, wo Konsumgüter wie Fernseher und Waschmaschinen in praktisch jedem Haushalt vorhanden sind. Die Verfechter des Konzepts der relativen Armut wiederum wenden ein, dass der Zugang zu Konsumgütern wertlos ist, wenn ein Mensch oder eine Gruppe keinen Zugang zu grundlegenderen Gütern wie nahrhaftem Essen und guter Gesundheitsversorgung hat.

Im folgenden Abschnitt untersuchen wir einige der Hauptmethoden, die in Europa benutzt werden, um Armut zu messen.

Messung von Armut

Offizielle Messung der Armut in der EU

In der Europäischen Union wurde mit dem Projekt EU-SILC im Jahr 2003 die Grundlage für eine jährliche Erhebung der Lebensbedingungen der Privathaushalte in den 25 EU-Mitgliedsstaaten gelegt, wobei seit 2005 auch Norwegen und Island und seit 2007 auch Bulgarien, Rumänien, die Türkei und die Schweiz beteiligt sind.

SILC steht für „Statistics on Income and Living Conditions". In dieser Statistik werden nicht nur Daten zur Einkommensarmut mit dem Maß der Armutsgefährdungsschwelle ausgewiesen, sondern hier finden sich auch Angaben zur Wohnsituation, Wohnkosten, die Ausstattung der Haushalte, die Beschäftigungssituation und das Einkommen der Haushaltsmitglieder, sowie Bildung, Gesundheit und Zufriedenheit.

Die Armutsgefährdungsschwelle nach EU-SILC ist ein Indikator relativer Armut, der sich auf 60 Prozent des jeweiligen nationalen medianen Äquivalenzeinkommens bezieht.

medianes Äquivalenzeinkommen

Die EU-Armutsmessungen dienen als wichtige Grundlage für die Sozialpolitik der Mitgliedsländer. Dabei konzentriert man sich auf relative Einkommensarmut, weil die Europäische Kommission die Aufgabe nicht darin sieht, einen einheitlichen Mindestlebensstandard zu erreichen, was in den ärmeren Regionen der Welt die vordringliche Aufgabe ist, sondern in allen Mitgliedsstaaten einen möglichst großen Anteil der Bevölkerung am Wohlstand teilhaben zu lassen. Daraus folgt, dass aufgrund der unterschiedlichen Wohlstandsniveaus der Mitgliedsstaaten die nationalen Armutsgefährdungsschwellen erheblich differieren können (Eurostat 2005a).

Einkommensarmut in der EU

2003 waren durchschnittlich 16 Prozent der EU-Bevölkerung von Armut bedroht (d.h. sie verfügten i.S. der obigen Definition über weniger als 60 Prozent des medianen Äquivalenzeinkommens ihres Landes), das entspricht 72 Millionen EU-Bürgern. Zwischen den Ländern gibt es beträchtliche Unterschiede. So wiesen die Slowakei, Irland und Griechenland mit 21 Prozent die höchste Armutsgefährdungsquote auf, gefolgt von den südeuropäischen Ländern mit 19 Prozent und Estland und Großbritannien mit 18 Prozent. Deutschland liegt mit 15 Prozent knapp unter dem EU-Schnitt, Österreich weist mit 13 Prozent eine etwas geringere Armutsquote aus. Die Länder mit dem geringsten Anteil an Armutsgefährdeten sind die Tschechische Republik mit acht Prozent, Luxemburg, Ungarn und Slowenien mit zehn Prozent und Schweden mit elf Prozent (Eurostat 2005a).

Da diese nationalen Armutsschwellenwerte jedoch relativ zum Wohlstand des jeweiligen Landes ermittelt werden, gilt es zu bedenken, dass ein Armutsgefährdeter in Luxemburg über sechsmal so viel Kaufkraft verfügt wie sein Leidensgenosse in Litauen (Eurostat 2005a). Rechnet man nämlich die Werte der nationalen Armutsschwellen in Kaufkraft-Äquivalente um – also den Gegenwert eines Warenkorbes im jeweiligen Land – wird deutlich, dass die Länder mit der niedrigsten Armutsgefährdung auch tendenziell die höchsten Armutsschwellen aufweisen und umgekehrt. Die Ausnahme bilden dabei Großbritannien – mit einem hohen Anteil Armutsgefährdeter, die im EU-Vergleich ein relativ hohes Einkommen haben – und osteuropäische Länder wie Ungarn oder die Tschechische Republik mit einer geringen Zahl an Armutsgefährdeten, die im EU-Vergleich aber auch über eine sehr geringe Kaufkraft verfügen.

Ein Vergleich der obersten mit den untersten Einkommen in den EU-Ländern zeigt, dass der Anteil der Armutsgefährdeten in den Ländern am höchsten ist, in denen das Einkommen der obersten 20 Prozent der Einkommensbezieher mindestens das Fünffache der Einkommen der untersten 20 Prozent beträgt. So klaffte in Ungarn und Schweden 2004 Arm und Reich um den Faktor 3,3 auseinander, während es in Deutschland 4,4 waren und in Großbritannien 5,3 – d.h. die untersten 20 Prozent erhielten in Großbritannien weniger als ein Fünftel des Einkommens der 20 Prozent Reichsten. Am größten ist der Unterschied in den südeuropäischen Ländern: 6,0 in Griechenland und 7,2 in Portugal (Hartmann 2007, S. 227).

Materielle Entbehrung in der EU

Neben dem monetären Ansatz der relativen Armutsmessung werden in den EU-Ländern auch Daten zu den materiellen Lebensbedingungen – wie etwa Wohnverhältnisse, Schuldenbelastung, und unfreiwilliger Mangel an Gebrauchsgütern – erhoben. Obwohl das Einkommen mit dem Zugang zu

	Kann sich der Haushalt Folgendes nicht leisten, sofern gewünscht:
Ökonomische Anspannung	Jährlich eine Woche Urlaub andernorts
	Nicht in der Lage, regelmäßig Miete, Nebenkosten oder Kreditraten zu bezahlen
	Mahlzeit mit Fleisch, Geflügel oder Fisch jeden 2. Tag
	Ausreichende Heizung der Wohnung
Gebrauchs-güter	**Ein erzwungener Mangel an:**
	Farbfernseher
	Telefon
	Auto oder Transporter zum privaten Gebrauch
Eigenschaften der Wohnung	Undichtes Dach, feuchte Wände/Fußböden/Fundamente, verrottete Fensterrahmen oder Fußböden
	Mangelnde Helligkeit
	Bad oder Dusche in der Wohnung
	Keine Toilette mit Wasserspülung in der Wohnung

Tab. 12.1: Dimensionen materieller Entbehrung
Quelle: Eurostat (2005b), S. 3.

diesen Ressourcen eng zusammenhängt, bieten Indikatoren der materiellen Entbehrung ein differenzierteres Bild. Wer etwa hohe Mieten oder Kreditraten zahlen muss, kann über sein Einkommen, das zwar über der Armutsschwelle liegen mag, eigentlich gar nicht verfügen. Umgekehrt kann jemand, der über Vermögen verfügt oder nur vorübergehend ein niedriges Einkommen hat, als armutsgefährdet i.S. der statistischen Konvention gelten, doch eigentlich über einen durchschnittlichen Lebensstandard verfügen. Außerdem können bei Selbstständigen, aber auch bei Personen in der Schattenwirtschaft die Einkommen nicht so genau erfasst werden. Die Daten über materielle Entbehrung illustrieren aber vor allem den Unterschied im Lebensstandard zwischen den alten und neuen Mitgliedsstaaten der EU. Materielle Entbehrung wird als unfreiwilliger Mangel an einer Reihe von Gütern definiert, die die materiellen Lebensbedingungen beschreiben können. EU-SILC unterscheidet drei Dimensionen der materiellen Entbehrung und operationalisiert diese mit den Items in Tabelle 12.1.

Der Anteil der Bevölkerung, der mindestens ein Problem der ökonomischen Anspannung aufweist, variiert zwischen den 25 EU-Ländern. Etwa 30 Prozent der Bevölkerung in den neuen Mitgliedsstaaten hätte etwa gerne ein Fahrzeug zum privaten Gebrauch, während das für Österreich und Deutschland z.B. nur fünf bzw. sechs Prozent sind. In Rumänien können es sich 40 Prozent und in Bulgarien gar 57 Prozent der Bevölkerung nicht leisten, jeden zweiten Tag Fleisch oder Fisch zu essen, in den baltischen Staaten gilt dies für ca. ein Drittel der Bevölkerung, während in Deutschland nur zwei Prozent der Bevölkerung derartige Einschränkungen bei der Ernährung hinnehmen müssen.

Während die Haushalte in den alten EU-Mitgliedsländern zum größten Teil mit fließendem Wasser und einer Toilette mit Wasserspülung ausgestattet sind, so gilt dies in den neuen Mitgliedsländern im Baltikum und Osteuropa für ein gutes Fünftel der Haushalte nicht (Eurostat 2005b).

Wenn man die beiden Armutsindikatoren, monetäre Armut und materielle Entbehrung kombiniert, erhält man einen Indikator für „gleichbleibende" oder anhaltende Armut, von der Menschen betroffen sind, die sowohl wenig Einkommen als auch einen niedrigen Lebensstandard haben. Für die Armutsbekämpfung ist dieser Indikator von besonderer Bedeutung. So ist in Österreich etwa nur ein Drittel der Armutsgefährdeten nach dieser Definition gleichbleibend arm (s. dazu Tab. 12.2).

Entwicklung der Armut in Deutschland

Aufgrund der unterschiedlichen Messverfahren und Armutsdefinitionen ist es schwierig, eine exakte Aussage über die Entwicklung der Armutsraten in Deutschland zu treffen. Hinzu kommt, dass sich durch die Wiedervereinigung auch die Datengrundlage verändert hat. Dennoch kann ein Anstieg der relativen Einkommensarmut in Deutschland seit 1973 festgestellt werden: In Westdeutschland verfügten 1973 durchschnittlich neun Prozent der Bevölkerung über ein Einkommen, das unter 60 Prozent des Medians der westdeutschen Einkommen lag, 1998 waren es 13 Prozent

Anteil der Bevölkerung, der von materieller Entbehrung, monetärer Armut oder „gleichbleibender Armut" betroffen ist (2001)										
% der Bevölkerung *Ökonomische Anspannung und Gebrauchsgüter*	NL	LU	DK	FR	AT	BE	IE	IT	Sp	EL	PT
von Entbehrung betroffen in Bezug auf 2+ Items	4	5	8	9	11	13	14	18	32	39	51
Armutsrate (nationaler Grenzwert)	11	10	12	15	13	15	21	19	19	21	20
gleichbleibend arm	2	2	3	4	4	5	8	9	12	14	16
von Entbehrung betroffen aber nicht arm	2	3	5	5	7	9	6	9	20	25	35
arm aber nicht von Entbehrung betroffen	9	8	9	11	9	11	13	10	7	7	4
weder von Entbehrung betroffen noch arm	87	87	83	80	80	77	73	72	61	54	45

Tab. 12.2: Materielle Entbehrung und Armut
Quelle: Eurostat (2005b), S. 9.

Medianeinkommen (BMAS 2004, S. 54). Gemessen am gesamtdeutschen Medianeinkommen waren 1993 im Osten 22 Prozent der Bevölkerung armutsgefährdet, während dies im Westen nur neun Prozent waren (BMAS 2004, S. 56). 2005 ist der Anteil der Bevölkerung, der über weniger als 60 Prozent des gesamtdeutschen Medianeinkommens verfügte, in Westdeutschland auf 17 Prozent leicht angestiegen und im Osten mit 22 Prozent auf dem Wert von 1993 (BMAS 2008, S. 306).

Erklärungen für Armut

Erklärungsansätze für Armut können unter zwei großen Überschriften zusammengefasst werden: Die einen Theorien sehen die armen Individuen als selbst verantwortlich für ihre Armut, die anderen sehen Armut durch strukturelle Kräfte in der Gesellschaft hervorgerufen und reproduziert. Diese miteinander konkurrierenden Ansätze werden manchmal als „selbstverschuldete" und „systemverschuldete" Erklärungsansätze bezeichnet. Wir werden beide kurz untersuchen.

Es gibt eine lange Geschichte von Auffassungen, die die Armen für selbst verantwortlich für ihre missliche Lage halten. Frühe Bemühungen, den Auswirkungen von Armut zu begegnen, wie die Armenhäuser des 19. Jahrhunderts, basierten auf der Überzeugung, dass Armut eine Folge der Unangepasstheit oder Pathologie einzelner Individuen war. Die Armen wurden als jene gesehen, die – aus Mangel an Geschick, Moral, wegen physischer Schwäche, mangelnder Motivation oder unterdurchschnittlicher Fähigkeiten – unfähig waren, sich in der Gesellschaft durchzusetzen. Die soziale Position wurde als Entsprechung der Talente und Bemühungen einer Person betrachtet; Erfolg wurde als verdient angesehen, wer weniger Fähigkeiten hatte, war zum Scheitern verurteilt. Die Tatsache, dass es „Gewinner" und „Verlierer" gab, wurde als unveränderlich aufgefasst.

Wie wir bei der Darstellung der Entstehung des Wohlfahrtsstaates weiter unten sehen werden, verloren die Erklärungen, die Armut als selbstverschuldet sahen, Mitte des 20. Jahrhunderts an Popularität. In den 1980er

Anteil der Bevölkerung, der von materieller Entbehrung betroffen ist, für alle Items und Armutsrisiken, EU-15 Mitgliedsstaaten (2001)

Deprivierte Personen in %	BE	DK	DE	EL	ES	FR	IE	IT	LU	NL	AT	PT	FI	SE	UK
Ökonomische Anspannung und Gebrauchsgüter															
Kann sich der Haushalt Folgendes nicht leisten, sofern gewünscht:															
Jährlich eine Woche Urlaub andernorts	27	13	20	52	38	22	26	36	13	12	24	61	25		22
Ausreichende Heizung der Wohnung	6	10		19	40	3	3	18	1	3	3	58	6		1
Mahlzeit mit Fleisch, Geflügel oder Fisch jeden 2. Tag, sofern gewünscht	5	2	2	13	2	2	3	5	3	2	9	3	3		8
War der Haushalt nicht in der Lage:															
Regelmäßig Miete, Nebenkosten oder Kreditraten zu bezahlen	7	4		37	5	8	10	6	6	3	3	5			
Farbfernseher	1	1	0	1	0	0	1	1	0	0	0	1	0	0	
Telefon	1	0	1	1	1	1	1	1	0	0	0	4	0		
Auto oder Transporter zum privaten Gebrauch anzuschaffen	6	8	6	12	6	3	12	3	1	3	5	17	3	0	
Wohnverhältnisse															
Gibt es bei der Unterkunft Probleme in Bezug auf:															
Undichtes Dach, feuchte Wände/Fußböden/Fundamente, verrottete Fensterrahmen oder Fußböden	14	8		22	17	20	12	12	19	17	10	37	4		15
Mangelnde Helligkeit	11	4		7	12	9	7	11	8	5	5	14	5		5
Toilette mit Wasserspülung in der Wohnung	1	1	1	4	0	1	0	1	0	0	2	6	1		0
Bad oder Dusche in der Wohnung	2	1	1	2	0	1	1	1	0	0	1	6	1	1	1

Anteil der Bevölkerung, der von materieller Entbehrung betroffen ist, für alle Items und Armutsrisiken, neue Mitgliedsstaaten, Beitrittsländer/Bewerberländer (2003)

% der Haushalte, die sich Folgendes nicht leisten können:	CZ	EE	CY	LV	LT	HU	MT	PL	SI	SK	BG	RO	TR
Jährlich eine Woche Urlaub andernorts	34	65	33	73	70	63	41	68	24	64	85	74	66
Ausreichende Heizung der Wohnung	8	32	11	25	56	11	21	30	3	17	55	51	45
Mahlzeit mit Fleisch, Geflügel oder Fisch jeden 2. Tag, sofern gewünscht	19	28	4	36	35	34	4	17	6	33	57	40	53
Regelmäßig Nebenkosten oder Kreditraten zu bezahlen	7	21	11	25	22	18	8	28	8	15	5	30	26
Ein Fahrzeug	19	35	3	39	31	27	5	30	7	29	39	49	62
% der Haushalte, die Wohnungsprobleme angaben:													
verrottete Tür- und Fensterrahmen oder Fußböden	6	40	15	32	35	24	21	28	14	41	19	30	31
Feuchtigkeit, undichte Stellen	13	31	20	29	19	15	31	21	13	13	25	29	31
Keine Toilette mit Wasserspülung in der Wohnung	5	17	4	20	25	8	1	11	5	7	30	39	11

Tab. 12.3: Materielle Entbehrung in der EU
Quelle: Eurostat (2005b), S. 10.

BE	Belgien	LU	Luxemburg	CZ	Tschechien	PL	Polen
DK	Dänemark	NL	Niederlande	EE	Estland	SI	Slowenien
DE	Deutschland	AT	Österreich	CY	Zypern	SK	Slowakei
EL	Griechenland	PT	Portugal	LV	Lettland	BG	Bulgarien
ES	Spanien	FI	Finnland	LT	Litauen	RO	Rumänien
FR	Frankreich	SE	Schweden	HU	Ungarn	TR	Türkei
IE	Irland	UK	Vereinigtes Königreich	MT	Malta		
IT	Italien						

Jahren erfuhren sie allerdings eine überraschende Wiederbelebung, als Unternehmertum und individuelle Ambition plötzlich wieder im Vordergrund der politischen Aufmerksamkeit standen. Die Erfolgreichen sollten belohnt werden, und die Erfolglosen wurden für ihr Versagen selbst verantwortlich gemacht. Oft fußten Erklärungen für Armut in den Lebensstilen und den vermeintlichen Haltungen und Anschauungen der Armen. Eine einflussreiche Version dieser These wurde vom Amerikaner Charles Murray vorgebracht (dessen Arbeit wir in Kapitel 11 näher betrachten).

Kultur der Abhängigkeit

Abhängigkeit vom Wohlfahrtsstaat

Murray (1984) argumentierte, dass es eine Unterschicht gibt, die für ihre Lage persönlich verantwortlich ist. Diese Gruppe bildet eine Kultur der Abhängigkeit (siehe Kasten Abhängigkeit vom Wohlfahrtsstaat). Mit diesem Begriff bezieht sich Murray auf arme Menschen, die es vorziehen, von der öffentlichen Sozialhilfe zu leben, statt arbeiten zu gehen. Murray behauptet, dass der Ausbau des Wohlfahrtsstaates eine Subkultur geschaffen habe, die die persönlichen Anstrengungen und die Fähigkeiten zur Selbsthilfe untergrabe. Statt sich auf die Zukunft zu orientieren und sich um ein besseres Leben zu bemühen, seien die vom Wohlfahrtsstaat Abhängigen zufrieden damit, Unterstützung zu beziehen. Staatliche Wohlfahrt habe den Anreiz zu arbeiten beseitigt, so Murray. Murray unterscheidet zwischen Menschen, die für ihre Armut selbst verantwortlich sind und jenen, die unverschuldet in diese Lage gekommen sind, wie etwa Witwen, Waisen und Menschen mit Behinderungen.

Solche Theorien scheinen in Großbritannien gut anzukommen. Laut Umfragen hält eine Mehrheit der Briten die Armen für selbst verantwortlich für ihre Lage und bezichtigt sie, dem Staat auf der Tasche zu liegen. Viele denken, dass Bezieher von Arbeitslosenunterstützung oder Sozialhilfe Arbeit finden könnten, wenn sie nur wollten. Doch diese Ansichten stimmen nicht mit der Realität der Armut überein. Etwa ein Viertel der Armen in Großbritannien ist erwerbstätig, doch diese Menschen verdienen so wenig, dass sie unter der Armutsgrenze leben. Die meisten übrigen Armen sind Kinder unter 14 Jahren, Rentner über 65 Jahren und kranke und behinderte Menschen. Entgegen der landläufigen Meinung des häufigen Sozialleistungsbetruges werden weniger als ein Prozent der Anträge auf Unterstützungsleistungen mit falschen Angaben gemacht – das ist erheblich weniger als bei Steuererklärungen, wo geschätzte zehn Prozent der Steuer durch Hinterziehung verloren geht.

Die zweite Sichtweise auf die Entstehung von Armut betont größere soziale Prozesse, die Bedingungen hervorbringen, die vom Einzelnen kaum beeinflusst werden können. Dieser Ansicht entsprechend bestimmen strukturelle Kräfte in der Gesellschaft – Faktoren wie Schicht, Geschlecht, ethnische Zugehörigkeit, Berufsposition, Bildungsabschluss usw. – die Verteilung der Ressourcen. Vertreter dieser Position behaupten, dass der Mangel an Ambition unter Armen, der oft als „Kultur der Abhängigkeit" bezeichnet wird, eine Folge ihrer beschränkten Möglichkeiten ist und nicht deren Ursache. Armut zu verringern sei keine Frage der Veränderung der individuellen Anschauungen, wie sie sagen, sondern verlangt nach einer Politik der Umverteilung von Einkommen und Ressourcen in der Gesellschaft. Geld für Kinderbetreuung, Mindestlöhne und Beihilfen für Familien sind Beispiele für politische Maßnahmen, die darauf abzielen, die anhaltende soziale Ungleichheit auszugleichen.

Der amerikanische Soziologe William J. Wilson hat eine wichtige und aktuellere Version des „strukturellen" Arguments in seinem Buch *When Work Disappears: The World of the New Urban Poor* (1996) vorgebracht. Wilsons Position kann als die Hypothese der „ökonomischen Umstrukturierung" beschrieben werden. Er argumentiert (1987, 1996), dass anhaltende städtische Armut vor allem von der strukturellen Transformation der Wirtschaft in den amerikanischen Innenstädten herrührt. Der Rückgang von Industriebetrieben, die „Suburbanisierung" der Beschäftigung und die Ausdehnung des Niedriglohnsektors haben die Zahl der Arbeitsplätze für weniger Qualifizierte dramatisch reduziert, bei denen ein Lohn gezahlt wird, von dem sich eine Familie erhalten lässt. Die hohe Arbeitslosigkeit aufgrund ökonomischer Umbrüche hat zu einem schrumpfenden Reservoir an männlichen „Heiratskandidaten" (die eine Familie erhalten können) geführt, sodass Heirat unter armen Frauen weniger attraktiv geworden ist, wodurch sich die Zahl der unehelichen Kinder und die Zahl der Alleinerziehendenhaushalte erhöht hat. Neue Generationen von Kindern werden in Armutsverhältnisse geboren und der Teufelskreis setzt sich fort. Afroamerikaner leiden nach Ansicht Wilsons überproportional an Benachteiligung, wegen der Diskriminierung in der Vergangenheit und weil sie auf Orte und Berufe konzentriert sind, die von ökonomischer Umstrukturierung besonders hart betroffen sind.

Diese ökonomischen Veränderungen wurden in den USA von einer räumlichen Konzentration der Armut in schwarzen Vierteln begleitet. Die neue Geografie der Armut ist – wie Wilson meint – auch zum Teil durch die Bürgerrechtsbewegung der 1960er Jahre bedingt, die der schwarzen Mittelklasse neue Gelegenheiten außerhalb des Gettos bot. Die Abwanderung der Mittelklassefamilien aus dem Getto in die Vorstädte ließ eine mittellose Gemeinschaft zurück, ohne Institutionen, ohne Ressourcen und auch ohne jene Werte, die für den Erfolg in der Nachkriegsgesellschaft entscheidend waren. Nach Wilson fehlen in solchen Vierteln lokale Ausbildungseinrichtungen und Schulen, sowie staatliche und private Unterstützung lokaler Organisationen, die früher Informationen über Arbeitsmöglichkeiten, aber auch Arbeitsplätze boten. Daher entstand die städtische Unterschicht aus einem komplexen Zusammenspiel der Bürgerrechtspolitik, ökonomischer Umstrukturierung und dem historischen Vermächtnis der Diskriminierung.

Bewertung

Beide oben beschriebenen Erklärungen für Armut haben breite Unterstützung erfahren, und Varianten jeder Sicht finden sich immer wieder in öffentlichen Debatten. Kritiker werfen den Vertretern der Sichtweise der Armutskultur eine „Individualisierung" der Armut vor und, dass sie die Armen für Umstände verantwortlich machen, die sich ihrer Kontrolle weitgehend entziehen. Diese Kritiker sehen die Armen als Opfer, nicht jedoch als Schmarotzer, die das System ausnutzen. Doch wir sollten die Argumente, dass die Gründe für die Armut nur in der Gesellschaftsstruktur liegen, nicht unkritisch übernehmen. Diese Sichtweise impliziert auch, dass die Armen ihre schwierige Situation nur passiv hinnehmen. Das entspricht jedoch nicht der Wahrheit, wie wir weiter unten sehen werden.

Armut und soziale Mobilität

Meist hat sich die Armutsforschung in der Vergangenheit auf den Eintritt in die Armut konzentriert und jährlich das Niveau der Armut gemessen. Traditionellerweise wurde dem Lebenszyklus der Armut weniger Beachtung geschenkt, also dem Weg aus der Armut (und oft zurück in die Armut) über einen längeren Zeitraum.

Eine weitverbreitete Ansicht über Armut ist, dass sie ein dauerhafter Zustand sei. Doch arm zu sein heißt nicht, dass man für immer in der Klemme sitzt. Ein nicht unwesentlicher Anteil der Menschen, die in Armut leben, hat früher unter besseren Bedingungen gelebt oder wird höchstwahrscheinlich in Zukunft wieder besser gestellt sein. Forschungen der letzten Jahre haben ein bedeutendes Ausmaß an Mobilität aus der und in die Armut aufgezeigt: Überraschend viele Menschen sind in der Lage, der Armut zu entfliehen, und gleichzeitig befindet sich eine größere Zahl von Menschen irgendwann in ihrem Leben in Armut.

Statistische Befunde des britischen Haushaltspanels (British Household Panel Survey – BHPS) zeigen, dass über die Hälfte der Menschen, die 1991 zum unteren Fünftel der Einkommensbezieher gehörten, 1996 noch in der gleichen Kategorie waren. Das heißt jedoch nicht, dass sich diese Menschen während der Fünfjahresperiode durchgehend in dieser Position befanden. Während das für einige unter ihnen zutraf, sind andere sehr wohl aus dem untersten Fünftel aufgestiegen und innerhalb von fünf Jahren wieder dorthin zurückgekehrt. Das britische Haushaltspanel zeigt auch, dass während fünf der sechs Jahre Gesamtdauer der Erhebung einer von zehn Erwachsenen dauerhaft im untersten Fünftel der Einkommenspyramide verblieb und dass über die Gesamtdauer 60 Prozent der Erwachsenen nie dort waren. Insgesamt lassen diese Befunde annehmen, dass ca. die Hälfte der Erwachsenen in der untersten Einkommensgruppe sich konstant in dieser Lage befindet, während die andere Hälfte von einem Jahr zum anderen hinein- und herauskommt (Social trends 29, 1999).

Deutsche Daten über Einkommensverhältnisse zwischen 1984 und 1994 haben eine hohe Fluktuation in und aus der Armut festgestellt. Über 30 Prozent der Deutschen waren während einer zehnjährigen Beobachtungszeit für mindestens ein Jahr arm, d.h. sie bezogen ein Einkommen, das unter 50 Prozent des Medianeinkommens lag (man beachte das um zehn Prozentpunkte schärfere Kriterium); diese Zahl ist um mehr als das Dreifache höher als die höchste Armutsrate in irgendeinem einzelnen Jahr (Leisering und Leibfried 1999). Unter denen, die der Armut entkamen, war das durchschnittliche Einkommen ca. 30 Prozent über der Armutsgrenze.

Doch etwa die Hälfte dieser Personen fiel über die zehn Jahre hinweg für mindestens ein Jahr wieder in die Armut zurück.

Unter Verwendung neuerer Daten der Einkommensumfrage des Vereinigten Königreichs sowie anderer Quellen analysierte Abigail McKnight (2000) die Trends in der Einkommensmobilität in Großbritannien zwischen 1977 und 1997. McKnight fand eine beträchtliche Beharrlichkeit, als sie den Werdegang von Arbeitern in Niedriglohngruppen verfolgte. Ihre Untersuchung zeigte, dass etwa ein Fünftel der Beschäftigten im untersten Einkommensquartil sich auch nach sechs Jahren noch dort befindet. Sie fand auch heraus, dass Menschen, die arbeitslos sind und zu den ärmsten Briten gehören, am ehesten in den Niedriglohnbranchen Arbeit finden; und dass die Angestellten in Niedriglohnbranchen mit höherer Wahrscheinlichkeit wieder arbeitslos werden als besser bezahlte Angestellte.

Wissenschaftler haben betont, dass wir solche Ergebnisse vorsichtig interpretieren müssen, da sie leicht von denen missbraucht werden können, die wohlfahrtsstaatliche Unterstützungen kürzen oder Armut aus der politischen und sozialen Diskussion ausklammern wollen. John Hills vom Centre for Analysis of Social Exclusion hat davor gewarnt, ein Lotteriemodell der Einkommensbestimmung anzunehmen. Damit meint er, dass wir skeptisch gegenüber Thesen sein sollen, dass Armut quasi zufällig und einmalig Menschen trifft, die sich durch die Einkommenshierarchie bewegen. Diese These suggeriert nämlich, dass die Ungleichheit zwischen den Wohlhabenden und den Armen in der Gesellschaft nicht sehr drastisch sei; jeder habe die Chance, einmal ein Gewinner oder ein Verlierer zu sein, sodass Armut keinen Anlass mehr zu Sorge birgt. Manche Menschen könnten Pech haben und mehrere Jahre hintereinander niedrige Einkommen haben, doch generell sei niedriges Einkommen ein zufälliges Phänomen – so die These.

Hills (1998) betont, dass das britische Haushaltspanel ein beträchtliches Maß an kurzfristiger Mobilität der Armen aufzeigt. So sind von den Menschen im untersten Zehntel der Einkommen 46 Prozent im folgenden Jahr noch immer in dieser Gruppe. Das heißt, dass mehr als die Hälfte der Menschen dem untersten Zehntel der Armut entkommen konnten. Doch bei genauerer Betrachtung zeigt sich, dass 67 Prozent der Personen in den unteren beiden Zehnteln verbleiben; nur ein Drittel schafft es, darüber hinaus zu kommen. Von den Angehörigen des untersten Fünftels der Einkommensverteilung sind nach einem Jahr noch 65 Prozent in derselben Position; doch verbleiben im selben Zeitraum 85 Prozent in den unteren zwei Fünfteln. Diese Erkenntnisse lassen annehmen, dass für etwa ein Drittel das niedrige Einkommen etwas Vorübergehendes darstellt, für zwei Drittel jedoch nicht. Hills zufolge ist es irreführend anzunehmen, dass die Bevölkerung sich über die Zeit über die Einkommensdezile (= Zehntel) durchmischt. Es ist eher so, dass diejenigen, die aus der Armut entfliehen, nicht sehr weit kommen, und schließlich wieder zurückdriften; die Raten der gelungenen „Flucht" aus der Armut werden für jene, die mehr als ein Jahr am unteren Ende der Einkommensskala sind, zunehmend geringer (Hills 1998).

Während der Aufstieg aus der Armut sicherlich von Herausforderungen und Hindernissen begleitet ist, weisen Forschungsergebnisse darauf hin, dass die Fluktuation in und aus der Armut häufiger ist, als das oft angenommen wird. Armut ist nicht einfach nur die Wirkung mächtiger sozialer Kräfte auf eine ohnmächtige Bevölkerung. Sogar Menschen in extrem benachteiligten Situationen können Gelegenheiten ergreifen, die ihre Situationen verbessern. Sozialpolitik kann dabei eine wichtige Rolle spielen, den Handlungsspielraum von benachteiligten Personen und Gemeinschaften zu erhöhen. In unserer Erörterung des Wohlfahrtsstaates später in diesem Kapitel werden wir die Aufmerksamkeit auf politische Maßnahmen richten, die den Arbeitsmarkt, die Bildungs- und Ausbildungsmöglichkeiten und den sozialen Zusammenhalt stärken.

Soziale Ausgrenzung

Was ist soziale Ausgrenzung?

soziale Ausgrenzung

Die Idee der sozialen Ausgrenzung wurde von vielen Politikern aufgenommen, doch erstmals von Soziologen eingeführt, um auf neue Ursachen sozialer Ungleichheit zu verweisen. Soziale Ausgrenzung verweist auf Prozesse, durch die Individuen von der vollen Teilhabe an der Gesellschaft abgeschnitten werden. Menschen, die in verwahrlosten Wohnvierteln wohnen, wo es nur schlechte Schulen und wenige Arbeitsplätze gibt, werden unter Umständen alle Möglichkeiten der Verbesserung ihrer Situation verwehrt, die anderen Menschen in der Gesellschaft offenstehen.

Das Konzept der sozialen Ausgrenzung wirft die Frage nach persönlicher Verantwortung auf. Schließlich impliziert das Wort „Ausgrenzung", dass jemand oder etwas von anderen ausgeschlossen wird. Selbstverständlich gibt es Momente, wo ein Einzelner durch Entscheidungen, die außerhalb seines Einflussbereichs liegen, ausgegrenzt wird. Banken können Personen mit einem schlechten Ruf ein Girokonto oder eine Kreditkarte verweigern. Versicherungsgesellschaften weisen unter Umständen den Antrag einer Person wegen ihrer persönlichen Geschichte und ihrem Lebensumfeld zurück. Ein Angestellter, der in höherem Alter arbeitslos wird, kann vielleicht aufgrund seines Alters keinen Job mehr finden.

Aber soziale Ausgrenzung entsteht nicht nur dadurch, dass Menschen ausgeschlossen werden, sondern kann auch daraus resultieren, dass Einzelne sich in einzelnen Aspekten von der breiten Gesellschaft zurückziehen. Personen können sich entschließen, ihre Ausbildung abzubrechen, ein Arbeitsangebot abzulehnen, nicht mehr zu arbeiten oder nicht mehr wählen zu gehen. Wenn wir das Phänomen der sozialen Ausgrenzung betrachten, müssen wir uns dessen bewusst werden, dass es eine Interaktion zwischen der menschlichen Handlungsfähigkeit und Eigenverantwortlichkeit mit den sozialen Kräften, die die Lebensumstände gestalten, gibt.

Soziale Ausgrenzung ist ein breiteres Konzept als Armut, wenngleich es Armut mit einschließt. Es richtet das Interesse auf eine größere Bandbreite von Faktoren, die Einzelne oder ganze Gruppen in der Gesellschaft von Gelegenheiten abhalten, die der Mehrheit der Bevölkerung offenstehen. David Gordon unterscheidet in seinen Forschungen zu Armut und sozialer Ausgrenzung in Großbritannien vier Dimensionen der sozialen Ausgrenzung: Armut und Ausschluss von angemessenem Einkommen oder sonstigen materiellen Ressourcen, Ausgrenzung vom Arbeitsmarkt, Ausschluss von Dienstleistungen und Ausschluss von sozialen Beziehungen (Gordon u.a. 2000). Im Folgenden sehen wir uns drei Elemente sozialer Ausgrenzung an.

Ausschluss vom Arbeitsmarkt

Für den Einzelnen ist Arbeit wichtig, nicht nur, weil Arbeit den Lebensunterhalt sichert, sondern auch weil die Eingliederung in den Arbeitsmarkt ein wichtiger Bereich der sozialen Interaktion ist. So kann der Ausschluss aus dem Arbeitsmarkt zu weiterer sozialer Ausgrenzung führen – Armut, Ausschluss von Dienstleistungen und Ausschluss von sozialen Beziehungen. Daher betrachteten es manche Politiker als wichtige Maßnahme gegen soziale Ausgrenzung, die Zahl der Menschen, die in bezahlter Arbeit stehen, zu erhöhen.

Ausführlicher behandeln wir die Bedeutung der Arbeit für den Einzelnen im Kapitel 16 – Arbeit und Wirtschaftsleben.

Ein arbeitsloser Haushalt zu sein, sollte jedoch nicht mit Erwerbslosigkeit gleichgesetzt werden. Gordon u.a. fanden heraus, dass 43 Prozent der Erwachsenen (davon 50 Prozent Frauen) nicht in bezahlten Arbeitsverhältnissen stehen. Der größte Anteil dieser Menschen ist jedoch in Rente (24 Prozent aller Erwachsenen). Andere Gruppen, die nicht aktiv auf dem Arbeitsmarkt sind, umfassen Leute, die Pflege- oder Betreuungstätigkeiten übernommen haben oder krankheitsbedingt Erwerbsunfähige oder Studenten. Insgesamt muss man vorsichtig sein, die Erwerbslosigkeit als Zeichen sozialer Ausgrenzung zu werten, weil ein so großer Anteil der Bevölkerung davon betroffen ist. Doch wir können sagen, dass der Ausschluss aus dem Arbeitsmarkt das Risiko der sozialen Ausgrenzung signifikant erhöht.

Ausschluss von Dienstleistungen

Ein wichtiger Aspekt der sozialen Ausgrenzung betrifft den versperrten Zugang zu grundlegenden Dienstleistungen, ob sie nun die Wohnung betreffen – wie Elektrizität oder Wasser – oder das Leben außerhalb – wie Transport, Einkaufsmöglichkeiten und Finanzdienstleistungen. Der Ausschluss von Dienstleistungen kann sich auf individuelle Ausgrenzung beziehen (wenn ein Mensch sich eine Dienstleistung nicht leisten kann) oder auf kollektive (wenn eine Dienstleistung einer ganzen Gemeinschaft nicht zur Verfügung steht). Gordons Studie über Armut und soziale Ausgrenzung stellte fest, dass ein Viertel der Menschen von zwei oder mehreren grundlegenden Dienstleistungen ausgegrenzt ist (s. Liste in Tab. 12.4) und nur ca. die Hälfte der Menschen Zugang zur vollen Bandbreite der privaten und öffentlichen Dienstleistungen hat.

Öffentliche Dienstleistungen	kollektive Ausgrenzung			individuelle Ausgrenzung	
	Nutzung und adäquat	Nutzung und inadäquat	keine Nutzung, weil nicht vorhanden oder unpassend	keine Nutzung – nicht leistbar	keine Nutzung – kein Interesse oder irrelevant
Bibliotheken	55	6	3	0	36
Öffentliche Sportanlagen	39	7	5	1	48
Museen u. Galerien	29	4	13	1	52
Abendkurse	17	2	5	3	73
Öffentliches Gemeindezentrum	31	3	9	0	56
Krankenhaus mit Notaufnahme	75	13	2	0	10
Arzt	92	6	0	0	2
Zahnarzt	83	5	1	0	11
Optiker	78	3	1	1	17
Postamt	93	4	0	0	2
Private Dienstleistungen					
Andachtsräume	30	1	2	0	66
Busverbindung	38	15	6	0	41
Zug- oder Schnellbahn/ U-Bahnverbindung	37	10	10	1	41
Tankstelle	75	2	2	1	21
Apotheke	93	3	1	0	3
Nahversorger (Tante-Emma-Laden)	73	7	8	0	12
Mittlerer oder großer Supermarkt	92	4	2	0	2
Banken oder Sparkassen	87	7	1	0	4
Gasthaus oder Café/Bar	53	4	2	2	37
Kino oder Theater	45	6	10	5	33

Tab. 12.4: Nutzung öffentlicher und privater Dienstleistungen nach Zahl der Befragten (in Prozent)
Quelle: Gordon u.a. (2000), S. 58.

Ausschluss von sozialen Beziehungen

Es gibt viele Möglichkeiten, wie Menschen von sozialen Beziehungen ausgeschlossen sein können. Zuerst kann diese Art des Ausschlusses bedeuten, dass die Person nicht fähig ist, an gewöhnlichen sozialen Aktivitäten teilzunehmen, wie etwa Besuche von Freunden oder Verwandten, Feiern besonderer Anlässe, Zeit mit Hobbys zu verbringen, Freunde einzuladen oder auf Urlaub zu fahren. Zweitens sind Menschen von sozialen Beziehungen ausgeschlossen, wenn sie isoliert von Freunden und Familie leben – Gordon fand in seiner Untersuchung, dass zwei Prozent der Untersuchten nicht einmal einige Male pro Jahr Kontakt zu Freunden oder Angehörigen außerhalb der eigenen Wohnung hatten. Ein dritter Aspekt der Ausgrenzung von sozialen Beziehungen betrifft den Mangel an praktischer und emotionaler Unterstützung bei Bedarf, etwa wenn man niemanden hat, der einem mit schweren Arbeiten im Haus oder Garten hilft oder mit dem man sprechen könnte, wenn man deprimiert ist oder Rat in schwierigen Lebenssituationen braucht. Menschen sind viertens von sozialen Beziehungen ausgeschlossen, wenn sie sich nicht staatsbürgerlich engagieren. Das umfasst etwa das Wählen, die Einbindung in lokale oder nationale Politik, einen Leserbrief zu schreiben oder für eine Sache in der Öffentlichkeit zu werben, die einem wichtig ist. Schließlich sind auch Menschen von sozialen Beziehungen ausgeschlossen, die ihr Haus nicht verlassen, weil sie eine Behinderung haben, als pflegende Angehörige nicht weg können oder weil sie sich auf der Straße unsicher fühlen.

Beispiele sozialer Ausgrenzung

Soziologen haben die unterschiedlichen Formen der sozialen Ausgrenzung von Individuen und Gemeinden erforscht. Untersuchungen haben sich auf so verschiedene Themen wie Wohnen, Bildung, Arbeitsmarkt, Kriminalität, Jugendliche und Ältere bezogen. Wir sehen uns nun drei Beispiele sozialer Ausgrenzung an, die in verschiedenen Ländern Aufmerksamkeit auf sich gezogen haben.

Wohnen und Wohnviertel

Das Wesen sozialer Ausgrenzung zeigt sich klar beim Wohnen. Während viele Menschen in industrialisierten Gesellschaften in komfortablen, großzügigen Wohnungen leben, hausen andere in beengten baufälligen Wohnverhältnissen ohne richtige Heizung. Individuen auf dem Wohnungsmarkt können sich nur Wohnungen leisten, die ihren gegenwärtigen oder künftigen Ressourcen entsprechen. Daher wird ein kinderloses Paar, bei dem beide verdienen, eine größere Chance auf einen Kredit für ein Haus in attraktiver Lage haben. In Großbritannien – und hier insbesondere im Südosten – sind in den vergangenen Jahrzehnten die Preise für Häuser deutlich schneller gestiegen als die Inflation, was den Eigentümern große Wertsteigerungen bescherte. Im Gegensatz dazu kann der Zugang von Arbeitslosen oder Arbeitern im Niedriglohnsektor auf weniger attraktive gemietete Unterkünfte oder Gemeinde- und Sozialwohnungen beschränkt sein.

Schichtung auf dem Wohnungsmarkt findet sowohl auf der Ebene der individuellen Haushalte als auch der Gemeinden statt. Ebenso wie benachteiligte Individuen von attraktiven Unterkünften ausgeschlossen sein können, gilt für ganze Gemeinden, dass sie keinen Zugang zu Möglichkeiten und Akivitäten haben, die für den Rest der Gesellschaft zur Norm gehören. Ausgrenzung kann sich auf einer räumlichen Dimension abspielen: Wohnviertel unterscheiden sich stark im Hinblick auf Sicherheit, Umweltbedingungen, Vorhandensein von Dienstleistungen und öffentlichen Einrichtungen. So haben etwa wenig attraktive Viertel eher weniger grundlegende Dienstleistungen wie Banken, Lebensmittelgeschäfte und Postämter sowie Gemeinschaftseinrichtungen wie Grünanlagen, Sportplätze oder Büchereien. Doch gerade Menschen in benachteiligten Gebieten sind abhängig von einer guten Infrastruktur, weil sie im Gegensatz zu den Bewohnern der wohlhabenderen Viertel eher nicht über Transportmittel verfügen, die ihnen das Einkaufen in weiter entfernten Geschäften erleichtern würden.

In verarmten Vierteln kann es für einzelne Bewohner sehr schwer sein, die soziale Ausgrenzung zu überwinden und stärker an der Gesellschaft teilzuhaben. Soziale Netzwerke können schwach ausgeprägt sein, was die

Verbreitung von Informationen über Arbeitsmöglichkeiten, politische Aktivitäten und Ereignisse in der Gemeinde verringert. Hohe Arbeitslosigkeit und niedrige Einkommensniveaus üben Druck auf das Familienleben der Betroffenen aus: Kriminalität und Jugendstraftaten untergraben dann die allgemeine Lebensqualität im Viertel. Wenig attraktive Wohngegenden weisen oft hohe Fluktuation unter den Bewohnern auf, da viele in bessere Wohnviertel wegziehen wollen und Menschen zuziehen, die auf dem Wohnungsmarkt benachteiligt sind.

Ländliche Gebiete

Obwohl sich viel Aufmerksamkeit auf die soziale Ausgrenzung in städtischen Gebieten richtet, können auch Landbewohner Ausgrenzung erfahren. Sozialarbeiter und Pflegekräfte meinen, dass die Herausforderungen der sozialen Ausgrenzung auf dem Land genauso groß, wenn nicht sogar größer als in den Städten sind. In kleinen Dörfern und dünn besiedelten Gebieten ist das Angebot an Waren und Dienstleistungen nicht sehr breit. In den meisten Industrieländern wird die Nähe zu grundlegenden Einrichtungen wie Ärzten, Schulen und Behörden als Notwendigkeit für ein aktives, gesundes Leben betrachtet. Doch Landbewohner haben oft nur eingeschränkten Zugang zu diesen Diensten und sind von den Einrichtungen in ihrer unmittelbaren Umgebung abhängig.

Die fehlende Erschließung mit Verkehrsmitteln ist einer der bedeutendsten Faktoren sozialer Ausgrenzung auf dem Land. Wenn ein Haushalt ein Auto besitzt, ist es einfacher, in der Gemeinschaft integriert zu bleiben. Zum Beispiel können die Haushaltsangehörigen dann eine Arbeit in einer anderen Stadt annehmen, regelmäßig in städtische Gebiete einkaufen fahren, wo es eine größere Auswahl an Geschäften gibt, und Besuche bei Freunden und Verwandten, die weiter weg wohnen, sind leichter zu organisieren. Zudem kann man Jugendliche, wenn sie abends ausgehen, abholen. Doch Menschen, die kein eigenes Fahrzeug zur Verfügung haben, sind von den öffentlichen Verkehrsmitteln abhängig, die in ländlichen Gebieten nur eingeschränkt zur Verfügung stehen. Einige Dörfer haben vielleicht nur einige wenige Busverbindungen pro Tag oder Woche und kein öffentliches Verkehrsmittel am Abend oder an den Wochenenden.

Obdachlosigkeit

Obdachlosigkeit ist eine der extremsten Formen sozialer Ausgrenzung. Menschen ohne feste Unterkunft sind von vielen Alltagshandlungen ausgeschlossen, die andere für selbstverständlich erachten, wie z.B. zur Arbeit zu gehen, ein Bankkonto zu führen, Freunde einzuladen oder auch nur Post zu bekommen.

Die meisten obdachlosen Menschen verfügen über irgendeine Form vorübergehender Unterkunft, und doch gibt es immer noch viele Menschen, die auf der Straße schlafen. Manche Obdachlose entscheiden sich absichtlich, auf der Straße zu leben, im Freien zu schlafen und frei von Verpflichtungen und Besitz zu leben. Aber die große Mehrheit der Obdachlosen hat keine dieser Wünsche, denn sie wurden durch Faktoren, die sie nicht beeinflussen konnten, in die Situation gedrängt. Wenn sie einmal ohne festen Wohnsitz sind, verschlechtern sich ihre Lebensbedingungen in einer Abwärtsspirale von Not und Entbehrung.

Wer lebt auf der Straße? Die Frage ist sehr kompliziert zu beantworten. So wurden etwa seit den 1960er Jahren Menschen mit psychischen Erkrankungen und Lernbehinderungen infolge von gesundheitspolitischen Reformen aus den psychiatrischen Kliniken entlassen. Davor lebten sie jahrelang in Langzeiteinrichtungen. Dieser Prozess der Deinstitutionalisierung wurde durch mehrere Faktoren ausgelöst: Einer davon war die Kostenersparnis für den Staat, denn die stationäre Unterbringung von psychisch Kranken ist teuer. Ein weiterer Grund bestand in der lobenswerten Erkenntnis vieler Psychiater, dass die Institutionalisierung bei den Patienten mehr Schaden anrichtete, als sie nutzen konnte. Daher sollte jeder, der ambulant versorgt werden kann, auch aus stationärer Behandlung entlassen werden. Die Ergebnisse dieser Psychiatriereformen quer über Europa haben jedoch die Hoffnungen ihrer Verfechter nicht vollends erfüllt, denn manche Kliniken entließen Menschen, die nicht wussten, wohin sie gehen sollten, und die vielleicht schon jahrelang nicht mehr „draußen" gelebt haben. Oft wurde auch auf die ambulante Versorgung vergessen (Social Exclusion Unit 1998/99).

Umfragen zeigen durchgängig, dass etwa bei einem Viertel der Obdachlosen eine psychische Erkrankung diagnostiziert worden war und dass sie schon einmal in einer psychiatrischen Einrichtung waren. Daher können Reformen in der Gesundheitspolitik eine überproportionale Auswirkung auf das Auftreten von Obdachlosigkeit ha-

Obdachlosigkeit ist eine der kompliziertesten und extremsten Formen sozialer Ausgrenzung.

ben. Die meisten Obdachlosen leiden jedoch weder an psychischen Problemen, noch sind sie Alkoholiker oder Drogenkonsumenten. Sie landen auf der Straße, weil sie persönliche Krisen erlebt haben, oft mehrmals hintereinander. Obdachlosigkeit entsteht selten in einer direkten Abfolge von Ursache und Wirkung. Eine Reihe von unglücklichen Umständen tritt oft rasch hintereinander auf und löst eine mächtige Abwärtsspirale aus. Eine Frau kann z.B. durch eine Scheidung ihre Unterkunft verlieren und zur gleichen Zeit an ihrem Arbeitsplatz gekündigt werden. Oder ein Jugendlicher verlässt wegen Konflikten sein Elternhaus und zieht ohne irgendeine Unterstützung in die Stadt. Forschungen haben gezeigt, dass

Menschen aus der unteren Arbeiterschicht ohne nennenswerte Qualifikation und mit niedrigen Verdiensten das größte Risiko haben, obdachlos zu werden.

Obwohl die meisten Menschen, die obdachlos sind, in Notunterkünften schlafen oder vorübergehend wohnversorgt werden, sind jene, die auf der Straße leben, in großer Gefahr. Studien des Institute for Public Policy Research (IPPR) über Obdachlosigkeit und Straßenkriminalität in London, Glasgow und Swansea zeigen, wie häufig Obdachlose Opfer von Straftaten werden. Der britische Kriminalitätsbericht – also der führende statistische Maßstab für Kriminalität in Großbritannien – berücksichtigt Obdachlose bei seinen Befragungen nicht. In der Studie *Unsafe Streets* (Unsichere Straßen) des IPPR (Ballintyne 1999) wurde aufgezeigt, dass vier von fünf Obdachlosen, die auf der Straße leben, zumindest einmal Opfer von Kriminalität geworden sind. Fast die Hälfte von ihnen wurde tätlich angegriffen, doch nur ein Fünftel entschloss sich, eine Anzeige bei der Polizei zu machen. Es entsteht das Bild von Obdachlosen, die auf der Straße großen Gefahren ausgesetzt sind, jedoch von den Systemen des polizeilichen oder rechtlichen Schutzes, die Hilfe anbieten sollten, ausgeschlossen bleiben.

Wenngleich allgemein Übereinstimmung herrscht, dass der Beseitigung von Obdachlosigkeit erste Priorität bei der Lösung sozialer Probleme zukommen sollte, herrscht Uneinigkeit darüber, wie man Menschen von der Straße in stabile Wohn- und Lebensverhältnisse bringen kann. Fürsprecher der Obdachlosen sprechen sich einhellig für einen langfristigen Ansatz aus, der Beratung, Mediation, berufsbildende Initiativen und Besuchsdienste umfasst. Doch in der Zwischenzeit sind viele karitative Gruppen nicht willens, kurzfristige Hilfsmaßnahmen aufzugeben, wie Gratisausspeisungen, die Ausgabe von Schlafsäcken und warmer Kleidung an die Obdachlosen, die auf der Straße leben. In Großbritannien entbrannte dazu eine heftige Kontroverse: Die „Obdachlosen-Expertin"der Regierung, Louise Casey, versuchte das öffentliche Interesse auf dauerhafte Lösungen zu lenken, indem sie sagte, dass wohlmeinende Menschen Geld dafür ausgeben, das Problem auf der Straße zu mildern und es dort zu belassen (Gillan 1999). Viele Initiativen für die Wohnversorgung Obdachloser stimmen dem zu. Doch die karitativen Einrichtungen, wie etwa die Heilsarmee, verfolgen einen anderen Weg: Solange es noch Menschen gibt, die auf der Straße leben, werden sie ihnen Hilfe angedeihen lassen.

Auch wenn damit nicht das ganze Problem gelöst wird, stimmen die meisten Experten darin überein, dass leistbare Unterkünfte – egal, ob im Zuge des sozialen Wohnbaus oder privat bereitgestellt – eine Schlüsselrolle spielen, wenn es darum geht, die Vielfalt der Problemlagen Obdachloser zu lösen. Christopher Jencks zieht in seinem Buch *The Homeless* (1994) den Schluss, dass es, unabhängig davon, weshalb die Menschen auf der Straße leben, am meisten zur Verbesserung ihres Lebens beiträgt, ihnen eine Unterkunft zu verschaffen, in der sie wenigstens ein Minimum an Privatheit und Stabilität erfahren können. Ohne eine feste Unterkunft funktionieren auch die anderen Lebensbereiche nicht.

Andere wieder wenden ein, dass es bei der Bekämpfung der Obdachlosigkeit nur zu 20 Prozent um die eigenen vier Wände geht und zu 80 Prozent um Sozialarbeit und Beratungsstellen, um die Auswirkungen von zerrütteten Familienbeziehungen, Gewalt und Missbrauch, sowie Drogen- und Alkoholabhängigkeit und Depressionen ins Visier zu nehmen. Mike, ein obdachloser Mann in seinen späten 50ern stimmt dem zu, wenn er sagt, dass die Situation für die meisten Menschen viel komplexer ist, als sie vordergründig erscheint. Oft bestehe das Problem in ihrem Selbstwertgefühl, denn viele Menschen, die auf der Straße lebten, hätten ein schwaches Selbstbewusstsein und glaubten nicht, dass sich ihre Situation je verbessern würde (Bamforth 1999).

Kriminalität und soziale Ausgrenzung

Einige Soziologen stellen in industrialisierten Ländern wie Europa und den USA einen starken Zusammenhang zwischen Kriminalität und sozialer Ausgrenzung fest. In modernen Gesellschaften gebe es einen Trend weg von inklusiven und integrierenden Zielen, die auf Bürgerrechten basieren, hin zu Arrangements, die den Ausschluss mancher Bürger dulden oder gar anstreben (Young 1998, 1999). Kriminalitätsraten spiegelten die Tatsache wider, dass eine steigende Zahl von Menschen sich von der Gesellschaft nicht anerkannt fühlt oder keinen Anteil an der Gesellschaft hat, in der sie lebt.

Elliott Currie ist ein amerikanischer Soziologe, der die Verbindungen zwischen sozialer Ausgrenzung und Kriminalität in den USA speziell unter jungen Menschen untersucht hat. Currie sagt, dass die amerikanische Gesellschaft ein „natürliches Labor" darstelle, das die „beunruhigende Kehrseite" der marktgesteuerten Sozialpolitik zeige: Steigende Armut und Obdachlosigkeit, Drogenmissbrauch und der starke Anstieg an Gewalttaten. Er merkt an, dass Jugendliche zunehmend ohne Orientierung und Unterstützung durch Erwachsene aufwachsen. Während sie mit der verführerischen Kraft des Konsumgütermarktes konfrontiert sind, haben sie gleichzeitig sinkende Möglichkeiten auf dem Arbeitsmarkt, um ihren Lebensunterhalt zu verdienen. Das kann in einem starken Gefühl der relativen Deprivation münden, sowie zur Bereitschaft führen, illegale Mittel zu wählen, um den erwünschten Lebensstil doch zu erreichen.

Für Currie gibt es mehrere starke Zusammenhänge zwischen steigender Kriminalität und sozialer Ausgrenzung. Zuerst haben Arbeitsmarkttrends, Steuersenkungen und Veränderungen in der Mindestlohnpolitik zu einem massiven Anstieg der relativen und absoluten Armut in der amerikanischen Bevölkerung geführt. Zweitens wird dieser Anstieg sozialer Ausgrenzung vor allem in den lokalen Gemeinden spürbar, die unter dem Verlust stabiler Lebensverhältnisse leiden, unter dem ständigen Wechsel von Bewohnern, unter steigenden Wohnkosten und einer Schwächung sozialen Zusammenhalts. Drittens belasten materielle Entbehrung und Fragmentierung der Gemeinde das Familienleben der Betroffenen. Viele Erwachsene aus armen Familien sind gezwungen, mehrere Arbeiten anzunehmen, um überleben zu können, was Stress und Angst hervorruft und lange Abwesenheiten von zu Hause mit sich bringt. Die Erziehung und Betreuung der Kinder leiden dementsprechend darunter, und eine allgemeine soziale Aushungerung der Gemeinde führt dazu, dass es nur wenige Eltern gibt, die sich zur Unterstützung an Verwandte oder Nachbarn wenden könnten. Viertens hat der Staat viele Maßnahmen und öffentliche Dienstleistungen zurückgeschraubt, die die sozial Ausgegrenzten wieder in die Gesellschaft zurückführen könnten, wie etwa Frühförderung von Kindern, Kinderbretreuung und psychologische und gemeindepsychiatrische Versorgung.

Schließlich können die Standards des wirtschaftlichen Erfolgs und des Konsums, die in der Gesellschaft als anerkannt und wichtig gelten, von den sozial Ausgegrenzten nicht mehr mit legitimen Mitteln erreicht werden. Currie zufolge besteht eine der besorgniserregendsten Facetten der Verbindung zwischen sozialer Ausgrenzung und Kriminalität darin, dass legitime Wege der Veränderung zugunsten illegaler umgangen werden, womit sich Currie an Mertons Ideen über „Anspannung" und Anomie (siehe Kapitel 8 – Kriminalität und Devianz) anlehnt. Kriminalität wird gegenüber alternativen Wegen der Veränderung, wie etwa politische oder gemeinschaftliche Organisierung der Interessen, bevorzugt (Currie 1998).

Der Wohlfahrtsstaat

In den meisten Industrieländern wird Armut und soziale Ausgrenzung durch den Wohlfahrtsstaat gemildert. Wie haben sich Wohlfahrtsstaaten in den verschiedenen Ländern überhaupt entwickelt? Wie können wir die Unterschiede zwischen den verschiedenen Wohlfahrtsstaatmodellen erklä-

Wohlfahrtsstaat ren, die in verschiedenen Ländern vorherrschen? Wenn auch das konkrete Aussehen des Wohlfahrtsstaates von Land zu Land verschieden ist, wenden doch alle Industriegesellschaften viele Mittel auf, um öffentliche Bedürfnisse zu befriedigen.

Theorien des Wohlfahrtsstaates

Heute sind die meisten Industriegesellschaften Wohlfahrtsstaaten. Damit ist gemeint, dass der Staat bei der Bereitstellung der sozialen Sicherheit eine zentrale Rolle spielt, also einem System der Dienstleistungen und Sozialleistungen für die grundlegenden Bedürfnisse der Menschen, wie Gesundheit, Bildung, Wohnung und Einkommen. Dem Wohlfahrtsstaat fällt die wichtige Aufgabe zu, die Risiken, die im Laufe eines Lebens auftreten können, abzufedern: Krankheit, Behinderung, Arbeitslosigkeit und Alter. Die Dienstleistungen, die der Wohlfahrtsstaat bereitstellt und das Niveau der Ausgaben, variieren von Land zu Land. Einige Länder haben hochentwickelte Sozialsysteme und wenden einen Großteil der nationalen Budgets dafür auf. In Dänemark etwa beträgt das Steueraufkommen 58 Prozent des Bruttoinlandsprodukts (BIP). Im Vergleich dazu erheben andere westliche Staaten wesentlich weniger Steuern, im Vereinigten Königreich betragen die Steuereinkünfte 41 Prozent des BIP und in den USA gerade einmal 31 Prozent (Daten für 2005 nach Aiginger und Guger 2006, S. 134f.). Noch wichtiger als die Gesamteinnahmen der Staaten sind deren Ausgaben für wohlfahrtsstaatliche Zwecke. Diese betrugen in den skandinavischen Staaten im Jahr 2002 rund 28 Prozent, in Deutschland 29 Prozent und in Österreich 28 Prozent. Irland wendet nur 15 Prozent auf, Großbritannien 27 Prozent, und die Mittelmeerstaaten der EU im Schnitt 21 Prozent (Aiginger und Guger 2006). In diesem Kapitel beleuchten wir die Rolle des Wohlfahrtsstaates bei der Bekämpfung der Armut, doch wohlfahrtsstaatliche Leistungen werden auch in vielen anderen Kapiteln dieses Buches behandelt: In Kapitel 4 werden die Dienstleistungen und Zahlungen an alte Menschen behandelt, in Kapitel 7 geht es um das Gesundheitswesen, in Kapitel 9 um die vom Wohlfahrtsstaat bereitgestellte Bildung.

Viele Theorien befassen sich mit der Entwicklung des Wohlfahrtsstaates. Marxisten sehen den Wohlfahrtsstaat als Instrument zur Stabilisierung des kapitalistischen Systems, während funktionalistische Theoretiker sagen, dass Wohlfahrtssysteme zur Integration der Gesellschaft, unter den Bedingungen fortschreitender Industrialisierung, beitragen. Während diese Ansichten in den vergangenen Jahren durchaus Widerhall gefunden haben, waren die Ideen von T. H. Marshall und Gøsta Esping-Andersen die einflussreichsten Beiträge zu Theorien des Wohlfahrtsstaates.

T. H. Marshall: Staatsbürgerliche Rechte

T. H. Marshall (1893–1981) veröffentlichte 1950 seine einflussreiche Studie über staatsbürgerliche Rechte. Darin argumentiert er, dass Wohlfahrt als ein Resultat einer fortschreitenden Entwicklung der staatsbürgerlichen Rechte im Zuge der Industrialisierung betrachtet werden könne. Mit seinem historischen Ansatz rekonstruierte Marshall die Entwicklung der staatsbürgerlichen Rechte in Großbritannien und machte drei Stadien aus. Im 18. Jahrhundert, so Marshall, wurden die Bürgerrechte errungen. Diese umfassen wichtige persönliche Freiheitsrechte wie die Redefreiheit, die Religions- und Gesinnungsfreiheit, das Recht, Eigentum zu erwerben und zu besitzen, und das Recht auf eine unvoreingenommene Gerichtsbarkeit. Im 19. Jahrhundert wiederum wurden die politischen Rechte erkämpft: das aktive und passive Wahlrecht und das Recht auf politischen Zusammenschluss. Das dritte Bündel an Rechten – die sozialen Rechte – wurde im 20. Jahrhundert errungen. Das Recht der Bürger auf wirtschaftliche und

© Michael Unterleitner

soziale Sicherheit durch Bildung, Gesundheitswesen, Wohnbau, Pensionen und Renten und andere Dienstleistungen wurden im Wohlfahrtsstaat verankert. Die Einführung der sozialen Rechte in den Begriff der Staatsbürgerschaft bedeutet, dass jeder das Recht erhielt, ein erfülltes und aktives Leben zu führen – mit dem Recht auf angemessenes Einkommen, unabhängig von der Position in der Gesellschaft. In dieser Hinsicht haben die sozialen Rechte stark zum Vorantreiben des Ideals der allgemeinen Gleichheit beigetragen (Marshall 1992).

Marshalls Ideen waren sehr einflussreich in den soziologischen Debatten über das Wesen der Staatsbürgerschaft und Fragen der sozialen Inklusion und sozialen Ausgrenzung. Das Konzept der Rechte und Verantwortlichkeiten ist eng verknüpft mit dem Begriff der Staatsbürgerschaft; diese Ideen erfreuen sich zunehmender Beliebtheit in gegenwärtigen Diskussionen darüber, wie man „aktive Staatsbürgerschaft" fördern solle. Kritiker haben Marshall vorgeworfen, dass er sich ausschließlich auf das Vereinigte Königreich beziehe und dass er ignoriere, dass die Entwicklung des Wohlfahrtsstaates in anderen Ländern auch andere Wege genommen hat. Seiner grundlegenden Idee, dass der Begriff der staatsbürgerlichen Rechte auch soziale Rechte umfasst, kann diese Kritik allerdings nichts anhaben.

Gøsta Esping-Andersen: Drei Wohlfahrtsstaatregimes

Mit *The Three Worlds of Welfare Capitalism* (1990) veröffentlichte der dänische Wissenschaftler Gøsta Esping-Andersen eine neuere Theorie des Wohlfahrtsstaates. In diesem bedeutenden Werk vergleicht er die westlichen Wohlfahrtsstaatsysteme und stellt eine dreiteilige Typologie der „Wohlfahrtsstaatregimes" vor. Mit dieser Typologie bewertet Esping-Andersen das Niveau der Wohlfahrtsdekommodifizierung, ein Begriff, der beschreibt, zu welchem Grad die Wohlfahrtsdienstleistungen frei von den Gesetzen des Marktes sind. In einem System mit hoher Dekommodifizierung wird soziale Sicherheit öffentlich bereitgestellt und ist nicht an das Einkommen oder die wirtschaftlichen Ressourcen des Betroffenen gebunden. In einem kommodifizierten System wiederum werden Wohlfahrtsdienstleistungen eher wie Waren behandelt, d.h. sie werden auf dem Markt verkauft wie jedes andere Gut oder jede andere Dienstleistung. Durch einen Vergleich der Pensionsregelungen, der Arbeitslosenpolitik und der Sozialhilfe verschiedener Länder kam Esping-Andersen auf folgende drei Typen der Wohlfahrtsstaatregimes:

Dekommodifizierung

1. *Sozialdemokratisch:* Die sozialdemokratischen Wohlfahrtsstaatregimes sind am stärksten dekommodifiziert. Die Wohlfahrtsleistungen sind vom Staat finanziert und stehen allen Bürgern zur Verfügung (universelle Sozialleistungen). Die skandinavischen Staaten sind Beispiele für ein sozialdemokratisches Wohlfahrtsstaatregime.

2. *Konservativ-korporatistisch:* In konservativ-korporatistischen Staaten, wie z.B. Frankreich, Deutschland und Österreich, können zwar die Wohlfahrtsleistungen stark dekommodifiziert sein, doch sie sind nicht not-

wendigerweise universell. Denn die Höhe der Sozialleistungen hängt von der Position in der Gesellschaft ab – die Berufsgruppen Arbeiter, Angestellte, Beamte, freie Berufe haben jeweils eigene Kranken- und Rentenkassen mit jeweils unterschiedlichen Leistungen. Diese Art des Wohlfahrtsstaatregimes ist nicht auf die Beseitigung der Ungleichheit ausgerichtet, sondern auf die Aufrechterhaltung der sozialen Stabilität, der Familie und die Loyalität zum Staat.

3. *Liberal:* Die Vereinigten Staaten sind ein Beispiel für ein liberales Wohlfahrtsstaatregime, in Europa sind die liberalsten Staaten Großbritannien und Irland. Wohlfahrtsleistungen sind kommodifiziert und werden auf dem Markt verkauft. Sozialleistungen gibt es nur für Bedürftige (Einkommens- und Vermögensprüfung der Empfänger), wodurch diese auch stark stigmatisiert werden. Von der Mehrheit der Bevölkerung wird erwartet, dass sie sich ihre Wohlfahrtsleistungen selbst auf dem Markt organisiert.

Viele europäische Staaten lassen sich nicht völlig klar einem dieser „Idealtypen" zuordnen. So war Großbritannien etwa früher näher am sozialdemokratischen Modell, doch die Wohlfahrtsstaatreformen seit den 1970er Jahren haben höhere Kommodifizierung und damit eine größere Nähe zum liberalen Modell mit sich gebracht. In Deutschland und Österreich – zwei Staaten, deren konservativ-korporatistisches Modell von der Bismarckschen Sozialpolitik des 19. Jahrhunderts herrührt – sind wiederum Bildung, und die in den letzten Jahren eingeführten Leistungen des Pflegegeldes bzw. der Pflegeversicherung, universell und dekommodifiziert.

Kritiker haben gegen Esping-Andersens Modell der Wohlfahrtsstaatregimes eingewandt, dass er die mediterranen Länder Spanien, Portugal und Griechenland fälschlicherweise als unausgereifte Wohlfahrtsstaaten gar nicht einordnete und Italien unter die korporatistischen Wohlfahrtsstaaten subsumierte. Außerdem wiesen Feministinnen darauf hin, dass Esping-Andersen die durch unbezahlte Frauenarbeit hergestellte Wohlfahrt vernachlässige. Schließlich erhoben sich Einwände gegen eine Einordnung der neuseeländischen und australischen Wohlfahrtsstaaten als liberal (Arts und Gelissen 2002). Im Großen und Ganzen jedoch lässt sich mit Esping-Andersens Typologie eine rasche und schlüssige vergleichende Analyse vornehmen, die je nach Thema verfeinert und angepasst werden kann und muss.

Der britische Wohlfahrtsstaat im Vergleich

Eines der wichtigsten Unterscheidungskriterien für Wohlfahrtsstaatmodelle besteht im Umfang der Sozialleistungen für die Bevölkerung. In Wohlfahrtsstaatsystemen mit universellen Sozialleistungen stehen die Leistungen jedem zur Verfügung, der sie benötigt, unabhängig vom wirtschaftlichen Status. Ein Beispiel dafür ist die Kinderbeihilfe, die in Großbritannien (wie in Deutschland und Österreich) unabhängig vom Einkommen oder Vermögen an die Eltern oder an den Vormund von Kindern bezahlt wird. Wohlfahrtsstaatsysteme, die auf universellen Leistungen beruhen, sind so gestaltet, dass alle grundlegenden Wohlfahrtsbedürfnisse der Bürger laufend gedeckt werden. Eine Bedürftigkeitsprüfung findet statt, wenn Leistungen nur dann in Anspruch genommen werden können, wenn davor die Einkommens- und Vermögensverhältnisse eines Antragsstellers von einer staatlichen Stelle für Sozialleistungen überprüft wurden; nur wenn das Einkommen unter einer gesetzlich fixierten Grenze liegt, erhält der Bedürftige Zuschüsse oder Leistungen. Beispiele für Geldleistungen, die nur bei Bedürftigkeit gewährt werden, sind in Großbritannien (und gleichermaßen in Deutschland und Österreich) Wohnbeihilfe und Steuerfreibeträge für Familien. Beispiele für Dienstleistungen, die nur bei Bedürftigkeit gratis zur Verfügung stehen, sind in Großbritannien die von der Gemeinde bereitgestellten sozialen Dienste (etwa eine Heimhilfe, die zu pflegebedürftigen alten Menschen ins Haus kommt). In Deutschland und Österreich gibt es für viele dieser Leistungen, die von der Kommune organisiert werden, nach Einkommen gestaffelte Beiträge, z.B. für die Kosten des Besuchs eines Kindergartens.

Die Unterscheidung zwischen universellen Leistungen und solchen, die nach Bedürftigkeit gewährt werden, drückt sich auf der Ebene der Sozialpolitik in zwei völlig verschiedenen Philosophien des Wohlfahrtsstaates aus. Unterstützer der *institutionellen* Sicht der Wohlfahrt argumentieren, dass der Zugang zu Wohlfahrtsleistungen jedem als Recht gewährt werden sollte. Die Vertreter der *residualen* Sicht des Wohlfahrtsstaates hingegen meinen, dass Sozialleistungen nur jenen Gesellschaftsmitgliedern zur Verfügung gestellt werden sollten, die Hilfe benötigen und nicht selbst über die Runden kommen.

Die Auseinandersetzung zwischen den Vertretern der institutionellen und der residualen Sicht der sozialen Sicherheit findet ihren Ausdruck oft im Streit über Besteuerung, denn die Sozialleistungen werden über Steuern finanziert. Verfechter des Wohlfahrtsstaates als Auffangnetz betonen, dass nur jene Sozialleistungen beziehen sollten, die sie wirklich am meisten benötigen, was durch die Bedürftigkeitsprüfung festgestellt werden kann. Wer eine residualistische Sicht des Wohlfahrtsstaates vertritt, betrachtet ihn als teuer, ineffektiv und zu bürokratisch. Auf der anderen Seite gibt es die Meinung, dass die Steuersätze hoch und progressiv sein sollen, weil der Wohlfahrtsstaat Geld braucht und schließlich nur derjenige, der ein hohes Einkommen bezieht, auch viel Steuer bezahlen muss. Die Sozialleistungen müssten demnach ausgebaut werden, um die harten polarisierenden Effekte des Marktes auszugleichen. Es sei die Verantwortung jedes zivilsierten Staates, sich um das Wohl seiner Bürger zu kümmern und sie vor der Willkür des Marktes zu schützen.

Diese Meinungsverschiedenheiten über institutionelle und residuale Wohlfahrtsstaatmodelle stehen im Kern der gegenwärtigen Debatten über die Reform des Wohlfahrtsstaates. In allen industrialisierten Ländern wird intensiv über die Zukunft des Wohlfahrtsstaates diskutiert. Die Veränderungen in der Gesellschaft – bedingt durch Globalisierung, Migration, demografischen Wandel und Veränderungen im Familien- und Arbeitsleben

– verlangen auch eine Veränderung des Wohlfahrtsstaates. Im folgenden Abschnitt wollen wir die Entstehung des britischen Wohlfahrtsstaates, die gegenwärtigen Herausforderungen und die Reformversuche untersuchen. Anhand der Darstellung dieses für die meisten von Ihnen fremden Modelles werden Ihnen die Kennzeichen des Bismarckschen Wohlfahrtsstaatmodelles deutlich werden. Interessanterweise ist gerade in den deutschsprachigen Ländern der Wissensstand über die Relativität des eigenen Wohlfahrtsstaatsystems relativ gering. Wir gehen recht selbstverständlich davon aus, dass Sozialleistungen (z.B. Gesundheitsdienste, Renten oder die Pflegevorsorge in Deutschland) über Sozialversicherungen organisiert werden, d.h. dass man sich zuerst einen Anspruch über Beiträge erwerben muss. Das auf den britischen Ökonomen und liberalen Politiker William Beveridge (1879–1963) und den Sozialreformer Richard Titmuss (1907–1973) zurückgehende britische Sozialsystem finanziert sich, wie auch das „sozialdemokratische", durch Steuereinnahmen.

Siehe auch Kapitel 4 – Sozialisation, Lebenslauf und Altern zu den Pensionssystemen in Europa.

Die Entstehung des britischen Wohlfahrtsstaates

Der britische Wohlfahrtsstaat der Gegenwart wurde im 20. Jahrhundert geschaffen, doch seine Wurzeln gehen zurück auf die Armengesetze von 1601 und die Auflösung der Klöster. Die Klöster hatten sich früher um die Armen gekümmert; durch den Wegfall dieser Versorgung entstand Elend und Armut und es gab nahezu keine Versorgung der Kranken, was dazu führte, dass Armengesetze erlassen wurden. Im Zuge der Industrialisierung und des Wandels von der Agrargesellschaft zu einer Industriegesellschaft begannen sich traditionelle informelle Versorgungssysteme der Familie oder Gemeinde aufzulösen. Um die soziale Ordnung aufrechtzuerhalten und die neuen Ungleichheiten, die durch das kapitalistische Wirtschaftssystem aufgebrochen sind, zu verringern, war es nötig, den Gesellschaftsmitgliedern, die sich am Rande der Marktwirtschaft befanden, Hilfe angedeihen zu lassen. Das führte 1834 zur Reform des Armengesetzes und zur Errichtung von Arbeitshäusern, die einen schlechteren Lebensstandard boten als alles, was außerhalb zur Verfügung stand. Damit sollten die Menschen gezwungen werden, alles nur Mögliche zu tun, um Armut zu vermeiden. Im Zuge des Prozesses der Nationalstaatenbildung spielte der Staat eine immer wichtigere Rolle bei der Verwaltung der Bedürftigen. Im ausgehenden 19. Jahrhundert wurden Gesetze zur landesweiten Verwaltung der Bildung und öffentlichen Gesundheit geschaffen, die als Vorläufer der ausgedehnten Programme des 20. Jahrhunderts gelten.

Der Wohlfahrtsstaat expandierte weiter in den Jahren der liberalen Regierung vor dem Ersten Weltkrieg, die unter anderem die Pensionen, die Kranken- und Arbeitslosenversicherung einführte. Die Jahre nach dem Zweiten Weltkrieg sahen eine weitere starke Ausdehnung und Reform des Wohlfahrtsstaatsystems. Statt sich nur auf die Kranken und Notleidenden zu konzentrieren, wurde die Gruppe der Anspruchsberechtigten erweitert, um alle Gesellschaftsmitglieder einzubeziehen. Die gesamte Nation –

Zur Funktion der Sozialarbeit

© Michael Unterleitner

Reiche wie Arme – war von den Kriegsereignissen intensiv traumatisiert, und es entstand ein Solidaritätsgefühl in der Bevölkerung, das zur Einsicht führte, dass menschliche Tragödien auch vor den Wohlhabenden nicht Halt machen.

Dieser Umschwung von einer selektiven zu einer universellen Sicht des Wohlfahrtsstaates wurde im sogenannten *Beveridge Report* (Beveridge 1942) auf den Punkt gebracht, der oft als der Grundriss des modernen britischen – und skandinavischen – Wohlfahrtsstaates gilt. Der *Beveridge Report* zielte darauf ab, fünf Grundübel zu beseitigen: Entbehrung, Krankheit, Unwissenheit, Elend und Faulheit. Eine Reihe gesetzlicher Maßnahmen der damals regierenden Labour Party begann nach dem Zweiten Weltkrieg, die Vision in konkrete Handlungen umzusetzen. Diese Gesetze legten den Grundstein für einen universalistischen Wohlfahrtsstaat. Während des Krieges hatte die Regierung bereits 1944 das Bildungsgesetz verabschiedet, das die Mängel im Schulwesen beseitigen sollte, 1946 wurde mit dem nationalen Gesundheitsgesetz ein Schritt zur Verbesserung der Gesundheit in der Bevölkerung gesetzt. „Entbehrung" wurde mit dem National Insurance Act 1946 angegangen, dem Gesetz, das vor Einkommensverlusten durch Arbeitslosigkeit, Invalidität, Alter und Verwitwung schützt. Der National Assistance Act 1948 bietet Sozialhilfe für Bedürftige, die keine Leistungen aus der Arbeitslosen- oder Rentenversicherung beziehen und schaffte die alten Armengesetze endgültig ab. Andere Gesetze bezogen sich auf die Bedürfnisse von Familien (1945 Familienbeihilfengesetz) und die Nachfrage nach verbesserten Wohnungen (1946 Wohnbaugesetz).

Der britische Wohlfahrtsstaat entstand unter historischen Bedingungen, unter denen eine bestimmte Vorstellung vom Wesen der Gesellschaft vorherrschte. Die Fundamente des Wohlfahrtsstaates waren dreiteilig: Erstens wurde Arbeit mit Erwerbstätigkeit gleichgesetzt und Vollbeschäftigung als erreichbares Ziel gesehen. Das Endziel war eine Gesellschaft, in der Erwerbstätigkeit eine zentrale Rolle für die meisten Menschen spielt, in der jedoch Sozialleistungen für jene bereitstehen, die das Pech hatten, arbeitslos oder arbeitsunfähig zu werden. Damit verbunden war auch ein patriarchales Konzept der Familie, wo der Mann als Alleinverdiener die Familie finanziell unterhält und die Frau sich um Haushalt und Kindererziehung kümmert. Die Sozialleistungen wurden um dieses traditionelle Familienmodell gruppiert und ergänzt um Leistungen für jene Familien, in denen es keinen männlichen Familienerhalter gab.

Zweitens wurde der Wohlfahrtsstaat als förderlich für die nationale Solidarität gesehen, indem er der gesamten Bevölkerung einheitliche Dienstleistungen bot. Soziale Sicherheit wurde als ein Instrument gesehen, die Verbindung zwischen dem Staat und der Bevölkerung zu stärken. Drittens sah man den Wohlfahrtsstaat als Unterstützung bei der Bewältigung von Risiken, die im Lauf eines Lebens unvermeidlich auftreten können. In dieser Hinsicht wurde der Wohlfahrtsstaat als eine Art Versicherung gegen die unvorhersehbare Zukunft gesehen. Arbeitslosigkeit, Krankheit oder andere unglückliche Umstände im sozialen oder wirtschaftlichen Leben können mit dem Wohlfahrtsstaat bewältigt werden.

Diese Prinzipien untermauerten die enorme Ausweitung des Wohlfahrtsstaates in den folgenden 30 Jahren. Mit der Zunahme der Industrieproduktion stellte der Wohlfahrtsstaat ein erfolgreiches „Gegengeschäft" im Klassenkonflikt dar, das sowohl die Bedürfnisse der Arbeiterklasse, als auch die Interessen der Wirtschaftselite befriedigte, die von einer gesunden und motivierten Arbeiterschaft abhing. Doch wie wir im folgenden Abschnitt sehen werden, begann sich seit den 1970er Jahren die Spaltung der politischen Meinung in ein institutionalistisches und ein residualistisches Lager immer stärker auszuprägen. Bis 1990 sahen sowohl Linke wie Rechte, dass sich die Bedingungen, unter denen der Wohlfahrtsstaat entstanden ist, verändert haben, was die Beveridge-Vision des Wohlfahrtsstaates veraltet und reformbedürftig erscheinen ließ.

Wohlfahrtsstaatreformen: Der konservative Rückbau des Sozialstaates

Der politische Konsens über die Aufgaben des Wohlfahrtsstaates begann in den 1970er Jahren aufzubrechen, was schließlich in den 1980er Jahren unter der Regierung von Margaret Thatcher in Großbritannien und Ronald Reagan in den USA zu einem „Rückbau" des Sozialstaates führte. Es gab mehrere Kritikpunkte am Wohlfahrtsstaat, insbesondere wurden die steigenden Kosten angeprangert. Die allgemeine wirtschaftliche Rezession, die steigende Arbeitslosigkeit und die Entstehung einer enormen Wohlfahrtsstaatbürokratie brachten es mit sich, dass die Ausgaben stetig stiegen, und zwar mit einer Zuwachsrate, die über jener des allgemeinen Wirtschaftswachstums lag. Die logische Folge war eine Debatte über die Sozialausgaben, wobei die Verfechter des Rückbaues die aufgeblähten Budgets des Wohlfahrtssystems hervorstrichen. Politiker betonten die potenziell überwältigenden Auswirkungen der „demografischen Zeitbombe" auf das Sozialsystem: Die Zahl der Menschen, die von Sozialleistungen abhängig waren, wurde durch die Alterung der Bevölkerung größer, während jedoch gleichzeitig die Zahl der Menschen im erwerbsfähigem Alter, die in das System einzahlten, zurückging. Dies ließ eine finanzielle Krise erwarten.

Die Alterung der Bevölkerung wird auch in Kapitel 4 – Sozialisation, Lebenslauf und Altern besprochen.

Ein zweiter Kritikpunkt bezog sich auf den Begriff der Abhängigkeit vom Wohlfahrtsstaat. Kritiker der bestehenden Wohlfahrtsinstitutionen wandten nämlich ein, dass die Menschen von eben den Maßnahmen abhängig werden, die ihnen eigentlich ein unabhängiges und sinnvolles Leben eröffnen sollten. Sie würden nicht nur materiell abhängig von den Sozialleistungen werden, sondern auch psychologisch. Statt eine aktive Haltung gegenüber ihrem Leben einzunehmen, neigten sie zu einer resignierten und passiven Einstellung in der Erwartung, dass das Wohlfahrtssystem sie erhalten möge. Die Rede von der Abhängigkeit vom Wohlfahrtsstaat benannte ein bekanntes Anpassungsproblem in unangemessen moralischem Ton: Jede Änderung von gesetzlichen Bestimmungen führt aufseiten jener, die davon profitieren können, zu Anpassungen, doch nur im Fall von wohlfahrtsstaatlichen Leistungen sprachen Kommentatoren von einer Abhängigkeit, während sie diese Begrifflichkeit der Abhängigkeit bei staatlichen Förderung von Industrieansiedlungen nie benutzten, obwohl man mit demselben Recht davon sprechen kann, dass Großunternehmen abhängig davon sind, staatliche Zuschüsse zu erhalten (siehe dazu auch Kasten „Wohlfahrtsabhängigkeit").

In Großbritannien war die Diskussion über Wohlfahrtsabhängigkeit auch geknüpft an die Kritik am „überfürsorglichen Staat", womit angedeutet wird, dass sich der Staat zwar pflichtgemäß, aber unnötigerweise um jedes Wehwehchen seiner Bürger kümmere. Die konservative Regierung von Margaret Thatcher propagierte individuelle Initiative und Selbstversorgung als Kernwerte. Im Zuge eines Schwenks hin zu einer vollständigen Marktwirtschaft wurde das Vertrauen auf die sogenannten „staatli-

---

Wohlfahrtsabhängigkeit

Carol Walker hat Studien analysiert, die sich damit befassen, wie die Menschen, die von Unterstützungszahlungen leben, ihr alltägliches Leben organisieren. Das von ihr gewonnene Bild unterscheidet sich drastisch von dem, das von jenen entworfen wird, die argumentieren, dass der Bezug von Unterstützungszahlungen ein angenehmes Leben ermöglicht. Von den arbeitslosen Interviewpersonen der Untersuchung hatten 80 Prozent eine Verschlechterung ihres Lebensstandards mitgemacht, seit sie von Unterstützungszahlungen finanziell abhängig geworden waren. Fast alle mussten feststellen, dass das Leben wesentlich schwieriger geworden war. Andererseits können soziale Unterstützungsleistungen einer Minderheit Verbesserungen des Lebensstandards bringen. So

können etwa Arbeitslose, die älter als 60 Jahre sind, in eine Klasse von begünstigten Personen gelangen und Zahlungen lukrieren, die 30 Prozent höher liegen als jene, die sie vorher erhalten haben.

Tatsächlich gehören auch Alleinerziehende zur Gruppe jener, deren Lebensbedingungen sich verbessern können. Untersuchungen zeigen, dass fast ein Drittel dieser Personen – fast alle davon Frauen – nach dem Scheitern ihrer Ehe besser gestellt waren als zuvor. Die große Mehrheit allerdings fand sich in einer verschlechterten ökonomischen Situation wieder.

Nur zwölf Prozent der Leute, die in den 1990er Jahren von Sozialleistungen abhängig waren, gaben an, sie kämen „ganz gut durch". Die meisten sagten, dass sie „es gerade

noch schafften" oder „in Schwierigkeiten gerieten". Unter diesen Umständen wird die Zukunftsplanung erschwert. Man kann kein Geld beiseite legen, und zerbricht sich ständig den Kopf über unbezahlte Rechnungen. Trotz ihrer Wichtigkeit wird Nahrung häufig als etwas betrachtet, das man einschränken kann, wenn wenig Geld vorhanden ist. Walker kommt zur Schlussfolgerung: „Trotz sensationeller Zeitungsschlagzeilen ist das Leben von der Wohlfahrt keine Option, für die sich die meisten Personen entscheiden würden, wenn sie tatsächlich eine Wahl hätten. Die meisten Menschen finden sich aufgrund irgendeines dramatischen Ereignisses in ihrem Leben in dieser Position vor: Arbeitsplatzverlust, Verlust eines Partners oder eine Erkrankung." (Walker 1993, S. 9)

chen Almosen" mit einer Reihe von Sozialstaatsreformen unterminiert. Mit dem Sozialversicherungsgesetz von 1988 konnte der Staat seine Sozialausgaben enorm kürzen, indem die Zugangskriterien für Einkommensgarantie, Familienfreibeträge und Wohnbeihilfe verschärft wurden.

Die konservative Regierung setzte eine Reihe von Wohlfahrtsstaatreformen um, die die Verantwortung für die soziale Sicherheit vom Staat zum privaten oder ehrenamtlichen Sektor und zu den Kommunen zu verlagern begannen. Leistungen, die vorher hohe staatliche Zuschüsse erhalten hatten, wurden plötzlich privatisiert oder an eine zwingende Bedürftigkeitsprüfung gebunden. Ein Beispiel dafür ist die Privatisierung der Sozialwohnungen in den 1980ern. Das 1980 erlassene Gesetz erlaubte eine bedeutende Erhöhung der Mieten, wodurch der Grundstein für den großangelegten Verkauf der Immobilien gelegt wurde. Dieser Schritt hin zum Residualismus brachte vor allem bei jenen schmerzhafte Einschnitte, deren Verdienst gerade über der Einkommensgrenze für die Wohnbeihilfe lag und die daher nicht mehr in die öffentlichen Wohnversorgungsprogramme eintreten konnten, die sich aber die Wohnungen auf dem freien Wohnungsmarkt auch nur schwer leisten konnten. Kritiker argumentieren, dass die Privatisierung der Sozialwohnungen deutlich zum Anstieg der Obdachlosigkeit in den 1980er und 1990er Jahren beigetragen habe.

Ein weiterer Versuch, die Wohlfahrtsausgaben zu senken und die Effizienz des Sozialsystems zu steigern, bestand in der Einführung von Marktmechanismen bei der Erbringung der öffentlichen Dienstleistungen. Die konservative Regierung behauptete, dass durch ein gewisses Maß an Wettbewerb im Gesundheits- oder Bildungswesen die Bürger eine größere Wahlfreiheit hätten und die Qualität der Dienstleistungen gesichert werde. Konsumenten könnten mit „ihren Füßen abstimmen", indem sie die Schule oder den Arzt oder Gesundheitsdienst frei wählen könnten. Die Institutionen, die unterdurchschnittliche Leistungen anböten, wären gezwungen, diese zu verbessern, oder, wie ein Unternehmen auf dem Markt, zu schließen. Dies wurde damit erreicht, dass die Höhe der Zuwendungen an eine Institution an die Zahl der Patienten oder Schüler gebunden war, die sich für diese Einrichtung entschieden. Kritiker erhoben den Einwand, dass „interne Märkte" in öffentlichen Dienstleistungssystemen zu schlechteren Leistungen und einem geschichteten System der Leistungserbringung führen würden, anstatt den Wert der gleichen Leistungen für alle Bürger zu bewahren.

Diskussion des konservativen Rückbaus des Sozialstaates

In welchem Ausmaß ist es der konservativen Regierung in den 1980ern gelungen, den Sozialstaat zurückzubauen? In seinem Buch *Dismantling the Welfare State?* (1994) vergleicht Paul Pierson die Kürzungen der Sozialausgaben in Großbritannien und den USA unter Thatcher und Reagan und kommt zu dem Schluss, dass die Wohlfahrtsstaaten die konservative Ära relativ intakt überlebten. Obwohl beide Regierungen mit der ausdrücklichen Absicht ihr Amt angetreten hatten, die Wohlfahrtsausgaben zu kürzen, seien laut Pierson die Hindernisse für die Demontage des Sozialstaates größer gewesen, als diese Regierungen bewältigen konnten. Der Grund liege darin, wie Sozialpolitik sich über die Zeit entwickelt habe: Seit seinen Anfängen haben der Wohlfahrtsstaat und seine Institutionen Wählergruppen hervorgebracht, die ihre „wohl erworbenen Rechte" verteidigten und sich aktiv gegen deren Beschneidung gewehrt haben. Von Gewerkschaften bis hin zu Rentnervereinigungen entstand ein kompliziertes Netzwerk von Interessengruppen, die am Wohlfahrtsstaat und dessen Ausbau interessiert waren.

Pierson zufolge seien Entscheidungen über Kürzungen der Sozialleistungen hauptsächlich von der Angst vor dem öffentlichen Aufschrei und Widerstand beeinflusst worden. Politiker fanden heraus, dass der Rückbau des Sozialstaates keineswegs der Umkehrung der Expansion entsprach. Infolgedessen entstand eine neue Form der politischen Aktivität: Man unternahm Versuche, die Opposition gegen Reformen dadurch zu minimieren, dass man die Verluste der Betroffenen kompensierte, oder dass man die Bildung von Allianzen zwischen Interessengruppen zu vereiteln versuchte. Pierson schreibt, dass die sozialpolitischen Konflikte in der Zeit des Sozialstaatsrückbaues stärker als je zuvor Konflikte über Informationen zu den Ursachen und Wirkungen der politischen Reformen wurden (Pierson 1994, S. 8). Die Komplexität der Wohlfahrtsstaaten verhindert es, dass Betroffene bei Reformen erkennen, wie sehr ihre Interessen davon betroffen sind. Jene sozialpolitischen Programme, in denen Kürzungen auftraten, wie etwa beim Arbeitslosengeld, betrafen Gruppen, bei denen es gelungen war, die Mobilisierung des Widerstandes zu verhindern.

Pierson sieht den Wohlfahrtsstaat zwar unter Druck, weist aber den Begriff der „Krise" entschieden zurück. Die Sozialausgaben blieben weitgehend konstant, so Pierson, und alle Kerngebiete des Wohlfahrtsstaates blieben unangetastet. Ohne abzustreiten, dass es zu einer enormen Zunahme der sozialen Ungleichheit infolge der Wohlfahrtsstaatreformen in den 1980er Jahren gekommen ist, betont Pierson, dass die Sozialpolitik insgesamt nicht so stark reformiert wurde wie die Tarifpolitik oder die Beziehungen zwischen Arbeitgebern und Gewerkschaften. In Großbritannien verlässt sich auch weiterhin eine große Mehrheit auf die öffentliche Gesundheitsversorgung und die staatlichen Bildungseinrichtungen, während die Wohlfahrtsleistungen in den USA stärker residualisiert wurden.

Die Sozialstaatreformen in Großbritannien unter der New-Labour-Regierung

Als 1997 die Labour Party die Regierung übernahm, blieb die Reform des Sozialstaates oberstes Ziel. In Übereinstimmung mit einigen Kritikpunkten der Konservativen (und somit mit traditionell linken Meinungen brechend) argumentierte New Labour, dass es neue wohlfahrtspolitische Maßnahmen bräuchte, um die Armut und soziale Ungleichheit zu bekämpfen, sowie das Gesundheits- und Bildungswesen zu verbessern. Der Wohlfahrtsstaat selbst sei oft auch Teil des Problems und verursache Abhängigkeit durch Almosen, anstatt die Eigenständigkeit der Empfänger zu stärken. Dies habe zu einer riesigen Bürokratie geführt, die sich damit abmühe, die ausgewachsenen sozialen Probleme zu meistern, statt sie durch Prävention gar nicht erst entstehen zu lassen. Die herkömmliche Sichtweise habe sich als nicht erfolgreich bei der Armutsbekämpfung oder der Umverteilung von Reichtum quer durch die Bevölkerung erwiesen. Der größte Anteil an der Armutsreduktion sei dem allgemeinen Zugewinn an Wohlstand zu verdanken – und nicht der Sozialpolitik.

Eine der Hauptschwierigkeiten des Systems der sozialen Sicherheit besteht darin, dass die Bedingungen, unter denen es entstanden ist, nicht mehr existierten. Der Wohlfahrtsstaat wurde in Zeiten der Vollbeschäftigung geschaffen. Veränderungen in der Familienstruktur ließen die patriarchale Idee vom männlichen Familienerhalter als unangemessen erscheinen. Eine enorme Zahl von Frauen strömte auf den Arbeitsmarkt, und die steigende Zahl der Alleinerziehenden-Haushalte hat neue Anforderungen an den Wohlfahrtsstaat gestellt. Zudem gab es eine deutliche Veränderung der Art der Risiken, die der Wohlfahrtsstaat zu bekämpfen hatte.

Bald nach dem Regierungsantritt veröffentlichte die Regierung Tony Blairs ein Diskussionspapier zur Reform des Wohlfahrtsstaates (Secretary of State for Social Security 1998), das eine Vision der aktiven Sozialpolitik präsentierte und auf die Stärkung und Befähigung der einzelnen Menschen abzielte, ihre Berufskarrieren und persönlichen Angelegenheiten selbst in die Hand zu nehmen. In dem Papier wird von einem Vertrag zwischen Bürgern und Staat gesprochen, der auf Rechten und Pflichten auf beiden Seiten beruht. Die Rolle des Staates besteht demnach darin, dem Bürger zu Arbeit und stabilem Einkommen zu verhelfen und ihn nicht nur zu unterstützen, wenn er aus dem Arbeitsmarkt herausgefallen ist. Gleichzeitig müssen die Bürger aktiv an der Veränderung ihrer Lage mitwirken und dürfen sich nicht auf die Auszahlung von Sozialleistungen verlassen.

Beschäftigung wurde zum Eckpunkt der New-Labour-Sozialpolitik, und es wurde viel Aufmerksamkeit auf einen dynamischen Arbeitsmarkt gelegt. Das Ziel, die Zahl der Beschäftigten zu erhöhen, wurde soweit auch erfolgreich verfolgt, denn im Jahr 2003 erreichte die Erwerbsquote mit 75 Prozent ihren Höchststand in einer Periode von 13 Jahren. Die Idee dahinter war, dass der Markt nicht nur Ungleichheiten hervorbringt, sondern auch zu deren Beseitigung beitragen kann. Menschen in Arbeit zu bringen und damit Einkommen in die Haushalte fließen zu lassen ist einer der wichtigsten Schritte bei der Verringerung der Armut. Eine der bedeutendsten Reformen unter New Labour besteht im *Welfare-to-Work*-Programm, mit dem die Absicht verfolgt wird, Sozialhilfeempfänger in bezahlte Arbeit zu bringen. Junge Menschen unter 25 Jahren erhalten etwa Ausbildung und Arbeitsmöglichkeiten statt Sozialhilfe; Alleinerziehende bekommen für Kinderbetreuungskosten einen Steuerfreibetrag; Langzeitarbeitslose werden in Bewerbungstrainings geschult, damit sie sich besser präsentieren können.

Die in Deutschland unter der Regierung Schröder (SPD und Grüne) in Angriff genommene Reform der Sozialgesetzbücher, die in der Umgangssprache unter Hartz I–IV bekannt ist, verfolgt im Prinzip eine ähnliche Politik. Unter dem Motto „Fordern und Fördern" wird die frühere Sozialhilfe nur mehr wenigen Menschen gewährt. Stattdessen erhalten Langzeitarbeitslose, Alleinerziehende und junge Arbeitslose ein Existenzminimum unter dem Titel des Arbeitslosengeldes II, das sie aber dazu verpflichtet, sich an Eingliederungsprogrammen (Bewerbungen, Kurse, gemeinnützige Arbeit) der Agentur für Arbeit zu beteiligen. Die Arbeitslosenrate ist in Deutschland im Jahr 2007 tatsächlich stark gesunken, was wohl zum Großteil dem Wirtschaftswachstum zuzuschreiben ist; dennoch wird auch vielfach Kritik laut, dass der Arbeitsmarkt einfach nicht für jeden Arbeitslosen einen Arbeitsplatz hat, wogegen die besten Kurse und Bewerbungstrainings keine Abhilfe schaffen können.

Die britische Labour Regierung hat neben dem *Welfare-to-Work*-Programm auch Maßnahmen eingeführt, um die Einkommen im Niedriglohnsektor anzuheben, so wurde 1999 ein Mindestlohn eingeführt – was auch eine Forderung der deutschen Gewerkschaften war, die jedoch bislang nicht durchgesetzt werden konnte.

In Großbritannien wurde außerdem für niedrige Einkommen die Lohnsteuer gesenkt. Die Anhebung der Kinderbeihilfe und anderer Familienunterstützungen sollte die Armutsrate bei Kindern senken.

Zur Philosophie dieser Wohlfahrtsstaatreformen von New Labour gehört es auch, die Eigeninitiative der Bürger und Gemeinden gezielt zu stär-

---

Diskussion des Welfare-to-Work-Programms

Seit 1997 hat die Regierung der britischen Labour Party eine Reihe politischer Maßnahmen und Ziele vorgelegt, die die Menschen vom Sozialleistungsbezug in die bezahlte Arbeit bringen sollen. *„New Deal"*-Programme wurden für bestimmte Gruppen, wie Menschen mit Behinderung, Langzeitarbeitslose, Junge und über 50-Jährige, in Kraft gesetzt. Ähnliche Maßnahmen bestanden bereits seit einiger Zeit in den USA, sodass es die Möglichkeit gab, ihre Auswirkungen zu untersuchen. Daniel Friedlander und Gary Burtless haben vier verschiedene Regierungsinitiativen erforscht, die darauf abzielten, Sozialleistungsempfänger in bezahlte Arbeit zu bringen. Die Programme waren weitgehend ähnlich, sie gewährten finanzielle Unterstützung für jene, die sich aktiv um Arbeit umsahen, boten Ausbildung und Bewerbungstraining. Die Zielgruppen waren meist Alleinerziehende,

die in den USA „Aid to Families with Dependent Children" (AFDC) bezogen, was den größten Brocken der Geldleistungen in der Sozialpolitik ausmachte. Friedlander und Burtless fanden heraus, dass die Programme durchaus ihre Wirkung zeigten. Wer daran teilnahm, konnte entweder gleich wieder Arbeit finden oder hatte bessere Chancen, früher als andere zu Arbeit zu kommen. In allen vier untersuchten Programmen waren die Einkommen um ein Vielfaches höher als die Nettokosten des Programmes. Doch sie zeigten die geringste Wirkung bei denen, die sie am meisten gebraucht hätten, nämlich den Langzeitarbeitslosen (Friedlander und Burtless 1995).

Obwohl die *Welfare-to-Work*-Programme in den USA zu einer Reduktion der Sozialhilfeanträge um ca. 40 Prozent geführt haben, weisen einige Statistiken darauf hin, dass ihre Ergebnisse nicht nur positiv sind. In

den USA haben etwa 20 Prozent der Leute, die keine Sozialhilfe mehr bekommen, keine Arbeit und auch kein anderes Einkommen; fast ein Drittel der Menschen, die Arbeit finden, beantragen schon innerhalb eines Jahres erneut Sozialhilfe. Zwischen einem Drittel und der Hälfte der ehemaligen Sozialhilfebezieher sagen, dass ihr Arbeitseinkommen niedriger als die davor bezogenen Unterstützungen ist. In Wisconsin, dem Bundesstaat, der als erster Welfare-to-Work-Programme einführte, leben zwei Drittel der ehemaligen Sozialhilfeempfänger unter der Armutsgrenze (Evans 2000). Mit Verweis auf solche Befunde argumentieren Kritiker, dass der scheinbare Erfolg der *Welfare-to-Work*-Initiativen, die Zahl der Sozialhilfebezieher zu senken, nur die Schwierigkeiten der Menschen verschleiere, die keine Unterstützung mehr erhalten.

ken, indem auf die Unterstützung lokaler Initiativgruppen und auf regional angepasste politische Strategien zur Selbsthilfe der Gemeinden im Bereich Gesundheit, Bildung und Arbeit gesetzt wird.

Die Debatte zur Wohlfahrtsstaatsreform ist noch lange nicht abgeklungen, wenngleich ein Konsens darüber besteht, dass Änderungen nötig sind. Der Weg von New Labour hat auch Kritiker auf den Plan gerufen, die zum Beispiel die *Welfare-to-Work*-Programme als unbarmherzige Kürzung der Sozialausgaben betrachten. Denn Langzeitarbeitslose, die trotz Ausbildung und Kinderbetreuungsgeld keinen Arbeitsplatz finden, stehen vor der Situation, die Unterstützung zu verlieren. Obwohl also die Programme darauf abzielen, die Abhängigkeit von Sozialleistungen zu verringern, könnten sie letzten Endes für einige, die ihre Leistungen verlieren, der Weg in Kriminalität, Prostitution und Obdachlosigkeit sein.

Armut und Wohlfahrt in der sich ändernden Welt

Die Theorie, auf die sich die konservativen Wohlfahrtsstaatskritiker stützen, besagt, dass die Senkung der Steuern für Individuen und Unternehmen zu höherem Wirtschaftswachstum führen würde, dessen Erträge dann auch zu den Armen „durchsickern" würden. Verfechter dieser Position waren etwa Margaret Thatcher und John Major in Großbritannien oder Ronald Reagan und George Bush sen. und jun. in den USA. Die Datenlage bestätigt die These vom Durchsickern („Trickle down thesis") des Wohlstandes jedoch nicht. Auch wenn die Steuersenkungspolitik das Wirtschaftswachstum ankurbeln mag, so vergrößert sie jedenfalls die Schere zwischen den unteren und den oberen Einkommen und erhöht die Zahl der Menschen, die in Armut leben. Sowohl die Armut, gemessen am Einkommen, als auch jene gemessen an materieller Entbehrung, ist seit den 1970er Jahren deutlich gestiegen.

Die Veränderungen in der Beschäftigungsstruktur und der globalen Wirtschaft haben zur Erhöhung der sozialen Ungleichheit in Großbritannien, den USA und Europa beigetragen. Der Rückgang der manuellen Arbeiter führte zu höherer Arbeitslosigkeit und veränderte die Einkommensverteilung. Gerade ungelernte oder angelernte Arbeiter haben große Schwierigkeiten, wieder Arbeit zu finden, da der Arbeitsmarkt in raschem Wandel begriffen ist und Bildung und technologische Kompetenzen immer stärker nachgefragt werden. Obwohl es eine Ausweitung der Dienstleistungsberufe gegeben hat, sind doch viele dieser Jobs schlecht bezahlt und ohne Aufstiegschancen.

Linke Politiker haben traditionellerweise die Absicht verfolgt, die Armut durch Umverteilung des Reichtums von den Wohlhabenden zu den Armen zu bekämpfen und damit größere Gleichheit zu schaffen. Der Wohlfahrtsstaat und hohe Steuersätze für Gutverdienende sind zwei Wege zu diesem Ziel. Doch diese Zugänge haben die Armut nicht völlig ausgerottet und brachten auch unerwünschte Folgen mit sich. So sind nach dem Zweiten Weltkrieg überall in Europa große Wohnanlagen für sozial Benachteiligte gebaut worden, doch diese Wohnblöcke zählen heute zu den Gebieten extremer sozialer Ausgrenzung – sei das Hamburg, Grenoble oder Liverpool.

Zunehmend sind neue Visionen von Gleichheit hervorgetreten, die vom alten „links"-„rechts"-Schema der Sozialpolitik abweichen. Das Konzept von Gleichheit wird dynamischer verstanden und betont Chancengleichheit und die Wichtigkeit von Pluralismus und Verschiedenartigkeit im Lebensstil.

Frauen sind heute in wirtschaftlicher, sozialer und kultureller Hinsicht eher gleichgestellt als früher, und für Angehörige von Minderheiten wurden bedeutende rechtliche und soziale Fortschritte erzielt. Der Anstieg von Frauen auf den Arbeitsmarkt hat dazu geführt, dass die Kluft zwischen „arbeitsreichen" – gekennzeichnet durch zwei Verdiener – und „arbeitsarmen" – gekennzeichnet durch Arbeitslosigkeit – Haushalten gewachsen ist. Der Verdienst von Frauen ist heute viel wichtiger für das Haushaltseinkommen als früher und mit mehr Frauen in einflussreichen und gut bezahlten Positionen bekommt ihr Anteil ein noch größeres Gewicht. Tatsächlich ist der wirtschaftliche Erfolg der Doppelverdienerpaare ohne Kinder einer der wichtigsten Faktoren der Umschichtungen in der Einkommensverteilung. Die Unterschiede zwischen Doppelverdiener-, Alleinverdiener- und Arbeitslosenhaushalten werden zunehmend deutlicher.

Vor diesem Hintergrund sind jedoch neue Risiken und Bedrohungen in unserer Gesellschaft aufgekommen. Diese Risiken unterscheiden nicht zwischen den Reichen und den Armen. Umweltverschmutzung und -zerstörung und das unkontrollierte Wachstum der Städte und Vorstädte sind vom Menschen gemachte Probleme. Für diese Bedrohungen zeichnen wir alle verantwortlich und um sie handhaben zu können, muss jeder Einzelne seinen Lebensstil ändern.

Wenn wir diese neuen Herausforderungen angehen, wird die Rolle des Staates und des Wohlfahrtsstaates zwangsläufig hinterfragt werden. Soziale Sicherheit steht nicht nur in Zusammenhang mit materiellem Wohlstand, sondern dem allgemeinen Wohlbefinden der Bevölkerung. Die Sozialpolitik ist damit betraut, den gesellschaftlichen Zusammenhalt zu fördern, die Netzwerke gegenseitiger Abhängigkeit zu stärken und die Kapazität der Menschen, sich selbst zu helfen, zu maximieren. Rechte und Pflichten bekommen so neue Wichtigkeit – nicht nur für jene am unteren Ende der Einkommensskala, die versuchen vom Sozialleistungsbezug heraus und in den Arbeitsmarkt hineinzukommen. Rechte und Pflichten gelten auch für jene an der Spitze der Einkommensskala, deren Wohlstand sie nicht dazu berechtigt, bürgerliche, steuerliche und soziale Pflichten zu umgehen.

Zusammenfassung

1. Es gibt zwei Begriffe der Armut: Bei „absoluter Armut" fehlt es an den Grundvoraussetzungen zur Erhaltung der Gesundheit und der physischen Funktionsfähigkeit. Der zweite Begriff, „relative Armut", berücksichtigt die Unterschiede zwischen den Lebensbedingungen bestimmter Gruppen und jenen der Mehrheit der Bevölkerung.

2. Die Armut ist auch in den reichen Ländern nach wie vor verbreitet. In den 1980er und 1990er Jahren hatte Großbritannien den höchsten weltweiten Anstieg in der gesamten entwickelten Welt zu verzeichnen. Infolge politischer Maßnahmen und der Veränderungen in der Beschäftigtenstruktur, sowie des Anstieges der Arbeitslosigkeit, hat sich die Ungleichheit zwischen den Reichen und den Armen dramatisch vergrößert.

3. Die Armen sind in sich eine sehr inhomogene Gruppe, doch Menschen, die in anderen Lebensaspekten benachteiligt oder diskriminiert werden (wie etwa Ältere, Kinder, Frauen und Migranten), haben ein erhöhtes Armutsrisiko.

4. Zwei Hauptsichtweisen versuchen Armut zu erklären: Die Thesen zur „Kultur der Armut" und „Kultur der Abhängigkeit" besagen, dass die Armen selbst verantwortlich für ihre Lage sind. Wegen mangelnder Fähigkeiten, fehlender Motivation oder moralischer Schwäche seien die Armen unfähig, es in der Gesellschaft zu etwas zu bringen. Einige von ihnen werden dann abhängig von der Unterstützung von außen, wie etwa Sozialleistungen, statt sich selbst zu helfen. Die Sprache der Sucht („Abhängigkeit") wird allerdings nur bei sozial Benachteiligten benutzt und fehlt bei Reichen, die sich in ganz ähnlicher Weise an die Veränderungen, die der Wohlfahrtsstaat bietet, anpassen und für sich daraus Nutzen ziehen. Die zweite Sichtweise argumentiert, dass Armut das Ergebnis sozialer Strukturen ist, die von individuellen Handlungen nicht wirklich beeinflusst werden können.

5. Soziale Ausgrenzung bezieht sich auf den Prozess, durch den Menschen von der Teilhabe an der Gesellschaft abgeschnitten werden. Soziale Ausgrenzung ist ein weiter gefasster Begriff als Armut, wenngleich Mangel an Einkommen und Ressourcen wichtige Dimensionen der sozialen Ausgrenzung sind. Andere Aspekte der sozialen Ausgrenzung umfassen die Ausgrenzung vom Arbeitsmarkt, von Dienstleistungen und sozialen Beziehungen. Obdachlosigkeit ist eine der extremen Formen sozialer Ausgrenzung. Obdachlose, denen ein fester Wohnsitz fehlt, sind von vielen alltäglichen Tätigkeiten ausgeschlossen, die für die meisten Menschen selbstverständlich sind.

6. Wohlfahrtsstaaten sind Staaten, in denen die Regierung eine zentrale Rolle bei der Beseitigung von Ungleichheit in der Bevölkerung spielt, indem sie bestimmte Güter und Leistungen finanziert oder bereitstellt. Wohlfahrtsleistungen variieren von Land zu Land, doch sie umfassen zumeist Bildung, Gesundheitswesen, Wohnen, Einkommensunterstützung, Invaliditäts- Arbeitslosen- und Pensionsversicherung.

7. In Wohlfahrtsstaaten mit universellen Leistungen ist der Bezug der Leistungen ein Recht für alle, unabhängig vom Einkommen oder wirtschaftlichem Status. Leistungen, die nur Bedürftigen gewährt werden, sind im Gegensatz dazu auf Menschen beschränkt, deren Einkommens- und Vermögensverhältnisse unter einer festgelegten Grenze liegen. Die Zukunft der sozialen Sicherheit wird in den meisten Industrieländern diskutiert. Dabei stehen auf der einen Seite die Verfechter des gut ausgebauten universellen Wohlfahrtsstaates den Vertretern der Ansicht gegenüber, dass der Wohlfahrtsstaat nur als Auffangnetz für Leute dienen solle, die sich nicht auf andere Weise helfen können.

8. Die heutigen Wohlfahrtsstaaten wurden im 20. Jahrhundert entwickelt, und man unterscheidet in Europa idealtypisch zwischen dem Bismarck-Modell des konservativ korporatistischen Wohlfahrtsstaates in Deutschland und Österreich, und dem Beveridge-Modell, das die Grundlage der britischen und der skandinavischen Wohlfahrtsstaaten bildet, und dem liberalen Wohlfahrtsstaat, der beispielsweise in den USA existiert. Reale Staaten sind meist Mischungen aus den verschiedenen Idealtypen.

9. Die meisten europäischen Sozialpolitiken haben Maßnahmen zur Reform des Wohlfahrtsstaates eingeführt, wie etwa *Welfare-to-Work*-Programme, die Sozialleistungsbezieher in den Arbeitsmarkt integrieren sollen. Die Auswirkungen dieser Maßnahmen sind umstritten; Kritiker sehen in ihnen Sozialabbau.

Glossar

Absolute Armut. Armut wird hier durch die physiologischen Minimalerfordernisse definiert, die notwendig sind, um ein Leben ohne gesundheitliche Beeinträchtigungen zu führen.

Armutsgrenze. Eine offizielle Grenze, die von Regierungen benutzt wird, um Armut zu definieren – jene, die mit einem Einkommen unter der Armutsgrenze leben müssen. Die Weltbank, die EU oder auch die OECD haben eigene Definitionen von Armutsgrenzen, die entweder bei 40 Prozent oder bei 60 Prozent des Medianeinkommens eines Landes liegen.

Dekommodifizierung. Das Ausmaß, in dem soziale Dienste außerhalb des Marktes angeboten werden. In der Typologie der Wohlfahrtsstaaten von Gøsta Esping-Andersen spielt der Begriff eine zentrale Rolle. In einem weitgehend dekommodifizierten System stehen Sozialleistungen wie Gesundheitsversorgung oder Bildung allen Bürgern zur Verfügung und sind nicht an Marktprozesse geknüpft, sie werden als soziale Rechte und nicht als Waren verteilt. In einem kommodifizierten Wohlfahrtsstaat werden soziale Dienste (z.B. Kinderbetreuung) auf dem Markt gehandelt; d.h. wer kein Geld für diese Leistungen hat, erhält sie auch nicht.

Kultur der Abhängigkeit. Ein Begriff, der von Charles Murray bekannt gemacht wurde, um Menschen zu beschreiben, die sich lieber auf die Sozialleistungen des Staates verlassen, als in den Arbeitsmarkt einzutreten. Die Kultur der Abhängigkeit wird als ein Ergebnis des überfürsorglichen Staates betrachtet, der individuellen Ehrgeiz und die Fähigkeit zur Selbsthilfe unterminiere.

Medianeinkommen. Der Median ist ein statistisches Maß, das besonders bei Einkommensverteilungen zur Anwendung kommt, da es im Gegensatz zum Durchschnitt weniger durch „Ausreißer" am oberen oder unteren Ende beeinflusst wird. Der Median ist jener Wert der nach Größe geordneten Datenreihe, bei dem 50 Prozent der Fälle darüber- bzw. darunterliegen.

Medianes Äquivalenzeinkommen. Das Äquivalenzeinkommen einer Person wird auf Basis der OECD-Empfehlungen folgendermaßen ermittelt: Das Einkommen eines Haushaltes wird dividiert durch die Zahl der Mitglieder, wobei die 1. erwachsene Person mit 1 und alle weiteren mit 0,5 gewichtet werden. Kinder unter 14 Jahren werden mit 0,3 gewichtet.

Relative Armut. Armut, die in Bezug auf den Lebensstandard der Mehrheit einer gegebenen Gesellschaft definiert wird.

Soziale Ausgrenzung. Das Ergebnis vielfältiger Formen der Entbehrung (Deprivation), die Menschen an der vollen Teilhabe am sozialen, politischen und ökonomischen Leben der Gesellschaft, in der sie leben, hindert.

Wohlfahrtsabhängigkeit (auch: Abhängigkeit vom Wohlfahrtsstaat). Eine Situation, wo Personen, die Unterstützungsleistungen beziehen, wie z.B. das Arbeitslosengeld, dies als „Lebensform" betrachten, statt zu versuchen, einen bezahlten Job zu ergattern.

Wohlfahrtsstaat (auch Sozialstaat). Ein politisches System, das eine große Bandbreite an Sozialleistungen und Unterstützungen für seine Bürger bereitstellt.

Weiterführende Literatur

Bude, Heinz (2008), *Die Ausgeschlossenen. Das Ende vom Traum einer gerechten Gesellschaft*, München: Hanser.

Dahrendorf, Ralf (1994), *Der moderne soziale Konflikt. Essay zur Politik der Freiheit*, München: Deutscher Taschenbuch Verlag.

Hirschman, Albert O. (1992), *Denken gegen die Zukunft. Die Rhetorik der Reaktion*, München: Hanser.

Filme

„Die Fahrraddiebe" (Italien 1948), Regie: Vittorio de Sica

„It's a free World" (Großbritannien 2008), Regie: Ken Loach

Internet-Tipps

An der London School of Economics besteht ein Centre for Analysis of Social Exclusion (CASE)
http://sticerd.lse.ac.uk/case/

Die österreichische Armutskonferenz
www.armutskonferenz.at/armutskonferenz-startseite.htm

13

Religion in der modernen Gesellschaft

Monica Besra, eine analphabetische Mutter von fünf Kindern aus Nordbengalen in Indien, suchte die katholischen Nonnen in der Missionsstation in Kalkutta auf, um vor ihrem Tod die Krankensalbung zu erhalten. Sie litt, wie sie meinte, an einem Tumor im Unterleib, bei dessen Behandlung die moderne Medizin scheinbar gescheitert war. Es war der 5. September 1998, genau ein Jahr nach dem Tod Mutter Teresas, der Nonne, die den Friedensnobelpreis für ihre Arbeit mit Armen und Kranken verliehen bekommen und die „Missionarinnen der Nächstenliebe" gegründet hatte. Die Nonnen beteten für Monica und legten ihr ein Medallion auf den Bauch, das von Mutter Teresa gesegnet worden war. Über Nacht verschwand die Geschwulst.

Besra erinnert sich, dass sie „Tag und Nacht an stechenden Kopfschmerzen litt, und die Geschwulst im Unterleib schrecklich schmerzte". Sie nahm an dem Gottesdienst teil, der aus Anlass des Todestages von Mutter Teresa abgehalten wurde, als sie plötzlich „eine Vision" hatte:

> Neben dem Altar stand ein Foto Mutter Teresas am Totenbett. Plötzlich sah ich ein Licht wie dieses (sie zeigt auf ein Blitzlicht) aus dem Bild aufleuchten. Nur ich sah es. Um ein Uhr in der Nacht wachte ich auf und stellte fest, dass die Geschwulst und die Kopfschmerzen verschwunden waren. Am nächsten Tag konnte ich wie ein normaler Mensch gehen. (siehe Time 2002, 14. Oktober)

Für Monica Besra und die Nonnen der „Missionarinnen der Nächstenliebe" ist, was geschah, ein Wunder. Ein medizinisches Team, das von der katholischen Kirche beauftragt wurde, den Fall zu untersuchen, stimmte dem Urteil zu. Die Nonnen veröffentlichten eine Erklärung, in der es hieß: „Gott hat dieses Wunder durch die Mutter (Teresa) veranlasst und wir sind überglücklich." Papst Johannes Paul II. sah darin ebenfalls ein Wunder und stimmte der Seligsprechung von Mutter Teresa zu, was normalerweise erst nach Vorliegen von zwei bestätigten Wundern möglich ist. Die Seligsprechung fand im Oktober 2003 statt und wurde von Katholiken weltweit gefeiert. In Albanien, dem Geburtsland Mutter Teresas, wurde der Tag als nationaler Feiertag begangen und das Jahr 2004 zum Mutter-Teresa-Jahr erklärt, was angesichts des Umstandes, dass nur rund zehn Prozent der Bevölkerung römisch-katholisch sind, besonders merkwürdig ist (70 Prozent Muslime und 20 Prozent Orthodoxe, CIA (2008)). In ihrer zweiten Heimat Indien zelebrierten Priester aus diesem Anlass im ganzen Land Messen, Kinder feierten das Ereignis in den Straßen Kalkuttas und die römische Seligsprechungszeremonie wurde live im Fernsehen übertragen. In Rom selbst wurde Mutter Teresas Leben in Filmen, Musicals, Cartoons und Ausstellungen gewürdigt und Reliquien von ihr wurden zur Schau gestellt.

Trotz des Beharrens der katholischen Kirche sind nicht alle davon überzeugt, dass Monica Besra durch ein Wunder von ihrem Leiden befreit wurde. Prabir Ghosh ist der Gründer der indischen Science and Rationalists' Association of India/Gesellschaft für Wissenschaft und Rationalismus, die es sich zur Aufgabe gemacht hat, Wunderheiler bloßzustellen, die einfache Inder gegen Bezahlung zu heilen versprechen. Seine Organisation behauptet von sich, 20.000 Mitglieder zu haben und die Aufgabe zu verfolgen, „arme und analphabetische Inder vom Aberglauben zu befreien". Ghosh hat eine schlichte Erklärung für Besras überraschende Heilung: „Die Medikamente begannen zu wirken, als sich das sogenannte ‚Wunder' ereignete." Mediziner, bei denen Besra in Behandlung war, vertreten ähnliche Ansichten und bezweifeln, ob die Geschwulst ein Krebstumor war oder nicht vielleicht doch etwas viel Schlichteres. Ghosh meint, „Mutter Teresa war eine bedeutende Person und ich glaube, dass man ihrem Ansehen einen schlechten Dienst erweist, wenn man sie aufgrund eines gefälschten Wunders selig spricht. Es wäre besser, das mit ihrer bewundernswerten Arbeit unter den Armen und Kranken zu verbinden" (Edamaruku 2002).

Religion und Wissenschaft scheinen manchmal miteinander in Konflikt zu geraten. Debatten über Wunder, wie jenes von Mutter Teresa, aber auch andere, machen deutlich, dass zwischen einer religiösen Weltsicht und einer rationalen wissenschaftlichen Anschauung Spannungen bestehen. Die Ausbreitung der Moderne brachte eine rationalistische Sichtweise vieler unserer Lebensbereiche mit sich und es spricht nichts dafür, dass das in absehbarer Zukunft anders werden wird. Dennoch wird es immer wieder zu Reaktionen gegen Wissenschaft und rationales Denken kommen, weil sie auf fundamentale Fragen unserer Existenz, wie jene nach dem Sinn und Ziel des Lebens, keine Antwort geben wollen. Gerade diese Themen bilden aber seit jeher den Kern der Religion und haben den Glauben beflügelt, jene emotional getönte Haltung des Überzeugtseins.

Religion übt seit Tausenden von Jahren einen starken Einfluss auf das Leben der Menschen aus. In der einen oder anderen Form findet man Religion in allen uns bekannten menschlichen Gesellschaften. Schon die frühesten Kulturen, über die wir nur aufgrund archäologischer Funde Kenntnisse besitzen, liefern deutliche Hinweise auf religiöse Symbole und Zeremonien. Höhlenmalereien legen nahe anzunehmen, dass es religionsartigen Glauben und Riten schon vor 40.000 Jahren gegeben hat. Im Verlauf der ganzen Menschheitsgeschichte nahm die Religion einen zentralen Platz in der menschlichen Erfahrung ein und bestimmte, wie Menschen ihre Umwelt wahrnahmen und beeinflussten.

Warum ist Religion ein derart stabiler Aspekt menschlicher Gesellschaften? Wie hat sich ihre Rolle in den modernen Gesellschaften gewandelt? Unter welchen Bedingungen eint Religion Gemeinschaften und wann trägt sie zu deren Spaltung bei? Wie kommt es dazu, dass Menschen aus religiösen Gründen bereit sind, ihr Leben zu opfern? Das sind einige der Fragen, die wir in diesem Kapitel zu beantworten versuchen werden. Dazu müssen wir uns zuerst darüber klar werden, was Religion denn eigentlich ist. Daran anschließend betrachten wir einige der unterschiedlichen Formen religiösen Glaubens und religiöser Praktiken. Außerdem werden wir die wichtigsten soziologischen Theorien der Religion behandeln, sowie die wichtigsten Typen religiöser Organisation analysieren. Schließlich werden wir uns mit dem Schicksal der Religion in der modernen Welt befassen; viele Beobachter waren der Meinung, dass der Aufstieg der Wissenschaft und der modernen Industrie die Macht der Religion im sozialen Leben im Vergleich zur Vergangenheit verringern würde.

Soziologische Theorien und Ideen

Soziologische Untersuchungen der Religion

Die Erforschung der Religion ist für die soziologische Denkweise eine ziemlich herausfordernde Sache. Wenn wir religiöse Praktiken analysieren, müssen wir in den religiösen Überzeugungen und Ritualen, auf die wir in den verschiedenen menschlichen Kulturen stoßen, einen Sinn entdecken können. Wir müssen jenen Idealen gegenüber, von denen die Gläubigen zutiefst überzeugt sind, aufgeschlossen sein, sie jedoch zugleich auf ausgewogene Art und Weise betrachten. Wir müssen uns mit Gedanken auseinandersetzen, die nach dem Ewigen streben, während wir uns gleichzeitig bewusst sein müssen, dass religiöse Gruppen auch ziemlich weltliche Ziele verfolgen – wie etwa die Beschaffung finanzieller Mittel oder das Werben um Anhänger. Wir müssen der Vielfalt religiöser Überzeugungen und Verhaltensweisen Rechnung tragen, aber auch die Natur der Religion als allgemeines Phänomen erforschen.

Religion   Soziologen definieren Religion als ein kulturelles System von gemeinsam geteilten Glaubensüberzeugungen und Ritualen, die eine letztgültige Deutung des Sinns und Zwecks des Daseins bieten, indem sie eine heilige, allumfassende und die biologische Natur übersteigende (transzendierende) Vorstellung der Wirklichkeit schaffen (Durkheim [1912] 2007; Berger [1967] 1988; Wuthenow 1988). Die drei zentralen Elemente dieser Definition sind:

1. *Religion ist eine Form von Kultur.* Kultur besteht aus geteilten Überzeugungen, Werten, Normen und Ideen, die für eine Gruppe von Menschen eine gemeinsame Identität schaffen. Auf Religion treffen all diese Merkmale zu.

2. *Religion enthält Glaubensüberzeugungen, die in der Form von ritualisierten Praktiken ausgedrückt werden.* Alle Religionen besitzen daher einen Verhaltensaspekt – besondere Aktivitäten, an denen die Gläubigen teilnehmen und die sie als Mitglieder einer religiösen Gemeinschaft kenntlich machen.

3. *Vielleicht am bedeutendsten ist aber, dass Religion einen Sinn des Lebens liefert* – ein Gefühl dafür, dass das Leben letztlich sinnvoll ist. Jede Religion stellt eine umfassende und stimmige Erklärung dafür bereit, was das alltägliche Leben übersteigt oder überwölbt. Sie tut das in einer Weise, die von anderen kulturellen Systemen (wie Bildungssystemen oder dem Glauben an die Demokratie) typischerweise nicht geboten wird (Geertz [1973] 2008; Wuthenow 1988).

Was in einer soziologischen Definition der Religion fehlt, ist ebenso wichtig wie das, was sie enthält: Nirgendwo wurde Gott erwähnt. Wir meinen

häufig, dass der Theismus (der Ausdruck wurde aus dem griechischen **Theismus**
Wort „theos" für Gott abgeleitet), ein Glaube an eine oder mehrere übernatürliche Gottheiten, die Grundlage der Religion bildet, aber das ist nicht
notwendigerweise der Fall. Wie wir sehen werden, gibt es einige Religionen, wie den Buddhismus, die an die Existenz spiritueller Kräfte statt an
irgendeinen bestimmten Gott glauben.

Wie Soziologen über Religion denken

Wenn Soziologen Religion untersuchen, tun sie das als Soziologen und
nicht als Gläubige (oder Ungläubige) irgendeines bestimmten Glaubens.
Diese Haltung hat einige Folgen für die soziologische Sicht auf Religion:

1. *Soziologen kümmern sich nicht darum, ob religiöse Überzeugungen wahr oder
   falsch sind.* Aus soziologischer Sicht ist eine Religion nicht von irgendeinem Gott verkündet worden, sondern wurde von Menschen geschaffen. Daher sehen Soziologen von ihren eigenen Glaubensvorstellungen
   möglichst vollständig ab. Sie befassen sich vornehmlich mit den menschlichen und nicht mit den heiligen Aspekten der Religion. Soziologen
   fragen: Wie ist die Religion organisiert? Was sind ihre grundlegenden
   Glaubensinhalte und Werte? In welcher Beziehung steht sie zur Gesellschaft als Ganzes? Was erklärt den Erfolg oder Misserfolg, Gläubige zu
   finden und ihre Bindung an die Religionsgemeinschaft aufrechtzuerhalten? Die Frage, ob ein bestimmter Glaube „gut" oder „wahr" ist, wie
   wichtig das auch immer für die Gläubigen selbst sein mag, ist hingegen
   nicht etwas, was Soziologen als Soziologen zu behandeln vermögen.
   (Als Individuen mögen sie in dieser Sache starke Überzeugungen besitzen, aber wir hoffen, dass sie ihnen als Soziologen keinen verzerren-
   den Einfluss auf ihre Forschung einräumen.)

2. *Soziologen beschäftigen sich insbesondere mit der sozialen Organisation der
   Religion.* Religionen gehören zu den bedeutendsten Institutionen einer
   Gesellschaft. Sie sind die wichtigste Quelle für tief sitzende Normen
   und Werte. Zugleich zeigt sich, dass Religionen typischerweise in sehr
   verschiedenen sozialen Formen ausgeübt werden. Innerhalb des Christentums und Judentums erfolgt die religiöse Praxis beispielsweise
   zumeist in formalen Organisationen, wie Kirchen oder Synagogen. Das
   gilt aber nicht notwendigerweise auch für asiatische Religionen, wie
   Hinduismus oder Buddhismus, wo die Ausübung der Religion häufig
   zu Hause oder in der Natur erfolgt. Die Religionssoziologie befasst sich
   damit, wie unterschiedliche religiöse Institutionen und Organisationen
   tatsächlich funktionieren. Die frühesten europäischen Religionen waren oft vom restlichen gesellschaftlichen Leben nicht zu unterscheiden,
   der religiöse Glauben und seine Ausübung waren auf das Engste mit
   dem Alltagsleben verknüpft. In vielen Teilen der Welt ist das noch heute so. In modernen industrialisierten Gesellschaften wurden die Religionen jedoch in eigenen, oftmals bürokratischen Organisationen etabliert; daher konzentrieren sich Soziologen auf die Untersuchung der

Organisationen, die geschaffen wurden, um der Religion das Überleben zu sichern (Hammond 1992). Wie wir weiter unten sehen werden, hat diese Institutionalisierung einige Soziologen veranlasst, die Religionsgemeinschaften in den USA und in Europa mit Wirtschaftsunternehmen zu vergleichen, die miteinander um Mitglieder konkurrieren (Warner 1993).

3. *Soziologen betrachten Religionen häufig als eine wichtige Quelle der sozialen Solidarität.* In dem Maße, in dem Religionen ihren Gläubigen eine Menge gemeinsamer Normen und Werte vermitteln, sind diese auch eine wichtige Quelle der sozialen Solidarität. Religiöse Glaubensvorstellungen, Rituale und Bindungen helfen, eine „moralische Gemeinschaft" zu bilden, in der alle Mitglieder wissen, wie sie sich den anderen gegenüber zu verhalten haben (Wuthenow 1988). Wenn in einer Gesellschaft eine einzige Religion dominiert, kann das einen bedeutenden Beitrag zum sozialen Zusammenhalt liefern. Wenn andererseits die Mitglieder einer Gesellschaft ganz unterschiedlichen Religionen angehören, kann das wiederum zu sozialen Spannungen und Konflikten führen. Jüngste Beispiele solcher Religionskonflikte sind die Auseinandersetzungen zwischen Sikhs, Hindus und Moslems in Indien; Zusammenstöße zwischen Moslems und Christen in Bosnien und anderen Teilen des ehemaligen Jugoslawiens; und sogenannte „hate crimes" gegen Moslems, Juden und Gläubige anderer Religionen in den USA.

4. *Soziologen neigen dazu, die Attraktivität einer Religion durch soziale Faktoren zu erklären und sie nicht rein persönlich, spirituell oder psychologisch zu deuten.* Für viele Menschen wurzeln religiöse Überzeugungen in tiefen persönlichen Erfahrungen, die in einem sehr starken Maße mit Kräften verbunden sind, die das Alltagsleben transzendieren. Soziologen ziehen die Tiefe dieser Gefühle und Erfahrungen nicht in Zweifel, aber sie begnügen sich selten mit rein spirituellen Erklärungen religiöser Bindungen. Auch wenn jemand von sich sagen mag, dass er (oder sie) religiös wurde, weil ihm (oder ihr) Gott erschienen ist, suchen Soziologen lieber nach diesseitigen Erklärungen. Einige Forscher vertreten die Ansicht, dass Menschen oft dann gläubig werden, wenn ihre grundlegenden Ansichten über die soziale Ordnung erschüttert wurden, sei es durch wirtschaftliche Schwierigkeiten, Einsamkeit, Verluste und Trauer, körperliche Beeinträchtigungen oder Krankheiten (Berger [1967] 1988; Schwartz 1970; Glock 1972; Stark und Bainbridge 1980). Bei der Erklärung der Attraktivität religiöser Bewegungen konzentrieren sich Soziologen wahrscheinlich stärker auf Probleme der sozialen Ordnung als auf psychologische Reaktionen oder den Einzelnen.

Theorien der Religion

Der soziologische Blickwinkel auf die Religion ist immer noch stark von den Gedanken der drei „klassischen" soziologischen Theoretiker Marx, Durkheim und Weber beeinflusst. Keiner dieser drei war selbst religiös, und alle drei dachten, dass die Bedeutung der Religion in der modernen Zeit abnehmen würde. Jeder von ihnen glaubte, dass Religion im Grunde eine Illusion darstellt. Die drei Denker meinten, dass die Anhänger der einzelnen Glaubensrichtungen zwar voll und ganz von der Richtigkeit ihrer Glaubensvorstellungen und der Rituale, die sie praktizierten, überzeugt sein mochten, dass jedoch die große Vielfalt verschiedener Religionen und deren offensichtlicher Zusammenhang mit verschiedenen Gesellschaftstypen diese Überzeugung grundsätzlich unplausibel machten. Ein Mensch, der in einer australischen Jäger- und Sammlergesellschaft aufwächst, würde einfach andere religiöse Überzeugungen haben als jemand, der in das indische Kastensystem oder die katholische Kirche im Europa des Mittelalters hineingeboren wird. Obwohl, wie wir gleich sehen werden, die klassischen Soziologen in diesem Punkt übereinstimmen, entwickeln sie sehr unterschiedliche Theorien über die Rolle der Religion in der Gesellschaft.

Marx: Religion und Ungleichheit

Trotz seines Einflusses auf diesem Gebiet hat sich Karl Marx mit der Religion nie im Detail auseinandergesetzt. Seine Gedanken leiteten sich in der Mehrzahl von theologischen und philosophischen Schriften einiger Autoren des frühen 19. Jahrhunderts ab. Einer dieser Autoren war Ludwig Feuerbach (1804–1872), der ein berühmtes Werk mit dem Titel *Das Wesen des Christentums* verfasste (Feuerbach 2005, erstmals veröffentlicht 1841). Nach Feuerbach besteht Religion aus den Gedanken und Werten, die von menschlichen Wesen im Laufe ihrer kulturellen Entwicklung produziert, jedoch fälschlicherweise göttlichen Kräften oder Gottheiten zugeschrieben werden. Weil die Menschen ihre eigene Geschichte nicht voll und ganz verstehen, neigen sie dazu, von der Gesellschaft geschaffene Werte und Normen den Aktivitäten von Göttern zuzuschreiben. So betrachtet ist die Geschichte der zehn Gebote, die Moses von Gott erhält, eine mythische Version des Ursprungs der moralischen Vorschriften, die das Leben der jüdischen und christlichen Gläubigen bestimmen.

Solange wir die Natur der von uns selbst geschaffenen religiösen Symbole nicht verstehen, argumentiert Feuerbach, solange sind wir dazu verdammt, Gefangene geschichtlicher Mächte zu sein, die sich unserer Kontrolle entziehen. Feuerbach verwendet den Begriff Entfremdung, um sich auf die Etablierung von Gottheiten oder göttlichen Kräften, die neben und über dem Menschen existieren, zu beziehen. Von Menschen geschaffene Werte und Gedanken werden als Produkt fremder oder separater Wesen, d.h. religiöser Kräfte oder Gottheiten, betrachtet. Während die Auswirkungen dieser Entfremdung in der Vergangenheit negativ waren, eröffnet das Verständnis von Religion als Entfremdung laut Feuerbach große Hoffnungen für die Zukunft. Sobald die Menschen erkennen, dass die in die Religion projizierten Werte in Wirklichkeit ihre eigenen sind, können diese Werte auf der Erde verwirklicht und müssen nicht auf ein Leben nach dem Tod verschoben werden. Die Macht, die die Christen ihrem Gott zuschreiben, kann durch die Menschen selbst übernommen werden. Die

Entfremdung

Christen glauben, dass Gott allmächtig ist und die Menschen liebt, die Menschen selbst jedoch unvollkommen und voller Fehler sind. Feuerbach hält dem entgegen, dass das Potenzial der Liebe und Güte sowie der Macht, unser eigenes Leben zu kontrollieren, in den sozialen Institutionen der Menschen angelegt ist. Es könne wirksam werden, sobald die Menschen ihre wahre Natur erkannt haben.

Marx akzeptiert die Ansicht, dass Religion die Selbstentfremdung des Menschen darstellt. Oft wird angenommen, dass Marx nicht viel von Religion hielt, was jedoch weit von der Wahrheit entfernt ist. Religion, so schreibt er, ist das „Herz einer herzlosen Welt", ein Zufluchtsort, an dem man der unwirtlichen täglichen Realität entkommen kann. Nach Marx' Auffassung wird und soll die Religion in ihrer traditionellen Form verschwinden, weil die in der Religion verkörperten positiven Werte zu Leitidealen werden können, die das Schicksal der Menschen auf der Welt verbessern werden, und *nicht*, weil diese Ideale und Werte selbst irregeleitet wären. Wir sollten die Götter, die wir selbst geschaffen haben, nicht fürchten, und wir sollten aufhören, sie mit Werten auszustatten, die wir selbst verwirklichen können.

Marx erklärte in einem berühmten Ausspruch, Religion sei „Opium des Volkes". Die Religion verlegt die Möglichkeit des Glücks und den Lohn der Tugend in ein Leben nach dem Tod und lehrt den Menschen, zu resignieren und seine bestehenden Lebensbedingungen zu akzeptieren. So wird durch Versprechungen für das nächste Leben die Aufmerksamkeit von den Ungleichheiten und Ungerechtigkeiten dieser Welt abgelenkt. Die Religion hat ein starkes ideologisches Element: Religiöse Überzeugungen und Werte dienen oft zur Rechtfertigung von Ungleichheiten bei Reichtum und Macht. Eine Formulierung wie jene, der zufolge „die Sanftmütigen die Welt erben werden", legt Unterwürfigkeit und die widerstandslose Hinnahme von Unterdrückung nahe; in jüngeren Bibelübersetzungen wurde Sanftmut durch Gewaltlosigkeit ersetzt, um dem Eindruck, Christen stünden Unterdrückung und Herrschaft gleichgültig gegenüber, entgegenzutreten.

Durkheim: Funktionalismus und das religiöse Ritual

Im Gegensatz zu Marx brachte Emile Durkheim einen guten Teil seines intellektuellen Werdegangs mit der Untersuchung der Religion zu, wobei er sich insbesondere auf die Religion in kleinräumigen, vormodernen Gesellschaften konzentrierte. Durkheims 1912 erstmals veröffentlichtes Werk *Die elementaren Formen des religiösen Lebens* ist eine der einflussreichsten religionssoziologischen Studien überhaupt (Durkheim [1912] 2007). Durkheim verbindet Religion nicht primär mit sozialen Ungleichheiten oder Machtverhältnissen, sondern mit dem Gesamtcharakter der Institutionen einer Gesellschaft. Seine Arbeit beruht auf der Untersuchung des Totemismus der eingeborenen australischen Gesellschaften, und er argumentiert, dass der Totemismus Religion in ihrer „elementarsten" oder einfachsten Form repräsentiert, wodurch sich auch der Titel seines Werks erklärt.

Totemismus

Ein Totem war ursprünglich eine Pflanze oder ein Tier, dem eine für die Gruppe besondere symbolische Bedeutung zugeschrieben wurde. Ein Totem ist ein heiliges Objekt, das mit Ehrfurcht betrachtet wird und mit verschiedenen rituellen Aktivitäten im Zusammenhang steht. Durkheim definiert Religion, indem er eine Unterscheidung zwischen dem Heiligen und dem Profanen einführt. Heilige Objekte und Symbole, meint er, werden als etwas betrachtet, das sich von den alltäglichen Aspekten des Lebens – dem Profanen – deutlich unterscheidet. Eine Totempflanze oder ein Totemtier außerhalb eines speziellen rituellen Zusammenhangs zu verzehren, ist normalerweise verboten, und als geheiligtem Objekt werden dem Totem göttliche Eigenschaften zugeschrieben, die es völlig von anderen Tieren und Pflanzen, die gejagt bzw. gesammelt und gegessen werden dürfen, unterscheiden.

Heilige

Profane

Warum ist das Totem aber heilig? Laut Durkheim deshalb, weil es das Symbol der Gruppe selbst ist und für die zentralen Werte der Gruppe oder Gemeinschaft steht. Die Ehrfurcht, die die Menschen vor dem Totem empfinden, leitet sich in Wirklichkeit von jenem Respekt ab, den sie zentralen sozialen Werten entgegenbringen. In der Religion ist das Objekt der Anbetung in Wirklichkeit die Gesellschaft selbst.

Durkheim betont ausdrücklich, dass Religionen niemals bloß eine Sache des Glaubens sind. Jede Religion umfasst regelmäßige zeremonielle und rituelle Aktivitäten, zu denen eine Gruppe von Gläubigen zusammentrifft. Bei kollektiven Zeremonien wird ein Gefühl der Gruppensolidarität bestätigt und verstärkt. Die Zeremonien führen den Einzelnen weg von den Angelegenheiten des profanen gesellschaftlichen Lebens in eine erhabene Sphäre, in der er sich mit höheren Kräften verbunden fühlt. Diese höheren Kräfte, die den Totems, göttlichen Einflüssen oder Göttern zugeschrieben werden, sind in Wirklichkeit Ausdruck des Einflusses des Kollektivs auf das Individuum.

Zeremonien und Rituale sind nach Durkheims Ansicht wichtig, um die Angehörigen einer Gruppe aneinanderzubinden. Deshalb findet man sie nicht nur bei der eigentlichen Gottesanbetung, sondern auch im Zusammenhang mit verschiedenen Lebenskrisen, die wichtige soziale Übergänge markieren, wie z.B. Geburt, Heirat und Tod. In praktisch allen Gesellschaften sind diese Ereignisse von Ritualen oder Zeremonien begleitet. Durkheim argumentiert, dass kollektive Zeremonien die Gruppensolidarität zu einer Zeit verstärken, in der die Menschen gezwungen sind, sich an schwerwiegende Änderungen in ihrem Leben anzupassen. Begräbnisriten zeigen, dass die Werte der Gruppe das Hinscheiden eines bestimmten Individuums überdauern, und bieten so den Hinterbliebenen die Möglichkeit, sich an ihre geänderten Lebensumstände anzupassen. Trauer ist nicht nur der spontane Ausdruck des Schmerzes für die durch den Todesfall persönlich Betroffenen, sondern auch eine durch die Gruppe auferlegte Pflicht.

In kleinen vormodernen Kulturen, so Durkheim, sind beinahe alle Aspekte des Lebens von der Religion durchdrungen. Religiöse Zeremonien bringen einerseits neue Gedanken und Kategorien des Denkens hervor und

ndererseits bereits bestehende Werte. Religion erschöpft sich
iner Reihe von Gefühlen und Aktivitäten, sondern bedingt in
die *Denkweisen* der Mitglieder von vormodernen Kulturen.
ndlegendsten Kategorien des Denkens, wie beispielsweise
Veise, in der über Zeit und Raum gedacht wird, sind in einem
men entstanden. Der Begriff der „Zeit" etwa leitete sich ur-
m Zählen der Intervalle bei religiösen Zeremonien her.
wicklung der modernen Gesellschaften, so meint Durkheim,
n der Einfluss der Religion. Das wissenschaftliche Denken
in immer größerem Maßstab die religiösen Erklärungen, und zeremonielle und rituelle Aktivitäten nehmen nur mehr einen kleinen Teil des
Lebens des Einzelnen ein. Durkheim stimmt mit Marx überein, dass die
traditionelle Religion, das heißt jene Art von Religion, die auf göttlichen
Kräften oder Gottheiten aufbaut, im Verschwinden begriffen ist. „Die alten Götter", schreibt Durkheim, „werden alt und sterben" (Durkheim [1912]
2007, S. 572). Dennoch erklärt er, dass die Religion, wenn auch in veränderter Form, wahrscheinlich weiter existieren wird. Auch der Zusammenhalt moderner Gesellschaften bedarf der Rituale, die ihre Werte stets von
Neuem bestätigen, und deshalb kann man erwarten, dass neue zeremonielle Aktivitäten entstehen und den Platz der alten einnehmen werden. Durkheim äußert sich nur vage, wie diese aussehen könnten, scheint dabei jedoch an das Hochhalten humanistischer und politischer Werte wie Freiheit, Gleichheit und gesellschaftliche Kooperation zu denken.

Weber: Weltreligionen und sozialer Wandel

Durkheim stützt seine Argumente auf eine sehr kleine Anzahl von Beispielen, obwohl er behauptet, dass seine Gedanken auf die Religion allgemein anwendbar seien. Max Weber hingegen nahm eine gewaltige Untersuchung der Religionen der Welt in Angriff. Kein Gelehrter hat sich vor
oder nach ihm einer Aufgabe dieses Ausmaßes gestellt. Der größte Teil
seiner Aufmerksamkeit konzentrierte sich auf das, was er als Weltreligionen bezeichnete, d.h. auf jene Religionen, die eine große Zahl von Anhängern gewonnen und den Verlauf der Weltgeschichte maßgeblich beeinflusst
haben. Er stellte detaillierte Untersuchungen über den Hinduismus, den
Buddhismus, den Taoismus und das alte Judentum an (Weber [1920–21]
1988) und schrieb in *Die protestantische Ethik und der Geist des Kapitalismus*
([1905] 2004) und anderswo ausführlich über den Einfluss des Christentums auf die Geschichte des Westens. Eine geplante Studie über den Islam
wurde nie fertiggestellt.

Webers religionssoziologische Arbeiten unterscheiden sich von jenen
Durkheims durch das Schwergewicht, das er auf den Zusammenhang
zwischen Religion und sozialem Wandel legt, ein Aspekt, dem Durkheim
nur wenig Aufmerksamkeit widmete. Sie unterscheiden sich auch von den
Werken Marx', da Weber argumentiert, dass die Religion nicht unbedingt
eine konservative Kraft ist, sondern dass religiös inspirierte Bewegungen
ganz im Gegenteil oft zu dramatischen sozialen Wandlungsprozessen ge-

führt hätten. So bildeten der Protestantismus und insbesondere der Puritanismus den Ursprung der kapitalistischen Gesinnung des modernen Westens. Viele der frühen Unternehmer waren Calvinisten, deren Streben nach Erfolg anfangs vor allem als ein Bemühen verstanden wurde, Gott zu dienen. Der materielle Erfolg war für sie ein Zeichen göttlicher Gnade. Erst langsam verselbstständigte sich das Erfolgsstreben und wurde zur Grundlage der wirtschaftlichen Entwicklung des Westens.

Weber fasste seine Forschungsarbeit über die Weltreligionen als ein einziges Projekt auf. Seine Studie über den Einfluss des Protestantismus auf die Entwicklung des Westens ist Teil eines umfassenden Versuchs, den Einfluss der Religion auf das soziale und wirtschaftliche Leben in verschiedenen Kulturen zu verstehen. In seiner Analyse der östlichen Religionen kommt Weber zum Schluss, dass sie für die Entwicklung des industriellen Kapitalismus, wie er sich im Westen herausbildete, ein unüberwindbares Hindernis darstellten. Dies ist nicht darauf zurückzuführen, dass die nichtwestlichen Zivilisationen rückständig wären; sie hätten einfach nur andere Werte akzeptiert als jene, die schließlich in Europa vorherrschten.

Im traditionellen China und in Indien, erklärt Weber, gab es zu gewissen Zeiten eine bedeutsame Entwicklung von Handel, Produktion und Verstädterung, doch brachte diese nicht jene gewaltigen sozialen Umwälzungen mit sich, die im Westen zur Entwicklung des industriellen Kapitalismus führten. Die Religion war einer der Hauptfaktoren, die einen solchen Wandel verhinderten. Der Hinduismus beispielsweise ist, wie Weber es nennt, eine Religion „der anderen Welt". Das bedeutet, dass sein höchstes Ziel darin besteht, der Mühsal der materiellen Welt zu entkommen und auf eine höhere Ebene der geistigen Existenz zu gelangen. Die religiösen Gefühle und Motivationen des Hinduismus zielen nicht darauf ab, die materielle Welt zu kontrollieren oder zu formen. Der Hinduismus betrachtet ganz im Gegenteil die materielle Welt als Schleier, hinter dem sich jene wahren Ziele verbergen, an denen sich die Menschheit orientieren sollte. Auch der Konfuzianismus lenkte die Anstrengungen seiner Anhänger weg von der wirtschaftlichen Entwicklung, wie diese im Westen verstanden wurde, und legte eher Wert auf ein Leben in Harmonie mit der Welt als auf die aktive Kontrolle darüber. Obwohl China lange Zeit hindurch die mächtigste und kulturell am höchsten entwickelte Zivilisation der Welt war, wirkten seine herrschenden religiösen Werte als Hemmschuh gegenüber einer Dynamik, die die wirtschaftliche Entwicklung um ihrer selbst willen vorantreibt.

Weber betrachtete das Christentum als Heilsreligion, die unter anderem die Überzeugung einschließt, dass der Mensch „erlöst" werden kann, wenn er den christlichen Glauben annimmt und seinen moralischen Forderungen entspricht. Die Begriffe der Sünde und der Errettung aus der Sünde durch Gottes Gnade sind in diesem Zusammenhang von großer Bedeutung. Sie erzeugen eine Spannung und eine emotionale Dynamik, die in den östlichen Religionen grundsätzlich fehlt. Heilsreligionen haben einen „revolutionären" Aspekt. Während die Religionen des Ostens die Passivität des Gläubigen gegenüber bestehenden Verhältnissen bestärken, verlangt das Christentum einen ständigen Kampf gegen die Sünde und kann folglich auch zur Rebellion gegen eine bestehende Ordnung anstacheln. Religiöse Führer – wie Jesus, Mohammed, Martin Luther, Gandhi, Martin Luther King – tauchen auf und interpretieren die existierenden Doktrinen neu, womit die gegebenen Machtstrukturen infrage gestellt werden.

Kritische Bewertung der klassischen Sichtweisen

Marx, Durkheim und Weber arbeiten jeweils einige wichtige allgemeine Merkmale der Religion heraus – in mancherlei Hinsicht ergänzen ihre Ansichten einander. Marx hat recht, wenn er behauptet, dass die Religion oft ideologische Implikationen hat und dazu dient, die Interessen der herrschenden Gruppen auf Kosten der anderen zu rechtfertigen; dies ist im Laufe der Geschichte wieder und wieder geschehen. Man betrachte z.B. den Einfluss des Christentums auf die Anstrengungen der europäischen Kolonialherren, andere Kulturen ihrer Herrschaft zu unterwerfen. Die Missionare, die danach strebten, „Heiden" zum christlichen Glauben zu bekehren, meinten es ohne jeden Zweifel ehrlich, obwohl ihre Tätigkeit zur Zerstörung der vormodernen Kulturen und zur Vorherrschaft der Weißen beitrug. Bis ins 19. Jahrhundert hinein tolerierten oder billigten beinahe alle christlichen Bekenntnisse die Sklaverei in den Vereinigten Staaten und anderen Teilen der Welt. Es wurden Doktrinen entwickelt, in denen behauptet wurde, die Sklaverei beruhe auf göttlichem Gesetz, und ungehorsame Sklaven machten sich eines Vergehens nicht nur ihrem Herrn, sondern auch Gott gegenüber schuldig.

Weber hat allerdings auch recht, wenn er auf den verändernden, oft revolutionären Einfluss religiöser Ideale auf vorgegebene soziale Ordnungen hinweist. Obwohl die Kirchen in den Vereinigten Staaten anfangs die Sklaverei unterstützt hatten, spielten viele kirchliche Würdenträger später eine Schlüsselrolle im Kampf gegen die Sklaverei. Religiöse Überzeugungen haben viele soziale Bewegungen inspiriert, die es sich zum Ziel gesetzt haben, ungerechte Herrschaftssysteme zu stürzen; sie haben z.B. in den Bürgerrechtsbewegungen der 1960er Jahre in den USA eine große Rolle gespielt. Religion hat durch die bewaffneten Konflikte und die Kriege, die aus religiösen Gründen geführt wurden, auch den sozialen Wandel beeinflusst – und oft großes Blutvergießen verursacht.

Das Konfliktpotenzial der Religion, das in der Geschichte einen so wichtigen Platz einnimmt, findet in Durkheims Arbeit kaum Erwähnung. Er betont vor allem die Rolle der Religion bei der Festigung der sozialen Kohäsion. Doch es ist nicht schwierig, seine Ideen nicht nur auf die Erklärung von Solidarität, sondern auch auf die Herleitung von religiösen Spaltungen, Konflikten und Veränderungen anzuwenden. Denn ein Großteil der gefühlsmäßigen Intensität, die *gegen* andere religiöse Gruppen entwickelt werden kann, leitet sich aus der Wichtigkeit her, die den *innerhalb* der Gläubigengruppe geschaffenen religiösen Werten zukommt.

Zu den wertvollsten Aspekten von Durkheims Arbeit gehört seine Betonung von Ritualen und Zeremonien. Alle Religionen kennen regelmäßige Zusammenkünfte von Gläubigen, bei denen rituelle Vorschriften beachtet werden. Wie Durkheim richtig hervorhebt, kennzeichnen rituelle Aktivitäten auch die wichtigsten Übergänge im Verlauf des Lebens – Geburt, Eintritt ins Erwachsenenleben (Rituale im Zusammenhang mit der Pubertät finden sich in vielen Kulturen), Heirat und Tod (van Gennep [1908] 2005).

Im verbleibenden Teil dieses Kapitels werden wir uns der von den drei Autoren entwickelten Ideen bedienen. Zunächst werden wir die wichtigsten Weltreligionen und ihre unterschiedlichen Arten religiöser Organisation behandeln. Dann werden wir die soziologische Debatte um die Säkularisierung, das ist die Vorstellung, dass in den industriellen Gesellschaften Religion immer mehr an Bedeutung verliert, diskutieren. Anschließend werden wir einige der Entwicklungen in den Weltreligionen untersuchen, die die Idee der Säkularisierung infrage stellen – vor allem aber den Aufstieg neuer religiöser Bewegungen und die Kraft des religiösen Fundamentalismus behandeln.

Echte Weltreligionen

In vormodernen Gesellschaften spielt die Religion üblicherweise eine zentrale Rolle im gesellschaftlichen Leben. Religiöse Symbole und Rituale sind oft mit der materiellen und künstlerischen Kultur der Gesellschaft – Musik, bildende Kunst, Tanz, Erzählungen und Literatur – verwoben. In kleinräumigen Kulturen gibt es keine professionellen Priester, doch es gibt immer bestimmte Menschen, die sich auf das Wissen um religiöse (und oft magische) Praktiken spezialisieren. Obwohl es verschiedene derartige Spezialisten gibt, ist ein allgemein verbreiteter Typ jener des Schamanen (ein Wort, das seinen Ursprung bei den nordamerikanischen Indianern hat). Ein Schamane ist ein Mensch, von dem man glaubt, er sei imstande, Geister oder übernatürliche Kräfte mithilfe ritueller Mittel zu beeinflussen. Schamanen sind allerdings oft eher Magier als religiöse Führer und werden häufig von Menschen zurate gezogen, die mit dem unzufrieden sind, was in den religiösen Ritualen der Gemeinschaft geboten wird.

Schamane

Totemismus und Animismus

Zwei Formen der Religion, auf die man häufig in kleinräumigen Kulturen trifft, sind Totemismus und Animismus. Das Wort „Totem" entstand ursprünglich bei den Indianerstämmen Nordamerikas, hat jedoch weite Verbreitung gefunden und bezeichnet verschiedene Arten von Tieren oder Pflanzen, denen übernatürliche Kräfte zugeschrieben werden. Normalerweise hat jede Verwandtschaftsgruppe oder Sippe innerhalb einer Gesellschaft ihr eigenes Totem, mit dem verschiedene rituelle Aktivitäten verbunden sind. Der Totemglaube mag Angehörigen der industrialisierten Gesellschaften fremd erscheinen, in gewissen, relativ unbedeutenden Zusammenhängen jedoch ist man Symbole gewöhnt, die jenen des Totemis-

mus sehr ähnlich sind; man denke nur an eine Fußball- oder Eishockey-
mannschaft, die ein bestimmtes Tier oder eine bestimmte Pflanze als Em-
blem verwendet. Maskottchen können gewissermaßen ebenfalls als Totems
gesehen werden.

Animismus   Der Animismus ist der Glaube an Geister oder Gespenster, von denen
man annimmt, dass sie in derselben Welt existieren wie die Menschen.
Solche Geister können als gut oder böse gelten und das menschliche Verhalten in vielerlei Hinsicht beeinflussen. In manchen Kulturen glaubt man
beispielsweise, dass Krankheiten oder Irrsinn von Geistern hervorgerufen
werden, die von den Menschen Besitz ergreifen, um ihr Verhalten zu kontrollieren. Der Animismus ist nicht auf kleinräumigere Kulturen beschränkt,
sondern findet sich bis zu einem gewissen Grad in vielen Religionen. Im
mittelalterlichen Europa wurden Menschen, von denen man annahm, dass
sie von bösen Geistern besessen waren, häufig als Hexen oder Zauberer
verfolgt.

Kleine, scheinbar „einfache" Gesellschaften haben häufig komplexe
religiöse Glaubenssysteme. Unter diesen Gesellschaften sind Totemismus
und Animismus häufiger als in Großgesellschaften, doch einige der kleinen
Gesellschaften haben weitaus komplexere Religionen. Die vom berühmten
britischen Sozialanthropologen E. E. Evans-Pritchard (1902–1973) beschriebenen Nuer im südlichen Sudan beispielsweise haben ein kompliziertes
System theologischer Ideen, die einen „hohen Gott" oder „Himmelsgeist"
Monotheismus zum Zentrum haben (Evans-Pritchard [1956] 1985). Zum Monotheismus
neigende Religionen findet man unter den kleineren vormodernen Kultu-
Polytheismus ren jedoch nur selten. Die meisten davon sind polytheistisch, das heißt,
ihre Angehörigen glauben an mehrere Gottheiten.

Judentum, Christentum und Islam

Die drei einflussreichsten monotheistischen Religionen der Weltgeschichte sind Judentum, Christentum und Islam. Alle drei haben ihren Ursprung
im Nahen Osten, und jede von ihnen hat die anderen beeinflusst.

Judentum

Das Judentum ist die älteste der drei Religionen und geht bis ungefähr
1000 v. u. Z. zurück. Die frühen Hebräer waren Nomaden, die im alten
Propheten Ägypten und dessen Umgebung lebten. Ihre Propheten oder religiösen
Führer bezogen ihre Gedanken zum Teil aus in der Region existierenden
religiösen Überzeugungen, unterschieden sich von diesen jedoch durch
ihren Glauben an einen einzigen, allmächtigen Gott. Die meisten ihrer Nachbarn waren Polytheisten. Die Hebräer glaubten, dass Gott Gehorsam gegenüber strengen moralischen Gesetzen fordert, und beanspruchten ein
Wahrheitsmonopol, da sie ihren eigenen Glauben als einzig wahre Religion betrachteten (Zeitlin 1984, 1988).

Bis zur Gründung des Staates Israel kurz nach dem Ende des Zweiten
Weltkrieges gab es kein Land, in dem das Judentum Staatsreligion war.

Jüdische Gemeinschaften überlebten in Europa, Nordafrika und Asien, obwohl sie häufigen Verfolgungen ausgesetzt waren, die ihren Höhepunkt während des Zweiten Weltkrieges in der Ermordung von Millionen von Juden in den Konzentrations- und Vernichtungslagern der Nazis fanden.

Christentum

Viele jüdische Ansichten wurden vom Christentum übernommen und als Teil des christlichen Glaubens verankert. Jesus war ein orthodoxer Jude, und das Christentum begann als jüdische Sekte. Es ist keineswegs erwiesen, dass Jesus die Absicht hatte, eine eigenständige Religion zu gründen. Seine Jünger betrachteten ihn als den von den Juden erwarteten *Messias* – diese Bezeichnung stammt aus dem Hebräischen, bedeutet so viel wie „der Gesalbte" und entspricht dem griechischen Ausdruck „Christos". Paulus, ein griechisch sprechender römischer Bürger, hatte wesentlichen Anteil an der Verbreitung des Christentums, vor allem durch seine ausgedehnte Missiontätigkeit in Kleinasien und Griechenland. Obwohl die Christen anfangs grausam verfolgt wurden, erhob Kaiser Konstantin den christlichen Glauben schließlich zur offiziellen Religion des Römischen Reiches. Das Christentum fand weite Verbreitung und sollte während der nächsten 2.000 Jahre nachhaltigen Einfluss auf die westliche Kultur ausüben.

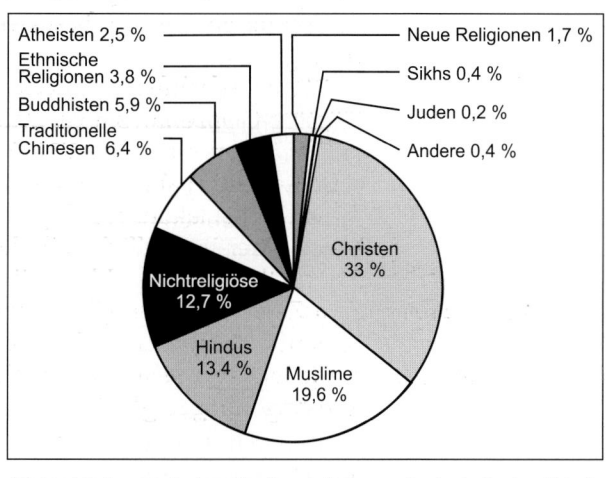

Abb. 13.1: Religionsbekenntnisse als Anteil der Weltbevölkerung, 2000
Quelle: Barret u.a. (2001), S. 4.

Das Christentum hat heute mehr Anhänger und ist auf der Welt weiter verbreitet als jede andere Religion (s. Abb. 13.1). Mehr als eine Milliarde Menschen betrachten sich als Christen, doch gibt es innerhalb des Christentums zahlreiche verschiedene Bekenntnisse, die sich theologisch und organisatorisch voneinander unterscheiden, wobei die Hauptzweige der römische Katholizismus, der Protestantismus und das orthodoxe Christentum sind.

Islam

Die Ursprünge des Islam, der heute die zweitgrößte Religion der Welt darstellt (siehe Abb. 13.1), überschneiden sich mit jenen des Christentums. Der Islam leitet sich von den Lehren des Propheten Mohammed im siebenten Jahrhundert n. u. Z. ab. Der einzige Gott des Islam, Allah, hat dem islamischen Glauben zufolge das Schicksal der Menschen und aller anderen Lebewesen in seiner Hand. Die *Pfeiler des Islam* sind die fünf wichtigsten religiösen Pflichten der Muslime (wie die Anhänger des Islam bezeich-

net werden). Der erste Pfeiler ist das Beten des islamischen Glaubensbe-
kenntnisses: „Es gibt keinen Gott außer Allah und Mohammed ist sein Prophet." Der zweite Pfeiler besteht in den täglichen fünf Gebeten, denen
jeweils eine rituelle Waschung vorausgeht. Während dieser Gebete müssen sich die Gläubigen in Richtung Mekka, der heiligen Stadt in Saudi-
Arabien verneigen, egal, wie weit sie davon entfernt sind. Der dritte Pfeiler besteht in der Einhaltung des Ramadan, eines Fastenmonats, während
dem die Gläubigen bei Tageslicht weder Speisen noch Getränke zu sich
nehmen dürfen. Der vierte Pfeiler ist das Spenden von Almosen an die
Armen, das im islamischen Recht verankert ist und oft als Basis für die
Einhebung von Steuern durch den Staat gedient hat. Fünftens schließlich
wird von jedem Gläubigen erwartet, dass er zumindest einmal in seinem
Leben versucht, nach Mekka zu pilgern.

Die Muslime glauben, dass Allah vor Mohammed durch frühere Propheten, darunter auch Moses und Jesus, gesprochen hat, deren Lehren seinen Willen direkt zum Ausdruck bringen. Der Islam hat sich sehr weitverbreitet und zählt derzeit etwa eine Milliarde Anhänger auf der ganzen Welt.
Die Mehrheit von ihnen konzentriert sich in Nord- und Ostafrika, dem
Nahen Osten, Pakistan und Indonesien. (Eine kurze Erörterung des islamischen Glaubens findet sich im Abschnitt über die islamische Revolution
weiter unten.)

Die fernöstlichen Religionen

Hinduismus

Zwischen Judentum, Christentum und Islam einerseits und den fernöstlichen Religionen andererseits gibt es große Unterschiede. Die älteste der
großen, auch heute noch weitverbreiteten Religionen ist der *Hinduismus*,
dessen Kerngedanken mehr als 6.000 Jahre zurückreichen. Der Hinduismus ist eine polytheistische Religion. Er weist in sich so große Unterschiede auf, dass manche Gelehrte vorgeschlagen haben, er sollte nicht als eine
Einzelreligion, sondern eher als ein Bündel von miteinander verwandten
Religionen aufgefasst werden; viele lokale Kulte und religiöse Praktiken
sind durch einige wenige allgemein akzeptierte Überzeugungen verbunden.

Die meisten Hindus akzeptieren die Doktrin des Reinkarnationszyklus,
das heißt den Glauben, wonach alle Lebewesen Teil eines ewigen Prozes-
Reinkarnation ses von Geburt, Tod und Wiedergeburt sind. Ein zweites Hauptmerkmal
des Hinduismus ist das Kastensystem, das auf der Annahme basiert, dass
jeder Mensch nach Maßgabe seines Verhaltens in einer früheren Inkarnation in eine bestimmte Position einer gesellschaftlichen und rituellen Hierarchie hineingeboren wird. Für jede dieser Kasten existieren andere Pflichten und Rituale, und das Schicksal im nächsten Leben hängt hauptsächlich
davon ab, wie gründlich man diese Pflichten erfüllt. Der Hinduismus akzeptiert die Möglichkeit vieler verschiedener religiöser Standpunkte und
zieht keine klare Linie zwischen Gläubigen und Ungläubigen. Es gibt über

750 Millionen Hindus, die fast alle auf dem indischen Subkontinent leben. Der Hinduismus strebt im Gegensatz zum Christentum nicht danach, andere zum „wahren Glauben" zu bekehren.

Buddhismus, Konfuzianismus, Taoismus

Zu den ethischen Religionen des Ostens gehören Buddhismus, Konfuzianismus und Taoismus. In diesen Religionen gibt es keine Götter. Sie betonen vielmehr ethische Ideale, die den Gläubigen in eine Beziehung zum natürlichen Zusammenhalt und zur Einheit des Universums setzen.

ethische Religionen

Der *Buddhismus* beruht auf den Lehren des Siddharta Gautama oder Buddha (der Erleuchtete), eines Hindufürsten, der im sechsten Jahrhundert v. u. Z. in einem kleinen Königreich im Süden Nepals lebte. Laut Buddha kann der Mensch dem Reinkarnationskreislauf durch Entsagung entkommen. Der Weg zur Errettung besteht in einem Leben voll Selbstdisziplin und Meditation jenseits aller weltlichen Pflichten. Das Endziel des Buddhismus ist das *Nirwana*, die völlige geistige Erfüllung. Buddha lehnte die hinduistischen Rituale und das Kastenwesen ab. Wie der Hinduismus lässt auch der Buddhismus viele lokale Variationen zu, darunter auch den Glauben an lokale Gottheiten, und besteht nicht auf einer einzigen Sichtweise. Der Buddhismus übt heute in einigen Staaten des Fernen Ostens, darunter Thailand, Burma, Sri Lanka, China, Japan und Korea, großen Einfluss aus.

Der *Konfuzianismus* war die kulturelle Basis der herrschenden Gruppen im traditionellen China. „Konfuzius" (die latinisierte Form des Namens K'ung Fu-Tzu) lebte im sechsten Jahrhundert v. u. Z., zur selben Zeit wie Buddha. Wie Lao-Tse, der Begründer des Taoismus, war auch Konfuzius ein Lehrer und nicht ein religiöser Prophet im Sinne der religiösen Führer des Nahen Ostens. Konfuzius wird von seinen Anhängern nicht als Gott betrachtet, sondern als „der Weiseste der Weisen". Der Konfuzianismus trachtet danach, das menschliche Leben an die innere Harmonie der Natur anzupassen; dabei kommt dem Ahnenkult große Bedeutung zu.

Der *Taoismus* beruht auf ähnlichen Prinzipien und betont Meditation und Gewaltlosigkeit als Mittel zum Erreichen eines höheren Lebens. Obwohl manche ihrer Elemente in den Überzeugungen und Praktiken vieler Chinesen überlebten, haben Konfuzianismus und Taoismus in China als Ergebnis der strikten Opposition durch die Regierung einen Großteil ihres Einflusses verloren.

Religiöse Organisationen

Die Religionssoziologie hat sich seit Durkheim und Weber mit nichteuropäischen Religionen befasst. Dennoch zeigte sich häufig eine Tendenz, alle Religionen durch die Linse der europäischen Erfahrungen zu betrachten. Beispielsweise unterstellen die Ausdrücke *Konfessionen* oder *Sekten* das Vorhandensein formal organisierter religiöser Institutionen; diese Begriffe sind von fragwürdigem Nutzen bei der Untersuchung von Religionen, deren spirituelle Praxis ein Teil des Alltagslebens ist oder die nach der vollständigen Integration der Religion mit dem bürgerlichen und politischen Leben streben. In jüngster Zeit wurden Versuche unternommen, eine stärker vergleichende Religionssoziologie zu entwickeln, die in der Lage ist, religiöse Traditionen im Rahmen ihrer eigenen Bezugsrahmen zu deuten (Wilson 1982; Van der Veer 1994).

Die frühen Theoretiker, wie Max Weber ([1920-1] 1988), Ernst Troeltsch ([1912] 1994) und Reinhold Niebuhr (1927) beschrieben religiöse Organisationen auf einer Dimension, entsprechend dem Grad ihrer Etabliertheit und Konventionalität: Kirchen liegen auf dem einen Pol (sie sind konventionell und gut etabliert), Kulte am anderen Ende (sie weisen keines der beiden Merkmale auf) und Sekten schließlich irgendwo dazwischen. Diese Unterscheidungen beruhen auf dem Studium europäischer und US-amerikanischer Religionsgemeinschaften. Es gibt einige Diskussionen darüber, wie gut dieses Modell auf die nichtchristliche Welt anzuwenden ist.

Heute sind sich Soziologen bewusst, dass die Ausdrücke *Sekte* und *Kult* einen negativen Beigeschmack haben, und versuchen diese zu vermeiden. Aus diesem Grund verwenden einige Religionssoziologen den Ausdruck *neue religiöse Bewegungen*, um neuartige religiöse Organisationen zu kennzeichnen, denen die Respektabilität fehlt, die sich einstellt, wenn etwas nur lange genug existiert (Hexham und Poewe 1997; Hadden 1997).

Kirchen und Sekten

In allen Religionen gibt es Gemeinschaften von Gläubigen, doch diese Gemeinschaften können auf viele verschiedene Arten organisiert sein. Eine Möglichkeit, die religiösen Organisationen zu klassifizieren, wurde zuerst von Max Weber und seinem Kollegen, dem Religionshistoriker Ernst Troeltsch (1865–1923) präsentiert (Troeltsch [1912] 1994). Weber und Troeltsch unterschieden zwischen Kirchen und Sekten. Eine Kirche ist eine große, gut etablierte religiöse Körperschaft, wie etwa die katholische oder die anglikanische Kirche. Eine Sekte ist eine kleinere, weniger stark organisierte Gruppe von Strenggläubigen, die normalerweise als Protest gegen eine Kirche entsteht, wie dies bei Calvinisten und Methodisten der Fall war. Die Kirchen verfügen normalerweise über eine formale bürokratische Struktur und eine Hierarchie religiöser Würdenträger und neigen dazu, das konservative Gesicht der Religion zu repräsentieren, weil sie in die bestehende institutionelle Ordnung integriert sind. Die meisten Angehörigen einer Kirche sind Kinder von Kirchenmitgliedern.

Kirche

Sekte

Sekten sind vergleichsweise klein. Ihr Ziel besteht normalerweise darin, den „wahren Weg" zu finden und zu gehen, und sie neigen dazu, sich von der umgebenden Gesellschaft in ihre eigenen Gemeinschaften zurückzuziehen. Sektenangehörige betrachten die etablierten Kirchen als korrupt. Die meisten Sekten haben wenige oder gar keine Würdenträger, da alle Mitglieder als gleichwertig betrachtet werden. Ein kleiner Teil der Sektenangehörigen wird in die Sekte hineingeboren, die meisten jedoch treten von sich aus der Sekte bei, um sich in Glaubensfragen weiterzuentwickeln.

Konfessionen und Kulte

Andere Autoren haben die Kirchen-/Sektentypologie, wie sie ursprünglich von Weber und Troeltsch entwickelt wurde, weiter ausgebaut. Ein
Beispiel dafür ist die Arbeit von Howard Becker, der zwei weitere Typen
hinzufügte: Konfession und Kult (Becker 1950). Eine Konfession ist eine **Konfession**
Sekte, die „erkaltet" ist und nun eher eine institutionalisierte Körperschaft
als eine aktive Protestgruppe darstellt. Sekten, die über eine gewisse Zeit
hinweg bestehen bleiben, werden unvermeidlich zu Konfessionen. So waren beispielsweise Calvinismus und Methodismus in ihrer Gründungs-
phase, als sie ihre Mitglieder noch mit feurigem Eifer erfüllten, Sekten,
wurden dann jedoch im Laufe der Jahre „respektabler". Konfessionen
werden von den etablierten Kirchen als mehr oder weniger legitim anerkannt und koexistieren mit diesen, wobei es in vielen Fällen sogar zu einer
harmonischen Zusammenarbeit kommt.

Kulte haben große Ähnlichkeit mit Sekten, jedoch andere Schwerpunk- **Kult**
te. Sie sind von allen religiösen Organisationen am losesten strukturiert
und am wenigsten beständig; sie bestehen aus Einzelpersonen, die das
ablehnen, was sie als die Werte der sie umgebenden Gesellschaft betrachten. Ihr Schwerpunkt liegt auf der individuellen Erfahrung, wobei sie Einzelpersonen mit ähnlicher Gesinnung zusammenbringen. Man tritt einem
Kult nicht förmlich bei, sondern folgt eher bestimmten Theorien oder vorgeschriebenen Verhaltensweisen. Den Mitgliedern ist es normalerweise
gestattet, andere religiöse Verbindungen aufrechtzuerhalten. Wie Sekten
entwickeln sich auch Kulte oft um die Person eines charismatischen Führers. Beispiele für Kulte im heutigen Westen sind Gruppen von Menschen,
die an Spiritismus, an Astrologie oder an transzendentale Meditation glauben.

Über kultische Gruppen wurde in den vergangenen Jahren immer dann
in den Medien berichtet, wenn es zu spektakulären Massenmorden oder
Massenselbstmorden kam. Im Urwald von Guyana in Südamerika kamen
1974 mehrere Dutzend Anhänger der Peoples Temple Sekte zu Tode; 1993
starben in Waco in Texas rund 80 Mitglieder der Branch Davidians, deren
Führer David Koresh sich als Messias ausgab. Die Bundespolizei stürmte
nach einer wochenlangen Belagerung das Anwesen, in dem sich die Davi-
dianer verschanzt hatten. Im Oktober 1994 fand man zur gleichen Zeit in
Südfrankreich, der Schweiz und in Kanada getötete Anhänger der Son-
nentempler-Sekte und im Jahr darauf wiederholte sich das ebenso wie
nochmals 1998, als wiederum getötete Mitglieder dieser Sekte gefunden
wurden.

Es ist offensichtlich, dass was in einem Land als Kult erscheint, in einem anderen eine gut etablierte religiöse Praxis sein kann. Wenn indische
Gurus oder der Dalai Lama in Europa Anhänger finden, werden aus in
Indien oder den Himalaya-Staaten wohletablierten Religionsgemeinschaften in Deutschland oder Österreich Kulte. Das Christentum selbst begann
vor 2.000 Jahren als indigener Kult im antiken Jerusalem, und in vielen
asiatischen Staaten werden Christen auch heute als Anhänger eines Kultes

wahrgenommen, der aus Europa oder vor allem aus den USA importiert wurde. Daher sollte man über Kulte nicht in Ausdrücken wie „verrückt" oder dergleichen urteilen. Der bedeutende Religionssoziologe Jeffrey K. Hadden (Hadden 1997) weist darauf hin, dass die schätzungsweise 100.000 Religionsgemeinschaften, die die Menschheit bisher entwickelt hat, anfangs alle neu waren; die meisten, wenn auch nicht alle, wurden anfangs von den Vertretern der respektablen Religionen als Kulte abgewertet. Jesus wurde gekreuzigt, weil die von ihm verbreiteten Ideen die römisch dominierte Welt des antiken Judäa herausforderten.

Bewegungen

Religiöse Bewegungen sind eine Unterart der sozialen Bewegungen.

Soziale Bewegungen werden ausführlicher im Kapitel 18 – Politik und Regierung diskutiert.

Eine religiöse Bewegung ist eine Vereinigung von Personen, die sich gemeinsam darum bemühen, eine neue Religion oder eine neue Deutung einer bestehenden Religion zu verbreiten. Religiöse Bewegungen sind größer als Sekten und in ihrer Mitgliedschaft weniger exklusiv – allerdings lassen sich, ähnlich wie bei der Abgrenzung zwischen Kirchen und Sekten, Bewegungen und Sekten (oder Kulte) nicht immer klar unterscheiden. Man kann alle Sekten und Kulte auch als religiöse Bewegungen klassifizieren. Beispiele für religiöse Bewegungen sind die Gruppen, die das Christentum anfänglich verbreiteten, die lutherische Bewegung, die zu einer Spaltung des Christentums in Europa führte, und all jene Gruppen, die in der jüngsten Zeit an der islamischen Revolution beteiligt waren (Letztere wird weiter unten genauer besprochen.).

religiöse Bewegung

Charisma

Religiöse Bewegungen durchlaufen üblicherweise bestimmte Entwicklungsphasen. In der ersten Phase bezieht die Bewegung ihre Kraft und ihren Zusammenhalt für gewöhnlich aus der Existenz einer mächtigen Führungsperson. Max Weber hat diese Führer als charismatisch klassifiziert, womit gemeint ist, dass sie bei ihren Anhängern eine Begeisterungsfähigkeit hervorbringen können, die begleitet ist von gemeinsam geteilten Vorstellungen und einer Hingabe an die gemeinsame Sache. (Charismatische Führer im Weberschen Sinn umfassen sowohl religiöse als auch politische Anführer – Revolutionäre wie Chinas Mao Zedong ebenso wie Jesus und Mohammed.) Religiöse Führer nehmen für gewöhnlich eine kritische Haltung gegenüber dem religiösen Establishment ein und trachten danach, eine neue Lehre zu verbreiten. In den Anfangsjahren sind religiöse Bewegungen sehr wackelig; sie weisen kein etabliertes Herrschaftssystem auf. Ihre Mitglieder stehen üblicherweise in einem unmittelbaren persönlichen Kontakt mit dem charismatischen Führer, mit dem gemeinsam sie die neue Lehre verbreiten.

Die zweite Phase der Entwicklung setzt mit dem Tod des Gründers ein. Selten tritt ein neuer charismatischer Führer aus der Masse hervor, weshalb diese Phase für die Bewegung entscheidend ist. Sie ist nun mit dem konfrontiert, was Weber die „Veralltäglichung des Charismas" (Weber [1922] 2002, § 12) nannte. Um zu überleben, bedarf es der Ausbildung von formalisierten Regeln und Verfahren, da die Bewegung sich nicht länger auf die zentrale Rolle ihres Gründers, dem die anderen einfach folgen, stützen kann. Viele Bewegungen lösen sich nach dem Tod ihres Stifters auf oder verlieren an Anhängerschaft. Eine Bewegung, die diese Phase überlebt, wird zur Kirche und gewinnt auf diesem Weg Dauerhaftigkeit. Mit anderen Worten wird sie zu einer formalen Organisation Gläubiger mit etabliertem Herrschaftssystem, etablierten Symbolen und Ritualen. Die Kirche selbst mag zu einem späteren Zeitpunkt der Ausgangspunkt für andere Bewegungen werden, die die Lehre infrage stellen, eine Opposition bilden oder sich abspalten.

Neue religiöse Bewegungen

Obwohl traditionelle Kirchen in den vergangenen Jahrzehnten einen Rückgang an Mitgliedern zu verzeichnen hatten, haben andere Formen religiöser Aktivitäten zugenommen. Soziologen verwenden für die Gesamtheit religiöser und spiritueller Gruppen, Kulte und Sekten, die in westlichen Gesellschaften neben den traditionellen Kirchen entstanden sind, den Begriff neue religiöse Bewegungen. Die neuen religiösen Bewegungen umfassen eine große Vielfalt an Gruppen, die von spirituellen und Selbsthilfegruppen innerhalb der New-Age-Bewegung bis zu exklusiven Sekten wie jene der Hare Krishnas (Internationale Gesellschaft für Krishna Bewusstsein) reichen.

neue religiöse Bewegung

New-Age-Bewegung

Viele neue religiöse Bewegungen leiten sich aus den großen religiösen Traditionen ab, die wir weiter oben besprochen haben: Hinduismus, Christentum und Buddhismus; andere entstanden aus Traditionen, die bis vor Kurzem im Westen nahezu unbekannt waren. Einige neue religiöse Bewegungen sind überhaupt Neuschöpfungen ihrer charismatischen Führer, die um sich eine Anhängerschaft geschart haben. Das ist beispielsweise bei der Vereinigungskirche, die vom Koreaner Mun Sun-myung geleitet wird, der Fall. Mun wird von seinen Anhängern als neuer Messias betrachtet und seine Kirche behauptet, mittlerweile 4,5 Millionen Mitglieder zu zählen. Mitglieder der neuen religiösen Bewegungen sind zumeist Konvertiten und eher selten Personen, die in diesem besonderen Glauben aufgewachsen sind. Die Mitglieder sind in der überwiegenden Mehrheit gebildet und stammen aus der Mittelschicht. Eine neue, auf sehr breiter Basis durchgeführte Erhebung ergab für die USA, dass 44 Prozent der Amerikaner im Laufe ihres Lebens ihre Konfession gewechselt haben (Banerjee 2008).

Für die Popularität der neuen religiösen Bewegungen wurden verschiedene Erklärungen vorgebracht. Einige Beobachter haben darauf hingewiesen, dass sie als eine Reaktion auf die Liberalisierung und Säkularisierung innerhalb der Gesellschaften und sogar innerhalb der traditionellen Kirchen betrachtet werden sollten. Personen, die das Gefühl entwickelten, die herkömmlichen Religionen seien ritualistisch geworden und hätten den spirituellen Geist verloren, fühlen sich in den weniger unpersönlichen neuen religiösen Bewegungen wohler und finden dort ein intensiveres Gemeinschaftsempfinden.

Andere Autoren meinten, die neuen religiösen Bewegungen seien ein Ergebnis des raschen sozialen Wandels (Wilson 1982). In dem Maße, in dem die traditionellen Normen an Kraft verlieren, suchen Menschen nach Erklärungen und Sicherheiten. Die Entstehung von Gruppen und Sekten, die die persönliche Spiritualität betonen, bestätige, dass viele Menschen angesichts der Instabilität und Unsicherheit ein Bedürfnis nach einer Bindung an ihre eigenen Werte und Überzeugungen verspüren.

Ein weiterer Faktor kann darin gesehen werden, dass neue religiöse Bewegungen jene, die sich von der Mehrheitsgesellschaft entfremdet fühlen, ansprechen. Der kollektive, gemeinschaftliche Charakter der Sekten und Kulte biete, nach Ansicht einiger Autoren, Unterstützung und ein Gefühl der Zugehörigkeit. Beispielsweise seien Mittelschichtjugendliche in der Gesellschaft nicht in materieller Hinsicht marginalisiert, aber sie können sich emotional und spirituell vereinsamt fühlen. Die Mitgliedschaft in einem Kult kann helfen, dieses Gefühl der Entfremdung zu überwinden (Wallis 1984).

Die neuen religiösen Bewegungen kann man in drei Kategorien einteilen: *weltzugewandte*, *weltabgewandte* und *mit der Welt versöhnende* Bewegungen. Die Klassifikation beruht auf der Beziehung jeder einzelnen Gruppe zur größeren sozialen Welt.

Weltzugewandte Bewegungen

Weltzugewandte Bewegungen ähneln viel mehr Selbsthilfe- oder therapeutischen Gruppen als konventionellen religiösen Gruppen. Sie sind Bewegungen, die oft ohne Rituale, Kirchenhäuser oder formale Theologien auskommen und ihre Aufmerksamkeit ganz dem spirituellen Wohlbefinden ihrer Mitglieder widmen. Wie schon der Name sagt, lehnen die weltzugewandten Bewegungen die äußere Welt oder ihre Werte nicht ab. Weit eher versuchen sie, durch Freisetzung der menschlichen Potenziale die Fähigkeit ihrer Mitglieder zu stärken, in dieser Welt zurechtzukommen und erfolgreich zu sein.

weltzugewandte Bewegung

Die Kirche der Scientology ist ein Beispiel einer solchen Gruppe. Gegründet von L. Ron Hubbard hat sie von ihrem Ursprung in Kalifornien ausgehend mittlerweile weltweit eine beträchtliche Anhängerschaft, zu der einige prominente Hollywoodschauspieler gehören. Scientologen glauben, dass wir alle spirituelle Wesen sind, aber unsere spirituelle Natur verleugnet haben. Durch ein Training, das den Menschen ihre spirituellen Fähigkeiten bewusst macht, können sie vergessene, übernatürliche Kräfte wiedererlangen, ihren Geist befreien und ihr volles Potenzial ausschöpfen. Scientology wird in Deutschland und Österreich von den etablierten Kirchen mit besonderem Argwohn beäugt und vom deutschen Verfassungsschutz observiert.

Viele Richtungen der sogenannten New-Age-Bewegung fallen ebenso in diese Kategorie. Die New-Age-Bewegung entstand in der Gegenkultur der 1960er und 1970er Jahre und umfasst ein breites Spektrum an Glaubensüberzeugungen, Praktiken und Lebensformen. Neopaganistische Lehren (keltische Druiden, amerikanische Ureinwohner und andere), Schamanismus, Formen asiatischen Mystizismus, Wicca-Rituale (das sind Bewegungen, deren Anhänger sich für Hexen halten) und Zen-Meditation sind nur einige der Aktivitäten, die man mit New Age verbindet.

Oberflächlich betrachtet scheint der Mystizismus der New-Age-Bewegung in einem starken Gegensatz zu modernen Gesellschaften zu stehen, in denen er Verbreitung findet. Anhänger des New Age suchen und entwickeln neue Lebensformen, um mit den Herausforderungen der Moderne zurande zu kommen. Allerdings sollte man New-Age-Aktivitäten nicht nur als radikalen Bruch mit der Gegenwart deuten. Sie sollten ebenso sehr als Teil einer größeren kulturellen Strömung gesehen werden, die bestimmte Aspekte der Mehrheitsgesellschaft *verkörpert*. In den heutigen Gesellschaften besitzen die Gesellschaftsmitglieder ein unvergleichliches Maß an Autonomie und Freiheit bei der Gestaltung ihres Lebens. In dieser Hinsicht entsprechen die Ziele des New Age der modernen Zeit: Menschen sind aufgefordert, traditionelle Werte und Erwartungen hinter sich zu lassen und ihr Leben aktiv und reflexiv zu führen.

Weltabgewandte Bewegungen

Im Gegensatz zu den weltzugewandten Gruppen stehen die weltabgewandten Bewegungen der äußeren Welt sehr kritisch gegenüber. Sie verlangen von ihren Mitgliedern sehr oft bedeutende Änderungen ihres Lebensstils – so wird zum Beispiel erwartet, dass alle Mitglieder asketisch leben, ihre Kleidung oder Frisur ändern oder eine bestimmte Ernährung beachten. Weltabgewandte Bewegungen sind üblicherweise exklusiv, im Unterschied zu den weltzugewandten Bewegungen, die dazu neigen, inklusiv zu sein. Einige weltabgewandte Bewegungen weisen Merkmale *totaler Institutionen* auf; von den Mitgliedern wird erwartet, ihre persönliche Identität der Gruppe unterzuordnen, strengen ethischen Mustern zu folgen und sich von Aktivitäten in der äußeren Welt zurückzuziehen.

Die meisten weltabgewandten Bewegungen verlangen von ihren Anhängern weitaus mehr an Zeit und Anstrengungen als die älteren etablierten Kirchen. Einige Gruppen wurden dafür bekannt, dass sie die Technik des „Liebesbombardements" benutzten, um die totale Zuwendung des Einzelnen zur Gruppe zu erreichen. Ein potenzieller Konvertit wird überschüttet mit Aufmerksamkeit, und ihm wird ständig versichert, wie sehr die Gruppe an ihm interessiert ist, bis zu dem Zeitpunkt, an dem er oder sie emotional völlig in die Gruppe eingebunden ist. Einige neue Bewegungen wurden der Gehirnwäsche beschuldigt – des Versuchs also, die Gedanken der Anhänger in einer Weise zu kontrollieren, dass diese nicht mehr zu unabhängigen Entscheidungen fähig sind.

Viele weltabgewandte Kulte und Sekten zogen intensive Beobachtung durch staatliche Stellen, die Medien und die breitere Öffentlichkeit auf sich. Bestimmte extreme Fälle weltabgewandter Sekten haben große Aufmerksamkeit auf sich gelenkt. Die japanische Aum-Shinrikyo-Gruppe hat beispielsweise 1995 in der Tokyoter U-Bahn tödliches Sarin-Gas verbrei-

weltabgewandte Bewegung

tet, das Tausende Pendler erkranken ließ und zum Tod von zwölf Personen führte. (Der Sektenführer Shōkō Asahara wurde für diesen Anschlag im Februar 2004 von einem Tokyoter Gericht zum Tode verurteilt.)

Mit der Welt versöhnende Bewegungen

Der dritte Typ neuer religiöser Bewegung ähnelt am stärksten den traditionellen Religionen. Mit der Welt versöhnende Bewegungen neigen dazu, die Bedeutung des inneren religiösen Lebens gegenüber den äußeren weltlichen Angelegenheiten hervorzuheben. Mitglieder diese Gruppen trachten danach, die spirituelle Reinheit wiederzuerlangen, die ihrer Meinung nach in den traditionellen religiösen Umgebungen verloren gegangen sind. Während die Anhänger der anderen beiden Formen sehr häufig ihren Lebensstil ändern, um im Einklang mit den religiösen Geboten zu leben, führen viele Anhänger der dritten Richtung ihr Alltagsleben ganz unverändert fort. Ein Beispiel einer mit der Welt versöhnenden Bewegung ist die Pfingstbewegung. Die Anhänger dieser Erweckungsreligion glauben, dass der Heilige Geist von jenen Personen persönlich erfahren werden kann, die über die Gabe der Zungenrede verfügen; dabei ist dem Betenden nicht bewusst, was er ausspricht, aber das, was er sagt oder in einer Gruppe singt, wird als Manifestation des Heiligen Geistes angesehen.

mit der Welt versöhnende Bewegung

Christentum, Geschlecht und Sexualität

Kirchen und Konfessionen sind, wie aus der bisherigen Diskussion hervorgeht, religiöse Organisationen mit definierten Autoritätssystemen. In diesen Hierarchien sind Frauen, wie in anderen Bereichen des gesellschaftlichen Lebens, großteils von der Macht ausgeschlossen. Dies ist im Christentum klar und deutlich ersichtlich, jedoch auch typisch für alle anderen großen Religionen.

Vor mehr als 100 Jahren veröffentlichte Elizabeth Cady Stanton, eine Vorkämpferin für Frauenrechte in den USA, unter dem Titel *The Woman's Bible* (Stanton [1895] 1999) eine Reihe von Kommentaren zur Heiligen Schrift. Ihrer Ansicht nach hat die Gottheit Frauen und Männer als gleichwertige Wesen geschaffen, und dies sollte auch in der Bibel voll und ganz zum Ausdruck kommen. Der maskuline Charakter der Bibel, so Stanton, spiegelte nicht die authentische Ansicht Gottes wider, sondern die Tatsache, dass sie von Männern geschrieben wurde. 1870 hatte die anglikanische Kirche einen Ausschuss eingesetzt, der beauftragt wurde, das zu tun, was schon oft zuvor geschehen war, nämlich die biblischen Texte zu revidieren und zu modernisieren. Wie Stanton hervorhob, saß in diesem Ausschuss keine einzige Frau. Sie versicherte, es gebe keinen Grund anzunehmen, dass Gott männlich sei, da aus der Heiligen Schrift klar und deutlich hervorgehe, dass alle Menschen nach dem Abbild Gottes geschaffen sind. Als eine ihrer Kolleginnen eine Frauenrechtskonferenz mit einem Gebet an „Gott, unsere Mutter" eröffnete, gab es heftige Reaktionen der Kirchenbehörden, doch Stanton ließ sich nicht davon abbringen, sich um die Organisation eines 23 Frauen umfassenden weiblichen Revisionsausschusses zu bemühen, der ihr bei der Herausgabe von *The Woman's Bible* beratend zur Seite stehen sollte.

100 Jahre später wurde wieder eine *Bibel in* (geschlechter-)*gerechter Sprache* veröffentlicht (Bail 2006), doch an den Macht- und Organisationsstrukturen hat sich wenig zugunsten der Frauen geändert. Die christlichen Religionsgemeinschaften werden immer noch von Männern beherrscht. Am deutlichsten ist das in der katholischen Kirche der Fall, am frauenfreundlichsten sind protestantische Kirchen, wenn man den Zugang zum Priesteramt und höheren Positionen in der kirchlichen Hierarchie als Maßstab heranzieht. Während es einige protestantische Bischöfinnen gibt und die anglikanische Kirche 1992 das Priesteramt, aber nicht das Bischofsamt Frauen öffnete, sperrt sich die katholische Kirchenhierarchie trotz eines Nachwuchsmangels standhaft gegen eine Gleichberechtigung der Frauen. Die Heilige Kongregation für Glaubensfragen führte 1977 unter der Leitung von Joseph Ratzinger, dem gegenwärtigen Papst, als Grund für die Unmöglichkeit weiblicher Priester ins Treffen, dass auch Jesus keine Frau in den Kreis seiner Jünger aufnahm.

Die Stellungnahmen der katholischen Kirche gegen die Abtreibung, gegen die Propagierung von Kondomen zur Eindämmung der HIV/AIDS-Epidemie und für eine traditionelle Rollenauffassung der Frau unterstreichen, dass die Idee gleicher Rechte für Männer und Frauen in der katholischen Kirche noch nicht angekommen ist.

Die Gleichberechtigung Homosexueller wird in den christlichen Kirchen mit vergleichbarer Reserviertheit behandelt. Während einige protestantische Kirchen mittlerweile auch offen homosexuell Auftretenden Zutritt zum Priesteramt erlauben und die niederländischen Protestanten die kirchliche Eheschließung homosexueller Paare befürworten, sieht die katholische Kirche in der Homosexualität immer noch eine Perversion.

Säkularisierung und religiöse Wiederbelebung

Säkularisierung

Wie wir gesehen haben, teilten die frühen soziologischen Theoretiker die Überzeugung, dass die Religion in der modernen Welt immer mehr an Bedeutung verlieren würde. Marx, Durkheim und Weber glaubten, dass ein Prozess der Säkularisierung in dem Maße Platz greifen würde, in dem Gesellschaften sich modernisieren und die soziale Welt zunehmend mithilfe von Wissenschaft und Technologie kontrolliert und erklärt werden würde. Säkularisierung beschreibt den Prozess, in dem Religion auf verschiedene Sphären des sozialen Lebens an Einfluss verliert.

Säkularisierung

Die Debatte um die Säkularisierungsthese ist eines der komplexesten Themen in der Religionssoziologie. In sehr grundlegender Weise sind sich Befürworter und Gegner dieser These uneinig: Die Befürworter sind sich mit den Gründervätern der Soziologie darin einig, dass die Religion in der modernen Welt an Bedeutung und Einfluss verloren hat, während die Gegner darauf verweisen, dass die Religion eine bedeutende Rolle behält, wenn auch gelegentlich in neuen und unvertrauten Formen.

Die anhaltende Popularität neuer religiöser Bewegungen ist eine Herausforderung für die Säkularisierungsthese. Ihre Gegner weisen auf die Vielfalt und die Dynamik der neuen religiösen Bewegungen hin und argumentieren, dass Religion und Spiritualität zentrale Facetten des modernen Lebens bleiben. Zwar verlieren die traditionellen Kirchen an Einfluss und Gläubigen, doch die Religiosität wird in neue Kanäle geleitet. Keineswegs alle Sozialwissenschaftler stimmen diesem Befund zu. Die Vertreter der Säkularisierungsidee gestehen den neuen Formen nur eine gesellschaftlich periphere Bedeutung zu, auch wenn sie konzedieren, dass deren Wirkung für das Leben der individuellen Gläubigen bedeutend sein mag. Die neuen religiösen Bewegungen seien fragmentiert und relativ unorganisiert; sie leiden auch an einer raschen Fluktuation, da sich Menschen zwar anfangs angezogen fühlen, aber dann doch nach kurzer Zeit die Bewegung wieder verlassen – und sei es, um sich einer neuen Gruppe anzuschließen. Verglichen mit einer seriösen religiösen Überzeugung erscheint ihnen die Teilnahme an den neuen religiösen Bewegungen eher wie ein Hobby oder die vorübergehende Wahl eines Lebensstils.

Die soziologische Debatte

Die Säkularisierung ist ein komplexes soziologisches Phänomen, zum Teil weil es wenig Übereinstimmung darüber gibt, wie dieser Prozess gemessen werden soll. Hinzu kommt, dass sich die Soziologen nicht einig darüber sind, welche Definition von Religion verwendet werden soll. Während einige nur die traditionellen Kirchen als Religion gelten lassen wollen, argumentieren andere, dass ein viel breiterer Begriff angebracht sei, der auch die Dimension der individuellen Spiritualität und tief verankerter Bindungen an bestimmte Werte einbeziehen sollte. Diese Unterschiede in der Problemdefinition beeinflussen notwendigerweise die Argumente pro und contra Säkularisierung.

Die Säkularisierung kann entlang mehrerer Aspekte oder Dimensionen beurteilt werden. Einige sind objektiver Natur, wie beispielsweise das Niveau der *Mitgliedszahlen* in religiösen Organisationen. Statistiken und offizielle Aufzeichnungen können zeigen, wie viele Menschen einer Kirche oder anderen religiösen Gemeinschaften angehören und in welchem Ausmaß sie an Gottesdiensten oder anderen Zeremonien teilnehmen. Mit Ausnahme der USA haben alle Industriestaaten eine beträchtliche Säkularisierung – gemessen an diesem Indikator – erlebt. Das Muster, dem die Verringerung des Einflusses der Religionen folgt, findet sich im größten Teil Europas, darunter auch in katholischen Ländern wie Frankreich oder Italien. Mehr Italiener als Franzosen gehen regelmäßig zur Kirche und nehmen an den wichtigsten Ritualen (wie der Osterkommunion) teil, doch das generelle Muster des Niedergangs der Religion ist in allen Fällen ähnlich.

Eine zweite Dimension der Säkularisierung betrifft das Ausmaß, in dem Kirchen und andere religiöse Organisationen ihren *gesellschaftlichen Einfluss*, ihren *Reichtum* und ihr *Prestige* aufrechterhalten. In früheren Zeiten konnten religiöse Organisationen beträchtlichen Einfluss auf Regierungen und gesellschaftliche Institutionen ausüben und genossen in der Gemeinschaft großen Respekt. Inwieweit ist dies jedoch immer noch der Fall? Die Antwort auf diese Frage ist klar. Auch wenn wir uns auf das letzte Jahrhundert beschränken, ist unübersehbar, dass religiöse Organisationen nach und nach einen Großteil ihres vorherigen gesellschaftlichen und politischen Einflusses verloren haben, und dass es sich dabei, wenngleich es einige Ausnahmen gibt, um eine weltweite Tendenz handelt. Die Kirchenführer können nicht mehr automatisch darauf zählen, Einfluss bei den Mächtigen zu haben. Zwar ist unbestreitbar, dass einige der etablierten Kirchen immer noch sehr reich sind, und neuen religiösen Bewegungen gelingt es nicht selten, sehr schnell große Vermögen anzuhäufen, doch sind die materiellen Umstände vieler alter religiöser Organisationen unsicher. Kirchen und Tempel müssen verkauft werden oder befinden sich in einem heruntergekommenen Zustand.

Die dritte Dimension der Säkularisierung betrifft Überzeugungen und Werte. Dies können wir als die Dimension der *Religiosität* bezeichnen. Die Anzahl jener, die zur Kirche gehen, und der Grad des gesellschaftlichen Einflusses der Kirchen sind offensichtlich nicht unbedingt ein direkter Ausdruck der gängigen Überzeugungen oder der Ideale. Viele gläubige Menschen gehen nicht regelmäßig zu Gottesdiensten oder nehmen nicht an öffentlichen Zeremonien teil. Andererseits deuten regelmäßige Kirchenbesuche oder regelmäßige Teilnahme an Zeremonien nicht immer auf starke religiöse Überzeugung, denn unter Umständen geschieht das aus Gewohnheit oder weil es von der Gemeinschaft erwartet wird.

Wie bei den anderen Dimensionen der Säkularisierung ist auch hier ein genaues Verständnis der Vergangenheit erforderlich um zu sehen, ob die Religiosität heute zurückgegangen ist. Anhänger der Säkularisierungsthese behaupten, dass in der Vergangenheit die Religion für das Alltagsleben der Menschen viel wichtiger war als heute. Die Kirche stand im Zentrum der lokalen Angelegenheiten und übte einen starken Einfluss innerhalb der Familie und des persönlichen Lebens aus. Kritiker der These bezweifeln diese Vorstellung und argumentieren, aus dem Umstand, dass Menschen regelmäßig zur Kirche gehen, könne man nicht ableiten, dass sie religiöser waren. In vielen vormodernen Gesellschaften, so auch im mittelalterlichen Europa, war das Engagement für den Glauben im täglichen Leben weniger intensiv und weniger wichtig, als man annehmen könnte. Beim einfachen Volk waren oft halbherzige religiöse Überzeugungen gang und gäbe. In den meisten Kulturen, insbesondere in den größeren vormodernen Gesellschaften, scheint es religiöse Skeptiker gegeben zu haben (Ginzburg 1979).

Doch es gibt keinen Zweifel, dass religiöse Überzeugungen heute weniger ins Gewicht fallen, als dies in der vormoderne Welt allgemein der Fall war – besonders, wenn unter der Bezeichnung „Religion" auch die ganze Bandbreite des Übernatürlichen, an das die Menschen glaubten, subsumiert wird. Es ist einfach so, dass die meisten von uns unsere Umgebung nicht mehr als von göttlichen oder spirituellen Wesen durchdrungen erfahren. Manche der größten Spannungen in der heutigen Welt, wie etwa jene im Nahen Osten, in Tschetschenien und im Sudan, scheinen primär oder zumindest zum Teil in religiösen Unterschieden zu wurzeln. Die Mehrheit der Konflikte und Kriege ist heute jedoch hauptsächlich weltlicher Natur und dreht sich um unterschiedliche politische Anschauungen oder materielle Interessen.

Behalten wir die drei Dimensionen der Säkularisierung im Auge und untersuchen wir im Folgenden einige aktuelle Trends in der Religion in Europa und den USA um zu sehen, inwiefern diese die Idee der Säkularisierung unterstützen oder ihr widersprechen.

Religion in Europa

Das Christentum nahm entscheidend auf die Entwicklung Europas Einfluss. Eine der möglichen Grenzen dessen, was wir heute als Europa betrachten, verläuft entlang der Linie, die die erste große Spaltung der europäischen Christenheit im 11. Jahrhundert, jene in die orthodoxe Ostkirche und die römische Kirche, mit sich brachte. In vielen osteuropäischen Ländern – Bulgarien, Georgien, Griechenland, Rumänien, Russland, Serbien, Ukraine, Weißrussland und Zypern – leben mehrheitlich orthodoxe Christen.

In Westeuropa führte der Konflikt zwischen Katholiken und Protestanten im 16. Jahrhundert zu einer zweiten Aufspaltung des Kontinents. Dieser als Reformation bekannte Prozess war begleitet von der Herausbildung eines Musters relativ stabiler Nationalstaaten, die noch heute die Landkarte Europas kennzeichnen. Sehr grob gesprochen teilt sich Westeuropa in einen protestantischen Norden (Skandinavien und Schottland), einen katholischen Süden (Spanien, Portugal, Italien, Frankreich, Österreich, ebenso wie Belgien und Irland und als nördlicher Außenposten Polen) und einige religiös gemischte Länder, wie die Niederlande, Großbritannien, Nordirland und Deutschland.

Die Reformation nahm in verschiedenen Ländern unterschiedliche Formen an, aber sie war sich einig in ihrem Bestreben nach größerer Unabhängigkeit vom Papst und der katholischen Kirche. Eine Vielzahl protestantischer Konfessionen und unterschiedlicher Beziehungen zwischen Staat und Kirche entstanden in Europa. Im Folgenden geben wir einen kurzen Abriss über die Religion in den wichtigsten europäischen Staaten (s. Abb. 13.2).

In den *nordischen Staaten* (Dänemark, Finnland, Island, Norwegen und Schweden) bestehen evangelisch-lutherische Staatskirchen. Die Bevölkerung weist einen hohen Anteil an Kirchenmitgliedern auf, ist aber durch ein niedriges Niveau, sowohl was die Teilnahme an religiösen Praktiken (wie Kirchenbesuch) als auch was die Akzeptanz religiöser Vorschriften betrifft, charakterisiert. Besonders in Schweden wird neuerdings die enge

Europa ist Heimat zahlreicher Religionen und Glaubensgemeinschaften. Neben Reformierten, Katholiken, orthodoxen Christen und Muslimen leben auch rund 1,5 Millionen Juden in Europa.

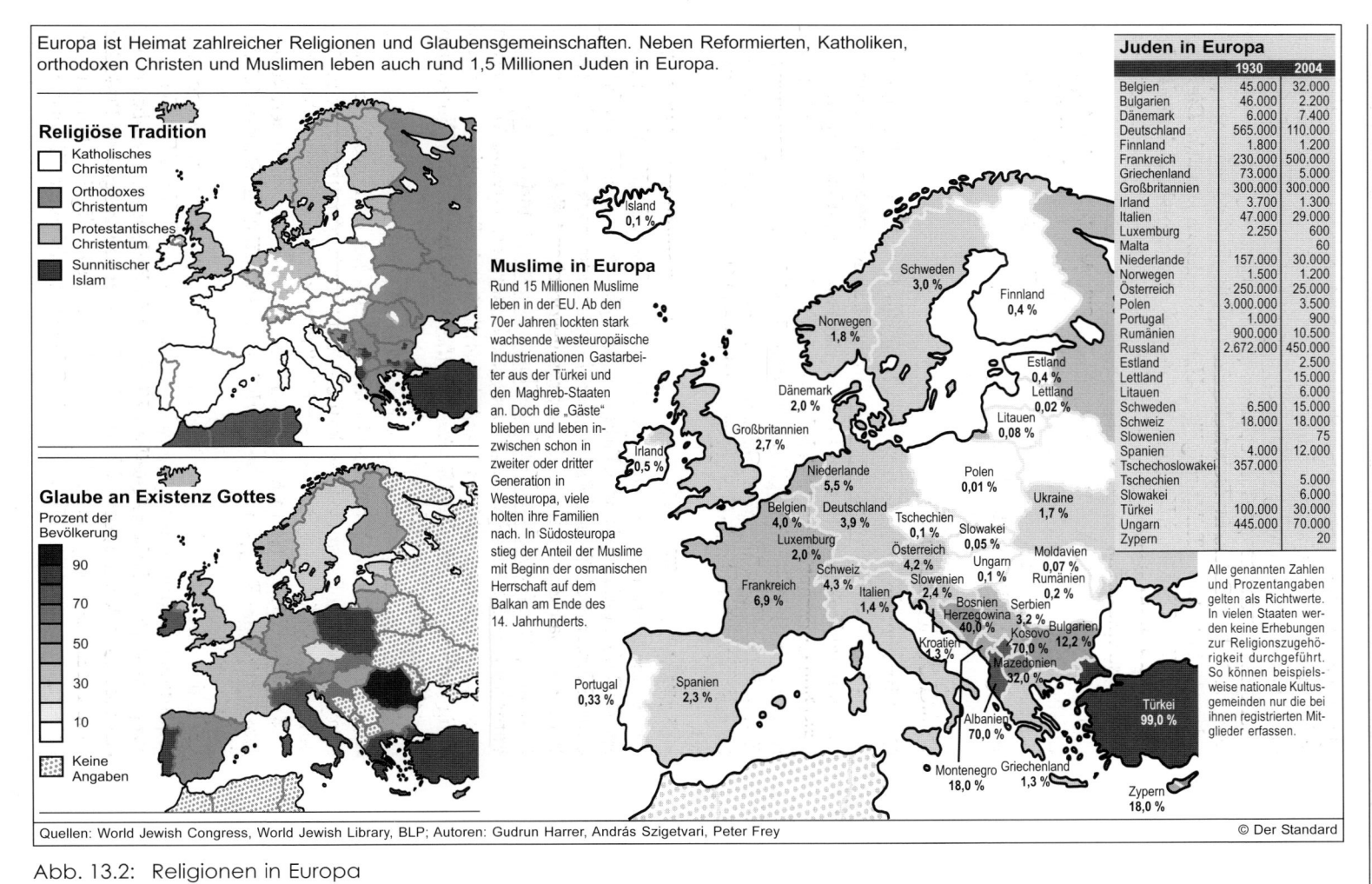

Religiöse Tradition

- ☐ Katholisches Christentum
- ▨ Orthodoxes Christentum
- ▨ Protestantisches Christentum
- ■ Sunnitischer Islam

Glaube an Existenz Gottes

Prozent der Bevölkerung

90
70
50
30
10

Keine Angaben

Muslime in Europa

Rund 15 Millionen Muslime leben in der EU. Ab den 70er Jahren lockten stark wachsende westeuropäische Industrienationen Gastarbeiter aus der Türkei und den Maghreb-Staaten an. Doch die „Gäste" blieben und leben inzwischen schon in zweiter oder dritter Generation in Westeuropa, viele holten ihre Familien nach. In Südosteuropa stieg der Anteil der Muslime mit Beginn der osmanischen Herrschaft auf dem Balkan am Ende des 14. Jahrhunderts.

Island 0,1 %
Schweden 3,0 %
Finnland 0,4 %
Norwegen 1,8 %
Dänemark 2,0 %
Estland 0,4 %
Lettland 0,02 %
Litauen 0,08 %
Großbritannien 2,7 %
Irland 0,5 %
Niederlande 5,5 %
Polen 0,01 %
Ukraine 1,7 %
Belgien 4,0 %
Deutschland 3,9 %
Tschechien 0,1 %
Slowakei 0,05 %
Moldavien 0,07 %
Luxemburg 2,0 %
Österreich 4,2 %
Ungarn 0,1 %
Rumänien 0,2 %
Schweiz 4,3 %
Slowenien 2,4 %
Frankreich 6,9 %
Italien 1,4 %
Bosnien Herzegowina 40,0 %
Serbien 3,2 %
Bulgarien 12,2 %
Kroatien 1,3 %
Kosovo 70,0 %
Mazedonien 32,0 %
Portugal 0,33 %
Spanien 2,3 %
Albanien 70,0 %
Montenegro 18,0 %
Griechenland 1,3 %
Türkei 99,0 %
Zypern 18,0 %

Juden in Europa

	1930	2004
Belgien	45.000	32.000
Bulgarien	46.000	2.200
Dänemark	6.000	7.400
Deutschland	565.000	110.000
Finnland	1.800	1.200
Frankreich	230.000	500.000
Griechenland	73.000	5.000
Großbritannien	300.000	300.000
Irland	3.700	1.300
Italien	47.000	29.000
Luxemburg	2.250	600
Malta		60
Niederlande	157.000	30.000
Norwegen	1.500	1.200
Österreich	250.000	25.000
Polen	3.000.000	3.500
Portugal	1.000	900
Rumänien	900.000	10.500
Russland	2.672.000	450.000
Estland		2.500
Lettland		15.000
Litauen		6.000
Schweden	6.500	15.000
Schweiz	18.000	18.000
Slowenien		75
Spanien	4.000	12.000
Tschechoslowakei	357.000	
Tschechien		5.000
Slowakei		6.000
Türkei	100.000	30.000
Ungarn	445.000	70.000
Zypern		20

Alle genannten Zahlen und Prozentangaben gelten als Richtwerte. In vielen Staaten werden keine Erhebungen zur Religionszugehörigkeit durchgeführt. So können beispielsweise nationale Kultusgemeinden nur die bei ihnen registrierten Mitglieder erfassen.

Quellen: World Jewish Congress, World Jewish Library, BLP; Autoren: Gudrun Harrer, András Szigetvari, Peter Frey

© Der Standard

Abb. 13.2: Religionen in Europa
Quelle: Der Standard, Wien, 25.2.2008.

Religion in der modernen Gesellschaft

579

Beziehung zwischen Staat und (Staats-)Kirche infrage gestellt. Viele finden, dass die Idee einer besonders privilegierten Kirche in einer ethnisch und kulturell zunehmend vielfältigeren Gesellschaft unangebracht ist.

Großbritannien ist eines jener europäischen Länder, in denen traditionellerweise keine der christlichen Kirchen allein das Feld dominiert. Auch wenn die anglikanische Kirche die meisten Gläubigen zu verzeichnen hat (im Jahr 2005: 28 Millionen), gibt es daneben protestantische und katholische Christen, die zusammen etwas mehr als zehn Millionen Mitglieder haben. Neben den rund 70 Prozent Christen gibt es eine steigende Zahl von anderen Religionen. Die größte Gruppe stellen mit drei Prozent die Muslime, die aber von zwei anderen Gruppen zahlenmäßig überboten werden, die sich keiner Religion zugehörig fühlen (fünf Prozent) oder keine Angaben über ihre religiösen Bindungen machen wollten (acht Prozent). Die Situation in Nordirland ist deutlich anders als im Rest des Vereinigten Königreichs, da es dort die seit Jahrzehnten virulenten Konflikte zwischen der protestantischen Mehrheitsbevölkerung und der katholischen Minderheit gibt.

Frankreich ist ein weitgehend katholisches Land, aber es ähnelt, wie auch England, Wales und Schottland in vielerlei Hinsicht eher den nordischen Ländern. Auch in Frankreich ist die Bereitschaft zum Kirchenbesuch und zur Einhaltung religiöser Vorschriften im Verlauf der letzten Jahrzehnte deutlich zurückgegangen. Von allen europäischen Staaten verfolgt Frankreich die strikteste Trennung von Kirche und Staat; keine Religionsgemeinschaft wird von Staats wegen bevorzugt, und in den staatlichen Schulen gibt es keinen Religionsunterricht. Der strikte säkulare Charakter des öffentlichen Lebens wurde 2004 durch das Verbot des sichtbaren Tragens religiöser Symbole in den Schulen unterstrichen, was vor allem bei der muslimischen Bevölkerung als diskriminierend betrachtet wurde, weil das Tragen des Kopftuchs unter dieses Verbot fiel.

Italien, *Spanien* und *Portugal*, aber auch *Österreich* sind weitgehend katholische Länder, die ein vergleichsweise höheres Niveau an Religiosität zeigen, gemessen an der Kirchenbesuchshäufigkeit. In all diesen Ländern verfügt die katholische Kirche über deutlichen Einfluss auf das öffentliche und politische Leben. Letzteres trifft auch auf das nördlichste katholische Land, *Polen*, zu, das hinsichtlich des Grades an Religiosität die anderen europäischen Länder weit hinter sich lässt. In den orthodoxen Ländern Osteuropas spielt die Geistlichkeit eine mit den Verhältnissen in Polen durchaus vergleichbare Rolle.

Der langfristige Trend in Richtung Säkularisierung verlief in Europa sehr unterschiedlich. Laut einer Eurobarometer Umfrage aus dem Jahr 2005 glauben im gesamten EU-25-Raum 52 Prozent an einen Gott, doch die Differenzen zwischen den einzelnen Staaten sind außerordentlich groß (Eurobarometer 2005). Am gläubigsten sind die Bewohner Maltas (95 Prozent), wo überwiegend Katholiken leben, gefolgt von Zypern (90 Prozent) und Griechenland (81 Prozent) mit ihren griechisch-orthodoxen Bevölkerungen. Rund 80 Prozent Glauben an einen Gott findet man in den katholischen Ländern Portugal, Italien und Polen. Am unteren Ende dieser Skala steht die Tschechische Republik (19 Prozent) und Estland (16 Prozent). Man kann wohl sagen, dass der einzige nachhaltige Erfolg der kommunistischen Regierungen in Mittel- und Osteuropa in der faktischen Durchsetzung einer agnostischen Gesellschaft bestand (s. auch Abb. 13.3 und Tab. 13.1).

	gar nicht und wenig religiös	mittel	ziemlich und sehr religiös
Österreich	39	37	23
Schweiz	41	36	29
Deutschland	50	35	15
D-West	32	40	17
D-Ost	79	16	4

Tab: 13.1: Ausmaß der Religiosität nach Selbstauskunft der Befragten (in Prozent)
Quelle: Zulehner (2008), S.1.

Die drei deutschsprachigen Länder Deutschland, Schweiz und Österreich unterscheiden sich im Grad der Dominanz bestimmter Religionen: Während Österreich ganz überwiegend katholisch ist, teilt sich Deutschland in einen protestantischen Norden und katholischen Süden (sowie agnostischen Osten), und die Schweiz ist seit Langem ein von protestantischen Freikirchen gekennzeichnetes Land.

Religiöse Minderheiten

In Europa leben auch nichtchristliche religiöse Minderheiten. Die seit Jahrhunderten verstreut in Europa lebenden Juden wurden durch den Genozid der Nazis nahezu eliminiert. Nach 1945 verließen viele Holocaustüberlebende Europa und gingen zum Großteil nach Palästina, wo 1947 Israel gegründet wurde, zum geringen Teil auch nach Übersee. Während 1937 in ganz Europa rund 9,6 Millionen Juden lebten, waren es vor wenigen Jahren nur mehr weniger als zwei Millionen (s. Abb. 13.2). Trotz ihrer geringen Zahl sind Juden, jüdische Einrichtungen und Friedhöfe regelmäßig Ziele antisemitischer Übergriffe, wie Schmierereien, Anpöbeleien und manchmal auch folgenschwerere Attacken. Die jahrhundertelange, von Regierungen praktizierte Diskriminierung der Juden fand hingegen in den demokratischen Staaten Europas keine Fortsetzung.

Rassismus und Diskriminierung werden genauer im Kapitel 10 – Ethnien, Ethnizität und Migration diskutiert.

Die globale Migration, die in Europa zum Teil auch als Erbe der kolonialen Reiche auftrat, führte dazu, dass der ganze Kontinent zum ersten Mal das Auftreten von nicht judäo-christlichen religiösen Minderheiten erlebte. Die größte Gruppe ist der Islam, der heute in Europa rund 15 Millionen Gläubige umfasst, was etwa drei Prozent der Bevölkerung entspricht. Die Kolonialherrschaft Frankreichs über Teile Nordafrikas war für die bemerkenswerte Zahl von drei bis vier Millionen Muslimen in Frankreich verantwortlich, während in Deutschland der muslimische Bevölkerungsteil als Folge der Anwerbepolitik von Arbeitskräften ab den 1960er Jahren ins Land kam. Die britische muslimische Bevölkerung stammt weitestgehend aus dem früheren Kolonialgebiet im indischen Subkontinent; in ähnlicher Weise kamen die Muslime aus der früheren Kolonie in Indonesien in die Niederlande.

Religion in den USA

Verglichen mit den Bürgern anderer Industrienationen sind die Amerikaner ungewöhnlich religiös. Von wenigen Ausnahmen abgesehen „sind die USA das am stärksten an Gott glaubende, religiöse Gebote beachtende, fundamentalistische und in religiösen Fragen traditionellste Land des Christentums, in dem wie in keinem anderen Land der Welt auch neue Religionen entstanden" (Lipset 1991). Umfragen berichten, dass drei von fünf Amerikanern von sich sagen, Religion sei in ihrem Leben „sehr wichtig"; 40 Prozent waren in der vorhergehenden Woche in der Kirche (Gallup 2004, S. 427). Die überwiegende Mehrheit der Amerikaner erklärt, an Gott zu glauben und regelmäßig zu beten, die Mehrheit davon sogar mehrmals täglich (Pew Forum 2008, S. 162 und 177). Sieben von zehn Amerikanern geben an, dass sie an ein Leben nach dem Tod glauben (Pew Forum 2008, S. 165).

Zwar erhebt die US-Regierung die Religionsbekenntnisse ihrer Bürger nicht offiziell, aber aus Umfragen, gelegentlichen amtlichen Studien und Aufzeichnungen der Kirchen kann man ein Bild gewinnen. Demnach sind die USA das religiös bunteste Land der Welt, mit mehr als 2.800 verschiedenen Religionsgemeinschaften (Melton u.a. 2009). Trotz dieser Vielfalt geht aus den Umfragen hervor, dass sich die Mehrheit der Amerikaner als Christen sehen und einigen wenigen Konfessionen angehören.

Ungefähr 51 Prozent der Amerikaner bezeichnen sich als Protestanten und 24 Prozent als Katholiken. Weitere zahlenmäßig relevante Gruppen sind Mormonen, Muslime und Juden. Die am stärksten wachsende religiöse Gruppe sind jene, die keiner bestimmten religiösen Organisation angehören, sich aber als gläubig betrachten (s. Tab. 13.2).

Auf der Seite der Protestanten muss man, um ein zutreffendes Bild zu gewinnen, die wichtigsten Teilgruppen gesondert betrachten. In einer jüngst veröffentlichten Studie des Pew Forum wird die Gesamtheit der Protestanten in Evangelikale, traditionelle schwarze Kirchen und liberale Protestanten (Lutheraner, Episkopalkirche/Anglikaner, Methodisten und Presbyterianer) aufgeteilt. Die für lange Zeit größte protestantische Gruppe der Baptisten hat mittlerweile fast vollständig zu den Evangelikalen gewechselt. Bei den Lutheranern ist die Mehrheit noch auf der Seite der Nichtevangelikalen (s. Tab. 13.2).

Diese Veränderungen sind deswegen von Bedeutung, weil sie die zunehmende Rolle konservativer Protestanten unterstreichen. Konservative Protestanten treten für eine wörtliche Auslegung der Bibel ein,

Religion	%
Evangelikale (Protestanten)	26,3
Baptisten	10,8
Lutheraner	1,8
Pfingstgemeinde	3,4
Protestanten	18,1
Methodisten	5,4
Lutheraner	2,8
Historische Schwarze Kirchen	6,9
Baptisten	4,4
Katholiken	23,9
Mormonen	1,7
andere christliche Kirchen	1,6
Juden	1,7
Buddhisten	0,7
Muslime	0,6
Hindus	0,4
andere Weltreligionen	<0,3
andere Glaubensrichtungen	1,2
Unitarier	0,7
New Age	0,4
Native American Religions	<0,3
ohne kirchliche Bindung	12,1
Agnostiker und Atheisten	4,0

Tab. 13.2: Religionsbekenntnisse in den USA
Quelle: Pew Forum on Religion & Public Life, U.S. Religious Landscape Survey, http://religions.pewforum.org/affiliations.

betonen die moralische Bedeutung der Religion für das alltägliche Handeln und betreiben eine aktive Politik der Konversion anderer durch Evangelisierung. Der lange Zeit dominierende liberalere Protestantismus, der dazu neigte, eine flexible, humanistische Interpretation der religiösen Praktiken zu vertreten, wird schwächer. Der liberale Protestantismus nimmt auch deswegen ab, weil seine alternde Mitgliedschaft nicht in der Lage ist, in ausreichendem Maße neue Mitglieder zu rekrutieren. Die protestantischen Kirchen der Afroamerikaner verlieren zwar auch einige Mitglieder wegen ihres sozialen Aufstiegs, doch die überwiegende Mehrheit ist nach wie vor arm und weniger gebildet: 75 Prozent der Mitglieder dieser Kirchen verdienen weniger als 50.000 US-Dollar im Jahr, während es im Mittel aller Befragten 53 Prozent sind.

Die Veränderungen der religiösen Orientierungen erfolgt in den USA relativ rasch und Religionswechsel sind, wie das Pew Forum festgestellt hat, häufig. Aufschlussreich ist ein Blick auf den Zusammenhang zwischen religiöser Zughörigkeit und Bildungsniveau. Wie Tabelle 13.3 zeigt, weisen Juden, Buddhisten und Hindus deutlich höhere Anteil an höher Gebildeten auf, während Evangelikale, schwarze Kirchen, Zeugen Jehovas und Muslime stärker in der Gruppe der am wenigsten Gebildeten zu finden sind.

Religion	weniger als High School	High School Abschluss	College Besuch, ohne Abschluss	College Abschluss	Post-Graduate	Sample
USA, insg.	**14**	**36**	**23**	**16**	**11**	**35298**
Evangelikale	+2	+4	+1	-3	-4	9411
Liberale Protestanten	-5	-2	+1	+4	+3	7429
Historische Schwarze Kirchen	+5	+4	+2	-5	-7	1985
Katholiken	+3	0	-2	0	-1	7990
Mormonen	-5	-6	+9	+2	-1	578
Orthodoxe	-8	-10	-1	+12	+7	362
Zeugen Jehovas	+5	+15	-1	-10	-8	211
andere christliche Kirchen	-2	-14	+4	+4	+9	129
Juden	-9	-17	-4	+8	+24	676
Muslime	+7	-4	0	-2	-1	1031
Buddhisten	-11	-13	+3	+6	+15	408
Hindus	-10	-24	-13	10	+37	253
Andere	-7	-11	+5	+2	+10	448
ohne religiöse Bindung	-1	-2	+1	0	+2	5009

Tab: 13.3: Religion und Bildung in den USA: Angaben der Abweichung vom nationalen Mittelwert in Prozent
Quelle: Pew Forum on Religion & Public Life, U.S. Religious Landscape Survey,
http://religions.pewforum.org/comparisons; eigene Berechnung.

Die protestantischen Kirchen der USA haben eine starke Zunahme des Evangelikanismus erlebt, eines Glaubens an eine spirituelle Wiedergeburt. Der Evangelikanismus kann zum einen als Reaktion auf die wachsende **Evangelikanismus** Säkularisierung und die religiöse Vielfalt gesehen werden und ist andererseits eine Folge des Niedergangs der einst dominanten protestantischen Werte im amerikanischen Leben (Wuthenow 1988). Der in jüngster Zeit zutage tretende enorme Zuwachs an evangelikalen Konfessionen wird darauf zurückgeführt, dass viele Protestanten eine unmittelbarere, persönlichere und emotionalere religiöse Erfahrung attraktiver finden, die von diesen evangelikalen Konfessionen versprochen wird.

Der 43. US-Präsident George W. Bush sagte von sich, er sei ein wiedergeborener Christ und verkündete, dass ihm sein Glauben geholfen habe, sein Alkoholproblem zu bewältigen. Im Gefolge des Terroranschlags vom 11. September 2001 benutzte er Redewendungen wie jene von einem neuen Kreuzzug, die deutlich machten, dass er die Religion in den Dienst der Politik zu stellen versuchte, etwas, was er sich bei seiner Wiederwahl im November 2004 zunutze machen konnte, als er Abtreibung und Eheschließung zwischen Homosexuellen zu Wahlkampfthemen machte. Die Unterstützung der evangelikalen Christen war für seine Wahlerfolge entscheidend.

Die Kontroverse um die Ehe von Homosexuellen wird im Kapitel 5 – Sexualität, Geschlecht und Gender diskutiert.

Die evangelikalen Organisationen sind sehr erfolgreich beim Mobilisieren von Ressourcen, um ihre religiösen und politischen Ziele zu erreichen, wie der Präsidentschaftswahlkampf 2004 bewies. In der aus der Geschäftswelt übernommenen Sprache, mit der die Analytiker der religiösen Ökonomie (siehe Kasten unten) operieren, heißt das, dass die „spirituellen Unternehmer" sich am „religiösen Markt" sehr erfolgreich gegen Mitbewerber durchzusetzen vermochten (Hatch 1989). Radio und Fernsehen lieferten dafür bedeutende neue Möglichkeiten der Vermarktung, die es einigen Evangelikalen erlaubten, ein unvergleichlich größeres Publikum als je zuvor zu erreichen. Die sogenannten Televangelisten nutzen das Fernsehen für ihre Predigten und unterscheiden sich von früheren evangelikalen Predigern durch die Verbreitung einer „Frohbotschaft des Wohlstandes": Gott wünsche, dass die Rechtgläubigen wirtschaftlich erfolgreich und zufrieden seien und nicht, dass sie etwas opfern oder leiden. Dieser Zugang unterscheidet sich deutlich vom früheren, bei den traditionellen Protestanten typischen Hervorheben von harter Arbeit und selbstverleugnendem Dienen (Hadden und Shupe 1987; Bruce 1990). Luxuriöse Gebäude, aus denen Messen im Fernsehen übertragen werden, richten sich an eine Anhängerschaft, die geografisch weit verstreut ist und durch nichts anderes als den gemeinsamen TV-Gottesdienst zusammengehalten wird. Theologie und Spendensammeln sind die Säulen des Televangelikanismus, der nicht nur die Prediger finanziert, sondern zunehmend auch Schulen, Universitäten, Themenparks und gelegentlich einen durchaus ausschweifenden Lebenswandel der Prediger selbst.

Elektronisches Predigen fand in Lateinamerika durch die Ausstrahlung nordamerikanischer Programme besonders weite Verbreitung. Als Folge haben sich protestantische Bewegungen, die meisten stehen mit der Pfingstgemeinde-Kirche in Verbindung, in traditionell katholischen Ländern wie Chile oder Brasilien stark bemerkbar gemacht (Martin 1990).

Obwohl manche Evangelikale durchaus einen modernen Lebensstil mit ihren traditionelleren religiösen Überzeugungen zu vereinbaren vermögen, lehnen andere bestimmte heutige Haltungen und Überzeugungen ab. Fundamentalisten kann man jene Evangelikalen nennen, die in vielen ihrer Überzeugungen antimodern sind und für die strikte Beachtung von Moral- und Verhaltensvorschriften eintreten. Diese umfassen häufig Tabus gegen Trinken, Rauchen und andere „weltliche Übel", einen Glauben an die biblische Unfehlbarkeit und eine starke Betonung der bevorstehenden Rückkehr Christus' auf Erden (Balmer 2006). Diese altertümliche Religion unterscheidet scharf zwischen Gut und Böse, Recht und Unrecht (Roof und McKinney 1987). Der Aufstieg des christlichen Fundamentalismus wird weiter unten noch eingehender besprochen.

In der Debatte um die Säkularisierung stellen die USA die deutliche Ausnahme von der Ansicht dar, dass sich die Religion in den westlichen Gesellschaften im Rückgang befindet. Während die USA einerseits das am

Religion als Wirtschaft betrachtet

Eine der fruchtbarsten und einflussreichsten Sichtweisen auf das Thema Religion, die in letzter Zeit von Soziologen vorgebracht wurde, betrachtet Religion wie irgendein anderes Wirtschaftsgut. Vor mehr als einem halben Jahrhundert hat Joseph Schumpeter politische Wahlen mit den Mitteln der Nationalökonomie zu analysieren versucht (und Parteien als Konkurrenten auf einem Markt betrachtet, auf dem Wählerstimmen „gehandelt" werden), und nun versuchen Soziologen Mechanismen des wirtschaftlichen Lebens für die Deutung der Religion heranzuziehen: In Gesellschaften, in denen es einen religiösen Pluralismus gibt, konkurrieren Religionsgemeinschaften um Anhänger (Stark und Bainbridge 1987; Finke und Stark 1988, 2005; Moore 1995).

So wie Ökonomen, die die Geschäftswelt studieren, argumentieren Soziologen, die sich mit Kirchen beschäftigten, dass Monopole schädlich sind und Konkurrenz zu einer höheren Vitalität auch des religiösen Marktes führen würde. Das ist nebenbei das genaue Gegenteil dessen, was die Klassiker der Religionssoziologie, Marx, Durkheim und Weber meinten, die davon überzeugt waren, dass jede Religion, die vom Prozess der Säkularisierung herausgefordert wird, notwendigerweise schwächer werden muss. Die Soziologen, die Religion mit den Mitteln der Wirtschaftssoziologie betrachten, sind dagegen davon überzeugt, dass ein stärkerer Wettbewerb zwischen Glaubensrichtungen und Kirchen das Gesamtniveau an religiösen Überzeugungen anheben würde. Religionsökonomen glauben, dafür zwei Gründe anführen zu können. Erstens zwinge Wettbewerb jede religiöse Gruppierung dazu, sich mehr um die Rekrutierung neuer Mitglieder und den Verbleib älterer bemühen zu müssen. Zweitens bietet eine breite Palette von religiösen Angeboten jedermann die Chance, für sich etwas Passendes zu finden. In Gesellschaften, die kulturell vielfältig und vielgestaltig sind, würde ein Religionsmonopol wohl nur wenige ansprechen, während das gleichzeitige Vorhandensein eines weiten Spektrums, das von indischen Gurus bis zu Katholiken reicht, die die Reformen des Zweiten Vatikanums rückgängig machen wollen und Messen wieder in Lateinisch zelebrieren, die religiösen Aktivitäten in Summe erhöhen dürfte.

Die ganze Analyse beruht natürlich darauf, dass die Sprache und Erklärungen der Nationalökonomie auf einen ungewöhnlichen Fall angewandt werden. Nach Roger Finke und Rodney Stark (2005) verfügt eine erfolgreiche religiöse Organisation über eloquente Prediger, die als „Straßenhändler" für die Verbreitung der Lehre zuständig sind, und dabei auch gleich noch andere Produkte mitverkaufen: gratis verteilte, heilige Lebensmittel mit geringem Fettgehalt, Rituale, an denen man nur teilnehmen darf, wenn man vorher dem Klub beigetreten ist und exklusive Beratungstätigkeit in eigens designten Besprechungskabinen usw. In dieser Sicht ist Religion ein Geschäft wie jedes andere auch, das versucht, Marktteilnehmer von anderen Märkten abzuziehen, und wo jedes einzelne Unternehmen danach strebt, möglichst hohe Umsätze und Profite zu erzielen.

Religionsökonomen sehen den Glauben nicht von Konkurrenz untergraben und damit im Prozess der Säkularisierung vom Verschwinden bedroht. Sie meinen vielmehr, dass die Wirkung der Konkurrenz sich darin manifestiert, dass die Glaubensrichtungen sich ständig erneuern, um konkurrenzfähig zu bleiben. Tatsächlich gibt es eine steigende Zahl von Studien, die nahelegen, dass Konkurrenz für Glaubensgemeinschaften von Vorteil ist (Stark und Bainbridge 1980, 1985; Finke und Stark 2005), aber nicht alle kommen zum selben Ergebnis (Land u.a. 1991).

Der Blick auf die Religion aus der Ecke der Ökonomen überschätzt vermutlich das Ausmaß, in welchem religiöse Menschen tatsächlich zwischen Angeboten wählen, aber der Umstand, dass immer mehr Gläubige nicht in jener Glaubensrichtung, in die sie hineingeboren werden, ein Leben lang verbleiben, macht doch deutlich, dass eine Erklärung des Wechsels zwischen Glaubensrichtungen notwendig ist. Eine Studie fand für die USA, wo die Religionsökonomie erfunden wurde, heraus, dass in der besonders liberalen Generation der sogenannten Babyboomer (damit werden die Geburtsjahrgänge zwischen Ende des Zweiten Weltkriegs und Mitte der 1960er Jahre bezeichnet) ein Drittel in der Kirche blieb, der sie seit Geburt angehörten, ein weiteres Drittel nicht austrat, aber inaktiv wurde, und nur ein Drittel aktiv nach neuen religiösen Angeboten suchten (Roof 1993). 15 Jahre später fanden Religionsforscher heraus, dass bereits 44 Prozent der befragten Amerikaner einen Religionswechsel hinter sich hatten.

stärksten „modernisierte" Land darstellen, sind sie auf der anderen Seite jene Gesellschaft, die das höchste Niveau an religiösen Überzeugungen und an Gläubigen aufweist. Steve Bruce, einer der Verfechter der Säkularisierungsthese, hat die Ansicht vertreten, man könne die Beharrlichkeit des Religiösen in den USA als Ausdruck eines *kulturellen Übergangs* deuten (Bruce 1996). In jenen Fällen, wo Gesellschaften rasche und tief greifende demografische und kulturelle Veränderungen durchlaufen, könne Religion, so Bruce, dazu dienen, den Menschen bei der Anpassung an neue Bedingungen zu helfen und auf diese Weise Phasen der Unsicherheit überwinden. Die USA sind verglichen mit allen anderen Gesellschaften sicherlich jene Gesellschaft, die sich seit Langem einem sehr dynamischen Wandel ausgesetzt sieht. Doch die anderen Gesellschaften mit hoher Bedeutung der Religion für das Leben sind nicht in vergleichbarer Weise dynamisch und jene, die, wenn auch kurzfristiger, einen tief greifenden

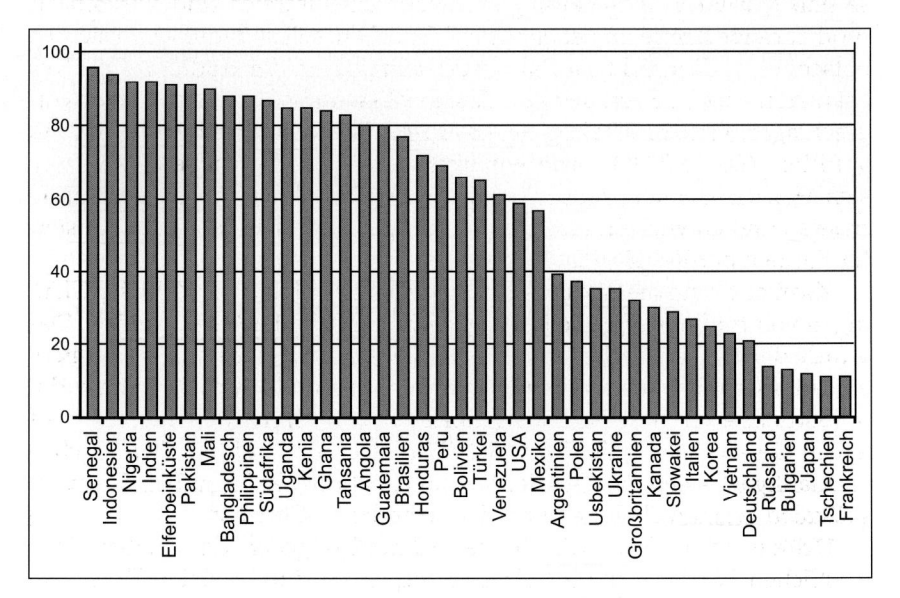

Abb. 13.3: Die Bedeutung der Religion für das Leben
Frage: Wie wichtig ist Religion für Ihr Leben – sehr wichtig, wichtig, nicht sehr wichtig, gar nicht wichtig. Die Tabelle zeigt die Werte für „sehr wichtig".
Quelle: Pew Global Attitudes Project 2002, http://people-press.org/reports/pdf/167.pdf.

Wandel durchliefen, wie Japan, Russland, Korea, haben teils weniger ausgeprägte Religiosität als stabilere Gesellschaften. Die USA sind sicherlich nicht allein in ihrer Betonung der Religion, wie die Daten in Abbildung 13.3 belegen; sie dürften allerdings unter jenen Ländern, in denen der Glaube an Gott eine große Bedeutung hat, das einzige Land sein, in dem Gläubige sich wie Konsumenten verhalten und zwischen religiösen Mitgliedschaften wie zwischen unterschiedlichen Konsumgütern wählen.

Bewertung der Säkularisierungsthese

Unter Soziologen herrscht weitgehend Einigkeit, dass sich Religion in Form der traditionellen Kirche in westlichen Ländern langfristig gesehen im Rückgang befindet, mit der eben besprochenen Ausnahme der USA. Der Einfluss der Religion nahm entlang aller drei Dimensionen der Säkularisierung ab, ganz so, wie es von den Soziologen des 19. Jahrhunderts prognostiziert wurde. Sollen wir daraus schließen, dass sie und ihre Nachfolger mit der Säkularisierungsthese recht hatten? Hat die Attraktivität der Religion tatsächlich parallel zur Ausbreitung der Modernität abgenommen? Eine derartige Folgerung wäre allerdings aus mehreren Gründen anzweifelbar; einen Hinweis auf das Ausmaß der Säkularisierung zeigen die Daten in Abbildung 13.4.

Erstens ist die Lage der Religion in westlichen Ländern weit komplexer, als die Vertreter der Säkularisierungsthese nahegelegt haben. Religiöse und spirituelle Anschauungen blieben einflussreich und wirkten als motivierende Kräfte im Leben vieler Menschen, selbst dann, wenn sie sich entschieden, dies nicht im Rahmen der Praktiken der traditionellen Kirchen zum Ausdruck zu bringen. Einige Wissenschaftler haben daher vorgeschlagen, von einer Bewegung zu einem „Glauben ohne Beteiligung" zu sprechen (Davie 2006) – wie wir weiter oben gesehen haben, bewahren sich Menschen einen Glauben an Gott oder ein höheres Wesen, aber praktizieren und entwickeln ihre Überzeugungen außerhalb institutionalisierter Formen der Religiosität.

Zweitens kann die Säkularisierung nicht nur anhand der Zahl der Gläubigen von traditionellen Religionsgemeinschaften abgelesen werden. Das würde die wachsende Zahl nichtwestlicher Glaubensformen und der neuen religiösen Bewegungen sowohl international als auch innerhalb der industrialisierten Gesellschaften ignorieren. Während in den meisten westlichen Gesellschaften die aktive Beteiligung an den traditionellen Kirchen rückläufig ist, steigt die Zahl der Muslime, Hindus, Sikhs, Juden, der evangelikalen Wiedergeborenen und der orthodoxen Christen.

Drittens scheint es wenig Hinweise darauf zu geben, dass in den nichtwestlichen Ländern eine Säkularisierung stattfindet. In vielen Teilen des Mittleren Ostens, Asiens, Afrikas und Indiens stellt sich ein vitaler und dynamischer islamischer Fundamentalismus der Verwestlichung entgegen. In Südamerika ist der Katholizismus eine sehr lebendige Religion und in vielen osteuropäischen Ländern, die früher von Kommunisten regiert wurden, erlebte die östliche Orthodoxie nach den Jahren der Unterdrü-

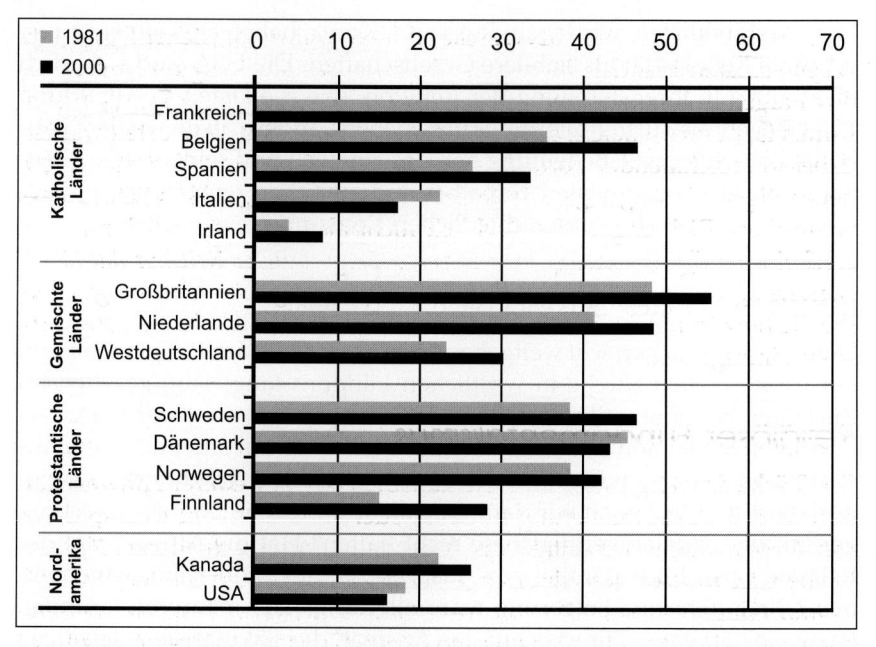

Abb. 13.4: Anteil jener, die nie oder praktisch nie an einem Gottesdienst teilnehmen (in Prozent)
Quelle: World Values Survey (2000), Knox (2005).

ckung und der staatlichen Behinderung eine wahre Renaissance. Die enthusiastische Unterstützung, die die Religion rund um die Welt erlebt, wird unerfreulicherweise von religiös inspirierten Konflikten begleitet. Im selben Maße, in dem Religion eine Quelle der Beruhigung und Unterstützung sein kann, kann sie aber auch weiterhin zur Wurzel intensiver sozialer Konflikte und Kämpfe werden.

Man kann Hinweise sowohl für als auch gegen die Säkularisierung finden. Es ist offenkundig, dass der Begriff der Säkularisierung ein besonders taugliches Instrument zur Erklärung von Veränderungen in den traditionellen Kirchen darstellt – sowohl hinsichtlich des Rückgangs an Macht und Einfluss, als auch mit Bezug auf säkularisierende Wirkungen im Inneren, beispielsweise was die Rolle der Frauen oder jene der Homosexuellen betrifft. Modernisierende Kräfte finden sich in allen traditionellen religiösen Institutionen.

Vor allem aber sollte man in der heutigen Welt die Religion vor dem Hintergrund raschen sozialen Wandels, der Unsicherheit und Vielfältigkeit sehen. Selbst wenn traditionelle Formen der Religion in einem bestimmten Maße zurückgehen, bleibt die Religion auch in unserer Welt eine bedeutende Kraft. Die Attraktivität der Religion, sei es in ihren traditionellen oder in den neuen Formen, bleibt vermutlich noch für längere Zeit bestehen. Die Religion bietet vielen Menschen Einsichten in komplexe Fragen über das Leben und seine Bedeutung, die von einer rein rationalistischen Sicht der Welt nicht in gleicher Weise geboten werden können.

Es ist daher nicht sehr überraschend, dass während solcher Phasen raschen sozialen Wandels Menschen Zuflucht bei der Religion finden, die ihre Fragen in für sie befriedigender Weise beantwortet. Der Fundamentalismus ist dafür vielleicht das beste Beispiel. Religiöse Antworten werden dabei in zunehmender Form in unvertrautem Gewand offeriert – durch neue religiöse Bewegungen, Kulte, Sekten und New-Age-Aktivitäten. Auch wenn diese Richtungen oberflächlich nicht als Varianten des Religiösen erscheinen mögen, verkörpern sie in den Augen vieler Kritiker der Säkularisierungsthese eben jene Transformationen religiöser Überzeugungen, die die herkömmliche Sicht eines voranschreitenden Säkularisierungsprozesses infrage stellen.

Religiöser Fundamentalismus

Die Stärke des religiösen Fundamentalismus ist ein weiterer Hinweis darauf, dass die Säkularisierung in der modernen Welt nicht triumphierte. Der Ausdruck Fundamentalismus kann in vielen verschiedenen Kontexten benutzt werden, um die strenge Befolgung einer Anzahl von Prinzipien und Glaubensvorschriften zu beschreiben. *Religiöser Fundamentalismus* beschreibt den Zugang, der von religiösen Gruppen vertreten wird, die für eine wörtliche Auslegung grundlegender Schriften eintreten und glauben, dass die Lehren, die aus dieser Art von Deutung abgeleitet werden, auf alle Bereiche des sozialen, wirtschaftlichen und politischen Lebens angewandt werden sollten.

Religiöse Fundamentalisten glauben, es gibt nur eine – ihre – Sicht der Welt und nur diese sei richtig: Es gibt keinen Platz für Mehrdeutigkeiten oder für eine Vielfalt von Interpretationen. Innerhalb religiös fundamentalistischer Bewegungen ist der Zugang zur richtigen Deutung der Schriften einigen wenigen, privilegierten „Interpreten" vorbehalten – Priestern, Pfarrern oder anderen religiösen Führern. Das räumt den Führern weitreichende Autorität ein – nicht nur in religiösen Fragen, sondern ebenso in weltlichen. Religiöse Fundamentalisten wurden zu mächtigen politischen Figuren in Oppositionsbewegungen, innerhalb der traditionellen politischen Großparteien (wie beispielsweise in den USA) und als Staatsoberhäupter, wie im Iran.

Fundamentalismus

Der religiöse Fundamentalismus ist ein relativ neues Phänomen – erst in den letzten zwei bis drei Jahrzehnten wurde dieser Ausdruck gebräuchlich. Der Fundamentalismus ist weitgehend eine Reaktion auf die Globalisierung. In dem Maße, in dem die modernisierenden Kräfte zunehmend die traditionellen Elemente der sozialen Welt – wie beispielsweise die Kernfamilie oder die Herrschaft der Männer über die Frauen – untergraben, bildet sich der Fundamentalismus als Verteidigung eben dieser traditionellen Überzeugungen. In einer globalisierten Welt, die nach rationalen Gründen verlangt, beharrt der Fundamentalismus auf Antworten, die im Glauben verankert sind, und beruft sich auf rituell wiederholte Wahrheiten. Der Fundamentalismus hat weit mehr damit zu tun, wie Überzeugungen verteidigt und begründet werden als mit den Glaubensinhalten selbst.

Obwohl der Fundamentalismus der Modernität gänzlich ablehnend gegenübersteht, scheut er sich nicht, die moderne Technik zur Verkündigung des Glaubens zu benutzen. Christliche Fundamentalisten in den USA waren unter den Ersten, die das Fernsehen als Instrument zur Verbreitung ihrer Lehren benutzten; das Regime des Schah in Iran wurde wesentlich durch die Verbreitung von Tonbandkassetten mit Botschaften Ayatollah Khomeinis unterminiert, die islamischen Fundamentalisten in Tschetschenien verbreiten ihre Sicht auf ihren eigenen Websites und indische Hindutva-Radikale propagieren ihre Version von „Hindu-Identität" ebenfalls mittels modernster Informationstechnologien.

Im folgenden Abschnitt untersuchen wir zwei der bekanntesten Formen des religiösen Fundamentalismus. In den vergangenen 30 Jahren sind sowohl der christliche als auch der islamische Fundamentalismus stark angewachsen und haben auf die nationale Politik der Länder, in denen sie verbreitet werden, ebenso starken Einfluss ausgeübt wie auf die internationale Politik.

Islamischer Fundamentalismus

Von den frühen soziologischen Denkern mag nur Weber mit der Vermutung gespielt haben, dass ein traditionelles religiöses System wie der Islam eine grundlegende Erneuerung erleben könnte und zur Grundlage bedeutender politischer Entwicklungen am Ende des 20. Jahrhunderts werden würde; genau das geschah in den 1980er Jahren im Iran. In den folgenden Jahren verbreitete sich die islamische Erneuerung rasch und entfaltete auch in anderen Staaten, wie in Ägypten, Libanon, Algerien, Afghanistan und Nigeria, einen deutlich sichtbaren Einfluss. Wie kann man diese großflächige Erneuerung des Islam erklären?

Um dieses Phänomen zu verstehen, müssen wir einerseits den Islam als traditionelle Religion und andererseits die weltlichen Veränderungen in jenen modernen Staaten betrachten, in denen er sehr einflussreich ist. Der Islam ist wie das Christentum eine Religion, die stets aktive Auseinandersetzungen stimuliert hat: Der Koran, die Heilige Schrift des Islam, ist voll von Anweisungen an die Gläubigen, „für Gott zu streiten". Dieser Kampf gilt sowohl den Ungläubigen als auch jenen, die Korruption in die muslimische Gemeinschaft bringen. Im Laufe der Jahrhunderte gab es aufeinanderfolgende Generationen muslimischer Reformer, und der Islam ist mittlerweile intern ebenso sehr gespalten wie das Christentum.

Bereits früh in der Geschichte spaltete sich vom Hauptstrang des orthodoxen Islam der *Schiismus* ab, der über die ganze Zeit hinweg einflussreich blieb. Der Schiismus ist seit dem 16. Jahrhundert die Staatsreligion des Iran (früher bekannt als Persien) und war die geistige Inspiration der islamischen Revolution. Die Schiiten führen ihren Ursprung auf den Imam Ali zurück, einen religiösen und politischen Führer des siebten Jahrhunderts, dessen persönliche Ergebenheit gegenüber Gott und dessen Tugend ihn unter den weltlichen Herrschern seiner Zeit hervorgehoben haben sollen. Es setzte sich allmählich die Auffassung durch, dass Alis Nachkommen die rechtmäßigen Führer des Islam seien, da man sie im Gegensatz zu den an der Macht befindlichen Dynastien als Mitglieder der Familie des Propheten Mohammed betrachtete. Die Schiiten glaubten, dass der legitime Erbe Mohammeds letztendlich wieder an die Macht gelangen werde und der mit den existierenden Regimes verbundenen Tyrannei und Ungerechtigkeit ein Ende setzen würde. Mohammeds Erbe würde ein direkt von Gott geleiteter Führer sein und in Übereinstimmung mit dem Koran regieren.

Es gibt auch in anderen Ländern des Nahen Ostens, z.B. im Irak, in der Türkei und in Saudi-Arabien, sowie in Indien und Pakistan, große schiitische Minderheiten. Die Herrschaft über die islamischen Gemeinschaften dieser Länder liegt jedoch in den Händen der Mehrheit, der Sunniten. Die Sunniten folgen dem „ausgetretenen Pfad", einer Reihe von Traditionen, die sich vom Koran herleiten und im Gegensatz zu den strenger definierten Ansichten der Schiiten eine beachtliche Meinungsvielfalt zulassen. Die Doktrinen der Sunniten selbst haben sich insbesondere seit der Ausdehnung des Machtbereichs des Westens in den letzten zwei oder drei Jahrhunderten stark gewandelt.

Der Islam und der Westen

Im Mittelalter gab es einen mehr oder weniger ständigen Kampf zwischen dem christlichen Europa und den muslimischen Staaten, die große Teile dessen beherrschten, was später Spanien, Griechenland, Jugoslawien, Bulgarien und Rumänien werden sollte. Ein Großteil der von den Muslimen eroberten Gebiete wurde von den Europäern zurückerobert, und der größte Teil ihrer Besitzungen in Nordafrika wurde im 18. und 19. Jahrhundert, als die Macht des Westens zunahm, kolonialisiert. Das waren katastrophale Rückschläge für die muslimische Religion und Zivilisation, die von den Anhängern des Islam damals als die am weitesten entwickelte und allen anderen überlegene betrachtet wurde. Im späten 19. Jahrhundert führte die Unfähigkeit der muslimischen Welt, der Ausbreitung der westlichen Kultur wirksamen Widerstand zu leisten, zu Reformbewegungen, die danach trachteten, den Islam in seiner ursprünglichen Reinheit und Stärke wiedererstehen zu lassen. Ein Schlüsselgedanke dabei war, dass der Islam den Herausforderungen durch den Westen begegnen sollte, indem er sich auf die Wurzeln seiner eigenen Praktiken und Überzeugungen besann.

Diese Idee wurde im 20. Jahrhundert in verschiedenen Formen weiterentwickelt und bildete den Hintergrund für die islamische Revolution im Iran in den Jahren 1978/79. Die Revolution entzündete sich anfangs an der inneren Opposition gegen Schah Mohammed Reza, der Formen der Modernisierung nach westlichem Vorbild, wie z.B. eine Landreform, die Ausdehnung des Wahlrechts auf die Frauen und die Entwicklung eines weltlichen Bildungswesens, akzeptiert hatte und zu fördern versuchte. Zugleich war der Iran unter dem Schah eine Diktatur, die Andersdenkende einsperrte, und seine Regierung verhielt sich gegenüber den Wünschen der Ölindustrie höchst untertänig. Die Bewegung, die den Schah stürzte, brachte

Menschen unterschiedlicher Interessen zusammen, von denen sich beileibe nicht alle dem islamischen Fundamentalismus verschrieben hatten. Die dominante Gestalt war der Ayatollah Khomeini, der eine radikale Neuinterpretation des schiitischen Gedankengutes vornahm.

Khomeini setzte eine auf der Basis des traditionellen islamischen Rechts organisierte Regierung ein, die er als „Vertreter Alis" bezeichnete. Die islamische Revolution machte die Religion, wie sie im Koran festgeschrieben ist, zur unmittelbaren Grundlage des gesamten politischen und wirtschaftlichen Lebens. Nach dem neu belebten islamischen Recht – der Scharia – bleiben Männer und Frauen streng voneinander getrennt, die Frauen haben in der Öffentlichkeit Körper und Kopf zu bedecken, praktizierende Homosexuelle werden den Erschießungskommandos übergeben und Ehebrecher gesteinigt. Die strengen Gesetze gehen mit einer stark nationalistischen Gesinnung einher, die sich insbesondere gegen westliche Einflüsse wendet.

Es war das Ziel der Islamischen Republik im Iran, den Staat zu islamisieren – die Regierung und die Gesellschaft auf eine Weise zu organisieren, dass die Lehren des Islam in allen Bereichen die Vorherrschaft antreten könnten. Dieser Prozess ist noch nicht beendet; es gibt zahlreiche Widerstände dagegen. Zubaida (1997) hat drei Arten von Gruppen identifiziert, die einander in den Haaren liegen. Die *Radikalen* möchten die islamische Revolution fortführen und vertiefen. Sie glauben auch, dass man alles tun sollte, um die Revolution in andere islamische Länder zu exportieren. Die *Konservativen* setzen sich vor allem aus religiösen Funktionären zusammen, die glauben, dass die Revolution nun weit genug gegangen ist. Sie selbst gelangten durch die Revolution in gesellschaftliche Machtpositionen, die sie nicht aufgeben möchten. Die *Pragmatiker* sind für marktwirtschaftliche Reformen und eine Öffnung der Ökonomie gegenüber ausländischen Investitionen und Handelsbeziehungen. Sie sind gegen die strenge Anwendung islamischer Verhaltenscodes auf Frauen, die Familie und das Rechtssystem.

Der Tod Ayatollah Khomeinis 1989 markierte den Beginn des seither anhaltenden Konflikts zwischen Radikalen und Konservativen, gegen die Pragmatiker nur wenig auszurichten hatten. Mit der für viele westliche Beobachter überraschenden Wahl des sehr konservativen Bürgermeisters von Teheran Mahmoud Ahmadinejad zum Staatspräsidenten im Jahr 2005 intensivierten sich dann die Konflikte mit dem Westen. Zusätzliche Brisanz gewann diese Auseinandersetzung durch den von den USA initiierten Krieg gegen das Regime Saddam Husseins im benachbarten Irak. Im dortigen Bürgerkrieg spielt der Iran als Unterstützer der irakischen Schiiten eine wichtige Rolle.

Die Ausbreitung der islamischen Erneuerungsbewegung

Obwohl die der islamischen Revolution zugrunde liegenden Gedanken die gesamte islamische Welt dem Westen gegenüber vereinen sollten, haben sich die Regierungen jener Länder, in denen die Schiiten in der Minderheit sind, nicht sehr mit der islamischen Revolution im Iran identifiziert. Trotzdem hat der islamische Fundamentalismus auch in den meisten dieser Staaten beachtliche Popularität gewonnen und verschiedene Arten islamischer Erneuerungsbewegungen stimuliert.

Zwar haben fundamentalistische islamische Bewegungen in manchen Ländern Nordafrikas, des Mittleren und Fernen Ostens in den vergangenen beiden Jahrzehnten einigen Einfluss gewinnen können, doch zur Macht gelangten sie nur in zwei Staaten: Der Sudan wird seit 1989 von Omar Hassan al-Bashirs Nationaler Kongresspartei regiert, und in Afghanistan konnten sich die fundamentalistischen Taliban in den Jahren 1996 bis 2001 an der Macht halten, ehe sie unter der Federführung der USA entmachtet wurden und seither einen Guerillakrieg gegen die neue Regierung führen. In einigen anderen Ländern erzielten fundamentalistische Bewegungen einigen Einfluss, aber es gelang ihnen nicht, die Macht zu übernehmen. In Ägypten, Algerien und der Türkei wurden fundamentalistische Oppositionsbewegungen verfolgt und unterdrückt.

Viele machen sich Sorgen, dass der Islam auf eine Konfrontation mit jenen Weltgegenden zusteuern könnte, die seine Überzeugungen nicht teilen. Der Politikwissenschaftler Samuel Huntington (1997) wurde berühmt dafür, dass er nach dem Ende des Kalten Krieges und wegen der zunehmenden Globalisierung einen weltweiten Kampf der Kulturen, vor allem zwischen westlichen und islamischen Auffassungen, heraufziehen sah. Nationalstaaten sind nach Meinung Huntingtons in den internationalen Beziehungen nicht mehr die wichtigsten Einflussfaktoren; Rivalitäten und Konflikte würden daher zwischen weiträumigeren Kulturen ablaufen.

Wir erlebten Beispiele ebensolcher Konflikte während der 1990er Jahre in Exjugoslawien, in Bosnien und im Kosovo, wo bosnische Muslime und albanische Kosovaren gegen die Serben kämpften, die die orthodoxe christliche Kultur repräsentieren. Ereignisse wie diese haben die Aufmerksamkeit auf die Muslime als eine weltweite Gemeinschaft gerichtet; wie Beobachter bemerkten, „wurde Bosnien zu einem Versammlungsort für Muslime aus allen Teilen der muslimischen Welt. [...] [Es] schuf und verschärfte ein Gefühl der Polarisierung und Radikalisierung in den muslimischen Gesellschaften und zugleich trug es zu einem wachsenden Bewusstsein darüber bei, was es bedeutet, ein Muslim zu sein" (Ahmed und Donnan 1994).

Die Kriege im früheren Jugoslawien werden ausführlicher im Kapitel 10 – Ethnien, Ethnizität und Migration behandelt.

In ähnlicher Weise zog der 2003 von den USA angezettelte Krieg im Irak radikale Muslime an. Huntingtons These erzielte in den Medien große Aufmerksamkeit als eine Deutung der Ursachen der Terrorangriffe auf das New Yorker World Trade Center und das Verteidigungsministerium in Washington am 11. September 2001, der darauf folgenden Beseitigung des Taliban-Regimes in Afghanistan und des Erstarkens religiös motivierten Widerstands gegen die Anwesenheit von US-Truppen im Irak.

Am Beginn des 21. Jahrhunderts verstärkt sich die islamische Opposition in Ländern wie Malaysia und Indonesien, in den Nordprovinzen Nigerias wurde die Scharia eingeführt und der Krieg in Tschetschenien hat viele muslimische Kämpfer aus dem Ausland angezogen, die im Kaukasus einen islamischen Staat zu errichten trachten. Osama bin Ladens Al-Kaida-Netzwerk rekrutiert sich aus der gesamten islamischen Welt. Islamischer Symbolismus und Kleidung wurden zu wichtigen Identitätszeichen für eine wachsende Zahl Muslime, die außerhalb der muslimischen Welt leben. Ereignisse wie die Golfkriege und die Terrorangriffe des 11. September 2001 haben in der islamischen Welt zu unterschiedlichen, aber zumeist scharfen Antworten auf die westlichen Reaktionen geführt.

Die islamische Erneuerungsbewegung kann offensichtlich nicht nur in religiösen Begriffen gedeutet werden; sie ist Teil einer Reaktion gegen die Auswirkungen der Verwestlichung traditionell islamischer Länder und insofern eine Bewegung nationaler und kultureller Selbstbehauptung. Dabei ist fraglich, ob die islamische Erneuerungsbewegung, selbst in ihren fundamentalistischsten Ausprägungen, nur als Wiederbelebung von traditionellen Vorstellungen betrachtet werden kann. Was geschah, ist etwas Komplexeres. Traditionelle Praktiken und Lebensformen wurden erneuert, aber auch mit anderen Anliegen verknüpft, die in spezifischer Form auf die modernen Zeiten reagieren.

Christlicher Fundamentalismus

Das Anwachsen fundamentalistischer religiöser Organisationen in den USA, aber auch in Europa, ist einer der bemerkenswertesten Züge der vergangenen Jahrzehnte. Fundamentalisten glauben, dass „die Bibel eine Rezeptsammlung für Politik, Regierung, Wirtschaft, Familie und alle anderen Fragen der Menschheit ist" (Capps 1990). Die Bibel kann nach Ansicht der Fundamentalisten nicht irren – enthält sie doch göttliche Wahrheiten. Fundamentalistische Christen glauben an die Heiligkeit Christus und die Möglichkeit der Erlösung der Seele jedes Einzelnen durch die Hingabe an Christus den Erlöser. Dabei sind fundamentalistische Christen der Überzeugung, dass sie ihre Lehre zu verbreiten haben und jene zur Konversion anleiten sollten, die sich noch nicht den richtigen Glauben zu eigen gemacht haben.

Der christliche Fundamentalismus ist eine Reaktion gegen eine liberale Theologie und gegen jene, die einen säkularen Humanismus unterstützen – gegen jene, die „die Emanzipation der Vernunft, der Wünsche und Instinkte bevorzugen im Gegensatz zum Glauben und der Einhaltung der göttlichen Gebote" (Kepel 1994). Der christliche Fundamentalismus bekämpft die „moralische Krise", die von der Modernisierung verursacht wurde – den Niedergang der traditionellen Familie, die Bedrohung der Moral und die Schwächung der Beziehung zwischen dem Menschen und Gott.

In den USA engagierten sich fundamentalistische Gruppen im Anschluss an die von Reverend Jerry Falwell in den 1970er Jahren ausgerufene „Moralische Mehrheit" in zunehmender Weise als Neue Christliche Rechte, in der Politik aufseiten des konservativen Flügels der Republikanischen Partei (Simpson 1985; Woodrum 1988; Kiecolt und Nelson 1991). Falwell nannte „fünf wesentliche Probleme mit politischen Konsequenzen, die moralische

Amerikaner in Angriff nehmen sollten: Abtreibung, Homosexualität, Pornografie, Humanismus und die zerbrochene Familie" (zitiert in Kepel 1994). Zuerst wandte sich die Neue Christliche Rechte den Schulen zu und forderte die Aufhebung des Verbots von Gebeten im Unterricht; danach unterstützte sie die sogenannte Rettungsaktion, eine militante Organisation, die Abtreibungskliniken zu blockieren trachtete.

Jerry Falwell erklärte die Terroranschläge des 11. September 2001 als Folge der „Sünden" Amerikas und beschuldigte in einem Fernsehinterview „die Schwulen und Lesben, die Feministinnen, die Abtreibungsbefürworter, die Bürgerrechtsorganisationen, alle, die Amerika zu säkularisieren trachten. Ich zeige mit dem Finger auf euch und sage: ‚Ihr habt geholfen, dass das geschah'" (CNN 2001). Zwar entschuldige er sich später für diese Wortmeldung, doch wenig später löste er eine weitere Kontroverse aus, als er sagte: „Mohammed war ein Terrorist. Ich habe genug von Muslims und Nicht-Muslims gelesen, um zur Ansicht zu kommen, dass er ein gewalttätiger Mann war, ein Mann des Krieges." (BBC 2002, 13. Oktober).

Prominente Prediger der Neuen Christlichen Rechten gründeten einige Universitäten, um eine neue Generation einer „Gegenelite" hervorzubringen, die in den fundamentalistischen christlichen Überzeugungen unterrichtet wurde und wichtige Positionen in den Medien, der akademischen Welt, in der Politik und der Kultur einnehmen sollten. Die von Jerry Falwell gegründete Liberty University, Oral Roberts University, Bob Jones University und andere bieten Studiengänge der üblichen Art an, allerdings erfolgt der Unterricht innerhalb des Rahmens der biblischen Unfehlbarkeit. Am Campus werden strenge ethische Standards eingehalten, die in das Privatleben der Studierenden eingreifen und sexuelle Beziehungen allein auf die (heterosexuelle) Ehe beschränken.

> Für jedermann, der einige Zeit am Liberty Campus verbrachte, ist das ein beeindruckendes Schauspiel. Die Studentenheime sind nach Geschlecht getrennt, und eine strenge Überwachung, eine Mischung aus Zwang und Selbstdisziplin, wird ausgeübt. Zungenküsse sind verboten und jede Art des sexuellen Kontakts zwischen nichtverheirateten Studierenden wird mit Ausschluss bestraft (verheiratete Paare leben nicht am Campus). Küsse auf die Wangen sind erlaubt und Pärchen dürfen Händchen halten, aber nicht den Arm um die Hüfte des anderen legen. Die Studierenden verteidigen diese sexuelle Selbstdisziplin auf Befragung des auf Besuch weilenden Fremden. Ein vollständiges Verbot würde ihrer Meinung nach zu abweichendem Verhalten führen, insbesondere zur Homosexualität, was man, so sagen sie, auf dem Campus einer rivalisierenden fundamentalistischen Universität, auf dem jede Art von Flirten verboten ist, ja beobachten könne. Andererseits widerspricht das Zeigen sexueller Begierde dem Geist der Erziehungsziele dieser Universität. (Kepel 1994, S. 135)

Die christliche Fundamentalistenbewegung der USA findet im ganzen Land Unterstützer, aber sie hat einen deutlichen Schwerpunkt im Süden, der mittlerweile als der amerikanische Bibelgürtel bezeichnet wird, ein Land-

strich südlich des Rinder-, Mais- und Baumwollgürtels. Viele der bekanntesten Evangelisten sind in den Bundesstaaten des Südens und mittleren
Westens beheimatet, wie Virginia, Oklahoma und North Carolina. Die ein-
flussreichste fundamentalistische Gruppe der USA sind die Southern Bap-
tist Convention, die pfingstlerischen „Assemblies of God" und die Sieben-
tagesadventisten.

Während die fundamentalistischen Protestanten und die katholische
Kirche üblicherweise wenig gemeinsame Gesprächsbasis haben, treten sie
seit einiger Zeit vereint gegen einen gemeinsamen Feind auf: die Darwin-
sche Evolutionstheorie. Wie schon vor mehreren Jahrzehnten bezweifeln
auch heute noch christliche Würdenträger und viele gewöhnliche Gläubige die Erklärung der Entstehung der Arten und damit auch der Menschen
aus dem Zusammenwirken von Mutation und Selektion. Gegen die von
christlicher Seite gerne als neodarwinistisches Dogma bezeichnete wissenschaftlich dominante Evolutionstheorie führen sie die Lehre des Kreatio-
nismus bzw. des „Intelligent Designs" als gleichwertige wissenschaftliche
Zugänge ins Treffen und fordern für ihre Lehre ebenso viel Raum in den
schulischen Curricula, wie für die Molekular- und Evolutionsbiologie.
Umfragen machen deutlich, dass die christlichen Fundamentalisten und
die katholischen Würdenträger sich mit einem beträchtlichen Teil der Bevölkerung eins wissen: Nur zwischen 19 und 33 Prozent der befragten
Amerikaner stimmen in Umfragen der Aussage zu, dass sich die Menschheit ohne Zutun Gottes, das heißt über Millionen von Jahren hinweg entwickelt hat (die Antworthäufigkeit hängt sehr stark von den Frageformu-
lierungen ab); zugleich stimmen 60 Prozent und mehr ausdrücklich Fragen zu, die Gott eine entscheidende Rolle in der Evolution einräumen (Pew
Research Center, September 2005). Nur 26 Prozent akzeptieren die Dar-
winsche Sicht, die Evolution sei durch den Prozess der natürlichen Selektion vorangetrieben worden, ohne Einschränkungen.

Schlussfolgerung

Im globalisierten Zeitalter, das dringend des gegenseitigen Verstehens und
Dialogs bedarf, ist der Fundamentalismus ziemlich sicher eine destruktive
Kraft. Fundamentalismus grenzt an die Möglichkeit von Gewalt – sowohl
im islamistischen wie im christlichen Fundamentalismus sind Beispiele
für Gewalt gegen Gegner keine Seltenheit. In Ländern wie dem Libanon
äußert sich das in einem jahrelang dauernden Bürgerkrieg, in anderen Ländern wie Indonesien sind die Zusammenstöße nur unwesentlich weniger
weitverbreitet. In den westlichen Ländern sind neben dem jahrzehntelangen Bürgerkrieg in Nordirland, in dessen Verlauf es 763 Tote aufseiten des
britischen Militärs und mehrere Tausend zivile Opfer gab, vor allem die
gewaltsamen Angriffe auf Abtreibungskliniken und deren Personal als
Beispiele religiös inspirierter Gewalttätigkeit zu nennen.

In einer zunehmend kosmopolitischeren Welt treffen immer öfters
immer mehr Menschen aus unterschiedlichen Kulturen und Religionen

aufeinander. In dem Maße, in dem die fraglose Akzeptanz der traditionel-len Ideen verschwindet, sind die Menschen zu einem offeneren und refle-xiveren Umgang miteinander gezwungen – Diskussion und Dialog zwischen Menschen verschiedenen Glaubens sind dafür unerlässlich. Das ist wohl auch die einzige Alternative zur Gewalt.

Zusammenfassung

1. Religion existiert in allen bekannten Gesellschaften, obwohl religiöse Glaubensvorstellungen und Praktiken von Kultur zu Kultur variieren. Alle Religionen verwenden eine Reihe von Symbolen, die ein Gefühl der Ehrfurcht hervorrufen. Diese sind an Rituale gebunden, die von einer Gemeinschaft von Gläubigen praktiziert werden.

2. Die soziologische Sicht auf Religion wurde hauptsächlich von den Gedanken der drei „klassischen" Denker Marx, Durkheim und Weber beeinflusst. Alle drei vertraten die Ansicht, dass Religion in einem grundlegenden Sinn eine Illusion ist. Sie glaubten, dass die „andere" Welt, die die Religion erschafft, unsere eigene Welt ist, die durch die Linse des religiösen Symbolismus verzerrt wird. Trotzdem sah jeder die Rolle der Religion in der Gesellschaft deutlich anders:
    Für Marx enthält die Religion ein starkes ideologische Element: Die Religion liefert die Rechtfertigung für gesellschaftlich gegebene Ungleichheiten des Vermögens und der Macht.
    Für Durkheim ist die Religion wegen ihrer kohäsiven Funktion bedeutend, da sie vor allem sicherstellt, dass sich Menschen regelmäßig treffen, um gemeinsamen Werten und Glaubensvorstellungen Ausdruck zu verleihen.
    Für Weber ist die Religion wegen ihrer Rolle, die sie für den sozialen Wandel, vor allem für die Entwicklung des westlichen Kapitalismus, gespielt hat, von Bedeutung.

3. Totemismus und Animismus sind häufige Formen von Religion in kleineren Kulturen. Im Totemismus werden einer Pflanzen- oder Tierart übernatürliche Kräfte zugeschrieben. Animismus ist der Glaube an Geister, die sich in derselben Welt aufhalten wie die Menschen und manchmal von diesen Besitz ergreifen.

4. Die drei einflussreichsten monotheistischen Religionen (deren Anhänger nur an einen Gott glauben) der Weltgeschichte sind Judentum, Christentum und Islam. Polytheismus (der Glaube an einige oder viele Götter) ist in anderen Religionen üblich. In manchen Religionen – wie beispielsweise dem Konfuzianismus – gibt es weder Götter noch übernatürliche Wesen.

5. Kirchen sind große und etablierte religiöse Körperschaften, die normalerweise eine formale bürokratische Struktur und eine Hierarchie religiöser Würdenträger aufweisen. Sekten sind kleinere, weniger formelle Gruppen von Gläubigen, die im Allgemeinen darauf abzielen, eine etablierte Kirche zu erneuern. Wenn eine Sekte eine

Zeit lang überdauert hat und institutionalisiert wurde, nennt man sie Konfession. Kulte ähneln Sekten, die ähnliche Praktiken verfolgen, aber ohne formale Organisationen auskommen.

6. Der Ausdruck Säkularisierung bezieht sich auf den abnehmenden Einfluss der Religion. Es ist schwierig, den Grad der Säkularisierung zu messen, weil verschiedene Dimensionen des Wandels eine Rolle spielen: die Zahl der Mitglieder in religiösen Organisationen, deren sozialer Status und die persönliche Religiosität der Menschen. Obwohl der Einfluss der Religion definitiv abgenommen hat, ist die Religion gewiss nicht im Begriff zu verschwinden, sondern eint und trennt in der modernen Welt immer noch Menschen.

7. Das Ausmaß des Kirchenbesuchs ist in den meisten westlichen Ländern niedrig. Nur in den USA geht ein wesentlich höherer Prozentsatz der Bevölkerung regelmäßig in die Kirche. Es gibt weitaus mehr Menschen, die erklären, an Gott zu glauben, als regelmäßige Kirchgänger.

8. Während die traditionellen Kirchen in den vergangenen Jahrzehnten einen deutlichen Rückgang an Mitgliedern zu verzeichnen hatten, entstanden daneben viele neue religiöse Bewegungen. Neue religiöse Bewegungen umfassen ein breites Spektrum religiöser und spiritueller Gruppen, Kulte und Sekten. Man kann sie in drei Kategorien einteilen: weltzugewandte Bewegungen, die Selbsthilfegruppen ähneln; weltabgewandte Bewegungen, die sich aus der sie umgebenden Welt zurückziehen und diese kritisieren; und mit der Welt versöhnende Bewegungen, die von sich sagen, dass sie das innere religiöse Leben über die weltlichen Angelegenheiten stellen.

9. Der Fundamentalismus hat sich unter Gläubigen verschiedener religiöser Gruppen der ganzen Welt ausgebreitet. „Fundamentalisten" werden so genannt, weil sie an die Rückkehr zu den Fundamenten ihrer religiösen Lehren glauben. Der islamische Fundamentalismus hat im Gefolge der iranischen Revolution von 1979, die in diesem Land eine religiös dominierte Regierung an die Macht brachte, viele andere Länder des Mittleren Osten erfasst. Der christliche Fundamentalismus stellt eine Reaktion auf säkulare Werte dar und sieht sich als Antwort auf eine angebliche moralische Krise; er ist vor allem in den USA einflussreich. Christliche Fundamentalisten haben die „elektronische Kirche" entwickelt, mithilfe von Radio, Fernsehen und Nachrichtentechnologien versuchen sie, Nichtgläubige zu bekehren. Fundamentalisten bekämpfen ebenso wie katholische Würdenträger die moderne Wissenschaft, insbesondere die Evolutionslehre und propagieren Alternativen zu Darwin.

Glossar

Animismus. Der Glaube, dass die Ereignisse der Welt von den Tätigkeiten von Geistern bewirkt werden.

Charisma. Von Max Weber eingeführte Bezeichnung einer Herrschaftsform, die auf dem Glauben der Herrschaftsunterworfenen über besondere, außeralltägliche Qualitäten des Führers beruht.

Entfremdung. Das Gefühl, dass unsere eigenen menschlichen Fähigkeiten von anderen Wesen übernommen werden. Der Ausdruck wurde ursprünglich von Marx verwendet, um sich auf die Projektion menschlicher Fähigkeiten auf Götter zu beziehen. Später verwendete er den Begriff, um den Verlust der Verfügungsmacht über den Arbeitsprozess und dessen Ergebnisse aufseiten der Arbeiter zu charakterisieren.

Evangelikalismus. Eine Form des Protestantismus, die auf der Vorstellung einer spirituellen Wiedergeburt beruht (daher auch „Born-again-Christen"). Der enorme Zuwachs an evangelikalen Konfessionen in den USA wird darauf zurückgeführt, dass eine unmittelbarere, persönlichere und emotionalere religiöse Erfahrung als attraktiv gilt.

Ethische Religionen. Religionen, die auf der ethischen Überzeugungskraft eines „großen Lehrers" (wie Buddha oder Konfuzius) beruhen, statt auf dem Glauben an übernatürliche Wesen.

Fundamentalismus. Der Glaube an die Notwendigkeit einer Rückbesinnung auf den buchstäblichen Sinn überlieferter heiliger Texte. Der Fundamentalismus entsteht zumeist als Reaktion auf Modernisierung und Rationalisierung, die beide abgelehnt werden, und betont die Überlegenheit traditioneller Glaubensvorstellungen, die gegen die Zumutungen der Moderne verteidigt werden. Fundamentalismus dient vor allem der Abgrenzung nach außen – zu anderen Religionen oder Ethnien.

Das **Heilige.** Etwas, das unter den Anhängern einer bestimmten Religion Gefühle der Ehrfurcht und der Ehrerbietung auslöst.

Kirche. Eine große Zahl von Personen, die einer etablierten religiösen Organisation angehören. Kirchen weisen üblicherweise eine formale Struktur mit einer Hierarchie religiöser Würdenträger auf. Der Ausdruck wird auch auf den Ort angewendet, an dem religiöse Zeremonien abgehalten werden.

Konfession. Eine religiöse Sekte, die ihre reformatorische Dynamik eingebüßt hat, zu einer institutionalisierten Körperschaft geworden ist und sich auf die Gefolgschaft einer beträchtlichen Anzahl von Personen stützen kann.

Kult. Eine religiöse Splittergruppe, mit der Personen in loser Verbindung stehen, der es jedoch an einer dauerhaften Struktur fehlt. Kulte bilden sich sehr oft rund um einen charismatischen Führer.

Monotheismus. Der Glaube an einen einzigen Gott.

Neue religiöse Bewegungen. Eine große Zahl von religiösen und spirituellen Gruppen, Kulte oder Sekten, die sich neben den herkömmlichen Religionen entwickeln. Sie reichen von spirituellen und Selbsthilfegruppen innerhalb der New-Age-Bewegung bis zu exklusiven Sekten wie Hare Krishna.

New-Age-Bewegung. Eine Sammelbezeichnung für jene Formen von Glauben und Praktiken, die auf innere Spiritualität gerichtet sind, wie z.B. neopaganistische Lehren (keltische, Druiden, amerikanische Ureinwohner und andere), Schamanismus, Formen asiatischen Mystizismus, Wicca-Rituale (das sind Bewegungen, deren Anhänger sich für Hexen halten) und Zen-Meditation.

Polytheismus. Glaube an zwei oder mehrere Götter.

Das **Profane.** Das, was zur alltäglichen Welt gehört.

Propheten. Religiöse Anführer, die aufgrund ihrer Interpretation heiliger Texte eine Gefolgschaft gewinnen.

Reinkarnation. Wiedergeburt der Seele in einem anderen Körper oder in anderer Form. Diesen Glauben findet man vor allem im Hinduismus und bei Buddhisten.

Religion. Glaubensvorstellungen der Mitglieder einer Gemeinschaft, die mit der Verwendung von Symbolen, denen mit Ehrfurcht und Staunen begegnet wird, verknüpft sind, sowie mit Ritualen, die von den Mitgliedern der Gemeinschaft praktiziert werden. Religionen sind nicht unweigerlich mit dem Glauben an übernatürliche Wesen verknüpft. Obwohl es nicht einfach ist, die Trennlinie zwischen Religion und Magie zu ziehen, wird oft behauptet, dass Magie weniger im Zentrum von Gemeinschaftsritualen steht, sondern eher von Individuen praktiziert wird.

Religiöse Bewegung. Eine Vereinigung von Personen, die sich gemeinsam um die Verbreitung einer neuen Religion oder einer Neuinterpretation einer bestehenden Religion durch Missionierung bemühen.

Säkularisierung. Ein Prozess des Niedergangs der Bedeutung der Religion. Obwohl die modernen Gesellschaften in zunehmendem Ausmaß säkularisiert wurden, ist es nicht ganz einfach, das Ausmaß dieser Entwicklung zu bestimmen. Mit Säkularisierung kann ein Wandel der Teilnahme an den Aktivitäten religiöser Organisationen (wie etwa des Kirchenbesuchs) gemeint sein, aber auch der politische, soziale und materielle Einfluss religiöser Organisationen sowie das Ausmaß, in dem religiöse Überzeugungen verbreitet sind.

Schamane. Ein Individuum, dem spezielle, magische Kräfte zugeschrieben werden; ein Zauberer oder Hexer.

Sekte. Eine religiöse Bewegung, die sich von der Hauptströmung einer Religion abspaltet.

Theismus. Der Glaube an einen oder mehrere Götter.

Totemismus. Ein System religiöser Überzeugungen, das bestimmten Tieren oder Pflanzen göttliche Eigenschaften zuschreibt.

Weltabgewandte Bewegung. Eine exklusive religiöse Bewegung, die der umgebenden Welt ablehnend oder feindlich gegenübersteht und das innere religiösen Leben und die spirituelle Reinheit betont.

Weltzugewandte Bewegung. Eine religiöse Bewegung, die bemüht ist, die menschlichen Potenziale ihrer Mitglieder zu stärken, damit diese in der äußeren Welt zurechtkommen und erfolgreich sind.

Mit der Welt versöhnende Bewegung. Eine religiöse Bewegung, die dazu neigt, die Bedeutung des inneren religiösen Lebens gegenüber den äußeren weltlichen Angelegenheiten hervorzuheben.

Weiterführende Literatur

Dawkins, Richard (2007), *Der Gotteswahn*, Berlin: Ullstein.

Riesebrodt, Martin (2007), *Cultus und Heilsversprechen. Eine Theorie der Religionen*, München: Beck.

Filme zum Thema

„Wer den Wind sät" (USA 1960), Regie: Stanley Kramer

„Persepolis" (Frankreich 2007), Regie: Vincent Paronnaud, Marjane Satrapi

„Der Krieg des Charlie Wilson" (USA 2007), Regie: Mike Nichols

Internet-Tipps

Eine Website, die den Aberglauben bekämpft
www.venganza.info/

Pew Forum on Religion and Public Life
http://religions.pewforum.org/

World Value Survey
www.worldvaluessurvey.org/

Religionsbarometer
www.religionsmonitor.com

Richard Dawkins
http://richarddawkins.net/

Medien

Die Attentate vom 11. September 2001 waren so geplant, dass, als – 20 Minuten nachdem der erste Turm des World Trade Centers in Flammen aufgegangen war – das zweite Flugzeug in den anderen Turm einschlug, weltweit schätzungsweise zwei Milliarden Zuseher den Vorfall live im Fernsehen verfolgten.

Nahezu 140 Jahre davor hatte der Schauspieler John Wilkes Booth den damaligen amerikanischen Präsidenten Abraham Lincoln in einem Theater in Washington erschossen. Es dauerte zwölf Tage, bis diese Nachricht London erreichte. Das Schiff, das die Nachricht überbrachte, wurde von einem kleineren Schiff vor der Südküste Irlands erwartet, die Neuigkeit wurde von Cork nach London telegrafiert und überholte das Schiff um drei Tage. (Erst in der Mitte des 20. Jahrhunderts funktionierten Unterseekabel und ermöglichten die direkte Übermittlung von Nachrichten zwischen den beiden Kontinenten – Langwellensender funktionierten schon am Beginn des vorigen Jahrhunderts).

Im 21. Jahrhundert ermöglicht die Kommunikationstechnologie Millionen Menschen weltweit, Informationen praktisch zeitgleich zu empfangen. Kommunikation – die Übermittlung von Information von einer Person oder Gruppe an andere, sei es durch Gespräche oder mittels der modernen Massenmedien – ist für jede Gesellschaft von großer Bedeutung. Ein einflussreicher früher Theoretiker der Kommunikationsmedien, der kanadische Autor Marshall McLuhan (1911–1980), prägte den Satz „the medium is the message" (McLuhan 2001). Damit wollte er zum Ausdruck bringen, dass die Gesellschaft weit mehr durch den Typ der Medien beeinflusst ist als durch den Inhalt oder die Botschaften, die sie verbreiten. Eine Gesellschaft, in der Satellitenfernsehen weitverbreitet ist, ist offensichtlich eine andere als jene, in der gedruckte Nachrichten an Bord von Ozeandampfern übermittelt wurden. Das Alltagsleben wird in einer Gesellschaft, in der das Fernsehen – das in der Lage ist, Nachrichten unmittelbar von einer Seite des Globus zur anderen zu übermitteln – eine wichtige Rolle spielt, ganz anders erfahren als in einer Gesellschaft, die auf Pferde, Schiffe oder Telegrafennachrichten angewiesen war. Die elektronischen Medien errichten, nach McLuhan, ein globales Dorf – weltweit verfolgen Menschen wichtige Ereignisse und nehmen daher auch in gewisser Weise an ihnen teil. Milliarden von Menschen erkennen Osama bin Laden, den Mann, der beschuldigt wird, der Urheber der Anschläge des 11. September 2001 zu sein, wahrscheinlich rascher als einen Nachbarn von nebenan.

globales Dorf

Wir leben heute in einer vielfach miteinander vernetzten Welt, in der Menschen dieselben Ereignisse an vielen verschiedenen Plätzen verfolgen. Dank der Globalisierung und der Möglichkeiten der Kommunikationstechnologie sind die Einwohner von Caracas und Kairo in der Lage, dieselben Poplieder, Nachrichten, Filme und Fernsehprogramme zu empfangen. 24 Stunden sendende Nachrichtenkanäle berichten live von Schauplätzen und übertragen Ereignisse in alle Ecken der restlichen Welt. Filme, die in Hollywood oder Hongkong produziert wurden, erreichen ein weltweites Publikum und Berühmtheiten wie Madonna oder George Clooney sind auf allen Kontinenten vertraute Namen.

Seit einigen Jahrzehnten können wir einen Angleichungsprozess der Produktion, Verteilung und des Konsums von Informationen beobachten. Während früher einmal verschiedene Wege der Kommunikation, wie Bücher, Fernsehen und Filme, relativ unabhängig voneinander bestehende Sphären bildeten, sind sie heute in einer bemerkenswerten Weise miteinander verbunden. Die Aufteilung zwischen verschiedenen Formen der Kommunikation ist nicht mehr so klar wie früher: Fernsehen, Radio, Zeitungen und Telefon erlebten dank des technologischen Fortschritts und vor allem aufgrund der raschen Verbreitung des Internets eine grundlegende Veränderung. Obwohl Tageszeitungen in unserem Leben immer noch eine wichtige Rolle spielen, haben sie heute eine geringere Verbreitung und sind anders organisiert. Wir können heute Tageszeitungen online lesen, die Verbreitung der Mobiltelefone explodierte geradezu und das Satellitenfernsehen erlaubt es uns, aus einer unermesslichen Vielfalt von Angeboten zu wählen. Im Zentrum der Kommunikationsrevolution steht das Internet. Mit der Ausweitung von Technologien wie Stimmerkennung, Breitbandübertragung und Webcam droht das Internet die traditionelle Unterscheidung von Medien zu beseitigen und zum Hauptlieferanten von Information, Unterhaltung, Werbung und Handel an die Medienkonsumenten zu werden.

In diesem Kapitel werden wir die Veränderungen behandeln, die die Massenmedien und die Kommunikation im Zuge der Globalisierung erlebten. Die Massenmedien umfassen eine große Vielzahl von Formen, die von Fernsehen, Tageszeitungen, Filmen, Magazinen, Radio, Werbung bis zu Videospielen und CDs reichen. Als Massenmedien werden sie bezeichnet, weil sie eine enorme Zahl an Publikum erreichen, eben Massen.

Wir beginnen die Darstellung der Massenmedien anhand einiger Formen, die sie bislang angenommen haben. Die älteren, traditionelleren Medien sind Presse, Kino, Radio und Fernsehen. Danach wenden wir uns den neuen Formen zu, Medien wie dem Internet, und werden einige der wichtigsten theoretischen Perspektiven auf die Medien diskutieren. Anschließend betrachten wir einige der Fragen, die im Spannungsfeld von Medien und Gesellschaft angesiedelt sind, wie Verzerrungen, Wirkungen der Medien und das Publikum. Zuletzt werfen wir einen Blick auf die Medien im globalen Zeitalter.

Traditionelle und neue Medien

Eine wichtige Voraussetzung der Massenmedien war die Erfindung der Druckerpresse Mitte des 15. Jahrhunderts, die zum ersten Mal in der Geschichte eine rasche Reproduktion von Texten ermöglichte. Trotz der bedeutenden Rolle, die technologische Fortschritte für die Entwicklung der Massenmedien spielten, darf man soziale, kulturelle und wirtschaftliche Faktoren nicht übersehen. Als im 16. Jahrhundert Johannes Gutenberg die erste mit beweglichen Lettern gesetzte Bibel druckte, hatte in der westlichen europäischen Kultur der Katholizismus Roms noch eine Monopol-

Massenmedien

stellung inne. Es war damals keineswegs selbstverständlich, dass heilige Texte vervielfältigt werden durften, und es zählt zu den Besonderheiten der weiteren Entwicklung, dass diese Innovation nicht am Widerstand der Kirche scheiterte. Spätere Versuche der katholischen Kirche, die Verbreitung bestimmter Druckwerke zu verbieten, konnten den Siegeszug der neuen Kommunikationsform nicht mehr aufhalten. Die Folgen der Tolerierung des Buchdrucks waren vielfältig: Neben der Vereinheitlichung der Schriftsprachen beeinflusste die damit beginnende Epoche der Speicherung und Weitergabe von Wissen in der unpersönlichen Form von Büchern wohl am stärksten die weitere Entwicklung. Manche Historiker meinen, dass der Sonderweg des Westens, der Aufstieg des westlichen Rationalismus, der Max Weber so sehr faszinierte und um dessen Erklärung er sich bemühte, ganz wesentlich auf dieser Erfindung und ihrer Verbreitung beruht.

Die Massenmedien im heutigen Sinne wurden auf diesem Fundament errichtet; sie konnten sich allerdings nur entfalten, wenn die politischen Verhältnisse der Presse Freiheiten einräumten und die Bevölkerung so gebildet und wohlhabend war, dass sie sich die neuen Medien zunutze machen konnte. In den letzten paar Jahren haben neue Technologien, vor allem das Internet, die Massenmedien und die Gesellschaft revolutioniert. Im nächsten Abschnitt werden wir diese neuen Entwicklungen behandeln, davor untersuchen wir den Aufstieg der traditionellen Massenmedien Zeitungen, Film, Radio und Fernsehen.

Traditionelle Medien

Die Presse

Die Presse entstand im 19. Jahrhundert zu einer Zeit politischer und sozialer Unruhen. Vorläufer der heutigen täglich erscheinenden, mehrere Seiten umfassenden Zeitungen waren Flugblätter und Flugschriften, also fallweise und in geringem Umfang erscheinende Druckwerke. Der Grund dafür bestand in der in Europa weitverbreitenden staatlichen Zensur, die gerade in den deutschsprachigen Ländern sehr häufig zu Beschlagnahmungen und Verboten von Druckwerken führte. Während der Französischen Revolution spielten Zeitungen bereits eine wichtige Rolle bei der Mobilisierung der Bevölkerung. Ab der Mitte des 19. Jahrhunderts nahmen Zahl und Auflagenhöhen der Tageszeitungen rasant zu, wozu auch die neue Rotationsdrucktechnik wesentlich beitrug. Wenig später erschienen die ersten Zeitungen mit reproduzierten Fotografien, was die Entstehung der Massenpresse förderte, die vor allem auf den Straßen verkauft und nicht Abonnenten zugestellt wurde – woher der Ausdruck Boulevardblätter stammt. Bis weit ins 20. Jahrhundert hinein blieben die Tageszeitungen die wichtigste Quelle der Information und der Unterhaltung. Daneben entstanden Magazine und andere Druckwerke, die ein immer breiteres Spektrum an Leserinteressen abdeckten.

Film

Der erste, einem zahlenden Publikum vorgeführte Film wurde 1895 in Paris gezeigt. Die Brüder Lumière führten *Die Ankunft der Eisenbahn in der Station La Ciotat* vor und erreichten, dass das Publikum fluchtartig den Saal verlies, als die dampfende Lokomotive langsam die ganze Leinwand ausfüllte. Während die Tageszeitungen mehrere Jahrzehnte brauchten, ehe sie sich in den europäischen Ländern verbreiteten, eroberten der Film und das Kino ihr Publikum innerhalb sehr kurzer Zeit. Die ersten Filmvorführungen vor zahlendem Publikum gab es in den 90er Jahren des 19. Jahrhunderts. Nach 1900 verbreiteten sich „Lichtspieltheater", wie Kinos damals genannt wurden, rasch in allen entwickelten Ländern. 1927 existierten in Europa und Nordamerika jeweils rund 20.000 Kinos, die pro Jahr rund sechs Milliarden Besucher verzeichneten. Was sie sahen, waren Stummfilme, zu hören war meist eine Klavierbegleitung und die Dialoge wurden in Untertiteln eingeblendet. Die Preise der Kinokarten waren vergleichsweise niedrig, daher konnte sich fast jeder einen gelegentlichen Kinobesuch leisten. Die Arbeitszeitverkürzungen der 1920er Jahre, die Einführung des Tonfilms und die Eröffnung von Kinos in praktisch allen Stadtteilen der europäischen Metropolen, später auch in den kleineren Städten, bedienten ein Massenpublikum, das auch in den Jahren der Weltwirtschaftskrise und der Massenarbeitslosigkeit nicht wesentlich schrumpfte.

Die steigende Nachfrage führte bald dazu, dass wöchentlich zwei neue Programme herausgebracht wurden, jedes bestand aus zwei Filmen, dem B-Movie und dem Hauptfilm. Die Produktionsfirmen reagierten auf die steigende Nachfrage durch Anpassungen ihrer Herstellungsverfahren und schufen innerhalb sehr kurzer Zeit eine Spezialisierung und Arbeitsteilung, mit anderen Worten die sogenannte Filmindustrie, eine bürokratische Organisation. Das trug dazu bei, dass das Bildungsbürgertum den Film als leichtes Vergnügen betrachtet hat, das sich an die Massen richtete, und Film lange Zeit nicht als eine Kunstform galt.

Die Bürokratie wird genauer im Kapitel 15 – Organisationen und Netzwerke behandelt.

Im Zuge der Kommerzialisierung der Herstellung von Kinofilmen, die sowohl in Deutschland als auch in Österreich von Beginn an in den Händen von Privatunternehmern waren, entstand alsbald ein Starkult, in dem vor allem die Studios in Hollywood auf die Wirkung ihrer damals noch fest angestellten Schauspieler auf das Publikum zählten. Stars wie Rudolfo Valentino galten als Garanten für Kassenerfolge.

Nahezu von Anfang an wurde die Filmindustrie von den Studios in den USA beherrscht. Schon Mitte der 1920er Jahre stammten beispielsweise 95 Prozent der in England gezeigten Filme aus amerikanischer Produktion. Die Kinos wurden zunehmend von den Filmverleihfirmen kontrolliert, die wiederum mit den Studios eng verbunden waren, und verloren die Möglichkeit der unabhängigen Programmierung. Die großen Studios zwangen den Kinos die Abnahme von Filmen im Abonnementsystem auf, was zur Verdrängung kleinerer Produzenten führte. Ganz ähnlich wie bei der Presse führten Konzentrationsprozesse dazu, dass die Filmindustrie und das Kinoangebot von einigen wenigen beherrscht wurden. Die Überlegenheit des Studiosystems mit seinen vielfach parallel entstehenden Filmen zog zahlreiche europäische Regisseure an. Zu den ersten deutschsprachigen Regisseuren, die in Hollywood Erfolg hatten, zählen Josef von Sternberg und Erich von Stroheim, die schon vor 1933 in die USA gingen, sowie Billy Wilder und Fred Zinnemann, die ihnen nach der Machtübernahme der Nazis folgten. Die amerikanische Hegemonie warf und wirft die Frage nach der Dominanz einer Nationalkultur auf, was die Rede vom Kulturimperialismus unterstreicht. Darauf werden wir in Kürze zurückkommen.

Radio und Fernsehen

Als Publikum reagieren wir auf Radio und Fernsehen ganz anders als auf Kinofilme. Radio und Fernsehen werden zu Hause, im privaten Rahmen, konsumiert, während das Kino Filme immer in einem öffentlichen Raum vorführt. Die Aufmerksamkeit gegenüber Radio und Fernsehen ist eine andere als jene, die man im Kino an den Tag legt. Nur anfangs lauschte man dem Radio oder sah dem Fernsehen mit derselben Intensität zu, wie man das heute immer noch im Kino tut. Radio hören wir zumeist neben anderen Tätigkeiten und sei es nur während des Frühstücks. Fernsehen und Radio hat aber auch von Anfang an ein höherer Grad an Unmittelbarkeit ausgezeichnet. In diesen beiden Medien wird oft live berichtet, während im Kino die längste Zeit Wochenschauen vor dem Hauptfilm eine Art Nachrichtensendung bildeten.

Lange Jahre hindurch beherrschten in den meisten Ländern staatliche Monopolanstalten, die ihren Betrieb aus Gebühren finanzierten, Radio und

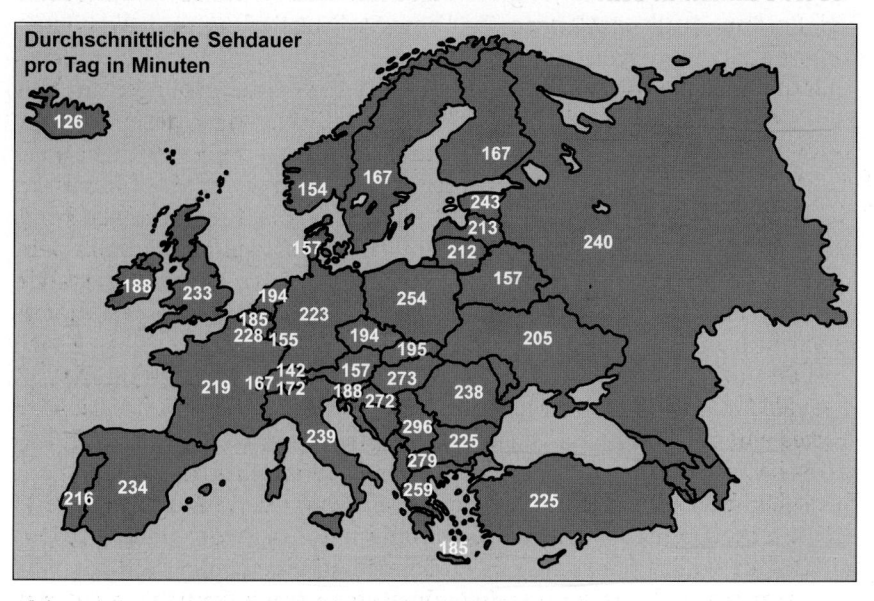

Abb. 14.1: Fernsehnutzung in Europa 2007
Basis: Erwachsene (je nach Land ab 10 bis ab 20 Jahren)
Quelle: ORF Medienforschung, Television 2008 – IP International Key Facts.

Fernsehen. Zum Vorbild für die öffentlich-rechtlichen Anstalten wurde die 1926 gegründete British Broadcasting Corporation (BBC). Ihr erster Generaldirektor, John Reith (später Lord Reith), ein strenger presbyterianischer Christ, zwang seine Werte der Organisation auf. Für Reith bestand die Aufgabe der BBC darin „zu informieren, zu erziehen und zu unterhalten" – und man darf getrost hinzufügen: in dieser Reihenfolge. Der britische Historiker A.J.P. Taylor schrieb über Reith, dieser „habe mit der brutalen Gewalt des Monopols dem britischen Volk christliche Werte eingehämmert" (zitiert in Curran und Seaton 2009). Zu dieser Zeit erreichte die BBC die erwähnte Vorbildrolle für die anderen öffentlichen Radio- und Fernsehstationen.

Das Fernsehen benötigte etwas länger als das Radio, um zum Massenmedium zu werden, was wohl auch damit zu tun hatte, dass die Anschaffungskosten anfangs deutlich höher lagen. Doch innerhalb von weniger als zwei Jahrzehnten erreichte das Fernsehen in den meisten westeuropäischen Ländern eine nahezu flächendeckende Verbreitung – und der Grad an Aufmerksamkeit, die dem Fernsehen im Alltagsleben gewidmet wird, ist unglaublich. Nur noch die außerhäusliche Arbeit und das Schlafen nehmen bei den meisten Menschen mehr Zeit in Anspruch als das „Glotzen".

Fernsehen und Alltagsleben

Mehrere Medientheoretiker äußerten sich sehr skeptisch über die Auswirkungen des offensichtlich stetig steigenden Fernsehkonsums auf die Bevölkerung: Zwei weithin bekannt gewordene Sichtweisen stammen von Robert Putnam in seinen jüngsten Arbeiten über Sozialkapital und von Neil Postman (1931–2003) der seine These als Buchtitel wählte: *Wir amüsieren uns zu Tode* (1985).

Nach Ansicht Postmans verbreitet das Fernsehen ernste Angelegenheiten als Unterhaltung, weil, so schreibt er, „sein Form gegen den Inhalt [arbeitet]" (Postman 1985, 16). Damit meint er, dass Fernsehen – die Form – ein Medium ist, das ungeeignet sei, ernsthafte „Inhalte" zu transportieren. Für Postman werden rationale Argumente am besten in gedruckter Form verbreitet, weil nur auf diesem Weg komplexe und ernsthafte Inhalte vermittelt werden können. Er trauert dem 19. Jahrhundert, dem „Zeitalter der Vernunft" nach, als das gedruckte Wort regierte. Postmans Argument ähnelt McLuhans Behauptung, „the medium is the message", obwohl er über den möglichen Nutzen der elektronischen Medien weit pessimistischer als McLuhan urteilt. Nach Postman hat das Medium des gedruckten Wortes eine rationale Bevölkerung hervorgebracht, hingegen fördere das Fernsehen eine nach Unterhaltung gierende. In einer Gesellschaft, die vom Fernsehen beherrscht werde, würden Nachrichten, Erziehung und Politik auf Unterhaltung reduziert, mit der absehbaren Folge, dass wir uns, wie sein Buchtitel behauptet, zu Tode amüsieren würden.

Postman wurde dafür kritisiert, dass seine Ausführungen nicht auf empirischer Forschung beruhen, sondern nur impressionistische Einsichten zum Besten geben. Diese Art von Kritik kann gegen das Werk des amerikanischen Politikwissenschaftlers Robert Putnam nicht ins Treffen geführt werden.

Sozialkapital

Als soziales Kapital bezeichnet Putnam das Vorhandensein nützlicher sozialer Netzwerke, ein Gefühl gegenseitiger Verpflichtung und Vertrauenswürdigkeit, ein Verständnis von Normen, die Verhalten wirkungsvoll lenken und ganz allgemein weitere soziale Ressourcen, die Menschen in die Lage versetzen, erfolgreich zu handeln. Putnams Sichtweise, die er in seinem Buch *Bowling Alone* (2000) und anderen Veröffentlichungen darlegt, beruht auf Forschungen, die in den USA durchgeführt wurden. In den USA habe im Verlauf der letzten Jahrzehnte ein deutlicher Rückgang an sozialem Kapital stattgefunden. Putnam (1993) legt nahe, dass es einen Schuldigen für diesen Rückgang gibt: das Fernsehen.

Putnams These eines Rückgangs des „sozialen Kapitals" wird im Kapitel 15 – Organisationen und Netzwerke eingehender diskutiert.

Putnam weist darauf hin, dass 1950, zu der Zeit als Messungen des sozialen Kapitals einen Höchststand berichteten, gerade einmal jeder zehnte amerikanische Haushalt ein Fernsehgerät besessen habe; 1959 ist der Wert auf 90 Prozent emporgeschnellt. Untersuchungen schätzen, dass der durchschnittliche Amerikaner heute täglich mindestens vier Stunden fernsieht (darin sind die Zeiten, wo das Fernsehgerät nur nebenbei läuft, nicht inkludiert). Eine zurückhaltende Schätzung legt nahe, dass durchschnittliche Amerikaner heute 40 Prozent ihrer freien Zeit vor dem TV-Gerät verbringen. Putnam weist nun darauf hin, dass dieser massive Wandel der Zeitverwendung exakt mit jenen Jahren zusammenfällt, in denen das soziale Kapital abnahm.

Der Zusammenhang von steigendem Fernsehkonsum und der Erosion des Sozialkapitals ist nach Ansicht Putnams keineswegs zufällig. Berücksichtigt man weitere Fakten, wie Bildung, Alter und Geschlecht, werde deutlich, dass Fernsehkonsum stark negativ mit sozialem Vertrauen und Mitgliedschaft in Gruppen korreliere. Benutzt man dieselben Kriterien zeigt sich eine positive Korrelation zwischen Zeitungslektüre und sozialem Vertrauen und Mitgliedschaft in Gruppen.

Ein Grund, warum nach Putnams Meinung, Fernsehen das soziale Kapital aushöhle, ist die Wirkung der Programminhalte auf die Zuseher. Beispielsweise hätten Untersuchungen herausgefunden, dass Personen, die häufig fernsehen, das Wohlwollen anderer Personen ungewöhnlich skeptisch beurteilen – etwa indem sie die Kriminalitätsraten überschät-

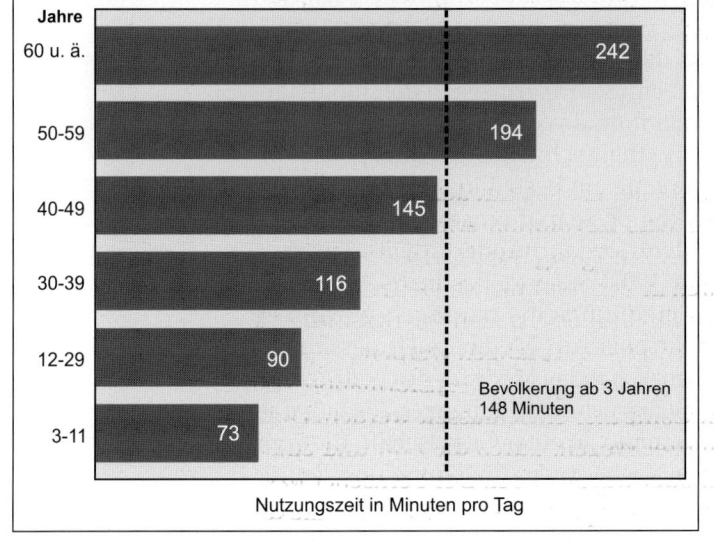

Abb. 14.2: Fernsehnutzung nach Alter 2008
Grundgesamtheit: österreichische Bevölkerung ab 3 Jahren in TV-Haushalten
Quelle: ORF Medienforschung, AGTT/GfK TELETEST.

zen. Putnam vergleicht diese langsame Erosion des Sozialkapitals mit der lange Zeit von vielen heruntergespielten oder ignorierten Problematik der Erderwärmung. Die Meinungsänderung, die bei der Frage, ob das Klima von den Menschen beeinflusst wird, schon hinter uns liegt, steht uns nach Ansicht Putnams bei der Erosion des Sozialkapitals erst noch bevor. Obwohl er vor einer Nostalgie für die 1950er Jahre warnt, sei es Zeit für ein kritisches Nachdenken über die Wirkungen der Technologien auf unser Leben (Putnam 1995a).

Neue Medien

In seinem Buch *Total Digital* (1995) analysiert der Gründer des Medienlabors am Massachusetts Institute of Technology (MIT) Nicholas Negroponte die immense Bedeutung digitaler Daten für gegenwärtige Kommunikationstechnologien. Jede Art von Information, auch von Bildern, Filmen und Tönen, kann mittels der binären Kodierung in „bits" übersetzt werden. Ein bit ist entweder 1 oder 0. Die digitale Schreibweise der Zahlen 1, 2, 3, 4, 5 ist beispielsweise 1, 10, 11, 100, 101. Digitalisierung – und Geschwindigkeit – steht am Anfang der Entwicklung von Multimedia: Was einmal verschiedene Medien waren, die verschiedener Technologien bedurften (wie etwa Bilder und Töne), kann nun in einem einzigen Medium kombiniert werden (DVD, PC etc.) In jüngster Zeit verdoppelte sich die Prozessorgeschwindigkeit der Computer alle 18 Monate. Die Folge davon ist, dass wir heute im Internet Filme anschauen und uns Musik anhören können. Die Digitalisierung ermöglicht die Entwicklung interaktiver Medien, sie erlaubt Individuen, aktiv an dem teilzunehmen, was sie hören oder sehen, oder diese Inhalte selbst zu gestalten. In folgenden Abschnitt untersuchen wir den nachhaltigen Einfluss, den die Digitalisierung auf die Medien hatte.

Digitales Fernsehen

Seit Beginn des 21. Jahrhunderts hat das Fernsehen mit dem Übergang von analoger auf digitale Übermittlung eine Revolution erlebt. Das analoge Fernsehen ist das System der Signalübertragung durch terrestrische Sendeanlagen, das seit den 1940er Jahren in Verwendung ist. Es wandelt Töne und Bilder in Wellen um, die durch die Luft übertragen werden und von Antennen am Hausdach oder am Fernseher empfangen werden.

Digitales TV funktioniert auf der Grundlage der Transformation von Bildern und Tönen, die von einem Computer entschlüsselt werden. Digitale Übermittlung funktioniert auf drei Wegen: durch die Luft und einen Decoder, mittels Satellitenschüssel oder durch Kabel. Der Fernseher bzw. vorgeschaltete Geräte arbeiten wie ein Computer und verwandeln die digitalen Informationen wieder in Bilder und Töne. Anbieter und Fernsehleute argumentieren, dass auf diesem Weg nicht nur mehr Kanäle empfangen werden können, sondern auch die Bild- und Tonqualität besser sei oder werden könne. Außerdem könnten so auch andere Dienste aktiviert werden. Digitales TV ermögliche beispielsweise interaktives Fernsehen, zeitversetztes Sehen von aufgezeichneten Programmen, aber auch die Erledigung von Bankgeschäften oder das Einkaufen in Internetshops. Schließlich eröffne das digitale Fernsehen auch die Möglichkeit, künftig alle Dienste über nur ein Gerät abzuwickeln, also den Heimcomputer auch als Fernseher zu nutzen.

Die europäischen Regierungen, unterstützt von der Europäischen Kommission in Brüssel, erwarten, dass bis 2012 alle Haushalte zum digitalen Empfang gewechselt haben werden und die analoge Signalübertragung eingestellt werden kann. Bis zum Ende des Jahres 2007 haben in Deutschland bereits ein Viertel aller Haushalte irgendeine Form von digitalem Fernsehempfang; in Österreich sind es bereits rund ein Drittel.

Die Zahl der Fernsehkanäle, die via Satellit, Kabel und dank der digitalen Technologie in europäischen Haushalten empfangen werden können, stieg in den vergangenen Jahren stetig an. 90 Prozent der österreichischen Bevölkerung verfügen über Satelliten-TV-Empfangsmöglichkeiten, in Deutschland haben 54 Prozent der Haushalte mit TV (das sind 95 Prozent aller Haushalte) Kabelanschluss und 42 Prozent Satellitenempfang.

Das Internet

Wir haben uns bislang auf Presse, Film und Fernsehen konzentriert, die Medien sind aber mehr als das. Einer der grundlegendsten Aspekte der Medien ist die Infrastruktur mit deren Hilfe Informationen kommuniziert und ausgetauscht werden. Einige wichtige technologische Fortschritte der **Telekommunikation** zweiten Hälfte des 20. Jahrhunderts haben das Erscheinungsbild der Telekommunikation komplett verändert – der Kommunikation von Information, Tönen oder Bildern über größere Distanzen vermittels technologischer Medien.

Neue Kommunikationstechnologien ermöglichten beispielsweise die tief greifenden Änderungen der weltweiten Finanz- und Aktienmärkte. Geld ist nicht mehr Gold oder Münzen und Geldscheine in jemandes Geldtasche. Geld ist elektronisch geworden, aufbewahrt in den Computern der Banken dieser Welt. Dabei ist der Wert des Geldes, das wir in unseren Taschen haben, zunehmend von den Aktivitäten der Händler auf den elektronisch miteinander verknüpften Börsen abhängig, die 24 Stunden am Tag in Betrieb sind. Diese Märkte entstanden erst in den letzten Jahrzehnten – sie sind Resultat der Verbindung von Computertechnologie und Satellitenkommunikation. Mittlerweile nutzt rund ein Viertel der österreichischen Bevölkerung (und jeder zweite mit Matura) die Möglichkeit, unabhängig von der Tageszeit mithilfe des (Heim-)Computers Zahlungen zu leisten oder Einkäufe zu tätigen (OeNB 2007).

Zumindest vier technologische Trends haben zu dieser Entwicklung beigetragen: erstens die stetig steigende Verarbeitungskapazität der Computerchips und deren ebenso kontinuierlich sinkende Anschaffungskosten; zweitens die Digitalisierung von Daten (die im Zusammenhang mit dem Fernsehen weiter oben diskutiert wurde), die eine Integration von

Computer- und Telekommunikationstechnologien ermöglichte; drittens die Entwicklung der Satellitenkommunikation; und viertens die Glasfaserkabel, die es erlauben, viele verschiedene Nachrichten in einem einzigen Kabel zu transportieren. Dabei zeigt die dramatische Explosion der Kommunikation der letzten Jahre keinerlei Anzeichen von Verlangsamung.

Die Ursprünge des Internets

In den frühen 1990er Jahren wurde klar, dass die Zukunft nicht der alleinstehende Personalcomputer sein würde, sondern vielmehr ein globales System miteinander verknüpfter Computer – das Internet. Auch wenn viele Computernutzer es damals nicht gleich bemerkt haben, so wurde der einzelne PC doch rasch nur noch zu einem Eintrittstor in eine Welt, die sich anderswo befand – Ereignisse geschehen in einem Netzwerk, das den ganzen Planeten umspannt und das niemanden, keine Person und kein Unternehmen zum Eigentümer hat.

Die Möglichkeiten des Internets für das Wachstum des internationalen Aktivismus werden in Kapitel 18 – Politik und Regierung näher behandelt.

Das Internet entstand während des Kalten Krieges der Jahre vor 1989. Das „Net" entstand aus einem System, das das US-Verteidigungsministerium ab 1969 entwickelte. Zuerst wurde es ARPA genannt, nach der Advanced Research Projects Agency des Pentagons. Das Ziel war bescheiden. Das ARPA sollte es Wissenschaftlern, die in verschiedenen Teilen der USA saßen und für das Verteidigungsministerium arbeiteten, erlauben, ihre Ressourcen zusammenzulegen und teure Geräte gemeinsam zu nutzen. Eher nur nebenher dachten die Urheber auch daran, dass man auf diesem

	Telefon	Mobiltelefon	Internet
Entwicklungsländer, insgesamt	122	175	64
Am wenigsten entwickelte Länder	9	28	8
Arabische Staaten	91	169	55
Ostasien und Pazifik	199	262	91
Lateinamerika und Karibik	179	319	115
Südasien	35	42	29
Afrika südlich der Sahara	—	77	19
Mittel- und Osteuropa, GUS	—	455	139
OECD	491	714	484
Reiche OECD Länder	551	770	563
Hoher Human Development Index	469	703	470
Mittlerer Human Development Index	128	184	59
Niedriger Human Development Index	9	45	15
Reiche Länder	536	766	545
Mittlere Länder	192	294	92
Arme Länder	30	42	24
Weltweit	190	276	138

Tab. 14.1: Telefon-, Mobiltelefon- und Internetnutzer je 1.000 Einwohner (2004)
Quelle: UNDP (2006), S. 330.

Weg auch Nachrichten austauschen könnte und entwickelten eine entsprechende Möglichkeit – elektronische Nachrichten: E-Mails waren geboren.

Das Pentagon Internet bestand bis zu den frühen 1980er Jahren aus 500 Computern, die alle in militärischen Labors und Informatikinstituten von Universitäten standen. Andere Universitätsangehörige hängten sich an und begannen, das System für ihre Bedürfnisse zu nutzen. Bis 1987 schloss das Internet 28.000 Rechenzentren verschiedener Universitäten und Forschungslabors zusammen.

Die Ausbreitung kommerzieller Anbieter von Internetanschlüssen, die zuerst über Telefon und danach über Breitband, Zugang zum Internet mithilfe von Modemverbindungen anboten, hat das Wachstum des Anteils der Haushalte, die online gehen konnten, beschleunigt. Onlinedienstleistungen, elektronische Nachrichten, Chatrooms und Softwarebibliotheken wurden von einer verwirrenden Vielzahl von Menschen ins Netz gestellt, anfangs vor allem in den USA, mittlerweile in allen Teilen der Welt. Firmen entdeckten die Möglichkeiten für sich und übertrafen 1994 zahlenmäßig bereits die Universitäten als vorherrschende Benutzer des Netzes.

Die bekannteste Nutzung des Internets ist das World Wide Web (www). Wie ein Kuckuck machte es sich im Nest der Gastgeber breit. Das Web ist nichts anderes als eine globale Multimediabibliothek. Es wurde von einem Softwareentwickler am CERN in Genf 1989 erfunden und die Software, die es weltweit populär machte, wurde von einem Studenten der University of Illinois geschrieben. Benutzer navigieren für gewöhnlich mithilfe eines Internet Browsers – einem Softwareprogramm, das es Einzelnen erlaubt, nach Informationen zu suchen, bestimmte Webseiten ausfindig zu machen und diese für die spätere Nutzung zu markieren. Im Web ist es möglich, eine Unzahl von Dokumenten herunterzuladen, die von Regierungsdokumenten bis zu Antivirusprogrammen und Computerspielen reichen. In dem Maße, in dem die Webseiten raffinierter gestaltet wurden, sprachen sie mehrere Sinne an. Grafiken, Fotos, Animationen, Filme und Tondokumente füllen die Seiten. Das Web dient auch als Instrument für elektronischen Handel – viele Geschäfte werden online erledigt.

Mit der Ausbreitung der privat genutzten Personalcomputer wuchs der Zugang zum Web in allen Ländern. Im EU-25-Raum nutzte 2004 fast jeder zweite Bewohner (47 Prozent) das Internet, wobei der Anteil in den Mitgliedsstaaten der EU sehr stark variiert: In Schweden und Island waren es 82 Prozent, während es in Rumänien und Bulgarien nur zwölf bzw. 16 Prozent waren (Österreich und Deutschland liegen mit 52 bzw. 61 Prozent deutlich über dem EU-Durchschnitt).

Nach einer Erhebung des britischen National Office of Statistics wurde das Internet von jenen Erwachsenen, die es im Verlauf der letzten drei Monate benutzten, zu 85 Prozent für E-Mails verwendet, gefolgt von der Suche nach Informationen (82 Prozent). Der häufigste Platz, von dem aus das Internet besucht wurde, war die eigene Wohnung (82 Prozent), gefolgt vom Arbeitsplatz (42 Prozent). Im Juli 2004 hatten allerdings 37 Prozent der erwachsenen Bevölkerung Großbritanniens das Internet noch nie verwendet (Social trends 34).

Die Zahl derer, die weltweit Zugang zum Internet haben, ist unbekannt, aber die Vereinten Nationen schätzen, dass im Jahr 2000 rund zehn Prozent der Weltbevölkerung Internetbenutzer waren – und diese Zahl stieg seitdem ständig weiter an. Allerdings ist der Zugang zum Internet sehr ungleich verteilt (s. Tab. 14.1) Im Jahr 2002 wurden 45 Prozent der Bevölkerung der Länder mit hohem Einkommen als Internetbenutzer klassifiziert, während nur 1,3 Prozent der Bevölkerung in den Ländern mit niedrigen Einkommen in diese Kategorie fielen.

Die Auswirkungen des Internets

In einer Welt raschen technologischen Wandels kann niemand vorhersagen, was in der Zukunft geschehen wird. Viele sehen das Internet als Verkörperung der neuen globalen Ordnung, die am Ende des 20. Jahrhunderts entstand. Der Austausch im Internet erfolgt im Cyberspace. Als Cyberspace bezeichnet man den Raum, der von den global miteinander vernetzten Computern gebildet wird. Im Cyperspace sind wir nicht mehr Personen, sondern Nachrichten auf dem Bildschirm anderer. Das Internet bietet uns keine Garantie über die Identität der Personen, darüber, ob jemand Mann oder Frau ist oder aus welcher Ecke der Welt seine Nachrichten kommen. Ein bekannter Cartoon bringt das zum Ausdruck: Man sieht einen Hund vor einem Computer sitzen und die Überschrift lautet: „Das Tolle am Internet ist, niemand weiß, dass du ein Hund bist."

Cyberspace

Die globale Ausweitung des Internets wirft einige interessante Fragen für Soziologen auf. Das Internet verändert die Gewohnheiten des Alltagslebens – es reißt die Grenzen zwischen dem Globalen und dem Lokalen ein, es offeriert neue Kanäle der Kommunikation und Interaktion und es erlaubt, mehr und mehr alltägliche Aufgaben online zu erledigen. Obwohl es auf der einen Seite grandiose neue Möglichkeiten zur Erkundung der sozialen Welt bietet, droht das Internet andererseits auch menschliche Beziehungen und Gemeinschaften zu schwächen. Zwar befindet sich das „Informationszeitalter" immer noch erst in seinen Anfangsstadien, aber Soziologen diskutieren bereits die komplexen Folgen des Internets auf die Gesellschaften.

Meinungen über die Auswirkungen des Internets fallen in eine der beiden folgenden Kategorien. Auf der einen Seite gibt es jene Beobachter, die die Auffassung vertreten, die Onlinewelt würde bestehende Face-to-face-Interaktionen ergänzen und erweitern. Wer sich auf Reisen befindet oder vorübergehend im Ausland lebt, kann das Internet benutzen, um regelmäßig mit seinen Angehörigen und Freunden zu kommunizieren; Entfernungen und Trennungen sind leichter zu ertragen. Das Internet erlaubt auch die Entstehung neuer Formen von Beziehungen: „Anonyme" Onlinebenutzer können sich in Chatrooms treffen und Themen von gemeinsamem Interesse diskutieren. Diese Cyberkontakte entwickeln sich gelegentlich zu richtigen elektronischen Freundschaften oder enden mitunter sogar in einem echten Face-to-face-Zusammentreffen. Viele Internetbenutzer werden zu Teilnehmern lebhafter Onlinegemeinschafen, die qualitativ verschieden sind von jenen in der realen Welt. Wissenschaftler, die das Internet als eine begrüßenswerte Ergänzung menschlicher Interaktion ansehen, weisen darauf hin, dass es das soziale Netzwerk von Menschen erweitert und bereichert.

Auf der anderen Seite nehmen nicht alle eine derart enthusiastische Haltung ein. In dem Maße, in dem immer mehr Menschen immer längere Zeit mit Onlinekommunikation verbringen und immer mehr ihrer alltäglichen Verpflichtungen im Cyberspace erledigen, mag es zu einer Verringerung der mit anderen Leuten verbrachten Zeit in der realen Welt kommen. Einige Soziologen äußern die Befürchtung, dass die Ausweitung der Internettechnologie zu einer Zunahme sozialer Isolation und Vereinzelung führen könnte. Sie verweisen darauf, dass eine Folge des zunehmenden Internetzugangs in Privathaushalten die Abnahme der qualitätsvoll mit Freunden und Familienangehörigen verbrachten Zeit sein kann. Das Internet drängt sich immer mehr ins Privatleben und verwischt die Grenze zwischen Beruf und Freizeit: Viele Beschäftigte setzen ihre Arbeit zu Hause fort, schauen ihre E-Mails an oder beenden Arbeiten, zu deren Fertigstellung sie während der Arbeitszeit nicht kamen. Menschlicher Kontakt wird verringert, persönliche Beziehungen leiden, traditionelle Formen der Unterhaltung wie Theater oder Bücher lesen werden geopfert, und das gesamte soziale Leben wird geschwächt.

Das Internet wirft spannende Fragen über persönliche Identität auf, schafft neue Formen der Gemeinschaft und neue Möglichkeiten der demokratischen Teilhabe. Diese Fragen werden im Kapitel 3 – Soziale Interaktion und Alltagsleben diskutiert.

Wie sollen wir diese entgegengesetzten Positionen beurteilen? Höchstwahrscheinlich enthalten beide einiges Wahres. Das Internet erweitert zweifellos unsere Horizonte und eröffnet bislang unbekannte Möglichkeiten, mit anderen in Kontakt zu treten. Das enorme Tempo, in dem sich das Internet ausweitet, stellt allerdings zweifellos eine Herausforderung und Bedrohung für traditionelle Formen der menschlichen Interaktion dar. Wird das Internet die Gesellschaft radikal in ein zersplittertes, unpersönliches Reich verwandeln, in dem Menschen nur noch gelegentlich ihren Platz vor dem Computerbildschirm verlassen und die Fähigkeit, mit anderen zu kommunizieren, verlernen? Das ist unwahrscheinlich. Vor einem halben Jahrhundert, als das Fernsehen die Welt eroberte, wurden schon einmal ähnliche Befürchtungen geäußert. In *Die einsame Masse* (1958), einer der einflussreichsten soziologischen Analysen der amerikanischen Gesellschaft der 1950er Jahre, formulierten David Riesman und seine Mitautoren Befürchtungen über die Wirkung des Fernsehens auf die Familie und das Gemeinschaftsleben. Während einige ihrer Vorhersagen treffsicher formuliert waren, haben das Fernsehen und die Massenmedien in verschiedener Weise durchaus auch zur Bereicherung der sozialen Welt beigetragen.

Ähnlich wie davor das Fernsehen hat das Internet sowohl Hoffnungen als auch Befürchtungen geweckt. Werden wir im Cyberspace unsere Identität verlieren? Wird uns die Computertechnologie beherrschen, statt wir sie? Werden sich die Menschen in eine antisoziale Onlinewelt zurückziehen? Die Antworten auf all diese Fragen sind glücklicherweise ziemlich sicher Nein. Wie wir schon bei der Diskussion des „Zwangs zur Nähe" im Kapitel 3 – Soziale Interaktion und Alltagsleben gesehen haben, machen Menschen von Videokonferenzen dann keinen Gebrauch, wenn es für sie leicht ist, sich mit anderen in gewöhnlicher Weise zu treffen. Geschäftsleute haben heute weit mehr Formen der elektronischen Kommunikation zur Verfügung als je zuvor. Und doch nimmt die Zahl der geschäftlichen Face-to-face-Konferenzen stetig zu.

Der Soziologe Manuel Castells meint, dass das Internet weiterhin wachsen wird, weil es sozialen Netzwerken auch die Möglichkeit zu wachsen bietet. Für Castells sind Netzwerke die bestimmende Organisationsstruktur unserer Zeit.

Castells' Arbeiten werden im Kapitel 15 – Organisationen und Netzwerke genauer behandelt.

Die Netzwerken eigentümliche Flexibilität und Anpassungsfähigkeit verleiht ihnen einen deutlichen Vorteil gegenüber den älteren Typen der rationalen, hierarchischen Organisationen. Castells argumentiert, dass das Internet der Wirtschaft die Möglichkeit zur globalen Koordination dezentraler und sehr komplexer Aktivitäten eröffnet. Individuen wird das Internet neue Kombinationen von Arbeit und Selbstständigkeit, individueller Gestaltung, Zusammenarbeit und sozialen Zusammenseins ermöglichen, und politischen Aktivisten wird es die Chance einräumen, in einem Netzwerk Gleichgesinnter zu kooperieren und ihre Botschaften rund um die Welt zu verbreiten. In Anspielung auf McLuhans Gedanken, „the medium is the message", formuliert Castells für heute: „The network is the message" (2005).

Theoretische Perspektiven auf die Medien

In diesem Abschnitt behandeln wir zwei der einflussreichsten theoretischen Blickwinkel auf die Massenmedien – den Funktionalismus und die Konflikttheorie – und führen in einige der aktuellen Beiträge zur Debatte ein.

Funktionalismus

Mitte des 20. Jahrhunderts haben funktionalistische Theoretiker wie Charles Wright und Harold Lasswell sich mit den Wegen befasst, auf denen Medien zur Integration der Gesellschaft beitragen (Wright 1960; Lasswell 1948).

Funktionalistisches Denken wurde im Kapitel 1 – Was ist Soziologie? erläutert.

Nach Ansicht des Medientheoretikers Denis McQuail (2000) handelt es sich bei den wichtigsten sozialen Funktionen von Medien um folgende:

1. *Information.* Die Medien versorgen uns mit einem regelmäßigen Strom von Informationen über die Welt, von Webcams und Radiodurchsagen über Verkehrsstaus, Wettervorhersagen, Nachrichten über Aktienmärkte bis zu Geschichten über Angelegenheiten, die uns persönlich wichtig sind.

2. *Korrelation.* Die Medien erklären und helfen uns, die Bedeutung der Informationen, die sie uns vermitteln, zu erfassen. Sie unterstützen die etablierten sozialen Normen und spielen eine bedeutende Rolle bei der Sozialisation von Heranwachsenden (Sozialisation wird im Kapitel 4 – Sozialisation, Lebenslauf und Altern näher behandelt).

3. *Kontinuität.* Die Medien übernehmen eine Funktion darin, die herrschende Kultur auszudrücken, neue soziale Entwicklungen wahrzunehmen und geteilte Werte durchzusetzen.

4. *Unterhaltung.* Medien liefern Unterhaltung und Ablenkung und tragen zum Abbau von sozialen Spannungen bei.

5. *Mobilisierung.* Um wirtschaftliche Entwicklung, Arbeit, Religion oder die Unterstützung im Kriegsfall zu sichern, sind Medien in der Lage, eine Kampagne zu starten, die die Gesellschaft mobilisiert und zur Erreichung der genannten Ziele beiträgt.

In den letzten Jahrzehnten verloren funktionalistische Theorien der Medien an Gewicht. Insbesondere wurden sie dafür kritisiert, das Publikum eher als passive Empfänger denn als aktive Interpreten der Botschaften der Medien zu sehen. (Aktuelle und genauere Untersuchungen über Publikumsreaktionen werden weiter unten besprochen.) Weiters wurde dem Funktionalismus vorgeworfen, nicht mehr als Beschreibungen zu liefern, aber keine Erklärungen zu offerieren. In dem Maße, in dem funktionalistische Theorien der Medien an Überzeugungskraft verloren, traten andere Blickwinkel in den Vordergrund, insbesondere Konfliktperspektiven, die sehr stark vom Marxismus beeinflusst waren.

Konflikttheorien

In Europa waren Konfliktperspektiven auf die Massenmedien immer schon sehr populär. Im Folgenden stellen wir zwei wichtige Theorien der Medien vor, die beide von einem weitgehend marxistischen Standpunkt aus argumentieren: der Blickwinkel der politischen Ökonomie und jener der Kulturindustrie. Andere Blickwinkel, die recht einflussreich sind, und im weitesten Sinne auch dieser Perspektive zugeordnet werden können, stammen von der Glasgow Media Group.

Die Blickwinkel der politischen Ökonomie

Aus der Sicht der politischen Ökonomie sind Medien eine Industrie und daher sollte man die Aufmerksamkeit vor allem darauf richten, wie die wichtigsten Kommunikationsmittel in den Besitz von Privaten gelangten. Medienbesitz ist sehr oft in der Hand einiger weniger reicher Magnaten – die Herrschaft der Pressebarone der Zwischenkriegszeit sind dafür ein illustratives Beispiel. Im globalen Zeitalter dehnt sich der Medienbesitz über die Grenzen der Nationalstaaten aus. Der in Australien geborene Medienmogul Rupert Murdoch, Besitzer des heute weltweit größten Medienkonglomerats, zu dem Fernsehstationen, Tageszeitungen, Verlage, aber auch neue Medien wie MySpace gehören, wird im Kasten weiter unten porträtiert.

 Vertreter des Blickwinkels der politischen Ökonomie weisen darauf hin, dass wirtschaftliche Interessen verhindern, dass die Stimmen der Machtlosen gehört werden. Mehr noch: Jene Stimmen, denen Aufmerksamkeit zuteil wird, gehören denen, die am wenigsten dazu neigen, die gegebene Verteilung des Wohlstandes zu kritisieren (Golding und Murdock 1997). Diese Sichtweise wurde von dem Amerikaner Noam Chomsky in seinem Buch *Media Control: Wie die Medien uns manipulieren* (2003) vertreten und erlangte große Aufmerksamkeit. Chomsky kritisiert die Vorherrschaft der großen Unternehmen in den amerikanischen und den globalen Medien heftig. Für Chomsky führt deren Herrschaft zum Ergebnis einer genauen Kontrolle der Informationen, die dem Publikum angeboten werden. Während des Kalten Krieges kontrollierten diese Unternehmen die Informationen, um ein Klima der Angst vor der Sowjetunion zu verbreiten. Seit dem Zusammenbruch der Sowjetunion im Jahr 1991 hätten die Unternehmen nach Chomskys Meinung neue Ängste geschürt, wie beispielsweise jene vor dem globalen Terrorismus. Das Vorhandensein derartiger Ängste habe verhindert, dass die wirklich wichtigen Fragen diskutiert werden, wie die fehlende Verantwortung der Unternehmen und der Mangel an Demokratie in den USA.

Die Kulturindustrie

Mitglieder der Frankfurter Schule, wie beispielsweise Theodor W. Adorno (1903–1969), sahen die Auswirkungen der Massenmedien auf die Masse der Bevölkerung besonders kritisch. Die Frankfurter Schule, die Mitte der 1920er Jahre gegründet wurde, umfasste eine lose Gruppe von Theoretikern, die sich den Gedanken von Marx verpflichtet fühlten, aber der Meinung waren, dass Marx' Sichtweise einer radikalen Revision bedürfe. Unter anderem waren sie der Meinung, dass Marx der Rolle der Kultur in den modernen kapitalistischen Gesellschaften zu wenig Aufmerksamkeit geschenkt habe.

Mitglieder der Frankfurter Schule argumentieren, dass die Freizeit industrialisiert worden sei. In einem berühmten Essay widmeten sich Max Horkheimer und Theodor Adorno ausführlich dem, was sie als Kulturindustrie bezeichneten. Damit meinten sie die Unterhaltungsindustrie, die Filme, Fernsehen, populäre Musik, Radio, Boulevardzeitungen und Magazine herstellen und verbreiten – all jene Medien, die von der Masse der Bevölkerung willig konsumiert werden und die die Massen stillhalten sollten (Horkheimer und Adorno [1947] 1971). Solcherart würde Kultur zu einer Ware wie alle anderen auch, die in standardisierter Form hergestellt werde und der Erzielung von Profiten diene. In der Massengesellschaft erfülle die Kulturindustrie die Aufgabe, Werte der Anpassung zu vermitteln: Die Freizeit sei nicht mehr eine von der Arbeit getrennte Sphäre der Erholung und Reflexion, sondern diene nur noch der Vorbereitung für die Arbeit.

Die Produkte der Kulturindustrie seien, so die Frankfurter Theoretiker weiter, wenig anspruchsvoll und untergraben die Fähigkeit der Einzelnen, ein kritisches Urteil über die Gesellschaft auszubilden. Die Kunst werde durch die Kommerzialisierung entwertet – „Mozarts größte Hits" – und an die Stelle der Kultur trete die Unterhaltung. Paul Lazarsfeld und Ro-

Paul Lazarsfeld
1901–1976

bert Merton, die beide mit den Gedanken der Frankfurter Schule gut vertraut waren, hielten dem Pessimismus Adornos schon 1948 die Einsicht entgegen, dass Massenmedien verschiedene Funktionen ausüben: Medien verleihen denjenigen, über die berichtet wird, sozialen Status, sie sanktionieren nonkonformes Verhalten, indem sie vorführen, was für Recht und Unrecht gehalten wird, und sie „narkotisieren" das Publikum. Mit Letzterem greifen die beiden Autoren einen Ausdruck Horkheimers und Adornos auf, bezeichnen dies aber als eine soziale Dysfunktion der Massenmedien. Sie lehnen es ab, die Wirkung der Medien ausschließlich darin zu sehen (Lazarsfeld und Merton 1948).

Gegenwärtige Theorien

Jürgen Habermas: Öffentlichkeit

Der deutsche Philosoph und Soziologe Jürgen Habermas sieht sich in der Tradition der Sozialtheorie der Frankfurter Schule. Habermas hat einige Themen, die von der älteren Frankfurter Schule formuliert wurden, wieder aufgenommen, sie jedoch auf eine andere Art weitergesponnen. Er analysiert die Entwicklung der Medien vom frühen 18. Jahrhundert bis zur Gegenwart und zeichnet das Auftauchen – und den späteren Verfall – der „Öffentlichkeit" nach (Habermas 1962). Die Öffentlichkeit ist ein Bereich der öffentlichen Debatte, wo Angelegenheiten von genereller Bedeutung erörtert und Meinungen gebildet werden können.

Öffentlichkeit

Die Öffentlichkeit, so Habermas, entwickelte sich zuerst in den Salons und Kaffeehäusern von London, Paris und anderen europäischen Städten. Die Menschen pflegten sich in solchen Salons zu treffen, um aktuelle Ereignisse zu erörtern, wobei sie sich auf Pamphlete und die Zeitungen, die gerade entstanden waren, stützten. Die politische Debatte wurde zu einer Angelegenheit von besonderer Bedeutung. Obwohl nur ein kleiner Bevölkerungsteil daran beteiligt war, seien Habermas zufolge die Salons für die frühe Entwicklung der Demokratie von entscheidender Bedeutung gewesen. In ihnen entstand nämlich die Idee der Lösung politischer Probleme durch öffentliche Diskussion. Zumindest im Prinzip involviert die Öffentlichkeit Individuen, die als gleichberechtigte Partner auf einem Forum der öffentlichen Debatte zusammentreffen.

Jürgen Habermas
geb. 1929

Das von der frühen Entwicklung der Öffentlichkeit abgegebene Versprechen, so Habermas' Schlussfolgerung, wurde nicht zur Gänze eingelöst. Die demokratische Debatte in modernen Gesellschaften wird durch die Entwicklung der Kulturindustrie erstickt. Die Entwicklung der Massenmedien und der Massenunterhaltung verwandelt die Öffentlichkeit in einen Abklatsch ihrer selbst. Die Politik wird im Parlament und in den Medien dramatisch inszeniert, während kommerzielle Interessen über jene der Allgemeinheit triumphieren. Die „öffentliche Meinung" wird nicht durch offene rationale Diskussion geformt, sondern durch Manipulation und Kontrolle – wie z.B. durch die Werbung.

Jean Baudrillard: Die Welt der Hyperrealität

Einer der einflussreichsten zeitgenössischen Medientheoretiker ist der postmoderne französische Autor Jean Baudrillard (1927–2007), dessen Werk stark von den Ideen McLuhans beeinflusst ist, die wir weiter oben behandelt haben. Baudrillard hält die Auswirkungen der modernen Medien für sehr verschieden von jenen irgendeiner anderen Technologie und für wesentlich bedeutsamer. Die Entstehung der Massenmedien, vor allem elektronischer Medien, wie des Fernsehens, hat das Wesen unseres Lebens verändert. Das Fernsehen „repräsentiert" nicht einfach die Welt für uns, sondern es definiert in zunehmendem Ausmaß, wie die Welt, in der wir leben, tatsächlich ist.

Jean Baudrillard
1927–2007

Betrachten Sie als Beispiel den Prozess gegen O. J. Simpson, einen berühmten Gerichtsprozess, der 1994/95 in Los Angeles über die Bühne ging. Simpson hatte sich ursprünglich im American Football einen Namen gemacht, wurde jedoch später weltweit bekannt, da er in mehreren populären Filmen auftrat, darunter auch in der „Die Nackte Kanone"-Serie. Er war des Mordes an seiner Exfrau und deren Freund angeklagt worden und wurde nach einem sehr langen Verfahren freigesprochen.

Der Fall wurde für 95 Millionen Amerikaner zur Pflichtsendung. Es begann, als sie Simpson dabei zusahen, wie er seiner Verhaftung zu entgehen versuchte und in seinem Auto stundenlang über kalifornische Autobahnen hetzte – verfolgt von Polizeiautos, die wegen seiner Prominenz sehr zurückhaltend vorgingen, und Kamerateams am Boden und in der Luft. Nicht nur seine Verhaftung wurde übertragen, sondern auch der Prozess. In Amerika brachten sechs Fernsehkanäle regelmäßige Übertragungen vom Prozess. Mehr als 90 Prozent des amerikanischen Fernsehpublikums sagten von sich, dass sie den Prozess verfolgt hätten und 142 Millionen waren live dabei, als am 3. Oktober 1995 das „nicht schuldig" verkündet wurde. Mehr als 2.000 Reporter verfolgten den Prozess und mehr als 80 Bücher wurden über den Fall Simpson veröffentlicht.

Hyperrealität

In der Mediensprache gesprochen war es der Prozess des Jahrhunderts. Das Verfahren fand nicht nur im Gerichtssaal statt. Es war ein Fernsehereignis, das Millionen von Sehern und Kommentatoren vereinigte. Der Prozess illustriert das, was Baudrillard Hyperrealität nennt. Es gibt keine „Wirklichkeit" (die Ereignisse im Gerichtssaal) mehr, die uns das Fernsehen zeigen könnte. Die „Wirklichkeit" ist tatsächlich die Serie von Bildern auf den Fernsehschirmen der Welt, die den Prozess zum globalen Ereignis hochstilisierten.

Kurz vor dem Ausbruch des ersten Golfkrieges im Jahr 1991 schrieb Baudrillard einen Zeitungsartikel mit dem Titel *Der Golfkrieg kann nicht stattfinden*. Als der Krieg erklärt wurde und ein blutiger Konflikt ausbrach, erschien es offensichtlich, dass sich Baudrillard geirrt hatte. Keineswegs. Nach dem Ende des Krieges schrieb Baudrillard einen zweiten Artikel *Der Golfkrieg hat nicht stattgefunden*. Was meinte er? Er meinte, dass der Krieg nicht wie andere historische Kriege war. Es hatte sich um einen Krieg des Medienzeitalters gehandelt, ein Fernsehspektakel, bei dem George Bush Senior und der frühere Diktator des Irak, Saddam Hussein, gemeinsam mit dem Rest der Welt die Übertragungen von CNN ansahen, um herauszufinden, was tatsächlich „geschah" (Baudrillard 1995).

Simulacrum

Baudrillard zufolge wird in einem Zeitalter, da die Massenmedien überall sind, tatsächlich eine neue Realität – die Hyperrealität – erschaffen, die sich aus der Vermischung des Verhaltens von Menschen und von Medienbildern zusammensetzt. Die Welt der Hyperrealität wird aus Simulacra konstruiert – aus Bildern, die ihren Sinn lediglich aus anderen Bildern beziehen und daher in keiner „äußeren Realität" verankert sind. Eine sehr bekannte Werbekampagne für Silk-Cut-Zigaretten bezieht sich z.B. überhaupt nicht auf Zigaretten, sondern auf frühere Werbeeinschaltungen, die in einer langen Serie erschienen sind. Kein Politiker kann heute eine Wahl gewinnen, wenn er nicht ständig im Fernsehen präsent ist: Das Fernsehbild des Politikers ist die „Person", die die meisten Seher kennen.

Eine Analyse der Massenmedien, die ohne Übertreibungen und Zuspitzungen auskommt, vertritt der deutsche Soziologe Niklas Luhmann (1927–1998), wenn er darauf hinweist, dass wir alles, was wir über die Gesellschaft wissen, den Medien zu verdanken haben (Luhmann 2004, S. 9).

John Thompson: Die Medien und die moderne Gesellschaft

Sich zum Teil auf die Arbeiten von Habermas stützend, hat John Thompson die Beziehung zwischen den Medien und der Entwicklung der industriellen Gesellschaften analysiert (Thompson 1990, 1995). Von den frühen Formen der Druckerzeugnisse bis zur elektronischen Kommunikation, so Thompson, haben die Medien eine zentrale Rolle bei der Entwicklung moderner Institutionen gespielt. Die Gründerväter der Soziologie, darunter Marx, Weber und Durkheim, so Thompson, widmeten der Rolle der Medien bei der Formung sogar der Frühentwicklung der modernen Gesellschaft zu wenig Aufmerksamkeit.

Während er manchen Ideen von Habermas positiv gegenübersteht, distanziert sich Thompson auch kritisch von ihm, ebenso wie von der Frankfurter Schule und von Baudrillard. Die Einstellung der Frankfurter Schule gegenüber der Kulturindustrie war zu negativ. Die modernen Massenmedien verweigern uns nach Thompsons Auffassung keineswegs die Möglichkeit des kritischen Denkens; tatsächlich versorgen sie uns mit vielen Formen der Information, die uns vorher unzugänglich war. Wie die Frankfurter Schule, so behandelt uns auch Habermas zu sehr als die bloß passiven Empfänger von Medienbotschaften. In Thompsons Worten:

> Die Botschaften der Medien werden im allgemeinen während des Empfangs und später diskutiert [...] [Sie] werden durch einen ständigen Prozess des Erzählens und des Wiedererzählens, der Interpretation und der Reinterpretation, des Kommentars, des Gelächters und der Kritik transformiert [...] Indem wir Botschaften übernehmen und sie routinemäßig in unser Leben integrieren, [...] gelingt es uns, unsere Geschicklichkeiten und unsere Wissensbestände in einem fort zu formen und umzuformen, unsere Gefühle und Präferenzen zu testen und den Horizont unserer Erfahrung zu erweitern. (Thompson 1995, S. 42f.)

Thompsons Theorie der Medien basiert auf einer Unterscheidung zwischen drei Typen der Interaktion (s. Tab. 14.2). Die *Face-to-face-Interaktion*, z.B. Leute, die sich auf einer Party unterhalten, enthält reichhaltige Hinweise, die Individuen verwenden, um aus dem, was andere sagen, Sinn zu beziehen (siehe Kapitel 3 – Soziale Interaktion und Alltagsleben). Die *vermittelte Interaktion* involviert die Verwendung von Medientechnologie – von Papier, elektrischen Verbindungen und elektronischen Impulsen. Charakteristisch für die vermittelte Interaktion ist, dass sie sich über Zeit und Raum erstreckt – sie geht weit über die Kontexte unserer gewöhnlichen Face-to-face-Interaktion hinaus. Die vermittelte Interaktion findet zwar direkt zwischen verschiedenen Individuen statt – wenn sich z.B. zwei Leute über das Telefon unterhalten –, doch gibt es nicht dieselbe Vielfalt von Hinweisen und Interpretationshilfen, die zur Verfügung steht, wenn Personen einander von Angesicht zu Angesicht gegenüberstehen.

Ein dritter Typ der Interaktion ist die *vermittelte Quasi-Interaktion*. Dieser Ausdruck bezieht sich auf die Art von sozialen Beziehungen, die von den Massenmedien erzeugt werden. Diese Form der Interaktion erstreckt sich über Zeit und Raum, doch stellt sie keine direkte Verbindung zwischen Individuen her: daher der Ausdruck „Quasi-Interaktion". Die beiden früheren Typen sind „dialogisch": Individuen kommunizieren auf direkte Weise. Die vermittelte Quasi-Interaktion ist „monologisch": Ein Fernsehprogramm ist z.B. eine einseitige Form der Kommunikation. Leute, die das Programm sehen, können es erörtern und vielleicht einige Bemerkungen in Richtung des Fernsehgerätes machen – doch selbstverständlich antwortet das Gerät nicht.

Thompson möchte nicht behaupten, dass der dritte Typ die ersten beiden zu dominieren beginnt – was im Grunde die Auffassung von Baudrillard ist. Stattdessen vermischen sich alle drei Typen in unserem Leben. Die

Interaktions-merkmale	Face-to-face-Interaktion	Vermittelte Interaktion	Vermittelte Quasi-Interaktion
raum-zeitliche Konstitution	Gleichzeitige physische Anwesenheit; gemeinsames raum-zeitliches Bezugs-system	getrennte raum-zeitliche Kontexte; erweiterte raum-zeitliche Verfüg-barkeit	getrennte raum-zeitliche Kontexte; erweiterte raum-zeitliche Verfüg-barkeit
symbolischer Signalbereich	Vielfalt symbolischer Signale	Einschränkung der symbolischen Signale	Einschränkung der symbolischen Signale
Handlungs-orientierung	An spezifischen anderen orientiert	An spezifischen anderen orientiert	An einer unbestimm-ten Zahl potenzieller Empfänger orientiert
dialogisch/ monologisch	dialogisch	dialogisch	monologisch

Tab. 14.2: Typen der Interaktion
Quelle: Thompson (1995), S. 465.

Massenmedien, so Thompson, verändern die Balance zwischen dem Öffentlichen und dem Privaten in unserem Leben. Ganz im Gegensatz zu Habermas' Auffassung, dringt heute wesentlich mehr in den öffentlichen Bereich als zuvor, und dies führt sehr häufig zu Diskussionen und Kontroversen.

Ideologie und die Medien

Die Untersuchung der Medien steht in enger Beziehung zu den Auswirkungen der Ideologie auf die Gesellschaft. Der Ausdruck Ideologie bezieht sich auf den Einfluss von Ideen auf die Glaubensvorstellungen und Handlungen von Personen. Der Begriff hat in Medienuntersuchungen weite Verwendung gefunden, wie auch in anderen Bereichen der Soziologie, ist jedoch auch seit langer Zeit umstritten. Der Ausdruck wurde vom französischen Autor Destutt de Tracy Ende des 18. Jahrhunderts geprägt. In seinem Sprachgebrauch bedeutete er eine „Wissenschaft von den Ideen".

Später allerdings gewann der Ausdruck einen kritischen Beigeschmack. Marx etwa betrachtete die Ideologie als „falsches Bewusstsein". Mächtige Gruppen sind in der Lage, die herrschenden Ideen einer Gesellschaft zu kontrollieren und dadurch ihre eigene Stellung zu rechtfertigen. So ist nach Marx die Religion oft ideologisch: Sie lehrt die Armen, mit ihrem Schicksal zufrieden zu sein. Wer die gesellschaftliche Wirklichkeit analysiert, der sollte die Verzerrungen der Ideologie aufdecken, um es den Machtlosen zu ermöglichen, eine korrekte Perspektive auf ihr Leben zu gewinnen und zu handeln, damit sie ihre Lebensbedingungen verbessern können.

Ideologie   Thompson nennt de Tracys Auffassung die *neutrale* Konzeption der Ideologie und Marx' Auffassung die *kritische*. Neutrale Konzeptionen „charakterisieren Phänomene als Ideologie oder als ideologisch, ohne nahezulegen, dass diese Phänomene notwendigerweise irreführend, illusionär oder mit den Interessen einer bestimmten Gruppe verknüpft seien". Der kritische Begriff der Ideologie „hat einen negativen, kritischen oder abwertenden Sinn" und vermittelt „eine implizite Kritik oder Verurteilung" (1990, S. 53f.).

Thompson argumentiert, dass die kritische Verwendung des Begriffes vorzuziehen ist, da sie die Ideologie mit der Macht verknüpft. Ideologie ermöglicht die Ausübung von symbolischer Macht – dabei werden Ideen dazu verwendet, die Interessen herrschender Gruppen in der Gesellschaftsordnung zu verbergen oder zu rechtfertigen.

Die Mitglieder der Glasgow Media Group analysierten im Rahmen ihrer Untersuchung, auf die wir im nächsten Abschnitt näher eingehen werden, tatsächlich ideologische Aspekte der Berichterstattung im Fernsehen und deren verzerrte Darstellungen. Sie fanden beispielsweise heraus, dass Nachrichten über Arbeitskonflikte die Regierung und das Management auf Kosten der Streikenden begünstigen. Im Allgemeinen, so Thompson, erweitern die Massenmedien – wozu nicht nur die Nachrichten gehören, sondern alle Arten von Programminhalten und Mediengenres – den Wirkungsbereich von Ideologien in modernen Gesellschaften in einem großen Ausmaß. Sie erreichen ein Massenpublikum und beruhen, wie er es nennt, auf „Quasi-Interaktion" – das Publikum kann nicht direkt zurückreden.

Verzerrungen und die Medien: Die Medienforschungsgruppe der Universität Glasgow

Fernsehnachrichten

Soziologische Untersuchungen des Fernsehens haben den Nachrichten relativ viel Aufmerksamkeit gewidmet. Ein beträchtlicher Anteil der Bevölkerung liest keine Zeitungen mehr; die Fernsehnachrichten sind daher eine bedeutsame Informationsquelle darüber, was in der Welt vorgeht. Einige der bekanntesten und kontroversiellsten Untersuchungen der Fernsehnachrichten waren die von der Media Group der Universität Glasgow durchgeführten. Die Gruppe publizierte im Verlauf der letzten drei Jahrzehnte eine Reihe von Arbeiten, die sich mit der Präsentation der Nachrichten auseinandersetzten: *Bad News*, *More Bad News*, *Really Bad News* und *War and Peace News*. In jedem dieser Bücher folgten sie ähnlichen Forschungsstrategien, obwohl sie den Brennpunkt ihrer Analysen änderten.

Bad News (Glasgow University Media Group 1976), ihr erstes und einflussreichstes Buch, basierte auf der Analyse von Nachrichtensendungen der drei damals existierenden terrestrischen Fernsehkanäle, die zwischen Januar und Juni 1975 ausgestrahlt wurden. Ziel war es, eine systematische und leidenschaftslose Analyse des Inhaltes der Nachrichten und der Art, wie sie präsentiert wurden, zu liefern. *Bad News* befasste sich mit der Darstellung von industriellen Konflikten. Die späteren Bücher konzentrierten sich stärker auf die politische Berichterstattung und auf den Krieg um die Falklandinseln im Jahr 1982.

Bad News kam zu dem Schluss, dass die Nachrichten über Arbeitskämpfe typischerweise selektiv und verzerrt dargeboten wurden. Ausdrücke wie „Schwierigkeiten", „radikal" und „sinnloser Streik" ließen auf eine gegenüber der Gewerkschaft feindselige Haltung schließen. Über die Auswirkungen von Streiks, die sich störend auf das Alltagsleben der allgemeinen Öffentlichkeit auswirkten, wurde wesentlich ausführlicher berichtet als über ihre Ursachen. Das verwendete Filmmaterial ließ die Aktivitäten der Protestierenden häufig irrational und aggressiv erscheinen. So widmeten sich z.B. Filme über Streikposten, die Arbeitswillige am Betreten der Fabriken zu hindern suchten, vorzugsweise den dabei entstehenden Konfrontationen, auch wenn diese nicht sehr häufig waren.

Bad News wies auch darauf hin, dass jene, die die Nachrichten konstruieren, als „Türsteher" dafür fungieren, was auf die Tagesordnung gelangt – in anderen Worten, worüber die Öffentlichkeit überhaupt informiert wird. Streiks, bei denen es aktive Konfrontationen zwischen Arbeitern und Management gab, würden ziemlich ausführlich dargestellt werden. Andere, folgenreichere und länger dauernde industrielle Konflikte könnten auch weitgehend ignoriert werden. Die Sichtweisen von Fernsehjournalisten, so die Media Group, spiegeln die Perspektive ihrer eigenen Mittelschichtherkunft wider und ergreifen für die herrschenden Gruppen der Gesellschaft Partei, die Streikende unvermeidlich als gefährlich und unverantwortlich wahrnehmen.

Die Arbeiten der Glasgow Media Group wurden in Medienkreisen ebenso wie in der akademischen Gemeinschaft ausführlich diskutiert. Manche Nachrichtenproduzenten beschuldigten die Forschergruppe, ihre Arbeit wäre durch ihre eigenen Vorannahmen verzerrt gewesen. Sie hätten von vornherein für die Streikenden Partei ergriffen. Sie wiesen darauf hin, dass *Bad News* zwar ein Kapitel über die „Gewerkschaften und die Medien" enthielt, jedoch kein Kapitel über „Management und die Medien". Dies hätte erörtert werden sollen, so argumentierten die Kritiker der Media Group, da Fernsehjournalisten sehr häufig vom Management beschuldigt werden, ihm gegenüber voreingenommen zu sein, und nicht gegenüber den Streikenden.

Die wissenschaftliche Kritik fiel ähnlich aus. Martin Harrison (1985) gelang es, sich Abschriften der Nachrichtensendungen der Fernsehstation ITN für den von der ursprünglichen Studie abgedeckten Zeitraum zu beschaffen. Auf deren Grundlage argumentierte er, dass die in der Studie analysierten fünf Monate untypisch gewesen seien. Damals gingen ungewöhnlich viele Arbeitstage verloren. Es wäre unmöglich gewesen, über all dies in den Nachrichten zu berichten, und daher war die Tendenz, sich auf die bewegteren Episoden zu konzentrieren, durchaus nachvollziehbar.

Harrisons Auffassung zufolge hatte die Media Group unrecht zu behaupten, dass sich die Nachrichten zu sehr auf die Auswirkungen von

Streiks konzentrierten. Schließlich sind im Allgemeinen wesentlich mehr Menschen von Streiks betroffen, als daran teilnehmen. Manchmal müssen Millionen Menschen feststellen, dass ihr Leben durch die Handlungen einer Handvoll von Leuten gestört wird. Schließlich waren einige der von der Media Group aufgestellten Behauptungen, so Harrison, schlicht falsch. So etwa wurden in den Nachrichten im Allgemeinen die an den Auseinandersetzungen beteiligten Gewerkschaften genannt, ebenso wie angegeben wurde, ob der Streik offiziell oder inoffiziell war.

In Reaktion auf diese Kritik merkten Mitglieder der Gruppe an, dass Harrisons Untersuchung zum Teil von ITN finanziert worden war, was möglicherweise seine wissenschaftliche Unparteilichkeit untergraben habe. Die von Harrison verwendeten Abschriften waren nicht vollständig, und es waren einige Passagen dabei, die ITN überhaupt nicht gesendet hatte.

Seit damals haben Mitglieder der Media Group eine Reihe weiterer empirischer Untersuchungen angestellt. Die jüngste Ausgabe der *Bad News*-Reihe, *Bad News from Israel* (Philo und Berry 2004) untersucht die Nachrichtensendungen über den Konflikt zwischen Palästinensern und Israel. Die Untersuchung erstreckte sich über einen Zeitraum von zwei Jahren und wurde von verschiedenen leitenden Nachrichtenredakteuren und Journalisten unterstützt, die an einer Diskussion mit Mitgliedern einer 800 Personen umfassenden Stichprobe von Fernsehzusehern teilnahmen. Neben der Analyse der gesendeten Nachrichten interessierten sich die Forscher auch dafür, wie die Berichterstattung das Verständnis, die Überzeugungen und die Einstellungen aufseiten der Zuseher beeinflusste.

Die Studie kam zum Schluss, dass die Berichterstattung die Zuseher reichlich verwirrt zurückließ und weitgehend die Sichtweise der israelischen Regierung bevorzugte. Eine Verzerrung zugunsten der offiziellen israelischen Perspektive fand die Studie vor allem beim Sender BBC1, wo Israelis mehr als doppelt so häufig interviewt wurden oder Gegenstand der Berichterstattung waren als Palästinenser. Des Weiteren wurden amerikanische Politiker, die Israel unterstützten, sehr oft berücksichtigt. Die Untersuchung fand heraus, dass die Nachrichten von Israelis betreffenden Zwischenfällen weit häufiger berichteten als von jenen, denen Palästinenser zum Opfer fielen (obwohl zwei- bis dreimal so viele Palästinenser getötet wurden als Israelis). Es gab auch Unterschiede in der von den Journalisten verwendeten Sprache, mit der die Angriffe von Israelis oder Palästinensern beschrieben wurde. Beispielsweise wurden die Handlungen von Palästinensern sehr häufig als „Terrorismus" bezeichnet, aber als berichtet wurde, eine Gruppe von Israelis habe versucht, eine Bombe in eine palästinensische Schule zu werfen, wurde das als die Tat von „Extremisten" oder „Selbstverteidigungsgruppen" geschildert (Philo und Berry 2004).

In *Bad News from Israel* heißt es auch, dass es sehr wenig Berichterstattung über die historischen Wurzeln des Konflikts gegeben habe. Die überwiegende Mehrheit der Zuseher ist allerdings auf diese Nachrichtensendungen angewiesen, um sich ein Bild machen zu können. Die Lücken im Wissen der Zuseher entsprechen weitgehend den Lücken in der Berichterstattung. Die Untersuchung behauptet, dass das zum Nachteil der Palästinenser sei, weil der Eindruck vermittelt werde, das Problem habe mit Aktionen der palästinensischen Seite begonnen (Philo und Berry 2004).

In einer früheren Veröffentlichung, *Getting the Message*, versammelte die Glasgow Media Group neuere Forschungen über die Nachrichten. Der Herausgeber des Bandes, John Eldridge, verwies darauf, dass die durch die ursprüngliche Arbeit der Gruppe ausgelöste Debatte noch immer weitergeht (Eldridge 1993). Anzugeben, was in der Nachrichtenberichterstattung als Objektivität zählen würde, wird immer schwierig sein. Gegen jene, die sagen, dass die Idee der Objektivität keinen Sinn ergibt (siehe den Abschnitt über Jean Baudrillard weiter oben in diesem Kapitel), führt Eldridge ins Treffen, dass es wichtig ist, Medienerzeugnisse kritisch zu betrachten. Wie genau die Berichterstattung ist, kann und muss untersucht werden. Schließlich erwarten wir auch von den Berichten über Fußballergebnisse, dass diese präzise sind. Ein simples Beispiel wie dieses, so Eldridge, erinnert uns, dass die Frage der Wahrheit in der journalistischen Berichterstattung immer auf der Tagesordnung steht.

Dennoch bleibt unleugbar, dass die Nachrichten niemals eine bloße „Beschreibung" dessen sind, was an einem bestimmten Tag oder in einer bestimmten Woche „tatsächlich geschah". Die „Nachrichten" sind eine komplexe Konstruktion, die regelmäßig das beeinflusst, wovon sie „handelt". Wenn z.B. ein Politiker in einem Nachrichtenprogramm auftritt und eine kontroversielle Frage kommentiert – z.B. über den Zustand der Wirtschaft und was in diesem Zusammenhang getan werden sollte –, dann wird dieser Kommentar selbst zur „Neuigkeit" späterer Programme.

Das Publikum und die Auswirkungen der Medien

Die Beurteilung der Wirkungen, die ideologische Voreingenommenheiten auf das Publikum haben, hängt auch von der theoretischen Position ab, die man in der Frage nach der Rolle des Publikums einnimmt. Wir behandeln dieses Problem im Folgenden anhand einer knappen Analyse der Publikumsuntersuchungen.

Publikumsuntersuchungen

Eines der frühesten und geradlinigsten Modelle der Medienwirkung ist das *Injektionsmodell*. Es vergleicht die Medienbotschaften mit einer Droge, die mit einer Spritze injiziert wird. Das Modell beruht auf der Annahme, dass das Publikum (der Patient) die Botschaft passiv und unmittelbar aufnimmt und sich in keiner Weise kritisch damit auseinandersetzt. Das Injektionsmodell unterstellt auch, dass die Botschaft von allen Mitgliedern einer Gesellschaft mehr oder weniger gleichartig empfangen und verarbeitet wird. Der Begriff der *Narkotisierung*, der von der Frankfurter Schule aufgebracht wurde, beruht auf dem Injektionsmodell. Diese Sichtweise betrachtet die Medien als „Drogen", die dem Publikum verabreicht werden und dessen Fähigkeit zum kritischen Denken über die Welt zerstören (Marcuse 1967). Das Injektionsmodell war häufig nicht mehr als eine unbewiesene Annahme in den Schriften früher Analytiker der Massenmedien und gilt heute als überholt. Allerdings findet sich der Grundgedanke auch noch in den Schriften von heutigen Autoren, die sich skeptisch über die Wirkungen der Massenmedien in der modernen Gesellschaft äußern.

Kritiker des Injektionsmodells haben darauf hingewiesen, dass es die unterschiedlichen Reaktionen verschiedener Gruppen von Rezipienten auf die Medien nicht berücksichtigt und diese vielmehr als homogene und passive Masse porträtiert. Die meisten Theoretiker vertreten heute die Auffassung, dass die Reaktionen des Publikums mehrstufig sind. In ihrer mittlerweile zum Klassiker gewordenen Untersuchung über die Wirkungen politischer Nachrichten während eines amerikanischen Präsidentschaftswahlkampfes haben Elihu Katz und Paul Lazarsfeld gezeigt, dass die Meinungsbildung des Publikums in einem *zweistufigen* Prozess stattfindet, dem „two-step flow of mass communication": Im ersten Schritt erreichen die Medien das Publikum und im zweiten Schritt interpretieren die Zuhörer oder Zuschauer die Botschaften durch die soziale Interaktion mit einflussreichen Personen – „opinion leaders" (Meinungsführer) –, die die weiteren Reaktionen des Publikums formen (Katz und Lazarsfeld 1955).

Spätere Modelle haben dem Publikum eine noch aktivere Rolle zugeschrieben. Das Belohnungsmodell widmet sich den Wegen, auf denen verschiedene Gruppen des Publikums die Medien für ihre eigenen Bedürfnisse nutzen (Lull 1990). Einige Teile des Publikums benutzen die Medien, um mehr über die Welt zu erfahren, in der sie leben – sie wollen beispielsweise etwas über Aktienmärkte oder das Wetter herausfinden. Andere verwenden die Medien vielleicht, um Hilfe für ihre persönlichen Beziehungen zu bekommen oder sich als Teil einer fiktiven Gemeinschaft zu sehen (beispielsweise als Zuseher von Fernsehsendungen, in denen ein neuer Star erkoren wird oder eine Gruppe von Freiwilligen mehrere Tage in einem Container verbringt) oder um mit Freunden und Kollegen sprechen zu können, die dieselben Sendungen gesehen haben. Kritiker dieses Modells haben darauf hingewiesen, dass ihm die Annahme zugrunde liegt, die Bedürfnisse des Publikums seien vorweg gegeben und würden nicht durch die Medien erst hervorgebracht.

Spätere Theorien über die Reaktionen des Publikums haben sich mit der Frage befasst, wie Zuseher die Medien aktiv interpretieren. Stuart Halls Blickwinkel der *Rezeptionstheorie* konzentriert sich darauf, wie Klassenzugehörigkeit und kultureller Hintergrund die Art und Weise beeinflussen, wie verschiedenen Medien-„Texten" ein Sinn gegeben wird. „Text" meint hier alle Formen von Medien, von Büchern und Tageszeitungen bis zu Filmen und CDs. Einige Mitglieder des Publikums akzeptieren vielleicht die von den Produzenten der Texte nahegelegte Deutung – wie im Fall von Agenturmeldungen. Diese nahegelegten Deutungen stehen nach Meinung Halls zumeist in einem engen Zusammenhang mit der vorherrschenden Ideologie (was die Glasgow Media Group in ihren weiter oben dargestellten Studien herausfand). Andere Teile des Publikums bevorzugen vielleicht eine „oppositionelle" Lesart des Textes, weil ihre soziale Position sie in einen Gegensatz zur nahegelegten Deutung stellt. So mag beispielsweise ein Arbeiter, der aktiv an einem Streik teilnimmt, eine oppositionelle Deutung der Nachrichten über Arbeitskonflikte vornehmen und die von den Verfassern in den Texten nahegelegte Deutung zurückweisen (Hall 1980).

Im Anschluss an Hall haben andere Untersuchungen herausgefunden, wie Teile des Publikums aufgrund ihrer eigenen Erfahrungen Informationen filtern (Halloran 1970). Das Publikum kann verschiedene Medien-„Texte" miteinander verknüpfen (beispielsweise Programme oder Genres) oder einen Typ von Medien einem anderen gegenüberstellen – und so etwa infrage stellen, was jemand im Fernsehen sieht, weil er vorher etwas anders in einer Tageszeitung gelesen hat (Fiske 2003). In diesem Modell nimmt das Publikum eine sehr aktive Rolle ein, die weit entfernt ist vom Injektionsmodell. Das *interpretative Modell* betrachtet das Publikum als jemanden, der die Medien für sich formt, indem er eine Nachricht für glaubwürdig hält und eine andere zurückweist.

Medienwirkungen

Es sind sehr vielfältige Wirkungen der Medien behauptet worden. Die Medien wurden schon der Entfremdung und endlosen Nachahmung beschuldigt; ihnen wurde vorgeworfen, zur Apathie der Bevölkerung beigetragen zu haben, Vorurteile zu verstärken und zur Trivialisierung bedeutsamer Themen beizutragen (Watson 2003). Offensichtlich hängt, wie wir gerade gesehen haben, das Ausmaß, in welchem wir die Medien für negative Folgen verantwortlich machen, davon ab, für wie aktiv oder passiv wir das Publikum halten. In diesem Abschnitt behandeln wir zwei Themen, von denen behauptet wurde, dass die Medien sie in negativer Weise beeinflussen würden: Gewalt und Pornografie.

Medien und Gewalt

Das Vorkommen von Gewalt in Fernsehsendungen ist gut dokumentiert. Die umfangreichsten diesbezüglichen Studien stammen von Gerbner und seinen Kollegen. Dabei wurde seit 1967 alljährlich eine Stichprobe der Hauptabend- und der Wochenendtagesprogramme aller großen amerikanischen TV-Senderketten analysiert. Die Anzahl und Häufigkeit von Gewalttaten und -szenen wurde für eine Reihe unterschiedlicher Programmtypen tabellarisch erfasst. Gewalt wurde in diesem Zusammenhang als Androhung oder Gebrauch körperlicher Gewalt gegen die eigene Person oder andere definiert, durch die Körperverletzungen oder der Tod eintreten. Fernsehfilme haben sich als Programmtyp extrem „gewalttätiger" Natur erwiesen: In durchschnittlich 80 Prozent aller derartiger Programme kommt Gewalt vor, wobei die durchschnittliche Anzahl von Gewaltszenen pro Stunde 7,5 beträgt. Kinderprogramme weisen sogar ein noch höheres Ausmaß an Gewalttätigkeit auf, obwohl in diesen Programmen seltener getötet wird. Die größte Anzahl von Gewalttaten und -szenen findet sich in Zeichentrickfilmen (Gerbner u.a. 1979, 1980; Gunter 1985).

Wie, wenn überhaupt, beeinflusst die Darstellung von Gewalt das Publikum? F. Scott Andison sammelte die Ergebnisse von 67 zwischen 1956 und 1976 erstellten Studien, in denen der Einfluss der Gewalt im Fernsehen auf die Aggressionsneigung von Kindern untersucht wurde. In etwa drei Viertel der Studien wurde angegeben, es sei gelungen, einen derartigen Zusammenhang nachzuweisen. In 20 Prozent der Fälle gab es keine klaren Ergebnisse, während in drei Prozent der Fälle die Wissenschaftler zu dem Schluss gelangten, dass das Beobachten von Gewaltszenen im Fernsehen die Aggressionsneigung sogar verringerte (Andison 1977; Liebert und Sprafkin 1988).

Die Studien, die Andison analysierte, unterscheiden sich jedoch sehr stark hinsichtlich der verwendeten Methoden, der Stärke des Zusammenhanges, der angeblich nachgewiesen wurde, sowie auch in Bezug auf die Definition von „aggressivem Verhalten". In Kriminalfilmen, in denen Gewalttaten gezeigt wurden (und in vielen Zeichentrickfilmen für Kinder), finden sich als zugrunde liegende Themen Gerechtigkeit und Vergeltung. In Kriminalfilmen wird ein weitaus höherer Anteil der Übeltäter der gerechten Strafe zugeführt, als dies bei polizeilichen Untersuchungen im wirklichen Leben der Fall ist, und in den Zeichentrickfilmen bekommen böse oder bedrohliche Charaktere normalerweise „das, was sie verdienen". Es muss nicht unbedingt der Fall sein, dass ein großes Ausmaß an Gewalt bei den Zusehern ein direktes Nachahmungsverhalten bewirkt; es könnte sein, dass sie von den zugrunde liegenden moralischen Themen stärker beeinflusst werden. Im Allgemeinen neigten die Untersuchungen über die „Effekte" des Fernsehens auf die Zuseher immer dazu, diese – Kinder wie Erwachsene – wie passive Konsumenten zu behandeln, die auf alles, was sie sehen, gleich reagieren. (US-amerikanische Psychologen berichten über Korrelationen zwischen TV-Konsum und aggressivem Verhalten, z.B. Anderson und Bushman (2002); Johnson u.a. (2002).)

Obwohl die meisten Untersuchungen keinen Zusammenhang zwischen der Darstellung von Gewalt im Fernsehen und Gewalttaten im wirklichen Leben gefunden haben, ist das Thema nach wie vor sehr umstritten. So wurde beispielsweise 1996 ein Zusatz zum Telekommunikationsgesetz in den USA beschlossen, der verlangte, dass alle nach 1999 hergestellten Fernsehgeräte einen sogenannten V-Chip (V steht für „violence", Gewalt) eingebaut haben, ein elektronische Vorrichtung, die es Eltern erlaubt, den Empfang bestimmter Sendungen zu sperren; die Fernsehanstalten wurden aufgefordert, ein Bewertungssystem – ähnlich jenem, das seit Jahrzehnten für Kinofilme Verwendung findet – zu entwickeln, um den V-Chip nutzen zu können (Signorielli 2003). Untersuchungen fanden allerdings heraus, dass Eltern sich zwar besorgt darüber äußerten, was ihre Kinder im Fernsehen anschauen, aber sich nicht die Mühe machen, den V-Chip zu aktivieren (Jordan und Woodard 2003). Ein Witz brachte das treffend zum Ausdruck: Eltern wären ohne Hilfe ihrer Kinder nicht in der Lage herauszufinden, wie man den V-Chip ein- oder ausschaltet.

Pornografie

Die Diskussion über die Wirkungen der Pornografie hat einige Ähnlichkeiten mit jener über die Rolle der Gewaltdarstellungen. Bildliche sexuelle Darstellungen unterliegen seit Langem gesetzlichen Beschränkungen. In den USA wurde im 19. Jahrhundert eine als Comstock Gesetz bekannt gewordene Regelung erlassen, die jene Darstellungen als sexuell anstößig bezeichnete, die die Empfindungen eines jungen Mädchens verletzen könnten (Grossberg u.a. 1998).

Über den Kampf der „Philister" (Spießbürger) gegen die Pornografie haben sich verschiedene Autoren immer wieder lustig gemacht. Sie alle weisen darauf hin, dass jene, die sich gegen die Pornografie in die Schlacht werfen, sehr oft Heuchler sind. In der Fackel des Wiener Satirikers Karl Kraus hieß es dazu schon 1908 „das Pornographische liegt nicht im Werk, das es auslöst, sondern in der Gesinnung dessen, der es überall sucht" (Hauer 1908, S. 11), womit die Auffassung, dass in vielen Dingen die Rezeption darüber entscheidet, als was etwas betrachtet werden soll, vorweggenommen wurde. Herbert Marcuse trug zum Thema das Aperçu bei, obszön sein nicht eine nackte Frau, die ihre Schamhaare entblößt, sondern die mit Orden geschmückte Brust eines Generals (Marcuse 1969, S. 22).

Mehr über Feminismus und radikale feministische Theorien finden Sie im Kapitel 5 – Sexualität, Geschlecht und Gender.

Seit den 1970er Jahren wurde vor allem von Feministinnen Pornografie zunehmend als ein sexueller Gewaltakt gegen Frauen gebrandmarkt. Pornografie verdingliche Frauen und Konsumenten von Pornografica übten viel wahrscheinlicher Gewalt gegen Frauen aus. Die Feministin Robin Morgan brachte diese Ansicht epigrammatisch zum Ausdruck: „Pornografie ist die Theorie und Vergewaltigung die Praxis" (Morgan 1994).

Soziologische Untersuchungen haben versucht herauszufinden, ob es einen kausalen Zusammenhang von Pornografiekonsum und sexueller Gewalt gibt. Eine Studie der American Psychological Association, des Dachverbandes amerikanischer Psychologen, fand heraus, dass der Konsum von Erotika oder sexuell eindeutigen Darstellungen, die keine Gewalt gegen Frauen enthalten oder Frauen nicht degradieren, bei Erwachsenen keine antisozialen Folgen hat, dass aber ein regelmäßiger Konsum von sexuellen Gewaltdarstellungen zu einer Desensibilisierung der Konsumenten gegenüber Vergewaltigungen führe und die Anteilnahme gegenüber den Opfern sexueller Gewalt abnehme (Huston 1992). Mit der Ausweitung des Internets wurde der Zugang zu pornografischen und Gewaltdarstellungen erleichtert – an Pornografie Interessierte müssen nicht mehr in einschlägige Geschäfte gehen und fürchten, von jemandem erkannt zu werden –, und die öffentliche Debatte konzentriert sich zunehmend auf pornografische Darstellungen von Kindern. Die unfreiwilligen Darsteller solcher Produkte stammen meist aus armen Teilen der Welt. Diese Kinder werden von den kommerziellen Herstellern ausgebeutet und befriedigen die Lüste der Konsumenten in den reichen Ländern.

Die beiden in der Öffentlichkeit hitzig geführten Debatten – über Gewalt und Pornografie – demonstrieren, dass Erklärungen von Zusammenhängen, die sich auf zwei Variablen beschränken, sehr beliebt sind und offenbar von sozialwissenschaftlichen Erkenntnissen nicht informiert sind. Es spricht nämlich nahezu nichts dafür, dass deviantes Handeln nur von einem Faktor verursacht wird. Die soziologische Denkweise legt nahe, dass multifaktorielle Erklärungen, also solche, die auf mehr als nur eine „Ursache" verweisen, in aller Regel der Realität angemessener sind.

Die Kontrolle der Medien

Politische Kontrolle

In den meisten westlichen Staaten existiert irgendeine Art von staatlicher Kontrolle der Massenmedien. Die Printmedien unterliegen seit der Aufhebung der Zensur keiner speziellen Gesetzgebung mehr. Solange sie Vorschriften, die sicherstellen sollen, dass der Wettbewerb nicht durch Bildung von Monopolen eingeschränkt wird, nicht verletzen, können sie wie gewöhnliche Wirtschaftsunternehmen agieren. Wegen ihrer Bedeutung für die politische Meinungsbildung gibt es in vielen Ländern eine Presseförderung, die sicherstellen soll, dass kleinere Medien überleben. Sie ist allerdings zumeist nicht so großzügig, dass Zeitungen, die über keine anderen Einnahmequellen verfügen, überleben können. Printmedien finanzieren sich vor allem durch den Verkauf von Inseraten und nur zu einem geringen Teil durch den Verkauf der Zeitungen selbst. Das hat in den vergangenen Jahren in vielen europäischen Ländern zur Entstehung von Gratiszeitungen geführt, die an die Leserschaft verschenkt werden und sich nur durch die Werbung finanzieren.

Radio und Fernsehen, die in den meisten Ländern anfangs im Eigentum des Staates standen und als öffentliche Anstalten geführt wurden, sind heute in vielen Staaten überwiegend im Besitz von privaten Medienunternehmen. Sie benötigen allerdings vom Staat vergebene Lizenzen und unterliegen in den verschiedenen Staaten jeweils anderen Beschränkungen hinsichtlich des Marktanteils. Daneben gibt es in vielen Ländern weiterhin öffentlich-rechtliche Anstalten. Sie verfügen über das Privileg, von den Sehern und Hörern Gebühren einzuheben, dürfen aber andererseits Werbezeiten nicht beliebig ausweiten. Weiterhin sind sie gehalten, in ihren Sendungen einen Informations- und Bildungsauftrag wahrzunehmen. Anstalten wie ORF, Schweizer Fernsehen, ARD, ZDF und die anderen öffentlich-rechtlichen Sender Deutschlands oder die BBC in Großbritannien stehen zum einen in Konkurrenz mit den kommerziellen Sendern und werden andererseits hinsichtlich der Wahrnehmung ihrer öffentlich-rechtlichen Rolle von eigens eingesetzten Aufsichtsgremien überwacht, in denen häufig die politischen Parteien einen gewichtigen Platz einnehmen.

In den USA herrscht dagegen seit Langem eine nahezu reine Marktwirtschaft. Den drei großen Networks – die American Broadcasting Company (ABC), das Columbia Broadcasting System (CBS) und die National Broadcasting Company (NBC) – ist es gesetzlich nicht gestattet, mehr als fünf Fernsehstationen zu besitzen, die ihren Sitz in den größten amerikanischen Städten haben. Die „Großen Drei" erreichen daher über ihre eigenen Stationen mehr als ein Viertel aller Haushalte. Zusätzlich hat jedes Netzwerk etwa 200 Tochtergesellschaften, die 90 Prozent der etwa 700 Fernsehstationen des Landes ausmachen. Die Finanzierung der Netzwerke erfolgt durch den Verkauf von Werbezeit. Die National Association of Broadcasters, eine private Körperschaft, setzt folgende Richtlinien über die Sendezeit, die für die Werbeeinschaltungen verwendet werden darf, fest: 9,5 Minuten pro Stunde während des Hauptabendprogramms und 16 Minuten pro Stunde zu anderen Tageszeiten. Die Fernsehgesellschaften erstellen regelmäßig Statistiken über die Einschaltquoten um festzustellen, wie viele Zuseher das eine oder andere Programm sehen, und setzen danach die Preise für die Werbezeit fest. Die Einschaltquoten haben natürlich auch starken Einfluss darauf, ob eine Serie fortgesetzt wird oder nicht.

Die Macht der großen Netzwerke hat sich seit der Verbreitung von Satelliten- und Kabelfernsehen verringert. In den USA trat an die Seite der drei großen Networks 1996 Fox, das nur über Kabel empfangen werden kann. Die Zuseher in vielen europäischen Ländern und in den großen amerikanischen Städten können aus einer Vielzahl verschiedener Kanäle und Programme auswählen. Unter diesen Umständen, und insbesondere, wenn man auch noch den Einfluss von DVDs und Videos einkalkuliert, stellen sich die Zuseher immer mehr ihr eigenes „Programm" zusammen. Sie erstellen eher einen persönlichen Programmfahrplan, als sich nach der vorgegebenen Programmabfolge der Netzwerke zu richten.

Satelliten- und Kabelfernsehen haben den Charakter des Mediums Fernsehen beinahe überall verändert. Seit Satelliten- und Kabelprogramme begonnen haben, in die Domäne der alten Fernsehkanäle einzudringen, fällt es den Regierungen schwer, den Inhalt der Fernsehprogramme zu kontrollieren, wie dies für die Vergangenheit charakteristisch war. Fernsehen und die elektronischen Medien scheinen so eine grundlegende Rolle bei den Prozessen gespielt zu haben, die in Osteuropa schließlich zu den Revolutionen von 1989 führten.

Mehr über die Auswirkungen globaler Medien findet man im Kapitel 18 – Politik und Regierung.

Antimonopolmaßnahmen

Wie die Autoren von *Bad News* gezeigt haben, agieren jene, die die Nachrichten herstellen, als Türsteher für das, was als berichtenswert gilt. Dabei wird das, was gesendet wird, nicht immer nur nach dem Kriterium des Neuigkeitswerts ausgewählt. Journalisten wissen sehr genau, dass sie Geschichten finden müssen, die in die Agenda des Unternehmens passen, für das sie arbeiten. Dabei haben Medienunternehmen sehr oft nicht nur ein Interesse daran, durch den Verkauf von Werbezeiten oder Inseraten zu verdienen, sondern streben vielfach auch danach, die Meinungen des Publikums zu beeinflussen. Der Aufstieg und der Einfluss der Medienunternehmer und der großen Medienkonzerne gibt vielen Menschen Anlass zur Besorgnis. Die Eigentümer dieser Konzerne, wie Murdoch oder Berlusconi, machen kein Geheimnis aus ihren politischen Auffassungen; es ist unvermeidlich, dass dies den anderen politischen Parteien und Gruppen Sorgen bereitet.

Aus dieser Einsicht heraus haben alle Länder versucht, das Eigentum an den Medien zu kontrollieren. Doch wie streng sollten derartige Regulierungen sein? Angesichts der globalen Beschaffenheit der Medienkonzerne ist fraglich, ob die nationalen Regierungen überhaupt sehr viel Hoffnung haben können, eine solche Kontrolle auszuüben.

Das Problem der Medienregulierung ist komplexer, als es zuerst den Anschein haben könnte. Es scheint offensichtlich im öffentlichen Interesse zu sein, dass eine Vielfalt von Medienorganisationen existiert, da dies vermutlich sicherstellen kann, dass viele verschiedene Gruppen und politische Perspektiven sich Gehör verschaffen können. Doch Beschränkungen dahingehend, wer was besitzen darf und welche Formen der Medientechnologie verwendet werden dürfen, könnten das wirtschaftliche Fortkommen des Mediensektors beeinträchtigen. Ein Land, das allzu restriktiv ist, könnte entdecken müssen, dass es in wirtschaftlicher Hinsicht zurückfällt. Die Medienindustrien gehören zu den am schnellsten wachsenden Sektoren der modernen Wirtschaft; allein für die audiovisuelle Industrie wurde vorhergesagt, dass sie in den nächsten zehn Jahren zwei Millionen neue Jobs schaffen wird.

Medienregulierung

Kritiker der Medienkonzentration sagen, dass die großen Medienkonzerne ein exzessives Ausmaß an Macht ausüben. Die Firmen argumentieren andererseits, dass sie keine vernünftigen kaufmännischen Entscheidungen treffen können, wenn sie der Regulierung unterworfen werden, und daher im globalen Wettbewerb unterliegen werden. Darüber hinaus, so fragen sie, wer soll regulieren? Und wer reguliert die Regulierer?

Einen roten Faden der Medienregulierungspolitik könnte die Einsicht liefern, dass die Marktbeherrschung durch zwei oder drei große Medienkonzerne gleichzeitig den ökonomischen Wettbewerb und die Demokratie bedroht – da die Medieneigentümer nicht gewählt werden. Existierende Antimonopolgesetzgebungen können an dieser Stelle betrachtet werden, obwohl diese sich innerhalb Europas und in den anderen industriellen Ländern deutlich unterscheiden.

Wettbewerb bedeutet Pluralismus oder sollte dies zumindest bedeuten – und Pluralismus ist vermutlich gut für die Demokratie. Doch ist Pluralismus genug? Viele verweisen auf das US-amerikanische Beispiel, um zu argumentieren, dass eine Vielfalt von Medienkanälen keineswegs die Qualität und die Genauigkeit des Inhalts garantieren muss. Noam Chomsky wird seit Jahren nicht müde, auf diesen Punkt hinzuweisen (siehe oben). Manche meinen, die Erhaltung eines starken öffentlichen Fernseh- und Rundfunksektors sei von zentraler Bedeutung, um der Dominanz der großen Medienkonzerne einen Riegel vorzuschieben. Doch öffentliche Sendeanstalten erzeugen ihre eigenen Probleme. In den meisten Ländern pflegten sie selbst ein Monopol innezuhaben, und in vielen Ländern wurden sie tatsächlich als Mittel der Regierungspropaganda verwendet. Die Frage, wer die Regulierer reguliert, stellt sich hier in aller Dringlichkeit. (Wie die

chinesische Regierung versucht, die Kontrolle über die Medien aufrechtzuerhalten, wird in dem Kasten unten behandelt.)

Ein Aspekt, der die Frage der Medienregulierung verkompliziert, ist
der extrem rasche technologische Wandel. Die Medien werden beständig
von technischen Innovationen verändert. Dabei kommt es immer häufiger
dazu, dass Technologien, die einst getrennt voneinander funktionierten,
miteinander verschmolzen werden. Wenn Fernsehprogramme über das
Internet empfangen werden, wie kann dann welche Art von Medienkontrolle noch stattfinden? In der Europäischen Union wird die Frage der
Medien- und Kommunikationstechnologie sehr kontroversiell diskutiert.
Während einige für eine koordinierte Politik eintreten, predigen andere
die freie Marktwirtschaft auch im Medienbereich. Die Rolle der EU in Fragen der Medienkontrolle ist vorläufig noch sehr schwach und die diesbe-
zügliche Debatte hat noch nicht zu einem Konsens geführt. Die Richtlinie
der EU „Television without frontiers" aus dem Jahr 1989 wurde zuletzt
1997 überarbeitet.

Die globalen Medien und die Demokratie

In ihrer Studie über globale Medien haben Edward Herman und Robert
McChesney (1997) die Auswirkungen der internationalen Medien auf das
Funktionieren demokratischer Staaten untersucht. Einerseits kann die
Ausbreitung von globalen Medienangeboten erfolgreich Druck auf autoritäre Regierungen ausüben, ihre Kontrolle über die heimischen Medien zu
lockern. Da es immer schwieriger wird, Medienprodukte nationalstaat-
lich einzuhegen, erleben es viele „geschlossene" Gesellschaften, dass die
Medien eine kraftvolle Quelle der Demokratisierung wurden (siehe Kasten zu China). Selbst in einem Mehrparteiensystem wie jenem Indiens zeigte
sich, dass die Kommerzialisierung des Fernsehens zu einer steigenden Prominenz der von Oppositionspolitikern vertretenden Ansichten führen kann.
Die globalen Medien haben zu einer weiten Verbreitung von Ansichten
wie dem Individualismus, dem Respekt gegenüber Menschenrechten und
der Verteidigung der Rechte von Minderheiten beigetragen.

Zensur und Medien in China

Die Mehrdeutigkeit des Prozesses der Globalisierung kann man am Beispiel Chinas besonders gut able-sen. Auf der einen Seite machen Wirt-schaft und Gesellschaft Chinas einen Veränderungsprozess durch, von dem man mit Recht sagen kann, dass er ein erfolgreicher „großer Sprung nach vorne" ist (diesen Slogan benutzte die Regierung Mao Zedongs 1958 für ih-ren Versuch, durch massive Ausweitung der Schwerindustrie aus einer Agrar- eine Industriegesellschaft zu machen, was zur größten, von Men-schen ausgelösten Hungerkatastro-phe der Menschheitsgeschichte mit mehr als 20 Millionen Hungertoten führte). Auf der anderen Seite re-giert in China immer noch die Kom-munistische Partei, die ihre eigene Vergangenheit und deren Führer verherrlicht und in der Gegenwart versucht, wirtschaftliche Prosperi-tät ohne Erweiterung der politi-schen Rechte und Demokratie zu-wege zu bringen.

In den 1980er Jahren ermunterte die Regierung die Bevölkerung zum Kauf von Fernsehgeräten und weite-te das nationale Fernsehen aus. Die Regierung erhoffte sich, dieses Me-dium als Propagandainstrument nut-zen zu können. Allerdings ist Fern-sehen in geschlossenen Gesellschaf-ten ein doppelbödiges Medium. Zum einen kann Sat-TV, das auch von China Central Television verwendet wird, auch zum Empfang anderer Stationen benutzt werden, und selbst dort, wo das verhindert werden kann, ziehen Seher ihre eigenen Schlüsse. In Interviews mit einigen Hundert chinesischen Familien hat der amerikanische Kommunikationswissenschaftler James Lull herausgefunden, dass die von ihm befragten Chinesen wie andere, in Diktaturen lebende Menschen „Meister der Interpretation sind, die zwischen den Zeilen zu lesen lernten und die weniger offensichtlichen Botschaften entdecken". Sie verfolgen nicht nur, was man im Fernsehen sieht, sondern achten auch darauf, was nicht berichtet wird. Die nicht beabsichtigten Botschaften der Unterhaltungssendungen förderten den Individualismus und führten den Zusehern vor Augen, welche Entfaltungsmöglichkeiten Menschen anderswo hätten (Lull 1997).

Im Internetzeitalter unternimmt die chinesische Regierung energische Bemühungen der Beschränkung des freien Zugangs zum Web, was von Kommentatoren als „große chinesische Firewall" bezeichnet wird. In einer neuen Studie wird die Verbreitung des Internets in China auf rund zehn Prozent geschätzt, was bedeutet, dass rund 137 Millionen Chinesen einen Internetzugang haben, dazu kommen in den größeren Städten noch Internetcafés und andere öffentliche Zugänge (Deibert 2008). Die Regierung hat ein Monopol als Anbieter von derzeit sieben Providern und nutzt dieses, um gezielt zu filtern und zu blockieren. Entweder werden URLs gesperrt oder Recherchen, die bestimmte Stichworte enthalten, unterbunden bzw. zu falschen Adressen umgeleitet. Beispielsweise kann man BBC World nirgendwo in China lesen, und taiwanesische Websites werden regelmäßig vom Netz genommen. Sehr gezielt werden auch Websites, die sich für ethnische oder religiöse Minderheiten einsetzen oder von Menschenrechtsorganisationen wie Human Rights Watch und Amnesty International betrieben werden, blockiert oder gefiltert. In gleicher Weise wird mit Wikipedia und Bloggern umgegangen. Google war eine Zeit lang von China aus nicht erreichbar und Google erntete eine Menge Kritik, als bekannt wurde, dass es einer Filterung zustimmte. Dabei scheint es, dass von den Zensurbehörden an die chinesischen Internetuser vor allem die Botschaft verbreitet werden soll: Ihr steht unter Kontrolle, wir wissen, welche Seiten ihr besucht.

Diese Situation hat Cyberdissidenten auf den Plan gerufen, die versuchen, die „große Firewall" zu durchlöchern, und dabei ein ziemliches Risiko eingehen. Reporter ohne Grenzen führte im März 2009 den Namen von 70 inhaftierten Cyberdissidenten auf, davon waren 49 Fälle aus China (Reporters without borders 2009). Unterstützung finden die neuen Dissidenten im Ausland durch Gruppen wie die Open Net Initiative (ONI), ein Konsortium, das die Universitäten Cambridge, Oxford, Toronto und Harvard umfasst und an Methoden der Kontrolle der Kontrollore arbeitet. Rund um und im Internet werden bekanntlich jede Menge Verschwörungstheorien verbreitet. Daher bemüht sich ONI darum, echte Fälle von Filterung und Blockaden zu identifizieren und sich nicht nur auf die üblichen Verdächtigen zu beschränken. Unter http://opennet.net/ kann man prüfen, ob ein URL irgendwo blockiert wird, findet dort aber auch Berichte über Filterung in Europa und Nordamerika.

Darüber hinaus weisen Herman und McChesney aber auch auf die Gefahren der globalen Medienordnung und auf die Bedrohungen für das Funktionieren der Demokratie hin. In dem Maße, in dem die globalen Medien in den Händen weniger Unternehmungen konzentriert sind und sich vornehmlich um kommerzielle Erfolge kümmern, kann das Funktionieren der „Öffentlichkeit", wie sie Habermas beschrieben hat (siehe oben), bedroht sein. Kommerzialisierte Medien sind, so die Studienautoren, von den Werbeeinnahmen abhängig und daher gezwungen, Inhalte zu bevorzugen, die garantieren, dass die Einschaltquoten und die Verkaufszahlen hoch sind. Daher werden Unterhaltungssendungen zwangsläufig über Sendungen, die Kontroversen und Diskussionen zum Thema haben, siegen. Diese Form der Selbstzensur führt zu einer Schwächung der Bürgerbeteiligung an öffentlichen Angelegenheiten und unterminiert das Verständnis öffentlicher Fragen auf der Seite des Publikums. Nach Herman und McChesney sind die globalen Medien wenig mehr als die „Missionare des globalen Kapitalismus": Der Platz nichtkommerzieller Sendungen wird zunehmend von jenen Sendeformaten eingenommen, die „den besten wirtschaftlichen Nutzen" versprechen (Herman 1998). Ihrer Meinung nach verdrängt die von den Medienunternehmen propagierte „Kultur der Unterhaltung" zunehmend die Öffentlichkeit und untergräbt so das Funktionieren der Demokratie.

Die Medien im globalen Zeitalter

Wie wir schon an verschiedenen Stellen dieses Buches gesehen haben, ist das Internet einer der wichtigsten Beiträge zum gegenwärtigen Prozess der Globalisierung – und zugleich dessen Verkörperung. Die Globalisierung erreicht aber auch andere Medien und veränderte deren Wirkung. In diesem Abschnitt behandeln wir einige der Veränderungen, die die Massenmedien im Zeitalter der Globalisierung erleben.

Zwar hatten die Medien immer schon eine internationale Dimension – wie zum Beispiel die Abhängigkeit von Nachrichtenagenturen oder die weltweite Verbreitung von Kinofilmen – doch bis in die 1970er Jahre hinein operierten die meisten Medienunternehmen auf nationalen Märkten, die von nationalstaatlichen Regeln geprägt waren. Die Medienindustrie war außerdem in deutlich voneinander getrennte Sektoren geteilt – zumeist funktionierten Kino, Tageszeitungen, Radio und Fernsehen unabhängig voneinander.

In den vergangenen drei bis vier Jahrzehnten veränderte sich die Medienindustrie allerdings grundlegend. Nationale Märkte verloren gegenüber dem globalen Markt an Bedeutung, wenn sie nicht überhaupt verschwanden, und neue Technologien haben dazu beigetragen, dass verschiedene Formen von Medien, die für lange Zeit als wesentlich verschieden erachtet wurden, miteinander verschmolzen. Am Beginn des 21. Jahrhunderts wird der globale Medienmarkt von rund 20 multinationalen Unternehmungen beherrscht, deren Rolle bei der Herstellung, dem Vertrieb und dem Marketing von Nachrichten und Unterhaltung nahezu in jedem Land der Welt wahrgenommen werden kann.

In ihrer Untersuchung über Globalisierung haben David Held und seine Kollegen (1999) fünf wichtige Änderungen genannt, die zur Entstehung einer neuen globalen Medienordnung beigetragen haben:

1. *Zunehmende Konzentration der Eigentümer.* Die globale Medienwelt wird heute von einer kleinen Zahl mächtiger Unternehmen beherrscht. Die kleinen, unabhängigen Medienunternehmen wurden schrittweise in sehr zentralisierte Medienkonglomerate integriert.

2. *Wechsel von öffentlichem zu privatem Eigentum.* Traditionell waren praktisch in allen Ländern Medien und Telekommunikationsfirmen ganz oder zum Teil im öffentlichen Eigentum. In den vergangenen Jahrzehnten hat die Liberalisierung der Wirtschaft zur Privatisierung (und Kommerzialisierung) der Medienunternehmen vieler Staaten geführt.

3. *Transnationale Unternehmensstrukturen.* Medienunternehmen operieren nicht mehr nur innerhalb nationalstaatlicher Grenzen. Die Öffnung der Märkte führte zu grenzüberschreitenden Investitionen und Akquisitionen.

4. *Diversifikation über verschiedene Medienprodukte.* Die Medienindustrie ist stärker diversifiziert und nicht mehr wie in früheren Zeiten segmentiert. Riesige Medienkonglomerate wie Time Warner oder Bertelsmann (siehe unten) produzieren und verteilen eine bunte Palette von Medieninhalten, die von Büchern, über Musik, Nachrichten bis zu Fernsehprogrammen reicht.

5. *Eine wachsende Zahl von Fusionen von Unternehmen.* Es gab einen deutlichen Trend zu Absprachen zwischen Unternehmungen, die in verschiedenen Teilen der Medienindustrie tätig sind. Telekommunikationsfirmen, Hersteller von Computerhardware und -software und Produzenten von Medieninhalten fusionieren zunehmend, wodurch die Medien verstärkt integriert werden.

Die Globalisierung der Medien hat „horizontale" Formen der Kommunikation hervorgebracht. Während traditionelle Medien für eine Kommunikation innerhalb der Grenzen eines Nationalstaates in „vertikaler" Form sorgten, hat die Globalisierung eine horizontale Integration gefördert. Die neuen globalen Medienunternehmen verbreiten die gleichen Produkte in vielen verschiedenen Ländern, was durch Vereinheitlichung der gesetzlichen Rahmenbedingungen, Eigentumsstrukturen und transnationale Marktstrategien erleichtert wird. Eine gute Illustration sind die Harry-Potter-Bücher von Joanne K. Rowling, der ersten Schriftstellerin, die es in die Liste der Milliardäre gebracht hat, die alljährlich von Forbes veröffentlicht wird. Das Manuskript des ersten Bandes wurde von mehreren Verlagen abgelehnt und derjenige, der es dann doch annahm, bestand darauf, dass der Vorname der Autorin hinter den Initialen versteckt wird, weil er fürchtete, dass Jungen kein Buch einer Frau lesen wollten. Während der erste Band noch als ganz gewöhnliches Buch verlegt wurde, erschienen spätere Bände in wohlorchestrierter Manier: Übersetzungen in andere Sprachen waren längst unterwegs, ehe noch das englische Original zu kaufen war, das selbst zeitgleich in England und den USA herauskam; Filmrechte waren bereits verkauft und die Rollen dafür vergeben. Nebenprodukte wie Mützen, Schreibblocks, Umhänge etc. trugen wesentlich zum ökonomischen Gesamterfolg bei.

Wie bei anderen Aspekten der globalen Gesellschaft hat auch die neue Informationsweltordnung Ungleichheiten mit sich gebracht und spiegelt die Spaltung in entwickelte und weniger entwickelte Länder getreu wider. Im Folgenden wollen wir einige Dimensionen der Medienglobalisierung behandeln, bevor wir uns mit einigen Argumenten von Kritikern beschäftigen, die die Meinung vertreten, dass die neue globale Medienordnung besser als „Kulturimperialismus" bezeichnet werden sollte.

Musik

David Held und seine Kollegen haben bemerkt, dass bei der Globalisierung der Medien und Kommunikation „die Musikformen es sind, die viel rascher als alle anderen und weitaus effizienter der Globalisierung gefolgt sind" (Held u.a. 1999, S. 351). Das hängt damit zusammen, dass Musik weitaus leichter die Grenzen, die dem geschriebenen oder gesprochenen Wort gesetzt sind, zu überwinden vermag. Die globale Musikindustrie, die von einer kleinen Zahl multinationaler Unternehmen beherrscht wird, entstand aus der Fähigkeit, Musikformen zu finden, herzustellen, zu bewerben und zu vermarkten, die einige Tausend Künstler als Urheber haben und ein weltweites Publikum erreichen können. Technologische Neuerungen – von MP3-Spielern, die man mit Kopfhörern überall benutzen kann, über Musiksender wie MTV bis zur Compact Disc – haben immer ausgeklügeltere Wege der weltweiten Verteilung von Musik möglich gemacht. In der jüngsten Vergangenheit entstand ein „institutioneller Komplex" von Firmen, die Teil eines globalen Systems des Marketings und Vertriebs von Musik sind.

Die globale Industrie der aufgezeichneten Musik ist eine der am stärksten konzentrierten. Die fünf größten Firmen – Universal (die 1998 Poly-Gram schluckte), Bertelsmann, Time Warner (siehe dazu weiter unten), Sony und EMI – kontrollieren 80 bis 90 Prozent des Verkaufs weltweit (Herman und McChesney 1997). Bis zum Jänner 2000, als EMI den Zusammenschluss mit Time Warner bekannt gab, war diese Firma die einzige unter den fünf Führenden, die zu keinem Medienkonglomerat gehörte. Während der 1990er Jahre erlebte die Musikindustrie ein enormes Wachstum, vor allem in den Entwicklungsländern, was die führenden Firmen in Erwartung eines weiteren Wachstums veranlasste, eine größere Zahl von lokalen Musikern unter Vertrag zu nehmen. Tatsächlich wurde die Musikindustrie aber, wie wir weiter unten noch darstellen werden, von der Ausweitung des Internets herausgefordert. Die Musiktauschbörsen, die es Nutzern ermöglichen, am Rande oder jenseits der Legalität Musik aus dem Web herunterzuladen, haben zu starken Einbrüchen bei den Verkaufszahlen der Medienkonzerne geführt.

Das Wachstum der globalen Musikindustrie in der Zeit seit dem Ende des Zweiten Weltkrieges war vor allem dem Erfolg der Popmusik zuzuschreiben, die ursprünglich in den USA und England entstand und im Zuge der sich entwickelnden Jugend- und Subkultur Verbreitung fand (Held u.a. 1999). Die Globalisierung der Musik war daher eine der stärksten Kräfte zur Verbreitung der englischen und amerikanischen Musikstile an ein weltweites Publikum. Die USA und Großbritannien sind die Weltmarktführer im Export von Popmusik, während die meisten anderen Länder eine viel weniger umfangreiche heimische Musikproduktion aufweisen. Obwohl einige Kritiker darauf beharren, dass die Vorherrschaft dieser beiden Länder den Erfolg lokaler Musiker gefährde, muss man daran erinnern, dass Globalisierung keine Einbahn darstellt. Die wachsende Popularität der „World Music" – wie beispielsweise der phänomenale Erfolg der lateinamerikanisch inspirierten Musik in den USA – sind Beweise dafür, dass Globalisierung zu einer kulturellen Diffusion in alle Richtungen führt.

Das Internet und die Musikindustrie

Das Internet hat viele unserer Alltagsgewohnheiten verändert; von unseren Freizeitaktivitäten bis zur Art, wie wir Geschäfte erledigen. Für „traditionelle" Medienunternehmen wie die Musikindustrie stellt das Internet zugleich eine enorme Gelegenheit und eine ernsthafte Bedrohung dar.

Obwohl die Musikindustrie in immer weniger Konglomeraten konzentriert ist, glauben einige Beobachter, dass sie der verletzlichste Arm der „Kulturindustrie" ist. Die globale Musikindustrie besteht zurzeit noch aus einem komplexen Netzwerk von Fabriken, Vertriebssystemen, Plattenläden und Verkaufspersonal. Wenn das Internet die Existenzberechtigung für all diese Elemente beseitigt und man dazu übergeht, Musik direkt im Internet zu bewerben und zu verteilen, was bleibt dann noch von der Musikindustrie übrig?

Die Musikindustrie versucht, mit der Digitalisierung zurande zu kommen. Der globale Verkauf von Musiktiteln ging allein zwischen 2000 und 2004 von 50 Milliarden US-Dollar auf 30 Milliarden US-Dollar zurück. Der gesamte Sektor weist ein Überangebot auf und ist gezwungen sich zu restrukturieren. Viele aus der Musikindustrie behaupten, dass das illegale Verbreiten von Musik mithilfe von Formaten wie MP3 und den „Tauschbörsen" der wichtigste Grund für den Rückgang bei den Einnahmen sei. Eine Untersuchung des British Phonographic Industry (BPI) berichtet, dass in Großbritannien acht Millionen Konsumenten Musik aus dem Netz heruntergeladen haben, 92 Prozent davon haben illegale Webseiten verwendet (BBC 2005, 13. Juli). Obwohl es viele Versuche gab und gibt, schärfere Kontrollen vorzusehen oder die illegale Verbreitung anderweitig zu verhindern, wird der technologische Wandel wohl die Versuche der Musikindustrie, Musikpiraterie zu unterbinden, immer wieder überholen.

Ein Fall, der um das Jahr 2000 herum besonders viel Aufmerksamkeit auf sich gezogen hat, war Napster. Napster ist ein Softwareprogramm, das es Benutzern erlaubt, Musiktitel über das Internet zu verteilen – einschließlich des Kopierens und Tauschens. Die Plattenindustrie brachte mehrere Klagen gegen die kleine Firma, die Napster betrieb, ein, was diese letztlich zwang, die Verbreitung der Software zu stoppen. Allerdings war das für die Musikindustrie ein Sieg von begrenztem Wert, da in der Zwischenzeit neue Firmen ähnliche Dienste im Internet anboten. Im Jahr 2003 entschied ein amerikanisches Gericht, dass zwei File Sharing Networks, Grokster und Morpheus, nicht für den rechtlichen Status der in ihrem System gespeicherten Dateien verantwortlich gemacht werden können; im Juni 2005 entschied der Oberste Gerichtshof, dass diese Art von Tauschbörse illegal sei, woraufhin Grokster seinen Betrieb einstellte und Morpheus eine stark modifizierte Version herausbrachte.

Neben den Klagen gegen die Entwickler und Betreiber von File Sharing Software hat die Musikindustrie damit begonnen, Personen, die illegal Musik mit anderen teilen, ins Visier zu nehmen. 2004 hat die BPI ange-kündigt, sie würde gegen Privatpersonen, die Musik über das Internet zugänglich machen, gerichtlich vorgehen. In ähnlicher Weise hat die Recording Industry Association of America (RIAA) bis 2004 gegen 5.700 Downloader Anzeige erstattet. 2003 ging die RIAA gegen einen Studenten in Michigan vor, der eine Website betrieb, auf der mehr als 650.000 Musikdateien lagen – das entspricht 43.000 konventionellen Musikalben (BBC 2005).

Neben den fortgesetzten Auseinandersetzungen um das illegale File Sharing hat die Musikindustrie begonnen, sich den Herausforderungen des Internets zu stellen und selbst Möglichkeiten zum legalen Herunterladen von Musikdateien einzurichten. Legal sind diese Downloads, weil Abgaben an die Künstler und Hersteller der Musik gezahlt werden. Das Internet hat durch die Einführung des MP3-Formats, und insbesondere durch den iPod von Apple, sowie durch eine wachsende Zahl von Online-firmen, die legale Wege des Herunterladens von Liedern bieten, eine starke Ausdehnung erlebte. Bis Ende 2004 wurden mehr als 125 Millionen Lieder legal im Internet heruntergeladen und offizielle „Music Download Charts" wurden eingerichtet. Nach anfänglichem Widerstand gegen das Internet hat sich die Musikindustrie bis zur Mitte des ersten Jahrzehnts des 21. Jahrhunderts schließlich doch an die neuen Verhältnisse angepasst und verkauft nun ihre Produkte erfolgreich auf diesem Weg, was viele in der Musikindustrie als einen entscheidenden Schritt für ihre Zukunft betrachten (BBC 2004, 28. Juni).

Kino

Es gibt verschiedene Wege, auf denen man sich der Globalisierung des Kinos nähern kann. Einer ist sich anzusehen, wo Kinofilme hergestellt und wie sie finanziert werden. Demnach fand in der Kinoindustrie unzweifel-haft ein Prozess der Globalisierung statt. Nach Untersuchungen der United Nations Educational, Scientific and Cultural Organisation (UNESCO) verfügen viele Länder über die Möglichkeiten, Filme herzustellen. In den 1980er Jahren produzierten schätzungsweise 25 Länder 50 oder mehr Filme jährlich, während eine kleine Gruppe von Staaten – die USA, Japan, Südkorea, Hongkong und Indien – alle anderen hinter sich ließ und jähr-lich mehr als 150 Filme herstellte (Held u.a. 1999).

Ein anderer Weg, die Globalisierung des Kinos zu fassen, richtet die Aufmerksamkeit darauf, aus welchen Ländern Filme in andere exportiert werden. Als in den 1920er Jahren die ersten Spielfilme auf dem Markt kamen, stellte Hollywood vier Fünftel aller weltweit vorgeführten Filme her; auch heute besitzen die USA in der Filmindustrie den größten Einfluss (nach den USA kommen Indien, Frankreich und Italien als die nächstgröß-ten Filmexporteure). Die Regierungen vieler Länder stellen Subventionen für die nationale Filmindustrie zur Verfügung, doch kein Land kann mit den USA auf dem Markt der Kinofilme konkurrieren. Wie Tabelle 14.3 zeigt, stammen die Filme mit der höchsten Zuseherzahl alle aus den USA und

Titel	Land	Einspiel-ergebnisse (in Mio. $)
1. Titanic (1997)	USA	1,835
2. The Lord of the Rings: The Return of the King (2003)	USA, NZ, D	1,129
3. Pirates of the Caribbean: Dead Man's Chest (2006)	USA	1,060
4. The Dark Knight (2008)	USA	0,994
5. Harry Potter and the Sorcerer's Stone (2001)	USA, UK	0,968
6. Pirates of the Caribbean: At World's End (2007)	USA	0,958
7. Harry Potter and the Order of the Phoenix (2007)	USA, UK	0,937
8. Star Wars: Episode I – The Phantom Menace (1999)	USA	0,922
9. The Lord of the Rings: The Two Towers (2002)	USA, NZ, D	0,921
10. Jurassic Park (1993)	USA	0,919

Tab. 14.3: Weltweite Einspielergebnisse von Spielfilmen
Quelle: Internet Movie Database.

übertreffen diejenigen aus anderen Ländern bei Weitem. In Großbritannien spielten 2003 amerikanische Filme 62 Prozent der Kinokarten ein, während die Filme, die in Großbritannien hergestellt wurden, nur magere 2,5 Prozent einspielten (UK Film Council 2003).

Die Hollywood Studios erzielen mehr als die Hälfte ihrer Einnahmen aus dem Verkauf ins Ausland. Um die Zahl des Kinopublikums noch weiter zu steigern, errichteten die mit den Studios eng verbundenen Verleihfirmen rund um die Welt Multiplexkinos. Es wird erwartet, dass der weltweite Kinokartenverkauf bis 2010 die Summe von 25,6 Milliarden US-Dollar betragen und sich damit gegenüber 1995 verdoppeln wird. Die Verbreitung von Videos und seit einigen Jahren DVDs hat die Zahl derer, die weltweit Hollywoodfilme konsumieren, zusätzlich ansteigen lassen.

Medien-„Giganten"

Im Januar 2000 fusionierten die beiden weltweit einflussreichsten Medienunternehmungen, was der bis dahin weltweit größte Zusammenschluss von Unternehmungen überhaupt war. In einem Geschäft, das 337 Milliarden US-Dollar ausmachte, gaben das größte Medienunternehmen Time Warner und der damals weltweit größte Internetprovider American Online (AOL) bekannt, dass sie das „erste voll integrierte Medien- und Kommunikationsunternehmen des Internetjahrhunderts bilden" (Time Warner 2000) wollen. Die Fusion vereinte den enormen „Inhalt" von Time Warner – Tageszeitungen, Magazine, Filmstudios und Fernsehstationen – mit dem damals riesigen Verteilnetz von Internetanschlüssen, über das AOL verfügte, deren Abonnentenzahl mehr als 25 Millionen in mehr als 15 Ländern umfasste.

Die Fusion löste eine Euphorie an den Finanzmärkten aus, die sogenannte Dotcom-Blase wurde noch ein wenig größer, immerhin entstand durch diese Fusion die weltweit viertgrößte Firma. Aber vielleicht noch mehr als durch die schiere Größe beeindruckte die Fusion wegen des ersten Zusammenschlusses zwischen einem „alten" und einem „neuen" Medienunternehmen. Die Anfänge von Time Warner gehen bis ins Jahr 1923 zurück, als Henry Luce die Zeitschrift *Time* gründete, ein Wochenmagazin, das die enorme Menge an Informationen, die die Tageszeitungen enthielten, zusammenfasste und interpretierte. Der unmittelbare Erfolg von *Time* führte 1930 zur Gründung eines Magazins für Wirtschaftsthemen *Fortune* und der ersten Illustrierten *Life*, die das Publikum vor allem durch Fotoreportagen anzog. Im Verlauf des 20. Jahrhunderts wuchs Time Inc. zu einem Medienunternehmen, das TV- und Radiostationen, Musikindustrie und das riesige Reich der Filme und Cartoons von Warner Brothers umfasste; dazu kam schließlich noch der erste rund um die Uhr sendende Nachrichtensender CNN. Zum Zeitpunkt der Fusion hatte Time Warner einen Jahresumsatz von 26 Milliarden US-Dollar, monatlich 120 Millionen Leser der Magazine und besaß die Rechte an 5.700 Spielfilmen, sowie einige der populärsten Fernsehkanäle und -programme.

Spiegelt die Geschichte von Time Warner aufs Engste die allgemeine Entwicklung der Kommunikation im 20. Jahrhundert wider, so war der Aufstieg von American Online typisch für die „neuen Medien" des Informationszeitalters. Gegründet 1982 offerierte AOL anfangs seinen Kunden Zugang zum Internet über Telefonleitungen auf der Grundlage einer stundenweisen Gebühr. 1994 erreichte AOL die Zahl von einer Million Nutzern; nach der Einführung unbegrenzten Internetzugangs gegen eine Monatsgebühr 1996 stieg die Mitgliederzahl – AOL sprach von Mitgliedern, nicht von Kunden – rasch auf 4,5 Millionen an. Mit dem weiteren rapiden Wachstum – 1997 hatte AOL bereits acht Millionen Kunden – begann AOL andere Firmen aufzukaufen oder sich in anderer Form zu verbinden, was dazu führte, dass AOL am Ende des vorigen Jahrhunderts der unbestrittene Marktführer unter den Internetprovidern war. CompuServe und Netscape wurden ebenso gekauft, wie mit Bertelsmann ein Joint Venture eingegangen wurde, das zur Gründung von AOL Europe führte; dank einer Kooperation mit Sun Microsystems gelang AOL der Einstieg in den elektronischen Handel, den E-Commerce.

Die Fusion der beiden Unternehmungen versprach die Etablierung eines 350 Milliarden US-Dollar Umsatz umfassenden Unternehmens namens AOL-Time Warner, das 24 Millionen AOL-Abonnenten, 120 Millionen Leser von Magazinen und die Fernsehkanäle CNN, HBO und Warner Brothers unter einem Dach vereinen würde. Weithin Beachtung fand auch der neue Name des Unternehmens, der die Führerschaft der neuen Medien signalisieren sollte. Allerdings gelang es AOL nie, seine ambitionierten Ziele auch nur näherungsweise zu erreichen. Die erhoffte Synergie aus der Kombination von Internettechnologie und Filmen erwiesen sich als ebenso trügerisch wie andere Versprechungen über das Potenzial der neuen Medien. Vom Zerplatzen der Internetblase an den Börsen war auch der neue Mediengigant betroffen: 2002 verzeichnete die Firma einen Verlust von nahezu 100 Milliarden US-Dollar. Drei Jahre nach der hochgejubelten Fusion wurde das AOL aus dem Namen entfernt und Time Warner firmiert wieder unter dem alten Namen.

Die Folgen der Fusion von AOL/Time Warner für die Medienindustrie lassen sich immer noch nicht genau abschätzen. Die anfänglichen Hoffnungen zerstoben allerdings nachhaltig, und es ist sehr fraglich, ob der von den Enthusiasten der Fusion erhoffte Schritt in Richtung Bildung von Mediengiganten, die den Konsumenten alle Formen von Unterhaltung und Information ins Wohnzimmer liefern, Erfolg haben wird.

Kritiker der Fusion und der Hoffnung auf integrierte Mediengiganten sahen in der ganzen Entwicklung eher einen Albtraum. In dem Maße, in dem Medienunternehmen immer stärker konzentriert, zentralisiert und global werden, sehen die Skeptiker Gefahren für die wichtige Rolle der Medien als Foren der freien Meinungsäußerung. Wenn eine Firma sowohl die Herstellung der Inhalte als auch die Vertriebswege zu kontrollieren vermag, verfügt sie über enorme Macht. Sie kann ihre eigenen Produkte (die Sänger und Schauspieler, die sie unter Vertrag hat) bevorzugen, sie kann Selbstzensur betreiben (also jene Nachrichten unterdrücken oder an den Rand schieben, die sie selbst oder ihre Geschäftspartner in einem schlechten Licht erscheinen lassen würden).

Die Vorstellung eines Internets in den Händen einiger weniger Medienkonglomerate steht in scharfem Gegensatz zur Idee eines freien und unbehinderten Zugangs aller, die von den Internetenthusiasten propagiert wurde. Anfangs wurde das Internet von vielen als Reich von Individualisten gesehen, in dem Nutzer frei nach Informationen suchen oder diese zur Verfügung stellen, Kontakte knüpfen und miteinander außerhalb des Machteinflusses der Unternehmen interagieren können. Die sich ausbreitende Präsenz von Mediengiganten und Werbung im Internet hat diese Hoffnung zweifelhaft werden lassen, dennoch entstehen im Internet immer wieder neue Initiativen, die dem Geist der freien Nutzung frei vertriebener Inhalte verpflichtet sind; Linux und Wikipedia sind sehr lebendige Beispiele dafür, die sicherlich eine Fortsetzung und Nachahmung erleben werden. Kritiker befürchten, dass die Zunahme der Macht der Unternehmen im Internet alles außer deren Botschaften verdrängen wird und das Internet zu einem beschränkten Raum für jene werden lassen könnte, die gewillt und in der Lage sind, für den Zugang zu Websites zu bezahlen.

Es ist schwierig, die rivalisierenden Meinungen zu beurteilen; ziemlich sicher haben beide Seiten in einigem recht. Medienfusionen und technologische Fortschritte werden mit Sicherheit die Kommunikations- und Verteilungswege ausweiten. Ganz ähnlich wie die Medienpioniere des Films und der Musik durch den Aufstieg des Fernsehens und der Musikindustrie beeinflusst wurden, so wird das Internetzeitalter seinerseits die Massenmedien verändern: In den kommenden Jahren und Jahrzehnten werden Konsumenten aus einer viel größeren Zahl von Angeboten auswählen können und selbst entscheiden, wann sie diese Inhalte konsumieren wollen. Befürchtungen über die Macht der Mediengiganten sind dennoch nicht ganz unbegründet. Schon heute gibt es Hinweise darauf, dass Medienkonglomerate versuchen, unvorteilhafte Nachrichten über Geschäftspartner nicht oder nur am Rande zu berichten. Argumente zugunsten eines Internets, das frei und offen ist, gründen auf der Überzeugung, dass die

Öffentlichkeit nicht durch geschäftliche Interessen begrenzt werden darf, damit Ideen ungehindert verbreitet und diskutiert werden können.

Bei all dem sollte man nicht vergessen, dass in der sozialen Welt nur sehr selten gänzlich Unvermeidbares eintritt. Versuche einer totalen Kontrolle der Informationsquellen und Verteilungskanäle sind selten erfolgreich, sei es, weil es dagegen zu einer Anti-Trust-Gesetzgebung kommt, die Monopolbildungen zu verhindern sucht, oder durch anhaltende und kreative Reaktionen der Nutzer der Medien, die alternative Wege erkunden und oft genug auch finden. Sich die Medienkonsumenten als „Kulturbanausen" vorzustellen, die der Manipulation der großen Konzerne hilflos ausgesetzt sind, ist heute schon falsch und wird sich mit ziemlicher Sicherheit auch in der Zukunft nicht bewahrheiten. Eher trifft zu, dass in dem Maße, in dem die Reichweite und der Umfang der Medienformen und -inhalte zunimmt, die Individuen mehr und nicht weniger befähigt werden, die Botschaften und das Material, das ihnen begegnet, zu interpretieren und zu bewerten.

Kulturimperialismus?

Die überragende Position der industrialisierten Länder, vor allem der Vereinigten Staaten, bei der Herstellung und Verbreitung von Medien hat viele Beobachter veranlasst, von einem Medien- oder noch allgemeiner einem Kulturimperialismus zu sprechen (z.B. Herman und McChesney 1997). Demnach sei ein kulturelles Imperium entstanden. Die unterentwickelten Länder sind besonders davon bedroht, weil sie nicht über die Ressourcen verfügen, ihre kulturelle Unabhängigkeit zu bewahren.

Die Hauptquartiere der 20 größten Medienkonglomerate der Welt befinden sich alle in industrialisierten Ländern; die Mehrheit davon in den USA. Medienimperien wie Time Warner, Disney/ABC und Viacom sind alle in den USA beheimatet. Andere große Medienunternehmen – neben dem von Murdoch, das im Kasten unten porträtiert wird – sind Sony aus Japan, wozu auch CBS Records und Columbia Pictures gehört; die deutsche Bertelsmann-Gruppe, zu der RCA Records und eine große Zahl amerikanischer Firmen gehören; und Mondadori, ein Medienunternehmen, zu dem neben mehreren Verlagen auch Fernsehstationen gehören und das sich im Besitz Silvio Berlusconis befindet.

Durch elektronische Medien wurden westliche Kulturprodukte zweifellos weltweit verbreitet. Wie wir gesehen haben, stammen die meisten Kinofilme aus amerikanischer Produktion und Ähnliches lässt sich für die westliche Popmusik sagen. 1999 wurden Pläne zur Errichtung eines Disney Themenparks in Hongkong bekannt. Der Park, dessen Errichtungskosten auf 3,5 Milliarden US-Dollar geschätzt wurden, wurde 2006 eröffnet und stellt tatsächlich weitgehend eine Replikation amerikanischer Attraktionen dar; lokale Kultur spielt darin keine Rolle. Wie der Vorstandsvorsitzende von Disney andeutete, handelt es sich dabei erst um den Anfang: „Wenn in einem Land mit 1,3 Milliarden Einwohnern nur ein Disneypark vorhanden ist, passt das nicht ganz zu dem Umstand, dass in den

Medienunternehmer Rupert Murdoch

Rupert Murdoch ist ein 1931 geborener Australier, der 1953 von seinem Vater eine wenig profitable australische Zeitung erbte. Eine Zeitungskampagne zugunsten eines Aboriginals, der nach Meinung Murdochs zu Unrecht zum Tode verurteilt worden war, war sein erster größerer Erfolg. Obwohl sein Schützling schließlich doch zu einer lebenslänglichen Strafe verurteilt wurde, erkannte Murdoch die Macht der Medien und die Möglichkeit, Politiker durch eine Medienkampagne in die Enge zu treiben – etwas, was er seither immer wieder demonstrierte. Bis zu den 1970er Jahren wurde Murdoch der bestimmende Medienunternehmer Australiens, gründete dort die erste Fernsehprogrammzeitung und die erste in ganz Australien vertriebene Tageszeitung *The Australian*, mit der er versuchte, den Boulevardjournalismus hinter sich zu lassen – auch diese Strategie wiederholte Murdoch in späteren Jahren. Seine erste überseeische Akquisition war 1968 der Kauf der englischen Tageszeitung *The News of the World*, die damals weltweit am meisten gelesene englischsprachige Tageszeitung. Wenig später landete Murdoch seinen ersten ganz großen Coup, als er die kurz davor gegründete *The Sun* erwarb und zum führenden Boulevardblatt Großbritanniens machte. *Sun* verkauft täglich rund drei Millionen Stück und wurde während der Thatcher-Regierung zu deren nationalistisch angehauchtem Sprachrohr, was Murdoch bald darauf aber nicht davon abhielt, 1997 Tony Blair zu favorisieren und mit „give change a chance" für seine Wahl zu werben. Schon in Australien zeigte Murdoch keine stabile Parteipräferenz. Der Parteinahme für

Blair gingen Geheimtreffen voraus, was in England unter Journalisten als besonders bedenkliches Verhalten beider Seiten wahrgenommen wurde. Die britische Tradition der ostentativen Unabhängigkeit der Medien von der Politik ließ ein solches Vorgehen unethisch erscheinen.

In den 1970er Jahren erwarb Murdoch seine ersten Zeitungen in den USA, darunter mit der *New York Post* wiederum eine Boulevardzeitung. In diesen Jahren war sein Medienimperium mehrfach in ernsten wirtschaftlichen Schwierigkeiten, die Murdoch aber mit Tatkraft und großer Risikobereitschaft bewältigte.

Um sein Reich in die Fernsehwelt ausdehnen zu können, wurde er 1985 amerikanischer Staatsbürger, da nur diese Fernsehstationen besitzen und betreiben durften. Die Ausdehnung in die TV-Welt brachte ihn in England noch einmal an den Rand des Ruins, als sein Satellitenfernsehen Sky über mehrere Jahre hinweg massive Verluste in Kauf nehmen musste. In den USA war dagegen die Gründung von Fox Networks, des vierten landesweit agierenden Netzwerks von Fernsehstationen von Beginn an profitabel. 1996 begann Fox News Channel als über Kabel verbreiteter Informationskanal erfolgreich das Monopol von Cable News Network (CNN, das von dessen Gründer Ted Turner 1996 mit Time Warner fusioniert wurde) anzugreifen.

Wann immer Murdoch ausreichendes Barvermögen besaß, fügte er seinem Imperium Perlen hinzu, die ihm nicht nur Profit, sondern auch Ansehen verschaffen sollten: 1981 erwarb er die Londoner *Times* (und *Sunday Times*); 2007 gelang es ihm, das *Wall Street Journal* zu erwerben, obwohl

die meisten Mitglieder der Familie, die dieses Blatt bis dahin besaß, starke Vorbehalte gegen Murdoch äußerten. Aber der Preis, den Murdoch zu bezahlen bereit war (60 US-Dollar für jede Aktie, die zu dieser Zeit nur mit 33 US-Dollar notierten), überwand schließlich alle moralischen Bedenken.

Zum Medienimperium News Corporation, dem weltweit größten Medienkonglomerat, gehören heute neben einer Unmenge Tageszeitungen traditionelle Verlage wie HarperCollins, neokonservative Meinungsblätter wie *The Weekly Standard* und Sparten- und Satelliten-TV, Pay-per-View-Angebote, 20th Century Fox, Radios und Beteiligungen an Sportteams, Werbeagenturen und Internetangebote wie MySpace.

Obwohl Murdoch politisch durchaus flexibel zu agieren bereit ist, wenn ihm das nützt, zeichnen sich die von News Corporation betriebenen Nachrichtenprogramme durch einen starken Überhang von Meinungsjournalismus und Parteinahme für die jeweils an der Macht befindlichen Parteien und Politiker aus.

Mittlerweile sind auch einige Kinder Murdochs an verschiedenen Stellen seines Imperiums tätig. News Corporation ist in Deutschland an Premiere beteiligt und hat Anfang 2008 angekündigt, seinen Anteil an Premiere ausweiten zu wollen.

Die englische Tageszeitung *Guardian* widmet auf ihrem Webportal eine eigene Seite Murdoch, wo man sich über die neuesten Entwicklungen informieren kann: www.guardian.co.uk/media/rupertmurdoch

USA mit seinen nur 280 Millionen Einwohnern fünf stehen." (Zitiert in Gittings 1999)

Dabei geht es allerdings nicht nur um die populärsten Unterhaltungsformen. Die Kontrolle der Nachrichten der Welt liegt in den Händen der Nachrichtenagenturen, deren Zentralen sich allesamt in westlichen Ländern befinden. Dieser Umstand trägt dazu bei, dass in den von den Agenturen verbreiteten Nachrichten eine westliche Sichtweise vorherrscht. Daher wurde behauptet, dass die unterentwickelte Welt nur dann in den Nachrichten auftaucht, wenn es um Berichte über Naturkatastrophen, Krisen oder militärische Auseinandersetzungen geht und dass alle anderen Nachrichten, die über die entwickelte Welt tagtäglich berichtet werden, in der Berichterstattung über die unterentwickelte Welt nicht vorkommen.

Die globale Verbreitung westlicher, insbesondere amerikanischer Kultur löste in einigen weniger entwickelten Ländern eine Voreingenommenheit aus, die dazu beigetragen hat, dass sich in vielen Teilen der Welt eine antiamerikanische Stimmung breitgemacht hat.

Widerstand und Alternativen

Während die Macht und Verbreitung der globalen Medien unbestreitbar ist, gibt es in fast allen Ländern Kräfte, die sich dieser Überwältigung entgegenstellen und danach streben, die Medienprodukte in stärkerem Maße an lokalen Traditionen, Kulturen und Prioritäten auszurichten. Religion, Tradition und populäre Sichtweisen sind starke Bremsen gegen die Medienglobalisierung, während lokale Gesetzgebungen und heimische Medieninstitutionen dabei mitwirken können, die Wirkung der globalen Medien zu begrenzen.

Ali Mohammadi (1998) hat die Reaktionen der islamischen Länder auf die Kräfte der Medienglobalisierung untersucht. Das Wachstum der internationalen elektronischen Imperien, die über alle Staatsgrenzen hinweg tätig sind, wird in vielen islamischen Ländern als eine Bedrohung der nationalen Identität und der nationalen Interessen dieser Länder wahrgenommen. Nach Mohammadi reicht der Widerstand gegen das Eindringen ausländischer Medien von weitverbreiteter Ablehnung bis zum Verbot von westlichem Satellitenempfang. Die Reaktionen auf die Medienglobalisierung und die Gegenmaßnahmen einzelner Staaten spiegeln über weite Strecken deren Haltung gegen das Erbe des westlichen Kolonialismus und das Eindringen der Modernität. Mohammadi teilt die Staaten in drei breite Kategorien ein: Modernisten, Gemischte und Traditionalisten.

Bis Mitte der 1980er Jahre wurden die meisten Fernsehprogramme der islamischen Welt innerhalb der nationalen Grenzen von Arabsat, dem panarabischen Fernsehnetzwerk, an dem 21 Staaten beteiligt waren, produziert und verteilt. Die Liberalisierung des Fernsehens und die Macht der globalen Satelliten-TVs haben die Konturen des Fernsehens in der islamischen Welt verändert. Die Ereignisse des ersten Golfkrieges von 1991 lenkten die Aufmerksamkeit der globalen Medienindustrie auf den Mittleren Osten und hatten sichtbare Folgen für das Fernsehen und die Sehgewohnheiten in dieser Region. Satelliten verbreiteten sich enorm rasch; Ägypten, Bahrain, Dubai, Jordanien, Kuwait, Saudi-Arabien und Tunesien starteten 1993 mit eigenen Satellitenkanälen. Am Ende dieses Jahrzehnts hatten die meisten islamischen Länder eigene Satellitenkanäle und somit Zugang zu den globalen Medienprogrammen.

Al Dschasira ist der größte und umstrittenste Nachrichtenkanal des Mittleren Ostens, der rund um die Uhr sendet. Er wurde 1996 gegründet, hat in Qatar seine Zentrale und ist der raschest wachsende Sender der ganzen arabischsprachigen Welt. Kritiker haben gemeint, dass dieser Sender ungebührlich sensationsgierig sei und zu viel Gewalt und emotional aufrührende Berichte aus Kriegsgebieten sendet, sowie Fundamentalisten und extremistischen Gruppen viel zu viel Raum gewährt. Seine politischen Programme sind sehr populär, aber auch andere Sendungen über Kultur, Sport und Gesundheit sichern ihm deutliche Seherzuwächse.

In einigen islamischen Ländern haben die Themen und die Inhalte der westlichen Fernsehstationen Spannungen ausgelöst. Sendungen, die Frauen- und Menschenrechte betonen, sind besonders umstritten; beispielsweise duldet Saudi-Arabien die arabische Ausgabe von BBC nicht mehr wegen ihrer die Menschenrechte betonenden Berichterstattung. Drei islamische Staaten – Iran, Saudi-Arabien und Malaysia – haben Satelliten verboten, die westliche Programme empfangen. Iran ist der schärfste Kritiker der westlichen Medien, die er als „kulturelle Umweltverschmutzung" bezeichnet und sie bezichtigt, die Werte der westlichen Konsumwelt zu verbreiten.

Diese scharfen Reaktionen bilden aber die Minderheit. Mohammadi kommt zum Schluss, dass die islamischen Staaten zwar versucht hätten, sich gegen den Einfluss der westlichen Medien zu wehren, indem sie eigene Sender gründeten, aber die meisten sich damit abgefunden hätten, dass sie bestimmte Anpassungen ihrer Kultur vornehmen müssten, um ihre kulturelle Identität zu bewahren. Seiner Meinung nach verlieren Länder, die einen traditionalistischen Weg favorisieren, wie Iran und Saudi-Arabien, gegenüber jenen an Boden, die für eine Adaption und Modernisierung ihrer Länder eintreten (Mohammadi 1998, 2003).

Schlussfolgerung

Als Individuen haben wir keinen kontrollierenden Einfluss auf technologische Veränderungen, und das bloße Tempo dieses Wandels droht unser Leben zu überschwemmen. Obwohl der anfangs oft verwendete Ausdruck des „Informations-Superhighway" nahelegt, dass so etwas wie ein ordentliches Straßennetz existiere, empfinden die Menschen zumeist die Auswirkungen der neuen Technologien als chaotisch und zerstörerisch.

Dennoch hat das Auftreten der verkabelten Welt keine der von Skeptikern an die Wand gemalten katastrophalen Folgen gezeigt. „Big Brother", der Überwachungsstaat in George Orwells düsterer Utopie *1984*, entstand nicht: Eher trifft das Gegenteil zu, hat das Internet doch zur Dezentralisierung und Stärkung des Individualismus beigetragen. Im Gegensatz zu den hysterisch verbreiteten Untergangsszenarien für die Jahrtausendwende – es wurde erwartet, dass die weltweit vernetzten Computer wegen der Datumsumstellung zusammenbrechen oder verrückt spielen würden, wofür das Kürzel „Y2k bug" (Jahr-2000-Fehler) Verwendung fand – ging der Jahrtausendwechsel ruhig über die elektronische Bühne. Befürchtungen, dass Bücher, Tageszeitungen und andere vorelektronische Medien verschwinden würden, scheinen übertrieben. Obwohl Bücher wie dieses, das Sie hier in Händen halten, nun einmal dick sind, sind sie doch handlicher als eine elektronische Version. Selbst Bill Gates fand es nötig, ein Buch zu schreiben, um sein Bild der Hightechwelt, die er vorhersah, zu beschreiben.

Zusammenfassung

1. Massenmedien spielen heute eine fundamentale Rolle in der Gesellschaft. Die Massenmedien sind Kommunikationsmedien – Zeitungen, Magazine, Fernsehen, Radio, Kino, Videos, CDs und andere Formen –, die ein Massenpublikum erreichen und dessen Leben nachhaltig beeinflussen. Medien liefern nicht nur Unterhaltung, sondern stellen Informationen zur Verfügung, die die Art, wie wir täglich handeln, beeinflusst.

2. Die Zeitungen gehörten zu den wichtigsten frühen Massenmedien. Sie sind weiterhin von Bedeutung, doch andere neuere Medien, vor allem Fernsehen und das Internet, sind an ihre Seite getreten.

3. Vor dem Internet war das Fernsehen die folgenreichste Entwicklung der letzten 60 Jahre. In den meisten Staaten war die Regierung anfangs an den Fernsehsendern direkt beteiligt. Satelliten- und Kabeltechnologie haben das Fernsehen grundlegend geändert; öffentlich-rechtliche Fernsehsender verlieren an Reichweite, da eine Vielfalt von Kanälen zur Verfügung steht. Die Kontrolle der Regierungen über den Inhalt der Fernsehsendungen wurde dadurch schwächer.

4. In den vergangenen Jahren haben die Weiterentwicklungen der Kommunikationstechnologie die Telekommunikation – die Übermittlung von Text, Ton oder Bild über größere Entfernungen mithilfe eines technischen Mediums – verändert. Digitalisierung, Glasfiberoptik und Satellitensysteme liefern multimediale (d.h. eine Kombination verschiedener Medienformen in einem einzigen Medium) und interaktive Medien, die es Individuen erlauben, aktiv an dem teilzunehmen, was sie gerade sehen oder hören. Mobiltelefone sind gegenwärtig die Vorreiter weiterer technischer Neuerungen in der Telekommunikation.

5. Das Internet ermöglicht ein bislang unbekanntes Maß an Vernetzung und Interaktivität. Die Zahl der Internetnutzer nahm weltweit enorm zu und das Ausmaß dessen, was man online erledigen kann, steigt weiter an. Das Internet stellt uns überwältigende neue Möglichkeiten zur Verfügung, dennoch befürchten manche Kritiker, dass es die

menschlichen Beziehungen und Gemeinschaften untergraben könnte, weil es soziale Isolation und Anonymität fördere.

6. Die Medienindustrie erfuhr im Verlaufe der letzten drei Jahrzehnte eine starke Globalisierung. Dabei können verschiedene Trends auseinandergehalten werden: Das Eigentum an Medien ist zunehmend in den Händen einiger großer Medienkonglomerate konzentriert; Medien in Privatbesitz übertreffen jene, die von der öffentlichen Hand betrieben werden bei Weitem; Medienunternehmen operieren international; die Medienunternehmen haben ihre Aktivitäten diversifiziert; Fusionen zwischen Medienunternehmen haben zugenommen. Die globale Medienindustrie – Musik, Fernsehen, Kino und Nachrichten – wird von einer kleinen Zahl von multinationalen Unternehmen beherrscht.

7. Das Gefühl, in *einer* Welt zu leben, resultiert zum großen Teil aus der internationalen Reichweite der Medien und Kommunikationstechnologien. Eine Weltinformationsordnung – ein internationales System der Herstellung, Verbreitung und des Konsums von Informationsgütern – entstand. Angesichts der überragenden Position der industrialisierten Länder in der Weltinformationsordnung, befürchten viele, dass die Entwicklungsländer zum Objekt eines Medien- und Kulturimperialismus werden. Viele Kritiker zeigen sich über die Konzentration von Medienmacht in den Händen einiger weniger mächtiger Personen besorgt und sehen darin eine Bedrohung für die Demokratie.

8. Verschiedene Theorien befassen sich mit Medien und populärer Kultur. McLuhan hat argumentiert, dass die Medien durch den Stil ihrer Kommunikation einen stärkeren Einfluss auf die Gesellschaft ausüben als durch ihre Inhalte. In McLuhans Worten ist das Medium die Botschaft: Das Fernsehen z.B. beeinflusst das Verhalten und die Einstellung von Menschen, da es sich in seinem Wesen so sehr von anderen Medien, wie z.B. Zeitungen und Büchern, unterscheidet.
Andere wichtige Theoretiker sind Habermas, Baudrillard und Thompson. Habermas verweist auf die Rolle der Medien bei der Bildung einer „Öffentlichkeit" – ein Raum der öffentlichen Meinung und der öffentlichen Debatte.
Baudrillard wurde stark von McLuhan beeinflusst. Er glaubt, dass neue Medien, und vor allem das Fernsehen, tatsächlich die von uns erfahrene „Wirklichkeit" verändern.
Thompson argumentiert, dass Massenmedien eine neue Form der sozialen Interaktion – „die vermittelte Quasi-Interaktion" – geschaffen haben, die eingeschränkter, enger und einseitiger ist als die alltägliche soziale Interaktion.

9. Die empirische Medienforschung beschäftigt sich mit der Selektivität (politischer) Nachrichten. Häufig werden die Mächtigen in einem günstigeren Licht dargestellt. Die Medienwirkungsforschung (Rezipientenforschung) hat zeigen können, dass die Nutzer der Medien keineswegs nur passive Konsumenten sind. Meinungsführer übersetzen und interpretieren Medieninhalte durch Interaktionen mit gewöhnlichen Konsumenten.

Glossar

Cyberspace. Elektronische Netzwerke der Interaktion zwischen Individuen, die verschiedene Computerterminals bedienen, wobei weder der Ort und noch die körperliche Präsenz eine Rolle spielen.

Globales Dorf. Ein Begriff, der mit dem kanadischen Autor Marshall McLuhan verknüpft wird. Vor allem als Ergebnis der Ausbreitung elektronischer Kommunikation, so McLuhan, wird die Welt einer kleinen Gemeinschaft immer ähnlicher. Zum Beispiel verfolgen Menschen in vielen verschiedenen Teilen der Welt dieselben Neuigkeiten im Fernsehen.

Hyperrealität. Eine Idee, die mit dem französischen Autor Jean Baudrillard verbunden wird. Als Ergebnis der Ausbreitung elektronischer Kommunikationsmittel gibt es nach Baudrillard keine eigenständige „Wirklichkeit" mehr, auf welche sich Fernsehprogramme und andere kulturelle Produkte beziehen. Das, was wir für „Realität" halten, wird stattdessen durch eben diese Kommunikationsmittel strukturiert. So beziehen sich etwa die einzelnen Nachrichten nicht auf eine isolierbare Serie von Ereignissen, sondern sie selbst definieren und konstruieren das, was diese Ereignisse sind.

Ideologie. Gemeinsame Ideen oder Überzeugungen, die die Interessen herrschender Gruppen rechtfertigen. Ideologien finden sich in allen Gesellschaften, in denen systematische und tief verwurzelte Ungleichheiten zwischen verschiedenen Gruppen bestehen. Der Begriff der Ideologie steht in engem Zusammenhang mit jenem der Macht, da ideologische Systeme dazu dienen, die unterschiedliche Macht verschiedener Gruppen zu legitimieren.

Massenmedien. Kommunikationsformen wie Zeitung, Zeitschriften, Radio oder Fernsehen, die sich an ein Massenpublikum wenden.

Medienregulierung. Der Einsatz von rechtlichen Beschränkungen, um das Eigentum an Medien und den Inhalt von Medien zu kontrollieren.

Öffentlichkeit. Ein Begriff, der mit dem deutschen Soziologen Jürgen Habermas assoziiert wird. Der Begriff Öffentlichkeit bezieht sich auf eine Arena der öffentlichen Debatte und Diskussion in modernen Gesellschaften.

Simulacrum. Ein vom französischen Autor Jean Baudrillard verwendeter Ausdruck. Ein Simulacrum ist die Nachbildung eines Gegenstandes, für den es kein Original gibt. Ein Haus im „imitierten Tudor"-Stil sieht überhaupt nicht aus wie die ursprünglichen Gebäude im Tudor-Stil.

Sozialkapital. Das soziale Wissen und die Verbindungen, die Menschen in die Lage versetzen, ihre Ziele zu erreichen und ihren Einfluss zu vergrößern.

Telekommunikation. Die Übermittlung von Informationen, Tönen oder Bildern über größere Entfernung hinweg mittels technologischer Medien.

Weiterführende Literatur

Jäckel, Michael, Hg. (2005), *Mediensoziologie. Grundfragen und Forschungs-felder*, Wiesbaden: VS Verlag für Sozialwissenschaften.

Filme zum Thema

„Kronen Zeitung – Tag für Tag ein Boulevardstück" (Österreich 2002), Regie: Nathalie Borgers

„Network" (USA 1976), Regie: Sidney Lumet

„Die Truman Show" (USA 1998), Regie: Peter Weir

„Citizen Kane" (USA 1941), Regie: Orson Welles

„Nachrichtenfieber" (USA 1987), Regie: James L. Brooks

„Wag the Dog – Wenn der Schwanz mit dem Hund wedelt" (USA 1997), Regie: Barry Levinson

Internet-Tipps

Reporter ohne Grenzen
www.rsf.org

Mediawatch (eine US-amerikanische NGO, die Medienbeobachtung betreibt)
www.mediawatch.com/about.html

Die BBC betreibt eine der umfangreichsten, kostenfreien Websites
www.bbc.co.uk/

Täglich neue Hinweise auf lesenswerte Beiträge diverser online zugänglicher Medien
www.aldaily.com/

Ein kanadischer freelance Journalist berichtet regelmäßig über eingestandene Falschmeldungen in der nordamerikanischen Presse
www.regrettheerror.com/

Das Europäische Journalismus-Observatorium (EJO) beobachtet Trends im Journalismus und in der Medienbranche und vergleicht Journalismus-Kulturen in Europa und den USA
www.ejo.ch

15

Organisationen und Netzwerke

Gehen Sie gelegentlich zu McDonald's? Wahrscheinlich schon. Studieren Sie doch das nächste Mal, wie dieses Restaurant organisiert ist. Verglichen mit anderen Restaurants ist einer der ins Auge springenden Unterschiede wohl der, wie effizient der gesamte Prozess abläuft, oder zumindest kommt es einem so vor: Sie können hungrig hineingehen und nach kurzer Zeit das Lokal satt wieder verlassen. Sie gehen direkt zur Theke und erhalten dort ihr Essen, ohne dass Sie lange nach einem Tisch suchen müssen, auf das Auftauchen eines Kellners warten müssen, dem Sie dann Ihre Bestellung mitteilen können, um danach zu warten, dass das Essen irgendwann kommt. Wenn Sie beschließen, Ihr Essen im Lokal einzunehmen, finden Sie zumeist leicht einen Tisch, auf dem sich wenig bis gar nichts befindet, jedenfalls weder ein Tischtuch noch Gläser oder Servietten. Alles, was Sie benötigen, müssen Sie sich selbst zusammensuchen, und nachdem Sie Ihr Essen beendet haben, sind Sie aufgefordert, das, was auf Ihrem Tablett übrig ist – und das ist meist nicht wenig – selbst zurückzutragen, den Abfall in einen dafür vorgesehenen Behälter zu werfen und das Lokal zu verlassen. Tatsächlich kann das Essen bei McDonald's von den Kunden sehr einfach kalkuliert werden. McDonald's will Ihnen „mehr für Ihren Euro bieten" – Sie kaufen „value meals", „Big Macs" oder „Pommes Frites". Die Bedienung ist ebenso leicht zu kalkulieren. Der Gründer von McDonald's Ray Kroc verkündete, dass sein Lokal sich darum bemüht, Ihnen in weniger als einer Minute einen Hamburger und einen Milch-Shake auszuhändigen.

Wenn Sie hinter die Theke blicken, sehen Sie sehr wahrscheinlich, dass jeder der Angestellten einer bestimmten Tätigkeit nachgeht: Der eine macht Pommes, ein anderer wendet die Burger, ein dritter steckt die Burger in eine Verpackung und noch ein anderer Mitarbeiter füllt Salate in Plastikbehälter. Sie werden vielleicht auch erkennen, wie sehr die Abläufe automatisiert sind: Die Getränke kommen auf Knopfdruck aus einer Maschine, die Pommes werden in einer Frittiermaschine hergestellt, deren Temperatur automatisch kontrolliert wird und die nach einigen Minuten ein Warnsignal ertönen lässt, um dem Angestellten zu signalisieren, dass er nun die fertigen Pommes herausnehmen kann. Selbst an der Kassa gibt es Tasten für jedes Produkt, sodass sich Angestellte nicht einmal mehr die Preise merken müssen.

Wenn Sie ein McDonald's-Lokal irgendwo im Ausland besuchen, werden Sie feststellen, dass es nur wenige Unterschiede zu dem Ihnen bekannten Lokal zu Hause gibt. Die Inneneinrichtung mag ein wenig anders sein, die Sprache, die gesprochen wird, ist möglicherweise eine andere, aber die Gesamterscheinung des Lokals, die Speisen, der Ablauf der Bestellung, die Bekleidung des Personals, die Tabletts und Tische, die Verpackung und das „Service mit einem Lächeln" sind nahezu ident. Das McDonald's-Erlebnis ist so gestaltet, dass es *einheitlich* und *vorhersehbar* ist, egal, ob Sie in Berlin oder Lima McDonald's aufsuchen. Ganz gleich, wo sie sind, Besucher von McDonald's wissen, dass sie sowohl eine rasche Bedienung als auch ein Produkt erwarten können, die einander in allen mehr als 30.000 Restaurants in mehr als 119 Ländern sehr stark ähneln (McDonald's 2004).

Der amerikanische Soziologe George Ritzer (1983, 1993, 1998) meint, dass McDonald's eine Metapher darstellt, um die Veränderungen der industrialisierten Welt kennzeichnen zu können. Er schreibt, dass wir eine Art „McDonaldisierung" unserer Gesellschaft erleben. Nach Ritzer ist das „ein Prozess, bei dem die Regeln des Fast-Food Restaurants mehr und mehr Lebensbereiche der amerikanischen Gesellschaft und der restlichen Welt zu beherrschen beginnen". Ritzer verwendet die vier leitenden Gedanken der McDonald's-Restaurants – Effizienz, Berechenbarkeit, Einheitlichkeit und Kontrolle durch Automation – um zu zeigen, dass unsere Gesellschaft immer „rationaler" wird. (Ritzers Argumentation ist stark von Max Weber beeinflusst, dessen Theorie der Rationalisierung wir weiter unten noch behandeln werden.) Ritzer ist es wichtig zu betonen, dass er keine besondere Zuneigung zu McDonald's hat, sondern McDonald's nur das offensichtlichste Beispiel ist, das diesen Prozess zu illustrieren vermag. Einmal bemerkte er auch, dass „McDonaldisierung" besser klingt als „Burger Kingisierung" oder „Starbuckisierung".

Ritzer ist, wie der klassische Soziologe Max Weber vor ihm, besorgt über die nachteiligen Wirkungen der Rationalisierung. Er argumentiert, dass die McDonaldisierung von einer Menge Irrationalitäten begleitet ist – was er die „Irrationalität der Rationalität" nennt. Zu diesen Irrationalitäten zählen Gesundheitsschäden (die aus einer Ernährung mit „viel Kalorien, Fett, Cholesterin, Salz und Zucker" resultieren) und Umweltfolgen – denken Sie nur an all das Verpackungsmaterial, das nach einem Essen bei McDonald's weggeworfen werden muss. Vor allem aber sei, so Ritzer, die McDonaldisierung „entmenschlichend". Wir stellen uns in Schlangen an, um wie von einem Fließband einen Burger zu bekommen, während das Personal auf der anderen Seite der Theke monoton immer dieselben Handgriffe ausführt, so, als wären sie Roboter.

Die Untersuchung und Theorie der Organisationen sind wichtige Teile der Soziologie. Sie bildeten das zentrale Anliegen des klassischen Soziologen Max Weber. In diesem Kapitel untersuchen wir, was Soziologen über Organisationen zu sagen haben, und stellen die Frage, ob Theorien wie jene von Weber, auch noch in einer Welt Gültigkeit haben, die von lockeren Netzwerken gekennzeichnet ist.

Organisationen

Regelmäßig tun sich Menschen zusammen, um Aktivitäten zu erledigen, die sie allein nicht zustande brächten. Ein wichtiges Mittel, um solche kooperativen Handlungen zuwege zu bringen, ist die Organisation, eine Gruppe mit erkennbarer Mitgliedschaft, die in gemeinsamen Anstrengungen versucht, ein gemeinsames Ziel zu erreichen (Aldrich und Marsden 1988). Eine Organisation kann eine kleine Gruppe von Menschen sein, die miteinander bekannt sind, aber es ist wahrscheinlicher, dass es sich um eine größere, unpersönliche handelt: Universitäten, Religionsgemeinschaften oder Wirtschaftsunternehmen (wie McDonald's, das wir am Beginn

Organisation

dieses Kapitels behandelt haben) sind Beispiele für Organisationen. Solche Organisationen sind ein zentrales Element aller Gesellschaften und ihr Studium ist eine der Hauptaufgaben der Soziologie der Gegenwart.

In modernen industriellen und postindustriellen Gesellschaften neigen Organisationen dazu, sehr formal zu sein. Eine formale Organisation ist rational entworfen, um ihre festgelegten Ziele zu erreichen, sehr häufig mittels ausdrücklicher Regeln, Vorschriften und Abläufe. Die moderne bürokratische Organisation, die weiter unten behandelt wird, ist das bekannteste Beispiel einer formalen Organisation. Wie schon Max Weber rund um die letzte Jahrhundertwende bemerkt hat (siehe Weber [1922] 1980), gab es in Europa und Nordamerika einen lange währenden Entwicklungstrend hin zu formalen Organisationen. Zum Teil ist das darauf zurückzuführen, dass Formalität häufig eine Bedingung für rechtliche Anerkennung bildet. Beispielsweise bei der Akkreditierung einer Fachhochschule oder einer Privatuniversität muss diese eine Menge an Vorschriften erfüllen, die von der Prüfungsordnung über die Personalauswahl bis zu den feuerpolizeilichen Vorschriften reichen. Heutzutage sind in der ganzen Welt formale Organisationen die vorherrschende Organisationsform.

In der traditionellen Welt haben sich die meisten sozialen Systeme über lange Zeit hinweg aufgrund von Bräuchen und Gewohnheiten entwickelt. Organisationen ihrerseits sind zumeist entworfen worden – gegründet, um bestimmte Ziele zu erreichen; sie sind in Gebäuden oder anderen Umgebungen beheimatet, die errichtet wurden, um eben jene Ziele leichter erreichen zu können. Die Anlagen, in denen Krankenhäuser, Universitäten oder Wirtschaftsunternehmen ihre Aktivitäten entfalten, sehen einander zumeist auch sehr ähnlich.

Heutzutage spielen Organisationen eine wesentlich wichtigere Rolle als in früheren Zeiten. Nicht nur, dass sie uns dabei helfen, zur Welt zu kommen, sie begleiten auch unseren Lebensweg, und das bis ans Ende, wenn wir sterben. Sogar vor unserer Geburt sind unsere Mütter und wahrscheinlich auch unsere Väter an Schwangerschaftstests, Kursen, die der Geburtsvorbereitung dienen, und dergleichen beteiligt, die in Krankenhäusern und anderen medizinischen Organisationen stattfinden. Jedes Kind, das heute geboren wird, wird von Regierungsbehörden dokumentiert; von der Geburt bis zum Tode sammeln diese Informationen über uns. Die meisten Menschen sterben heutzutage in einem Krankenhaus – und nicht zu Hause, wie dies einmal der Fall war –, und jeder Tod muss ebenfalls den Behörden gemeldet werden.

Es ist leicht zu erkennen, warum Organisationen heutzutage für uns so wichtig sind. In der vormodernen Welt stellten Familien, die engere Verwandtschaft und die Nachbarn die meisten Dinge selbst her, die man benötigte – Nahrung, die Unterweisung der Kinder, Arbeit und Freizeitaktivitäten. In der Moderne ist die Masse der Bevölkerung viel mehr miteinander verbunden als in früheren Zeiten. Viele der Dinge, die wir benötigen, werden von anderen Menschen hergestellt, die wir sehr häufig persönlich nie kennenlernen und die vielleicht viele Tausende Kilometer von uns entfernt leben. Unter solchen Bedingungen ist ein enormes Ausmaß an Koordination der Handlungen und Ressourcen nötig – und das erledigen Organisationen.

Doch der gewaltige Einfluss, den Organisationen heute auf unser Leben ausüben, sollte nicht nur positiv gesehen werden. Organisationen nehmen uns die Dinge sehr häufig der Hand und unterwerfen sie der Kontrolle von Beamten oder Experten, die wir unsererseits kaum beeinflussen können. So sind wir etwa verpflichtet, bestimmte Dinge zu tun, die der Staat von uns verlangt – Steuern zahlen, Gesetze befolgen oder an kriegerischen Auseinandersetzungen teilzunehmen –, oder riskieren bei einer Weigerung, bestraft zu werden. Aufgrund ihrer sozialen Macht können Organisationen also Individuen einem Diktat unterwerfen, dem diese sich nicht widersetzen können.

Organisationen als Bürokratien

Max Weber entwickelte die erste systematische Interpretation des Aufstiegs moderner Organisationen. Organisationen, so Weber, bewirken eine stabile raumzeitliche Koordination der Aktivitäten von Menschen oder der Güter, die sie produzieren. Weber betonte, dass die Entwicklung von Organisationen auf der Informationskontrolle beruht, und er hob die zentrale Bedeutung der schriftlichen Kommunikation für diesen Prozess hervor: Eine Organisation braucht als Voraussetzung ihres Funktionierens geschriebene Regeln und Archive, die ihr „Gedächtnis" verkörpern. Weber betrachtete Organisationen als streng hierarchisch aufgebaut, wobei die Macht an der Spitze des Gebildes konzentriert war. Hatte Weber recht? Wenn das der Fall wäre, hätte das für uns alle große Bedeutung. Denn Weber sah moderne Organisationen eng mit der Demokratie verwoben, allerdings auch im Konflikt mit ihr; er glaubte, dass dieser Umstand weitreichende Konsequenzen für das soziale Leben hätte.

Nach Weber tendieren alle großen Organisationen dazu, die Merkmale einer Bürokratie zu entwickeln. Der Begriff *„Bürokratie"* wurde 1745 von einem gewissen Vincent de Gournay geprägt. Er hängte an das Wort „Büro", das im Französischen die Bedeutung „Schreibstube" und „Schreibtisch" hat, das vom Griechischen abgeleitete Wort „kratie" an, was so viel wie „regieren" heißt. Bürokratie bedeutet also Beamtenherrschaft. Mit dem Wort wurden ursprünglich staatliche Behörden, allmählich jedoch auch große Organisationen im Allgemeinen bezeichnet.

Bürokratie

Der Begriff wurde von Anfang an abwertend gebraucht. De Gournay sprach von der zunehmenden Macht der Beamten als „einer Krankheit namens Büromanie". Für den französischen Romancier Honoré de Balzac war die Bürokratie „die Riesenmacht, die von Pygmäen ausgeübt wird". Franz Kafka bietet in seinem erstmals 1925 veröffentlichten Roman *Der Prozess* das albtraumartige Bild einer unpersönlichen und unverständlichen Bürokratie. Diese Ansicht hat sich bis in die heutige Zeit erhalten: Die Bürokratie wird häufig mit Verboten, Ineffizienz und Verschwendung assoziiert. Andere Autoren haben die Bürokratie in einem besseren Licht dargestellt – als Modell der Sorgfalt, Genauigkeit und der effizienten Verwaltung. Die Bürokratie ist in ihren Augen die effizienteste Organisations-form, die von Menschen ersonnen wurde, weil alle Abläufe durch strenge Verfahrensvorschriften geregelt sind. Webers Sichtweise stellt einen Mit-telweg zwischen diesen beiden Extremen dar. Eine begrenzte Anzahl bü-rokratischer Organisationen bestand, wie Weber aufzeigt, bereits in den größeren vormodernen Gesellschaften. Es gab z.B. im chinesischen Kaiser-reich ein bürokratisches Beamtentum, das für die allgemeinen Regierungs-geschäfte zuständig war. Eine weitere wichtige Spielart der Bürokratie in der traditionellen Welt war das Militär. Erst in der Moderne konnten sich Bürokratien jedoch voll entfalten.

Weber zufolge ist die Ausweitung des bürokratischen Apparates in den modernen Gesellschaften unvermeidbar. Die Entwicklung der bürokrati-schen Herrschaft ist die einzige Möglichkeit, die administrativen Anfor-derungen großer sozialer Systeme in den Griff zu bekommen. Wie wir se-hen werden, glaubte Weber allerdings auch, dass die Bürokratie an einer Reihe gravierender Mängel leidet, die für das Wesen des modernen sozia-len Lebens wichtige Implikationen haben.

Um die Ursprünge und die Expansion bürokratischer Organisationen analysieren zu können, entwarf Weber einen Idealtyp der Bürokratie. („Ide-al" bedeutet hier nicht das Erstrebenswerteste, sondern eine „reine Form" der bürokratischen Organisation. Ein Idealtyp ist eine abstrakte Beschrei-bung, die durch Hervorhebung bestimmter Merkmale realer Fälle konstru-

Idealtyp iert wird, um ihre wesentlichsten Charakteristika hervorzukehren.) Weber listet verschiedene Merkmale dieses Idealtyps der Bürokratie auf (Weber [1922] 1980, S. 551ff.):

1. Es gibt eine deutliche Hierarchie der Autorität und des Instanzenzugs, die so beschaffen ist, dass die Aufgaben in einer Organisation als „feste Kompetenzen" verteilt werden. Eine Bürokratie gleicht einer Pyrami-de, wobei die Positionen mit der höchsten Autorität die Spitze bilden. Von oben nach unten erstreckt sich eine „Befehlskette", die eine koor-dinierte Entscheidungsfindung ermöglicht. Jede höhere Dienststelle kontrolliert und überwacht die ihr in der Hierarchie unmittelbar unter-stellte.

2. Das Verhalten der Organisationsmitglieder (Beamten) wird auf allen Ebenen der Organisation durch schriftliche Regeln umschrieben. Das bedeutet nicht, dass die bürokratischen Pflichten eine Routineangele-genheit sind. Je höher das Amt, desto größer ist die Anzahl und Vielfalt der Fälle, die von den relevanten Regeln erfasst werden, und desto mehr Flexibilität ist bei ihrer Auslegung erforderlich.

3. Die Beamten sind vollzeitbeschäftigt, d.h. hauptamtlich tätig und er-halten ein festes Gehalt. Jede Position in der Hierarchie ist mit einem fixen Gehalt verknüpft. Es wird erwartet, dass der Einzelne seine Lauf-bahn innerhalb der Organisation absolviert. Eine Beförderung erfolgt nach der Fachkompetenz, den Dienstjahren oder einer Kombination aus beiden.

4. Die Aufgaben des Beamten innerhalb der Organisation und sein Leben außerhalb sind voneinander getrennt. Das „Privatleben" des Beamten unterscheidet sich von seinen Aktivitäten am Arbeitsplatz und findet auch an einem anderen Ort statt.

5. Kein Mitglied der Organisation besitzt die materiellen Ressourcen, mit denen es arbeitet. Laut Weber sind die Arbeiter aufgrund der Entwicklung der Bürokratie von der Macht über ihre Produktionsmittel abgeschnitten. In vormodernen Gemeinschaften bestimmten die Bauern und Handwerker üblicherweise den Produktionsprozess, und das Werkzeug, das sie verwendeten, gehörte ihnen. In Bürokratien gehören den Beamten weder die Büros, in denen sie arbeiten, noch die Schreibtische, an denen sie sitzen, noch die Bürogeräte, die sie verwenden.

Weber glaubte, je mehr sich eine Organisation dem Idealtyp der Bürokratie annähert, desto erfolgreicher könne sie die Aufgaben erfüllen, für deren Erledigung sie erfunden wurde. Er sah Bürokratien als raffinierte Maschinen, die gemäß dem Prinzip der Rationalität (siehe dazu Kapitel 1 – Was ist Soziologie?) funktionieren. Er erkannte aber auch, dass Bürokratien ineffizient sein können und räumte ein, dass viele bürokratische Ämter langweilig sind und wenig Möglichkeiten für kreative Fähigkeiten eröffnen. Während Weber befürchtete, dass die Rationalisierung der Gesellschaft negative Folgen haben könne, sah er andererseits, dass die bürokratischen Routinen und die Herrschaft der Beamten über unser Leben der Preis sind, den wir für die technische Effizienz bürokratischer Organisationen zu bezahlen haben. Seit Webers Tagen hat sich die Rationalisierung der Gesellschaft stark ausgeweitet. Kritiker dieser Entwicklung, wie George Ritzer, dessen These der McDonaldisierung der Gesellschaft wir eingangs dieses Kapitels behandelt haben, teilen Webers Befürchtungen. Sie haben die Frage aufgeworfen, ob der Preis, den wir zu bezahlen haben, nicht möglicherweise höher ist, als von Weber antizipiert.

Rationalisierung

Formelle und informelle Beziehungen innerhalb von Bürokratien

Webers Analyse der Bürokratie räumt den formellen Beziehungen innerhalb der Organisationen eine vorrangige Rolle ein, den Beziehungen zwischen Mitarbeitern, wie sie in den Regeln der Organisation festgeschrieben sind. Über die informellen Verbindungen und über die Beziehungen zwischen Kleingruppen, die es in allen Organisationen gibt, sagt Weber wenig. In Bürokratien sind informelle Vorgangsweisen oft das einzige Mittel, um eine gewisse Flexibilität zu erreichen.

In einer berühmt gewordenen Untersuchung analysierte Peter Blau (1918–2002) die informellen Beziehungen in einer Behörde, die die Aufgabe hatte, potenzielle Hinterzieher der Einkommenssteuer zu überprüfen (Blau 1963). Beamte, die auf Probleme stießen, die sie nicht ohne Weiteres lösen konnten, sollten diese mit ihrem unmittelbaren Vorgesetzten besprechen. Laut ihren Dienstvorschriften sollten sie sich nicht mit auf der gleichen Ebene arbeitenden Kollegen besprechen. Die meisten Beamten hüteten sich aber davor, sich an ihre Vorgesetzten zu wenden, weil sie Angst hatten, als inkompetent eingestuft zu werden, und weil sie ihre Aufstiegschancen wahren wollten. Sie besprachen sich also zuerst untereinander, wohl wissend, dass sie damit gegen die Dienstvorschriften verstießen. Dabei holten sie sich aber nicht nur konkrete Ratschläge, sondern es gelang ihnen auch, die Ängste und Unsicherheiten zu verringern, die bei eigenständiger Arbeit auftauchen. Unter jenen, die auf derselben Ebene arbeiteten, entwickelten sich kohärente Loyalitäten auf dem Niveau der sozialen Gruppe. Blau schließt daraus, dass die Probleme, denen sich diese Beamten gegenübersahen, dadurch viel effizienter gelöst wurden. Die Gruppe war in der Lage, informelle Vorgangsweisen zu entwickeln, die mehr Freiraum bzw. Eigeninitiative und -verantwortung boten als die offiziellen Dienstvorschriften.

Informelle Netzwerke entwickeln sich auf allen Ebenen aller Organisationen. An der Spitze können persönliche Bindungen und Verbindungen für die reale Machtstruktur wichtiger sein als die formalen Situationen, in denen Entscheidungen getroffen werden sollten. Man nimmt z.B. generell an, dass Vorstandssitzungen und Aktionärsversammlungen die Geschäftspolitik von Firmen bestimmen. In der Praxis leiten jedoch oft einige wenige Vorstandsmitglieder die Firma, wobei sie ihre Entscheidungen auf informeller Ebene treffen und damit rechnen, dass der Aufsichtsrat sie genehmigen wird. Informelle Netzwerke dieser Art spannen sich manchmal über verschiedene Firmen. Die führenden Köpfe verschiedener Unternehmen konsultieren einander oft auch auf informeller Ebene und gehören denselben Clubs oder Freizeitverbänden an. Informelle Netzwerke werden weiter unten genauer besprochen.

John Meyer und Brian Rowan (1977) argumentieren, dass in Organisationen die formalen Regeln und Vorgangsweisen üblicherweise ganz anders lauten als die Praktiken, denen die Mitglieder dieser Organisationen tatsächlich folgen. Formale Regeln sind für die Beschäftigten oftmals „Mythen", die mit der Realität wenig zu tun haben.

Formale Vorgangsweisen sind, darauf weisen Meyer und Rowan hin, oft von zeremoniellem oder rituellem Charakter. Mitarbeiter erwecken den Eindruck, ihnen zu folgen, auch wenn sie in der Tat ihre Aufgaben ganz anders bewältigen. Beispielsweise dienen die Vorschriften, die das Personal eines Krankenhauses einzuhalten habe, dazu, das tatsächliche Verhalten der Krankenschwestern gegenüber den Patienten zu rechtfertigen. So trägt beispielsweise eine Krankenschwester brav die Temperaturkurve in das über dem Bett des Patienten hängende Blatt ein, beurteilt aber den Heilungsprozess aufgrund viel informellerer Kriterien – wie der Patient heute aussieht und ob er oder sie den Eindruck vermittelt, es gehe ihm oder ihr besser. Das rigorose Ausfüllen der Krankenblätter beeindruckt die Patienten und macht die Ärzte glücklich, aber für die Beurteilung des Gesundheitszustandes durch die Krankenschwester ist es nicht immer von Wichtigkeit.

Inwieweit informelle Verfahren die Effizienz von Organisationen allgemein fördern oder behindern, ist nicht leicht zu beantworten. Systeme, die dem Idealtyp Webers nahekommen, führen oft zu einem Dschungel informeller Vorgangsweisen. Ein Grund dafür ist, dass die Flexibilität, die dem System fehlt, durch inoffizielles Herumbasteln an den offiziellen Vorschriften geschaffen wird. Für jene auf langweiligen Posten schaffen informelle Vorgangsweisen oft eine befriedigendere Arbeitsumgebung. Informelle Verbindungen zwischen Beamten in höheren Positionen können der Organisation insgesamt nutzen. Andererseits könnten die an diesen Verbindungen Beteiligten dazu verleitet werden, mehr aus Eigeninteresse zu handeln als aus Sorge um die Organisation selbst.

Die Dysfunktionen der Bürokratie

Der Funktionalist Robert Merton untersuchte Webers bürokratischen Idealtyp und kam zum Schluss, dass verschiedene Elemente, die für die Bürokratie wesentlich sind, zu schädlichen Folgen für das reibungslose Funktionieren der Bürokratie selbst führen können (Merton 1995). Er nannte das die „Dysfunktionen der Bürokratie".

Mehr über Funktionalismus im Kapitel 1 – Was ist Soziologie?

Erstens weist Merton darauf hin, dass Bürokraten darin geübt sind, sich strikt an schriftlich fixierte Regeln und Vorgangsweisen zu halten. Sie sind nicht angehalten, flexibel zu sein, ihrem eigenen Urteilsvermögen zu vertrauen oder kreative Lösungen zu suchen; die Bürokratie löst Fälle aufgrund eines Satzes objektiver Kriterien. Merton befürchtete, dass diese Rigidität zu einem bürokratischen Ritualismus führen könne, zu einer Situation, in der die Regeln um jeden Preis eingehalten werden, sogar dann, wenn eine andere Lösung für die Organisation selbst vorteilhafter sein könnte.

Ein zweite Sorge Mertons richtet sich darauf, dass die Beachtung der bürokratischen Regeln möglicherweise über die der Organisation zugrunde liegenden Ziele siegen könnte. Weil so viel Gewicht darauf gelegt wird, die korrekten Vorgangsweisen einzuhalten, kann das große Ganze aus den Augen verloren werden. Ein Bürokrat, der für die Abwicklung von Versicherungsleistungen zuständig ist, mag beispielsweise einem Versicherten die Auszahlung der ihm durchaus zustehenden Leistung verweigern, weil ein Formular unvollständig ausgefüllt wurde. Mit anderen Worten, wer fordert, dass alle Vorschriften über das Ausfüllen von Formularen eingehalten werden müssen, verhindert die Erfüllung berechtigter Forderungen an die Versicherung.

Merton äußerte die Befürchtung, dass es in solchen Fällen zu Spannungen zwischen dem Publikum und der Bürokratie kommt. Diese Sorge war nicht ganz unberechtigt. Die meisten von uns haben regelmäßig mit irgendeiner bürokratischen Behörde zu tun – Sozialversicherungen, Arbeitsmarktverwaltungen oder das Finanzamt. Sehr häufig erleben wir Situationen, wo sich der Beamte oder Bürokrat unseren berechtigten Anliegen gegenüber völlig taub stellt. Eine der wichtigsten Schwächen der Bürokratie ist ihre Schwierigkeit, mit Fällen zurande zu kommen, die eine spezielle Beurteilung und Behandlung erforderlich machen würden.

Organisationen als mechanistische und organische Systeme

Können bürokratische Vorgangsweisen wirkungsvoll auf alle Formen von Arbeit angewandt werden? Einige Wissenschaftler haben vorgeschlagen, dass die Bürokratie guten Sinn macht, wenn es sich um Routineangelegenheiten handelt, aber dass sie problematisch sein kann, wenn es darum geht, auf unvorhergesehene Anforderungen reagieren zu müssen. In ihren Untersuchungen über Innovation und Wandel in der Elektronikindustrie haben Tom Burns und G. M. Stalker (1966) diesen Umstand festgestellt.

Burns und Stalker unterscheiden zwei Typen von Organisationen: mechanistische und organische. Mechanistische Organisationen sind bürokratische Systeme, in denen eine hierarchische Befehlskette existiert und in vertikalen, klar definierten Kanälen kommuniziert wird. Jeder Mitarbeiter hat eine bestimmte Aufgabe; sobald diese erledigt ist, geht die Verantwortung an den nächsten Mitarbeiter in der Kette über. Die Arbeit in einem solchen System ist anonym, Personen, die an der Spitze stehen, sprechen kaum einmal mit jenen, die sich am unteren Ende der Hierarchie befinden.

Im Unterschied dazu sind organische Organisationen dadurch gekennzeichnet, dass sie eine losere Struktur aufweisen, in der die grundlegenden Ziele der Organisation immer vor den einzelnen Verantwortlichkeiten zu stehen kommen. Kommunikationsflüsse und Vorschriften sind diffuser und erfolgen nicht nur vertikal entlang unterschiedlicher Aufgabenlinien. Von jedem Mitglied der Organisation wird angenommen, dass es über legitimes Wissen verfügt und in der Lage ist, für die Bewältigung der Probleme einen Beitrag zu liefern. Entscheidungen werden nicht nur an der Spitze der Organisation getroffen.

Nach Burns und Stalker sind organische Organisationen weitaus besser geeignet, wechselnde Anforderungen eines innovativen Marktes, wie jenem der Telekommunikation, Computer-Software oder der Biotechnologie, zu bewältigen. Je flexibler die internen Strukturen sind, desto leichter kann auf Änderungen des Marktes reagiert werden und umso rascher können die nötigen Anpassungen kreativ vorgenommen werden. Mechanistische Organisationen sind besser geeignet für traditionellere, stabile Formen der Produktion, die nicht den wechselnden Anforderungen eines dynamischen Marktes ausgesetzt sind. Obwohl diese Studie schon vor 40 Jahren veröffentlicht wurde, sind ihre Ergebnisse für die gegenwärtigen Diskussionen über den Wandel von Organisationen von großer Bedeutung (siehe dazu auch den Abschnitt über „Jenseits der Bürokratie?" weiter unten). Burns und Stalker nahmen einige der Themen vorweg, die heute in der Debatte über Globalisierung, flexible Spezialisierung und Entbürokratisierung im Zentrum stehen.

Bürokratie gegen Demokratie?

In Demokratien, wie z.B. in Europa, verfügen die staatlichen Organisationen über eine Menge an Informationen über jeden von uns: Aufzeichnungen bei den Standesämtern, die unsere Geburtsurkunden ausstellen, in den Schulen, die wir besuchten, in den Arbeitsmarktverwaltungen, die über jene Perioden Auskunft geben können, in denen wir ohne Arbeit waren, und bei den Rentenversicherungen, die akribisch dokumentieren, wann wir wo gearbeitet haben – um nur einige Beispiele zu nennen. Da wir nicht wissen können, wer über welche weiteren Informationen über uns verfügt, befürchten viele Menschen, dass das Ausmaß der Überwachung mit den Prinzipien der Demokratie in Konflikt geraten kann. Diese Ängste bildeten die Grundlage für George Orwells berühmten Roman *1984*, in dem der von ihm „Big Brother" genannte Staat die Bürger einer strikten Überwachung aussetzte, um jede Form von Kritik und abweichender Meinung, also all das, was für Demokratien wesentlich ist, zu unterbinden.

Gegenwärtig fordern verschiedene Staaten neue und zusätzliche Überwachungen, um den internationalen Terrorismus bekämpfen zu können. Die Menge an Daten, die beispielsweise die amerikanischen Behörden von jedem Besucher vor der Einreise zu erhalten versuchen, reichen vom Fingerabdruck bis zu den Kreditkartenzahlungen der vergangenen Monate und Jahre. Forderungen nach möglichem staatlichem Zugriff auf Messdaten über die Iris und die Gesichtsproportionen und der unbehinderte Zugang zu allen elektronisch gespeicherten E-Mails und anderen Spuren, die man im Internet hinterlassen hat, tragen aufseiten vieler zu dem Eindruck bei, der sprichwörtliche Orwellsche Überwachungsstaat sei bereits zur Realität geworden. Kritiker dieser Entwicklungen zeigen sich besorgt, dass die persönliche Freiheit und der Schutz der Privatsphäre nicht mehr gewährleistet seien. Diesem Argument halten die Befürworter all dieser Überwachungen entgegen, dass nur dadurch der Terrorismus unterbunden und die Demokratie gesichert werden könne.

Die Einschränkung der Demokratie als Ergebnis des Vormarsches moderner Formen der Organisation und der Informationskontrolle machten Weber großes Kopfzerbrechen. Was ihn besonders beunruhigte, war die Aussicht, von gesichtslosen Bürokraten beherrscht zu werden. Wie kann angesichts der zunehmenden Macht, die bürokratische Organisationen über uns ausüben, die Demokratie überleben? Schließlich, so Weber, sind Bürokratien notwendigerweise spezialisiert und hierarchisch. Jene, die sich am unteren Ende der Organisation befinden, haben unvermeidlicherweise relativ unbedeutende Aufgaben auszuführen und keine Macht über das, was sie tun. Die Macht liegt in Händen jener an der Spitze der Pyramide. Webers Schüler Robert Michels ([1911] 1989) führte eine Formulierung ein, die seitdem berühmt geworden ist, und die sich auf den Verlust der Macht bezieht: In großen Organisationen und allgemeiner in einer Gesellschaft, die von Organisationen dominiert wird, herrscht, so Michels, das eherne Gesetz der Oligarchie. Oligarchie bedeutet „Herrschaft der Wenigen". Nach Michels ist der Machtfluss in Richtung der Spitze einfach ein unvermeidlicher Aspekt einer zunehmend bürokratisierten Welt – daher der Ausdruck „ehernes Gesetz".

Hat Michels recht? Michels formulierte seine These mit Bezug auf politische Organisationen wie demokratische Parteien oder Gewerkschaften, in denen die Führung die Anliegen und Interessen der „Basis" vertreten soll und das oft eben nicht tut. Aus diesem Grund wurden für diesen Typ von Organisationen schon mehrfach Regeln propagiert, die die Verselbstständigung der Spitze zu einer Oligarchie verhindern sollen. Lipset und seine Kollegen (1956) haben am Bespiel einer amerikanischen Gewerkschaft zeigen können, dass durch konkurrierende „Parteien" in dieser Gewerkschaft das eherne Gesetz unwirksam werden kann; andere politische Organisationen waren darin weniger erfolgreich: Viele grüne Parteien verfolgten anfangs eine Politik der Ämterrotation – niemand sollte ein Mandat länger als zwei Funktionsperioden ausüben dürfen –, doch verabschiedeten sie sich von diesem „basisdemokratischen" Gedanken recht bald, worin man die Wirksamkeit des von Michels entdeckten Gesetzes sehen könnte.

Michels These wurde von vielen Soziologen aber auch auf andere Organisationen übertragen, darunter auch solche, bei denen man nicht davon sprechen kann, dass die Spitze die Aufträge der „Basis" auszuführen hätte. In solchen groß dimensionierten Organisationen findet sicherlich eine Tendenz zur Zentralisierung der Macht statt. Und doch kann man auch hier vermuten, dass das „eherne Gesetz der Oligarchie" nicht ganz so hart und rasch wirkt, wie Michels behauptete. Die Beziehungen zwischen Oligarchie und bürokratischer Zentralisierung sind mehrdeutiger, als Michels dies unterstellte.

Wir sollten zuerst erkennen, dass ungleiche Machtverteilung keine bloße Funktion der Größe ist, wie Michels annahm. Auch in Gruppen von moderater Größe können sehr deutliche Machtunterschiede auftreten. In sehr kleinen Firmen, in denen die Aktivitäten der Beschäftigten vom Chef ständig überwacht werden können, ist die Kontrolle – und damit die Machtausübung – meist sehr viel feinmaschiger als in größeren Organisationen. Je größer eine Organisation wird, desto weniger detailliert funktioniert die Überwachung, außer es handelt sich um totale Institutionen, deren Ziel vor allen anderen in der Kontrolle der Mitglieder besteht (siehe unten). In gewöhnlicheren Organisationen verfügen die Mitarbeiter auf mittlerer Ebene zumeist kaum über Möglichkeiten, die allgemeine Ausrichtung der Organisation zu beeinflussen. Auf der anderen Seite verliert aufgrund der Spezialisierung und der Expertise, die sich in Bürokratien ansammelt, die Führung häufig an Einfluss über die tagtäglichen Entscheidungen, die die Untergebenen fällen. Die Außensicht und das Image der Organisation werden aber häufig genug durch die Summe dieser kleinen Entscheidungen geformt.

In vielen modernen Organisationen wird die Macht sogar absichtlich nach unten delegiert. In vielen großen Unternehmungen sind die leitenden Angestellten so sehr damit befasst, verschiedene Abteilungen zu koordinieren, mit Krisen fertigzuwerden, Budgets zu analysieren und Vorschauen über künftige Gewinnerwartungen zu formulieren, dass sie nur noch selten zu originellem Denken Zeit finden. Sie übertragen die Aufgabe, Strategien und Leitbilder zu entwickeln, an Untergebene, die Vorschläge ausarbeiten sollen. Viele Manager geben offen zu, dass sie die ihnen vorgelegten Pläne dann einfach absegnen.

Die Delegation von Macht oder Entscheidungen nach unten hat für die Organisation auch noch einen weiteren sehr willkommenen Nebeneffekt. Wenn nämlich niemand mehr für die Gesamtheit der Entscheidungen verantwortlich gemacht werden kann, weil eben viele verschiedenen Organisationsebenen mit jeweils sehr kleinen Entscheidungen das Gesamtergebnis produzieren, dann kann im Fall des Scheiterns einer bestimmten Politik oder wenn es zu Verletzungen von gesetzlichen Vorschriften kommt auch die rechtliche Verantwortung nach unten delegiert werden. Der amerikanische Soziologe Robert Jackall (1988) hat das in seiner Untersuchung über die Moral von Managern als das „Einer-über-Einem"-Prinzip bezeichnet. Ein berühmtes Beispiel dafür war die Explosion der Raumfähre Challenger, die 1986 wenige Minuten nach dem Start in Cape Canaveral explodierte, weil ein Dichtungsring schadhaft war. Die amerikanische Soziologin Diane Vaughan hat diesen Unfall eingehend untersucht und fand heraus, dass in einer so komplexen und bürokratischen Organisation wie der NASA letztlich niemand für die Überprüfung der Sicherheit der Dichtungsringe zuständig war (Vaughan 1996).

Ist die Bürokratie wirklich so schlimm?

Der Soziologe Paul du Gay meint, dass die Zeiten für die Bürokratie nicht gerade gut sind. Wie wir gesehen haben, wird seit der Zeit, als der Begriff Bürokratie geprägt wurde, dieser negativ gefärbt verwendet. In seinem sehr einflussreichen, jüngst erschienen Buch *In Praise of Bureaucracy* (2000) widerspricht du Gay dieser Ansicht. Er räumt zwar ein, dass die Bürokratie natürlich und oft genug Schwächen zeigt, versucht aber gleichzeitig, die Bürokratie gegen ihre heftigsten Kritiker zu verteidigen.

Zuerst einmal verneint du Gay, dass mit der Idee der Bürokratie ethische Probleme verbunden sind. Als Beispiel für diese Variante von Bürokratiekritik verweist er auf das einflussreiche Buch des polnisch-englischen Soziologen Zygmunt Bauman über den Holocaust. (Schon vor ihm hat der 1939 aus Wien vertriebene amerikanische Politikwissenschaftler und Historiker Raul Hilberg (1926–2007) in seiner Studie *Die Vernichtung der europäischen Juden* ([1961] 1990) viel detaillierter die Rolle der Bürokratie des Holocaust analysiert.) Bauman glaubt, dass so entsetzliche Ereignisse wie die Ermordung von Millionen von Juden nur aufgrund einer sehr weit entwickelten Bürokratie möglich waren. Der geplante Genozid an Millionen sei nach Bauman nur möglich gewesen, weil es Institutionen gegeben habe, die es den Beteiligten erlaubten, sich von der moralischen Verantwortung für ihr Tun gleichsam befreien zu lassen. Bauman zufolge konnte der Holocaust nur geschehen, weil rationale bürokratische Strukturen vorhanden waren, die es jedem Beteiligten erlaubten, sein Handeln als ein kleines Rädchen in einem großen Werk wahrzunehmen und sich um die Folgen des eigenen Handelns nicht zu kümmern. Jeder einzelne SS-Mann konnte sich darauf konzentrieren, seiner kleinen, ihm zugewiesenen Aufgabe nach bestem Wissen und Können gerecht zu werden und zu sagen, er habe nur Befehle befolgt: an irgendeinem Ort Europas Transporte von Juden zusammenzustellen, sie in Eisenbahnwaggons zu pferchen und dafür zu sorgen, dass der Zug abfährt. Andere hätten dafür gesorgt, dass der Zug an seinen Bestimmungsort gelangt und sich um die menschliche Fracht nicht weiter gekümmert. In den Vernichtungslagern habe es eine ähnliche Arbeitsteilung gegeben: Die einen seien nur dafür zuständig gewesen, dafür Sorge zu tragen, dass die Habseligkeiten der Deportierten auf einem Haufen geworfen wurden, andere sorgten für die Selektion der Arbeitsfähigen und wiederum andere eskortierten die zur Vergasung Aussortierten zu den Baracken, wo sie sich zu entkleiden hatten, und in die Gaskammern wurden die Ankommenden von anderen KZ-Häftlingen eskortiert. Niemand habe sich darum kümmern müssen, warum ihm seine Aufgabe zugeteilt wurde, und niemand stellte das Ganze infrage.

Bauman ist, wie wir gesehen haben, der Ansicht, dass in Bürokratien die Verantwortung verwässert werde. Dagegen argumentiert du Gay, dass der Holocaust nur möglich wurde, weil die Nazis zuerst die legitimen und ethischen Abläufe, die integraler Bestandteil der deutschen Bürokratie waren, beseitigten. Du Gay beharrt darauf, dass jede Bürokratie einem unpersönlichen Ideal folge, wozu auch die gleiche und unparteiliche Behandlung aller Bür-

ger zähle, gleichgültig welcher Rasse oder Konfession sie angehören oder welche politische Ansicht sie vertreten. Für du Gay wurde der Holocaust nur möglich, weil die Nazis davor das unparteiliche Ethos der Bürokratie durch ihre rassistische Ideologie ersetzt haben.

Du Gay versucht die Bürokratie auch gegen eine andere Kritik in Schutz zu nehmen. Die heute moderne Rede davon, dass die öffentliche Verwaltung eine vom Geist des Unternehmertums getragene Reform nötig habe, führt seiner Ansicht nach dazu, dass wiederum das spezifische

Ethos der Bürokratie unterminiert werde. Die Auslieferung der öffentlichen Verwaltung an die gerade an der Macht befindlichen Politiker führe dazu, dass die Bürokratie kurzfristige Effizienzerwartungen zu erfüllen habe, in ihr kein Leerlauf geduldet werde und insgesamt eine Politisierung der öffentlichen Verwaltung eintrete. Statt Politikern zu gefallen, sollte die öffentliche Verwaltung aber ihre Aufgabe im Interesse der Bürger wahrnehmen und die Gesetze befolgen (du Gay 2000).

totale Institutionen Totale Institutionen, ein Begriff, der von Erving Goffman eingeführt wurde, sind Organisationen, in denen die Mitglieder alle Aspekte ihres Lebens verbringen, also rund um die Uhr der Kontrolle einer zentralen Autorität ausgesetzt sind. Totale Institutionen unterscheiden sich von allen anderen Organisationen dadurch, dass sie nicht etwas Bestimmtes produzieren, sondern Zwangsgemeinschaften darstellen, die die Insassen gemäß einem zentralen Plan kontrollieren. Totale Institutionen umfassen so unterschiedliche Organisationen wie Anstalten für Alte, Kranke und Behinderte, Gefängnisse, aber auch Klöster, Kasernen und Schiffe. Ihnen allen ist gemeinsam, dass die Bedürfnisse der Insassen der bürokratischen Organisation untergeordnet sind (Goffman [1963] 2007).

Die physischen Voraussetzungen von Organisationen

Die meisten modernen Organisationen arbeiten in eigens geplanten Bauten. Die Gebäude, in denen Organisationen untergebracht sind, besitzen einerseits spezifische, durch die Art der Tätigkeit bedingte Merkmale, andererseits aber auch Charakteristika, die für große Organisationen im Allgemeinen kennzeichnend sind. Die Architektur einer Kaserne unterscheidet sich z.B. in gewisser Hinsicht von jener eines Unternehmens oder einer Schule. In Kasernen gibt es getrennte Räume für Offiziere und die Mannschaft, einen Kasino genannten Raum, in dem Mahlzeiten eingenommen werden, Räume, in denen Waffen verwahrt werden, Turnsäle und Büros, die alle zusammen die Gestalt des Gebäudes bestimmen; eine Schule hat Klassenzimmer, Chemie- und Physiksäle und ebenfalls einen Turnsaal. Kasernen und Schulen weisen gewisse Ähnlichkeiten auf. Beide haben wahrscheinlich viele Gänge mit vielen Türen und eine Standardausstattung. Mit Ausnahme der unterschiedlichen Kleidung der durch die Gänge eilenden Beschäftigten haben die Gebäude, in denen moderne Organisationen normalerweise untergebracht sind, ein ähnliches Erscheinungsbild; sowohl von innen als auch von außen. Wenn man an einem Gebäude vorbeigeht, fragt man manchmal: „Ist das eine Kaserne?" und bekommt dann zur Antwort: „Nein, eine Fachhochschule." Manchmal wird in einer ehemaligen Kaserne eine Schule untergebracht, obwohl dabei natürlich ein paar Umbauten nötig sind.

Michel Foucaults Theorie der Organisationen: Die Kontrolle von Zeit und Raum

Wie Michel Foucault (1926–1984) gezeigt hat, besteht zwischen der Architektur einer Organisation und ihrer sozialen Struktur bzw. ihrem Autoritätssystem ein direkter Zusammenhang (Foucault [1966] 2008, [1975] 2008). Wenn wir die baulichen Merkmale von Organisationen untersuchen, werden wir die von Weber analysierten Probleme in einem neuen Licht sehen. Die Büros, von denen Weber abstrakt sprach, sind, durch Gänge voneinander getrennte Architekturräume innerhalb von Organisationen. Die Gebäude großer Firmen besitzen manchmal tatsächlich eine konkrete hierarchische Struktur, d.h. je höher die Position eines Mitarbeiters innerhalb der Hierarchie ist, desto höher das Stockwerk, in dem sein Büro liegt. Mit dem Ausdruck „Chefetage" werden manchmal jene bezeichnet, die in einer Organisation „die größte Macht" ausüben.

Die Geografie einer Organisation beeinflusst ihre Funktionsweise noch auf viele andere Arten, besonders in Fällen, in denen Systeme weitgehend auf informellen Beziehungen aufbauen. Die physische Nähe ermöglicht die Bildung von Primärgruppen, während die physische Distanz die Polarisierung von Gruppen verstärken kann – wie z.B. zwischen einzelnen Abteilungen: „Wir hier" gegen „die dort".

Überwachung in Organisationen

Die Anordnung von Räumen, Gängen und offenen Bereichen in den Gebäuden einer Organisation kann entscheidende Aufschlüsse darüber geben, wie ihr Autoritätssystem funktioniert. In bestimmten Organisationsarten sind die Räume offen gestaltet, so dass die Arbeitnehmer im Kollektiv zusammenarbeiten müssen. Wegen der eintönigen, repetitiven Beschaffenheit bestimmter industrieller Arbeitsgänge – wie der Fließbandprodukti-

on – ist regelmäßige Überwachung notwendig, damit das Arbeitstempo eingehalten wird. Das gilt oft auch für die Routinearbeiten von Schreibkräften, die in einer gemeinsamen Schreibzentrale arbeiten, wodurch ihre Tätigkeit für ihre Vorgesetzten einsehbar ist. Foucault betont, wie die durch die Architektur moderner Organisationen bedingte Sichtbarkeit bzw. die mangelnde Sichtbarkeit Herrschaftsmuster beeinflusst und zum Ausdruck bringt. Wie weit die Tätigkeit von Rangniedrigeren für die Vorgesetzten einsehbar ist, bestimmt, wie weit sie dem, was Foucault Überwachung nennt (die Beaufsichtigung von Aktivitäten innerhalb von Organisationen), unterliegen. In modernen Organisationen wird jeder überwacht, auch wenn er sich in einer hohen, verantwortungsvollen Position befindet. Je niedriger allerdings der Rang einer Person ist, desto strenger wird ihr Verhalten kontrolliert.

Es gibt zwei Formen von Überwachung. Eine davon ist die eben erwähnte – die direkte Überwachung der Arbeit von Untergebenen durch ihre Vorgesetzten. Betrachten wir z.B. ein Klassenzimmer. Die Kinder sitzen an Tischen oder Pulten, die für gewöhnlich in Reihen angeordnet sind und im Blickfeld des Lehrers liegen. Von den Kindern wird erwartet, dass sie mehr oder weniger durchgehend Aufmerksamkeit zeigen oder sonst irgendwie in ihre Arbeit vertieft sind. Wie weit das tatsächlich der Fall ist, wird natürlich von den Fähigkeiten des Lehrers und von der Bereitschaft der Kinder abhängen, die in sie gesetzten Erwartungen zu erfüllen.

© United Media

„Sensoren melden, dass Kabine Nr. 2 schon 18 Minuten lang besetzt ist. Wünschen Sie Hilfe?"

Überwachung

Die zweite Art der Überwachung ist subtiler, aber nicht weniger wichtig. Sie betrifft die Sammlung von Personalakten, Aufzeichnungen und Fallgeschichten von Angestellten. Weber erkannte die Bedeutung schriftlicher Aufzeichnungen (die heute oft per Computer archiviert werden) in modernen Organisationen, arbeitete jedoch nicht deutlich genug heraus, wie sie zur Disziplinierung des Verhaltens eingesetzt werden können. Personalakten enthalten normalerweise die komplette Arbeitsgeschichte sowie persönliche Details und oft Beurteilungen des Charakters der Person. Die Aufzeichnungen werden dazu verwendet, das Verhalten der Angestellten zu überwachen und Empfehlungen für die Beförderung abzugeben. In vielen Unternehmen verfassen Arbeitnehmer auf jeder Ebene der Organisation Jahresleistungsberichte über die ihnen unmittelbar Untergebenen. Schulberichte und Zeugnisse sind weitere Beispiele für Aufzeichnungen von persönlichen Fallgeschichten, die zur Überwachung der Leistung von Personen verwendet werden, die die Organisation durchwandern.

Schließlich gibt es auch so etwas wie Selbstüberwachung, wo Annahmen über die Überwachung durch andere unser Verhalten verändern oder begrenzen, was wir tun. Callcenter sind dafür ein gutes Beispiel. Die Beschäftigten von Callcentern sind zu Ihnen immer sehr höflich und lassen sich auf keine persönlichen Gespräche ein. Sie haben sich vielleicht schon einmal gefragt, warum das so ist. Die Mitarbeiter der Callcenter werden von ihren Vorgesetzen überwacht und ein Mittel der Überwachung sind Scheinanrufe und das Mithören. Daher weiß der Callcenter-Agent, mit dem sie ein wenig plaudern wollen, nie, ob nicht Sie einer der Überwachungs-anrufer sind.

Organisationen können nicht effizient funktionieren, wenn in ihnen Planlosigkeit herrscht. Weber hat darauf hingewiesen, dass man in Unter-nehmen von den Leuten erwartet, täglich eine bestimmte Arbeitszeit ein-zuhalten. Die Disziplin wird sowohl durch die baulichen Anlagen der Or-ganisationen als auch durch die genaue Terminisierung mittels präziser Zeitpläne gefördert. Zeitpläne regeln die Tätigkeiten zeitlich und räum-lich; laut Foucault ermöglichen sie „eine effiziente Verteilung der Körper" innerhalb der Organisation. Zeitpläne sind die Voraussetzung für die Diszi-plin innerhalb von Organisationen, weil sie die Tätigkeiten vieler Leute nahtlos ineinanderfügen. Hätte eine Universität z.B. keinen Zeitplan für die Lehrveranstaltungen, der auch ziemlich genau eingehalten wird, wür-de bald das komplette Chaos ausbrechen. Ein Zeitplan ermöglicht die in-tensive Nutzung von Zeit und Raum: Beide können mit vielen Menschen und vielen Aktivitäten „vollgepackt" werden.

Unter Aufsicht: Das Gefängnis

Foucault hat Organisationen, vor allem Gefängnissen, in denen Personen über einen langen Zeitraum von der Außenwelt abgesondert sind, sehr viel Aufmerksamkeit gewidmet. In solchen Organisationen werden Men-schen eingekerkert, d.h. von der äußeren sozialen Welt abgeschottet. Ge-fängnisse illustrieren im Detail, wie Überwachung und Disziplin funktio-nieren, gerade weil sie versuchen, eine möglichst umfassende Kontrolle über das Verhalten der Insassen auszuüben. Foucault fragt daher: „Was ist daran verwunderlich, wenn das Gefängnis den Fabriken, den Schulen, den Kasernen, den Spitälern gleicht, die allesamt den Gefängnissen gleichen?" (Foucault [1975] 2008).

Foucault zufolge drückte das von dem Philosophen und Sozialtheore-tiker Jeremy Bentham (1748–1832) im 19. Jahrhundert entworfene „Panop-tikum" den Unterschied zwischen den alten Spitälern und den neuen Ge-fängnissen am besten aus. „Panoptikum" nannte Bentham ein ideales, von ihm entworfenes Gefängnis, das er der britischen Regierung mehrfach zu verkaufen versuchte. Der Plan wurde zwar niemals ganz verwirklicht, aber einige der Prinzipien wurden bei Gefängnisbauten im 19. Jahrhundert in den USA, in Großbritannien und in einigen anderen europäischen Staaten berücksichtigt. Das Panoptikum war kreisförmig angeordnet, wobei die Zellen nach außen gingen. In der Mitte befand sich ein Überwachungs-turm. Jede Zelle hatte zwei Fenster, eines Richtung Überwachungsturm und das andere an der Außenseite. Zweck dieser Anordnung war es, dass sich die Gefangenen ständig im Blickfeld der Wärter befanden. Die Fenster im Turm selbst waren mit Jalousien ausgestattet, so dass die Wärter zwar die Gefangenen, diese aber nicht die Wärter sehen konnten.

Die Grenzen der Überwachung

Foucault lag mit seiner Analyse der Gefängnisse durchaus richtig, auch wenn gegen ihn zu Recht eingewandt wurde, dass er manches überzeichnete. Die meisten Gefängnisse sehen dem Panoptikum tatsächlich sehr ähnlich. Foucault hatte auch recht mit seiner Betonung der zentralen Rolle der Überwachung in modernen Gesellschaften, ein Thema, das in den letzten Jahrzehnten eher noch an Bedeutung gewann, wenn man an den wachsenden Einfluss von Informations- und Kommunikationstechnologien denkt. Manche Autoren behaupten, dass wir heute in einer Überwachungsgesellschaft (Lyon 1994) leben – in einer Gesellschaft, in der Informationen über Personen von allen möglichen Organisationen gesammelt werden.

Überwachungs-gesellschaft

Weber und Foucault argumentierten, dass eine Organisation das Ausmaß an Überwachung maximieren müsse, um wirksam funktionieren zu können – es bedürfe klarer und konsistenter Verhältnisse der Über- und der Unterordnung. Doch diese Auffassung geht in die Irre, zumindest wenn wir sie auf Wirtschaftsunternehmen anwenden, die (anders als Gefängnisse) keine totale Kontrolle über das Leben von Menschen in einem geschlossenen Kontext ausüben. Gefängnisse sind tatsächlich kein gutes Modell für Organisationen. Direkte Beaufsichtigung mag so recht und schlecht funktionieren, wenn die betroffenen Personen, wie das in Gefängnissen der Fall ist, im Grunde gegenüber jenen, die Macht über sie haben, feindselig eingestellt sind, und überhaupt nicht dort sein wollen, wo sie sind. Doch in Organisationen, wo die Manager den Wunsch haben, dass andere mit ihnen bei der Verfolgung gemeinsamer Ziele kooperieren, ist die Situation anders gelagert. Ein Übermaß an direkter Beaufsichtigung erzeugt bei Angestellten Ressentiments, da sie das Gefühl bekommen, keine Gelegenheit zu haben, sich mit ihrer Arbeit zu identifizieren (Sabel 1986; Grint 2005).

Das ist einer der wichtigsten Gründe, warum Organisationen, die auf den von Weber und Foucault formulierten Prinzipien beruhen, wie große Fabriken mit Fließbandfertigung und starren Autoritätshierarchien, letztlich vor großen Schwierigkeiten standen. Die Arbeitskräfte waren in solchen Kontexten nicht gewillt, sich ihrer Arbeit zu widmen. Tatsächlich war beständige Beaufsichtigung eine Voraussetzung, dass hart gearbeitet wurde, doch gleichzeitig produzierte sie Feindseligkeit und Ressentiments.

Die Leute leisten häufig auch Widerstand gegen ein hohes Ausmaß an Überwachung im zweiten von Foucault erwähnten Sinn, in Form der Sammlung von schriftlicher Information über sie. Dies war tatsächlich einer der Gründe, warum die kommunistischen Gesellschaften sowjetischen Typs zusammenbrachen. In diesen Gesellschaften wurden die Menschen regelmäßig von der Geheimpolizei oder von anderen, die im Dienst der Geheimpolizei standen, bespitzelt, sogar von Verwandten und Nachbarn. Die

Regierung sammelte auch detaillierte Informationen über die Bürger, um jederzeit die Opposition gegen ihr Regime im Keim ersticken zu können. Das Überwachungssystem verselbstständigte sich, weil auf der einen Seite die Mitarbeiter der Überwachungsbehörden, um ihre eigenen Karrieren zu befördern, oft weit mehr zu Papier brachten als von ihnen verlangt wurde, und andererseits die Überwachten lernten, ihre Überwacher zum Narren zu halten. Nicht immer endete das in der Archivierung von Erfundenem und Belanglosem, sondern oft genug landete irgendjemand aufgrund unzutreffender Berichte in den Labyrinthen der Stasi und anderer Überwachungsinstitutionen. Das Ergebnis war eine Gesellschaftsform, die politisch autoritär war und sich letztlich als ökonomisch ineffizient herausstellte. Die ganze Gesellschaft begann einem riesigen Gefängnis zu ähneln, mit all den Konflikten, mit all der Unzufriedenheit und all dem Widerstand, die in Gefängnissen entstehen – ein System, aus dem die Bevölkerung letztlich ausbrach.

Organisationen, die die Welt umspannen

Zum ersten Mal in der Menschheitsgeschichte sind heute Organisationen in ihrer Reichweite global. Die Informationstechnologien haben die nationalen Grenzen bedeutungslos werden lassen, da sie nicht mehr in der Lage sind, zentrale wirtschaftliche, kulturelle und Umweltaktivitäten einzuhegen. Daher kann man erwarten, dass internationale Organisationen nach Zahl und Umfang weiterhin wachsen werden. In einer Welt, in der die Nationalstaaten nicht mehr die alleinigen Machtfaktoren bilden, bieten sie zu einem gewissen Grad Vorhersagbarkeit und Stabilität.

Soziologen untersuchen daher internationale Organisationen mit der Absicht herauszufinden, wie es möglich ist, Institutionen zu schaffen, die nationale Grenzen überschreiten, und um zu verstehen, was die Folgen dieses Prozesses sind. Einige Soziologen haben die Auffassung vertreten, dass globale Organisationen die Nationalstaaten zwingen würden, sich ihnen anzugleichen (Thomas 1987; Scott und Meyer 1994; McNeely 1995).

Internationale Organisationen sind allerdings nichts völlig Neues. Die katholische Kirche ist vermutlich die älteste immer noch existierende weltweit tätige Organisation. Über Jahrhunderte hinweg funktionierten Organisationen, die sich dem internationalen Handel widmeten. Die Hanse, eine Allianz deutscher Händler und Städte, beherrschte den Handel in der Ost- und Nordsee von der Mitte des 13. Jahrhunderts bis etwa 1650. Aber erst mit der Gründung des Völkerbundes 1919 entstand eine globale Organisation mit einer eigenen bürokratischen Struktur und Staaten als Mitgliedern. Die Vereinten Nationen (United Nations Organisation, UNO) die 1945 gegründet wurden, sind das bekannteste Beispiel einer globalen Organisation.

Soziologen haben die internationalen Organisationen grob in zwei Kategorien eingeteilt: *Internationale Regierungsorganisationen*, die aus der Übereinkunft von nationalstaatlichen Regierungen hervorgegangen sind, und

Internationale Nichtregierungsorganisationen (Non-Governmental Organizations, NGOs), die aus privaten, jedenfalls nichtstaatlichen Initiativen entstanden sind. Wir wollen jede für sich kurz besprechen.

Internationale Regierungsorganisationen

Internationale Regierungsorganisationen

Der erste Typ globaler Organisationen sind die Internationalen Regierungsorganisationen (International Governmental Organization, IGO), die aus Verträgen zwischen Regierungen hervorgegangen sind und die Funktion haben, Geschäfte zwischen den beteiligten Nationalstaaten abzuwickeln. Solche Organisationen entstanden aus Gründen der nationalen Sicherheit (sowohl der Völkerbund wie die UNO wurden nach verheerenden Kriegen gegründet), dienen der Regulierung des zwischenstaatlichen Handels (wie beispielsweise die World Trade Organisation, WTO) oder widmen sich sozialen, kulturellen und zunehmend auch Umweltfragen.

Einige der mächtigsten IGOs wurden geschaffen, um nationale Wirtschaftsräume miteinander zu verbinden und durch den Abbau von Handelsschranken Binnenmärkte zu schaffen. Das bekannteste Beispiel ist die Europäische Union (EU), die 2007 bereits 27 Nationalstaaten in einer übernationalen Organisation vereinte. Die EU wurde gegründet, um einen einheitlichen europäischen Wirtschaftsraum zu schaffen, in dem Unternehmungen Geschäfte machen können, ohne durch nationalstaatliche Besonderheiten wie Zölle beschränkt zu werden. Seit 1992 gilt die Freizügigkeit zwischen den Mitgliedern nicht nur für Unternehmen und deren Güter, sondern auch für Personen und Arbeitskräfte. Die EU begann mit einheitlichen Regelungen für die Wirtschaft, dehnte aber zunehmend ihre übernationale Integration auch auf andere Lebensbereiche aus; Beispiele für Letzteres sind der Versuch, einen gemeinsamen europäischen Forschungsraum zu etablieren oder der sogenannte Bologna-Prozess, der die Hochschulbildung innerhalb Europas besser vergleichbar machen und die europäischen Universitäten stärker miteinander vernetzen will. Seit 2002 gibt es eine gemeinsame Währung, den Euro, der mittlerweile auch außerhalb der zwölf Länder, die ihn als gemeinsame Währung eingeführt haben, als Währung benutzt wird (beispielsweise in Montenegro). Die Europäische Zentralbank beeinflusst mit ihrer Geldpolitik in einem bemerkenswerten Umfang auch die Wirtschaftspolitik jener Länder, die den Euro nicht eingeführt haben. Nicht alle Europäer begrüßen die EU oder die mit der Einführung der gemeinsamen Währung eingetretene Schwächung der Nationalstaaten.

Mehr zur EU im Kapitel 18 – Politik und Regierung.

IGOs können auch militärische Macht bündeln, vorausgesetzt, die Mitgliedsstaaten billigen das. Das Nordatlantische Verteidigungsbündnis (North Atlantic Treaty Organization, NATO) und die UNO sind beispielsweise beim ersten Golfkrieg 1991 oder beim Kosovokonflikt 1999, als Serbien von NATO-Flugzeugen bombardiert wurde, militärisch gemeinsam vorgegangen. Da die Nationalstaaten aber darauf bedacht sind, ihre militärische Autonomie zu bewahren, kann die militärische Macht auch der mächtigsten IGOs nur dann zum Einsatz kommen, wenn alle Mitglieder dem zustimmen – oder im Fall der UNO der Weltsicherheitsrat einen entsprechenden Beschluss fasst. Im Fall bürgerkriegsartiger Konflikte, wie in Bosnien oder in afrikanischen Staaten wie Somalia, Ruanda oder in der Provinz Darfur im Sudan, erwiesen sich die friedenserhaltenden (peace keeping) Aktionen der UNO als wenig wirkungsvoll.

IGOs spiegeln in ihren Aktionen sehr oft die Machtungleichgewichte ihrer Mitglieder wider. Beispielsweise ist der Weltsicherheitsrat der UNO, der für die Aufrechterhaltung des Weltfriedens gedacht war, eine formal sehr mächtige Einrichtung. Da aber jedes seiner fünf ständigen Mitglieder, die USA, Sowjetunion/Russland, die Volksrepublik China, England und Frankreich, über ein Vetorecht verfügt, bestimmen sie sehr viel mehr die Entscheidungen als die zehn nichtständigen Mitglieder, die von der UNO-Generalversammlung jeweils für eine zweijährige Periode gewählt werden.

Am Beginn des 20. Jahrhunderts gab es nicht mehr als vielleicht drei Dutzend IGOs, Genaueres weiß man nicht, da diesem Thema damals kaum Aufmerksamkeit gewidmet wurde (die vermutlich ältesten IGOs sind der 1865 gegründete Internationale Telegraphenverein und der 1874 geschaffene Weltpostverein, die gegründet wurden, um die Weiterleitung von Nachrichten und Briefen über Staatsgrenzen hinweg zu organisieren). 1981 existierten 1.039 IGOs und wenn man dieselben Zählroutinen wählt, waren es 1996 bereits 1.830 (Union of International Associations 1996). Heute wird geschätzt, dass es rund 5.500 internationale Regierungsorganisationen gibt (Union of International Associations 2001).

Internationale Nichtregierungsorganisationen

Der zweite Typ globaler Organisationen sind die Internationalen Nichtregierungsorganisationen (INGO), die aufgrund von Übereinkünften zwischen Individuen oder privaten Organisationen entstanden, die auch ihre Mitglieder bilden. Beispiele dafür sind die International Sociological Association (ISA), die Umweltschutzorganisation Greenpeace oder, als eine der ältesten, das Internationale Komitee des Roten Kreuzes. Ähnlich wie bei den IGOs nahm auch die Zahl der INGOs explosionsartig zu – von weniger als vielleicht 200 am Beginn des 20. Jahrhunderts auf rund 15.000 in der Mitte der 1990er Jahre (Union of International Associations 1996). Gegenwärtig schätzt man die Zahl auf 31.100 internationale Nichtregierungsorganisationen (Union of International Associations 2001).

Internationale Nichtregierungsorganisationen

Allgemein gilt, dass die INGOs die globalen Interessen ihrer Mitglieder verfolgen, vornehmlich durch den Versuch, die UNO, andere INGOs oder nationale Regierungen zu beeinflussen. Sie sind aber auch in den Bereichen Forschung und Erziehung tätig oder widmen sich der Verbreitung von Informationen durch Konferenzen, Treffen oder Veröffentlichungen. INGOs waren gelegentlich beim Versuch, die Politik mächtiger Staaten zu beeinflussen, durchaus erfolgreich.

Ein bekanntes (und sehr erfolgreiches) Beispiel einer INGO ist die International Campaign to Ban Landmines (ICBL). Die Organisation erhielt

gemeinsam mit ihrer Gründerin Jody Williams 1997 den Friedensnobelpreis für ihren Erfolg, die Mehrheit der Staaten der Welt zu einem vertrag-
lich fixierten Verbot von Landminen bewegt zu haben. ICBL ist mit mehr
als 1.000 anderen INGOs in mehr als 60 Staaten liiert. Gemeinsam haben
sie die öffentliche Aufmerksamkeit auf die Gefährdung der Zivilbevölkerung gelenkt, die von den mehr als 100 Millionen Anti-Personen-Landmi-
nen ausgehen, die weltweit als Überbleibsel vergangener gewalttätiger Auseinandersetzungen vergraben sind. Derartige Minen können noch Jahre
nach dem Ende der Kampfhandlungen explodieren und terrorisieren
dadurch die Zivilbevölkerung. Beispielsweise sind in Kambodscha weite
Landstriche, die landwirtschaftlich genutzt werden könnten, immer noch
vermint, und die Bauern riskieren ihr Leben, wenn sie versuchen, ihre Äcker
zu bestellen, um nicht zu verhungern. Durch die Kampagne von ICBL trat
1999 ein Vertrag in Kraft, der die Herstellung, Lagerung, Verwendung und
die Weitergabe von Anti-Personen-Minen verbietet; mittlerweile sind ihm
150 Staaten beigetreten.

Obwohl es weit mehr INGOs als IGOs gibt, ist der Einfluss der Ersteren
naheliegenderweise geringer, weil sie im Gegensatz zu den zwischenstaatlichen Organisationen nicht über die Macht verfügen, Gesetze zu erlassen
oder deren Durchsetzung und Befolgung zu sichern. Im Fall der Kampagne gegen Landminen haben beispielsweise die USA die Unterzeichnung
unter Hinweis auf Sicherheitserfordernisse in Korea abgelehnt und Russland lehnte den Vertrag ohne weitere Begründung ab. Dennoch waren einige INGOs wie Greenpeace oder Amnesty International sehr erfolgreich.

Wirtschaftliche Organisationen

Moderne Gesellschaften sind in Marx' Sprache kapitalistisch. Kapitalismus ist eine Form der Organisation des wirtschaftlichen Lebens, die sich
durch folgende Merkmale von anderen unterscheidet: Privateigentum an
den Produktionsmitteln; Profit als Ansporn; freier Wettbewerb auf Märkten, um Güter zu verkaufen und um (möglichst billig) Rohmaterialien und
Arbeitskräfte zu kaufen; und rastloses Streben nach Wachstum und Investition des akkumulierten Kapitals. Der Kapitalismus, der sich mit dem
Wachstum der industriellen Revolution im frühen 19. Jahrhundert auszu-
breiten begann, ist weitaus dynamischer als alle anderen Wirtschaftssysteme, die ihm vorausgingen. Obwohl er viele Kritiker, wie beispielsweise
Marx, auf den Plan rief, ist der Kapitalismus heute nicht nur die am weitesten verbreitete Wirtschaftsform, sondern auch ohne ernsthafte Konkurrenz. Die Implosion des Sowjetkommunismus hat die lange Zeit währen-
de Systemkonkurrenz zugunsten des Kapitalismus entschieden.

Bislang haben wir in diesem Kapitel Arbeit vor allem aus der Perspektive der Berufe und der Beschäftigten betrachtet. Wir haben Arbeitsorgani-
sationen gestreift und kurz die Frage der gewerkschaftlichen Organisation behandelt. Nun widmen wir uns der Natur der wirtschaftlichen Firmen, die diese Arbeitskräfte beschäftigen. (Man beachte: Obwohl heute
auch viele Menschen direkt oder indirekt vom Staat beschäftigt werden,

befassen wir uns hier nur mit der Privatwirtschaft.) Was tun Wirtschaftsunternehmen heute und wie werden sie geführt?

Unternehmen und Macht der Unternehmer

Seit dem Beginn des 20. Jahrhunderts sind moderne kapitalistische Gesellschaften zunehmend vom Aufstieg großer wirtschaftlicher Unternehmungen beeinflusst worden. Eine jüngst durchgeführte Erhebung der 200 größten Unternehmungen der Welt hat herausgefunden, dass zwischen 1983 und 1999 deren gemeinsamer Umsatz vom Gegenwert von 25 Prozent des Welt-Bruttoinlandsprodukts (BIP) auf 27,5 Prozent angestiegen ist. Während desselben Zeitraums nahmen die Profite dieser Unternehmen um 362 Prozent zu, während die Zahl der von ihnen Beschäftigten nur um 14 Prozent anstieg (Anderson und Cavanah 2000).

Unternehmen

Natürlich gibt es in allen kapitalistischen Ländern dieser Welt jeweils eine viel größere Zahl von kleineren Firmen und Unternehmen. In diesen Betrieben ist das Bild vom Unternehmer, dem Boss, der seine Firma selber leitet und überblickt, keineswegs verschwunden. Aber die Großunternehmungen bilden eine andere Kategorie. Seit dem Erscheinen des viel beachteten Buches von Adolf Berle und Gardiner Means *The Modern Corporation and Private Property* im Jahre 1932 herrscht Einigkeit darüber, dass die meisten großen Unternehmungen nicht von ihren Eigentümern geleitet werden (siehe Berle u.a. [1932] 2006). Theoretisch befinden sich diese Unternehmungen im Eigentum der Aktionäre, die das Recht besitzen, alle wichtigen Entscheidungen zu treffen. Aber wie schon Berle und Means und seither viele andere auch argumentiert haben, ist der Aktienbesitz zumeist sehr breit gestreut, sodass die Kontrolle der Unternehmungen in die Hände der Manager übergegangen ist, die die Unternehmungen Tag für Tag lenken. Das *Eigentum* an den Unternehmungen ist auf diese Weise von der *Kontrolle* getrennt worden.

Unternehmer

Gleichgültig jedoch, ob von Managern oder Eigentümern geleitet, die Macht der großen Unternehmungen ist sehr weitreichend. Wenn beispielsweise einige wenige Firmen eine bestimmte Branche beherrschen, neigen sie dazu, eher Absprachen zu treffen, als gegeneinander zu konkurrieren. So folgen einander beispielsweise die Giganten im Ölgeschäft bei der Anpassung der Preise für Mineralölprodukte. Wenn eine Firma in einem bestimmten Wirtschaftszweig allein dominiert, spricht man von einem Monopol. Viel häufiger ist die Situation des Oligopols, wo sich einige wenige Unternehmungen den Markt teilen. In Oligopol-Märkten können die wenigen Giganten sowohl die Preise der Waren und Dienstleistungen mehr oder weniger diktieren, als auch die Preise für die Vorprodukte fixieren, die sie einkaufen, um sie weiterzuverarbeiten.

Monopol
Oligopol

Formen des Unternehmerkapitalismus

In der bisherigen Entwicklung der Wirtschaftsunternehmungen lassen sich drei Phasen auseinanderhalten, obwohl jede einzelne sich mit jeweils anderen überschneidet und alle nebeneinander bis heute weiter existieren. Die erste Phase, die kennzeichnend für das 19. und frühe 20. Jahrhundert war, war der **Familienkapitalismus**. Große Firmen wurden entweder von einzelnen Unternehmern oder wenigen Mitgliedern einer Familie geleitet und dann an ihre Nachfolger vererbt. Die berühmten Unternehmerdynastien, wie die Rockefellers in Amerika, Thyssen in Deutschland oder Sainsbury in Großbritannien gehören zu dieser Kategorie. Diese Personen oder Familien besaßen nicht nur ein großes Unternehmen, sondern regierten ganze Unternehmensimperien.

Die meisten der großen Firmen, die von Unternehmerfamilien gegründet wurden, sind seither, wenn sie nicht überhaupt von der Bildfläche verschwunden sind, in das Eigentum von Publikumsgesellschaften übergegangen – das heißt, ihre Aktien wurden auf den Märkten offen gehandelt – und werden nun von Managern kontrolliert. Wichtige Elemente des Familienkapitalismus überlebten, wie beispielsweise bei der Ford Motor Company, die nun von William Clay Ford Jun., dem Urenkel des Firmengründers Henry Ford, geleitet wird. In den kleinen Firmen, wie beispielsweise lokalen Unternehmungen, die von ihren Eigentümern geführt werden, die Installations-, Maler- oder Transportunternehmen und dergleichen betreiben, lebt der Familienkapitalismus unverändert weiter. Einige dieser Firmen befinden sich über mehrere Generationen hinweg in den Händen derselben Familie und bilden Dynastien kleineren Formats. Der Sektor der Kleinunternehmen ist allerdings sehr instabil und verzeichnet häufig wirtschaftliche Zusammenbrüche; der Anteil der Unternehmungen, die über längere Zeit von einer Familie geführt werden, ist verschwindend gering.

Im Sektor der größeren Unternehmungen wurde der Familienkapitalismus zunehmend vom **Managerkapitalismus** abgelöst. In dem Maße, in dem Manager mehr und mehr Einfluss auf Firmen gewannen, verdrängten sie die Unternehmerfamilien. Die Unternehmungen wandelten sich zunehmend zu klarer definierten wirtschaftlichen Einheiten. Für die USA hat eine Studie der 200 größten Produktionsfirmen gezeigt, dass es in Unternehmungen, die von Familien kontrolliert wurden, immer dann, wenn die Profite schrumpften, zu keinem Wechsel der Geschäftsführung kam, während das bei von Managern geleiteten Firmen sehr rasch der Fall war (Allen 1981).

Es ist zweifelsfrei so, dass der Managerkapitalismus in modernen Gesellschaften deutliche Spuren hinterlassen hat. Die großen Unternehmungen haben nicht nur die Konsummuster verändert, sondern ebenso sehr die Beschäftigungsstruktur gegenwärtiger Gesellschaften geformt – es ist schwierig sich vorzustellen, wie verschieden das Arbeitsleben der meisten Europäer ohne Großunternehmungen aussehen würde. Soziologen haben ein weiteres Feld identifiziert, auf dem die großen Unternehmungen institutionelle Konsequenzen hinerlassen haben. Als **Wohlfahrtskapitalismus** werden jene Praktiken bezeichnet, die die Unternehmungen – und nicht den Staat oder die Gewerkschaften – zu den vorrangigen Institutionen machten, die vor den Unwägbarkeiten des Marktes im modernen industriellen Leben Schutz bieten sollten. Beginnend im späten 19. Jahrhundert

Familienkapitalismus

Managerkapitalismus

Wohlfahrtskapitalismus

haben Großunternehmen ihren Beschäftigten bestimmte Vergünstigungen gewährt – Fabrikswohnungen, Kindergärten, Erholungseinrichtungen, Gewinnbeteiligungen, Firmenpensionen und Ähnliches mehr. Diese Maßnahmen hatten häufig einen paternalistischen Zug, wie beispielsweise Hausbesuche, um die moralische Erziehung der Beschäftigten zu fördern. Betrachtet man diese Maßnahmen weniger unter dem Gesichtspunkt der Großzügigkeit, können sie als Formen des Zwangs erscheinen, da der Wohlfahrtskapitalismus meistens auch darauf gerichtet war, die gewerkschaftliche Organisation der Beschäftigten zu unterbinden und an deren Stelle eine quasi familiäre Bindung an den Betrieb zu sichern. Der Wohlfahrtskapitalismus gehört mit seiner stark paternalistischen Ausrichtung wohl am ehesten zur Phase des Familienkapitalismus, betont dieser doch die enge Bindung der Eigentümerfamilie an das jeweilige Unternehmen und erweitert der Wohlfahrtskapitalismus diese Bindung gleichsam auf die Beschäftigten.

Eine Weiterentwicklung des Managerkapitalismus stellt der sogenannte institutionelle Kapitalismus dar. Damit versucht man ein Muster zu bezeichnen, in dem die Manager verschiedener Unternehmungen eng miteinander kooperieren. Das als „Modell Deutschland" bezeichnete System kann das Gemeinte gut illustrieren. Manager des einen Unternehmens sitzen in den Aufsichtsräten anderer Firmen aus anderen Branchen, wo sie zumeist auf Vertreter der Kredit gebenden Banken treffen. Dadurch entsteht eine enge Verflechtung der Gruppe der Unternehmensführer und derjenigen, die ihnen für die Expansion das Kapital vorstrecken. Eine weitere Variante des institutionellen Kapitalismus bilden dann die Beteiligungen der Manager an ihren Unternehmungen, durch Gewährung von Aktien oder in jüngerer Zeit Aktienoptionen als Einkommensbestandteile. Aktienoptionen sind Anteile an dem Unternehmen, die den Managern gewährt werden, die sie aber erst zu einem späteren Termin verkaufen dürfen.

institutioneller Kapitalismus

Trotz der anhaltenden Bedeutung des Managerkapitalismus weisen einige Autoren darauf hin, dass sich heute eine neue, dritte Etappe des Kapitalismus abzeichne, die als Finanzmarktkapitalismus bezeichnet wurde. Im Finanzmarktkapitalismus wird die Beziehung zwischen den nominellen Eigentümern und dem Unternehmen vorrangig über die Gewinnerwartungen gesteuert. An die Stelle des früheren Unternehmers oder der späteren breiter gestreuten Aktienbesitzer treten nun Fonds und andere Beteiligungsfirmen, die in Großunternehmungen mit der Absicht investieren, in möglichst kurzer Zeit möglichst hohe Gewinne zu realisieren. Die Kurzfristigkeit der Gewinnerwartungen übt enormen Druck auf das Management aus. Statt langfristiger Planung stehen nun stetige und rasch realisierbare Gewinne ganz oben auf der Tagesordnung. Dadurch werden die Manager genötigt, alle nichtprofitablen Zweige ihrer Unternehmung zu schließen oder zu verkaufen, wofür sich in der Sprache der Managementliteratur neue Ausdrücke wie „business re-engineering" eingebürgert haben.

Finanzmarkt-kapitalismus

Multinationale Konzerne

Die Zunahme der Globalisierung ist begleitet von einer Entwicklung, die dazu führt, dass die meisten Großunternehmungen heute in einem internationalen Umfeld agieren. Wenn eine Firma Niederlassungen in mehreren Ländern betreibt, nennt man diese multinationale Konzerne, obwohl man sie zutreffender „transnationale" nennen sollte, da damit deutlicher zum Ausdruck kommt, dass sie über nationalstaatliche Grenzen hinweg operieren. Im Deutschen hat sich allerdings der Ausdruck multinationale Konzerne eingebürgert, weshalb wir bei diesem Namen bleiben wollen.

multinationale Konzerne

Die größten multinationalen Konzerne sind Giganten, deren Vermögen weit größer ist als jenes vieler Länder. Die Hälfte der 100 größten Wirtschaftseinheiten der heutigen Welt sind Staaten, die andere Hälfte multinationale Konzerne. Der Umfang der Tätigkeiten dieser Firmen ist sehr beeindruckend. Die 600 größten Multis decken über ein Fünftel der gesamten weltweiten industriellen und landwirtschaftlichen Produktion ab. Ungefähr 70 multinationale Konzerne erzielen die Hälfte des weltweiten Umsatzes (Dicken 2008). Die Erträge der 200 größten Firmen sind von der Mitte der 70er Jahre bis in die 90er Jahre um das Zehnfache gestiegen und erreichten 2001 den Wert von 9,5 Milliarden US-Dollar. 2003 kontrollierten die zehn weltgrößten pharmazeutischen Firmen 53 Prozent des Weltmarktes. In den vergangenen 20 Jahren wurden die Aktivitäten der Multis zunehmend international: 1950 hatten nur drei der 315 größten Firmen der Welt Produktionsniederlassungen in mehr als 20 Ländern, während es heute etwa 50 sind. Diese Gruppe ist heute immer noch eine kleine Minderheit; die meisten Multis haben Niederlassungen in zwei bis fünf Ländern.

Von den 200 führenden multinationalen Unternehmungen des Jahres 2000 hatten 82 (oder 41 Prozent) ihre Zentrale in den USA, gefolgt von 41 japanischen Firmen (Anderson und Cavanagh 2000). Der Anteil amerikanischer Firmen ist jedoch seit 1960 parallel zum dramatischen Wachstum japanischer Firmen deutlich zurückgegangen: 1960 waren nur fünf japanische Firmen unter den 200 größten, 1991 bereits 28. Im Gegensatz zu anders lautenden Annahmen werden die meisten Investitionen in den Industrieländern getätigt: Drei Viertel aller ausländischen Direktinvestitionen werden von einem Industrieland in einem anderen getätigt. Nichtsdestoweniger sind die Multis in den Ländern der Dritten Welt stark engagiert, wobei Brasilien, Mexiko und Indien die höchsten ausländischen Investitionen aufweisen. Der höchste und schnellste Anstieg der Investitionsraten der Multis seit 1970 ist in den asiatischen Schwellenländern Singapur, Hongkong, Südkorea und Malaysia zu verzeichnen.

Das Wachstum der Multis in den vergangenen 30 Jahren wäre ohne die Fortschritte im Verkehrs- und Kommunikationsbereich nicht möglich gewesen. Mit Flugzeugen können die Leute in einem Tempo um die Welt reisen, das noch vor 60 Jahren undenkbar gewesen wäre. Die Entwicklung extrem großer Ozeanschiffe (Superfrachter) und von Containern, die direkt von einem Transportmittel auf das andere verladen werden können, erleichtert den Transport von Schüttgut.

Mithilfe von Telekommunikationstechnologien kann man nunmehr praktisch ohne Zeitverzögerung quer über die ganze Welt kommunizieren. Seit 1965 sind Satelliten für kommerzielle Telekommunikation im Einsatz; der damalige Satellit konnte 240 Telefongespräche auf einmal übertragen, heute sind es 12.000! Die größeren Multis haben jetzt ihre eigenen Kommunikationssysteme auf Satellitenbasis. Der Mitsubishi-Konzern verfügt z.B. über ein massives Netzwerk, mit dem Tag für Tag fünf Millionen Wörter von und zu der Tokioter Zentrale übertragen werden.

Verschiedene Arten multinationaler Konzerne

Die Multis nahmen im Verlauf des 20. Jahrhunderts einen immer wichtiger werden Platz in der Weltwirtschaft ein. Sie sind von entscheidender Bedeutung für die internationale Arbeitsteilung – die Spezialisierung in der Herstellung von Gütern für den Weltmarkt, die zu einer Teilung des Weltmarktes in Produzenten von Industriegütern und Lebensmitteln und von Regionen mit hoch und niedrig qualifizierten Arbeitskräften führt (Fröbel u.a. 1979; McMichael 2008). In dem Maße, in dem nationale Ökonomien zunehmend *konzentrierter* wurden – beherrscht von einer kleinen Zahl sehr großer Unternehmungen –, geschah das auch auf weltwirtschaftlichem Niveau. Viele der Firmen, die in den hoch entwickelten Ländern führend sind, weisen auch eine weitreichende internationale Präsenz auf. Viele Sektoren der Weltproduktion (beispielsweise in der Agrarwirtschaft) sind von Oligopolen beherrscht – drei oder vier Unternehmungen, die den Markt beherrschen. Im Verlauf der letzten Jahrzehnte haben sich Oligopole vornehmlich in der Automobilindustrie, bei der Herstellung von Mikroprozessoren, in der elektronischen Industrie und bei der Herstellung einiger anderer weltweit vertriebener Güter gebildet.

internationale Arbeitsteilung

Howard V. Perlmutter (1971/72, 1972) teilt die multinationalen Konzerne in drei verschiedene Kategorien ein: Bei den ethnozentrischen Multis wird die Firmenpolitik in der Zentrale des Stammlandes festgelegt und so weit wie möglich in die Praxis umgesetzt. Die Firmen und Fabriken des Mutterbetriebes in der ganzen Welt sind kulturelle Erweiterungen der ursprünglichen Firma – ihre Routinen werden von allen Töchtern weltweit angewendet. Die zweite Kategorie sind die polyzentrischen Multis, bei denen Überseeniederlassungen in jedem Land von lokalen Firmen gemanagt werden. Die Zentrale im Stammland oder in den Stammländern der Mutterfirma legt grobe Richtlinien fest, nach denen die lokalen Firmen ihre eigenen Geschäfte leiten. Schließlich gibt es die geozentrischen Multis mit einer internationalen Managementstruktur. Managersysteme werden global integriert, und höhere Manager sind sehr mobil; sie ziehen je nach Bedarf von Land zu Land.

Von allen Multis sind die japanischen Firmen am stärksten ethnozentrisch im Perlmutterschen Sinn. Ihre weltweiten Geschäfte werden im Allgemeinen von der Mutterfirma genau kontrolliert, wobei manchmal enge Verbindungen zur japanischen Regierung bestehen. Das japanische Ministerium für Welthandel und Industrie (MITI) greift viel direkter in die Aufsicht der Geschäftstätigkeit japanischer Firmen im Ausland ein als westliche Regierungen. Das MITI hat eine Reihe von Entwicklungsplänen erstellt, mit denen die Ausbreitung japanischer Firmen in den Überseegebieten in den letzten beiden Jahrzehnten koordiniert werden sollte. Eine speziell japanische Spielart der Multis sind die Handelsriesen oder *sogo shosha*. Es handelt sich dabei um gigantische Konglomerate, die sich hauptsächlich mit der Finanzierung und der Förderung des Handels beschäftigen. Sie stellen anderen Firmen finanzielle, organisatorische und Informationsdienstleistungen zur Verfügung. Ungefähr die Hälfte der japanischen Exporte und Importe laufen über die zehn größten *sogo shosha*. Einige, wie Mitsubishi, haben auch große eigene Produktionsfirmen. (Japanische Unternehmungen werden weiter unten genauer diskutiert.)

Planen auf Weltniveau

Die globalen Unternehmungen sind die ersten Organisationen, die in der Lage sind, tatsächlich auf Weltniveau zu planen. Pepsi- und Coca-Cola-Werbungen erreichen beispielsweise weltweit ein Milliardenpublikum. Einige Firmen mit entwickelten globalen Netzwerken können die kommerziellen Aktivitäten verschiedener Länder formen. Richard Barnet und John Cavanagh (1994) unterscheiden in der neuen Weltwirtschaft zwischen vier Netzen von miteinander verbundenen kommerziellen Aktivitäten: der Globale Kulturbazar, die Globale Shopping Mall, der Globale Arbeitsplatz und der Globale Finanzplatz. Der Globale Kulturbazar ist das jüngste der vier, aber schon das umfangreichste. Globale Bilder und globale Träume werden durch Kinofilme, Fernsehprogramme, Musik, Videos, Spiele, Spielzeug und T-Shirts verbreitet und weltweit verkauft. Überall auf der Welt, selbst in den ärmsten Ländern, verwenden die Leute dieselben elektronischen Geräte, um die gleichen kommerziell hergestellten Songs zu hören oder Shows zu sehen.

Die Globale Shopping Mall ist nach Barnet und Cavanagh ein den Planeten umspannender Supermarkt mit einer blitzartigen Verbreitung von Dingen, die man essen, trinken oder anziehen kann oder die unterhaltsam sind. Sie ist exklusiver als der Globale Kulturbazar, weil die Ärmsten nicht über die Mittel verfügen, in ihm einzukaufen – sie sind zum Besichtigen der Schaufenster verurteilt. Von den 5,5 Milliarden Menschen, die die Welt zurzeit bevölkern, fehlt 3,5 Milliarden das Geld oder der Kredit, um Konsumgüter zu kaufen.

Das dritte globale Netz, der Globale Arbeitsplatz, bildet die zunehmend komplexere internationale Arbeitsteilung, die uns alle tangiert. Es besteht aus einer riesigen Menge an Büros, Fabriken, Restaurants und Millionen anderer Plätze, an denen Güter und Dienstleistungen hergestellt oder konsumiert werden oder Informationen ausgetauscht werden. Dieses Netz ist eng mit dem vierten, dem Globalen Finanzplatz verbunden, der es finanziert und den es speist. Der Globale Finanzplatz besteht aus Milliarden von Bits, die in Computern weltweit gespeichert sind. Er umfasst nahezu endlose Transaktionen von Währungen, Kreditkartenabrechnungen, Versicherungsleistungen und das ständige Kaufen und Verkaufen von Aktien, Optionen, Wertpapieren, Anleihen, Finanzderivaten und all der anderen Titel, mit denen man dort handeln kann.

Die großen Unternehmen: Eins, aber verschieden

Zwischen den großen Unternehmungen zu Beginn des 21. Jahrhunderts und ihren Gegenstücken aus der Mitte des vorigen, des 20. Jahrhunderts bestehen große Unterschiede. Viele Namen sind die gleichen – General Motors, Ford oder IBM beispielsweise – aber an ihre Seite traten andere gigantische Firmen, die in den 1960er Jahren noch völlig unbekannt waren, wie Microsoft und Intel. Sie alle verfügen über große Macht, und ihre Topmanager sitzen immer noch in jenen Gebäuden, die zu Wahrzeichen vieler Städte geworden sind.

Aber unter der Oberfläche der Ähnlichkeiten zwischen heute und vor 50 Jahren haben einige nachhaltige Änderungen stattgefunden. Deren Ursprünge liegen in jenem Prozess begründet, dem wir in diesem Buch schon öfters begegnet sind: Globalisierung. Während der vergangenen fünf Jahrzehnte verwickelten sich die globalen Unternehmungen immer stärker in einen weltweit stattfindenden Wettbewerb; das hatte Änderungen ihrer internen Strukturen und ihres Wesens zur Folge.

Der frühere amerikanische Sozialminister Robert Reich schrieb:

> Unter der Oberfläche ändert sich alles. Das amerikanische Unternehmenszentrum hat aufgehört, die Bereitstellung großer Mengen von Gütern und Dienstleistungen zu planen und umzusetzen; es hat auch aufgehört, in große Fabrikanlagen, Maschinen, Laboratorien, Lager und andere materielle Dinge zu investieren. Es beschäftigt auch keine Armeen von Produktionsarbeitern und Managern der mittleren Ebene [...] Tatsächlich ist das Unternehmenszentrum nicht einmal mehr amerikanisch. Es ist in zunehmendem Ausmaß eine Fassade, hinter der sich ein Geflecht von dezentralisierten Gruppen und Untergruppen verbirgt, das unablässig mit ähnlich diffusen Arbeitseinheiten auf der ganzen Welt Vereinbarungen schließt. (Reich 1993, S. 93)

Die großen Unternehmungen sind immer weniger eine große Firma, sondern ein Netz von Unternehmen – eine Zentrale, die viele kleinere Firmen koordiniert und zusammenhält. IBM war beispielsweise ein Unternehmen, das noch bis in die 1980er Jahren hinein eifersüchtig darauf achtete, alles im eigenen Haus zu erledigen; heute besteht diese Firma aus einem Geflecht von Dutzenden Subfirmen in den USA und mehr als 80 im Ausland lokalisierten Unternehmungen, die durch eine strategische Planung miteinander verbunden sind und gemeinsam versuchen, Produktionsprobleme zu bewältigen.

Einige Unternehmungen blieben sehr bürokratisch und sind immer noch auf ihr Ursprungsland konzentriert. Die meisten großen Firmen lassen sich aber nicht mehr eindeutig lokalisieren. Die alten Multis operierten weitestgehend von ihren Zentralen aus und kontrollierten die überseeischen Niederlassungen. Mit der Veränderung von Raum und Zeit (ausführlicher wird dieses Thema im Kapitel 3 – Soziale Interaktion und Alltagsleben behandelt) sind nun aber Gruppen, die irgendwo beheimatet sind, mittels Telekommunikation und Internet in der Lage, mit anderen zusammenzuarbeiten. Die Nationalstaaten versuchen zwar noch, den Fluss von Informationen, Finanztransaktionen und Ressourcen über die Grenzen hinweg zu kontrollieren, aber die moderne Kommunikationstechnologie macht das zunehmend schwieriger, ja unmöglich. Wissen und Finanztitel können mit einem Klick quer über den Globus transportiert werden.

Auch die Produkte der Multis haben zunehmend einen internationalen Charakter. Wenn auf irgendetwas „Made in Germany" steht, heißt das schon lange nicht mehr, dass es wirklich in Deutschland hergestellt wurde. Sehr oft findet nur die Endfertigung in dem Land statt, das auf dem Etikett ausgewiesen ist, während viele Bestandteile aus allen Ecken der Welt darin enthalten sind.

Frauen und Unternehmen

Bis vor zwei, drei Jahrzehnten widmeten Studien über Organisationen dem Geschlechterthema kaum Beachtung. Webers Theorie der Bürokratie und viele der einflussreichen Arbeiten, die auf ihr aufbauten, stammen von Männern und stellten Organisationen als etwas dar, in dessen Zentrum wie selbstverständlich Männer standen. Der Aufstieg feministischer Forschung seit den 1970er Jahren führte dann allerdings zu Untersuchungen der Geschlechterbeziehungen in allen Institutionen moderner Gesellschaften, einschließlich der Bürokratien und Organisationen. Feministische Soziologinnen wiesen nicht nur auf die Ungleichheit der Geschlechterrollen innerhalb von Organisationen hin, sondern erforschten zunehmend auch, auf welchen Wegen moderne Organisationen sich geschlechtsspezifisch entwickelt haben.

Feministinnen haben die These vertreten, dass die Entstehung der modernen Organisation und die bürokratische Karriere auf einer besonderen Geschlechterkonfiguration aufbauen. Sie verwiesen auf zwei wesentliche Arten, wie Geschlecht in die Struktur der modernen Organisationen eingebettet ist. Erstens sind Bürokratien durch eine geschlechtliche Segregation gekennzeichnet. Als Frauen zunehmend auf den Arbeitsmarkt strömten, bestand die Tendenz, ihnen nur zu bestimmten Berufen Zutritt zu gewähren, nämlich zu Berufen, die schlecht bezahlt wurden und aus

© New Yorker Cartoonbank.com

„Das war ein sehr schöner Bericht, Barbara, aber da jedes Geschlecht seine eigene Sprache spricht, fürchte ich, dass ich kein Wort verstanden habe."

Routinetätigkeiten bestanden. Diese Positionen waren jenen untergeordnet, die von Männern eingenommen wurden, und boten wenige Möglichkeiten zum Aufstieg. Frauen wurden als billige und verlässliche Arbeitskräfte betrachtet, ihnen wurden aber nicht die gleichen Karrieremöglichkeiten wie Männern geboten.

Zweitens war die Vorstellung der bürokratischen Karriere eine durch und durch männliche Karriere; Frauen spielten nur untergeordnete und helfende Rollen. Am Arbeitsplatz führten Frauen die Routinearbeiten aus – als Sekretärinnen, Sachbearbeiterinnen, „Empfangsdamen" und Telefonistinnen – und ermöglichten dadurch den Männern, sich auf ihre Karriere zu konzentrieren. Da das bürokratische Karrieremuster wesentlich darauf beruht, dass Beschäftigte nach dem Alter in höhere Positionen der Organisation aufsteigen (die sogenannte Anciennität) waren Frauen, die wegen der Geburt von Kindern ihre Beschäftigung zeitweilig unterbrachen, von diesem Aufstieg ausgeschlossen. Vor der Ehe und den Kindern arbeiteten sie als Sekretärinnen und wenn sie nach der Babypause wieder eine Arbeit suchten, standen ihnen nur untergeordnete Arbeiten im Bürobereich offen. Hinzu kam noch die in der Mittelschicht verbreitete Vorstellung vom Familienleben, die den Frauen eine den Mann unterstützende Rolle zuwies. Eine wichtige Ursache für die Entstehung der feministischen Bewegung in den 1960er Jahren war die Unzufriedenheit der Ehefrauen mit dem Leben in den schmucken Heimen ohne Chance auf eine außerhäusliche Karriere.

Über Vereinbarkeit von Familie und Beruf lesen Sie mehr im Kapitel 6 – Familien und intime Beziehungen.

Als Ergebnis dieser beiden Tendenzen haben frühe feministische Autorinnen die Ansicht vertreten, moderne Organisationen hätten sich zu männlichen Reservaten entwickelt, die Frauen von den Schalthebeln der Macht fernhalten, ihnen den Aufstieg verweigern und sie zu Opfern von sexuellen Belästigungen am Arbeitsplatz und anderen Formen der Diskriminierung machten. Obwohl es bei den frühen feministischen Analysen eine Konzentration auf einige gemeinsame Themen gab – ungleiche Bezahlung, Diskriminierung, männliche Machtpositionen –, herrschte weniger oder gar kein Konsens darüber, wie das geändert werden könnte. Zwei sehr bekannte feministische Arbeiten über Frauen und Organisationen können die Spaltung in eine liberale und radikale Perspektive illustrieren.

Ein wichtiger Beitrag zur liberalen Sicht war Rosabeth Moss Kanters Buch *Men and Women of the Corporation* (1977), eine der frühesten Studien über Frauen in bürokratischen Umgebungen. Kanter untersuchte die Position von Frauen in Unternehmungen und analysierte die Vorgänge, die Frauen vom Machterwerb abhielten. Sie verwies auf die Männerbünde und andere Wege, auf denen Männer erfolgreich die Ausübung der Macht auf kleine Zirkel beschränkten, zu denen nur wenige, eben Männer, Zugang hatten. Frauen und Personen, die aus ethnischen Minderheiten stammten, wurde nachhaltig die Möglichkeit zum Aufstieg vorenthalten und sie wurden von den sozialen Netzwerken und jenen persönlichen Beziehungen ferngehalten, die für Beförderungen wichtig waren.

Obwohl Kanter sich sehr kritisch über die Ungleichheit zwischen den Geschlechtern äußerte, war sie über die Zukunft nicht allzu pessimistisch.

Ihrer Meinung nach handelte es sich um eine Frage der *Macht* und nicht um eine des Geschlechts. Die Frauen befanden sich in einer benachteiligten Situation, nicht weil sie Frauen waren, sondern weil sie nicht über ausreichende Macht in den Organisationen verfügen konnten. In dem Maße, in dem die Zahl der Frauen ansteige, werden einige von ihnen auch einflussreichere Positionen erobern und schließlich wird die Ungleichheit überwunden werden. Ihre Analyse kann als liberale feministische Position bezeichnet werden, weil sie vor allem an der Gleichheit der Chancen interessiert war und darauf hoffte, dass Frauen zunehmend mehr Chancen eingeräumt würden und sie diese auch nutzen würden.

Ein alternativer Blickwinkel wurde von der radikalen Feministin Kathy Ferguson in ihrer Studie *The Feminist Case Against Bureaucracy* (1984) vertreten. Ferguson sah in der Geschlechterungleichheit in Organisationen nicht etwas, was durch Chancengleichheit für Frauen aus der Welt geschafft werden könnte. Ihrer Meinung nach sind moderne Organisationen grundlegend durch männliche Werte und Herrschaft gekennzeichnet. Frauen würden in dieser Struktur immer auf untergeordnete Positionen verwiesen. Die einzige Lösung bestünde darin, dass Frauen ihre eigenen Organisationen gründen, die auf Prinzipien aufbauen, die sich grundlegend von jenen unterscheiden, die von Männern für Männer geschaffen wurden. Frauen seien, ihrer Ansicht nach, in der Lage, viel demokratischer, partizipativer und kooperativer als Männer vorzugehen, die heillos in ihre autoritären Taktiken, inflexiblen Abläufe und unsensiblen Managementstile verstrickt seien.

Jüngste Studien zeigen, dass Kanter die Entwicklung durchaus richtig prognostizierte. Das Weltwirtschaftsforum hat, wohl auch um der berechtigten Kritik zu begegnen, vor allem den Reichen dieser Welt ein Forum zu bieten, eine Studie über den Global Gender Gap in Auftrag gegeben, die 2007 zum zweiten Mal durchgeführt wurde (World Economic Forum 2007). Die beiden amerikanischen Sozialwissenschaftler, die diese Untersuchung durchführten, versuchen mit dem Gender Gap die relative Benachteiligung der Frauen international vergleichend zu messen. Sie entwickelten dafür einen aus vier Teilen bestehenden Index, der neben der wirtschaftlichen Partizipation und der wirtschaftlichen Gelegenheiten, mit denen wir uns im Folgenden näher auseinandersetzen werden, auch die Bildungsbeteiligung, das politische Empowerment und Gesundheit und Lebenserwartung feststellen wollen. Als relatives Maß stellt der sogenannte Gender Gap Index für jedes Land den Abstand zwischen Männern und Frauen fest. Der wirtschaftliche Teilindex umfasst folgende fünf Größen: Frauenbeschäftigung, Lohn- und Einkommensungleichheit, sowie die Frauenanteile einerseits unter Politikern, leitenden Angestellten und Managern und andererseits unter Professionals und Technikern. Der standardisierte Index reicht von 0 für Ungleichheit bis 1 für Gleichheit. Der Vergleich der Gender-Ungleichheit bei der wirtschaftlichen Partizipation ergibt überraschende Ergebnisse: Weitestgehende wirtschaftliche Gleichheit findet man in besonders wenig entwickelten Ländern, wie Mozambique, den Philippinen, Ghana, Tansania und Moldawien. Die Erklärung dafür liegt auf der

Hand: In extrem armen Länder kann es (noch) zu keiner Benachteiligung der Frauen kommen. Die Rangreihe der entwickelten Länder lautet: Schweden, Litauen, Neuseeland, Norwegen, Australien, Kanada und USA. Deutschland liegt auf Platz 29, die Schweiz auf Platz 42 und Österreich auf Platz 89! Eine Interpretation dieser Unterschiede kann darauf hinweisen, dass in entwickelten Ländern, die sich um eine Gleichstellung der Geschlechter bemühen, diese auch im Bereich der wirtschaftlichen Partizipation Erfolge erzielen kann.

Weitere Details findet man im Kasten „Global Gender Gap Index" im Kapitel 16 – Arbeit und Wirtschaftsleben; dort diskutieren wir auch andere Aspekte der geschlechtlichen Gleichheit am Arbeitsplatz.

Jenseits der Bürokratie?

Im Westen gibt es mehr Bürokratien denn je, und Soziologen wie George Ritzer, dessen These der McDonaldisierung wir am Beginn dieses Kapitels behandelt haben, verweisen darauf, dass die Bürokratie nach wie vor die Gesellschaften des Westens charakterisiere. Andere meinen, dass Webers Modell, das in jenem von Foucault eine Parallele fand, früher einmal zutreffend gewesen sein mag, aber heute überholt sei. Zahlreiche Organisationen restrukturieren sich in Richtung einer schwächeren statt einer stärkeren Ausprägung hierarchischer Prinzipien.

In den 1960er Jahren kamen Burns und Stalker zum Schluss, dass traditionelle bürokratische Strukturen Innovation und Kreativität in den fortgeschrittensten Industrien ersticken können (siehe Abschnitt „Organisationen als mechanistische und organische Systeme" dieses Kapitels); in der heutigen elektronischen Ökonomie würde kaum jemand diesen Befund infrage stellen. Viele Unternehmungen nehmen Abschied von rigiden vertikalen Kommandostrukturen und wechseln zu „horizontalen", kooperativen Modellen, um flexibler zu werden und damit besser auf Herausforderungen eines sich rasch ändernden Marktes reagieren zu können. In diesem Abschnitt behandeln wir einige der wichtigsten Kräfte hinter diesem Wandel, einschließlich der Globalisierung und des Wachstums der Informationstechnologien. Außerdem betrachten wir einige der Formen, mittels derer sich nachindustrielle Organisationen neu gestalten, um wechselnden Bedingungen gewachsen zu sein.

Organisationswandel: Das japanische Modell

Viele Änderungen, die wir heute in Organisationen beobachten können, wurden zuerst in der japanischen Industrie erprobt, beispielsweise bei Nissan und Panasonic. Wenngleich die japanische Wirtschaft in den 1990er Jahren unter einer Stagnation litt, war sie in der Zeit seit dem Ende des Zweiten Weltkriegs enorm erfolgreich. Der wirtschaftliche Erfolg wurde häufig auf bestimmte Merkmale der japanischen Produktionsweise zurückgeführt, die sich jedenfalls grundlegend von den meisten westlichen Unternehmungen unterscheidet. Wie wir sehen werden, wurden viele der mit den japanischen Unternehmungen eng verbundenen Organisationsformen in anderen Ländern übernommen oder dort adaptiert.

Die japanischen Firmen unterscheiden sich hinsichtlich der Merkmale, die seit Weber mit der Bürokratie assoziiert wurden, in mehrfacher Weise:

1. *Entscheidungsfindung „von unten nach oben".* Die großen japanischen Firmen besitzen nicht die Art von Autoritätspyramide, wie Weber sie darstellte, und bei der jede Ebene nur der ihr übergeordneten verantwortlich ist. Vielmehr werden in japanischen Firmen in der Hierarchie weit unten stehende Mitarbeiter in die Firmenpolitik des Managements eingebunden, und sogar die Generaldirektoren holen regelmäßig deren Meinung ein.

2. *Geringere Spezialisierung.* In japanischen Organisationen spezialisieren sich Angestellte viel weniger als ihre Kollegen im Westen. Junge Arbeiter beginnen in einem Unternehmen auf einer Management-Trainee-Position und lernen im ersten Jahr die verschiedenen Abteilungen der Firma kennen. Danach wechseln sie zwischen verschiedenen Positionen in den lokalen Niederlassungen, aber auch im Hauptquartier, um die vielen Dimensionen der Aktivitäten ihrer Firma kennenzulernen. Wenn die Beschäftigten den Gipfel ihrer Karriere erreichen, rund 30 Jahre nachdem sie als Trainee begannen, haben sie alle wichtigen Aufgaben selbst erlebt und ausgeführt.

3. *Arbeitsplatzsicherheit.* Die großen Unternehmen in Japan beschäftigen ihre Angestellten ein Leben lang; der Arbeitnehmer hat eine Arbeitsplatzgarantie. Das Entgelt und der Verantwortungsbereich sind an das Dienstalter gekoppelt und nicht so sehr wettbewerbsabhängig.

4. *Gruppenorientierte Produktion.* Auf allen Ebenen der Firma sind die Beschäftigten in kleinen Teams oder Arbeitsgruppen zusammengeschlossen. Nicht der Einzelne, sondern die Gruppen werden nach ihrer Leistung bewertet. Anders als in den westlichen Ländern zeigen die Organigramme japanischer Firmen (das sind Grafiken, die die Zuständigkeiten in der Firma darstellen) immer nur Gruppen, niemals Einzelpositionen.

5. *Verschwimmen von Arbeit und Privatleben.* In Webers Sicht der Bürokratie gibt es eine klare Trennung zwischen der Leistung des oder der Einzelnen innerhalb der Organisation und seinen oder ihren Aktivitäten außerhalb. Tatsächlich gilt das für die meisten westlichen Firmen, bei denen die Beziehung zwischen Firma und Arbeitnehmer hauptsächlich wirtschaftlich orientiert ist. Die japanischen Firmen hingegen kümmern sich um viele Bedürfnisse ihrer Arbeitnehmer und erwarten im Gegenzug ein hohes Maß an Loyalität. Die Arbeiter erhalten von der Firma neben ihrem Entgelt zahlreiche Sachleistungen. Das Elektronikunternehmen Hitachi, das von Ronald Dore ([1973] 1990) untersucht wurde, stellt beispielsweise all seinen unverheirateten Arbeitern und beinahe der Hälfte seiner verheirateten männlichen Angestellten Wohnungen zur Verfügung. Die Firma gewährt auch Kredite für die Ausbildung der Kinder und zur Abdeckung der bei Hochzeiten oder Begräbnissen anfallenden Kosten.

Untersuchungen in Unternehmen unter japanischer Führung in Großbritannien und in den Vereinigten Staaten haben gezeigt, dass „von unten nach oben" organisierte Entscheidungsprozesse auch außerhalb des japanischen kulturellen Kontextes funktionieren. Die Arbeiter scheinen auf die stärkere Einbindung in diese Betriebe, verglichen mit den Firmen westlichen Stils, in denen sie zuvor angestellt waren, positiv anzusprechen (White und Trevor 1983). Der Schluss liegt also nahe, dass das „japanische Modell" uns dazu nötigt, die Webersche Bürokratieinterpretation neu zu überdenken. Organisationen, die dem Weberschen „Idealtyp" nahekommen, sind möglicherweise viel weniger effizient, als es auf dem Papier den Anschein hat, weil sie Arbeitskräften auf einer niedrigeren Ebene keine Möglichkeit bieten, einen Sinn für autonomes, engagiertes Arbeiten zu entwickeln.

Lange Zeit betrachteten europäische und amerikanische Autoren japanische Unternehmungen als Modell, dem die westlichen Firmen folgen sollten (Hutton 1995). Die Abschwächung der japanischen Wirtschaftsleistung in den 1990er Jahren hat bei vielen Experten allerdings Zweifel aufkommen lassen, ob diese Sichtweise berechtigt ist. Das Gefühl der Verpflichtung gegenüber dem Unternehmen, das in vielen japanischen Unternehmungen üblich ist und das sich sowohl auf die Beschäftigten als auch auf die Firmenseite bezieht, wurde seither auch als unflexibel und wettbewerbsbehindernd bezeichnet. Wie wir gesehen haben, konnten viele Mitglieder der Kernbelegschaft von japanischen Unternehmungen damit rechnen, ein Leben lang von ihrer Firma beschäftigt zu werden; Entlassungen oder Auslagerungen gab es selten, und die Erwartungen über den innerbetrieblichen Aufstieg hielten sich in Grenzen. Die wirtschaftlichen Probleme, denen sich Japan in den vergangenen Jahren gegenübersah, haben im Land auch zu einer Debatte über die wirtschaftliche Zukunft Japans geführt. Traditionalisten, die das alte System beibehalten wollen, trafen auf radikale Kapitalisten, die sich für Reformen starkmachten, die zu einer höheren Wettbewerbsorientierung durch Übernehmen des westlichen Individualismus führen sollten (Freedman 2001).

Die Veränderungen des Managements

Bei dem eben diskutierten „japanischen Modell" geht es vor allem um die Art des Managements. Obwohl es auch einige, spezifisch japanische Veränderungen in der Gestaltung der Produktionsseite gegeben hat, widmet sich der japanische Zugang vornehmlich den Beziehungen zwischen Management und Arbeitern, um sicherzustellen, dass jeder Beschäftigte eine persönliche Bindung an das Unternehmen ausbildet. Die Betonung von Gruppenarbeit und Konsensfindung, sowie die breite Beteiligung der Beschäftigten stehen alle in starkem Gegensatz zu den im Westen bekannten Formen des Managements, die stärker hierarchisch und autoritär gestaltet sind.

In den 1980er Jahren führten viele westliche Organisationen neue Managementtechniken ein, um ihre Produktivität und Wettbewerbsfähigkeit zu verbessern. Zwei populäre Trends der Managementtheorie – Human Resource Management und Corporate Culture Approach – machen deutlich, dass im Westen das japanische Modell nicht unbeachtet blieb. Der erste der beiden, Human Resource Management (HRM), ist ein Managementstil, der die Beschäftigten eines Unternehmens als entscheidend für die Wettbewerbsfähigkeit betrachtet: Wenn die Angestellten nicht völlig der Firma und dem Produkt ergeben sind, wird die Firma nie Marktführer werden können. Um auf der Seite der Beschäftigten Enthusiasmus und Hingabe zu wecken, bedarf es einer vollständigen Erneuerung der Unternehmenskultur, die den Angestellten und Arbeitern das Gefühl vermittelt, dass sie sich an ihrem Arbeitsplatz und im Produktionsprozess einbringen können. Nach Meinung des HRM-Zugangs dürfen das Personal betreffende Angelegenheiten nicht einer eigenen Abteilung für Personalfragen und -entwicklung überantwortet werden, sondern müssen für alle Managementebenen Priorität haben.

Human Resource Management

HRM beruht auf der Annahme, dass es in den Unternehmungen zwischen Arbeitern und Arbeitgebern keine prinzipiellen Konflikte gibt und daher wenig Veranlassung für Gewerkschaften besteht, die Interessen der Arbeitnehmer zu vertreten. Stattdessen sieht HRM das Unternehmen als ein integriertes Ganzes, dessen einzige Rivalität mit konkurrierenden Firmen besteht. Statt mit den Beschäftigten über deren gewerkschaftliche Vertreter wie z.B. Betriebsräte zu verhandeln, zielen die Techniken des HRM darauf, die Belegschaft zu individualisieren und jedem einzelnen Beschäftigten einen maßgeschneiderten Arbeitsvertrag und ein von der individuellen Leistung abhängiges Entlohnungsschema zu offerieren. Jüngere Studien haben gezeigt, dass die Arbeiter in der Firma den Vorgaben des HRM durchaus folgen, aber sich privat zynisch über die angebliche Unternehmenskultur äußern (Thompson und Findlay 1999).

Unternehmenskultur

Der andere Managementtrend – die Schaffung einer besonderen Unternehmenskultur – ist eng mit den Human Resource Management verbunden. Um die Loyalität zum Unternehmen zu sichern und den Stolz auf die eigene Arbeit zu fördern, arbeitet das Management gemeinsam mit den Beschäftigten an der Ausbildung einer organisierten Kultur, die Rituale, Feiern und Traditionen umfasst, die es nur in diesem Unternehmen gibt. Diese kulturellen Aktivitäten sollen alle Beschäftigten – von den obers-

---

Globalisierung und Alltagsleben: Die Computerisierung des Arbeitsplatzes

Für Unternehmen, die in einer globalen Wirtschaft miteinander konkurrieren, sind Investitionen in die Informationstechnologie – Computer und Kommunikationseinrichtungen – eine Notwendigkeit. Firmen des Finanzsektors sind auf leistungsfähige Computer angewiesen, um ihre Transaktionen durchführen zu können; Produktionsbetriebe benötigen eine funktionierende Kommunikationstechnologie, um ihre globalen Produktionsketten zu organisieren; und die Konsumenten erwarten sich, dass sie 24 Stunden am Tag und sieben Tage die Woche Zugang zu ihren Bankkonten, dem Internet und dem Telefon haben. Kurz, die Informationstechnologie wurde zu einem Teil der Infrastruktur der modernen Geschäftswelt.

Während einige dieser Technologien die Arbeit der Beschäftigten erleichtern, besteht durchaus Grund zur Sorge, dass die Hightecharbeitsplätze einige ihrer Rechte und Kompetenzen beschneiden. Erstens kann die Notwendigkeit der Verwendung der Informationstechnologie den Zusammenhalt unter den Arbeitskräften schwächen. Es gibt eine große Nachfrage nach Arbeitskräften, die über Hightechqualifikationen verfügen, doch jenen, die nur eine geringe Schulbildung haben und diese Qualifikationen nicht erworben haben, stehen heutzutage nur mehr sehr wenige Jobs offen. In zunehmenden Maße kommt es zur Entstehung von zwei „Klassen" von Beschäftigten: auf der einen Seite die privilegierte Klasse mit Hightechkenntnissen und auf der anderen Seite die anderen, die auf Arbeitsplätze mit sehr geringem Status verwiesen werden. Immer wenn es um Lohnverhandlungen oder innerbetriebliche Vereinbarungen geht, ist die Geschlossenheit der Arbeiter die Voraussetzung für den Verhandlungserfolg. Werden die hoch Qualifizierten sich in solchen Situationen an die Seite der gering Qualifizierten stellen, oder für das Management votieren? Die Zukunft der Rechte der Arbeiter und Angestellten und ihre Löhne und Arbeitsbedingungen hängen von der Antwort auf diese Frage ab.

Zweitens wird ein wachsender Anteil der von der Industrie hergestellten Produkte in immer stärkerem Maße von der Verwendung der Informationstechnologie abhängig. Niederlassungen multinationaler Konzerne in verschiedenen Ecken dieser Welt kommunizieren miteinander und verlagern Produktionen dorthin, wo die Stückkosten am niedrigsten sind – eine Situation, in der einzelne Arbeiter leicht ihren Job verlieren können.

Ein illustratives Beispiel solcher globalen Produktionsprozesse

ist die Herstellung der Tennisbälle, die alljährlich in Wimbledon verwendet werden. Die Firma Dunlop Slazenger beliefert seit 100 Jahren das berühmte Tennisturnier. Die längste Zeit kamen die kleinen Bälle aus einer Fabrik in Barnsley gerade einmal 300 Kilometer vom Tennismekka entfernt. Seit 2003 werden die Bälle allerdings aus einer Niederlassung in Bataan auf den Philippinen ausgeliefert, einer jener Wirtschaftszonen, die Entwicklungsländer errichteten, um westliche Firmen ins Land zu bringen. Die Rohmaterialien für die Tennisbälle kommen per Schiff aus aller Herren Länder: Ton aus South Carolina, Schwefel aus Korea, Kieselsäure aus Griechenland, Magnesiumkarbonat aus Japan und Zinkoxid aus Thailand. Zwei verschiedene Gummisorten sind für die Herstellung der Tennisbälle nötig: Eine Sorte kommt von Gummiplantagen in Malaysia und die andere von den Philippinen. In Bataan werden die beiden Gummis mit einer Lösung aus Mineralöl und Naphthalin verklebt. Die charakteristische grün-gelbe, wollene Hülle der Bälle kommt aus Dursley in England, doch die dabei verwendete Schafwolle stammt von Schafen, die in Neuseeland zu Hause sind. Deren Wolle reist zuerst 20.000 km nach England, um nach der Verarbeitung wiederum 11.000 km zurückzulegen, damit sie auf den Philippinen um den Gummikern gehüllt wird. Die Blechdosen, in denen die Bälle verpackt werden, kommen aus Indonesien. All das wäre ohne ausgefeilte Kommunikationstechnologie und eine raffinierte Logistik nicht zu schaffen. Für Dunlop Slazenger lohnt sich der Aufwand, die traditionsreiche Fabrik in Barnsley wurde aus Kostengründen zugesperrt – die Arbeiter in Bataan und sogar jene auf den Gummiplantagen erhalten

höhere Löhne als ihre Landsleute, doch für diesen Lohn würde in England niemand bereit sein, diese Arbeit zu machen. Dort genügen einige Angestellte, die den ganzen Herstellungsprozess dirigieren. (Guardian Weekly 2002)

Obwohl Hightech- und hochqualifizierte Arbeitskräfte auch in Zukunft für viele verschiedene Abläufe moderner Produktionsprozesse benötigt werden, dürfte die Verhandlungsposition der Arbeiter in der globalen Ökonomie künftig immer schwächer werden. Da der Herstellungsprozess, wie im obigen Beispiel ersichtlich, in immer kleinere Komponenten zerlegt wird und jeder dieser Arbeitsgänge im Prinzip an einem anderen Ort ausgeführt werden kann, sind die für jeden einzelnen Arbeitenden aktuell nötigen Fähigkeiten weitaus weniger zahlreich als in der Vergangenheit – und daher auch leichter ersetzbar. Die Informationstechnologie verstärkt offensichtlich, was schon vor Längerem der marxistische Autor Harry Braverman (1974 [1977]) die „Entwertung der Arbeit" genannt hat.

Drittens wird sich vermutlich durch die Informationstechnologie die Art der Überwachung am Arbeitsplatz verändern. Vorgesetzte haben immer schon ihre Untergebenen beobachtet und überwacht, um sicher zu sein, dass sie nicht bummeln und dem Unternehmen nichts stehlen, doch heute können sie das tun, ohne dass es den Überwachten überhaupt auffällt. Wer an seinem Computer was und wie lange tut, wem er E-Mails schreibt und welche Seiten er im Internet besucht, all das kann man heute feststellen, weil es auf einem der Server mitgeschrieben wird. Gewerkschaften wehren sich dagegen zwar durch Betriebsvereinbarungen, die die Benutzung dieser Aufzeichnungen beschränkt, doch die Möglichkeit einer an Orwell erinnernden vollständigen Überwachung aller ist keine dichterische Übertreibung mehr.

ten Managern bis zum gerade erst eingestellten Lehrling – zusammenbringen, damit sie lernen, an einem Strang zu ziehen und damit sich das Gefühl der Gruppenzusammengehörigkeit intensiviert. Firmenausflüge oder „Spaß-Tage", „bequemer Freitag" (an dem Beschäftigte salopper gekleidet in die Firma kommen dürfen) und Gemeinschaftsaktivitäten, die von der Firma bezahlt werden, sind Beispiele für die Techniken, die benutzt werden, um eine Firmenkultur entstehen zu lassen.

In letzter Zeit wurde eine Zahl von westlichen Firmen gegründet, die den eben skizzierten Managementprinzipien folgten. Statt dem traditionellen bürokratischen Modell zu folgen, versuchten Firmen wie das Automobilunternehmen Saturn in den USA diesen neuen Modellen zu folgen. Bei Saturn wird beispielsweise allen Beschäftigten aller Ebenen die Möglichkeit geboten, zeitweilig in anderen Teilen der Firma zu arbeiten, um ein besseres Gefühl für die Firma als Ganzes zu entwickeln. Arbeiter aus der Produktion verbringen einige Zeit mit dem Marketingteam, dem sie ein genaueres Bild von der Herstellung der Fahrzeuge vermitteln können. Verkaufspersonal rotiert durch die verschiedenen Serviceabteilungen der Firma, um sich über übliche Bedienungsprobleme klarer zu werden, die künftige Käufer plagen mögen. Vertreter aus dem Verkauf und der Herstellung sind an Teams beteiligt, die neue Produkte entwerfen, um Mängel zu vermeiden, die bei früheren Modellen auftraten, aber den Entwicklern nie bekannt gegeben wurden. Eine Unternehmenskultur, die sich auf freundliches und mitteilungsfreudiges Kundenservice konzentriert, eint die Firmenangehörigen und dehnt das Gefühl des Stolzes auf das Unternehmen aus.

Die Untersuchung von Netzwerken

Soziale Netzwerke

Der bekannte Spruch, „nicht was man weiß, sondern wen man kennt" oder der Hinweis auf die „guten Beziehungen" die jemand habe oder die man brauche, verweisen beide sehr deutlich auf das Thema, das in der Sprache **Netzwerke** der Soziologie als Netzwerke bezeichnet wird – all die direkten und indirekten Verbindungen, die eine Person oder Gruppe mit anderen Personen oder Gruppen verbindet. So umfasst Ihr persönliches Netzwerk Leute, die Sie direkt kennen (wie Ihre Freunde) und Personen, die Sie nur indirekt kennen (die Freunde Ihrer Freunde). Persönliche Netzwerke setzen sich oft aus Personen der gleichen Ethnie, Schicht oder anderen Formen sozialer Herkunftsunterscheidungen zusammen, obwohl es davon auch Ausnahmen gibt. Beispielsweise sind Sie, wenn Sie bei einer Mailing List abonniert sind, Teil eines Netzwerkes, dessen Mitglieder durchaus einen unterschiedlichen ethnischen, Geschlechter- und Klassenhintergrund aufweisen können. Da auch Gruppen und Organisationen – beispielsweise die Absolventen einer bestimmten Universität – in Netzwerken verbunden sein können, mag es von einigem Vorteil sein, bestimmten Netzwerken anzugehören, um so seinen eigenen Einfluss und Aktionsradius zu vergrößern.

Soziale Gruppen sind eine bedeutende Quelle für die Schaffung von Netzwerken; aber nicht alle Netzwerke sind soziale Gruppen. Vielen Netzwerken fehlen die Merkmale, die eine soziale Gruppe charakterisieren: Gemeinsame Erfahrungen und Erwartungen, ein Gefühl der Zusammengehörigkeit, regelmäßiges Zusammentreffen und wechselseitige persönliche Vertrautheit sind Eckpunkte sozialer Gruppen. Beispielsweise ist es ziemlich unwahrscheinlich, dass Sie mit all den anderen, die eine bestimmte Mailing List abonniert haben, ein Gefühl der Identität teilen; ebenso unwahrscheinlich ist es, dass Sie die Nachbarn Ihrer Arbeitskollegen persönlich kennen, obwohl diese zu Ihrem sozialen Netzwerk gehören.

Netzwerke dienen uns in verschiedener Weise. Der Soziologe Mark Granovetter (1973) hat demonstriert, dass schwache Verbindungen („weak ties") eine ziemliche Kraft haben können, vor allem unter Mitgliedern höherer sozialer Schichten. Granovetter zeigte, dass Freiberufler und leitende Angestellte von einem freien Arbeitsplatz durch ihre Kontakte zu entfernten Verwandten oder flüchtigen Bekannten erfahren. Solche schwache Verbindungen können von großem Nutzen sein, weil die sozialen Netzwerke der Verwandten oder Bekannten sich sehr weit erstrecken können und sich jedenfalls von den Netzwerken der engen Freunde unterscheiden, deren soziale Kontakte viel wahrscheinlicher den eigenen stark ähneln. Granovetter meint, dass in niedrigeren sozialen Schichten schwache Verbindungen keine Brücken zu anderen Netzwerken bilden und daher zu keiner Erweiterung des eigenen sozialen Netzwerkes beitragen (Marsden und Lin 1982; Wellman u.a. 1988; Knoke 1990). Nach Ihrem Studienabschluss mögen das Thema Ihrer Abschlussarbeit und die Noten bei den Abschlussprüfungen Ihnen helfen, einen Job zu bekommen. Aber noch viel hilfreicher wird es sein, wenn Ihr Vater jemanden kennt, der jemanden kennt, der über die Besetzung offener Stellen im Amt X oder der Firma Y entscheidet. Der Übergang vom Ausbildungssystem in die Berufswelt wird in ähnlicher Weise erleichtert, wenn jemand schon während des Studiums durch Nebenjobs oder Praktika Kontakte geknüpft hat, auf die diese Person nach Studienabschluss zurückkommen kann.

Die meisten Menschen sind auf ihr persönliches Netzwerk angewiesen, wenn sie irgendwelche Vorteile erzielen wollen; aber nicht alle haben Zugang zu den mächtigen Netzwerken. Einige Soziologen haben darauf hingewiesen, dass beispielsweise die Netzwerke von Frauen in Wirtschaft und Politik schwächer sind als jene der Männer, was die Chancen für Frauen schwächt, attraktive Positionen zu erobern (Brass 1985). Allgemein zeigt sich, dass Arbeit suchende Frauen über ein weniger dicht gewobenes arbeitsmarktrelevantes Netzwerk verfügen als Männer (Marsden 1987; Moore 1990). Schwache Netzwerke drängen Frauen dann in typische Frauenberufe, die üblicherweise niedrigere Entlohnung und weniger Aufstiegsgelegenheiten bieten (Roos und Reskin 1992; Drentea 1998). In dem Maße, in dem mehr und mehr Frauen doch auch in höhere Positionen gelangen, können die daraus resultierenden Netzwerke möglicherweise auch nachfolgenden Frauen helfen. So fand eine Studie, dass die Wahrscheinlichkeit, dass eine Frau in eine höhere Position gelangt, umso größer ist, je höher der Anteil der Frauen auf diesem Niveau bereits ist (Cohen u.a. 1998).

Netzwerke bieten aber mehr als nur wirtschaftliche Vorteile. Sie stützen sich vermutlich auf Ihr Netzwerk für eine große Zahl von anderen Aktivitäten, von der Wahl des nächsten Urlaubsortes über das Finden einer neuen Wohnung, dem Knüpfen neuer Kontakte bis hin zu potenziellen Sexualpartnern. Und bei Gelegenheiten wie Maturatreffen erneuert man sein Netzwerk in regelmäßigen, manchmal zeitlich weit auseinanderliegenden Abständen.

Netzwerke und Informationstechnologien

Netzwerke sind eine recht alte Einrichtung. Für den Soziologen Manuel Castells sind Netzwerke, die durch die Entwicklung der Informationstechnologie unterstützt werden, und vor allem das Internet charakteristische Kennzeichen unserer Tage. Die ihnen eigentümliche Flexibilität und Anpassungsfähigkeit verleiht modernen Netzwerken gegenüber älteren Formen der Organisation enorme Vorteile. In der Vergangenheit erwiesen sich rationale, hierarchische Bürokratien von der Art, die Weber vor Augen hatte, bei der Verfolgung ihrer Ziele als sehr leistungsfähig in der Verwendung der ihnen zur Verfügung stehenden Ressourcen. Netzwerke waren dagegen nicht fähig, Funktionen zu koordinieren, sich auf spezifische Ziele zu konzentrieren oder vorgegebene Aufgaben in mit den Bürokratien vergleichbarem Maße auszuführen. Nach Castells änderte sich das alles im letzten Viertel des 20. Jahrhunderts durch die enormen Fortschritte der Computer und der Technologie und führte zur Ausbildung dessen, was er „McLuhan-Galaxis" nannte (2001–3). Das Auftreten des Internets hatte zur Folge, dass nun Informationen praktisch ohne Zeitverlust nahezu in jede Ecke dieser Welt geschickt werden können; das Erfordernis der körperlichen Nähe zwischen jenen, die Informationen austauschen wollen, erübrigte sich. Die Einführung der neuen Technologien versetzte viele Unternehmungen in die Lage, ihre organisatorische Struktur gründlich zu überarbeiten, sich stärker zu dezentralisieren und die Tendenz zu kleineren, flexibleren Formen des Unternehmens zu verstärken. (Diese Änderungen führten auch zu einer Zunahme der neuen Heimarbeit, der sogenannten Telearbeit, worauf wir gleich noch näher eingehen werden.)

Traditionellerweise war es recht einfach, die Grenzen einer Organisation zu identifizieren. Organisationen waren üblicherweise an einem bestimmten Ort angesiedelt, wie beispielsweise einem Bürogebäude, das aus langen Gängen mit Büros bestand, oder im Fall eines Krankenhauses oder einer Universität, über den Campus verteilt. Die organisatorischen Aufgaben oder zu verfolgenden Ziele waren ebenfalls klar umschrieben. Ein zentrales Merkmal aller Bürokratien war die Verpflichtung, eine beschränkte Zahl von Aufgaben zu erledigen und dabei alle Vorschriften zu beachten, die die Erfüllung der Aufgaben regelten. Weber betrachtete die Bürokratie als eine sich selbst beschränkende Gesamtheit, die nur mit einer begrenzten Zahl von anderen Einheiten in vorgegebener Weise zusammenwirkte.

Wir haben bereits gesehen, wie die physischen Grenzen von Organisationen von den Möglichkeiten der neuen Informationstechnologie aufgelöst wurden, um Staatsgrenzen und Zeitzonen zu überwinden. Derselbe Prozess erfasst auch jene, die in Organisationen arbeiten, und die Art, wie diese koordiniert werden. Viele Organisationen arbeiten nicht mehr als unabhängige Einheiten, wie sie das einst taten. Eine wachsende Zahl sieht sich besser funktionieren, wenn sie in einem Netz komplexer Beziehungen mit anderen Organisationen und Gruppen verbunden sind. Globalisierung, Informationstechnologien und Trends beruflicher Muster tragen dazu bei, dass Organisationsgrenzen offener und fließender wurden.

In *Der Aufstieg der Netzwerkgesellschaft* (2001) führt Castells aus, dass das Netzwerkunternehmen jene Organisationsform sei, die für eine globale Informationsökonomie am besten geeignet wäre. Damit meint er, dass es für Organisationen – gleichgültig, ob Großunternehmen oder kleine Firmen – zunehmend unmöglich werde zu überleben, wenn sie nicht Teil eines Netzwerkes seien. Der Prozess der Netzwerkbildung wird erst durch das Wachstum der Informationstechnologie möglich: Organisationen sind weltweit in der Lage, einander zu lokalisieren, miteinander rasch Kontakt aufzunehmen und gemeinsame Unterfangen mithilfe des elektronischen Mediums zu koordinieren. Castells führt verschiedene Beispiele organisatorischer Netzwerke an und betont deren Verwurzelung in ganz verschiedenen kulturellen und institutionellen Umwelten. Nach Castells repräsentieren sie jedoch alle „unterschiedliche Dimensionen eines fundamentalen Prozesses" – der Desintegration der traditionellen, rationalen Bürokratie.

Obwohl es viele Beispiele von Organisationen in Netzwerken gibt, können wir nur ein Beispiel ein wenig näher analysieren. Der Soziologie Stewart Clegg untersuchte die Bekleidungsfirma Benetton. Auf den ersten Blick würde man nicht annehmen, dass sich Benetton mit seinen weltweit rund 5.000 Läden von anderen globalen Modewarenherstellern sehr stark unterscheidet. Tatsächlich ist Benetton aber ein Beispiel einer besonderen Form von Netzwerkunternehmen, das erst durch die Informationstechnologie möglich wurde. Die Benetton-Läden der ganzen Welt sind sogenannte Lizenzunternehmen, die von Personen betrieben werden, die keine Angestellten Benettons, sondern Teil des losen Komplexes sind, der sich der Herstellung und dem Verkauf von Benetton-Produkten widmet.

Die ganze Operation beruht auf Netzwerkprinzipien: Die Benetton-Zentrale in Italien vergibt Aufträge zur Herstellung ihrer Produkte an eine große Zahl von Subunternehmen, die allesamt darauf beruhen, dass aus den Benetton-Verkaufsläden Bestellungen eintreffen. Computer verbinden die verschiedenen Teile des Netzwerkes miteinander und mit einem Knopfdruck kann beispielsweise ein Benetton-Laden in Moskau bei der Zentrale in Italien eine Bestellung aufgeben. Während andere internationale Hersteller von Bekleidungswaren gleichartige Produkte in allen Verkaufsstellen anbieten, erlaubt es Benettons Struktur, die Lieferungen den Wünschen der individuellen Verkaufsläden anzupassen. Statt an feste Verträge mit Lieferanten gebunden zu sein, kann Benetton es sich erlauben, auf Veränderungen des Marktes rasch zu reagieren und jemanden im losen Netzwerk mit der Herstellung derjenigen Güter beauftragen, die ein anderer Teilnehmer dieses Netzwerkes anfordert (Clegg 1990). In den vergangenen zwei Jahrzehnten hat Benetton seine führende Position in der Modebranche eingebüßt, weil Konkurrenten wie Zara und H&M die Globalisierung für sich rascher zu nutzen wussten und Benetton das Kerngeschäft zugunsten einer Diversifikation vernachlässigte. Der Formel 1-Rennstall half, die Marke bekannt zu machen, während weder der Kauf der italienischen Autostrada noch der Autobahnrestaurantkette Autogrill die Erwartungen erfüllen konnte (The Economist 2007, 3. November). In den 1990er Jahren produzierte Benetton 90 Prozent seiner Waren in Italien, 2006 waren es nur noch 30 Prozent, und dieser Anteil wird weiter zurückgehen (The Economist 2006, 25. Februar).

Befreit uns die Verbindung von Informationstechnologien mit Netzwerken gänzlich von Webers pessimistischer Vision der Zukunft der Bürokratie? Wir sollten diesbezüglich vorsichtig sein. Bürokratische Systeme sind intern flexibler, als Weber das vermutete, und zugleich von anderen, weniger hierarchischen Formen stärker herausgefordert. Aber wie Ritzer mit seiner These von der McDonaldisierung der Gesellschaft zeigt, ist es sehr unwahrscheinlich, dass diese wie die Dinosaurier aussterben werden.

Wie beeinflussen Organisationen und Netzwerke unser Leben?

Sozialkapital: Die Verbindungen, die uns aneinander binden

Einer der wichtigsten Gründe, warum Menschen sich Organisationen anschließen, kann darin gesehen werden, dass sie dadurch Beziehungen zu anderen knüpfen und ihren Einfluss vergrößern können. Die Zeit und Energie, die man in eine Organisation investiert, kann zu willkommenen Erträgen führen. Eltern, die im Elternverein oder in einem Schulausschuss mitarbeiten, haben beispielsweise mehr Einfluss auf die Gestaltung des schulischen Alltags ihrer Kinder als jene, die solchen Organisationen fernbleiben. Sie wissen, was die Schulleitung plant, kennen die Entscheidungsträger und können ihre Wünsche vorbringen – und wenn ihnen etwas überhaupt nicht in den Kram passt, wissen sie vermutlich, wie sie ihre Interessen durchsetzen können.

Soziologen nennen diese Früchte der Mitgliedschaft in Organisationen Sozialkapital, das soziale Wissen und die Beziehungen, die Menschen in die Lage versetzen, ihre Ziele zu erreichen und ihren Einfluss auszuweiten. **Sozialkapital** Obwohl die Idee des Sozialkapitals bis in die Antike zurückverfolgt werden könnte, wurde der Ausdruck in der akademischen Soziologie erst in den 1980er Jahren gebräuchlich. In Europa ist der Begriff vor allem mit dem Werk des französischen Soziologen Pierre Bourdieu verbunden (dessen Deutung im Kapitel 11 – Schichtung und Klassenstruktur näher behandelt wird). In den vergangenen beiden Jahrzehnten kam es zu einer geradezu explosionsartigen Verwendung des Terminus „Sozialkapital", ausgelöst durch die einflussreichen Arbeiten des amerikanischen Politikwissenschaftlers Robert Putnam (1995a, 1995b, 2000).

Sozialkapital umfasst nützliche soziale Netzwerke, ein Gefühl gegenseitiger Verpflichtung und Vertrauenswürdigkeit, ein geteiltes Verständnis der Normen, die erfolgreichem Verhalten zugrunde liegen, und ganz allgemein alle anderen sozialen Ressourcen, die es Menschen erlauben, erfolgreich zu handeln. Beispielsweise werden Studierende manchmal in der Studierendenvertretung oder bei Studentenzeitungen aktiv, weil sie hoffen, dort jene sozialen Fertigkeiten zu erwerben und Sozialkontakte zu schließen, die ihnen nach Abschluss des Studiums nützlich sein könnten. Solche Studierende kommen regelmäßiger mit Lehrenden in Kontakt, die sie vielleicht später einmal bei der Bewerbung um Auslandsstipendien oder bei der Jobsuche unterstützen oder ihnen Tipps geben, um die die anderen Studierenden allein schon deswegen umfallen, weil sie es nicht wagen, „Profs" um etwas zu bitten.

Unterschiede in der Ausstattung mit Sozialkapital spiegeln die sozialen Ungleichheiten im Größeren wider. Im Allgemeinen verfügen Männer über mehr Sozialkapital als Frauen, Weiße haben mehr als Schwarze, die Reichen mehr als die Armen. Das Sozialkapital, das man in Großbritannien etwa dadurch erwirbt, dass einen die eigenen Eltern auf eine elitäre Privatschule wie Eton schicken, können nur jene erwerben, deren Familien sich den Besuch dieser teuren Schulen leisten können. Wer allerdings eine solche Schule besucht, erwirbt mächtige soziale, ökonomische und geschäftliche Ressourcen, auf die er (diese Schulen sind in Großbritannien immer noch nur Knaben zugänglich) später im Leben zurückgreifen kann. In Deutschland und Österreich spielten studentische Verbindungen lange Zeit eine ähnliche Rolle, da sie Jüngere mit älteren Mitgliedern zusammenbrachten. Unterschiede im Sozialkapital kann man auch im Ländervergleich finden. Nach einer Studie der Weltbank (2001) sind jene Länder wirtschaftlich erfolgreicher, in denen Geschäftsleute erfolgreich „Netzwerke des Vertrauens" bilden können. Ein Beispiel dafür ist das rasche wirtschaftliche Wachstum viele ostasiatischer Nationalökonomien in den 1980er Jahren, das nach Ansicht einiger Soziologen durch starke Geschäftsnetzwerke ermöglicht wurde.

Robert Putnam führte eine umfassende Untersuchung des Sozialkapitals in den USA durch und unterschied dabei zwischen zwei Typen von Sozialkapital: *Brücken bildendes Sozialkapital*, das sich nach außen richtet und inklusiv ist, sowie *Bindungen schaffendes Sozialkapital*, das sich nach innen richtet und exklusiv ist. Das Brücken bildende Sozialkapital vereint Personen über soziale Klüfte hinweg. Die Fähigkeit, Leute zu vereinigen, kann man an sozialen Bewegungen sehen, wie beispielsweise der Bürgerrechtsbewegung in den USA der 1960er Jahre, die Schwarze und Weiße im Kampf um die Beseitigung von Rassendiskriminierung zusammenbrachte; ähnlich wirken auch interreligiöse Organisationen. Das Bindungen stärkende Sozialkapitel intensiviert hingegen exklusive Identitäten und homogene soziale Gruppen; man findet es in Familien und bei Freunden, ethnischen Bruderschaften, kleinen Vereinen oder Absolventenklubs (Putnam 2000).

Personen, die aktiv an einer Organisation teilnehmen, empfinden sich wahrscheinlich stärker miteinander verbunden; sie fühlen sich einer gemeinsamen Sache verpflichtet und fähig, etwas durchzusetzen. Aus dem Blickwinkel der Gesellschaft schafft Sozialkapital, vor allem das Brücken bildende, bei den Beteiligten ein Gefühl, Teil einer größeren Gemeinschaft zu sein, die auch Personen umfasst, die anders als man selbst sind. Die Demokratie gedeiht besser, wenn das Sozialkapital in einer Gesellschaft stark ist. Tatsächlich zeigen Länder vergleichende Studien, dass das Niveau der Bürgerbeteiligung in den USA, wo Putnam seine Studien durchführte, höher ist als in anderen Ländern (Putnam 1993, 2000). Allerdings gibt es ebenso starke Hinweise darauf, dass in den letzten drei Jahrzehnten das politische Engagement, die Mitgliedschaft in Organisationen und andere Formen der Bürgerbeteiligung und des sozialen Engagements unter Amerikanern deutlich abgenommen haben. Könnte das dazu führen, dass die Demokratie verfällt?

„Bowling alone": Ein Beispiel für abnehmendes Sozialkapital?

Putnam vertritt die Auffassung, dass die Teilnahme an Organisationen viele Amerikaner mit jenem Sozialkapital ausstattet, das sie in die Lage versetzt, mit anderen zu kooperieren, ein Gefühl des Vertrauens und der Teilhabe an der größeren Gesellschaft zu entwickeln. Diese Art von Sozialkapital bildet die Voraussetzung für Bürgerbeteiligung. Allerdings werden diese sozialen Beziehungen, nach Ansicht Putnams, immer schwächer (s. Tab. 15.1). Putnam illustriert diesen Gedanken mit Hinweis auf eine der beliebtesten Freizeitaktivitäten der Amerikaner früherer Zeiten. Heutige Bowling-Anlagen zeigen immer öfter Spieler, die allein spielen, „bowling alone" wurde zur Metapher verfallenden Sozialkapitals. Putnam belässt es nicht bei oberflächlichen Illustration, sondern versucht, zusätzliche Daten ins Treffen zu führen: So konsumierten Spieler, die in Spielgemeinschaften eingebunden seien, drei Mal so viel Bier und Pizza wie allein Bowlende. Das ist für Puntnam ein starker Hinweis darauf, dass die Ersteren auch mehr Zeit miteinander verbringen, vielleicht dabei sogar über Fragen der Politik und der Alltagsgestaltung diskutieren. „Allein Bowlen" sei, nach Putnam, ein Symptom für den Verlust an Gemeinschaft:

> Der seltsamste, wenn auch unbehagliche Hinweis auf mangelndes soziales Engagement, den ich im heutigen Amerika fand, ist folgender: Mehr Amerikaner denn je bowlen allein. Bowlen war einmal eine Sache von Meisterschaften, die ausgetragen wurden, doch immer weniger Leute nehmen heute daran noch teil. Zwischen 1980 und 1993 nahm zwar die Zahl derer, die bowlen, insgesamt um 10 Prozent zu, doch die Zahl jener, die an Wettkämpfen teilnehmen, ging um 40 Prozent zu-

rück. (Man mag das für ein allzu triviales Beispiel halten. Dem möchte ich entgegenhalten, dass nahezu 80 Millionen Amerikaner 1993 zumindest einmal bowlen gingen, ein Drittel mehr als sich an den Kongresswahlen des Jahres 1994 beteiligten und ungefähr ebenso viel Menschen, die von sich sagen, sie gingen regelmäßig zur Kirche.) (Putnam 1995a, 70)

In den ersten beiden Dritteln des 20. Jahrhunderts veranlasste eine mächtige Strömung die Amerikaner, sich aktiv am sozialen Leben ihrer Gemeinschaft zu beteiligen, doch ein paar Jahrzehnte danach – still und ohne Vorwarnung – drehte sich diese Strömung um und wir wurden von einer trügerischen Welle übermannt. Ohne Vorwarnung wurden wir in den letzten drei Jahrzehnten des 20. Jahrhunderts auseinander getrieben und verloren den Kontakt mit unseren Gemeinschaften. (Putnam 2000, 27)

Putnam verweist nicht nur darauf, dass die Bowling-Wettbewerbe zurückgingen, sondern auch Mitgliedschaften in allen anderen Organisationen seit den 1970er Jahren um 25 Prozent abnahmen. In den USA erlebten seit den 1960er Jahren Elternvereine, die National Federation of Women's Clubs, die League of Women Voters und das Rote Kreuz allesamt Rückgänge ihrer Mitgliederzahlen um nahezu 50 Prozent. Putnam berichtet, dass 1974 einer von vier Erwachsenen regelmäßig freiwillig in einer derartigen Vereinigung tätig war; gegenwärtig liege diese Zahl näher bei einem von fünf. Soziale Organisationen wie der Lions Club oder die Freimaurer erfuhren ähnliche Rückgänge ihrer Mitgliederzahlen. Neben diesen Veränderungen in Organisationen berichten auch immer weniger Amerikaner, dass sie soziale Kontakte zu ihren Nachbarn pflegen oder der Meinung seien, man könne den meisten Menschen vertrauen.

Aktivität	Rückgang in %
Tätigkeit als Vereinsfunktionär	42
Tätigkeit für eine politische Partei	42
Mitarbeit in einer lokalen Organisation	39
Teilnahme an einer Gemeinde- oder Schulversammlung	35
Teilnahme an einer politischen Versammlung oder Rede	34
Eigener Vortrag oder Rede	24
Schreiben an einen Abgeordneten oder Senator	23
Unterschreiben einer Petition	22
Mitgliedschaft in einem Verein zur Verbesserung der Regierungsarbeit	19
Kandidatur für eine politische Partei	16
Schreiben eines Leserbriefs an eine Tageszeitung	14
Schreiben eines Artikels für ein Magazin oder eine Tageszeitung	10
Teilnahme an zumindest einer dieser 12 Aktivitäten	25

Tab. 15.1: Rückgang der politischen und Gemeinschaftsaktivitäten in den 20 Jahren zwischen 1973/4 und 1993/4
Quelle: Putnam (2000), S. 45.

Solche Rückgänge an Mitgliedschaften in Organisationen, Nachbarschaftsaktivitäten und Vertrauen im Allgemeinen wurden in den USA begleitet von einer Abnahme an politischer Beteiligung. Die Wahlbeteiligung ging seit den 1960er Jahren kontinuierlich zurück. (Sie stieg im sehr polarisierten Wahlkampf des Jahres 2004 wieder an, der zu George W. Bushs Wiederwahl führte und war bei der Wahl von Barack Obama 2008 noch höher.) In ähnlicher Weise nahm die Beteiligung an politischen Veranstaltungen über Erziehungs- und Bürgerrechtsfragen stark ab, und heute sagen drei von vier Amerikanern bei Umfragen, dass sie der Regierung „nie" oder nur „gelegentlich" vertrauen (Putnam 1995).

Putnam meint, dass sogar in jenen Organisationen, die eine steigende Mitgliederzahl aufweisen, wie beispielsweise die American Association of Retired Persons (mit 33 Millionen Mitgliedern), die Statistiken trügerisch sind: Die überwiegende Mehrheit der Mitglieder dieser Organisationen zahlen bloß ihren Mitgliedsbeitrag und bekommen die Vereinszeitung zugesandt. Sehr wenige Mitglieder beteiligen sich aktiv und viele verfehlen so die Ausbildung jenes Sozialkapitals, das Putnam als entscheidendes Unterfutter der Demokratie ansieht. Viele der heutzutage populärsten Organisationen konzentrieren sich auf Fragen der persönlichen Befindlichkeit und Gesundheit, wie etwa Weight Watchers Gruppen oder die Fitnessstudiobewegung.

Zweifellos gibt es viele Gründe für diese Rückgänge. Zum einen waren Frauen traditionellerweise stärker in freiwilligen Organisationen tätig; der Rückgang ihres Bürgerengagements steht in einem engen Zusammenhang mit der steigenden Erwerbsbeteiligung der Frauen. Zum anderen sind Menschen in zunehmendem Maße desillusioniert über die Regierung und bezweifeln, dass die Stimmabgabe bei Wahlen etwas ändern könnte. Hinzu kommt noch, dass viele Menschen viel Zeit damit verbringen, von und zur Arbeit zu pendeln, was in Verbindung mit langen Arbeitszeiten die Möglichkeiten und Wahrscheinlichkeit, sich in der kargen Freizeit auch noch freiwillig zu betätigen, vermindert. Für Putnam ist die hauptsächliche Ursache des Rückgangs der Bürgerbeteiligung aber das Fernsehen. Statt sich in der lokalen Gemeinschaft mit anderen zusammen zu tun, verbringen immer mehr Menschen Stunden allein vor dem Bildschirm.

Leidet Europa auch an einer ähnlichen Abnahme des Sozialkapitals? In einem Überblick über die Literatur zum Sozialkapital hat David Halpern (2005) die Auffassung vertreten, dass es falsch wäre anzunehmen, alle europäischen Länder würden dem Vorbild Amerikas folgen. Halpern betont, dass das Bild für verschiedene Länder durchaus unterschiedlich ausfällt. So wiesen Schweden, die Niederlande und Japan gleichbleibende, ja sogar zunehmende Niveaus an Sozialkapital auf, während in Deutschland und Frankreich die Indikatoren ein eher gemischtes Bild ergeben. In Großbritannien, Australien und den USA sei es, so Halpern, hingegen tatsächlich zu einer Abnahme an Sozialkapital gekommen.

Andere Untersuchungen über das Sozialkapital in europäischen Ländern ergaben ein etwas differenzierteres Bild. Zwei finnische Forscher haben das Sozialkapital für die verschiedenen in Europa existierenden Wohl-

fahrtsstaatsregimes verglichen und fanden zwischen dem Brücken bilden-
den und dem Bindungen schaffenden Sozialkapital einen negativen Zusammenhang. In Ländern mit hohem Sozialkapital der einen Sorte ist die
jeweils andere schwach ausgeprägt. Das Bindungen schaffende Sozialkapital ist in den mediterranen und den exkommunistischen Gesellschaften
besonders stark ausgeprägt. Freiwilliges bürgerschaftliches Engagement,
das Brücken schaffendes Sozialkapital hervorbringt, ist in den nordischen
sozialdemokratischen und in den liberalen Wohlfahrtsregimes häufig,
während es in den mediterranen und exkommunistischen Ländern schwach
ausgeprägt zu finden ist (Kääriäinen und Lehtonen 2006). Die beiden Autoren schließen sich jenen an, die meinen, dass ein stark ausgebauter Sozialstaat keineswegs zu einem Rückgang von Sozialkapital führt (Van Oorschot und Arts 2005).

Schlussfolgerungen

Die Organisationen und Netzwerke, denen Menschen angehören, haben
einen starken Einfluss auf ihr Leben. Wie wir in diesem Kapitel gesehen
haben, scheinen herkömmliche Gruppen an Wirkungen auf das tägliche
Leben der Menschen zu verlieren. Beispielsweise beteiligen sich heutige
Studierende in viel geringerem Ausmaß als ihre Eltern an politischen Gruppen oder Organisationen, sie gehen auch weniger zahlreich zu Wahlen. All
das deutet auf ein abnehmendes Interesse an gemeinschaftlichen und politischen Aktivitäten hin. Einige Soziologen zeigen sich über diesen Rückgang besorgt, weil er zu einer Schwächung des gesellschaftlichen Zusammenhalts führen kann, möglicherweise sogar zu sozialer Instabilität.

Wie wir aber auch gesehen haben, verändern die globale Wirtschaft und
die Informationstechnologien das Gruppenleben in ganz neuer Weise.
Beispielsweise verbrachten frühere Generationen von Beschäftigten oft ihr
ganzes Arbeitsleben in einer relativ kleinen Zahl von langlebigen bürokratischen Organisationen; die Jüngeren sind viel wahrscheinlicher Teil einer
großen Zahl von vernetzten, „flexiblen" Organisationen. Viele der heutigen Gruppenzugehörigkeiten wurden und werden durch das Internet oder
durch andere Formen von Kommunikation begründet, die sich ständig
weiterentwickeln. Künftig wird es immer leichter werden, sich mit anderen Gleichgesinnten, die irgendwo anders auf dieser Welt beheimatet sind,
zu verabreden und so geografisch weitverstreute Gruppen zu bilden, deren Mitglieder sich möglicherweise nie von Angesicht zu Angesicht treffen werden.

Wie werden all diese Entwicklungen die Qualität der sozialen Beziehungen verändern? Während der gesamten bisherigen Geschichte der
Menschheit haben Menschen nahezu ausschließlich mit anderen zu tun
gehabt, die sich in ihrer unmittelbaren Umgebung befanden. Die industrielle Revolution, die zum Aufstieg einer großen, unpersönlichen bürokratischen Struktur beigetragen hat, in der sich die Beteiligten kaum näher kennen, hat die Natur der sozialen Beziehungen grundlegend verändert. Heute

verändert die Informationsrevolution ihrerseits die Interaktionen. Morgen mögen Gruppen und Organisationen vielleicht neue Formen von Kommunikation und sozialer Nähe hervorbringen.

Zusammenfassung

1. Alle modernen Organisationen sind in einem gewissen Ausmaß bürokratisch. Die Bürokratie ist gekennzeichnet durch eine deutliche Autoritätshierarchie. Geschriebene Regeln bestimmen das Verhalten der Organisationsmitglieder (Beamten), die ganztags und gegen Gehalt arbeiten. Die Aufgaben des Beamten innerhalb der Organisation sind von seinem Privatleben streng getrennt. Die Mitglieder der Organisation besitzen nicht die materiellen Ressourcen, mit denen sie arbeiten. Max Weber argumentierte, dass die moderne Bürokratie ein äußerst effizientes Mittel ist, um große Menschenmengen zu organisieren, und um sicherzustellen, dass die Entscheidungen nach einheitlichen Kriterien getroffen werden.

2. Sowohl innerhalb einer Organisation als auch zwischen den Organisationen entwickeln sich oft auf allen Ebenen informelle Netzwerke. Die Untersuchung solch informeller Beziehungen ist genauso wichtig wie jene der formelleren Merkmale, auf die sich Weber konzentrierte.

3. Die Bauten, in denen Organisationen untergebracht sind, bestimmen ihre sozialen Merkmale nachhaltig. Die Architektur moderner Organisationen steht in engem Zusammenhang mit der Überwachung als Mittel zur Sicherstellung von Gehorsam gegenüber einer Autorität. Überwachung umfasst sowohl die Kontrolle der Aktivitäten der Beschäftigten als auch die Verwaltung von Akten und Berichten über sie. Als Selbstüberwachung bezeichnet man die Art, wie Menschen ihr Verhalten kontrollieren, weil sie glauben, dass sie überwacht werden.

4. Weber und Michels betonen eine Spannung zwischen Bürokratie und Demokratie. Die Entwicklung moderner Gesellschaften führte zu einer Zentralisierung der Entscheidungsfindung und zur gleichen Zeit erlebten diese Gesellschaften einen Demokratisierungsschub, der immer mehr Staatsbürger mit Rechten ausstattete, die allerdings zur gleichen Zeit von Bürokratien eingeschränkt werden.

5. Moderne Organisationen erweisen sich als geschlechtlich (Gender) strukturierte Institutionen. Frauen standen traditionellerweise nur bestimmte Berufspositionen offen, die vor allem der Unterstützung der Männer und deren Karriere dienten. In jüngerer Zeit hat eine größere Zahl von Frauen in vermehrtem Umfang professionelle und Managementpositionen erobert, aber einige meinen, dass sie das nur um den Preis der Übernahme männlich geprägter Verhaltensweisen erreichen konnten.

6. Große Organisationen haben begonnen sich zu restrukturieren, um weniger bürokratisch und flexibler zu werden. Viele westliche Firmen haben Elemente japanischer Managementmethoden übernommen:

Arbeitskräfte auf den unteren Rängen werden von den Managern stärker in Entscheidungen eingebunden; das Entgelt und die Verantwortung richten sich nach den Dienstjahren, und es wird weniger die Leistung des Einzelnen als vielmehr die ganzer Gruppen beurteilt.

7. Zwei wichtige Formen globaler Organisationen sind Internationale Regierungsorganisationen (IGOs) und Internationale Nichtregierungsorganisationen (INGOs). Beide spielen eine immer wichtigere Rolle in der heutigen Welt und IGOs – vor allem die Vereinten Nationen – werden möglicherweise in dem Maße zu Schlüsselorganisationen, in dem die Geschwindigkeit der Globalisierung zunimmt.

8. Große Wirtschaftsunternehmen beherrschen die modernen kapitalistischen Ökonomien. Wenn eine Firma einen Industriezweig dominiert, dann verfügt sie über ein Monopol. Häufiger ist das Oligopol, bei dem eine kleine Gruppe größerer Unternehmen einen Industriezweig beherrscht. Wegen ihres Einflusses auf die Politik der Regierungen und aufgrund des Verbrauchs von Gütern haben die großen Wirtschaftsunternehmen eine tief greifende Wirkung auf das Leben der Menschen.

9. Wirtschaftsunternehmen erlebten wegen der zunehmenden weltweiten Verflechtung (Globalisierung) in der jüngsten Vergangenheit tief gehende Veränderungen. Das moderne Unternehmen ist vermehrt ein Netz von Unternehmen, das viele kleinere Formen miteinander verbindet und nicht mehr ein einzelnes Riesenunternehmen bildet.

10. Multinationale oder transnationale Unternehmen (Multis) sind über nationalstaatliche Grenzen hinweg tätig. Die größten unter ihnen verfügen über eine unglaubliche wirtschaftliche Macht. Die Hälfte der 100 größten wirtschaftlichen Einheiten sind keine Staaten, sondern private Firmen.

11. Die neue Informationstechnologie ändert die Arbeitsweise von Organisationen. Viele Aufgaben können nun vollständig elektronisch erledigt werden, ein Umstand, der es Organisationen erlaubt, Zeit und Raum zu überwinden. Die physischen Grenzen von Organisationen lösen sich wegen der Möglichkeiten der neuen Technologie auf. Viele Organisationen arbeiten heute als lose Netzwerke, anstelle von in sich abgeschlossenen Einheiten.

12. Netzwerke sind eine breite Quelle von direkten und indirekten Beziehungen, darunter auch solchen, die für Wirtschaft und Politik besonders bedeutend sind. Frauen, ethnische Minderheiten und Personen mit geringem Einkommen haben typischerweise weniger leicht Zugang zu den wichtigsten wirtschaftlichen und politischen Netzwerken.

13. Sozialkapital umfasst das Wissen und die Beziehungen, die es Menschen ermöglichen, mit anderen zum gemeinsamen Vorteil zu kooperieren und ihren Einfluss auszuweiten. Einige Sozialwissenschaftler, die sich in ihren Studien vor allem auf die USA bezogen, meinen, dass das Sozialkapital seit den 1970er Jahren abgenommen habe, und befürchten, dass dieser Prozess das politische und soziale Engagement der Bürger schwächen könnte.

Glossar

Bürokratie. Eine Organisation vom hierarchischen Typ, die die Form einer Autoritätspyramide annimmt. Der Ausdruck „Bürokratie" wurde von Max Weber populär gemacht. Nach Weber ist die Bürokratie der effizienteste Typus der menschlichen Organisation in größerem Maßstab. Wenn Organisationen größer werden, so Weber, dann tendieren sie unvermeidlicherweise dazu, in immer stärkerem Ausmaß bürokratisiert zu werden.

Familienkapitalismus. Phase der kapitalistischen Entwicklung, die durch Unternehmen charakterisiert ist, die sich im Familienbesitz befinden und von Mitgliedern dieser Familien geleitet werden.

Finanzmarktkapitalismus. Phase der kapitalistischen Entwicklung, die durch die Dominanz von Aktienbesitz, kurzfristigen Beteiligungen an Unternehmungen, Firmenübernahmen mit dem Ziel der kurzfristigen Erzielung von Gewinnen aus dem eingesetzten Kapital charakterisiert ist. Das Kapital wird vor allem in Finanzprodukte (Derivate, Hedgefonds u.a.) und viel weniger in die Realwirtschaft gelenkt. Kritiker bezeichnen das auch als Kasinokapitalismus, um deutlich zu machen, dass die Gewinnerwartungen sehr stark von Schwankungen der Aktienbörsen abhängen.

Human Resource Management (HRM). Eine Richtung der Managementtheorie, die die Begeisterung und die Einsatzfreude der Mitarbeiter für den Erfolg der Unternehmen für zentral erachtet. HRM-Zugänge trachten danach, bei den Beschäftigten das Gefühl zu fördern, sie hätten in das sie beschäftigende Unternehmen und dessen Produkte investiert.

Idealtyp. Ein „reiner Typ", der gewonnen wird, indem man bestimmte Merkmale eines sozialen Sachverhaltes isoliert, die nicht unbedingt in der Wirklichkeit realisiert sind. Die Merkmale sind Definitionsmerkmale und nicht unbedingt wünschenswerte Eigenschaften. Ein Beispiel ist Max Webers Idealtyp der bürokratischen Organisation.

Institutioneller Kapitalismus. Phase der kapitalistischen Entwicklung, in welcher die großen Unternehmen eng miteinander verflochten sind: Manager der einen Firma sitzen in den Aufsichtsräten anderer Firmen, Banken halten Beteiligungen an verschiedenen Unternehmen und sind ebenso in den Aufsichtsräten vertreten.

Internationale Arbeitsteilung. Der Ausdruck bezieht sich auf die Verflechtung von Ländern oder Regionen, die auf globalen Märkten tätig werden. Die Spezialisierung in der Herstellung von Gütern für den Weltmarkt führt zu einer Teilung des Weltmarktes in Produzenten von Industriegütern und Lebensmitteln und von Regionen mit hoch und niedrig qualifizierten Arbeitskräften.

Internationale Nichtregierungsorganisationen (INGO). Organisationen, die durch Initiative von Einzelpersonen und privaten Organisationen entstanden sind und oft mit sozialen Bewegungen verbunden sind. Beispiele: Amnesty International, Greenpeace, ATTAC.

Internationale Regierungsorganisationen (International Governmental Organization, IGO). Organisationen, die aus Verträgen zwischen Nationalstaaten entstanden sind. Beispiele: Weltpostverein, UNO, WTO, NATO.

Managerkapitalismus. Phase der kapitalistischen Entwicklung, in der Manager (leitende Angestellte) eine entscheidende Rolle bei der Führung der Unternehmen haben und oftmals mehr Einfluss besitzen als die formellen Eigentümer, wie beispielsweise bei jenen Firmen, deren Aktienbesitz breit gestreut ist.

Monopol. Eine Situation, in der ein Markt von einem einzigen Unternehmen beherrscht wird.

Multinationale Konzerne. Wirtschaftsunternehmen, deren Aktivitäten sich auf zwei oder mehr Länder erstrecken.

Netzwerke. Ein System von formellen oder informellen Beziehungen, das eine große Zahl von Individuen (oder Organisationen) miteinander verknüpft.

Oligopol. Eine Situation, in der ein Markt von einigen wenigen Unternehmen beherrscht wird.

Organisation. Eine große Gruppe von Individuen, die in festgelegten Autoritätsbeziehungen zueinanderstehen. In Industriegesellschaften gibt es viele verschiedene Typen der Organisation, die sich auf die meisten Lebensbereiche auswirken. Zwar sind nicht alle Organisationen Bürokratien im technischen Sinn, doch gibt es enge Verbindungen zwischen der Herausbildung von Organisationen und bürokratischen Tendenzen.

Rationalisierung. Ein von Weber verwendeter Begriff, um den Prozess zu bezeichnen, durch den Formen der präzisen Kalkulation und Organisation, die auf abstrakten Regeln und Verfahren beruhen, in zunehmendem Ausmaß die soziale Welt dominieren.

Sozialkapital. Das soziale Wissen und die Verbindungen, die Menschen in die Lage versetzen, ihre Ziele zu erreichen und ihren Einfluss zu vergrößern.

Totale Institution. Ein Begriff, der von Erving Goffman eingeführt wurde, und jene sozialen Einrichtungen bezeichnet, wo Insassen gezwungenermaßen (oder auch freiwillig) ihr gesamtes Leben abgeschottet von der sozialen Umwelt und zumeist unter Aufsicht von Personal verbringen. Beispiele: psychiatrische Klinik, Gefängnis, Kloster, Konzentrationslager, Krankenhaus, Pflegeheim.

Überwachung. Beobachtung der Aktivitäten von Individuen oder Gruppen durch andere, um die Einhaltung von Vorschriften zu gewährleisten.

Überwachungsgesellschaft. Eine Gesellschaft, in der Individuen regelmäßig beobachtet und ihre Aktivitäten dokumentiert werden. Die Ausbreitung von Videokameras auf Straßen und in Geschäften ist ein Aspekt der Ausweitung der Überwachung.

Unternehmenskultur. Eine Richtung der Managementtheorie, die Produktivitätssteigerung und Wettbewerbsfähigkeit durch die Schaffung eines Musters unverwechselbarer Einstellungen, die von allen Beschäftigten geteilt werden, erzielen will. Um die Loyalität zum Unternehmen zu sichern und um den Stolz auf die eigenen Arbeit zu fördern, arbeitet das Management gemeinsam mit den Beschäftigten an der Ausbildung dieser organisierten Kultur, die Rituale, Feiern und Traditionen umfasst.

Unternehmer. Eigentümer eines Unternehmens, der dieses auch leitet. Erfolgreiche Unternehmer suchen und finden neue Betätigungsfelder oder kreieren neue Produkte.

Unternehmen. Ein auf Profit gerichtetes Wirtschaftsunternehmen, das sich im Besitz eines Unternehmers oder im Eigentum von Aktionären befindet.

Wohlfahrtskapitalismus. Phase der kapitalistischen Entwicklung, in der Unternehmungen ihre Beschäftigten langfristig an sich binden und so vor den Wechselfällen des (Arbeits-)Marktes schützen.

Weiterführende Literatur

Castells, Manuel (2001), *Der Aufstieg der Netzwerkgesellschaft*, 3 Bde., Opladen: Leske+Budrich.

Allmendinger, Jutta &Thomas Hinz, Hg. (2002), *Organisationssoziologie*, Kölner Zeitschrift für Soziologie und Sozialpsychologie, Sonderheft 42, Opladen: Westdeutscher Verlag.

Filme zum Thema

„Brazil" (Großbritannien 1985), Regie: Terry Gilliam

„Der Pate" (USA 1972), Regie: Francis Ford Coppola

„Das Leben der Anderen" (Deutschland 2006), Regie: Florian Henckel von Donnersmarck

„1984" (Großbritannien 1984), Regie: Michael Radford

16

Arbeit und Wirtschaftsleben

Es ist sechs Uhr abends – die Nachtschicht hat begonnen. Die Erzfahrer schieben den ersten Karren Richtung Hochofen. Am Einserofen wird heute Graueisen gemacht. Dazu sind per Gicht etwa zehn Wagen Koks, fünf Wagen Erz, ein Wagen Kohle und ein Wagen Kalkstein nötig, im Ganzen etwa 37 Meterzentner Erz und 28 Meterzentner Koks. Diese werden von 109 Koksfahrern, fünf Erzfahrern, zwei Steineführern und zwei Kohleführern herbeigeschafft. Bei der Schale, wie der Aufzug kurz genannt wird, nimmt der Einschalter die Wagen in Empfang, die vorher vom Erzabwäger, der sein eintöniges Leben im kleinen Wagenhüttel neben der Schale verbringt, auf ihr Gewicht überprüft werden. Der Einschalter hat auch die Verpflichtung, das Klaubeisen, das ist der Roheisenabfall aus der Gusshalle, auf die Wagen zu werfen, damit es nicht verloren gehe. Der Erzabwäger hat einen Schichtlohn von drei Kronen und zwei Kronen für jede Übergicht, das ist jede Gicht, die über die 32 Normalgichten auf beiden Öfen gemacht wird. Alle übrigen mit der Zufuhr beschäftigten Personen haben einen Gichtlohn von drei Kronen und ebenfalls zwei Kronen für die Übergicht, die ebenso berechnet wird, oft zum nicht geringen Schaden der Materialführer. Normal müsste jeder Ofen in 24 Stunden 16 Gichten machen, was darüber wäre, hätte als Übergicht zu gelten. Da bei der Berechnung aber nur die Gesamtleistung beider Öfen gilt, kann ein technisches Gebrechen bei dem einen Ofen die Materialführer des anderen sehr schädigen. Es kann vorkommen, dass der Einserofen 20 Gichten und der Zweierofen nur zehn Gichten macht. Die Materialfahrer hätten also beim Einserofen auf vier Übergichten Anspruch, dass heißt auf acht Kronen, was bei Arbeitern, die ihre ganze Arbeitskraft um zwölf Kronen per Stunde verkaufen müssen, schon etwas ausmacht.

Die Zeitdifferenz zwischen zwei Abstichen beträgt in der Regel drei bis vier Stunden, und in dieser Zeit werden, wieder in der Regel, sechs bis sieben Gichten per Ofen gemacht. Gibt es aber technische Störungen, zum Beispiel, dass das eingeworfene Material im Ofen hängen bleibt und nicht in die Schmelzzone kommt oder dass der Abstich missglückt und eine „Sau" herauskommt, das heißt, dass das abfließende Eisen nicht die vorgebahnten Wege geht, sondern dass es den Raum zwischen Ofen und Gusshalle als entfesseltes Element überflutet – kommen solche Störungen vor, dann leidet darunter der Lohn aller, die beim Hochofen beschäftigt sind. Die Prämien, welche die beständige Peitsche für die im Festlohn Arbeitenden sind, entfallen. Sie entfallen, wenn sich auch die andere Partie noch so sehr abschindet und martert, um einige Kreuzer über den normalen Hungerlohn zu verdienen.

Seit Max Winters 1900 veröffentlichter Reportage über das Leben der Schwechater Hochofenarbeiter (hier leicht adaptiert zitiert nach dem Wiederabdruck in Winter 1988, S. 52f.) hat sich die Natur der Arbeit grundlegend geändert. Für viele von uns sind die Arbeitsverhältnisse, die der sozialdemokratische Reporter schilderte, kaum mehr vorstellbar, jedenfalls aber gänzlich verschieden von den Arbeiten, die wir kennen oder die wir schon einmal ausgeübt haben. Dieses Kapitel untersucht die Entwicklung der

Arbeit in der modernen Gesellschaft und die Strukturen moderner Volkswirtschaften. Daran anschließend widmen wir uns einigen jüngeren Trends
der Arbeitswelt. Zuerst jedoch müssen wir genauer betrachten, was denn
eigentlich gemeint ist, wenn wir den Ausdruck „Arbeit" verwenden.

Was ist Arbeit? Bezahlte und unbezahlte Arbeit

Wir denken oft, dass Arbeit gleichbedeutend mit bezahlter Beschäftigung
ist, doch handelt es sich hierbei um eine Vereinfachung. Unbezahlte Arbeit
(wie z.B. das Reparieren des eigenen Autos oder die Hausarbeit) spielt im
Leben vieler Menschen eine bedeutsame Rolle. Viele Arten von Arbeit passen nicht in die herkömmliche Kategorie der bezahlten Beschäftigung. Ein
Großteil der Arbeit, die in der informellen Ökonomie verrichtet wird, findet in der offiziellen Beschäftigungsstatistik keinen direkten Niederschlag.
Der Ausdruck informelle Ökonomie bezieht sich auf Transaktionen außer-   **informelle Ökonomie**
halb des regulären Beschäftigungssystems, wobei manchmal Dienstleis-
tungen gegen Geld, oft aber auch Güter und Dienstleistungen direkt getauscht werden.

Wenn jemand vorbeikommt, um das Fernsehgerät zu reparieren, so kann
es etwa vorkommen, dass er bar bezahlt wird, ohne dass eine Rechnung
ausgestellt oder irgendwelche Details über die Arbeitsleistung aufgezeichnet werden. Leute tauschen „billige" – also veruntreute oder gestohlene –
Waren mit Freunden oder Bekannten, die sich ihnen in anderer Weise er-
kenntlich zeigen. Die informelle Ökonomie beinhaltet neben „verborgenen" Geldtransaktionen auch viele Formen der Selbstversorgung innerhalb oder außerhalb des Heims. So liefern etwa die Aktivitäten der Heim-
werker und die Bedienung von Haushaltsmaschinen und -geräten Güter
und Dienstleistungen, die ansonsten über den Markt beschafft werden
müssten (Gershuny und Miles 1983). Hausarbeit, die traditionellerweise
zumeist von Frauen verrichtet wurde, ist im Allgemeinen unbezahlt. Sie
stellt jedoch dennoch Arbeit dar, und zwar sehr häufig harte und anstrengende Arbeit. Ohne Freiwilligenarbeit für wohltätige Organisationen würden viele Dienstleistungen teurer und stünden daher nur jenen zur Verfügung, die für sie zahlen könnten. Einen bezahlten Job zu haben, ist aus all
den angeführten Gründen wichtig – doch die Kategorie der „Arbeit" ist
um einiges weiter gefasst.

Arbeit – bezahlte oder unbezahlte – kann als die Verrichtung von Auf-   **Arbeit**
gaben definiert werden, bei der geistige und körperliche Energie aufgewendet wird; diese Aufgaben haben zum Ziel, Güter und Dienstleistungen hervorzubringen, die auf menschliche Bedürfnisse gerichtet sind. Eine
Beschäftigung oder ein Job ist regelmäßige Arbeit, die im Austausch ge-   **Beschäftigung**
gen geregelten Lohn oder Gehalt verrichtet wird. Arbeit ist in allen Kulturen die Grundlage der Ökonomie. Das Wirtschaftssystem besteht aus je-   **Ökonomie**
nen Institutionen, die die Erzeugung und Verteilung von Gütern und
Dienstleistungen sicherstellen.

Die soziale Organisation der Arbeit

Arbeitsteilung

Eines der charakteristischsten Merkmale des Wirtschaftssystems moderner Gesellschaften ist die Herausbildung einer sehr komplexen und vielfältigen Arbeitsteilung: Arbeit wird in eine gewaltige Zahl verschiedener Berufe zerlegt, auf die sich Menschen spezialisieren. In den traditionellen Gesellschaften beruhte die nichtlandwirtschaftliche Arbeit auf der Beherrschung eines Handwerks, und die dazu erforderlichen Fertigkeiten wurden in einer langwierigen Lehrzeit erworben. Der Arbeiter war im Allgemeinen vom Anfang bis zum Ende für alle Aspekte des Produktionsprozesses zuständig. Der Schmied, der einen Pflug herstellte, pflegte das Eisen zu schmieden, zu formen und das Gerät zusammenzubauen. Mit dem Aufstieg der modernen industriellen Produktion sind die meisten Formen des traditionellen Handwerks zur Gänze verschwunden. Ein Elektriker, der heute in einem Industriebetrieb arbeitet, überprüft oder wartet z.B. nur einige Teile einer bestimmten Maschine, während sich andere Elektriker um andere Aufgaben und um andere Maschinen kümmern.

Die modernen Gesellschaften erlebten auch einen Wechsel des Ortes, an dem gearbeitet wurde. Vor der Industrialisierung fand die überwiegende Mehrheit der Arbeit zu Hause statt und wurde von allen Mitgliedern eines Haushaltes gemeinsam erbracht. Fortschritte der industriellen Technologie, wie Maschinen, die mit Elektrizität oder Kohle betrieben wurden, trugen zur Trennung von Heim und Arbeit bei. Im Besitz von Unternehmern befindliche Fabriken wurden zum Brennpunkt der industriellen Entwicklung: Maschinen und Arbeitsgeräte wurden in ihnen konzentriert, und

Massenproduktion

die Massenproduktion von Gütern begann kleine Handwerksbetriebe zu verdrängen. Leute, die Arbeit in Fabriken suchten, durchliefen oft eine Ausbildung, um spezialisierte Aufgaben auszuführen und erhielten einen Lohn für ihre Arbeit. Die Leistungen der Beschäftigten wurden von Vorgesetzten kontrolliert und das Management suchte ständig nach Möglichkeiten, die Produktivität und die Disziplin der Arbeiter zu erhöhen.

Der Unterschied zwischen der Arbeitsteilung in vormodernen und industriellen Gesellschaften ist tatsächlich sehr groß. Sogar in den größten traditionellen Gesellschaften existierten im Allgemeinen nicht mehr als 20 oder 30 wichtige Formen des Handwerks, zusammen mit einigen wenigen anderen spezialisierten Aktivitäten, wie jenen des Händlers, des Soldaten oder des Priesters. In einem modernen industriellen System gibt es buchstäblich Tausende unterschiedliche Berufe. Die International Standard Classification of Occupations (ISCO) der ILO (International Labour Organization) versucht, alle Berufe systematisch zu ordnen. Für 2008 ist eine neue, die seit 1958 mittlerweile vierte Version in Vorbereitung, die auf einer vierstufigen Klassifikation beruht. Beispielsweise ist „4214 Inkassobeauftragter und vergleichbare Beschäftigte" eine Unterkategorie von „421 Kassierer, Geldeintreiber und verwandte Angestellte und ähnliche Beschäftigte", die wiederum eine Untergruppe von „42 Kundenbetreuer" bildet, die ihrerseits zur Obergruppe „4 Kundenbezogene und verwandte Berufe" gehört (ILO 2008). In vormodernen Gemeinschaften war ein Großteil der Bevölkerung (der sich der Landwirtschaft widmete) wirtschaftlich autark; Nahrungsmittel, Kleidung und andere Lebensnotwendigkeiten wurden für den Eigenbedarf erzeugt. Im Gegensatz dazu ist es ein Hauptmerkmal moderner Gesellschaften, dass die wirtschaftliche Verflechtung in enormem Ausmaß zugenommen hat. Jeder von uns hängt von einer Unzahl anderer Arbeiter ab – ein Netz, das sich heute über die ganze Welt erstreckt –, will er über jene Produkte und Dienstleistungen verfügen, die zur Erhaltung des Lebens notwendig sind. Die große Mehrheit der Menschen in modernen Gesellschaften ist, bis auf wenige Ausnahmen, nicht damit befasst, die Nahrung zu erzeugen, die sie verzehrt, die Wohnungen zu erbauen, in denen sie lebt, oder die materiellen Güter herzustellen, die sie konsumiert.

wirtschaftliche Verflechtung

Die frühen Soziologen schrieben ausführlich über die möglichen Folgen der Arbeitsteilung – sowohl für Individuen als auch für die Gesellschaft als Ganzes. Karl Marx war einer der Ersten, der die Vermutung äußerte, dass die Entwicklung der modernen Industrie die Arbeit für den Menschen auf eine öde, wenig anspruchsvolle Tätigkeit reduzieren würde. Nach Marx entfremdet die Arbeitsteilung die Menschen von ihrer Arbeit. Für ihn ist Entfremdung die Reaktion der Produzenten gegenüber den Produkten der eigenen Arbeit, wobei den Arbeitenden die Ergebnisse ihrer Tätigkeit nicht mehr als die von ihnen hergestellten Produkte, sondern als fremd gewordene Waren gegenübertreten. Das Produkt menschlicher Arbeit erscheint den Produzenten nicht mehr als ein wertvolles Gebrauchsgut, sondern nur noch als Ware, und sie selbst werden in gleicher Weise zu Waren, deren Preis der Markt diktiert. Dabei war Marx sich bewusst, dass in vormodernen Gesellschaften Arbeit häufig erschöpfend war – Bauern arbeiteten oft von Sonnenaufgang bis nach Sonnenuntergang. Und doch hatten die Bauern Kontrolle über ihre Arbeit, was allerhand Wissen und Fertigkeiten voraussetzte. Viele Industriearbeiter haben im Gegensatz dazu nur sehr wenig Kontrolle über ihre Arbeit, sie tragen nur einen verschwindend kleinen Teil zum Endprodukt bei und haben keinen Einfluss darauf, an wen dieses Produkt dann zu welchem Preis verkauft wird. Marxisten meinen, dass Arbeitern, wie den eingangs beschriebenen Hochofenarbeitern, ihre eigene Arbeit fremd wird, als eine Aufgabe, die nur deswegen ausgeführt wird, weil sie einen Lohn einbringt, die aber intrinsisch unbefriedigend ist.

Entfremdung

Durkheim vertrat eine optimistischere Sicht der Arbeitsteilung, obwohl auch er einräumte, dass sie schädliche Folgen haben könne. Nach Durkheim führt die Spezialisierung der Rollen zu einer Stärkung der Solidarität in den sozialen Gemeinschaften. Statt isoliert, selbstversorgend nebeneinander zu leben, würden Menschen, weil sie wechselseitig aufeinander angewiesen sind, miteinander in Austausch treten. Die Solidarität würde durch die vielfachen Beziehungen zwischen Herstellung und Nutzung von Gütern intensiviert werden. Durkheim betrachtete dieses Arrangement als funktional, obwohl er sich dessen bewusst war, dass die soziale Solidarität zerstört werden könnte, wenn der soziale Wandel zu abrupt erfolge. In

Mehr über Marx und Durkheim in Kapitel 1 – Was ist Soziologie?

diesem Fall würde das auftreten, was Durkheim Anomie nannte, ein weitverbreitetes Gefühl der Normlosigkeit.

Taylorismus und Fordismus

Vor ungefähr zwei Jahrhunderten stellte Adam Smith (1723–1790) fest, dass die Arbeitsteilung eine Erhöhung der Produktivität mit sich bringt. Smith war einer der Gründungsväter der modernen Wirtschaftswissenschaften. Sein berühmtestes Werk, *Der Wohlstand der Nationen* (An Inquiry into the Nature and Causes of the Wealth of Nations [1776] 2005), beginnt mit einer Beschreibung der Arbeitsteilung in einer Nadelfabrik. Ein einzelner Arbeiter konnte vielleicht 20 Nadeln am Tag herstellen. Durch die Zerlegung des Arbeitsablaufs in eine Anzahl einfacher Arbeitsgänge waren jedoch zehn Arbeiter, die in Abstimmung aufeinander spezialisierte Arbeitsgänge erledigten, in der Lage, 48.000 Nadeln täglich zu produzieren. Der Arbeitsausstoß des einzelnen Arbeiters stieg in anderen Worten von 20 auf 4.800 Nadeln, wobei jeder spezialisierte Mitarbeiter 240-mal so viel produzierte, wie es einem einzelnen Arbeiter oder einer einzelnen Arbeiterin möglich gewesen wäre.

Mehr als ein Jahrhundert später erreichten diese Ideen in der Arbeit von Frederick Winslow Taylor (1856–1915), einem der ersten Unternehmensberater in Amerika, ihre Hochblüte. Taylors Ansatz der, wie er es nannte, wissenschaftlichen Betriebsführung beruhte auf der detaillierten Untersuchung industrieller Abläufe, um sie in einfache Arbeitsgänge zu zerlegen, die zeitlich genau erfasst und organisiert werden können (Taylor [1911] 2004). Der Taylorismus, wie die wissenschaftliche Betriebsführung später genannt wurde, war kein bloßes akademisches Betätigungsfeld. Es war ein Produktionssystem, das den industriellen Output maximieren sollte, und hatte in vielen Ländern weitverbreitete Auswirkungen auf die Organisation der industriellen Produktion und Technologie und die Gestaltung der industriellen Arbeitsplätze. Taylors Zeit- und Bewegungsstudien führten dazu, dass den Arbeitern die Kontrolle über das Wissen, wie produziert wurde und wie die Produktionsprozesse gestaltet wurden, entzogen wurde. Dieses Wissen wurde auf der Seite des Managements monopolisiert und untergrub die handwerkliche Grundlage der früheren Produktionsformen. Dadurch wurde die Autonomie der Produzenten ausgehöhlt und die Macht der Firmenleitungen verstärkt (Braverman [1974] 1977). Der Taylorismus wurde deshalb in Verbindung mit Phänomenen wie der Dequalifizierung und Degradierung der Arbeit gebracht.

Taylorismus

Die Prinzipien des Taylorismus wurden vom Industriellen Henry Ford (1863–1947) übernommen und in die Praxis umgesetzt. Ford errichtete seine erste Fabrik in Highland Park, Michigan, im Jahr 1908. Dort wurde ein einziges Produkt hergestellt – der Ford Modell T –, was es ermöglichte, spezialisierte Werkzeuge und Maschinen zu verwenden, die so konstruiert waren, dass sie schnelle, präzise und einfache Arbeitsgänge zuließen. Eine von Fords bedeutsamsten Innovationen stellte die Konstruktion eines Fließbandes dar – von dem es heißt, seine Vorbilder wären die Schlachthöfe von Chicago gewesen, wo Tierkörper auf einem Förderband Stück für Stück „zerlegt" wurden. Jeder Arbeiter an Fords Fließband hatte eine spezifische Aufgabe, wie etwa die Montage der linken Türklinke, während sich die Autos am Fließband entlangbewegten. Bis zum Jahr 1929, als man die Produktion des Modells T einstellte, wurden 15 Millionen Autos hergestellt.

Ford war einer der Ersten, der erkannte, dass die Massenproduktion einen Massenmarkt benötigt. Er überlegte, dass, wenn standardisierte Güter wie Autos in immer größerer Zahl hergestellt würden, es auch nötig wäre, eine Käuferschaft zu haben, die in der Lage wäre, diese Güter zu erwerben. 1914 setzte Ford in seiner Fabrik in Dearborn, Michigan, den damals gänzlich ungewöhnlichen Schritt und erhöhte von sich aus die Löhne auf fünf US-Dollar für einen Achtstundentag – eine sehr großzügige Lohnerhöhung, die im Jahr 2005 einem Gegenwert von 437 US-Dollar entspricht, wenn man als Basis des Vergleichs die damaligen und heutigen Löhne für ungelernte Arbeiter heranzieht. Diese Lohnerhöhung erlaubte es den Ford-Arbeitern nicht nur Ford-T-Modelle herzustellen, sondern ein solches Auto auch selbst zu erwerben. Harvey schreibt dazu:

> Die Absicht hinter dem Lohn von 5 US-Dollar für einen achtstündigen Arbeitstag bestand nur zum Teil darin sicher zu stellen, dass die Disziplin, die nötig war, um möglichst produktiv an einem Fließband zu arbeiten, aufrecht erhalten wurde. Zugleich bedeutete das für die Arbeiter über ein Einkommen verfügen zu können, um die massenhaft hergestellten Produkte zu konsumieren, die die Unternehmen in immer größerer Zahl immer rascher produzierten. (Harvey 1989, S. 126)

Ford stellte auch Sozialarbeiter ein, die zu den Arbeitern nach Hause geschickt wurden, um diese beim Erlernen der richtigen Art zu konsumieren zu unterweisen.

Als Fordismus bezeichnet man das System der Massenproduktion, das eng verbunden ist mit der Schaffung eines Massenmarktes. In bestimmten **Fordismus** Kontexten wird der Ausdruck mit einer spezifischeren Bedeutung verwendet; dann meint man damit die historische Periode in der Entwicklung des Kapitalismus nach dem Zweiten Weltkrieg: Massenproduktion in Verbindung mit der Stabilität der Arbeitsbeziehungen und einem hohem Grad gewerkschaftlicher Organisation. In dieser Deutung des Fordismus gehen Unternehmen langfristige Verpflichtungen gegenüber Arbeitern ein, und die Löhne sind eng an das Wachstum der Produktivität geknüpft. *Kollektive Tarifverhandlungen* – Kollektivverträge zwischen Firmen und Gewerkschaften, in denen detailliert Löhne, Arbeitsbedingungen, Beförderungen und Vergünstigungen fixiert werden – sichern gleichzeitig die Einwilligung der Arbeiter, an automatisierten Fließbändern zu arbeiten *und* ausreichende Nachfrage nach massenweise hergestellten Gütern. Dieses System brach nach übereinstimmender Ansicht der meisten Beobachter in den 1970er Jahren zusammen und wurde durch Arbeitsbedingungen ersetzt, die höhere Flexibilität und größere Unsicherheit mit sich brachten.

Die Grenzen von Fordismus und Taylorismus

Der Niedergang des Fordismus ist sehr vielschichtig und wurde heftig diskutiert. Als Firmen in vielen verschiedenen Ländern die fordistischen Produktionsmethoden zu übernehmen begannen, zeigten sich alsbald bestimmte Grenzen dieses Systems. Es gab eine Zeit, da der Fordismus die wahrscheinliche Zukunft weiter Bereiche der industriellen Produktion darzustellen schien. Dies ist nicht eingetreten. Das System kann nur in jenen Industrien angewendet werden, die standardisierte Produkte für große Märkte herstellen, wie beispielsweise Autos. Die Errichtung mechanisierter Fließbänder ist außergewöhnlich kostspielig. Ist ein fordistisches System jedoch einmal eingerichtet, dann ist es ziemlich starr – um z.B. ein Produkt zu verändern, sind im Allgemeinen bedeutende Neuinvestitionen erforderlich. Darüber hinaus ist die fordistische Produktion relativ leicht nachzuahmen, wenn genügend Geld vorhanden ist, um die Fabrik zu errichten. Firmen in Ländern, wo Arbeitskraft teuer ist, haben es dann ziemlich schwer, mit jenen zu konkurrieren, wo die Löhne niedriger sind. Dieser Faktor spielte beim Aufstieg der japanischen Autoindustrie eine Rolle (obwohl die japanischen Löhne heute keinesfalls mehr niedrig sind) und in der jüngeren Vergangenheit bei jenem Südkoreas; in absehbarer Zukunft werden indische und chinesische Autos den westlichen Markt überschwemmen.

Industrieller Konflikt

Konflikte zwischen Arbeitern und jenen, die sie wirtschaftlich oder politisch beherrschen, gibt es seit Langem. Unruhen gegen Einberufungsbefehle oder Steuererhöhungen und Hungerdemonstrationen im Gefolge von Missernten und Preiserhöhungen waren in den Städten Europas sehr häufig. Diese „vormodernen" Protestformen setzten sich bis ins 20. Jahrhundert fort. In den ersten Jahren nach dem Ende des Ersten Weltkrieges kam es an vielen Orten Deutschlands und Österreichs zu Hungerdemonstrationen, die häufig in gewaltsame Auseinandersetzungen zwischen Demonstranten und der Polizei übergingen, an deren Ende oft Tote auf den Straßen lagen. Diese traditionellen Formen der Konfliktaustragung waren keinesfalls selten und durchaus keine irrationalen Ausbrüche von Gewaltbereitschaft: Die Drohung mit Gewalt hatte oft zur Folge, dass die Forderungen erfüllt und die Preise für Brot und andere Nahrungsmittel gesenkt wurden (Rudé [1964] 1979).

Industrielle Konflikte zwischen Arbeitern und Unternehmern folgten anfangs diesen älteren Mustern. Im Fall von Auseinandersetzungen verließen Arbeiter ihre Arbeitsplätze und versammelten sich in Massen auf den Straßen, wo sie ihre Unzufriedenheit durch Krawall und gelegentliche Gewaltakte artikulierten. Aus dieser Zeit stammt die durchaus berechtigte Angst des Bürgertums vor den Massen, wurden doch in Frankreich im späten 19. Jahrhundert sogar gelegentlich verhasste Arbeitgeber von den rebellierenden Massen gehängt (Holton 1978; in den frühen Beiträgen zur Massenpsychologie und Soziologie der Masse findet man ein Echo auf diese Sorge). Der *Streik*, den wir heute als Instrument der organisierten Auseinandersetzung zwischen Arbeitgeberverbänden und Gewerkschaften kennen, entwickelte sich erst langsam und durchaus sprunghaft.

Streiks

Wir können den **Streik** als eine vorübergehende Niederlegung der Arbeit definieren, an der sich eine größere Gruppe von Beschäftigten beteiligt, die damit ihrer Unzufriedenheit über Arbeitsbedingungen oder ihre Forderung nach Lohnerhöhungen unterstreichen wollen. Alle Elemente dieser Definition sind wichtig, um Streiks von anderen Formen der Opposition oder der Konfliktaustragung zu unterscheiden. Ein Streik ist *vorübergehend*, weil die Streikenden vorhaben, nach Erreichen ihrer Ziele die Arbeit wieder aufzunehmen; Kündigungen durch Arbeiter erfolgen zwar manchmal aus denselben Motiven wie Streiks, sind aber davon zu unterscheiden. Die *Niederlegung* *der Arbeit* ist etwas anderes als das als Protestmittel auch bekannte langsamere Arbeiten (der sogenannte Bummelstreik), „Arbeit nach Vorschrift" oder die Weigerung, Überstunden zu machen – im Streikfall wird gar nicht gearbeitet. Es muss eine größere *Gruppe* von Beschäftigten beteiligt sein, da ein Streik eine kollektive Aktion ist und nicht die individuelle Antwort von Arbeitern. Schließlich muss es sich um *Beschäftigte* handeln, um den Streik von Protesten durch Mieter oder Studenten zu unterscheiden. Ein Streik hat unmittelbar wirtschaftliche Folgen für das bestreikte Unternehmen, während „streikende" Studenten niemandem vergleichbaren Schaden zufügen können. Schließlich gehört zu einem Streik, dass bestimmte *Forderungen* erhoben werden; wenn Beschäftigte, um ein Fußballspiel zu verfolgen, ihre Arbeitsplätze verlassen, kann man nicht sagen, sie seien im Streik.

Streiks sind nur eine Form der Konfliktaustragung zwischen Management und Arbeitern. Andere eng verwandte Formen reichen von verbalen Streitigkeiten bei Verhandlungen über Arbeitsbedingungen, über Aussperrungen (was das Unternehmen Beschäftigte von den Arbeitsplätzen fernhält. Zu diesem Mittel greifen Unternehmen dann, wenn die Streiks einer kleinen Zahl strategisch platzierter Beschäftigter den gesamten Produktionsablauf behindern, ohne dass die Mehrheit der Belegschaft offiziell mitstreikt), „Arbeit nach Vorschrift" bis zu anderen Verlangsamungen der Produktion, was zu einer Reduktion des Produktionsvolumens führt. Weniger organisierte Formen von Konflikten sind regelmäßige Entlassungen („Läuterung der Belegschaft" durch Entlassen der vermeintlich schlechtesten oder teuersten Arbeiter), Absentismus (an „blauen Montagen" wird krank gefeiert), oder Zerstörungen von Maschinen (die Maschinenstürmer der Frühzeit des Kapitalismus sprichwörtlich als jene, die neue, arbeitssparende Maschinen zerstörten, auch wenn Sozialhistoriker darauf hinwei-

sen, dass es sich bei dieser Bezeichnung oftmals um eine Karikatur der Motive der Protestierenden handelt).

Arbeiter treten aus verschiedenen Gründen in den Streik. Sie fordern höhere Löhne oder wollen Lohnkürzungen verhindern, protestieren gegen Änderungen des Produktionsablaufs oder artikulieren mit ihrem Protest andere, mit der Gestaltung der Arbeitsabläufe verbundene Anliegen und Forderungen. In allen Fällen handelt es sich beim Streik aber um einen Mechanismus der Machtausübung oder um eine Gegenwehr gegen die Macht der Herrschenden. Er ist eine Waffe in den Händen jener, die über wenig andere Mittel verfügen, Einfluss nehmen zu können und deren Leben weitestgehend von Entscheidungen anderer über ihre Arbeitsbedingungen bestimmt wird. Üblicherweise wird der Streik nur als allerletztes Mittel eingesetzt, das erst dann Verwendung findet, wenn alle anderen Bemühungen gescheitert sind. Der Grund dafür ist recht einfach: Streiks sind riskant und im Fall des Scheiterns lässt sich dieses Instrument nicht so schnell wieder einsetzen. Weiters bekommen Streikende keinen Lohn, Mitglieder von Gewerkschaften erhalten einen partiellen finanziellen Ersatz (Streikgeld).

Gewerkschaften

Obwohl sie nach Mitgliederzahlen, Organisationsform und Macht stark variieren, gibt es in allen westlichen Ländern **Gewerkschaften**, die heute als legitime Vertretung der Interessen der arbeitenden Bevölkerung akzeptiert sind. Das Streikrecht ist in manchen Staaten in der Verfassung verankert, in anderen Ländern ist es durch eigene Gesetze geregelt, mancherorts aber auch nur als soziale Praxis und Institution akzeptiert, ohne eigens in Gesetzen geregelt zu sein; oftmals haben Gerichte Entscheidungen getroffen, die die Streikpraxis in der Folge veränderte. Besonders umstritten ist die Tätigkeit von Streikposten, die Arbeitswillige davon abhalten wollen, aus der Streik-

front auszuscheren. Ihnen ist in den meisten Ländern nur verbale Überzeugungsarbeit erlaubt, obwohl es in der Praxis oft zu Rempeleien und Handgreiflichkeiten kommt.

Die Fantasie der Arbeiter und der Gewerkschaftsfunktionäre hat viele Formen kollektiven Protests hervorgebracht, die von Warnstreik (kurze Arbeitsunterbrechungen, die den Unternehmern zeigen sollen, dass sie mit mehr zu rechnen haben, wenn sie den Forderungen nicht nachgeben), Solidaritätsstreik (zur moralischen Unterstützung von Streikenden in anderen Regionen oder Branchen) bis zum politisch motivierten Generalstreik reichen (Letzterer zielt meist darauf ab, die Regierung zu Fall zu bringen; er wurde in der Vergangenheit von Theoretikern der Arbeiterbewegung wie Rosa Luxemburg als Beginn einer Revolution gesehen). Während in Österreich keine dieser Protestformen verboten ist, sind in Deutschland politische Streiks und Blockaden von Betrieben ausdrücklich verboten. Gesetzliche Beschränkungen sind in den meisten Staaten in Kraft und reichen von der Forderung nach friedlicher Konfliktaustragung bis zum Verbot des Aufstellens von Streikposten. Streiks von Soldaten sind verboten, ebenso mancherorts Streiks von leitenden Beamten sowie in Versorgungsbetrieben wie Krankenhäusern.

Eine wichtige Unterscheidung ist jene zwischen spontanen („wilden") und anerkannten Streiks. Nur wenn die Gewerkschaft den Streik anerkennt, ist sie auch gewillt und verpflichtet, an ihre Mitglieder Unterstützungszahlungen zu leisten. In der Praxis bedeutet das, dass die (Teile einer) Belegschaft eines Betriebes, in der ein Disput zwischen Arbeitern und Unternehmensführung ausgebrochen ist, sich als Erstes an den Betriebsrat (die gesetzlich vorgesehene, aber nicht überall eingerichtete Interessenvertretung der Belegschaft auf Betriebsebene) zu wenden hat (oder die Wahl eines Betriebsrates verlangen kann); wenn der Betriebsrat das Anliegen nicht unterstützt, sind alle weiteren Maßnahmen von Arbeitern mehr oder weniger illegal. Unterstützt der Betriebsrat das Anliegen und kommt es trotz Verhandlungen mit dem Unternehmen zu keiner Lösung, kann der Betriebsrat bei der Gewerkschaft um Genehmigung eines Streiks bitten. Bevor dieser tatsächlich ausgerufen werden kann, muss unter allen Gewerkschaftsmitgliedern der Belegschaft eine Urabstimmung abgehalten werden. Üblicherweise ist die Zustimmung von drei Viertel der Belegschaft und eine ausreichende Beteiligung nötig, um einen Streik ausrufen zu können. In den meisten Ländern kommt es heute zu Streiks meist nur im Rahmen von Tarifverhandlungen für bestimmte Regionen oder Branchen und eher selten in einzelnen Betrieben. Man kann daher sagen, dass die Strategie der industriellen Konflikte von einer reaktiven zu einer proaktiven weiterentwickelt wurde: Reaktive Streiks wenden sich (wie die Hungerdemonstrationen der vormodernen Zeit) gegen Missstände, die zu lange andauerten, während Streiks im Zusammenhang mit Tarifverhandlungen sich um die zukünftige Verteilung des wirtschaftlichen Erfolgs drehen.

Während es in Österreich eine Einheitsgewerkschaft gibt, existieren in Deutschland und vielen anderen Ländern mehrere oder Richtungsgewerkschaften. In einer Einheitsgewerkschaft arbeiten Vertreter verschiedener politischer oder religiösweltanschaulicher Überzeugungen in einer Organisation zusammen. Im Fall des Österreichischen Gewerkschaftsbundes (ÖGB) sind das Sozialdemokraten, christliche Gewerkschafter und einige kleinere Fraktionen der Kommunisten und Grünen. Der Deutsche Gewerkschaftsbund (DGB) ist mit rund sieben Mio. Mitgliedern den anderen Gewerkschaften zahlenmäßig weit überlegen. Der Deutsche Beamtenbund (DBB) ist eine Gewerkschaft, die, wie schon der Name sagt, vor allem im öffentlichen Dienst und heute auch unter Angestellten im öffentlichen und Dienstleistungssektor vertreten ist; er hat rund 1,3 Mio. Mitglieder. Der Christliche Gewerkschaftsbund (CGB) ist mit nur 300.000 Mitgliedern eine eher unbedeutende Gruppierung. In vielen Ländern haben Gewerkschaften, die nur eine Berufsgruppe vertreten, welche aber über eine hohe Interventionsmacht verfügt, an Bedeutung gewonnen. Die kleine Gewerkschaft Deutscher Lokomotivführer hat, obwohl sie nur 30.000 Mitglieder zählt, in den vergangenen Jahren große Aufmerksamkeit auf sich gezogen, weil ihre Streiks zwangsläufig den gesamten Bahnbetrieb lahmlegten.

Im Allgemeinen gilt als Maß der Stärke der Gewerkschaften der Anteil der Gewerkschaftsmitglieder unter allen Beschäftigten. Die Abbildung 16.1 zeigt, dass dieser Organisationsgrad in den vergangenen zwei Jahrzehnten überall zurückgegangen ist. In anderen Ländern ist der Organisationsgrad noch weitaus niedriger und wenn man ihn nach Branchen aufschlüsselt, variiert er ebenfalls sehr markant. Die österreichische Gewerkschaft der Eisenbahner war viele Jahre hinweg dafür berühmt, dass ihr Organisationsgrad 100 Prozent überstieg. Wie war das möglich? Zum einen gab es praktisch nur einen Betrieb, die staatseigene Bundesbahn, was die Rekrutierung der Mitglieder für die Gewerkschaft einfach machte, und zum anderen bleiben auch noch pensionierte Eisenbahner Gewerkschaftsmitglieder, weil sie bestimmte Leistungen, die nur Mitgliedern offenstehen, nicht missen wollten.

Mit der Mitgliedschaft bei einer Gewerkschaft sind zumeist materielle Leistungen in beide Richtungen verbunden. Mitglieder bezahlen einen fixen Anteil ihres Lohns an die Gewerkschaft und diese bietet ihren Mitgliedern nicht nur im Fall des Streiks einen teilweisen Lohnersatz, sondern auch verschiedene andere Leistungen, wie Rechtsberatung und -beistand, Ferienheime und andere Freizeitangebote sowie Mitgliederzeitungen. In den Sozialwissenschaften wurde die Frage der Mitgliedschaft in Gewerkschaften im Rahmen der Theorie des kollektiven Handelns behandelt. Gemäß dieser Theorie ist es im Fall von kollektiven Gütern für jeden Einzelnen rational, den eigenen Beitrag zu unterlassen (also beispielsweise einer Gewerkschaft nicht beizutreten), weil er vom Erfolg, den andere erzielen, nicht ausgeschlossen werden kann (Lohnabschlüsse gelten für alle und nicht nur für Gewerkschaftsmitglieder). Das damit verbundene Trittbrettfahrerproblem gibt es nicht nur bei Lohnverhandlungen, aber hier ist es besonders eindrücklich zu studieren. Als Reaktion auf diese Problematik, die Gewerkschaften schon bekannt war, ehe sie von Mancur Olson (1932–1998) in seiner einflussreichen Studie *Die Logik des kollektiven Handelns. Kollektivgüter und die Theorie der Gruppen* (Olson 1968) analysiert wurde, haben Gewerkschaften einige Gegenstrategien entwickelt, die von sozia-

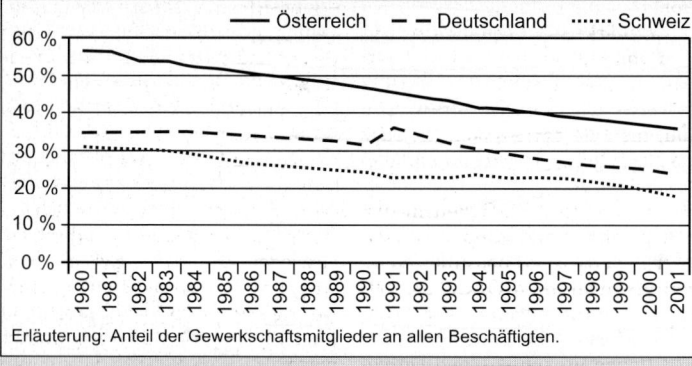

Erläuterung: Anteil der Gewerkschaftsmitglieder an allen Beschäftigten.

Abb. 16.1: Gewerkschaftlicher Organisationsgrad
Quelle: OECD.Stat, eigene Berechnung.

lem Druck auf Nichtmitglieder bis zu formellen Vereinbarungen mit den Unternehmen, nur Gewerkschaftsmitglieder einzustellen, reichen. Diese sogenannte „closed shop"-Praxis wurde in England lange Zeit praktiziert (im Unterschied zum „union shop", wo neu Eingestellte innerhalb einer bestimmten Frist einer Gewerkschaften beitreten müssen) und von Premierministerin Thatcher erfolgreich bekämpft und schließlich verboten. Der Europäische Gerichtshof für Menschenrechte hat in der Zwischenzeit „closed shop"-Vereinbarungen als Verstoß gegen die Koalitionsfreiheit für illegal erklärt: Das Recht sich zusammenzuschließen (das historisch die Entstehung von Gewerkschaften erst ermöglichte) schließt das Recht, darauf zu verzichten, ein.

Die Entstehung der Gewerkschaftsbewegung im 19. Jahrhundert war eine Folge der Machtunterlegenheit der Arbeiter. Gewerkschaften profitierten aber auch davon, dass es Industriebetriebe gab, in denen sich täglich Hunderte und Tausende Beschäftigte versammelten, die vergleichsweise einfach zu organisieren sind. Einfacher jedenfalls, als das heute im Fall benachteiligter Arbeitskräfte möglich ist. Eine Einzelhandelskauffrau mag zwar bei einem der großen Handelsketten angestellt sein, tagtäglich trifft sie aber vielleicht nur mit zwei oder drei anderen Angestellten zusammen und der stete Strom an Kunden unterbindet Gespräche mit den Arbeitskolleginnen. Wegen der auch schon früher bestehenden, sehr ungleichen Arbeitsbedingungen waren die meisten Gewerkschaften darauf aus, eine solidarische Lohnpolitik zu verfolgen, also in den zentralen Verhandlungen mit dem Dachverband der Unternehmerseite auch für die schwächeren Beschäftigten akzeptable Kollektivverträge zu erzielen.

Der Rückgang an Gewerkschaftsmitgliedern in praktisch allen **postindustriellen Gesellschaften** wurde meistens als Folge der Entstehung der Dienstleistungsgesellschaft betrachtet. Der amerikanische Soziolo-

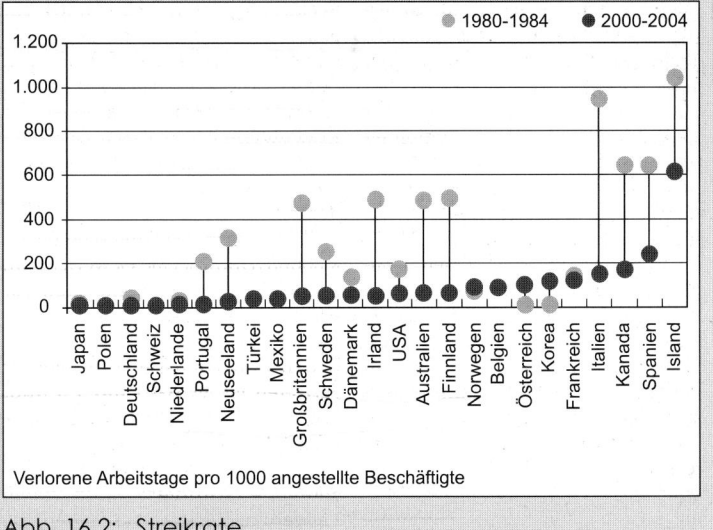

Abb. 16.2: Streikrate
Quelle: OECD (2006), S. 111.

ge Bruce Western (1997) hat dem entgegengehalten, dass bereits in den 1970er Jahren, während derer es den Gewerkschaften noch ziemlich gut ging, der Wandel zur Dienstleistungsgesellschaft einsetzte, wodurch der Organisationsgrad sinken hätte müssen. Auf der anderen Seite habe ein wesentlicher Teil der Ausweitung des Dienstleistungssektors im öffentlichen Dienst stattgefunden, der üblicherweise sehr gewerkschaftsfreundlich ist. Western meint, dass der Rückgang der Zahl der Gewerkschaftsmitglieder in der Güterproduktion stärker war als die Verschiebung zwischen sekundärem und tertiärem Sektor.

Die Stärke der Gewerkschaften wird üblicherweise durch die Streikstatistik gemessen. Dabei werden entweder die Zahl der Streiks pro Jahr, die Zahl der Streikenden oder die Zahl der durch Streiks entfallenen Arbeitstage gemessen. Ein Vergleich der Streikhäufigkeit in den 1980er Jahren und Anfang des 21. Jahrhunderts zeigt, dass die Streikhäufigkeit in allen OECD-Staaten deutlich zurückgegangen ist. Während in den 1980er Jahren in Island und Italien im statistischen Durchschnitt jeder Beschäftigte wenigstens einen Tag pro Jahr streikte, taten es

ihnen sechs von zehn Kanadiern und Spaniern und jeder zweite Brite, Ire, Australier und Finne gleich. Die Beschäftigten der Mehrheit der hoch entwickelten Länder (elf von damals 24) verzichteten praktisch vollständig auf dieses traditionelle Kampfinstrument der Arbeiterbewegung. 20 Jahre später ist der Streik praktisch von der Bildfläche verschwunden.

Der offensichtliche Rückgang an Streikhäufigkeit verlangt nach einer Erklärung, und es ist nahe liegend, die Globalisierung dafür verantwortlich zu machen. Bei einer genaueren Betrachtung der Zusammenhänge ergibt sich ein nicht linearer Zusammenhang. Für jene Länder, die einen hohen und weiter steigenden Organisationsgrad aufweisen (Belgien, Dänemark, Finnland, Norwegen, Schweden), zeigt sich, dass die Globalisierung keine Wirkung auf das Streikverhalten hat: In diesen Ländern wird weiterhin gelegentlich gestreikt. In allen anderen Ländern, die entweder einen niedrigen, aber ansteigenden (Kanada, Italien) oder einen rückläufigen Organisationsgrad (gleichgültig, ob davor hoch oder niedrig) aufweisen (Österreich, Großbritannien; Frankreich, Deutschland u.a.), wirkt sich die Globalisierung negativ auf die Streikbereitschaft aus (Piazza 2005).

Ob der Streik im 21. Jahrhundert als Kampfinstrument der Arbeiterklasse weiterhin Verwendung finden wird, lässt sich nicht mit Sicherheit vorher sagen. Wenn Piazza und andere Autoren recht haben, wird es vor allem von einem (wieder) steigenden Organisationsgrad abhängen.

Vieles spricht hingegen dafür, dass es weiterhin Streiks von strategischen Berufsgruppen (Lokführer, Fluglotsen, Ärzte) geben wird, die mit ihrem Arbeitsausstand große Teile der Wirtschaft oder Gesellschaft beeinträchtigen können (ohne dass das in den Streikstatistiken einen starken Widerhall findet), während die Masse der schlechter bezahlten Arbeiter und Angestellten wohl auch wegen der anhaltenden Entindustrialisierung und hoher Arbeitslosigkeit über wenig Möglichkeiten verfügt, ihren Anliegen durch Streiks zum Durchbruch zu verhelfen.

Die Schwierigkeiten mit dem Fordismus und dem Taylorismus betreffen aber nicht nur die notwendigen teuren Industrieanlagen. Der Fordismus und der Taylorismus wurden von einigen Industriesoziologen als Low-Trust-Systeme bezeichnet. Die Aufgaben werden vom Management gestellt und an die Erfordernisse von Maschinen angepasst. Jene, die sie ausführen, werden streng überwacht und haben wenig Handlungsautonomie. Um die Arbeitsdisziplin und die Qualitätsstandards der Produktion aufrechtzuerhalten, werden die Arbeiter ständig mit unterschiedlichen Überwachungssystemen beaufsichtigt.

Low-Trust-Systeme *(Marginalie)*

Überwachung während der Arbeit und in Organisationen wird im Kapitel 15 – Organisationen und Netzwerke behandelt. *(Marginalie)*

Die ständige Beaufsichtigung führt zum Gegenteil dessen, was damit angestrebt wird: Der Einsatz und die Arbeitsmoral der Arbeiter leiden darunter, weil sie tatsächlich wenig mitzureden haben, wie die Arbeit ausgeführt werden soll. Wo es viele Low-Trust-Positionen gibt, dort ist das Niveau der Unzufriedenheit der Arbeitskräfte und der Abwesenheit vom Arbeitsplatz hoch, und industrielle Konflikte sind häufig.

High-Trust-Systeme *(Marginalie)*

High-Trust-Systeme sind solche, wo es Arbeitern innerhalb bestimmter allgemeiner Richtlinien weitgehend überlassen bleibt, das Tempo und sogar den Inhalt ihrer Arbeit zu bestimmen. Solche Systeme sind üblicherweise auf die höheren Etagen der industriellen Organisation beschränkt. Wie wir sehen werden, wurden High-Trust-Systeme in den letzten Jahrzehnten bei vielen Arbeitsplätzen immer häufiger und haben Art und Weise, wie wir über die Organisation und Ausführung von Arbeit denken, verändert.

Veränderungen der Arbeit

Die Globalisierung der wirtschaftlichen Produktion ändert gemeinsam mit der Ausbreitung der Informationstechnologie die Jobs, die die meisten Menschen ausüben. Im Kapitel 11 – Schichtung und Klassenstruktur wurde darauf hingewiesen, dass der Anteil der Beschäftigten, die in industrialisierten Gesellschaften klassische Arbeiterberufe ausüben, im Verlauf der letzten 50 Jahre rapide zurückgegangen ist. Immer weniger Leute arbeiten in Fabriken. Neue Jobs entstehen in Büros und in Dienstleistungszentren, wie Einkaufszentren und Flughäfen. Viele dieser Jobs werden von Frauen ausgeübt. Im folgenden Abschnitt betrachten wir die Ursprünge und die Folgen dieses Phänomens – eine der wichtigsten Veränderungen der modernen Gesellschaften unserer Tage. Wir behandeln außerdem einige der

Veränderungen der Arbeitswelt, die seit dem Niedergang des Fordismus und Taylorismus zu verzeichnen sind, und erörtern abschließend einige der wichtigsten Themen der Soziologie der Arbeit.

Geschlechterungleichheiten am Arbeitsplatz werden auch im Kapitel 15 – Organisationen und Netzwerke behandelt.

Frauen und Arbeit: Ein historischer Rückblick

Während der gesamten Geschichte der Menschheit haben Männer und Frauen zur Herstellung und Reproduktion der sozialen Welt, in der sie lebten, beigetragen, sowohl tagtäglich als auch über längere Zeitabschnitte. Diese Partnerschaft und die Verteilung der Verantwortlichkeiten haben zu verschiedenen Zeiten unterschiedliche Formen angenommen. Bis vor Kurzem war bezahlte Arbeit in der westlichen Hemisphäre vornehmlich eine Sache der Männer.

Für die überwältigende Mehrheit der Menschen in vorindustriellen Gesellschaften (und heute noch für viele Menschen in den Entwicklungsländern) gab es keine Trennung zwischen produktiven Tätigkeiten und Haushaltstätigkeiten. Die Produktion erfolgte entweder im Haus oder in der unmittelbaren Umgebung. Im Europa des Mittelalters arbeiteten alle Familienmitglieder auf dem Bauernhof oder im Handwerksbetrieb mit. Wenn die Frauen auch von Männerdomänen wie Politik und Krieg ausgeschlossen waren, so sicherte ihnen ihre Stellung im Wirtschaftsprozess doch einen großen Einfluss auf ihren Haushalt. Die Frau des Meisters und die Bäuerinnen führten oft die Bücher, und Witwen besaßen und leiteten ziemlich häufig Betriebe.

Die Lage änderte sich mit der Entwicklung der modernen Industrie, die die Trennung von Wohn- und Arbeitsstätte mit sich brachte. Die Verlagerung der Produktion in mechanisierte Fabriken war möglicherweise der wichtigste Einzelfaktor. Das Arbeitstempo wurde von der Maschine vorgegeben, und die Arbeit an der Maschine wurde von Einzelpersonen erledigt, die speziell für den betreffenden Arbeitsgang eingestellt wurden. Die Arbeitgeber begannen daher, eher einzelne Arbeiter statt ganze Familien einzustellen.

Im Verlauf der Zeit und wegen des Fortschreitens der Industrialisierung vertiefte sich die Kluft zwischen Haushalt und Arbeitsplatz immer mehr. Die Vorstellung getrennter Sphären – privat und öffentlich – fasste in der öffentlichen Meinung Fuß. Die Männer verbrachten, nicht zuletzt wegen ihrer Beschäftigung außerhalb des Familienhaushalts, mehr Zeit in der Öffentlichkeit und waren stärker in lokale Angelegenheiten, Politik und den Markt involviert. Die Frauen wurden jetzt mit „häuslichen" Werten in Verbindung gebracht, obwohl der Gedanke, dass „der Platz einer Frau am Herd ist", nicht für alle Frauen gleichermaßen galt. Wohlhabende Frauen erfreuten sich der Dienste von Köchinnen, Ammen und Dienstmädchen. Die ärmeren Frauen hatten ein schwereres Leben: Sie mussten den Haushalt erledigen und gleichzeitig in der Fabrik arbeiten, um das Einkommen ihres Mannes aufzubessern.

Bis weit in das 20. Jahrhundert hinein war der Anteil der außerhalb des Heimes arbeitenden Frauen in allen Klassen gleich gering. 1910 waren mehr als ein Drittel der gegen Entgelt arbeitenden Frauen Mägde oder Dienstmädchen. Die weibliche Arbeitnehmerschaft bestand hauptsächlich aus jungen unverheirateten Frauen, deren Löhne, so sie in Fabriken oder Büros arbeiteten, oft vom Arbeitgeber direkt an ihre Eltern geschickt wurden. Nachdem sie heirateten, zogen sie sich vom Arbeitsmarkt zurück.

Der Anteil der unselbstständig beschäftigten Frauen ist im vergangenen Jahrhundert mehr oder weniger kontinuierlich gestiegen. Ein wichtiger Faktor dabei war die Zeit des Arbeitskräftemangels im Ersten Weltkrieg. Während der Kriegsjahre verrichteten die Frauen viele Arbeiten, die zuvor als Männerdomäne angesehen worden waren. Als die Männer aus dem Krieg heimkehrten, übernahmen sie zwar zumeist wieder ihre Arbeitsstellen, aber das feste Schema war durchbrochen worden.

Im Verlauf der letzten Jahrzehnte hat sich diese Situation radikal verändert: Mehr und mehr Frauen nahmen außerhäusliche Arbeiten an und erhöhten damit die Gesamtbeschäftigung – das ist der Anteil der Beschäftigten unter den arbeitsfähigen Jahrgängen. (Die Beschäftigungsquote lag 2006 in Deutschland bei 67 Prozent, in Österreich bei 70 Prozent und in der Schweiz bei 78 Prozent; EU-15 und OECD 66 Prozent.) In den meisten westlichen Ländern liegt die Frauenerwerbsquote nur noch ein wenig unter jener der Männer: In allen OECD-Ländern war 2006 knapp mehr als die Hälfte der Frauen im erwerbsfähigen Alter erwerbstätig: 57 Prozent; EU-15: 58,5 Prozent (Deutschland: 61,5 Prozent, Österreich: 63,5 Prozent,

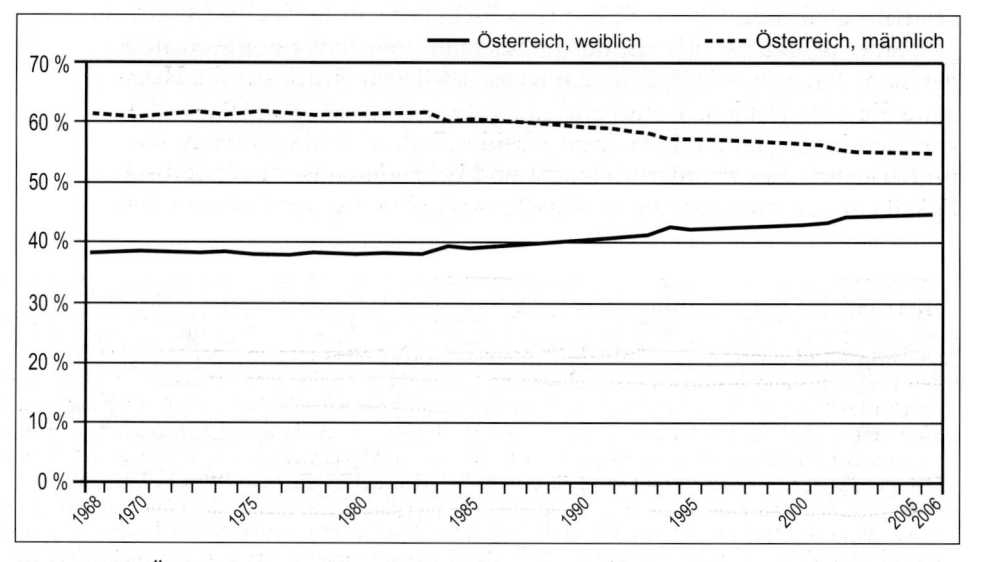

Abb. 16.3: Österreichische Erwerbsbevölkerung nach Geschlecht (in Prozent)

Hinweis: In dieser Abbildung wurde die Zahl der erwerbstätigen Frauen und Männer als Anteil der Gesamtbevölkerung ausgedrückt und nicht, wie sonst üblich, als Anteil der 15- bis 64-Jährigen. Die Kurven für Deutschland und die Schweiz weisen dieselbe Tendenz auf und blieben deswegen hier unberücksichtigt.
Quelle: OECD.Stat, eigene Berechung.

Schweiz: 71 Prozent). Die tendenzielle Schließung des Abstandes zwischen den Geschlechtern dürfte sich in den kommenden Jahren fortsetzen. Allerdings sind die Frauen oft nur teilzeitbeschäftigt und häufig in schlechter bezahlten Berufen tätig: Bürohilfsdienste, Reinigung, Einzelhandel und dergleichen mehr (OECD 2008).

Für die Verkleinerung des Abstandes zwischen der Männer- und Frauenerwerbsquote (s. Abb. 16.3) gibt es mehrere Gründe. Erstens veränderten sich Umfang und Inhalt vieler Tätigkeiten, die traditionellerweise als weiblich angesehen wurden und die sogenannte häusliche Sphäre bildeten. Als Folge des Rückgangs der Geburtenrate und des Ansteigens des Durchschnittsalters, in dem Frauen Kinder bekamen, nahm die Beteiligung der Frauen an außerhäuslicher Erwerbstätigkeit zu; vor und nach der „Babypause" sind Frauen viel häufiger als in früheren Jahrzehnten erwerbstätig. Kleinere Familien bedeuten auch, dass Hausarbeit und Kinderbetreuung weniger Zeit erfordern. Die Ersetzung vieler Hausarbeiten durch Geräte und Maschinen trug ihrerseits zur Reduktion des Zeitaufwandes für den Haushalt bei. Geschirrspüler, Staubsauger und Waschmaschinen haben dazu beigetragen, dass die Hausarbeit weniger zeitraubend ist. Und es gibt Hinweise darauf, dass sich die häusliche Arbeitsteilung im Verlauf der letzten Jahrzehnte zu wandeln begann, obwohl der überwiegende Teil der Hausarbeit weiterhin von den Frauen erledigt werden muss (siehe Kasten).

Es gibt aber auch finanzielle Gründe für den Anstieg der Zahl der Frauen in Erwerbsarbeit. Die traditionelle Kernfamilie – die aus einem männlichen Geldverdiener, einer weiblichen Hausfrau und abhängigen Kindern besteht – stellt heute in westlichen Gesellschaften nur noch eine Minderheit unter den Familienformen dar. Andere Formen von Familie entstanden zum Teil in Abhängigkeit vom wirtschaftlichen Druck auf die Haushalte. Eine steigende Erwerbsbeteiligung der Frauen war die Folge. Viele Familien benötigen die Einkommen beider Partner, andere finden, dass ihr Lebensstil dies erforderlich macht und bei anderen ist die Erwerbstätigkeit von Frauen eine Selbstverständlichkeit, ohne ökonomisch erforder-

---

Hausarbeit

Die **Hausarbeit** in ihrer gegenwärtigen Form entstand historisch erst durch die räumliche Trennung von Wohnung und Arbeitsplatz. Durch die Industrialisierung wurde das Heim mehr und mehr zu einem Ort des Konsums, statt eine Stätte der Herstellung von Gütern zu bleiben. Dadurch wurde häusliche Arbeit unsichtbar, weil als Arbeit nur noch galt, wofür man bezahlt wurde. Hausarbeit wurde traditionellerweise als Domäne der Frauen angesehen, während die außerhäusliche, „echte Ar-

beit" Männern vorbehalten war. In diesem herkömmlichen Modell war die häusliche Teilung der Arbeit – die Art, wie Verantwortlichkeiten zwischen den Haushaltsmitgliedern verteilt waren – eindeutig. Die Frauen erledigten die meisten, wenn nicht sogar alle Haushaltsarbeiten, während die Männer für die Familieneinkommen zuständig waren.

Während der Herausbildung einer eigenen häuslichen Sphäre fanden auch einige andere Veränderungen statt. Vor der Einführung der dank

der Industrialisierung entwickelten Haushaltsgeräte war die häusliche Arbeit auch körperlich sehr anstrengend und zeitaufwendig. Beispielsweise erforderte das Waschen der Wäsche Kraft und dauerte lange. Mit der Einleitung von fließendem Wasser und der Möglichkeit, Warmwasser aus Boilern zu entnehmen, wurden viele anstrengende und zeitraubende Arbeiten leichter; davor musste das Wasser in Eimern in die Wohnungen getragen und dort auf Herden erwärmt werden, wie das heute noch in vielen weniger entwickelten Ländern der Fall ist. Elektrischer Strom und Gas traten an die Stelle der Kohleöfen, wodurch Holzhacken, Kohlentragen und die Entsorgung der Asche als Arbeitsschritte wegfielen. Kühlschränke ermöglichten es, auf Vorrat einzukaufen und Speisen aufzubewahren, wodurch aufwendige Konservierungsverfahren überflüssig wurden. Die Technisierung der Haushalte (Staubsauger, Waschmaschinen und Geschirrspüler, Mikrowellengeräte etc.) reduzierte den Zeit- und Kraftaufwand nachhaltig.

Die Zeitverwendung für die Haushaltsführung variiert je nach Größe des Haushalts beträchtlich, doch die Arbeitsteilung zwischen Männern und Frauen ist in den verschiedenen Haushaltsformen immer noch recht ungleich. In Deutschland verwenden Frauen, die gemeinsam mit einem Partner leben und selbst erwerbstätig sind, aber keine Kinder haben, im Schnitt täglich drei Stunden und acht Minuten für die Haushaltsführung, während ihre männlichen Partner nur zwei Stunden und elf Minuten beitragen. In Haushalten mit Kindern sinkt der Beitrag, den die Männer leisten, auf eine Stunde und 59 Minuten, während jener der ebenfalls erwerbstätigen Frauen auf drei Stunden und 56 Minuten anwächst. Frauen wenden wöchentlich 31 Stunden für unbezahlte Arbeit auf, davon ein Fünftel für Einkaufen und Haushaltsorganisation, während Männer nur 19 ½ Stunden unbezahlt arbeiten (Statistisches Bundesamt 2003b).

Hausarbeit ist aber nicht nur zeitaufwendig, sie liefert denen, die sie leisten, auch wenig Abwechslung und Anerkennung. Personen, die keiner außerhäuslichen Tätigkeit nachgehen, sondern sich ganz auf die Führung ihres Haushalts konzentrieren, klagen über Vereinzelung und fehlende intrinsische Befriedigung – und jene, die neben einer Erwerbsarbeit auch noch einen Familienhaushalt führen müssen, leiden unter Überforderung und fehlender Zeit für sich selbst.

Siehe dazu auch Kapitel 12 – Armut, soziale Ausgrenzung und soziale Sicherheit.

lich zu sein. Andere Veränderungen in den Haushaltsarrangements – steigende Raten von Alleinlebenden, kinderlosen Paaren oder alleinerziehenden Elternteilen, die zumeist weiblich sind – haben ihrerseits zum Anstieg der weiblichen Erwerbsrate beigetragen, nicht immer freiwillig, gelegentlich aber durchaus. Schließlich führten in einigen westlichen Ländern in jüngster Zeit propagierte wohlfahrtsstaatliche Reformen zu einem steigenden Druck auf alleinerziehende Frauen, Erwerbsarbeit aufzunehmen. Es ist allerdings wichtig festzuhalten, dass sich viele Frauen aus eigenem Willen dazu entschieden haben, einer Arbeit nachzugehen, weil sie darin eine persönliche Erfüllung sehen oder weil sie es unter dem Gesichtspunkt der Gleichheit zwischen den Geschlechtern im Anschluss an die Frauenbewegung der 1960er und 1970er Jahre für geradezu selbstverständlich hielten. Nach Erreichung der gesetzlichen Gleichheit mit Männern ergriffen viele Frauen die Chancen, die sich ihnen boten, diese Rechte auch für sich selbst zu verwirklichen. Wie wir bereits erwähnt haben, ist Arbeit in den Gegenwartsgesellschaften von zentraler Bedeutung und eine Beschäftigung zu haben für viele Voraussetzung dafür, ein unabhängiges Leben führen zu können. In den vergangenen Jahrzehnten haben die Frauen große Schritte in Richtung der Gleichheit mit den Männern gesetzt; eine Zunahme der wirtschaftlichen Aktivitäten war einer der zentralen Momente dieses Prozesses (Crompton 1997).

Geschlecht und Ungleichheit bei der Arbeit

Trotz der formalen Gleichstellung mit den Männern erleben Frauen am Arbeitsmarkt immer noch Ungleichbehandlung. In diesem Abschnitt beschäftigen wir uns mit drei der wichtigsten Ungleichheiten, die Frauen bei der Arbeit erfahren: berufliche Segregation, Konzentration in Teilzeitbeschäftigung und Einkommensschere.

Berufliche Segregation

Die weiblichen Beschäftigten erledigen größtenteils schlecht bezahlte, monotone Arbeiten. An diesem Zustand sind unter anderem Veränderungen der Beschäftigungsstruktur und geschlechtsspezifische Stereotypen schuld. Büroarbeit und Pflegeberufe (wie Krankenpflege, Sozialarbeit und Kinderbetreuung) werden zum überwiegenden Teil von Frauen erledigt und gelten allgemein als „weibliche" Berufe. Geschlechtliche berufliche Segregation bezeichnet den Umstand, dass Männer und Frauen in verschiedenen Berufen stark konzentriert sind, wofür traditionelle Vorstellungen darüber, was als typisch männliche und was als typisch weibliche Arbeit gilt, eine entscheidende Rolle spielen.

Die berufliche Segregation weist eine vertikale und eine horizontale Komponente auf. Als vertikale Segregation bezeichnet man die Tendenz, wonach Frauen in beruflichen Positionen konzentriert sind, die wenig Macht und geringe Aufstiegschancen besitzen, während Männer Positionen einnehmen, die mehr Macht aufweisen und generell einflussreicher sind. Mit horizontaler Segregation wird der Umstand beschrieben, dass Männer und Frauen in verschiedenen Berufen tätig sind. Beispielsweise findet man Frauen vor allem in „häuslichen" und Sekretariatsberufen, während Männer in angelernten und manuellen Lehrberufen tätig sind. Die beiden Segregationen hängen auch miteinander zusammen und können sehr deutlich ausfallen (Abb. 16.4).

Wandlungen in der Organisation der Beschäftigung und stereotype Vorstellungen über Geschlechtsrollen haben zur beruflichen Segregation beigetragen. Die Veränderungen im Ansehen und im Aufgabenbereich von Büroangestellten sind ein gutes Beispiel. Mitte des 19. Jahrhunderts waren in allen westeuropäischen Ländern 99 Prozent der Büroangestellten Männer. Büroangestellter zu sein bedeutete oft, in verantwortlicher Stellung tätig zu sein, in Buchhaltung erfahren und manchmal leitend tätig zu sein. Sogar der niederste Büroangestellte genoss in der Öffentlichkeit ein bestimmtes Ansehen. Das 20. Jahrhundert brachte eine generelle Mechanisierung der Büroarbeit (beginnend mit der Einführung der mechanischen Schreibmaschine gegen Ende des 19. Jahrhunderts), mit der ein markanter Prestige- und Qualifikationsverlust des Büroangestelltenberufes – wie des damit verwandten Sekretärberufes – einherging; von nun an war er mit einem niedrigen Status und niedrigem Einkommen verknüpft. Frauen konnten nun in diese Berufsrollen, deren Bezahlung und Prestige sich verringerte, nachrücken. 1991 waren in Großbritannien nahezu 90 Prozent der Büroarbeitsplätze und 98 Prozent aller Sekretariatsposten mit Frauen besetzt. Allerdings nahm der Anteil der Beschäftigten in den Bürohilfsdiensten im Verlauf der letzten Jahrzehnte deutlich ab. Die Einführung des PCs ersetzte nicht nur die Schreibmaschine, sondern führte auch dazu, dass heute viele Manager ihre Briefe, die meist nur noch E-Mails sind, selbst schreiben und andere Aufgaben selbst erledigen, die früher der Sekretärin übertragen wurden.

berufliche Segregation

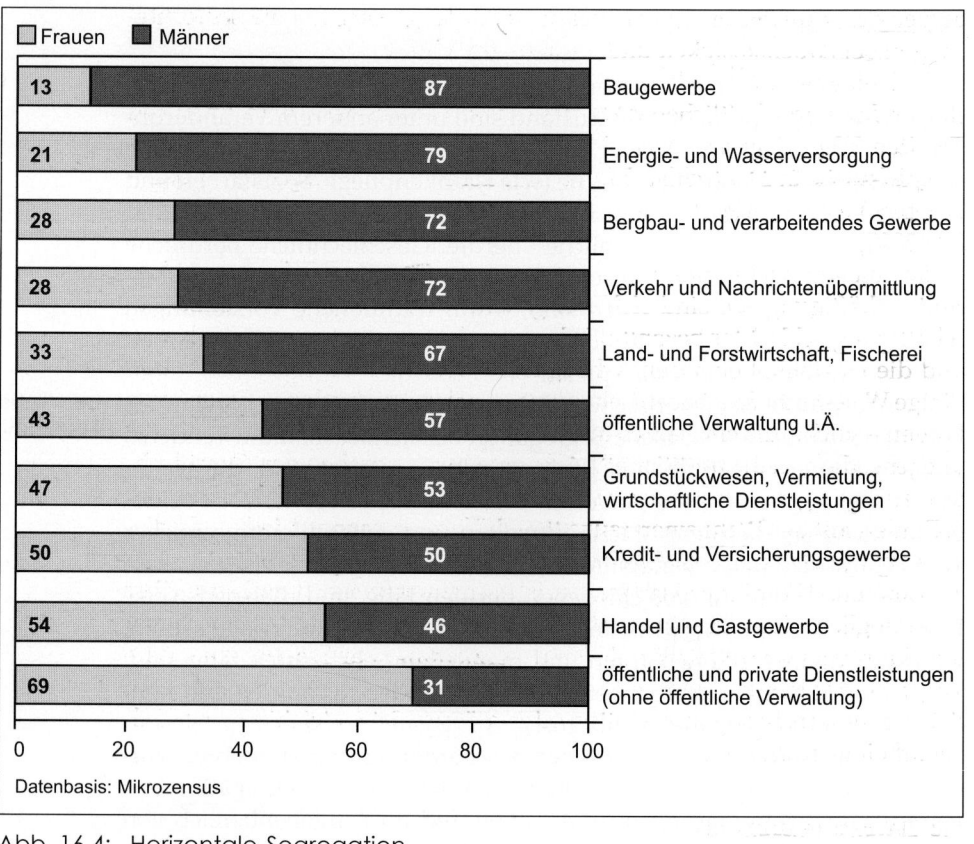

Abb. 16.4: Horizontale Segregation
Quelle: Cornelißen (2005), S. 127.

Konzentration in Teilzeitbeschäftigung

Obwohl eine steigende Zahl von Frauen heute einer außerhäuslichen Beschäftigung nachgeht, ist der Anteil derer, die nur eine Teilzeitbeschäftigung ausüben, recht groß. In den vergangenen Jahrzehnten nahmen die Möglichkeiten der Teilzeitbeschäftigung stark zu. Teilweise war das ein Nebeneffekt der Arbeitsmarktreformen, die im Namen der Flexibilität propagiert wurden, zum anderen war es aber auch eine Folge der Ausweitung der Beschäftigung im Dienstleistungssektor (Crompton 1997).

Von Teilzeitjobs sagt man, dass sie den Beschäftigten mehr Flexibilität bieten. Aus diesem Grund werden sie häufig von Frauen bevorzugt, die sich um eine Balance zwischen Arbeit und Familie bemühen müssen. In vielen Fällen funktioniert das zufriedenstellend, zumindest ermöglichen solche Arrangements jenen Frauen die Aufnahme einer Berufstätigkeit, die im Fall, dass es nur Ganztagsjobs gäbe, auf Arbeit verzichten müssten. Teilzeitbeschäftigung ist andererseits auch mit deutlichen Nachteilen verknüpft: Neben schlechterer Bezahlung, Arbeitsplatzunsicherheit und sehr begrenzten Aufstiegsmöglichkeiten ist auch langfristig mit Verschlechterungen bei Arbeitslosigkeit und Renten zu rechnen.

Teilzeitarbeit ist vor allem für Frauen attraktiv und ein Gutteil der ansteigenden wirtschaftlichen Aktivitäten von Frauen nach dem Ende des Zweiten Weltkriegs hat darin ihren Ursprung. Im Jahr 2004 arbeiteten beispielsweise in Deutschland 43 Prozent der Frauen weniger als 31 Stunden pro Woche, verglichen mit nur sieben Prozent der Männer (Cornelißen 2005).

Soziologen debattieren seit Längerem das Phänomen der Frauenteilzeitbeschäftigung; sie sind sich weitgehend darin einig, dass Teilzeitbeschäftigung schlechter bezahlt wird, mehr Unsicherheiten mit sich bringt und die Flexibilität eher den Arbeitgebern denn den Beschäftigten nützt. Einige Wissenschaftler haben behauptet, es gäbe verschiedene „Typen" von Frauen – solche, die ein starkes Interesse an außerhäuslicher Arbeit haben, und jene, die sich die traditionelle Arbeitsteilung zwischen den Geschlechtern zu eigen gemacht haben (Hakim 1996). Dieser These zufolge sind viele Frauen mit der Wahl einer Teilzeitbeschäftigung sehr zufrieden, da dieses Arrangement es ihnen erlaubt, ihren häuslichen Verpflichtungen nachzukommen. Allerdings verfügen sie in einem wichtigen Sinn kaum über Wahlmöglichkeiten. Die Männer übernehmen im Großen und Ganzen nicht die Hauptverantwortung für die Kindererziehung. Für Frauen, die solche Verpflichtungen (und andere Pflichten im Haushalt, siehe unten) haben, dabei aber berufstätig sein wollen oder müssen, ist es leichter, eine Teilzeitarbeit anzunehmen.

Die Einkommensschere

In allen europäischen Staaten verdienen Frauen weniger als Männer. Weibliche Beschäftigte erhielten 2003 je nach Land zwischen 75 und 96 Prozent der Verdienste männlicher Beschäftigter. 1995 betrug der Anteil der Fraueneinkommen in Österreich 78 Prozent, in Deutschland 79 Prozent der Männer; bis 2003 stieg dieser Wert in Österreich auf 80 Prozent, fiel aber in Deutschland auf 77 Prozent (Cornelißen 2005). Dabei muss man berücksichtigen, dass die Differenzen in verschiedenen Beschäftigtengruppen unterschiedlich ausfallen. Bei Selbstständigen und Beamten ist die Einkommenskluft zwischen vollbeschäftigten Männern und vollbeschäftigten Frauen deutlich geringer (Deutschland 2003: Frauen erzielen im Schnitt 87 Prozent der Einkommen der Männer) als bei den Angestellten (70 Prozent) und Arbeitern (67 Prozent).

Es gibt mehrere Ursachen für diese Ungleichheit. Generell sind Frauen häufiger in Berufen mit niedrigerem Einkommen zu finden. Dann ist der Anteil der Frauen in gehobenen Positionen niedriger, und Frauen haben meist eine kürzere Betriebszugehörigkeit aufzuweisen, wodurch sie von den Lohnsteigerungen, die aus der Dauer des Beschäftigungsverhältnisses resultieren, ausgeschlossen bleiben. Dazu kommt noch, dass die Frauen im Durchschnitt jünger und weniger qualifiziert sind. Auch das System der Berufsausbildung trägt seinerseits zu den unterschiedlichen Erwerbsmöglichkeiten von Männern und Frauen bei. Männer ergreifen häufiger Lehrberufe, die später zu höheren Einkommen führen als Frauen. All diese Faktoren wirken zusammen und führen zu der oben berichteten deutlichen Einkommenskluft.

Schließlich spielen auch die im internationalen Vergleich sehr langen familienbedingten Berufsunterbrechungen von Frauen eine Rolle. In Deutschland und Österreich bleiben Frauen nach der Geburt ihrer Kinder viel länger zu Hause als in anderen entwickelten Ländern, wobei dafür hauptsächlich das Fehlen von (Klein-)Kinderbetreuungseinrichtungen verantwortlich ist.

Die geringere Entlohnung und die längeren Unterbrechungen der Berufstätigkeit führen dazu, dass die Lebenseinkommen von Frauen deutlich unter jenen der Männer zu liegen kommen. Im Jahr 2003 verdienten in Deutschland Frauen im Alter von 30 Jahren in ihrem bisherigen Erwerbsleben 92 Prozent des Männereinkommens. Eine 60 Jahre alte Frau erzielte während ihrer Erwerbsbiografie hingegen nur 53 Prozent des Männereinkommens. Daraus könnte man schließen, dass sich in der Zukunft die Einkommensschere schließen wird oder gar zum Verschwinden gebracht werden könnte; allerdings nur dann, wenn die heute 30-jährigen Frauen bis zum Ausscheiden aus dem Berufsleben nicht weiterhin benachteiligt werden, weil sie ihre Berufslaufbahn für längere Zeit als die Männer unterbrechen müssen oder im fortgeschrittenen Alter auf schlechter bezahlte Jobs „versetzt" werden.

Eine Maßnahme zur Schließung der Einkommensschere, über deren Wirksamkeit allerdings Uneinigkeit besteht, ist ein durch Gesetz oder durch ein Übereinkommen der Sozialpartner eingeführter Mindestlohn. Da der Frauenanteil in den Niedriglohnsegmenten der Wirtschaft besonders hoch ist, sollte ein Mindestlohn vor allem ihnen zugutekommen. Andererseits kann man vermuten, dass ein „zu hoher" Mindestlohn zu einer Reduktion der Arbeitskräftenachfrage führen wird; dabei weiß natürlich im Vorhinein niemand, welche Lohnhöhe von den Arbeitgebern der Zukunft als zu hoch angesehen werden wird.

Österreich und Deutschland hinken bei der wirtschaftlichen Gleichberechtigung von Männern und Frauen hinterher. Die beiden amerikanischen Wirtschaftswissenschaftler Richardo Hausmann und Laura D. Tyson haben im Auftrag des World Economic Forum einen Global Gender Gap Index entwickelt, der für 128 Länder neben Bildung, Gesundheit und Politik auch die Lücke in der wirtschaftlichen Teilnahme vergleichend betrachtet. Während Deutschland und Österreich, wenn man alle vier Bereiche gemeinsam betrachtet, im vorderen Feld zu liegen kommen, sind sie in der

Global Gender Gap Index

Die Abbildungen zeigen in vier Dimensionen die Abweichung des jeweiligen Landes von den durchschnittlichen Werten aller in die Analyse einbezogenen Staaten. Je näher die Werte jeder Dimension beim Schnittpunkt liegen, desto größer ist die Ungleichheit; je weiter sie nach außen verschoben sind, desto egalitärer ist die Lage der Frauen im Vergleich zu den Männern desselben Landes.

Gender Gap Index 2007 Rang 27 Wert 0,706

(von 128 Staaten) (0,00 = Ungleichheit, 1,00 = Gleichheit)

Schlüsselindikatoren

Bevölkerung (in Millionen), 2005	8,23
Bevölkerungswachstum (in %)	0,72
BIP (US$ Milliarden), 2005	208,68
BIP (PPP) pro Kopf	29.981
Mittleres Alter der Eheschließung bei Frauen (Jahre)	26
Gesamtfertilitätsrate (Geburten je Frau)	1,40
Das Wahlrecht für Frauen wurde eingeführt im Jahr	1918
Geschlechterproportion (Männer/Frauen)	0,95

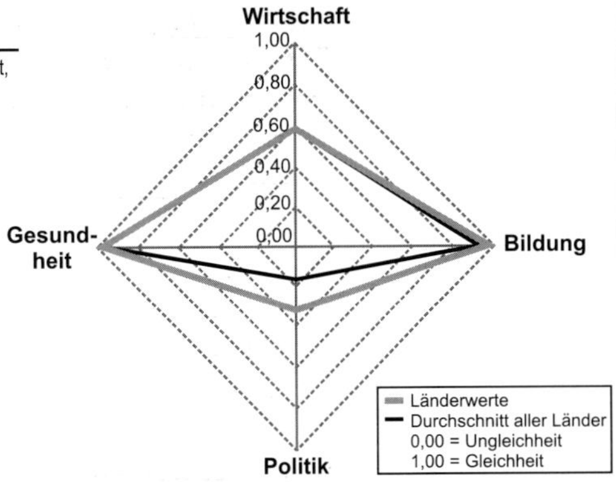

Wirtschaft — Gesundheit — Bildung — Politik

Länderwerte
Durchschnitt aller Länder
0,00 = Ungleichheit
1,00 = Gleichheit

Gender Gap Subindizes

	Rang	Wert	Durchschnitt aller Länder	Frauen	Männer	Frauen/Männer-Quotient
Wirtschaftliche Beteiligung und Möglichkeiten	89	0,582	0,577			
Beschäftigungsquote	43	0,82	0,69	64 %	77 %	0,82
Lohngleichheit für gleichwertige Arbeit (Umfrage)	116	0,52	0,64	—	—	0,52
Einkommen (PPP US$)	92	0,44	0,50	20.032	45.095	0,44
Abgeordnete, leitende Angestellte und Beamte	49	0,39	0,26	28 %	72 %	0,39
Professional und technische Arbeitskräfte	59	0,85	0,68	46 %	54 %	0,85

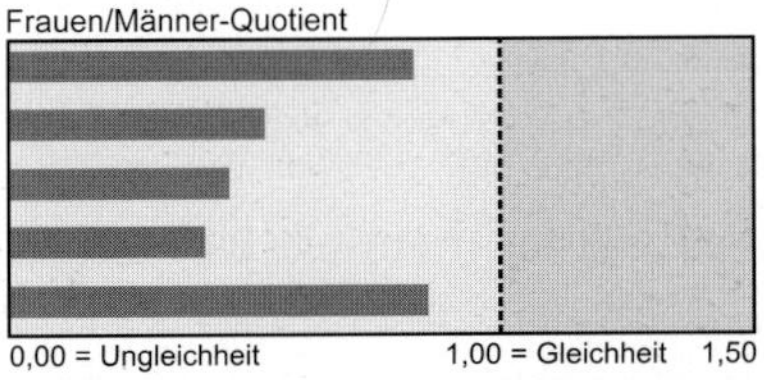

Frauen/Männer-Quotient

0,00 = Ungleichheit   1,00 = Gleichheit   1,50

Abb. 16.5: Österreich

Gender Gap Index 2007 Rang 7 Wert 0,762

(von 128 Staaten) (0,00 = Ungleichheit, 1,00 = Gleichheit)

Schlüsselindikatoren

Bevölkerung (in Millionen), 2005	82,47
Bevölkerungswachstum (in %)	-0,06
BIP (US$ Milliarden), 2005	1.971,48
BIP (PPP) pro Kopf	26.210
Mittleres Alter der Eheschließung bei Frauen (Jahre)	—
Gesamtfertilitätsrate (Geburten je Frau)	1,30
Das Wahlrecht für Frauen wurde eingeführt im Jahr	1918
Geschlechterproportion (Männer/Frauen)	0,96

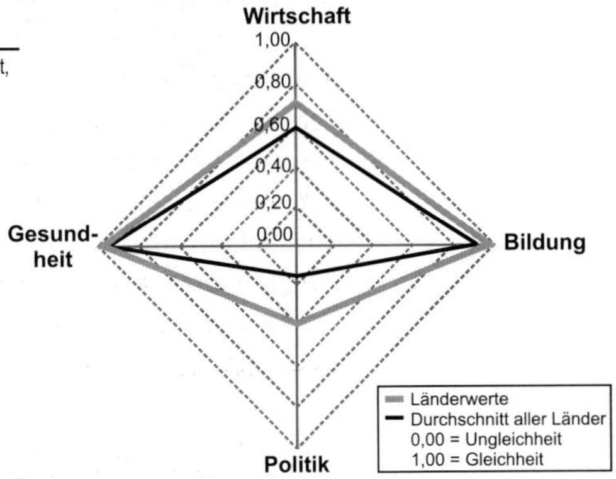

Wirtschaft — Gesundheit — Bildung — Politik

Länderwerte
Durchschnitt aller Länder
0,00 = Ungleichheit
1,00 = Gleichheit

Gender Gap Subindizes

	Rang	Wert	Durchschnitt aller Länder	Frauen	Männer	Frauen/Männer-Quotient
Wirtschaftliche Beteiligung und Möglichkeiten	29	0,700	0,577			
Beschäftigungsquote	33	0,85	0,69	67 %	79 %	0,85
Lohngleichheit für gleichwertige Arbeit (Umfrage)	71	0,65	0,64	—	—	0,65
Einkommen (PPP US$)	51	0,58	0,50	20.851	36.114	0,58
Abgeordnete, leitende Angestellte und Beamte	18	0,54	0,26	35 %	65 %	0,54
Professional und technische Arbeitskräfte	1	1,00	0,68	50 %	50 %	1,00

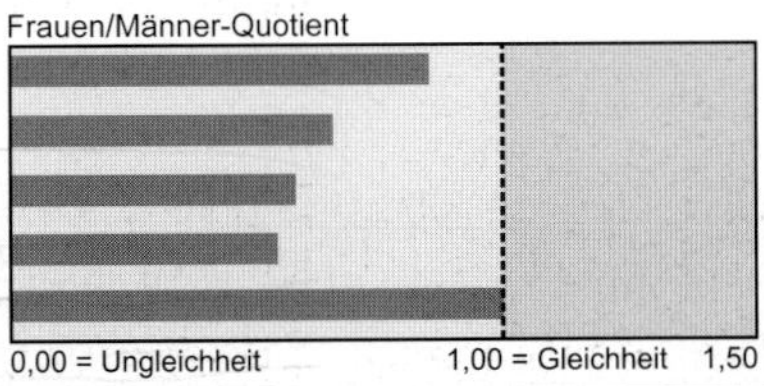

Frauen/Männer-Quotient

0,00 = Ungleichheit   1,00 = Gleichheit   1,50

Abb. 16.6: Deutschland

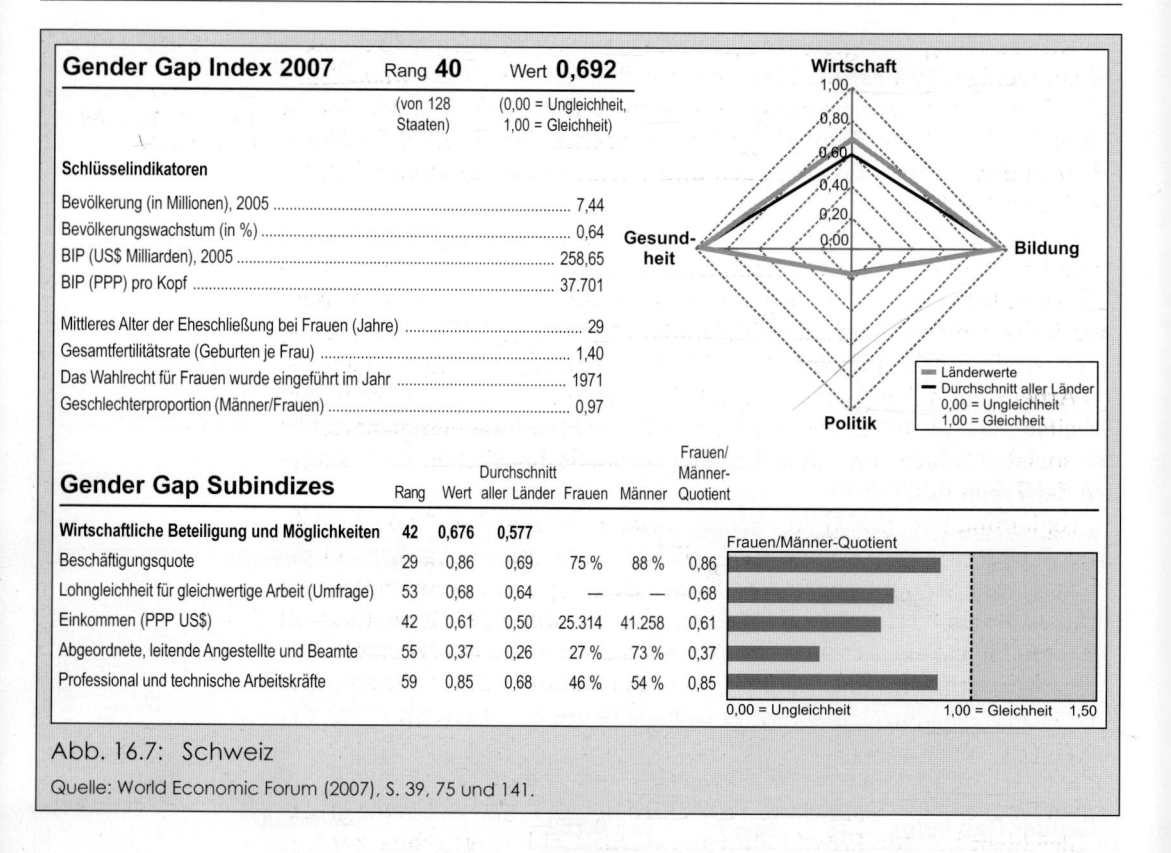

Gender Gap Index 2007   Rang **40**   Wert **0,692**

	(von 128 Staaten)	(0,00 = Ungleichheit, 1,00 = Gleichheit)

Schlüsselindikatoren

Bevölkerung (in Millionen), 2005	7,44
Bevölkerungswachstum (in %)	0,64
BIP (US$ Milliarden), 2005	258,65
BIP (PPP) pro Kopf	37.701
Mittleres Alter der Eheschließung bei Frauen (Jahre)	29
Gesamtfertilitätsrate (Geburten je Frau)	1,40
Das Wahlrecht für Frauen wurde eingeführt im Jahr	1971
Geschlechterproportion (Männer/Frauen)	0,97

Gender Gap Subindizes	Rang	Wert	Durchschnitt aller Länder	Frauen	Männer	Frauen/Männer-Quotient
Wirtschaftliche Beteiligung und Möglichkeiten	**42**	**0,676**	**0,577**			
Beschäftigungsquote	29	0,86	0,69	75 %	88 %	0,86
Lohngleichheit für gleichwertige Arbeit (Umfrage)	53	0,68	0,64	—	—	0,68
Einkommen (PPP US$)	42	0,61	0,50	25.314	41.258	0,61
Abgeordnete, leitende Angestellte und Beamte	55	0,37	0,26	27 %	73 %	0,37
Professional und technische Arbeitskräfte	59	0,85	0,68	46 %	54 %	0,85

Abb. 16.7: Schweiz

Quelle: World Economic Forum (2007), S. 39, 75 und 141.

Arbeitswelt besonders rückständig. Deutschland, das insgesamt auf Rang sieben liegt, erreicht hier nur Rang 29 und Österreich, das schon beim Gesamtindex nur Platz 27 erreicht, fällt hinsichtlich der wirtschaftlichen Gleichberechtigung gar nur auf Rang 89. Die Schweiz erreicht insgesamt nur Platz 40 und fällt bei der wirtschaftlichen Ungleichbehandlung der Frauen um weitere zwei Plätze ab (für weitere Details siehe Kasten).

Änderungen der häuslichen Arbeitsteilung

Eine der Folgen der vermehrten Teilnahme von Frauen an bezahlter Arbeit betrifft die damit notwendig werdende Neuverhandlung der traditionellen Familienmuster. Das Modell des alleinverdienenden Familienvaters wurde von der Regel zur Ausnahme; die wachsende wirtschaftliche Unabhängigkeit der Frauen erleichterte es jenen unter ihnen, die das anstrebten, sich aus der Zuweisung geschlechtstypischer häuslicher Arbeitsteilung zu lösen. Sowohl was die Hausarbeit als auch was die Entscheidungen über Geldfragen anlangt, erfuhren die traditionellen häuslichen Rollen bedeutende Änderungen. Es scheint ganz so, als habe eine Entwicklung in Richtung egalitärer Beziehungen stattgefunden, auch wenn die Frauen immer noch hauptsächlich die Verantwortung für die Hausarbeit tragen (für Details siehe Kasten „Hausarbeit").

Untersuchungen zeigten, dass jene Frauen, die einer Berufsarbeit nachgehen, weniger Zeit für die Hausarbeit aufbringen als „Vollzeithausfrauen", obwohl auch sie die Hauptverantwortung tragen. Das Muster ist jedenfalls ein anderes: Berufstätige Frauen machen den Großteil der Hausarbeit in den frühen Abendstunden und wenden einen größeren Teil des Wochenendes dafür auf.

Dieses Thema wird im Kapitel 6 – Familien und intime Beziehungen eingehender untersucht.

Es gibt allerdings einige Hinweise darauf, dass sich das Muster selbst zu ändern beginnt. Männer beteiligen sich heute häufiger an der Hausarbeit als in früheren Zeiten, obwohl Forscher, die sich mit diesem Phänomen befassten von einer „nachhinkenden Anpassung" (Gershuny 1994) sprechen. Damit ist gemeint, dass sich die Neuaushandlung der familiären Arbeitsteilung langsamer entwickelt als der Eintritt der Frauen in den Arbeitsmarkt. Die Arbeitsteilung innerhalb der Haushalte hängt stark von der sozialen Schicht und dem Umfang der außerhäuslichen Berufstätigkeit der Frauen ab.

Vogler und Pahl (1994) untersuchten einen anderen Aspekt der häuslichen Arbeitsteilung – jenen der häuslichen Finanzgebarung. Ihre Studie trachtete danach herauszufinden, ob der Zugang von Frauen zum Geld und zur Kontrolle der Ausgaben durch die Zunahme der Berufstätigkeit von Frauen egalitärer wurde. In Interviews mit Paaren in sechs verschiedenen britischen Gemeinden fanden sie heraus, dass die Verteilung der finanziellen Mittel im Großen und Ganzen heute fairer erfolgt als in der Vergangenheit, aber dass sie nach wie vor mit der sozialen Schichtzugehörigkeit variiert. Unter besser verdienenden Paaren wird über die gemeinsamen Finanzen auch gemeinsam entschieden, und es herrscht eine größere Gleichheit bei den Entscheidungen, wofür Geld ausgegeben wird. Je größer der Beitrag von Frauen zum gemeinsamen Haushaltsbudget ist, desto größer ist ihre Kontrolle über finanzielle Entscheidungen.

In Familien mit niedrigerem Einkommen sind die Frauen häufig für die tagtäglichen Ausgaben zuständig, aber haben nicht notwendigerweise ein Mitbestimmungsrecht bei den strategischen Entscheidungen über das Familienbudget und die Ausgaben. In diesen Fällen bemerkten Vogler und Pahl eine Tendenz der Frauen, ihren Männern dieses Recht einzuräumen, während sie es sich selbst vorenthielten. Mit anderen Worten bestand eine Trennung zwischen der alltäglichen Kontrolle über die Finanzen und dem Zugang zum Geld.

Postfordismus

In den vergangenen Jahrzehnten wurden flexible Praktiken in verschiedenen Bereichen eingeführt: in der Produktentwicklung, den Produktionstechniken, bei den Managementstilen, bei den Arbeitsbedingungen, der Einbeziehung der Beschäftigten und im Marketing. Gruppenproduktion, problemlösende Teams, Mehrfachaufgaben (Multitasking) und Nischenmarketing sind nur einige der Strategien, die von Unternehmungen übernommen wurden, um sich unter geänderten Bedingungen zu restrukturieren. Einige Kommentatoren haben vorgeschlagen, dass diese Änderungen in Summe eine radikale Abkehr von den Prinzipien des Fordismus darstellen; sie vertreten die Ansicht, dass wir heute in einer Zeit leben, die man am besten als Postfordismus bezeichnet. Dieser Ausdruck wurde durch die Arbeit von Michael Piore und Charles Sabel *Das Ende der Massenproduktion* (1985) populär und beschreibt eine neue Epoche der kapitalistischen Wirtschaft, in der Flexibilität und Innovation maximiert werden, um die Marktnachfrage nach verschiedenartigen maßgeschneiderten Produkten zu befriedigen.

Postfordismus

Die Idee des Postfordismus ist allerdings ein wenig problematisch. Der Ausdruck wird für sich überlappende Änderungen benutzt, die nicht nur in der Arbeit und Produktion, sondern der gesamten Gesellschaft stattfinden. Einige Autoren meinen, dass die Tendenz zum Postfordismus auch in Bereichen wie der Parteipolitik, den wohlfahrtsstaatlichen Programmen und den Entscheidungen von Konsumenten und jenen, die Lebensstile betreffen, feststellbar sei. Während Beobachter der Gegenwartsgesellschaft oftmals auf viele ähnliche Änderungen hinweisen, herrscht keine Übereinstimmung über die präzise Bedeutung des Ausdrucks Postfordismus bzw. darüber, ob das überhaupt ein passender Begriff dafür ist, wovon wir gegenwärtig Zeugen sind.

Trotz der Verwirrung, die rund um diesen Begriff zu beobachten ist, lassen sich einige Trends benennen, die in der jüngsten Vergangenheit als Abschied von den früheren fordistischen Praktiken gedeutet werden können. Dazu gehören die Dezentralisierung der Arbeit in nichthierarchischen Arbeitsgruppen, die Vorstellung einer flexiblen Produktion und massenhafter Spezialanfertigungen, die Ausbreitung der globalen Produktion und die Einführung einer viel flexibleren Berufsstruktur. Wir behandeln zuerst Beispiele für die ersten drei Trends, bevor wir uns mit einigen Kritiken an der These des Postfordismus auseinandersetzen. Die flexiblen Arbeitsformen werden danach, im Abschnitt über „Gegenwärtige Trends in der Berufsstruktur", behandelt.

Gruppenproduktion

Die Gruppenproduktion – gemeinsames Arbeiten in Gruppen anstelle der Fließbandproduktion – wurde gelegentlich gemeinsam mit der Automation verwendet, um die Industriearbeit zu reorganisieren. Die zugrunde liegende Idee besteht darin, die Motivation der Arbeiter dadurch zu erhöhen, dass Gruppen von Arbeitern erlaubt wird, in Gruppenproduktionsprozessen zusammenzuarbeiten, statt von jedem Arbeiter zu verlangen, tagtäglich die gleichen Handgriffe auszuführen, beispielsweise die rechte vordere Tür eines Autos anzuschrauben.

Gruppenproduktion

Ein Beispiel von Gruppenproduktion sind Qualitätszirkel: Gruppen von fünf bis 20 Arbeitern, die sich regelmäßig treffen, um Probleme der Produktion zu besprechen und zu lösen. Arbeiter, die einem Qualitätszirkel angehören, erhalten eine zusätzliche Ausbildung, die sie in die Lage versetzen soll, ihr technisches Wissen in die Diskussion von produktionsbezogenen Fragen einbringen zu können. Qualitätszirkel wurden zuerst in

Qualitätszirkel

den USA eingeführt und danach von einigen japanischen Unternehmen übernommen, um in den 1980er Jahren in allen westlichen Ökonomien populär zu werden. Sie stellten eine Abkehr von den Annahmen des Taylorismus dar, weil sie anerkennen, dass die Arbeiter über Kenntnisse verfügen, die bedeutend für die Feststellung und Lösung der Arbeitsaufgaben sind.

Die positiven Auswirkungen der Gruppenproduktion auf die Arbeiter umfassen Erwerb neuer Fertigkeiten, vergrößerte Autonomie, geringere Überwachung durch Vorgesetzte und wachsenden Stolz über die Produkte und Dienstleistungen, die sie herstellen. Auf der anderen Seite haben verschiedene Studien gezeigt, dass es auch eine Zahl negativer Folgen der Gruppenproduktion gibt. Zwar ist in einem Team die unmittelbare Aufsicht durch Vorgesetzte weniger sichtbar, dennoch existieren andere Formen der Kontrolle, beispielsweise die Überwachung durch andere Mitglieder der Gruppe. Die amerikanische Soziologin Laurie Graham arbeitete am Fließband der Autofabrik von Subaru-Isuzu in Indiana und bemerkte, dass der Gruppendruck, der von den anderen Arbeitern ausging, um eine höhere Produktivität zu erreichen, unerbittlich war.

Mehr über das japanische Modell der Organisation von Unternehmungen finden Sie im Kapitel 15 – Organisationen und Netzwerke.

Eine Arbeiterin erzählte Graham, sie habe nach anfänglicher Begeisterung für die Gruppenarbeit feststellen müssen, dass die Überwachung durch die anderen in der Gruppe bloß ein neues Instrument des Managements war, um zu erreichen, dass sich die Arbeiter „zu Tode" arbeiten. Graham (1995) fand auch, dass Subaru-Isuzu das Modell der Gruppenproduktion nutzte, um gegen die Gewerkschaften Terrain zu gewinnen: Wenn Management und Arbeiter im selben „Team" stehen, sollte es zwischen diesen beiden doch keine Konflikte mehr geben. Mit anderen Worten: Der gute Teamspieler beklagt sich nicht. In der Subaru-Isuzu-Fabrik, in der Graham arbeitete, wurden Forderungen nach höherem Lohn oder verringerter Verantwortung als Anzeichen mangelnder Kooperationsbereitschaft der Arbeiter betrachtet. Untersuchungen wie jene von Graham haben Soziologen zur Folgerung veranlasst, dass Gruppenproduktion den Arbeitern zwar Gelegenheiten einer verringerten Monotonie bei der Arbeit einräumt, andererseits aber die Systeme der Macht und Kontrolle am Arbeitsplatz unverändert ließ.

Flexible Produktion und Massenfertigung

In den vergangenen Jahren war eine der bedeutendsten Änderungen der weltweiten Produktionsabläufe die Einführung von computerunterstütztem Design und flexibler Produktion. Während Taylorismus und Fordismus bei der Herstellung von Massenprodukten (die alle gleich waren) für Massenmärkte erfolgreich waren, waren sie nicht in der Lage, kleinere Aufträge auszuführen oder geringere Stückzahlen eines Produktes herzustellen, ganz zu schweigen von Produkten, die speziell für einen individuellen Kunden hergestellt wurden. Die begrenzte Fähigkeit von tayloristischen und fordistischen Systemen, ihre Produkte den Bedürfnissen der Käufer anzupassen, findet eine entsprechendes Echo in dem berühmten

flexible Produktion

Ausspruch von Henry Ford über das erste massenweise hergestellte Auto: „Die Leute können das Modell T in jeder Farbe bekommen – solange sie schwarz ist." Computerunterstütztes Design, gemeinsam mit anderen Varianten computerunterstützter Technologie, veränderte die Situation radikal. Stanley Davis spricht vom Entstehen einer „Massenanfertigung": Die neuen Technologien erlauben eine Herstellung von Gütern, die in großer Zahl eigens für bestimmte Kunden hergestellt werden. Beispielsweise können an einem Tag auf einem Fließband 5.000 Hemden hergestellt werden. Heute ist es möglich, jedes einzelne Hemd ohne zusätzliche Kosten individuell zu gestalten und dabei nicht teurer zu sein, als wenn 5.000 gleichartige Hemden produziert würden (Davis 1987).

Während die flexible Produktion sowohl für die Konsumenten als auch die Wirtschaft als Ganzes enorme Vorteile mit sich brachte, sind die Auswirkungen auf die Arbeiter insgesamt nicht nur positiv. Obwohl Arbeiter neue Fähigkeiten erlernen und weniger monotone Arbeiten ausführen, schuf die flexible Produktion ein völlig neues Bündel von Zwängen, die aus dem Umstand resultieren, dass die komplexe Produktion sorgfältig koordiniert werden muss und die Produkte rasch hergestellt werden müssen. Laurie Grahams Untersuchung der Subaru-Isuzu-Fabrik führt Vorkommnisse an, wo Arbeiter bis zur allerletzten Minute auf entscheidende Teile des Herstellungsprozesses warten mussten. Arbeiter waren gezwungen, länger und intensiver zu arbeiten, um die Produktionsvorgaben zu erfüllen, ohne dass sie dafür mehr bezahlt bekamen.

Eine Technologie wie das Internet kann dafür genutzt werden, Informationen über individuelle Konsumenten einzuholen und dann Produkte herzustellen, die exakt ihren Wünschen entsprechen. Enthusiastische Befürworter sprechen davon, dass die spezialisierte Massenanfertigung nichts weniger als eine neue industrielle Revolution darstellt, eine Entwicklung, die so folgenschwer ist wie die Einführung der Massenproduktion am Beginn des 20. Jahrhunderts. Skeptiker verweisen jedoch umgehend darauf, dass die spezialisierte Massenanfertigung, wie sie heute praktiziert wird, nur eine Illusion der Wahlmöglichkeiten hervorgebracht habe – in Wahrheit seien die Optionen, die den Internetkunden geboten würden, nicht größer als jene, die den traditionellen Kunden eines Versandhandels offenstanden (Gottdiener 2000).

spezialisierte Massenanfertigung

Einer der Betriebe, die die spezialisierte Massenanfertigung sehr weit getrieben haben, ist der Computerhersteller Dell. Konsumenten, die von dieser Firma einen Computer kaufen wollen, müssen online gehen und die Website von Dell durchsuchen – diese Firma unterhält keine Filialen für den Detailverkauf. Konsumenten können auf der Website die Teile ihres Computers selbst zusammenstellen. Nach dem Abschicken der Bestellung wird das gewünschte Produkt gemäß den Wünschen des Konsumenten hergestellt und zum Versand fertig gemacht. Üblicherweise erhält der Besteller seinen Computer innerhalb einiger Tage. Dell hat den herkömmlichen Weg der Produktion umgedreht: Firmen stellen für gewöhnlich zuerst ein Produkt her und hoffen dann auf Käufer. Spezialisierte Massenanfertiger wie Dell verkaufen ihr Produkt zuerst und stellen es erst danach wirklich her. Dieser Wechsel hat für die Industrie bedeutsame Konsequenzen. Der Zwang zur Lagerhaltung vieler Teile – einer der größten Kosten verursachenden Aspekte für viele Hersteller – wurde dramatisch reduziert. Zusätzlich wird ein wachsender Teil der Produktion ausgelagert. Die rasche Übermittlung von Informationen zwischen dem Hersteller und seinen Zuliefern – ermöglicht durch die Internettechnologie – ist ein wesentlicher Bestandteil der spezialisierten Massenanfertigung.

Globale Produktion

Änderungen der industriellen Produktion beziehen sich nicht nur darauf, *wie* Produkte hergestellt werden, sondern auch darauf, *wo* Produkte hergestellt werden. Die längste Zeit waren während des 20. Jahrhunderts die wichtigsten Wirtschaftsunternehmen große Produktionsfirmen, die sowohl die Herstellung als auch den Verkauf ihrer Güter kontrollierten. Die riesigen Autohersteller wie Ford oder General Motors in den USA verkörpern diesen Zugang. Diese Unternehmen beschäftigen Zehntausende Fabrikarbeiter und stellen alles selbst her, von den Einzelteilen bis zu den fertigen Autos, die danach in den Schauräumen des Unternehmens verkauft wurden. Diese herstellungszentrierten Produktionsprozesse sind wie große Bürokratien organisiert und oftmals völlig von einer einzigen Firma kontrolliert.

Während der letzten 20 oder 30 Jahre wurde allerdings eine andere Form der Produktion immer bedeutender – jene, die von riesigen Verkaufsfirmen beherrscht wurde. In einer verkäuferzentrierten Produktion kaufen Unternehmen wie Wal-Mart – diese amerikanische Handelskette war im Jahr 2000 das weltweit zweitgrößte Unternehmen – Produkte bei Herstellern, die ihrerseits die Produkte bei Herstellern einkaufen, die im Besitz anderer stehen.

Die amerikanischen Soziologen Edna Bonacich und Richard Appelbaum (2000) zeigen, dass in der Bekleidungsindustrie die meisten Hersteller überhaupt keine Textilarbeiter mehr haben. Stattdessen verlassen sie sich auf Tausende von Fabriken rund um die Welt, die für sie die Bekleidungsstücke herstellen, die sie dann an die Handelsketten und andere Einzelhandelsunternehmen weiterverkaufen. Die Bekleidungsindustrie besitzt keine dieser Fabriken und ist daher auch nicht für die Arbeitsbedingungen verantwortlich, die dort herrschen. Zwei Drittel aller Textilien, die in Amerika verkauft werden, werden in Fabriken außerhalb der USA hergestellt, die ihren Arbeitern Löhne bezahlen, die einen Bruchteil der amerikanischen Löhne ausmachen. (In China sind Arbeiter glücklich, die als Monatslohn umgerechnet 40 US-Dollar erhalten.) Bonacich und Appelbaum machen darauf aufmerksam, dass dieser Wettbewerb zu einem globalen Wettrennen um die niedrigsten Kosten geführt hat, bei dem Einzelhändler und Hersteller dort einkaufen, wo es am billigsten ist – egal, wo auf der Welt der Anbieter sitzt. Die Folge dessen ist, dass die meisten Bekleidungsstücke, die wir heute kaufen, höchstwahrscheinlich in sogenannten Sweat-Shops hergestellt wurden, von jungen Arbeitern – vermut-

Die Globalisierung der Produktion wird in Kapitel 15 – Organisationen und Netzwerke diskutiert und globale Ungleichheit wird in Kapitel 20 – Globale Ungleichheit behandelt.

lich Teenagern –, die nicht mehr als umgerechnet einige Cent dafür bekommen, dass sie Kleidungsstücke oder Sportschuhe herstellen, für die wir oft bis zu 100 Euro oder gar mehr bezahlen.

Kritik am Postfordismus

Während niemand bestreitet, dass weitreichende Veränderungen in der Welt der Arbeit stattfinden, lehnen einige Autoren den Ausdruck Postfordismus ab. Eine weitverbreitete Kritik weist darauf hin, dass Analytiker, die Anhänger der Thesen des Postfordismus sind, das Ausmaß, in welchem fordistische Praktiken aufgegeben wurden, übertrieben darstellen. Was wir beobachten können, sei nicht eine vollständige Veränderung, wie uns die Vertreter des Postfordismus glauben machen wollen, sondern nur die Einbeziehung einiger Neuigkeiten in die traditionellen fordistischen Techniken. Dieses Argument wird von jenen übernommen, die behaupten, dass wir heute eine Zeit eines Neofordismus erleben, also Modifikationen der herkömmlichen fordistischen Praktiken (Wood 1989).

Es wurde vorgeschlagen, dass die Vorstellung eines sanften linearen Übergangs vom Fordismus zum Postfordismus die wahre Natur der beiden Formen des Arbeitens überzeichnet. Anna Pollert (1988) hat darauf aufmerksam gemacht, dass es falsch wäre zu glauben, fordistische Techniken seien so weitverbreitet gewesen, wie manche uns glauben machen wollen. Es sei eine Übertreibung zu behaupten, so Pollert weiter, dass das Zeitalter der Massenproduktion völlig von einem der flexiblen Produktion abgelöst worden sei. Pollert verweist darauf, dass die Massenherstellung noch in vielen Industriezweigen, vor allem jenen, die für Konsumentenmärkte produzieren, vorherrschend sei. Ihrer Meinung nach sei die wirtschaftliche Produktion immer schon durch eine Vielfalt von Herstellungstechniken gekennzeichnet gewesen und niemals nur einem einheitlichen Standard gefolgt.

Gegenwärtige Trends in der Berufsstruktur

Die Berufsstruktur hat sich in allen industrialisierten Ländern seit dem Beginn des 20. Jahrhunderts grundlegend verändert. Am Beginn des vergangenen Jahrhunderts war der Arbeitsmarkt von manuellen Arbeitskräften in der industriellen Produktion beherrscht; während der folgenden Jahrzehnte hat sich die Balance in Richtung der Dienstleistungsberufe und der Angestelltentätigkeit verschoben. Die Abbildung 16.8 zeigt den schrittweisen Rückgang der Industriearbeit und den Aufstieg der Dienstleistungsberufe.

Als Ursachen dieser Veränderungen lassen sich verschiedene Faktoren anführen. Einer der wichtigsten Gründe ist in der ständigen Einführung arbeitssparender Maschinen zu sehen, die in der weiten Verbreitung der Informationstechnologie gipfelt. Ein anderer Grund ist das Entstehen von Produktionsbetrieben in anderen Teilen der Welt, vor allem im Fernen Osten. Die alten Industrien des Westens erlebten wegen ihrer Probleme

mit den aufstrebenden Produzenten in den fernöstlichen Ländern dramatische Rückgänge, weil sie der Konkurrenz bei den Arbeitskosten nichts
entgegensetzen konnten.

Die Wissensökonomie

Angesichts dieser Veränderungen haben manche Beobachter die Ansicht
vertreten, dass wir uns heute in einem Übergang zu einer neuen Form der
Gesellschaft befinden, die nicht mehr länger auf dem Industrialismus beruht, sondern zu einem Zeitalter jenseits des Industriezeitalters führt. Verschiedene Bezeichnungen wurden vorgeschlagen, um diese neue soziale
Ordnung zu beschreiben: postindustrielle Gesellschaft, Informationszeitalter oder New Economy. Der Ausdruck, der am weitesten Verbreitung
und Anerkennung gefunden hat, ist Wissensökonomie.

Eine genaue Definition der Wissensökonomie ist gar nicht einfach, doch **Wissensökonomie**
herrscht Übereinstimmung dahingehend, dass dieser Begriff auf ein Wirtschaftssystem Bezug nimmt, in dem Ideen, Information und Formen von
Wissen die Grundlagen für Innovation und wirtschaftliches Wachstum bilden. Eine Wissensökonomie ist demnach ein Wirtschaftssystem, in welchem die Mehrzahl der Arbeitskräfte nicht mit der physischen Produktion
oder Verteilung von materiellen Gütern befasst ist, sondern sich der Gestaltung, Entwicklung, Technologie, dem Marketing, Verkauf und der In-
standhaltung widmet. Diese Beschäftigten kann man als *Wissensarbeiter*
bezeichnen. Die Wissensökonomie ist von einem ständigen Fluss an Informationen und Meinungen und durch das machtvolle Potenzial von Wis-

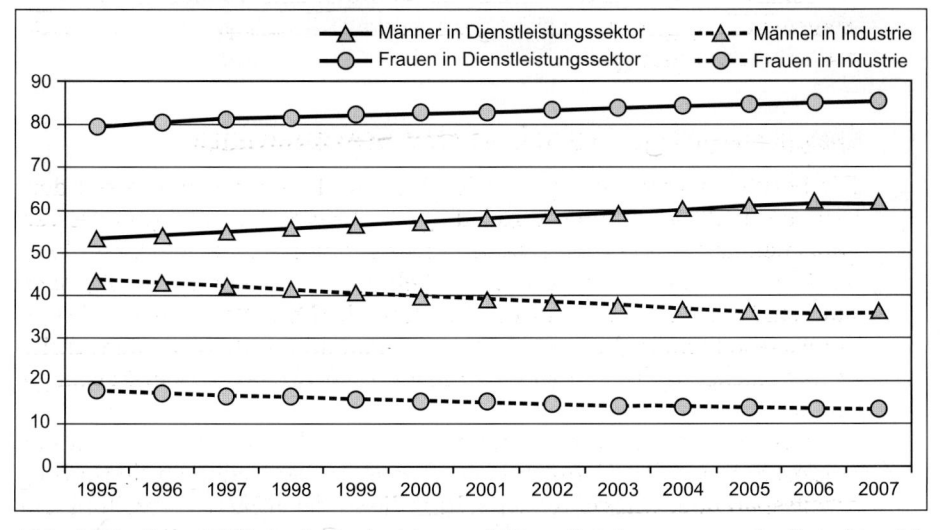

Abb. 16.8: Beschäftigte in Industrie und Dienstleistungen nach Geschlecht,
Deutschland (in Prozent aller Beschäftigten)
Quelle: European Commission (2008), Statistical Annex 2.

senschaft und Technologie gekennzeichnet. Wie Charles Leadbeater beobachtete,

> [...] verdienen die meisten von uns ihr Geld in sehr dünner Luft: Wir stellen nichts her, das gewogen, angegriffen oder einfach gemessen werden kann. Unsere Produkte sind nicht gestapelt, in Lagerhäusern eingelagert und werden nicht mit Zügen oder Schiffen transportiert. Die meisten von uns verdienen ihren Lebensunterhalt, indem sie Dienstleistungen anbieten, Urteile abgeben, Informationen und Analysen bereitstellen, sei es in einem Call Center am Telefon, im Büro eines Rechtsanwalts, einer Dienststelle der Regierung oder in einem wissenschaftlichen Labor. Wir arbeiten alle in einem Geschäftszweig, in dem dünne Luft herrscht. (Leadbeater 1999, S. vii)

Wie weitverbreitet ist die Wissensökonomie am Beginn des 21. Jahrhunderts? Eine Studie der OECD (Organisation für wirtschaftliche Zusammenarbeit und Entwicklung) hat den Versuch unternommen, das Ausmaß der Wissensökonomie in den entwickelten Ländern zu schätzen. Dabei wurde versucht, den Anteil der Wissensökonomie an der gesamten Wertschöpfung im Ländervergleich festzustellen (s. Abb. 16.9). Wissensbasierte Betriebe werden hier sehr breit verstanden und umfassen alle Zweige der Hochtechnologie, der Bildung und Ausbildung, Forschung und Entwicklung, sowie den Finanz- und Investmentsektor. Im OECD-Bereich steuerten Mitte der 1990er Jahre die wissensbasierten Betriebe mehr als die Hälfte der gesamten Wertschöpfung bei. Westdeutschland wies mit 59 Prozent den höchsten Wert auf, Japan, Großbritannien, Schweden und Frankreich lagen alle über 50 Prozent.

Investitionen in die Wissensökonomie – in der Form von öffentlicher Bildung, Ausgaben für die Softwareentwicklung, Forschung und Entwicklung – bilden heutzutage einen bedeutenden Teil der Budgets vieler Staaten. Beispielsweise investierte Schweden im Jahr 1995 elf Prozent seines Bruttoinlandsprodukts in die Wissensökonomie. Frankreich folgte an zweiter Stelle aufgrund seiner umfangreichen Ausgaben für öffentliche Bildung.

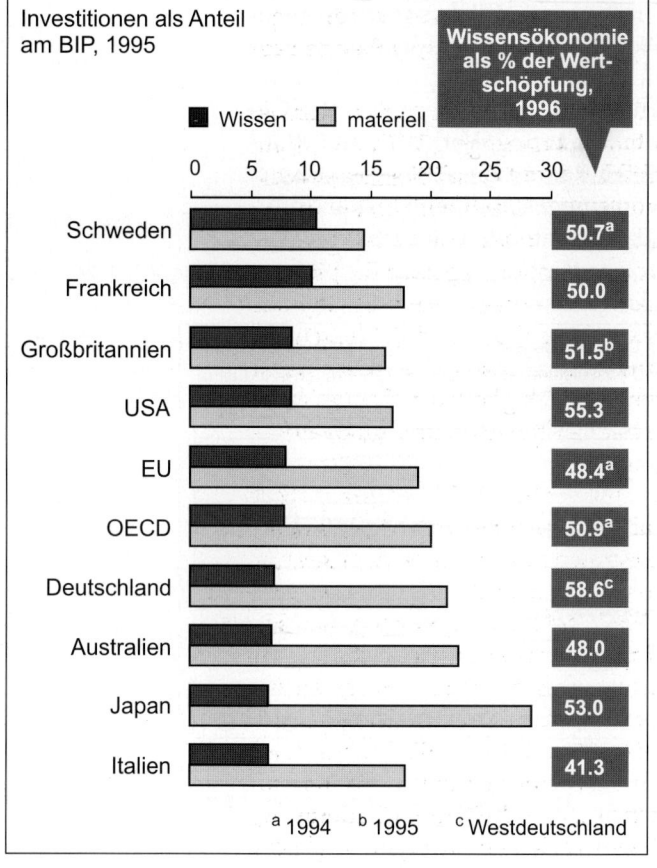

Abb.16.9: Umfang der Wissensökonomie
Quelle: The Economist (1999, 16, Oktober).

Zugegeben, die Wissensökonomie bleibt ein schwierig zu untersuchendes Phänomen, sowohl quantitativ als auch qualitativ. Es ist weitaus leichter, physische Objekte zu messen als „gewichtslose" Ideen. Dennoch kann nicht bezweifelt werden, dass die Hervorbringung und die Anwendung von Wissen für die Ökonomien des Westens in zunehmendem Maße eine zentrale Rolle spielen.

Mehrfachqualifikation

Eine der Überzeugungen, die die Vertreter der These des Postfordismus formulierten, bezieht sich auf die neuen Formen des Arbeitens, die es Beschäftigten erlaubt, die Breite ihrer Qualifikationen auszudehnen, indem sie eine Vielzahl von Arbeitsaufgaben übernehmen, anstatt wie früher nur einen spezifischen Arbeitsauftrag immer wieder auszuführen. Von Gruppenproduktion und Teamwork heißt es, sie erlaubten vielseitig qualifizierten Arbeitskräften ein breites Spektrum von Aufgaben zu übernehmen. Das führe zu einer höheren Produktivität und einer verbesserten Qualität der Güter und Dienstleistungen; Beschäftigte, die sich in ihre Arbeit auf verschiedene Weise einbringen könnten, seien auch besser in der Lage, Probleme zu bewältigen und mit kreativen Lösungen für anstehende Probleme hervorzutreten.

Die Verlagerung in Richtung der Mehrfachqualifikation hat Auswirkungen auf die Einstellungspolitik der Unternehmungen. Während diese sich früher vor allem für formelle Ausbildung und Qualifikation interessierten, suchen heute Arbeitgeber Beschäftigte danach aus, ob sie in der Lage sind, sich rasch an neue Bedingungen anzupassen und fähig scheinen, zügig neue Qualifikationen zu erwerben. Daher mag zum Bespiel das Beherrschen einer bestimmten Software heute weniger wertvoll sein als die Fähigkeit und Bereitschaft, neue Ideen zu verstehen und sich rasch mit ihnen vertraut zu machen. Spezialisierungen sind von Vorteil, aber wenn jemand Schwierigkeiten damit hat, erworbene Fähigkeiten auf neue Situationen kreativ anzuwenden, werden sie in einer flexiblen und innovativen Arbeitsumgebung nicht als Vorteil schlagend.

Die Joseph Rowntree Foundation hat in ihrer Studie *The Future of Work* (Meadows 1996) untersucht, welche Qualifikationstypen Arbeitgeber heutzutage suchen. Die Autoren der Studie kommen zum Schluss, dass sowohl im qualifizierten wie im Bereich der un- und angelernten Berufe „persönliche Qualifikationen" in vermehrtem Maße bedeutend wurden. Die Fähigkeiten zu kooperieren und selbstständig zu arbeiten, die Initiative zu ergreifen und angesichts neuer Herausforderungen kreative Wege zu suchen, zählten zu jenen Qualifikationen, die jemandem am sichersten zu einem Arbeitsplatz verhelfen. In einem Markt, auf dem individuelle Konsumentenwünsche in steigendem Umfang zufriedengestellt werden müssen, ist es für den einzelnen Beschäftigten von entscheidender Bedeutung, sich auf seine persönlichen Qualifikationen verlassen zu können, gleichgültig, ob es sich um persönliche Dienstleistungen oder um Finanzdienstleistungen handelt. Der Bedeutungsverlust der technischen Fertigkeiten ist nach Ansicht der Autoren für jene Beschäftigten besonders schwierig zu bewältigen, die sehr lange in Routinejobs mit der Wiederholung immer gleicher Arbeitsabläufe befasst waren und die neuen persönlichen Qualifikationen nicht auszubilden vermochten. Darüber sollte man allerdings nicht vergessen, dass kein Arbeitgeber gewillt sein wird, jemanden nur wegen der Soft Skills seines „persönlichen Qualifikationsportfolios" einzustellen, sie kommen als zusätzliche Qualitäten vor allem dann ins Spiel, wenn Unternehmen aus einer Überzahl von Arbeitssuchenden eine Auswahl treffen können, und treten in den Hintergrund, wenn die erforderlichen Basisqualifikationen rar sind.

Ausbildung während des Arbeitens

Die Mehrfachqualifikation ist eng verknüpft mit der Vorstellung, dass Beschäftigte ständig an ihrer Weiterbildung und Qualifikationsverbesserung zu arbeiten haben. Statt sehr eng definierte Spezialisten zu beschäftigen, ziehen es heute viele Firmen vor, Nichtspezialisten einzustellen, die sich als fähig erweisen, am Arbeitsplatz neue Fertigkeiten zu entwickeln. In dem Maße, in dem die Technologie und der Markt Änderungen verlangen, fangen Firmen an, ihre Beschäftigten nachzuschulen, anstatt teure Berater zu holen oder andere besser qualifizierte Arbeitskräfte einzustellen. In die Stammbelegschaft in der Weise zu investieren, dass man sich auf einige lebenslang im Unternehmen Beschäftigte stützen kann, wird vermehrt als Strategie gewählt, um sich den rasch ändernden Bedingungen zu stellen.

In jenen Ländern, in denen die Berufsbildung in geringerem Umfang durch Lehre und Berufsschule erfolgt, organisieren immer mehr Firmen „on-the-job training", also innerbetriebliche Schulung und Umschulung, und benutzen dafür sehr oft die Teamarbeit mit geteilten Arbeitsaufgaben („job-sharing"). Diese Praxis erlaubt es, neue Fähigkeiten zu erlernen, während man seiner Arbeit nachgeht: Ein IT(Informationstechnologie)-Spezialist kann beispielsweise für einige Wochen mit einem Manager zusammengespannt werden, damit jeder ein wenig vom anderen lernt. Diese Form der Weiterbildung ist meist kostengünstiger, da sie das Arbeitsvolumen nicht wesentlich reduziert und allen Beteiligten erlaubt, neue Fertigkeiten zu erwerben. Eine nicht beabsichtigte Nebenfolge derartiger Maßnahmen kann darin gesehen werden, dass das Prestige der höhergestellten Teilnehmer ab- und jenes der subalternen Betriebsangehörigen zunimmt; ob das dann immer im Interesse des Unternehmens ist, sei dahingestellt.

Fort- und Weiterbildung eröffnen vielen Beschäftigten einen gangbaren Weg, um ihre Fertigkeiten weiterzuentwickeln und ihre Karriereaussichten im Betrieb zu verbessern. Darüber darf man allerdings nicht vergessen, darauf hinzuweisen, dass diese Weiterbildungsmöglichkeiten nicht für alle Beschäftigten im gleichen Umfang zur Verfügung stehen. Das britische Economic and Social Research Council (ESRC) hat in einer Untersuchung über Kohorten, die 1958 und 1970 geboren wurden, herausgefun-

den, dass jene Beschäftigten, die bereits bestimmte Qualifikationen besaßen, viel häufiger innerbetriebliche Weiterbildungs- und Umschulungsmaßnahmen erhielten als jene, die ohne solche Basisqualifikationen tätig
waren (Bynner u.a. 1997). Zusätzliche Ausbildung hat auch Auswirkungen auf das Lohnniveau: In der Kohorte, die 1970 geboren wurde, war das
Einkommen jener, die innerbetriebliche Zusatzausbildungen erhielten,
durchschnittlich um zwölf Prozent höher.

Heimarbeit

Heimarbeit erlaubt es Beschäftigten, einige ihrer Verpflichtungen von zu
Hause aus zu erledigen und sich dabei sehr oft des Computers und des
Internets zu bedienen. In jenen Berufen, die keinen regelmäßigen Kunden-
kontakt oder kein Zusammensein mit Kollegen erfordern, wie beispielsweise computerunterstütztes Entwerfen oder das Verfassen von Werbe-
texten, erlaubt das Arbeiten zu Hause es den Beschäftigten, ihre nichtbe-
ruflichen Verpflichtungen im Haushalt besser auszubalancieren, weshalb
sie im Allgemeinen eine höhere Produktivität zeigen. Das Phänomen der
„vernetzten Arbeiter" wird in der Zukunft wegen der raschen technologischen Veränderungen der Arbeitswelt sicherlich noch häufiger zu beobachten sein.

Obwohl Heimarbeit in den letzten Jahren in vermehrtem Maße akzeptiert wurde, wird sie nicht notwendigerweise von allen Arbeitgebern positiv gesehen. Es ist weitaus schwieriger, die Arbeitsleistung eines Beschäftigten zu überwachen, wenn dieser zu Hause arbeitet; daher wurden verschiedene Maßnahmen entwickelt um zu verhindern, dass die neue Freiheit missbraucht werden kann. Solcherart Beschäftigte mögen verpflichtet
sein, regelmäßig im Büro vorbeizuschauen oder ihre Arbeitsleistungen in
kürzen Abständen abzuliefern als andere Beschäftigte.

Eine genauere Diskussion der Überwachung am Arbeitsplatz findet man im Kapitel 15 – Organisationen und Netzwerke.

Trotz des weitverbreiteten Enthusiasmus über die Möglichkeiten der
Heimarbeit haben einige Autoren darauf aufmerksam gemacht, dass diese
auch zu einer verschärften Polarisierung zwischen professionellen Heimarbeitern, die anspruchsvolle, kreative Projekte von zu Hause verfolgen,
und jenen Unqualifizierten, die Routinetätigkeiten wie Schreibarbeiten oder
Dateneingabe daheim erledigen, führen kann. Wo sich eine derartige Spaltung auftut, konzentrieren sich höchstwahrscheinlich Frauen in den niedrigen Rängen der Heimarbeit (Phizacklea und Wolkowitz 1995).

Das Ende der lebenslangen Berufskarriere und der Aufstieg der Portfolioarbeiter

Im Licht der Auswirkungen der globalisierten Ökonomie und der Nachfrage nach „flexiblen" Arbeitskräften haben manche Soziologen und Ökonomen nahegelegt, dass in der Zukunft mehr und mehr Leute zu „Portfo-
lioarbeitern" werden könnten. Sie würden über ein „Qualifikationsportfo-
lio" verfügen – eine Anzahl verschiedener Qualifikationen und Befähigun-
gen –, die sie dazu einsetzen können, sich im Verlauf ihres Arbeitslebens

Portfolioarbeiter

zwischen verschiedenen Jobs hin und her zu bewegen. Nur ein relativ kleiner Teil der Arbeitskräfte wird stabile „Karrieren" im heutigen Sinn durchlaufen. Einige Autoren vertreten die Meinung, dass das Modell „ein Beruf lebenslang" bereits der Vergangenheit angehört.

Manche sehen diese Bewegung hin zur Portfolioarbeit in einem positiven Licht: Die Arbeitskräfte werden nicht mehr Jahr für Jahr ein und denselben Job verrichten müssen, sondern in die Lage versetzt, ihr Arbeitsleben kreativ zu planen (Handy 1995). Andere vertreten jedoch die Meinung, dass „Flexibilität" in der Praxis bedeutet, dass Unternehmen mehr oder weniger willkürlich Leute einstellen und entlassen können, womit sie jegliche Gefühle der Sicherheit aufseiten der Arbeitskräfte untergraben. Arbeitgeber werden zu ihren Belegschaften vor allem kurzfristige Bindungen eingehen und in der Lage sein, Sozialleistungen und Firmenpensionen auf ein Minimum zu senken.

Eine Untersuchung des Silicon Valley in Kalifornien behauptet, dass der ökonomische Erfolg dieses Gebietes auf den Portfolioqualifikationen der dortigen Arbeitnehmerschaft beruht. Die Ausfallsrate von Unternehmen im Silicon Valley ist sehr hoch: Alljährlich werden ungefähr 300 neue Firmen gegründet, doch eine ebenso große Zahl geht pleite. Die Arbeitnehmer, unter denen sich ein hoher Anteil von Professionals und Technikern befindet, haben gelernt, damit zu leben. Das Ergebnis, so die Autoren, ist, dass Talentierte und Geschickte rasch von einer Firma zur nächsten überwechseln und dabei anpassungsfähiger werden. Techniker werden zu Konsulenten, Konsulenten werden zu Managern, Angestellte werden zu Selbstständigen – und wieder zurück (Bahrami und Evans 1995).

Unter jungen Menschen, vor allem bei den Beratern und Spezialisten der Informationstechnologie, scheint es eine steigende Tendenz in Richtung Portfolioarbeit zu geben. Nach einigen Schätzungen können junge Universitätsabsolventen in Großbritannien damit rechnen, dass sie während ihres Berufslebens in elf verschiedenen Berufen tätig sein werden, die sich auf drei verschiedene Basisqualifikationen stützen. Dieses Bild dürfte allerdings noch für eine Weile eher die Ausnahme als die Regel bilden. Beschäftigungsstatistiken haben keine Hinweise dafür geliefert, dass der Anstieg an Personalfluktuation in dem Maße stattfand, in dem man es erwarten würde, wäre die Portfolioarbeit bereits weitverbreitete Praxis. Umfragen, die in den 1990er Jahren durchgeführt wurden, zeigten, dass in Großbritannien und in den USA – den am meisten deregulierten Arbeitsmärkten unter den industriellen Ländern – Vollzeitbeschäftigte so viel Zeit in jedem einzelnen Job wie vor zehn Jahren verbrachten (The Economist, 1995, 20. Mai); der Grund dafür scheint zu sein, dass die Manager erkannt haben, dass hohe Personalfluktuation teuer ist und die Arbeitsmoral untergräbt, und dass sie es vorziehen, ihre eigenen Angestellten umzuschulen, statt neue einzustellen, auch wenn dies bedeutet, dass sie über die ortsüblichen Löhne hinausgehen müssen. In ihrem Buch *Built to Last* (1997) haben James Collins und Jerry Porras 18 amerikanische Unternehmen analysiert, die seit 1926 ständig eine überdurchschnittliche Leistung im wirtschaftlichen Wettbewerb erbracht haben. Sie fanden, dass diese Unternehmen keineswegs einer „Hire-and-fire-Politik" huldigten, sondern ihre Belegschaften geradezu umsorgten. Nur zwei dieser Firmen brachten im untersuchten Zeitraum einen Unternehmensleiter von außen in die Firma, verglichen mit 13 der weniger erfolgreichen Unternehmen, die im Rahmen dieses Projektes ebenfalls untersucht worden waren.

Diese Befunde widerlegen die Ideen jener, die vom Aufstieg der Portfolioarbeit sprechen, nicht. Die Verkleinerung von Organisationen ist eine Realität; dadurch werden Tausende von Arbeitskräften, die der Meinung gewesen sein könnten, sie hätten eine Arbeit auf Lebenszeit, in den Arbeitsmarkt entlassen. Um wieder Arbeit zu finden, sind sie dann vielleicht gezwungen, ihre Qualifikationen zu entwickeln und zu diversifizieren. Viele, vor allem ältere Leute müssen dann unter Umständen feststellen, dass sie nie mehr eine Arbeit finden, die mit ihrer vorherigen vergleichbar wäre, oder auch, dass sie überhaupt nie mehr bezahlte Arbeit finden können.

Andere Aspekte von moderner Arbeit werden im Kapitel 15 – Organisationen und Netzwerke diskutiert, darunter auch Fragen, die mit dem Management moderner Wirtschaftsunternehmen zu tun haben, wie Human Resource Management und die Konzentration auf Unternehmenskultur.

Arbeitsplatzunsicherheit, Arbeitslosigkeit und die soziale Bedeutung der Arbeit

Während neue Wege des Arbeitens für manche Menschen hochinteressante Möglichkeiten eröffnen, können sie ebenso weitreichende Ambivalenzen für jene bedeuten, die das Gefühl haben, in einer unkontrollierbaren Welt gefangen zu sein. Wie wir in diesem Kapitel gesehen haben, erfährt der Arbeitsmarkt als Folge des Übergangs von der produzierenden zur Dienstleistungsökonomie grundlegende Veränderungen. Die weitverbreitete Einführung der Informationstechnologie verursacht Veränderungen in der Art und Weise, wie Organisationen strukturiert sind, wie sie gemangt werden und wie die Arbeit verteilt und ausgeführt wird. Rascher Wandel kann zur Destabilisierung führen; Arbeiter in verschiedenen Berufsformen erleben eine steigende Arbeitsplatzunsicherheit und entwickeln ein Gefühl von Angst über ihren Platz in der Arbeitswelt.

In den vergangenen Jahrzehnten wurde das Phänomen der Arbeitsplatzunsicherheit zu einem wichtigen Thema der Debatten in der Soziologie der Arbeit. Viele Beobachter und Journalisten haben die Ansicht vertreten, dass es in den vergangenen 30 oder mehr Jahren zu einer zunehmenden Unsicherheit der Beschäftigung gekommen sei und diese Entwicklung heute einen in industrialisierten Gesellschaften bisher unbekannten Höhepunkt erreicht habe. Junge Menschen können nicht länger damit rechnen, eine sichere Beschäftigung bei einem Arbeitgeber zu bekommen, weil – so diese Kritiker weiter – die globalisierte Wirtschaft zu immer mehr Betriebsübernahmen und einem allgemeinen Rückgang geführt habe, als deren Folge es zu vermehrten Entlassungen gekommen sei. Der Zug zu immer mehr Effizienz und steigendem Profitstreben bedeute, dass jene, die nur über geringe – oder falsche – Qualifikationen verfügen, auf unsichere, marginale Jobs verdrängt würden, die sie den raschen Änderungen der globalen Wirtschaft schutzlos aussetzten. Trotz aller Vorteile, die die Flexibilität am Arbeitsmarkt für einige bereithält, leben wir heute, so wird argumentiert, in einer „Hire-and-fire-Kultur", in der die Idee der lebenslangen Beschäftigung nicht mehr länger Gültigkeit habe.

Die soziale Bedeutung der Arbeit

Für die meisten von uns nimmt die Arbeit einen größeren Teil unseres Lebens ein als irgendeine andere einzelne Aktivität. Wir verbinden mit Arbeit sehr oft Plackerei – ein Bündel von Aufgaben, die wir gerne verringert sehen würden, wenn das möglich wäre, oder dem wir überhaupt entkommen möchten. Arbeit ist allerdings mehr als nur Plackerei und die Menschen, die ihren Arbeitsplatz verloren haben, würden nicht so sehr

Marie Jahoda
1907–2001

darunter leiden, wenn Arbeit nur Plackerei wäre. Wie würden Sie sich fühlen, wenn Sie damit rechnen müssten, nie einen ordentlichen Job zu bekommen? In modernen Gesellschaften bedeutet eine Arbeit zu haben auch, sein Selbstwertgefühl gestärkt zu sehen. Selbst dort, wo die Arbeitsbedingungen sehr unerfreulich und die Arbeitsaufgaben langweilig sind, ist Arbeit ein strukturierendes Element der psychologischen Befindlichkeit und des Ablaufs der täglichen Aktivitäten. Die Sozialpsychologin Marie Jahoda, eine der Autorinnen der berühmten Studie *Die Arbeitslosen von Marienthal* ([1933] 1975) hat als eine

der Ersten versucht, die Institution Erwerbsarbeit zu analysieren. Arbeit diene manifesten Zwecken und habe latente Konsequenzen (Merton 1995). Manifest bringt Arbeit als kollektive Anstrengung Güter und Dienstleistungen hervor, die weit über das Maß hinausgehen, das Einzelne herstellen könnten; aus der Perspektive des Arbeitgebers steht der Profit und aus der Sicht der Beschäftigten das Einkommen im Vordergrund. Jenseits dieser manifesten Ziele weist Arbeit auch „latente Konsequenzen" auf. Arbeit ist so organisiert, dass bestimmte Erfahrungen von Arbeitenden unvermeidlich gemacht würden:

> Erstens erzwingt sie [die Erwerbsarbeit] ein für industrielle Länder charakteristisches Zeiterlebnis [...].

> Zweitens erweitert die Erwerbstätigkeit den sozialen Horizont der Menschen über die Familie und den engeren Kreis von Nachbarn und selbst gewählten Freunden hinaus. [...]

> Drittens demonstriert die Erwerbstätigkeit täglich, dass die materiellen Bedürfnisse moderner Menschen nicht von einzelnen Individuen befriedigt werden können, sondern Zusammenarbeit von vielen benötigen [...].

Viertens bestimmt die Eingliederung der Menschen in den kollektiven Arbeitsprozess ihren Platz in der weiteren Gesellschaft. Der Arbeitsplatz und die Berufskategorie, zu der man gehört, definiert die soziale Identität.

Und schließlich, fünftens, erzwingt die Erwerbstätigkeit regelmäßige, systematische Tätigkeit, deren Zweck über persönliche Zwecke hinausgeht und den Arbeitenden an die soziale Realität bindet. (Jahoda 1984, S. 12f.)

Die fünf von Jahoda herausgearbeiteten Dimensionen Zeiterlebnis, Horizonterweiterung, Kooperation, Statuserwerb und Realitätsbindung sind für die Analyse der sozialen Bedeutung von Arbeitslosigkeit von unmittelbarer Bedeutung (siehe dazu weiter unten).

Die Zunahme der Arbeitsplatzunsicherheit

2002 veröffentlichte die Joseph Rowntree Foundation den *Job Insecurity and Work Intensification Survey* (JIWIS), eine Untersuchung, die auf Tiefeninterviews mit 340 britischen Beschäftigten beruht, von Produktionsarbeitern bis zu leitenden Angestellten. Die Untersuchung zielte darauf ab, das Ausmaß der Arbeitsplatzunsicherheit festzustellen und die Auswirkungen davon sowohl am Arbeitsplatz als auch in den Familien und in den Nachbarschaften zu beurteilen. Die Verfasser berichten, dass Arbeitsplatzunsicherheit in Großbritannien seit 1966 zunahm, wobei die stärkste Zunahme für die manuellen Arbeiter in den späten 1970er und 1980er Jahren zu verzeichnen war. Trotz der allgemeinen wirtschaftlichen Erholung, die seit Mitte der 1980er Jahre einsetzte, stieg die Arbeitsplatzunsicherheit weiter an. Die Untersuchung kam zum Schluss, dass die Arbeitsplatzunsicherheit den höchsten Wert seit dem Ende des Zweiten Weltkriegs erreicht habe.

Die Untersuchung widmete sich auch den verschiedenen Gruppen von Arbeitenden, die im Laufe der Jahre ein höheres oder geringeres Ausmaß an Arbeitsplatzunsicherheit erfahren haben. Die Verfasser fanden heraus, dass in der Mitte der 1990er Jahre die deutlichste Steigerung in der Gruppe der nicht manuell Arbeitenden festzustellen war. Von 1986 bis 1999 erfuhren Professionals einen Wechsel von der Gruppe der sichersten Beschäftigten zu jener der am wenigsten sicheren, während die manuell Tätigen nur einen Abstieg in weniger sichere Beschäftigungsverhältnisse erlebten. Die wichtigste Quelle der Unsicherheit war der Mangel an Vertrauen in das Management. Auf die Frage, ob das Management darauf achte, die Interessen der Beschäftigten zu wahren, antworteten 44 Prozent der Befragten, dass das kaum oder gar nicht der Fall sei (Burchell u.a. 2002).

Die meisten Autoren stimmen darin überein, dass Arbeitsplatzunsicherheit kein gänzlich neues Phänomen sei. Uneinigkeit herrscht darüber, bis zu welchem Grad die Unsicherheit in jüngster Zeit zugenommen habe und, noch wichtiger, welche Teile der arbeitenden Bevölkerung davon besonders

Verantwortung

abnehmend
5 %

keine Änderung
20 %

zunehmend
75 %

Aufstiegsmöglichkeiten

zunehmend
19 %

abnehmend
27 %

keine Änderung
54 %

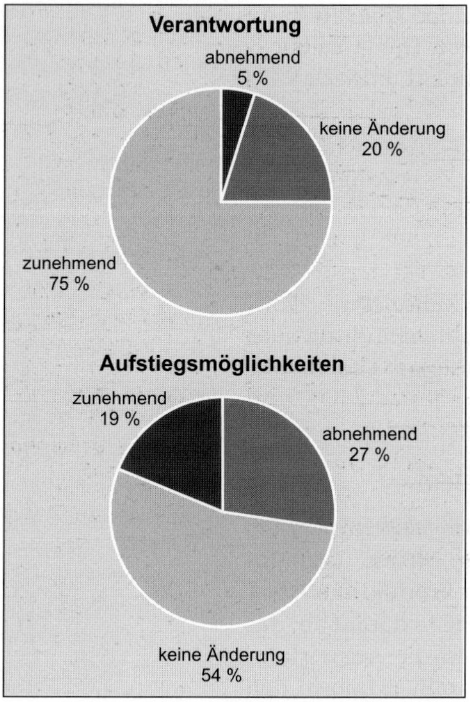

Abb. 16.10: Beschäftigte erfahren Änderungen in ihrer Verantwortung und den Aufstiegsmöglichkeiten
Quelle: Burchell u.a. (2002), S. 81.

betroffen seien. Einige Kritiker meinten, dass Studien, wie JIWIS nichts anderes seien als ungerechtfertigte Reaktion auf die in der Mittelschicht nunmehr auch wahrgenommene Arbeitsplatzunsicherheit.

Die verunsicherte Mitte: Wird Arbeitsplatzunsicherheit überzeichnet?

In den späten 1970er und den 1980er Jahren erlebten viele industrialisierte Länder eine Rezession, die sich besonders nachteilig auf die traditionelle herstellende Industrie auswirkte. Allein in Großbritannien ging nahezu eine Million Arbeitsplätze in der Stahlindustrie, im Schiffbau und im Kohlebergbau verloren. Erst seit ungefähr einem Jahrzehnt machen auch Professionals und Manager erstmals Erfahrungen mit Arbeitsplatzunsicherheit. Im Banken- und Finanzsektor kam es zu Firmenübernahmen und Entlassungen; die Ausbreitung des Informationszeitalters brachte viele Angestellte um ihre Jobs, die durch die Computertechnologie entbehrlich wurden.

Während die Industriearbeiter mit der Arbeitslosigkeit zu leben gelernt hatten, auch weil sie zum Teil die Erfahrungen ihrer Eltern und Großeltern noch in Erinnerung hatten, waren die Angestellten kaum darauf vorbereitet, dass der wirtschaftliche Wandel auch ihre Berufe erfassen würde. Die Sorgen unter den Professionals veranlassten manche, von der „verunsicherten Mitte" zu sprechen. Dieser Ausdruck wurde verwendet, um jene Angestellten zu bezeichnen, die in der Erwartung lebenslanger sicherer Jobs allerhand finanzielle Verpflichtungen wie Hypothekarkredite oder teure Ausbildungen für ihre Kinder eingegangen waren. Unvertraut mit Phänomenen wie Entlassungen reagierten sie besonders verunsichert und ängstlich auf die neue Situation. Arbeitsplatzunsicherheit wurde mit einem Mal zu einem Gesprächsthema unter Professionals und in den Medien. Manche meinten, das sei eine Überreaktion und verwiesen auf die chronische Unsicherheit, der die manuellen Arbeiter immer schon ausgesetzt waren.

Die nachteiligen Wirkungen der Arbeitsplatzunsicherheit

Der *Job Insecurity and Work Intensification Survey* (Burchell u.a. 2002) fand heraus, dass für viele Beschäftigte Arbeitsplatzunsicherheit nicht nur die Angst vor Entlassungen betrifft. Sie bezieht sich auch auf Befürchtungen über Veränderungen der Arbeit selbst sowie die Auswirkungen dieser Änderungen auf die Gesundheit und das Wohlbefinden der Beschäftigten.

Diese Untersuchung machte deutlich, dass von Beschäftigten erwartet wird, dass sie bei ihrer Arbeit mehr und mehr Verantwortung übernehmen müssen, da die organisatorischen Strukturen weniger bürokratisch wurden und das Fällen von Entscheidungen bei immer mehr Arbeitsplätzen zur Routine wurde. In dem Maße, in dem die Ansprüche an die Beschäftigten steigen, sehen sich viel Beschäftigte mit einer Situation konfrontiert, die ihnen in geringerem Ausmaß Aufstiegsmöglichkeiten einräumt (s. Abb. 16.10). Diese Kombination trägt bei Arbeitenden zum Gefühl bei, über wichtige Teile ihrer Arbeit, wie Arbeitsgeschwindigkeit oder Vertrauen in Aufstiegsmöglichkeiten, die Kontrolle zu verlieren.

Eine andere nachteilige Seite der Arbeitsplatzunsicherheit betrifft das Privatleben der Beschäftigten. Die Studie fand eine starke Korrelation zwischen Arbeitsplatzunsicherheit und Krankheiten. Der Zusammenhang wird durch Daten des *British Household Panel Survey* unterstrichen, in dem gezeigt wird, dass die geistige und physische Gesundheit unter anhaltender Arbeitsplatzunsicherheit leidet. Der Druck, der von den Arbeitsbedingungen ausgeht, scheint eine Fortsetzung im Privatleben zu erfahren: Jene Beschäftigten, die über ein hohes Maß an Arbeitsplatzunsicherheit berichten, neigen auch dazu, Spannungen im Privatleben zu erleben (Burchell u.a. 2002).

Der Soziologe Paul du Gay spricht davon, dass die Bedeutung der Bürokratie für die Schaffung von Verantwortlichkeit und moralischer Verpflichtungen gegenüber einer zunehmenden unternehmerischen und flexiblen Praxis der Arbeit zunimmt. Seine These wird im Kapitel 15 – Organisationen und Netzwerke eingehender diskutiert.

Arbeitslosigkeit

Die Arbeitslosenraten zeigen im Verlauf des 20. Jahrhunderts starke Schwankungen. Die Arbeitslosigkeit erreichte in den westlichen Ländern während der Weltwirtschaftskrise der 1930er Jahre einen Höhepunkt. 1933 waren in Deutschland sechs Millionen Menschen arbeitslos, das entsprach 26 Prozent der Erwerbstätigen, in Großbritannien war jeder Fünfte arbeitslos. John Maynard Keynes (1883–1946) beeinflusste in den Jahren nach dem Ende des Zweiten Weltkriegs nachhaltig die Politik in Europa und den USA. Er glaubte, dass Arbeitslosigkeit auf fehlende Kaufkraft zurückzuführen sei, worunter die Produktion leide, was dazu führe, dass weniger Arbeiter benötigt würden; Regierungen können intervenieren und das Nachfrageniveau einer Ökonomie anheben, was neue Arbeitsplätze schafft. Viele gelangten zur Überzeugung, dass staatliche Eingriffe ins Wirtschaftsleben bedeuteten, dass hohe Arbeitslosenraten der Vergangenheit angehörten. Die Vollbeschäftigung wurde in praktisch allen westlichen Gesellschaften Ziel der Regierungspolitik. Bis in die 1970er Jahre schien diese Politik erfolgreich zu sein, und das Wirtschaftswachstum war mehr oder weniger stetig.

In den 1970er und 1980er Jahren wurde es immer schwieriger, die Arbeitslosenrate niedrig zu halten und der keynesianische Versuch der Feinsteuerung der Wirtschaftspolitik wurde fast überall aufgegeben. Ein Vierteljahrhundert lang – vom Ende des Zweiten Weltkriegs bis ungefähr 1970 – betrug die Arbeitslosenrate in den westeuropäischen Ländern im Durchschnitt weniger als drei Prozent, was von Ökonomen als Vollbeschäftigung

Arbeitslosigkeit

betrachtet wird. In den 1970er Jahren stieg sie in Westeuropa auf durchschnittlich sechs Prozent an und im darauf folgenden Jahrzehnt kletterte sie auf über neun Prozent, zwischen 1994 und 1998 betrug der Wert bereits fast elf Prozent (Maddison 2001, S. 134). Danach ging die Arbeitslosenrate ein wenig zurück; sie betrug in den damaligen 15 EU-Staaten in den ersten fünf Jahren des 21. Jahrhunderts knapp unter acht Prozent.

Die Analyse der Arbeitslosigkeit

Die Interpretation der offiziellen Arbeitslosenstatistiken ist allerdings keineswegs einfach (s. Abb. 16.11). Arbeitslosigkeit ist nicht leicht zu definieren. Sie bedeutet „keine Arbeit haben". Doch „Arbeit" bedeutet hier „bezahlte Arbeit", noch genauer „Arbeit in einer anerkannten Beschäftigung". Personen, die offiziell als Arbeitslose vorgemerkt sind, können sich dennoch verschiedenen Formen der produktiven Aktivität widmen, wie etwa Arbeiten im Haus oder im Garten. Viele Leute sind teilzeitbeschäftigt oder nur gelegentlich gegen Entgelt beschäftigt; Rentner, gleichgültig wie alt sie sind, werden nicht als „arbeitslos" gezählt.

Arbeitslosenrate

Die Arbeitsmarktstatistiken werden in der Europäischen Union heutzutage auf der Grundlage der Definition von Arbeitslosigkeit erstellt, die vom Internationalen Arbeitsamt (International Labour Organization, ILO) entwickelt wurde und im European Union Labour Force Survey Verwendung findet. Die ILO-Definition bezieht sich auf Personen, die 15 Jahre oder älter, ohne Arbeit und in der Lage und willens sind, innerhalb von zwei Wochen eine Arbeit aufzunehmen, und die im letzten Monat aktiv nach Arbeit gesucht haben. Viele Ökonomen sind der Auffassung, dass die übliche Arbeitslosenrate durch zwei andere Maße ergänzt werden sollte. „Entmutigte Arbeitskräfte" sind jene, die gerne einen Job hätten, allerdings die Hoffnung auf bezahlte Beschäftigung aufgegeben haben, und daher auch ihre Arbeitsuche beendet haben. „Unfreiwillig Teilzeitbeschäftigte" sind Leute, die keinen Ganztagsjob finden können, obwohl sie einen haben möchten.

Arbeitslosenstatistiken sind auch aus anderen Gründen mehrdeutig, da sie verschiedene Typen von Arbeitslosigkeit zusammenfassen. Friktionelle Arbeitslosigkeit, die gelegentlich auch zeitweilige Arbeitslosigkeit genannt wird, bezieht sich auf die vorübergehenden Arbeitslosigkeitsepisoden von Beschäftigten zwischen zwei Arbeiten. Vielfach fungiert hier das Arbeitslosenversicherungssystem aber als Ventil für Auslastungsprobleme in den Unternehmen; wenn jemand nach kürzeren oder längeren Phasen der Arbeitslosigkeit wieder beim gleichen Arbeitgeber zu arbeiten beginnt, spricht einiges dafür, dass er in der Zwischenzeit nicht in dem Sinn arbeitslos war, den wir üblicherweise mit diesem Begriff verbinden. Saisonal Beschäftigte und deren Arbeitgeber nutzen in stillschweigender Übereinkunft das Arbeitslosenversicherungswesen aus. In manchen Regionen wird bereits jeder zweite Arbeitslose wieder vom selben Arbeitgeber eingestellt, der ihn davor entlassen hat. Strukturelle Arbeitslosigkeit ist dagegen jene Form von oft lang dauernder Arbeitslosigkeit, die die davon

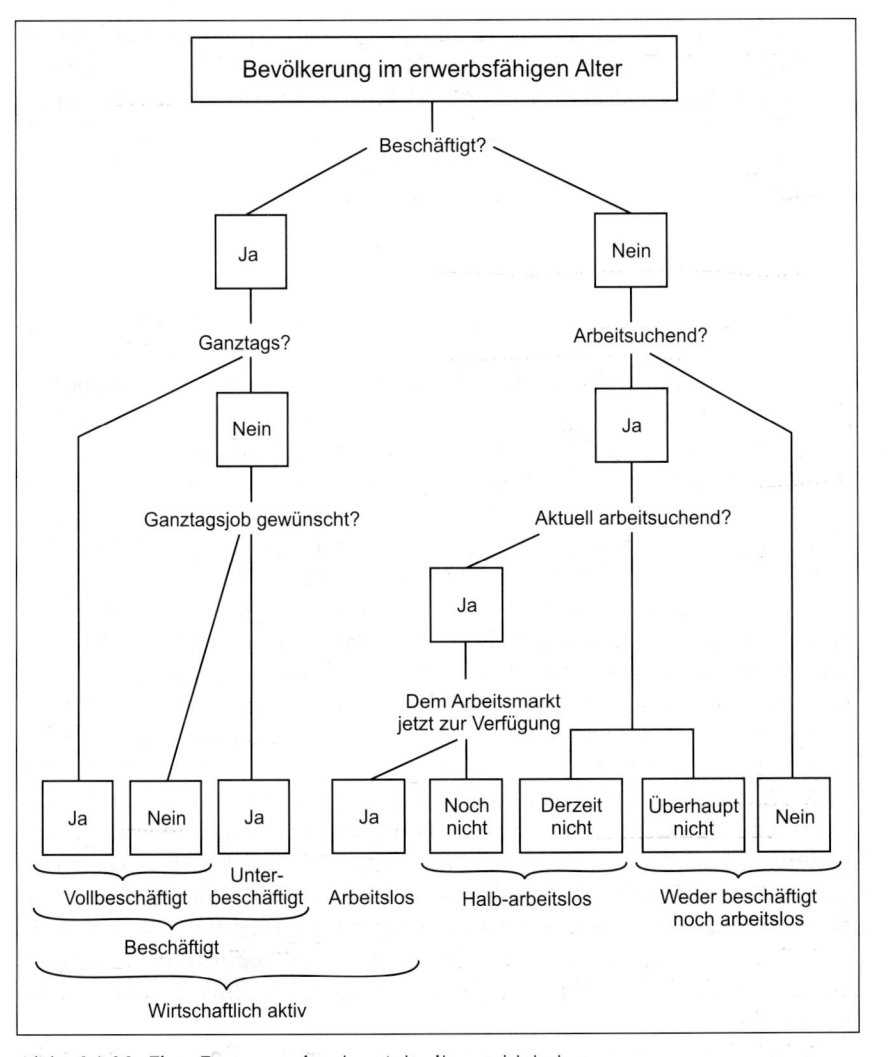

Abb. 16.11: Eine Taxonomie des Arbeitsmarktstatus
Quelle: Sinclair (1987), S. 2.

Betroffenen weitaus härter trifft und aus der sie sich viel schwerer befreien können. Strukturell heißt dieser Typus von Arbeitslosigkeit, weil er aufgrund von weitreichenden Veränderungen des Wirtschaftslebens zustande kommt; vor allem das Verschwinden bestimmter Produktionsbetriebe, wie zum Beispiel des Bergbaus oder von Teilen der Schwerindustrie, führt dazu, dass die vormals dort Beschäftigten Probleme haben, eine andere Arbeit zu finden. Ihre Qualifikationen verfallen und werden von niemandem gebraucht. Ehemaligen Hochofenarbeitern fällt es schwer, einen Job im Dienstleistungssektor zu ergattern, und oftmals sind sie auch nicht gewillt, den damit verbundenen sozialen Abstieg hinzunehmen.

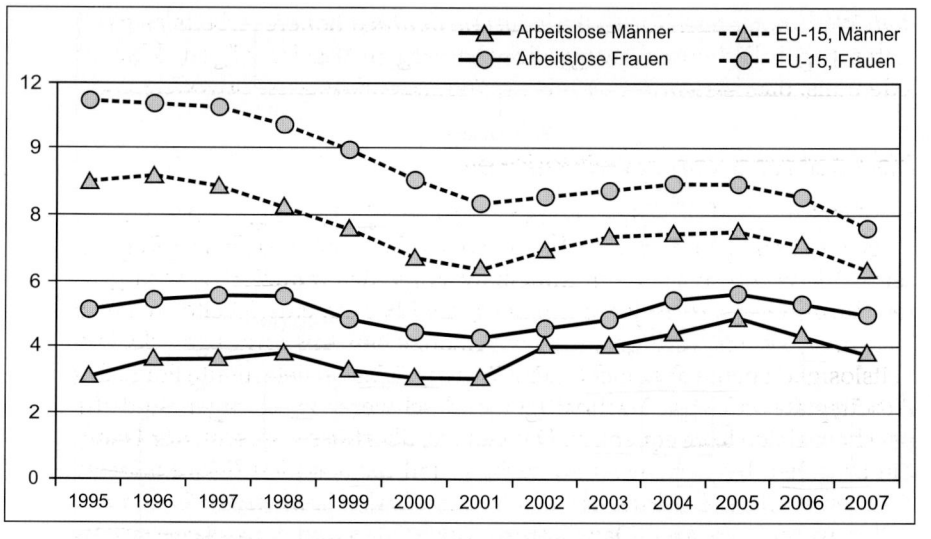

Abb. 16.12: Arbeitslose in Prozent, nach Geschlecht, Österreich und EU-15
Quelle: European Commission (2007), S. 275 und 279.

Trends der Arbeitslosigkeit

Das Ausmaß der Arbeitslosigkeit ist in Deutschland, Österreich und EU-15 bei den Männern geringer als bei den Frauen. 2006 waren im Jahresschnitt zehn Prozent der deutschen und vier Prozent der österreichischen männlichen Erwerbsbevölkerung erwerbslos, während es bei den Frauen in Deutschland neun Prozent und in Österreich fünf Prozent waren. Bei der Langzeitarbeitslosigkeit (darunter versteht man jene, die durchgehend länger als ein Jahr ohne Arbeit sind) liegt in Deutschland der Wert 2006 für Männer mit 5,7 Prozent höher als jener für Frauen, der 5,3 Prozent beträgt; in Österreich gibt es hingegen keine Unterschiede zwischen den Geschlechtern (beide 1,3 Prozent). Besonders hoch ist die Arbeitslosigkeit Älterer (55 Jahre und älter) in Deutschland, die mit 12,6 Prozent doppelt so hoch ist wie der Durchschnitt der EU-15-Länder (Abb. 16.12).

Besonders deutliche Unterschiede der Betroffenheit mit Arbeitslosigkeit werden sichtbar, wenn man die Arbeitslosen nach deren Qualifikationen differenziert. Wie Abbildung 16.13 zeigt, sind vor allem wenig Qualifizierte überdurchschnittlich von Arbeitslosigkeit betroffen, während besser Gebildete eine weitaus unterdurchschnittliche Rate aufweisen.

Eine Gruppe, die besonders stark von Arbeitslosigkeit betroffen ist, sind Personen mit Migrationshintergrund. Nach einer Befragung, die das Wiener Arbeitsmarktservice unter 600 seiner Kunden durchführte, haben zwei Drittel der gemeldeten Wiener Arbeitslosen zwischen 15 und 21 Jahren eine andere Muttersprache als Deutsch oder sind zweisprachig aufgewachsen (John 2007). Dabei ist nicht klar, ob den jugendlichen Migranten wirklich die mangelhafte Beherrschung des Deutschen die Jobsuche erschwert oder es sich um das Ergebnis von Vorurteilen und Diskriminierung handelt. Was immer auch die Gründe für die deutlich höhere Arbeitslosigkeit unter Jugendlichen mit Migrationshintergrund sein mögen, klar ist jedenfalls, dass sie stärker als andere von Arbeitslosigkeit betroffen sind.

Die Erfahrung von Arbeitslosigkeit

Die Erfahrung, ohne Arbeit zu sein, kann für jene, die gewohnt waren, einer regelmäßigen Erwerbsarbeit nachzugehen, ziemlich beunruhigend sein. Offensichtlich ist die unmittelbare Folge des reduzierten verfügbaren Einkommens. In all jenen Ländern, die über ein entwickeltes soziales Sicherungssystem verfügen, sind die finanziellen Auswirkungen der Arbeitslosigkeit heute aber nicht mehr die am stärksten belastende Folge des Arbeitsplatzverlustes. Nachhaltiger und schwerer zu ertragen sind die psychosozialen Konsequenzen: Das Gefühl, überflüssig zu sein, der Hang, die Ursachen bei sich selber zu suchen, und die scheelen Blicke anderer drücken heute viel stärker auf das Selbst, als das in früheren Zeiten der Fall gewesen sein mag. Dazu kommt noch, dass das entwickelte sozialstaatliche System von Hilfsangeboten des Arbeitsmarktservices oft genug verbunden ist mit Erfahrungen, die von den Betroffenen als Angriffe auf ihre Identität und ihr Selbstwertgefühl wahrgenommen werden. Wenn beispielsweise gut qualifizierte Arbeitskräfte in Umschulungen gedrängt werden, wo sie Dinge lernen sollen, die sie längst können, oder wenn jemandem statt eines neuen Arbeitsplatzes ein Platz in einer Schulungsmaßnahme zugewiesen wird, wo er seine Persönlichkeit bilden soll, liegt der Gedanke nahe, dass angesichts einer bevorstehenden Wahl die Arbeitslosenstatistik geschönt werden soll und es nicht um Arbeitsvermittlung geht. Die mehr oder weniger subtilen Zwänge, die auf Arbeitslose ausgeübt werden, sind dabei oft nur hilflose Versuche der Angestellten des Arbeitsmarktservices, ihren eigenen Arbeitsplatz oder ihren Ruf zu sichern (Zilian und Fleck 1990).

Die Arbeitslosen des ausgehenden 20. Jahrhunderts unterscheiden sich von jenen, die während der Weltwirtschaftkrise ihre Arbeit verloren haben, vor allem aber dadurch, dass sie die Erfahrung individuell erleben. Arbeitslose treffen heutzutage kaum noch auf andere Arbeitslose; die Informationstechnologie und der bargeldlose

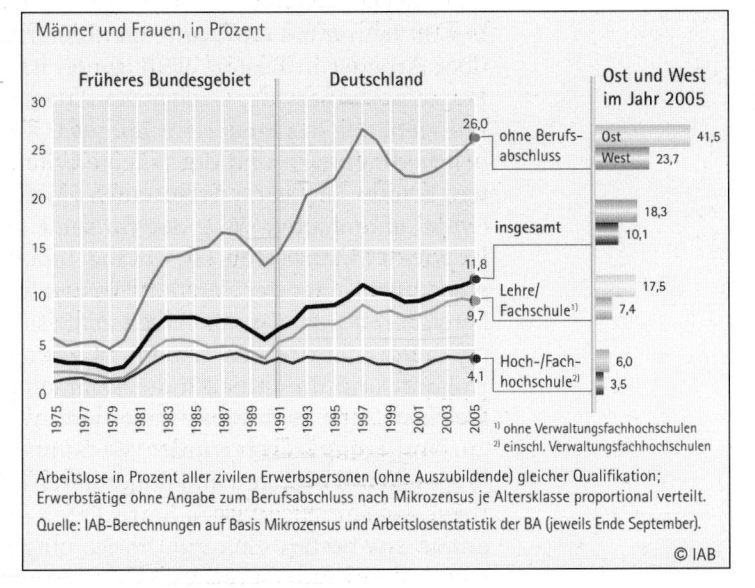

Abb. 16.13: Qualifikationsspezifische Arbeitslosenquoten 1975 bis 2005
Quelle: IAB (Institut für Arbeitsmarkt- und Berufsforschung), (2007, 26. September), S. 1.

Bezug des Arbeitslosengeldes führten dazu, dass ein Arbeitsloser zu Hause vor seinem Computer sitzt und im Internet nach Jobs sucht. Im Unterschied dazu widmete die klassische Untersuchung über die Folgen der Arbeitslosigkeit der 1930er Jahre *Die Arbeitslosen von Marienthal* (Jahoda u.a. [1933] 1975) dem Umstand, dass damals ein ganzes Dorf arbeitslos wurde, besondere Aufmerksamkeit und sprach davon, dass eine Gemeinschaft müde geworden sei. Praktisch alle Aktivitäten im Dorf gingen zurück, Vereine und politische Parteien verloren Mitglieder und die Arbeitslosen stellten sogar das kostenlose Ausleihen von Büchern aus der Bibliothek des Dorfes ein.

Am Beginn des 21. Jahrhunderts wird die Erfahrung der Arbeitslosigkeit von Angehörigen verschiedener sozialer Klassen oftmals unterschiedlich verarbeitet. Besser Gebildete und unter ihnen vor allem Jüngere kommen im Allgemeinen mit dieser Situation leichter zurande, manchmal können sie der neu gewonnenen Freizeit sogar Positives abgewinnen, zumindest vorübergehend. Solche glücklichen Arbeitslosen treten dann in Talkshows auf oder schreiben Artikel oder Bücher über die neu gewonnene Freiheit – oft genug ist dieses Gefühl aber nicht von Dauer. Dagegen setzt Personen, die am unteren Ende der sozialen Hierarchie angesiedelt sind, immer noch der Wegfall des Einkommens am meisten zu.

Schlussfolgerung: Die „Zerstörung des Charakters"?

Vor 30 Jahren hat der Soziologe Richard Sennett in einer Untersuchung über Arbeiter in Boston, USA, einen italienischen Immigranten namens Enrico porträtiert, der sein ganzes Arbeitslebens als Hausmeister in einem Bürogebäude der Innenstadt tätig war. Obwohl Enrico die schlechten Arbeitsbedingungen und der magere Lohn durchaus nicht glücklich machten, lieferte ihm seine Arbeit doch ein Gefühl der Selbstachtung und bot einen „ehrenhaften" Weg, um für seine Frau und seine Kinder zu sorgen. Er putzte 15 Jahre lang Tag für Tag Toiletten und kehrte Flure, ehe er sich ein Haus in einer der Vorstädte leisten konnte. Obwohl seine Arbeit nicht bereichernd war, war sein Arbeitsplatz sicher und durch eine Gewerkschaft geschützt – Enrico und seine Frau konnten vertrauensvoll Pläne für ihre Zukunft und die ihrer Kinder schmieden. Enrico wusste im Voraus, in welchem Alter er in Rente gehen und wie viel ihm dann an Einkommen zur Verfügung stehen würde. Wie Sennett feststellte, besaß die Arbeit von Enrico „einen einzigen und dauerhaften Zweck: seiner Familie zu dienen". Zwar war Enrico auf seine harte Arbeit stolz, aber für seine Kinder hoffte er auf eine bessere Zukunft. Enrico ging es darum, seinen Kindern einen sozialen Aufstieg zu ermöglichen.

15 Jahre später entdeckte Sennett bei einem zufälligen Zusammentreffen mit Enricos Sohn Rico, dass die Kinder noch weit mobiler waren. Rico beendete ein Elektrotechnikstudium und besuchte anschließend eine Busi-

ness School in New York. In den 14 Jahren nach seinem Studienabschluss schaffte Rico eine beachtliche Karriere, die ihn schließlich in die Gruppe der reichsten fünf Prozent Lohnbezieher brachte. Rico und seine Frau Jeanette wechselten im Laufe ihrer Ehe aufgrund ihrer beider Karrieren nicht weniger als viermal den Wohnort. Rico und Jeanette nahmen einige Risiken in Kauf und ergriffen die sich ihnen bietenden Chancen, was letztlich dazu führte, dass sie sich den sehr turbulenten Zeiten unterordneten und als Resultat all der Anstrengungen reich wurden. Trotz dieses Erfolgs ist ihre Geschichte keine völlig glückliche. Rico und seine Frau befürchten, dass sie knapp davor seien, „die Kontrolle über ihr Leben zu verlieren". In seinem Beruf als Berater Rico sieht sich zunehmend die Kontrolle über seine Zeit und seine Arbeit verlieren: Die Aufträge sind vage und ändern sich dauernd, er hat keine feste Rolle und sein Schicksal hängt weitgehend von Zufällen und Fallstricken ab, die die sozialen Netzwerke, in denen er sich bewegen muss, für ihn bereithalten. Jeanette hat das Gefühl, ihr Job sei ziemlich unsicher. Sie leitet eine Arbeitsgruppe von Buchhaltern, die geografisch weit verstreut sind: Einige arbeiten zu Hause, einige im Büro und wieder andere Tausende Meilen entfernt in einer anderen Abteilung der Firma. Um dieses flexible Team zu managen, kann sich Jeanette nicht auf Face-to-face-Interaktionen und persönliche Vertrautheit mit dem jeweiligen Arbeitsstil der Mitarbeiter verlassen. Stattdessen managt sie ihr Team aus der Ferne, per E-Mail und am Telefon.

Durch das ständige Herumziehen im Land blieben Ricos und Jeanettes Freundschaften auf der Strecke; die neuen Nachbarn und die Gemeinschaft wissen nichts über ihr bisheriges Leben, von wo sie herkommen oder wer sie persönlich sind. Wie Sennett schreibt: „Die Flüchtigkeit von Freundschaft und örtlichere Gemeinschaft ist der Hintergrund für die tiefste von Ricos Sorgen, seine Familie." (Sennett 1998, S. 23) Zu Hause haben Rico und Jeanette das Gefühl, dass ihr Arbeitsleben ihre Fähigkeit, eine zufriedenstellende Partnerschaft zu führen, untergräbt. Stunden rinnen dahin, und sie fürchten, ihre Kinder zu vernachlässigen. Aber mehr noch als die Schwierigkeit, Arbeit und Privatleben in Balance zu halten, machen sie sich Sorgen darüber, ihren Kindern ein schlechtes Vorbild zu sein. Während sie versuchen, den Kindern den Wert harten Arbeitens, von Engagement und langfristigen Zielen zu vermitteln, befürchten sie, dass ihr eigenes Beispiel Gegenteiliges lehrt. Rico und Jeanette sind Beispiele für kurzfristige und flexible Formen des Arbeitens, die in der heutigen Gesellschaft zunehmend nachgefragt werden. Ihre Berufslaufbahnen sind gekennzeichnet durch ständige Veränderung, kurzfristiges Engagement und schnelle Investitionen in das, was sie gerade tun. Das Paar ist sich dabei ganz im Klaren, dass in unserer schnelllebigen Zeit „die Qualitäten guter Arbeit mit den Eigenschaften guten Charakters nichts zu tun [haben]" (Sennett 1998, S. 24).

Für Sennett illustrieren die Erfahrungen von Rico und seiner Frau Jeanette einige der Folgen der Flexibilisierung der Arbeitswelt auf das persönliche Leben und den Charakter der Beschäftigten. In seinem Buch *Der flexible Mensch* (im Original: The Corrosion of Character) vertritt er die These, dass die wachsende Betonung flexiblen Verhaltens und flexibler Arbeitsformen sehr erfolgreiche Ergebnisse erzielen, aber zugleich unvermeidlich auch zu Durcheinander und Schaden führen kann. Die Erwartungen, mit denen Beschäftigte heute konfrontiert werden – flexibel zu sein, sich ständig neuen Herausforderungen zu stellen, mobil und gewillt zu sein, Risiken einzugehen –, widersprechen unmittelbar vielen jener Merkmale, die einen starken Charakter kennzeichnen: Loyalität, Verfolgung langfristiger Ziele, Hingabe an eine Sache, Vertrauen und Zielstrebigkeit.

Sennett legt nahe, dass in der neuen Ära der Flexibilität Spannungen unvermeidlich seien; obwohl Flexibilität dafür gepriesen wird, den Beschäftigten mehr Freiheit zu geben, ihre eigenen Lebensentwürfe zu formen, sieht Sennett, dass das auch neue, rigide Einschränkungen mit sich bringt. Statt sein Leben einer Sache zu widmen, wird heute von Arbeitenden erwartet, ständig in neuen Teams zu arbeiten, in solche einzusteigen und sie auch wieder zu verlassen, um eine neue Aufgabe zu übernehmen. Loyalität wird zu einer Bürde, anstatt ein Vorzug zu sein. Wenn das Leben, statt eine Karriere zu offerieren, zu einer Abfolge von verschiedenen Jobs wird, lösen sich langfristige Ziele in Nichts auf, soziale Bindungen können nicht aufrechterhalten werden und Vertrauen wird vergänglich. Menschen können nicht länger damit rechnen, dass sich eingegangene Risiken letztlich bezahlt machen werden und die „alten" Regeln für Beförderungen, Entlassungen und Belohnungen scheinen nicht mehr zu gelten. Für Sennett geht es für heutige Erwachsene darum, die zentrale Herausforderung zu bewältigen, in einer Welt der Kurzfristigkeit ein Leben mit langfristigen Zielen führen zu können. In seinen Augen untergraben die Ansprüche des „neuen Kapitalismus" die Elemente des persönlichen Charakters, der Menschen aneinander bindet.

Zusammenfassung

1. Arbeit ist die Verrichtung von Aufgaben unter Aufwendung geistiger und körperlicher Energie, die zum Ziel haben, Güter und Dienstleistungen hervorzubringen, die sich an menschliche Bedürfnisse wenden. Viele wichtige Arten von Arbeit – wie Hausarbeit oder freiwillige Aktivitäten – sind unbezahlt. Eine Beschäftigung ist Arbeit, die im Austausch gegen einen regelmäßigen Lohn verrichtet wird. Arbeit ist in allen Kulturen die Grundlage des Wirtschaftssystems.

2. Ein charakteristisches Merkmal des Wirtschaftssystems moderner Gesellschaften ist die Herausbildung einer sehr komplexen und vielfältigen Arbeitsteilung. Die Arbeitsteilung bedeutet, dass Arbeit auf verschiedene Arbeitende aufgeteilt wird, die unterschiedliche Spe-

zialisierungen aufweisen. Ein Ergebnis ist die wirtschaftliche Verflechtung: Wir hängen alle voneinander ab, um unseren Lebensunterhalt erwerben zu können.

3. Die industrielle Produktion wurde durch die Einführung des Taylorismus effizienter. Der Taylorismus, oder auch wissenschaftliche Betriebsführung, ist der Glaube, dass alle industriellen Prozesse in einfache Einzelaufgaben zerlegt werden können, die zeitlich bestimmt und organisiert werden können. Der Fordismus weitete die Prinzipien der wissenschaftlichen Betriebsführung auf die mit Massenmärkten verknüpfte Massenproduktion aus. Fordismus und Taylorismus können als Low-Trust-Systeme aufgefasst werden, die die Entfremdung der Arbeitnehmerschaft maximieren. Ein High-Trust-System gestattet Arbeitnehmern die Kontrolle über den Ort und auch den Inhalt ihrer Arbeit.

4. Gewerkschaften und die Anerkennung des Streikrechts sind heute in allen westlichen Ländern fest etabliert. Gewerkschaften entstanden als Defensivorganisationen, die den Arbeitern eine gewisse Kontrolle über ihre Arbeitsbedingungen sichern sollten. Die Stärke der Gewerkschaften wird üblicherweise durch ihre Bereitschaft und Fähigkeit zum Streik gemessen, worüber die Streikstatistik Auskunft gibt. Die Globalisierung hatte auf die Kampfbereitschaft der Gewerkschaften unterschiedlich gewirkt: In Ländern mit starken Gewerkschaften mit steigendem Organisationsgrad hatte sie keine Auswirkungen, während sie in Ländern mit rückläufigen Zahlen an Gewerkschaftsmitgliedern zu einer Zunahme an Streiks führte.

5. In jüngster Zeit wurden in vielen industrialisierten Ländern fordistische Praktiken durch flexiblere Arbeitsformen ersetzt. Der Ausdruck Postfordismus wird von einigen bevorzugt, um das gegenwärtige Stadium der wirtschaftlichen Produktion zu beschrieben, das sich dadurch auszeichnet, dass Flexibilität und Innovation maximiert werden, um die Marktnachfrage nach unterschiedlichen, speziell gefertigten Produkten befriedigen zu können.

6. Manche sprechen vom „Tod der Karriere" und von der Entstehung von Portfolioarbeit – Arbeit, die mit einem „Portfolio" verschiedener Qualifikationen verknüpft ist, die es der Einzelperson gestatten, rasch von Job zu Job zu wechseln. Solche Arbeitskräfte gibt es, doch für viele Beschäftigte ist Flexibilität vermutlich eher ein Merkmal schlecht bezahlter Jobs mit geringen Aufstiegschancen.

7. Arbeit bringt nicht nur Güter und Dienstleistungen hervor, sondern organisiert auch die Erfahrungen der Arbeitenden. Arbeit liefert eine strukturierte Erfahrung von Zeit, erweitert den sozialen Horizont, erzwingt Kooperation mit anderen, verleiht sozialen Status und bindet Menschen an die breitere soziale Realität.

8. Arbeitslosigkeit ist ein stets wiederkehrendes Problem der industrialisierten Länder. Der Verlust der Arbeit hat unmittelbare Auswirkungen auf die psychologische Verfassung der Person und führt sehr oft zu einem Orientierungsverlust.

> 9. Die Auswirkungen der Arbeitsplatzunsicherheit können genauso läh-
> mend sein wie die aktuelle Erfahrung der Arbeitslosigkeit. Arbeitsplatz-
> unsicherheit ist ein Gefühl der Sorge, die Beschäftigte über die zu-
> künftige Sicherheit ihres Arbeitsplatzes und ihre Rolle im Unterneh-
> men empfinden. Die Arbeitsplatzunsicherheit hat in der Mittelschicht
> stark zugenommen, obwohl einige glauben, dass die Sorge um den
> Arbeitsplatz stark übertrieben dargestellt wird.

Glossar

Arbeit. Die Aktivität, durch die Menschen durch Einwirkung auf die Natur Produkte hervorbringen und so ihr Überleben sichern. Arbeit ist nicht mit bezahlter Beschäftigung gleichzusetzen. In vormodernen Kulturen gab es nur ein
rudimentäres Geldwesen, und nur sehr wenige Menschen arbeiteten für Geld.
Auch in modernen Gesellschaften gibt es noch viele Arten von Arbeit, bei denen kein direktes Entgelt bezahlt wird, wie etwa die Hausarbeit.

Arbeitslosenrate. Statistische Maßzahl, die den Anteil der Arbeitslosen an allen
Beschäftigten ausweist. Die Berechnung erfolgt entweder als Registerzählung
aufgrund der Meldungen beim Arbeitsmarktservice oder der Agentur für Arbeit (Arbeitsamt) oder durch Bevölkerungsumfragen. Letzteres Verfahren
wurde durch das ILO (Internationales Arbeitsamt) standardisiert. Da die Arbeitslosenrate in heutigen Gesellschaften als Hinweis auf das soziale Wohlbefinden betrachtet wird, ist vor allem die Registerzählung manipulationsanfäl-
lig.

Arbeitslosigkeit. Eine Situation, in der jemand eine bezahlte Arbeit annehmen
möchte, aber nicht in der Lage ist, diese zu finden. Arbeitslosigkeit ist ein kom-
plizierterer Begriff, als es zunächst erscheinen könnte. Eine Person, die „nicht
beschäftigt" ist, ist nicht notwendigerweise arbeitslos in dem Sinn, dass sie
nichts zu tun hat. Hausfrauen oder Mithelfende in einem Familienbetrieb etwa
erhalten keinen Lohn, doch arbeiten sie im Allgemeinen sehr hart.

Arbeitsteilung. Jene Zerlegung eines Produktionssystems in spezialisierte Einzelaufgaben oder Beschäftigungen, die zur wirtschaftlichen Verflechtung führt.
In allen Gesellschaften gibt es zumindest rudimentäre Formen der Arbeitsteilung, vor allem zwischen den Tätigkeiten der Männer und jenen der Frauen.
Mit der Industrialisierung wurde die Arbeitsteilung jedoch wesentlich komplexer, als sie es jemals war. In der modernen Welt hat sie internationale Dimensionen angenommen.

Berufliche Segregation. Konzentration von Frauen in Berufen, die geringere Aufstiegsmöglichkeiten oder schlechtere Entlohnung bieten. Als vertikale Segregation auch unter dem Schlagwort „gläserne Decke" bekannt, die beim beruflichen Aufstieg von Frauen nicht durchstoßen werden kann. Als horizontale
Segregation wird vor allem die Konzentration von Frauen in sogenannten typischen Frauenberufen (z.B. Krankenschwester, Friseurin, Kindergärtnerin)
bezeichnet.

Beschäftigung. Jede Form der bezahlten Arbeit, der jemand regelmäßig nachgeht.

Entfremdung. Das Gefühl, dass unsere eigenen menschlichen Fähigkeiten von
anderen Wesen übernommen werden. Der Ausdruck wurde ursprünglich von
Marx verwendet, um sich auf die Projektion menschlicher Fähigkeiten auf

Götter zu beziehen. Später verwendete er den Begriff, um den Verlust der Verfügungsmacht über den Arbeitsprozess und dessen Ergebnisse aufseiten der Arbeiter zu charakterisieren.

Flexible Produktion. Ein industrielles Produktionssystem, bei dem Produkte für einen Massenmarkt wegen des Einsatzes von computerunterstütztem Design kurzfristig geändert werden können.

Fordismus. Das von Henry Ford eingeführte Produktionssystem, das auf Fließbandfertigung basiert und preisgünstige Produkte für einen Massenmarkt herstellt.

Gewerkschaft. Organisation mit freiwilliger Mitgliedschaft zur Vertretung der Interessen von Arbeitnehmern.

Gruppenproduktion. Herstellung von Gütern durch kleine Arbeitsgruppen statt am Fließband.

Hausarbeit. Unbezahlte Arbeit, die im Allgemeinen von Frauen im Haushalt verrichtet wird und die sich mit den alltäglichen häuslichen Aufgaben, wie dem Kochen, dem Putzen und dem Einkaufen, der Kindererziehung und -betreuung und der Pflege alter und kranker Familienmitglieder befasst.

High-Trust-Systeme. Organisationen oder Arbeitswelten, in denen Individuen ein großes Ausmaß an Autonomie und Kontrolle über ihre Aufgaben eingeräumt wird.

Industrieller Konflikt. Sammelbezeichnung für Auseinandersetzungen zwischen Unternehmungen und ihren Beschäftigten um Arbeitsbedingungen und Entlohnung.

Informelle Ökonomie. Ökonomische Transaktionen, die außerhalb der Sphäre herkömmlicher, bezahlter Arbeit liegen. Umgangssprachlich auch als Schwarzarbeit bezeichnet.

Low-Trust-Systeme. Ein organisatorischer Kontext oder eine Arbeitsumgebung, wo Individuen wenig Verantwortung für ihre Aufgaben haben und wenig Kontrolle darüber.

Massenproduktion. Großindustrielle Herstellung von Gütern unter Einsatz von Maschinen. Die Massenproduktion war eine der Folgen der industriellen Revolution.

Ökonomie. Das Tausch- und Produktionssystem, das die Befriedigung der materiellen Bedürfnisse der Mitglieder einer Gesellschaft sicherstellt. Die wirtschaftlichen Verhältnisse sind in allen Gesellschaften von zentraler Bedeutung. Wirtschaftliche Abläufe beeinflussen im Allgemeinen viele andere Aspekte des sozialen Lebens. Moderne Ökonomien unterscheiden sich deutlich von traditionellen Wirtschaftssystemen, da ein Großteil der Bevölkerung nicht mehr mit der landwirtschaftlichen Produktion befasst ist.

Portfolioarbeiter. Eine Arbeitskraft, die über verschiedene Geschicklichkeiten (Skills) oder Qualifikationen verfügt und daher ohne großen Aufwand von Arbeit zu Arbeit wechseln kann.

Postindustrielle Gesellschaft. Eine Lieblingsidee jener, die glauben, soziale Wandlungsprozesse hätten uns über die industrialisierte Gesellschaft hinausgeführt. Eine postindustrielle Gesellschaft basiert statt auf der Erzeugung materieller Güter auf der Produktion von Information. Nach Auffassung der Anhänger dieser Idee sind wir heute einer Reihe von sozialen Veränderungen unterworfen, die um nichts weniger tief greifend sind als jene, die vor ungefähr 200 Jahren die industrielle Ära ausgelöst haben.

Postfordismus. Bezeichnung für eine Produktionsform, in der flexibel gefertigt wird und Innovationen häufig sind, um die Nachfrage nach maßgeschneiderten Produkten zu befriedigen.

Qualitätszirkel. Form der industriellen Herstellung, bei der Arbeiter ihre Fähigkeiten aktiv einbringen können und in Entscheidungsprozesse eingebunden sind.

Spezialisierte Massenanfertigung. Großförmige Produktion von Gütern, die wegen des Einsatzes von computerunterstütztem Design Wünsche der Kunden detailliert berücksichten können.

Streik. Eine zeitweilige Arbeitsunterbrechung durch eine Gruppe von Beschäftigten, um Unzufriedenheit zum Ausdruck zu bringen oder Forderungen durchzusetzen.

Taylorismus. Ein Ideenbündel, das auch als *scientific management* bezeichnet wird und von Frederick Winslow Taylor entwickelt wurde. Die Teilung der Herstellung eines Produktes in möglichst einfache Handgriffe ermöglicht deren Überwachung und erhöht die Produktivität durch Intensivierung der einzelnen Handgriffe.

Wirtschaftliche Verflechtung. Der Ausdruck bezieht sich auf die Tatsache, dass im Rahmen der Arbeitsteilung Individuen voneinander abhängen, um viele oder die meisten der Güter, die sie für ihren Lebensunterhalt benötigen, hervorbringen zu können.

Wissensökonomie. Bezeichnung für ein Stadium der gesellschaftlichen Entwicklung, das nicht mehr durch die Herstellung materieller Güter, sondern zunehmend durch immaterielle Güter (und Dienstleistungen) gekennzeichnet ist. Ihre Entstehung ist eng verbunden mit einer starken Zunahme hochtechnologischer Fähigkeiten und die Verbreitung von Computern, Unterhaltungselektronik und Telekommunikation aufseiten der Produzenten und Konsumenten.

Weiterführende Literatur

Beckert, Jens, Rainer Diaz-Bone & Heiner Ganssmann, Hg. (2008), *Märkte als soziale Strukturen,* Frankfurt: Campus.

Jahoda, Marie (1995), *Sozialpsychologie der Politik und Kultur. Ausgewählte Schriften,* hg. C. Fleck, Graz: Nausner & Nausner.

Windolf, Paul Hg. (2005), *Finanzmarkt-Kapitalismus. Analysen zum Wandel von Produktionsregimen,* Kölner Zeitschrift für Soziologie und Sozialpsychologie, Sonderheft 45, Opladen: VS Verlag für Sozialwissenschaften.

Zilian, Hans Georg (1999), *Die Zeit der Grille? Eine Phänomenologie der Arbeit,* Amsterdam: G+B Verl. Fakultas.

Filme zum Thema

„Einstweilen wird es Mittag" (Österreich 1988), Regie: Karin Brandauer

„Workingman's Death" (Deutschland, Österreich 2005), Regie: Michael Glawogger

„Moderne Zeiten" (USA 1936), Regie: Charles Chaplin

„The Navigators" (Großbritannien 2001), Regie: Ken Loach

„Montags in der Sonne" (Spanien 2002), Regie: Fernando León de Aranoa

Internet-Tipps

ILO
www.ilo.org

Von Schweizer Gesellschaft für Soziologie gibt es online Veröffentlichungen unter
http://socio.ch/arbeit/index_arbeit.htm

OECD Society at a glance
www.oecd.org/document/24/0,3343,en_2649_34637_2671576_ 1_1_1_ 1,00.html

17

Städte und urbane Räume

L ondon ist neben New York und Tokio eine der „global cities", ein Kommandozentrum für die Weltwirtschaft, das weit über die Grenzen Großbritanniens hinaus Einfluss ausübt (Sassen 2001). Globale Städte sind Sassen zufolge die Schaltzentralen der großen, multinationalen Konzerne und quellen über vor technologischen und Finanzdienstleistungen sowie vor Beratern. Die Hauptstadt Großbritanniens hat 3,4 Millionen ansässige Arbeitnehmer und zieht eine große Zahl Pendler an. Die Kunstschätze der Vergangenheit und das dynamische Kulturleben Londons ziehen Jahr für Jahr 30 Millionen Touristen an.

London ist aber auch die Heimatadresse für eine Bevölkerung von sieben Millionen Menschen, die insgesamt 300 verschiedene Sprachen sprechen. In den letzten 20 Jahren ist die Bevölkerung durchschnittlich um 19.000 Menschen pro Jahr gewachsen, diese Migration hat dazu geführt, dass beispielsweise die Bevölkerung Londons um vieles jünger ist als die im restlichen Großbritannien. Junge Menschen ziehen aus verschiedenen Gründen in Städte wie London – Arbeit, Bildung, Kultur oder vielleicht auch, um dem Konformitätsdruck und Provinzialismus des Lebens außerhalb der Städte zu entkommen.

Doch trotz der reichhaltigen Möglichkeiten, die große Städte bieten, finden viele Menschen Städte unwirtlich und unfreundlich. Ein herausragendes Merkmal des modernen urbanen Lebens ist die Häufigkeit der Interaktionen zwischen Fremden. Nicht einmal innerhalb ihres Wohnviertels oder Mehrparteienhauses kennen die meisten Menschen ihre Nachbarn. Wenn Sie in einer Stadt oder Großstadt leben, denken Sie daran, wie oft Sie am Tag Leute treffen, die Sie nicht kennen. Die Liste könnte den Busfahrer, Menschen hinter der Ladentheke, andere Studierende oder Passanten, mit denen Sie Blicke wechseln, umfassen. Allein dieser Umstand unterscheidet das heutige Leben in Städten völlig vom Leben in anderen Umgebungen oder zu anderen Zeiten.

Soziale Interaktion in modernen Gesellschaften wird in Kapitel 3 – Soziale Interaktion und Alltagsleben erörtert.

Im folgenden Kapitel befassen wir uns zuerst mit den wichtigsten Theorien des Urbanismus und der Urbanisierung. Davon ausgehend betrachten wir die Ursprünge der Städte und die starke Zunahme der Stadtbevölkerung während des letzten Jahrhunderts sowie einige der wichtigsten Trends in der Urbanisierung weltweit. Wenig überraschend hat die Globalisierung eine enorme Auswirkung auf die Städte und daher werden wir uns mit einigen Dimensionen dieses Prozesses am Ende dieses Kapitels befassen.

Urbanismus theoretisieren

Viele frühe Soziologen waren fasziniert von der Stadt und dem urbanen Leben. Max Weber schrieb eine Abhandlung über „Die Stadt" (Weber [1921] 1999), in der er die Entstehung des modernen Kapitalismus auf die mittelalterliche europäische Stadt zurückführte. Andere frühe Theoretiker beschäftigten sich mehr damit, wie die Entstehung der Städte die soziale und physische Umwelt veränderte. Die Arbeiten von Georg Simmel und

Ferdinand Tönnies stellen zwei der wichtigsten frühen Beiträge zur Stadt-soziologie dar, und sie werden im Kasten „Frühe Theoretiker der Stadt" kurz vorgestellt. Diese Denker beeinflussten spätere Stadtsoziologen, wie etwa Robert E. Park (1864–1944), eine Schlüsselfigur der Schule von Chi-cago, der wir uns gleich zuwenden wollen. Park studierte um die Jahrhun-dertwende des 19. zum 20. Jahrhundert bei Simmel und promovierte 1903 in Heidelberg.

Die Schule von Chicago

Eine Anzahl von Autoren, die zwischen 1920 und 1940 an der Universität Chicago arbeiteten – neben Robert E. Park u.a. Ernest Burgess und Louis Wirth –, entwickelten Ideen, die lange Jahre hindurch die wichtigste Grund-lage für stadtsoziologische Theorie und Forschung bildeten. Zwei von der Chicagoer Schule entwickelte Begriffe verdienen besondere Aufmerksam-keit: der ökologische Ansatz in der städtischen Analyse und die Charakte-risierung von Urbanismus als Lebensform, die von Wirth entwickelt wur-de (Wirth 1938; Park 1952).

Urbanismus

Sozialökologie

Ökologie ist ein Begriff, der aus den Naturwissenschaften stammt: die Un-tersuchung der Adaption pflanzlicher oder tierischer Organismen an ihre Umwelt. (In diesem Sinn wird der Ausdruck „Ökologie" im Kontext der Erörterung von Umweltproblemen im Allgemeinen verwendet; siehe Ka-pitel 19 – Umwelt.) In der Natur sind Organismen meist systematisch über ein bestimmtes Gebiet verbreitet, sodass zwischen den verschiedenen Ar-ten ein Gleichgewicht erreicht wird. Die Chicagoer Schule ging davon aus, dass die Lage größerer städtischer Siedlungen und die Verteilung verschie-dener Arten von Vierteln innerhalb dieser Siedlungen nach ähnlichen Prin-zipien interpretiert werden kann. Das Wachstum von Städten beruht nicht auf Zufall, sondern ist eine Reaktion auf günstige Umweltbedingungen.

In modernen Gesellschaften entwickeln sich große Stadtgebiete bei-spielsweise entlang von Flüssen, in fruchtbaren Ebenen oder an Kreuzun-gen von Handelswegen oder später Eisenbahnen.

„Sobald sie einmal besteht", meint Park, „ist eine Stadt, wie es scheint, ein großer Sortiermechanismus, der aus der Gesamtbevölkerung unfehl-bar diejenigen Individuen selektiert, die an das Leben in einer bestimmten Region oder in einem bestimmten Milieu am besten angepasst sind." (Park 1952, S. 79) Städte ordnen sich durch Prozesse der Konkurrenz, der Invasi-on und der Sukzession zu „natürlichen Gebieten". All diese Prozesse kom-men in der biologischen Ökologie vor. Wenn wir die Ökologie eines Sees in einer natürlichen Umgebung betrachten, werden wir feststellen, dass der Wettbewerb zwischen den verschiedenen Arten von Fischen, Insekten und anderen Organismen dahingehend wirkt, dass eine ziemlich stabile Verteilung unter ihnen erreicht wird. Dieses Gleichgewicht wird gestört, wenn neue Arten eindringen und den See zu ihrem Lebensraum machen wollen. Bestimmte Lebewesen, die in der Mitte des Sees siedelten, werden nach außen gedrängt, um nunmehr am Rand eine gefährdetere Existenz zu führen. Die eindringenden Arten sind in den zentralen Gebieten ihre Nachfolger.

Siedlungs-, Bewegungs- und Neuansiedlungsmuster in Städten nehmen aus ökologischer Perspektive ähnliche Formen an. Die verschiedenen Viertel entwickeln sich durch die Anpassungen der Bewohner, die um die Sicherung ihrer Lebensgrundlagen kämpfen. Eine Stadt kann als Landkarte von Gebieten mit verschiedenen und kontrastierenden sozialen Merkmalen dargestellt werden. In den ersten Phasen des Wachstums moderner Städte siedeln sich Industrien an Orten an, welche sich für die Verarbeitung der Rohstoffe, die sie brauchen, eignen, d.h. in der Nähe von Versorgungssträngen. Die Bevölkerung siedelt sich um diese Arbeitsplätze herum an, die mit der Zunahme der Einwohnerschaft immer stärker differenziert werden. Die solchermaßen entwickelte Infrastruktur wird entsprechend attraktiver; auch in diesem Bereich verschärft sich die Konkurrenz.

Die Grundstückspreise und -steuern steigen und machen es für Familien schwierig, im Zentrum zu leben, es sei denn, sie nehmen einengende Verhältnisse oder verfallende Wohnungen mit deshalb niedrigeren Mieten in Kauf. Das Zentrum wird von Geschäften und Vergnügungsstätten beherrscht, während die wohlhabenderen Einwohner an die neu entstehende Peripherie ziehen. Dieser Prozess spielt sich entlang der Verkehrswege ab, weil diese die Zeit von und zum Arbeitsplatz verringern.

Die zwischen diesen Straßen liegenden Gebiete entwickeln sich langsamer. Städte können als Abfolge konzentrischer Kreise gesehen werden, die in Segmente zerfallen. Im Zentrum liegt die Innenstadt, eine Mischung aus der Prosperität großer Unternehmen und dem Verfall des privaten Hausbesitzes. Dahinter liegen ältere Viertel, in denen Arbeiter mit traditionellen manuellen Berufen wohnen. Noch weiter außen liegen die Vorstädte, in denen häufig Gruppen mit höherem Einkommen leben. Prozesse der Invasion und der Sukzession gehen innerhalb einzelner Segmente der konzentrischen Kreise vor sich. Wenn Immobilien in zentraler oder zentrumsnaher Lage verfallen, kann es vorkommen, dass ethnische Minderheiten einziehen. Gleichzeitig beginnt ein großer Teil der dort wohnenden Bevölkerung abzuwandern und löst eine Fluchtbewegung in andere Stadtviertel oder in die Vorstädte aus.

Obwohl der sozialökologische Ansatz eine Zeit lang in Verruf geriet, wurde er später wiederbelebt und von mehreren Autoren, insbesondere von Amos Hawley (Hawley 1950, 1968) verfeinert. Statt sich jedoch wie seine Vorgänger auf den Wettbewerb um spärliche Ressourcen zu konzentrieren, betont Hawley die *Interdependenz* verschiedener Stadtgebiete. Die *Differenzierung* – die Spezialisierung von Gruppen und Berufsrollen – ist der wichtigste Prozess, in dem sich Menschen an ihre Umwelt anpassen. Gruppen, von denen viele andere abhängig sind, spielen eine dominante Rolle, die sich oft in ihrer zentralen geografischen Position widerspiegelt. Beispielsweise bieten große Banken oder Versicherungsgesellschaften wichtige Dienstleistungen für viele Mitglieder einer Gemeinschaft an und sind

Sozialökologie

daher im Allgemeinen im Stadtkern angesiedelt. Die Bereiche, die sich innerhalb eines Stadtgebietes herausbilden, sind aber, wie Hawley zeigt, nicht nur das Ergebnis räumlicher, sondern auch zeitlicher Beziehungen. Die Dominanz des Geschäftslebens findet z.B. nicht nur in Mustern der Bodennutzung Ausdruck, sondern auch im Rhythmus des Alltagslebens – sinnbildlich während der täglichen Stoßzeit. Der zeitliche Ablauf des Alltags der Menschen spiegelt die Hierarchie der Viertel innerhalb der Stadt wider.

Der ökologische Ansatz war für die zahlreichen empirischen Untersuchungen, die von Hawley inspiriert wurden, ebenso wichtig wie als theoretische Perspektive. Viele Studien über Städte als Ganzes und über einzelne Viertel basierten auf ökologischen Überlegungen – z.B. Studien, die sich mit den oben erwähnten Prozessen der Invasion und der Sukzession auseinandersetzten. Dieser Ansatz kann jedoch auch zu Recht in mehrfacher Hinsicht kritisiert werden. Die ökologische Perspektive tendiert dazu, die Bedeutung des bewussten Entwurfes und der bewussten Planung der Organisation einer Stadt unterzubewerten und die Stadtentwicklung als einen „natürlichen" Prozess zu betrachten. Die von Park, Burgess und ihren Kollegen entwickelten räumlichen Organisationsmodelle wurden aus der amerikanischen Erfahrung abgeleitet und treffen nur auf einige Stadttypen in den Vereinigten Staaten, nicht aber auf die Städte in Europa, Japan oder in den Entwicklungsländern zu.

Urbanismus als Lebensform

Die Wirthsche Theorie des Urbanismus als *Lebensform* befasst sich weniger mit der internen Differenzierung der Städte als damit, dass Urbanismus eine Form der sozialen Existenz ist. Wirth schreibt:

> Der Grad, bis zu dem die heutige Welt „urban" genannt werden kann, wird nicht nur durch den Anteil der Gesamtbevölkerung bestimmt, der in Städten wohnt. Die Einflüsse, die Städte auf das soziale Leben ausüben, sind größer als der Anteil der städtischen Bevölkerung vermuten ließe. Die Stadt ist nämlich nicht nur zunehmend der Wohnort und der Arbeitsplatz des modernen Menschen, sondern initiiert und steuert als Zentrum das wirtschaftliche, politische und kulturelle Leben, um das herum die entlegensten Gemeinden der Welt kreisen und das die verschiedenen Gebiete, Völker und Aktivitäten in einen Kosmos einbindet. (Wirth 1938, S. 342)

Wirth zeigt, dass in den Städten große Mengen von Menschen sehr nahe beieinander wohnen, meist ohne einander persönlich zu kennen – ein grundlegender Unterschied zu kleinen, vormodernen Dörfern. Die meisten Kontakte zwischen den Stadtbewohnern sind flüchtig und partiell und nicht per se befriedigend, sondern Mittel zu anderen Zwecken. Interaktionen mit Verkaufspersonal in Geschäften, Bankangestellten, Mitreisenden oder Schaffnern in Zügen sind vorübergehende Begegnungen, welche nicht um ihrer selbst willen gepflegt werden.

Frühe Theoretiker der Stadt

Georg Simmel und das geistige Leben der Stadt

Einer der frühesten Theoretiker des Stadtlebens war der deutsche Soziologe Georg Simmel, der eine Erklärung dafür bot, wie das Leben in der Stadt das Geistesleben ihrer Bewohner formt. In „Die Großstädte und das Geistesleben" ([1903] 1995) argumentiert Simmel, dass das Stadtleben den Geist mit Bildern, Eindrücken, Reizen und Aktivitäten bombardiere. Das stehe in einem „tiefen Gegensatz gegen die Kleinstadt und das Landleben, mit dem langsameren, gewohnteren, gleichmäßiger fließenden Rhythmus". Simmel meinte, dass sich die Großstadtbewohner vor der „Unerwartetheit sich aufdrängender Impressionen" schützen, indem sie blasiert und uninteressiert werden. So blenden sie einen Großteil des sie umgebenden Lärms aus und konzentrieren sich darauf, was für sie wichtig ist um durchzukommen. Das Ergebnis dieser blasierten Einstellung ist, so dachte Simmel, dass sie trotz des städtischen Gedränges emotional voneinander distanziert sind. Mit dieser Schilderung des modernen Lebens in der Großstadt liefert Simmel eine soziologische Erklärung für die Menschen, die darüber klagen, dass das Leben in der Stadt von Einsamkeit und Unfreundlichkeit geprägt sei.

Ferdinand Tönnies: Von der Gemeinschaft zur Gesellschaft

Ferdinand Tönnies war ein Zeitgenosse Simmels und beschäftigte sich ebenfalls mit den Auswirkungen des Stadtlebens auf das Individuum. Er argumentierte, dass die Urbanisierung, die gemeinsam mit der industriellen Revolution aufgetreten ist, unverrückbare Veränderungen des sozialen Lebens mit sich brachte. Er vermerkte mit Bedauern den sukzessiven Verlust von *Gemeinschaft*, die er als traditionsverwurzelt, mit engen Bindungen, persönlichen und beständigen Beziehungen zwischen Nachbarn und Freunden und mit einem klaren Bewusstsein von der eigenen sozialen Position charakterisierte (Tönnies [1887] 1963).

Gemeinschaft, so Tönnies, wurde von *Gesellschaft* ersetzt. Er beschrieb diese als vorübergehend und auf instrumentelle Beziehungen aufbauend. Die Veränderung des sozialen Lebens von der Gemeinschaft fest gefügter Bindungen zur Gesellschaft loser Austauschbeziehungen ist Teil des Wandels hin zu einer individualistischeren Lebensweise. In der Gesellschaft sind Beziehungen typischerweise von Interessenlagen gelenkt und von zweckrationalem Handeln geprägt. Sie nehmen nur einen Teil der Person in Anspruch. Wenn wir uns etwa in einen Bus begeben, um in die Stadt zu fahren, wird unsere Interaktion mit dem Busfahrer sich auf einen kurzen Wortwechsel, wenn wir einsteigen und zahlen, beschränken. Die Bedeutung des Busfahrers für uns besteht nur darin, dass er uns an unser Ziel fahren kann. Für Tönnies ist die Stadt ebenso wie für Simmel ein Ort voller Fremder.

Da Stadtbewohner dazu neigen, sehr mobil zu sein, sind die Bande zwischen ihnen relativ schwach. Die Menschen sind tagtäglich in viele verschiedene Aktivitäten und Situationen eingebunden – der „Lebensrhythmus" ist schneller als in ländlichen Gebieten. Der Wettbewerb ist stärker als die Kooperation. Wirth bestreitet nicht, dass die Dichte des sozialen Lebens in den Städten zur Bildung von Stadtvierteln mit eigenen Charakteristiken führt, von denen einige die Eigenarten kleiner Gemeinden beibehalten können. In Einwanderergebieten z.B. findet man traditionelle Beziehungstypen zwischen Familien, wobei die meisten Menschen einander persönlich kennen. Je mehr solche Gebiete jedoch in größeren städtischen Lebensmustern aufgehen, desto weniger bestehen solche Charakteristiken fort.

Wirths Ideen sind zu Recht weitverbreitet. Die Anonymität vieler alltäglicher Kontakte in modernen Städten ist nicht zu leugnen – und das gilt bis zu einem bestimmten Grad auch für das soziale Leben allgemein in den modernen Gesellschaften. Wirths Theorie ist wichtig für die Erkenntnis, dass der Urbanismus nicht nur *Teil* einer Gesellschaft ist, sondern die Beschaffenheit des umfassenderen sozialen Systems ausdrückt und beeinflusst. Aspekte der urbanen Lebensform sind für das soziale Leben in modernen Gesellschaften als Ganzes wichtig und nicht nur für die Aktivitäten jener, die zufällig in großen Städten wohnen. Wirths Ideen haben aber auch ihre Grenzen. Obwohl Wirths Theorie, wie die ökologische Perspektive, mit der sie viel gemeinsam hat, sich hauptsächlich auf Beobachtungen amerikanischer Städte stützt, wird sie jedoch auf jeglichen Urbanismus verallgemeinert.

Urbanismus ist nicht überall und zu allen Zeiten dasselbe. Antike Städte unterscheiden sich z.B. in mehrfacher Hinsicht von den Städten der modernen Gesellschaften. Das Leben war für die meisten Bewohner der frühen Städte nicht sehr viel anonymer oder unpersönlicher als für jene, die in Dorfgemeinschaften wohnten.

Wirth neigt zur Übertreibung der Unpersönlichkeit moderner Städte. Gemeinschaften mit engen Freundschaften oder Verwandtschaftsbeziehungen sind innerhalb moderner städtischer Gemeinschaften dauerhafter, als er annahm. Everett Hughes, ein Kollege Wirths an der Universität Chicago, schrieb über ihn: „Louis hat aufgezeigt, wie unpersönlich die Stadt ist, während er selbst mit einem ganzen Clan von Verwandten und Freunden auf einer sehr persönlichen Basis lebte." (zitiert in Kasarda und Janowitz 1974, S. 338) Gruppen wie jene, die Herbert Gans „urbane Dörfler" nennt, sind in modernen Städten gang und gäbe (Gans [1962] 1982). Seine „urbanen Dörfler" sind Italoamerikaner, die in einem Bostoner Innenstadtviertel wohnen. Die Bedeutung derartiger „ethnisch weißer" Gebiete wird in den amerikanischen Städten möglicherweise abnehmen, aber sie werden durch neuere innerstädtische Einwanderergemeinden ersetzt werden.

Noch wichtiger ist, dass Stadtviertel mit engen verwandtschaftlichen und persönlichen Beziehungen oft aktiv durch das Stadtleben *geschaffen* zu werden scheinen. Diese Beziehungen sind nicht nur Überbleibsel einer zuvor existierenden Lebensform, die in der Stadt eine Zeit lang überdauert haben. Claude Fischer hat eine Erklärung geliefert, warum Urbanismus im großen Maßstab tatsächlich verschiedene Subkulturen fördert, statt jeden in einer anonymen Masse untergehen zu lassen. Die Großstadtbewohner, so Fischer, sind in der Lage, mit anderen mit gleichem Hintergrund oder mit gleichen Interessen zu kooperieren, um auf örtlicher Ebene Verbindungen zu knüpfen. Sie können sich bestimmten religiösen, ethnischen, politischen und anderen subkulturellen Gruppen anschließen. Eine Kleinstadt oder ein Dorf ist nicht für die Entwicklung einer derartigen subkulturellen Vielfalt geeignet (Fischer 1984). Die Mitglieder ethnischer Gemeinden in Städten z.B. haben einander möglicherweise in ihrem Herkunftsland kaum oder gar nicht gekannt. Wenn sie in der Stadt ankommen, zieht es sie in Gebiete, in denen andere mit einem ähnlichen sprachlichen und kulturellen Hintergrund wohnen, und neue Subgemeinschaftsstrukturen bilden sich. Ein Künstler oder eine Künstlerin kann in einem Dorf oder in einer Kleinstadt wenige andere Künstler treffen, an die er oder sie sich anschließen kann. In einer Großstadt aber können sie Teil einer bedeutenden künstlerischen und intellektuellen Subkultur werden.

Eine Großstadt ist eine „Welt der Fremden", aber sie schafft und fördert persönliche Beziehungen. Das ist kein Paradoxon. Bei der urbanen

Erfahrung müssen wir zwischen dem öffentlichen Bereich, in dem die Begegnungen mit Fremden stattfinden, und der privateren Welt der Familie, der Freunde und Arbeitskollegen unterscheiden. Es kann schwierig sein, „Leute zu treffen", wenn man das erste Mal in eine Großstadt zieht, aber jemand, der in eine kleine, fest gefügte Landgemeinde zieht, könnte die Freundlichkeit der Einwohner weitgehend als äußerliche Höflichkeit empfinden. Es kann Jahre dauern, bis man „angenommen" wird. Das ist in einer Großstadt nicht der Fall. Edward Krupat hat das folgendermaßen kommentiert:

> Das städtische Ei [...] hat eine härtere Schale. Weil es ihnen an Gelegenheiten fehlt, miteinander bekannt zu werden, bleiben viele Leute, die einander jeden Tag bei der Bushaltestelle oder am Bahnhof, in einer Cafeteria oder in der Eingangshalle am Arbeitsplatz treffen, immer „vertraute Fremde". Manche Leute bleiben auch ihr Leben lang vollkommene Außenseiter, weil sie die entsprechenden sozialen Voraussetzungen nicht mitbringen oder nicht initiativ werden. Ganz deutlich wird jedoch sichtbar, dass die Leute wegen der Vielfalt der Fremden – jeder ist ein potentieller Freund – und wegen der vielen möglichen Lebensweisen und Interessen in der Stadt keine Außenseiter bleiben. Wenn sie einmal in einer Gruppe oder in einem Netzwerk sind, so vervielfältigen sich die Möglichkeiten, ihre Beziehungen zu erweitern. Insgesamt scheint es, dass die positiven Möglichkeiten in der Stadt gegenüber den Einschränkungen überwiegen und dass die Menschen positive Beziehungen entwickeln und aufrechterhalten können. (Krupat 1985, S. 36)

Wirths Ideen sind heute nicht wertlos geworden, doch haben spätere Untersuchungen klargestellt, dass sie zu allgemein gehalten waren. Die modernen Großstädte bringen unpersönliche und anonyme soziale Beziehungen mit sich, aber sie sind auch Quellen der Vielfalt und bisweilen der Intimität.

Urbanismus und geschaffene Umwelt

Neuere Urbanismustheorien haben betont, dass Urbanismus kein autonomer Prozess ist, sondern im Zusammenhang mit größeren Mustern des politischen und wirtschaftlichen Wandels analysiert werden muss. Zwei führende Autoren im Bereich der Stadtanalyse, David Harvey und Manuel Castells, sind stark von Marx beeinflusst (Harvey 1973, 1982, 1985; Castells 1977, 1983).

Harvey: Die Umstrukturierung des Raumes

geschaffene Umwelt

Der Urbanismus, betont Harvey, ist ein Aspekt der geschaffenen Umwelt, die sich durch die Ausbreitung des industriellen Kapitalismus entwickelt hat. In vormodernen Gesellschaften waren Stadt und Land klar differenziert. In der modernen Welt verwischt die Industrie die Trennlinie zwischen Stadt und Land. Die Landwirtschaft wird mechanisiert und nur nach Preis- und Profitüberlegungen betrieben, als ob es sich um eine industrielle Arbeit handle; dieser Prozess weicht den Unterschied zwischen den sozialen Lebensformen von Stadt- und Landbewohnern auf.

Im modernen Urbanismus, so Harvey, wird der Raum beständig *neu strukturiert*. Dieser Vorgang wird durch die Standortwahl von Fabriken großer Unternehmen, durch die Standorte von Forschungs- und Entwicklungszentren, durch die Steuerungsmechanismen der Regierungen bezüglich Bodennutzung und industrieller Produktion und durch die Aktivitäten privater Investoren, die Immobilien kaufen und verkaufen, bestimmt. Unternehmen z.B. wägen kontinuierlich die relativen Vorteile neuer Standorte gegen jene bereits bestehender ab. Wenn die Produktion in einem Gebiet billiger wird als in einem anderen oder die Firma von einem Produkt auf ein anderes umsteigt, werden Büros und Fabriken an einem Ort geschlossen und anderswo wieder eröffnet. Wenn es daher zu einer bestimmten Zeit Geschäfte mit beträchtlichen Gewinnen zu machen gibt, kann es im Zentrum von Großstädten zu einer Anhäufung von Bürogebäuden kommen. Wenn die Büros einmal gebaut sind und das Zentrum umstrukturiert ist, sehen sich die Investoren nach einem neuen Potenzial für spekulative Bauten um. Was in einer bestimmten Zeit Gewinn bringt, wirft oft keinen Gewinn mehr ab, wenn sich das Klima auf den Finanzmärkten ändert.

Die Aktivitäten privater Eigenheimkäufer werden stark davon beeinflusst, in welchem Ausmaß und wo Firmen Grundstücke aufkaufen. Ein weiterer Einfluss wird durch die Darlehenszinsen und durch die von den lokalen und zentralen Behörden festgelegten Steuern ausgeübt. Nach dem Zweiten Weltkrieg z.B. kam es zu einer verstärkten Erschließung von Vorstädten größerer US-Städte. Dieser Trend war teilweise auf ethnische Diskriminierung und auf die Tendenz der Weißen, aus den innerstädtischen Gebieten abzuwandern, zurückzuführen. Harvey argumentiert, dass dieser Prozess jedoch nur möglich war, weil die Regierung Eigenheimkäufer und Baufirmen steuerlich begünstigte und weil Finanzierungsgesellschaften spezielle Kreditbedingungen schufen. Dadurch wurde eine Basis für die Errichtung und den Ankauf neuer Wohnbauten an der Peripherie der Städte gebildet und gleichzeitig die Nachfrage nach industriell gefertigten Produkten, wie z.B. Automobilen, gesteigert.

Castells: Urbanismus und soziale Bewegungen

Wie Harvey unterstreicht Castells, dass die räumliche Anordnung einer Gesellschaft eng mit den generellen Mechanismen ihrer Entwicklung verbunden ist. Um Städte zu verstehen, müssen wir den Prozess, durch welchen räumliche Formen geschaffen und umgewandelt werden, begreifen. Das Erscheinungsbild und die architektonischen Merkmale von Städten und Stadtvierteln sind der Ausdruck von Kämpfen und Konflikten zwischen verschiedenen Gruppen der Gesellschaft. Mit anderen Worten, die städtische Umwelt verkörpert symbolische und räumliche Manifestationen breiterer sozialer Kräfte. Wolkenkratzer z.B. können gebaut werden, weil von ihnen erwartet wird, dass sie Gewinn abwerfen, aber die riesigen

Gebäude „symbolisieren auch die Macht des Geldes über die Stadt durch Technologie und Selbstvertrauen und sind die Kathedralen der Zeit des aufsteigenden Konzernkapitalismus" (Castells 1983, S. 103).

kollektiver Konsum

Im Gegensatz zu den Chicagoer Soziologen sieht Castells die Stadt nicht nur als speziellen *Ort* – als städtischen Raum – sondern als integralen Bestandteil von Prozessen des kollektiven Konsums, der seinerseits ein inhärenter Aspekt des Industriekapitalismus ist. Wohnhäuser, Schulen, Verkehrsnetze und Freizeiteinrichtungen sind Produkte der modernen Industrie, die von Menschen „konsumiert" werden. Das Steuersystem beeinflusst, wer wo in der Lage ist, sich eine Wohnung oder ein Haus zu kaufen oder zu mieten, und wer wo baut. Große Konzerne, Banken und Versicherungsgesellschaften, die für Bauprojekte Kapital zur Verfügung stellen, haben große Macht über diese Prozesse. Die Regierungsbehörden aber greifen ebenfalls direkt in viele Aspekte des städtischen Lebens ein, indem sie Straßen und Sozialwohnungen bauen, Grüngürtel planen usw. Das äußere Erscheinungsbild der Städte ist also ein Ergebnis sowohl der Kräfte des freien Marktes als auch der Regierungsmacht.

Wie aber die gebaute Umgebung beschaffen ist, hängt nicht nur von den Aktivitäten der Reichen und Mächtigen ab. Castells unterstreicht die Bedeutung der Kämpfe unterprivilegierter Gruppen um die Verbesserung ihrer Lebensbedingungen. Städtische Probleme lösen eine Reihe politischer Bewegungen aus, die die Wohnbedingungen verbessern wollen, gegen die Luftverschmutzung protestieren, Parks und Grünräume verteidigen und gegen Bauprojekte auftreten, die ein bestimmtes Gebiet von Grund auf verändern würden. Castells hat z.B. die Schwulenbewegung in San Francisco untersucht, der es gelungen ist, ganze Viertel um ihre eigenen kulturellen Werte herum neu zu strukturieren – indem verschiedene Schwulenorganisationen, Clubs und Bars eröffnet wurden und sich entfalten konnten –, und die in der Lokalpolitik eine wichtige Rolle übernommen hat.

Städte, so betonen Harvey und Castells, sind artifizielle Umwelten, die von uns selbst gebaut werden. Nicht einmal die entlegensten ländlichen Gebiete können sich dem Einfluss menschlicher Eingriffe und moderner Technologien entziehen, weil der Mensch die natürliche Welt umgestaltet und umgeordnet hat. Nahrungsmittel werden nicht für die lokalen Bewohner produziert, sondern für nationale und internationale Märkte. In der mechanisierten Landwirtschaft ist der Boden streng unterteilt, speziellen Nutzungsarten zugeführt und in physische Muster geordnet, die mit den natürlichen Merkmalen der Umwelt wenig gemeinsam haben. Jene, die auf Bauernhöfen und in entlegenen ländlichen Gebieten wohnen, sind wirtschaftlich, politisch und kulturell an die größere Gesellschaft gebunden, wie sehr sich manche ihrer Verhaltensweisen auch von jenen der Stadtbewohner unterscheiden mögen.

Kommentar

Die Ansichten von Harvey und Castells stießen auf ein breites Echo, und ihre Arbeiten haben der Stadtsoziologie neue Wege eröffnet. Im Gegensatz zum ökologischen Ansatz betonen sie nicht die „natürlichen" räumlichen Prozesse, sondern unterstreichen, wie die Landnutzung und die gebaute Umwelt soziale und wirtschaftliche Machtsysteme widerspiegeln. Das ist ein wichtiger Unterschied der Perspektive. Die Ideen von Harvey und Castells sind aber oft sehr abstrakt und haben nicht so vielfältige Forschungsprojekte nach sich gezogen wie jene der Chicagoer Schule.

In mancher Hinsicht ergänzen die Ansichten Harveys und Castells' und jene der Chicagoer Schule einander in fruchtbarer Weise, kombiniert ergeben sie ein umfassendes Bild urbaner Prozesse. Die in der Stadtökologie beschriebenen Kontraste zwischen Stadtgebieten gibt es, genauso wie es eine generelle Unpersönlichkeit des städtischen Lebens gibt. Beide Faktoren aber sind variabler, als die Mitglieder der Chicagoer Schule glaubten, und werden hauptsächlich von den von Harvey und Castells analysierten sozialen und wirtschaftlichen Einflüssen bestimmt. John Logan und Harvey Molotch haben einen Ansatz vorgeschlagen, der eine direkte Verbindung der Standpunkte von Autoren wie Harvey und Castells mit einigen Merkmalen der „Ökologen" darstellt (Logan und Molotch 1987). Mit Harvey und Castells sind sie sich darin einig, dass die generellen Merkmale der nationalen und internationalen wirtschaftlichen Entwicklung das städtische Leben sehr direkt beeinflussen. Der Einfluss dieser weitläufigen wirtschaftlichen Faktoren, argumentieren sie, wird jedoch durch lokale Organisationen einschließlich kleiner Unternehmen, Banken und lokaler Behörden sowie durch Aktivitäten privater Hauskäufer vermittelt.

Immobilien – Grundstücke und Gebäude – werden, so Logan und Molotch, genau wie andere Dinge in modernen Gesellschaften gekauft und verkauft, aber die Märkte, die die städtische Umwelt strukturieren, werden dadurch beeinflusst, wie verschiedene Einwohnergruppen das Eigentum, das sie kaufen und verkaufen, *nutzen* wollen. Aus diesem Prozess ergeben sich viele Spannungen und Konflikte – und diese sind die Schlüsselfaktoren bei der Strukturierung einzelner Stadtviertel. Ein Wohnblock z.B. wird von seinen Bewohnern als „Zuhause", vom Eigentümer jedoch als „Mietobjekt" betrachtet. Unternehmen interessieren sich am meisten für den An- und Verkauf von Immobilien in einer bestimmten Gegend, um den besten Produktionsstandort zu bekommen oder um gewinnbringend zu spekulieren. Ihre Interessen und Anliegen unterscheiden sich sehr von jenen der Bewohner, für die ein Viertel das „Zuhause" ist.

In den modernen Städten, so zeigen Logan und Molotch auf, versuchen große Finanz- und Produktionsunternehmen kontinuierlich, die Bodennutzung in bestimmten Gebieten zu intensivieren. Je mehr ihnen dabei freie Hand gelassen wird, desto größere Chancen gibt es für Bodenspekulationen und für die Errichtung neuer, gewinnträchtiger Gebäude. Diese Firmen kümmern sich kaum um die sozialen und physischen Auswirkungen ihrer Aktivitäten auf ein bestimmtes Viertel – darum z.B., ob schöne, alte Wohnungen oder Häuser zerstört werden, um neuen, großen Bürokomplexen Platz zu machen. Der von großen, in das Baugeschäft involvierten Firmen geförderte Wachstumsprozess richtet sich oft gegen die Interessen lokaler Unternehmen oder Einwohner, welche manchmal versuchen, aktiven Widerstand zu leisten. Die Bewohner eines Viertels schließen sich in Gruppen zusammen, um ihre Interessen als Anrainer zu verteidigen. Solche lokalen Verbände können für die Ausdehnung von Restriktionen im Rahmen der Raumplanung Stimmung machen, neue Bauten im Grüngürtel oder in Parks blockieren oder eine für sie günstigere Mietergesetzgebung einfordern.

Die Entwicklung der Stadt

Obwohl es auch in der Antike in Europa große Städte wie Athen oder Rom gab, ist das Stadtleben, wie wir es kennen, sehr verschieden von dem früherer Zeiten. Frühe Soziologen wie Simmel oder Tönnies zeigten, wie die Entwicklung moderner Städte das Denken, Empfinden und Interagieren der Menschen veränderte. In diesem Abschnitt sehen wir uns an, welchen Fortschritt die Stadt von ihren Anfängen in vormodernen Gesellschaften zu den jüngsten Trends der Stadtentwicklung im Westen und weltweit gemacht hat.

Städte in vormodernen Gesellschaften

Die ersten Städte der Welt entstanden ungefähr 3.500 v. Chr. im Niltal in Ägypten, im Zwischenstromland von Euphrat und Tigris im heutigen Irak und im Industal im heutigen Pakistan. In vormodernen Gesellschaften waren Städte, an modernen Kriterien gemessen, meist sehr klein. Babylon z.B., eine der größten Städte des Altertums im Nahen Osten, war nur vier Quadratkilometer groß und hatte in seiner Glanzzeit möglicherweise bloß 15.000 bis 20.000 Einwohner. Rom war unter Kaiser Augustus mit ca. 300.000 Einwohnern die bei Weitem größte antike Stadt außerhalb von China.

Die meisten Städte der Antike hatten trotz ihrer unterschiedlichen Zivilisationen gewisse Merkmale gemeinsam: Sie waren für gewöhnlich von einer Mauer umgeben. Die Stadtmauern, die hauptsächlich der militärischen Verteidigung dienten, verstärkten die Trennung zwischen der städtischen Gemeinde und dem Umland. Das Zentrum, in dem oft ein großer öffentlicher Platz lag, war manchmal von einer zweiten, inneren Mauer umgeben. Obwohl es dort meist einen Markt gab, hatte dieses Zentrum mit den Geschäftsvierteln im Herzen moderner Städte wenig gemeinsam. Die Hauptgebäude waren beinahe ausnahmslos religiöser oder politischer Natur, wie z.B. Tempel und Paläste oder Höfe. Die Häuser der herrschenden Klasse oder Elite waren meist im Zentrum oder in dessen Nähe konzentriert, während die weniger Privilegierten näher am Stadtrand wohnten; einige lebten außerhalb der Mauern, konnten sich aber schnell dahinter in Sicherheit bringen, wenn die Stadt angegriffen wurde.

Verschiedene ethnische und religiöse Gruppen waren oft auf eigene Viertel verteilt, in denen ihre Mitglieder sowohl wohnten, als auch arbeiteten. Manchmal waren diese Viertel von Mauern umgeben. Auf dem Hauptplatz, an dem auch feierliche Zusammenkünfte stattfanden, hatte für gewöhnlich nur eine Minderheit der Bürger Platz, und die Kommunikation zwischen den Stadtbewohnern war im Allgemeinen unregelmäßig. Öffentliche Verlautbarungen wurden von den eigenen Beamten mit lauter Stimme kundgetan. Obwohl ein paar traditionelle Städte breite Durchzugsstraßen hatten, gab es in den meisten von ihnen wenige „Straßen" im modernen Sinn des Wortes. Die Wege bestanden meist aus unbebauten Landstreifen. Für die meisten Leute lag der Arbeitsplatz zu Hause und damit im selben Gebäude, manchmal sogar im selben Raum. Die „Fahrt zur Arbeit" war mehr oder weniger unbekannt.

In einigen vormodernen Staaten waren die Städte durch ein wohldurchdachtes Straßensystem miteinander verbunden, aber diese Straßen wurden hauptsächlich für militärische Zwecke gebaut; die Kommunikation war größtenteils langsam und ihrer Natur nach begrenzt. Reisen war weitgehend eine spezielle Angelegenheit, wobei Kaufleute und Soldaten als Einzige regelmäßig weit reisten. Die Städte waren die wichtigsten Zentren der Wissenschaft, der Kunst und der kosmopolitischen Kultur in vormodernen Staaten, aber das Niveau ihres Einflusses auf die ländlichen Gebiete war immer relativ niedrig. Nicht mehr als ein winziger Anteil der Bevölkerung lebte in den Städten, und der Unterschied zwischen den Städten und den ländlichen Gebieten war markant. Die überwiegende Mehrheit der Menschen lebte in kleinen Landgemeinden, und ihre Kontakte gingen nur selten – wenn überhaupt – über die Begegnung mit dem einen oder anderen staatlichen Beamten oder Händler aus der Stadt hinaus.

Industrialisierung und Urbanisierung

Der Kontrast zwischen den größten modernen Städten und den vormodernen Zivilisationen ist außerordentlich. Die größeren Städte in den Industrieländern haben bis zu 20 Millionen Einwohner, und städtische Ballungsgebiete – Anhäufungen von Städten, die sich über weite bebaute Gebiete erstrecken – zählen oft noch viel mehr Einwohner. Die extremste gegenwärtige Form urbanen Lebens wird durch das verkörpert, was manche Megalopolis, die „Stadt der Städte", genannt haben. Der Begriff wurde im antiken Griechenland geprägt, um einen Stadtstaat zu bezeichnen, der über allen Kulturen stehen sollte, aber seine gegenwärtige Bedeutung hat nur mehr wenig mit diesem Traum zu tun. In unserer Zeit wurde er zum ersten Mal verwendet, um die Städte an der Nordostküste der Vereinigten Staaten zu beschreiben, einen Ballungsraum, der sich über ungefähr 800 Kilometer vom Norden Bostons bis südlich von Washington, D.C. erstreckt. In dieser Region leben ungefähr 40 Millionen Menschen, bei einer Bevölkerungsdichte von 1.800 Einwohnern pro Quadratkilometer.

Eine beinahe ebenso große und dichte städtische Bevölkerung ist in der Gegend der Großen Seen auf US-amerikanischer und kanadischer Seite konzentriert. Großbritannien, die Gesellschaft, die als Erste industrialisiert wurde, machte auch als erste den Wandel von einer ländlichen zu einer vorwiegend städtischen Gesellschaft durch. Im Jahr 1800 lebten weit unter

Ballungsgebiete

Megalopolis

20 Prozent der Bevölkerung in Städten mit mehr als 10.000 Einwohnern. Im Jahr 1900 war dieser Anteil auf 74 Prozent gestiegen. Die Hauptstadt London zählte um 1800 ungefähr 1,1 Millionen Einwohner und war zu Beginn des 20. Jahrhunderts auf über sieben Millionen angewachsen. London war damals bei Weitem die größte Stadt, die die Welt jemals gesehen hatte, ein großes Industrie-, Handels- und Finanzzentrum im Herzen des damals noch expandierenden britischen Empire.

Urbanisierung In den meisten europäischen Staaten und in den USA setzte die Urbanisierung ein wenig später ein, aber in einigen Fällen ging sie, wenn sie einmal begonnen hatte, schneller voran. Im Jahr 1800 waren die Vereinigten Staaten ländlicher strukturiert als die führenden europäischen Staaten dieser Epoche. Weniger als zehn Prozent der Bevölkerung lebten dort in Gemeinden mit über 2.500 Einwohnern. Heute leben weit über drei Viertel aller Amerikaner in solchen Gemeinden. Zwischen 1800 und 1900 stieg die Bevölkerung New Yorks von 60.000 auf 4,8 Millionen! Urbanisierung ist heute ein globaler Prozess, in dessen Sog immer stärker auch die Entwicklungsländer kommen. 1950 lebten nur 30 Prozent der Weltbevölkerung in Städten; im Jahr 2003 waren es schon 47 Prozent – oder 2,9 Milliarden Menschen. Und bis zum Jahr 2030 erwartet man, dass 60 Prozent der Weltbevölkerung – fünf Milliarden Menschen – in Städten leben werden. Die Zahl der Stadtbewohner überholt gerade jene der Landbewohner. Heute findet die Urbanisierung vor allem in den weniger entwickelten Ländern statt: Die Stadtbevölkerung der weniger entwickelten Regionen wird sich von 2000 bis 2030 von zwei auf vier Milliarden Menschen verdoppeln. Im Gegensatz dazu schätzt man, dass sich der Anstieg der Stadtbevölkerung in den entwickelten Ländern viel langsamer vollziehen wird: von 900 Millionen im Jahr 2000 auf eine Milliarde im Jahr 2030, wie Sie Tabelle 17.1 entnehmen können (United Nations 2007).

	Bevölkerung (Milliarden)			
	1950	1975	2003	2030
Gesamtbevölkerung				
Welt	2,52	4,07	6,07	8,13
Entwickelte Länder	0,81	1,05	1,19	1,24
Weniger entwickelte Länder	1,71	3,02	4,88	6,89
Stadtbewohner				
Welt	0,73	1,52	2,86	4,94
Entwickelte Länder	0,43	0,70	0,88	1,01
Weniger entwickelte Länder	0,31	0,81	1,97	3,93
Landbewohner				
Welt	1,79	2,55	3,21	3,19
Entwickelte Länder	0,39	0,34	0,31	0,23
Weniger entwickelte Länder	1,40	2,21	2,90	2,96

Tab. 17.1: Urbanisierung unterschiedlicher Weltregionen nach Entwicklungsniveau, 1950, 1975, 2003 und 2030 (prognostiziert)
Quelle: United Nations/Department of Economic and Social Affairs (2007), S. 3.

Die Entwicklung moderner Städte: Bewusstsein und Kultur

Erst um 1900 begannen Statistiker und Sozialwissenschaftler, zwischen der Kleinstadt und der Stadt zu unterscheiden. Städte mit einer größeren Einwohnerzahl galten als kosmopolitischer als kleinere, wobei ihr Einfluss über die nationale Gesellschaft, zu der sie gehörten, hinausreichte.

Die Ausdehnung der Städte war ein Ergebnis des Bevölkerungswachstums sowie des Zuzuges von Menschen von Bauernhöfen, aus Dörfern und aus Kleinstädten. Diese Migration war oft international, wobei die Leute mit bäuerlichem Hintergrund direkt in die Städte der Länder, in die sie einwanderten, zogen. Die Einwanderung einer großen Anzahl von Europäern aus armen, landwirtschaftlich strukturierten Gegenden in die USA ist das offenkundigste Beispiel dafür.

Einwandererströme über Staatsgrenzen hinweg in Städte waren auch in Europa weitverbreitet. Kleinbauern und Dorfbewohner wanderten in die Städte ab (wie das heute in großem Maßstab in Entwicklungsländern der Fall ist), weil sie in den ländlichen Gebieten keine Zukunftsaussichten hatten und weil die Großstädte offensichtliche Vorteile boten und Anziehungskraft besaßen, ja, weil die „Straßen mit Gold gepflastert waren" (Arbeitsplätze, Reichtum, eine breite Palette von Gütern und Dienstleistungen). Die Großstädte wurden darüber hinaus zunehmend Zentren der finanziellen und industriellen Macht, wobei Unternehmer manchmal neue städtische Zonen aus dem Boden stampften.

Die Entwicklung moderner Großstädte hatte nicht nur auf die Lebens- und Verhaltensweisen einen großen Einfluss, sondern auch auf die Denkmuster und Gefühle. Seit der Entstehung der großen städtischen Agglomerationen im 18. Jahrhundert waren die Meinungen über die Auswirkungen der Städte auf das soziale Leben geteilt – und sind es heute noch. Für einige verkörperten die Städte „die zivilisierte Tugend", Quellen der Dynamik und der kulturellen Kreativität. Diesen Autoren zufolge maximieren Städte die Möglichkeiten der wirtschaftlichen und kulturellen Entwicklung und bieten Voraussetzungen für ein angenehmes und befriedigendes Leben. Andere brandmarkten die Stadt als ein rauchendes Inferno, in dem sich aggressiv und beängstigend Massen drängten und das von Verbrechen, Gewalt und Korruption durchsetzt wäre.

Als die Städte wucherten, stellten viele Menschen mit Schrecken fest, dass sich das Elend und die Not in den Städten gleichzeitig intensivierten. Das Ausmaß der städtischen Armut und die großen Unterschiede zwischen verschiedenen Stadtvierteln gehörten zu den wichtigsten Faktoren, die die frühen soziologischen Analysen des städtischen Lebens förderten. Es überrascht nicht, dass die ersten wichtigen soziologischen Studien und Theorien über moderne städtische Lebensbedingungen in Chicago entstanden, in einer Stadt mit einer phänomenalen Wachstumsrate – sie entwickelte sich von einem praktisch unbewohnten Gebiet in den 1830er Jahren zu einer Stadt mit über zwei Millionen Einwohnern im Jahr 1900 – und sehr ausgeprägten Ungleichheiten.

Jüngere Trends in den Städten Europas und der Vereinigten Staaten

In diesem Abschnitt berücksichtigen wir einige der wichtigsten Muster in der Entwicklung westlicher Städte nach dem Zweiten Weltkrieg. Dabei widmen wir uns vor allem der Zunahme der Vorstädte oder städtischen „Speckgürtel", dem Niedergang innerstädtischer Gebiete und den Stadterneuerungsprogrammen.

Suburbanisierung

Eine der deutlichsten Entwicklungen in den US-Städten nach dem Krieg war die Ausdehnung der *Vorstadt*. Das englische Wort „suburb" hat seinen Ursprung im lateinischen Begriff „sub urbe", was so viel bedeutet wie „unter der Herrschaft der Stadt stehend". In der Geschichte des Urbanismus wurde dieser Begriff meist seiner Bedeutung gemäß verwendet. Die Vorstädte waren Wohngebiete, deren Einrichtungen und Lebensgrundlagen von den städtischen Zentren abhingen. Gegenwärtig wird das Wort zur Bezeichnung jeglichen bebauten Gebietes, das sich an eine große Stadt anschließt, verwendet.

Suburbanisierung   In den Vereinigten Staaten erreichte der Prozess der Suburbanisierung in den 1950er und 1960er Jahren seinen Höhepunkt. Die Stadtzentren wuchsen in diesen Jahrzehnten um zehn Prozent, während die Wachstumsrate der Randgebiete 48 Prozent betrug. Die Bewegung hinaus in die Vorstädte wurde großteils von weißen Familien vollzogen, wobei die Aufhebung der Rassentrennung in den Schulen ihren Teil zum Auszug der Weißen aus den innerstädtischen Gebieten beitrug.

Viele Weiße wollten ihre Kinder in ausschließlich weiße Schulen schicken. Natürlich gab es auch andere Gründe. Die Leute zogen weg, um der Verschmutzung, dem Verkehrsstau und den höheren Kriminalitätsraten der innerstädtischen Bereiche zu entkommen, oder wurden durch die niedrigeren Grundsteuern, die Aussicht auf größere Häuser bzw. auf ein eigenes Haus mit Garten dazu bewogen. Gleichzeitig wurden dank eines ausgedehnten Straßenbauprogramms zuvor abgeschiedene Gebiete besser erschlossen, besser an Arbeitsplätze angebunden, und es wurde die Ansiedelung von Industrien und Dienstleistungsbetrieben in den Vorstädten ermöglicht.

Viele Vorstadtgebiete entwickelten sich ihrem Wesen nach zu eigenen Städten, die durch Stadtautobahnen an die anderen Vorstädte angeschlossen waren. Ab den 1960er Jahren stieg der Anteil jener, die zwischen einzelnen Vorstädten pendelten, stärker an als der Anteil jener, die zwischen einer Vorstadt und der Stadt pendelten.

Zwar sind die Vorstädte in den Vereinigten Staaten noch immer von Weißen dominiert, doch ziehen mehr und mehr Angehörige ethnischer Minderheiten dorthin. Von 1980 bis 1990 nahm die schwarze vorstädtische Bevölkerung um 34 Prozent zu, die der Latinos um 69 Prozent und die der

Asiaten um 126 Prozent. Im Gegensatz dazu wuchs die weiße vorstädtische Bevölkerung lediglich um neun Prozent. Die Angehörigen von Minderheitengruppen ziehen aus Gründen, die sich kaum von jenen ihrer Vorgänger unterscheiden, in die Vororte: bessere Wohnungen, Schulen und bessere Infrastruktur. Wie die Leute, die in den 1950er Jahren den Exodus in die Vorstädte anführten, sind sie meist Professionals der Mittelklasse. Der Vorsitzende des Wohnungsamtes von Chicago formuliert dies folgendermaßen: Der Zug in die Vorstädte hat heute mit „Rasse" wenig zu tun; es ist eine Frage der sozialen Schicht. Niemand möchte mit armen Leuten zusammenleben, da dieses Zusammenleben so viele Probleme mit sich bringt: schlechte Schulen, unsichere Straßen und Jugendbanden (zitiert in DeWitt 1994).

In Westdeutschland (und Österreich) setzte der Prozess der Suburbanisierung erst in den 1960er Jahren ein. In den Jahren nach dem Ende des Zweiten Weltkriegs war es im Zuge des Wiederaufbaus der zerstörten Kernstädte und der anhaltenden Industrialisierung sogar zu einem Urbanisierungsschub gekommen, da mehr Leute vom Land in die Stadt zogen. Der gestiegene Wohlstand der 1960er und 1970er Jahre führte zu einer deutlichen Änderung der Ansprüche an das Wohnen: Man wollte mehr Wohnraum, den man in den Innenstädten nicht vorfand oder nicht bezahlen konnte, und man litt unter dem Lärm und Schmutz der rasch steigenden Zahl an Autos. Als dann auch noch Städteplaner auf die Idee einer „autogerechten Stadt" kamen und in den Städten die Zahl der Durchzugsstraßen („Stadtautobahnen") anstieg, schien das Häuschen in der Vorstadt eine attraktive Alternative. Zudem wollte man sich aufgrund der Zunahme von Freizeit (bezahlter Urlaub, Arbeitszeitverkürzung) auch möglichst nah an den Naherholungsgebieten des städtischen Umlandes ansiedeln. Begünstigt wurde diese Suburbanisierung durch den Ausbau des öffentlichen Verkehrsnetzes, das sowohl die Vorstädte als auch die Kernstadt besser erreichbar machte. Die Vorstädte in Westdeutschland und Österreich sind im Gegensatz zu den USA keine exklusiven Nobelviertel, denn durch den sozialen Wohnbau durchmischten sich die sozialen Schichten der Bewohnerschaft sehr bald.

In den neuen Bundesländern Deutschlands trat die Suburbanisierung erst nach der Wende massiv und beschleunigt auf, da die sozialistische Stadtentwicklung auf den Bau von Großsiedlungen am Stadtrand zählte. Durch den zunehmenden Verfall der Innenstädte von z.B. Leipzig oder Dresden und vor allem durch enorme Steuervergünstigungen für den Mietwohnungsbau kam es bis zur Jahrtausendwende zu einer drastischen Entvölkerung der Innenstädte des Ostens.

Zur Suburbanisierung gehört auch die Entwicklung sogenannter Speckgürtel rund um die Kernstädte, seien diese auch nur Kleinstädte von 10.000 Einwohnern. In diesen Speckgürteln siedeln sich vor allem Handelsbetriebe und Dienstleistungszentren an, die wiederum eine Folge des gestiegenen Wohlstands der breiten Bevölkerung sind. Die wohlhabender werdenden Menschen kaufen zwar nicht unbedingt mehr Lebensmittel, aber dafür mehr dauerhafte Güter wie Möbel, Haushaltsgeräte und Elektronikartikel. Diese Waren brauchen große Lager- und Verkaufsflächen, die in den Kernstädten zu teuer sind, weshalb mehr und mehr Einkaufszentren für die reicher gewordenen Städter am Stadtrand entstehen. Südlich von Wien war die sogenannte Shopping City Süd eines der ersten Beispiele der Dienstleistungssuburbanisierung, die an Samstagen Tausende Wienerinnen und Wiener anlockte.

Der Verfall der Innenstädte

Der Verfall der Innenstädte, der in den letzten Jahrzehnten alle amerikanischen Großstädte prägte, ist eine direkte Folge der Ausdehnung der Vorstädte. Die Bewegung von Gruppen mit hohem Einkommen weg von der Innenstadt bedeutet einen Verlust an Steuereinnahmen der lokalen Gebietskörperschaft. Da unter jenen, die bleiben oder die Gruppen mit hohem Einkommen ersetzen, viele Arme sind, ist der Handlungsspielraum für den Ersatz dieser Erträge gering. Wenn die Steuern in der Innenstadt erhöht werden, neigen reichere Gruppen und Geschäftsleute dazu, weiter hinauszuziehen.

Diese Situation verschlimmert sich durch die Tatsache, dass die Bausubstanz in den Innenstädten schlechter ist als in den Vorstädten und die Kriminalitäts- und die Arbeitslosenrate höher sind. Es müssen daher mehr Mittel für Wohlfahrtsprogramme, Schulen, die Gebäudeerhaltung, für die Polizei und die Feuerwehr aufgewendet werden. Ein Kreislauf des Verfalls entwickelt sich, in dessen Verlauf die Probleme in den Innenstädten umso größer werden, je mehr sich die Vorstädte ausdehnen. In vielen städtischen Gebieten Amerikas waren die Auswirkungen katastrophal – insbesondere in den älteren Städten wie New York City, Boston oder Washington, D.C. In einigen Vierteln dieser Städte ist der Verfall der Bausubstanz möglicherweise stärker als in großen Stadtgebieten in anderen Industrieländern. Verfallende Mietskasernen, Gebäude hinter Verschlägen und ausgebrannte Gebäude wechseln mit Baulücken ab, in denen sich der Schutt häuft.

Der Verfall oder vielmehr die Verödung der Innenstädte Mitteleuropas ist nicht vergleichbar mit den Verwahrlosungsprozessen in den amerikanischen Städten. Von einem innerstädtischen Verfall spricht man höchstens in den Städten des Ostens nach der Wende, da zu DDR-Zeiten die Innenstädte dem Verfall preisgegeben waren – die kostspielige Restauration historischer Gebäude fand nur im Westen statt. In Städten wie Prag oder Budapest, die während des Zweiten Weltkriegs vergleichsweise weniger zerstört worden waren als Hamburg oder Berlin, gibt es daher heute noch einen bemerkenswerten Altbestand an innerstädtischen Gebäuden aus der Gründerzeit um 1900, da es dort in den 1960er Jahren keinen Bauboom gab. Nach der Wende kam es aufgrund der unklaren Eigentumsverhältnisse nicht zu einer gewerblichen Nutzung oder zu Investitionen in die Wohnsubstanz, ganz im Gegenteil wurde, wie oben erwähnt, die Errichtung von Eigenheimen an den Stadträndern massiv steuerlich gefördert.

Durch diese Versäumnisse und die Abwanderung der Bevölkerung verödeten und verwahrlosten viele innerstädtische Bereiche in ostdeutschen Städten, auch Berlin ist in manchen Stadtvierteln von dieser Entwicklung nicht verschont geblieben. Mittlerweile bemühen sich jedoch vielfältige Regierungsinitiativen und private Vereine um eine Belebung der deutschen Innenstädte.

Die Stadtentwicklung in Westdeutschland war seit den 1960er Jahren von einer Entmischung von Wohnen und Arbeiten geprägt. In den frei gewordenen innerstädtischen Vierteln wurden repräsentative Geschäfts- und Verwaltungszentren großer Handelshäuser, Banken und Versicherungen errichtet. Fast jede deutsche und österreichische Stadt errichtete Fußgängerzonen, um das Flanieren für Konsumenten attraktiv zu machen. Die Kehrseite dieser Entwicklung war die Verödung der Innenstädte zu Geschäftsschluss und am Wochenende, wenn keine Menschenseele noch Anlass hatte, sich zwischen schicken Boutiquen, Bankfilialen und geschlossenen Cafés zu tummeln.

Die wirtschaftliche Umstrukturierung und der Rückgang der Industrieproduktion führten auch in Deutschland und Österreich zu einer enormen Belastung der Städte, die traditionell Industriestandorte waren. Nun stieg gerade in Städten die Arbeitslosigkeit und blieb dauerhaft auf einem hohen Niveau. Die Sozialpolitik der Städte hatte alle Hände voll zu tun, bei sinkenden Steuereinnahmen die steigende Zahl an Anspruchsberechtigten, die in Not geraten waren, zu versorgen. Zudem erhoben sich Stimmen der Bürgerbeteiligung, die eine ökologische Stadtentwicklung, Verkehrsberuhigung und Begrünung von Innenhöfen forderten. Diese Forderungen der Bürgerinitiativen wurden oft als wirtschaftsfeindlich eingestuft und ihre Kritiker fürchteten, dass sie einem Ausweg aus der ökonomischen Krise im Wege stehen würden. Während die neu errichteten Einkaufszentren an den Stadträndern Parkplätze in Hülle und Fülle boten, fühlten sich die innerstädtischen Handelsbetriebe in ihren Geschäftsinteressen durch verkehrsberuhigende Maßnahmen gestört.

Jüngste Trends auf dem Arbeitsmarkt zeigen jedoch, dass die deutschen Städte des Westens – etwa München, Stuttgart, Köln und Hamburg – wieder eine Zunahme an Beschäftigung zu verzeichnen haben. Dies ist dem Umbau zu einer wissensbasierten Ökonomie zu verdanken, die urbane Zentren nicht zuletzt aufgrund der Bildungs- und Forschungseinrichtungen bevorzugt. Auch die verstärkte Beteiligung von Frauen an der Erwerbsarbeit führt dazu, dass junge Familien lieber in den Städten wohnen, wo sich eine Vielzahl an Dienstleistungen wie Kindertagesstätten und Schulen sowie eben auch die Arbeitsplätze der höher qualifizierten jungen Eltern befinden. Das Häuschen im Grünen braucht seine Vorstadthausfrau, die Haus und Garten in Schuss hält, bis der Mann von der Arbeit aus der Kernstadt zurückkehrt. Mit dem Niedergang des Modells der Hausfrauenehe scheint nun auch die Attraktivität der Vorstadt zu schwinden und die Innenstädte werden wieder zu Wohn-, Lebens- und Arbeitsräumen.

Krawalle

Die Veränderungen der (west-)deutschen Städte blieben nicht unwidersprochen. In den 1970er Jahren kam es in Frankfurt und anderswo zu Besetzungen von Häusern, deren Abbruch Platz für Gebäude mit höherer Verbauungsdichte und für andere Nutzer schaffen sollte. Die meist jugendlichen Hausbesetzer – unter ihnen auch der spätere deutsche Außenminister Joschka Fischer – lieferten sich mit der von den Bauspekulanten gerufenen Polizei regelmäßig Straßenschlachten. Wenn die Besetzer – oftmals durchaus mit Billigung der Bürger und manchmal auch der Stadtpolitiker – erfolgreich waren, entstanden in den besetzten Häusern Wohngemeinschaften und gelegentlich Kulturzentren.

Im Zeitalter der Globalisierung, von Bevölkerungsbewegungen und raschem Wandel drücken sich in großen Städten die sozialen Probleme der gesamten Gesellschaft in größerer Intensität aus. Zu häufig sind die „unsichtbaren" durch Arbeitslosigkeit und ethnische Spannungen hervorgerufenen sozialen Gräben innerhalb der Städte Auslöser sozialer Eruptionen.

So geschah es im Frühjahr 1992 in den USA, als Krawalle Teile von Los Angeles erfassten. Henry Cisneros, der damalige Wohn- und Stadtbaupolitiker flog damals nach South Central L.A., um sich ein Bild von den Zuständen machen zu können:

> Ich fand eine Stadt, die voll von Rauch war. Es roch nach brennenden Kabeln und nach Plastik. Der Rauch war so dicht, dass er die Lichter des Hubschraubers, der direkt über uns kreiste, verdunkelte. Alle paar Sekunden gellten Sirenen, wenn Feuerwehrautos, die von kalifornischen motorisierten Streifen begleitet wurden – buchstäbliche Konvois von 20 Fahrzeugen, wobei die Streifenwagen die Feuerwehrleute schützen sollten –, von einem Feuer zum nächsten rasten [...] An jenem Donnerstagabend war Los Angeles tatsächlich eine urbane Apokalypse; es versank in einer Art von rauchigem Orange, ein Angriff auf alle Sinne – die Leute hatten weit aufgerissene Augen, und für die kollektive Panik brauchte es nur mehr einen lauten Ton. (Cisneros 1993)

Krawalle haben auch in britischen Städten Stadtviertel verwüstet, so etwa in Brixton im Süden Londons in den Jahren 1981, 1985 und 1995 oder in Ely in Cardiff 1991 und in Burnley und Lidget Green in Bradford im Jahr 2001. In den Krawallen eskalierten ethnische und kulturelle Spannungen, Attacken auf die Polizei und die Zerstörung von Häusern und Autos.

Zu Immigration lesen Sie mehr in Kapitel 10 – Ethnien, Ethnizität und Migration.
Ethnische Spannungen, die von schlechten Wohnverhältnissen und schlechter Infrastruktur angeheizt wurden, führten auch in vielen französischen Vorstädten (*banlieu*) zu Krawallen, so etwa in Paris, Marseille und Lyon. Daraufhin entzündet sich häufig in der Öffentlichkeit eine Debatte über Immigration und ethnische Beziehungen in Europa.

Stadterneuerung

Welchen Ansatz sollen Kommunen, Länder und die nationalen Regierungen wählen, wenn sie die komplexen Problemlagen angehen wollen, die die europäischen Städte in Atem halten? Wie kann die rasche Ausdehnung des sogenannten „Speckgürtels" (Vorstädte und Einkaufszentren) rund um die Städte eingedämmt werden, damit die Grüngürtel und Naherholungsräume der Städte nicht zerstört werden? Eine erfolgreiche Stadterneuerungspolitik ist besonders herausfordernd, weil sie das gleichzeitige Vorgehen an verschiedenen Fronten erfordert. **Stadterneuerung**

In vielen Städten im Osten Deutschlands kommt es seit der Wende zu einer Entvölkerung. Ganze Wohnblocks stehen leer und verkommen, die Grundstücks- und Wohnungspreise sind dementsprechend niedrig. Doch die Kommunen haben damit zu kämpfen, dass sie für die Infrastruktur der Städte aufkommen müssen: Das Kanal- und Straßennetz muss gewartet werden, die öffentlichen Verkehrsmittel, die Strom-, Gas und Wasserversorgung der alten abgewohnten Viertel, in denen nur mehr wenige Bewohner leben, sind verhältnismäßig teuer. Hinzu kommen neu erschlossene Vorstadtsiedlungen mit Einfamilienhäusern. Einzelne Städte haben sich daher zu einem sogenannten organisierten Rückbau entschlossen, lassen Viertel abreißen und geben sie der Natur zurück. So sollen einerseits die städtischen Wohnungsmärkte stabilisiert werden und gleichzeitig die Lebensqualität in den anderen Wohnquartieren aufgewertet werden, indem die ohnehin verringerten Ressourcen auf eine Verbesserung der Infrastruktur dort konzentriert werden. Das Land Brandenburg etwa fördert derartige Stadterneuerungsmaßnahmen finanziell. Auch in einigen „alten" Industrieregionen Österreichs werden derartige Maßnahmen gesetzt, wie etwa in der Stadt Eisenerz in der Obersteiermark.

Gentrification oder „Stadtrecycling"

Stadtrecycling – der Umbau alter Gebäude für neue Zwecke – ist in großen Städten gang und gäbe. Manchmal waren solche Umnutzungen Teil von Entwicklungsprogrammen, aber öfter ist Gentrification das Ergebnis der Renovierung von Gebäuden in heruntergekommenen Stadtvierteln; die erneuerten Gebäude werden höheren Einkommensgruppen zugeführt und mit verschiedenen Annehmlichkeiten wie Geschäften und Restaurants versehen. Die Gentrification innerstädtischer Viertel zeigt sich in vielen Städten der USA und Europas und wird in den kommenden Jahren wohl eine Fortsetzung finden. Durch die im Vergleich zu Großbritannien oder den Vereinigten Staaten rechtlich besser abgesicherte Stellung der Mieter in langjährigen Mietverträgen sowie aufgrund des öffentlich finanzierten kommunalen Wohnbaus ist der Prozess der Aufwertung von Wohnvierteln und gleichzeitigen Abwanderung der ursprünglichen Bewohner in den deutschen und österreichischen Städten gebremster, doch auch hier sind Ansätze dazu in den Innenstädten zu beobachten. **Stadtrecycling**

Gentrification

In den USA hat der Soziologe Elijah Anderson die Auswirkungen der Gentrifzierung in seinem Buch *Streetwise: Race, Class, and Change in an Urban Community* (1990) analysiert. Wenn auch die Renovierung eines Wohnquartiers den Wert der Immobilien steigert, verbessert sie selten den Lebensstandard seiner ärmeren Bewohner, die dann meist gezwungenermaßen wegziehen. In einem Viertel in Philadelphia, das Anderson erforschte, waren viele ursprünglich schwarze Viertel Ziel der Revitalisierungsmaßnahmen, durch die mehr als 1.000 Menschen gezwungen wurden abzuwandern. Obwohl man ihnen versprochen hatte, günstige Wohnungen zu bauen und sie ein Vorkaufsrecht erhalten sollten, stehen nun große Unternehmen und eine High School auf den abgelösten Grundstücken.

Die armen Bewohner, die weiterhin dort lebten, kamen zwar in den Genuss einiger Vergünstigungen wie bessere Schulen und besseren Schutz durch die Polizei, doch die dadurch gestiegenen Steuern und Mieten drängten sie schließlich aus dem Viertel, und sie mussten sich um Wohnungen in einem billigeren – und oft schlechteren – Viertel umsehen. Afroamerikanische Bewohner drückten in den Interviews mit Anderson ihren Ärger über den Zustrom der Yuppies aus, die sie dafür verantwortlich machten, dass sich die Umstände für die Ärmeren so ungünstig verändert hatten.

Die weißen neu zugezogenen Bewohner kamen in die Innenstadt, um in billigen Altbauten zu leben, die näher zu ihren Arbeitsplätzen lagen, und wo sie einem modischen urbanen Lebensstil frönen konnten. Sie bekannten sich als aufgeschlossen gegenüber ethnischen Unterschieden; doch tatsächlich kam es nur zu wenigen Verbindungen zwischen den alten und den neuen Bewohnern, außer sie gehörten derselben sozialen Schicht an. Da die afroamerikanischen Bewohner meistens arm waren und die Weißen der Mittelschicht angehörten, vermischten sich Klassenschranken mit ethnischen Unterschieden. Wenngleich einige wenige afroamerikanische Mittelklassefamilien in dem Viertel lebten, entschlossen sich doch die meisten, die es sich leisten konnten, in die Vorstädte zu ziehen, denn sie fürchteten sonst von den Weißen gleich behandelt zu werden wie die armen Afroamerikaner. So veränderte sich das Viertel mit der Zeit zu einer Enklave der weißen Mittelschicht.

Eine Ursache der Gentrification ist der demografische Wandel: Junge hochgebildete Leute gründen erst später im Leben eine Familie, sodass mehr Wohnungen für Singles und Paare als für Familien gebraucht werden. In Österreich wird etwa die Zahl der Haushalte von etwa 3,35 Millionen im Jahr 2001 auf über vier Millionen im Jahr 2030 anwachsen (www.statis-

© Punch

tik.at). Das Leben in der Vorstadt ist für junge kinderlose Menschen, die oft Überstunden auf ihren innerstädtischen Arbeitsplätzen machen müssen, weniger bequem. So können wohlhabende Paare sich renovierte Altbauwohnungen und Lofts in den Innenstädten leisten und bevorzugen vielleicht den Lebensstil, den die Innenstädte mit ihren Kultur-, Unterhaltungs- und Restaurantangeboten bieten. Für ältere Paare, deren Kinder ausgezogen sind, können innerstädtische Viertel aus denselben Gründen attraktiv werden.

Es ist wichtig zu betonen, dass der Prozess der Gentrification parallel zu einem anderen Trend verläuft: dem Wandel der städtischen Wirtschaft von der industriellen Produktion hin zu Dienstleistungsunternehmen.

Eines der wichtigsten Beispiele für Stadtrecycling ist die Instandsetzung des Docklands-Areals in London. Die Docklands erstrecken sich über ca. 22 Quadratkilometer in Ostlondon am Ufer der Themse. Sie hatten ihre wirtschaftliche Funktion verloren, nachdem die Werften geschlossen worden waren und die Industrie einen Niedergang erlebt hatte.

Die Docklands liegen neben dem Finanzviertel der Londoner City, aber auch neben armen Arbeiterbezirken auf der anderen Seite. Seit 1960 gab es intensive Auseinandersetzungen – die noch immer andauern – über die Nutzung dieses Gebietes. Viele, die in oder neben den Docklands wohnten, waren für eine Umnutzung im Rahmen von städtisch geförderten Stadtentwicklungsprojekten, was einen Schutz der Interessen ärmerer Anrainer bedeutet hätte. In der Zwischenzeit wurde die Region nach der Errichtung der *Docklands Development Corporation* im Jahr 1981 zum Zentrum einer Strategie, wie wir sie oben beschrieben haben, die darin bestand, private Unternehmer zu ermutigen, bei der städtischen Erneuerung eine Vorreiterrolle zu übernehmen. Die Auflagen, die die Stadtplanung und die Baubehörden üblicherweise erlassen, wurden bewusst abgesenkt.

Das Areal unterscheidet sich heute offenkundig stark von den verarmten Nachbarvierteln: überall neue, oft abenteuerliche Gebäude. Lagerhäuser wurden in Luxusappartements umgewandelt, und neue Wohnblocks wurden errichtet. In Canary Wharf wurde ein sehr großer Bürokomplex mit einem zentralen, von vielen anderen Stellen in London aus sichtbaren Gebäude errichtet. Inmitten all der Pracht aber findet man heruntergekommene Gebäude und Ödland. Viele Büroräume stehen leer, und Luxuswohnungen erwiesen sich als unverkäuflich. In den Docklands-Bezirken liegen einige der ärmsten Wohnbezirke des Landes, die Leute, die in solchen Unterkünften wohnen, haben von der Bautätigkeit um sie herum kaum profitiert.

In den Vereinigten Staaten kaufen Investoren verlassene Lagerhäuser in Städten von Milwaukee bis Philadelphia und bauen sie in teure Wohnlofts und Studios um. Die Schaffung pulsierender öffentlicher Räume inmitten der verschandelten städtischen Zentren von Baltimore und Pittsburgh wurden als Triumph der Stadterneuerung gefeiert. Jedoch bleiben die verarmten Viertel in der unmittelbaren Umgebung der revitalisierten Stadtzentren nicht verborgen.

In seinem Buch über die Geschichte der Stadt *Civitas. Die Großstadt und die Kultur der Unterschiede* (1991) hat Richard Sennett städtische Entwicklungen wie die Docklands kritisiert und argumentiert, dass Stadtplaner versuchen sollten, die „humane Stadt", wie er es nennt, zu bewahren bzw. zu ihr zurückzukehren. Die großen unpersönlichen Gebäude vieler Städte bewirken, dass sich Menschen nach innen und voneinander abwenden, doch Städte sollten Menschen nach außen wenden und sie mit einer Vielfalt von Kulturen und Lebensformen in Kontakt bringen. Wir sollten versuchen, städtische Straßen hervorzubringen, die nicht nur nicht bedrohlich, sondern „voll von Leben" sind, in einer Weise wie es „Verkehrsadern, obwohl sie ständig von Fahrzeugen durchbrandet werden, nicht sind". Die Einkaufszentren im Umland der Großstädte, mit ihren standardisierten Fußwegen und Geschäften sind von der „humanen Stadt" genauso weit entfernt wie die Stadtautobahn. Wir sollten uns stattdessen von älteren Stadtgebieten, wie man sie z.B. in vielen italienischen Stadtzentren findet, inspirieren lassen – diese entsprechen dem menschlichen Maßstab und mischen Vielfalt mit architektonischer Eleganz.

Das Rote Wien – kommunaler Wohnbau mit Geschichte

Die Wohnungsnot um die Wende vom 19. zum 20. Jahrhundert in der Stadt Wien, die durch die Zuwanderung aus den verschiedenen Gebieten der Donaumonarchie und die Folgen des Ersten Weltkrieges ausgelöst wurde, brachte ein städtebaulich und sozialpolitisch einzigartiges Beispiel kommunaler Wohnbaupolitik hervor. Das sogenannte Rote Wien setzte mit architektonisch ansprechenden und gleichzeitig erschwinglichen Wohnungen in den 1920er Jahren einen Meilenstein. Bauten wie der Karl-Marx-Hof, die helle, mit Sanitäranlagen ausgestattete Wohnungen rund um eine Grünanlage im Hof gruppierten, wurden zu einem Wahrzeichen der Stadt Wien und ihrer Arbeiterbewegung. Im Bürgerkrieg 1934 beschoss das österreichische Militär die Bauten, in denen sich auch Schaltstellen der politischen und paramilitärischen Führung der Sozialdemokraten befanden. In der Zweiten Republik wurde der Karl-Marx-Hof zum Briefmarkenmotiv und einem Gedächtnisort Österreichs.

Wie kam es zu dieser beispielgebenden städtebaulichen Leistung?

Angesichts der Wohnungsnot und der sozialen Ungleichheit in den Städten startete nach dem Ersten Weltkrieg die sozialdemokratische Stadtregierung ein groß angelegtes Grunderwerbs- und Wohnbauprogramm. Durch neu eingeführte Steuern auf Luxusgüter – hier war der später in die USA emigrierte Finanzstadtrat Hugo Breitner sehr erfinderisch, indem er die Bürger für ihre Pferde, Hunde und Hausangestellten zur Kasse bat – konnte die Stadt ihren finanziellen Spielraum deutlich erweitern und Grundstücke erwerben. Die Fläche der gemeindeeigenen Grundstücke verzehnfachte sich innerhalb eines Jahres, und bereits Mitte der 1920er Jahre war die Gemeinde Wien der größte Grundstücksei-

Karl-Marx-Hof

gentümer der Stadt. Bis 1931 wurde ein Finanzvolumen von fast 70 Millionen Schilling in gemeindeeigenes Grundeigentum investiert. Dadurch wurde der private Immobilienmarkt mit seinen Spekulanten, die die Wohnungspreise in die Höhe getrieben hatten, empfindlich geschwächt.

An den unterschiedlichsten Standorten der Stadt wurden große Wohnblocks errichtet, die erschwinglichen und modern ausgestatteten Wohnraum in Verbindung mit Gemeinschaftseinrichtungen wie Waschküchen, Badehäusern, Bildungseinrichtungen, Kindergärten und den Geschäften der von der Arbeiterbewegung gegründeten Konsumgenossenschaft boten. In den gut zehn Jahren des Roten Wien wurden fast 400 Wohnanlagen gebaut, in denen über 65.000 Gemeindewohnungen den Arbeiterfamilien Unterkunft boten. Die Mieten waren so niedrig, dass sie nur etwa vier Prozent eines durchschnittlichen Arbeiterlohnes ausmachten (dasrotewien.at).

Unter den Austrofaschisten kam der kommunale Wohnbau in Wien gänzlich zum Erliegen und die an prominente linke Denker und Sozialreformer erinnernden Namen der Wohnhausanlagen wurden geändert. Nach der Machtergreifung der Nazis 1938 initiierten diese eine andere Art von kommunaler Wohnversorgung: Durch die Enteignung von Juden („Arisierung") wurde eine nahezu gleich große Zahl von Wohnungen umverteilt wie in den 1920er Jahren neu errichtet worden war.

Nach dem Zweiten Weltkrieg wurde die kommunale Wohnbautätigkeit in Wien im Zuge des Wiederaufbaus wieder aufgenommen. Die großen Siedlungen, die in der Nachkriegszeit entstanden, unterscheiden sich jedoch nicht von anderen öffentlichen Wohnhausanlagen in Europa: Sie sind aus Gründen der Grundstücksknappheit als Hochhäuser konzipiert, beherbergen damit Tausende Menschen und sind zum Teil in wenig erschlossenen Stadtrandlagen

errichtet worden. Heute sind diese Betonburgen – ähnlich den Plattenbauten im Osten Deutschlands – soziale Brennpunkte. Dennoch ist der kommunale Wohnbau in Wien auch heute noch ein städtebaulich prägendes Element – in vielen innerstädtischen Vierteln gibt es Gemeindebauten –, das wesentlich zur sozialen Stabilität und Sicherheit der Stadt beiträgt. In Wien lebt heute fast jeder vierte Bewohner in einer Gemeindewohnung, dadurch ist der Wohnungsmarkt nicht so stark von Spekulanten beeinflusst, die ganze Wohnblocks verwahrlosen lassen. Die Mobilität und Fluktuation der Bewohner ist geringer – man wohnt unter Umständen lebenslang in seinem „Grätzel" – und so steigt die nachbarschaftliche soziale Kontrolle und infolgedessen die Sicherheit im öffentlichen Raum (Sessar u.a. 2007).

Urbanisierung in den Entwicklungsländern

Die städtische Bevölkerung der Welt könnte bis 2030 auf fünf Milliarden Menschen ansteigen. Wie Tabelle 17.1 zeigt, schätzt die UNO, dass bereits vier Milliarden dieser Stadtbewohner in den Entwicklungsländern leben werden. Wie die Karte der Megacities der Welt in Abbildung 17.1 zeigt, liegen die meisten der 22 Städte, für die man eine Einwohnerzahl von zehn oder mehr Millionen Menschen prognostiziert, in den Entwicklungsländern.

Manuel Castells (2001) bezeichnet die Megacities als eines der Hauptmerkmale des dritten Jahrtausends der Urbanisierung. Sie sind nicht allein durch ihre Größe definiert, sondern auch durch ihre Rolle als Verbindungspunkte zwischen enormen Bevölkerungen und der globalen Wirtschaft. In Megacities konzentrieren sich Aktivitäten der Politik, Medien, Kommunikationsnetzwerke, Finanzen und Produktionsprozesse. Castells zufolge fungieren Megacities als Magneten für die Länder oder Regionen, in denen sie liegen. Neben ihrer Rolle als Knotenpunkte der globalen Wirtschaft werden Megacities auch zu den Sammelbecken all jener Bevölkerungssegmente, die ums Überleben kämpfen.

Megacities

Warum ist die Wachstumsrate der Städte in den Entwicklungsländern so viel höher als anderswo auf der Welt? Zwei Faktoren müssen insbesondere in Betracht gezogen werden: Zum einen wächst die Bevölkerung

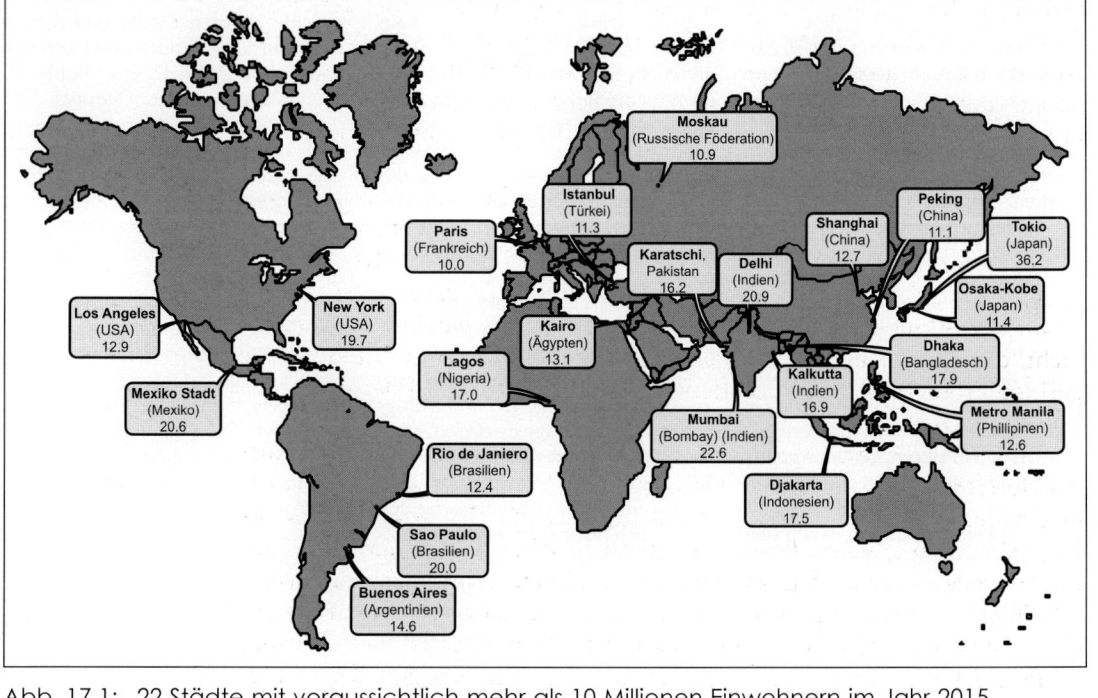

Abb. 17.1: 22 Städte mit voraussichtlich mehr als 10 Millionen Einwohnern im Jahr 2015
Quelle: United Nations/Department of Economic and Social Affairs (2004), S. 11.

Lesen Sie zur demografischen Entwicklung Kapitel 20 – Globale Ungleichheit.

in Entwicklungsländern schneller als in den Industrieländern. Der Zuwachs der Stadtbevölkerung ist das Resultat hoher Geburtenraten der Menschen, die bereits in Städten leben.

Zum anderen spielt die Binnenmigration aus ländlichen Gebieten eine wichtige Rolle. Menschen strömen in den Entwicklungsländern in die Städte, weil sich entweder die traditionellen Wirtschaftsformen aufzulösen beginnen oder weil die Stadt bessere Arbeitsmöglichkeiten bietet. Ländliche Armut veranlasst viele Menschen, ihr Glück in der Stadt zu suchen. Oft haben sie ursprünglich vor, nur für relativ kurze Zeit in die Stadt zu gehen und wieder in ihre Dörfer zurückzukehren, sobald sie genug verdient haben. Manche kehren auch tatsächlich zurück, aber die meisten sehen sich gezwungen zu bleiben, da sie aus den unterschiedlichsten Gründen ihre Position in den Herkunftsgemeinden zwischenzeitig verloren haben.

Herausforderungen der Urbanisierung in den Entwicklungsländern

Wirtschaftliche Implikationen

Wenn eine steigende Zahl ungelernter Kräfte und Landarbeiter in die Städte strömt, hat die legale Wirtschaft oft Probleme, diesen Zustrom zu absorbieren. In den meisten Städten der Entwicklungsländer ist es daher die Schattenwirtschaft, die jenen, die keinen legalen Job finden können, ein Auskommen ermöglicht. Von der Gelegenheitsarbeit in Fabriken und im Baugewerbe bis zu kleinen Handelsgeschäften bietet der informelle und unregulierte Sektor Verdienstmöglichkeiten für arme, meist ungelernte Arbeiter.

Die Schattenwirtschaft eröffnet Tausenden Familien in den Städten Erwerbsmöglichkeiten, doch sie hat auch problematische Seiten. Sie lukriert keine Steuermittel und unterliegt keinen Arbeitsschutzgesetzen. Sie ist weniger produktiv als die legale Wirtschaft. Länder, in denen sich die wirtschaftliche Aktivität auf den informellen Sektor konzentriert, schaffen es nicht, dringend benötigte Budgetmittel über Steuern aufzubringen. Die geringe Produktivität der Schattenwirtschaft schadet auch der gesamten Volkswirtschaft.

Die OECD (Organisation für wirtschaftliche Zusammenarbeit und Entwicklung) schätzt, dass eine Milliarde neuer Jobs bis 2025 geschaffen werden müssen, um die wachsende Bevölkerung in den Städten der Entwicklungsländer zu erhalten. Es ist eher unwahrscheinlich, dass alle diese Jobs in der legalen Wirtschaft geschaffen werden. Manche Beobachter der wirtschaftlichen Entwicklungen empfehlen, das Hauptaugenmerk auf die Legalisierung und Formalisierung des großen informellen Sektors zu legen, in dem sich die „überzähligen" Arbeitskräfte in den kommenden Jahren sammeln werden.

Herausforderungen für die Umwelt

Die rasch wachsenden Stadtgebiete in den Entwicklungsländern unterscheiden sich dramatisch von den Städten der industrialisierten Welt. Wenngleich Städte überall mit Umweltproblemen konfrontiert sind, haben jene in den Entwicklungsländern besonders gravierende Risiken zu bewältigen. Verschmutzung, Wohnungsnot, unzulängliche Kanalisation und Mangel an sauberem Trinkwasser sind chronische Probleme für diese Städte.

Die Wohnungsnot ist eines der akutesten Probleme der urbanen Gebiete. Städte wie Calcutta oder São Paulo sind massiv übervölkert; die Binnenwanderungsrate ist viel zu hoch für das vorhandene Angebot an Wohnraum. Die Zuwanderer drängen sich in illegal besetzten Grundstücken, die rund um die Städte wuchern. In den urbanen Gebieten der westlichen Länder werden sich Zuwanderer eher zentrumsnah ansiedeln, der umgekehrte Trend zeigt sich in den Entwicklungsländern, wo die Zuwanderer sich in den verwahrlosten Randgebieten zusammenballen. Slums aus Karton und Plastiksäcken sprießen an den Stadträndern bzw. wo immer gerade Platz ist.

In São Paulo wurde 1996 ein Wohnungsfehlbestand von 5,4 Millionen Wohnungen geschätzt. Manche Wissenschaftler sprechen von 20 Millionen fehlenden Wohnungen, wenn man den Begriff Wohnraum strenger fasst. Seit den 1980er Jahren hat die Wohnungsnot in São Paulo eine Welle von Hausbesetzungen leer stehender Gebäude ausgelöst. Gruppen von obdachlosen Familien initiierten Massenbesetzungen in aufgelassenen Hotels, Büros und Regierungsgebäuden. Viele Familien ziehen es vor, Toiletten und Kochmöglichkeiten mit Hunderten anderen zu teilen, anstatt auf der Straße oder in den Favelas, den Behelfsquartieren an den Stadträndern, zu leben.

Stadt- und Regionalregierungen in den Entwicklungsländern sind unter enormen Druck, die exorbitant steigende Wohnungsnachfrage zu befriedigen. In Städten wie São Paulo bestehen darüber hinaus Meinungsverschiedenheiten zwischen den Wohnungsämtern und regionalen Regierungen, wie man der Wohnungsnot begegnen solle. Manche vertreten die Auffassung, dass es am günstigsten sei, die Lebensbedingungen in den Favelas zu verbessern, indem man sie mit Elektrizität und Trinkwasser versorgt, die Straßen asphaltiert und Postadressen vergibt. Andere fürchten, dass die Behelfsquartiere der Slums grundlegend unbewohnbar sind und daher abgerissen werden sollen, um ordentlichen Wohnraum für arme Familien zu schaffen.

Überbevölkerung und Überentwicklung in den Stadtzentren führen auch zu ernsthaften Umweltproblemen in vielen städtischen Gebieten. Mexiko Stadt ist dafür ein Musterbeispiel. Dort sind 94 Prozent des Stadtgebietes verbaut, was nur einen verschwindend kleinen Teil an Grünflächen übrig lässt. Selbst in den dichtest besiedelten nordamerikanischen oder europäischen Städten gibt es mehr Grünflächen. Die Umweltverschmutzung ist ein riesiges Problem, das vor allem von den vielen Autos, Bussen und Lastwägen auf den verstopften Straßen verursacht wird. Zusätzlich verschmutzt die Industrie Luft und Wasser. Man hat geschätzt, dass die Gesundheitsbelastung der Bewohner von Mexiko Stadt vergleichbar mit dem Rauchen von 40 Zigaretten pro Tag ist. Im März 1992 erreichte die Verschmutzung einen Spitzenwert. Der Ozonpegel überschritt den Grenzwert um das Dreifache. Die Behörden mussten Industriebetriebe vorübergehend stilllegen lassen, Schulen wurden geschlossen und 40 Prozent der Autos wurden von den Straßen verbannt.

Soziale Auswirkungen

Viele urbane Gebiete in den Entwicklungsländern sind überbevölkert, und es mangelt an Ressourcen. Wegen der weitverbreiteten Armut können die bestehenden sozialen Einrichtungen die Nachfrage nach Gesundheitsversorgung, Beratung zur Geburtenkontrolle und Familienplanung und Bildung nicht befriedigen. Die ungleichgewichtige Altersverteilung in den Entwicklungsländern verschärft die ökonomischen und sozialen Schwierigkeiten noch weiter, denn verglichen mit den Industrieländern ist ein wesentlich größerer Teil der Bevölkerung unter 15 Jahre alt. Eine junge Bevölkerung benötigt jedoch Unterstützung und Bildung, doch vielen Entwicklungsländern fehlt das Geld, allgemein zugängliche Bildung anzubieten. In armen Familien sind auch viele Kinder gezwungen zu arbeiten oder auf den Straßen Geld zu erbetteln. Sind diese Straßenkinder einmal herangewachsen, bleibt ihnen nicht viel mehr als Arbeitslosigkeit und oft auch Obdachlosigkeit.

Die Zukunft der Urbanisierung in den Entwicklungsländern

Wenn wir die Vielfalt der Herausforderungen der Stadtgebiete in den Entwicklungsländern betrachten, fällt es schwer, Anzeichen eines Wandels oder einer Verbesserung auszumachen. Die Lebensbedingungen in vielen der größten Städte der Welt scheinen sich in den nächsten Jahren eher zu verschlechtern. Doch das Bild ist nicht ausschließlich negativ.

Erstens werden die hohen Geburtenraten mit der fortschreitenden Urbanisierung in den nächsten Jahren sinken, wenngleich sie in vielen Ländern sehr hoch bleiben. Das wird zu einer Verminderung der Urbanisierungsrate insgesamt führen. In Westafrika etwa soll die Zuwachsrate der städtischen Bevölkerung oder Urbanisierungsrate bis 2020 auf 4,2 Prozent fallen, wobei sie in den vergangenen drei Jahrzehnten bei 6,3 Prozent lag.

Das Bevölkerungswachstum wird genauer in Kapitel 20 – Globale Ungleichheit erörtert.

Zweitens eröffnet die Globalisierung in den urbanen Gebieten der Entwicklungsländer auch Chancen. Mit der wirtschaftlichen Integration können Städte rund um den Globus in internationale Märkte eintreten, um Investitionen anzuziehen, Entwicklung voranzutreiben und wirtschaftliche Verbindungen über die Landesgrenzen zu errichten. Globalisierung stellt eine der dynamischsten Gelegenheiten für die wachsenden Städte dar, zu bedeutenden Kräften der wirtschaftlichen Entwicklung und Innovation zu werden. Tatsächlich schließen viele Städte in den Entwicklungsländern zu den Rängen der „global cities", der globalen Städte, auf, wie im Folgenden gezeigt werden wird.

Städte und Globalisierung

In vormodernen Zeiten waren Städte abgeschlossene Einheiten, die von den umgebenden vorwiegend ländlichen Gebieten getrennt existierten. Straßensysteme verbanden manchmal große städtische Gebiete, doch war Reisen den Kaufleuten, Soldaten und anderen vorbehalten, die große Entfernungen regelmäßig zu überwinden hatten. So waren die Kommunikation und der Austausch zwischen Städten beschränkt. Das Bild zu Beginn des 21. Jahrhunderts könnte kaum verschiedener sein. Die Globalisierung hat sich tief greifend auf die Städte ausgewirkt, indem sie sie stärker voneinander abhängig gemacht hat und die horizontalen grenzüberschreitenden Verbindungen zwischen Städten vorantrieb. Es wimmelt heute von physischen und virtuellen Verbindungen zwischen Städten, globale Netzwerke zwischen Städten entstehen.

Manche Wissenschaftler haben vorausgesagt, dass die Globalisierung und die neuen Kommunikationstechnologien zu einem Niedergang der Städte, wie wir sie kennen, führen würden. Dies ergäbe sich, weil viele traditionelle Funktionen von Städten heute im Cyberspace erfüllt werden können, statt in dicht besiedelten und verstopften urbanen Gebieten. So operieren etwa Finanzmärkte heute elektronisch, E-Commerce (der Handel im Internet) verringert die Notwendigkeit für Produzenten wie Konsumenten, sich auf Stadtzentren zu verlassen, und Telearbeit und E-Learning erlauben einer steigenden Zahl von Arbeitnehmern und Studierenden von ihrer Wohnung aus zu arbeiten anstatt in einem Bürogebäude.

Doch bis jetzt haben sich diese Prophezeiungen vom Untergang der Stadt nicht erfüllt. Die Globalisierung verwandelt Städte in wichtige Drehscheiben in der globalen Wirtschaft, statt sie zu beseitigen. Simultan kam es zu einer Ausweitung und Konzentration der Aktivitäten und der Macht innerhalb einer Reihe von Städten rund um den Globus (Castells 2001).

Global Cities – Globale Städte

Die Rolle von Städten in der neuen globalen Weltordnung hat die Aufmerksamkeit vieler Soziologen auf sich gezogen. Globalisierung wird oft in der Dualität zwischen nationaler und globaler Ebene gedacht, doch sind es die größten Städte, in denen die Hauptschaltkreise der Globalisierung zu finden sind (Sassen 1998). Das Funktionieren der neuen globalen Wirtschaft hängt von einer Reihe zentraler Orte mit ihren ausgeprägten Informationsinfrastrukturen und einer „Hyperkonzentration" von Einrichtungen ab. An solchen Orten wird die „Arbeit" der Globalisierung ausgeführt und angeordnet. In dem Maße, in dem Geschäfte, Produktion, Werbung und Marketing eine globale Dimension annehmen, muss ein enormes Maß an organisatorischer Arbeit bewältigt werden, um dieses globale Netzwerk zu entwickeln und aufrechtzuerhalten.

Global City (globale Stadt) Saskia Sassen ist eine der führenden Theoretikerinnen in der Debatte um Städte und Globalisierung. Sie benutzt den Begriff Global City (globale Stadt), um auf urbane Zentren zu verweisen, die die Zentralen der multinationalen Konzerne und eine Überfülle an Finanzdienstleistungen, technologischen und Beraterdiensten beheimaten. In ihrem Buch *Global City* (2001) hat Sassen drei solcher Städte untersucht: New York, London und Tokio. Die gegenwärtige Entwicklung der Weltwirtschaft, so Sassen, brachte es mit sich, dass Großstädte nunmehr eine neue strategische Rolle spielen. Die meisten dieser Städte waren lange Zeit hindurch internationale Handelszentren, jetzt aber sind noch vier Merkmale hinzugekommen:

1. Sie haben sich zu „Kommandostellen" für die Weltwirtschaft entwickelt, zu Zentren, von denen aus Politik gemacht und gesteuert wird.

2. Die Städte sind Schlüsselpositionen für finanzielle und spezialisierte Dienstleistungsunternehmen, deren Einfluss auf die internationale Entwicklung größer ist als der des Produktionssektors.

3. Sie sind Stätten der Produktion und Innovation für diese aufstrebenden Branchen.

4. Die Städte sind Märkte, auf denen die „Produkte" von Finanz- und Dienstleistungsindustrien gekauft, verkauft oder anderweitig verwendet werden.

Auch wenn New York, London und Tokio eine sehr unterschiedliche Geschichte haben, können wir in den letzten Jahrzehnten vergleichbare Änderungen in ihrer Beschaffenheit feststellen. Innerhalb der heute breit aufgesplitterten Weltwirtschaft bieten Städte wie diese die Möglichkeit, die wichtigsten Operationen zentral zu steuern. Je globalisierter das Wirtschaftsleben, so Sassen, umso stärker konzentriert sich das Management auf ein paar führende Zentren. Globale Städte sind jedoch viel mehr als bloße Orte der Koordination – sie sind Produktionskontexte. Nicht um die Produktion materieller Güter geht es hier, sondern um die Produktion spezialisierter Dienstleistungen, die von Unternehmen verlangt werden, um ihre über die Welt verstreuten Büros und Fabriken verwalten zu können, sowie um die Produktion finanzieller Innovationen und Märkte.

Die Geschäftsviertel der globalen Städte sind Orte der Anhäufungen von „Produzenten", die in enger Interaktion zusammenarbeiten können, persönliche Kontakte oft mit eingeschlossen. In der globalen Stadt vermischen sich lokale Unternehmen, nationale und multinationale Organisationen sowie eine Vielzahl ausländischer Unternehmen. So haben 350 ausländische Banken Büros in New York City, dazu 2.500 andere ausländische Finanzgesellschaften. In der Stadt arbeitet jeder vierte Bankangestellte in einer ausländischen Bank. Die globalen Städte konkurrieren miteinander, sie bilden aber auch ein Geflecht und sind teilweise von den Staaten, in denen sie liegen, unabhängig.

Andere Autoren haben auf Sassen aufbauend festgestellt, dass mit fortschreitender Globalisierung immer mehr Städte in die Ränge der „globalen Stadt" aufsteigen. Castells beschrieb eine geschichtete Hierarchie der Weltstädte, mit Orten wie Hongkong, Singapur, Chicago, Frankfurt, Los Angeles, Mailand, Zürich und Osaka als bedeutende globale Zentren der Geschäftswelt und der Finanzdienstleistungen. Unterhalb dieser entwickle sich eine Reihe von „regionalen Zentren" als Knotenpunkte innerhalb der globalen Wirtschaft. Städte wie Madrid, São Paulo, Moskau, Seoul, Jakarta und Buenos Aires werden zu wichtigen Drehscheiben für Aktivitäten in den sogenannten „aufstrebenden Märkten".

Ungleichheit und die globale Stadt

Die neue globale Wirtschaft ist in vielerlei Hinsicht höchst problematisch. Das zeigt sich nirgendwo sonst so deutlich wie in den neuen Dynamiken der sichtbaren Ungleichheit in der globalen Stadt. Der Kontrast zwischen den innerstädtischen Geschäftsvierteln und den verarmten Innenstädten vieler globaler Städte muss als ein zusammenhängendes Phänomen gesehen werden, wie Sassen betont. Die „Wachstumsbranchen" der New Economy – also die Finanzdienstleistungen, Marketing und Hochtechnologie – erzielen in einem viel größeren Umfang Profite als traditionelle Wirtschaftssektoren. Während die Einkommen und Zulagen der sehr Wohlhabenden ständig steigen, fallen die Löhne der Menschen, die die Büros der Wohlhabenden reinigen oder bewachen. Sassen argumentiert, dass wir eine gleichzeitige „Aufwertung" der Arbeit an der Vorderfront der neuen glo-

Entbehrung und soziale Ausgrenzung werden in Kapitel 12 – Armut, soziale Ausgrenzung und soziale Sicherheit erörtert und Ungleichheit auch in Kapitel 20 – Globale Ungleichheit.

balen Wirtschaft und die „Entwertung" der Arbeit hinter den Kulissen beobachten können.

Missverhältnisse in den Möglichkeiten, Gewinn zu machen, treten in allen Marktwirtschaften auf, doch das Ausmaß dieser Ungleichheit in der neuen globalen Wirtschaft wirkt sich negativ auf viele Aspekte der sozialen Welt aus, angefangen von der Wohnversorgung bis zum Arbeitsmarkt. Wer in den Finanzzentren und Hochtechnologiebranchen arbeitet, verdient sehr gut, und die Stadtgebiete, in denen diese Leute leben, werden gentrifiziert. Gleichzeitig gehen die alten Arbeitsplätze in den Fabriken verloren und der Prozess der Gentrifizierung erzeugt ein riesiges Angebot an Niedriglohnjobs – in Restaurants, Hotels und Boutiquen. Erschwingliche Wohnungen sind in gentrifizierten Stadtvierteln rar, was zwangsläufig zu einer Ausweitung der armen Stadtviertel führt. Während Geschäftsviertel die Nutznießer großer Investitionen im Immobilienmarkt, der Telekommunikation und der Stadtentwicklung sind, bleiben für marginalisierte Gebiete nur mehr wenige Ressourcen.

Innerhalb der globalen Städte bildet sich eine Geografie der „Zentralität und Marginalität" aus. Neben strahlendem Luxus gibt es akute Armut. Und obwohl diese beiden Welten Seite an Seite existieren, kann der eigentliche Kontakt zwischen ihnen überraschend gering ausfallen. Wie Mike Davis in seiner Studie zu Los Angeles angemerkt hat, kam es zur Herausbildung von „‚Festungsstädten', die brutal gespalten sind in ‚befestigte Zellen' der Wohlstandsgesellschaft und ‚Orte des Schreckens', wo die Polizei die kriminalisierten Armen bekämpft." (Davis 1999, S. 260) Frei zugängliche öffentliche Flächen wurden durch umzäuntes Gelände ersetzt, Viertel mit elektronischen Überwachungssystemen und „Firmenzitadellen". In Davis' Worten:

> Um den Kontakt mit den Unberührbaren zu minimieren, hat die Stadtsanierung ehemals belebte Fußgängerstraßen in eine Kanalisation für den Autoverkehr und öffentliche Parks in vorläufige Auffangbecken für die Obdachlosen und Verelendeten verwandelt. [...] [D]er amerikanischen Stadt [wird] systematisch das Innere nach außen gekehrt – d.h. eigentlich das Äußere nach innen. Die aufgewerteten Räume der Riesenbauten und Supereinkaufszentren konzentrieren sich im Innern, die Straßenfronten sind nackt, öffentliche Aktivitäten werden streng funktional aufgeteilt, und die Fußgänger werden unter den wachsamen Augen von Privatpolizisten durch die Gänge im Innern geleitet. (Davis 1999, S. 262f.)

Wie Davis ausführt, wurde das Leben für die ärmsten und am stärksten marginalisierten Bewohner von Los Angeles so unbewältigbar wie möglich gemacht. Bänke an den Bushaltestellen sind rund nach oben gebogen, um Menschen davon abzuhalten, darauf zu schlafen, die Zahl der öffentlichen Toiletten ist geringer als in jeder anderen nordamerikanischen Stadt und Rasensprenger wurden in vielen Parks installiert, um den Obdachlosen das Schlafen auf den Grünflächen zu verleiden. Die Polizei und Stadtplaner versuchen, die Obdachlosen innerhalb bestimmter Stadtgebiete zu halten, doch indem in regelmäßigen Abständen Razzien in den Behelfs-

quartieren durchgeführt werden, hat sich eine städtische „Beduinenbevöl-
kerung" herausgebildet.

Stadtregierung im globalen Zeitalter

Wie der Prozess der Globalisierung ist auch die Urbanisierung ein zwei-
schneidiger und widersprüchlicher Prozess. Er hat sowohl kreative als auch
destruktive Auswirkungen auf die Städte. Einerseits erlaubt er die Konzentration von Menschen, Waren, Diensten und Gelegenheiten. Aber zur
gleichen Zeit fragmentiert und schwächt er den Zusammenhalt von Orten,
Traditionen und bestehenden Netzwerken. Neben den neuen Potenzialen
der Zentralisierung und des ökonomischen Wachstums stehen die gefährlichen Auswirkungen der Marginalisierung. Nicht nur in den Entwicklungsländern sondern auch in den Städten der Industriestaaten leben viele
Stadtbewohner am Rande, außerhalb der Bereiche der legalen Beschäftigung, der Gesetzmäßigkeit und der städtischen Kultur (Borja und Castells
1999).

Management des Globalen

Obwohl die Globalisierung viele Probleme der modernen Städte verschärft,
schafft sie auch Raum für Städte und lokale Regierungen, eine stärkere
politische Rolle zu spielen. Städte sind wichtiger als je zuvor, da die Nationalstaaten immer weniger in der Lage sind, die globalen Trends zu beherrschen. Fragen wie die der Umweltgefahren und der ortslosen Finanzmärkte spielen sich auf Ebenen ab, die der Einflusssphäre der Nationalstaaten entzogen sind. Einzelne Länder, selbst die mächtigsten, sind zu
„klein", um solchen Kräften etwas entgegenhalten zu können. Doch die
Nationalstaaten sind auf der anderen Seite auch wieder zu „groß", als dass
sie auf die Vielfalt der Bedürfnisse in den kosmopolitischen urbanen Gebieten angemessen reagieren könnten. Wo der Nationalstaat an die Grenzen der Gestaltbarkeit stößt, können lokale und kommunale Regierungen
wendigere Formen des Managements des Globalen ausbilden (Borja und
Castells 1999).

Lesen Sie zum Aufkommen der sozialen Bewegungen in Reaktion auf den politischen und sozialen Wandel auch in Kapitel 18 – Politik und Regierung.

Jordi Borja und Manuel Castells (1999) argumentieren, dass es drei
Hauptbereiche gibt, in denen die lokalen Behörden wirksam agieren können, um globale Kräfte zu beherrschen. Erstens können Städte zur wirtschaftlichen Produktivität und Wettbewerbsfähigkeit beitragen, indem sie
das lokale Habitat gestalten – die Umstände und Einrichtungen, welche
die soziale Basis wirtschaftlicher Produktivität bilden. Wirtschaftliche Wettbewerbsfähigkeit beruht nicht nur in der New Economy auf einem produktiven und qualifizierten Arbeitskräftepotenzial; um produktiv zu sein,
benötigen diese Arbeitskräfte ein starkes Bildungssystem für die Kinder,
gute öffentliche Verkehrsmittel, angemessene und erschwingliche Wohnungen, ein leistungsfähiges Rechtssystem, wirksame Notfallsdienste und
kulturelle Ressourcen.

Zweitens spielen Städte eine wichtige Rolle bei der Sicherstellung der soziokulturellen Integration der verschiedenen multiethnischen Bevölkerungen. Globale Städte bringen Menschen aus vielen verschiedenen Ländern zusammen, mit unterschiedlichsten sprachlichen und religiösen Hintergründen und aus verschiedenen sozioökonomischen Schichten. Wenn der ausgeprägte Pluralismus in den kosmopolitischen Städten nicht durch integrative Kräfte eingehegt wird, droht Fragmentierung und Intoleranz. Gerade in Fällen, wo die Wirksamkeit des Nationalstaates als Kraft des sozialen Zusammenhaltes aus historischen, sprachlichen oder anderen Gründen kompromittiert ist, können einzelne Städte wesentlich zur sozialen Integration beitragen.

Drittens sind Städte wichtige Stätten der politischen Vertretung und des politischen Gestaltens. Lokale Behörden verfügen im Vergleich zum Nationalstaat über zwei Vorteile, wenn sie globale Fragen managen: Sie erfreuen sich höherer Legitimität bei den Bürgern und sind flexibler und manövrierfähiger als die nationalstaatlichen Strukturen. Wie in Kapitel 18 – Politik und Regierung ausgeführt wird, fühlen sich viele Bürger von ihren nationalen Regierungen nicht richtig vertreten. In den Fällen, wo der Nationalstaat zu weit von den Bürgern entfernt ist, um deren spezifische regionale und kulturelle Interessen vertreten zu können, sind Städte und Kommunen als Foren für politische Aktivität weitaus offener.

Städte als politische, ökonomische und soziale Akteure

Eine große Zahl von Organisationen, Institutionen und Gruppen trifft in Städten aufeinander. In- und ausländische Geschäftsleute, Investoren, Regierungsstellen, städtische Vereine, Berufsgruppen, Gewerkschaften und andere kommen zusammen und bilden städtische Bindeglieder aus. Diese Bindeglieder können zu gemeinsamen Aktivitäten führen, in denen die Städte als soziale Akteure in politischen, wirtschaftlichen, kulturellen und Mediensphären operieren.

Beispiele von Städten als wirtschaftliche Akteure haben in den vergangenen Jahren zugenommen. In Europa haben sich Städte mit Einsetzen der Rezession zusammengetan, um Investitionen zu fördern und neue Formen der Beschäftigung zu schaffen. Die Bewegung der Eurocities, die heute 50 der größten Städte umfasst, wurde 1989 gegründet. Asiatische Städte wie Seoul, Singapur und Bangkok waren als Wirtschaftstreibende besonders erfolgreich, da sie die Bedeutung der Geschwindigkeit der Informationsverarbeitung in internationalen Märkten erkannt und sich auf flexible Produktions- und Handelsstrukturen eingelassen haben.

Manche Städte erstellen mittel- und langfristige strategische Pläne, um sich den komplexen Herausforderungen zu stellen. Im Rahmen solcher Planungen können lokale Regierungsbehörden mit städtischen Gruppen und privaten Wirtschaftstreibenden zusammenarbeiten, um die städtische Infrastruktur zu erneuern, ein sportliches oder kulturelles Großereignis zu organisieren oder durch die Förderung von Betriebsansiedlungen die Beschäftigung von der Industrieproduktion auf wissensbasierte Branchen zu verlagern. Birmingham, Amsterdam, Lyon, Lissabon, Glasgow und Barcelona sind Beispiele für europäische Städte, die erfolgreiche Stadterneuerungsprogramme mithilfe strategischer Pläne durchgeführt haben. Wird eine Stadt für ein Jahr zur Europäischen Kulturhauptstadt, kann dies Anlass für eine auf Kultur bezogene strategische Planung sein.

Stadtentwicklung in der Hamburger HafenCity

In der globalisierten Wirtschaft lösen Metropolregionen, wie jene rund um Hamburg mit ihren über vier Millionen Einwohnern und knapp 1,5 Millionen Beschäftigten einzelne Städte als Zentren des Wachstums ab.

Als zweitgrößte deutsche Stadt mit strategischer Bedeutung als Drehscheibe des interkontinentalen Handels ist Hamburg für multinationale Konzerne höchst attraktiv. Wirtschaftliche Verflechtungen im Bereich Hafen, Logistik, Luftfahrt, Wissenschaften und Tourismus reichen weit über das eigentliche Stadtterritorium hinaus.

In den 1990er Jahren begann auf Beschluss der Bürgerschaft in Hamburg die groß angelegte strategische Planung der HafenCity.

Unmittelbar neben der Hamburger Innenstadt mit ihrem Rathaus liegt der Hafen, der nun in einem umfassenden Stadtentwicklungsprogramm zu einer Erweiterung der Innenstadt um insgesamt 40 Prozent führen soll. Das riesige Gelände von 100 ha Land- und 55 ha Wasserfläche soll einer Mischnutzung als Wohn-, Geschäfts-, Büro-, Kultur- und Freizeitviertel zugeführt werden.

Die Stadt hat als Eigentümer der Hafengrundstücke ein städtebauliches Entwicklungskonzept für die Umwandlung des innenstädtischen Hafenrandes zu einer Erweiterung der Hamburger Innenstadt erstellt.

Vor der Vergabe der Grundstücke an Investoren müssen diese in einer einjährigen Planungsphase ein genaues Nutzungskonzept vorlegen. Die Preise der Grundstücke richten sich dann nicht nach dem Bestbieter auf dem Markt, sondern nach der Qualität des Konzeptes. So sind etwa schon einige Hundert Genossenschaftswohnungen zu erschwinglichen Preisen entstanden, und auch der Verkauf der Geschäfts- und Büroobjekte unterliegt einer Prüfung durch Expertenkommissionen.

Der Masterplan der HafenCity stammt aus dem Jahr 2000 und ist als flexibles, fortschreibungsfähiges Konzept gedacht, das im Laufe der Zeit präzisiert und konkretisiert werden wird. Er wurde im Rahmen eines städtebaulichen Wettbewerbs erstellt und durch die Einbindung von politischen Entscheidungsträgern und die breite Öffentlichkeit erweitert. Schon im frühen Planungsstadium wurde mit den Interessenvertretern ein Dialog ins Leben gerufen, der möglichst breite Akzeptanz über Ziele und Maßnahmen erreichen soll.

Insgesamt werden 5.500 Wohnungen für ca. 12.000 Menschen entstehen und Büro- und Dienstleistungsflächen für über 40.000 Arbeitsplätze. Promenaden und öffentliche Freizeitflächen sollen den Einzelhandel, Gastronomie sowie Kultur- und Freizeiteinrichtungen anziehen. Bis 2010 soll etwa in einem ehemaligen alten Kakaospeicher ein modernst ausgestattetes Konzerthaus (die Elbphilharmonie) entstehen, das Konzertsäle für über 2.600 Besucher sowie Luxuswohnungen und ein Hotel bieten wird. Eine eigene U-Bahn wird unter der Elbe errichtet und damit die HafenCity mit der restlichen Stadt verbinden.

Die nächsten Jahre werden zeigen, ob dieses große städtebauliche Projekt erfolgreich zu einer Verbesserung der Lebensumstände der Stadtbewohner beitragen kann. Der Zuzug von jährlich über 10.000 Menschen hat die Wohnungspreise in Hamburg exorbitant steigen lassen. Nicht zuletzt wegen der steigenden Immobilienpreise ist Hamburg eine Stadt der Gegensätze zwischen Arm und Reich. Siehe dazu auch Kapitel 11 – Schichtung und Klassenstruktur).

Schlussfolgerung: Städte und globale Regierung

Zusammenarbeit zwischen Städten beschränkt sich nicht auf die regionale Ebene. Die bedeutende Rolle von Städten in internationalen politischen, wirtschaftlichen und sozialen Belangen zieht immer mehr Aufmerksamkeit auf sich. Informelle und formelle Netzwerke von Städten bilden sich mit dem globalisierungsbedingten Zusammenrücken unterschiedlichster Teile der Welt heraus. Die Probleme, mit denen die größten Städte der Welt konfrontiert sind, sind keine Einzelschicksale; sie sind vielmehr eingebettet in die globale Wirtschaft, die internationale Migration und neue Handels- und Geschäftsbedingungen sowie die Macht der Informationstechnologie.

Wir haben an anderer Stelle angemerkt, dass die Komplexität der sich wandelnden Welt neue Formen der demokratischen und internationalen Regierung erforderlich macht. Netzwerke von Städten sollten hier als neue Mechanismen der Problemlösung in den Vordergrund rücken. Eine solche Struktur besteht bereits – eine Weltversammlung der Städte und lokalen Behörden wird parallel zur UNO Habitat-Konferenz abgehalten. Vereinigungen wie die UN-Hauptversammlung versprechen eine graduelle Integration von städtischen Organisationen in Strukturen, die zurzeit von nationalen Regierungen gestellt werden.

Die verstärkte Einbindung von Städten hat das Potenzial, internationale Beziehungen zu demokratisieren, und kann auch zur Steigerung ihrer Effizienz beitragen. Während die Stadtbevölkerungen der Erde weiter wachsen, werden mehr und mehr politische Maßnahmen und Reformen sich an Bevölkerungen in urbanen Gebieten richten. Stadtregierungen werden notwendige und starke Partner in diesen Prozessen sein.

Zusammenfassung

1. Die frühen Ansätze in der Stadtsoziologie waren vom Werk der Chicagoer Schule beherrscht, deren Vertreter die städtischen Prozesse nach von der Biologie abgeleiteten ökologischen Modellen begriffen. Louis Wirth entwickelte den Begriff des Urbanismus als Lebensform und argumentierte, dass das Stadtleben Unpersönlichkeit und soziale Distanz hervorbrächte. Diese Ansätze wurden kritisiert, ohne jedoch gänzlich aufgegeben zu werden. Kritiker haben darauf hingewiesen, dass das städtische Leben nicht immer unpersönlich ist: In städtischen Vierteln können viele enge persönliche Beziehungen aufrechterhalten werden.

2. David Harvey und Manuel Castells verbinden in ihren Arbeiten Urbanismusmuster mit der weiteren Gesellschaft, statt urbane Prozesse als in sich abgeschlossen zu betrachten. Die Lebensformen, die Stadtbewohner entwickeln, sowie das physische Erscheinungsbild verschiedener Viertel sind der Ausdruck genereller Merkmale der Entwicklung des industriellen Kapitalismus.

3. In vormodernen Gesellschaften lebte nur eine kleine Minderheit der Bevölkerung in den Städten. In den Industrieländern leben heute zwischen 60 und 90 Prozent in den Städten. Der Urbanismus nimmt auch in den Gesellschaften der Dritten Welt rasch zu.

4. Die Ausdehnung der Vorstädte und der Satellitenstädte (Suburbanisierung) hat zum Niedergang der Innenstädte beigetragen. Reichere Gruppen und Unternehmen tendieren dazu, aus dem Stadtkern

auszuziehen, um die niederen lokalen Steuersätze in Anspruch zu nehmen. Ein Kreislauf des Niederganges beginnt, so dass die Probleme der Innenstadtbewohner umso größer werden, je stärker sich die Vorstädte ausdehnen. Die Wiederverwertung alter, bestehender Bausubstanz (Stadtrecycling) wurde in vielen größeren Städten eingeführt.

5. In Ländern der Dritten Welt finden massive Stadtentwicklungsprozesse statt. In diesen Gesellschaften unterscheiden sich die Städte oft in wichtigen Punkten von jenen des Westens und werden von Slums beherrscht, in denen die Lebensumstände extrem elend sind. Die Schattenwirtschaft ist in vielen Städten der Entwicklungsländer sehr ausgeprägt. Regierungen können oft die steigende Nachfrage der Bevölkerung nach Bildung, Gesundheitswesen und Geburtenkontrolle nicht befriedigen, weil ihnen die Schattenwirtschaft die Steuermittel entzieht.

6. Städte werden stark von der Globalisierung beeinflusst. Globale Städte sind urbane Zentren wie New York, London und Tokio, welche die Zentralen großer Konzerne sowie Finanz-, technologische und Beratungsdienstleistungen im Überfluss beheimaten. Eine Reihe regionaler Metropolen wie Seoul, Moskau und São Paulo entwickeln sich als Knotenpunkte der globalen Wirtschaft.

7. Da Städte innerhalb der globalen Wirtschaft immer mehr an Bedeutung gewinnen, ändern sich ihre Beziehungen zu den außen liegenden Regionen. Städte werden von der sie umgebenden Region und dem Staat abgeschnitten und die horizontalen Bindeglieder zu anderen globalen Städten werden wichtiger. Globale Städte zeichnen sich durch ein hohes Maß an Ungleichheit aus. Großer Wohlstand und erbärmliche Armut existieren nebeneinander, wenngleich der Kontakt zwischen beiden Welten minimal ist.

8. Die Rolle der Städte als politische und wirtschaftliche Akteure nimmt an Bedeutung zu. Stadtregierungen sind in der Lage, die Auswirkungen einiger der globalen Fragestellungen besser handhaben zu können als nationale Regierungen. Städte können zur ökonomischen Produktivität und Wettbewerbsfähigkeit beitragen, soziale und kulturelle Integration fördern und Orte für politische Aktivitäten bieten. Manche Städte entwickeln strategische Pläne, um das Profil der Stadt zu stärken, indem sie etwa ein Weltklasseereignis – wie Olympische Spiele oder ein Europäisches Kulturhauptstadtjahr – ausrichten. Im Zusammenhang damit werden umfangreiche Stadtrenovierungs- und wirtschaftliche Entwicklungsprogramme umgesetzt.

9. Mit zunehmender Globalisierung wird sich die Rolle der Städte bei der Bewältigung internationaler Problemstellungen verstärken. Dies ergibt sich aus dem Umstand, dass viele der Probleme, mit denen große Städte konfrontiert sind, mit globalen Fragestellungen verknüpft sind, wie etwa wirtschaftliche Integration, Migration, Handel, Public Health und Informationstechnologie. Regionale und internationale Netzwerke von Städten entstehen und werden zunehmend in Formen der globalen Regierung involviert, die bislang Nationalstaaten vorbehalten waren.

Glossar

Ballungsgebiete. Eine Zusammenballung von Städten zu einer geschlossenen städtischen Umwelt.

Gentrification. Wohlhabende Schichten renovieren alte Gebäude in verfallenden Stadtvierteln, und im Zuge dieser Revitalisierung wird das Viertel dann aufgewertet und zu teuer für die angestammten Bewohner.

Geschaffene Umwelt. Jene Aspekte der physischen Welt, die auf den Einsatz der von Menschen erschaffenen Technologie zurückgehen. Zur geschaffenen Umwelt gehören auch Städte mit ihren Bauwerken, die von Menschen zur Befriedigung ihrer Bedürfnisse errichtet wurden, darunter z.B. Straßen, Eisenbahnlinien, Fabriken, Büros, Wohnhäuser und andere Gebäude.

Global City – Globale Stadt. Eine Großstadt wie London, New York oder Tokio, die zu einem Organisationszentrum der neuen globalen Ökonomie geworden ist.

Kollektiver Konsum. Ein von Manuel Castells verwendeter Begriff, der sich auf den Konsum gemeinsamer öffentlicher Güter bezieht, die die Stadt bereitstellt, so etwa der öffentliche Personennahverkehr oder auch die Freizeiteinrichtungen einer Stadt.

Megacities. Ein Begriff, der gerne von Manuel Castells benutzt wird, um große dicht besiedelte städtische Ballungsräume zu beschreiben, die als Knotenpunkte für die globale Wirtschaft dienen. Bis 2015 werden weltweit 36 Megacities prognostiziert, die jeweils mindestens acht Millionen Einwohner haben.

Megalopolis. Die „Stadt aller Städte" im antiken Griechenland – ein Ausdruck, der heute dazu verwendet wird, sich auf sehr große städtische Ballungsgebiete zu beziehen.

Sozialökologie. Ein theoretischer Ansatz der Stadtforschung, der auf einer Analogie zur Anpassung von Pflanzen und Organismen an ihre physische Umwelt basiert. Ökologischen Theorien zufolge entstehen die verschiedenen Viertel und Zonen von Städten als Resultat natürlicher Anpassungsprozesse, die der Konkurrenz städtischer Populationen um knappe Ressourcen entspringen.

Stadterneuerung. Wiederbelebung abgewohnter Stadtviertel, indem Grundstücke neuen Nutzungen zugeführt werden, Gebäude renoviert werden, die städtische Infrastruktur ausgebaut wird. Dies alles geschieht unter Beteiligung der Bürger und unter Einsatz öffentlicher Mittel. Durch die Regeneration der alten Stadtviertel werden dann auch neue Investoren angelockt.

Stadtrecycling. Die Wiederherstellung von herabgekommenen Stadtvierteln, indem Renovierungen alter Gebäude gefördert werden sowie die Errichtung neuer Gebäude auf erschlossenen Grundstücken, um die Abwanderung in das Umland hintanzuhalten.

Suburbanisierung. Die Entwicklung von Vorstädten und von Wohnvierteln mit Einfamilienhäusern außerhalb der inneren Bezirke der Stadt.

Urbanisierung. Die Entwicklung von größeren und kleineren Städten.

Urbanismus. Ein von Louis Wirth verwendeter Ausdruck, um sich auf spezifische Merkmale des städtischen sozialen Lebens, wie z.B. auf seine Unpersönlichkeit, zu beziehen.

Weiterführende Literatur

Lindner, Rolf (2007), *Die Entdeckung der Stadtkultur. Soziologie aus der Erfahrung der Reportage*, Frankfurt: Campus.

Löw, Martina (2008), *Soziologie der Städte*, Frankfurt: Suhrkamp.

Sennett, Richard (1997), *Fleisch und Stein. Der Körper und die Stadt in der westlichen Zivilisation*, Frankfurt: Suhrkamp.

Sessar, Klaus, Wolfgang Stangl & René van Swaaningen (2007), *Großstadtängste. Untersuchungen zu Unsicherheitsgefühlen und Sicherheitspolitiken in europäischen Kommunen*, Wien: LIT.

Filme zum Thema

„Chavez Ravine: A Los Angeles Story" (USA 2004), Regie: Jordan Mechner

„Manhattan" (USA 1979), Regie: Woody Allen

„Megacities" (Österreich, Schweiz 1998), Regie: Michael Glawogger

Internet-Tipps

www.schrumpfende-stadt.de/index.html

www.eisenerz.at/redesign/index.php

www.hafencity.com/

18

Politik und Regierung

Während des Treffens der Welthandelsorganisation WTO im Dezember 1999 in Seattle (USA) fand eine der ersten globalisierungskritischen Demonstrationen statt. Tausende Demonstranten versammelten sich vor dem Kongresszentrum, um gegen die dort versammelten Politiker zu protestieren. Ihr Protest richtete sich gegen die Ausdehnung des Freihandels und die Aufhebung von Handelsbeschränkungen, die ihrer Ansicht nach die wirtschaftliche Ausbeutung der Entwicklungsländer und die Zerstörung der Umwelt verstärken würden. Die Proteste wurden von parteiunabhängigen Nichtregierungsorganisationen organisiert und vorwiegend von jungen Menschen getragen, die ihr Recht auf Anhörung und Mitwirkung einforderten. Die zunehmende Globalisierung verlagere immer mehr Entscheidungen auf Ebenen, die der demokratischen Kontrolle entzogen seien.

Einer der Teilnehmer an dem Treffen der Regierungsvertreter war der damalige italienische Finanzminister Giuliano Amato. Auf den Zuruf eines Protestierenden, dass die Demonstranten das Volk vertreten würden, reagierte er mit den Worten: „Nein, ich vertrete das Volk, weil das Volk meine Regierung gewählt hat, um es zu vertreten, nicht euch."

Amato war sich wohl bewusst, dass „die Demonstranten eine Vertretung der Völker der Welt forderten, während seine Regierung nur vom italienischen Volk gewählt worden war. Und dennoch ist diese Episode eine nützliche Erinnerung daran, dass es nach wie vor Nationalstaaten und Parlamente gibt, die in vieler Hinsicht die einzigen Ausdrucksformen einer großen zivilisatorischen Idee darstellen: der Demokratie. Die Botschaft dieser Protestaktionen suggeriert, dass die Völker die Regierungen ablehnen, die sie selbst gewählt haben, weil sie ihre Interessen nicht angemessen vertreten sehen." (Dahrendorf 2002, S. 25)

Dieses Kapitel behandelt viele der Themen, die sich aus den Protesten und ihrem Anlass ergeben. Wir beginnen mit einer Diskussion wichtiger aber umstrittener Begriffe in der politischen Soziologie; wobei wir insbesondere das Konzept der Macht untersuchen werden. Wir betrachten dann die bemerkenswerte globale Ausbreitung der Demokratie der letzten 20 Jahre und gehen auf die Fragen der globalen Regierung ein. Danach stellen wir die Kennzeichen unterschiedlicher demokratischer politischer Parteien in Europa vor. Von der Parteipolitik wenden wir uns der Politik im weiteren Sinne zu, wenn wir uns näher mit sozialen Bewegungen befassen und damit, wie sie vom Prozess der Globalisierung und des technologischen Wandels betroffen sind. In vielen Fällen war der Ruf nach mehr Demokratie an nationalistische Bewegungen geknüpft und brachte eine mächtige politische Kraft hervor. Daher werden wir an dieser Stelle den Aufstieg des Nationalismus untersuchen. Wir schließen mit einer Diskussion des Terrorismus, einer wichtigen Frage der politischen Soziologie der Gegenwart.

Grundbegriffe der politischen Soziologie

Politik, Regierung und der Staat

Für viele Menschen ist Politik eine ferne und uninteressante Welt, die von Männern mittleren Alters in Berlin, Wien, Bern oder Brüssel bevölkert ist. Aus dieser Perspektive betrachtet dreht sich Politik um die Mittel, die Mächtige benutzen, um Umfang und Inhalt von Regierungsaktivitäten zu bestimmen. Doch Politik selbst ist ein umstrittener Begriff und die Sphäre **Politik** der Politik kann weit über jene der Regierung hinausreichen. Antikriegsbewegungen etwa sind politische Bewegungen, wie auch viele andere Gruppen, Netzwerke und Organisationen (wie die Umwelt- oder die Frauenbewegung), die in diesem Buch an anderer Stelle diskutiert werden.

Ob es uns nun gefällt oder nicht, alles in unserem Leben ist von der Politik betroffen – und das gilt auch für die Politik im engeren Sinne der Regierungsaktivitäten. Regierungen beeinflussen unsere persönlichen **Regierung** Handlungen, in Kriegszeiten können sie uns sogar befehlen, unser Leben für Ziele zu opfern, die sie für richtig halten. Die Sphäre der Regierung ist die Sphäre der politischen Macht. Das ganze politische Leben dreht sich um Macht: wer sie hat, wie man sie erhält und was man damit tut. Weiter unten werden wir auf den Begriff der Macht noch genauer eingehen.

Überall, wo es einen politischen Apparat der Regierung gibt (Institutionen wie Parlamente und Beamtenapparate), der über ein begrenztes Gebiet bestimmt und dessen Autorität in einem Gesetzessystem zugrunde gelegt ist und dessen Politik gegebenenfalls mit militärischer Macht durchgesetzt wird, können wir von der Existenz eines Staates sprechen. Alle **Staat** modernen Gesellschaften sind Nationalstaaten, d.h. Staaten, in denen die große Masse der Bevölkerung aus Bürgern besteht, die sich als Teil *einer* Nation sehen. Nationalstaaten entstanden zu unterschiedlichen Zeiten an **Nationalstaat** unterschiedlichen Orten der Welt, etwa die Vereinigten Staaten im Jahr 1776 oder die Tschechische Republik im Jahr 1993. Ihre Hauptmerkmale heben sich ziemlich scharf von jenen nichtindustrieller oder vormoderner Zivilisationen ab, wie wir sie etwa in Kapitel 2 – Globalisierung und sozialer Wandel kennengelernt haben:

Souveränität. Die Grenzen der von traditionellen Staaten beherrschten Hoheitsgebiete waren stets unzureichend festgelegt, weil die Kontrollmöglichkeiten der Zentralregierung immer ziemlich beschränkt waren. Der Begriff der Souveränität – der bedeutet, dass eine Regierung über ein klar umgrenztes Gebiet herrscht und darin die höchste Macht innehat – war in solchen Staaten nur beschränkt relevant. Im Gegensatz dazu sind alle Nationalstaaten souveräne Staaten.

Staatsbürgerschaft. In vormodernen Staaten interessierte sich die Mehrheit der von einem König oder Kaiser regierten Bevölkerung kaum dafür, wer über sie herrschte. Auch verfügte sie über keinerlei politische Rechte oder Einflussmöglichkeiten. Normalerweise hatten nur die herrschenden Klassen oder die wohlhabenderen Gruppen das Gefühl, einer größeren Gemeinschaft anzugehören, die von dieser Person regiert wurde. In modernen Gesellschaften hingegen sind die meisten derer, die innerhalb der Grenzen des politischen Systems leben, Staatsbürger mit gleichen Rechten und Pflichten und begreifen sich selbst als Teil einer Nation. Obwohl es einige Menschen gibt, die politische Flüchtlinge oder „Staatenlose" sind, ist beinahe jeder Mensch auf dieser Welt heute Mitglied eines bestimmten nationalen politischen Systems.

Nationalismus. Nationalstaaten werden mit dem Aufkommen des Nationalismus assoziiert. Man kann Nationalismus als eine Ansammlung von Symbolen und Überzeugungen definieren, die das Gefühl vermitteln, zu einer bestimmten politischen Gemeinschaft zu gehören. So sind z.B. bestimmte Personen stolz darauf, Brite, Amerikanerin, Deutsche oder Russe zu sein und fühlen sich diesen Nationen zugehörig. Wahrscheinlich identifizieren sich die Menschen schon seit jeher mit sozialen Gruppen, egal, welche Form diese haben: z.B. mit der Familie, dem Dorf oder einer religiösen Gemeinschaft. Der Nationalismus jedoch tauchte erst mit dem modernen Staat auf. In ihm kommt das Gefühl der Identität mit einer eigenen souveränen Gemeinschaft primär zum Ausdruck. Wir werden das Phänomen des Nationalismus am Ende dieses Kapitels genauer untersuchen.

Nationalismus *(Randnotiz)*

Macht

Die Bedeutung und die Verteilung von Macht sind zentrale Anliegen der politischen Soziologie. Einer der Gründerväter der Soziologie – Max Weber (dessen Werk wir in Kapitel 1 – Was ist Soziologie? kurz erläutert haben) – definierte Macht als „jede Chance, innerhalb einer sozialen Beziehung den eigenen Willen auch gegen Widerstreben durchzusetzen, gleichviel worauf diese Chance beruht" (Weber [1922] 1980, S. 28).

Viele Soziologen folgten Weber in der Unterscheidung von Macht, die auf Zwang beruht, und solcher, die auf Autorität beruht. Autorität hat eine Regierung, wenn sich die von ihr Beherrschten freiwillig fügen, weil sie die Herrschaftsansprüche als legitim erachten (Weber [1922] 2002). Eine gewaltsame Ausübung von Macht begegnet jedoch oft dem Widerstand der Beherrschten, die die Autorität der Herrschenden ablehnen. Die meisten Formen von Macht beruhen nicht allein auf Gewalt, sondern sind durch irgendeine Form der Autorität legitimiert.

Macht *(Randnotiz)*

Max Webers Diskussion der Macht konzentrierte sich auf die Unterscheidung verschiedener Typen – oder „Idealtypen" – der Herrschaft. Für Weber gibt es drei Quellen der Autorität oder Herrschaft, wie er sagt: traditionale, charismatische und rationale. *Traditionale Herrschaft* ist durch Respekt vor lang bestehenden kulturellen Mustern legitimierte Macht. Weber illustriert dies mit dem Beispiel der erblichen Regentschaft von Adelsfamilien im europäischen Mittelalter.

Charismatische Herrschaft hingegen tendiert dazu, Traditionen zu brechen. Sie bezieht ihre Macht aus der Verehrung von Führern, denen außergewöhnliche Eigenschaften, ja, „Heiligkeit" und „Heldentum" zugeschrieben werden. „Charisma" ist für Weber eine Persönlichkeitseigenschaft, Jesus und Adolf Hitler werden oft als charismatische Persönlichkeiten bezeichnet. Charismatische Herrschaft kann sich auch in sehr weltlicher Form ausdrücken: Die Autorität mancher Lehrer kann etwa auf Charisma beruhen. Weber meinte, dass die meisten Gesellschaften der Vergangenheit traditionale Herrschaftsstrukturen aufwiesen, die immer wieder durch Episoden charismatischer Herrschaft unterbrochen wurden.

In modernen Gesellschaften, so Weber, wurde die traditionale Herrschaft zunehmend von *legaler Herrschaft* abgelöst. Dabei handelt es sich um Macht, die durch gesetzliche Regeln und Vorschriften legitimiert ist. Man findet sie in modernen Organisationen und Bürokratien und in modernen Regierungen, die an Rechtsnormen gebunden sind (Weber [1922] 2002, S. 718).

Bürokratie wird in Kapitel 15 – Organisationen und Netzwerke diskutiert.

Steven Lukes – Radikale Alternativen

Eine alternative und radikale Sicht der Macht wurde vom Soziologen Steven Lukes ([1974] 2007) vorgestellt. In seiner klassischen Abhandlung präsentiert er eine „dreidimensionale Sicht" der Macht. Die erste Dimension betrachtet Macht als die Möglichkeit, die eigenen Interessen in offenen Konflikten durchzusetzen. Doch Lukes stellt fest, dass der Begriff der Macht wesentlich umfassender ist.

Eine zweite Dimension der Macht betrifft die Möglichkeit zu bestimmen, was überhaupt „auf die Tagesordnung kommt" – also worüber entschieden werden soll. Dabei meint Lukes, dass Einzelne oder Gruppen ihre Macht damit ausüben, dass sie die wählbaren Alternativen zu einer Entscheidung einschränken. So üben autoritäre Regierungen etwa ihre Macht damit aus, dass sie der Presse Beschränkungen bei der Berichterstattung auferlegen. Dadurch gelingt es ihnen, Unmut über z.B. international geächtete Maßnahmen wie körperliche Strafen aus dem politischen Prozess auszuklammern.

Lukes sagt, dass es auch noch eine dritte Dimension der Macht gibt, die er die „Manipulation der Wünsche" nennt. Er fragt, ob es nicht die überlegenste Form der Machtausübung darstellt, andere dazu zu bringen, die Wünsche zu haben, die einem genehm sind – also ihren Gehorsam dadurch zu erreichen, dass man ihre Gedanken kontrolliert. Er weist darauf hin, dass dies nicht unbedingt gleichbedeutend mit Gehirnwäsche ist. Unsere Wünsche können auch viel subtiler manipuliert werden. Manche Marxisten vertreten etwa die Ansicht, dass die Kapitalisten Macht über die Arbeiterschaft ausüben, indem sie ihre Wünsche mithilfe der Medien und der Bildung so formen, dass diese willige Arbeiter und Massenkonsumenten werden.

Indem Lukes die verschiedenen Dimensionen der Macht unterscheidet, gelingt es ihm, eine breitere Definition der Macht als Weber vorzulegen. Für Lukes übt A über B Macht aus, wenn A B in einer Weise beeinflusst, die Bs Interessen widerspricht. Das lässt die Frage offen, woher wir wissen können, was Bs Interessen sind. Lukes gibt zu, dass dies letztlich

Ansichtssache ist. Dennoch war seine Konzeption der Macht sehr einfluss-reich und schärfte den Blick der Soziologen für die unterschiedlichen Dimensionen der Macht.

Foucault und Macht

Der französische Soziologe Michel Foucault (1926–1984) hat eine äußerst einflussreiche Erklärung der Macht entwickelt, die sich weit von Webers mehr formalen Definitionen entfernt. Foucault sagte, dass sich Macht weder auf eine Institution – wie etwa den Staat – konzentriert, noch, dass sie von einer Gruppe von Individuen ausgeübt werde. Er meinte, dass diese älteren Modelle von Macht, einschließlich jener von Steven Lukes, auf festen Identitäten beruhten. Gruppen, die Macht hatten, konnten einfach identifiziert werden: zum Beispiel die herrschende Klasse (für Marxisten) oder Männer (für Feministinnen). Stattdessen sagt Foucault, dass Macht auf allen Ebenen der sozialen Interaktion, in allen sozialen Institutionen und bei allen Menschen auftritt.

Foucaults Ideen zu Macht in Organisationen werden in Kapitel 15 – Organisationen und Netzwerke diskutiert.

Für Foucault ist Macht eng an Wissen geknüpft, wobei sich beide gegenseitig verstärken. Das behauptete Wissen eines Arztes etwa untermauert auch einen Machtanspruch, der in einem institutionellen Rahmen wie dem Krankenhaus verwirklicht wird. Der Wissenszuwachs über Gesundheit und Krankheit gab Ärzten Macht, die dadurch Autorität über ihre Patienten erhielten. Foucault beschreibt die Entwicklung von „Diskursen", in denen Macht und Wissen demonstriert wird. Ein Foucault-Anhänger spricht dann z.B. über den „medizinischen Diskurs".

Lesen Sie mehr über den medizinischen Diskurs in Kapitel 7 – Gesundheit, Krankheit und Behinderung.

Foucaults Ideen gewannen zunehmend an Popularität, als sich die politische Soziologie weg von den geradlinigeren Konfliktansätzen – insbesondere der ökonomischen Interpretation des Marxismus – hin zu den auf Identität (wie Gender oder Sexualität) basierenden politischen Kämpfen wandte (Foucault 1973, 1977). Foucaults Abhandlung beseitigt die einfache Teilung von Macht, die entweder auf Autorität oder Zwang beruht, da er Macht als etwas versteht, das in allen sozialen Beziehungen ausgeübt wird und nicht nur von herrschenden Gruppen. Foucaults Begriff von Macht öffnet daher die Konzeption des Politischen. Kritiker haben Foucault vorgeworfen, dass er zwar eine sehr subtile Erklärung dafür biete, wie Macht in alltäglicher sozialer Interaktion ausgeübt wird, dass er jedoch in seiner schwammigen Konzeption die Konzentration von Macht in Strukturen wie dem Militär oder der herrschenden Klasse unterschätzt.

Nachdem wir nun verschiedene konkurrierende Sichtweisen von Macht beleuchtet haben, wenden wir uns der Frage zu, wie Macht in formaler Politik ausgeübt wird. Im darauf folgenden Abschnitt schwenken wir von der Diskussion der politischen Macht hin zu ihrer Ausübung, indem wir zwei politische Systeme vergleichend betrachten.

Autoritarismus und Demokratie

Im Laufe der Geschichte haben Gesellschaften verschiedene politische Systeme hervorgebracht. Auch heute am Beginn des 21. Jahrhunderts organisieren sich die Länder rund um den Erdball noch immer nach unterschiedlichen Mustern und Konfigurationen. Obwohl gegenwärtig die meisten Gesellschaften den Anspruch haben, Demokratien zu sein – was so viel heißt wie, dass die Herrschaft vom Volk ausgeht –, bestehen auch andere Formen der politischen Herrschaft noch weiter. In diesem Abschnitt werden wir die Eigenheiten der beiden grundlegenden politischen Systeme Demokratie und Autoritarismus herausarbeiten.

Autoritarismus

Während die Demokratie die aktive Teilnahme der Bürger an der Politik anstrebt, verweigern autoritäre Staaten die breite Beteiligung des Volkes an der Regierung oder beschränken sie zumindest massiv. In solchen Gesellschaften werden die Interessen des Staates jenen der Bürger übergeordnet und es gibt keine gesetzlichen Mechanismen, die die Opposition an die Regierung gelangen lassen oder die Entfernung eines Führers aus seinem Amt erlauben würden.

Autoritäre Regierungen bestehen heute in vielen Ländern, auch wenn manche von ihnen behaupten, Demokratien zu sein. Weißrussland unter dem Diktator Lukaschenko ist seit den 1990er Jahren ein Beispiel eines autoritären Staates, in dem zwar Wahlen abgehalten werden, doch oppositionelle politische oder journalistische Aktivitäten mit Polizeigewalt erstickt werden. Die mächtigen Monarchien in Saudi-Arabien und Kuwait und das Regime von Birma (oder Myanmar, wie die Militärs das Land 1989 umbenannt haben) beschneiden die politischen Freiheiten ihrer Bürger empfindlich und verweigern ihnen die Teilnahme an den (relevanten) Regierungsgeschäften.

autoritäre Staaten

Singapur wird oft als ein Beispiel eines sogenannten weichen Autoritarismus erwähnt, denn die regierende Volksaktionspartei (PAP – People's Action Party) regiert seit 1965 und erhielt auch bei den Parlamentswahlen im Mai 2006 eine satte Zweidrittelmehrheit der Stimmen. Diese hohe Zustimmung wird damit erklärt, dass die Bevölkerung mit dem hohen Lebensstandard zufrieden ist, der durch die Intervention der PAP in nahezu allen gesellschaftlichen Bereichen gewährleistet wird. Singapur ist bekannt für seine Sicherheit, Ordnung und wohlfahrtsstaatlichen Leistungen für seine Bürger. Die Wirtschaft ist äußerst erfolgreich, die Straßen sind sauber, die Menschen haben Arbeit und Armut ist unbekannt. Es besteht zwar hoher materieller Wohlstand, doch zugleich werden schon geringfügige Übertretungen wie Kaugummikauen oder Rauchen in der Öffentlichkeit mit hohen Geldstrafen geahndet. Homosexuelle Handlungen sind verboten, die Medien unterliegen einer genauen Kontrolle, ebenso der Zugang zum Internet und der Besitz von Satellitenschüsseln. Die Polizei hat außerordentliche Befugnisse, um Bürger auf Basis von Verdächtigungen festzuhalten und körperliche Strafen sowie die Todesstrafe werden häufig verhängt. Trotz der autoritären Kontrolle scheint die Zufriedenheit mit der Regierung jedoch recht hoch zu sein. Die soziale Ungleichheit ist im Vergleich zu anderen asiatischen Staaten minimal. Während Singapur also demokratische Freiheiten vermissen lässt, unterscheidet sich diese spezifische Art des Autoritarismus von mehr diktatorischen Regimes, was den Science-Fiction-Schriftsteller William Gibson zur Bezeichnung „Disneyland mit Todesstrafe" veranlasste (Gibson 1993).

Demokratie

Demokratie

Das Wort „Demokratie" leitet sich vom griechischen *demokratia*, einer Zusammensetzung aus *demos* (Volk) und *kratos* (Herrschaft), her. Der Ausdruck Demokratie in seiner Grundbedeutung bezieht sich daher auf ein politisches System, in dem weder Monarchen noch Aristokraten herrschen, sondern das Volk. Das klingt einfach und klar, ist aber in Wahrheit kompliziert. Je nach Epoche und Gesellschaft hat die Herrschaft des Volkes unterschiedliche Ausformungen angenommen, je nachdem wie die Idee interpretiert wurde.

Unter „Volk" verstand man etwa abwechselnd „die Besitzenden", „die Weißen", „die Gebildeten", „nur Männer" oder „alle erwachsenen Männer und Frauen". In einigen Gesellschaften beschränkt sich die offizielle Interpretation von Demokratie auf den Bereich der Politik, in anderen wiederum wird der Begriff auf andere Gebiete des sozialen Lebens ausgedehnt.

Die Ausformung der Demokratie in einem bestimmten sozialen Zusammenhang ist weitgehend ein Ergebnis davon, wie Werte und Ziele verstanden und gewichtet werden. Demokratie wird generell als das System gesehen, das am besten in der Lage ist, politische Gleichheit, den Schutz der Freiheit, die Wahrung des Allgemeininteresses, die Befriedigung der Bedürfnisse der Bürger, die Förderung der moralischen Entwicklung und die effektive Entscheidungsfindung unter Berücksichtigung der Interessen jedes Bürgers zu gewährleisten (Held 2006). Die Bedeutung, die den oben erwähnten einzelnen Zielen beigemessen wird, kann bestimmen, ob Demokratie in erster Linie als eine Form der Volksherrschaft (Selbstbestimmung und Selbstregulierung) gesehen wird oder als ein Rahmen zur Unterstützung der Entscheidungsfindungsprozesse anderer (wie etwa einer Gruppe gewählter Vertreter).

Partizipatorische Demokratie

partizipatorische Demokratie

In einer partizipatorischen (oder direkten) Demokratie werden Entscheidungen von jenen gemeinsam getroffen, die von ihnen betroffen sind. Das war die ursprüngliche Art der Demokratie, wie wir sie im antiken Griechenland finden. Die Bürger, eine kleine Minderheit der Gesellschaft, versammelten sich regelmäßig, um über politische Strategien zu sprechen und richtungsweisende Entscheidungen zu treffen. Die partizipatorische Demokratie ist in modernen Gesellschaften, in denen die Masse der Bevölkerung politische Rechte hat, von untergeordneter Bedeutung, denn es wäre unmöglich, dass jeder Einzelne aktiv an allen ihn betreffenden Entscheidungen teilnimmt.

Einige Aspekte der partizipatorischen Demokratie sind jedoch für moderne Gesellschaften relevant. Die Schweiz gilt als Musterland der direkten Demokratie, da sie neben zahlreichen bundesweiten Referenden über alle möglichen Fragen (wie z.B. Gesetze zur Einbürgerung von Ausländern, gleichgeschlechtliche Partnerschaften oder die Assoziierung mit der Europäischen Union) auch noch in über vier Fünftel der Schweizer Gemeinden jährliche Gemeindeversammlungen aller Bürgerinnen und Bürger, die damit die kommunale Legislative darstellen, durchführt. Im Kanton Glarus und dem Halbkanton Appenzell Innerrhoden ist die Versammlungsdemokratie sogar die höchste politische Instanz des Kantons. Einmal im Jahr treten alle stimmberechtigten männlichen Bürger mit einem silbernen Degen und seit 1990 auch die Frauen (allerdings nur mit einer Stimmkarte ausgestattet) auf einem Platz im Freien zusammen und beschließen dort Gesetze, das Budget und auch die Zusammensetzung der Kantonsregierung. Der Kanton Appenzell Innerrhoden ist mit seinen 15.220 Einwohnern auch der kleinste Kanton der Eidgenossenschaft (Statistik Schweiz).

Die Abhaltung von Referenden, im Zuge derer aufgrund der Meinung der Mehrheit zu einem bestimmten Thema Entscheidungen gefällt werden, ist z.B. eine Form partizipatorischer Demokratie. Die direkte Befragung einer großen Anzahl von Leuten wird dadurch ermöglicht, dass man das Thema in vereinfachender Weise auf eine oder zwei Fragen reduziert. In einigen europäischen Ländern werden regelmäßig landesweite Referenden abgehalten.

Die Rolle von Volksabstimmungen bei der Neugestaltung der sich in den letzten Jahren auf 27 Staaten vergrößerten Europäischen Union wurde von Experten nicht zuletzt wegen der negativen Volksentscheide in Frankreich und Holland 2005 und Irland 2008 viel diskutiert. Durch die Ablehnung der Bevölkerung eines Landes konnte so die gesamte Union dazu gezwungen werden, einen von Politikern aller 27 Nationen vereinbarten Verfassungsvertrag zu revidieren .

Mehr zur Europäischen Union lesen Sie im Kasten auf Seite 821.

Repräsentative Demokratie

Die direkte Demokratie ist in großem Rahmen ein sperriges Instrument und bei größeren Gemeinschaften wenig praktikabel. Weiter verbreitet ist daher heute die repräsentative Demokratie, ein politisches System, in dem Entscheidungen, die die Gemeinschaft betreffen, nicht von allen Mitgliedern der Gemeinschaft, sondern von zuvor für diesen Zweck gewählten Vertretern gefällt werden. Im Bereich der nationalen Regierungen tritt die repräsentative Demokratie in Form von Wahlen zu Kongressen, Parlamenten und ähnlichen Versammlungen auf. Repräsentative Demokratie besteht aber auch auf anderen Ebenen wie etwa Bundesländern, Kantonen, Regionen, Städten und Gemeinden. Viele große Organisationen bedienen sich

repräsentative Demokratie

der repräsentativen Demokratie für ihre Angelegenheiten, indem sie kleine Komitees und Vorstände wählen, die dann die wichtigsten Entscheidungen treffen.

Länder, in denen die Wähler zwischen zwei und mehr Parteien wählen können und in denen die Masse der erwachsenen Bevölkerung das Wahlrecht genießt, werden üblicherweise liberale Demokratien genannt. Die Länder der Europäischen Union fallen alle in diese Kategorie, wie auch die USA, Japan, Australien und Neuseeland sowie Kanada und einige Staaten Südamerikas. Viele Entwicklungsländer wie etwa Indien oder Brasilien haben ebenfalls ein liberales demokratisches System; wie wir weiter unten sehen werden, wächst die Zahl dieser Länder beständig.

Die globale Ausbreitung der Demokratie

Wenn politische Soziologen der Zukunft auf die 1980er und 1990er Jahre zurückblicken, wird eine historische Entwicklung besonders auffallen: die Demokratisierung vieler Nationen der Welt. Seit den frühen 1980er Jahren hat eine Vielzahl an lateinamerikanischen Ländern wie Chile, Bolivien oder Argentinien einen Wandel von autoritären Militärregimes zu florierenden Demokratien durchgemacht. Ähnlich hat der Zusammenbruch des kommunistischen Ostblocks 1989 dazu geführt, dass osteuropäische Staaten wie etwa Polen, die Tschechische Republik, die Slowakei, Ungarn, Slowenien oder Kroatien Demokratien wurden. Mit dem Fall der Mauer hörte auch die DDR nach 40 Jahren zu existieren auf. Und in Afrika haben auch einige vormals undemokratische Nationen – wie Benin, Ghana, Mozambique und Südafrika – eine demokratische Verfassung angenommen.

Mitte der 1970er Jahre galten mehr als zwei Drittel aller Staaten der Welt als autoritär. Seither hat sich das Bild markant geändert – nun sind weniger als ein Drittel aller Länder autoritär. Demokratie ist nicht länger auf die westlichen Länder beschränkt, sondern man fühlt sich ihr zumindest vom Prinzip her in vielen Weltregionen verpflichtet. Wie David Held (2006) feststellte, ist die Demokratie zum grundlegenden Standard der politischen Legitimität der Gegenwart geworden.

In diesem Abschnitt werden wir die globale Ausbreitung der liberalen Demokratie und einige mögliche Erklärungen für ihre Popularität behandeln. Im Anschluss daran zeigen wir die Hauptmerkmale verschiedener demokratischer Wahlsysteme auf. Schließlich werden wir uns einer Untersuchung der Hauptprobleme der Demokratie in der heutigen Welt zuwenden.

Der Fall des Kommunismus

Über lange Zeit waren die politischen Systeme der Welt auf liberale Demokratien und den Kommunismus aufgeteilt, wie man ihn in der ehemaligen Sowjetunion fand (und wie er noch heute in China und in einigen anderen Ländern existiert). Ein großer Teil der Weltbevölkerung lebte die meiste Zeit des 20. Jahrhunderts in politischen Systemen mit kommunistischer oder sozialistischer Orientierung. 100 Jahre nach dem Tod von Karl Marx 1883 schien sich seine Prognose über die Ausbreitung des Sozialismus zu bewahrheiten.

Kommunistische Staaten bezeichneten sich selbst als Demokratien, obwohl die Systeme dieser Länder sich gravierend von dem unterschieden, was die Menschen im Westen als Demokratie verstanden. Der Kommunismus war im Wesentlichen ein System der Einparteienherrschaft. Die Wähler konnten sich nicht zwischen verschiedenen Parteien entscheiden, sondern zwischen verschiedenen Kandidaten derselben Partei – der kommunistischen Partei; häufig allerdings gab es nur einen einzigen Kandidaten. Daher bestand keine wirkliche Wahlmöglichkeit. Die kommunistische Partei war zweifellos die beherrschende Institution in Gesellschaften vom sowjetischen Typ: Sie kontrollierte nicht nur das politische System, sondern auch die Wirtschaft.

Fast jeder im Westen, vom Wissenschaftler bis zum einfachen Bürger, glaubte, dass die kommunistischen Systeme unverrückbar gefestigt und ein permanenter Teil der Weltpolitik geworden waren. Nur wenige sagten den dramatischen Verlauf der Ereignisse voraus, der 1989 begann, als ein kommunistisches Regime nach dem anderen in einer Serie der „samtenen" Revolutionen zusammenbrach. Was wie ein solides und durch und durch etabliertes Regierungssystem in Osteuropa erschien, wurde fast über Nacht gestürzt. Die Kommunisten verloren mit zunehmender Geschwindigkeit die Macht in den Ländern, in denen sie dominiert hatten: in Ungarn, Polen, Bulgarien, in der DDR, in der Tschechoslowakei und Rumänien. Schließlich verlor die Kommunistische Partei in der Sowjetunion selbst die Macht. Als im Jahr 1991 die 15 Sowjetrepubliken der UdSSR ihre Unabhängigkeit erklärten, wurde Michail Gorbatschow, der letzte sowjetische Staatschef, zum Präsidenten ohne Staat. Sogar in China protestierten 1989 Studenten am Tiananmen-Platz gegen das Regime der kommunistischen Partei, bis sie von der Armee brutal niedergemetzelt wurden.

Seit dem Fall der Sowjetunion haben sich die Demokratisierungsprozesse weiter ausgebreitet. Sogar unter den Staaten, die zu den autoritärsten der Welt gehörten, können Zeichen der Demokratisierung ausgemacht werden. Afghanistan wurde nach der Invasion der Roten Armee 1979 von der Sowjetunion kontrolliert. Diese Okkupation endete zehn Jahre später nach erbittertem Widerstand der Mudschaheddin (muslimische Guerillakämpfer), die von den USA mit Waffen und Geld unterstützt wurden; die Bündnistreue der afghanischen Antikommunisten hielt nicht lange und nach dem Abzug der Roten Armee wandten sich die Gotteskrieger bald neuen Zielen zu. In den frühen 1990er Jahren war Afghanistan Schauplatz von internen Machtkämpfen zwischen Kriegsherren verschiedener Fraktionen der Mudschaheddin. Bis 1996 haben die Taliban die Kontrolle über den Großteil des Landes übernommen und begannen, einen „rein islamischen Staat" zu errichten. Sie führten eine extreme Auslegung der Scharia (des islamischen Rechts) ein mit öffentlichen Hinrichtungen, Auspeitschungen und Verstümmelungen, dem Verbot des Schulbesuchs für Mädchen, dem Arbeitsverbot für Frauen und der Verbannung „frivoler" Unterhaltungen. Infolge der Ereignisse des 11. September 2001 führten die USA einen erfolgreichen Militärschlag gegen die Taliban, die dafür verantwortlich gemacht wurden, den Terroristen Unterschlupf gewährt zu haben. Ende 2001 wurde Hamid Karzai zum Vorsitzenden einer Übergangsregierung und 2002 zum Präsidenten gewählt. Eine neue Verfassung sollte eine moderate Rolle der islamischen Religion und den Schutz der Menschenrechte garantieren. Wahlen wurden abgehalten, aus denen Karzai als Sieger hervorging. Doch die Macht der Taliban blieb in einzelnen Regionen Afghanistans weiter bestehen, was etwa die Erstürmung eines Gefängnisses durch Taliban-Kämpfer im Juni 2008 beweist, bei der 600 Gefangene – unter ihnen mehrere islamistische Selbstmordattentäter – befreit wurden.

Lesen Sie mehr über Zensur und Medien in China in Kapitel 14 – Medien.

In China, das ungefähr ein Fünftel der Weltbevölkerung stellt, wurde die kommunistische Regierung stark unter Druck gesetzt, um mehr Demokratie zuzulassen. Tausende politische Gefangene sitzen für die gewaltlose Äußerung ihres Wunsches nach mehr Demokratie in Haft. Es gibt jedoch immer noch Widerstandsgruppen, die aktiv an einer Ablösung der kommunistischen Regierung durch ein demokratisches System arbeiten. In den letzten Jahren haben auch andere autoritäre Regimes Asiens wie in Burma (Myanmar), Indonesien und Malaysia mit wachsenden demokratischen Bewegungen zu tun. Einige der Forderungen dieser Bewegungen nach mehr Freiheiten wurden mit Polizeigewalt beantwortet. Nichtsdestotrotz schreitet die „Globalisierung der Demokratie" über den Erdball voran.

Der allgemeine Trend zur Demokratie ist jedoch nicht in Stein gemeißelt. In manchen Staaten des ehemaligen Ostblocks, wie Polen, der Tschechischen Republik, Ungarn und den baltischen Staaten, scheint sich die liberale Demokratie durchgesetzt zu haben, während in anderen, wie den früheren zentralasiatischen Sowjetrepubliken oder auch in Russland oder Serbien, die Demokratie noch auf sehr wackeligen Beinen steht. Doch demokratische politische Institutionen zeigten sich zu unterschiedlichen Zeitpunkten in der Geschichte anfällig und verletzlich. Im Iran etwa, einem der militantesten islamischen Staaten führte der verbreitete Unmut über die Herrschaft der Mullahs (religiöse Führer) zum überwältigenden Wahlsieg des Reformers Mohammed Khatami zum Präsidenten, der 1997 ganze 70 Prozent der Stimmen erhielt. Es schien, die Demokratie würde auch im Iran Einzug halten. Khatami wurde mit Gorbatschow verglichen, da auch er ein Regierender war, der erkannte, dass das Ignorieren der Demokratiebewegung das gesamte System zum Einsturz bringen würde. Doch Khatami gelang es nur, einige wenige Reformen umzusetzen, da die religiösen Konservativen das Parlament wieder unter ihre Kontrolle brachten. Seit der Wahl von Ahmadinejad zum Präsidenten im Juni 2005 verdüsterten sich die Aussichten für weitere demokratische Reformen. Die jüngste Geschichte des Iran zeigt, dass wir nicht annehmen sollten, dass Demokratisierung ein irreversibler Prozess ist. Doch die Tatsache, dass Demokratisierung an größere globale Kräfte gebunden ist, gibt Anlass zum Optimismus bezüglich der Zukunft der Demokratie.

Wie erklärt sich die Popularität der Demokratie?

Warum ist die Demokratie so populär geworden? Eine häufig ins Treffen geführte Erklärung ist, dass andere Formen der politischen Herrschaft gescheitert sind – dass also die Demokratie sich als das beste politische Systeme herausgestellt habe. Es scheint offensichtlich, dass die Demokratie ein besseres System als der Autoritarismus ist, doch das allein vermag die jüngste Demokratisierungswelle nicht zu erklären. Eine vollständige Erklärung dieser Entwicklungen würde eine detaillierte Analyse der sozialen und politischen Prozesse in jedem Land erfordern, die schließlich zu einem demokratischen Wandel geführt haben. Doch es gibt keinen Zweifel, dass der Globalisierungsprozess eine bedeutende Rolle dabei gespielt hat.

Erstens hat die steigende Zahl grenzüberschreitender kultureller Kontakte, die die Globalisierung mit sich gebracht hat, demokratische Bewegungen in vielen Ländern gestärkt. Globalisierte Medien gemeinsam mit den Fortschritten der Telekommunikationstechnologie haben viele Einwohner nichtdemokratischer Staaten mit den Idealen der Demokratie in Berührung gebracht, was den internen Druck auf politische Eliten erhöht hat, Wahlen abzuhalten. Selbstverständlich entsteht dieser Druck nicht automatisch aus der Verbreitung des Begriffes der Volkssouveränität. Wichtiger ist, dass mit der Globalisierung die Nachrichten von demokratischen Revolutionen und Berichte über ihre Mobilisierung regional rasch Verbreitung finden. Nachrichten über die Revolution in Polen 1989 etwa brauchten nur wenig Zeit, um nach Ungarn zu gelangen, was der dortigen Demokratisierungsbewegung ein nützliches und regional passendes Modell für die eigenen Aktivitäten bot.

Zweitens haben internationale Organisationen wie die UNO (Vereinte Nationen) oder die Europäische Union, die in einer globalisierten Welt eine immer bedeutendere Rolle spielen, Druck auf die nichtdemokratischen Staaten ausgeübt, um Demokratisierung einzuleiten. In einigen Fällen haben diese Organisationen Handelsembargos, Bedingungen für Kreditvergaben für wirtschaftliche Entwicklung und Stabilisierung sowie unterschiedlichste diplomatische Manöver dafür benutzt, die Demontage autoritärer Regimes voranzutreiben.

Zur Europäischen Union lesen Sie bitte Details im Kasten auf Seite 821.

Drittens wurde die Demokratisierung durch die weltweite Ausbreitung des Kapitalismus begünstigt. Wenngleich internationale Konzerne dafür bekannt sind, dass sie sich mit Diktatoren zu arrangieren verstehen, ziehen viele Unternehmen es vor, ihre geschäftlichen Aktivitäten in demokratischen Staaten abzuwickeln. Dies hat nichts mit hehren philosophischen Vorlieben zu tun, sondern damit, dass Demokratien generell stabilere Staaten sind, die Korruption weniger verbreitet und die Vorhersehbarkeit und Stabilität wichtig für die Maximierung des Gewinns ist. Da die politischen, wirtschaftlichen und militärischen Eliten insbesondere in den Entwicklungsländern und den Staaten der früheren Sowjetunion bemüht sind, das internationale Handelsvolumen zu erhöhen und internationale Konzerne ins Land zu holen, haben sie manchmal von sich aus einen demokratischen Kurs verfolgt, was zu dem führt, was der politische Soziologe Barrington Moore (1987) „Revolutionen von oben" nannte.

Es stimmt allerdings, dass heute alle Staaten der Welt Demokratien wären, wenn allein die Globalisierung die jüngste Demokratisierungswelle ausgelöst hätte. Der Fortbestand autoritärer Regimes in Ländern wie China, Kuba und Nigeria weist darauf hin, das die Globalisierungskräfte nicht immer ausreichen, um den Wandel zur Demokratie zu erzwingen. Aber Bemühungen für eine Demokratisierung sind auch in diesen Ländern zugange, was manche Soziologen zur Prophezeiung veranlasst, dass sich in den nächsten Jahren unter dem Einfluss der Globalisierung noch viel mehr Nationen zu Demokratien wandeln werden.

Demokratie und Wahlen

In liberalen Demokratien herrscht Rede-, Versammlungs-, und Pressefreiheit für alle Bürger. Es besteht zudem Vereinigungs- und Koalitionsfreiheit, d.h. das Recht für Individuen mit gleichen Interessen, Vereine und Interessensverbände zu gründen, die dann mit mehr Macht als ein Einzelner in einem (Verteilungs-)Konflikt verhandeln können. Liberale Demokratien basieren darüber hinaus aber auch auf dem allgemeinen, gleichen und geheimen Wahlrecht zur Bestellung der „Volksvertreter". In westlichen Industrieländern werden die demokratischen Grundfreiheiten oft als so selbstverständlich betrachtet, dass man nur an die in regelmäßigen Abständen durchgeführten Wahlen denkt, wenn man von einer Demokratie spricht.

Was aber meint das allgemeine, gleiche und geheime Wahlrecht? Am raschesten wird Ihnen einfallen, was geheime Wahl bedeutet – denn Sie alle kennen Wahlzellen, die den Wähler vor fremden Blicken bei der Stimmabgabe schützen und Sie werden vielleicht als Interviewer bei einer Umfrage dem Hinweis auf das Wahlgeheimnis begegnen, wenn ein Befragter die Beantwortung der berühmten Sonntagsfrage („Wenn am nächsten Sonntag Bundestagswahlen [oder in Österreich und der Schweiz Nationalratswahlen] wären, welcher Partei würden Sie Ihre Stimme geben?") verweigert.

Wahlgeheimnis   Mit dem allgemeinen Wahlrecht ist gemeint, dass jeder Bürger eines Landes das Recht zu wählen hat. Auch diese Voraussetzung erscheint uns heute selbstverständlich, doch erinnern z.B. Debatten über die Senkung des Wahlalters – wie etwa in Österreich, wo bereits 16-Jährige bei der Nationalratswahl wählen dürfen –, dass auch das allgemeine Wahlrecht nur unter bestimmten Bedingungen gewährt wird. Man muss seinen ordentlichen Wohnsitz angemeldet haben, Staatsbürger oder wenigstens EU-Bürger (bei Kommunal- und Europaparlamentswahlen in Deutschland und Österreich) sein; und man verliert z.B. in Österreich sein Wahlrecht für eine bestimmte Zeit, wenn man rechtskräftig zu einer mindestens einjährigen unbedingten Freiheitsstrafe verurteilt worden ist. In Deutschland gilt zusätzlich, dass man nicht aufgrund z.B. einer psychischen Erkrankung seine Geschäftsfähigkeit verloren haben darf, also dauerhaft von einem Betreuer (in Österreich Sachwalter) vertreten wird.

Frauen mussten um ihr Wahlrecht kämpfen, die Verfechterinnen des Frauenwahlrechts im 19. Jahrhundert gingen als Suffragetten (*suffrage* heißt auf Englisch Stimmrecht) in die Geschichte ein. In Deutschland und Österreich wurde das Frauenwahlrecht nach dem Ersten Weltkrieg eingeführt, **Frauenwahlrecht** in der Schweiz erst 1971(!). Nur in wenigen, meist katholisch dominierten europäischen Ländern erhielten Frauen erst nach dem Zweiten Weltkrieg das volle Stimmrecht: Frankreich (1946), Italien (1946), Belgien (1948), Portugal (1974) (Nohlen 1992, S. 513).

Die Bezeichnung gleiches Wahlrecht meint, dass garantiert ist, dass jede Stimme gleich viel zählt, egal, ob sie von einem Angehörigen der Oberschicht oder einem einfachen Arbeiter abgegeben wird. Dem gleichen Wahlrecht gingen sogenannte Kurienwahlsysteme voraus, die die Stimmberechtigten in Gruppen (Kurien) einteilten. Die Kurienvertreter im Reichsrat der österreichisch-ungarischen Monarchie der zweiten Hälfte des 19. Jahrhunderts etwa repräsentieren jedoch je nach Kurie eine unterschiedlich große Wählerschaft. Analoges galt auch bei der viel gepriesenen universitären Mitbestimmung im Österreich der zweiten Hälfte des 20. Jahrhunderts: In einzelnen Gremien durften zwar auch Studierendenvertreter mit entscheiden, doch wurden diese von Hunderten oder Tausenden Studierenden gewählt, während oft die Gesamtheit der Professoren einer Fakultät in der Professorenkurie des Gremiums saß.

In der liberalen Demokratie wirkt sich der Gleichheitsgrundsatz auf die Einteilung der Wahlkreise aus. Dabei muss darauf geachtet werden, dass sie annähernd gleich große Wohnbevölkerungen haben, denn jeder Wahlkreis wird von einer bestimmten Zahl von Abgeordneten vertreten. Bei größeren Verschiebungen der Bevölkerung kommt es zu einer Neueinteilung der Wahlkreise.

Wahlsysteme

In den verschiedenen Staaten der Welt haben sich für die Ermittlung der Abgeordneten eines Wahlkreises unterschiedliche Wahlsysteme herausgebildet. Dabei wird grob zwischen Mehrheits- und Verhältniswahlsystem unterschieden. Beim Mehrheitswahlsystem, das etwa im Vereinigten Königreich gilt, wird derjenige zum Abgeordneten des Wahlkreises, dessen Partei die meisten Stimmen (relative Mehrheit) bekommen hat. Im Verhältniswahlsystem werden die Wahlkreisabgeordneten proportional zu den auf die Parteien entfallenen Stimmen ermittelt. Zusätzliche Regelungen wie Zweit- oder Alternativstimmen oder die Zahl der Abgeordneten pro Wahlkreis und die Notwendigkeit absoluter Mehrheiten im ersten Wahlgang vergrößern die Bandbreite der Wahlsysteme.

Der wichtigste Unterschied der beiden Wahlsysteme besteht jedoch darin, dass beim Mehrheitswahlrecht in Kauf genommen wird, dass es sogenannte Disproportionseffekte gibt, also die Stimmenverhältnisse in der

Wahlbevölkerung verzerrt in den Vertretungen wiedergegeben werden. *The Winner Takes It All* führt etwa dazu, dass im Vereinigten Königreich 2005 die Labour Party mit 35,2 Prozent der Stimmen und einem Vorsprung von ca. drei Prozent vor den Konservativen 355 von 646 Parlamentssitzen errang und sich als große Sieger feiern lassen konnte (CIA 2008).

In den meisten liberalen Demokratien wird nach dem Verhältniswahlrecht gewählt, weil es als fairer und „demokratischer" gilt und sich besser für den Interessensausgleich pluralistischer Gesellschaften eignet. In den USA, Kanada, Australien, Neuseeland, Japan, Frankreich und dem Vereinigten Königreich gilt eine Form des Mehrheitswahlrechtes; in Deutschland, Österreich und der Schweiz sowie weiteren 67 Staaten der Erde wird nach dem Verhältniswahlrecht gewählt.

Das Verhältniswahlrecht bevorzugt große Parteien, denn um eine Zersplitterung der Parlamente zu vermeiden, gelten Sperrklauseln und Hürden von einem Mindestanteil an den gültigen Stimmen. Außerdem werden sogenannte Restmandate nach unterschiedlichen Auszählungsverfahren den Parteien zugeschlagen, die bereits Mandate errungen haben. So kann es in Deutschland und Österreich dazu kommen, dass eine Partei mit knapp unter 50 Prozent der Stimmen dennoch eine absolute Mehrheit (also über 50 Prozent) an Sitzen erringt. Doch dieser Verzerrungseffekt ist heute lediglich in Spanien relativ stark ausgeprägt, wo die regierende Partei mit 44 Prozent der Stimmen zu einer absoluten Mehrheit im Abgeordnetenhaus kommt (Nohlen 1992, S. 524).

Immer wieder diskutieren Politiker und Beobachter eine Änderung des Wahlsystems. So wird dem Verhältniswahlsystem zugeschrieben, dass es die Existenz einer Vielzahl von Splitterparteien fördere und damit zur Unregierbarkeit führe. Das Mehrheitswahlrecht schaffe klare Machtverhältnisse und daher auch mehr Transparenz für den Wähler. Außerdem meinen Kritiker des Verhältniswahlrechts, dass die zwangsläufig nötigen Koalitionsbildungen dem Wählerwunsch unter Umständen krass widersprechen. Wenn sich etwa wie in Deutschland oder Österreich die beiden großen Opponenten Sozialdemokraten und Christdemokraten zu einer großen Koalition zusammenfinden, müssen Kompromisse geschlossen werden, die den Interessen der Wähler der jeweiligen beiden politischen Lager widersprechen.

Die einfache Gleichung, dass sich unter dem Mehrheitswahlrecht Zweiparteiensysteme herausbilden und das Verhältniswahlrecht zu einem Mehrparteiensystem führe, lässt sich empirisch nicht bestätigen. In Deutschland und Österreich dominieren „trotz" Verhältniswahlrecht zwei große Volksparteien das politische System, was sich vor allem durch die Einbindung der Tarifpartner (Gewerkschaften und Unternehmervertreter) in die politische Entscheidungsfindung erklärt. Im Vereinigten Königreich wiederum wächst mit den Liberaldemokraten eine dritte Kraft heran.

Ein sehr pluralistisches Parteiensystem muss auch nicht notwendigerweise zu Instabilität führen, wie sich in Finnland zeigt, wo im März 2007 acht Parteien ins Parlament gewählt wurden. In Italien haben sich aus den vielen kleinen Splitterparteien Wahlbündnisse gebildet, die dann Aussicht auf eine relative Mehrheit der Sitze haben. So kennt der Wähler die Koalitionen, die regieren werden, bereits vor der Wahl und kann sich dementsprechend entscheiden.

Im Mehrheitswahlsystem der USA mit seinen zwei großen Parteien Demokraten und Republikaner bestehen für die Wähler nicht unbedingt klarere Verhältnisse bei der Wahlentscheidung, denn jede der Parteien deckt für sich ein äußerst breites Spektrum an Meinungen ab. Die Kompromisse müssen also schon *innerhalb* der Parteien geschlossen werden. Der amerikanische Fall zeigt, dass das Mehrheitswahlrecht die einzelnen Abgeordneten zulasten der Parteien stärkt und deswegen in den beiden Häusern des Parlaments Abstimmungen regelmäßig quer zu Parteimehrheiten erfolgen. In den Verhältniswahlparlamenten sind die Parteien meist einflussreicher und können auf abweichende Abgeordnete mehr Druck ausüben (Klubzwang).

Letztlich wird die Debatte über Wahlsysteme immer auch von den einzelnen Parteien geführt, die sich ausrechnen, bei dem einen oder anderen Wahlsystem besser aussteigen zu können. In der Praxis der Parteipolitik geht es oft um den kurzfristigen Gewinn oder Erhalt von Einfluss, wofür aus strategischen Gründen dann auch Positionen eingenommen werden, die im Widerspruch zum ideologischen Programm der jeweiligen Partei stehen.

Demokratie in der Krise?

Da sich die liberale Demokratie immer weiter ausbreitet, könnten wir annehmen, dass sie sehr erfolgreich funktioniert. Doch das ist nicht der Fall. Die Demokratie sieht sich fast überall einem gewissen Ausmaß von Schwierigkeiten gegenüber. Dies nicht nur deshalb, weil es sich als schwierig erweist, in Russland und anderen früher kommunistischen Gesellschaften stabile Demokratien einzurichten; die Demokratie steckt auch in anderen Ländern der Krise. Wie Abbildung 18.1 zeigt, ist die Wahlbeteiligung in Deutschland und Österreich seit dem Zweiten Weltkrieg kontinuierlich gesunken. Bei der Bundestagswahl 2005 lag sie bei ca. 78 Prozent, bei der österreichischen Nationalratswahl 2006 bei 74 Prozent. In der Schweiz geht seit 1979 nur mehr höchstens jeder zweite Wahlberechtigte zur Wahl.

Man hat den Rückgang der Wahlbeteiligung in den westlichen Demokratien damit zu

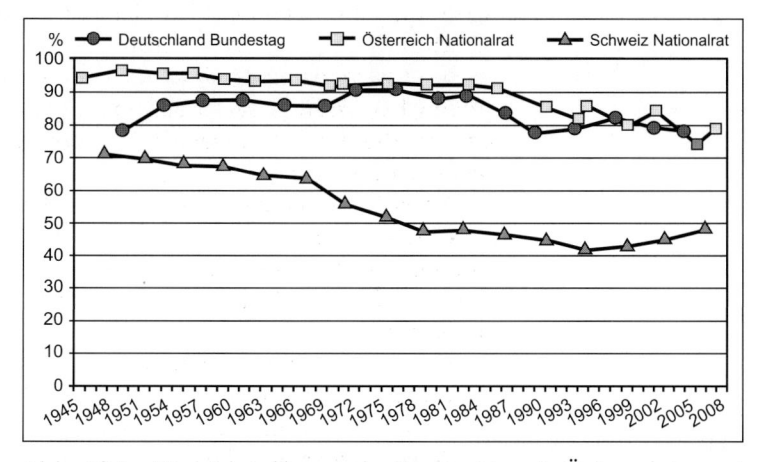

Abb. 18.1: Wahlbeteiligung in Deutschland, Österreich und Schweiz seit dem Zweiten Weltkrieg
Quelle: International Institute for Democracy and Electoral Assistance (International IDEA).

erklären versucht, dass die Bürgerinnen das Vertrauen in die machthabenden Politiker verloren hätten. Einige sprechen von einer allgemeinen „Vertrauenskrise" in der Gesellschaft.

Umfragen scheinen diesen Vertrauensverlust zu bestätigen. Die regelmäßige Meinungsumfrage des Eurobarometers erhebt etwa, wie viele Befragte Vertrauen in ihre nationale Regierung, in das Parlament oder in die Europäische Union haben. Im Frühjahr 2008 gaben 43 Prozent der Österreicher und 53 Prozent der Deutschen an, dass sie kein Vertrauen in ihr Parlament haben (s. Abb. 18.2).

Manche Beobachter halten dies für ein Zeichen steigender Skepsis gegenüber traditionellen Formen der Macht, verbunden mit einem politischen Wertewandel in westlichen Demokratien von „Mangelwerten" zu „postmaterialistischen" (Inglehart 1997). Damit ist gemeint, dass sich mit Erreichen eines bestimmten Niveaus des ökonomischen Wohlstands die

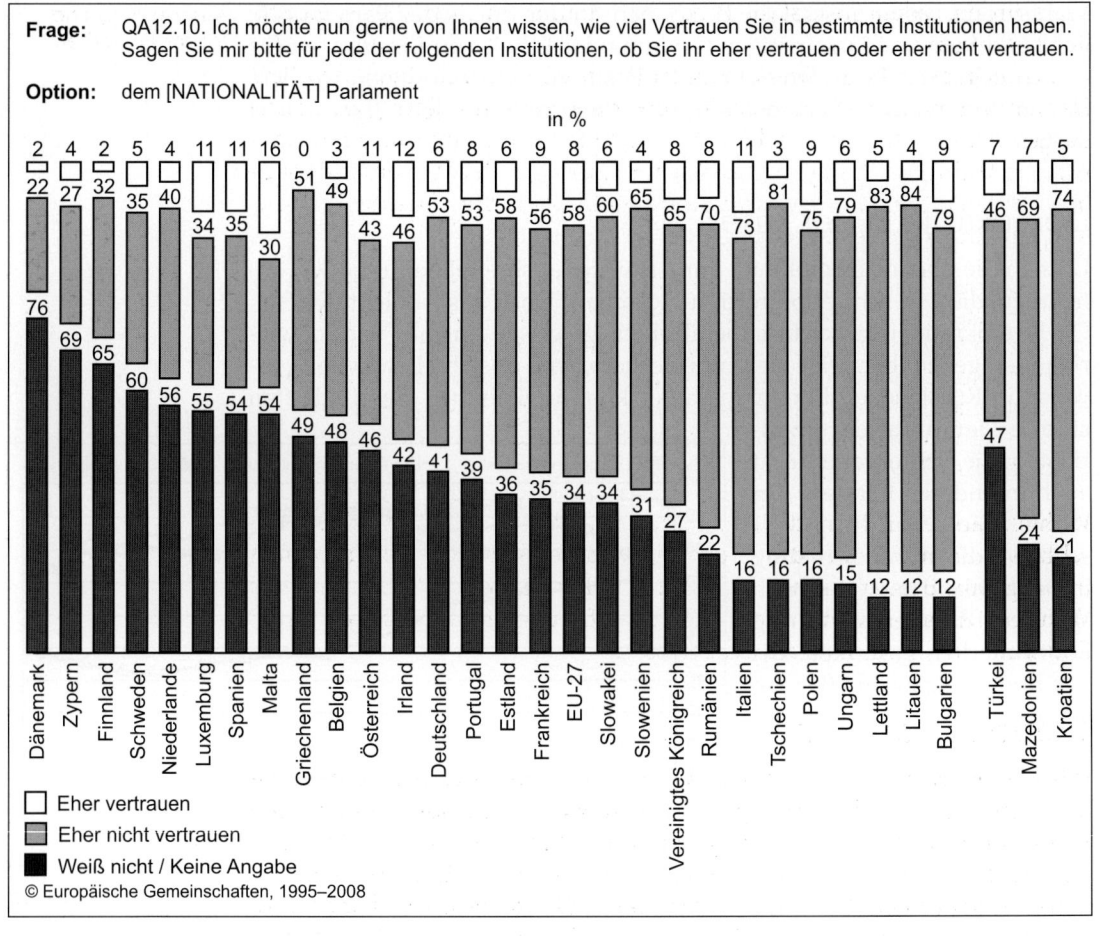

Frage: QA12.10. Ich möchte nun gerne von Ihnen wissen, wie viel Vertrauen Sie in bestimmte Institutionen haben. Sagen Sie mir bitte für jede der folgenden Institutionen, ob Sie ihr eher vertrauen oder eher nicht vertrauen.

Option: dem [NATIONALITÄT] Parlament

Abb. 18.2: EUROBAROMETER 2008, Vertrauen in das Parlament
Quelle: EUROBAROMETER 69 (2008), S. 24.

Wähler weniger um ihre materielle Existenz sorgen als um ihre individuellen (im Gegensatz zu kollektiven) Lebensstile, wie etwa dem Wunsch nach sinnstiftender Arbeit. Dementsprechend sinke dann das Interesse der Wähler für die nationale Politik, außer es handelt sich um Themen, die ihre persönliche Freiheit berühren.

In den letzten Jahren war in den westlichen Demokratien auch der Sozialstaat zunehmend unter Beschuss gekommen. Hart errungene Ansprüche auf Sozialleistungen wurden hinterfragt und gekürzt. Rechte Parteien wie die konservativen Tories im Vereinigten Königreich oder die Republikaner in den USA versuchten, die Sozialausgaben in ihren Ländern drastisch zu senken. Ein Grund dafür war die Budgetknappheit aufgrund der weltweiten Rezession seit der Ölkrise in den 1970er Jahren. Doch es scheint auch eine zunehmende Skepsis unter den Bürgern und der Regierung über die Effektivität des Staates als Dienstleister gegeben zu haben. Diese Skepsis basiert auf der Annahme, dass der Sozialstaat bürokratisch, entfremdend und ineffizient sei, und dass Sozialleistungen kontraproduktiv wirken würden, indem sie erst die Probleme schaffen würden, die sie eigentlich beseitigen wollten.

Mehr zur Wohlfahrtsstaatdebatte lesen Sie in Kapitel 12 – Armut, soziale Ausgrenzung und soziale Sicherheit.

Schon in den 1960er Jahren hat sich der deutsch-britische Soziologe Ralf Dahrendorf mit dem Phänomen der sinkenden Wahlbeteiligung auseinandergesetzt. Er nahm einen sehr kritischen Standpunkt ein: Aus einer Analyse der Wahlbeteiligung im Deutschen Kaiserreich, der Weimarer Republik und den ersten Jahren der Bundesrepublik folgert er, dass die Wahlbeteiligung in Krisenzeiten ansteigt.

> In diesen Krisengipfeln der Teilnahme wird zugleich deutlich, daß Wahlbeteiligung nicht notwendig ein Ausdruck selbstbewußten politischen Interesses ist. Die nicht ganz wenigen, die in der ganzen Zeit der Weimarer Republik nur ein einziges Mal, nämlich am 5. März 1933 ihre Stimme abgegeben haben, um für die Nationalsozialisten zu stimmen, haben sich damit noch nicht als sehr politische Deutsche erwiesen. (Dahrendorf 1971, S. 348f.)

Wählen kann ein Ausdruck der politischen Teilhabe sein, was im Umkehrschluss aber nicht heißt, dass freiwillige Wahlenthaltung – die also nicht das Ergebnis bürokratischer oder sozialer Hürden bei der Ausübung des Wahlrechtes ist – einen Protest oder Unzufriedenheit ausdrücken muss. Das kann der Fall sein, muss es aber nicht!

Globales Regieren

Wie der amerikanische Soziologe Daniel Bell festgestellt hat, sind nationale Regierungen zu klein, um große Fragen wie den Einfluss des globalen Wettbewerbs oder die Zerstörung der Umwelt zu beantworten. Andererseits sind sie zu groß, um sich mit den kleinen Fragen, die einzelne Regionen oder Städte betreffen, zu befassen (Bell 1987). Regierungen haben etwa nur wenig Macht über riesige Konzerne, die Hauptakteure in der globalen Wirtschaft. Als im Januar 2008 der finnische Handykonzern Nokia ankündigte, sein Werk im deutschen Bochum zu schließen und die Produktion stattdessen nach Osteuropa auszulagern, standen die Landes- und Bundesregierung machtlos vor dem Problem, dass 2.300 Beschäftigte in Deutschland ihren Arbeitsplatz aufgrund der niedrigeren Produktionskosten in Osteuropa verlieren würden. Vermittlungsversuche waren erfolglos, denn nationale Regierungen können nichts gegen Entscheidungsprozesse in der Weltwirtschaft ausrichten. Der deutschen Bundesregierung bleibt nur, mit Arbeitslosengeld und Umschulungsmaßnahmen den Verlust für die Betroffenen abzumildern.

Die Globalisierung hat ihre eigenen Risiken hervorgebracht: beispielsweise die Ausbreitung von Massenvernichtungswaffen, Umweltverschmutzung, Terrorismus und internationale Finanzkrisen. Da diese Fragen nicht mehr von den einzelnen Staaten gelöst werden können, wurden Internationale Regierungsorganisationen (IGO – International Governmental Organizations) wie die Weltbank, die Welthandelsorganisation (WTO – World Trade Organisation) oder die Vereinten Nationen (UNO – United Nations Organisation) gegründet, die globale Risiken bewältigen sollen. Diese Organisationen bilden die Grundlage für Diskussionen über die globale Regierung. Globale Regierung meint nicht die Formierung einer Regierung für die gesamte Welt, sondern sie handelt vom Regelwerk und den dazugehörenden Institutionen (auf nationaler und internationaler Ebene), die nötig sind, um globale Probleme zu behandeln. Vielen der globalen Organisationen, die bereits für die Lösung globaler Probleme eingerichtet worden sind, fehlt eine demokratische Legitimierung. So besteht etwa der UN-Sicherheitsrat aus 15 Mitgliedern, von denen fünf einen permanenten Sitz haben: die USA, Großbritannien, Frankreich, China und Russland – einige der mächtigsten Nationen der Welt. Für jede Resolution des Sicherheitsrates sind neun Stimmen und jene der fünf permanenten Mitglieder nötig. Der Sicherheitsrat der UNO hat daher seit seiner Gründung 1945/6 immer wieder auf die Verabschiedung von Resolutionen verzichten müssen, wenn eine der Vetomächte erkennen ließ, dass sie mit dem Inhalt nicht einverstanden war.

Wir diskutieren die Herausbildung der IGOs in Kapitel 15 – Organisationen und Netzwerke und in Kapitel 2 – Globalisierung und sozialer Wandel.

Was ist das Schicksal der Demokratie in einem Zeitalter, in dem demokratisches Regieren auf der nationalstaatlichen Ebene nicht mehr das richtige Rüstzeug für die gegenwärtigen Ereignisse hat? Manche Beobachter meinen, dass man hier wenig unternehmen kann, da der Staat einfach nicht darauf zählen könne, dass er den raschen Wandel, der rund um uns stattfindet, kontrollieren könne, und dass daher der Markt den Weg weisen solle und sich der Staat zurückziehen müsse.

Der britische Soziologe David Held bestreitet diese Meinung. Held (2007) argumentiert, dass wir in einem globalen Zeitalter mehr und nicht weniger Regierung brauchen. Doch wirksame Regierung benötigt in unserer Zeit eine Stärkung der Demokratie auf der nationalstaatlichen und internationalen Ebene. Held behauptet, dass eine globale soziale Demokratie erforderlich ist, um den Herausforderungen der Globalisierung zu begegnen. Dazu gehört, globalen Organisationen auf dieselbe Art Verantwortung zu geben wie den demokratisch gewählten Regierungen, die aus nationalen Wahlen hervorgehen und dem Wahlvolk Rede und Antwort stehen müssen. Held sagt, dass der Grundstein für eine globale soziale Demokratie schon gelegt ist; der internationale Strafgerichtshof, der zur Verfolgung der schlimmsten globalen Verbrechen wie Völkermord, Verbrechen gegen die Menschlichkeit und Kriegsverbrechen eingerichtet wurde, und die Vereinten Nationen (UNO) sind ein Anfang, wenngleich die UNO noch demokratisch legitimiert werden muss. Diese Institutionen stärken eine Weltsicht, die auf dem Schutz der Menschenrechte und der friedlichen Lösung von Konflikten beruht. Durch die Existenz dieser Institutionen werden Werte wie die Würde und der Wert jedes einzelnen Menschen fester verwurzelt.

globale Regierung

Lesen Sie mehr über die internationalen Gerichtshöfe im Kasten unten.

In Helds Augen wird die globale soziale Demokratie durch Regieren auf mehreren Ebenen verwirklicht, wo Organisationen der lokalen, nationalen und globalen Ebene zusammenarbeiten. Während früher die Staaten die Hauptakteure in der internationalen Politik waren, wobei sie von ihren Staatschefs und Außenministern vertreten wurden, finden sich heute Verwaltungsagenturen, Gerichtshöfe und gesetzgebende Körperschaften unter den bestimmenden Kräften. Held bescheinigt auch Nichtregierungsorganisationen wie Oxfam und Amnesty International sowie neuen sozialen Bewegungen eine bedeutende Rolle bei der Errichtung der globalen sozialen Demokratie.

Internationale Gerichtsbarkeit

Für die Lösung von humanitären völkerrechtlichen Streitfragen hat die internationale Staatengemeinschaft unterschiedliche Instrumente der Rechtsprechung entwickelt, die im Alltag nicht immer klar unterschieden werden.

Der Internationale Gerichtshof (ICJ – *International Court of Justice*) wurde 1945 von der UNO-Generalversammlung eingesetzt und regelt Streitigkeiten zwischen den UNO-Mitgliedsstaaten. Hier geht es um völkerrechtliche Fragen wie Grenzstreitigkeiten, die Gefährdung des Weltfriedens oder die Unterwerfung und Auslöschung bestimmter Gruppen (Genozid) durch staatlich organisierte (etwa militärische) Gewalt. Parteien vor dem Internationalen Gerichtshof können nur Staaten und nicht einzelne Individuen sein.

Zur Verfolgung besonders schwerer Verbrechen Einzelner (auch von Regierungsmitgliedern) gegen das humanitäre Völkerrecht können straf-

rechtliche Tribunale nach Anlassfall vom Sicherheitsrat der Vereinten Nationen eingesetzt werden („Ad-hoc-Tribunale"). Rechtsgrundlage ist Kapitel VII der UN-Charta, in dem Zwangsmittel zur Wiederherstellung des Friedens vorgesehen sind. In den letzten Jahren besonders präsent ist etwa das 1993 eingesetzte internationale Kriegsverbrechertribunal für das frühere Jugoslawien (ICTY – *International Criminal Tribunal for the Former Yugoslavia*), vor dem sich der ehemalige serbische Ministerpräsident Slobodan Milošević oder der ehemalige bosnisch-serbische Präsident Radovan Karadžić zu verantworten hatten bzw. haben. Gegenstand der Anklage sind grobe Verstöße gegen das Genfer Abkommen vom 12. August 1949, das Kriegsrecht sowie Verbrechen gegen die Menschlichkeit und Genozid, die innerhalb des Territoriums des ehemaligen Jugoslawien seit 1991 begangen wurden.

Die Strafverfolgung und Rechtsprechung dieser Gerichtshöfe genießt Vorrang gegenüber nationaler Judikatur. Das bedeutet etwa, dass Karadžić sich diesem internationalen Verfahren nicht dadurch hätte entziehen können, dass er sich in Jugoslawien einem Gericht stellte in der Hoffnung, dort mehr oder weniger symbolisch bestraft oder gar freigesprochen zu werden.

Auch der Völkermord in Ruanda wird ebenso wie dort verübte Verbrechen gegen die Menschlichkeit und Kriegsverbrechen, die im Jahre 1994 begangen worden sind, der internationalen Gerichtsbarkeit zugeführt – dem ICTR – *International Criminal Tribunal for Ruanda*. Auch hier sind die Angeklagten Einzelpersonen. Der ICTR wurde mit der Resolution 955 (1995) des UN-Sicherheitsrates eingesetzt und tagt in Arusha, Tansania.

Da jedoch die Kräfteverhältnisse im UN-Sicherheitsrat unter Umständen eine Verfolgung solcher Verbrechen verhindern – schließlich könnte ein permanentes Mitglied des Sicherheitsrates wie Russland oder die USA ein Veto gegen die Einrichtung eines solchen Ad-hoc-Tribunals einlegen –, wurde 1998 mit dem Statut von Rom ein unabhängiger Internationaler Strafgerichtshof (ICC – *International Criminal Court*) gebildet. Das Statut haben bislang 106 Länder ratifiziert – nicht jedoch die USA, China, Saudi-Arabien oder auch der Vatikan. Weitere 33 Staaten haben das Statut unterzeichnet und wollen es nach ihrem jeweiligen verfassungsrechtlich vorgeschriebenen Prozedere ebenfalls ratifizieren. Als permanenter Gerichtshof kommen vor den ICC Kriegsverbrechen, Verbrechen gegen die Menschlichkeit und Völkermord, sofern sie nach dem 1. Juli 2002 begangen wurden. Der ICC versteht sich allerdings als letzte Instanz und versucht, die Einhaltung der Menschenrechte in den Nationalstaaten und in ihrer Gerichtsbarkeit zu fördern. Wenn jedoch in einem betroffenen Nationalstaat keine Aussicht besteht, diese Verbrechen zu sühnen, greift der Chefankläger des ICC (zurzeit Luis Moreno-Ocampo) ein (Komplementaritätsprinzip). So wurden etwa im Jahr 2008 Beweise für Kriegsverbrechen im Sudan in der Region Darfur an das Gericht übermittelt. Die Verfahren können auch auf Antrag des betroffenen Vertragsstaates oder aufgrund eines Beschlusses des UN-Sicherheitsrates nach Kapitel VII der UN-Charta eingeleitet werden. Die Vertreter der Kammern des Gerichtes kommen aus den unterschiedlichsten Ländern der Welt, auch aus solchen, die den ICC selbst nicht anerkennen.

Quelle: United Nations, International Law

Parteien in Europa

In Deutschland, Österreich und der Schweiz haben sich in den vergangenen Jahrzehnten die politischen Parteien und ihr Einfluss deutlich verändert. Die großen Blöcke der Sozialdemokraten (als Vertreter der Arbeitnehmerinteressen) und der Konservativen (als Vertreter der Interessen der Beamten, Selbstständigen und Unternehmer) haben ebenso wie die Liberalen stark an Stimmen eingebüßt. In allen Ländern bildeten sich in den 1980er Jahren aus den Umweltschutz-, Friedens- und Frauenbewegungen grüne Parteien heraus, die vor allem junge Menschen und Hochgebildete anzusprechen vermochten. Die Grünen haben in vielen Kommunal- und Regionalregierungen schon seit vielen Jahren Ämter errungen und saßen in Deutschland von 1998–2005 unter Führung eines sozialdemokratischen Kanzlers auch in der Bundesregierung.

In den 1990er Jahren haben sich in allen drei Ländern mehr oder weniger erfolgreich populistische Bewegungen gebildet, die nationalistische und fremdenfeindliche Kampagnen geführt haben und durch die Kanalisierung des Ressentiments von unzufriedenen Bürgern politisch einflussreich geworden sind. In Österreich (FPÖ – Freiheitliche Partei Österreichs, später BZÖ – Bündnis Zukunft Österreich) und der Schweiz (SVP – Schweizer Volkspartei) sind diese Populisten sogar bis in nationale Regierungsämter aufgestiegen. Ihre Präsenz auf der politischen Bühne ist aber oft nur von kurzer Dauer; sie reagieren auf einen Popularitätsverlust oft mit Flügelkämpfen, Spaltungen und offenen internen Konflikten wie Parteiausschlüssen. In Deutschland gibt es neben der rechtsradikalen NDP (Nationaldemokratische Partei) und einzelnen rechten Listen auf Kommunalebene (wie in Hamburg) neuerdings eine linkspopulistische Partei (PDS – Partei des demokratischen Sozialismus bzw. kurz Die Linke), die vor allem aus der Unzufriedenheit mit der steigenden sozialen Ungleichheit profitiert, die nicht zuletzt zwischen den neuen und alten Bundesländern herrscht. Kür-

Die Europäische Union

Die historischen Wurzeln der Europäischen Union liegen in der Reaktion auf den Zweiten Weltkrieg. Die anfängliche Idee der Europäischen Integrationsbemühungen war, derartige Feindseligkeiten und Verwüstungen nie wieder geschehen zu lassen. Winston Churchill – der britische Premierminister während des Zweiten Weltkrieges – plädierte 1946 für die Gründung der „United States of Europe". Die ersten erfolgreichen Schritte zu einer europäischen Einigung wurden vom französischen Außenminister Robert Schuman in einer Rede am 9. Mai 1950 unterbreitet. Dieser Tag wird als Geburtstag der heutigen EU betrachtet und jährlich als „Europatag" gefeiert.

Anfangs bestand die Europäische Gemeinschaft aus sechs Staaten: Belgien, Deutschland, Frankreich, Italien, Luxemburg und die Niederlande. Dänemark, Irland und das Vereinigte Königreich traten 1973 bei, Griechenland 1981, Spanien und Portugal 1986, Österreich, Finnland und Schweden im Jahr 1995. 2004 fand die größte Erweiterung statt und viele osteuropäische Länder sowie die drei baltischen Staaten traten bei; 2007 folgten Bulgarien und Rumänien. Beitrittsverhandlungen werden derzeit mit Kroatien und der Türkei geführt.

In den Anfangsjahren konzentrierte sich die Europäische Gemeinschaft auf Zusammenarbeit in Handel und Wirtschaft, aber mittlerweile befasst sich die EU mit viel mehr Themen, die für unseren Alltag von Bedeutung sind. Einrichtungen der EU behandeln heute so unterschiedliche Fragestellungen wie die Bürgerrechte, Sicherheit, Arbeitsmarktförderung, Bildung und Forschung, Regionalentwicklung und Umweltschutz. EU-Mitgliedsstaaten sind demokratisch und verpflichten sich, im Interesse des Friedens und der Schaffung von Wohlstand zusammenzuarbeiten.

Manche Menschen – vor allem in Großbritannien – fürchten, dass die EU die nationale Souveränität untergrabe, also die Unabhängigkeit und das Selbstbestimmungsrecht der Mitgliedsstaaten beschränken würde, während andere ins Treffen führen, dass die EU sich nicht von anderen internationalen Organisationen wie den Vereinten Nationen (UNO) oder der Welthandelsorganisation (WTO) unterscheide. Beide Positionen sind unrichtig. Denn die EU ist eine Organisation, deren Mitgliedsstaaten gemeinsame Institutionen errichtet haben, an die sie nationalstaatliche Befugnisse abgeben, damit Entscheidungen über Angelegenheiten von gemeinsamem Interesse auf europäischer Ebene getroffen werden können. Alle Entscheidungen der EU basieren auf den Verträgen, die von allen Mitgliedsstaaten verhandelt und unterschrieben worden sind. Der Europäische Integrationsprozess bedeutet, dass die Mitgliedsstaaten einen Teil ihrer nationalstaatlichen Selbstbestimmung aufgeben. Allerdings nur zu spezifischen Zwecken und zu Konditionen, die sie vorher gemeinsam mit den anderen Mitgliedsstaaten vereinbart haben.

Es gibt fünf EU-Institutionen, von denen jede eine spezifische Rolle wahrnimmt (Europäische Gemeinschaften 2009).

- Das Europäische Parlament (gewählt von den Bürgern der Mitgliedsstaaten) stellt die politische Kontrolle über die EU dar und ist am Gesetzgebungsprozess beteiligt.
- Der Europäische Rat (der sich aus den Regierungschefs bzw. den Fachministern der Mitgliedsstaaten zusammensetzt) ist das wichtigste Entscheidungsgremium, das über die Politik der EU befindet. Der Rat kann die grundlegenden Verträge ändern oder neue beschließen und über die Aufnahme eines neuen Mitglieds befinden – Letzteres allerdings nur einstimmig. Der Vorsitz wechselt halbjährlich. Eine äußerst mächtige Formation des Rates ist die monatlich tagende Gruppe der Finanzminister der Mitgliedsstaaten –

Ecofin. Der Ecofin-Rat koordiniert die Wirtschaftspolitik, überwacht die Budgetpolitik und die Finanzen der Mitgliedsstaaten etwa im Rahmen sogenannter Stabilitätspakte, entscheidet über rechtliche und wirtschaftspolitische Fragen zur gemeinsamen Währung Euro (rechtliche, praktische und internationale Aspekte) und bestimmt die Finanzmärkte und den Kapitalverkehr sowie die Wirtschaftsbeziehungen zu Drittländern. Im Ecofin-Rat erfordern die Beschlüsse gewöhnlich qualifizierte Mehrheiten oder gar Einstimmigkeit.
- Die Europäische Kommission leitet und verwaltet die EU und ist damit die Exekutivkraft; da sie Richtlinien erlassen kann, ist sie aber auch ein Legislativorgan. Seit 1999 ist eine unabhängige Ermittlungseinheit zur Betrugsbekämpfung (OLAF – Office Européen de Lutte Anti-Fraud) eingerichtet worden, die formal zur Europäischen Kommission gehört. Zu den Aufgaben dieses europäischen Amtes zur Betrugsbekämpfung gehören neben dem Aufdecken des Missbrauchs von Subventionen auch die Ermittlung und Verfolgung von Betrug im Zollbereich. OLAF bekämpft außerdem die Korruption.
- Der Europäische Gerichtshof (der aus jeweils einem Richter jedes Mitgliedsstaates besteht) wacht über die Einhaltung des EU-Rechts.
- Der Rechnungshof (besteht aus einem Mitglied je Mitgliedsstaat) prüft die Ordnungsmäßigkeit der Einnahmen und Ausgaben der EU.

An der Seite dieser fünf Institutionen stehen zwei weitere wichtige Organe der wirtschaftlichen Integration:

- Die Europäische Zentralbank ist für die gemeinsame Währung (der Euro ist gegenwärtig in 15 Mitgliedsstaaten Zahlungsmittel) und die Geldpolitik der EU verantwortlich.
- Die Europäische Investitionsbank, die an weniger entwickelte Regio-

nen Kredite vergibt und mit Garantien zur wirtschaftlichen Entwicklung beiträgt.

Beratende Gremien ermöglichen auf indirekte Weise die Teilhabe verschiedener sozialer Gruppen am Entscheidungsfindungsprozess in der EU:

- Der Europäische Wirtschafts- und Sozialausschuss (dessen Mitglieder vom Rat für vier Jahre ernannt werden) vertritt wichtige wirtschaftliche und soziale Interessengruppen wie etwa den Europäischen Gewerkschaftsbund (EGB) oder auch Lobbyorganisationen für Frauen, behinderte Menschen oder Ältere. Er gibt gegenüber dem Europäischen Rat und der Kommission Stellungnahmen zu wichtigen Vorhaben ab.
- Der Ausschuss der Regionen (der sich aus Vertretern der Regionen und Kommunen zusammensetzt, die auf Vorschlag der Mitgliedsstaaten für vier Jahre ernannt werden) muss von Rat und Kommission bei wichtigen Vorhaben, die die Regionen betreffen, gehört werden.

Neben dem Europäischen Parlament gibt es noch eine direkte Anlaufstelle für alle europäischen Bürger:

- Der Europäische Bürgerbeauftragte oder Ombudsmann, der sich der Beschwerden der Bürger über Missstände in der Verwaltung der Organe der EU annimmt.

Weitere andere Organe und Institutionen vervollständigen das System. Daneben spielen die informellen und wenig transparenten Einflüsse der Lobbyisten auf die Gesetzgebung innerhalb der EU eine nicht zu unterschätzende Rolle. Das europäische Parlament definiert Lobbyisten als „Akteure, die eine Tätigkeit ausüben, die darauf abzielt, auf die Politikgestaltung und den Entscheidungsprozess der europäischen Organe und Einrichtungen Einfluss zu nehmen".

Insbesondere werden genannt: hauptberufliche Politikberater bzw. externe Lobbyisten, unternehmensinterne Lobbyisten, Nichtregierungsorganisationen, Denkfabriken (Thinktanks) sowie „Anwälte, deren Tätigkeit in erster Linie darauf abzielt, Einfluss auf die Politikgestaltung und weniger auf die Rechtsprechung zu nehmen" (Europäisches Parlament 2008). Im Frühjahr 2008 wurde ein zentrales Lobbyregister eingerichtet, in das sich alle Lobbyisten eintragen können. Dabei müssen sie ihre Auftraggeber und Finanzen offenlegen. Wenn sie auf die Eintragung im Lobbyregister verzichten, werden sie in Beratungen nur als Einzelmeinungen von Privatpersonen gewertet. Viele Nichtregierungsorganisationen kritisierten, dass ein freiwillige Register nur ein schwaches Mittel für mehr Transparenz sei und die Lobbyisten vor der Öffentlichkeit schütze. Sie forderten wie das europäische Parlament eine verpflichtende Registrierung mit voller Offenlegung aller Namen.

Die Erweiterung der EU zwang die (Regierungschefs der) Mitgliedsstaaten, die grundlegenden Verträge einer Überprüfung und Revision zu unterziehen. 2002 wurde ein Verfassungskonvent einberufen, der einen Vertrag ausarbeitete, der die Mitgliedsländer zu stärkerer Kooperation u.a. in Verteidigung und Einwanderung verpflichtet. Neu wären ein EU-Präsident und die Verkleinerung der Kommission gewesen. Diese Verfassung wurde in Frankreich und Holland 2005 in Volksabstimmungen abgelehnt, woraufhin der Ratifizierungsprozess für 18 Monate ausgesetzt wurde. Eine Überarbeitung des Verfassungsvertrages begann, denn allein durch die Vergrößerung der EU, aber auch neue außen- und sicherheitspolitische Herausforderungen wurde die Notwendigkeit geregelter Integration deutlich. Mit den 25 bzw. 27 Mitgliedsländern war der Rat, in dem Beschlüsse in vielen Belangen eine qualifizierte Mehrheit brauchen, und jeder Mitgliedsstaat entsprechend der Bevölkerungszahl Stimmgewicht hat (wobei dabei die

kleinen Staaten wie etwa Österreich mit zehn Stimmen im Vergleich zu Deutschland mit 29 Stimmen zurzeit sehr bevorzugt werden), eine sehr behäbige und schwer manövrierbare Institution geworden. Die neue Verfassung – der Vertrag von Lissabon – sollte in einer Grundrechtecharta jedem Bürger – egal, ob er in Bulgarien oder Schweden lebt – einheitliche Freiheits- und Bürgerrechte garantieren. Zudem sollten die Befugnisse des Parlamentes ausgeweitet werden und eine gemeinsame Außen- und Sicherheitspolitik in der Funktion eines quasi Außenministers der EU das Vorgehen in diplomatischen oder auch militärischen Konflikten effektiver koordinieren und vereinheitlichen.

Doch auch dieser Vertrag wurde 2002 im Ratifizierungsprozess durch eine Volksabstimmung – diesmal in der Republik Irland – zu Fall gebracht. Kritische Stimmen stellten die Sinnhaftigkeit von Referenden über komplexe Themen wie die europäische Einigung infrage. Populistische Politiker – solche, die unter dem Vorwand der Volksnähe oft nationalistische und fremdenfeindliche Ressentiments schüren – versuchten, Kleingeld aus einer diffusen EU-Skepsis zu machen, und bemühten sich, kein gutes Haar an der europäischen Integration zu lassen. Kriminalität, Arbeitslosigkeit, Inflation und Umweltverschmutzung wurden samt und sonders der europäischen Einigung angelastet.

Befürworter der EU führen an, dass die Europäische Einigung mehr als 60 Jahre Frieden, Stabilität und Wohlstand geschaffen hat. Nicht allein, dass heute ein Krieg zwischen den alten Rivalen Frankreich und Deutschland völlig unvorstellbar erscheint, hat auch die Integration der in den 1980er Jahren noch jungen Demokratien im Süden (Griechenland, Spanien und Portugal) zu einem massiven Wachstum an Wohlstand und damit zu deutlicher sozialer Stabilität in diesen Ländern beigetragen. Aufgrund der wirtschaftlichen Integration Europas ist der Lebensstandard gestiegen. Die EU hat einen europäischen Binnenmarkt ohne Zölle und Handelsbeschränkungen geschaffen und eine einheitliche Währung eingesetzt.

Doch wie der ehemalige Kommissionspräsident Jacques Delors sagte, braucht Europa auch eine Seele, denn „in den Binnenmarkt könne man sich nicht verlieben".

Im Jahr 2003 starteten europäische Intellektuelle einen öffentlichen Diskussionsprozess über die „Wiedergeburt Europas" (Derrida und Habermas 2003). Ausgehend von der umstrittenen Beteiligung einiger europäischer Staaten unter der Führung Großbritanniens an der militärischen Intervention der USA im Irak und den darauf folgenden Demonstrationen der Kriegsgegner in den europäischen Hauptstädten stellten sie die Frage nach den Voraussetzungen einer europäischen Einigkeit in der Außen- und Sicherheitspolitik. Aus dem Leid, das die Kriege europäischer Nationalstaaten gebracht haben und aus den Erfahrungen des Verlustes einer Vormachtstellung, die fast jede europäische Nation in der Geschichte gemacht hat, könne eine europäische Antwort auf internationale politische oder wirtschaftliche Interessenkonflikte nur im Ver-

zicht auf Gewaltausübung und Krieg bestehen: „Die Erfolgsgeschichte der Europäischen Union hat die Europäer in der Überzeugung bestärkt, daß die Domestizierung staatlicher Gewaltausübung auch auf globaler Ebene eine gegenseitige Einschränkung souveräner Handlungsspielräume verlangt."

Im Sinne einer künftigen „Weltinnenpolitik" müsse Europa als geeinte Kraft im Rahmen internationaler Organisationen wie der UNO auftreten, um die Vorherrschaft der USA auszugleichen.

„Die künftige Verfassung wird uns einen europäischen Außenminister bescheren. Aber was hilft ein neues Amt, solange sich die Regierungen nicht auf eine gemeinsame Politik einigen?" Als Lösung schlagen Habermas und Derrida vor, dass sich ein Kerneuropa aus Mitgliedsstaaten bildet, die bereit sind, enger zusammenzuarbeiten und dafür auch mehr nationalstaatliche Souveränität abgeben. Dieser Kern solle nicht exklusiv sein, sondern als „Lokomotive" den Integrationsprozess vorantreiben. Doch damit die Bürger so eine stärkere Einigung akzeptieren könnten, müsse auch eine europäische Identität als bewusster Akt des „politisch-ethischen" Willens ins Leben gerufen werden, die dem vermeintlich

Naturwüchsigen der nationalen Identität gegenübergestellt wird. Die europäische Identität geht für Habermas und Derrida aus den historischen Erfahrungen Europas hervor – dem Holocaust und der totalitären Regimes – und gründet demnach auf einer „[...] erhöhte[n] Sensibilität für Verletzungen der persönlichen und der körperlichen Integrität [und] spiegelt sich unter anderem darin, daß Europarat und EU den Verzicht auf die Todesstrafe zur Beitrittsbedingung erhoben haben" (Derrida und Habermas 2003).

Durch die beispiellose öffentliche Diskussion europäischer Intellektueller zur gleichen Zeit in vielen europäischen Medien wurde eine europäische Öffentlichkeit geschaffen, die sich kritisch mit der Europäischen Union auseinandersetzt. Zur Überwindung der Nationalstaatlichkeit in Europa und der Stärkung der politischen und wirtschaftlichen Rolle Europas in der Welt wird es noch viele solche Diskurse brauchen, die vor allem eine breitere Öffentlichkeit ansprechen müssen, damit Europa nicht in zwei Gruppen von Bürgern zerfällt: Bürger, die das nationalstaatliche Ressentiment leitet, und eine Gruppe von Intellektuellen, die seine Überwindung beschwören.

zungen im Zuge der Sozialstaatreformen haben dieser Partei Auftrieb gegeben; ein Teil der deutschen Linkspartei hat seine Wurzeln in der Sozialistischen Einheitspartei (SED) der DDR, weshalb sie auch besonders viele Wähler in den neuen Bundesländern hat.

So sehr sich die Parteien aber auch verändert haben und die Vielfalt an politischen Richtungen zugenommen hat, lassen sich immer noch einige Grundmuster in den politischen Positionen der verschiedenen Parteien in Europa ausmachen. Diese Muster oder großen ideologischen Richtungen gehen auf die Denkrichtungen des 19. Jahrhunderts zurück. So zeigt auch die Zusammensetzung des europäischen Parlamentes, dass sich die 785 Abgeordneten aus den 27 Mitgliedsländern bei aller nationalen und politischen Interessensvielfalt zu derzeit sieben Fraktionen zusammengefun-

Lesen Sie zu Sozialstaatsreformen in Kapitel 12 – Armut, soziale Ausgrenzung und soziale Sicherheit.

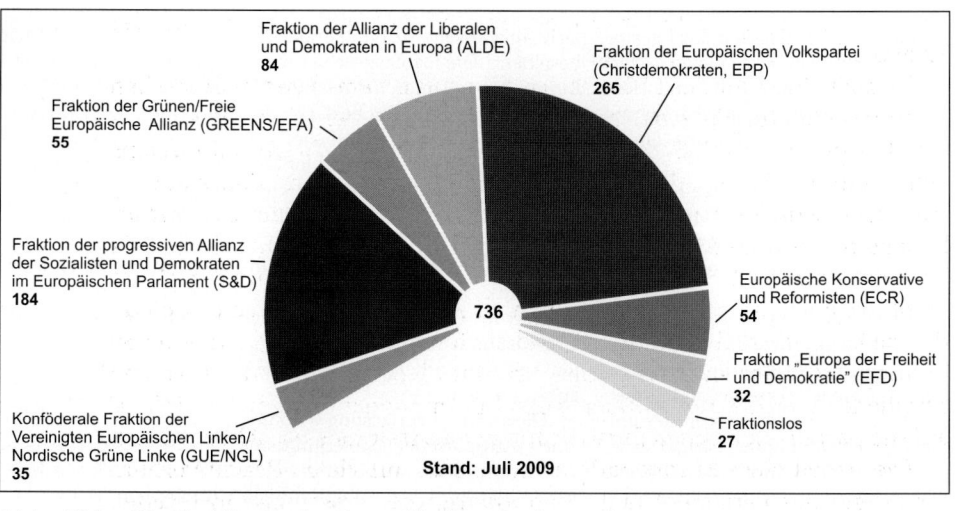

Abb. 18.3: Die Fraktionen im Europäischen Parlament
Quelle: Europäisches Parlament (2009).

den haben (Abbildung 18.3 zeigt die Verteilung der Abgeordneten auf die sieben Fraktionen).

Die größte Fraktion wird von den Christdemokraten der Europäischen Volkspartei gebildet, Abgeordnete konservativer Parteien der verschiedenen Länder finden sich in ihr zusammen. Die Sozialdemokraten bilden die zweitstärkste Gruppe, gefolgt von den Liberalen.

Die Grünen/Freie Europäische Allianz entsprechen mit ihrer politischen Linie den Grünen Parteien in Deutschland, Österreich und der Schweiz. Die Konföderale Fraktion Vereinigte Europäische Linke/Nordische Grüne Linke vertritt die Kommunisten bzw. in Deutschland die PDS – Die Linke.

Die fünftgrößte Gruppe der Europäischen Konservativen und Reformisten (ECR) wurde von den europaskeptischen britischen Tories, der polnischen Partei Recht und Gerechtigkeit (rund um die Kaczynski-Brüder) und Abgeordneten weiterer sechs Länder nach den Wahlen 2009 gegründet und wendet sich etwa gegen eine weitere EU-Erweiterung. Schließlich bilden 32 Abgeordnete die Fraktion Europa der Freiheit und Demokratie, die sich für einen Rückbau der Europäischen Union und eine Verringerung des Einflusses der EU auf die Nationalstaaten einsetzt. Die meisten ihrer Abgeordneten (nämlich 13) gehören der britischen Independence Party an, die sich das in Großbritannien weitverbreitete Ressentiment gegen die EU zunutze macht bzw. auch zu dessen Verbreitung beiträgt. Die italienische Lega Nord – die rechtspopulistische Partei, die eine Abspaltung des reichen Norden vom Staat Italien fordert und gegen Einwanderung auftritt – ist ebenso Teil der Fraktion Europa der Freiheit und Demokratie. Im Laufe der Jahre fanden sich im Europäischen Parlament auch immer wieder Abgeordnete zu einer rechtsextremen Fraktion zusammen, die jedoch relativ rasch wieder zerfiel. Diese Vertreter sind zurzeit ohne eigene Fraktion, das trifft für fünf der 17 österreichischen und keinen der 99 deutschen Abgeordneten zu.

Zurzeit sind fünf der 17 österreichischen und keiner der 99 deutschen Abgeordneten fraktionslos. Im Europäischen Parlament kann eine politische Gruppe erst ab einer Stärke von 20 Abgeordneten, die aus mindestens einem Fünftel der Mitgliedsstaaten kommen müssen, Fraktionsstatus in Anspruch nehmen. Auch in nationalen, regionalen oder kommunalen Parlamenten muss eine Mindestanzahl an Abgeordneten erreicht sein, um als Fraktion anerkannt zu werden. Fraktionen haben im Europäischen Parlament wie auch in nationalen Parlamenten einen administrativen Apparat, der sie bei der Arbeit unterstützt, und sie treten geeint in den Meinungsbildungsprozessen in Ausschüssen und im Plenum auf. Daher verfügen Mitglieder von Fraktionen über mehr Informationen und mehr Einfluss auf die parlamentarischen Entscheidungen als fraktionslose Abgeordnete.

Die Arbeit eines Europaparlamentariers ist mit vielen Reisen verbunden, denn das Parlament tagt in Straßburg, die Ausschüsse in Brüssel. Darüber hinaus muss der Abgeordnete auch im nationalen Wahlkreis präsent sein. Obwohl versucht wird, mit eigenen Informationsstellen und Internetportalen in allen Sprachen den Bürgern die komplexen politischen Prozesse in der EU nahezubringen, hat in den letzten Jahren die EU-Skepsis unter den Bürgern der Mitgliedsländer stark zugenommen. Die Bürger bemängeln, dass die EU und ihre Institutionen für sie nicht durchschaubar seien und obwohl sie ihre Vertreter im Parlament in direkter Wahl bestimmen, scheint die weiter oben erwähnte Forderung von Held, dass die globale soziale Demokratie auf unterschiedlichen Ebenen auch der demokratischen Legitimierung durch die Bürger bedarf, nicht einfach in die Realität umzusetzen zu sein. Dies dürfte auch daran liegen, dass unser politisches Denken und Handeln noch stark von nationalstaatlichen Strukturen geprägt ist (zu Theorien des Nationalismus und der Nation siehe weiter unten). Dahrendorf stellt die Möglichkeit der parlamentarischen Demokratie und repräsentativen Regierung auf übernationaler Ebene in Abrede, wenn er meint, dass es

> abwegig und illusorisch [wäre] zu versuchen, die traditionellen Institutionen der parlamentarischen Demokratie in diese Räume zu übertragen. [...] [I]n diesen neuen Räumen sind die Parlamente nicht mehr echte Parlamente und geben sich auch nicht mehr als solche aus, wenn sie nicht ganz bewusst das Volk täuschen wollen. [...] In dieser Lage gilt es, an den Prinzipien der liberalen Ordnung, auf denen die Demokratie beruht, festzuhalten und nicht einfach traditionelle demokratische Institutionen zu imitieren. (Dahrendorf 2002, S. 113)

Das Regieren auf europäischer Ebene ist ein recht komplizierter, verschachtelter Prozess, der viel Fachwissen aufseiten der Bürger erfordert, um nachvollzogen werden zu können. Um demokratische Mitbestimmung und weitgehende Partizipation der Bürger, Nationalstaaten und Interessenverbände zu ermöglichen, werden viele Entscheidungsprozesse in mehrere Beratungsphasen gegliedert, um einen größtmöglichen Konsens zu finden.

Dadurch ist das Ergebnis zwangsläufig oft ein Kompromiss, mit dem sich viele Beteiligte kaum identifizieren können, und wenige Bürger haben die Zeit und die Geduld nachzuvollziehen, warum es zu einer Entscheidung gekommen ist.

Das globale Regieren verlangt einerseits die Bereitschaft der Regierenden nach Transparenz. Andererseits muss diese Information von den Bürgern auch verstanden werden können.

Politischer und sozialer Wandel

Das politische Leben spielt sich keinesfalls nur im Rahmen der orthodoxen Parteipolitik, der Wahlen und Regierungsorgane ab. Es kommt häufig vor, dass Gruppen ihre Ziele und Ideen innerhalb dieses Rahmens nicht durchsetzen können oder dass die Verwirklichung sogar aktiv blockiert wird. Trotz der oben beschriebenen Ausbreitung der Demokratie zeigt der Weiterbestand autoritärer Regimes in vielen Ländern – wie etwa Weißrussland, China, Turkmenistan oder Kuba –, dass ein Wechsel innerhalb der bestehenden politischen Strukturen nicht immer möglich ist. Manchmal kann politischer und sozialer Wandel nur durch den Rückgriff auf unorthodoxe Formen der politischen Aktion vorangetrieben werden.

Die dramatischste und weitreichendste unorthodoxe politische Aktion ist die Revolution – der Umsturz einer bestehenden politischen Ordnung durch Massenbewegungen, die oft Gewalt anwenden. Revolutionen sind spannungsgeladene, aufregende und faszinierende Ereignisse; verständlicherweise ziehen sie viel Aufmerksamkeit auf sich. Doch gerade wegen dieser Dramatik ereignen sie sich nur selten. Der häufigste Typus unorthodoxer politischer Aktivitäten findet in sozialen Bewegungen statt – der gemeinsamen Anstrengung, durch Aktionen außerhalb der etablierten Institutionen ein Ziel zu erreichen oder Interessen durchzusetzen. Eine große Bandbreite an sozialen Bewegungen ist in modernen Gesellschaften aufgetreten, manche von ihnen führten zu Revolutionen; manche waren nur kurzlebig, manche von langer Dauer. Sie sind genauso wie die oft von ihnen bekämpften formalen bürokratischen Organisationen ein Teil unseres heutigen Alltags. Viele der heutigen sozialen Bewegungen sind international ausgerichtet und stark auf die Nutzung der Informationstechnologien angewiesen, wenn sie lokale Kampagnen mit globalen Fragen in Verbindung setzen.

Globalisierung und soziale Bewegungen

Soziale Bewegungen kommen in allen Formen und Größen vor. Manche sind sehr klein und haben nicht mehr als ein paar Dutzend Mitglieder; andere umfassen Tausende oder sogar Millionen Menschen. Während manche soziale Bewegungen ihre Aktivitäten innerhalb der gesetzlich erlaubten Möglichkeiten entfalten, agieren andere im Untergrund und illegal. Für Protestbewegungen ist es jedoch typisch, dass sie am Rande dessen tätig werden, was die Staaten zu einer bestimmten Zeit an einem bestimmten Ort erlauben.

Soziale Bewegungen entstehen oft mit dem Ziel, einen Wechsel in einer öffentlichen Angelegenheit zu erreichen, wie etwa die Ausweitung der Bürgerrechte für einen Teil der Bevölkerung. In Reaktion auf soziale Bewegungen können manchmal auch Gegenbewegungen zur Erhaltung des Status quo entstehen. Die Kampagne für das Recht der Frauen auf Abtreibung wurde beispielsweise lautstark von Abtreibungsgegnern („Aktion Leben"-Bewegung) bekämpft, die ein Verbot der Abtreibung verlangen.

Gesetze und Politik werden oft infolge der Aktivitäten sozialer Bewegungen geändert. Diese Gesetzesänderungen können weitreichende Folgen nach sich ziehen. So war es in der Vergangenheit etwa illegal, dass sich Gruppen von Arbeitern zu einem Streik organisierten und Streiken wurde in den verschiedenen Ländern mit unterschiedlich harten Strafen geahndet. (Zum Streik lesen Sie bitte auch den Kasten „Industrieller Konflikt" im Kapitel 16 – Arbeit und Wirtschaftsleben.) Schließlich wurden die Gesetze jedoch abgeändert, wodurch der Streik eine erlaubte Taktik im Interessenkonflikt zwischen Arbeitnehmern und Unternehmern geworden ist. Autoritäre Staaten kennen keine Streik- und Versammlungsfreiheit.

Soziale Bewegungen gehören zu den machtvollsten Formen gemeinsamer Aktivitäten, denn gut organisierte, ausdauernde Kampagnen können dramatische Ergebnisse zeitigen. Die amerikanische Bürgerrechtsbewegung etwa konnte erfolgreich Gesetze zum Verbot der Rassensegregation in Schulen und an öffentlichen Plätzen durchsetzen. Die Frauenbewegung hat bedeutende Gewinne an ökonomischer und politischer Gleichberechtigung für Frauen erreicht. In den letzten Jahren haben Umweltaktivisten große Zugeständnisse von den Regierungen und Konzernen zur Verringerung der Umweltverschmutzung erhalten.

Neue soziale Bewegungen

Seit 40 Jahren hat es eine explosionsartige Ausbreitung sozialer Bewegungen rund um den Erdball gegeben. Diese verschiedenen Bewegungen – angefangen von der Bürgerrechts- und Frauenbewegung in den 1960er Jahren über die Friedens- und Umweltbewegung der 1980er Jahre bis zur Homosexuellenbewegung der 1990er Jahre – werden von Kommentatoren oft als neue soziale Bewegungen bezeichnet. Diese Bezeichnung versucht einen Unterschied der gegenwärtigen sozialen Bewegungen zu jenen vergangener Jahrzehnte zu betonen. Viele Beobachter argumentieren, dass die neuen sozialen Bewegungen ein einzigartiges Produkt der „spätmodernen" Gesellschaft seien und sich in ihren Methoden, Motiven und Orientierungen grundlegend von sozialen Bewegungen früherer Zeiten unterscheiden.

neue soziale Bewegungen

Der Aufstieg der neuen sozialen Bewegungen in jüngerer Vergangenheit spiegelt die sich verändernden Risiken der heutigen Gesellschaft wider. Die traditionellen politischen Institutionen tun sich mit diesen neuen Herausforderungen – wie sie etwa beim Umweltrisiko der Nuklearenergie, der Verbrennung fossiler Brennstoffe oder den Experimenten der Nano- oder Biotechnologie entstehen – schwer. Da es scheint, dass diese neuen Probleme und Herausforderungen von den bestehenden demokratischen, politischen Institutionen nicht bewältigt werden können, werden sie häufig ignoriert, bis es zu spät ist und eine ausgewachsene Krise auftritt.

Diese neuen Gefahren haben den kumulativen Effekt in der Bevölkerung, dass sie den Menschen das Gefühl vermitteln, inmitten des raschen Wandels die „Kontrolle über ihr Leben zu verlieren". Individuen fühlen sich weniger sicher und isolierter – was in dieser Kombination zum Gefühl der Machtlosigkeit führt. Im Gegensatz dazu scheinen Konzerne, Regierungen und die Medien immer mehr Aspekte des alltäglichen Lebens zu bestimmen, was den Eindruck bei den Menschen erhöht, ihr Alltag entziehe sich ihrer Kontrolle. Der Eindruck wächst, dass sich die unregulierte Globalisierung sogar noch gefährlicher auf das Leben der Bürger auswirken wird.

Lesen Sie zur Diskussion der Globalisierungsfolgen für die Umwelt Kapitel 19 – Umwelt.

Wir können die neuen sozialen Bewegungen aus dem Blickwinkel der Paradoxie der Demokratie betrachten. Während das Vertrauen in traditionelle Politik zu sinken scheint, zeigt der Zulauf zu den neuen sozialen Bewegungen, dass die Bürger in den „spätmodernen" Gesellschaften nicht apathisch oder politisch uninteressiert sind, wie manche behaupten. Ganz im Gegenteil besteht die Hoffnung, dass Aktionismus und die Teilnahme an sozialen Bewegungen mehr auszurichten vermag, als wenn man sich auf die Politiker und das politische System verlässt. Mehr als je zuvor unterstützen die Menschen soziale Bewegungen, um komplexe moralische Fragen zu Gehör zu bringen und ins Zentrum des sozialen Lebens zu rücken. In dieser Hinsicht tragen die neuen sozialen Bewegungen in vielen Ländern zur Wiederbelebung der Demokratie bei. Sie sind der Kern starken bürgerschaftlichen Engagements in einer Zivilgesellschaft, der Sphäre zwischen Staat und Markt, die von Familie, Gemeinde, Vereinen und anderen nichtökonomischen Institutionen eingenommen wird.

Zivilgesellschaft

Technologie und soziale Bewegungen

In den letzten Jahren sind zwei der einflussreichsten Kräfte der „spätmodernen" Gesellschaften – die Informationstechnologie und soziale Bewegungen – zusammengekommen und haben erstaunliche Resultate hervorgebracht. In unserem gegenwärtigen Informationszeitalter können soziale Bewegungen rund um den Erdball in riesigen regionalen und internationalen Netzwerken von Nichtregierungsorganisationen, religiösen und humanitären Gruppen, Menschenrechtsgruppen, Verbraucherschutzanwälten, Umweltaktivisten und anderen, die sich für öffentliche Interessen einsetzen, zusammenkommen. Diese elektronischen Netzwerke verfügen über die bislang noch nicht vorhandene Fähigkeit, unmittelbar zu reagieren, wenn Ereignisse stattfinden, Informationen einzuholen und weiterzugeben und Druck auf Konzerne, Regierungen und internationale Organe mit strategischen Kampagnen auszuüben. Die Proteste der sogenannten Globalisierungsgegner anlässlich der Treffen der Welthandelsorganisation (WTO) in Genua 2001 oder der Regierungschefs der G8, der größten Industrienationen, in Heiligendamm/Deutschland 2007 wurden zu einem großen Teil von den auf Internet basierenden Netzwerken organisiert.

Das Internet steht an der Spitze dieser Veränderungen, obwohl Mobiltelefone, Fax und Satellitenfernsehen auch zur Beschleunigung der Entwicklung dieser Bewegungen beigetragen haben. Mit einem Knopfdruck werden Berichte über lokale Vorkommnisse international verbreitet. Bürgerinitiativen von Japan bis Bolivien können sich online treffen, um Informationen und Erfahrungen auszutauschen und Aktionen zu koordinieren.

Die Tatsache, dass gemeinsame politische Kampagnen international möglich sind, ist für die Regierungen die am meisten besorgniserregende und für die Aktivisten die am meisten inspirierende Dimension der Verknüpfung von sozialen Bewegungen mit modernen Technologien. In den vergangenen 20 Jahren ist durch die Ausbreitung des Internets die Zahl der „internationalen sozialen Bewegungen" ständig gestiegen. Von den weltweiten Protesten zur Entschuldung der Entwicklungsländer bis zum Verbot von Landminen (was in der Verleihung des Friedensnobelpreises für Jody Williams 1997 gipfelte) hat das Internet die Fähigkeit bewiesen, Kampagnen über nationale und kulturelle Grenzen hinweg zu vereinen. Einige Beobachter sagen, dass im Informationszeitalter eine Verschiebung der Macht weg von den Nationalstaaten hin zu Koalitionen der neuen Nichtregierungsorganisationen stattfindet.

Politische Berater in Thinktanks wie der RAND Corporation (in den USA) sprachen schon von Internetkriegen – groß angelegten internationalen Konflikten, in denen statt um Gebietsansprüche um Information und Einfluss auf die öffentliche Meinung gestritten wird. Die Teilnehmer am Internetkrieg nutzen die Medien und Onlinedienste, um das Wissen über die soziale Welt bei bestimmten Bevölkerungsgruppen zu beeinflussen. Die Onlinebewegungen zielen oft darauf ab, Menschen, die andernfalls nicht über dieses Wissen verfügen würden, darüber zu informieren, welche Auswirkungen Konzerne, die Regierungspolitik oder internationale Abkommen auf sie haben. Für viele – sogar demokratische – Staaten sind Internetkriege eine beängstigende und schwer fassbare Gefahr. Wie ein Bericht der US-Armee warnt, beginnt eine neue Generation von Revolutionären, Radikalen und Aktivisten Ideologien des Informationszeitalters zu kreieren, in denen sich die Loyalitäten weg vom Nationalstaat hin zu einer „globalen Zivilgesellschaft" verlagern können (Vidal 2000).

Sind solche Ängste übertrieben? Es gibt Anzeichen dafür, dass sich soziale Bewegungen in den letzten Jahren tatsächlich radikal verändert haben. In seinem Buch *Die Macht der Identität* (2002) untersucht Manuel Castells drei soziale Bewegungen, die obwohl völlig unterschiedlich in ihren Anliegen und Zielen alle durch den wirksamen Einsatz der Informationstechnologie internationale Aufmerksamkeit auf sich gezogen haben. Die mexikanischen Zapatista-Rebellen, die amerikanische „Militia"-Bewegung und der japanische Aum Shinrikyo Kult haben jede für sich Medien geschickt dafür benutzt, ihre Botschaft von den Globalisierungsfolgen zu verbreiten, zur Opposition aufzurufen und ihren Ärger über den Verlust der Kontrolle über ihr eigenes Schicksal auszudrücken.

Castells zufolge ist jede dieser Bewegungen auf Informationstechnologien für ihre Organisationsinfrastruktur angewiesen. Ohne das Internet wären etwa die Zapatistas eine isolierte Guerillabewegung im Süden Mexikos geblieben. Stattdessen entstanden schon Stunden nach ihrem bewaffneten Aufstand 1994 lokale, nationale und internationale Unterstützergruppen online, die sich für die Sache der Rebellen einsetzten und die brutale Niederschlagung des Aufstandes durch die mexikanische Regierung verurteilten. Die Zapatistas benutzten Telekommunikation, Video und Medieninterviews, um ihre Einwände gegen die Handelspolitik der NAFTA (North American Free Trade Agreement) zu verbreiten, die verhinderte, dass die verarmten Indiobauern in Oaxaca und Chiapas von der Globalisierung profitierten. Da ihr Anliegen an die Spitze der Netzwerke der sozialen Kampagnenführer geraten war, konnten die Zapatistas Verhandlungen mit der mexikanischen Regierung erzwingen und die internationale Öffentlichkeit über die schädlichen Auswirkungen des Freihandels auf die eingeborenen Bevölkerungen informieren.

Theorien des Nationalismus und der Nation

Einige der wichtigsten sozialen Bewegungen der Gegenwart sind nationalistische Bewegungen. Soziologische Denker des 19. und frühen 20. Jahrhunderts zeigten sich wenig interessiert am Nationalismus. Marx und Durkheim sahen im Nationalismus vor allem eine zerstörerische Tendenz und argumentierten, dass die durch die moderne Industrie bedingte zunehmende wirtschaftliche Integration seinen raschen Niedergang bewirken werde. Nur Max Weber befasste sich ausführlich mit der Analyse des Nationalismus und bezeichnete sich selbst als Nationalist. Doch auch Weber konnte nicht voraussehen, welche Bedeutung der Nationalismus und die Idee der Nation im 20. Jahrhundert erhalten würden (Weber [1919] 2002).

Das Wiederaufflammen des Nationalismus im ehemaligen Jugoslawien wird in Kapitel 10 – Ethnien, Ethnizität und Migration beschrieben.

Zu Beginn des 21. Jahrhunderts ist der Nationalismus nicht nur nach wie vor vorhanden, sondern zumindest in einigen Teilen der Welt sehr ausgeprägt. Obwohl die Welt stärker interdependent wurde, hat diese wechselseitige Abhängigkeit noch nicht das Ende des Nationalismus eingeläutet. In mancherlei Hinsicht hat sie wahrscheinlich sogar zu seiner Intensivierung beigetragen.

Zu den Ursachen haben Denker in letzter Zeit unterschiedliche Erklärungsansätze entwickelt. Auch über den historischen Zeitpunkt des Aufkommens des Nationalismus, der Nation und des Nationalstaates besteht Uneinigkeit. Manche Wissenschaftler datieren die Ursprünge des Nationalismus viel früher als andere.

Nationalismus und moderne Gesellschaft

Der vermutlich führende Theoretiker des Nationalismus ist Ernest Gellner (1925–1995). Gellner (1995) sagte, dass der Nationalismus, die Nation und der Nationalstaat Produkte der modernen Zivilisation sind, die ihren Ursprung in der industriellen Revolution des ausgehenden 18. Jahrhunderts hat. Nationalismus und die Gefühle, die damit verbunden sind, haben keine tiefen Wurzeln in der menschlichen Natur, sondern sind das Ergebnis der neuen großen, durch die Industrialisierung geschaffenen gesellschaftlichen Einheit. Gellner zufolge ist der Nationalismus ebenso wie die Idee der Nation in traditionalen Gesellschaften unbekannt.

Es gab eine Reihe von Besonderheiten der modernen Gesellschaften, die nationalistische Phänomene hervorgebracht haben. Erstens ist eine moderne industrialisierte Gesellschaft eng verbunden mit rascher wirtschaftlicher Entwicklung und einer komplexen Arbeitsteilung. Gellner streicht heraus, dass die moderne Industrialisierung einen viel effektiveren Staatsapparat als je zuvor benötigt hat. Zweitens müssen die Individuen im modernen Staat täglich mit Fremden interagieren, da die Gesellschaft nicht mehr länger auf lokalen Dorf- oder Stadtgemeinschaften basiert, sondern auf wesentlich größeren Einheiten. Massenbildung in einer in den Schulen gelehrten „offiziellen Landessprache" ist das hauptsächliche Mittel, wie man eine Gesellschaft im großen Rahmen organisiert und zusammenhält.

Gellners Theorie wurde in mehreren Aspekten kritisiert. Es sei ein funktionalistischer Ansatz, in der Bildung die Rolle der Vereinheitlichung der Gesellschaft zu sehen, wie Kritiker sagen. Wie generell funktionalistische Erklärungen so neigt auch diese dazu, den Beitrag der Bildung zu Konflikt und sozialer Spaltung zu unterschätzen. Gellners Theorie könne die Leidenschaften, die der Nationalismus entfachen kann und auch oft entfacht, nicht wirklich erklären. Die Macht des Nationalismus beruht vermutlich nicht nur auf Bildung, sondern auch auf seiner Fähigkeit, eine *Identität* für die Menschen zu schaffen – etwas, ohne das die Menschen nicht leben können.

Das Bedürfnis nach Identität ist sicherlich nicht erst mit der modernen industriellen Gesellschaft entstanden. Kritiker meinen daher, dass Gellner irrt, wenn er Nationalismus und Nation so stark von vormodernen Zeiten abtrennt. Nationalismus ist in mancherlei Hinsicht recht modern, doch er schöpft auch aus Gefühlen und Formen des Symbolismus, die weit in die Vergangenheit reichen. Anthony Smith, einem der bekanntesten derzeitigen Nationalismusforscher, zufolge weisen Nationen direkte Stränge der Kontinuität zu früheren ethnischen Gemeinschaften oder Ethnien – wie er **Ethnie** sie nennt – auf (Smith 1986). Eine Ethnie ist eine Gruppe, die die Idee einer gemeinsamen Abstammung eint, die eine gemeinsame kulturelle Identität haben und ein bestimmtes Heimatland beanspruchen.

Viele Nationen, so Smith, haben tatsächlich vormoderne Kontinuitäten, und in früheren historischen Epochen gab es ethnische Gemeinschaften, die den späteren Nationen ähnelten. Die Juden etwa haben seit mehr als 2.000 Jahren eine klar erkennbare Ethnie geformt. Zu bestimmten Zeiten sammelten sich Juden in Gemeinschaften, die einige der Kennzeichen einer Nation trugen. 1948 wurde in Anschluss an den Genozid durch die Nazis der Staat Israel gegründet, der den Gipfelpunkt der zionistischen Bewegung markiert, deren Ziel es war, eine Heimat für die auf der ganzen Welt verstreuten Juden zu schaffen. Wie viele andere Nationalstaaten wurde auch Israel nicht von einer Ethnie hervorgebracht. Die palästinensische Minderheit in Israel geht auf ähnliche ethnische Wurzeln zurück und behauptet, dass die Gründung des Staates Israel die Palästinenser von ihren alten Siedlungsgebieten vertrieben hat. Daraus resultieren die dauernden Spannungen zwischen Juden und Palästinensern und Israel und den angrenzenden arabischen bzw. muslimischen Staaten (denn weder der Iran noch Pakistan ist ein arabischer Staat).

Unterschiedliche Nationen haben sehr verschiedene Entwicklungen von der Ethnie zur Nation genommen. In einigen, einschließlich der meisten westeuropäischen Nationen, hat eine einzelne Ethnie sich so ausgedehnt, dass sie die anderen verdrängt hat. So wurden etwa im Frankreich des 17. Jahrhunderts mehrere andere Sprachen gesprochen, mit denen unterschiedliche ethnische Geschichten verbunden waren. Als Französisch dann die herrschende Sprache wurde, verschwanden die meisten dieser Konkurrenten und nur Reste davon blieben in wenigen Gebieten zurück; so zum Beispiel das Baskenland, das über die Grenze nach Spanien reicht. Die baskische Sprache unterscheidet sich grundlegend von der französischen und spanischen, und die Basken betonen, eine eigene kulturelle Geschichte zu haben. Manche Basken wollen einen eigenen Nationalstaat unabhängig von Frankreich und Spanien. Baskische Separatisten haben immer wieder mit Bombenanschlägen ihr Ziel der Unabhängigkeit zu erreichen versucht, wenn auch diese Gewalt nicht vergleichbar ist mit Unabhängigkeitskämpfen in anderen Gebieten der Erde, wie etwa in Osttimor oder in Tschetschenien.

Der jüngste Fall einer Neugründung eines Nationalstaates durch eine lange Zeit unterdrückte Ethnie ist der Kosovo: Hier konnte sich die mehrheitlich albanische und muslimische Bevölkerung aus dem Staat Serbien lösen, innerhalb dessen die Kosovaren ihre frühere Autonomie am Beginn des Zerfalls des jugoslawischen Einheitsstaates verloren hatten. Die serbische Minderheit im Kosovo sieht sich in dem neuen Nationalsstaat allerdings diskriminiert und lehnt ihn daher ab.

Nationen ohne Staaten

Nationen ohne Staaten

Der Weiterbestand von genau definierten Ethnien innerhalb etablierter Nationen führt zum Phänomen der „Nationen ohne Staaten". In dieser Situation sind viele Kennzeichen einer Nation vorhanden, doch es fehlt eine unabhängige politische Gemeinschaft. Separatistische Bewegungen wie jene in Tschetschenien, im Baskenland oder in Kaschmir werden davon angetrieben, dass sie einen autonomen selbstbestimmten Staat fordern.

Man kann einige unterschiedliche Typen von Nationen ohne Staat unterscheiden, je nachdem welche Beziehung zwischen der Ethnie und dem größeren Nationalstaat besteht, in dem die Ethnie beheimatet ist (Guibernau i Berdún 1999). Erstens kann in einigen Fällen der Nationalstaat die kulturellen Unterschiede anerkennen und seinen Minderheiten ein gewisses Maß an aktiver Entwicklung erlauben. Südtirol hat in zähen diplomatischen Bemühungen 1972 einen eingeschränkten Autonomiestatus vom Nationalstaat Italien errungen. Bis zum Ende des Ersten Weltkrieges war Südtirol Teil des Habsburgerreiches, die Mehrheit der Bevölkerung ist deutschsprachig, wobei es auch noch eine kleine ladinische Minderheit gibt. Die Selbstverwaltung umfasst weitgehende finanzielle Autonomie vom Gesamtstaat Italien und erlaubt auch eigene Regionalgesetzgebung.

Ähnlich sind das Baskenland und Katalonien (die Region rund um Barcelona im Nordosten Spaniens) als autonome Gemeinschaft Spaniens anerkannt. Doch sowohl in Italien als auch in Spanien wird noch viel in den Händen der nationalen Regierungen und Parlamente in Rom bzw. Madrid bleiben.

Ein zweiter Typ der Nationen ohne Staat besteht aus solchen mit einem größeren Grad an Autonomie. In der kanadischen Provinz Quebec oder in Flandern (dem flämischsprachigen Teil Belgiens) haben die regionalen politischen Organe weitreichende politische Befugnisse, die im Prinzip alle Bereiche des Alltags umfassen. In Flandern gibt es auch nicht die Notwendigkeit, die Sprache des anderen Teils Belgiens – der französischsprachigen Wallonie – zu lernen, sodass in Belgien zwei Ethnien in einem Staat zusammenleben, sich aber oft miteinander nur auf Englisch verständigen können. Daneben gibt es in Belgien auch noch eine kleine deutschsprachige Minderheit. In Quebec – wie im gesamten Kanada – besteht Zweisprachigkeit, alle Politiker müssen etwa Französisch und Englisch beherrschen. Doch der Nationalismus der Quebecois ist so ausgeprägt, dass die Verpflichtung zur Zweisprachigkeit einfach ignoriert wird und selbst Behörden sich weigern, Auskünfte auf Englisch zu erteilen. Die nationalistischen Bewegungen in Flandern wie auch in Quebec agitieren weiter um vollständige Unabhängigkeit vom Nationalstaat.

Drittens gibt es Ethnien, denen die Anerkennung vom Staat mehr oder minder verweigert wird. In vielen Fällen setzt der größere Nationalstaat Gewalt gegen die Minderheit und ihre Autonomiebestrebungen ein. Beispiele dafür sind die Tibeter in China und die Kurden, deren Heimatland sich über Teile der Türkei, Syriens, des Irans und Iraks erstreckt.

Die Tibeter und Kurden datieren die Anfänge ihrer Kultur viele Jahrhunderte zurück. Die Geschichte Tibets ist stark mit einer bestimmten Form des Buddhismus verknüpft, die sich dort entfaltet hat. Der Dalai Lama – das Oberhaupt der Tibeter – lebt im Exil und führt die gewaltlose Bewegung nach mehr Unabhängigkeit von China an. Unter den Kurden wiederum gibt es mehrere Unabhängigkeitsbewegungen, die Gewalt als legitimes Mittel zur Erreichung der Autonomie erklärt haben. Sie operieren ebenfalls aus dem Exil, so haben sie etwa in Brüssel ihr „Exilparlament", das jedoch nicht von allen Unabhängigkeitsgruppen unterstützt wird.

Im Fall der Tibeter und Kurden besteht wenig Aussicht auf die Errei-chung auch nur eines eingeschränkten Autonomiestatus, wenn die Regie-rungen nicht eine Kehrtwende ihrer Politik vollziehen. Doch in anderen Fällen kann es durchaus nationale Minderheiten geben, die für die Auto-nomie *innerhalb* des Staates, in dem sie beheimatet sind, votieren, statt der kompletten Autonomie *vom* Staat. Im Baskenland, Katalonien oder auch Schottland ist nur eine Minderheit der Bevölkerung für die vollständige Unabhängigkeit. In Quebec ist 1995 eine Abstimmung innerhalb der Pro-vinz gescheitert, die die vollständige Unabhängigkeit von Kanada zum Ziel hatte.

Nationale Minderheiten und die Europäische Union

Im Fall nationaler Minderheiten in Europa spielt die Europäische Union eine gewichtige Rolle. Die EU wurde als freiwilliger Zusammenschluss der wichtigsten europäischen Nationen gebildet. Doch ein wichtiges Ele-ment der Philosophie der EU ist die sogenannte Subsidiarität, d.h. dass so viel wie möglich auf der Ebene der Regionen und lokalen Einheiten gere-gelt werden sollte. Diese Betonung regionaler und lokaler Einheiten wird von den nationalen Minderheiten wie den Basken, Schotten und Katala-nen besonders unterstützt. Mitglieder dieser Minderheitengruppen füh-len oft Ressentiments darüber, wie Teile ihrer Kultur oder ihrer Institutio-nen verloren gegangen sind, und sie bemühen sich auch darum, diese zu-rückzuerlangen. Sie sehen in der EU eine Möglichkeit, ihre besondere kul-turelle Identität zu stärken. Die Möglichkeit, sich als nationale Minderheit an ein Organ der EU zu wenden – etwa an das Europäische Parlament oder an den Europäischen Gerichtshof –, bietet ihnen unter Umständen genug Autonomie, um ein Gefühl der Selbstbestimmung zu empfinden. So ist durchaus denkbar, dass aufgrund der Existenz der EU nationale Minderheiten den Gedanken aufgeben, vollständige Unabhängigkeit zu fordern, wenn sie stattdessen eine kooperative Beziehung sowohl mit den größeren Nationen, denen sie auch angehören, und der EU haben können.

Zu den grundlegen-den Funktionen und Rollen der Organe der EU lesen Sie bitte im Kasten auf Seite 821 nach.

Nationen und Nationalismus in Entwicklungsländern

In den meisten Entwicklungsländern haben sich Nationalismus, Nationen und Nationalstaaten anders entwickelt als in der industrialisierten Welt. Die meisten Entwicklungsländer waren einmal von den Europäern kolo-nisiert gewesen und erlangten ihre Unabhängigkeit erst in der zweiten Hälfte des 20. Jahrhunderts. In vielen dieser Länder wurden die Grenzen zwischen den Kolonialverwaltungen völlig willkürlich in Europa ausge-handelt, wobei die bestehenden wirtschaftlichen, kulturellen und ethni-schen Unterteilungen in den Bevölkerungen völlig außer Acht geblieben sind. Die Kolonialmächte unterwarfen die Königreiche und Stammesgrup-pen, die es auf dem afrikanischen Kontinent, dem indischen Subkontinent und anderen Teilen Asiens gab, und errichteten ihre Kolonialverwaltun-gen und Protektorate. Dementsprechend war jede Kolonie „eine Ansammlung von Völkern, Staaten und ihren Fragmenten, die in ein und demselben Territorium zusammengefasst wurden" (Akintoye 1976, S. 3). Die meisten kolonisierten Gebiete enthielten ein Mosaik von Ethnien und Gruppen.

Wenn ehemalige Kolonien ihre Unabhängigkeit erlangten, war es für sie oft schwierig, ein Nationalgefühl zu entwickeln. Wenngleich Nationalismus eine wichtige Rolle bei den Unabhängigkeitsbestrebungen der Kolonien spielte, beschränkte sich dieser oft auf kleine Gruppen von Aktivisten. Nationalistische Ideen hatten keinen Einfluss auf die Mehrheit der Bevölkerung. Sogar heute werden viele postkoloniale Staaten immer wieder von Rivalitäten und Ansprüchen auf die politische Herrschaft erschüttert.

Afrika ist der Kontinent, der am stärksten kolonisiert worden war. Nationalistische Bewegungen, die nach dem Zweiten Weltkrieg für die Unabhängigkeit kämpften, wollten die Kolonien von der Herrschaft der Europäer befreien. Nachdem dies gelungen war, standen die neuen Regierenden vor dem Problem, nationale Einheit herzustellen. Viele dieser Politiker hatten in Europa oder den USA studiert und ein großer Zwiespalt tat sich zwischen ihnen und der Bevölkerung auf, die meist arme Analphabeten waren, denen jedes Verständnis für die Rechte und Pflichten einer Demokratie fehlte. Unter der Kolonialherrschaft ging es einigen ethnischen Gruppen besser als den anderen, weshalb sie konkurrierende Interessen hatten und einander als Feinde gegenüberstanden.

Bürgerkriege brachen in einer Reihe postkolonialer Staaten in Afrika aus, so etwa im Sudan, Kongo und Nigeria; ethnische Rivalitäten und Feindseligkeiten kennzeichneten viele Staaten sowohl in Afrika als auch in Asien. Im Sudan bekannten sich 40 Prozent der Bevölkerung zu arabischen Wurzeln, während in anderen Regionen des Landes, insbesondere jedoch im Süden, die Menschen schwarz waren und christliche oder animistische Religionen praktizierten. Als die Nationalisten an die Macht kamen, starteten sie ein Programm für nationale Einigung, das auf Arabisch als Landessprache basierte. Der Einigungsversuch war nur teilweise erfolgreich, und die Spannungen und Verwerfungen sind bis heute sichtbar. (Ähnliches sahen wir in unserer Diskussion ethnischer Konflikte, wie jenem in Ruanda oder Darfur im westlichen Sudan.) Viele der Kriege, die auf dem afrikanischen Kontinent seit der Unabhängigkeit stattfanden, sind eine direkte Folge von solchen Konflikten.

Ethnische Konflikte werden auch in Kapitel 10 – Ethnien, Ethnizität und Migration diskutiert.

Nigeria ist ein weiteres Beispiel: Das Land hat 120 Millionen Einwohner, fast jeder vierte Afrikaner ist Nigerianer. Nigeria war früher eine britische Kolonie und wurde am 1. Oktober 1960 unabhängig. Die Bevölkerung des Landes setzt sich aus drei ethnischen Gruppen zusammen: den Yoruba, Ibo und Hausa. Schon bald nach der Unabhängigkeit brachen 1966 bewaffnete Konflikte zwischen den unterschiedlichen ethnischen Gruppen aus. Militärregierungen wechselten sich mit Zivilregierungen ab. 1967 brach ein Bürgerkrieg aus, als ein Gebiet – Biafra – die Unabhängigkeit vom Rest des Landes forderte. Die separatistische Bewegung wurde mit Militärgewalt unterdrückt und viele Menschen kamen zu Tode. Regierungen haben seitdem versucht, ein klareres Empfinden der nationalen Identität rund um das „Mutterland Nigeria" zu kreieren, doch es bleibt schwierig, ein Zusammengehörigkeitsgefühl zu schaffen. Das Land hat große Rohöllager, doch versinkt es in Armut und ist nach wie vor unter autoritärer Herrschaft.

Insgesamt sind die meisten Staaten der Entwicklungsländer aus anderen Prozessen der Nationswerdung hervorgegangen als jene in der industrialisierten Welt. Staatliche Strukturen wurden von außen oktroyiert, wo zuvor oft keine kulturellen oder ethnischen Einheiten vorhanden waren, was in einigen Ländern nach der Unabhängigkeit zu Bürgerkriegen führte. Moderne Nationen sind am ehesten dort entstanden, wo Gebiete nicht voll kolonialisiert waren oder wo es davor schon eine ausgeprägte kulturelle Einheit gegeben hat, wie in Japan, Korea oder Thailand.

Nationalismus und Globalisierung

Wie beeinflusst die Globalisierung den Nationalismus und die nationale Identität? Der Soziologe Andrew Pilkington hat diese Frage untersucht (2003) und sagt, dass Nationalismus eigentlich ein relativ junges Phänomen ist, trotz der Tatsache, dass viele seiner Anhänger sich auf eine nationale Geschichte berufen, die weit in die Vergangenheit reicht. Bis vor Kurzem – gemessen an historischen Maßstäben – lebten die Menschen in kleinen Siedlungen, ohne ein Bewusstsein davon zu haben, was außerhalb ihrer Gruppe vorgeht, sodass allein der Gedanke, ein Teil einer größeren Nation zu sein, ihnen fremd sein musste. Pilkington sagt, dass sich erst später – etwa ab dem 18. Jahrhundert – durch die Entwicklung von Massenkommunikationsmitteln die Idee einer nationalen Gemeinschaft entwickelte und verbreitete. Für Pilkington wurden in dieser Periode nationale Identitäten „konstruiert".

Sozialer Konstruktivismus wird in Kapitel 3 – Soziale Interaktion und Alltagsleben erörtert.

Entscheidend für die Entwicklung eines Nationalgefühls, so Pilkington, ist die Existenz eines „Anderen", gegen den sich die nationale Identität abgrenzen kann. Zentral für die Herausbildung einer (protestantischen) britischen Identität war die Existenz des (katholischen) Frankreichs, meint Pilkington. Er dokumentiert, wie *Britishness* von der Elite zum Rest der Gesellschaft durchsickerte, als die Alphabetisierung sich in der ganzen Bevölkerung verbreitete und die Kommunikationstechnologie die Ausbreitung von Ideen ermöglichte.

Wenn nationale Identität sozial konstruiert ist, wie Pilkington behauptet, dann ist es möglich, dass sie sich auch verändert und weiterentwickelt. Einer der Hauptfaktoren für eine Veränderung der nationalen Identität ist heute die Globalisierung, so Pilkington. Seiner Ansicht nach schafft die Globalisierung Widersprüche zwischen Zentralisierung und Dezentralisierung. Auf der einen Seite wird die Macht von Wirtschaftsunternehmen und politischen Einheiten (wie bei multinationalen Konzernen oder transnationalen Organisationen wie der EU) stärker konzentriert, während auf der anderen Seite ein Drang zur Dezentralisierung besteht (denken Sie an den Zusammenbruch der Sowjetunion oder die Forderung baskischer Nationalisten nach einem eigenständigen, von Spanien getrennten Staat).

Das führt laut Pilkington dazu, dass die Globalisierung einen zweifachen Angriff auf die nationale Identität darstellt: Die Zentralisierung schafft Druck von oben, speziell mit der wachsenden Macht der EU; Dezentralisierung schafft Druck von unten durch die Stärkung der Identitäten der ethnischen Minderheiten. In Großbritannien war die Antwort darauf ein sehr enges Verständnis von *Britishness*. Pilkington verweist auf das Beispiel des ehemaligen konservativen Parlamentsabgeordneten John Townsend, der eine stark antieuropäische, weiße, englischsprachige Vorstellung der englischen nationalen Identität hatte. Pilkington sagt, dass eine parallele Antwort unter den Mitgliedern ethnischer Minderheiten im Vereinigten Königreich gefunden werden kann, die sich von der britischen Identität ausgeschlossen fühlten und daher ihre lokalen Identitäten gestärkt und den Unterschied zu anderen ethnischen Gruppen untermauert haben.

Eine zweite Antwort auf die Globalisierung, die Pilkington als „gesünder" betrachtet, ist die Anerkennung der Existenz multipler Identitäten – dass man etwa sagt, es sei möglich, englisch, britisch und europäisch zugleich zu sein. Pilkington sieht Anzeichen für diese neuen „hybriden Identitäten" ethnischer Minderheitengruppen im Vereinigten Königreich, deren Identitäten verschiedene Kulturen miteinander vermischen. Pilkington ist davon überzeugt, dass wir die erste nationalistische Antwort auf die Globalisierung bekämpfen müssen, da sie häufig zu religiösem Fundamentalismus oder kulturellem Rassismus führt, indem sie die Nation auf eine ethnisch exklusive Art vertritt. Stattdessen sollen wir Bindestrichidentitäten fördern, wie zum Beispiel eine britisch-asiatische. Pilkington zufolge führt die Globalisierung zu widersprüchlichen Spannungen und widersprüchlichen Antworten für die nationale Identität.

Der Nationalstaat, nationale Identität und Globalisierung

Während sich in manchen Teilen Afrikas Nationen und Nationalstaaten noch nicht voll ausgebildet haben, sprechen manche Experten in anderen Teilen der Welt angesichts der Globalisierung schon vom „Ende des Nationalstaates". Wie der japanische Schriftsteller Kinichi Ohmae behauptet, werden wir infolge der Globalisierung zunehmend in einer grenzenlosen Welt leben, in der die nationale Identität immer schwächer wird (Ohmae 1996; siehe auch Kapitel 2 – Globalisierung und sozialer Wandel).

Wie zutreffend ist diese Meinung? Alle Staaten sind von globalisierenden Prozessen betroffen. Allein der Aufstieg von Nationen ohne Staaten, den wir weiter oben erörtert haben, ist vermutlich mit der Globalisierung verbunden. Auf das Fortschreiten der Globalisierungsprozesse reagieren die Menschen oft mit einer Wiederbelebung der lokalen Identitäten, um ein Gefühl der Sicherheit in der sich rasch wandelnden Welt zu pflegen. Nationen haben weniger wirtschaftliche Macht als in der Vergangenheit, was eine Folge der Ausbreitung des globalen Marktes ist.

Doch es wäre nicht richtig zu sagen, dass wir ein Ende des National-staates erleben. In mancherlei Hinsicht ist gerade das Gegenteil der Fall. Heute ist jedes Land ein Nationalstaat oder versucht es zumindest zu sein, der Nationalstaat ist eine universelle politische Form geworden. Bis vor Kurzem hatte er auch noch Konkurrenten. Für die längste Zeit des 20. Jahr-hunderts bestanden kolonisierte Gebiete und Großreiche neben den Nati-onalstaaten. Viele Soziologen sagen, dass das letzte Großreich 1990 mit dem Zusammenbruch der Sowjetunion untergegangen ist, andere sehen die USA als ein Großreich (Ferguson 2004). Die Sowjetunion war der Kern eines Großreiches inmitten seiner Satellitenstaaten in Osteuropa. Nun sind diese alle unabhängige Nationen geworden, ebenso wie viele Gebiete, die vorher Teil der Sowjetunion waren. Es gibt heute viel mehr souveräne Staa-ten in der Welt als noch vor 20 Jahren.

Während der meisten Zeit des 20. Jahrhunderts waren Nationalismus und Forderungen von Nationen ohne Staaten oft mit dem Einsatz von Ter-ror als politische Waffe verbunden.

Terrorismus

Um etwa 8.45 Uhr wurde am 11. September 2001 ein Passagierflugzeug auf einem Routineflug in den USA von Terroristen entführt und wenig später in den Nordturm des World Trade Centers in New York gesteuert. Minuten später flog ein weiteres entführtes Flugzeug in den Südturm, was innerhalb einer Stunde dazu führte, dass beide Türme in sich zusammen-brachen und Tausende Menschen in den Tod rissen, die gerade ihren Ar-beitstag begonnen hatten. Etwa eine Stunde später wurde ein drittes Flug-zeug in das Pentagon, das US-Verteidigungsministerium, geflogen, wobei wieder Hunderte Menschen getötet wurden. Ein viertes Flugzeug, von dem angenommen wurde, dass es auf das Weiße Haus in Washington, D.C. zu-steuerte, zerbarst beim Aufprall auf ein Feld in Pennsylvania, nachdem die Passagiere die Entführer überwältigen konnten. Alle der am 11. Septem-ber 2001 entführten Flugzeuge gehörten einer von zwei amerikanischen Gesellschaften: United Airlines oder American Airlines. Die Ziele, die die Entführer ausgesucht haben – das World Trade Center, das Pentagon und das Weiße Haus –, wurden ausgewählt, um die Symbole der amerikani-schen Wirtschaft, des Militärs und der politischen Macht zu treffen.

Präsident George W. Bushs Antwort auf die Angriffe war der „Krieg gegen den Terrorismus". Ein Monat später kam der erste große Militär-schlag dieses Krieges: ein Angriff einer Koalition von Ländern gegen Af-ghanistan im Oktober 2001. Afghanistan wurde damals – wie wir weiter oben gesehen haben – von den fundamentalistischen Taliban regiert, die die Al Kaida unterstützt haben, jene terroristische Organisation, die Urhe-ber der Anschläge des 11. September war. In Afghanistan wurden viele der Al-Kaida-Kämpfer ausgebildet.

In den Jahren nach den Anschlägen auf New York und Washington wurden weitere brutale Anschläge verübt, zu denen sich Al Kaida bekannte. Einem Anschlag auf einen Nachtklub auf der indonesischen Insel Bali im Oktober 2002 fielen mehr als 200 Personen zum Opfer, unter ihnen viele junge Touristen aus dem nahen Australien. Bomben auf einen Madrider Vorortezug während der Morgenstoßzeit töteten im März 2004 ungefähr 200 Pendler. Im Juli 2005 starben in London 52 Menschen durch eine Serie von Bombenexplosionen in drei U-Bahn-Zügen und einem Bus, mehrere Hundert wurden verletzt. Im Sommer 2006 wurden in England Attentäter gefasst, die geplant haben sollen, mithilfe von explosiven Flüssigkeiten Flugzeuge auf dem Weg von London in die USA zu sprengen. Der Terrorismus nach dem 11. September 2001 schuf neue Sicherheitsrisiken und brachte eine neue Form des Terrorismus hervor, die womöglich tödlicher als je zuvor ist.

Die Anfänge des Terrors und des Terrorismus

Das Wort *Terrorismus* stammt aus der Französischen Revolution 1789. Tausende von Menschen – ursprünglich Adelige aber später auch normale Bürger – wurden von den neuen Machthabern verfolgt und auf der Guillotine hingerichtet. Der Begriff „Terror" wurde nicht von den Revolutionären selbst erfunden, sondern von den Konterrevolutionären, die die Revolution und ihre politischen Motive verachteten und meinten, dass das Blutvergießen eine Form der Terrorisierung der Bevölkerung war (Laqueur 2003). „Terror" im Sinne der einschüchternden Gewaltakte wurde im 20. Jahrhundert extensiv angewendet, etwa von den Nazis in Deutschland oder der stalinistischen Geheimpolizei in der Sowjetunion.

Obwohl der Begriff „Terror" erst im 18. Jahrhundert geprägt worden war, ist das Phänomen des Terrorisierens von Menschen mit Gewalt ein sehr altes. In der Antike kam es bei der Invasion einer Stadt durch eine feindliche Armee oft dazu, dass alle Männer, Frauen und Kinder getötet wurden und die Stadt dem Erdboden gleichgemacht wurde. Der Zweck war nicht nur, den Gegner physisch zu zerstören, sondern auch Terror und Angst in den umliegenden Städten zu erzeugen und damit Macht zu demonstrieren. So ist also das Phänomen der Einschüchterung durch Gewaltakte insbesondere an der Zivilbevölkerung offensichtlich älter als der Begriff Terror.

Sozialwissenschaftler sind sich nicht darüber einig, ob der Begriff Terror ein nützliches Konzept darstellt, ob er also in einem einigermaßen objektiven Sinn verwendet werden kann, denn es ist immer schwierig, eine gültige Definition dafür zu finden. Ein Aspekt davon ist das unterschiedliche moralische Urteil, das mit Terror und Terrorismus verbunden ist. Oft heißt es, dass des einen Terrorist des anderen Freiheitskämpfer sei. Zudem kommt es vor, dass Menschen, die einmal Terroristen waren, später Terror gerade ebenso vehement verurteilen. Mit einigen Einschränkungen kann man etwa sagen, dass die Anfänge des Staates Israel von terroristischen Aktivitäten begleitet waren, während im 21. Jahrhundert die israelische Regierung sich zur aktiven Teilnahme am Krieg gegen den Terror bekennt und den Terrorismus als ihren Erzfeind betrachtet. Vor einigen Jahrzehnten wurde der südafrikanische Anti-Apartheid-Aktivist Nelson Mandela als potenzieller Terrorist verunglimpft, wogegen er später eine der respektabelsten politischen Figuren wurde. Um Terrorismus zu einem nützlichen Begriff zu machen, muss er von moralischen Werturteilen befreit werden, die sich mit der Position des Betrachters oder der Zeit ändern.

Ein zweiter Aspekt bei der Suche eines nützlichen Konzepts von Terrorismus betrifft die Rolle des Staates. Können auch Staaten Terror ausüben? Staaten sind für wesentlich mehr Tote der Menschheitsgeschichte verantwortlich als alle anderen Typen von Organisationen. Staaten haben Zivilbevölkerungen brutal ermordet; auch in modernen Zeiten haben sie Vernichtungskriege ausgetragen, die vergleichbar sind mit den Verwüstungen der Armeen in der Antike. So zerstörten etwa gegen Ende des Zweiten Weltkrieges Brandbomben der Alliierten die Stadt Dresden fast völlig und Hunderttausende Menschen kamen ums Leben. Viele Historiker sagen, dass dieser Angriff zu einem Zeitpunkt stattgefunden hat, als er keinen strategischen Vorteil für die Alliierten brachte. Kritiker der Aktion der Alliierten sehen in dem Bombardement von Dresden die Absicht, Terror und Angst in der deutschen Bevölkerung zu erzeugen und damit ihre Motivation für den Krieg zu brechen. Auch die deutsche Armee ging im Partisanenkrieg gezielt gegen die Zivilbevölkerung vor, indem sie als Vergeltung für Anschläge von Partisanen die gesamte zivile Dorfbevölkerung – vor allem Frauen, Kinder und Alte – grausam ermordete.

Es erscheint sinnvoll, den Begriff des Terrorismus auf Gruppen und Organisationen zu beschränken, die außerhalb der staatlichen Sphäre operieren, da das Konzept sonst mit jenem des Kriegs vermischt wird. Trotz der oben diskutierten Schwierigkeiten sagen viele, dass eine neutrale Definition von Terrorismus gefunden werden kann. Wir können Terrorismus definieren als

> [...] jegliche Aktion [einer nicht staatlichen Organisation], [...] die darauf ausgerichtet ist, Zivilisten oder nicht direkt am Kampf Beteiligte zu töten oder ihnen ernsthafte Verletzungen zuzufügen, wenn mit dem Akt selbst oder seinem Zusammenhang beabsichtigt wird, eine Bevölkerung einzuschüchtern, oder eine Regierung oder internationale Organisation dazu zu zwingen, etwas zu tun oder zu unterlassen. (United Nations 2004, S. 52)

Mit anderen Worten ist Terrorismus der Angriff auf die Zivilbevölkerung, um die Regierung dazu zu bringen, ihre Politik zu ändern oder ihr Ansehen in der Welt zu schädigen.

Alter und neuer Terrorismus

Terrorismus, wie wir ihn oben definiert haben, lässt sich von Gewaltakten unterscheiden, die in der Vergangenheit gesetzt wurden, um Menschen einzuschüchtern – wie etwa die Verwüstungen in der Antike. Terrorismus ist geknüpft an eine veränderte Kommunikationstechnologie, denn um eine Bevölkerung wirksam zu terrorisieren, muss die Nachricht vom Terroranschlag die betroffene Bevölkerung relativ rasch erreichen. Erst mit dem Aufkommen der modernen Kommunikation im ausgehenden 19. Jahrhundert wurde es möglich, Zeit und Raum zu überwinden. Davor konnte es Tage oder gar Monate dauern, bis eine Nachricht, wie jene von der Ermordung des amerikanischen Präsidenten Lincoln, Europa erreichte, wie wir in der Einleitung zu Kapitel 14 – Medien gesehen haben. Durch die unmittelbare Kommunikation können symbolische terroristische Gewaltakte über große Distanzen ihre Wirkung entfalten, sodass sie nicht nur die lokale Bevölkerung erfassen.

Manche Denker bemühen sich, die Unterscheidung zwischen altem und neuem Terrorismus auch damit zu untermauern, dass es im alten Terrorismus in erster Linie um nationalistische Konflikte und um die Erringung der Unabhängigkeit für ein abgezirkeltes Gebiet ging. Damit sei er in seinem Ziel auf ein Anliegen beschränkt gewesen und aufgrund seiner starken moralischen Komponente (der Freiheit und Selbstbestimmung für eine Ethnie) nur schwer zu bekämpfen. Auch wenn alter Terrorismus in einzelnen terroristischen Bewegungen der Gegenwart auftaucht, erleben wir heute einen neuen Terrorismus, der sich neuer Kommunikationstechnologien bedient. Mit dem neuen Terrorismus meinen Beobachter und Kommentatoren vor allem den islamistischen Terror von Al Kaida.

Zur Unterscheidung wird vor allem das dem Al-Kaida-Terror zugeschriebene Ziel herangezogen, die gesamte Weltgesellschaft umzustrukturieren. Darüber hinaus sei neuer Terrorismus organisiert wie eine Internationale Nichtregierungsorganisation (NGO), da er ein loses Netzwerk mit dezentraler Struktur bilde, in dem den einzelnen Terrorzellen hohe Autonomie zugestanden werde (Anheier u.a. 2002). Schließlich seien die Anschläge des neuen Terrorismus im Gegensatz zum alten auf maximale Opferzahl in der Zivilbevölkerung ausgerichtet, während sich der alte Terrorismus in seinen Zielen und der Strategie der Anschläge beschränkt habe.

Solche Theorien müssen sich die Kritik gefallen lassen, dass sie selbst eine Art Moralisierung betreiben, indem sie etwa dem neuen Terrorismus größere Brutalität und unmäßigere Ziele unterstellen. Die Datenlage über die Organisationsstruktur von terroristischen Vereinigungen ist für Wissenschaftler meist auf die Auskünfte der Geheimdienste beschränkt, die ihrerseits auch gezielte Politik mit ihren Meldungen betreiben, sodass man Beschreibungen der „neuen" Organisationsstruktur mit Vorsicht betrachten sollte. Erst wenn die Schlüsselfiguren eines Terrornetzwerkes gefasst und in Gerichtsverfahren ihr Tun aufgeklärt werden kann, zeigen sich Strategien, Zusammenhänge und Querverbindungen – was die Aufarbeitung der Terrorgeschichte der RAF (Rote Armee Fraktion) in Deutschland gezeigt hat. Eine Erklärung, wo der RAF-Terror einzuordnen ist – unter altem oder neuem Terrorismus –, bleiben die Theoretiker der Unterscheidung übrigens schuldig.

Zusammenfassung

1. „Regierung" bezeichnet einen politischen Apparat, in dem von politischen Funktionären Entscheidungen gefällt und Politiken umgesetzt werden. „Politik" ist das Mittel, mit dem Macht errungen und eingesetzt wird, um den Inhalt und Umfang der Regierungsaktivitäten zu beeinflussen.

2. Ein Staat besteht, wo es einen politischen Apparat der Regierung gibt (Institutionen wie Parlamente und Beamtenapparate), der über ein begrenztes Gebiet herrscht und dessen Autorität durch ein Gesetzessystem untermauert und dessen Politik gegebenenfalls mit Gewalt durchgesetzt wird. Moderne Staaten sind Nationalstaaten, die von der Idee der Staatsbürgerschaft, der Anerkennung von Rechten und Pflichten der Bürger und dem Bewusstsein der Bürger, dass sie einen Anteil am Staat haben, geprägt sind. Zudem basieren Nationalstaaten auf dem Nationalismus, dem Gefühl, einer größeren politischen Gemeinschaft anzugehören.

3. Macht ist nach Max Weber die Möglichkeit, seine Ziele sogar gegen den Widerstand anderer durchzusetzen und umfasst oft den Gebrauch von Gewalt. Seit Weber wurden einige alternative Auffassungen des Begriffs entwickelt. Eine Regierung hat Autorität, wenn ihre Herrschaft durch die Beherrschten legitimiert wurde. Demokratie ist die am häufigsten auftretende Form legitimierter Regierung, wenn auch andere Formen möglich sind.

4. In autoritären Staaten wird die Teilhabe des Volkes eingeschränkt oder zur Gänze verweigert. Die Interessen des Staates werden jenen der Bürger übergeordnet und es gibt keine gesetzlichen Mechanismen, die die Opposition zur Regierung oder die Entfernung eines Führers aus seinem Amt erlauben würden.

5. Die Demokratie ist ein politisches System, bei dem das Volk herrscht. In der partizipatorischen (oder der direkten) Demokratie treffen jene Personen die Entscheidungen, die von ihnen betroffen sind. Eine liberale Demokratie ist eine repräsentative Mehrparteiendemokratie, wo die Stimmberechtigten sich für eine von zumindest zwei Parteien entscheiden können.

6. Liberale Demokratien lassen sich nach dem Wahlsystem unterscheiden. Bei einem Mehrheitswahlrecht fallen der Liste (Partei), die bei einer Wahl die relative (oder je nach System auch die absolute) Mehrheit der Stimmen erhält, alle Sitze zu. Beim Verhältniswahlrecht wird die Proportion der abgegebenen Stimmen in der Mandatsverteilung abgebildet. Von allen Demokratien der Welt wählen mehr nach dem Verhältniswahlrecht als nach dem Mehrheitswahlrecht, da es als fairer und den Anforderungen einer pluralistischen Gesellschaft besser gerecht werdend gilt.

7. Die Zahl der Staaten mit demokratischen Regierungen ist in den letzten Jahren stark gestiegen, was sich zum größten Teil auf die Globalisierung, die Verbreitung der Massenkommunikation und den wirtschaftlichen Wettbewerb zurückführen lässt. Doch ist die Demokra-

tie auch überall mit dem Problem konfrontiert, dass die Menschen ihr Vertrauen in die Politiker und Regierungen verloren haben, die Probleme der modernen Gesellschaft und Wirtschaft zu lösen. Vermutlich ist deshalb ist die Teilnahme an Wahlen rückläufig.

8. Soziale Bewegungen umfassen die gemeinsame Anstrengung, durch Aktionen außerhalb der etablierten Institutionen ein Ziel zu erreichen oder Interessen durchzusetzen. Der Begriff „neue soziale Bewegungen" wurde auf eine Reihe sozialer Bewegungen angewendet, die sich als Reaktion auf die neuen Gefahren der modernen Gesellschaft in den westlichen Ländern seit den 1960er Jahren gebildet haben. Anders als frühere Bewegungen sind neue soziale Bewegungen durch ein singuläres Thema motiviert, haben keine materiellen Ziele und werden von Mitgliedern aus allen sozialen Schichten unterstützt. Die Informationstechnologie ist ein starkes Werkzeug für die Organisation neuer sozialer Bewegungen.

9. Nationalismus bezieht sich auf ein Bündel von Symbolen und Überzeugungen, die ein Gefühl der Zugehörigkeit zu einer einheitlichen politischen Gemeinschaft erzeugen. Er entstand im Zuge der Herausbildung neuer Staaten. Wenngleich die Gründerväter der Soziologie annahmen, dass der Nationalismus mit der Industrialisierung verschwinden werde, scheint er auch noch zu Beginn des 21. Jahrhunderts zu florieren. „Nationen ohne Staaten" beschreiben den Fall, dass einer nationalen Gruppe die politische Souveränität über ein Gebiet fehlt, das sie als ihre Heimat beansprucht.

10. Terrorismus ist der strategische Einsatz von Gewalt zur Einschüchterung der Zivilbevölkerung, um eine Regierung oder die internationale Gemeinschaft zu Handlungen zu zwingen, die im Interesse der Terroristen liegen. Terror soll gezielt Angst und Unsicherheit in der Bevölkerung erzeugen, um sie zu demoralisieren und ihre Unterstützung für Regierungen oder Ideen zu untergraben.

Glossar

Autoritäre Staaten. Politische Systeme, in denen die Bedürfnisse und Interessen des Staates über jenen des durchschnittlichen Bürgers stehen und in denen die Teilhabe der Bürger an politischen Entscheidungsprozessen äußerst eingeschränkt wird.

Demokratie. Ein politisches System, das es den Bürgern gestattet, an der politischen Entscheidungsfindung mitzuwirken oder Vertreter in die Körperschaften der Regierung zu entsenden.

Ethnie. Eine Bevölkerungsgruppe, die Vorstellungen über gemeinsame Vorfahren, eine geteilte kulturelle Identität und eine Verbindung zu einem bestimmten als Heimat begriffenen Territorium teilen.

Frauenwahlrecht. Die – mühsam erkämpfte – Ausdehnung des allgemeinen gleichen Wahlrechtes von den männlichen Bürgern eines Staates auf alle Bürgerinnen und Bürger eines Staates, die eine bestimmte Altersgrenze (z.B. in Österreich 16 Jahre) überschritten haben.

Globale Regierung. Das Regelwerk an unterschiedlichen Institutionen (einschließ-lich der Internationalen Regierungsorganisationen und der nationalen Regie-rungen), das nötig ist, um die globalen Probleme in den Griff zu bekommen.

Macht. Die Fähigkeit von Individuen oder von Mitgliedern einer Gruppe, ihre Ziele zu erreichen oder ihre Interessen durchzusetzen. Macht ist ein allgegen-wärtiger Aspekt menschlicher Beziehungen. Viele gesellschaftliche Konflikte sind Machtkämpfe, denn das Ausmaß an Macht, das sich Individuen oder Gruppen verschaffen können, entscheidet darüber, inwieweit sie ihre Wün-sche verwirklichen können – auf Kosten der Verwirklichung der Wünsche anderer Gruppen oder Personen.

Nationalstaat. Ein für die Moderne charakteristischer Typ von Staat, bei dem eine Regierung die Hoheitsgewalt über einen bestimmten territorialen Bereich aus-übt und die große Mehrheit der Bevölkerung Staatsbürger sind, die sich einer einzigen Nation zugehörig fühlen. Nationalstaaten stehen in engem Zusam-menhang mit dem Aufstieg des Nationalismus, obwohl nationale Loyalitäten sich nicht immer mit den Grenzen heute existierender Staaten decken. Das System der Nationalstaaten ist europäischen Ursprungs, umspannt heute je-doch die ganze Welt.

Nationen ohne Staaten. Zu bestimmten Zeiten fehlt den Angehörigen einer Nati-on die politische Souveränität über das von ihnen in Anspruch genommene Territorium.

Neue soziale Bewegungen. Eine Reihe sozialer Bewegungen, die in den westli-chen Gesellschaften seit den 1960er Jahren als Reaktion auf die sich verän-dernden Gefahren der menschlichen Gesellschaften aufgekommen sind. Neue soziale Bewegungen sind etwa die Frauenbewegung, die Umweltbewegung, die Anti-Atom-Bewegung, die Proteste gegen Gentechnik, die „Globalisierungs-gegner". Sie unterscheiden sich von früheren Formen sozialer Bewegungen, da sie sich nur auf eine Thematik konzentrieren, immaterielle Ziele verfolgen und Unterstützung quer durch die Bevölkerung erhalten.

Partizipatorische Demokratie. Ein demokratisches System, bei dem alle Mitglie-der einer Gruppe oder Gemeinschaft wichtige Entscheidungen gemeinsam treffen.

Politik. Die Mittel der Machtausübung, um Wesen und Inhalt der Regierungstä-tigkeit zu beeinflussen. Die „politische" Sphäre schließt die Aktivitäten der Regierung ein, darüber hinaus aber auch noch die Handlungen und wider-streitenden Interessen vieler anderer Gruppen und Individuen.

Regierung. Der Prozess der Umsetzung von Strategien und Entscheidungen durch die Beamten eines politischen Apparats. Unter „Regierung" können wir einen Prozess verstehen oder die jeweiligen Entscheidungsträger meinen, die für verbindliche politische Beschlüsse zuständig sind. Während in der Vergan-genheit die Regierungsoberhäupter praktisch ausnahmslos Monarchen wa-ren, werden in den meisten modernen Gesellschaften die Regierungsgeschäf-te von Politikern und Beamten besorgt, die nicht durch Erbfolge in ihre Macht-positionen gelangen, sondern aufgrund ihrer Erfahrungen und ihrer Qualifi-kationen gewählt oder ernannt werden.

Repräsentative Demokratie. Ein politisches System, bei dem wichtige Entscheidungen, die die Mitglieder einer Gruppe oder Gemeinschaft betreffen, nicht direkt von ihren Mitgliedern getroffen werden, sondern von Vertretern, die für diesen Zweck von den Gruppenmitgliedern demokratisch gewählt wurden.

Staat. Ein politischer Apparat (Regierungsinstitutionen und Beamte), der über ein bestimmtes Gebiet herrscht und dessen Autorität durch Gesetze und die Fähigkeit, Zwang anzuwenden, gestützt wird. Nicht alle Gesellschaften sind auch Staaten. Jäger- und Sammlergesellschaften und kleinere Agrargesellschaften verfügen über keine staatlichen Einrichtungen. Die Herausbildung des Staates bedeutet einen Markstein der Menschheitsgeschichte, da die damit verknüpfte Zentralisierung der politischen Macht den Prozessen des sozialen Wandels eine neue Dynamik verleiht.

Wahlgeheimnis. Ein Grundprinzip demokratischer Wahlen, das verlangt, dass die Stimmabgabe eines Bürgers nicht von anderen eingesehen werden darf, wozu organisatorische Vorkehrungen wie die Bereitstellung von Wahlzellen und -urnen getroffen werden müssen.

Zivilgesellschaft. Der Bereich der Aktivitäten, der weder dem Markt noch dem Staat zugeordnet werden kann, wie etwa Familien, Schulen, Vereine und andere gemeinnützige Organisationen. Die Zivilgesellschaft ist für eine lebensfähige Demokratie von immenser Bedeutung.

Weiterführende Literatur

Egger de Campo, Marianne (2000), *Wähler ohne Eigenschaften. Rechtsruck oder Unterhaltungsdemokratie?*, Graz: Nausner & Nausner.

Hirschman, Albert O. ([1970] 2004), *Abwanderung und Widerspruch. Reaktion auf Leistungsabfall bei Unternehmungen, Organisationen und Staaten*, Tübingen: Mohr Siebeck.

Popitz, Heinrich (2004), *Phänomene der Macht*, Tübingen: Mohr.

Stehr, Nico (2003), *Wissenspolitik. Die Überwachung des Wissens*, Frankfurt: Suhrkamp.

Filme zum Thema

„The Wind that Shakes the Barley" (Irland, Großbritannien, BRD, Italien, Spanien 2006), Regie: Ken Loach

„Underground" (USA 1997), Regie: Emir Kusturica

„Charlie Wilson's War – Der Krieg des Charlie Wilson" (USA 2007), Regie: Mike Nichols, Aaron Sorkin

Internet-Tipps

Die Statistikbehörde der EU Eurostat offeriert Landkarten mit statistischen Vergleichen
http://epp.eurostat.ec.europa.eu/portal/page/portal/gisco/maps_posters/maps

Regelmäßige Umfragen liefert Eurobarometer
http://ec.europa.eu/public_opinion/index_en.htm

International Institute for Democracy and Electorate Assistance (IDEA)
www.idea.int/

19

Umwelt

Im August 2002 überschwemmten Elbe, Moldau, Donau, Ybbs und Steyr weite Teile Deutschlands, Tschechiens und Österreichs. Todesopfer waren zu beklagen und die Sachschäden erreichten Milliardenhöhe. Tagelang hatte es in Strömen geregnet, einzelne Messpunkte verzeichneten innerhalb von 24 Stunden mehr als 300 Liter pro m² Niederschlag, das entspricht einer Wasserhöhe von 30 cm. Der aufgeweichte Boden konnte diese Niederschlagsmengen nicht mehr aufnehmen, Dammbrüche, Murenabgänge und unterspülte Fundamente waren die Folge.

Im Sommer des folgenden Jahres erlebte Europa eine lang anhaltende Hitzeperiode mit Spitzentemperaturen um die 40 Grad Celsius. Wien verzeichnete 40 Hitzetage, das sind Tage, an denen die Höchsttemperatur 30 Grad Celsius oder mehr beträgt.

Im Sommer 2005 verwüsteten tropische Wirbelstürme weite Teile der südlichen Bundesstaaten der USA. Hurrikan Katrina führte in der Stadt New Orleans zu einem Desaster mit über 1.500 Todesopfern und machte 780.000 Menschen obdachlos (UNDP 2007, S. 96). Der Hurrikan sorgte für Schlagzeilen in den internationalen Medien, und Hilfs- und Aufräumtrupps waren über Wochen hinweg im Einsatz.

Viele Kommentatoren haben diese extremen Witterungsbedingungen mit dem von Menschen verursachten Klimawandel in Verbindung gebracht. Aber ist es richtig, jede Wetterkapriole als Folge der Umweltverschmutzung anzusehen?

Tatsächlich weist das Weltklima durch den Treibhauseffekt eine zunehmende Erwärmung der erdnahen Atmosphäre auf. Der Treibhauseffekt, den wir im Folgenden genauer erläutern werden, ist unbestritten eine Folge menschlicher Aktivitäten. Auch Überschwemmungen sind von Menschen mitverursacht. Menschen stauen Flüsse zur Energiegewinnung auf, sie begradigen Flussverläufe, um Ackerland zu gewinnen, und die Bebauungs- und Flächenwidmungspläne erlauben die Errichtung von Siedlungen in der Nähe von Flussläufen oder in unterhalb des Meeresspiegels liegenden Gebieten. Extreme Niederschläge treffen dann auf eine von Menschen gestaltete und besiedelte Umwelt, die der enormen Wassermengen nicht mehr Herr werden kann – was wir als Katastrophe erleben.

Wissenschaftler antworten immer vorsichtig, wenn sie gefragt werden, ob wir in Zukunft – aufgrund der Zerstörung und Verschmutzung der Umwelt – noch mehr solcher Katastrophen erleben werden. Es gibt Anzeichen dafür, dass extreme Wetterereignisse wie die Niederschläge, die zum Jahrhunderthochwasser 2002 geführt haben, mit dem Treibhauseffekt zusammenhängen. Die Meeresoberfläche der Ostsee und des Schwarzen Meeres war 2002 so stark erwärmt, dass große, mit Wasserdampf angereicherte Luftmassen über Europa ziehen konnten und tagelang für Dauerregen sorgten.

Ebenso sind sommerliche Hitzerekorde bei allgemeinem durchschnittlichen Temperaturanstieg auf der Erde wahrscheinlicher. Für diesen Temperaturanstieg ist der Treibhauseffekt verantwortlich. Wegen der Hitze werden zugleich immer mehr Klimaanlagen in Betrieb genommen, was den Energieverbrauch und damit den Kohlendioxidausstoß erhöht.

In den südlichen Bundesstaaten der USA und der Karibik kommt es zu tropischen Wirbelstürmen, wenn die Meerestemperatur auf über 27 Grad steigt. Das ist ein saisonal immer schon auftretendes natürliches Phänomen in dieser Gegend, doch mit der Klimaerwärmung nehmen die Tage zu, an denen das Meer so warm ist. Mehr und heftigere Tropenstürme sind die Folge. Unbesiedelte Küsten würden zwar auch von Hurrikans getroffen werden, doch wenn niemand zu Schaden kommt, würden wir nicht von einer Katastrophe sprechen (Kromp-Kolb und Formayer 2005).

2002 breitete sich das Hochwasser über die Grenzen aus, Tage nachdem es Ostösterreich überflutet hatte, kamen Menschen in Rumänien und Bulgarien zu Schaden. Es war ein überregionales Ereignis. Wenn wir die Ursachen in der Klimaerwärmung vermuten, dann war es ebenso wie der Hitzerekord 2003 und die Hurrikans 2005 eine Folge der globalen Umweltverschmutzung.

Die Globalisierung zeigt sich aber nicht nur in den Ursachen und Auswirkungen der katastrophalen Folgen von Umweltverschmutzung. Auch die Hilfsmaßnahmen waren von globalem Umfang. In den Tagen nach der Katastrophe gingen Bilder und Berichte vom Leid in den betroffenen Gebieten rund um die Welt.

Die Umwelt aus soziologischer Sicht

Warum sollten sich Soziologen für Ereignisse wie die eben geschilderten interessieren? Das Hochwasser oder der Hurrikan waren doch natürliche Ereignisse, Beispiele für die große Gewalt der Natur. Soziologen können und müssen ein Interesse an unserer Beziehung zur Natur haben – zum physischen Umfeld, in dem wir leben. Erstens kann die Soziologie uns helfen zu verstehen, wie Umweltbedrohungen verteilt sind. Obwohl in New Orleans während des Hurrikans Katrina Tausende Überlebende alles verloren, was sie hatten, waren die Mehrheit der Opfer Einwohner des historischen Schwarzenviertels am Mississippi. Die reichen, von der weißen Minderheit bewohnten Viertel lagen höher und die Häuser waren nicht nur solider gebaut, sondern auch höher versichert. Die Menschen dieser Viertel verfügten über Transportmöglichkeiten und Geld, um sich rechtzeitig in Sicherheit zu bringen. Die Verteilung der Gefahren durch die Umwelt ist auch bei anderen Umweltgefahren sehr unterschiedlich. Obwohl die Klimaerwärmung z.B. jeden auf diesem Planeten betreffen wird, werden die Auswirkungen doch sehr unterschiedlich sein. Überflutungen töten viel mehr Menschen in niedrig gelegenen armen Ländern, wie z.B. Bangladesh, wo die Häuser und die in Katastrophenfällen benötigte Infrastruktur wesentlich schlechter extremen Wetterbedingungen standhalten können, als z.B. in den Niederlanden. In reicheren Ländern wie in den USA betreffen die Fragen, die sich Politiker im Zusammenhang mit der Klimaerwärmung stellen, eher indirekte Auswirkungen, wie z.B. die steigende Zahl von Einwanderern aus Ländern, die unmittelbarer von den Auswirkungen der Klimaerwärmung betroffen sind.

Klimaerwärmung und deren mögliche Auswirkungen werden auf den Seiten 864–870 besprochen.

Soziologen können erklären, wie menschliche Verhaltensmuster Druck auf die natürliche Umwelt ausüben (Cylke 1993). Viele Umweltprobleme, die wir in diesem Kapitel diskutieren, sind von Menschen gemacht. Ein Beispiel: Der Grad der Verschmutzung, der von den Industrieländern verursacht wird, würde zu einer Katastrophe führen, wenn die ärmeren, nicht industrialisierten Länder das Verhalten der Industrieländer kopieren würden. (Dieses Thema wird näher behandelt, wenn wir in der Folge die Grenzen des Wachstums und die nachhaltige Entwicklung diskutieren.) Wenn die armen Regionen der Welt an die Standards in den reicheren Ländern aufschließen sollen, dann werden die Bürger der reicheren Länder ihre Erwartungen hinsichtlich ständigen wirtschaftlichen Wachstums revidieren müssen. Einige „grüne" (umweltschutzorientierte) Autoren argumentieren, dass die Bewohner der reicheren Länder auf das Konsumdenken reagieren und sich einfacheren Lebensformen zuwenden müssen, wenn die globale ökologische Katastrophe vermieden werden soll (siehe z.B. Schumacher 2001; Stead und Stead 1996). Sie sagen, dass die Rettung der globalen Umwelt sowohl einen sozialen als auch einen technologischen Wandel bedeuten wird. Angesichts der großen weltweiten Ungleichheiten besteht allerdings wenig Aussicht, dass die armen Entwicklungsländer ihr eigenes Wirtschaftswachstum wegen der größtenteils von den reichen Ländern verursachten Umweltprobleme aufgeben. Die Soziologie versetzt uns in die Lage zu untersuchen, wie die Umweltprobleme mit den sich wandelnden sozialen Trends verbunden sind.

In diesem Kapitel betrachten wir einige größere Bedrohungen für die Natur – wobei die meisten davon von den Menschen selbst verursacht sind. Wir fragen uns, ob das gegenwärtige Konsumverhalten nachhaltig ist, und untersuchen einige der wichtigsten Umweltbedrohungen, einschließlich Verschmutzung, Abfall und Raubbau an Ressourcen. Anschließend werden wir einige der wichtigsten Umweltrisiken, mit denen wir heute konfrontiert werden, näher betrachten.

Unsere gemeinsame Umwelt

Umweltökologie

Fragen zu den schädlichen Einflüssen der Menschen auf die Natur, wie z.B. die Klimaerwärmung oder die Zerstörung der Regenwälder, sind unter dem Begriff Umweltökologie behandelt worden. Die Sorge der Öffentlichkeit um die Umwelt hat zur Gründung von „Grün"-Parteien und „grünen" Organisationen geführt, wie die Anti-AKW-Bewegung und Greenpeace, welche Kampagnen zu Umweltthemen führen. Obwohl es viele verschiedene grüne Philosophien gibt, ist ihnen das Bemühen gemeinsam, im Sinne der Umwelt tätig zu werden, die Ressourcen zu erhalten, statt sie zu erschöpfen, und die bedrohten Tierarten zu schützen.

Gibt es Grenzen des Wachstums?

Ein wichtiger Einfluss für das Wachsen der grünen Bewegungen und die Sorge der Bevölkerung um Umweltprobleme kann auf den in den frühen 1970ern vom Club of Rome veröffentlichten berühmten Bericht *Die Grenzen des Wachstums* zurückverfolgt werden (Meadows u.a. 1972). Der Club of Rome war eine Gruppe von Industriellen, Wirtschaftsberatern und Beamten, die sich in der italienischen Hauptstadt zusammengeschlossen hatten. Diese Gruppe gab eine Studie in Auftrag, die mithilfe von Computermodellen Vorhersagen zu den Konsequenzen von kontinuierlichem Wirtschaftswachstum, Bevölkerungswachstum, Verschmutzung und Abbau der natürlichen Ressourcen machten. Das Computermodell zeigte, was geschehen würde, wenn die Trends, die für die Zeit von 1900 bis 1970 festgestellt wurden, bis zum Jahr 2100 fortgesetzt würden. Die Computervorhersagen wurden variiert, um eine Vielfalt von möglichen Konsequenzen darzustellen, je nach den Wachstumsraten der betrachteten Faktoren. Die Forscher fanden heraus, dass es jedes Mal, wenn sie eine Variable änderten, möglicherweise zu einer Umweltkrise kommen würde. Die wichtigste Schlussfolgerung des Club-of-Rome-Berichts war, dass die Industriewachstumsraten nicht vereinbar waren mit dem begrenzten Vorkommen der Ressourcen der Erde und der Fähigkeit des Planeten, das Bevölkerungswachstum zu bewältigen und die Verschmutzung zu absorbieren. Der Bericht wies auch darauf hin, dass die „gegenwärtigen Wachstumsraten bei Bevölkerung, Industrialisierung, Verschmutzung, Nahrungserzeugung und Ressourcenabbau" nicht aufrechterhalten werden können.

Der Bericht des Club of Rome wurde von vielen Seiten kritisiert, und die Autoren des Berichts stimmten später zu, dass diese Kritik in einigen Punkten zu Recht bestand. Die Methode der Forscher konzentrierte sich auf die physischen Grenzen und nahm die bestehenden Daten für Wachstum und technologische Innovationen als gegeben an. Der Bericht berücksichtigte die Fähigkeit der Menschen, auf Umweltprobleme mit technologischem Fortschritt oder politischen Maßnahmen zu reagieren, nicht ausreichend. Weiters betonten die Kritiker, dass die Kräfte des Marktes dazu beitragen können, die Ausbeutung der Ressourcen zu beschränken. Zum Beispiel: Wenn ein Mineral wie Magnesium beginnt, selten zu werden, wird der Preis steigen. Wenn der Preis steigt, wird es weniger verwendet, die Produzenten können vielleicht sogar einen Weg finden, um überhaupt ohne dieses Mineral auszukommen, sollte der Preis zu sehr ansteigen. Bei all dieser Kritik hinterließ der Bericht doch einen großen Eindruck im Bewusstsein der Bevölkerung. Er diente dazu, vielen Menschen die schädlichen Konsequenzen bewusst zu machen, die die industrielle Entwicklung und Technologie haben kann, und vor den Gefahren zu warnen, die damit verbunden sind, dass verschiedene Formen der Verschmutzung unkontrolliert erlaubt waren. Der Bericht diente als Katalysator für die gerade entstehenden Umweltbewegungen.

Die Grundidee des Berichts *Grenzen des Wachstums* war, dass es sowohl soziale als auch natürliche Einflüsse gibt, die die Kapazität der Erde begrenzen, die kontinuierliche wirtschaftliche Entwicklung und das Bevölkerungswachstum zu verkraften. Die Ergebnisse des Club-of-Rome-Berichts wurden von vielen Gruppen benützt um zu suggerieren, dass die wirtschaftliche Entwicklung streng kontrolliert werden sollte, wolle man die Umwelt schützen. Diese Ansicht wurde jedoch von anderen kritisiert. Ökonomische Entwicklung kann und soll gefördert werden, argumentierten sie, um den Reichtum der Welt zu vergrößern. Die weniger entwickelten Länder können niemals darauf hoffen, den Abstand zu den reicheren aufzuholen, wenn ihnen die eigene industrielle Entwicklung verwehrt wird.

Nachhaltige Entwicklung

Anstatt einzufordern, dass das Wirtschaftswachstum gezügelt wird, wenden sich jüngere Entwicklungen eher dem Konzept der nachhaltigen Entwicklung zu. Dieser Begriff wurde erstmals 1987 in dem Bericht *Our Common Future* (Unsere gemeinsame Zukunft; auf Deutsch herausgegeben von Volker Hauff) erwähnt, der von der UNO in Auftrag gegeben worden war. Der Bericht ist als Brundtland-Bericht bekannt, da das Organisationskomitee, das ihn erstellte, von Gro Harlem Brundtland geleitet wurde, die zu diesem Zeitpunkt Premierministerin Norwegens war. Die Autoren des Berichts stellten dar, dass die Nutzung der Ressourcen der Erde durch die jetzige Generation nicht nachhaltig war:

> Im Laufe dieses Jahrhunderts hat sich im Verhältnis zwischen den Menschen und dem Planeten, auf dem sie leben, ein tiefgreifender Wandel vollzogen. [...] [Es] kommt [...] auch zu größeren unbeabsichtigten Veränderungen in der Atmosphäre, in den Böden, im Wasser, in der Pflanzen- und Tierwelt und im Verhältnis dieser Faktoren zueinander. Die Veränderungen gehen so schnell vonstatten, daß die wissenschaftlichen Disziplinen und die gegenwärtig vorhandenen Einrichtungen zur Beurteilung und Beratung nicht mithalten können. Die Versuche politischer und wirtschaftlicher Institutionen – Institutionen die in einer anderen, weniger einheitlichen Welt entstanden sind –, sich auf die Schwierigkeiten einzustellen und sie zu bewältigen, scheitern. [...] [U]m die Möglichkeiten für künftige Generationen offenzuhalten, muss unsere Generation heute beginnen, und zwar gemeinsam beginnen, national und international. (Hauff 1987, S. 337f.)

nachhaltige Entwicklung Nachhaltige Entwicklung wurde definiert als Nutzung von erneuerbaren Ressourcen zur Förderung des Wirtschaftswachstums, Schutz der Tierarten und der Artenvielfalt und als Verpflichtung zur Reinhaltung von Luft, Wasser und Boden. Die Brundtland-Kommission bezeichnet Entwicklung als nachhaltig, wenn sie den Bedürfnissen der heutigen Generation entspricht, ohne die Lebenschancen künftiger Generationen zu gefährden. Nachhaltige Entwicklung bedeutet, dass das Wachstum, zumindest im Idealfall, so realisiert werden soll, dass die materiellen Ressourcen eher wiederverwertet als abgebaut werden und der Verschmutzungsgrad auf ein Minimum beschränkt wird.

Nach der Veröffentlichung des Brundtland-Berichts wurde der Begriff „nachhaltige Entwicklung" sowohl von den Umweltaktivisten als auch von den Regierungen verwendet. Er wurde auch beim UNO-Gipfel 1992 in Rio de Janeiro propagiert und tauchte in der Folge in anderen ökologischen Gipfeltreffen der UNO auf, so z.B. beim Weltgipfel für nachhaltige Entwicklung in Johannesburg im Jahr 2002. Nachhaltige Entwicklung ist auch eines der Ziele der Millennium Development Goals (MDGs), die von 191 Staaten aus der ganzen Welt vereinbart wurden und die das Ziel haben, in den kommenden Jahrzehnten verschiedene Formen der Armut zu reduzieren. Die MDGs betreffen auch die Einbeziehung der Prinzipien der nachhaltigen Entwicklung in die Politiken und Programme der Länder, eine Umkehr beim Abbau der Umweltressourcen, die 50-prozentige Reduzierung der Zahl von Menschen, die keinen dauerhaften Zugang zu sicherem Trinkwasser haben, und das Erreichen einer deutlichen Verbesserung der Lebensqualität von mindestens 100 Millionen Slumbewohnern – all dies bis zum Jahr 2015.

Mehr Informationen über die MDGs finden Sie in Kapitel 20 – Globale Ungleichheit.

Der Brundtland-Bericht wurde stark kritisiert, genauso wie der Bericht des Club of Rome 25 Jahre früher. Kritiker empfinden den Begriff der nachhaltigen Entwicklung als zu vage und beanstanden, dass die Bedürfnisse der ärmeren Länder nicht beachtet werden. Ihrer Ansicht nach tendiert das Konzept der nachhaltigen Entwicklung dazu, die Aufmerksamkeit auf die Bedürfnisse der reicheren Länder zu richten; es berücksichtigt nicht, in welcher Weise das hohe Konsumbedürfnis in den reicheren Ländern auf Kosten der anderen Menschen zufriedengestellt wird. Z.B. könnte die Forderung an Indonesien, seine Regenwälder zu erhalten, als unfair angesehen werden, da Indonesien dringender als die Industrieländer das Einkommen benötigt, auf das es durch die Bewahrung der Regenwälder verzichten müsste.

Konsum, Armut und die Umwelt

Die Debatte rund um die Umwelt und die Wirtschaftsentwicklung hängt in vielerlei Hinsicht mit dem Konsumverhalten zusammen. Konsum bezieht sich auf Waren, Dienstleistungen, Energie und Rohstoffe, die von den Menschen abgebaut werden, Institutionen und Gesellschaften. Konsum ist ein Phänomen mit positiven und negativen Dimensionen. Einerseits bedeutet steigender Konsum auf der Welt, dass die Menschen unter besseren Bedingungen leben als in der Vergangenheit. Konsum hängt mit wirtschaftlicher Entwicklung zusammen – wenn der Lebensstandard steigt, können sich die Menschen mehr Lebensmittel, Kleider, persönliche Gegenstände, Freizeit, Urlaube, Autos etc. leisten. Andererseits kann Konsum auch negative Auswirkungen haben. Konsumverhalten kann den Umweltressourcen schaden und Ungleichheiten verstärken.

Die Entwicklung des globalen Konsums im Laufe des 20. Jahrhunderts ist höchst ungewöhnlich: Am Ende des 20. Jahrhunderts beliefen sich die Ausgaben für privaten und öffentlichen Konsum auf etwa 24 Billionen Dollar – das ist doppelt so viel wie im Jahr 1975 und sechsmal so viel wie

1950. Im Jahr 1900 belief sich der globale Konsum auf nur etwas über 1,5 Billionen Dollar (UNDP 1998). Konsumausgaben sind in den vergangenen 30 Jahren also extrem rasch angestiegen. In Industrieländern ist der Konsum pro Kopf um 2,3 Prozent jährlich gewachsen; in Ostasien war das Wachstum sogar noch schneller: 6,1 Prozent jährlich. Hingegen konsumiert der afrikanische Durchschnittshaushalt heute 20 Prozent weniger als vor 30 Jahren. Weitverbreitet sind Befürchtungen, dass der explodierende Konsum am ärmsten Fünftel der Weltbevölkerung völlig vorbeigegangen ist.

Das Ungleichgewicht beim Konsum zwischen den Reichen und den Armen dieser Welt ist markant. Nordamerika und das westliche Europa umfassen nur etwa zwölf Prozent der Weltbevölkerung, aber ihr privater Konsum – der Betrag, den sie für Waren und Dienstleistungen pro Haushalt ausgeben – beträgt mehr als 60 Prozent des Weltgesamtbetrags. Demgegenüber hat die ärmste Region der Welt – Afrika südlich der Sahara, eine Region, in der etwa elf Prozent der Weltbevölkerung leben – nur 1,2 Prozent Anteil am weltweiten privaten Konsum (s. Tab. 19.1).

Region	Anteil an der Weltbe- völkerung	Anteil am welt- weiten privaten Konsum
USA und Kanada	5,2	31,5
Westeuropa	6,4	28,7
Ostasien und Pazifik	32,9	21,4
Lateinamerika und Karibik	8,5	6,7
Osteuropa und Zentralasien	7,9	3,3
Südasien	22,4	2,0
Australien und Neuseeland	0,4	1,5
Mittlere Osten und Nordafrika	4,1	1,4
Afrika südlich der Sahara	10,9	1,2

Tab. 19.1: Konsumausgaben und Einwohner nach Region im Jahr 2000
Quelle: Worldwatch Institute (2004).

Umweltaktivisten argumentieren, dass das gegenwärtige Konsumverhalten nicht nur höchst ungerecht ist, sondern auch einen ernst zu nehmenden Einfluss auf die Umwelt hat. Zum Beispiel hat sich der Verbrauch an Frischwasser seit 1960 verdoppelt, das Verbrennen fossiler Brennstoffe, was, wie nachstehend diskutiert, entscheidend zur Klimaerwärmung beiträgt, hat sich in den letzten 50 Jahren fast verfünffacht, und der Verbrauch an Holz ist um 40 Prozent höher als vor 25 Jahren. Der Fischbestand geht zurück, Wildtierarten sterben aus, Wasser wird weniger und Waldflächen werden immer kleiner. Das Konsumverhalten reduziert nicht nur die bestehenden Naturschätze, es trägt auch dazu bei, dass diese durch Abfälle und schädliche Emissionen an Wert verlieren (UNDP 1998).

Obwohl die Reichen der Welt am meisten verbrauchen, trifft der Umweltschaden, der durch den steigenden Konsum verursacht wird, vor allem die Armen. Wie wir sehen werden, wenn wir das Thema Klimaerwärmung behandeln, sind die Reichen in einer besseren Lage, um die vielen Vorteile des Konsums zu nützen, ohne sich mit den negativen Auswirkungen dieses Verhaltens auseinandersetzen zu müssen. Auf lokaler Ebene können reichere Gruppen es sich gewöhnlich leisten, aus Problemgebieten wegzuziehen; nur die Armen bleiben zurück und müssen die Zeche zahlen. Chemiefabriken, Kraftwerke, Hauptverkehrsstraßen, Bahnlinien und Flughäfen befinden sich häufig nahe von Wohngebieten für Gruppen mit niedrigem Einkommen. Auf globaler Ebene kann man einen ähnlichen

Prozess beobachten: Verschlechterung der Bodenqualität, Abholzung, Wassermangel, Emissionen von Blei und Luftverschmutzung treten vor allem in Entwicklungsländern auf. Armut verstärkt diese Umweltbedrohungen noch. Menschen mit geringen Ressourcen haben keine andere Wahl, als die Ressourcen, die ihnen zur Verfügung stehen, maximal zu nutzen. Das ergibt immer mehr Druck auf eine kleiner werdende Grundlage von Ressourcen durch eine wachsende Bevölkerung.

Gefahrenquellen

Wie wir gesehen haben, gibt es viele unterschiedliche Gefahren für die Umwelt, mit denen die gegenwärtige Welt konfrontiert wird. Diese können grob in zwei Gruppen geteilt werden: Verschmutzung und Abfall, die in die Umwelt gelangen, und der Raubbau an nicht erneuerbaren Ressourcen.

Verschmutzung und Abfall

Luftverschmutzung

Es wird geschätzt, dass Luftverschmutzung, hervorgerufen durch die Emissionen von giftigen Stoffen in die Atmosphäre, die Ursache für mehr als 2,7 Millionen Todesfälle pro Jahr ist. Man kann zwei Arten von Luftverschmutzung unterscheiden: *Verschmutzung im Freien*, produziert vor allem durch giftige Emissionen von Industriebetrieben und Emissionen durch Autos, und *Verschmutzung zu Haus*e, verursacht durch Brennstoffe für Heizung und Kochen. Traditionell wurde Luftverschmutzung als ein Problem der Industriestaaten angesehen, mit ihrer größeren Zahl an Fabriken und Motorfahrzeugen. In den letzten Jahren jedoch wurde auf die Gefahr aufmerksam gemacht, die in den Entwicklungsländern durch die Verschmutzung zu Hause entsteht. Man nimmt an, dass mehr als 90 Prozent der durch Luftverschmutzung verursachten Todesfälle den Entwicklungsländern zuzurechnen sind. Das liegt daran, dass viele Brennstoffe, die von den Menschen in den Entwicklungsländern benützt werden, wie Holz und Dung, nicht so rein sind wie die modernen Brennstoffe Heizöl und Propan.

Bis zur Mitte des 20. Jahrhunderts war die Luftverschmutzung in Europa primär durch das weitverbreitete Verheizen von Kohle verursacht, wodurch Schwefeldioxid und dicker schwarzer Rauch in die Atmosphäre gelangte. Kohle wurde vor allem für die Heizung der Wohnhäuser benützt, wie auch in der Schwerindustrie. In den 1960er Jahren kam es etwa in Deutschland zur Verabschiedung erster sogenannter Emissionsschutzgesetze, um den Smog zu reduzieren. Rauchfreie Brennstoffsorten, wie Heizöl Leicht, Propan- und Erdgas, wurden gefördert und werden nun in den meisten Industrieländern vorrangig verwendet. Grenzwerte für Schwefeldioxid und weitere Schadstoffe sind ab den 1980er Jahren in europäischen Rechtsvorschriften festgelegt und für alle EU-Mitgliedsstaaten verbindlich.

Seit den 1960ern war der Hauptverursacher von Luftverschmutzung die steigende Zahl von Motorfahrzeugen. Emissionen aus Fahrzeugen sind besonders schädlich, weil sie auf einer viel niedrigeren Ebene in die Atmosphäre gelangen als die Emissionen von Rauchfängen. Wie Abbildung 19.1 zeigt, produzieren die unterschiedlichen Fahrzeugtypen eine große Menge von Emissionen. Autos, mit denen etwa 80 Prozent der Fahrten in Europa gemacht werden, sind für die Umwelt ganz besonders schädlich. Aus diesem Grunde konzentrierten sich die Bemühungen um Reduktion der Luftverschmutzung in vielen Industrieländern auf Fahrmöglichkeiten, die wenige Emissionen verursachen, wie z.B. Personenbeförderung in Zügen und in Großraumbussen, sowie gemeinsame Fahrten in Privatautos. Luftverschmutzung ist für eine Reihe von Gesundheitsproblemen verantwortlich, einschließlich Atemprobleme, diverse Krebsarten und Lungen-

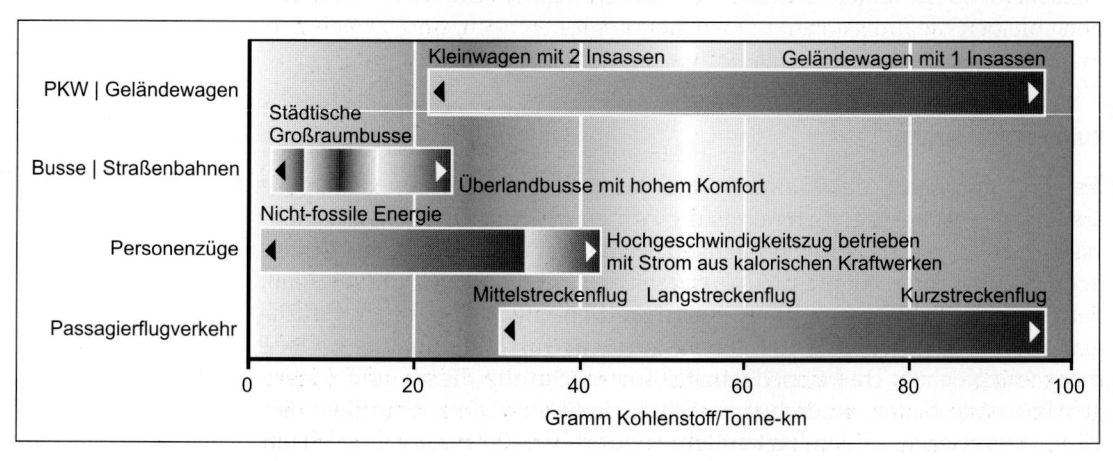

Abb. 19.1: Emissionen, die der Transport einer Tonne über einen Kilometer verursacht
Quellen: IPPC; aus: Guardian Education, 25.1.2000, S. 11; Grafik: Michael Agar, Jenny Ridley, Graphic News.

krankheiten. Während Luftverschmutzung lange Zeit ein Problem der Industrieländer war, steigt sie nun auch in den Entwicklungsländern rasch an. Da die Industrialisierung in diesen Ländern stark zunimmt, steigen auch die Emissionen aus Fabriken und wächst die Zahl der Kraftfahrzeuge auf den Straßen. In vielen Entwicklungsländern wird noch bleihaltiges Benzin verwendet, wohingegen dieses in den meisten Industrieländern nach und nach abgeschafft wurde. Das Ausmaß an Luftverschmutzung ist in einigen Gebieten Osteuropas und der früheren Sowjetunion besonders hoch.

Luftverschmutzung hat nicht nur negative Auswirkungen auf die Gesundheit von Mensch und Tier; sie schadet auch den anderen Elementen des Ökosystems. Eine schädliche Folge der Luftverschmutzung ist der saure Regen, ein Phänomen, das entsteht, wenn Schwefel- und Stickstoffoxidemissionen in anderen Gebieten, die häufig außerhalb der Landesgrenzen liegen, sauren Regen verursachen. Saurer Regen schadet den Wäldern, den Futterpflanzen und den Tieren und führt zur Übersäuerung der Seen. Kanada, Polen und die Nordischen Staaten wurden besonders stark vom sauren Regen betroffen. In Schweden zum Beispiel sind 20.000 der 90.000 Seen übersäuert.

Wie viele Umweltgefahren ist auch der saure Regen schwer zu bekämpfen, da seine Verursachung und seine Konsequenzen über alle nationalen Grenzen hinweg gehen. Ein wichtiger Auslöser für den sauren Regen in Österreich und Deutschland sind zum Beispiel Emissionen aus veralteten Kohlekraftwerken in Polen, Tschechien und der Slowakei, die also jenseits der Grenze verursacht werden.

Andere Länder, die unter saurem Regen leiden, haben ebenfalls festgestellt, dass es nicht in ihrem Machtbereich liegt, dieses Problem zu lösen, weil der Auslöser jenseits ihrer Grenzen zu finden ist. In manchen Fällen wurde versucht, durch den Abschluss bilateraler oder regionaler Abkommen das Ausmaß der Schäden durch sauren Regen zu reduzieren. Dennoch bleiben die Emissionen in manchen Regionen hoch, und sie nehmen in den Entwicklungsländern besonders rasch zu.

Wasserverschmutzung

Immer schon waren die Menschen von Wasser abhängig, um eine ganze Menge von lebenswichtigen Bedürfnissen zu erfüllen: Trinken, Kochen, Waschen, Bewässerung von Futter- und Nahrungspflanzen, Fischzucht und noch vieles mehr. Obwohl das Wasser eine der wertvollsten und wesentlichsten natürlichen Ressourcen ist, haben die Menschen es auch in riesigem Ausmaß verschwendet. Viele Jahre lang wurden Abfälle – sowohl menschliche als auch Industrieabfälle – direkt in die Flüsse und Meere geleitet, ohne dass man darauf auch nur einen Gedanken verschwendet hätte. Erst etwa seit einem halben Jahrhundert bemüht man sich in vielen Ländern in konzertierter Form um den Schutz der Wasserqualität, um die vom reinen Wasser abhängigen Fische und Wildtiere zu schützen und den Zugang zu sauberem Wasser für die Bevölkerung sicherzustellen. Trotz dieser Bemühungen bleibt die Wasserverschmutzung in vielen Teilen der Erde ein ernsthaftes Problem.

Eines der Millennium Development Goals, d.h. der von der UNO festgesetzten Entwicklungsziele lautet: „Halbierung der Zahl jener Menschen, die keinen Zugang zu sauberem Trinkwasser haben" bis zum Jahr 2015. Unter Wasserverschmutzung versteht man im weitesten Sinne die Verunreinigung der Wasserzufuhr durch Elemente wie giftige Chemikalien und Mineralien, Pestizide oder unbehandelte Abwässer. Die größte Bedrohung durch Wasserverschmutzung besteht in den Entwicklungsländern. Gegenwärtig haben mehr als eine Milliarde Menschen auf der Welt keinen Zugang zu sicherem Trinkwasser, und mehr als zwei Milliarden haben keine Sanitäranlagen. Diese sind vor allem in vielen der ärmsten Länder der Welt unterentwickelt, und von Menschen kommende Abfälle werden oft direkt in die Flüsse und Seen geleitet. Die vielen Bakterien, die aufgrund der nicht aufbereiteten Abwässer vorhanden sind, führen zu zahlreichen durch das Wasser verbreiteten Krankheiten, wie Durchfall (Diarrhoe), Ruhr und Hepatitis. Etwa zwei Milliarden Fälle von Durchfallerkrankungen werden jährlich durch verunreinigtes Wasser hervorgerufen; fünf Millionen Menschen sterben pro Jahr an Durchfallerkrankungen. Es gibt aber Fortschritte bei den Bemühungen um besseren Zugang zu den Wasserressourcen der Welt. In den 1990er Jahren wurde für nahezu eine Milliarde Menschen der Zugang zu sicherem Trinkwasser und für ebenso viele die Bereitstellung von Sanitäranlagen erreicht (UNDP 2008).

In den Industrieländern wird Wasserverschmutzung häufig durch übermäßige Anwendung von Düngemitteln in der Landwirtschaft verursacht. Viele Jahre hindurch sickern die Nitrate aus den chemischen Pestiziden in das Grundwasser; bei nahezu 25 Prozent des Grundwassers in Europa werden die von der EU als zulässig festgesetzten Grenzwerte überschritten (UNDP 1998). Die am meisten verschmutzten Wasservorkommen befinden sich in der Nähe ehemaliger Industriegelände, wo Spuren von Quecksilber, Blei und anderen Metallen sich in den Sedimenten abgesetzt haben und so jahrelang in das Wasser gelangen.

Die Qualität des Flusswassers hat sich in den letzten Jahren in den meisten westlichen Industrieländern verbessert. In den osteuropäischen Ländern und den Nachfolgestaaten der ehemaligen Sowjetunion jedoch bleibt die Flussverschmutzung auch weiterhin eine sehr reale Gefahr. Vier Fünftel der Wasserproben, die aus 200 Flüssen in der ehemaligen Sowjetunion gezogen wurden, zeigten einen gefährlich hohen Verschmutzungsgrad.

Müll

Wenn Sie das nächste Mal in einen Supermarkt, einen Spielzeugladen oder ein Fast-Food-Restaurant gehen, beachten Sie doch die Menge Verpackung, die die Produkte umhüllt, die Sie dort sehen. Es gibt nur sehr wenige Dinge, die man heutzutage ohne Verpackung kaufen kann. Auch wenn deutliche Vorteile des Verpackens auf der Hand liegen – die Waren können attraktiver ausgestellt und die Sicherheit der Produkte kann besser garantiert werden –, so bringt es dennoch enorme Nachteile mit sich. Einer der deutlichsten Indikatoren für einen wachsenden Konsum ist die weltweit wachsende Menge an Hausmüll – an dem, was in unseren Mülleimern landet. Während die Entwicklungsländer in den frühen 1990ern 100 bis 330 Kilogramm festen Hausmüll pro Kopf produzierten, betrug diese Zahl 414 Kilogramm für die EU und 720 Kilogramm für Nordamerika (UNDP 1998). Diese Zahlen sind seither überall auf der Welt deutlich gestiegen, und zwar sowohl die absoluten Zahlen des produzierten Abfalls als auch die Pro-Kopf-Zahlen.

Die Industriegesellschaften wurden gelegentlich auch „Wegwerfgesellschaften" genannt, angesichts der großen Menge wie selbstverständlich weggeworfener Artikel. In Deutschland und Österreich kümmern sich die Kommunen um die Abfallentsorgung; Statistiken für Berlin zeigen, dass 2005 jeder Einwohner durchschnittlich 6,1 Kilogramm Abfall pro Woche produziert. Dabei handelte es sich bei etwas über 70 Prozent der 1,7 Millionen Tonnen Abfall um Hausmüll bzw. Sperrmüll aus Haushalten. Während der größte Teil des Sperrmülls wiederverwertet werden kann, gilt dies nur für etwa ein Fünftel des Hausmülls. Etwa 50 Prozent des festen Abfalls wurde verbrannt. Seit Juni 2005 wird kein Berliner Hausmüll mehr direkt deponiert, sondern durch Shreddern, Trocknen und Verrotten so weit behandelt, dass er „inert" ist, d.h. nicht mehr mit der Umwelt reagieren kann (www.berlin.de/sen/umwelt/abfallwirtschaft/de/siedlungsabfall/).

In den meisten Industrieländern sind Müllabfuhrsysteme vorhanden, aber es wird immer schwieriger, die enormen Mengen an Müll auch zu entsorgen. Deponien füllen sich rasch, und viele urbane Bereiche haben keinen Platz mehr, wo sie ihren Hausmüll entsorgen können. Andererseits gibt es in der Bevölkerung kaum Akzeptanz für die Errichtung von Müllverbrennungsanlagen wegen der unter Umständen giftigen Emissionen.

1996 lag das gesamte Berliner Müllaufkommen bei ca. 2,2 Millionen Tonnen, d.h. große Reduktionen ließen sich in den letzten 10–15 Jahren nicht realisieren. Anfang der 1990er Jahre verringerte sich der Hausmüll durch die Einführung der getrennten Sammlung von Kunststoffverpackungen beträchtlich. Mitte der 1990er Jahre wurde in der gesamten Stadt der sogenannte Bioabfall (also kompostierbare Abfälle wie Gemüse- oder Obstabfälle) getrennt gesammelt, wodurch die Hausmüllmenge weiter gesenkt wurde.

In Berlin wurde 2005 knapp 40 Prozent des Abfalls wiederverwertet, während dies 1996 noch nur ca. 25 Prozent des gesamten Mülls waren. Viele Arten von Kunststoff, die für die Verpackung von Nahrungsmitteln verwendet werden, werden einfach zu nicht mehr verwendbarem Abfall; es gibt keine Möglichkeiten, diese wiederzuverwerten, doch sie werden auf Umwegen bei der Befeuerung von Zementwerken oder auch Braunkohlekraftwerken eingesetzt, da Kunststoffe schließlich aus Kohlenwasserstoffverbindungen bestehen, die aus Rohöl erzeugt werden.

Wie Abbildung 19.2 zeigt, ist in Europa die Deponierung von Hausmüll immer noch die häufigste Verwertungsform. Fast die Hälfte des gesamten Siedlungsmülls wird in den EU-Ländern deponiert, nicht ganz ein Fünftel thermisch verwertet.

Doch einige Länder – Belgien, Dänemark, Deutschland, die Niederlande und Schweden – haben bereits sehr niedrige Deponierungsraten und hohe stoffliche oder thermische Verwertungsraten. Zur stofflichen Verwertung gehört Kompostierung und Recycling. Die Strategie der EU ist es, möglichst wenig Müll zu deponieren und stattdessen Wiederverwertung, Müllverbrennung und Kompostierung voranzutreiben. Wie die Abbildung zeigt, haben die südeuropäischen Länder, aber auch Großbritannien und Irland sowie die neu beigetretenen osteuropäischen Staaten noch viel Arbeit vor sich, dieses Ziel zu erreichen.

In den Entwicklungsländern besteht das größte Problem beim Hausmüll im Augenblick im Fehlen von Diensten der Müllabfuhr. Es wird geschätzt, dass 20 bis 50 Prozent des Hausmülls nicht eingesammelt werden. Schlecht organisierte Abfallentsorgungssysteme bedeuten, dass der Müll sich auf den Straßen ansammelt und so zur Verbreitung von Krankheiten beiträgt. Es ist sehr wahrscheinlich, dass die Entwicklungsländer im Laufe

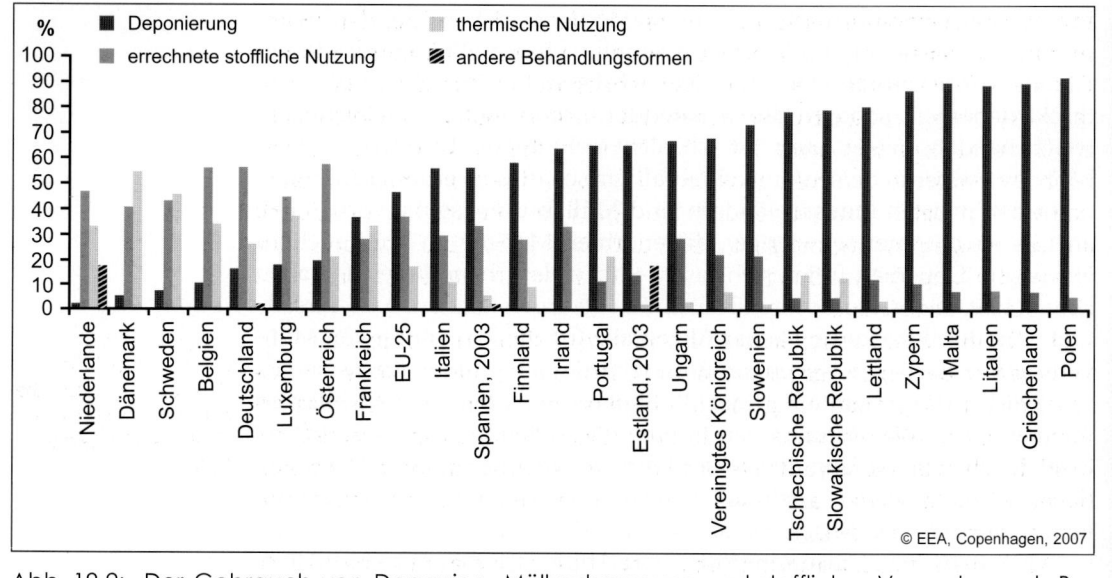

Abb. 19.2: Der Gebrauch von Deponien, Müllverbrennung und stofflicher Verwertung als Behandlungsoption von Siedlungsmüll im Jahr 2004
Quelle: European Environment Agency (2007), Figure 2 auf S. 8.

der Zeit mit Problemen der Abfallentsorgung konfrontiert werden, die um vieles akuter sind als die gegenwärtige Situation in den Industrieländern. Wenn die Gesellschaften reicher werden, vollzieht sich eine Verschiebung von organischen Abfällen wie z.B. Essensresten hin zu Plastik und synthetischen Materialien, wie Verpackungen, die viel länger zur Verrottung brauchen.

Abbau von Ressourcen

Die Menschheit hängt von sehr vielen natürlichen Ressourcen ab, z.B. von Wasser, Holz, Fischen, anderen Tieren und Pflanzen. Diese Dinge werden oft erneuerbare Ressourcen genannt, weil sie sich in einem gesunden Ökosystem im Laufe der Zeit wieder ergänzen. Wenn jedoch der Konsum von erneuerbaren Ressourcen aus dem Gleichgewicht gerät oder zu extrem wird, besteht die Gefahr, dass sie völlig aufgebraucht werden. Es gibt Hinweise darauf, dass dies geschehen könnte. Die Verschlechterung der erneuerbaren Ressourcen ist für viele Umweltschützer ein Anlass zu großer Sorge.

Wasser

Man denkt bei Wasser nicht daran, dass dies eine Ressource sein könnte, die einmal aufgebraucht ist – schließlich ergänzt es sich regelmäßig durch Regen. Wenn Sie in Europa leben, denken Sie wahrscheinlich kaum über

Ihre Wasserversorgung nach, außer wenn es gelegentlich während der Sommermonate nach längeren Trockenperioden zu Einschränkungen kommt. Für Menschen in vielen Teilen der Welt jedoch ist der Zugang zu konstanter Wasserversorgung ein chronisches und ernstes Problem. In vielen dicht bevölkerten Regionen kann der hohe Wasserbedarf nicht durch die verfügbaren Wasserressourcen gedeckt werden. In den trockenen Klimazonen von Nordafrika und dem Mittleren Osten zum Beispiel ist der Druck auf die Wasserversorgung sehr stark und Wassermangel ein vertrauter Zustand. Diese Entwicklung wird sich in den kommenden Jahren ganz sicher noch verstärken.

Dafür gibt es mehrere Gründe. Erstens wird sich ein Großteil des vorhergesagten Bevölkerungswachstums im nächsten Vierteljahrhundert wahrscheinlich in Regionen ereignen, die bereits jetzt Probleme mit Wassermangel haben. Weiters wird ein Großteil dieses Bevölkerungswachstums in städtischen Bereichen auftreten, wo die Infrastruktur damit zu kämpfen haben wird, den Bedarf an Wasser und Sanitäranlagen dieser wachsenden Bevölkerung zu decken.

Zur weltweiten demografischen Entwicklung lesen Sie auch in Kapitel 20 – Globale Ungleichheit.

Auch die Klimaerwärmung hat potenziell Einfluss auf die reduzierte Wasserversorgung. Wenn die Temperaturen steigen, wird mehr Wasser für die Bewässerung benötigt. Es ist also wahrscheinlich, dass sich das Grundwasser nicht so rasch ergänzt wie früher und dass auch Verdunstungsraten steigen. Schließlich werden Klimaveränderungen, die mit der Klimaerwärmung zusammenhängen, womöglich auch das Ausmaß und das Auftreten von Niederschlägen beeinflussen, wodurch es zu Veränderungen in der Wasserversorgung kommen kann, die gegenwärtig kaum vorherzusagen sind.

Verschlechterung der Böden und Wüstenbildung

Gemäß des *Human Development Reports 2007/2008* ist vor allem die arme Weltbevölkerung von der Umweltverschmutzung am härtesten betroffen. Diese Menschen leben mehr oder weniger direkt vom Land – von den Nahrungsmitteln, die sie anbauen oder sammeln können, und den Wildtieren, die sie jagen können. Da sie zu einem großen Teil von der Erde abhängen, sind sie besonders gefährdet, wenn es zu Veränderungen kommt, die ihre Möglichkeiten, von diesem Land zu leben, beeinträchtigen. In vielen Gebieten Asiens und Afrikas, in denen es zu raschem Bevölkerungswachstum kommt, besteht die Gefahr, dass die Verschlechterung der Böden Millionen von Menschen in die Verarmung treiben wird. Unter Bodenverschlechterung versteht man den Prozess, der zur Erosion

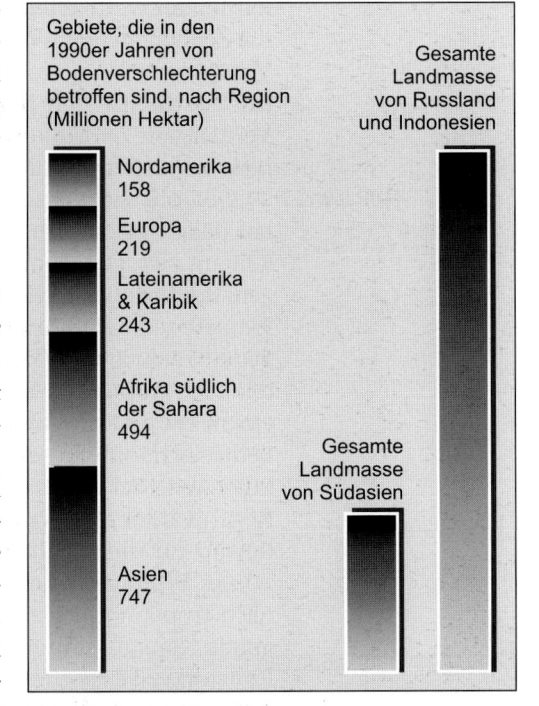

Gebiete, die in den 1990er Jahren von Bodenverschlechterung betroffen sind, nach Region (Millionen Hektar)

Nordamerika 158

Europa 219

Lateinamerika & Karibik 243

Afrika südlich der Sahara 494

Asien 747

Gesamte Landmasse von Russland und Indonesien

Gesamte Landmasse von Südasien

Abb. 19.3: Die Ausmaße der Bodenverschlechterung
Quelle: UNDP (1998), S. 74.

und Auslaugung der Böden führt, etwa durch übermäßige landwirtschaftliche Nutzung, Verdichtung, Trockenheit oder Überdüngung.

Boden-verschlechterung
Die langfristigen Auswirkungen der Bodenverschlechterung sind sehr tief greifend und schwer wieder rückgängig zu machen. In Gebieten mit Bodenverschlechterung sinken die landwirtschaftlichen Erträge, und es gibt weniger bebaubares Land pro Kopf. Es wird schwierig oder unmöglich, Vieh zu halten, da es nicht genug Futter gibt. In vielen Fällen werden die Menschen gezwungen, sich auf den Weg zu machen, um fruchtbareres Land zu suchen.

Wüstenbildung
Wüstenbildung beschreibt intensive Bodenverschlechterung, die dazu führt, dass weite Landstriche zu Wüsten werden. Dieses Phänomen hat weltweit bereits Gebiete erfasst, die zusammen eine Größe von Russland und Indonesien haben, und bedroht mehr als 110 Länder der Welt (s. Abb. 19.3).

Abholzung

Wälder sind ein wichtiges Element im Ökosystem: Sie sind ein Wasserspeicher, geben Sauerstoff in die Atmosphäre ab und verhindern die Erosion der Böden. Zudem tragen sie zur Lebensgrundlage für viele Menschen bei, indem sie Brennstoff, Nahrung, Holz, Öle, Farben und Heilmittel bieten. Doch trotz ihrer entscheidenden Bedeutung sind mehr als ein Drittel der weltweiten Waldflächen verschwunden. Abholzung beschreibt die Zerstörung von Waldflächen durch meist kommerzielle Forstwirtschaft. Von Abholzung waren in den 1980er Jahren 15 Millionen Hektar Land betroffen, die meisten davon in Lateinamerika und der Karibik (mit einem Verlust von 7,4 Millionen Hektar) und Afrika südlich der Sahara (mit einem Verlust von 4,1 Millionen Hektar).

Abholzung
Obwohl viele Arten von Wäldern von der Abholzung betroffen sind, hat das Schicksal der tropischen Regenwälder am meisten Aufmerksamkeit auf sich gezogen. Tropische Regenwälder bedecken etwa sieben Prozent der Erdoberfläche und beheimaten eine große Zahl von Pflanzen- und Tierarten, die zur Artenvielfalt der Welt beitragen. In den Regenwäldern gedeihen auch viele Pflanzen, aus denen Medizin und Öle gewonnen werden. Die tropischen Regenwälder schrumpfen zurzeit mit einer Rate von einem Prozent pro Jahr und könnten bis zum Ende des Jahrhunderts gänzlich verschwunden sein, wenn dem gegenwärtigen Trend nicht Einhalt geboten wird. In vielen Gebieten Südamerikas, wo es die meisten tropischen Regenwälder gibt, wurden riesige Brandrodungen durchgeführt, um Weideland für die Viehhaltung zu gewinnen. In anderen Gebieten der Erde, wie in Westafrika oder im Südpazifik, hat die internationale Nachfrage nach Tropenhölzern zur Zerstörung der Regenwälder beigetragen. Der steigende Konsum bringt also die Entwicklungsländer dazu, ihre natürlichen Rohstoffe zu exportieren, was sowohl zur Umweltzerstörung als auch zum Artensterben beiträgt.

Abholzung verursacht sowohl menschliche Kosten als auch Umweltkosten. Die Menschen, die in armen Dörfern von den Wäldern lebten, werden ihrer Existenzgrundlage beraubt. Abholzung kann zur weiteren Verarmung von bereits marginalisierten Gruppen beitragen, die selten einen Anteil an den riesigen Gewinnen erhalten, die aus Forstrechten und dem Verkauf des Holzes geschöpft werden. Die Umweltkosten der Abholzung umfassen Bodenerosion und Überflutungen: Wenn die Wälder in Bergregionen intakt sind, können sie einen großen Anteil der Niederschläge aufnehmen, speichern und wiederverwerten. Doch wenn einmal die Wälder fehlen, fließt der Regen in Sturzbächen die Hänge hinunter, verursacht Überflutungen und später Austrocknung der Böden.

Risiko, Technologie und Umwelt

„Menschheit falle auf die Knie!", brüllen Horden, die den 2002 erschienenen Crichton-Roman *Beute* bewerben. Crichton hat Bestseller wie *Jurassic Park* und das Drehbuch für die populäre TV-Serie *Emergency Room* geschrieben. In *Beute* schafft Crichton eine Welt, in der unbeabsichtigte Folgen eines wissenschaftlichen Experiments zu einer Katastrophe führen. Eine Wolke von nanoteilchenkleinen Robotern, von denen jeder Einzelne kleiner als ein Staubkorn ist, tritt aus einem Labor aus. Die Wolke erhält sich selbst, kann sich reproduzieren und ist lernfähig. Sie wurde dazu programmiert, ein Räuber zu sein, und sie wächst von Minute zu Minute zu tödlicher Größe heran. Alle Versuche, die Wolke zu zerstören, sind erfolglos und schlimmer noch, Menschen sind die Beute des Räubers.

Crichtons Roman über die Miniroboter ist Science-Fiction, aber Nanotechnologie ist ein spannendes neues Gebiet in Wissenschaft und Technologie. Ein Nanometer ist ein Milliardstel Meter und eine breite Definition von Nanotechnologie umfasst alles, was mit Präzision hergestellt werden kann und weniger als 100 Nanometer groß ist (ein einziges menschliches Haar ist etwa 80.000 Nanometer dick). Bislang sind die Auswirkungen der Nanotechnologie bescheiden geblieben. Sie wird etwa eingesetzt, um Hautcremen transparenter und Skiwachs gleitfähiger zu machen, oder um Oberflächen so zu beschichten, dass sie besonders schmutzabweisend sind.

Nanotechnologie

Einige Schriftsteller haben sich besorgt über die Risiken der Nanotechnologie geäußert. Neben den alarmierenden Botschaften von Science-Fiction-Autoren wie Michael Crichton warnten auch Wissenschaftler davor, dass Nanopartikel sich selbst replizieren könnten, sich wie Pollen ausbreiten und die Biosphäre in wenigen Tagen zu Staub machen könnten. Gefährliche Replikatoren könnten bald zu ausdauernd und klein sein und sich so rasch ausbreiten, dass man sie nicht mehr stoppen kann. Dies gelte zumindest, wenn wir keine Vorkehrungen treffen. Diese Schreckensvision ist als *Grey Goo Problem* (Grauer-Kleber-Problem) bekannt geworden (Drexler 1992). Andere befürchten, dass Nanotechnologie für militärische oder terroristische Zwecke missbraucht werden könnte. Es könnten eines Tages Nanotechnologiegeräte gebaut werden, die selektiv nur bestimmte Gebiete oder Gruppen von Menschen mit besonderen Genen angreifen (Joy 2000). Eine weitere Befürchtung besteht darin, dass eingeatmete Nanoteilchen sich wie Asbest in den Lungen ablagern und so den Körper schädigen könnten.

Wenn diese Befürchtungen realistisch sind, scheinen die Gefahren weiterer Entwicklungen in der Nanotechnologie die möglichen Gewinne zu überwiegen. Dennoch untersuchen enthusiastische Vertreter, ob man mit Nanotechnologie die Aufnahme von Krebsmedikamenten im Körper verbessern könnte, oder ob Kohlenstoff in Nanogröße zur Beschleunigung und Erhöhung der Rechenleistung von Computern verwendet werden kann. Richard Smalley, ein Nobelpreisträger der Chemie, hat angedeutet, dass eines Tages Nanotechnologie in Sonnenenergiekollektoren Verwendung finden könnte, um das Energieproblem der Erde zu lösen (Smalley 2003).

Diskussionen über Nanotechnologie oder andere Neuerungen in Wissenschaft und Technologie werfen interessante Fragestellungen für Soziologen auf. Wie wir oben gesehen haben, konfrontiert uns wissenschaftlicher und technologischer Wandel zunehmend mit Gefahren aber auch Chancen – von *Grey Goo* bis zu unendlicher und umweltfreundlicher Energieversorgung. Menschen mussten immer den einen oder anderen Risiken ins Auge schauen, aber die heutigen Gefahren unterscheiden sich qualitativ von jenen früherer Zeiten. Bis vor Kurzem waren menschliche Gesellschaften von **externen Risiken** bedroht – Gefahren wie Dürre, Erdbeben, Hungersnöte und Wetterkatastrophen, die aus der natürlichen Umwelt auf die Menschen hereinbrechen, ohne mit ihren Handlungen in Verbindung zu stehen. Doch heute erleben wir zunehmend **menschlich verursachte Risiken** – Gefahren, die als Auswirkungen unseres eigenen Wissens und unserer Technologie auf die natürliche Umwelt entstehen. Wie wir im Folgenden sehen werden, sind viele Umwelt- und Gesundheitsrisiken der heutigen Gesellschaft vom Menschen verursacht: Sie sind Auswirkungen unserer eigenen Eingriffe in die Natur. Das Aufkommen der Nanotechnologie, wie wir es oben beleuchtet haben, ist nur ein Beispiel dafür, wie menschlich verursachtes Risiko sich ausbreitet; in den folgenden Abschnitten betrachten wir zwei weitere Fälle – die Kontroversen rund um die Klimaerwärmung sowie jene um genetisch veränderte Nahrungsmittel.

Randnotizen: externe Risiken; menschen-verursachte Risiken

Klimaerwärmung

Der August 2003 war der heißeste August in der nördlichen Hemisphäre, seit es Aufzeichnungen über das Wetter gibt. Viele Menschen sagten, dass das heiße Wetter ein Beispiel für die Auswirkungen der Klimaerwärmung sei. Die Auswirkungen der Hitze waren katastrophal. Das Earth Policy Institute, ein auf Umweltfragen spezialisierter Thinktank, schätzte, dass die Hitzewelle etwa 35.000 Tote in Europa gefordert habe. Frankreich hatte die größten Verluste zu verzeichnen. Man schätzt, dass bei 14.802 Personen die hohen Temperaturen mit zum Tod geführt haben, wobei ältere Menschen ganz besonders betroffen waren (Bhattacharya 2003). Wissenschaftler haben kürzlich errechnet, dass die Klimaerwärmung 160.000 Menschen pro Jahr das Leben kosten werde, wobei Kinder in Entwick-

lungsländern ganz besonders betroffen sein werden. Die Zahl der Todesopfer, die die „Nebenwirkungen" der Klimaerwärmung – also Malaria und
Unterernährung – fordern werden, wird sich nach Schätzungen bis 2020
verdoppeln (Bhattacharya 2003).

In Österreich ist der seit 1860 gemessene globale Anstieg der Jahres-
durchschnittstemperatur von 0,6 Grad Celsius dreimal so stark ausgeprägt.
Das zeigt sich vor allem auch an den Wintern, denn die Tage mit geschlos-
sener Schneedecke haben sich im Schnitt um zwei Wochen verringert und
die Gletscher und Eismassen in den Alpen schmelzen dahin (Kromp-Kolb
und Formayer 2005).

Was ist Klimaerwärmung?

Klimaerwärmung wird von vielen Menschen als die gravierendste Um-
weltgefahr der Gegenwart betrachtet. Wenn die wissenschaftlichen Voraussagen stimmen, hat die Klimaerwärmung das Potenzial, die Klimaab-
läufe auf der Erde unwiederbringlich zu verändern und eine Reihe verheerender weltweiter Umweltfolgen mit sich zu bringen. Klimaerwärmung
bezeichnet den Anstieg der durchschnittlichen Temperatur der Erde aufgrund einer Veränderung der chemischen Zusammensetzung der Atmosphäre. Man nimmt an, dass dies zum größten Teil vom Menschen verursacht wird, da die Gase, die sich in der Atmosphäre angesammelt haben,
von menschlicher Aktivität herrühren.

Der Prozess der Klimaerwärmung ist eng mit der Vorstellung des Treib- **Treibhauseffekt**
hauseffektes verbunden – der Verdichtung von Treibhausgasen in der Atmosphäre, die die Hitze speichern. Das Prinzip ist einfach: Sonnenenergie

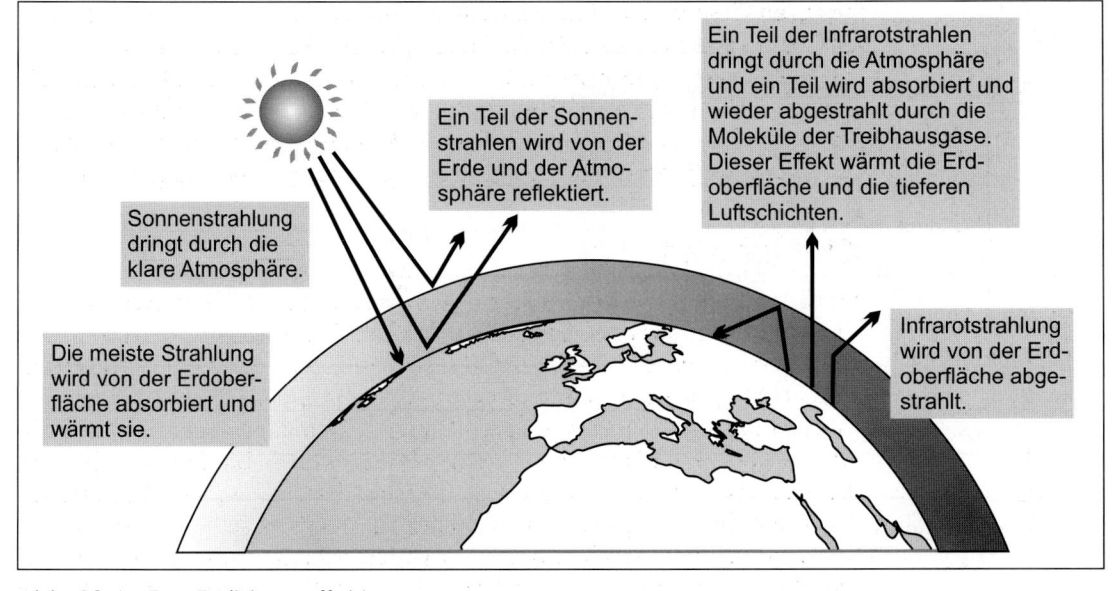

Abb. 19.4: Der Treibhauseffekt
Quelle: U. S. Environmental Protection Agency (2009), S. 2.

dringt durch die Atmosphäre und heizt die Erdoberfläche auf. Obwohl die meiste Sonnenstrahlung von der Erde absorbiert wird, wird ein Teil davon auch reflektiert. Die Treibhausgase wirken nun wie eine Barriere für die Abstrahlung von Energie, wodurch die Hitze innerhalb der Erdatmosphäre eingeschlossen bleibt – so wie durch die Glasscheiben eines Gewächs-

Klimaerwärmung hauses (s. dazu Abb. 19.4) Der natürliche Treibhauseffekt erhält der Erde eine ziemlich angenehme Temperatur von ca. 16 Grad Celsius. Gäbe es die Treibhausgase nicht, wäre die Erde ein viel kälterer Planet mit einer Durchschnittstemperatur von -18 Grad Celsius.

Wenn jedoch die Konzentration von atmosphärischen Treibhausgasen steigt, verstärkt sich der Treibhauseffekt, und es entstehen viel höhere Temperaturen. Seit Beginn der Industrialisierung ist die Konzentration an Treibhausgasen signifikant gestiegen. Die Konzentration von Kohlendioxid als Hauptverursacher des Treibhauseffektes ist seit 1880 um 30 Prozent gestiegen. Die Konzentration von Methan hat sich verdoppelt, und jene der Stickoxide hat sich um etwa 15 Prozent vergrößert. Die nicht natürlich entstehenden Treibhausgase wurden durch die industrielle Entwicklung der Menschen erzeugt. Die meisten Wissenschaftler sind sich darüber einig, dass der große Anstieg an Kohlendioxid von der Verbrennung fossiler Brennstoffe und der Industrieproduktion, dem Bergbau, intensiver Landwirtschaft, der Abholzung, den Mülldeponien und den Autoabgasen verursacht wird.

Abbildung 19.5 zeigt den Anstieg der durchschnittlichen Lufttemperatur im österreichischen Flachland pro Jahr seit 1760. Dabei werden die Abweichungen vom Durchschnitt der Jahre 1961–1990 in der Kurve ausge-

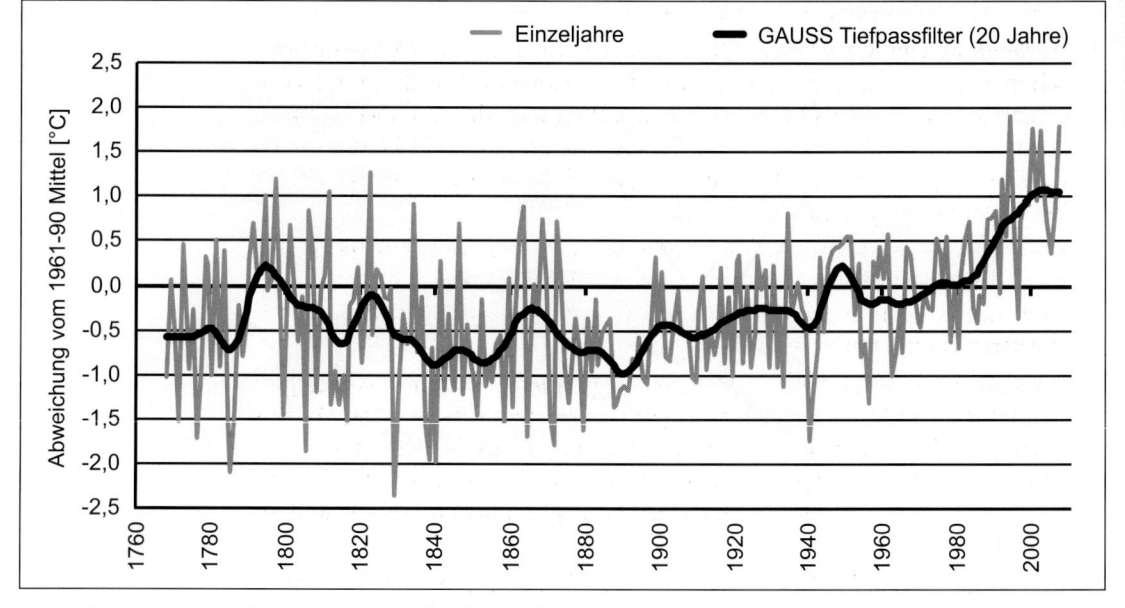

Abb. 19.5: Jahresmitteltemperatur im österreichischen Flachland seit 1760
Quelle: Auer u.a. (2001).

wiesen. Seit Mitte des 19. Jahrhunderts kam es zu einem Temperaturanstieg von 1,8 Grad Celsius, was deutlich über dem weltweiten Anstieg von 0,6 Grad Celsius liegt.

Die potenziellen Auswirkungen der Klimaerwärmung

Die Konsequenzen der Klimaerwärmung werden verheerend sein. Wenngleich die Folgen für Österreich schwer vorauszusagen sind, weil sich die weltweiten Wetterereignisse verändern, sagen Experten einen Temperaturanstieg um zwei bis vier Grad Celsius in den nächsten Jahren voraus. Jedes zweite Jahr werden ähnlich heiße Sommer wie im Rekordjahr 2003 auftreten (Kromp-Kolb und Formayer 2005).

1. *Ansteigen des Meeresspiegels.* Die Klimaerwärmung wird zum Abschmelzen der Polarkappen führen und zu einer Erwärmung und Ausdehnung der Meere. Wenn Gletscher und alle anderen Formen von Eis an Land schmelzen, werden die Meeresspiegel ansteigen. Küstenstädte und solche auf niedriger Seehöhe werden überflutet und unbewohnbar werden. Wenn der Meeresspiegel um einen Meter ansteigt, wird Bangladesh 17 Prozent seiner Landmasse verlieren, Ägypten zwölf Prozent und die Niederlande sechs Prozent (UNDP 1998). Der Hurrikan Katrina in New Orleans, den wir eingangs in diesem Kapitel erwähnt haben, hätte deutlich mehr Todesopfer gefordert, wenn der Meeresspiegel höher als heute wäre.

2. *Wüstenbildung.* Die Klimaerwärmung wird dazu führen, dass weite Flächen fruchtbaren Landes zu Wüsten werden. Afrika südlich der Sahara, der Mittlere Osten und Südasien werden weiter von Wüstenbildung und intensiver Bodenerosion betroffen sein.

3. *Ausbreitung von Krankheiten.* Die Klimaerwärmung wird zur geografischen Verbreitung und Ausdehnung des saisonalen Vorkommens von Organismen, wie etwa Moskitos, die Seuchen wie Malaria und Gelbfieber verbreiten, führen. Wenn die Temperaturen um drei bis fünf Grad Celsius steigen, ist mit einer Erhöhung der Zahl der Malariafälle um 50 bis 80 Millionen pro Jahr zu rechnen.

4. *Ernteausfälle.* Landwirtschaftliche Erträge werden in den ärmsten Ländern sinken, wenn die Klimaerwärmung voranschreitet. Die Bevölkerung in Südostasien, Afrika und Lateinamerika wird vermutlich am stärksten davon betroffen sein.

5. *Veränderungen des Wetters.* Die Wetterereignisse, die über die vergangenen Jahrtausende relativ stabil aufgetreten sind, werden rapide Veränderungen durch den Klimawandel erfahren. 46 Millionen Menschen leben zurzeit in Küstengebieten, die durch Stürme zerstört werden könnten, während viele andere unter Überflutungen und Hurrikans leiden werden.

6. *Geopolitische Instabilität.* Eine Bericht des US-Verteidigungsministeriums warnte davor, dass die extremsten Auswirkungen des oben beschriebenen Klimawandels zu Konflikten und gar Kriegen zwischen den Natio-

nen führen könnten, wenn diese ihre sich verringernden landwirtschaftlichen Flächen, Wasserreservoirs und Energievorkommen zu schützen versuchen. Der Bericht erwartet außerdem Massenwanderungen von Menschen, die in die Regionen ziehen wollen, deren Ressourcen die Anpassung an den Klimawandel ermöglichen. (Schwartz und Randall 2003)

Manche Trends, die mit der Klimaerwärmung zusammenhängen, scheinen schneller aufzutreten, als von den Wissenschaftlern ursprünglich vorausgesagt. Im Dezember 1999 etwa zeigten Satellitenaufnahmen, dass die arktische Eisschicht um vieles schneller schmilzt, als von den Wissenschaftlern ursprünglich geschätzt, was sich dramatisch auf das Weltklima der kommenden Jahre auswirken wird. Ebenso zerbrachen zwei riesige Eisschilde – die Gletscherzungen Larsen B und Thwaites – in der Antarktis innerhalb von Tagen in Tausende von Eisbergen. Es ist möglich, dass der Rückgang des Eises eine Folge natürlicher Veränderungen ist, doch in jedem Fall schmilzt das Eis außergewöhnlich schnell. Messungen zeigen, dass in letzter Zeit im Sommer und Herbst die Eisschicht über dem Meer am Nordpol um 40 Prozent dünner geworden ist und seit den 1950er Jahren im Frühling und Sommer um 10–15 Prozent abgenommen hat. Die weltweite Schneedecke ist seit den 1960ern um zehn Prozent geschrumpft, und die Gletscher in den Bergen haben sich stark zurückgezogen.

Antwort auf das Risiko der Klimaerwärmung

Für lange Zeit war die These von der Klimaerwärmung umstritten. Manche Wissenschaftler zweifelten, ob die behaupteten Effekte wirklich eintreten würden, während andere den Klimawandel für eine Folge natürlicher Veränderungen hielten und nicht für die Folge menschlicher Eingriffe. Doch mittlerweile gibt es einen breiten Konsens, dass die Klimaerwärmung tatsächlich stattfindet und der Treibhauseffekt dafür verantwortlich ist. Nachdem der erste Bericht 2001 erschienen war, veröffentlichte das wissenschaftliche Beratergremium der UNO (Intergovernmental Panel on Climate Change) im Januar 2007 zum zweiten Mal einen der umfangreichsten Berichte zum Klimawandel. Darin wurde einhellig bekundet, dass die Oberflächentemperatur der Erde in den letzten 100 Jahren um etwa 0,74 Grad Celsius gestiegen ist. Der Temperaturanstieg war in den letzten 20 Jahren besonders steil (IPCC 2007). Wie Abbildung 19.6 zeigt, haben die weltweiten Emissionen an Kohlendioxid alarmierend rasch zugenommen. Die Industrieländer stoßen heute weit mehr Treibhausgase aus als die Entwicklungsländer, wobei die USA mehr CO_2 produzieren als jedes einzelne andere Land. Doch der Ausstoß von Treibhausgas beschränkt sich nicht auf die Industrieländer allein. Emissionen in Entwicklungsländern nehmen ebenfalls rasch zu, vor allem in den Ländern, die eine rasche Industrialisierung mitmachen und von denen angenommen wird, dass sie bis 2035 zu den Industrieländern aufschließen werden.

Beim Weltklimagipfel in Kyoto 1997 wurde Einigung darüber erzielt, den Ausstoß von CO_2 bis 2010 signifikant zu senken. Unter den Bedingungen des Protokolls verpflichteten sich die Industrienationen zu einer Reihe von Maßnahmen zur Senkung des Kohlendioxidausstoßes. Das weltweite Ziel bewegt sich zwischen einem durchschnittlichen Rückgang von acht Prozent für den Großteil Europas und einem maximalen Anstieg um zehn Prozent für Island und acht Prozent für Australien. (Ursprünglich verpflichteten sich die USA zu einer Reduktion um sieben Prozent.) Viele Wissenschaftler kritisierten, dass diese Ziele viel zu bescheiden waren, denn die Emissionen von Kohlendioxid müssten um 70 bis 80 Prozent verringert werden, um ernsthafte Folgen für das Klima abzuwenden. Was auch immer die Regierungen tun, um den Ausstoß an Treibhausgasen zu bremsen, wird nicht so schnell eine erkennbare Auswirkung auf die Klimaerwärmung haben, da es ungefähr 100 Jahre dauert, bis das Kohlendioxid in der Atmosphäre natürlich abgebaut wird.

2001 weigerte sich der amerikanische Präsident George W. Bush nach seinem Amtsantritt das Kyoto-Protokoll zu ratifizieren mit dem Argument, dass das Kyoto-Ziel der amerikanische Wirtschaft schaden könnte. Nach längeren Debatten einigte man sich darauf, dass man auch ohne die USA den Weg der Treibhausgasreduktion weiter beschreiten werde, wenngleich die USA der größte Verursacher von Treibhausgas ist. In Verhandlungen beim Klimagipfel in Bonn und in Marrakesch im Jahr 2001 wurden komplizierte Zusatzklauseln vereinbart und die Unterzeichnerstaaten wurden aufgefordert, die Kyoto-Ziele bis 2002 in ihre nationale Gesetzgebung aufzunehmen. In den ver-

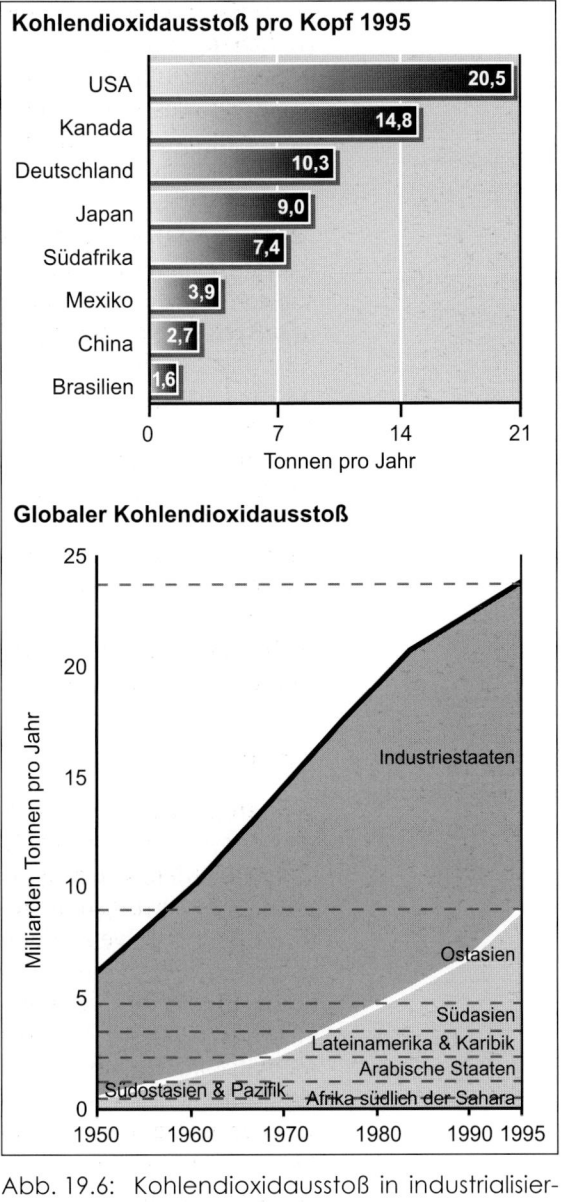

Abb. 19.6: Kohlendioxidausstoß in industrialisierten und weniger entwickelten Gebieten der Welt
Quelle: UNDP (1998), S. 3.

gangenen Jahren haben einige der größten Treibhausgasproduzenten erfolgreich ihre Emissionen eingeschränkt, so etwa Deutschland, das Vereinigte Königreich, Russland und China – obwohl der Rückgang bei Russland hauptsächlich durch einen wirtschaftlichen Abschwung erklärbar ist.

Wie bei vielen Formen des anthropogenen – vom Menschen verursachten – Risikos kann niemand genau sagen, was die Folgen der Klimaerwärmung sein werden. Die Ursachen sind so undurchsichtig, und es ist schwierig, die Konsequenzen genau auszurechnen. Würde das Szenario eines hohen Ausstoßes an Treibhausgasen wirklich zu verbreiteten Naturkatastrophen führen? Wird eine Stabilisierung des Niveaus des Kohldioxidausstoßes die meisten Menschen in der Welt vor den negativen Folgen des Klimawandels bewahren? Ist es möglich, dass die gegenwärtigen Prozesse des Klimawandels bereits eine Serie weitergehender Störungen des Klimas ausgelöst hat? Diese Fragen können nicht mit Gewissheit beantwortet werden. Das Weltklima ist eine äußerst komplexe Angelegenheit, und eine Vielzahl an interagierenden Faktoren bringt unterschiedliche Folgen in unterschiedlichen Ländern der Erde hervor.

Gentechnisch veränderte Nahrungsmittel

Wie in Kapitel 20 – Globale Ungleichheit ausgeführt wird, hungern täglich 963 Millionen Menschen rund um den Globus. Der Prozess der Klimaerwärmung könnte zu Wüstenbildung und Missernten führen, was weitverbreitete Nahrungsmittelknappheit befürchten lässt. In einigen der am dichtesten besiedelten Gebiete der Welt sind die Menschen extrem abhängig von Grundnahrungsmitteln, wie Reis, dessen Vorräte zurückgehen. Viele machen sich Sorgen, dass mit herkömmlichen Anbautechniken der Reisertrag für die steigende Bevölkerungszahl nicht ausreichen werde. Wie bei vielen Umweltgefahren ist auch das Risiko einer Hungersnot nicht gleichmäßig verteilt. Die Industrieländer haben enorme Getreideüberschüsse. Doch in den armen Ländern, wo das größte Bevölkerungswachstum prognostiziert wird, könnten Getreidemissernten ein chronisches Problem werden.

Manche Menschen glauben, dass der Schlüssel zur Verhinderung potenzieller Nahrungsmittelkrisen in den jüngsten Erfolgen in Wissenschaft und Biotechnologie liegen könnte. Durch die Manipulation der Erbinformationen der wichtigsten Feldfrüchte wie Reis, ist es jetzt möglich, die Fotosynthese der Pflanzen zu beschleunigen und damit größere Erträge **Gentechnik** zu erzielen. Dieser Prozess ist unter dem Begriff Gentechnik bekannt. Gentechnik kann für eine Vielzahl von Zwecken genutzt werden, nicht nur zur Erhöhung von Ernteerträgen. Wissenschaftler haben genetisch veränderte Organismen hergestellt, die einen höheren Vitamingehalt haben, andere gentechnisch veränderte Pflanzen sind resistent gegen Pflanzenschutzmittel. Nahrungsmittel, die aus genetisch veränderten Pflanzen hergestellt werden oder Spuren von genetisch veränderten Organismen enthalten, werden auch genetisch veränderte Nahrungsmittel genannt.

Gentechnisch veränderte Feldfrüchte unterscheiden sich von allem, was es bisher gegeben hat, da bei ihnen Gene von unterschiedlichen Organismen transplantiert werden. Das ist ein wesentlich radikalerer Eingriff in die Natur als alle Züchtungsmethoden, die bisher verwendet wurden. Genetisch veränderte Organismen werden durch Techniken des Spleißens von Genen hergestellt, durch die Gene zwischen Tieren und Pflanzen transplantiert werden können. So wurden etwa menschliche Gene bei Nutztieren eingesetzt, um schließlich Ersatzteile für Organtransplantationen beim Menschen zu erhalten. Menschliche Gene wurden auch schon in Pflanzengene gespleißt, doch die bislang auf dem Markt befindlichen gentechnisch veränderten Feldfrüchte enthalten noch keine dieser radikalen Formen der Gentechnik.

Wissenschaftler behaupten, dass ein gentechnisch veränderter Stamm von „Super Reis" den Reisertrag um ganze 35 Prozent erhöhen könnte. Ein anderer Stamm, der Vitamin A enthält, heißt „goldener Reis" und könnte den Vitamin-A-Mangel bei mehr als 120 Millionen Kindern weltweit beseitigen. Man möchte annehmen, dass derartige Fortschritte in der Biotechnologie von den Menschen überall auf der Welt begeistert aufgenommen werden. Doch tatsächlich ist die Frage der Gentechnik zu einer der umstrittensten unserer Zeit geworden. Für viele Menschen markiert sie die Grenze zwischen den Vorteilen von Technologie und wissenschaftlicher Innovation auf der einen Seite und den Risiken der Umweltzerstörung auf der anderen.

Kontroverse über gentechnisch veränderte Nahrungsmittel

Die Geschichte der Gentechnik begann vor wenigen Jahren, als einige Chemie- und Landwirtschaftskonzerne der Welt entschieden, dass neues Wissen über die Funktionsweise der Gene das Nahrungsmittelangebot der Erde verändern könnte. Diese Unternehmen waren Hersteller von Schädlingsbekämpfungs- und Pflanzenschutzmitteln und wollten in einen ihrer Ansicht nach neuen großen Markt der Zukunft vordringen. Das amerikanische Unternehmen Monsanto war führend in der Entwicklung der neuen Technologie. Monsanto kaufte Saatgutfirmen auf, verkaufte seine Chemieabteilung und wandte alle Anstrengungen darauf, die neuen Getreidesorten auf den Markt zu bringen. Unter der Führung seines damaligen Chefs Robert Shapiro startete Monsanto eine riesige Werbekampagne, in der die Vorzüge seiner neuen gentechnisch veränderten Getreidesorten für Bauern und Konsumenten angepriesen wurden. Die Werbekampagne war anfangs genauso erfolgreich wie das Unternehmen erwartet hatte: Anfang 1999 waren 55 Prozent der in den USA angebauten Sojabohnen und 35 Prozent des Mais gentechnisch verändert. Gentechnisch veränderte Feldfrüchte wuchsen damals bereits auf 35 Millionen Hektar Land (einem Gebiet von der Größe Deutschlands) auf der ganzen Welt verteilt. Neben den USA wurden gentechnisch veränderte Feldfrüchte in weiten Teilen Chinas angebaut.

Monsantos Marketingkampagne betonte eine Reihe positiver Eigenschaften gentechnisch veränderter Lebensmittel. Das Unternehmen behauptet, dass gentechnisch veränderte Feldfrüchte dazu beitragen könnten, die Ärmsten der Welt zu ernähren und die Belastung mit chemischen Umweltgiften zu verringern, die in Pflanzenschutz- und Schädlingsbekämpfungsmitteln vorkommen. So wird etwa beteuert, dass gentechnisch veränderte Kartoffeln um 40 Prozent weniger chemische Schädlingsbekämpfungsmittel brauchen. Biotechnologie erlaube Monsanto zufolge höhere

Erträge von Feldfrüchten besserer Qualität bei gleichzeitiger Schonung der Umwelt.

Da gentechnisch veränderte Feldfrüchte relativ neu sind, kann niemand mit Sicherheit sagen, welche Folgen ihre Ausbringung auf die Umwelt haben wird. Viele Umweltschutz- und Konsumentenschutzgruppen sind über die potenziellen Gefahren dieser weitgehend ungeprüften Technologie höchst besorgt. Insbesondere in Europa waren die Vorbehalte gegenüber der Gentechnik in der Landwirtschaft sehr groß. Gentechnisch veränderte Lebensmittel sind bald zur täglichen Schlagzeile der Nachrichten geworden. Viele Fernseh- und Radiodebatten, Chatrooms und Anrufsendungen wurden organisiert, um diese Frage zu diskutieren. Viele Europäer haben ihren Unmut gegenüber gentechnisch veränderten Lebensmitteln ausgedrückt, einige auch aktionistisch, indem sie gentechnisch veränderte Pflanzen ausrissen, die auf Versuchsfeldern angebaut worden waren. Diese Reaktionen breiteten sich schließlich auch in den USA aus, wo es zuvor nur wenig Diskussion zum Thema gab. Viele Supermarktketten in Europa haben ihre Politik gegenüber gentechnisch veränderten Lebensmitteln geändert. Sie verbannen gentechnisch veränderte Lebensmittel aus ihren Regalen oder bestehen zumindest auf genauer Auszeichnung. Zwei große Konzerne – Unilever und Nestlé – kündigten an, gentechnisch veränderte Nahrungsmittel weitgehend aus dem Sortiment zu nehmen. Bauern in den USA, die in großem Rahmen gentechnisch veränderte Feldfrüchte angebaut hatten, stellten wieder auf konventionelle Feldfrüchte um. Eine Eurobarometer Umfrage im Jahre 2002 ergab, dass mehr als die Hälfte der befragten Europäer es ablehnte, gentechnisch veränderte Lebensmittel zu kaufen, selbst wenn diese weniger Pestizide enthalten würden. Über zwei Drittel der Befragten lehnte es ab, gentechnisch veränderte Lebensmittel wegen des niedrigeren Preises zu kaufen (Eurobarometer 2003, S. 37).

Der Protest von Umweltschutzorganisationen und Konsumentenschützern übte großen Druck auf Monsanto aus und führte zum Sinken seiner Aktienkurse. Robert Shapiro trat vor die Fernsehkamera und gab große Fehler zu: „Wir haben vermutlich mehr Menschen verärgert und verängstigt als überzeugt. Unser Vertrauen und unsere Begeisterung für diese Technologie wurde offenbar von vielen als herablassend und arrogant empfunden, was verständlich ist." (Gillis und Swardson 1999) Diese Aussage stellte eine außergewöhnliche Kehrtwende von dem Selbstvertrauen dar, mit dem er nur wenige Monate zuvor gesprochen hatte. Monsanto musste gezwungenermaßen einen seiner umstrittensten Pläne aufgeben – ein Gen namens Terminator zu verwenden. Dieses Gen hätte bewirkt, dass Saatgut, das an die Bauern verkauft wurde, nach einer Generation steril sein würde. Damit wären die Bauern dazu gezwungen worden, jedes Jahr Saatgut von Monsanto zu kaufen. Kritiker sagten, dass Monsanto vorhätte, die Bauern in eine Form der „Biosklaverei" zu bringen.

Gentechnisch veränderte Lebensmittel führen weiterhin zu großen Kontroversen in Europa und großen Teilen Afrikas. Die Europäische Union verweigerte Patentierungen neuer gentechnisch veränderter Feldfrüchte zwischen 1998 und 2004. Das vollkommene Moratorium wurde 2004 aufgehoben, als Importe von gentechnisch verändertem Mais zugelassen wurden und eine Auszeichnungspflicht für gentechnisch veränderte Produkte eingeführt wurde. Doch die Aktionen der EU waren zu langsam für die großen mit Gentechnik arbeitenden Hersteller in den USA, denn diese legten im Mai 2003 eine Beschwerde gegen die EU bei der WTO (Welthandelsorganisation) ein, dass die EU ohne eine wissenschaftliche Grundlage den freien Handel mit gentechnisch veränderten Lebensmitteln beschränke. Drei Jahre später entschied die WTO gegen die Importbeschränkungen der EU, was jedoch nationale Importverbote von gentechnisch veränderten Lebensmitteln unberührt lässt.

Bewertung der Risiken gentechnisch veränderter Lebensmittel

Trotz der Beteuerungen der mit Gentechnik arbeitenden Hersteller kann niemand mit Sicherheit sagen, dass genetisch veränderte Feldfrüchte völlig harmlos sind. Der genetische Code ist hochkompliziert, das Hinzufügen von neuen Genen in Organismen könnte unvorhersehbare Krankheiten oder andere schädliche Folgen nach sich ziehen. Weil die Technologie so neu ist, tauchen in erstaunlicher Häufigkeit neue Ergebnisse und Entdeckungen auf. Im Mai 2000 gab die britische Regierung zu, dass Tausende Hektar konventionellen Raps, der von Bauern angebaut wurde, durch Pollenflug mit genetisch veränderten Pflanzen eines benachbarten Feldes „kontaminiert" worden waren. Deutsche Forscher veröffentlichten nur wenige Wochen später, dass ein Gen, das gewöhnlich zur Modifikation von Raps benutzt wird, die Artenbarriere übersprungen hat und im Darm von Bienen gefunden wurde. In der kurzen Zeit zwischen diesen beiden erstaunlichen Entdeckungen hat Monsanto selbst zugegeben, dass seine genetisch veränderten Sojabohnen, die besonders intensiv kommerziell genutzt wurden, Genfragmente enthielten, die zuvor unbekannt waren.

Solche Forschungsresultate unterstützen die Annahmen, vor denen die Umweltaktivisten seit Längerem warnen. Obwohl die Gentechnik enorme potenzielle Vorteile haben mag, sind die mit ihr verbundenen Risiken schwer einschätzbar. Werden genetisch veränderte Organismen erst einmal ausgesetzt, können sie einen Dominoeffekt auslösen, der schwer zu überschauen und zu kontrollieren ist. Unter diesem Gesichtspunkt ziehen viele Umweltschützer das Prinzip der Vorsicht vor. D.h. wenn es hinreichende Zweifel über mögliche Gefahren *neuer* Verfahren gibt, erscheint es besser, mit den *vertrauten* Methoden wei-

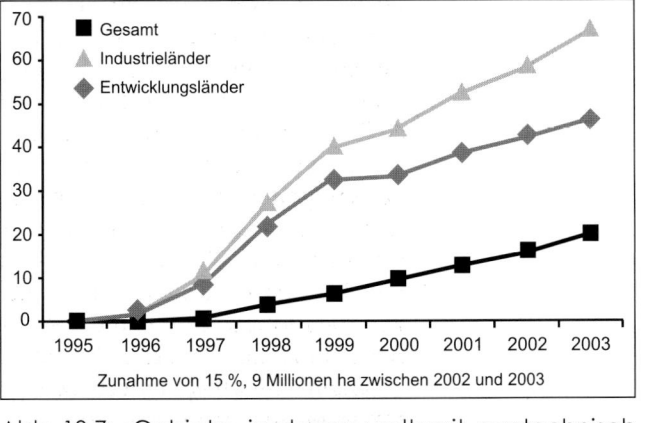

Abb. 19.7: Gebiete, in denen weltweit gentechnisch veränderte Pflanzen angebaut werden
Quelle: ISAAA (2003), S. 3.

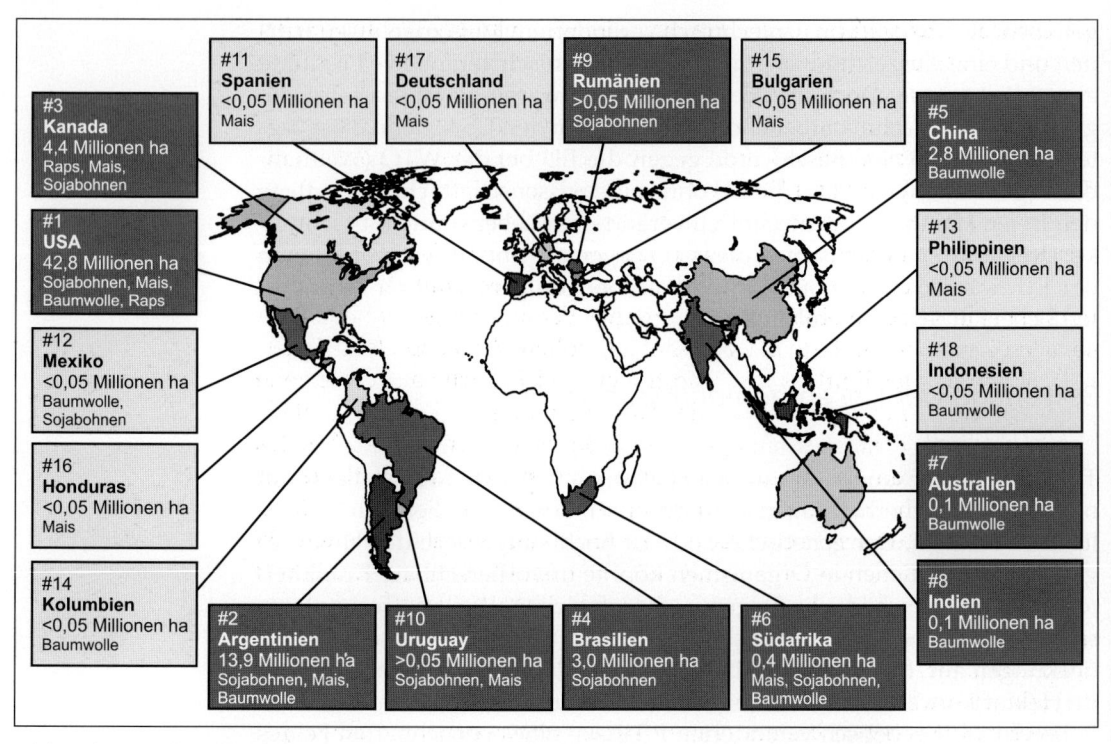

Abb. 19.8: Zehn Länder, die 50.000 oder mehr ha mit gentechnisch veränderten Pflanzen bebauen

Quelle: ISAAA (2003), S. 4.

terzumachen. Trotz der Befürchtungen der Umweltschützer wurde in den letzten Jahren immer mehr Land mit genetisch veränderten Feldfrüchten bebaut, insbesondere in den Entwicklungsländern, wo die Umweltschutzbewegung noch nicht so gefestigt ist und die Gesetze zum Anbau genetisch veränderter Pflanzen nicht so streng sind (s. auch Abb. 19.7).

Die Weltrisikogesellschaft

Nanotechnologie, die Debatte über gentechnisch veränderte Lebensmittel, Klimaerwärmung und andere vom Menschen verursachte Risiken haben die Menschen vor neue Wahlmöglichkeiten und Herausforderungen in ihrem Alltag gestellt. Da es keine klare Orientierung im Umgang mit diesen neuen Gefahren gibt, müssen einzelne Menschen, Länder und interna-
Risikogesellschaft tionale Organisationen die Risiken der von ihnen getroffenen Entscheidungen darüber, wie sie ihr Leben führen sollen, aushandeln. Es gibt keine endgültigen Antworten über die Ursachen und Auswirkungen dieser Risiken, weshalb jeder Einzelne gezwungen ist zu entscheiden, welche Risiken er zu akzeptieren bereit ist. Das kann eine sehr verwirrende Aufgabe sein. Sollen wir Nahrungsmittel und Rohstoffe verwenden, wenn ihre Erzeugung eine negative Auswirkung auf unsere eigene Gesundheit oder

die Umwelt hat? Sogar einfache Fragen, wie, was man essen soll, werden im Spannungsfeld widersprüchlicher Informationen und Ansichten über die relativen Vor- und Nachteile des jeweiligen Produktes kompliziert.

Ulrich Beck (2007) hat ausführlich über Risiko und Globalisierung publiziert, er sieht bestimmte Faktoren, die zur Herausbildung einer Weltrisikogesellschaft führen. Mit dem beschleunigten technologischen Wandel entstehen neue Formen von Risiko, und wir sind gezwungen, immer wieder darauf zu reagieren und uns anzupassen. Die Risikogesellschaft – so Beck – beschränkt sich nicht auf Gesundheits- oder Umweltrisiken; sie umfasst eine Reihe miteinander verbundener Veränderungen im heutigen sozialen Leben: veränderte Erwerbsmuster, höhere Arbeitsplatzunsicherheit, abnehmender Einfluss der Traditionen und Bräuche auf die eigene Identität, die Auflösung traditioneller Familienmuster und die Demokratisierung persönlicher Beziehungen. Weil die persönliche Zukunft jedes Einzelnen viel weniger fix ist als in vormodernen Gesellschaften, stellen alle möglichen Entscheidungen für das Individuum Risiken dar. Sich zu verheiraten ist etwa heute eine riskantere Angelegenheit als zu Zeiten, da die Ehe noch eine lebenslange Institution war (das Leben aber auch viel kürzer war). Entscheidungen über die Ausbildung und Berufswahl können sich auch riskant anfühlen, denn es ist schwer abzuschätzen, welche Qualifikationen in einer sich so rasch wandelnden Wirtschaft wie der unseren in Zukunft noch von Wert sein werden.

Beck zufolge (1988) besteht ein wichtiges Kennzeichen der Risikogesellschaft darin, dass ihre Gefahren nicht räumlich, zeitlich oder sozial eingegrenzt sind. Heute betreffen die Risiken alle Länder und sozialen Klassen; sie haben globale nicht nur persönliche Konsequenzen. Wie wir oben gesehen haben, sind viele Formen der von Menschen verursachten Risiken, wie jene, die die menschliche Gesundheit oder die Umwelt betreffen, grenzüberschreitend. Die Explosion des sowjetischen Kernkraftwerkes Tschernobyl im Jahr 1986 ist ein gutes Beispiel für dieses Argument. Jeder, der in unmittelbarer Nähe des Atomkraftwerkes lebte, wurde gefährlichen Strahlenmengen ausgesetzt, unabhängig von Alter, sozialer Schicht, Geschlecht oder Status. Gleichzeitig wirkte sich der Unfall weit über die Grenzen Tschernobyls aus, in ganz Europa und darüber hinaus wurde abnormal hohe radioaktive Strahlung auch noch lange nach der Explosion gemessen.

Blick in die Zukunft

Am Beginn des 21. Jahrhunderts können wir nicht vorhersehen, ob die kommenden 100 Jahre von friedlicher sozialer und wirtschaftlicher Entwicklung gekennzeichnet sein werden oder von einer Vervielfachung globaler Probleme, die jenseits der Lösungskapazität der Menschheit liegen. Anders als die Soziologen, die vor 200 Jahren geschrieben haben, sehen wir deutlich, dass die moderne Industrie, Technologie und Wissenschaft keineswegs nur Vorteile mit sich bringt. Wissenschaftlicher und technologischer Fortschritt haben eine Welt voller Risiken hervorgebracht, die riesige Gewinne und riesige Verluste ermöglichen. Insbesondere in den Industrieländern ist die Bevölkerung heute reicher als je zuvor, doch die Welt ist auch einer ökologischen Katastrophe näher als je zuvor.

Sollen wir uns verzweifelt zurückziehen? Sicherlich nicht. Wenn es eine Erkenntnis gibt, die die Soziologie uns zu bieten hat, so das Bewusstsein von der Erschaffung sozialer Institutionen durch den Menschen. Wir sehen die Chance, unser Schicksal zu kontrollieren und unser Leben in einem Maß zu verbessern, wie es sich frühere Generationen nicht träumen ließen.

Die Idee der nachhaltigen Entwicklung, die wir oben diskutiert haben, hat zur Förderung wichtiger Innovationen im Bereich der Umwelt beigetragen. Dazu gehören etwa die Konzepte der ökologischen Effizienz und der ökologischen Modernisierung. Ökologische Effizienz bedeutet die Entwicklung von Technologien, die nicht nur effektiv zum wirtschaftlichen Wachstum beitragen sondern dies auch noch zu minimalen Umweltkosten. Bis in die 1980er Jahre, als der Brundtland-Bericht erschien, hatte man noch geglaubt, dass wirtschaftliche Entwicklung sich mit Umweltschutz nicht vertragen würde. Die Kernidee der These von der ökologischen Modernisierung besagt, dass diese Annahme falsch ist. Der Einsatz ökologisch effizienter Technologien kann Formen wirtschaftlicher Entwicklung hervorbringen, die wirtschaftliches Wachstum mit positiver Umweltpolitik verbinden.

Die Potenziale der ökologischen Modernisierung können an der Abfallentsorgungsindustrie veranschaulicht werden. Wie wir oben gezeigt haben, wurde Müll bis vor Kurzem hauptsächlich eingesammelt und deponiert. Mittlerweile hat sich die Abfallentsorgung jedoch weiterentwickelt. Müll wird getrennt, wiederverwertet, kompostiert oder thermisch genutzt. In Deutschland darf kein Müll mehr unbehandelt deponiert werden. Im Bereich der Wiederverwertung haben technologische Entwicklungen es ermöglicht, zu wesentlich niedrigeren Kosten etwa Altpapier zu sammeln und wiederzuverwerten, als neue Bäume zu fällen und mit hohem Energieeinsatz Zellstoff zu gewinnen. So gibt es also gute wirtschaftliche wie ökologische Gründe, Papier wiederzuverwerten. Nicht nur einzelne Unternehmen, sondern ganze Industriezweige arbeiten daran, alle bei der Produktion anfallenden Abfälle wiederzuverwerten, weil dadurch am Einsatz von Rohstoffen und an Entsorgungskosten gesparen werden kann. Schon in den 1990er Jahren wurden beispielsweise in Graz im Rahmen des Projektes Ökoprofit Betriebe bei der Vermeidung von Müll und der Erhöhung der Effizienz des Rohstoff- und Energieeinsatzes beraten und mit Gütesiegeln für „cleaner production" ausgezeichnet.

Sogar die härtesten Verfechter ökologischer Modernisierung werden zugeben müssen, dass die Rettung der globalen Umwelt höchst wahrscheinlich eine Veränderung der enormen Ungleichheit in der Welt nötig macht. Wie wir gesehen haben, lebt nur etwa ein Fünftel der Weltbevölkerung in den Industrieländern, doch sind diese für 75 Prozent der Emissionen verantwortlich, die die Atmosphäre verschmutzen und zum Treibhauseffekt beitragen. Der durchschnittliche Bewohner eines Industrielandes konsumiert zehnmal so viel Rohstoffe wie ein Bewohner eines weniger entwickelten Landes. Armut ist auch ein Hauptfaktor für Praktiken, die zur Schädigung der Umwelt in armen Ländern führen. Menschen, die in wirtschaftlicher Not leben, haben keine andere Wahl, als die lokal vorhandenen Ressourcen maximal auszunutzen. Nachhaltige Entwicklung kann daher nicht getrennt von globaler Ungleichheit gesehen werden.

Zusammenfassung

1. Es gibt nur wenige Aspekte der Umwelt, die von menschlicher Aktivität unberührt geblieben sind. Alle Gesellschaften sind heute mit der Sorge um die Umweltökologie konfrontiert – also damit, wie man am sorgfältigsten mit der Umwelt umgeht und Schäden an der Umwelt durch moderne Industrie und Technologie vermeidet. Der Gedanke von den „Grenzen des Wachstums" wurde in den 1970er Jahren populär und besagt, dass industrielles Wachstum und wirtschaftliche Entwicklung mit der Endlichkeit der natürlichen Ressourcen unvereinbar ist. Nachhaltige Entwicklung behauptet im Gegensatz dazu, dass Wachstum zwar wünschenswert ist, aber nur, wenn Ressourcen geschont und wiederverwertet werden.

2. Der weltweite Anstieg des Konsums spiegelt das Wirtschaftswachstum wider, aber er schädigt auch die Umweltressourcen und verschlimmert die globale Ungleichheit. Der Energieverbrauch und der Verbrauch von Rohstoffen sind in westlichen Ländern weitaus höher als anderswo in der Welt. Doch die Umweltschäden, die von steigendem Konsum verursacht werden, betreffen die Armen am härtesten.

3. Es gibt unterschiedlichste Umweltgefahren. Manche sind verbunden mit Verschmutzung und Abfallprodukten, die in die Atmosphäre abgegeben werden: Luftverschmutzung, saurer Regen, Wasserverschmutzung und Müll. Andere Bedrohungen der Umwelt beziehen sich auf den Abbau von erneuerbaren natürlichen Ressourcen, wie Wasser, Erde und Wälder und die Verringerung der Artenvielfalt.

4. Ökologische Effizienz bezieht sich auf Technologien, die wirtschaftliches Wachstum zu minimalen Umweltkosten erzeugen können und damit zur nachhaltigen Entwicklung beitragen. Ökologische Modernisierung ist die Überzeugung, dass sich industrielle Entwicklung und Umweltschutz nicht ausschließen.

5. Viele Umweltfragen sind eng an den Begriff des Risikos geknüpft, denn sie resultieren aus der Ausweitung von Wissenschaft und Technologie. Genetisch veränderte Organismen werden durch die Manipulation des genetischen Bauplanes der Pflanze erzeugt. Klimaerwärmung bezieht sich auf den schrittweisen Anstieg der Temperatur der Erde, der durch steigenden Ausstoß von Kohlendioxid sowie anderer Treibhausgase in die Atmosphäre verursacht wird. Die möglichen Konsequenzen der Klimaerwärmung sind gravierend und reichen von Überflutungen, der Ausbreitung von Seuchen, extremen Wetterereig-

nissen bis zu steigendem Meeresspiegel. Klimaerwärmung stellt ein potenzielles Risiko für die gesamte Menschheit dar, aber die Bemühungen, dagegen vorzugehen, sind schwer zu organisieren, weil die Ursachen und möglichen Folgen so diffus sind.

6. Genetisch veränderte Lebensmittel sind stark umstritten: Die Gentechnik hat möglicherweise große Vorteile in der Bekämpfung des Hungers und der Unterernährung in der Welt, aber die dabei verwendete Technologie ist neu und kann Risiken für Mensch und Umwelt mit sich bringen. Das Prinzip der Vorsicht rät in diesem Fall, wenn es hinreichend Zweifel über die Sicherheit einer *neuen* Methode gibt, lieber bei der *alten* zu bleiben.

Glossar

Abholzung. Die Zerstörung großer Waldflächen durch kommerzielle Abholzung und Brandrodung.

Bodenverschlechterung. Der Prozess, durch den die Qualität des Erdreichs sich verschlechtert und die Böden ausgelaugt werden, indem sie zu intensiv bewirtschaftet werden, austrocknen oder überdüngt werden.

Externes Risiko. Gefahren, die aus der natürlichen Welt stammen und nicht mit den Handlungen der Menschen zusammenhängen, wie etwa Erdbeben. Inwieweit Klimaereignisse wie Dürren, Stürme, und Missernten nicht doch aufgrund der Klimaerwärmung vom Menschen verursachte Risiken sind, ist zur Zeit noch umstritten.

Gentechnik. Durch die Manipulation der Gene von Pflanzen und Tiere entstehen gentechnisch veränderte Organismen, die höhere Erträge und größere Gewinne für die Agrarkonzerne bringen. Gentechnik wird auch in der Medizin eingesetzt und genießt dort eine höhere Akzeptanz bei der Bevölkerung.

Klimaerwärmung. Die graduelle Zunahme der Temperatur der Erdatmosphäre. Klimaerwärmung entsteht infolge des Treibhauseffektes, bei dem die Verdichtung von Kohlendioxid die Sonnenstrahlung so ablenkt, dass sich die Erde immer mehr erwärmt. Die Auswirkungen der Klimaerwärmung sind höchstwahrscheinlich verheerend und umfassen Überflutungen, Dürren und andere Veränderungen des Weltklimas.

Menschenverursachtes Risiko. Gefahren, die durch die Beeinflussung und Veränderung der natürlichen Welt durch die vom Menschen gemachte Wissenschaft und Technologie entstehen. Dazu zählen u.a. die Klimaerwärmung und die Gentechnik.

Nachhaltige Entwicklung. Der Gedanke, dass wirtschaftliche Entwicklung nur stattfinden soll, wenn natürliche Ressourcen wiederverwertet statt neu abgebaut werden, die Artenvielfalt erhalten, die Luft, das Wasser und der Boden vor Verschmutzung geschützt werden.

Nanotechnologie. Die Wissenschaft und Technologie, die sich mit dem Bauen elektronischer Schaltkreise und „Werkzeuge" sowie der Oberflächen- und Lebensmittelchemie befasst, die sich in einer Größenordnung vom Einzelatom bis zu 100 Nanometern bewegen. Ein Nanometer ist ein Milliardstel Meter, 10^{-9}.

Risikogesellschaft. Ein Begriff, der mit dem deutschen Soziologen Ulrich Beck verknüpft wird. Beck argumentiert, daß die industrielle Gesellschaft viele neue Gefahren und Risken hervorgebracht hat, die in vergangenen Zeiten unbekannt waren. Das Risiko der Klimaerwärmung ist eines davon.

Treibhauseffekt. Die Verdichtung von Treibhausgasen in der Atmosphäre, die die Wärme einschließen. Während der natürliche Treibhauseffekt die Erde auf einer angenehmen Temperatur hält, führt die von Menschen verursachte hohe Konzentration von Treibhausgasen zur Klimaerwärmung.

Umweltökologie. Der Ausdruck bezieht sich auf das Bestreben, angesichts der Auswirkungen der modernen Industrie und Technologie die Unversehrtheit der physischen Umwelt zu bewahren oder wiederherzustellen.

Wüstenbildung. Extreme Bodenverschlechterung, die große Gebiete zu Wüsten macht.

Weiterführende Literatur

Kromp-Kolb, Helga & Herbert Formayer (2005), *Schwarzbuch Klimawandel. Wieviel Zeit bleibt uns noch?*, Salzburg: ecowin.

Stehr, Nico & Hans von Storch (1999), *Klima, Wetter, Mensch*, München: Beck.

Filme zum Thema

„The day after tomorrow" (USA 2004), Regie: Roland Emmerich

„Silkwood" (USA 1983), Regie: Mike Nichols

„Eine unbequeme Wahrheit" (USA 2006), Regie: Davis Guggenheim

Internet-Tipps

Intergovernmental Panel on Climate Change (IPCC)
www.ipcc.ch/

20

Globale Ungleichheit

Im vergangenen Vierteljahrhundert gab es so viele Milliardäre wie nie zuvor in der Geschichte. Am Beginn des 21. Jahrhunderts zählte man gerade einmal 573 Milliardäre weltweit, im Jahr 2007 waren es aber bereits 891 – davon lebten 410 in den USA, 223 in Europa und 49 in Russland (Forbes 2007). (Milliardär ist jemand, dessen Reichtum 1.000 Millionen US-Dollar übersteigt; die Zunahme um das 1,5-Fache kann mit der Inflationsrate nicht erklärt werden.)

Die Liste der reichsten Personen wird seit Jahren von William Gates III. angeführt, dem Gründer von Microsoft. Bill Gates, dessen Reichtum großteils aus seinem auf mehr als 50 Milliarden US-Dollar geschätzten Anteil an seiner eigenen Firma besteht, ist so etwas wie die Personifikation des unternehmerischen Geistes: Ein Computernarr, der sein Studium abbrach, um zum Kapitalisten zu werden und dessen Software heute als Betriebssystem in fast allen Personalcomputern steckt. In den späten 1990er Jahren betrug sein Reichtum sogar ungefähr 100 Milliarden US-Dollar. Kurze Zeit nach Erreichen dieses Höhepunkts, nach dem Platzen der sogenannten New-Economy-Blase, fielen auch die Aktienwerte von Microsoft und verringerten Gates' Reichtum drastisch. Dennoch blieb er auch in den folgenden Jahren der reichste Mann der Welt.

Der reichste Europäer im Jahre 2007 war Ingvar Kamprad, der Gründer von IKEA. Während Gates Initiator und Nutznießer der Revolution der Computertechnologie ist, verdankt Kamprad sein Vermögen dem Umstand der ähnlich revolutionären Umwälzung des Konsumverhaltens. Seine Selbstbaumöbel eroberten die Welt nicht nur, weil sie zerlegt einfacher zu transportieren waren, sondern auch weil sich immer mehr Menschen immer häufiger neue Einrichtungsgegenstände kaufen konnten und wollten. Microsoft und IKEA verkörpern die beiden Seiten der gegenwärtigen Wohlstandsgesellschaft: die das Privatleben erobernde Informationstechnologie und der regelmäßige Austausch von vermeintlich langlebigen Konsumgütern.

Wenn Bill Gates der typische westliche Hightechunternehmer ist, dann ist Hongkongs Li Ka-shing, der den neunten Platz auf der Liste von Forbes einnimmt, – der Held des „Vom Tellerwäscher zum Milliardär"-Märchens, das den Erfolg vieler asiatischer Geschäftsleute kennzeichnet. Li (= sein Familienname) begann seine Karriere mit der Herstellung von Plastikblumen. Im Jahr 2004 betrug sein persönliches Vermögen 6,5 Milliarden US-Dollar und bestand weitgehend aus dem Besitz von Immobilien und anderen Investitionen in ganz Asien, einschließlich des Eigentums seiner Familie an STAR TV, einer Fernsehsatellitenfirma, deren Sendungen die halbe Welt erreichen.

Die Globalisierung, gekennzeichnet durch steigende ökonomische, politische, soziale und kulturelle Vernetzung der Welt, schuf Gelegenheit für undenkbaren Reichtum. Ein Blick auf die Liste der reichsten Menschen der Welt zeigt, dass die meisten von ihnen als „neureiche Unternehmer" bezeichnet werden können, die ihren Wohlstand während ihres eigenen Lebens erwarben. (Deutlich weniger Personen auf dieser Liste der Reichen haben ihren Reichtum geerbt.) Gates, Kamprad und andere Superreiche stammen aus Mittelschichtfamilien oder noch ärmeren Verhältnissen. Sie alle profitierten insofern enorm von der Globalisierung, da die von ihnen erfundenen Konsumgüter heutzutage nahezu weltweit hergestellt und vor allem vertrieben werden können. Die Liberalisierung des Welthandels, vor allem der Abbau von Handelsschranken und der freie Transfer von Kapital und Waren ermöglichten die Entstehung von Weltunternehmen wie Microsoft und IKEA.

Die Vorteile der Globalisierung sind ungleich verteilt, nicht alle können sich ihrer gleich erfreuen. Nehmen sie als ein Beispiel Wirat Tasago, einen 24-jährigen Textilarbeiter im thailändischen Bangkok. Tasago – gemeinsam mit mehr als einer Million anderer thailändischer Textilarbeiter, die meisten davon Frauen – arbeitet von 8.00 früh bis 11.00 Uhr in der Nacht, sechs Tage die Woche, und verdient nicht mehr als den Gegenwert von zwei Pfund in der Stunde (Dahlburg 1995). Milliarden von Arbeitern wie Tasago bilden weltweit ein Arbeitskräftepotenzial, viele davon arbeiten unter Bedingungen, die in Europa unvorstellbar sind, weil sie in Widerspruch zu arbeitsrechtlichen Vorschriften stehen. Dabei gehören sie noch zu den Glücklichen: Obwohl viele Länder, wie beispielsweise Russland, Schwierigkeiten damit hatten, sich in die globale Wirtschaft einzugliedern, geht es der Bevölkerung jener Länder, die außerhalb der Weltwirtschaft blieben, wie beispielsweise Nordkorea, noch viel schlechter.

In Kapitel 12 – Armut, soziale Ausgrenzung und soziale Sicherheit haben wir Armut und soziale Ausgrenzung untersucht und dabei darauf hingewiesen, dass das Einkommen von Personen, ihr Wohlstand, ihre Arbeitsverhältnisse und ihre Lebensqualität große Unterschiede aufweisen. Das Gleiche gilt in noch größerem Ausmaße weltweit. Genauso wie wir von reichen und armen Personen innerhalb eines Landes sprechen können, so können wir davon sprechen, dass es im Weltsystem reiche und arme Länder gibt. In diesem Kapitel betrachten wir globale Ungleichheit im späten 20. und frühen 21. Jahrhundert. Wir beginnen mit einer kurzen Diskussion, was unter globaler Ungleichheit zu verstehen ist, und wie die Definition dieses Ausdrucks unser Denken darüber verändert. Wir untersuchen, was Unterschiede des wirtschaftlichen Lebensstandards für Personen weltweit bedeuten. Wir wenden uns dann den in der jüngsten Vergangenheit industrialisierten Ländern der Welt zu, um zu verstehen, welche Länder Lebensbedingungen verbessern konnten und warum. Das führt uns zu einer Diskussion verschiedener Theorien, die versucht haben zu erklären, warum globale Ungleichheit existiert, und was man dagegen tun kann. Wir beenden diesen Abschnitt mit Überlegungen über die Zukunft der wirtschaftlichen Ungleichheit in einer globalen Welt. Nach der Untersuchung der globalen Ungleichheit wenden wir uns den Fragen des Bevölkerungswachstums zu, einem Trend, der mit größter Geschwindigkeit in einigen der ärmsten Länder dieser Welt stattfindet.

Wirtschaftliche Ungleichheit ist nur eine Form von globaler sozialer Ungleichheit. Da die wirtschaftlichen Ungleichheiten in der Welt heute besonders groß sind und der Platz in diesem Buch beschränkt ist, konzentriert sich dieses Kapitel auf die wirtschaftlichen Ungleichheiten und nicht

Der Begriff der Stigmatisierung wird im Kapitel 7 – Gesundheit, Krankheit und Behinderung besprochen.

Wir diskutieren politische Macht und Ungleichheit im Kapitel 18 – Politik und Regierung.

auf andere Formen. Ungleichheiten des Status, die beispielsweise verbunden sind mit Stigmatisierung und Ausgrenzung, werden in anderen Kapiteln untersucht.

Die Welt ist darüber hinaus gekennzeichnet durch ein enormes Ausmaß an Ungleichheiten der Macht, insbesondere innerhalb diktatorischer Regimes. Diese Ungleichheiten der Macht existieren sowohl innerhalb als auch zwischen Staaten und sind eine wichtige Ursache für viele der weltweit schwerwiegendsten Konflikte.

Globale wirtschaftliche Ungleichheit

Der Ausdruck globale wirtschaftliche Ungleichheit bezieht sich vor allem auf die systematischen Unterschiede in Wohlstand, Einkommen und den Arbeitsbedingungen, die in verschiedenen Ländern herrschen. Diese Unterschiede zwischen Ländern bestehen neben den Unterschieden innerhalb von Ländern: Sogar die reichsten Länder weisen heute eine steigende Zahl armer Menschen auf, während die am wenigsten wohlhabenden Nationen viele der Reichsten dieser Welt hervorbringen. Die Herausforderung für die Soziologie besteht nicht nur darin, solche Differenzen kenntlich zu machen, sondern auch zu erklären, warum sie bestehen – und wie sie überwunden werden können.

Ein Weg, um Länder in Begriffen globaler Ungleichheit zu klassifizieren, besteht darin, ihre wirtschaftliche Produktivität zu vergleichen. Ein wichtiges Maß für wirtschaftliche Produktivität ist das Bruttoinlandsprodukt, kurz BIP genannt. Das BIP eines Landes besteht aus allen Gütern und Dienstleistungen, die innerhalb eines Jahres von der Wirtschaft dieses Landes hergestellt wurden. Das Einkommen, das Personen oder Unternehmen im Ausland erzielen, wird nicht in das BIP einbezogen. Ein wichtiges alternatives Maß ist das Bruttonationaleinkommen (BNP). Im Gegensatz zum BIP schließt das BNP auch die Einkommen ein, die von Personen oder Unternehmen im Ausland erzielt werden und zieht die Einkommen von Ausländern ab. Maße wie BIP und BNP werden häufig in der Form von Pro-Kopf-Größen angegeben: Das erlaubt es uns, den Wohlstand durchschnittlicher Bewohner eines Landes zu vergleichen.

Kennzahlen wie das BIP oder das BNP sind nicht unumstritten und alles andere als valide Messungen des Wohlstandes, wenn man unter diesem Begriff mehr versteht als bloße monetäre Größen. Der populärste Einwand gegen das BIP weist darauf hin, dass der damit angeblich gemessene Wohlstandszuwachs auch zustande kommt, wenn in einem bestimmten Jahr mehr Verkehrsunfälle zu verzeichnen sind. Auch wenn es richtig ist, dass der Schaden für Betroffene nicht in Rechnung gestellt wird, wohl aber die Reparaturkosten an Fahrzeugen (und Personen), so ist dieser Einwand im vorliegenden Zusammenhang von geringer Bedeutung, weil die Verzerrungen trotz all ihrer damit verbundenen menschlichen Tragödien, nicht ins Gewicht fallen. Ein gewichtigerer Einwand gegen die Verwendung des

BIP als Wohlstandsindikator verweist darauf, dass die Qualität der Güter und Dienstleistungen ebenso unberücksichtigt bleibt, wie die Verteilung des Wohlstandes irreführend wiedergegeben wird, wenn man es als bloßes Pro-Kopf-Maß berechnet. Ein dritter Einwand richtet sich dagegen, dass nur die formellen wirtschaftlichen Transaktionen in die Berechnung eingehen. Weder die Schattenwirtschaft (worunter alle wirtschaftlichen Transaktionen fallen, die an den Finanzämtern vorbei erfolgen und daher auch von den statistischen Ämtern nicht gezählt werden können) noch die Hausarbeit findet Berücksichtigung. Im Zuge der Einführung der gemeinsamen europäischen Währung (Euro und sein Vorläufer ECU, European Currency Unit) wurden in einigen EU-Ländern geschätzte Größen der Schattenwirtschaft in das BIP eingerechnet, während die Hausarbeit allein schon deswegen nicht einbezogen wird, weil es bei ihr in der Regel zu keinen Geldtransaktionen kommt. Ohne die Berechtigung dieser und weiterer Einwände gegen das BIP in Abrede stellen zu wollen, können wir Vergleiche über Zeit und zwischen Ländern ohne solche Maße nicht vornehmen. Das BIP mag ein schlechter Wohlstandsindikator sein – trotzdem wird es in Ermangelung eines besseren herangezogen.

Um Vergleiche zwischen Ländern vorzunehmen, benötigen wir aber auch noch eine einheitliche Währung. Die meisten internationalen Institutionen, wie die Weltbank, verwenden dafür den US-Dollar. Die Weltbank ist eine internationale Organisation, die ärmeren Ländern Kredite für Entwicklungsprojekte zur Verfügung stellt. Die Weltbank teilt ihre 185 Mitglieds- (und 24 andere) Staaten auf Grundlage des Bruttoinlandsproduktes pro Kopf in vier Klassen ein: 49 Staaten bilden die Gruppe der ärmsten Nationen; zu ihnen gehören u.a. Afghanistan, Pakistan, Vietnam und die meisten afrikanischen Länder südlich der Sahara; ihr Pro-Kopf-Einkommen beträgt weniger als 934 US-Dollar. Zur 54 Staaten umfassenden Gruppe der Länder mit niedrigem mittleren Einkommen (936 US-Dollar bis 3.705 US-Dollar) gehören u.a. Albanien, Bosnien-Herzegowina, Indien und die Ukraine. Zur Gruppe der 41 Länder mit gehobenem mittleren Einkommen (3,706 US-Dollar bis 11.455 US-Dollar) zählen Argentinien, Brasilien, Kuba, Weißrußland und die Türkei. Die reichsten 65 Staaten mit einem Pro-Kopf-Einkommen das größer als 11.456 US-Dollar ist, gehören neben allen 27 OECD-Staaten auch Steuerparadiese wie die Bermuda- und die Cayman-Inseln und Staaten wie Kuwait, Oman, Vereinigte Arabische Emirate etc.

Dabei muss man im Auge behalten, dass diese Einteilung auf Durchschnittseinkommen für jedes Land beruht; die Zahlen verbergen daher die Ungleichheiten innerhalb der Länder. Diese Unterschiede können gravierend sein, aber wir können hier nicht näher auf sie eingehen. Nur als Beispiel sei Folgendes angeführt: Die Weltbank klassifiziert Indien als Niedrig-Land, da sein Pro-Kopf-BIP 2007 nur 950 US-Dollar betrug. Andererseits finden wir in Indien nicht nur weitverbreitete Armut, sondern auch eine wachsende Mittelschicht. Ganz anders in China, das 1999 eine Stufe hinaufgesetzt wurde und 2007 als Land mit niedrigem mittleren Einkommen klassifiziert wird, weil als Pro-Kopf-BIP 2.360 US-Dollar errechnet wurden. Obwohl also China nun als Land der unteren Mitte geführt wird, leben dort immer noch Millionen in schlimmster Armut.

Der Vergleich zwischen Ländern auf der Basis von Nationaleinkommen allein führt aus einem weiteren Grund leicht in die Irre, da – wie wir gesehen haben – nur Güter und Dienstleistungen der Geldwirtschaft berücksichtigt werden. Viele Menschen in den Niedrigst-Einkommensländern sind Ackerbauern oder Viehhalter, die nahezu ausschließlich für den Selbstbedarf ihrer Familie produzieren und darüber hinaus ein wenig tauschen, aber selten oder nie Geld in Händen haben. Der Wert ihrer Herden oder Pflanzen wird von der Statistik ihres Landes nicht erfasst. Des Weiteren darf man nicht vergessen, dass die wirtschaftliche Produktion nicht die ganze Geschichte eines Landes ausmacht. Länder besitzen äußerst unterschiedliche kulturelle Traditionen und unterscheiden sich in ihren Sprachen voneinander. Arme Länder sind, was ihre Geschichte betrifft, keineswegs ärmer als ihre reichen Nachbarn trotz des Umstandes, dass das Leben ihrer Bewohner viel beschwerlicher ist.

Selbst wenn wir Länder ausschließlich auf der Grundlage der wirtschaftlichen Statistiken miteinander vergleichen, werden unsere Schlussfolgerungen unterschiedlich sein, je nachdem, welche Statistik wir benutzen. Untersuchen wir beispielsweise die globale soziale Ungleichheit entlang des Vergleichs des Haushaltskonsums (sagen wir, Essen, Medizin oder andere Produkte) statt des BIP, werden wir zu einem ganz anderen Bild globaler Ungleichheit kommen. Genauso können wir andere Faktoren für den Vergleich heranziehen. Ein Vergleich auf der Grundlage des BIP ignoriert, was beispielsweise bestimmte Güter in verschiedenen Ländern tatsächlich kosten. Wenn beispielsweise zwei Länder nahezu die gleiche Höhe an BIP aufweisen, kann eine durchschnittliche Mahlzeit einer Familie in einem Land ein paar Cent kosten, und im anderen Land einige Euro. In diesem Fall wäre es also vollständig unrichtig zu folgern, dass diese beiden Länder gleich reich sind – bekommt jemand im ersten Land doch für sein Geld viel mehr als im anderen (das obige Beispiel übertreibt die Differenzen der Anschaulichkeit wegen, in der Realität sind die Unterschiede nicht so groß). Aus diesem Grund wurde ein Maß entwickelt, das solche Differenzen ausgleichen soll, die sogenannte Kaufkraftparität („purchasing power parity", PPP), die die Differenzen zwischen Ländern rechnerisch ausgleicht. Ein von verschiedenen Medien gern benutztes oder zitiertes Maß, das das Vorgehen illustrieren kann, ist der sogenannte Big-Mac-Index, der die Kosten eines Hamburgers, der, wie wir in Kapitel 15 – Organisationen und Netzwerke gesehen haben, überall aus denselben Bestandteilen hergestellt wird, miteinander vergleicht. Auch wenn wir uns in diesem Kapitel auf Vergleiche zwischen Ländern auf der Grundlage des BIP beschränken, sollten Sie immer bedenken, dass auch andere Maßstäbe benutzt werden könnten.

Reiche Länder

Die Länder mit hohen Einkommen sind im Allgemeinen auch diejenigen, die sich als Erste industrialisierten, ein Prozess, der vor rund 250 Jahren in England begann und sich dann auf Europa, die USA und Kanada ausdehnte. Erst vor ungefähr 30 Jahren gelangte Japan in die Reihe der reichsten Länder, während Singapur, Hongkong und Taiwan erst in den 1980er und 1990er Jahren dorthin vorstießen. Die Ursachen des Erfolgs dieser asiatischen Nachzügler bei der Industrialisierung werden unter Soziologen und Ökonomen kontroversiell diskutiert. Wir kommen später darauf noch zurück.

In den Ländern mit hohem Einkommen leben nur 15 Prozent der Weltbevölkerung (ungefähr 891 Millionen) – aber sie beanspruchen 79 Prozent der Produktion des weltweiten jährlichen Reichtums (berechnet nach World Bank 2000/01). Diese Länder bieten ihren Bürgern ordentliche Wohnungen, angemessene Ernährung, trinkbares Wasser und anderen Komfort, der in vielen Teilen der Welt gänzlich unbekannt ist. Obwohl diese Länder auch eine große Zahl an armer Bevölkerung aufweisen, erfreuen sich die meisten seiner Bewohner eines Lebensstandards, der für die Mehrheit der Weltbevölkerung unvorstellbar ist.

Mittlere Länder

Die Länder mit mittlerem Einkommen findet man vor allem in Ost- und Südostasien, den Ölstaaten des Mittleren Ostens und Nordafrikas, in Mittel- und Südamerika und den früheren kommunistischen Staaten der ehemaligen Sowjetunion und ihrer osteuropäischen Satelliten. Die meisten dieser Länder starteten ihre Industrialisierung relativ spät im 20. Jahrhundert, während die ehemalige Sowjetunion und die anderen kommunistischen Länder von deren Gründung weg stark auf Industrialisierung setzten. Während der Transformation zum Kapitalismus ging allerdings der Lebensstandard anfangs drastisch zurück. So fielen beispielsweise in Russland die Löhne gewöhnlicher Beschäftigter um ein Drittel, und die Pensionen um die Hälfte: Millionen von Personen, vorwiegend Alte, fanden sich auf einmal im Armut wieder.

1999 umfassten die Länder mittleren Einkommens 45 Prozent der Weltbevölkerung (2,7 Milliarden), waren aber nur für 18 Prozent des Reichtums verantwortlich, der in diesem Jahr produziert wurde. Obwohl es vielen Personen in diesen Ländern deutlich besser geht als ihren Nachbarn in den Ländern niedriger Einkommen, können die meisten jedoch keinen Lebensstandard erreichen, der auch nur entfernt dem der reichen Länder gleicht. Die jüngst erfolgte Aufnahme Chinas in diese Gruppe – mit seinen 1,3 Milliarden Bevölkerung, die 22 Prozent der Weltbevölkerung ausmacht – hat diese mittlere Gruppe stark anwachsen lassen. Zugleich macht uns diese Änderung der Klassifikation Chinas nochmals auf zwei Punkte aufmerksam: Die Grenze zwischen niedrigem und mittlerem Einkommen ist bis zu einem gewissen Grad willkürlich, und die starken internen Unterschiede würden große Teile des Landes in die Kategorie der ärmsten Länder befördern, würden sie als eigene Einheiten betrachtet werden.

Arme Länder

Die Länder mit niedrigem Einkommen umfassen den großen Teil Afrikas südlich der Sahara; Vietnam, Kambodscha, Indonesien und einige andere weitere ostasiatische Länder; Indien, Nepal, Bangladesch und Pakistan im südlichen Asien; osteuropäische und Länder wie die Ukraine und Georgien; sowie Haiti und Nicaragua in der westlichen Hemisphäre. Diese Länder weisen vornehmlich Agrarwirtschaft auf und beginnen ihre Industrialisierung gerade erst. Die Ursachen der späten Industrialisierung werden in den Sozialwissenschaften ebenso diskutiert wie die Armut, die in diesen Ländern vorherrscht. Dazu gleich mehr.

1999 machten die armen Länder 40 Prozent der Weltbevölkerung (2,4 Milliarden) aus, die nicht mehr als drei Prozent zur jährlichen weltweiten Reichtumsproduktion beitragen. Die Ungleichheit nimmt dabei eher noch zu. Die Fertilität ist in den armen Ländern weit höher als anderswo, weil große Familien mehr Arbeitskräfte für die Landwirtschaft bedeuten oder auf andere Weise zum Familieneinkommen beitragen (in den reichen Ländern, wo die Kinder viel wahrscheinlicher in der Schule als auf dem Acker sind, geht der ökonomische Vorteil großer Familien stetig zurück, daher gibt es weniger Kinder). Daher wachsen die Bevölkerungen der armen Länder (mit der wichtigen Ausnahme Indiens) dreimal schneller als diejenigen der reichsten Länder (World Bank 2003). (Das globale Bevölkerungswachstum wird weiter unten noch im Detail behandelt.) In vielen dieser armen Länder haben Leute mit Armut, Unterernährung und sogar Hunger zu kämpfen. Die Mehrzahl lebt in ländlichen Gebieten, aber auch das ändert sich rasch. Hunderte Millionen wandern in die dicht besiedelten Städte, wo sie in schäbigen Unterkünften oder oft sogar auf der Straße hausen.

Zu Slums lesen Sie mehr in Kapitel 17 – Städte und urbane Räume.

Nimmt die globale Ungleichheit zu?

Die Frage, ob die globale Ungleichheit zu- oder abnimmt, hat in den vergangenen Jahren die Meinungen aufeinanderprallen lassen. Globalisierungsgegner haben argumentiert, dass die Ungleichheit zunehmen würde, während andere darauf beharren, dass die Globalisierung zu einer Einebnung der Unterschiede zwischen den Reichen und den Armen dieser Welt führen werde. Die ersten dramatischen Änderungen der globalen Ungleichheit fanden während der industriellen Revolution vor zwei Jahrhunderten statt, als Europa, und dann auch andere Regionen, einen raschen ökonomischen Wandel erlebten, der den Rest der Welt, was den Wohlstand anlangt, weit zurückließ.

Jene, die meinen, dass die globale Ungleichheit zunehme, weisen darauf hin, dass die Globalisierung der letzten paar Jahrzehnte Entwicklungen verstärkt habe, die seit Beginn der Industrialisierung wirksam seien.

Globalisierungskritiker zitieren gerne Statistiken wie jene des Human Development Report (UNDP 1999), wonach im Jahr 1960 die 20 Prozent der Weltbevölkerung, die in den reichsten Ländern lebten, ein 30-mal höheres Einkommen hatten als die 20 Prozent der ärmsten; bis 1997 sei dieser Wert auf das 74-Fache angestiegen.

Im Gegensatz dazu haben andere darauf hingewiesen, dass im Verlauf der letzten Jahrzehnte der allgemeine Lebensstandard in der gesamten Welt langsam gewachsen sei. Viele Indikatoren, die den Lebensstandard der Ärmsten der Welt messen, zeigen Verbesserungen an. Die Analphabetenrate ist rückläufig, Kindersterblichkeit und Unterernährung sinken, die Lebenserwartung steigt, und die Armut (oft definiert als die Anzahl der Personen, die von weniger als zwei Dollar am Tag leben müssen) sinkt.

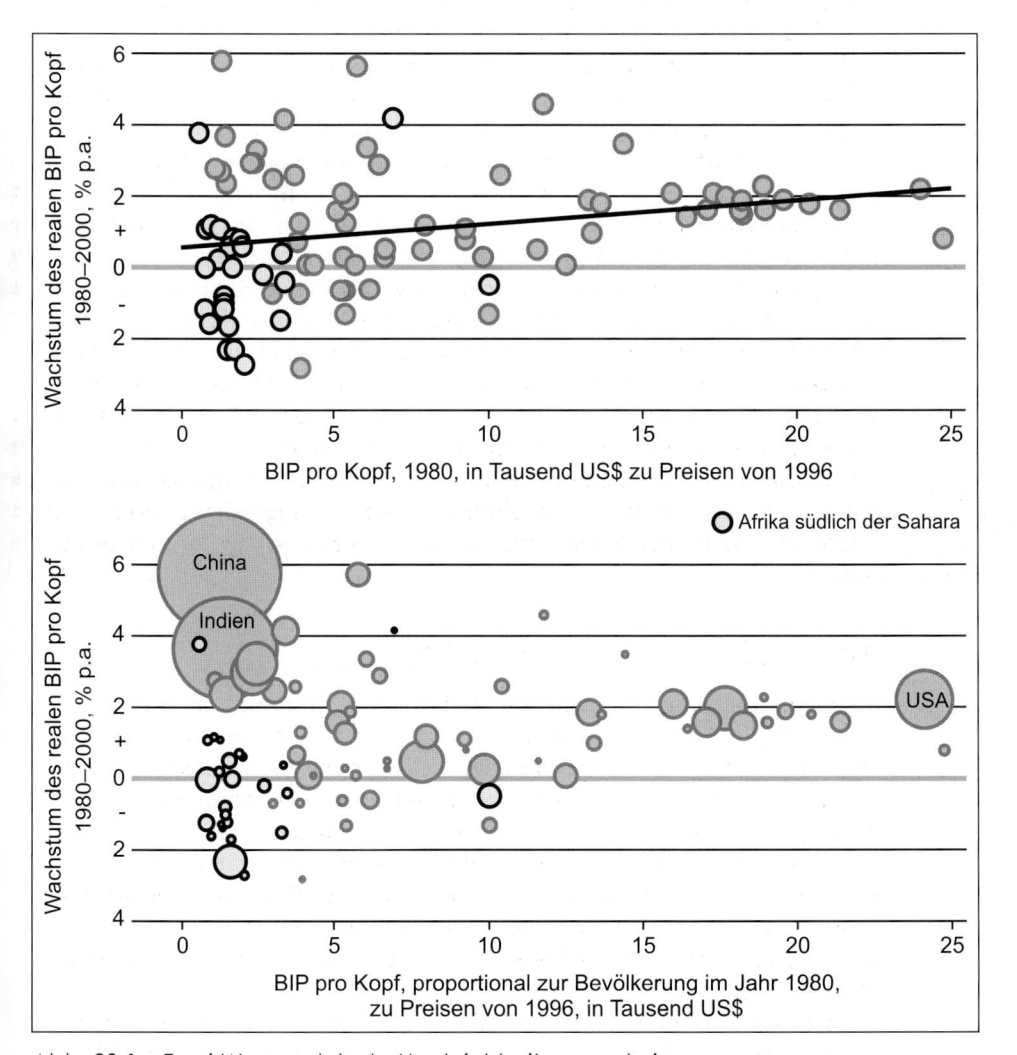

Abb. 20.1: Zwei Wege, globale Ungleichheit zu analysieren
Quelle: The Economist (2004, 13. März), S. 74.

Allerdings bestehen sehr große Unterschiede zwischen den Ländern. Viele dieser Verbesserungen fanden in den Ländern mit hohem und mittlerem Einkommen statt, während der Lebensstandard in vielen der armen Länder zurückgegangen ist. Tatsächlich waren die 1990er Jahre für das reichste Land der Welt, die Vereinigten Staaten, eine Zeit des wirtschaftlichen Aufschwungs; andererseits berichtet der Human Development Report von 2003, dass mehr als 50 Länder, vor allem jene im Afrika südlich der Sahara, im selben Jahrzehnt einen fallenden Lebensstandard erlebten, was auf Missernten, die AIDS-Epidemie, Konflikte und falsche Wirtschaftspolitik zurückzuführen sei.

All diese Meinungsverschiedenheiten zeigen, dass die Methode, mit der wir globale Ungleichheit messen, unsere Schlussfolgerungen darüber stark beeinflusst. Der Ökonom Stanley Fischer (2003) verglich sehr anschaulich zwei Wege: Der erste stellt Einkommensdifferenzen zwischen Nationen gegenüber, während im zweiten Fall die Bevölkerungszahl berücksichtigt wird. Der erste Weg ist in Abbildung 20.1 oben zu sehen. Sie zeigt die Veränderungen des durchschnittlichen Nationaleinkommens einer Auswahl von reichen und armen Ländern zwischen 1980 und 2000, wobei jedes Land durch einen Punkt dargestellt wird. Man sieht, dass die armen Länder sowohl besonders hohe wie niedrige Wachstumsraten aufweisen, während die reichen Länder recht ähnliche Zuwachsraten um zwei Prozent aufweisen. Die nach rechts ansteigende (schwarze) Trendlinie scheint zu belegen, dass die globale Ungleichheit zugenommen hat, weil das Pro-Kopf-BIP der reichen Länder stärker gewachsen ist als jenes der armen.

Abbildung 20.1 unten berücksichtigt als dritte Dimension die Bevölkerungsgröße der Länder (statt diese durch gleich große Punkte darzustellen, gibt die Größe die Zahl der Bevölkerung wieder) und ergibt ein anderes Bild globaler Ungleichheit. Was nun besonders ins Auge sticht, ist, dass zwei der größten Länder der Welt – China und Indien, die gemeinsam mehr als ein Drittel der Weltbevölkerung ausmachen – in den beiden Jahrzehnten wirtschaftlich weit überdurchschnittlich wuchsen. Wegen der Größe dieser beiden Länder würde eine Trendlinie, die als dritte Dimension die Bevölkerung in die Rechnung einbezieht, wohl einen nach rechts fallenden Verlauf haben. Mit anderen Worten, die globale Ungleichheit hätte seit 1980 abgenommen.

China, Indien und einige andere seit 1980, besonders seit 1990 wirtschaftlich prosperierende Länder haben sich sehr erfolgreich in die globale Wirtschaft integriert. Die anhaltend starke soziale Ungleichheit innerhalb dieser Länder hat einige Kritiker veranlasst, die Frage aufzuwerfen, welcher Preis für die Integration in die globale Wirtschaft zu zahlen ist.

Das Leben in reichen und armen Ländern

Der Abstand zwischen dem Lebensstandard, wie ihn die meisten Leute in den reichen Ländern haben, zum Lebensstandard der Bewohner in den armen Ländern ist enorm. Reichtum und Armut zeigen ihre Auswirkungen in vielen verschiedenen Lebensbereichen. Beispielsweise ist ungefähr ein Drittel der Ärmsten der Welt unterernährt, nahezu analphabetisch und verfügt nicht einmal über den Zugang zu Grundschulbildung. Obwohl der Großteil der Welt noch ländlich geprägt ist, wird demnächst die Mehrheit der Weltbevölkerung in Städten leben.

Die Verstädterung in Entwicklungsländern wird ausführlicher im Kapitel 17 – Städte und urbane Räume diskutiert.

Viele der Armen gehören Stämmen oder ethnischen Minderheiten an und ihre Armut ist zum Teil auf Diskriminierung durch die Mehrheitsbevölkerung zurückzuführen. Im Folgenden betrachten wir Unterschiede zwischen reichen und armen Ländern hinsichtlich der Gesundheit, der Ernährung, Bildung und dem Grad der Alphabetisierung.

Gesundheit

Die Einwohner der reichen Länder sind viel gesünder als jene in den ärmsten Ländern. Die Länder mit niedrigem Einkommen verfügen über unzureichende Gesundheitseinrichtungen und selbst wenn sie Spitäler oder Kliniken haben, dienen diese selten den Ärmsten. Den Bewohnern der ärmsten Länder fehlt es an Sanitäreinrichtungen, sie trinken verschmutztes Wasser und haben ein viel höheres Risiko, sich mit Krankheiten zu infizieren. Sie leiden mit viel größerer Wahrscheinlichkeit an Fehl- und Unterernährung und Hunger. All diese Umstände führen zu einer geringeren physischen Widerstandsfähigkeit, zu schlechterer Gesundheit und erhöhen das Erkrankungsrisiko und die Seuchenanfälligkeit. Es gibt deutliche Hinweise darauf, dass die hohen Raten an HIV-Infektionen, die man in den Ländern im Süden Afrikas findet, zum Teil mit dem schlechten Gesundheitszustand der verarmten Bevölkerung zusammenhängen (UNAIDS 2008).

Wegen der schlechten Gesundheitsverhältnisse ist die Wahrscheinlichkeit, dass Bewohner der armen Länder bereits als Kinder sterben, weitaus größer, und viel weniger Bewohner erreichen ein so hohes Alter wie die Bewohner der reichsten Länder. Neugeborene dieser Länder sterben 16-mal häufiger bei der Geburt als Neugeborene in den reichsten Ländern, und jene, die überleben, leben im Durchschnitt 20 Jahre kürzer als die Bewohner der reichsten Länder (UNDP 2005). Kleinkinder sterben in den armen Ländern an Krankheiten, die in den reichsten Ländern faktisch nicht mehr auftreten, wie Masern oder Durchfallerkrankungen. In einigen Teilen der Welt, wie im Afrika südlich der Sahara, ist die Wahrscheinlichkeit größer, dass ein Kind vor Erreichen des fünften Lebensjahres stirbt, als dass es die fünfte Schulklasse erreicht (World Bank 1996). Während der vergangenen drei Jahrzehnte haben sich die Lebensverhältnisse in vielen Ländern mit mittleren Einkommen verbessert und konnten sogar in einigen Ländern mit niedrigem Einkommen verbessert werden: Die Kindersterblichkeit halbierte sich von 1970 bis 2003 weltweit und ging in den Ländern mit mittleren Einkommen um zwei Drittel zurück. Die Lebenserwartung (bei Geburt) nahm in den Ländern mit mittlerem Einkommen im Schnitt um acht Jahre zu, und sie stieg auch bei den ärmsten Ländern im Durchschnitt an (UNDP 2005).

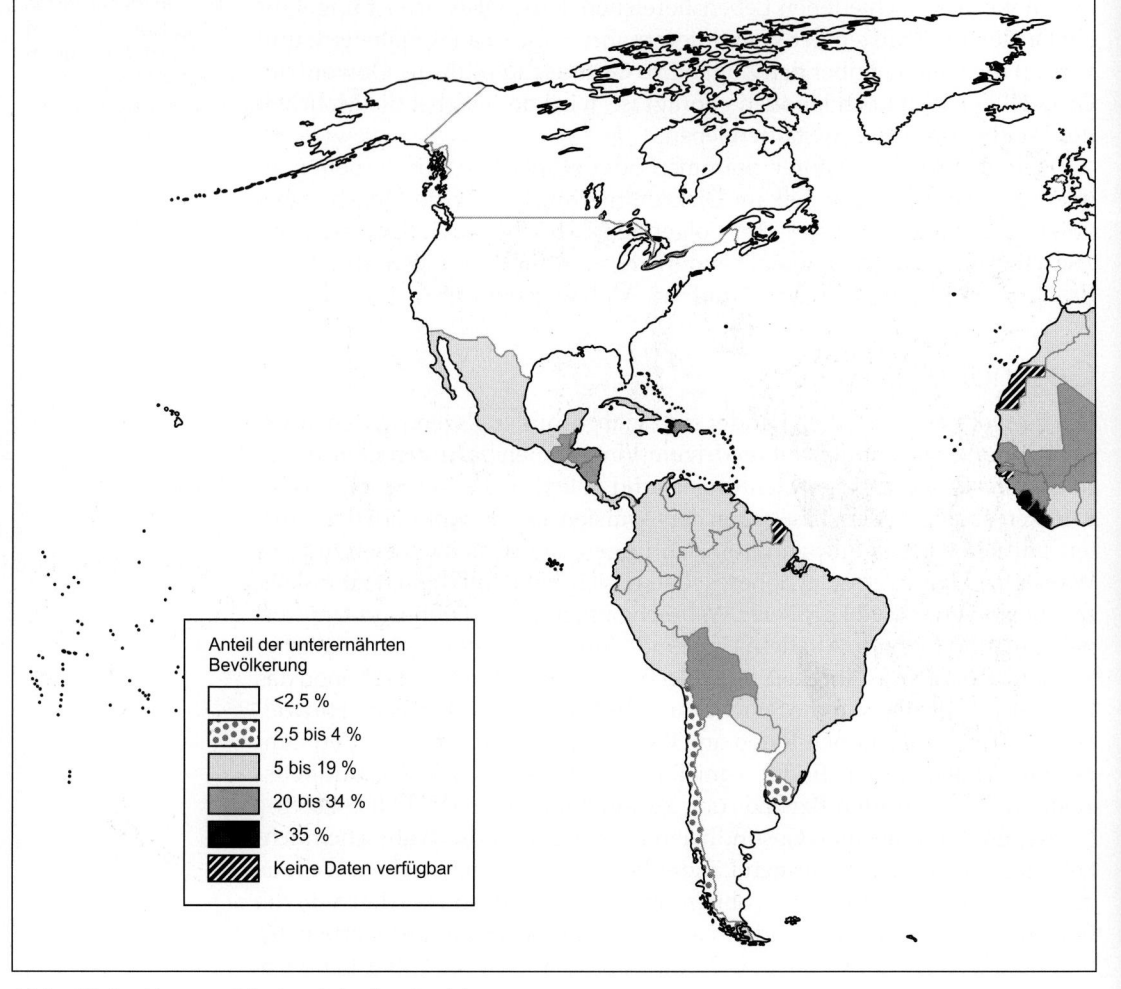

Abb. 20.2: Hunger ist ein globales Problem
Quelle: WFP (2001).

Hunger, Unterernährung und Hungerkatastrophen

Hunger, Unterernährung und Hungerkatastrophen sind die wichtigsten globalen Ursachen schlechter Gesundheit. Diese Probleme sind alles andere als neu. Was neu zu sein scheint, ist ihr Ausmaß – die Tatsache, dass so viele Menschen heute weltweit an der Grenze der Unterernährung leben (s. Abb. 20.2) Eine Untersuchung des Welternährungsprogramms der UNO (WFP 2008) schätzte, dass 963 Millionen Menschen täglich hungrig zu Bett gehen, 95 Prozent davon leben in Entwicklungsländern. Das UNO-Programm definiert „Hunger" als eine Ernährung mit höchstens 1.800 Kalorien pro Tag – ein Ausmaß, das ein Erwachsener benötigt, um ein gesundes und aktives Leben führen zu können.

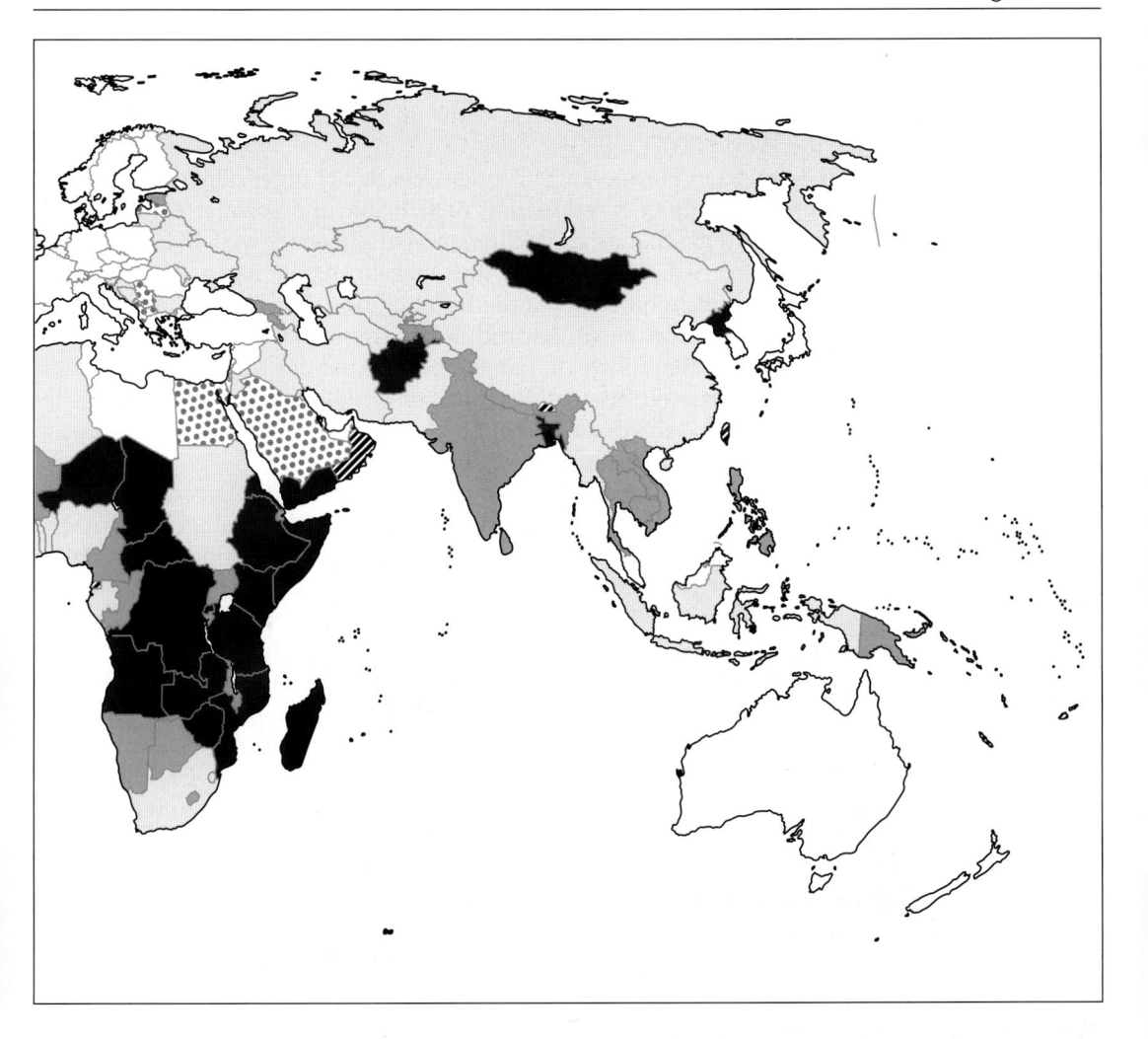

Laut der World Food Programme Studie sind 127 Millionen der Hungrigen der Welt Kinder unter fünf Jahren, die aufgrund mangelhafter Ernährung untergewichtig sind. Jedes Jahr tötet der Hunger schätzungsweise zwölf Millionen Kinder. Ein zehnjähriges Kind aus dem westafrikanischen Gabun erzählte Forschern der Weltbank: „Bevor ich in der Früh zur Schule gehe, bekomme ich kein Frühstück. Zu Mittag gibt es kein Essen und abends bekomme ich ein wenig Suppe, das ist nicht genug. Wenn ich ein anderes Kind essen sehe, beobachte ich es und wenn es mir nichts abgibt, denke ich, dass ich hungers sterben werde." (Narayan 2000) Und doch leben mehr als drei Viertel aller unterernährten Kinder, die jünger als fünf Jahre alt sind, in Ländern mittleren oder niedrigen Einkommens, die einen Nahrungsmittelüberschuss produzieren (Lappé 1998). Es wurde geschätzt, dass die Gesamtausgaben der Bevölkerung der USA, die sie für die Ernährung ihrer Haustiere aufwenden (13 Milliarden US-Dollar), ausreichen würde, um den Hunger weltweit weitgehend zum Verschwinden zu bringen (Bread for the World 2007).

Die meisten Hungerkatastrophen wie der Hunger allgemein resultieren heute aus einer Kombination natürlicher und sozialer Kräfte. Dürre allein betrifft geschätzte 100 Millionen Menschen weltweit. In Ländern wie dem Sudan, Äthiopien, Eritrea, Indonesien, Afghanistan, Sierra Leone, Guinea und Tadschikistan hat die Kombination von Trockenheit und Bürgerkrieg die Nahrungsmittelproduktion ruiniert, was zum Hunger und Tod von Millionen führte. In Lateinamerika und der Karibik sind 53 Millionen Menschen (elf Prozent der dortigen Bevölkerung) unterernährt – im Afrika südlich der Sahara sind es 180 Millionen (33 Prozent) und in Asien 525 Millionen (17 Prozent) (WFP 2001).

Die AIDS-Epidemie hat ihrerseits zum Problem des Lebensmittelmangels und des Hungers beigetragen, weil ihr viele arbeitsfähige Erwachsene zum Opfer fallen. Eine Untersuchung der UNO-Welternährungsorganisation FAO hat prognostiziert, dass HIV/AIDS-bedingte Todesfälle in den zehn afrikanischen Ländern, die von der Epidemie am meisten betroffen sind, das dortige Arbeitskräftereservoir bis zum Jahr 2020 um 20 Prozent verringern werden. Von den schätzungsweise 26 Millionen, die weltweit mit HIV infiziert sind, leben 95 Prozent in Entwicklungsländern. Laut FAO kann die Epidemie die Ernährung, Nahrungsmittelproduktion und die Landwirtschaft derart negativ beeinflussen, dass „ganze Gesellschaften nicht mehr in der Lage sind, sich am Leben zu erhalten und zu reproduzieren" (UN FAO 2006).

Die Länder, die von Hunger und Hungerkatastrophen erfasst werden, sind im Allgemeinen zu arm, um neue Technologien zu kaufen, die die Nahrungsmittelproduktion steigern würden. Darüber hinaus sind sie nicht in der Lage, den Import von Nahrungsmitteln zu bezahlen. Paradoxerweise steigt zur selben Zeit, wo der Hunger sich ausbreitet, auch die Nahrungsmittelproduktion an. Zwischen 1965 und 1999 verdoppelte sich beispielsweise die Getreideproduktion weltweit. Selbst wenn man die steigende Weltbevölkerung in Rechnung stellt, war die Pro-Kopf-Produktion von Getreide 1999 um 15 Prozent höher als 34 Jahre davor. Dieses Wachstum ist in der Welt allerdings nicht gleichmäßig verteilt. Im Großteil Afrikas ging beispielsweise die Pro-Kopf-Produktion von Nahrungsmitteln in jüngster Zeit zurück. Überschüsse landwirtschaftlicher Produktion in den reichen Ländern, wie sie beispielsweise die USA und die EU besitzen, können die Ärmsten der Welt nicht kaufen.

Bildung und Alphabetisierung

Bildung und Alphabetisierung sind wichtige Wege zur wirtschaftlichen Entwicklung. Auch hier sind die armen Länder benachteiligt, weil sie sich selten ein hochwertiges Bildungssystem leisten können. Eine Folge davon ist, dass Kinder aus reichen Ländern eine weitaus bessere schulische Bildung erhalten – und dass Erwachsene aus den ärmsten Ländern viel öfter Analphabeten sind. Während in den reichen Ländern praktisch alle Kinder im schulpflichtigen Alter eine Schule besuchen, trifft das nur auf 71 Prozent der Kinder in den Ländern mit mittlerem Einkommen und gar nur auf 51 Prozent jener aus den armen Ländern zu. In den armen Ländern können 30 Prozent der männlichen und nahezu die Hälfte der weiblichen Erwachsenen weder schreiben noch lesen. Während die reichsten Länder der Welt um die fünf Prozent ihres BIP für Bildung aufwenden (im Durchschnitt der Jahre 2000–2002 betrug dieser Anteil in Deutschland 4,6 Prozent; in Österreich 5,7 Prozent und in der Schweiz 5,8 Prozent), beträgt dieser Anteil bei den ärmsten Ländern nur die Hälfte; für Indonesien, Pakistan, Kambodscha, Guinea und Ekuador werden Werte berichtet, die die Schwelle von zwei Prozent nicht übersteigen – dabei muss man das extrem niedrigere absolute BIP in diesen armen Ländern bedenken (UNDP 2005).

Dabei ist Bildung aus mehr als nur einem Grund bedeutend. Zuerst einmal trägt sie zur wirtschaftlichen Entwicklung bei, da Menschen mit besserer Bildung das Arbeitskräftepotenzial für qualifizierte Tätigkeiten bilden, welches wiederum zu höheren Löhnen führt. Zweitens bietet Bildung die einzige Hoffnung auf einen Ausweg aus dem Teufelskreis von Armut und schlecht bezahlten Jobs. Drittens sind besser ausgebildete Frauen eher in der Lage, sich aus patriarchalen Zwängen zu befreien. Der in Indien geborene Nobelpreisträger für Ökonomie Amartya Sen hat mehrfach darauf hingewiesen, wie wichtig für die Überwindung der Armut und der sozialen Ungleichheit in den armen Ländern die bessere Bildung für Mädchen wäre (Sen 2002). In diesem Zusammenhang zeigt sich, viertens, dass besser Gebildete zumeist weniger Kinder haben und damit das Wachstum der Weltbevölkerung gebremst werden kann, was seinerseits die weitweite Armut verringern würde.

Kinderarbeit

Gibt es heutzutage noch Kinderarbeit? Laut der International Labour Organization (ILO) arbeiten in den Entwicklungsländern weltweit 250 Millionen Buben und Mädchen im Alter von fünf bis 14 Jahren, oder ein Kind unter elf weltweit. 50 bis 60 Millionen Kinder im Alter von fünf bis elf Jahren arbeiten unter gefährlichen Bedingungen. Kinderarbeit ist in asiatischen Entwicklungsländern besonders weitverbreitet: 61 Prozent der Kinder gehen dort einer regelmäßigen Erwerbsarbeit nach, in afrikanischen Entwicklungsländern sind es 32 Prozent und in Südamerika sieben Prozent. Diese Kinder müssen arbeiten, teils weil ihre Familien arm sind, teils weil es an Bildungseinrichtungen

fehlt und vor allem weil in vielen Ländern eine traditionelle Gleichgültigkeit herrscht hinsichtlich der Lebensbedingungen der armen Bevölkerung oder gegenüber dem Schicksal der ethnischen Minderheiten (ILO 2000; UNICEF 2000).

Zwei Drittel der Kinder arbeiten in der Landwirtschaft, der Rest im Handwerk, im Gastgewerbe und einer Vielzahl von anderen Dienstleistungen. Am besten ergeht es noch jenen Kindern, die zwar viele Stunden arbeiten, dafür aber wenigstens einen Lohn bekommen. Dennoch verhindert ihre Arbeit den Erwerb von Bildung und Fertigkeiten, die es ihnen erlauben würden, dem Leben in Armut zu entkommen. Ein schlich-

tes Verbot von Kinderarbeit, soweit es denn überhaupt durchsetzbar wäre, könnte allerdings kontraproduktiv sein. Kinderarbeit ist immer noch eine bessere Alternative als Kinderprostitution oder Hungern. Die Herausforderung besteht daher nicht im Verbot von Kinderarbeit, sondern darin, diesen Kindern Bildungseinrichtungen zu bieten und so sicherzustellen, dass sie zumindest eine rudimentäre Ausbildung erhalten. Kinderarbeit sollte auf eine Weise bekämpft werden, die den Kindern nicht mehr Schaden zufügt.

Die schlimmsten Formen von Kinderarbeit sind gefährliche Arbeitsbedingungen und brutale Ausbeutung der Kinder. Oft erfolgt die Kinderarbeit in Formen, die von Sklaverei kaum zu unterscheiden sind, häufig leiden die Kinder unter Krankheiten und Verletzungen, die sie sich am Arbeitsplatz zugezogen haben. Die ILO liefert eine grauenhafte Zusammenfassung solcher Bedingungen: „Wunden, gebrochene oder fehlende Arme und Beine, Verbrennungen und Hautkrankheiten, Behinderungen an Augen und dem Gehör, Atemwegserkrankungen, Fieber und Kopfschmerzen, die von der schrecklichen Hitze in den Fabriken herrühren" (ILO 2000).

Ein UNO-Bericht führt verschiedene Beispiele an:

In Malaysia arbeiten Kinder auf Kautschukplantagen bis zu 17 Stunden, während derer sie Insekten- und Schlangenbissen ausgesetzt sind. In Tansania pflücken sie Kaffeebohnen und atmen dabei Pestizide ein. In Portugal sind Zwölfjährige genötigt, im Baugewerbe schwere und gefährliche Arbeiten zu verrichten. In Marokko arbeiten sie stundenlang an Webstühlen, um für wenig Lohn luxuriöse Teppiche zu flechten. In den USA werden Kinder in Sweatshops der Bekleidungsindustrie ausgebeutet, und in Indonesien tauchen junge Buben, um Netze für den Tiefseefischfang auszulegen.

Die Arbeitsbedingungen in vielen Fabriken sind schrecklich:

Wolken von chemischen Pulvern und starker Dunst durchzogen sowohl die Lagerhalle wie den Raum, in dem der Heizkessel stand [...] Wir fanden 250 Kinder, die meisten unter zehn Jahre jung, die in

einer lang gestreckten Halle Stifte in einen Rahmen steckten. Reihe um Reihe standen Kinder, oft gerade einmal fünf Jahre alt an den Rahmen und gingen der Arbeit nach. (Mellsop 2005)

Eine Variante von Kinderarbeit, die sich von Sklaverei kaum noch unterscheidet, ist die sogenannte verpfändete Arbeit. In diesem System werden acht- oder neunjährige Kinder von ihren Eltern im Austausch für kleine Darlehen einem Fabrikbesitzer überlassen. Diese Kinder bekommen so wenig bezahlt, dass die Schulden ihrer Familie nie abgezahlt werden können und sie ein Leben lang verpfändet bleiben. Ein Fall von verpfändeter Arbeit, der international Aufsehen erregte, war der Fall von Iqbal Masih, einem pakistanischen Kind, das von seinem Vater im Alter von vier Jahren für den Betrag von 600 Rupien (ungefähr 15 Euro) verpfändet worden war, um den ältesten Sohn verheiraten zu können. Sechs Jahre lang verbrachte Iqbal angekettet an eine Teppichknüpfmaschine, an der er stundenlang Knoten für Knoten knüpfen musste. Nachdem er im Alter von zehn Jahren aus der Fabrik geflüchtet war, erzählte er Hilfsorganisationen und in Schulen seine Erfahrungen. Iqbal zahlte eine hohen Preis für seine Offenheit: Als er 13 Jahre alt war, wurde er, während er auf einem Fahrrad durch sein Heimatdorf fuhr, von jemandem erschossen, von dem es hieß, er stehe im Sold der Teppichhersteller (www. freethechildren.org; Kuklin 2002).

Die Abschaffung der Kinderarbeit würde in vielen Ländern dieser Welt erfordern, strenge Gesetze zu

erlassen und auf deren Durchsetzung zu achten. Internationale Organisationen, wie z.B. die ILO, haben für derartige Gesetze Richtlinien ausgearbeitet. Im Juni 1999 nahm die ILO die Konvention 182 an, die dazu aufrief, die „schlimmsten Formen von Kinderarbeit" abzuschaffen. Sie umfasst unter anderem folgende Punkte:

- Alle Formen von Sklaverei oder ähnlichen Praktiken, wie Verkauf und Handel mit Kindern, Verpfändung und Knechtschaft, Zwangsarbeit einschließlich der Rekrutierung von Kindern zu militärischen Zwecken.
- Die Verwendung, Verkuppelung oder das Angebot von Kindern für Prostitution, für die Herstellung von Pornografie oder pornografischen Vorführungen.
- Alle Formen von Arbeit, die aufgrund ihrer Natur oder der Umstände, unter denen sie erbracht wird, die Gesundheit, Sicherheit und Moral von Kindern gefährdet. (ILO 1999)

Die Staaten verpflichten sich darüber hinaus, dafür Sorge zu tragen, dass allen Kindern öffentliche Bildung zur Verfügung steht und sie daran vollumfänglich teilnehmen können (UNICEF 2000). Für die Lösung des Problems der Kinderarbeit liegt allerdings eine große Verantwortung aufseiten jener globalen Unternehmungen, die Güter herstellen lassen, die von Kindern produziert werden – und letztlich natürlich auch aufseiten der Konsumenten, die solche Produkte kaufen.

Seit 1990 veröffentlicht die UNO jährlich einen Human Development Report, dessen Human Development Index (HDI) mittlerweile zum anerkannten Maß für die globale Ungleichheit wurde. In diesen Index gehen nicht nur ökonomische Größen wie das BIP ein, sondern auch Informationen über Lebenserwartung, Alphabetisierung und Bildungsbeteiligung. Aus diesem Grund stehen an der Spitze Länder wie Norwegen, Island und Australien, die, wenn man nur den Maßstab des BIP heranzieht, zwar auch auf den vorderen Plätzen gereiht werden müssten, die reichsten Länder

wie beispielsweise die USA aber bei den anderen Dimensionen hinter sich
lassen. Unter den wenig entwickelten Ländern ergeben sich weitaus deut-
lichere Differenzen zwischen den Ländern. Beispielsweise liegt Angola im
HDI auf Rang 160, 34 Plätze weiter hinten, als es bei der Reihung nach
dem BIP pro Kopf der Fall ist.

Können arme Länder reich werden?

Wie wir schon im Kapitel 2 – Globalisierung und sozialer Wandel gesehen
haben, erlebte in den 1970er Jahren eine Zahl von asiatischen Ländern, die
damals zu den ärmsten gehörten, einen Prozess der Industrialisierung, der
in Folge sogar die wirtschaftliche Vorherrschaft der USA und Europas herausfordern konnte (Amsden 1989). Dieser Prozess begann in den 1950er
Jahren mit Japan, breitete sich aber rasch auf die Schwellenländer („newly
industrialized countries", NICs), die rasch wachsenden Staaten Ostasiens,
aber auch Lateinamerikas, aus. Zu den ostasiatischen Schwellenländern **Schwellenländer**
zählen Hongkong in den 1960er Jahren, Taiwan, Südkorea und Singapur
in den 1970er und 1980er Jahren. Andere asiatische Staaten folgten in den
1990er Jahren, vor allem China, aber auch Malaysia, Thailand und Indonesien. Heute gehören die meisten dieser Staaten zur Gruppe der Länder mit
mittleren Einkommen und einige, wie Hongkong, Südkorea, Taiwan und
Singapur, sogar zu den reichen Ländern.

Die Abbildung 20.3 vergleicht das Wirtschaftswachstum von sieben
asiatischen Staaten (einschließlich Japans) mit dem der USA und den reichs-

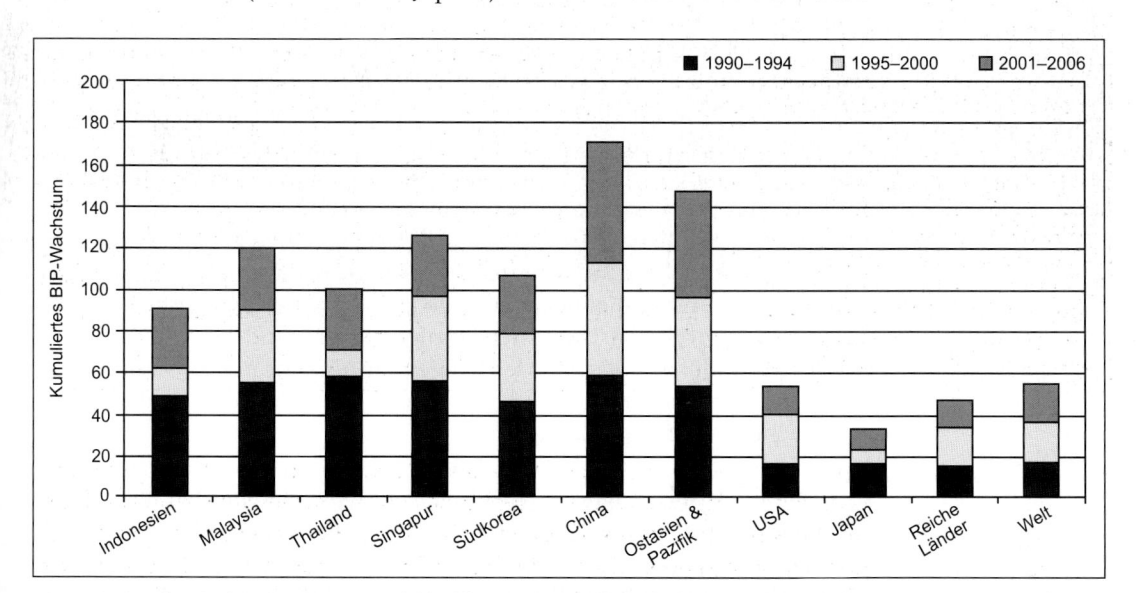

Abb. 20.3: Kumulierte Wachstumsraten ausgewählter asiatischer Länder im Vergleich mit den
USA, Japan, allen reichen Ländern und Welt, insgesamt, 1989 bis 2007 (6-Jahres-
Gruppen)
Quelle: World Bank (2009); eigene Berechnung.

ten Ländern. Diese asiatischen Länder zählten vor zwei Generationen alle noch zur armen Region. Die asiatischen Länder mit niedrigem und mittlerem Einkommen wiesen im Durchschnitt eine jährliche Wachstumsrate von über fünf Prozent auf, was weltweit einmalig war – einige westeuropäische Länder zeigten vergleichbare Wachstumsraten in den 1950er Jahren; damals sprach man vom deutschen Wirtschaftswunder (World Bank 2000/01). Das Land mit der größten Bevölkerungszahl, China, ist gegenwärtig eine der weltweit am raschesten wachsenden Nationalökonomien. Mit einer durchschnittlichen Wachstumsrate von über zehn Prozent zwischen 2001 und 2007 verdoppelte sich die chinesische Wirtschaft.

Das Wirtschaftswachstum in Ostasien hatte seinen Preis. Dazu zählen die dramatische Umweltzerstörung, die gewaltsame Niederschlagung von Arbeitskonflikten oder gravierende Verletzungen der Menschenrechte, schreckliche Arbeitsbedingungen in den Fabriken und auf den Baustellen, die Ausbeutung der rasch steigenden Frauenbeschäftigung und die enorme Zuwanderung aus ländlichen Regionen in die neuen Städte, wo die Arbeiter unter menschenunwürdigen Bedingungen häufig direkt am Arbeitsplatz übernachten, da sie über keine eigenen Unterkünfte verfügen. Dennoch führten die Opfer, die die vergangenen Generationen der Arbeiter erbrachten, zu einer steigenden Zahl von Wohlhabenden in diesen Ländern.

Was haben Sozialwissenschaftler zu diesem raschen wirtschaftlichen Wachstum der ostasiatischen Schwellenländer, vor allem von Mitte der 1970er Jahre bis zur Mitte der 1990er Jahre zu sagen? Die Antwort auf diese Frage sollte einige wichtige Lektionen für jene armen Länder bieten, die in anderen Teilen der Welt darauf hoffen, den asiatischen Schwellenländern zu folgen. Obwohl der Erfolg dieser Schwellenländer zum Teil auf historisch einmaligen Faktoren beruhte, gibt es einige andere Bedingungen, die durchaus zu einem Nachdenken über die Ursachen globaler Ungleichheit Anlass bieten. Um die rasche Entwicklung dieser Region zu verstehen, müssen wir diese Länder sowohl historisch als auch im Rahmen des heutigen weltwirtschaftlichen Systems betrachten.

Der wirtschaftliche Erfolg der ostasiatischen Schwellenländer kann auf eine Kombination von Faktoren zurückgeführt werden. Einige sind historisch einmalig, einschließlich jener, die aus Veränderungen der Weltpolitik und Weltwirtschaft herrühren. Einige andere sind kulturell bedingt. Wiederum andere haben mit den Wegen zu tun, auf denen diese Länder ihr Wirtschaftswachstum verfolgten. Einige der Faktoren, die den Erfolg verursachten, sind die folgenden:

1. *Historisch gehörten Taiwan, Südkorea, Hongkong und Singapur einst zu Kolonialsystemen, die zwar jede Menge sozialer Härten mit sich brachten, aber auch den Weg zum wirtschaftlichen Wachstum bereiteten.* Taiwan und Korea waren mit dem japanischen Reich verbunden, Hongkong und Singapur waren frühere britische Kolonien. Japan schob Großgrundbesitzer, die sich gegen die Industrialisierung wandten, zur Seite, und sowohl Großbritannien als auch Japan förderten die industrielle Entwick-

lung, bauten Straßen und andere Transportsysteme und errichteten relativ effiziente staatliche Verwaltungen gerade in diesen Kolonien. Großbritannien betrieb aktiv die Entwicklung Hongkongs und Singapurs zu Handelszentren (Gold 1986; Cumings 1987). Anderswo in der Welt – beispielsweise in Lateinamerika und Afrika – hatten Länder, die heute arm sind, weniger Erfolg im Umgang mit reicheren, mächtigeren Nationen.

2. *Die ostasiatische Region profitierte von einer langen Wachstumsperiode der Weltwirtschaft.* Zwischen den 1950er und der Mitte der 1970er Jahre boten die wachsenden Wirtschaften Europas und der USA einen bedeutenden Markt für Bekleidung, Schuhe und elektronische Waren, die im steigenden Umfang in Ostasien hergestellt wurden und auf diesem Weg zur wirtschaftliche Entwicklung beitrugen. Des Weiteren nötigten Konjunktureinbrüche Unternehmen im Westen dazu, ihre Arbeitskosten zu reduzieren und Produktionsstandorte in ostasiatische Niedriglohnländer und dortige Sonderwirtschaftszonen zu verlagern (Henderson und Appelbaum 1992). Eine Studie der Weltbank (World Bank 1995) fand heraus, dass zwischen 1970 und 1990 die Löhne in den Entwicklungsländern, deren Wirtschaftswachstum vom Export in reichere Länder abhing, im Durchschnitt jährlich um drei Prozent wuchsen, während sie in den anderen Entwicklungsländern stagnierten.

3. *Die Steigerung des Wirtschaftswachstums fand in Ostasien am Höhepunkt des Kalten Krieges statt, als die USA und ihre Verbündeten, in ihrem Bestreben das kommunistische China einzudämmen, wirtschaftliche und militärische Hilfe großzügig gewährten.* Direkte Wirtschaftshilfe und Kredite förderten Investitionen in neue Technologien, wie Transistoren, Halbleiter und andere Elektronik, und trugen zur Entwicklung lokaler Industrien bei. Militärhilfe wurde bevorzugt an starke (oftmals Militär-) Regierungen verteilt, die bereit waren, durch Repressionsmaßnahmen sicherzustellen, dass die Löhne niedrig blieben (Mirza 1986; Cumings 1987, 2005; Castells 1992).

4. *Einige Soziologen haben argumentiert, dass der wirtschaftliche Erfolg Japans und der ostasiatischen Schwellenländer zum Teil auch aus den dortigen kulturellen Traditionen erklärt werden kann, insbesondere aus der Verbreitung der konfuzianischen Philosophie.* Vor einem Jahrhundert hat Max Weber die These vertreten, dass der protestantische Glaube an Sparsamkeit, Bescheidenheit und Strebsamkeit zum Teil die Entstehung des Kapitalismus im Westen erklären könne (Weber [1905] 2004). Webers These wurde auf Ostasien übertragen. Der Konfuzianismus fördere den Respekt vor Älteren und Vorgesetzten, halte Bildung in hohem Ansehen, unterstütze Strebsamkeit und achte Leistung als Schlüssel für den Erfolg, der auch dadurch gefördert werde, dass in dieser Weltsicht eine Bereitschaft vorherrsche, in der Gegenwart Opfer zu bringen, um künftig größere Belohnungen zu erwerben. Als Ergebnis dieser Werthaltungen, so die Weber-These, zeigten asiatische Arbeiter und Manager eine höhere Loyalität zu ihrem Unternehmen, akzeptierten Autoritäten, arbeiteten

hart und erfolgsorientiert. Arbeiter und Kapitalisten seien im gleichen Maße bescheiden. Statt einen verschwenderischen Lebenswandel an den Tag zu legen, investieren sie ihren Wohlstand zugunsten weiterer wirtschaftlichen Wachstums (Berger 1992; Wong 1988).

Diese Erklärung hat einiges für sich, sie übersieht aber, dass das Geschäft in Asien nicht immer bewundert und geachtet wird. Während der späten 1950er Jahre kam es in Japan zu scharfen Konflikten zwischen Arbeitern und Kapitalisten – Ähnliches geschah in den späten 1980er Jahren in Südkorea. Studenten und Arbeiter haben in allen ostasiatischen Schwellenländern gegen die Wirtschaft und die Regierungen protestiert, wenn sie deren Handeln unfair fanden, und dabei oft Einkerkerung und gelegentlich sogar ihr Leben riskiert (Deyo 1989; Ying u.a. 1990). Weiterhin zeigt sich, dass zentrale konfuzianische kulturelle Werte wie Bescheidenheit in Japan und den Schwellenländern von abnehmender Bedeutung sind: Junge Leute – aufgewachsen in den Jahren der wirtschaftlichen Prosperität – schätzen in zunehmenden Maß demonstrativen Konsum höher als Zurückhaltung und Investitionsbereitschaft (Perera und Hewege 2007).

5. *Viele ostasiatische Regierungen verfolgen eine deutliche Politik, die wirtschaftliches Wachstum fördert.* Die Regierungen spielten eine aktive Rolle beim Versuch, Löhne niedrig zu halten, fördern die wirtschaftliche Entwicklung durch Steuererleichterungen und andere Formen der Wirtschaftspolitik und stellen den freien Zugang zur Bildung sicher. Wir werden die Rolle der ostasiatischen Regierungen und ihre Politiken weiter unten noch genauer besprechen.

Ob das Wachstum dieser Region anhält, ist unklar. 1997/98 brachte eine Kombination von falschen Investitionsentscheidungen, Korruption und weltwirtschaftlichen Rahmenbedingungen die wirtschaftliche Expansion dieser Länder zu einem abrupten Ende. Die Aktienmärkte kollabierten, die Währungen verfielen und die gesamte Weltwirtschaft war betroffen. Die Erfahrungen Hongkongs sind typisch: Nach 36 Jahren kontinuierlichen Wachstums brach die Wirtschaft ein, und der Aktienmarkt verlor mehr als die Hälfte seines Wertes. Ob der „asiatische Zusammenbruch", von dem einige Zeitungen 1998 schrieben, langfristig die wirtschaftliche Entwicklung dieser Region beeinträchtigen wird oder nicht, wird die Zukunft zeigen. Gegenwärtig scheint es, dass sich das Zentrum der wirtschaftlichen Dynamik nach China verlagert, während Länder wie Japan sich gerade erst von einer langjährigen Stagnation zu erholen beginnen.

Theorien der Entwicklung

Was verursacht globale Ungleichheit? Wie kann sie überwunden werden? Der Human Development Report und die Weltbank liefern regelmäßig Überblicksdarstellungen über die Entwicklung (siehe Internet-Tipps am Ende des Kapitels). Im Folgenden diskutieren wir vier verschiedene Theoriebeiträge, die im Laufe der letzten Jahre ausgearbeitet wurden und sich darum bemühen, die wirtschaftliche Entwicklung zu erklären: marktorientierte Theorien, die Dependenztheorie, die Weltsystemtheorie und staatsorientierte Theorien. Diese Theorien haben Stärken und Schwächen. Ein Mangel aller ist darin zu sehen, dass sie die Rolle der Frauen für die wirtschaftliche Entwicklung gering achten. Alles in allem sollten uns diese vier Theorien aber in die Lage versetzen, eine Antwort auf jene Schlüsselfrage zu geben, die 85 Prozent der Weltbevölkerung, die außerhalb der reichen Ländern leben, beschäftigt: Wie können sie ihre Position in der Weltwirtschaft verbessern?

Marktorientierte Theorien

Vor 40 Jahren waren die einflussreichsten Theorien über globale Ungleichheit, die von amerikanischen Ökonomen und Soziologen vertreten wurden, marktorientierte Theorien. Diese Theorien nehmen an, dass die vorteilhaftesten wirtschaftlichen Ergebnisse sich dann einstellen, wenn Individuen frei – uneingeschränkt durch die Regierung – sind, ihre eigenen wirtschaftlichen Entscheidungen zu treffen. Unbeschränkter Kapitalismus, wenn es ihm erlaubt ist sich ganz zu entfalten, sei der Weg zu wirtschaftlichen Wachstum. Die Regierungsbürokratie soll nicht darüber befinden, welche Güter hergestellt werden, noch welche Preise dafür zu zahlen sind oder wie viel die Arbeiter als Lohn erhalten. Nach Ansicht der marktorientierten Theoretiker führen Regierungsdirektiven in den Ländern mit niedrigem Einkommen zu Blockaden der wirtschaftlichen Entwicklung. Dieser Sichtweise zufolge sollen lokale Regierungen den Weg der Entwicklung nicht verstellen (Rostow [1960] 1967; Warren 1988; Ranis 1996).

marktorientierte Theorien

Einer der einflussreichsten frühen Vertreter solcher Theorien war Walt W. Rostow, ein Wirtschaftsberater der früheren US-Präsidenten John F. Kennedy, dessen Ideen die amerikanische Außenpolitik gegenüber Lateinamerika in den 1960er Jahren bestimmten. Rostows Erklärung ist eine Version eines marktorientierten Zugangs, genannt Modernisierungstheorie. Modernisierungstheorien behaupten, dass Länder mit niedrigem Einkommen sich nur dann wirtschaftlich entwickeln können, wenn sie ihre traditionellen Wege aufgeben und moderne wirtschaftliche Institutionen, Technologien und kulturelle Werte, die das Sparen und produktive Investitionen betonen, übernehmen.

Nach Rostow ([1960] 1967) sind es die traditionellen kulturellen Werte und sozialen Institutionen, die den armen Ländern bei ihrem wirtschaftlichen Erfolg im Wege stehen. Beispielsweise fehle nach Meinung Rostows vielen Bewohnern der armen Länder eine entwickelte Arbeitsethik; sie verbrauchen lieber heute, als für morgen zu investieren. Große Familien seien ebenfalls für die „wirtschaftliche Rückständigkeit" verantwortlich, da einem Familienerhalter, der viele Münder zu stopfen hat, kaum Geld übrig bleiben werde, das er für Investitionen verwenden könne.

Für Modernisierungstheoretiker liegt das Problem der armen Länder noch tiefer. Die Kulturen dieser Länder fördern, dieser Theorie zufolge, Fatalis-

Aspekte globaler Ungleichheit

Die Vereinten Nationen haben zur Jahrtausendwende Milleniumsziele vereinbart, die bis zum Jahr 2015 zu einer deutlichen Verringerung der weltweiten Ungleichheit führen sollen, und veröffentlichen seither regelmä-ßige Berichte über den weltweiten Fortschritt bei der Erreichung dieser Ziele. Im Folgenden finden Sie für einige dieser Ziele genauere Informationen.

Armut

Teilziel 1: „Zwischen 1990 und 2015 den Anteil der Menschen halbieren, die weniger als den Gegenwert eines US-Dollars pro Tag zum Leben haben (von 1,25 Milliarden Menschen in 1990 auf 625 Millionen in 2015)."

Bildung

Teilziel 3: „Bis zum Jahr 2015 sicherstellen, dass Kinder in der ganzen Welt, Mädchen wie Jungen, eine Primärschulbildung vollständig abschließen können."

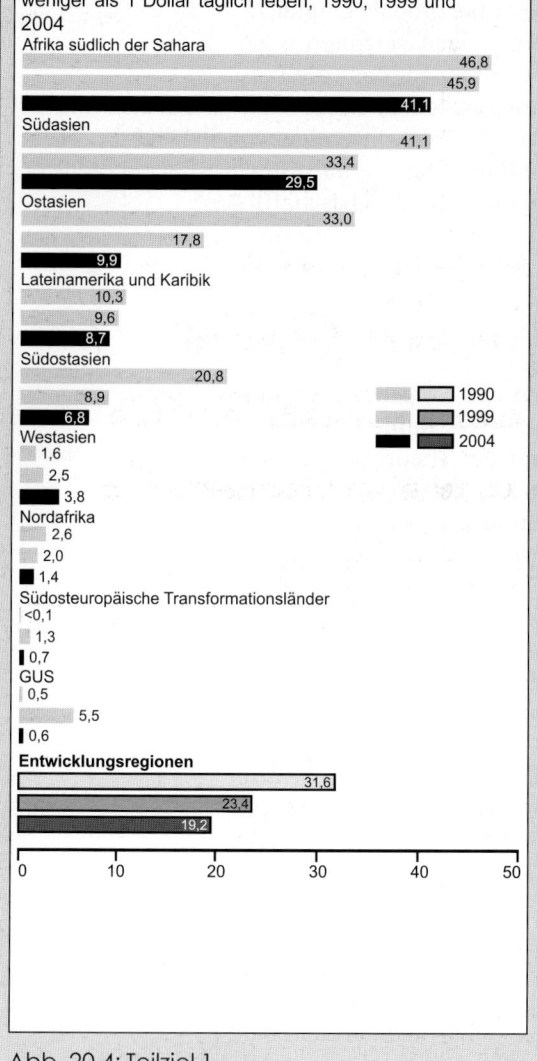

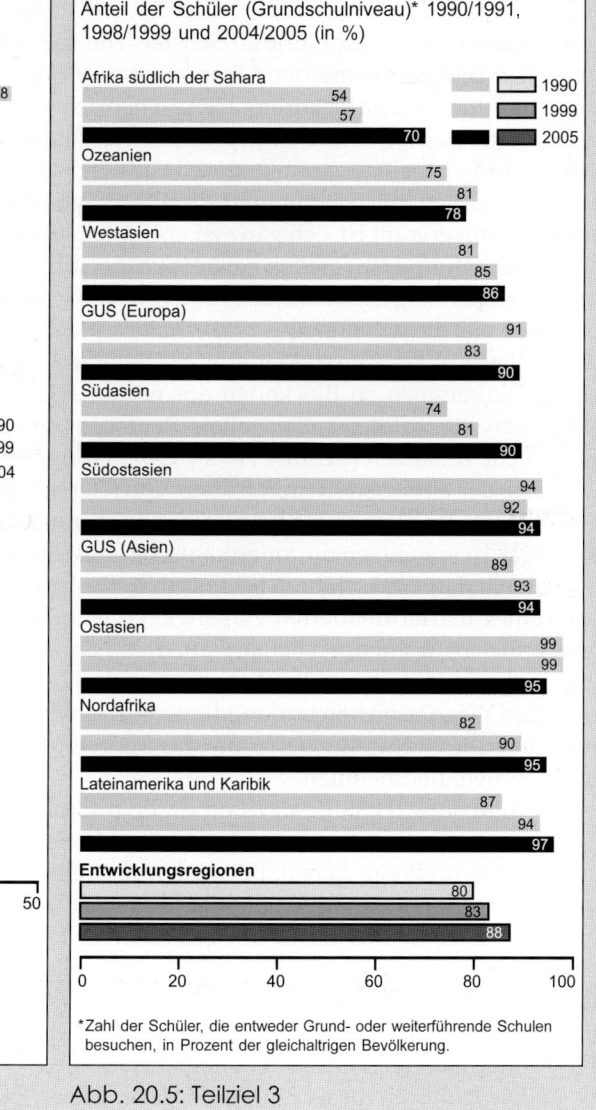

Abb. 20.4: Teilziel 1

Abb. 20.5: Teilziel 3

Kindersterblichkeit

Teilziel 5: „Zwischen 1990 und 2015 Senkung der Kindersterblichkeit von unter Fünfjährigen um zwei Drittel (von 10,6 Prozent auf 3,5 Prozent)."

Versorgung mit Trinkwasser

Teilziel 10: „Bis 2015 Halbierung des Anteils der Menschen ohne dauerhaft gesicherten Zugang zu hygienisch einwandfreiem Trinkwasser (von 65 Prozent auf 32 Prozent)."

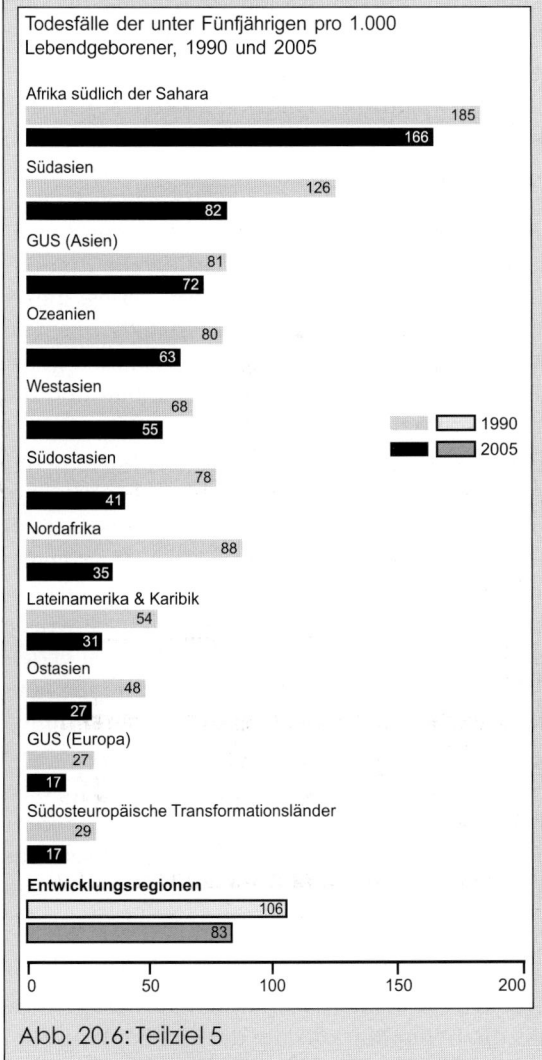

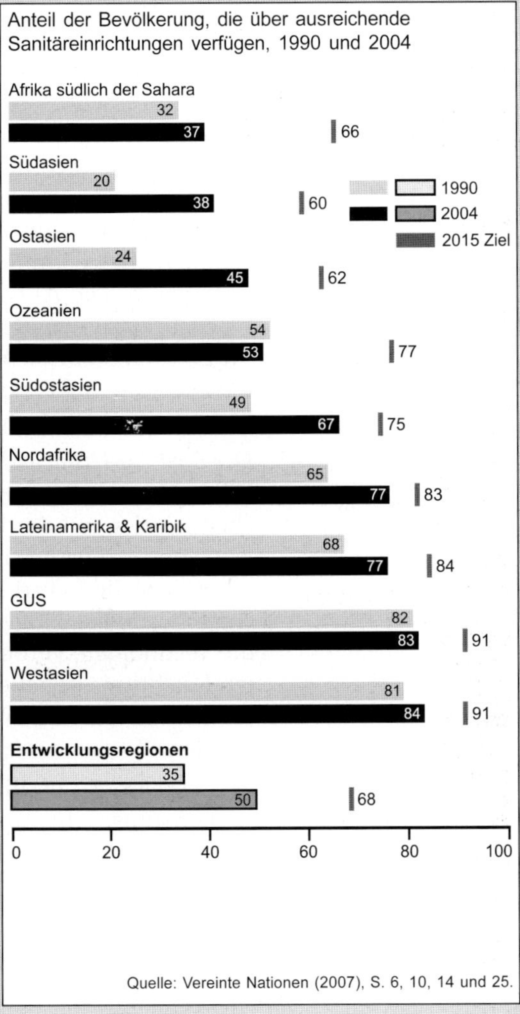

Abb. 20.6: Teilziel 5

Abb. 20.7: Teilziel 10

Quelle: Vereinte Nationen (2007), S. 6, 10, 14 und 25.

mus – ein Wertsystem, das Härten und Leiden zu den selbstverständlichen Plagen des Lebens rechnet. Die Hinnahme des eigenen Loses halte Menschen davon ab, hart zu arbeiten und sparsam zu sein, um dem Schicksal zu trotzen. Dieser Sichtweise zufolge ist die Armut eines Landes weitestgehend den kulturellen Defiziten seiner Bewohner zuzuschreiben. Diese Mängel würden dann auch noch durch Regierungen verstärkt, die die Löhne festlegen und Preise kontrollieren und sich, ganz allgemein, zu sehr in wirtschaftliche Belange einmischen. Wie können die armen Länder dennoch ihrer Armut entkommen? Rostow sah wirtschaftliches Wachstum als einen gerichteten Prozess, den er mit Begriffen bezeichnete, die er aus der Luftfahrt entlehnte:

1. *Die traditionelle Stufe.* Das ist die Stufe, die eben beschrieben wurde. Sie ist durch niedrige Sparraten, die unterstellte fehlende Arbeitsethik und das sogenannte fatalistische Wertsystem gekennzeichnet. Das Flugzeug ist noch nicht zum Abheben bereit.

2. *Das Abheben (Take-off) zum wirtschaftlichen Wachstum.* Die traditionelle Stufe kann unter bestimmten Bedingungen zugunsten einer zweiten Stufe verlassen werden, die seither als wirtschaftliches Abheben, häufiger aber mit dem englischen Ausdruck „Take-off" bezeichnet wird. Diese Phase setzt ein, wenn arme Länder ihre traditionellen Werte und Institutionen ablegen, mit dem Sparen beginnen und Geld für die Zukunft investieren. Die Aufgabe reicher Länder, wie der USA, sei es, dieses Wachstum zu ermöglichen. Das können sie durch Finanzierung von Programmen zur Geburtenkontrolle tun oder durch Einräumen günstiger Kredite für Elektrifizierung, Straßen- und Flughafenbau und die Errichtung neuer Industrien ermöglichen.

3. *Der Pfad zur technologischen Reife.* Nach Rostow kann das Flugzeug des Wirtschaftswachstums, mithilfe von Geld und Rat vonseiten der reichen Länder, auf der Rollbahn Fahrt aufnehmen, Geschwindigkeit zulegen und schließlich in die Lüfte abheben. Damit würde das Land wirtschaftliche Reife erreichen. In der Metapher des Flugwesens gesprochen würde das Flugzeug langsam an Höhe gewinnen, faktisch würde die Technologie verbessert werden, Re-Investitionen des jüngst erzielten Reichtums in neue Industrien vorgenommen werden und die neuen Institutionen und Werte der reichen Länder würden übernommen werden.

4. *Massenkonsum.* Letztlich erreicht das Land die Stufe verbreiteten Massenkonsums. Nun sind die Menschen in der Lage, die Früchte ihrer Anstrengungen in Form eines hohen Lebensstandards zu genießen. Das Flugzeug (das Land) fliegt mit Autopilot und hat die Höhe der reichen Länder erreicht.

Neoliberalismus Rostows Ideen sind nach wie vor einflussreich. Tatsächlich vertritt der Neoliberalismus, die heute unter Ökonomen vermutlich vorherrschende Sichtweise, die Ansicht, dass die freien Marktkräfte der einzige Weg zum Wirtschaftswachstum sind, das nur durch die Verringerung staatlicher Beschränkungen der Wirtschaft erzielt werden kann. Der Neoliberalismus ist überzeugt davon, dass der weltweite Freihandel allen Ländern Prosperität bringen wird; die Beseitigung staatlicher Beschränkungen wird als Bedingung für das Auftreten wirtschaftlichen Wachstums angesehen. Neoliberale Ökonomen fordern daher die Aufhebung von Handelsbeschränkungen, bezweifeln häufig die Nützlichkeit von Mindestlöhnen und anderer Arbeitsgesetzgebungen ebenso wie Umweltschutzauflagen für die Wirtschaft.

Soziologen befassen sich ihrerseits mehr mit den kulturellen Aspekten von Rostows Theorie: ob und in welchem Umfang bestimmte Überzeugungen und Institutionen die Entwicklung behindern (Davis 1996; So 1990). Das umfasst religiöse Werte, moralische Überzeugungen, den Glauben an Magie, volkstümliche Traditionen und Praktiken. Soziologen untersuchen auch andere Bedingungen, die dem Wandel im Weg stehen; besonders den Glauben lokaler Kulturen über moralischen Verfall und soziale Unruhen, die Geschäft und Handel begleiten würden.

Dependenz- und Weltsystemtheorien

Während der 1960er Jahre haben einige Theoretiker marktorientierte Erklärungen der globalen Ungleichheit wie die Modernisierungstheorie infrage gestellt. Viele dieser Kritiker waren Soziologen und Ökonomen aus armen Ländern Südamerikas und Afrikas, die sich auf marxistische Ideen stützten, um die These zurückzuweisen, die Unterentwicklung ihrer Länder sei deren eigenen kulturellen und institutionellen Mängeln zuzuschreiben. Sie stützten sich auf Theorien von Karl Marx, der argumentierte, dass der Weltkapitalismus eine Klasse von Ländern schafft, die von den mächtigeren Ländern manipuliert würden, ganz so wie der Kapitalismus innerhalb der Länder die Arbeiter ausbeutet. Die sogenannten Dependenztheoretiker vertreten die These, dass die Armut der Länder mit niedrigem Einkommen aus der Ausbeutung durch reichere Länder und die multinationalen Konzerne der reichen Länder resultiere. Ihrer Meinung nach zwingt der globale Kapitalismus ihre Länder in eine Abwärtsspirale von Ausbeutung und Armut.

Dependenztheorie

Nach Meinung der Dependenztheorien begann diese Ausbeutung mit dem Kolonialismus, einem politisch-ökonomischen System, das es den mächtigeren Ländern erlaubte, für ihren eigenen Profit schwächere Bewohner und Länder zu beherrschen. Mächtige Nationen haben andere Länder für gewöhnlich kolonialisiert, um sich Rohstoffe für ihre eigene Industrie und einen Absatzmarkt für die Produkte ihrer eigenen Industrie zu sichern. Unter kolonialer Herrschaft wurden beispielsweise Erdöl, Kupfer, Eisen und Nahrungsmittel, die von den industrialisierten Volkswirtschaften benötigt wurden, den armen Ländern durch Unternehmen entzogen, die in den reichen Ländern beheimatet waren. Obwohl der Kolonialismus typischerweise von europäischen Ländern praktiziert wurde, die Kolonien in Nord- und Südamerika, Afrika oder Asien errichteten, hatten auch einige asiatische Länder (wie Japan) Kolonien.

Kolonialismus

Zwar wurde der Kolonialismus in den meisten Regionen der Welt in den Jahren nach dem Zweiten Weltkrieg beendet, die damit verbundene Ausbeutung jedoch nicht: Multinationale Konzerne führten die Politik des Erzielens enormer Profite aus ihren Niederlassungen in Übersee fort. Nach der Dependenztheorie gründeten diese globalen Unternehmen, oft mit

Unterstützung mächtiger Banken und der Regierungen der reichen Länder, in den armen Ländern Produktionsstätten, beschäftigten billige Arbeitskräfte und nutzten dortige Rohstoffe, um ihre Produktion zu steigern, ohne Einschränkung durch irgendwelche staatliche Vorschriften. Die niedrigen Preise für Arbeit und Rohstoffe hinderten die armen Länder daran, ausreichendes Kapital zu akkumulieren, um sich selbst industrialisieren zu können. Lokale Unternehmen, die mit ausländischen Firmen in Konkurrenz treten hätten können, wurden daran gehindert. Schließlich seien die armen Länder auch noch genötigt worden, sich Geld von den reichen zu borgen, was ihre wirtschaftliche Abhängigkeit zusätzlich erhöht habe.

Die Länder mit niedrigem Einkommen sind daher nicht als unterentwickelt, sondern als fehlentwickelt zu betrachten (Frank [1967] 2006; Emmanuel 1972). Außer einer Handvoll lokaler Politiker und Geschäftsleute, die im Dienst der ausländischen Konzerne stehen, seien die Bewohner zur Armut verurteilt. Die ländliche Bevölkerung ist gezwungen, entweder zu hungern oder sich in Plantagen, die im ausländischen Besitz sind, oder vom Ausland kontrollierten Bergwerken oder Fabriken für einen Hungerlohn zu verpflichten. Da Dependenztheoretiker meinen, dass diese Ausbeutung ihre Länder daran gehindert habe, sich wirtschaftlich zu entwickeln, sprechen sie sich für einen revolutionären Wandel aus, der die ausländischen Konzerne aus ihren Ländern werfen soll (z.B. Frank [1967] 2006).

Während politische und militärische Macht von den marktorientierten Theoretikern für gewöhnlich ignoriert wird, halten Dependenztheoretiker die Ausübung von Macht für zentral, um die ungleichen wirtschaftlichen Beziehungen aufrechtzuerhalten. Gemäß dieser Theorie werden lokale Sprecher, die diese ungleichen Bedingungen kritisieren, umgehend zum Schweigen gebracht. Gewerkschaftliche Organisationen sind meist verboten, Arbeiterführer werden eingesperrt und manchmal sogar ermordet. Wenn die Menschen eine Regierung wählen, die sich gegen diese Verhältnisse wendet, wird sie vom einheimischen Militär gestürzt, das dabei oft von den Armeen der reichen Länder unterstützt wird. Dependenztheoretiker verweisen auf viele Beispiele: die Rolle, die der CIA beim Sturz der marxistischen Regierung in Guatemala 1954 spielte, in Chile 1972 oder bei der Unterwanderung der linken Regierung Nicaraguas in den 1980er Jahren. Nach Ansicht der Dependenztheorie wird die globale Ungleichheit durch Gewalt aufrechterhalten: Die wirtschaftlichen Eliten der armen Länder stützen sich, dank der Hilfe ihrer Verbündeten in den reichen Ländern, auf Polizei und Militär, um die einheimische Bevölkerung unter Kontrolle zu halten.

Der brasilianische Soziologe Enrique Fernando Cardoso, einst ein prominenter Dependenztheoretiker, hat schon vor mehr als 25 Jahren darauf hingewiesen, dass nichtsdestotrotz ein gewisses Maß an Entwicklung möglich sei – unter bestimmten Umständen könnten sich unterentwickelte Länder wirtschaftlich entwickeln, allerdings nur auf Wegen, die durch ihre Abhängigkeit von reichen Ländern bestimmt sind (Cardoso und Faletto 1979). Insbesondere könnten die Regierungen dieser Länder eine Schlüsselrolle einnehmen, um einen Weg zwischen Abhängigkeit und Entwicklung einzuschlagen (Evans 1979). Als Präsident Brasiliens von 1995 bis 2003 änderte Cardoso sein Denken und trat für eine stärkere Integration Brasiliens in die Weltwirtschaft ein.

Während des letzten Vierteljahrhunderts haben Soziologen die Welt vermehrt als ein einziges (wenn auch oft konfliktreiches) wirtschaftliches System zu betrachten begonnen. Während die Dependenztheorie die Auffassung vertritt, dass einzelne Länder miteinander wirtschaftlich verbunden sind, stützt sich die Weltsystemtheorie, die stark von der Dependenztheorie beeinflusst ist, auf die Ansicht, dass das weltweite kapitalistische Wirtschaftssystem nicht nur eine Ansammlung unabhängiger Staaten ist, die miteinander in diplomatischen und Handelsbeziehungen stehen, sondern als eine einzige Einheit verstanden werden sollte. Der Weltsystemzugang ist auf das Engste mit dem Werk von Immanuel Wallerstein und seinen Mitarbeitern verknüpft (u.a. Wallerstein 1980, 1986, 1989). Wallerstein zeigte, dass der Kapitalismus schon seit Langem als ein globales wirtschaftliches System bestand, beginnend bei der Ausdehnung der Märkte und des Handels im Europa des 15. und 16. Jahrhunderts. Das Weltsystem wird als aus vier miteinander verknüpften Dimensionen bestehend gesehen (Chase-Dunn 1989):

Weltsystemtheorie

– ein Weltmarkt für Güter und Arbeit,

– die Aufteilung der Bevölkerung in verschiedene wirtschaftliche Klassen, insbesondere Kapitalisten und Arbeiter,

– ein internationales System der formalen und informellen politischen Beziehungen zwischen den mächtigsten Ländern, deren Wettbewerb untereinander zur Gestalt der Weltwirtschaft beigetragen hat und

– die Aufteilung der Welt in drei ungleiche Zonen, wobei die reichste Zone die ärmeren ausbeutet.

Die Weltsystemtheoretiker nennen diese drei wirtschaftlichen Zonen „Zentrum", „Peripherie" und „Semi-Peripherie". Alle Länder des Weltsystems fallen in eine dieser drei Kategorien. Die Zentrum-Länder sind die am meisten entwickelten industriellen Länder, die sich den Löwenanteil der Profite des Weltwirtschaftssystems aneignen. Dazu gehören Japan, die USA und Westeuropa. Periphere Länder umfassen die großteils agrarischen Länder mit niedrigem Einkommen, die oft von den Zentrum-Ländern zu deren eigenem Vorteil gegängelt werden. Beispiele für periphere Länder findet man überall in Afrika und, zu einem geringeren Ausmaß, in Lateinamerika und Asien. Natürliche Ressourcen, wie Landwirtschaftsprodukte, Mineralien und andere Rohstoffe fließen von der Peripherie zum Zentrum – und dasselbe tun Profite. Das Zentrum seinerseits verkauft Endprodukte an die Peripherie, ebenfalls mit Profit. Weltsystemtheoretiker argumentieren, dass sich die Zentrum-Länder mit diesem ungleichen Tausch selbst reich gemacht haben und zugleich die wirtschaftliche Entwicklung der peripheren Länder begrenzen. Schließlich nehmen die Länder der Semi-Peripherie eine Zwischenposition ein: Sie sind semi-industrialisierte Länder mittleren Einkommens, die ihren Profit aus den Peri-

Zentrum-Peripherie

pherie-Ländern ziehen und Profite an die Zentrum-Ländern abliefern müssen. Beispiele dafür sind Länder wie Mexiko, Brasilien, Argentinien und Chile und die Schwellenländer Asiens. Die Semi-Peripherie, obwohl zum Teil unter der Kontrolle des Zentrums, ist in der Lage, die Peripherie auszubeuten. Mehr noch als das, der größere wirtschaftliche Erfolg der Semi-Peripherie wird der Peripherie als nachahmenswertes Vorbild nahegelegt.

Obwohl das Weltsystem sich nur langsam wandelt, verlieren einst mächtige Länder letztlich an wirtschaftlicher Macht und andere nehmen ihren Platz ein. Beispielsweise beherrschten vor fünf Jahrhunderten die italienischen Stadtstaaten Genua und Venedig die kapitalistische Weltwirtschaft. Sie wurden durch die Niederlande, dann die Briten und schließlich die USA verdrängt, weil diese über mehr Reichtum und größere Handelsflotten verfügten. Die heutige Lage deuten einige Weltsystemtheoretiker dahingehend, dass die amerikanische Vorherrschaft zugunsten eines multipolaren Systems Platz macht, in dem die wirtschaftliche Macht zwischen den Vereinigten Staaten, Europa und Asien aufgeteilt wird (Arrighi 1994).

Staatszentrierte Theorien

staatszentrierte Theorie

Einige der in allerjüngster Zeit formulierten Erklärungen für erfolgreiche wirtschaftliche Entwicklungen haben die Rolle des Staates und seiner Wachstum fördernden Politiken betont. Im scharfen Gegensatz zu den marktorientierten Theorien haben die staatszentrierten Theorien betont, dass geeignete Maßnahmen von Regierungen wirtschaftliche Entwicklung nicht behindern, sondern diese sogar fördern können. Eine große Zahl von Studien unterstreicht jetzt, dass in einigen Regionen der Welt, wie Ostasien, erfolgreiche wirtschaftliche Entwicklung vom Staat gelenkt wurde. Sogar die Weltbank, lange Zeit ein starker Fürsprecher der „Freien Markt"-Theorien der Entwicklung, hat ihre Haltung zur Rolle des Staates geändert. In ihrem Bericht *The State in a Changing World* aus dem Jahr 1997 kommt die Weltbank zum Schluss, dass ohne einen effizienten Staat „nachhaltige Entwicklung, sowohl wirtschaftliche wie soziale, unmöglich ist" (World Bank 1997, S. 25).

Starke Regierungen trugen in verschiedener Weise zum wirtschaftlichen Wachstum in den ostasiatischen Schwellenländern während der 1980er und 1990er Jahre bei (Henderson und Appelbaum 1992; Amsden und Kochanowicz 1994; World Bank 1997):

1. *Ostasiatische Regierungen haben teilweise sehr aggressiv darauf hingearbeitet, politische Stabilität sicherzustellen und zugleich die Arbeitskosten niedrig zu halten.* Das wurde durch Repression, wie Verbote von Gewerkschaften, Unterdrückung von Streiks, die Verhaftung von Arbeiterführern und ganz allgemein durch das Verschweigen der Meinungen der Arbeiter erreicht. Vor allem die Regierungen Taiwans, Südkoreas und Singapurs benutzten derartige Praktiken.

2. *Ostasiatische Regierungen haben regelmäßig versucht, die wirtschaftliche Entwicklung in eine bestimmte Richtung zu lenken.* Beispielsweise haben staatliche Stellen jenen Unternehmen billige Kredite und Steuervergünstigungen zur Verfügung gestellt, die bereit waren, in bestimmte Industrien zu investieren. Gelegentlich kam es bei dieser Politik zu Rückschlägen, und die Regierungen sahen sich mit uneinbringlichen Krediten konfrontiert (das war eine der Ursachen für die wirtschaftlichen Probleme der Region in den 1990er Jahren). Einige Regierungen haben Unternehmungen daran gehindert, ihre Profite in anderen Ländern zu investieren, und sie gezwungen, in das wirtschaftliche Wachstum des eigenen Landes zu investieren. Manchmal haben Regierungen bestimmte Industrien selbst besessen und konnten sie daher kontrollieren. Beispielsweise sind die japanischen Eisenbahnen im Staatsbesitz, ebenso die Stahlindustrie und Banken; Südkoreas Regierung besitzt Banken; und die Regierung von Singapur besitzt Luftlinien, Waffenindustrien und Schiffswerften.

3. *Ostasiatische Regierungen förderten oft sehr intensiv sozialpolitische Maßnahmen, wie Sozialwohnbauten und freie Bildung.* Die größten Sozialwohnprojekte der Welt (außerhalb der ehemals oder noch kommunistischen Länder) gibt es in Hongkong und Singapur, wo die Regierungsmaßnahmen die Wohnkosten für die Bewohner extrem niedrig gehalten haben. Da der Anteil, den Arbeiter für Wohnkosten aufwenden müssen, so niedrig ist, müssen ihnen keine höheren Löhne bezahlt werden, und sie konkurrieren erfolgreicher mit den europäischen und amerikanischen Arbeitern auf dem sich herausbildenden globalen Arbeitsmarkt. In Singapur, das eine besonders starke Zentralregierung hat, tragen gut ausgestattete öffentliche Bildung und Berufsausbildung dazu bei, dass die Arbeiter über jene Fertigkeiten verfügen, die sie benötigen, um auf dem entstehenden globalen Arbeitsmarkt erfolgreich zu bestehen. Die Regierung Singapurs nötigt ihre Bürger und Unternehmungen auch dazu, große Teile ihrer Einkünfte für Investitionen in künftiges Wachstum zu sparen.

Bewertung der Theorien der Entwicklung

Jede der eben vorgestellten Theorien hat ihre Stärken und Schwächen. Zusammen erlauben sie uns ein besseres Verständnis der Ursachen der globalen Ungleichheit und deren Überwindung.

Marktorientierte Theorien empfehlen die Übernahme moderner kapitalistischer Institutionen, um wirtschaftliche Entwicklung zu fördern. Beispiele aus Ostasien zeigen: mit Erfolg. Sie behaupten weiterhin, dass Länder sich nur dann wirtschaftlich entwickeln können, wenn sie ihre Grenzen für den Handel öffnen, und sie können wiederum einige Belege für die Richtigkeit dieser Sichtweise anführen. Die marktorientierten Theorien übersehen jedoch die zahllosen wirtschaftlichen Verbindungen zwischen armen und reichen Ländern – Bindungen, die unter bestimmten Bedingungen wirtschaftliches Wachstum fördern, es aber auch unterbinden können. Sie neigen dazu, die armen Länder zu beschuldigen, an ihrer Armut selbst schuld zu sein – ohne Einflüssen von außen Beachtung zu schenken, wie beispielsweise der Handelspolitik der reichen Länder. Marktorientierte Theorien übersehen außerdem die Möglichkeiten von Regierungen, in Zusammenarbeit mit dem privaten Sektor wirtschaftliche Entwicklung voranzubringen. Schließlich sind sie nicht in der Lage, eine Erklärung dafür zu bieten, warum einige Länder den Take-off schaffen und andere in Armut und Unterentwicklung verbleiben.

Die Dependenztheorien machen zu Recht auf die Ignoranz der marktorientierten Theorien aufmerksam: Die Abhängigkeiten der armen Länder von den reichen werden von Letzteren zur wirtschaftlichen Ausbeutung benutzt. Während die Dependenztheorien die Unterentwicklung Lateinamerikas und Afrikas zu verstehen helfen, bieten sie keine Erklärungen für gelegentliche Erfolgsgeschichten armer Länder, wie in den Fällen Brasilien, Argentinien und Mexiko, oder für die rasch wachsenden ostasiatischen Volkswirtschaften. Tatsächlich sind einige Staaten, die einst zur Kategorie der armen Länder gehörten, wirtschaftlich enorm gewachsen und das trotz der Anwesenheit multinationaler Konzerne. Sogar einige frühere Kolonien wie Hongkong und Singapur, die beide von Großbritannien abhängig waren, haben Erfolgsgeschichten vorzuweisen. Die Weltsystemtheorie versucht die Fehler der Dependenztheorie dadurch zu vermeiden, dass sie die Weltwirtschaft als Ganzes analysiert. Anstatt bei einzelnen Ländern zu beginnen, betrachten Weltsystemtheoretiker das komplexe globale Netz politischer und wirtschaftlicher Beziehungen, das die Entwicklung und die Ungleichheit sowohl in reichen wie armen Ländern beeinflusst. Die Erfolgsgeschichten können sie aber ebenfalls nicht befriedigend erklären.

Staatszentrierte Theorien betonen die Rolle der Regierungen für die Förderung wirtschaftlichen Wachstums. Sie liefern damit eine nützliche Alternative sowohl zu den marktorientierten Theorien, mit ihrer Betonung des Staates als wirtschaftliche Last, aber auch eine Alternative zu der Dependenztheorie, die den Staat vor allem als Handlanger der globalen wirtschaftlichen Eliten in deren Bestreben sieht, die armen Länder auszubeuten. In Verbindung mit anderen Theorien – insbesondere der Perspektive der Weltsystemtheorie – können die staatszentrierten Theorien den radikalen Wandel erklären, der die Weltwirtschaft umwälzt.

Die Rolle internationaler Organisationen und die globale Ungleichheit

Es gibt einige internationale Organisationen, deren Tätigkeit Auswirkungen auf die globale Armut hat. Der Weltwährungsfonds (International Monetary Fund, IMF) und die Weltbank, die gemeinsam die sogenannten Bretton Woods Institutionen bilden – wurden noch während des Zweiten Weltkriegs gegründet. Beide haben ihren Sitz in Washington, in den USA, und ihre Mitglieder sind Regierungen der verschiedenen Staaten dieser

Welt. Der IMF ist eine Organisation, die 184 Länder umfasst. Die Aufgabe des IMF ist die Sicherung der Stabilität des internationalen Finanzsystems. Dies wird immer dann deutlich, wenn er eine große Schuldenkrise zu bewältigen hat, wie beispielsweise in Argentinien in den Jahren 2001 bis 2003. Der IMF arbeitet mit Regierungen aus allen Teilen der Welt zusammen, um deren Wirtschaftspolitik zu verbessern, aber gerade seine Ratschläge werden dafür kritisiert, dass sie manche Probleme erst schaffen, unter denen die armen Länder dann leiden (z.B. Stiglitz 2004).

Die Aufgabe der Weltbank ist die Bekämpfung der Armut und die Verbesserung der Lebensbedingungen der Bevölkerung in den Entwicklungsländern. Sie ist eine Entwicklungsbank, die Ländern mit mittlerem und niedrigem Einkommen Kredite zur Verfügung stellt, Politikberatung macht, technische Hilfe gewährt und Wissen bereitstellt, um die Armut zu verringern. Die Weltbank verfügt über verschiedene Finanzinstrumente – vor allem gewährt sie relativ billige Kredite an die Regierungen ihrer Mitglieder. Jüngst begann die Weltbank damit, Regierungen für bestimmte Programme Mittel zur Verfügung zu stellen. Neben den Krediten und Zuschüssen stellt sie auch technische Expertise zur Verfügung. Sowohl die Weltbank als auch der Weltwährungsfonds wurden beschuldigt, armen Ländern marktwirtschaftliche Reformen aufzunötigen, die der lokalen Bevölkerung zum Nachteil gereichten. Beide Institutionen haben in den letzten Jahren versucht, sich stärker auf die Beseitigung der Armut zu konzentrieren.

Ein Beispiel für diesen neuen Zugang von Weltbank und IMF ist die als HIPC bekannt gewordene Initiative (Heavily Indebted Poor Countries Initiative), armen Ländern einen Schuldennachlass zu gewähren. Einige Staaten haben im Verlauf der letzten Jahrzehnte derartig viele Kredite aufgenommen, dass sie oft nicht einmal mehr die Zinsentilgung bedienen konnten, ganz zu schweigen von der Rückzahlung des Kapitals. Die Rückzahlung hätte die Staatshaushalte dieser Länder derart belastet, dass keine Mittel mehr für Bildungs- und Gesundheitsaufwendungen und andere grundlegende öffentliche Leistungen übrig geblieben wären. Die HIPC Initiative wurde – finanziert von den Regierungen der reichen Länder – 1996 eingeführt, um diese Länder von einem Teil ihrer Kreditverpflichtungen zu befreien und ihnen mehr Spielraum für Rückzahlungen und die Bekämpfung der Armut einzuräumen. Ein zentrales Element dieser Initiative bestand in der Verpflichtung der Teilnehmer, eine Strategie der Armutsreduktion auszuarbeiten und diese umzusetzen. Bis 2004 haben 25 Länder am HIPC teilgenommen.

Die Vereinten Nationen, vermutlich die bekannteste internationale Organisation, hat eine große Zahl von Fonds und Programmen, die der Armutsbekämpfung dienen. Beispielsweise das United Nations Development Programme (UNDP) und der United Nations Children's Fund (UNICEF), beide mit Sitz in New York, das World Food Programme (WFP) mit Sitz in Rom und die Weltgesundheitsorganisation (WHO) mit Sitz in Genf. Sie alle haben Niederlassungen in der ganzen Welt. Jede Organisation widmet sich einem anderen Aspekt der Armutsbekämpfung. Die Tätigkeit der

UNICEF konzentriert sich auf Bildungsmaßnahmen für Mädchen, den Schutz von Kindern und Impfungen, aber sie kümmert sich auch um sauberes Wasser und Sanitärmaßnahmen. UNDP kooperiert mit Regierungen armer Länder, um deren Verwaltung zu verbessern, einschließlich der Rechtssicherheit und des Justizwesens, der Sicherung grundlegender öffentlicher Dienste und der Korruptionsbekämpfung. Nahezu zehn weitere Organisationen ergeben für jedes Land eine komplexe Mischung, die miteinander zusammenhängende Probleme bearbeiten. In jüngster Zeit trat immer mehr die Bekämpfung der Folgen der Ausbreitung der HIV-Epidemie in den Mittelpunkt der Bemühungen. Zumindest vier UN-Organisationen sind damit befasst. UN-Organisationen leiden generell an einer Unterfinanzierung, vor allem im Vergleich mit ihren Bretton-Woods-„Verwandten". Einige UN-Organisationen, wie beispielsweise die WHO, sind auch damit befasst, internationale Standards auszuarbeiten oder selbst Forschungen durchzuführen.

Ein Mitglied der UN-Familie hat in den letzten Jahren besondere Aufmerksamkeit auf sich gezogen: die Welthandelsorganisation (WTO). In Genf angesiedelt, widmet sie sich Verhandlungen zur Regulierung des internationalen Handels und dient als Forum, um Handelskonflikte zwischen ihren 148 Mitgliedern zu schlichten. Die gegenwärtige Runde an Verhandlungen, die 2001 in Doha, Katar, begonnen wurden, wird von manchen als „Entwicklungsrunde" bezeichnet. Es herrscht weitgehend Übereinstimmung, dass das gegenwärtige internationale Handelssystem den armen Ländern gegenüber unfair ist und deren Entwicklung behindert. Ein zentrales Anliegen dieser Verhandlungen besteht im Bemühen, den ärmeren Ländern einen besseren Zugang zu den Märkten der reichen Nationen einzuräumen. Dabei geht es vor allem um Lebensmittel und Agrarprodukte aus den Entwicklungsländern, gegen die die reichen Länder Zollschranken und andere Einfuhrhindernisse errichtet haben.

Die bislang beschriebenen Organisationen sind multilaterale, zwischenstaatliche Organisationen, daneben gibt es praktisch in jedem reichen Land Entwicklungshilfe-Ministerien und andere Einrichtungen, die auf bilateraler Basis tätig sind. Internationale Übereinkünfte über die Höhe der Finanzmittel für Entwicklungshilfe werden nur von den wenigsten Ländern eingehalten. Im Jahr 2006 wendeten beispielsweise Deutschland 0,36 Prozent und Österreich 0,48 Prozent des BIP für „öffentliche Entwicklungshilfe" auf; bis zum Jahr 2015 hat die EU die Absicht, den Wert auf 0,7 Prozent zu erhöhen. Über dieser Schwelle liegen von den europäischen Staaten Dänemark (0,8 Prozent), Luxemburg (0,89 Prozent), die Niederlande (0,81 Prozent), Norwegen (0,94 Prozent) und Schweden (1,03 Prozent) (Eurostat 2008, S. 156).

Neben den Organisationen, die zwischenstaatlich eingerichtet sind, gibt es eine zunehmende Zahl von Nichtregierungsorganisationen (NGOs), die sich ihrerseits um die Bekämpfung der weltweiten Armut oder die Beseitigung wenigstens einiger ihrer dramatischsten Auswirkungen bemühen.

Private Stiftungen, wie beispielsweise die „Bill and Melinda Gates"-Foundation, deren Stiftungsvermögen 2006 rund 35 Milliarden US-Dollar betrug, spielen vor allem in Afrika eine wichtige Rolle bei der Bekämpfung der AIDS-Epidemie. NGOs konzentrieren sich dagegen mehr auf Aufklärung, wie beispielsweise Transparency International, das seit einigen Jahren sehr erfolgreich darauf aufmerksam macht, dass die Korruption in verschiedenen armen Ländern ein Ausmaß angenommen hat, das ihrerseits die Entwicklung dieser Länder behindert. Amnesty International kümmert sich seit Jahrzehnten um politische Gefangene, und Greenpeace versucht, auf Umweltsünden aufmerksam zu machen.

Manche Formen von Hilfe für die Ärmsten der Welt schaffen aber, entgegen ihrer guten Intentionen, mehr Schaden als Nutzen. Im Fall von akuten Hungerkatastrophen zerstört der eilige Transport von Tonnen von Lebensmitteln in die betroffenen Länder oft die fragilen lokalen Produktionsverhältnisse und macht die dortige Bevölkerung langfristig von Hilfslieferungen abhängig. Schließlich muss man noch jene erwähnen, die das Mitleid mit den Ärmsten der Welt schamlos ausbeuten, indem sie in den reichen Ländern Geld sammeln, von dem, falls überhaupt, nur der geringste Teil am Zielort ankommt, der Großteil aber für den Aufwand der Spendensammler verwendet wird. In ähnlicher Weise sind nicht alle Behauptungen von Globalisierungskritikern für bare Münze zu nehmen. Der bekannte Schweizer Soziologe Jean Ziegler, geadelt durch den Status eines UN-Sonderberichterstatters für den Hunger, behauptet beispielsweise, dass der weitweite Hunger mit der ungleichen Verteilung der Einkommen und dem Ausmaß des Außenhandelsdefizits korreliere, ja durch diese verursacht sei. Ziegler führt als Beispiel Äthiopien an (Ziegler 2005, S. 131–165). Dieses Land liegt auf Platz 170 (von 177) des Human Development Index: Die Lebenserwartung beträgt 47,6 Jahre, die Analphabetenrate unter Erwachsenen wird auf über 41 Prozent geschätzt, und die Bildungsbeteiligung liegt nur bei 36 Prozent. 80 Prozent der Bevölkerung müssen mit weniger als zwei US-Dollar pro Tag auskommen, nur ein Fünftel der Bevölkerung hat Zugang zu reinem Wasser, und nahezu jeder zweite Äthiopier ist unterernährt. Wahrlich ein katastrophaler Zustand. Andererseits ist die Einkommensungleichheit in Äthiopien relativ gering: Der Gini-Koeffizient liegt mit 0,30 ebenso hoch (oder niedrig) wie in Österreich oder **Gini-Koeffizient** den Niederlanden (während er in den USA 0,41 und in Hongkong und Singapur über 0,42 beträgt). Die Auslandsverschuldung liegt mit einem Wert von 1,4 Prozent des BIP so niedrig wie in kaum einem anderen der am wenigsten entwickelten Länder. Doch die Korruption in Äthiopien wird als besonders hoch beurteilt, laut Transparency International liegt Äthiopien auf Platz 138 (von 179). Es spricht daher einiges dafür, dass in diesem Fall nicht die von Ziegler genannten Faktoren für die Rückständigkeit ausschlaggebend sind, sondern vielmehr gesellschaftliche und innenpolitische Gegebenheiten für die Lage des Landes verantwortlich sind.

Globale wirtschaftliche Ungleichheit in einer sich wandelnden Welt

Die sozialen und wirtschaftlichen Kräfte, die heute auf die Herausbildung einer einzigen globalen kapitalistischen Wirtschaft hinwirken, scheinen unaufhaltsam zu sein. Die große Alternative – der Kommunismus – ging mit dem Zusammenbruch der Sowjetunion 1991 verloren. Das größte verbliebene kommunistische Land, die Volksrepublik China, übernimmt immer mehr kapitalistische Institutionen und ist heute die am schnellsten wachsende Nationalökonomie weltweit. Was an China noch kommunistisch sein mag, wissen vermutlich nicht einmal mehr die Mitglieder des Politbüros der Kommunistischen Partei Chinas. Wohin sich China entwickeln wird, kann man heute noch nicht mit Sicherheit sagen, wobei ein Teil dieser Unsicherheit aus dem Umstand resultiert, dass die chinesischen Machthaber ihre in der Tat höchst kapitalistischen Maßnahmen mit allerhand verbaler kommunistischer Folklore ummanteln. Ob China letztlich eine ganz gewöhnliche Marktwirtschaft werden wird oder in welchem Ausmaß staatliche Kontrolle und Direktiven beibehalten werden, ist unklar. Die meisten China-Experten sind sich allerdings über eines einig: Falls China mit seinen 1,2 Milliarden Einwohnern sich völlig in das globale Wirtschaftsystem integriert, werden die Auswirkungen weltweit zu spüren sein. Chinas Arbeitskräftepotenzial ist riesig, darunter befinden sich viele gut Ausgebildete und hoch Qualifizierte, die gegenwärtig nur sehr niedrige Löhne erhalten – gelegentlich weniger als fünf Prozent des Lohns vergleichbarer Beschäftigter in Westeuropa. Solche Arbeitskräfte sind eine scharfe Konkurrenz in der Weltwirtschaft und werden die Löhne von Los Angeles bis Wien nach unten treiben.

Welche Auswirkungen hat die rasche Globalisierung auf die Zukunft der globalen Ungleichheit? Kein Soziologe hat darauf eine sichere Antwort, aber einige mögliche Szenarien zeichnen sich ab. Unsere Welt könnte künftig gekennzeichnet sein von großen, global agierenden Konzernen und Beschäftigten, die überall miteinander konkurrieren und das auf der Basis eines Weltlohns. Ein solches Szenario würde von fallenden Löhnen für große Teile der Beschäftigten in den heute reichen Ländern und steigenden Löhnen für einige in den armen Ländern begleitet sein. Das Durchschnittseinkommen würde weltweit sinken und zwar auf ein Niveau, das deutlich unter dem liegen würde, das wir heute in Westeuropa kennen. In diesem Szenario würde der Gegensatz zwischen jenen, die haben und denen, die nichts haben, in allen Ländern verschärft, ebenso wie sich die ganze Welt aufteilen würde in jene, die von der globalen Wirtschaft profitieren, und jene, die das nicht tun. Eine solche Polarisierung könnte die Konflikte zwischen ethnischen Gruppen und sogar Nationen anheizen, und alle, die unter der wirtschaftlichen Globalisierung leiden, würden die anderen für ihre Lage verantwortlich machen (Hirst und Thompson 1992; Wagar 1992).

Andererseits könnte eine globale Wirtschaft aber auch mehr Möglichkeiten für jedermann bedeuten, weil die Vorteile der modernen Technologie weltweit das Wirtschaftswachstum beflügeln. Orientiert man sich an diesem optimistischeren Szenario, dann sind die erfolgreichsten ostasiatischen Schwellenländer, wie Hongkong, Taiwan, Südkorea und Singapur, nur ein Vorzeichen des Kommenden. Andere Schwellenländer wie Malaysia und Thailand würden ebenso wie China, Indonesien, Vietnam und andere asiatische Staaten folgen; Indien, das Land mit der zweithöchsten Bevölkerung weltweit, weist bereits eine Mittelschicht auf, die nahezu 200 Millionen und somit ungefähr ein Viertel der Gesamtbevölkerung ausmacht (zugleich lebt ungefähr die gleiche Zahl Inder in Armut) (Bhalla 2002).

Ein gegenläufiger Trend ist die Technologielücke, bei der reiche von armen Ländern getrennt werden, und die sich gegenwärtig eher vergrößert und es somit den armen Ländern erschwert, aufzuschließen. Die globale Technologielücke ist eine Folge der Ungleichheit des Wohlstandes zwischen Nationen und verschärft diese Ungleichheit zugleich noch. Arme Länder können sich moderne Technologie kaum leisten – zugleich macht ihnen das Fehlen moderner Technologien die Überwindung der Unterentwicklung unmöglich. Diese Länder sind in einem Teufelskreis gefangen, der sie immer weiter nach unten drückt.

Jeffrey Sachs, Direktor des Earth Institute an der Columbia Universität in New York und ein bekannter Berater vieler osteuropäischer und Entwicklungsländer, behauptet, dass die Welt in drei Klassen zerfällt: technologische Innovatoren, technologische Anwender und die von Technologie Abgekoppelten (Sachs 2000).

Technologische Innovatoren sind jene Regionen, die praktisch alle Erfindungen der Welt hervorbringen: Sie umfassen nicht mehr als 15 Prozent der Weltbevölkerung. *Technologische Anwender* sind jene Regionen, die in der Lage sind, anderswo entwickelte Technologien zu übernehmen und sie im Rahmen ihrer eigenen Produktion und Konsumtion zu benutzen; etwa die Hälfte der Weltbevölkerung lebt in diesem Teil. Die *von der Technologie Abgekoppelten* sind jene Regionen, die Technologien weder erfinden, noch anwenden können; 35 Prozent der Weltbevölkerung sind davon betroffen. Man beachte, dass Sachs von Regionen und nicht von Ländern spricht. In der heutigen, zunehmend grenzenlosen Welt respektiert die Technologienutzung (oder der Ausschluss davon) staatliche Grenzen nicht immer. Sachs zählt beispielsweise zu den technologisch abgekoppelten Regionen

> das südliche Mexiko und weite Teile des tropischen Mittelamerikas; die Andenstaaten; den Großteil des tropischen Brasiliens; die tropischen Teile Afrikas südlich der Sahara; den Großteil der ehemaligen Sowjetunion, mit Ausnahme der an die europäischen und asiatischen Märkte angrenzenden Gebiete; Binnenregionen Asiens wie die Ganges-Tal-Staaten Indiens; das Hinterland von Laos und Kambodscha; und die Teile Chinas, die am weitesten von der Küste entfernt sind. (Sachs 2000, S. 81)

Innovation erfordert eine kritische Masse an Ideen und Technologien, um selbstverstärkend zu werden. Silicon Valley in der Nähe von San Francisco in den USA ist das Paradebeispiel dafür, wie technologische Innovation dazu tendiert, in Regionen konzentriert zu sein, in denen viele Universitäten und Hightechfirmen angesiedelt sind. Silicon Valley entstand rund um die Stanford Universität und andere Ausbildungs- und Forschungsstätten südlich von San Francisco. Arme Länder sind nicht in der Lage, solche Hightechregionen zu entwickeln. Sachs berechnete, dass von den 51.000 Patenten, die in den USA 1997 von ausländischen Erfindern eingereicht wurden, nur 47 aus den 48 tropischen und subtropischen Ländern stammten, deren Bevölkerung zusammengenommen 750 Millionen Menschen beträgt. Die Regierungen der meisten armen Länder verfügen nicht einmal über wissenschaftliche Ratgeber. Allerdings haben John Meyer und seine Kollegen, die sich seit Jahren mit der weltweiten Ausbreitung von Institutionen beschäftigen, zeigen können, dass auf der einen Seite zwar Institutionen wie Forschungs- und Technologieministerien weltweit nachgeahmt werden, das Wirtschaftswachstum allein dadurch aber nicht beflügelt wird, im Gegenteil (Drori u.a. 2003). Die armen Länder sind zumeist zu arm, um Computer, Mobiltelefonie, Industrieroboter und andere Hochtechnologie zu importieren. Noch viel weniger sind sie in der Lage, sich patentgeschützte Technologien leisten zu können.

Was kann getan werden, um diese technologische Kluft, die die reichen von den armen Ländern trennt, zu überwinden? Sachs fordert von den wohlhabenden Hochtechnologieländern, den armen Ländern weitaus mehr finanzielle und technische Hilfe zu gewähren, als das gegenwärtig der Fall ist. Beispielsweise ließen sich die tödlichsten Seuchen, wie Malaria, Masern und Durchfallerkrankungen, die in den armen Ländern jährlich Opfer in Millionenhöhe fordern, dank moderner Medikamente vollständig beseitigen. Die jährlichen Kosten von schätzungsweise zehn Milliarden US-Dollar könnten durchaus aufgebracht werden, weil auf jeden Bewohner der reichen Länder nicht mehr als 15 US-Dollar entfielen.

Darüber hinaus fordert Sachs von den Regierungen der reichen Länder und von den internationalen Kreditgeberorganisationen, Mittel für wissenschaftliche und technologische Entwicklung zur Verfügung zu stellen. Laut Sachs werde gegenwärtig sehr wenig Geld dafür bereitgestellt, um Forschung und Entwicklung in den armen Ländern zu unterstützen. Die Weltbank, die Hauptquelle, aus der Entwicklungsprojekte in armen Ländern finanziert werden, vergibt jährlich nur 60 Millionen US-Dollar für Forschung und Entwicklung zur Unterstützung tropischer, landwirtschaftlicher und Gesundheitsprojekte. Zum Vergleich: Merck, eines der größten pharmazeutischen Unternehmen, wendet jährlich den 35-fachen Betrag (2,1 Milliarden US-Dollar) allein für seine Forschung und Entwicklung auf. Sogar Universitäten der reichen Länder könnten eine Rolle übernehmen, etwa in Form der Gründung von Forschungs- und Ausbildungseinrichtungen in Übersee, die gemeinsame Forschungsprojekte vorantreiben könnten. Der Wohlstand der Nationen hängt in zunehmendem Maße von Informationstechnologien ab, man denke nur an Computer, das Internet oder an die Biotechnologie. Solange die größten Teile der Welt von diesen Technologien abgekoppelt bleiben, ist es sehr unwahrscheinlich, dass die globale Armut beseitigt werden kann.

Von einer optimistischen Sichtweise ausgehend werden es die ehemaligen Republiken der Sowjetunion und die früheren kommunistischen Länder Osteuropas schließlich in den Klub der reichen Länder schaffen. Wirtschaftswachstum wird sich auch in Lateinamerika, Afrika und dem Rest der Welt verbreiten. Weil der Kapitalismus mobile Arbeitskräfte benötigt, werden die verbliebenen Kastengesellschaften zugunsten von Klassengesellschaften verschwinden. Diese Gesellschaften werden dann, so hoffen die Optimisten, ihrer Bevölkerung wachsende Gelegenheiten bieten und soziale Aufstiegsmobilität einräumen.

Wie sieht die Zukunft der globalen Ungleichheit aus? Im Moment ist es schwierig, ganz optimistisch zu sein. Das globale Wirtschaftswachstum ist durch die Finanzkrise der Jahre 2008f. zum Stillstand gekommen und viele der einst vielversprechenden Nationalökonomien Asiens sind in Schwierigkeiten. Die russische Wirtschaft hat während ihres Übergangs vom Kommunismus zum Kapitalismus allerhand Hürden zu nehmen gehabt, wodurch eine wachsende Zahl der Bevölkerung verarmt ist. Die Zukunft wird es weisen, ob es den Staaten der Welt gelingt, voneinander zu lernen und zusammen bessere Lebensbedingungen für ihre Bevölkerungen zu errichten. Sicher ist allerdings, dass die Welt im letzten Vierteljahrhundert einen wirtschaftlichen Wandel erlebt hat, der in seinem Ausmaß mit früheren Phasen nicht verglichen werden kann. Die Folgen dieser Transformation werden in den folgenden 25 Jahren wohl nur die Leben weniger Bewohner des Planeten unberührt lassen.

Wenn globale Ungleichheit eines der wichtigsten Themen ist, die die Welt heute beschäftigen, dann ist ein anderes das dramatische Wachstum der Weltbevölkerung der letzten Jahrzehnte. Globale Armut und Bevölkerungswachstum hängen eng miteinander zusammen; einige der ärmsten Länder der Welt sind zugleich jene mit der größten Zunahme ihrer Bevölkerung. Wir wenden uns daher nun der Diskussion des Bevölkerungswachstums zu.

Wachstum der Weltbevölkerung

Es wurde geschätzt, dass der sechsmilliardste Bewohner der Welt am 12. Oktober 1999 geboren wurde, wahrscheinlich war es eine Bewohnerin. Die Weltbevölkerung boomt – sie hat sich seit 1960 verdoppelt. Ein amerikanischer Bevölkerungswissenschaftler, Paul Ehrlich, hat berechnet, dass, wenn die Wachstumsrate der 1960er Jahren beibehalten würde, in 900 Jahren (angesichts der bisherigen Menschheitsgeschichte keine sehr lange Periode) 60,000,000,000,000,000 (60 Billiarden) Menschen die Welt bevölkern würden. Auf jeden Quadratmeter der Erde würden 120 Menschen kommen, Wasser und Land gleichermaßen.

Der Physiker John H. Fremlin hat ausgerechnet, dass, um eine derartige Zahl an Menschen mit Wohnraum zu versorgen, ein Gebäude mit

2.000 Stockwerken, das die gesamte Erdoberfläche bedeckt, nötig wäre. Selbst in diesem Riesengebilde hätte jeder Einzelne nicht mehr als 2–3 m² Wohnraum zur Verfügung (Fremlin 1964).

Solche Bilder sind nichts anderes als albtraumartige Fiktionen, die nur dazu dienen sollen klarzumachen, welche Folgen das anhaltende Bevölkerungswachstum haben würde. Tatsächlich stellt sich die Frage, was in den kommenden 30 bis 40 Jahren geschehen wird? Zum Teil, weil Regierungen Warnungen wie jene von Ehrlich ernst genommen haben und Programme zur Beschränkung des Bevölkerungswachstums eingeführt haben, gibt es Grund zur Annahme, dass das weitere Bevölkerungswachstum abgeschwächt wird (s. Abb. 20.8). Schätzungen aus den 1960er Jahren über die wahrscheinliche Bevölkerungszahl im Jahr 2000 haben sich als ungenau herausgestellt. Die Weltbank schätzte, dass die Weltbevölkerung im Jahr 2000 nur knapp mehr als sechs Milliarden betragen werde, verglichen mit früheren Vorhersagen von mehr als acht Milliarden Bewohnern. Nichtsdestotrotz ist angesichts des Umstandes, dass vor einem Jahrhundert die Welt nur von 1,5 Milliarden Menschen bevölkert wurde, diese Wachstumsrate immer noch bedrohlich hoch. Da die Faktoren, die dem Wachstum zugrunde liegen, keineswegs vollständig vorhersagbar sind, sind alle Prognosen mit großer Vorsicht zu genießen.

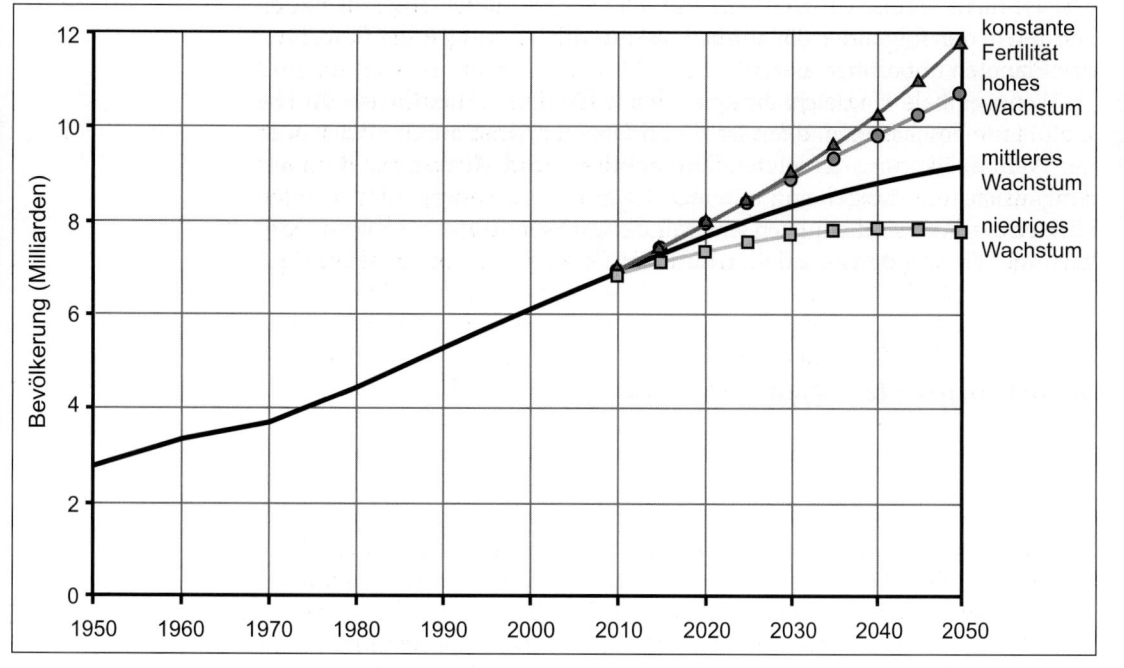

Abb. 20.8: Bevölkerungswachstum und Varianten der Schätzungen des künftigen Zuwachses, 1950 bis 2050
Quelle: United Nations, Department of Economic and Social Affairs/Population Division (2007), S. IX.

Bevölkerungsanalyse: Demografie

Die Erforschung der Bevölkerung ist Gegenstand der Demografie. Dieser Ausdruck wurde von eineinhalb Jahrhunderten eingeführt, zu einer Zeit, als Staaten damit begannen, amtliche Statistiken über die Zusammensetzung und die Verteilung ihrer Bevölkerung zu führen. Die Demografie beschäftigt sich mit der Feststellung der Größe einer Bevölkerung und erklärt Wachstum oder Rückgang derselben. Die Muster der Bevölkerungsentwicklung werden durch drei Faktoren bestimmt: Geburten, Todesfälle und Migration. Die Demografie gilt üblicherweise als Teilgebiet der Soziologie, weil die Faktoren, die das Ausmaß von Geburten oder Todesfällen in einer gegebenen Gruppe oder Gesellschaft und die Wanderung von Menschen beeinflussen, weitgehend sozialer und kultureller Natur sind.

Demografie

Demografische Forschung ist weitgehend statistisch. Alle entwickelten Nationen sammeln und analysieren heute grundlegende Statistiken über ihre Bevölkerung auf der Grundlage von Volkszählungen (systematische Erhebungen, die dazu dienen, über die ganze Bevölkerung eines Staates Daten zu liefern). Trotz der Genauigkeit, mit der das heute gemacht wird, sind Volkszählungen nie ganz genau. Volkszählungen werden in den meisten Staaten im Abstand von zehn Jahren durchgeführt. Und obwohl in den meisten Staaten eine Auskunftspflicht gesetzlich verankert ist, entziehen sich bestimmte Teile der in einem Land lebenden Bevölkerung einer genauen Erfassung: vor allem Obdachlose, illegal im Land Lebende, aber auch Personen, die sich einer obrigkeitsstaatlichen Erfassung ihrer Daten widersetzen. Andere Daten, die bei Volkszählungen auch erfasst werden, sind oft noch verzerrter. Das gilt beispielsweise für den „ordentlichen Wohnsitz", der nicht immer mit dem tatsächlichen übereinstimmen muss, oder für die Zahl der eigenen Kinder, die von Vätern und Müttern nicht immer den Tatsachen entsprechend angegeben werden. In weniger entwickelten Ländern, vor allem jenen mit extrem stark wachsenden Bevölkerungszahlen, sind die Ergebnisse der amtlichen Volkszählung noch viel weniger vertrauenswürdig. In Deutschland wurde die für 1981 vorgesehene Volkszählung erst 1987 durchgeführt. Wegen des Widerstandes, der von verschiedenen Seiten formuliert wurde, sah die Bundesregierung bislang von weiteren Volkszählungen ab und begnügte sich mit Stichprobenerhebungen und Fortschreibungen.

Dynamiken des Bevölkerungswachstums

Die Raten des Bevölkerungswachstums bzw. -rückgangs werden durch Subtraktion der Zahl der Todesfälle innerhalb einer Periode von der Zahl der Geburten in derselben Periode berechnet – üblicherweise auf einer jährlichen Basis. Einige europäische Länder haben negative Wachstumsraten – mit anderen Worten, ihre Bevölkerung schrumpft. Praktisch alle industrialisierten Länder haben Wachstumsraten von weniger als 0,5 Prozent. Die Raten des Bevölkerungswachstums waren in Europa und in den Vereinig-

Grundbegriffe der Demografie

Zu den grundlegenden Begriffen, mit denen Demografen arbeiten, gehören Geburtenrate, Fertilität, Fortpflanzungsfähigkeit und Sterberate. Die **rohe Geburtenrate** (manchmal auch: Geburtsziffer) bezeichnet die Anzahl der lebend geborenen Kinder pro Jahr auf 1.000 Einwohner eines Landes. Sie wird wegen ihres sehr allgemeinen Charakters „roh" genannt. Die rohe Geburtenrate informiert uns beispielsweise nicht über die Geschlechtsproportion einer Bevölkerung und stellt auch den Altersaufbau nicht in Rechnung. Altersspezifische Geburtenraten liefern beispielsweise ein Maß, das die Geburten pro Frau bestimmter Altersgruppen wiedergibt.

Wenn wir bestimmte Muster der Bevölkerungsentwicklung verstehen wollen, benötigen wir für gewöhnlich spezifische Geburtenraten. Die rohe Geburtenrate hilft, sehr allgemeine Vergleiche zwischen verschiedenen Regionen, Ländern oder Gruppen anzustellen. Die rohe Geburtenrate liegt in Österreich beispielsweise bei 8,69 (2007), aber in Frankreich bei 12,91 und in Deutschland bei 8,2. In anderen Teilen der Welt ist sie viel höher, beispielsweise in Indien, wo sie 22,69 oder in Äthiopien, wo sie sogar 37,39 beträgt; am höchsten ist sie in Niger 50,16 (CIA 2008).

Geburtsraten sind ein Ausdruck der Fertilität der Frauen. Die **Gesamtfertilitätsrate** bezieht sich auf die tatsächliche Zahl der Geburten pro Frau (Österreich: 1,37, Deutschland: 1,4). Als **Fortpflanzungsfähigkeit** bezeichnet man hingegen die zwischen Ländern und Kulturen unterschiedlich hohe, potenziell mögliche Zahl der Geburten einer Frau; sie hängt u.a. davon ab, in welchem Alter Frauen die Pubertät bzw. die Menopause erreichen. Obwohl es in manchen Teilen dieser Welt Frauen gibt, die 20 oder mehr Kinder gebären, ist die Fertilitätsrate in der Praxis immer deutlich geringer.

Die **rohe Sterberate** (Mortalitätsrate) wird in ähnlicher Weise wie die rohe Geburtenrate berechnet – die jährliche Zahl der Todesfälle pro 1.000 Einwohner. Auch hier gibt es deutliche Unterschiede zwischen Ländern (Kuwait: 2,39; Österreich: 9,84; Frankreich: 8,55; Deutschland: 10,71; Äthiopien: 14,67; Swaziland: 30,35).

Wie die rohe Geburtenrate liefert auch die rohe Sterberate nur ein sehr allgemeines Bild der Mortalität (die Zahl der Todesfälle in einer Population). Spezifische Sterberaten liefern präzisere Informationen. Beispielsweise die **Kindersterblichkeit**, die angibt, wie viele Kinder vor Erreichen des ersten Geburtstages in einem bestimmten Jahr pro 1.000 lebend Gebo-

rener sterben. Diese Zahl wird meist herangezogen, um Vergleiche über das Niveau der Gesundheitsversorgung in einer Gesellschaft zu liefern. In Angola beträgt dieser Wert 184, während er in den reichen Ländern unter fünf liegt, aber auch hier gibt es deutliche Unterschiede zwischen einzelnen Ländern (Großbritannien: 5,01; Österreich 4,54; Deutschland: 4,08; Japan 2,8).

Abnehmende Raten der Kindersterblichkeit wirken sich deutlich auf die steigende **Lebenserwartung** aus – das ist die Zahl der Jahre, die eine durchschnittliche Person erwarten kann zu leben. In Japan beträgt dieser Wert 82 Jahre, in der Schweiz 80,6, Österreich 79,21, während sie in Angola nur 37,6 und in Swaziland 32,23 beträgt. Die Lebenserwartung liegt für Frauen für gewöhnlich höher als für Männer (die Differenz beträgt in Österreich und in Deutschland ungefähr sechs Jahre, in Angola aber nur zwei Jahre). Von der Lebenserwartung zu unterscheiden ist dann noch die **Lebensspanne**, womit das maximal von einer Person erreichbare Lebensalter bezeichnet wird. Während die Lebenserwartung in den meisten Gesellschaften angestiegen ist und weiter ansteigt, ist die Lebensspanne weitgehend unverändert geblieben. Nur eine sehr kleine Zahl von Menschen wird älter als 100 Jahre.

ten Staaten im 18. und 19. Jahrhundert hoch, aber sie haben seither abgenommen. Viele Entwicklungsländer haben heute Raten zwischen zwei und drei Prozent (s. Abb. 20.8). Das mag sich auf den ersten Blick nicht sehr stark unterscheiden von der Rate in den industrialisierten Ländern, tatsächlich ist der Unterschied aber enorm.

Die Ursache dafür liegt darin, dass das Wachstum der Bevölkerung exponentiell zunimmt. Eine antike persische Sage kann uns helfen, das zu illustrieren. Ein Höfling bat seinen Herrn, ihn für seine Dienste künftig so zu belohnen, dass er ihm für jeden weiteren Dienst doppelt so viel gebe, wie für den Dienst davor. Bescheiden wie er sei, möge der König mit einem Reiskorn beginnen, das er auf das erste Feld des Schachbretts legen möge. Im Glauben, damit ein gutes Geschäft zu machen, willigte der Herrscher ein und befahl eine, Handvoll Reis aus den Vorratshäusern zu holen. Beim 25. Quadrat des Schachs war das Vorratshaus leer; für das 40. Quadrat hätte der König zehn Milliarden Reiskörner herbeischaffen müssen (Meadows 1972). Mit anderen Worten, mit einer Einheit zu beginnen und diese zu verdoppeln, das Ergebnis wieder zu verdoppeln usw. führt sehr rasch zu sehr großen Zahl: 1:2:4:8:16:32:64:128, usw. Nach sieben Operationen hat sich der Ausgangswert um das 128-Fache vermehrt. Genau dieselben Prinzipien liegen dem Bevölkerungswachstum zugrunde. Wir können uns den Effekt vor Augen führen, wenn wir schauen, wie lange eine Bevölkerung benötigt, um sich zu verdoppeln. Eine Bevölkerung, die um ein Prozent zunimmt, braucht 70 Jahre, um sich zu verdoppeln. Bei zweiprozentigem Wachstum verdoppelt sich die Bevölkerung innerhalb von 35 Jahren und bei einem Wachstum von drei Prozent schon innerhalb von 23 Jahren. Paul Ehrlich, den wir zu Beginn dieses Abschnitts zitiert haben, war über das Bevölkerungswachstum genau wegen dieser Verdoppelungszeit außerordentlich besorgt, weil er feststellte, dass der Verdoppelungszeitraum der Weltbevölkerung immer kürzer und kürzer wurde. Die Weltbevölkerung benötigte bis 1850, um die Zahl von einer Milliarde Menschen zu erreichen. Während der folgenden 80 Jahre, bis 1930, verdoppelte sie sich, und Ehrlich prognostizierte, dass bis 1975 die nächste Verdoppelung abgeschlossen sein würde – und behielt recht, die Weltbevölkerung betrug Mitte der 1970er Jahre vier Milliarden.

Malthusianismus

In vormodernen Gesellschaften waren die Geburtenraten sehr hoch, zumindest nach den Standards der industrialisierten Welt von heute. Nichtsdestotrotz blieb das Bevölkerungswachstum bis zum 18. Jahrhundert niedrig, weil es eine ungefähre Balance zwischen Geburten und Todesfällen gab. Der allgemeine Trend der Zahlen wies nach oben, und es gab Phasen deutlicherer Bevölkerungszunahmen, aber diese wurden üblicherweise von Perioden gestiegener Todesraten abgelöst. Im mittelalterlichen Europa wurden beispielsweise in Zeiten schlechter Ernten die Ehen aufgeschoben und die Zahl der Schwangerschaften ging zurück, während die Zahl der Todesfälle wegen der schlechten Ernährungslage stieg. Diese einander ergänzenden Trends verringerten die Zahl der zu ernährenden Münder. Keine vorindustrielle Gesellschaft war in der Lage, diesem selbstregulierenden Rhythmus auszukommen (Wrigley 1969).

Während der Periode des Aufstiegs des Industrialismus erwarteten viele das Anbrechen einer neuen Ära, in der Mangel nur noch als Erinnerung an die Vergangenheit bekannt sei. Die Entwicklung der modernen Industrie würde, so wurde weitverbreitet angenommen, zu einer Epoche des Überflusses führen. In seinem vielbeachteten Buch *Essay on the Principle of Population* ([1798] dt. Das Bevölkerungsgesetz, 1977) kritisierte Thomas Malthus diese Ideen und löste eine Debatte über den Zusammenhang von Bevölkerung und Nahrungsressourcen aus, die bis heute anhält. In der Zeit,

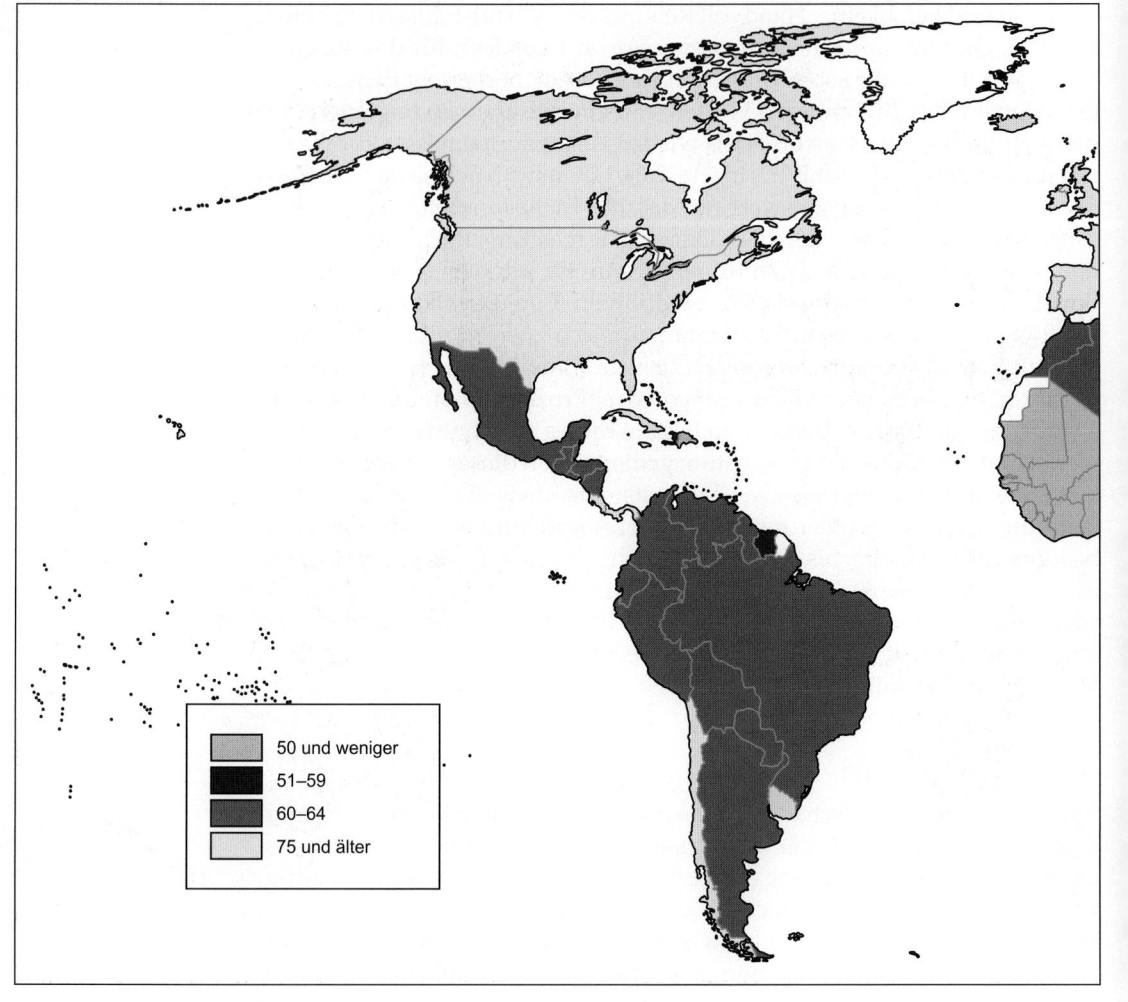

Abb. 20.9: Lebenserwartung in globaler Perspektive, 2002
Quelle: Wold Bank (2003b).

als Malthus sein Buch schrieb, wuchs die europäische Bevölkerung sichtbar schnell. Malthus behauptete nun, dass während die Bevölkerung exponentiell wachse, die Nahrungsmittelproduktion wegen der beschränkten Ressourcen nur schwach durch Kultivierung neuer Böden wachsen könne. Das Bevölkerungswachstum tendiere daher dazu, die Ernährungsgrundlagen zu erschöpfen. Das unvermeidliche Resultat sind Hungerkatastrophen, die, gemeinsam mit den Folgen von Kriegen und Epidemien, als natürliche Schranke des Bevölkerungswachstums wirken. Malthus prognostizierte, dass die Menschen immer in Not und Elend zu leben haben werden, außer sie würden sich zu dem durchringen, was er „moralische Zurückhaltung" nannte. Abhilfe gegen maßloses Bevölkerungswachstum sei die strikte Beschränkung des Geschlechtsverkehrs aller Menschen.

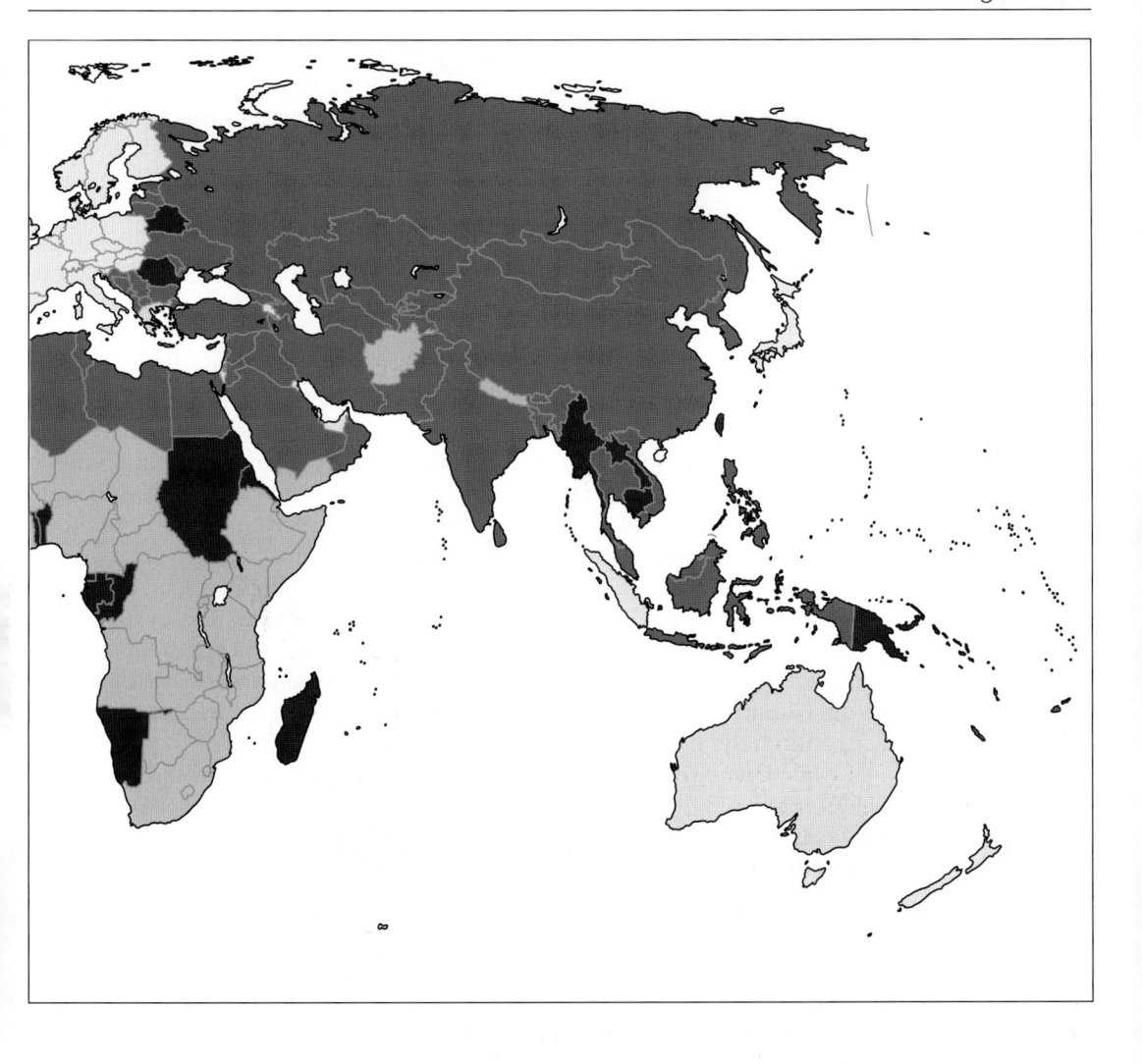

Malthusianismus

Eine Zeit lang wurde der Malthusianismus ignoriert, da die Bevölkerungsentwicklung der westlichen Gesellschaften Mustern folgte, die von Malthus' Vorhersagen deutlich abwichen, wie wir gleich sehen werden. Die Wachstumsraten des Bevölkerungswachstums verlangsamten sich im 19. und 20. Jahrhundert so deutlich, dass in den 1930er Jahren in verschiedenen westlichen Ländern Befürchtungen über den Bevölkerungsrückgang laut wurden. Die Explosion der Weltbevölkerung im Verlauf des 20. Jahrhunderts hat Malthus' Sichtweise wieder zu einigem Ansehen verholfen, obwohl nur wenige seine ursprüngliche Version unterstützen. Die Ressourcen, die Entwicklungsländern für die Ernährung ihrer Bürger zur Verfügung stehen, scheinen mit dem Bevölkerungswachstum dieser Länder tatsächlich nicht Schritt halten zu können.

Der demografische Übergang

demografischer Übergang

Demografen bezeichnen den Wandel des Verhältnisses zwischen der Zahl der Geburten und jener der Todesfälle, der in den industrialisierten Ländern seit dem 19. Jahrhundert Platz griff, als demografischen Übergang. Dieser Begriff wurde von Warren S. Thompson geprägt, der einen dreiphasigen Prozess identifizierte, in welchem ein Typus von Bevölkerungsgleichgewicht letztlich von einem anderen abgelöst wird, sobald Gesellschaften ein bestimmtes Niveau wirtschaftlicher Entwicklung erreicht haben (Thompson 1929).

Im *ersten Stadium*, das charakteristisch für die Lebensbedingungen nahezu aller vormodernen Gesellschaften ist, sind sowohl die Geburts- als auch die Sterberaten hoch, wobei die Kindersterblichkeit besonders hoch ist. Die Bevölkerungszahl steigt, falls überhaupt, nur schwach, die hohe Geburtenzahl wird durch eine gleich hohe Sterberate in Balance gehalten. Zum *zweiten Stadium*, das in Europa und Nordamerika – mit starken regionalen Variationen – im frühen 19. Jahrhundert einsetzte, kommt es, wenn die Todesraten aufgrund der Verbesserung der medizinischen Kenntnisse und hygienischen Verhältnisse zurückgehen, während die Fertilität unverändert hoch bleibt. Daher kommt es in diesem Stadium zu einem deutlichen Bevölkerungswachstum. Im darauffolgenden *dritten Stadium* gehen die Geburtenraten als Nebenfolge der industriellen Entwicklung zurück, wodurch die Bevölkerungszahl wieder stabil wird.

Die Demografen sind sich nicht völlig einig darüber, wie dieser Wandel interpretiert werden soll und ob das dritte Stadium von Dauer sein wird. Die Fertilität war während des vergangenen Jahrhunderts in den westlichen Ländern nicht immer völlig stabil, und es bestehen deutliche Unterschiede in der Fertilität sowohl zwischen industrialisierten Nationen als auch zwischen den sozialen Klassen oder Regionen in ihnen. Dennoch wird im Allgemeinen akzeptiert, dass die drei Stadien eine zutreffende Beschreibung der wichtigsten Veränderungen im demografischen Charakter moderner Gesellschaften bieten.

Die Theorie des demografischen Übergangs steht im direkten Gegensatz zu den Ideen von Thomas Malthus. Während für Malthus steigender materieller Wohlstand automatisch zu einem Wachstum der Bevölkerung führt, hebt die These vom demografischen Übergang hervor, dass die durch den Industrialismus ausgelöste wirtschaftliche Entwicklung zu einem neuen Gleichgewicht der Zahl der Bevölkerung führt.

Aussichten auf Änderungen

Die Fertilität bleibt in den Entwicklungsländern hoch, weil traditionelle Vorstellungen über Familiengröße unverändert aufrechterhalten werden. Viele Kinder zu haben gilt oft als wünschenswert, auch weil sie als Arbeitskräfte in agrarischen und handwerklichen Familienbetrieben nützlich sind. Manche Religionen sind entweder gegen Geburtenkontrolle oder unterstützen die traditionelle Vorstellung, viele Kinder zu haben, sei wünschenswert. Verhütung wird von islamischen Führern verschiedener Ländern ebenso abgelehnt wie von der katholischen Kirche, deren Einfluss in dieser Hinsicht vor allem in Mittel- und Südamerika groß ist. Die Motivation zugunsten verringerter Fertilität wurde nicht immer von staatlicher Seite unterstützt. Unter Nicolae Ceauşescu verfolgte Rumänien eine massive Politik der Steigerung der Geburten, verbot Verhütungsmittel und zwang Frauen im gebärfähigen Alter zu regelmäßigen gynäkologischen Untersuchungen, um Abtreibungen zu verhindern; den lokalen Parteisekretären wurden Geburtenzahlen als Plansoll vorgeschrieben (Judt 2006). 1974 verbot die argentinische Regierung Verhütungsmittel, weil sie der Auffassung war, dass eine Verdoppelung der Bevölkerungszahl die wirtschaftliche und militärische Stärke Argentiniens erhöhen würde.

Aber es gab auch in einigen der bevölkerungsreichen Entwicklungsländer abnehmende Fertilitätsraten zu verzeichnen. Das bekannteste Beispiel ist China, das mit seinen 1,3 Milliarden Einwohnern nahezu ein Viertel der Weltbevölkerung stellt, und dessen Regierung seit Jahrzehnten eine der radikalsten Bevölkerungspolitiken verfolgt. Die Ein-Kind-Familie wurde gesetzlich vorgeschrieben; zu ihren Gunsten gab es einige Vergünstigungen im Gesundheits- und Erziehungswesen, sowie bei der Wohnungsversorgung. Vor allem aber gab es Strafen für jene, die sich nicht an die Vorgaben hielten: Lohnkürzungen für Familien mit mehr als zwei Kindern beispielsweise. Die Politik der chinesischen Regierung hatte in absehbarer Zeit schreckliche Nebenfolgen. In einer Gesellschaft, in der es traditionell eine Bevorzugung männlicher Nachkommen gibt, die im Alter für die Eltern sorgen werden, während Mädchen, wenn sie einmal verheiratet sind, zu jemandem anderen „gehören", führte die Ein-Kind-Politik massenweise zur Tötung weiblicher Neugeborener. Dennoch muss man festhalten, dass die chinesische Regierung mit ihrer Bevölkerungspolitik zumindest eine Verlangsamung des Bevölkerungswachstums Chinas erzielen konnte.

Die chinesische Bevölkerungspolitik hat einen Grad an staatlicher Kontrolle durch die Zentralregierung und Verwaltung zur Voraussetzung, der in anderen Entwicklungsländern entweder nicht akzeptabel oder unmöglich wäre. In Indien wurden beispielsweise viele Maßnahmen zur Familienplanung und Verwendung von Verhütungsmitteln versucht, aber mit geringem Erfolg. 1988 hatte Indien eine Bevölkerung von 789 Millionen Menschen, 2000 war es bereits eine Milliarde und selbst wenn das Wachstum schwächer werden sollte, wird Indien im Jahr 2050 der bevölkerungsreichste Staat der Welt sein, mit prognostizierten 1,5 Milliarden Einwohnern.

Es wurde behauptet, dass die demografischen Veränderungen der kommenden 100 Jahre größer sein werden als alles, was die bisherige Menschheitsgeschichte erlebt hat. Zwar ist es schwierig, irgendwelche genauen Vorhersagen zu machen, jedoch hat die UNO einige Szenarien ausgearbeitet. Dasjenige mit hohem Wachstum würde im Jahr 2150 zu einer Weltbevölkerung von 25 Milliarden führen. Das mittlere Szenario, das die UNO für das Wahrscheinlichste hält, nimmt an, dass die Fertilitätsniveaus bei rund zwei Kindern pro Frau stabilisiert werden können, aber dennoch bis 2150 zu einer Weltbevölkerung von 11,8 Milliarden führen würde.

Diese Entwicklung der Bevölkerungszahlen würde durch zwei sehr verschiedene Trends gekennzeichnet sein. Die meisten Entwicklungsländer würden den oben beschriebenen demografischen Übergang durchlaufen. Dieser wäre wegen der rückläufigen Sterblichkeit von einem massiven Wachstum der Bevölkerung begleitet. Indien und China werden höchstwahrscheinlich eine Einwohnerzahl von jeweils 1,5 Milliarden erreichen. Andere Regionen in Asien, Afrika und Südamerika würden ähnliche Wachstumsphasen durchlaufen, ehe sich auch dort die Bevölkerungszahl einpendelt.

Der andere Trend betrifft die heute schon entwickelten Länder, die den demografischen Übergang schon hinter sich haben. Sie werden wenn überhaupt nur noch sehr schwach wachsen. Diese Gesellschaften werden altern, die Zahl der Jungen wird in absoluten Zahlen zurückgehen und der Anteil Älterer wird bis ca. 2050 markant zunehmen. Die wirtschaftlichen und sozialen Folgen für die entwickelten Länder sind absehbar: Die Zahl der wirtschaftlich nicht aktiven, sozialstaatlich zu versorgenden Einwohner wird steigen, und in dem Maße, in dem die Bevölkerung altert, werden auch die Älteren über einen zunehmenden politischen Einfluss verfügen und nach Politiken rufen, die ihnen zugutekommen. Die aktuellen Debatten über Pensionssicherungssysteme und die Anhebung des Rentenalters liefern eine Ahnung des Kommenden.

Das Altern der Bevölkerung wird auch in Kapitel 4 – Sozialisation, Lebenslauf und Altern diskutiert.

Was werden die Folgen dieser demografischen Veränderungen sein? Einige Beobachter erwarten zunehmende soziale Konflikte während des demografischen Übergangs, vor allem in den Entwicklungsländern. Veränderungen der Wirtschaft und des Arbeitsmarktes werden zu einer zunehmenden Binnenwanderung von den ländlichen Regionen in die wachsenden Städte führen. Das rasche Wachstum dieser Städte wird Umweltschäden, neue Gesundheitsrisiken, überforderte Infrastrukturen, steigende Kriminalität und heruntergekommene Stadtviertel mit sich bringen.

Hungersnöte und Nahrungsmittelengpässe sind eine weitere absehbare Folge. Wie wir weiter oben gesehen haben, leiden heute rund 830 Millionen Menschen an Unterernährung und Hunger. In dem Maße, in dem die Bevölkerung in den Entwicklungsländern zunimmt, müsste die Nahrungsmittelproduktion steigen. Es ist jedoch schwierig zu sehen, wie das klappen soll. Viele der ärmsten Regionen der Welt leiden unter Wasserarmut, Austrocknung und Bodenerosion – allesamt Vorgänge, die eher zu einem Rückgang der agrarischen Produktivität als zu ihrem Wachstum beitragen. Es ist nahezu sicher, dass die Nahrungsmittelproduktion mit dem Bevölkerungswachstum nicht Schritt halten wird können. Große Mengen an Nahrungsmitteln werden aus Regionen importiert werden müssen, in denen es einen Überschuss gibt. Nach Meinung der Food and Agriculture Organisation (FAO) werden die entwickelten Länder im Jahr 2010 pro Kopf 807 kg Getreide produzieren, während die Entwicklungsländer es nur auf einen Wert von 253 kg bringen werden.

Technologische Verbesserungen in Landwirtschaft und Industrie sind nicht mit Sicherheit vorhersehbar, weshalb niemand sicher sein kann, wie groß die Zahl der Weltbevölkerung sein wird, die ernährt werden kann. Sogar auf dem heutigen Niveau der Bevölkerungszahl reichen die globalen Ressourcen möglicherweise schon nicht mehr aus, um die Bevölkerung der weniger entwickelten Ländern in einem Maße zu versorgen, das annähernd jenem der entwickelten Länder entspricht.

Zusammenfassung

1. Die Länder der Welt können anhand ihres Pro-Kopf-Bruttoinlandsprodukts (BIP) klassifiziert werden. Gegenwärtig leben 40 Prozent der Weltbevölkerung in Ländern mit niedrigem Pro-Kopf-Einkommen, verglichen mit 16 Prozent, die in Ländern mit hohem Pro-Kopf-BIP leben.

2. Schätzungsweise 1,3 Milliarden Menschen, oder nahezu jeder Vierte, leben heute in Armut, wobei die Zahl seit 1980 ansteigt. Viele sind Opfer von Diskriminierung wegen ihrer ethnischen Zugehörigkeit, Hautfarbe oder Stammeszugehörigkeit.

3. Allgemein gilt, dass die Bewohner der reichen Länder einen weitaus höheren Lebensstandard genießen als die Einwohner der armen Länder. Ihnen stehen mehr Nahrungsmittel zur Verfügung, die Wahrscheinlichkeit, an Unterernährung zu leiden, ist geringer, und sie haben eine höhere Lebenserwartung. Bewohner reicher Länder können viel wahrscheinlicher lesen und schreiben, sind besser gebildet und haben Arbeitsplätze, die eine höhere Qualifikation voraussetzen und bessere Einkommen versprechen. Außerdem leben sie vermutlich nicht in Familien mit zahlreichen Mitgliedern, und ihre Kinder sterben viel seltener im Kleinkindalter, an Unterernährung oder an Kinderkrankheiten.

4. Marktorientierte Theorien der globalen Ungleichheit, wie die Modernisierungstheorie, behaupten, dass kulturelle und institutionelle Hindernisse die Zunahme der Armut in Ländern mit niedrigem BIP erklären können. Gemäß dieser Auffassung kann Armut nur beseitigt werden, wenn fatalistische Einstellungen abgelegt werden, wenn Regierungen aufhören, sich in wirtschaftliche Belange einzumischen und hohe Sparquoten und Investitionen sichergestellt sind.

5. Dependenztheorien behaupten, dass die globale Ungleichheit das Ergebnis der Ausbeutung der armen Länder durch reiche ist. Die Weltsystemtheorie argumentiert, dass das kapitalistische Weltsystem als Ganzes – nicht nur einzelne Länder – in Betracht gezogen werden muss, wenn wir globale Ungleichheit verstehen wollen. Die Weltsystemtheorie betrachtet vornehmlich die Beziehungen zwischen den Ländern des Zentrums, der Peripherie und der Semi-Peripherie und die langfristigen Veränderungen der Weltwirtschaft.

6. Staatszentrierte Theorien betonen die Rolle der Regierungen bei der Förderung wirtschaftlichen Wachstums. Diese Theorien beziehen sich exemplarisch auf die Erfahrungen der rasch wachsenden ostasiatischen Schwellenländer.

7. Niemand kann mit Sicherheit sagen, ob die globale Ungleichheit in Zukunft zu- oder abnehmen wird. Es ist möglich, dass es weltweit zu einer Angleichung der Lohnniveaus kommen wird, was dann der Fall ist, wenn die Löhne in den entwickelten Ländern schrumpfen und in den armen Ländern steigen. Es ist aber ebenso möglich, dass als Folge einer einheitlichen globalen Wirtschaft alle Staaten eines Tages prosperieren werden.

8. Das Bevölkerungswachstum ist eines der bedeutendsten Probleme der heutigen Menschheit. Der Malthusianismus, der auf die Ideen von Thomas Malthus zurückgeht, die dieser vor 200 Jahren entwickelte, ist die Idee, dass das Bevölkerungswachstum rascher zunehme als die Ressourcen, die zur Verfügung stehen, um diese Bevölkerung zu ernähren. Malthus meinte, dass eine Einschränkung der Häufigkeit des Geschlechtsverkehrs diese Entwicklung verhindern könne; exzessives Bevölkerungswachstum führe hingegen zu einer Zukunft des Elends und Leidens.

9. Die Erforschung des Bevölkerungswachstums wird Demografie genannt. Der Großteil der demografischen Arbeit besteht in der Analyse von amtlichen Statistiken und deren Fortschreibung. Demografen bemühen sich aber auch um eine Erklärung, warum bestimmte Bevölkerungsmuster entstehen. Die wichtigsten begrifflichen Instrumente der Demografie sind Geburtenraten, Sterblichkeitsraten, Fertilität und Fruchtbarkeit.

10. Veränderungen der Bevölkerungsmuster werden üblicherweise in Begriffen des Prozesses des demografischen Übergangs analysiert. Vor der Industrialisierung waren sowohl Geburten- als auch Sterberaten hoch. Während der beginnenden Industrialisierung kam es zu steigenden Bevölkerungszahlen, weil die Sterberate rückläufig war, während die Geburtsrate anstieg bzw. länger benötigte, ehe sie zurückging. Schließlich wird ein neues Gleichgewicht erreicht, weil niedrige Geburts- und Sterberaten einander die Waage halten.

11. Es wird prognostiziert, dass die Weltbevölkerung bis zum Jahr 2150 auf über zehn Milliarden ansteigen wird. Der Großteil dieses Wachstums wird in den Entwicklungsländern stattfinden, die den demografischen Übergang erst noch vor sich haben und daher eine Zunahme ihrer Bevölkerung erleben werden, ehe sich auch dort die Zahl der Bevölkerung stabilisiert. In den entwickelten Teilen der Welt wird die Bevölkerung in den nächsten Jahrzehnten nur wenig zunehmen. Stattdessen wird es dort zu einer Alterung der Bevölkerung kommen und die Zahl der jungen Menschen wird absolut zurückgehen. Diese Bevölkerungstrends haben weitreichende Konsequenzen für die Arbeitsmärkte, die sozialstaatlichen Systeme, Nahrungs- und Wasserversorgung, die Umwelt und die Lebensbedingungen in den Städten.

Glossar

Dependenztheorien. Vom Marxismus geprägte Theorien wirtschaftlicher Entwicklung, die betonen, dass die Armut der wenig entwickelten Länder eine Folge ihrer Ausbeutung durch die reichen Länder ist.

Demografie. Die Wissenschaft der menschlichen Bevölkerung. Sie untersucht vor allem die Größe, die Zusammensetzung nach Altersgruppen und Geschlecht und die Veränderungen aufgrund von Geburt und Tod.

Demografischer Übergang. In vormodernen Gesellschaften sind sowohl die Geburts- als auch die Sterberaten hoch, die Bevölkerungszahl ist ziemlich stabil. Die Verbesserung der medizinischen Kenntnisse und der hygienischen Verhältnisse hat im Übergangsstadium eine Abnahme der Sterblichkeit zur Folge, während die Fertilität unverändert hoch bleibt: Die Bevölkerung wächst stark. Im dritten Stadium gehen die Geburtenraten als Nebenfolge der industriellen Entwicklung zurück, wodurch die Bevölkerungszahl wieder stabil wird.

Fortpflanzungsfähigkeit. Die Maßzahl der zwischen Ländern und Kulturen unterschiedlich hohen, potenziell mögliche Zahl der Geburten einer Frau; sie hängt u.a. davon ab, in welchem Alter Frauen die Pubertät bzw. die Menopause erreichen.

Gini-Koeffizient. Der nach dem italienischen Statistiker Corrado Gini benannte Koeffizient (oder auch: Index) ist ein statistisches Maß für die Ungleichverteilung von Einkommen (oder auch Vermögen). Er kann Werte zwischen 0 und 1 annehmen, wobei 0 bedeutet, dass alle Individuen dasselbe Einkommen haben und 1 bedeuten würde, dass eine Person alles Einkommen und alle anderen keine Einkommen aufweisen. Daher liegen die empirischen Werte des Gini-Koeffizient für Einkommensungleichheit zwischen 0,25 (Dänemark) und 0,71 (Namibia).

Gesamtfertilitätsrate. Die durchschnittliche tatsächliche Zahl der Lebendgeburten pro Frau eines bestimmten Landes.

Kindersterblichkeit. Maßzahl, wie viele Kinder vor Erreichen des ersten Geburtstages in einem bestimmten Jahr pro 1.000 lebend Geborener sterben.

Kolonialismus. Der Prozess, durch den sich westliche Nationen zu den Herrschern von Teilen der Welt aufschwangen, die von ihren angestammten Territorien weit entfernt waren.

Lebenserwartung. Die Zahl der Jahre, die eine durchschnittliche Person erwarten kann zu leben.

Lebensspanne. Das aus biologischen Gründen maximal von einer Person erreichbare Lebensalter.

Malthusianismus. Die zuerst von Thomas Malthus formulierte Vorstellung, dass die Bevölkerung rascher als die zur Verfügung stehenden Nahrungsmittel wächst.

Marktorientierte Theorien. Theorien über das wirtschaftliche Wachstum, die annehmen, dass die günstigsten wirtschaftlichen Bedingungen erreicht werden, wenn Individuen frei sind, ihre eigenen wirtschaftlichen Entscheidungen ohne staatliche Beschränkungen zu treffen.

Neoliberalismus. Die Überzeugung, dass die besten wirtschaftlichen Ergebnisse erreicht werden können, wenn sich der freie Markt ohne jede staatliche Beschränkungen entfaltet.

Rohe Geburtenrate. Statistische Maßzahl der lebend geborenen Kinder pro Jahr auf 1.000 Einwohner eines Landes.

Rohe Sterberate. Statistische Maßzahl der Todesfälle pro Jahr pro 1.000 Einwohner eines Landes.

Schwellenländer. Bezeichnung für jene Länder, die in den letzten zwei oder drei Jahrzehnten begonnen haben, eine starke industrielle Basis zu entwickeln, wie z.B. Brasilien oder Singapur.

Staatszentrierte Theorie. Theorie der wirtschaftlichen Entwicklung, die betont, dass angemessene staatliche Maßnahmen die wirtschaftliche Entwicklung nicht behindern, sondern fördern können.

Weltsystemtheorie. Von Immanuel Wallerstein entwickelte Theorie, die betont, dass das weltweite kapitalistische Wirtschaftssystem nicht nur eine Ansammlung unabhängiger Staaten ist, die miteinander in diplomatischen und Handelsbeziehungen stehen, sondern als eine einzige Einheit verstanden werden sollte, die auf der Ausweitung der kapitalistischen Weltwirtschaft beruht.

Zentrum-Peripherie. In Dependenztheorien und der Weltsystemtheorie benutzte Kennzeichnung der verschiedenen wirtschaftlichen Zonen: Das „Zentrum" wird von den höchst entwickelten kapitalistischen Ländern gebildet. Die „Peripherie" besteht aus agrarischen Ländern mit niedrigem Einkommen, die von den Zentrum-Ländern ausgebeutet werden. Die „Semi-Peripherie" steht zum Teil unter der Kontrolle des Zentrums, ist aber in der Lage, die Peripherie auszubeuten.

Weiterführende Literatur

Menzel, Peter & Faith D'Aluisio (2005), *So isst der Mensch. Familien in aller Welt zeigen, was sie ernährt. Ein globales Projekt*, Hamburg: GEO.

Münch, Richard (1998), *Globale Dynamik, lokale Lebenswelten. Der schwierige Weg in die Weltgesellschaft*, Frankfurt: Suhrkamp.

Sen, Amartya K. (2002), *Ökonomie für den Menschen. Wege zu Gerechtigkeit und Solidarität in der Marktwirtschaft*, München: Deutscher Taschenbuch Verlag.

Stiglitz, Joseph E. (2004), *Die Schatten der Globalisierung*, München: Goldmann.

Filme zum Thema

„Darwins Alptraum" (Frankreich, Österreich, Belgien 2004), Regie: Hubert Sauper

„We feed the world" (Österreich 2005), Regie: Erwin Wagenhofer

„Babel" (USA 2006), Regie: Alejandro González Iñárritu

Internet-Tipps

Gapminder (bietet Möglichkeit, Daten selbst zu analysieren)
http://mdgs.un.org/unsd/mdg/Trendalyzer/index.html

Oxfam International
www.oxfam.org/en/

Über die UN-Milleniums-Ziele informieren
www.un.org/millenniumgoals/
www.mdgmonitor.org/

Über Hunger informiert
www.bread.org/learn/hunger-basics/

Das UN Institute for Development Economics Research
www.wider.unu.edu/

Literaturverzeichnis

Abeles, Ronald P. & Matilda W. Riley (1987), „Longevity, social structure, and cognitive aging", in: *Cognitive functioning and social structure over the life course*, ed. C. Schooler, K. W. Schaie & P. D. Lipman, Norwood: Ablex, 161–175.

Ahmed, Akbar S. & Hastings Donnan (1994), „Islam in the age of postmodernity", in: *Islam, globalization, and postmodernity*, ed. A. S. Ahmed & H. Donnan, London: Routledge, 1–20.

Aiginger, Karl & Alois Guger (2006), „The European socioeconomic model", in: *Global Europe, social Europe*, ed. A. Giddens, P. Diamond & R. Liddle, Cambridge: Polity Press, 124–150.

Akintoye, Stephen A. (1976), *Emergent African states: Topics in twentieth century African history*, London: Longman.

Albrow, Martin (2007), *Das globale Zeitalter*, Frankfurt: Suhrkamp, The Global Age: State and society beyond modernity <dt.>.

Aldrich, Howard E. & Peter V. Marsden (1988), „Environments and organizations", in: *Handbook of sociology*, ed. N. J. Smelser, Newbury Park: Sage, 361–392.

Alexander, Ziggi (1999), *The Department of Health study of Black, Asian and ethnic minority issues*, London: Department of Health.

Allen, Michael P. (1981), „Managerial power and tenure in the large corporation", in: *Social Forces* 60 (2): 482–494.

Allmendinger, Jutta & Thomas Hinz, Hg. (2002), *Organisationssoziologie*, Kölner Zeitschrift für Soziologie und Sozialpsychologie, Sonderheft 42, Opladen: Westdeutscher Verlag.

Alteneder, Wolfgang, Petra Gregoritsch, Karin Städtner & Michael Wagner-Pinter (2006), *Lehrlingsausbildung: Angebot und Nachfrage. Entwicklung und Prognosen 2005 bis 2010*, Wien: Arbeitsmarktservice Österreich.

Aly, Götz (1985), *Aussonderung und Tod. Die klinische Hinrichtung der Unbrauchbaren*, Berlin: Rotbuch.

— (1989), *Aktion T 4 1939–1945. Die „Euthanasie"-Zentrale in der Tiergartenstraße 4*, Berlin: Hentrich.

Amann, Anton (2004), *Die großen Alterslügen, Generationenkrieg, Pflegechaos, Fortschrittsbremse?* Wien: Böhlau.

Amsden, Alice H. (1989), *Asia's next giant: South Korea and late industrialization*, New York: Oxford University Press.

Amsden, Alice H. & Jacek Kochanowicz (1994), *The market meets its match: Restructuring the economies of Eastern Europe*, Cambridge, Mass.: Harvard University Press.

Anderson, Craig A. & Brad J. Bushman (2002), „The effects of media violence on society", in: *Science* 295 (5564): 2377f.

Anderson, Elijah (1990), *Streetwise: Race, class, and change in an urban community*, Chicago: University of Chicago Press.

Anderson, Sarah & John Cavanagh (2000), „Top 200: The rise of corporate global power," <http://s3.amazonaws.com/corpwatch.org/downloads/top200.pdf>.

Andison, F. Scott (1977), „TV violence and viewer aggression: A cumulation of study results 1956–1976", in: *The Public Opinion Quarterly* 41 (3): 314–331.

Anheier, Helmut K., Marlies Glasius, & Mary Kaldor (2002), *Global civil society 2002*, Oxford: Oxford University Press.

Ansell, Ben W. (2006), „From the ballot to the blackboard: The redistributive political economy of education", Ph.D. dissertation, Department of Government, Harvard University, Cambridge, Massachusetts.

Antonovsky, Aaron & Alexa Franke (1997), *Salutogenese. Zur Entmystifizierung der Gesundheit*, Tübingen: DGVT-Vlg.

Appadurai, Arjun (1986), *The social life of things: Commodities in cultural perspective*, Cambridge: Cambridge University Press.

Appelbaum, Richard P. & Brad Christerson (1997), „Cheap labor strategies and export-oriented industrialization: Some lessons from the Los Angeles/East Asia apparel connection", in: *International Journal of Urban and Regional Research* 21 (2): 202–217.

Apter, Terri E. (1995), *Working women don't have wives: Professional success in the 1990s*, New York: St. Martin's Press.

Arenson, Karen (2008), „Big spender", in: *New York Times*, 20. April, <http://www.nytimes.com/2008/04/20/education/edlife/princeton. html?scp=229&sq=april%2020,%202008&st=cse>.

Ariès, Philippe (1992), *Geschichte der Kindheit*, München: Deutscher Taschenbuch Verlag, L'enfant et la vie familiale sous l'Ancien Régime <dt.>.

Arrighi, Giovanni (1994), *The long twentieth century: Money, power, and the origins of our times*, London: Verso.

Arts, Wil & John Gelissen (2002), „Three worlds of welfare capitalism or more? A state-of-the-art report", in: *Journal of European Social Policy* 12 (2): 137–158.

Askwith, Richard (2003), „Contender: Fauja Singh, marathon runner, 92", in: *Observer*, 3. April, <http://www.guardian.co.uk/sport/2003/apr/06/athletics. features1>.

Atchley, Robert C. (2000), *Social forces and aging*: An introduction to social gerontology, 9th ed., Belmont: Wadsworth.

Auer, Ingeborg, Reinhard Böhm & Wolfgang Schöner (2001), „*Austrian long-term climate 1767–2000 – Multiple instrumental climate time series from Central Europe*", Wien: Zentralanstalt für Meteorologie und Geodynamik.

Back, Les (1996), *New ethnicities and urban culture*: Racisms and multiculture in young lives, London: UCL Press.

Bahrami, Homa & Stuart Evans (1995), „Flexible recycling and high-technology entrepreneurship", in: *California Management Review* 37 (3): 62–89.

Bail, Ulrike (2006), *Bibel in gerechter Sprache*, Gütersloh: Gütersloher Verlagshaus.

Bailey, J. Michael & Richard C. Pillard (1991), „A genetic-study of male sexual orientation", in: *Archives of General Psychiatry* 48 (12): 1089–1096.

Bailey, J. Michael, Richard C. Pillard, M. C. Neale & Y. Agyei (1993), „Heritable factors influence sexual orientation in women", in: *Archives of General Psychiatry* 50 (3): 217–223.

Baker, Dean & Mark Weisbrot (1999), *Social security*: The phony crisis, Chicago: University of Chicago Press.

Bales, Kevin (2001), *Die neue Sklaverei*, München: Kunstmann, Disposable people <dt.>.

Ballintyne, Scott (1999), *Unsafe Streets*: Street homelessness and crime, London: Institute for Public Policy Research.

Balmer, Randall H. (2006), *Mine eyes have seen the glory*: A journey into the evangelical subculture in America, 4th ed., Oxford: Oxford University Press.

Baltes, Paul B. & K. Warner Schaie (1974), „Das Märchen vom Intelligenz-Abbau bei älteren Menschen", in: *Psychologie Heute* 1: 61–65.

Bamforth, Anne (1999), „The restive season", in: *The Guardian*, 15. Dezember, <http://www.guardian.co.uk/society/1999/dec/15/guardiansocietysupplement1>.

Banerjee, Neela (2008), „Poll finds a fluid religious life in U.S.", in: *The New York Times*, 26. Februar, <http://www.nytimes.com/2008/02/26/us/26religion.html?scp=1&sq=religion%20%20February%2026,%202008&st=cse>.

Barash, David P. (1981), *Das Flüstern in uns. Menschliches Verhalten im Lichte der Soziologie*, Frankfurt: Fischer, The whisperings within <dt.>.

Barclay, Gordon & Cynthia Tavares (2003), „International comparisons of criminal justice statistics 2001", <http://www.homeoffice.gov.uk/rds/pdfs2/hosb1203.pdf>.

Barker, Martin (1981), *The new racism: Conservatives and the ideology of the tribe*, London: Junction Books.

Barker, Rodney (1997), *Political ideas in modern Britain in and after the twentieth century*, London: Routledge.

Barnes, Colin (2000), *Disabled people in Britain and discrimination*: A case for anti-discrimination legislation, London: Hurst in association with the British Council of Organizations of Disabled People.

— (2003), „Disability studies: What's the point?", Notes for a verbal presentation at the ‚Disability studies: Theory, policy and practice' conference, University of Lancaster, 4. September, <http://www.leeds.ac.uk/disability-studies/archiveuk/Barnes/What%27s%20the%20point.pdf>.

Barnet, Richard J. & John Cavanagh (1994), *Global dreams: Imperial corporations and the new world order*, New York: Simon & Schuster.

Barrett, David B., George Thomas Kurian & Todd M. Johnson (2001), *World Christian encyclopedia*: A comparative survey of churches and religions in the modern world, Oxford: Oxford University Press.

Barth, Fredrik (1969), *Ethnic groups and boundaries: The social organization of culture difference*, Bergen: Universitetsforl.

Bartz, Dietmar, Barabara Bauer & Niels Kadritzke (2007), *Atlas der Globalisierung*, Berlin: Le Monde diplomatique/taz.

Basu, Amrita, ed. (1995), *The Challenge of Local Feminism: Women's Movements in Global Perspective*, Boulder: Westview.

Baudrillard, Jean (1995), *The Gulf War did not take place*, Bloomington: Indiana University Press.

Bauman, Zygmunt (1992), *Dialektik der Ordnung. Die Moderne und der Holocaust*. Hamburg: Europäische Verlags-Anstalt, Modernity and the Holocaust <dt.>.

— (2003), *Liquid love: On the frailty of human bonds*, Cambridge: Polity Press.

BBC (2000, 1. September), „China's aging population", <http://news.bbc.co.uk/2/hi/asia-pacific/

906114.stm>.

— (2002, 13. Oktober), „Falwell ‚sorry' for Mohammed remark", <http://news.bbc.co.uk/2/hi/americas/2323897.stm>.

— (2004, 28. Juni), „Official downloads chart launches", <http://news.bbc.co.uk/2/hi/entertainment/3846455.stm>.

— (2005, 13. Juli), „Q&A: Will I be sued for music-swapping?", <http://news.bbc.co.uk/2/hi/entertainment/3722622.stm>.

Beasley, Chris (1999), *What is feminism? An introduction to feminist theory*, London: Sage.

Beauvoir, Simone de ([1949] 2000), *Das andere Geschlecht. Sitte und Sexus der Frau*, Reinbek: Rowohlt, Le Deuxième Sexe <dt.>.

Beck, Ulrich (1986), *Risikogesellschaft. Auf dem Weg in eine andere Moderne*, Frankfurt: Suhrkamp.

— (1988), *Gegengifte. Die organisierte Unverantwortlichkeit*, Frankfurt: Suhrkamp.

— (2007), *Weltrisikogesellschaft. Auf der Suche nach der verlorenen Sicherheit*, Frankfurt: Suhrkamp.

Beck, Ulrich & Elisabeth Beck-Gernsheim (1990), *Das ganz normale Chaos der Liebe*, Frankfurt: Suhrkamp.

Becker, Gary S. ([1964] 2008), *Human capital: A theoretical and empirical analysis, with special reference to education*, 3rd ed., Chicago: University of Chicago Press.

Becker, Howard (1950), *Through values to social interpretation: Essays on social contexts, actions, types, and prospects*, Durham: Duke University Press.

Becker, Howard S. ([1963] 1981), *Aussenseiter. Zur Soziologie abweichenden Verhaltens*, Frankfurt: Fischer, Outsiders <dt.>.

Beckert, Jens (2004), *Unverdientes Vermögen. Soziologie des Erbrechts*, Frankfurt: Campus.

Beckert, Jens, Rainer Diaz-Bone & Heiner Ganssmann, Hg. (2008), *Märkte als soziale Strukturen*, Frankfurt: Campus.

Begley, Louis (2002), *About Schmidt*, New York: Ballantine Books.

Beharrell, Peter, Howard Davis & John Eldridge (1980), *More bad news*, Bad news vol. 2, London: Routledge & Kegan Paul.

Bell, Alan P., Martin S. Weinberg & Sue K. Hammersmith (1981), *Der Kinsey-Institut-Report über sexuelle Orientierung und Partnerwahl*, München: Bertelsmann, Sexual preference, its development in men and women <dt.>.

Bell, Daniel (1987), „The World and the United States in 2013", in: *Daedalus* 116 (3): 1–31.

Beresford, Peter & Jan Wallcraft (1997), „Psychiatric system survivors and emancipatory research: Issues, overlaps and differences", in: *Doing disability research*, ed. C. Barnes & G. Mercer, Leeds: The Disability Press, 66–87.

Berger, Peter L. ([1963] 1977), *Einladung zur Soziologie. Eine humanistische Perspektive*, München: Deutscher Taschenbuch-Verlag, Invitation to sociology <dt.>.

— ([1967] 1988), *Zur Dialektik von Religion und Gesellschaft. Elemente einer soziologischen Theorie*, Frankfurt: Fischer, The sacred canopy <dt.>.

— (1992), *Die kapitalistische Revolution. Fünfzig Leitsätze über Wohlstand, Gleichheit und Freiheit*, Wien: Wiener Journal, The capitalist revolution <dt.>.

Berger, Peter L. & Thomas Luckmann ([1966] 2007), *Die gesellschaftliche Konstruktion der Wirklichkeit. Eine Theorie der Wissenssoziologie*, Frankfurt: Fischer, The social construction of reality <dt.>.

Berger, Roger & Katharina Schmitt (2005), „Vertrauen bei Internetauktionen und die Rolle von Reputation, Informationen, Treuhandangebot und Preisniveau", in: *Kölner Zeitschrift für Soziologie und Sozialpsychologie* 57 (1): 86–111.

Berlin, Senatsverwaltung für Gesundheit, Umwelt und Verbraucherschutz <http://www.berlin.de/sen/umwelt/abfallwirtschaft/de/siedlungsabfall/>.

Berle, Adolph A., Gardiner C. Means, Murray L. Weidenbaum & Mark Jensen ([1932] 2006), *The modern corporation and private property*, New Brunswick: Transaction.

Bernstein, Basil (2003), *Class, codes and control*, London: Routledge.

Bertelson, David (1986), *Snowflakes and snowdrifts: Individualism and sexuality in America*, Lanham: University Press of America.

Beveridge, William (1942), „Social insurance and allied services", London: Stationary Office. <http://news.bbc.co.uk/1/shared/bsp/hi/pdfs/19_07_05_ beveridge.pdf>.

Bhalla, Surjit S. (2002), *Imagine there's no country: Poverty, inequality, and growth in the era of globalization*, Washington, DC: Inst. for International Economics.

Bhattacharya, Shaoni (2003), „Heat shock", in: *New Scientist* 180(2417): 7. <http://www.newscientist.com/article/dn4259>.

Birren, James E. & K. Warner Schaie (2001), *Handbook of the psychology of aging*, 5th ed., San Diego: Academic Press.

Blackburn, Robin (2002), *Banking on death, or, inves-*

ting in life: the history and future of pensions, London: Verso.

Blankenhorn, David (1995), *Fatherless America: Confronting our most urgent social problem*, New York: Basic Books.

Blau, Peter M. (1963), *The dynamics of bureaucracy: A study of interpersonal relations in two government agencies*, Chicago: University of Chicago Press.

Blau, Peter M. & Otis Dudley Duncan (1967), *The American occupational structure*, New York: Wiley.

Blondet, Cecilia (1995), „Out of the kitchens and onto the streets: Women's activism in Peru", in: *The challenge of local feminisms: Women's movements in global perspective*, ed. A. Basu, Boulder: Westview Press, 251–275.

Boden, Deirdre & Harvey Molotch (1994), „The compulsion of proximity", in: *NowHere: Space, time and modernity*, ed. R. Friedland & D. Boden, Berkeley: University of California Press, 257–286.

Bologna, Sergio (2006), *Die Zerstörung der Mittelschichten. Thesen zur neuen Selbständigkeit*, Graz: Nausner & Nausner.

Bonacich, Edna & Richard P. Appelbaum (2000), *Behind the label: Inequality in the Los Angeles apparel industry*, Berkeley: University of California Press.

Borja, Jordi & Manuel Castells (1999), *Local and global: The management of cities in the information age*, London: Earthscan.

Boswell, John (1995), *The marriage of likeness: Same-sex unions in pre-modern Europe*, London: Harper Collins.

Bourdieu, Pierre (1982), *Die feinen Unterschiede. Kritik der gesellschaftlichen Urteilskraft*, Frankfurt: Suhrkamp, La distinction <dt.>.

— (1983), „Ökonomisches Kapital, kulturelles Kapital, soziales Kapital", in: *Soziale Welt*, Sonderheft 2: 183–198.

— (1993), *Sozialer Sinn. Kritik der theoretischen Vernunft*, Frankfurt: Suhrkamp, Le sens pratique <dt.>.

— (2005), *Was heißt sprechen? Zur Ökonomie des sprachlichen Tausches*, 2., erw. und überarb. Aufl. Wien: Braumüller, ce que perler veurt dire <dt.>.

— (2007), *Die Erben. Studenten, Bildung und Kultur*, Konstanz: UVK.

Bourdieu, Pierre & Jean-Claude Passeron (1971), *Die Illusion der Chancengleichheit. Untersuchungen zur Soziologie des Bildungswesens am Beispiel Frankreichs*, Stuttgart: Klett, Les héritiers <dt.>.

Bourdieu, Pierre & Loïc J. D. Wacquant (1996), *Reflexive Anthropologie*, Frankfurt: Suhrkamp, Réponses. Pour une anthropologie réflexive <dt.>.

Bowlby, John (1972), *Mutterliebe und kindliche Entwicklung*, München: Reinhardt, Child care and the growth of love <dt.>.

Boyer, Robert & Daniel Drache (1996), *States against markets: The limits of globalization*, London: Routledge.

Brass, Daniel J. (1985), „Men's and women's networks: A study of interaction patterns and influence in an organization," in: *The Academy of Management Journal* 28 (2): 327–343.

Braverman, Harry ([1974] 1977), *Die Arbeit im modernen Produktionsprozeß*, Frankfurt: Campus, Labor and monopoly capital <dt.>.

Bread for the World (2007), „Hunger facts", <http://www.bread.org/learn/hunger-basics/>.

Breen, Richard, ed. (2004), *Social mobility in Europe*, Oxford: Oxford University Press.

Brennan, Teresa (1988), „Controversial discussions and feminist debate", in: *Freud in exile: Psychoanalysis and its vicissitudes*, ed. E. Timms & N. Segal, New Haven: Yale University Press, 254–274.

Brewer, Rose M. (1994), „Theorizing race, class and gender: The new scholarship of Black feminist intellectuals and Black women's labor", in: *Theorizing black feminisms: The visionary pragmatism of black women*, ed. S. M. James, London: Routledge, 13–30.

Brown, Catrina & Karin Jasper (1993), *Consuming passions: Feminist approaches to weight preoccupation and eating disorders*, Toronto: Second Story Press.

Brownmiller, Susan (1994), *Gegen unseren Willen: Vergewaltigung und Männerherrschaft*, Frankfurt: Fischer, Against our will <dt.>.

Bruce, Steve (1990), *Pray TV: Televangelism in America*, London: Routledge.

— (1996), *Religion in the modern world: From cathedrals to cults*, Oxford: Oxford University Press.

Brumberg, Joan Jacobs (1998), *The body project: An intimate history of American girls*, New York: Vintage Books.

Bryson, Valerie (2001), „Feminism", in: *Contemporary political ideologies*, ed. R. Eatwell & A. Wright, London: Continuum, 206–230.

Bude, Heinz (2008), *Die Ausgeschlossenen. Das Ende vom Traum einer gerechten Gesellschaft*, München: Hanser.

Bull, Peter (1983), *Body movement and interpersonal communication*, Chichester: Wiley.

Bundeskriminalamt (2007), „Polizeiliche Kriminalstatistik Bundesrepublik Deutschland: Berichtsjahr 2006", <http://www.bka.de/pks/pks2006/download/pks-jb_2006_bka.pdf>.

Bundesministerium für Arbeit und Soziales (BMAS), (2004), „Lebenslagen in Deutschland: Der 2. Armuts- und Reichtumsbericht der Bundesregierung", <http://www.bmas.de/coremedia/generator/892/property=pdf/lebenslagen_ in_deutschland_de_821.pdf>.

— (2008), „Lebenslagen in Deutschland: Der 3. Armuts- und Reichtumsbericht der Bundesregierung", <http://www.bmas.de/coremedia/generator/26742/property=pdf/dritter_armuts_und_reichtumsbericht.pdf>.

Bundesministerium für Familie, Senioren, Frauen und Jugend (BMFSFJ), (2000), *Familien ausländischer Herkunft in Deutschland. Leistungen, Belastungen, Herausforderungen*, Berlin: Bundesministerium für Familie Senioren Frauen und Jugend.

— (2006), „Fünfter Bericht zur Lage der älteren Generation in der Bundesrepublik Deutschland: Potenziale des Alters in Wirtschaft und Gesellschaft – der Beitrag älterer Menschen zum Zusammenhalt der Generationen und Stellungnahme der Bundesregierung. Unterrichtung durch die Bundesregierung", <http://www.bmfsfj.de/RedaktionBMFSFJ/Abteilung3/Pdf-Anlagen/fuenfter-altenbericht,property=pdf,bereich=,rwb=true.pdf>.

Bundesministerium für Inneres (BMI), (2006), *Zweiter Periodischer Sicherheitsbericht*, Berlin: BMI.

Bundesministerium für Soziale Sicherheit u. Generationen (2000), *Seniorenbericht 2000. Zur Lebenssituation älterer Menschen in Österreich*, Wien: Bundesministerium für Soziale Sicherheit u. Generationen.

Burchell, Brendan, David Ladipo & Frank Wilkinson (2002), *Job insecurity and work intensification*, London: Routledge.

Burgoon, Judee K., David B. Buller & William G. Woodall (1996), *Nonverbal communication: The unspoken dialogue*, New York: McGraw-Hill.

Burkart, Günter (2008), *Familiensoziologie*, Konstanz: UVK.

Burns, Edward M. & Philip L. Ralph (1974), *World civilizations their history and their culture*, New York: Norton.

Burns, Tom & G. M. Stalker (1966), *The management of innovation*, London: Tavistock Publications.

Burtscher, Simon (2009), *Zuwandern – aufsteigen – dazugehören. Etablierungsprozesse von Eingewanderten*, Innsbruck: StudienVerlag.

Burzan, Nicole (2007), *Soziale Ungleichheit. Eine Einführung in die zentralen Theorien*, Wiesbaden: VS Verlag für Sozialwissenschaften.

Butler, Judith (2008), *Das Unbehagen der Geschlechter*, Frankfurt: Suhrkamp, Gender trouble <dt.>.

Bynner, John, Elsa Ferri & Peter Shepherd (1997), *Twenty-something in the 1990s. Getting on, getting by, getting nowhere*, Aldershot: Ashgate.

Cahill, Spencer (2007), „The interaction order of public bathrooms", in: *Inside social life: Readings in sociological psychology and microsociology*, ed. S. Cahill, New York: Oxford University Press, 165–175.

Campbell, Beatrix (1993), *Goliath: Britain's dangerous places*, London: Methuen.

Capps, Walter H. (1990), *The new religious right: Piety, patriotism, and politics*, Columbia: University of South Carolina Press.

Cardoso, Fernando H. & Enzo Faletto (1979), *Dependency and development in Latin America* Berkeley: University of California Press, Dependencia y desarrollo en América Latina <engl.>.

Carlen, Pat (1983), *Women's imprisonment: A study in social control*, London: Routledge & Kegan Paul.

Carrington, Kerry (1994), „Postmodernism and feminist criminologies: Disconnecting discourses?" in: *International Journal of the Sociology of Law* 22 (3): 261–277.

— (1998), „Postmodernism and feminist criminologies: Fragmenting the criminological subject," in: *The new criminology revisited*, ed. P. Walton & J. Young, London: Macmillan, 76–97.

Castells, Manuel (1977), *The urban question: A Marxist approach*, Cambridge Mass.: MIT Press.

— (1983), *The city and the grassroots. A cross-cultural theory of urban social movements*, Berkeley: University of California Press.

— (1992), „Four Asian tigers with a dragon head: A comparative analysis of the state, economy, and society in the Asian Pacific rim", in: *States and development in the Asian Pacific rim*, ed. R. P. Appelbaum & J. W. Henderson, Newbury Park: Sage, 176–198.

— (2001), *Das Informationszeitalter: Wirtschaft, Gesellschaft, Kultur. Band 1: Der Aufstieg der Netzwerkgesellschaft*, Opladen: Leske + Budrich, The information age <dt.>.

— (2002), *Das Informationszeitalter: Wirtschaft, Gesellschaft, Kultur. Band 2: Die Macht der Identität*, Opladen: Leske + Budrich, The information age <dt.>.

— (2003), *Das Informationszeitalter: Wirtschaft, Gesellschaft, Kultur. Band 3: Jahrtausendwende*, Opladen:

Leske + Budrich, The information age <dt.>.

— (2005), *Die Internet-Galaxie. Internet, Wirtschaft und Gesellschaft*, Wiesbaden: VS Verlag für Sozialwissenschaften, The internet galaxy <dt.>.

Castles, Stephen & Mark J. Miller (1993), *The age of migration: International population movements in the modern world*, Basingstoke: Macmillan.

Centre for Contemporary Cultural Studies (1982), *The Empire strikes back: Race and racism in 70s Britain*, London: Hutchinson.

Chambliss, William J. (1973), „Race, sex, and gangs: The saints and the roughnecks", in: *Trans-Action/Society* 11 (1): 24–31.

— (1978), *Eine kriminelle Vereinigung. Über Politik und Verbrechen in den USA*, Tübingen: Iva-Verlag Polke, On the take <dt.>.

Charlton, James I. (1998), *Nothing about us without us: Disability oppression and empowerment*, Berkeley: University of California Press.

Chase-Dunn, Christopher K. (1989), *Global formation: Structures of the world-economy*, Cambridge, Mass.: Blackwell.

Chodorow, Nancy (1985), *Das Erbe der Mütter. Psychoanalyse und Soziologie der Geschlechter*, München: Frauenoffensive, The reproduction of mothering <dt.>.

— (1989), *Feminism and psychoanalytic theory*, Cambridge: Polity Press.

Chomsky, Noam (2003), *Media control. Wie die Medien uns manipulieren*, Hamburg: Europa-Verlag, Media control <dt.>.

Christie, Nils (2005), *Wieviel Kriminalität braucht die Gesellschaft?*, München: Beck, En passende mengde kriminalitet <dt.>.

CIA (2008), „World factbook", Washington, DC, <https://www.cia.gov/library/publications/the-world-factbook/index.html>.

Cicourel, Aaron V. ([1968] 1995), *The social organization of juvenile justice*, New Brunswick: Transaction.

Cisneros, Henry ed. (1993), *Interwoven destinies: Cities and the nation*, New York: Norton.

Clegg, Michelle, Andrea Finney & Katherine Thorpe (2005), „Crime in England and Wales: Quarterly update to December 2004", <http://www.crimereduc tion.homeoffice.gov.uk/statistics/statistics38.htm>.

Clegg, Stewart (1990), *Modern organizations: Organization studies in the postmodern world*, London: Sage.

Cloward, Richard A. & Lloyd E. Ohlin ([1960] 2001), *Delinquency and opportunity: A theory of delinquent gangs*, London: Routledge.

CNN (2001), „Falwell apologizes to gays, feminists, lesbians", <http://archives. cnn.com/2001/US/09/14/Falwell.apology/>.

Cohen, Albert K. (1961), *Kriminelle Jugend. Zur Soziologie jugendlichen Bandenwesens*, Reinbek: Rowohlt, Delinquent boys <dt.>.

Cohen, Lisa E., Broschak Joseph P. & Heather A. Haveman (1998), „ And then there were more? The effect of organizational sex composition on the hiring and promotion of managers", in: *American Sociological Review* 63 (5): 711–727 <http://www.jstor.org/stable/2657335>.

Cohen, Robin (1997), *Global diasporas: An introduction*, London: UCL Press.

Cohen, Stanley (2004), *Folk devils and moral panics*, London: Routledge.

Cohen, Stanley & Laurie Taylor (1984), *Ausbruchsversuche. Identität und Widerstand in der modernen Lebenswelt*, Frankfurt: Suhrkamp, Escape attempts <dt.>.

Coleman, James S. (1995), „Families and schools", in: *Zeitschrift für Sozialisationsforschung und Erziehungssoziologie* 15 (4): 362–374.

Collins, James C. & Jerry I. Porras (1997), *Immer erfolgreich. Die Strategien der Top-Unternehmen*, München: DVA, Built to last <dt.>.

Connell, Robert W. (1995), *Gender and power: Society, the person and sexual politics*, Cambridge: Polity Press.

Coontz, Stephanie (1992), *The way we never were: American families and the nostalgia trap*, New York: Basic Books.

Corbin, Juliet M. & Anselm L. Strauss (1988), *Unending work and care: Managing chronic illness at home*, San Francisco: Jossey-Bass.

Cornelißen, Waltraud (2005), „Gender-Datenreport. Kommentierter Datenreport zur Gleichstellung von Frauen und Männern in der Bundesrepublik Deutschland", <http://deposit.d-nb.de/ep/netpub/36/60/29/978296036/_data_stat/genderreport/GENERATO/PUBLIKAT/GENDERRE/01_REDAK/PDF_ANLA/GESAMTDO.PDF>.

Corsaro, William A. (1997), *The sociology of childhood*, Thousand Oaks: Pine Forge Press.

Coward, Rosalind (1984), *Female desire*, London: Paladin.

Cox, Oliver C. (1959), *Caste, class, and race: A study in social dynamics*, New York: Monthly Review Press.

Crichton, Michael (2004), *Beute. Roman*, München: Goldmann.

Crompton, Rosemary (1997), *Women and work in modern Britain*, Oxford: Oxford University Press.

— (2008), *Class and stratification*, Cambridge: Polity Press.

Cumings, Bruce (1987), „The origins and development of the Northeast Asian political economy. Industrial sectors, product cycles, and political consequences", in: *The political economy of the new Asian industrialism*, ed. F. C. Deyo, Ithaca: Cornell University Press, 44–83.

— (2005), *Korea's place in the sun: A modern history*, New York: Norton.

Cumming, Elaine & William E. Henry (1961), *Growing old: The process of disengagement*, New York: Basic Books.

Curran, James & Jean Seaton (2009), *Power without responsibility: The press, broadcasting, and new media in Britain*, New York: Routledge.

Currie, Elliott (1998), „Crime and market society: Lessons from the United States", in: *The new criminology revisited*, ed. P. Walton & J. Young, London: Macmillan, 130–142.

Cylke, F. Kurt (1993), *The environment*, New York: HarperCollins.

Dahlburg, John-Thor (1995), „Sweatshop case dismays few in Thailand Southeast Asia: El Monte raid is front-page news. But officials say allegations about working conditions will actually encourage immigration", in: *Los Angeles Times*, 27. August, 4.

Dahrendorf, Ralf (1959), *Class and class conflict in industrial society*, Stanford: Stanford University Press.

— ([1959] 2006), *Homo sociologicus. Ein Versuch zur Geschichte, Bedeutung und Kritik der Kategorie der sozialen Rolle*, Wiesbaden: VS Verlag für Sozialwissenschaften.

— (1971), *Gesellschaft und Demokratie in Deutschland*, München: Deutscher Taschenbuch Verlag.

— (1979), *Lebenschancen. Anläufe zur sozialen und politischen Theorie*, Frankfurt: Suhrkamp.

— (1994), *Der moderne soziale Konflikt. Essay zur Politik der Freiheit*, München: Deutscher Taschenbuch Verlag.

— (2002), *Die Krisen der Demokratie. Ein Gespräch mit Antonio Polito*, München: Beck.

Dasrotewien.at, Weblexikon der Wiener Sozialdemokratie, „Kommunaler Wohnbau", <http://www.wien.spoe.at/online/page.php?P=11838>.

Davie, Grace (2006), *Religion in Britain since 1945: Believing without belonging*, Oxford: Blackwell.

Davies, Bronwyn (2002), *Frogs and snails and feminist tales: Preschool children and gender*, Cresskill: Hampton Press.

Davies, James B., Susanna Sandström, Anthony Shorrocks & Edward N. Wolff (2007), „Estimating the level and distribution of global household wealth", <http://www.wider.unu.edu/publications/working-papers/research-papers/2007/en_GB/rp2007-77/_files/78517347310 961664/default/rp2007-77.pdf>.

Davis, Mike (1999), *City of Quartz. Ausgrabungen der Zukunft in Los Angeles und neuere Aufsätze*, Berlin: Verl. der Buchläden Schwarze Risse/Rote Straße, City of quartz <dt.>.

Davis, Stanley M. (1987), *2001 management: Managing the future now*, London: Simon & Schuster.

— (1996), *Future perfect*, Reading: Addison-Wesley.

Dawkins, Richard (2007) *Der Gotteswahn*, Berlin: Ullstein, The God delusion <dt.>.

Dawood, Khytam, Richard C. Pillard, Christopher Horvath, William Revelle & J. Michael Bailey (2000), „Familial aspects of male homosexuality", in: *Archives of sexual behavior* 29 (2): 155–163.

Deibert, Ronald, ed. (2008), *Access denied: The practice and policy of global Internet filtering*, Cambridge, Mass.: MIT Press.

D'Emilio, John (1998), *Sexual politics, sexual communities: The making of a homosexual minority in the United States, 1940-1970*, Chicago: University of Chicago Press.

Derrida, Jacques ([1967] 1972), *Die Schrift und die Differenz*, Frankfurt: Suhrkamp, L'écriture et la difference <dt.>.

— ([1972] 1986), *Positionen. Gespräche mit Henri Ronse, Julia Kristeva, Jean-Louis Houdebine, Guy Scarpetta*, Graz: Böhlau, Positions <dt.>.

Derrida, Jacques & Jürgen Habermas (2003, 31. Mai), „Nach dem Krieg: Die Wiedergeburt Europas", in: *Frankfurter Allgemeine Zeitung*, <http://www.faz.net/s/Rub117C535CDF414415BB243B 181B8B60AE/Doc~ECBE3F8FCE2D049AE 808A3C8D BD3B2763~ATpl~Ecommon~Scontent.html>.

Destatis (2003), *Wo bleibt die Zeit? Die Zeitverwendung der Bevölkerung in Deutschland 2001/02*, Wiesbaden: Statistisches Bundesamt.

— (2004), „Pressemitteilung Nr. 216 vom 12.05.2004. Fast jedes siebte Kind wächst bei Alleinerziehenden auf", <http://www.destatis.de/jetspeed/portal/cms/Sites/destatis/Internet/DE/Presse/pm/2004/05/PD04_216_122.psml>.

— (2006), *Datenreport 2006. Zahlen und Fakten über die Bundesrepublik Deutschland*, Bonn: Bundeszentrale für politische Bildung.

DeVault, Marjorie L. (1991), *Feeding the family: The social organization of caring as gendered work*, Chicago: University of Chicago Press.

De Witt, Karen (1994), „Suburban Expansion fed by an Influx of Minorities", in: *New York Times*, 15. August, <http://www.nytimes.com/1994/08/15/us/suburban-expansion-fed-by-an-influx-of-minorities.html>.

Deyo, Frederic C. (1989), *Beneath the miracle: Labor subordination in the new Asian industrialism*, Berkeley: University of California Press.

Diamond, Jared (1998), *Arm und reich. Die Schicksale menschlicher Gesellschaften* Frankfurt: Fischer, Guns, germs and steel <dt.>.

Dicken, Peter (2008), *Global shift: Mapping the changing contours of the world economy*, Los Angeles: Sage.

Diekmann, Andreas & David Wyder (2002), „Vertrauen und Reputationseffekte bei Internet-Auktionen", in: *Kölner Zeitschrift für Soziologie und Sozialpsychologie* 54 (4): 674–693.

Dobash, R. Emerson & Russell Dobash (1992), *Women, violence, and social change*, London: Routledge.

Döbert, Marion & Peter Hubertus (2000), *Ihr Kreuz ist die Schrift. Analphabetismus und Alphabetisierung in Deutschland*, Münster: Bundesverband Alphabetisierung.

Dore, Ronald P. ([1973] 1990), *British factory, Japanese factory: The origins of national diversity in industrial relations*, Berkeley: University of California Press.

Doyal, Lesley (1995), *What makes women sick: Gender and the political economy of health*, New Brunswick: Rutgers University Press.

Drentea, Patricia (1998), „Consequences of women's formal and informal job search methods for employment in female-dominated jobs", in: *Gender & Society* 12 (3): 321–338.

Drexler, K. Eric (1992), *Engines of creation: The coming era of nanotechnology*, Oxford: Oxford University Press.

Drori, Gili S., John W. Meyer, Francisco O. Ramirez & Evan Schofer (2003), *Science in the modern world polity: Institutionalization and globalization*, Stanford: Stanford University Press.

Du Gay, Paul (2000), *In praise of bureaucracy: Weber, organization, ethics*, London: Sage.

Duncombe, Jean & Dennis Marsden (1993), „Love and intimacy: The gender division of emotion and ‚emotion work': A neglected aspect of sociological discussion of heterosexual relationships", in: *Sociology* 27 (2): 221–241.

Duneier, Mitchell (1999), *Sidewalk*, New York: Farrar Straus and Giroux.

Duneier, Mitchell & Harvey Molotch (1999), „Talking city trouble: Interactional vandalism, social inequality, and the ‚urban interaction problem'", in: *American Journal of Sociology* 104 (5): 1263–1295.

Durkheim, Émile ([1893] 1977), *Über die Teilung der sozialen Arbeit*, Frankfurt: Suhrkamp, De la division du travail social <dt.>.

— ([1897] 2006), *Der Selbstmord*, Frankfurt: Suhrkamp, Suicide <dt.>.

— ([1912] 2007), *Die elementaren Formen des religiösen Lebens*, Frankfurt: Verlag der Weltreligionen, Formes élémentaires <dt.>.

— (1995), *Erziehung, Moral und Gesellschaft. Vorlesung an der Sorbonne 1902/1903*, Frankfurt: Suhrkamp.

Duster, Troy (1990), *Backdoor to eugenics*, New York: Routledge.

Dutt, Mallika (1996), „Some reflections on U.S. women of color and the United Nations Fourth World Conference on Women and NGO Forum in Beijing, China", in: *Feminist Studies* 22 (3): 519–528, <http://www.jstor.org/stable/3178123>.

Dworkin, Ronald (1994), *Die Grenzen des Lebens. Abtreibung, Euthanasie und persönliche Freiheit* Reinbek: Rowohlt, Life's dominion <dt.>.

Dyer, Clare (1999), „Let's stay together …", in: *The Guardian*, 25. Oktober, <http://www.guardian.co.uk/world/1999/oct/25/law.theguardian1>.

Edamaruku, Sanal (2002), „Indian rationalist questions Mother Teresa's ovarian miracle", <http://groups.yahoo.com/group/mukto-mona/message/8165>.

Efron, Sonni (1997), „Eating disorders go global", in: *Los Angeles Times*, 18. Oktober, 1, <http://pqasb.pqarchiver.com/latimes/access/19110307.html?dids=19110307:19110307&FMT=ABS&FMTS=ABS:FT&type=current&date=Oct+18%2C+1997&author=SONNI+EFRON&pub=Los+Angeles+Times&edition=&startpage=1&desc=COLUMN+ONE%3B+Eating+Disorders+Go+Global%3B+Along+with+Western+influences+and+rising+affluence%2C+anorexia+and+bulimia+have+swept+into+Asia%27s+developed+countries+and+even+poorer+nations+where+hunger+is+still+prevalent>.

Egger de Campo, Marianne (2000), *Wähler ohne Eigenschaften. Rechtsruck oder Unterhaltungsdemokratie?* Graz: Nausner & Nausner.

Ehmer, Josef & Otfried Höffe, Hg. (2009), *Bilder des Alterns im Wandel. Historische, interkulturelle, theoretische und aktuelle Perspektiven,* Halle: Nova Acta Leopoldina.

Ehrenreich, Barbara (2001), *Nickel and dime: On (not) getting by in America,* New York: Metropolitan Books.

Ehrenreich, Barbara & John Ehrenreich (1979), „The professional-managerial class", in: *Between labor and capital,* ed. P. Walker, Boston: South End Press, 5–45.

Eibl-Eibesfeldt, Irenäus (1973), „The expressive behavior of the deaf-and-blind-born", in: *Social communication and movement: Studies of interaction and expression in man and chimpanzee,* ed. M. v. Cranach & I. Vine, London: Academic Press, 163–194.

Ekman, Paul (1978), *Facial action coding system,* Palo Alto: Consulting Psychologists Press.

Eldridge, John (1993), *Getting the message: News, truth and power,* London: Routledge.

Elias, Norbert & John L. Scotson ([1965] 2006), *Etablierte und Außenseiter,* Frankfurt: Suhrkamp, The established and the outsiders <dt.>.

Ell, Kathleen (1996), „Social networks, social support and coping with serious illness: The family connection", in: *Social Science and Medicine* 42 (2): 173–183.

Elshtain, Jean B. (1987), *Women and war,* New York: Basic Books.

Emmanuel, Arghiri (1972), *Unequal Exchange: A Study of the Imperialism of Trade,* New York: Monthly Review.

Engstler, Heribert & Sonja Menning (2003), *Die Familie im Spiegel der amtlichen Statistik. Lebensformen, Familienstrukturen, wirtschaftliche Situation der Familien und familiendemographische Entwicklung in Deutschland.* Bonn: Bundesministerium für Familie, Senioren, Frauen und Jugend.

Epstein, Steven (2002), „A queer encounter: Sociology and the study of sexuality", in: *Sexuality and gender,* ed. C. L. Williams & A. Stein, Malden, Mass.: Blackwell, 44–59.

Erhart, Michael, Heike Hölling, Susanne Bettge, Ulrike Ravens-Sieberer & Robert Schlack (2007), „Der Kinder- und Jugendgesundheitssurvey (KiGGS): Risiken und Ressourcen für die psychische Entwicklung von Kindern und Jugendlichen", in: *Bundesgesundheitsblatt – Gesundheitsforschung – Gesundheitsschutz* 50 (5-6): 800–809.

Erikson, Kai T. (1978), *Die widerspenstigen Puritaner. Zur Soziologie abweichenden Verhaltens,* Stuttgart: Klett-Cotta, Wayward puritans <dt.>.

Erikson, Robert & John H. Goldthorpe (1993), *The constant flux: A study of class mobility in industrial societies,* Oxford: Clarendon Press.

Esping-Andersen, Gøsta (1990), *The three worlds of welfare capitalism,* Cambridge: Polity Press.

Estes, Carroll L., Simon Biggs & Chris Phillipson (2003), *Social theory, social policy and ageing: A critical introduction,* Maidenhead: Open University Press.

Estes, Carroll L., Elizabeth A. Binney & Richard A. Culbertson (1992), „The gerontological imagination: Social influences on the development of gerontology, 1945–present", in: *International Journal of Aging and Human Development* 35 (1): 49–65.

EU ICS Report (2005), „The burden of crime in the EU: A comparative analysis of the European survey of crime and safety (EU ICS)", <http://www. europe ansafetyobservatory.eu/downloads/ EUICS_The%20Burden%20of%20Crime%20in% 20the%20EU.pdf>.

Eurobarometer (2003), „Europeans and biotechnology in 2002", *Special Eurobarometer* 58.0, <http:// ec.europa.eu/public_opinion/archives/ebs/ebs_ 177_LiteraturverzeichnisLiteraturverzeichnisen. pdf>.

— (2005), „Social values, science and technology", *Special Eurobarometer* 225, <http://ec.europa.eu/ public_opinion/archives/ebs/ebs_225_report _en .pdf>.

— (2008), „Die öffentliche Meinung in der Europäischen Union. Nationaler Bericht Österreich", *Eurobarometer* 69, <http://ec.europa.eu/public_ opinion/archives/eb/eb69/eb69_at_ nat.pdf>.

Europäische Gemeinschaften (2000), *Die Mauer des Schweigens durchbrechen. Europäische Kampagne gegen Gewalt in Ehe und Partnerschaft.* Luxemburg: Amt für Amtliche Veröffentlichungen.

— (2009), „Europa in 12 Lektionen. 4. Wie funktioniert die EU?" <http://europa.eu/abc/12lessons/ lesson_4/index_de.htm>.

Europäische Kommission, Eurydice, Eurostat (2005), *Schlüsselzahlen zum Bildungswesen in Europa 2005.* Luxemburg: Amt für Amtliche Veröffentlichungen.

Europäisches Parlament (2008), „EU-Lobbyismus im Blickpunkt", <http://www.europarl.europa. eu/sides/getDoc.do?language=DE &type=IM-PRESS&reference=20080331FCS25217&second Ref=0>.

— (2009), Ergebnisse der Europawahlen 2009, <http://www.europarl. europa.eu/parliament/

archive/elections2009/de/index_de.html>.

European Commission (2007), *Employment in Europe 2007, Statistical annex: Key employment indicators*, Luxemburg: Office for Official Publications, <http://ec.europa.eu/employment_social/employment_analysis/eie/eie2007_annex_en.pdf>.

— (2008), *Employment in Europe 2008*, Luxembourg: Office for Official Publications.

European Communities (2007), *Living conditions in Europe: Data 2002–2005*, Luxemburg: Office for Official Publications, <DOI: 10.2767/5224>.

European Environment Agency (2007), *The road from landfilling to recycling: Common destination, different routes*, Copenhagen: European Environment Agency, <http://www.eea.europa.eu/publications/brochure_2007_4>.

Europol (2004), *Lagebericht der EU über die organisierte Kriminalität. Lagebericht der EU über die organisierte Kriminalität, Offene Fassung*, Luxemburg: Amt für Amtliche Veröffentlichungen, <http://www.europol.europa.eu/publications/Organised_Crime_Reports-in_2006_replaced_by_OCTA/EUOrganisedCrimeSitRep04-DE.pdf>.

Eurostat (2003), *Statistics in focus: Employment of disabled people in Europe in 2002*, Luxemburg: Eurostat, <http://ec.europa.eu/employment_social/health_safety/docs/disabled_%202002_en.pdf>.

— (2004), *Statistik kurz gefasst: Haushaltszusammensetzung in der EU – Alleinerziehende*, Luxemburg: Eurostat, <http://www.eds-destatis.de/de/downloads/sif/nk_04_05.pdf>.

— (2005a), *Statistik kurz gefasst: Einkommensarmut und soziale Ausgrenzung in EU-25*, Luxemburg: Eurostat, <http://www.eds-destatis.de/de/downloads/sif/nk_05_13.pdf>.

— (2005b), *Statistik kurz gefasst: Materielle Entbehrung in der EU*, Luxemburg: Eurostat, <http://www.eds-destatis.de/de/downloads/sif/nk_05_21.pdf>.

— (2006), *Die soziale Lage in der Europäischen Union 2005–2006, Kurzfassung*, Luxemburg: Amt für amtliche Veröffentlichungen, <http://ec.europa.eu/employment_social/social_situation/docs/ssr2005_2006_over view_de.pdf>.

— (2007), *Europa in Zahlen. Eurostat Jahrbuch 2006–07*, Luxemburg: Amt für amtliche Veröffentlichungen, <http://www.eds-destatis.de/downloads/publ/KS-CD-06-001-DE-N.pdf>.

— (2008), *Europa in Zahlen. Eurostat Jahrbuch 2008*, Luxemburg: Amt für amtliche Veröffentlichungen, <http://epp.eurostat.ec.europa.eu/cache/ITY_OFFPUB/KS-CD-07-001/DE/KS-CD-07-001-DE.PDF>.

Eurostat – GISCO (2007), „Statistical maps 2007: Prison population", <http://epp.eurostat.ec.europa.eu/cache/GISCO/mapjobs2007/mp200726-1-d.pdf>.

Eurydice (2007), *Schlüsselzahlen zur Hochschulbildung in Europa, Ausgabe 2007*, Luxemburg: Amt für Amtliche Veröffentlichungen, <http://eacea.ec.europa.eu/ressources/eurydice/pdf/0_integral/088DE.pdf>.

Evans, David J. (1992), „Left realism and the spatial study of crime", in: *Crime, policing, and place. Essays in environmental criminology*, ed. D. J. Evans, D. T. Herbert & N. R. Fyfe, London: Routledge, 28–47.

Evans, Martin (2000), „Poor show", *The Guardian*, 6. März, <http://www.guardian.co.uk/theguardian/2000/mar/06/guardiananalysispage>.

Evans, Peter (1979), *Dependent development: The alliance of multinational, state, and local capital in Brazil*, Princeton: Princeton University Press.

Evans-Pritchard, Edward E. ([1956] 1985), *Nuer religion*, Oxford: Oxford University Press.

Everhart, Robert B. (1977), „From universalism to usurpation: An essay on the antecedents to compulsory school attendance legislation", in: *Review of Educational Research* 47 (3): 499–530.

Eysenck, Hans J. ([1964] 1980), *Kriminalität und Persönlichkeit*, Frankfurt: Ullstein, Crime and personality <dt.>.

Fabrikant, Geraldine (2008) „Harvard endowment loses 22%", in: *New York Times*, 3. Dezember, <http://www.nytimes.com/2008/12/04/business/04harvard.html?_r=1&scp=5&sq=endowments%20universities&st=cse>.

Felson, Marcus (1994), *Crime and everyday life: Insights and implications for society*, Thousand Oaks: Pine Forge Press.

Ferguson, Kathy E. (1984), *The feminist case against bureaucracy*, Philadelphia: Temple University Press.

Ferguson, Niall (2004), *Colossus: The price of America's empire*, New York: Penguin Press.

Fernandez de la Hoz, Paloma de & Johannes Pflegerl (1999), „Familie als Schlüssel zur Integration", in: *4. Österreichischer Familienbericht*, hg. M. Orthofer, Wien: Bundesministerium für Umwelt Jugend und Familie, 364–381.

Feuerbach, Ludwig ([1841] 2005), *Das Wesen des Christentums*, Stuttgart: Reclam.

Finke, Roger & Rodney Stark (1988), „Religious

economies and sacred canopies: Religious mobilization in American cities, 1906", in: *American Sociological Review* 53 (1): 41–49 <http://www.jstor.org/stable/2095731>.

— (2005), *The churching of America, 1776–2005: Winners and losers in our religious economy,* New Brunswick: Rutgers University Press.

Finkelstein, Victor (1980), *Attitudes and disabled people: Issues for discussion,* New York: International Exchange of Information in Rehabilitation.

— (1981), „To deny or not to deny disability", in: *Handicap in a social world,* ed. A. Brechin, A. Glaister, P. Liddiard & J. Swain, London: Hodder and Stoughton, 34–36.

Firestone, Shulamith (1975), *Frauenbefreiung und sexuelle Revolution,* Frankfurt: Fischer, The dialectic of sex <dt.>.

Firlinger, Beate (2003), *Buch der Begriffe. Sprache, Behinderung, Integration,* Wien: Bundessozialamt.

Fischer, Claude S. (1984), *The urban experience,* San Diego: Harcourt Brace Jovanovich.

Fischer, Stanley (2003), „Globalization and its challenges", Ely Lecture presented at the American Economic Association meetings in Washington, DC, 3. Jänner, <http://www.petersoninstitute.org/fischer/pdf/fischer 011903. pdf>.

Fiske, John (2003), *Lesarten des Populären,* Wien: Löcker, Reading the popular <dt.>.

Fleck, Christian (2007), *Transatlantische Bereicherungen. Zur Erfindung der empirischen Sozialforschung,* Frankfurt: Suhrkamp.

Forbes „The world's billionaires", <http://www.forbes.com/2008/03/05/richest-people-billionaires-billionaires08-cx_lk_0305billie_land.html>.

Ford, Clellan S. & Frank A. Beach (1954), *Das Sexualverhalten von Mensch und Tier,* Berlin: Colloquium-Verlag.

Fortune (2008), „Global 500", <http://money.cnn.com/magazines/fortune/global500/2008/index.html>.

Foucault, Michel ([1963] 2005), *Die Geburt der Klinik. Eine Archäologie des ärztlichen Blicks,* Frankfurt: Fischer, Naissance de la clinique <dt.>.

— ([1966] 2008), *Die Ordnung der Dinge. Eine Archäologie der Humanwissenschaften,* Frankfurt: Suhrkamp, Les mots et les choses – Une archéologie des sciences humaines <dt.>.

— (1973), *Wahnsinn und Gesellschaft. Eine Geschichte des Wahns im Zeitalter der Vernunft,* Frankfurt: Suhrkamp, Histoire de la folie à l'âge classique – Folie et déraison <dt.>.

— ([1975] 2008), *Überwachen und Strafen. Die Geburt des Gefängnisses,* Frankfurt: Suhrkamp, Surveiller et punir – la naissance de la prison <dt.>.

— (1977), *Der Wille zum Wissen,* Frankfurt: Suhrkamp, Histoire de la sexualité, Bd. 1: La volonté de savoir <dt.>.

Frank, Andre G. ([1967] 2006), „The development of underdevelopment", in: *The sustainable urban development reader,* ed. S. M. Wheeler & T. Beatley, London: Routledge, 38–41.

Frank, David J. & Elizabeth H. Mceneaney (1999), „The individualization of society and the liberalization of state policies on same-sex sexual relations, 1984-1995", in: *Social Forces* 77 (3): 911–943, <http://www.jstor.org/stable/3005966>.

Fraser, Steve, ed. (1995), *The bell curve wars: Race, intelligence, and the future of America,* New York: Basic Books.

Free the Children, „Child Labour", <http://www.freethechildren.com>.

Freedman, Craig (2001), *Economic reform in Japan: Can the Japanese change?* Cheltenham: Elgar.

Fremlin, John H. (1964), „How many people can the world support?", in: *New Scientist* 24 (415): 285–287.

Friedan, Betty ([1963] 1966), *Der Weiblichkeitswahn oder die Mystifizierung der Frau,* Reinbek: Rowohlt, The feminine mystique <dt.>.

Friedlander, Daniel & Gary T. Burtless (1995), *Five years after: The long-term effects of welfare-to-work programs,* New York: Russell Sage Foundation.

Fries, James F. (1984), „Aging, natural death, and the compression of morbidity", in: *New England Journal of Medicine* 310 (10): 659–660.

Fröbel, Folker, Jürgen Heinrichs & Otto Kreye (1979), *Die neue internationale Arbeitsteilung. Strukturelle Arbeitslosigkeit in den Industrieländern und die Industrialisierung der Entwicklungsländer.* Reinbek: Rowohlt.

Gagnon, John H. & William Simon (1973), *Sexual conduct: The Social sources of human sexuality,* Chicago: Aldine.

Gallup (2008), „Death penalty", <http://www.gallup.com/poll/1606/Death-Penalty.aspx>.

Gallup, George (2004), *The Gallup poll: Public opinion 2003,* Lanham: Rowman & Littlefield.

Gans, Herbert J. ([1962] 1982), *The urban villagers: Group and class in the life of Italian-Americans,* New York: Free Press.

Gardner, Howard (1993), *Multiple intelligences: The theory in practice,* New York: Basic Books.

Garfinkel, Harold ([1967] 1984), *Studies in ethno-*

methodology, Cambridge: Polity Press.

Gay, Peter (1986), *Erziehung der Sinne. Sexualität im bürgerlichen Zeitalter,* München: Beck, Education of the senses <dt.>.

Geertz, Clifford ([1973] 2008), *The interpretation of cultures: Selected essays,* New York: Basic Books.

Gelles, Richard J. & Claire P. Cornell (1990), *Intimate violence in families,* Newbury Park: Sage.

Gellner, Ernest (1995), *Nationalismus und Moderne,* Berlin: Rotbuch Verlag, Nations and nationalism <dt.>.

Gerbner, George, Larry Gross, Michael Morgan & Nancy Signorielli (1980), „The ‚mainstreaming' of America: Violence profile no. 11", in: *Journal of Communication* 30 (3): 10–29.

Gerbner, George, Larry Gross, Nancy Signorielli, Michael Morgan & Marilyn Jackson-Beeck (1979), „The demonstration of power: Violence profile no. 10", in: *Journal of Communication* 29 (3): 177–196.

Gereffi, Gary (1995), „Contending Paradigms for cross-regional comparison: Development strategies and commodity dhains in East Asia and Latin America", in: *Latin America in comparative perspective: New approaches to methods and analysis,* ed. P. H. Smith, Boulder: Westview Press, 35–58.

Gershuny, Jonathan (1994), „The domestic labour revolution: A process of lagged adaptation", in: *The social and political economy of the household,* ed. M. Anderson, F. Bechhofer & J. Gershuny, Oxford: Oxford University Press, 151–197.

Gershuny, Jonathan & Ian Miles (1983), *The new service economy: The transformation of employment in industrial societies,* London: F. Pinter.

Gibson, William (1993), „Disneyland with the Death Penalty", in: *Wired,* 1.04, <http://www.wired.com/wired/archive/1.04/gibson.html>.

Gesundheitsberichterstattung des Bundes, <http://www.gbe-bund.de/>.

Giddens, Anthony (1992), *Die Konstitution der Gesellschaft. Grundzüge einer Theorie der Strukturierung,* Frankfurt: Campus, The constitution of society <dt.>.

— (1993), *Wandel der Intimität. Sexualität, Liebe und Erotik in modernen Gesellschaften,* Frankfurt: Fischer, The transformation of intimacy <dt.>.

Gillan, Audrey (1999), „Shelter backs rethink on homeless", in: *The Guardian,* 15. November, <http://www.guardian.co.uk/uk/1999/nov/15/audreygillan>.

Gillborn, David & Deborah Youdell (2001), „The new IQism: Intelligence, ‚abilitiy' and the rationing of education", in: *Sociology of education today,* ed. J. Demaine, Basingstoke: Palgrave, 65–99.

Gilleard, Chris & Paul Higgs (2005), *Contexts of ageing: Class, cohort, and community,* Cambridge: Polity.

Gilligan, Carol (1996), *Die andere Stimme. Lebenskonflikte und Moral der Frau,* München: Deutscher Taschenbuch Verlag, In a different voice <dt.>.

Gillis, Justin und Anne Swardson (1999), „Crop busters take on Monsanto: Backlash against biotech foods exacts a high price", in: *The Washington Post,* 26 October, E.01, <http://pqasb.pqarchiver.com/washingtonpost/access/45820901.html?dids=45820901:45820901&FMT=ABS&FMTS=ABS:FT&fmac=&date=Oct+26%2C+1999&author=Justin+Gillis%3BAnne+Swardson&desc=Crop+Busters+Take+On+Monsanto%3B+Backlash+Against+Biotech+Foods+Exacts+a+High+Price>.

Ginzburg, Carlo (1979), *Der Käse und die Würmer. Die Welt eines Müllers um 1600,* Frankfurt: Syndikat, Il formaggio e i vermi <dt.>.

Gittings, Danny (1999), „Mickey Mouse invasion: Disney accused of cultural imperialism as it unveils plan to bring Main Street USA to new Chinese theme park", in: *The Guardian,* 3. November, <http://www.guardian.co.uk/world/1999/nov/03/3>.

Gittins, Diana (1993), *The family in question: Changing households and familiar ideologies,* Basingstoke: Macmillan.

Glasgow University Media Group (1976), *Bad news,* London: Routledge & Kegan Paul.

Glock, Charles Y. (1972), „Images of ‚god': Images of man, and the organization of social life", in: *Journal for the Scientific Study of Religion* 11 (1): 1–15.

Glueck, Sheldon & Eleanor T. Glueck (1956), *Physique and delinquency,* New York: Harper.

Göckenjan, Gerd (2000), *Das Alter würdigen. Altersbilder und Bedeutungswandel des Alters,* Frankfurt: Suhrkamp.

Goffman, Erving ([1959] 2007), *Wir alle spielen Theater. Die Selbstdarstellung im Alltag,* München: Piper, The presentation of self in everyday life <dt.>.

— ([1963] 1971), *Verhalten in sozialen Situationen. Strukturen und Regeln der Interaktion im öffentlichen Raum,* Gütersloh: Bertelsmann, Behavior in public places <dt.>.

— ([1963] 2007), *Stigma. Über Techniken der Bewältigung beschädigter Identität*, Frankfurt: Suhrkamp, Stigma <dt.>.

— ([1971] 1982), *Das Individuum im öffentlichen Austausch. Mikrostudien zur öffentlichen Ordnung*, Frankfurt: Suhrkamp, Relations in public <dt.>.

— ([1981] 2005), *Rede-Weisen. Formen der Kommunikation in sozialen Situationen*, Konstanz: UVK, Forms of talk <dt.>.

Gold, Thomas B. (1986), *State and society in the Taiwan miracle*, Armonk: M.E. Sharpe.

Golding, Peter & Graham Murdock (1997), *The political economy of the media*, Cheltenham: Edward Elgar.

Goldthorpe, John H. (1993), „Women and class analysis: In defence of the conventional view", in: *Sociology* 17 (4): 465–488.

Goldthorpe, John H., David Lockwood, Frank Bechhofer & Jennifer Platt (1970), *Der wohlhabende Arbeiter in England. Industrielles Verhalten und Gesellschaft*, München: Goldmann, The affluent worker, Bd. 1 <dt.>.

— (1970), *Der wohlhabende Arbeiter in England. Politisches Verhalten und Gesellschaft*, München: Goldmann, The affluent worker, Bd. 2 <dt.>.

— (1971), *Der wohlhabende Arbeiter in England. Der wohlhabende Arbeiter in der Klassenstruktur*, München: Goldmann, The affluent worker, Bd. 3 <dt.>.

Goldthorpe, John H. & Gordon Marshall (1992), „The promising future of class analysis: A response to recent critiques", in: *Sociology* 26 (3): 381–400.

Goleman, Daniel (1996), *Emotional intelligence: Why it can matter more than IQ*, London: Bloomsbury.

Goode, William J. (1963), *World revolution and family patterns*, New York: Free Press.

— (1971), „Force and violence in the family", in: *Journal of Marriage and the Family* 33 (4): 624–636.

Gordon, David, Laura Adelman, Karl Ashworth, Jonathan Bradshaw, Sue Middleton, Ruth Levitas, Christina Pantazis, Demi Patsios, Sarah Payne, Peter Townsend & Julie Williams (2000), *Poverty and social exclusion in Britain*, York: Joseph Rowntree Foundation, <http://www.jrf.org.uk/sites/files/jrf/185935128x.pdf>.

Gottdiener, Mark, ed. (2000), *New forms of consumption: Consumers, culture, and commodification*, Lanham: Rowman & Littlefield.

Gottfredson, Michael R. & Travis Hirschi (1990), *A general theory of crime*, Stanford: Stanford University Press.

Gould, Stephen J. (1995), „Curveball", in: *The bell curve wars: Race, intelligence, and the future of America*, ed. S. Fraser, New York: Basic Books, 11–22.

Grabosky, Peter N. & Russell G. Smith (1998), *Crime in the digital age: Controlling telecommunications and cyberspace illegalities*, New Brunswick: Transaction.

Graham, Hilary (1987), „Women's smoking and family health", in: *Social Science and Medicine* 25 (1): 47–56.

— (1994), „Gender and class as dimensions of smoking behaviour in Britain: Insights from a survey of mothers", in: *Social Science and Medicine* 38 (5): 691–698.

Graham, Laurie (1995), *On the line at Subaru-Isuzu: The Japanese model and the American worker*, Ithaca: ILR Press.

Granovetter, Mark S. (1973), „The strength of weak ties," in: *American Journal of Sociology* 78 (6): 1360–1380, <http://www.jstor.org/stable/2776392>.

Grewal, Ini, Sarah Joy & Jane Lewis (2002), *Disabled for life? Attitudes towards, and experiences of, disability in Britain*, London: Department for Work and Pensions.

Griffin, Susan (1979), *Rape, the power of consciousness*, New York: Harper & Row.

Grint, Keith (2005), *The sociology of work*, Cambridge: Polity Press.

Grossberg, Lawrence, Ellen Wartella & David C. Whitney (1998), *MediaMaking: Mass media in a popular culture*, Thousand Oaks: Sage.

Guardian Weekly (2002, 4.–10. Juli), „The hard journey to Wimbledon's centre court".

Guibernau i Berdún, Maria M. (1999), *Nations without states: Political communities in a global age*, Cambridge: Polity Press.

Gunter, Barrie (1985), *Dimensions of television violence*, Aldershot: Gower.

Habermas, Jürgen (1962), *Strukturwandel der Öffentlichkeit. Untersuchungen zu einer Kategorie der bürgerlichen Gesellschaft*, Neuwied: Luchterhand.

— (2001), *Die Zukunft der menschlichen Natur. Auf dem Weg zu einer liberalen Eugenik?*, Frankfurt: Suhrkamp.

Hacking, Ian (1999), *Was heißt „soziale Konstruktion"? Zur Konjunktur einer Kampfvokabel in den Wissenschaften*, Frankfurt: Fischer, The social construction of what? <dt.>.

Hadden, Jeffrey K. (1997), „The religious movements homepage mission statement", <http://web.archive.org/web/20060828113626/religiousmovements.lib.virginia.edu/welcome/mission.htm>.

Hadden, Jeffrey K. & Anson Shupe (1987), „Televangelism in America", in: *Social Compass* 34 (1): 61–75.

Hakim, Catherine (1996), *Key issues in women's work: Female heterogeneity and the polarisation of women's employment*, London: Athlone.

Hall, Edward T. (1976), *Die Sprache des Raumes*, Düsseldorf: Schwann, The hidden dimension <dt.>.

— ([1959] 1980), *The silent language*, Westport: Greenwood Press.

Hall, Stuart, Charles Critcher, Tony Jefferson, John Clarke & Brian Robert (1978), *Policing the crisis: Mugging, the state, and law and order*, London: Macmillan.

— (1980), *Culture, media, language: Working papers in cultural studies, 1972–79*, London: Hutchinson.

Haller, Max (2008), *Die österreichische Gesellschaft. Sozialstruktur und sozialer Wandel*, Frankfurt: Campus.

Halloran, James D. (1970), *The effects of television*, London: Panther.

Halpern, David (2005), *Social capital*, Oxford: Polity Press.

Hammond, Phillip E. (1992), *Religion and personal autonomy: The third disestablishment in America*, Columbia: University of South Carolina Press.

Handy, Charles (1995), *Die Fortschrittsfalle. Der Zukunft neuen Sinn geben*, Wiesbaden: Gabler, The empty raincoat <dt.>.

Harris, Marvin (1978), *Kannibalen und Könige. Aufstieg und Niedergang der Menschheitskulturen*, Stuttgart: Klett-Cotta, Cannibals and kings <dt.>.

Harrison, Martin (1985), *TV news: Whose bias? A casebook analysis of strikes, television and media studies*, Hermitage: Policy Journals.

Hartley-Brewer, Julia (1999), „Gay couple will be legal parents", in: *The Guardian*, 28. Oktober, <http://www.guardian.co.uk/uk/1999/oct/28/juliahartleybrewer>.

Hartmann, Michael (2002), *Der Mythos von den Leistungseliten. Spitzenkarrieren und soziale Herkunft in Wirtschaft, Politik, Justiz und Wissenschaft*, Frankfurt: Campus.

— (2007), *Eliten und Macht in Europa. Ein internationaler Vergleich*, Frankfurt: Campus.

Harvey, David (1973), *Social justice and the city*, Baltimore: Johns Hopkins University Press.

— (1982), *The limits to capital*, Chicago: University of Chicago Press.

— (1985), *Consciousness and the urban experience*, Oxford: Blackwell.

— (1989), *The condition of postmodernity: An enquiry into the origins of cultural change*, Oxford: Blackwell.

Hasler, Frances (1993), „Developments in the disabled people's movement", in: *Disabling barriers – Enabling environments*, ed. J. Swain, S. French, C. Barnes & C. Thomas, London: Sage, 278–284.

Hassemer, Winfried (2009), *Warum Strafe sein muss. Ein Plädoyer*, Berlin: Ullstein.

Hatch, Nathan O. (1989), *The democratization of American Christianity*, New Haven: Yale University Press.

Hauer, Karl (1908), „Pornographie", in: *Die Fackel* 10 (253): 7–13.

Hauff, Volker (1987), *Unsere gemeinsame Zukunft. Der Brundtland-Bericht der Weltkommission für Umwelt und Entwicklung*, Greven: Eggenkamp.

Hauser, Robert M. & David B. Grusky (1988), „Cross-national variation in occupational distributions, relative mobility chances, and intergenerational shifts in occupational distributions", in: *American Sociological Review* 53 (5): 723–741, <http://www.jstor.org/stable/2095818>.

Hawley, Amos H. (1950), *Human ecology: A theory of community structure*, New York: Ronald Press.

— (1968), *On human ecology: Selected writings*, Chicago: University of Chicago Press.

Healy, Melissa (2001), „Pieces of the puzzle", in: *Los Angeles Times*, 21. Mai, <http://articles.latimes.com/2001/may/21/health/he-533>.

Heath, Anthony (1981), *Social mobility*, London: Fontana.

Hebdige, Dick (1987), *Cut 'n' mix: Culture, identity and Caribbean music*, London: Methuen.

Heidensohn, Frances (1985), *Women and crime*, Basingstoke: Macmillan.

Heintz, Bettina, Hg. (2001), *Geschlechtersoziologie*, Kölner Zeitschrift für Soziologie und Sozialpsychologie, Sonderheft 41, Opladen: Westdeutscher Verlag.

Heise, David R. (1987), „Sociocultural determination of mental aging", in: *Cognitive functioning and social structure over the life course*, ed. C. Schooler, K. W. Schaie & P. D. Lipman, Norwood: Ablex, 247–261.

Held, David (2006), *Models of democracy*, Cambridge: Polity.

— (2007), *Soziale Demokratie im globalen Zeitalter*, Frankfurt: Suhrkamp, Global covenant <dt.>.

Held, David, Anthony G. McGrew, David Goldblatt & Jonathan Perraton (1999), *Global transformations: Politics, economics and culture*, Cambridge: Polity Press.

Henderson, Jeffrey W. & Richard P. Appelbaum (1992), „Situating the state in the East Asian development process", in: *States and development in the Asian Pacific rim*, ed. R. P. Appelbaum & J. W. Henderson, Newbury Park: Sage, 1–31.

Henderson, Mark (2004), „How embryo screening may be the new way to beat cancer", in: *The Times*, 1. November, <http://www.timesonline.co.uk / tol/news/uk/article501443.ece>.

Hendricks, Jon (1992), „Generations and the generation of theory in social gerontology", in: *International Journal of Aging and Human Development* 35 (1): 31–47.

Henslin, James M. & Mae A. Briggs (2005), „Behavior in public places: The sociology of vaginal examination", in: *Down to earth sociology: Introductory readings*, ed. J. M. Henslin, New York: Free Press, 202–214.

Heritage, John (1984), *Garfinkel and ethnomethodology*, Cambridge: Polity Press.

Herman, Edward S. (1998), „Privatising public space", in: *Electronic empires: Global media and local resistance*, ed. D. K. Thussu, London: Arnold, 125–134.

Herman, Edward S. & Robert W. McChesney (1997), *The global media: The new missionaries of corporate capitalism*, London: Cassell.

Herrnstein, Richard J. & Charles Murray (1994), *Bell curve: Intelligence and class structure in American life*, New York: Simon and Schuster.

Hexham, Irving & Karla Poewe (1997), *New religions as global cultures: Making the human sacred*, Boulder: Westview Press.

Hilberg, Raul ([1961] 1990), *Die Vernichtung der europäischen Juden*, Frankfurt: Fischer, The destruction of the European Jews <dt.>.

Hills, John (1998), „Does income mobility mean that we do not need to worry about poverty", in: *Exclusion, employment and opportunity*, ed. A. B. Atkinson & J. Hills, London: Centre for Analysis of Social Exclusion, London School of Economics and Political Science, 31–54.

Hirschi, Travis ([1969] 2004), *Causes of delinquency*, with a new introduction by the author, New Brunswick: Transaction.

Hirschman, Albert O. ([1970] 2004), *Abwanderung und Widerspruch. Reaktion auf Leistungsabfall bei Unternehmungen, Organisationen und Staaten*, Tübingen: Mohr Siebeck, Exit, voice, and loyalty <dt.>.

— (1992), *Denken gegen die Zukunft. Die Rhetorik der Reaktion*, München: Hanser, The rhetoric of reaction <dt.>.

Hirst, Paul (1997), „The global economy – Myths and realities", in: *International Affairs* 73 (3): 409–425.

Hirst, Paul & Grahame Thompson (1992), „The problem of ‚globalization': International economic relations, national economic management and the formation of trading blocs", in: *Economy and Society* 21 (4): 357–396.

Hirst, Paul Q. (1999), *Globalization in question: The international economy and the possibilities of governance*, Cambridge: Polity Press.

Hite, Shere (1994), *Hite Report. Erotik und Sexualität in der Familie*, München: Droemer Knaur, The Hite report on the family <dt.>.

Hochschild, Arlie (1990a), *Das gekaufte Herz. Zur Kommerzialisierung der Gefühle*, Frankfurt: Campus, The managed heart <dt.>.

— (1990b), *Der 48-Stunden-Tag. Wege aus dem Dilemma berufstätiger Eltern*, Wien: Zsolnay, The second shift <dt.>.

Hodge, Bob & David Tripp (1986), *Children and television: A semiotic approach*, Cambridge: Polity Press.

Hogan, Jenny (2003), „Global warming: The new battle", in: *New Scientist* 179 (2412): 6–8, <http://www.newscientist.com/article/mg17924120.300-global-warming-the-new-battle.html>.

Holton, Robert (1978), „The crowd in history: Some problems of theory and method", in: *Social History* 3 (2): 219–233.

Homans, Hilary (1987), „Man-made myth: The reality of being a woman scientist in the NHS", in: *In a man's world: Essays on women in male-dominated professions*, ed. A. Spencer & D. Podmore, London: Tavistock, 87–112.

hooks, bell (1997), *Bone black: Memories of girlhood*, London: The Women's Press.

Hopkins, Terence K. & Immanuel Wallerstein (1996), *The age of transition: Trajectory of the world-system 1945–2025*, London: Pluto Press.

Horkheimer, Max & Theodor W. Adorno ([1947] 1971), *Dialektik der Aufklärung. Philosophische Fragmente*. Frankfurt: Fischer.

Howard, J. H., P. A. Rechnitzer, D. A. Cunningham & A. P. Donner (1986), „Change in type A behavior a year after retirement", in: *Gerontologist* 26 (6): 643–649.

Hughes, Everett C. (1945), „Dilemmas and contradictions of status", in: *American Journal of Sociology* 50 (5): 353–359, <http://www.jstor.org/stable/2771188>.

— (1994), *On work, race, and the sociological imagina-*

tion, Chicago: University of Chicago Press.

Huntington, Samuel P. (1997), *Der Kampf der Kulturen. The clash of civilizations: Die Neugestaltung der Weltpolitik im 21. Jahrhundert*, München: Europa, Clash of civilizations <dt.>.

Huston, Aletha C. (1992), *Big world, small screen: The role of television in American society*, Lincoln: University of Nebraska Press.

Hutton, Will (1995), *The state we're in*, London: Jonathan Cape.

IAB (Institut für Arbeitsmarkt- und Berufsforschung), (2007, 19. Januar), „Berufswechsel in Deutschland. Wenn der Schuster nicht bei seinem Leisten bleibt ..." Nürnberg: IAB Kurzbericht 1, <http://doku.iab.de/kurzber/2007/kb0107.pdf>.

— (2007, 26. September), „Der Trend bleibt. Geringqualifizierte sind häufiger arbeitslos", Nürnberg: IAB Kurzbericht 18, <http://doku.iab.de/kurzber/2007/kb1807.pdf>.

ILGA (International Lesbian, Gay Bisexual Trans and Intersex Association), (2009), „About ILGA", <http://www.ilga.org/aboutilga.asp>.

Illich, Ivan (1973), *Die Enteignung der Gesundheit*, Reinbek: Rowohlt, Medical nemesis <dt.>.

— (2003), *Entschulung der Gesellschaft. Eine Streitschrift*, München: Beck, Deschooling society <dt.>.

ILO (International Labour Organization), (1999), *C182 worst forms of child labour convention, 1999: Elimination of child labour and protection of children and young persons*, Geneva: ILO, <http://www.ilo.org/ilolex/cgi-lex/convde.pl?C182>.

— (2000), *Statistical information and monitoring programme on child labour (SIMPOC): Overview and strategic plan 2000-2002*, Geneva: ILO, <http://www-ilo-mirror.cornell.edu/public/english/standards/ipec/publ/simpoc00/index.htm>.

— (2002), *A future without child labour: Global report under the follow-up to the ILO declaration on fundamental principles and rights at work*. Geneva: International Labour Office.

— (2008), „ISCO International Standard Classification of Occupations", <http://www.ilo.org/public/english/bureau/stat/isco/index.htm>.

Inglehart, Ronald (1997), *Modernization and postmodernization: Cultural, economic, and political change in 43 societies*, Princeton: Princeton University Press.

International Institute for Democracy and Electoral Assistance (International IDEA), „Voter Turnout", <http://www.idea.int/vt/index.cfm>.

Internet Movie Database „All-time worldwide box office", <http://www.imdb.com/boxoffice/alltimegross?region=world-wide>.

IPCC (Intergovernmental Panel on Climate Change), (2007), „Climate change 2007: Synthesis report. Summary for policymakers", <http://www.ipcc.ch/pdf/assessment-report/ar4/syr/ar4_syr_spm.pdf>.

ISAAA (International Service for the Acquisition of Agri-biotech Applications), (2003), „Global status of commercialized transgenic crops: 2003", <http://www.isaaa.org/kc/CBTNews/press_release/briefs30/es_b30.pdf>.

ISSP (The International Social Survey Programme), (1994), „ Dataset: International Social Survey Programme 1994: Family and changing gender roles II", <http://www.gesis.org/en/services/data/survey-data/issp/modules-study-overview/family-changing-gender-roles/1994/>.

Jackall, Robert (1988), *Moral mazes: The world of corporate managers*, New York: Oxford University Press.

Jäckel, Michael, Hg. (2005), *Mediensoziologie. Grundfragen und Forschungsfelder*, Wiesbaden: VS Verlag für Sozialwissenschaften.

Jahoda, Marie (1984), „Braucht der Mensch die Arbeit?", in: *Leben wir, um zu arbeiten? Die Arbeitswelt im Umbruch*, hg. F. Niess, Köln: Bund-Verlag, 11–17.

— (1995), *Sozialpsychologie der Politik und Kultur. Ausgewählte Schriften*, hg. C. Fleck, Graz: Nausner & Nausner.

Jahoda, Marie, Paul F. Lazarsfeld & Hans Zeisel ([1933] 1975), *Die Arbeitslosen von Marienthal. Ein soziographischer Versuch über die Wirkungen langandauernder Arbeitslosigkeit. Mit einem Anhang zur Geschichte der Soziographie*, Frankfurt: Suhrkamp.

Jencks, Christopher (1994), *The homeless*, Cambridge Mass.: Harvard University Press.

Jensen, Arthur R. (1969), „How much can we boost IQ and scholastic achievement?", in: *Harvard Educational Review* 39: 1–123.

— (1980), *Bias in mental testing*, London: Methuen.

Jobling, Ray (1988), „The experience of psoriasis under treatment", in: *Living with chronic illness: The experience of patients and their families*, ed. R. Anderson & M. Bury, London: Allen & Unwin, 224–245.

John, Gerald (2007) „Junge Migranten ohne Job. Zwei Drittel aller arbeitslosen Jugendlichen stammen aus Zuwandererfamilien. Größtes Handicap auch in der zweiten Generation: schlechtes Deutsch", in: *DER STANDARD*, 2. August.

John, Martha T. (1988), *Geragogy: A theory for teaching the elderly*, New York: Haworth Press.

Johnson, Jeffrey G., Patricia Cohen, Elizabeth M. Smailes, Stephanie Kasen & Judith S. Brook (2002), „Television viewing and aggressive behavior during adolescence and adulthood", in: *Science* 295 (5564): 2468–2471, <DOI: 10.1126/science.1062929>.

Jordan, Amy & Emory Woodard (2003), „Parents' use of the V-chip to supervise children's television use", <http://www.annenbergpublicpolicy-center.org/Downloads/Media_and_Developing_Child/Childrens_Programming/20030402_Children_ and_TV_Roundtable/20030402_ParentsV-chip_ report.pdf>.

Joy, Bill (2000), „Why the future doesn't need us", in: *Wired* 8, <http://www.wired.com/wired/archive/8.04/joy.html>.

Judge, Ken (1995), „Income distribution and life expectancy: A critical appraisal", in: *British Medical Journal* 311 (11. November): 1282–1285.

Judt, Tony (2006), *Geschichte Europas von 1945 bis zur Gegenwart*, München: Hanser, Postwar <dt.>.

Kääriäinen, Juha & Heikki Lehtonen (2006), „The variety of social capital in welfare state regimes: A comparative study of 21 countries", in: *European Societies* 8 (1): 27–57.

Kaelble, Hartmut (2007), *Sozialgeschichte Europas. 1945 bis zur Gegenwart*, München: Beck.

Kalter, Frank, Hg. (2008), *Migration und Integration*, Kölner Zeitschrift für Soziologie und Sozialpsychologie, Sonderheft 48, Wiesbaden: VS Verlag für Sozialwissenschaften.

Kamin, Leon J. (1974), *The science and politics of I.Q.*, Harmondsworth: Penguin Books.

Kanter, Rosabeth M. (1977), *Men and women of the corporation*, New York: Basic Books.

Karabel, Jerome (2005), *The chosen: The hidden history of admission and exclusion at Harvard, Yale, and Princeton*, Boston: Houghton Mifflin.

Kasarda, John D. & Morris Janowitz (1974), „Community attachment in mass society", in: *American Sociological Review* 39 (3): 328–339, <http://www.jstor.org/stable/2094293>.

Katz, Elihu & Paul F. Lazarsfeld (1955), *Personal influence: The part played by people in the flow of mass communications*, Glencoe: Free Press.

Katz, James E., Ronald E. Rice & Philip Aspden (2001), „The Internet, 1995-2000: Access, civic involvement, and social interaction", in: *American Behavioral Scientist* 45: 405–419.

Katz, Stephen (2001), „Growing older without

aging? Positive aging, anti ageism, and anti aging", in: *Generations* 25 (4): 27–32.

Kautsky, John H. (1982), *The politics of aristocratic empires*, Chapel Hill: University of North Carolina Press.

Kelling, George L. & Catherine M. Coles (1997), *Fixing broken windows: Restoring order and reducing crime in our communities*, New York: Simon & Schuster.

Kelly, Michael P. (1992), *Colitis*, London: Tavistock.

Kemp, Amanda, Nozizwe Madlala, Asha Moodley & Elaine Salo (1995), „The dawn of a new day: Redefining South African feminism", in: *The challenge of local feminisms. Women's movements in global perspective*, ed. A. Basu, Boulder: Westview Press, 131–162.

Kepel, Gilles (1994), *Revenge of God: Resurgence of Islam, Christianity and Judaism in the modern world*, Cambridge: Polity Press.

Kern, Horst & Michael Schumann (1970), *Industriearbeit und Arbeiterbewußtsein. Eine empirische Untersuchung über den Einfluß der aktuellen technischen Entwicklung auf die industrielle Arbeit und das Arbeiterbewußtsein*, Frankfurt: Europäische Verlags-Anstalt.

— (1984), *Das Ende der Arbeitsteilung? Rationalisierung in der industriellen Produktion. Bestandsaufnahme, Trendbestimmung*, München: Beck.

Kern, Kristine & Hildegard Theobald (2004), „Konvergenz der Sozialpolitik in Europa? Transnationalisierung der Rentenversicherung und der Altenbetreuung", in: *WZB-Jahrbuch 2004, Das europäische Sozialmodell*, hg. H. Kaelble, Berlin: Sigma, 289–315.

Kerr, Anne (2002), *Genetic politics: From eugenics to genome*, Cheltenham: New Clarion.

Khorsand, Solmaz (2008), „Schöne neue Kinderwelt", in: *DIE ZEIT* 30 (Österreich Teil), 12.

Kiecolt, K. Jill & Hart M. Nelsen (1991), „Evangelicals and party realignment, 1976–1988", in: *Social Science Quarterly* 72 (3): 552–569.

KiGGS, Studie zur Gesundheit von Kindern und Jugendlichen in Deutschland <http://www.kiggs.de/index.html>.

Kinsey, Alfred C. ([1948] 1955), *Das sexuelle Verhalten des Mannes*, Berlin: Fischer, Sexual behavior in the human male <dt.>.

— (1953), *Das sexuelle Verhalten der Frau*, Berlin: Fischer, Sexual behavior in the human female <dt.>.

Kirkwood, Thomas B. L. (2002), *Ageing vulnerability: Causes and interventions*, Chichester: Wiley.

Klee, Ernst (1986), „Euthanasie" im NS-Staat. Die

„Vernichtung lebensunwerten Lebens", Frankfurt: Fischer.

Knoke, David (1990), *Political networks: The structural perspective*, Cambridge: Cambridge University Press.

Knorr-Cetina, Karin & Aaron V. Cicourel, eds. (1981), *Advances in social theory and methodology: Toward an integration of micro- and macro-sociologies*, Boston: Routledge & Kegan Paul.

Knox, Noelle (2005), „Religion takes a back seat in Western Europe", in: *USA TODAY*, 10. August, <http://www.usatoday.com/news/world/2005-08-10-europe-religion-cover_x.htm>.

Kohn, Melvin L. (1977), *Class and conformity: A study in values, with a reassessment, 1977*, Chicago: University of Chicago Press.

Kondratowitz, Hans-Joachim v. (2000), *Konjunkturen des Alters. Die Ausdifferenzierung der Konstruktion des „höheren Lebensalters" zu einem sozialpolitischen Problem*, Regensburg: Transfer.

Kröger, Hans J. (2003), „Millionärsboom in Bremen. Gewinnexplosion und sinkende Arbeitnehmereinkommen", Bremen: Arbeitnehmerkammer Bremen, <http://bremer-erklaerung.de/?q=system/files&file=Boom_der_Reichen_ in_ Bremen.pdf>.

Kromp-Kolb, Helga & Herbert Formayer (2005), *Schwarzbuch Klimawandel. Wie viel Zeit bleibt uns noch?* Salzburg: ecowin.

Krupat, Edward (1985), *People in cities: The urban environment and its effects*, Cambridge: Cambridge University Press.

Kuklin, Susan (2002), *„Kommt mit und seid frei!" Iqbal Masih und der Kampf gegen die Kindersklaverei*, München: Bertelsmann.

Künemund, Harald (2000), „Produktive Tätigkeiten", in: *Die zweite Lebenshälfte. Gesellschaftliche Lage und Partizipation im Spiegel des Alters-Survey*, hg. M. Kohli & H. Künemund, Opladen: Leske + Budrich, 277–317.

Kuznets, Simon (1955), „Economic growth and income inequality", in: *The American Economic Review* 45 (1): 1–28, <http://www.jstor.org/stable/1811581>.

Kytir, Josef (2003), *Familienstrukturen und Familienbildung. Ergebnisse des Mikrozensus September 2001*, Wien: Bundesministerium für Soziale Sicherheit Generationen und Konsumentenschutz.

Lacan, Jacques ([1964] 1996), *Die vier Grundbegriffe der Psychoanalyse*, Weinheim: Quadriga.

Lampert, Thomas & Michael Thamm (2007), „Tabak-, Alkohol- und Drogenkonsum von Jugendlichen in Deutschland. Ergebnisse des Kinder- und Jugendgesundheitssurveys (KiGGS)", in: *Bundesgesundheitsblatt – Gesundheitsforschung – Gesundheitsschutz* 50 (5–6): 600–608, <DOI 10.1007/s00103-007-0221-y>.

Lampert, Thomas & Thomas Ziese (2005), *Armut, soziale Ungleichheit und Gesundheit. Expertise des Robert Koch-Instituts zum Zweiten Armuts- und Reichtumsbericht der Bundesregierung*, Berlin: Robert Koch Institut, <http://www.bmas.de/coremedia/generator/10042/armut_soziale_ungleichheit _und_gesundheit.htm>.

Land, Kenneth C., Glenn Deane & Judith R. Blau (1991), „Religious Pluralism and church membership: A spatial diffusion model", in: *American Sociological Review* 56 (2): 237–249, <http://www.jstor.org/stable/2095782>.

Landes, David S. (1973), *Der entfesselte Prometheus. Technologischer Wandel und industrielle Entwicklung in Westeuropa von 1750 bis zur Gegenwart*, Köln: Kiepenheuer & Witsch, The unbound Prometheus <dt.>.

Landler, Frank & René Dell'mour (2006), *Quantitative Entwicklungstendenzen der österreichischen Universitäten und Fachhochschulen 1975–2025. Hochschulplanungsprognose 2005*. Wien: Institut für Demographie.

Lappé, Frances M. (1998), *World hunger: 12 myths*, London: Earthscan.

Laqueur, Walter (2003), *No end to war: Terrorism in the 21ˢᵗ century*, New York: Continuum.

Laslett, Peter (1995), *Das dritte Alter. Historische Soziologie des Alterns*, Weinheim: Juventa, A fresh map of life <dt.>.

Lasswell, Harold D. (1948), „The structure and function of communication in society", in: *The communication of ideas: A series of addresses*, ed. L. Bryson, New York: Harper, 37–52.

Lauman, Edward O., John H. Gagnon, Robert T. Michael & Stuart Michaels (1994), *The social organization of sexuality: Sexual practices in the United States*, Chicago: University of Chicago Press.

Lazarsfeld, Paul F. & Robert K. Merton (1948), „Mass communication, popular taste, and organized social action", in: *The communication of ideas. A series of addresses*, ed. L. Bryson, New York: Harper, 95–118.

Lea, John & Jock Young (1984), *What is to be done about law and order*, Harmondsworth, Middlesex.

Leadbeater, Charles (1999), *Living on thin air: The new economy*, London: Viking.

Lederman, Doug (2008), „Jury orders U. of Phoenix

parent to pay $277 million", <http://www.inside-highered.com/news/2008/01/17/apollo>.

Lee, Richard B. (1968), „What hunters do for a living, or how to make out on scare resources", in: *Man the hunter,* ed. R. B. Lee, Chicago: Aldine, 30–48.

— (1969), „!Kung bushman subsistence: An input-output analysis", in: *Environment and cultural behavior: Ecological studies in cultural anthropology,* ed. American Museum of Natural History, Garden City: Natural History Press, 47–79.

Leichter, Käthe (1973), *Leben und Werk,* hg. H. Steiner, Wien: Europa.

Leisering, Lutz & Stephan Leibfried (1999), *Time and poverty in western welfare states: United Germany in perspective,* Cambridge: Cambridge University Press.

Lemert, Edwin M. (1972), *Human deviance, social problems, and social control,* Englewood Cliffs: Prentice-Hall.

Lepsius, M. Rainer (1990), „Soziale Ungleichheit und Klassenstrukturen in der Bundesrepublik Deutschland", in: *Interessen, Ideen und Institutionen,* Opladen: Westdeutscher Verlag, 117–152.

Levin, William C. (1988), „Age stereotyping", in: *Research on Aging* 10 (1): 134–148.

Lewontin, Richard C. (1995), „Sex, lies and social science", in: *The New York Review of Books* 42 (7): 24–29, wieder abgedruckt in: Clive Seale, ed., Social research methods: A reader, London: Routledge 2004, 182–192.

Lewontin, Richard C., Steven Rose & Leon J. Kamin (1987), *Die Gene sind es nicht … Biologie, Ideologie und menschliche Natur,* München: Psychologie-Verlags-Union, Not in our genes <dt.>.

Liddle, Roger & Fréderic Lerais (2007), „Soziale Wirklichkeit in Europa", Konsultationspapier des Beratergremiums für Europäische Politik, <http://ec.europa.eu/citizens_agenda/social_reality_stocktaking/docs/background_ document_de.pdf>.

Liebert, Robert M. & Joyce N. Sprafkin (1988), *The early window: Effects of television on children and youth,* New York: Pergamon Press.

Lim, Lin L. (1998), *The sex sector: The economic and social bases of prostitution in Southeast Asia,* Geneva: International Labour Office.

Lipset, Seymour M. (1991), „Comments on Luckmann", in: *Social theory for a changing society,* ed. P. Bourdieu & James S. Coleman, Boulder: Westview Press, 185–188.

Lipset, Seymour M. & Reinhard Bendix, eds. (1959), *Social mobility in industrial society,* Berkeley: University of California Press.

Lipset, Seymour M., James S. Coleman & Martin Trow (1956), *Union democracy: The internal politics of the International Typographical Union,* New York: Anchor Books.

Lister, Ruth, ed. (1996), *Charles Murray and the underclass: The developing debate,* London: The IEA Health and Welfare Unit in association with The Sunday Times, <http://www.civitas.org.uk/pdf/cw33.pdf>.

Lloyd-Sherlock, Peter (2004), *Living longer: Ageing, development and social protection,* London: Zed Books.

Locke, John L. (2000), „Can a sense of community flourish in cyberspace?", in: *The Guardian,* 11. März, <http://www.guardian.co.uk/theguardian/2000/mar/11/debate>.

Logan, John R. & Harvey L. Molotch (1987), *Urban fortunes: The political economy of place,* Berkeley: University of California Press.

Lombroso, Cesare ([1876] 1887), *Der Verbrecher. In anthropologischer, ärztlicher und juristischer Beziehung,* Hamburg: Richter, L'uomo delinquente <dt.>.

Lorber, Judith (1999), *Gender-Paradoxien,* Opladen: Leske + Budrich, Paradoxes of gender <dt.>.

Luhmann, Niklas (2004), *Die Realität der Massenmedien,* Wiesbaden: VS Verlag für Sozialwissenschaften.

Lukes, Steven ([1974] 2007), *Power: A radical view,* Basingstoke: Palgrave Macmillan.

Lull, James (1990), *Inside family viewing: Ethnographic research on television's audiences,* London: Routledge.

— (1997), „China turned on (revisited): Television, reform, and resistance", in: *Media in global context: A reader,* ed. A. Sreberny-Mohammadi, London: Arnold, 259–268.

Luxembourg Income Study, „LIS Database", <http://www.lisproject.org/>.

Lyon, David (1994), *The electronic eye: The rise of surveillance society,* Cambridge: Polity Press.

Mac Ghaill, Máirtín an (1994), *The making of men: Masculinities, sexualities and schooling,* Buckingham: Open University Press.

MacPherson of Cluny, William (1999), *The Stephen Lawrence inquiry: Report of an inquiry,* London: TSO.

McDonald's Corporation (2004), „2004 annual report", <http://www.mcdonalds.com/corp/invest/pub/annual_rpt_archives/2004Archive.RowPar.0002.ContentPar.0001.ColumnPar.0003.Download

Files.0001.File.tmp/sar_complete_as_pages.pdf>.

McFadden Dennis & Champlin Craig A. (2000), „Comparison of auditory evoked potentials in heterosexual, homosexual, and bisexual males and females", in: *Journal of the Association for Research in Otolaryngology* 1 (1): 89–99, <DOI: 10.1007/s101620010008>.

McKeown, Thomas (1982), *Die Bedeutung der Medizin. Traum, Trugbild oder Nemesis?* Frankfurt: Suhrkamp, The role of medicine <dt.>.

McKnight, Abigail (2000), *Trend in earnings inequality and earnings mobility, 1977–1999: The impact of mobility on long term inequality*, University of Warwick: Department of Trade and Industry, <http://www.berr.gov.uk/files/file11623.pdf>.

McLuhan, Marshall (2001), *Das Medium ist die Botschaft*, Dresden: Verlag der Kunst, The medium is the message <dt.>.

McMichael, Philip (2008), *Development and social change: A global perspective*, Los Angeles: Pine Forge Press.

McNeely, Connie L. (1995), *Constructing the nation-state: International organization and prescriptive action*, New York: Greenwood Press.

McQuail, Denis (2000), *McQuail's mass communication theory*, London: Sage.

Maddison, Angus (2001), *The world economy: A millennial perspective*, Paris: OECD, <http://www.sourceoecd.org/9264186085>.

Makino, Mariko, Koji Tsuboi & Lorraine Dennerstein (2004), „Prevalence of eating disorders: A comparison of Western and non-Western countries", <http://www.medscape.com/viewarticle/487413>.

Malthus, Thomas R. ([1798] 1977), *Das Bevölkerungsgesetz*, München: Deutscher Taschenbuch Verlag, An essay on the principle of population <dt.>.

Marcuse, Herbert (1967), *Der eindimensionale Mensch. Studien zur Ideologie der fortgeschrittenen Industriegesellschaft*, Neuwied: Luchterhand, One-dimensional man <dt.>.

— (1969), *Versuch über die Befreiung*, Frankfurt: Suhrkamp, An essay on liberation <dt.>.

Margo, Robert A. & T. A. Finegan (1996), „Compulsory schooling legislation and school attendance in turn-of-the century America: A ‚natural experiment' approach", in: *Economic Letters* 53 (1): 103–110.

Marsden, Peter V. (1987), „Core discussion networks of Americans", in: *American Sociological Review* 52 (1): 122–131, <http://www.jstor.org/stable/2095397>.

Marsden, Peter V. & Nan Lin (1982), *Social structure and network analysis*, Beverly Hills: Sage.

Marshall, Gordon (1988), *Social class in modern Britain*, London: Hutchinson.

Marshall, Gordon & David Firth (1999), „Social mobility and Personal satisfaction: Evidence from ten countries", in: *British Journal of Sociology* 50 (1): 28–48.

Marshall, Thomas H. (1992), *Bürgerrechte und soziale Klassen. Zur Soziologie des Wohlfahrtsstaates*, Frankfurt: Campus, Class, citizenship, and social development <dt.>.

Martin, David (1990), *Tongues of fire: The explosion of Protestantism in Latin America*, Oxford: Blackwell.

Martin, Luther H., ed. (1988), *Technologies of the self: A seminar with Michel Foucault*. Amherst, Mass.: University of Massachusetts Press.

Marx, Karl ([1852] 1988), *Der achtzehnte Brumaire des Louis Bonaparte*, Marx-Engels Werke (MEW) Band 8, Berlin: Dietz.

— ([1867] 1993), *Das Kapital. Kritik der politischen Ökonomie , Bd. 1, Buch 1. Der Produktionsprozeß des Kapitals*, Marx-Engels Werke (MEW) Band 23, Berlin: Dietz.

Marx, Karl & Friedrich Engels ([1848] 1990), *Manifest der Kommunistischen Partei*, Marx-Engels Werke (MEW) Band 4, Berlin: Dietz.

Matthews, Roger & Jock Young (1986), *Confronting crime*, London: Sage.

Mead, George H. ([1934] 1973), *Geist, Identität und Gesellschaft. Aus der Sicht des Sozialbehaviorismus*, Frankfurt: Suhrkamp, Mind, self & society <dt.>.

Meadows, Dennis L. (1972), *Die Grenzen des Wachstums. Bericht des Club of Rome zur Lage der Menschheit*. Stuttgart: DVA.

Meadows, Pam, ed. (1996), *Work out – or work in? Contributions to the debate on the future of work*, York: Joseph Rowntree Foundation.

Mellsop, Gillian (2005), „World day against child labour", <http://www.unicef.org/pacificislands/World_Day_against_Child_Labour.doc>.

Melton, J. G., James A. Beverley, Constance M. Jones & Pamela S. Nadell (2009), *Melton's encyclopedia of American religions*, Detroit: Gale Cengage Learning.

Menzel, Peter & Faith D'Aluisio (2005), *So isst der Mensch. Familien in aller Welt zeigen, was sie ernährt. Ein globales Projekt*, Hamburg: GEO, Hungry Planet <dt.>.

Merton, Robert K. (1936), „The unanticipated consequences of purposive social action", in: *American Sociological Review* 1 (6): 894–904, <http://

www.jstor.org/stable/2084615>.

— (1938), „Social Structure and Anomie", in: *American Sociological Review* 3 (5): 672–682, <http://www.jstor.org/stable/2084686>.

— (1968), *Social theory and social structure*, 3rd enlarged and revised ed., New York: Free Press.

— (1995), *Soziologische Theorie und soziale Struktur.* Berlin: de Gruyter, Social theory and social structure <dt>.

Meyer, John W. & Brian Rowan (1977), „Institutionalized organizations: Formal structure as myth and ceremony", in: *American Journal of Sociology* 83 (2): 340–363, <http://www.jstor.org/stable/2778293>.

Michels, Robert ([1911] 1989), *Zur Soziologie des Parteiwesens in der modernen Demokratie. Untersuchungen über die oligarchischen Tendenzen des Gruppenlebens*, Stuttgart: Kröner.

Miles, Robert (1993), *Racism after ,race relations'*, London: Routledge.

Mill, John S. ([1869] 1991), *Die Hörigkeit der Frau*, Frankfurt: Helmer, The subjection of women <dt.>.

Mills, Charles W. (1963), *Kritik der soziologischen Denkweise*, Neuwied: Luchterhand, The sociological imagination <dt.>.

Minkler, Meredith & Carroll L. Estes (1991), *Critical perspectives on aging: The political and moral economy of growing old*, Amityville: Baywood.

Mirza, Hafiz (1986), *Multinationals and the growth of the Singapore economy*, New York: St. Martin's Press.

Mitchell, Juliet (1985), *Psychoanalyse und Feminismus. Freud, Reich, Laing und die Frauenbewegung*, Frankfurt: Suhrkamp, Psychoanalysis and feminism <dt.>.

— (1987), *Frauen – die längste Revolution. Feminismus, Literatur, Psychoanalyse*, Frankfurt: Fischer, Women The longest revolution <dt.>.

Mitterauer, Michael & Reinhard Sieder (1977), *Vom Patriarchat zur Partnerschaft. Zum Strukturwandel der Familie*, München: Beck.

Möbius, Paul J. ([1900] 2000), *Über den physiologischen Schwachsinn des Weibes*, Augsburg: Bechtermünz.

Mohammadi, Ali (1998), „Electronic empires: An Islamic perspective", in: *Electronic empires: Global media and local resistance*, ed. D. K. Thussu, London: Arnold, 257–272.

— (2003), *Iran encountering globalization: Problems and prospects*, London: Routledge.

Moore, Barrington (1987), *Soziale Ursprünge von Diktatur und Demokratie. Die Rolle der Grundbesitzer und Bauern bei der Entstehung der modernen Welt*, Frankfurt: Suhrkamp, Social origins of dictatorship and democracy <dt.>.

Moore, David W. (2004, 11. Mai), „Revisiting gay marriage vs. civil unions", <http://www.gallup.com/poll/11662/Revisiting-Gay-Marriage-vs-Civil-Unions.aspx>.

Moore, Gwen (1990), „Structural determinants of men's and women's personal networks", in: *American Sociological Review* 55 (5): 726–735, <http://www.jstor.org/stable/2095868>.

Moore, R. Laurence (1995), *Selling god: American religion in the marketplace of culture*, New York: Oxford University Press.

Morgan, Robin (1994), *The word of a woman: Feminist dispatches*, New York: Norton.

Motel-Klingenbiel, Andreas (2006), „Materielle Lagen älterer Menschen: Verteilungen und Dynamiken in der zweiten Lebenshälfte", in: *Altwerden in Deutschland. Sozialer Wandel und individuelle Entwicklung in der zweiten Lebenshälfte*, hg. C. Tesch-Römer, H. Engstler & S. Wurm, Wiesbaden: VS Verlag für Sozialwissenschaften, 155–230.

Moynihan, Daniel P. (1993), „Defining deviancy down", in: *American Scholar* 62 (1): 17–30.

Mullan, Phil (2002), *The imaginary time bomb: Why an ageing population is not a social problem*, London: Tauris.

Mumford, Lewis (1973), *Interpretations and forecasts, 1922–1972: Studies in literature, history, biography, technics, and contemporary society*, New York: Harcourt Brace Jovanovich.

Münch, Richard (1998), *Globale Dynamik, lokale Lebenswelten. Der schwierige Weg in die Weltgesellschaft*, Frankfurt: Suhrkamp.

Muncie, John (1999), *Youth and crime: A critical introduction*, London: Sage.

Murdock, George P. (1949), *Social structure*, New York: Macmillan.

Murray, Charles A. (1984), *Losing ground: American social policy, 1950–1980*, New York: Basic Books.

— (1990), *The emerging British underclass*, London: The IEA Health and Welfare Unit.

Narayan, Deepa, Raj Patel, Kai Schafft, Anne Rademacher & Sarah Koch-Schulte (2000), „Voices of the poor: Can anyone hear us?" New York: World Bank, <http://siteresources.worldbank.org/INTPOVERTY/Resources/335642-1124115102975/1555199-1124115187705/vol1.pdf>.

Negroponte, Nicholas (1995), *Total digital. Die Welt*

zwischen 0 und 1 oder die Zukunft der Kommunikation, München: Bertelsmann, Being digital <dt.>.

Nettleton, Sarah (2006), *The sociology of health and illness,* Cambridge: Polity Press.

New Internationalist (2000), „Sexual Minorities", issue 328, <http://www.newint.org/issue328/contents.htm>.

Newman, Katherine S. (1999), *No shame in my game: The working poor in the inner city,* New York: Knopf & the Russell Sage Foundation.

Nicholas, Sian, David Povey, Alison Walker & Chris Kershaw (2005), „Crime in England and Wales 2004/2005", London: Home Office, <http://www.homeoffice.gov.uk/rds/crimeew0405.html>.

Niebuhr, Reinhold (1927), *Does civilization need religion? A study in the social resources and limitations of religion in modern life,* New York: Macmillan.

Nielsen, François (1994), „Income inequality and industrial development: Dualism revisited", in: *American Sociological Review* 59 (5): 654–677, <http://www.jstor.org/stable/2096442>.

Nohlen, Dieter (1992), *Lexikon der Politik,* München: Beck.

Nowotny, Helga (2005), *Unersättliche Neugier. Innovation in einer fragilen Zukunft,* Berlin: Kadmos.

Nowotny, Helga & Giuseppe Testa (2009), *Die gläsernen Gene. Die Erfindung des Individuums im molekularen Zeitalter,* Frankfurt: Suhrkamp.

Oakley, Ann (1978), *Soziologie der Hausarbeit,* Frankfurt: Verlag Roter Stern, The sociology of housework <dt.>.

Oakley, Ann, Alan S. Rigby & Deborah Hickey (1994), „Life stress, support and class inequality. Explaining the health of women and children", in: *The European Journal of Public Health* 4 (2): 81–91, <http://eurpub.oxfordjournals. org/cgi/content/abstract/4/2/81?ck=nck>.

OECD (Organisation for Economic Co-operation and Development), (2003), *Employment outlook: Towards more and better jobs,* Paris: OECD, <http://www.oecd.org/dataoecd/62/59/31775213.pdf>.

— (2006), *International migration outlook: Annual report,* Paris: OECD.

— (2007a), *Society at a Glance: OECD social indicators – 2006 edition,* Paris: OECD, <http://www.oecd.org/els/social/indicators/SAG>.

— (2007b), *PISA 2006: Naturwissenschaftliche Kompetenzen für die Welt von morgen. Kurzzusammenfassung,* <http://www.oecd.org/dataoecd/59/10/39731 064.pdf>.

— (2007c), *Bildung auf einen Blick. OECD-Indikatoren 2007,* <http://www.oecd.org/dataoecd/36/4/40701218.pdf>.

— (2008), *OECD factbook 2008: Economic, environmental and social statistics,* <http://lysander.source oecd.org/vl=579849/cl=33/nw=1/rpsv/factbook/>.

— OECD.Stat, <http://stats.oecd.org/WBOS/index.aspx>.

OECD und Statistics Canada (1995), *Literacy, economy and society: Results of the first international adult literacy survey,* Paris and Ottawa: OECD.

— (2000), „Literacy in the information age: Final report of the international adult literacy survey", Paris: OECD, <http://www.oecd.org/dataoecd/24/21/394 37980.pdf>.

OeNB (Österreichische Nationalbank), (2007), „E-Commerce und E-Payment", <http://www.oenb.at/de/zahlungsverkehr/Zahlungsverkehrsstrategie/ecom/e-commerce_und_e-payment.jsp>.

Ohmae, Kenichi (1992), *Die neue Logik der Weltwirtschaft. Zukunftsstrategien der internationalen Konzerne,* Hamburg: Hoffmann und Campe, The borderless world <dt.>.

— (1996), *Der neue Weltmarkt. Das Ende des Nationalstaates und der Aufstieg der regionalen Wirtschaftszonen,* Hamburg: Hoffmann und Campe, The end of the nation state <dt.>.

Oliver, Michael ([1983] 2006), *Social work with disabled people,* Basingstoke: Palgrave Macmillan.

— (1990), *The politics of disablement,* Basingstoke: Palgrave Macmillan.

— (2006), *Understanding disability: From theory to practice,* Basinstoke: Palgrave.

Oliver, Mike & Gerry Zarb (1989), „The politics of disability: A new approach", in: *Disability & Society* 4 (3): 221–239.

Olson, Mancur (1968), *Die Logik des kollektiven Handelns. Kollektivgüter und die Theorie der Gruppen,* Tübingen: Mohr, The logic of collective action <dt.>.

Omi, Michael & Howard Winant (1994), *Racial formation in the United States: From the 1960s to the 1990s,* New York: Routledge.

O'Neill, Rebecca (2002), *Experiments in living: The fatherless family,* London: Institute for the Study of Civil Society.

ORF Medienforschung, <http://mediaresearch.orf.at/>.

Orwell, George ([1948] 2007), *1984. Roman,* München: Ullstein, Nineteen eighty-four <dt.>.

Pahl, Jan (1989), *Money and marriage,* Basingstoke: Macmillan.

Pakulski, Jan & Malcolm Waters (1996), *The death of class,* London: Sage.

Palmore, Erdman B. (1985), *Retirement: Causes and consequences*, New York: Springer.

Park, Robert E. (1952), *Human communities: The city and human ecology*, Glencoe: Free Press.

Parker, Howard J., Judith Aldridge & Fiona Measham (1998), *Illegal leisure: The normalization of adolescent recreational drug use*, London: Routledge.

Parry, Noel & José Parry (1976), *The rise of the medical profession: A study of collective social mobility*, London: Croom Helm.

Parsons, Talcott ([1951] 2001), *The social system*, London: Routledge.

— (1960), „Toward a healthy maturity", in: *Journal of Health and Human Behavior* 1 (3): 163–182.

Parsons, Talcott & Robert F. Bales (1956), *Family, socialization and interaction process*, London: Routledge & Kegan Paul.

Pascoe, Eva (2000), „Can a sense of community flourish in cyberspace?", in: *The Guardian*, 11. März, <http://www.guardian.co.uk/theguardian/2000/mar/11/debate>.

Pearce, Frank (1976), *Crimes of the powerful: Marxism, crime, and deviance*, London: Pluto Press.

Perera, L. C. R. & Chandana R. Hewege (2007), „An analysis of the controlling function of national culture in product choice preferences of Japanese consumers", in: *Contemporary Management Research* 3 (3): 119–138.

Perlmutter, Howard V. (1971/72), „Toward research on and development of nations, unions, and firms as worldwide institutions", in: *International studies of management and organization* 1 (4): 419–449.

— (1972), „The multinational firm and the future", in: *Annals of the American Academy of Political and Social Science* 403 (Sept): 139–152, <http://www.jstor.org/stable/1039486>.

Peterson, Peter G. (1999), *Gray dawn: How the coming age wave will transform America – and the world*, New York: Random House.

Pew Forum on Religion & Public Life (2008), „U.S. religious landscape survey", <http://religions.pewforum.org/pdf/report-religious-landscape-study-full.pdf>.

Pew Research Center for the People & The Press (2002), „The Pew global attitudes project: Among wealthy nations … U.S. stands alone in its embrace of religion", <http://people-press.org/reports/pdf/167.pdf>.

— (2005), „Reading the polls on evolution and creationism: Pew research center pollwatch", <http://people-press.org/commentary/?analysi-
sid=118>.

Philo, Greg (1982), *Really bad news*, London: Writers and Readers Publ. Cooperative Society.

Philo, Greg & Mike Berry (2004), *Bad news from Israel*, London: Pluto Press.

Phizacklea, Annie & Carol Wolkowitz (1995), *Homeworking women: Gender, racism and class at work*, London: Sage.

Piazza, James A. (2005), „Globalizing quiescence: Globalization, union density and strikes in 15 industrialized countries", in: *Economic and Industrial Democracy* 26 (2): 289–314.

Pierson, Paul (1994), *Dismantling the welfare state? Reagan, Thatcher, and the politics of retrenchment*, Cambridge: Cambridge University Press.

Pilkington, Andrew (2003), *Racial disadvantage and ethnic diversity in Britain*, Basingstoke: Palgrave Macmillan.

Piore, Michael J. & Charles F. Sabel (1985), *Das Ende der Massenproduktion. Studie über die Requalifizierung der Arbeit und die Rückkehr der Ökonomie in die Gesellschaft*, Berlin: Wagenbach, The second industrial divide <dt.>.

Plummer, Kenneth (1975), *Sexual stigma: An interactionist account*, London: Routledge & Kegan Paul.

Polakow, Valerie (1992), *The erosion of childhood*, Chicago: University of Chicago Press.

Pollak, Otto (1950), *The criminality of women*, Philadelphia: University of Pennsylvania Press.

Pollert, Anna (1988), „The „flexible firm": Fixation or fact?", in: *Work, Employment and Society* 2 (3): 281–316.

Popitz, Heinrich (2004), *Phänomene der Macht*, Tübingen: Mohr.

— (2006), *Soziale Normen*, Frankfurt: Suhrkamp.

Popitz, Heinrich, Hans P. Bahrdt, Ernst A. Jüres & Hanno Kesting (1957), *Das Gesellschaftsbild des Arbeiters. Soziologische Untersuchungen in der Hüttenindustrie*, Tübingen: Mohr.

Postman, Neil (1985), *Wir amüsieren uns zu Tode. Urteilsbildung im Zeitalter der Unterhaltungsindustrie* Frankfurt: Fischer, Amusing ourselves to death <dt.>.

Prisching, Manfred (2008), *Bildungsideologien. Ein zeitdiagnostischer Essay an der Schwelle zur Wissensgesellschaft*, Wiesbaden: VS Verlag für Sozialwissenschaften.

Putnam, Robert D. (1993), „The prosperous community: Social capital and public life", in: *The American Prospect*, 21. März: 35–42, <http://www.prospect.org/cs/articles?article=the_ prosperous

_community>.

— (1995a), „Bowling alone: America's declining social capital", in: *Journal of Democracy* 6 (1): 65–78.

— (1995b), „The strange disappearance of civic America", in: *The American Prospect*, 1. Dezember: 34–48, <http://www.prospect.org/cs/articles?article=the_strange_disappearance_of_civic_america>.

— (2000), *Bowling alone: The collapse and revival of American community*, New York: Simon & Schuster.

Quah, Danny (1999), *The weightless economy in economic development*, London: Centre for Economic Policy Research.

Radway, Janice A. (1984), *Reading the romance: Women, patriarchy, and popular literature*, Chapel Hill: University of North Carolina Press.

Ranis, Gustav (1996), „Will Latin America now put a stop to ,stop-and-go'?", in: *Journal of Inter-American Studies and World Affairs* 38 (2): 127–140.

Rapoport, Robert N. (1982), *Families in Britain*, London: Routledge & Kegan Paul.

Rawstorne, Shirley (2002), „England and Wales", in: *Domestic violence: A global view*, ed. R. W. Summers & A. M. Hoffman, Westport: Greenwood Press, 25–38.

Razum, Oliver, Hajo Zeeb, H. S. Akgün & Selma Yilmaz (1998), „Low overall mortality of Turkish residents in Germany persists and extends into a second generation: Merely a healthy migrant effect?" in: *Tropical Medicine and International Health* 3 (4): 297–303.

Rechtskomitee Lambda (2007), „Rechtsvergleich in Europa. Rechtliche Anerkennung gleichgeschlechtlicher Partnerschaften in Europa", <http://www.rklambda.at/Rechtsvergleich/index.htm>.

Reich, Robert B. (1993), *Die neue Weltwirtschaft. Das Ende der nationalen Ökonomie*, Frankfurt: Ullstein, The Work of nations <dt.>.

Reporters Without Borders (2009), „Internet Enemies 2009", <http://www.rsf.org/article.php3?id_article=30543>.

Rich, Adrienne (1980), „Compulsory heterosexuality and lesbian existence", in: *Signs* 5 (4): 631–660, <http://www.jstor.org/stable/3173834>.

Richardson, Diane & Hazel May (1999), „Deserving victims?: Sexual status and the social construction of violence", in: *The Sociological Review* 47 (2): 308–331.

Riesebrodt, Martin (2007), *Cultus und Heilsverspre-*

chen. Eine Theorie der Religionen, München: Beck.

Riesman, David, Reuel Denney & Nathan Glazer (1958), *Die einsame Masse. Eine Untersuchung der Wandlungen des amerikanischen Charakters*, Hamburg: Rowohlt, The lonely crowd <dt.>.

Riley, Matilda W., Anne Foner & William J. Wilson (1988), „Sociology of age", in: *Handbook of sociology*, ed. N. J. Smelser, Newbury Park: Sage, 243–290.

Riley, Matilda W., Robert L. Kahn & Anne Foner (1994), *Age and structural lag: Society's failure to provide meaningful opportunities in work, family, and leisure*, New York: Wiley.

Ritzer, George (1983), „The McDonaldization of society", in: *Journal of American Culture* 6 (1): 100–107.

— (1993), *Die McDonaldisierung der Gesellschaft*, Frankfurt: Fischer, The McDonaldization of society <dt.>.

— (1998), *The McDonaldization thesis: Explorations and extensions*, London: Sage.

Roof, Wade C. & William McKinney (1987), *American mainline religion: Its changing shape and future*, New Brunswick: Rutgers University Press.

Roos, Patricia A. & Barbara Reskin (1992), „Occupational desegregation in the 1970s: Integration and economic equity?" in: *Sociological Perspectives* 35 (1): 69–91.

Rose, David (2009), „Embryo screening funding is ,postcode lottery', researchers say", in: *The Times*, 15. Jänner, <http://www.timesonline.co.uk/tol/life_and_style/health/article5519507.ece>.

Rose, Nikolas (2007), *Politics of life itself: Biomedicine, power and subjectivity in the twenty-first century*, Princeton: Princeton University Press.

Rosenau, James N. (1997), *Along the domestic-foreign frontier: Exploring governance in a turbulent world*, Cambridge: Cambridge University Press.

Rostow, Walt W. ([1960] 1967), *Stadien wirtschaftlichen Wachstums. Eine Alternative zur marxistischen Entwicklungstheorie*, Göttingen: Vandenhoeck & Ruprecht, The stages of economic growth <dt.>.

Rousseau, Jean-Jacques ([1762] 2004), *Emile oder über die Erziehung*, Stuttgart: Reclam, L'Émile, ou De l'éducation <dt.>.

Rowling, Joanne K. (2000), *Harry Potter und der Stein der Weisen*, Hamburg: Carlsen, Harry Potter and the philosopher's stone <dt.>.

Rubin, Lillian B. (1990), *Erotic wars: What happened to the sexual revolution?* New York: Farrar Straus & Giroux.

— (1994), *Families on the fault line: America's working*

class speaks about the family, the economy, race, and ethnicity, New York: HarperCollins.

Rude, George ([1964] 1979), *Die Volksmassen in der Geschichte. Unruhen, Aufstände und Revolutionen in England und Frankreich 1730–1848,* Frankfurt: Campus, The crowd in history <dt.>.

Rüegg, Walter, Hg. (1993, 1996, 2004), *Geschichte der Universität in Europa,* 3 Bde., München: Beck.

Rusting, R. L. (1992), „Why do we age?" in: *Scientific American* 267 (6): 130f.

Sabel, Charles F. (1986), *Arbeit und Politik,* Wien: Edition S, Work and politics <dt.>.

Sachs, Jeffrey (2000), „A new map of the world", in: *The Economist* 355 (8176): 81–83.

Sassen, Saskia (1998), *Globalization and its discontents: Essays on the new mobility of people and money,* New York: New Press.

— (2001), *The global city: New York, London, Tokyo,* Princeton: Princeton University Press.

Savage, Michael (1992), *Property, bureaucracy and culture: Middle-class formation in contemporary Britain,* London: Routledge.

Savic, Ivanka & Per Lindström (2008), „PET and MRI show differences in cerebral asymmetry and functional connectivity between homo- and heterosexual subjects", in: *Proceedings of the National Academy of Sciences* 105 (27): 9403–9408, <http://www.pnas.org/content/105/27/9403>.

Sayers, Janet (1986), *Sexual contradictions: Psychology, psychoanalysis, and feminism,* London: Tavistock.

Schaie, K. Warner (1979), „The primary mental abilities in adulthood: An exploration in the development of psychometric intelligence", in: *Life-span development and behavior,* ed. P. B. Baltes & O. G. Brim, New York: Academic Press, Bd. 2, 67–115.

Schelsky, Helmut (1953), *Wandlungen der deutschen Familie in der Gegenwart. Darstellung und Deutung einer empirisch-soziologischer Tatbestandsaufnahme.* Stuttgart: Enke.

Schulze, Gerhard (1992), *Die Erlebnis-Gesellschaft. Kultursoziologie der Gegenwart,* Frankfurt: Campus.

Schumacher, Ernst F. (2001), *Small is beautiful. Die Rückkehr zum menschlichen Maß,* Bad Dürkheim: Stiftung Ökologie und Landbau.

Schwartz, Gary (1970), *Sect ideologies and social status,* Chicago: University of Chicago Press.

Schwartz, Peter & Doug Randall (2003), „An abrupt climate change scenario and its implications for United States national security", <http://www.edf.org/documents/3566_AbruptClimate Change.pdf>.

Schwarz, John E. & Thomas J. Volgy (1992), *The forgotten Americans,* New York: Norton.

Scott, John (1991), *Who rules Britain?* Cambridge: Polity Press.

Scott, Sue & David H.J. Morgan (1996), „Bodies in a social landscape", in: *Body matters: Essays on the sociology of the body,* ed. S. Scott & D. H. J. Morgan, London: Falmer Press, 1–21.

Scott, W. R. & John W. Meyer (1994), *Institutional environments and organizations: Structural complexity and individualism,* Thousand Oaks: Sage.

Searle, John R. (1997), *Die Konstruktion der gesellschaftlichen Wirklichkeit. Zur Ontologie sozialer Tatsachen,* Reinbek: Rowohlt, The construction of social reality <dt.>.

Secretary of State for Social Security (1998), *New ambitions for our country: A new contract for welfare,* presented to Parliament by the Secretary of State for Social Security, London: Stationery Office, <http://www.dwp.gov.uk/publications/dss/1998/gateway/pdfs/gateway.pdf>.

Segura, Denise A. & Jennifer L. Pierce (1993), „Chicana/o family structure and gender personality: Chodorow, familism, and psychoanalytic sociology revisited", in: *Signs* 19 (1): 62–91, <http://www.jstor.org/stable/3174745>.

Seidman, Steven (1997), *Difference troubles: Queering social theory and sexual politics,* Cambridge: Cambridge University Press.

— (2002), *Beyond the closet: The transformation of gay and lesbian life,* New York: Routledge.

Seidman, Steven, Chet Meeks & Francie Traschen (1999), „Beyond the closet? The changing social meaning of homosexuality in the United States", in: *Sexualities* 2 (1): 9–34, <DOI: 10.1177/136346099002001002>.

Sen, Amartya K. (2002), *Ökonomie für den Menschen. Wege zu Gerechtigkeit und Solidarität in der Marktwirtschaft,* München: Deutscher Taschenbuch Verlag, Development as freedom <dt.>.

Sennett, Richard (1991), *Civitas. Die Großstadt und die Kultur des Unterschieds,* Frankfurt: Fischer, The Conscience of the eye <dt.>.

— (1997), *Fleisch und Stein. Der Körper und die Stadt in der westlichen Zivilisation,* Frankfurt: Suhrkamp, Flesh and stone <dt.>.

— (1998), *Der flexible Mensch. Die Kultur des neuen Kapitalismus,* Berlin: Berlin-Verlag, The corrosion of character <dt.>.

Sessar, Klaus, Wolfgang Stangl & René van Swaaningen (2007), *Großstadtängste. Untersuchungen zu Unsicherheitsgefühlen und Sicherheitspolitiken in europäischen Kommunen = Anxious cities*, Wien: LIT.

Shakespeare, Tom & Nicholas Watson (2001), „The social model of disability: An outdated ideology?" in: *Research in Social Science and Disability* 2: 9–28.

Shaver, Philip & Clyde Hendrick, eds. (1987), *Sex and gender*, Newbury Park: Sage.

Sheldon, William H. (1949), *Varieties of delinquent youth: An introduction to constitutional psychiatry*, New York: Harper.

Shelton, Beth A. (1992), *Women, men and time: Gender differences in paid work, housework and leisure*, Westport: Greenwood Press.

Sieder, Reinhard (2008), *Patchworks. Das Familienleben getrennter Eltern und ihrer Kinder*, Stuttgart: Klett-Cotta.

Signorielli, Nancy (2003), „Violence on television 1993–2001: Has the picture changed?", in: *Journal of Broadcasting & Electronic Media* 47 (1): 36–57.

Simmel, Georg ([1903] 1995), „Die Großstädte und das Geistesleben", in: *Georg Simmel Gesamtausgabe*, Band 7: Aufsätze und Abhandlungen 1901–1908. Band 1, hg. R. Kramme, A. Rammstedt & O. Rammstedt, Frankfurt: Suhrkamp, 116–131.

Simpson, John H. (1985), „Socio-moral issues and recent presidential elections", in: *Review of Religious Research* 27 (2): 115–123.

Sinus Sociovison, www.sinus-sociovision.de

Sinclair, Peter (1987), *Unemployment: Economic theory and evidence*, Oxford: Blackwell.

Sinus Sociovision, „Die Sinus-Milieus® in Deutschland", <http://www.sinus-sociovision.de/>.

Skinner, Burrhus F. ([1948] 1988), *Futurum zwei. Die Vision einer aggressionsfreien Gesellschaft*, Reinbek: Rowohlt, Walden two <dt.>.

Slapper, Gary & Steve Tombs (1999), *Corporate crime*, Harlow: Longman.

Sloterdijk, Peter (1999), *Regeln für den Menschenpark. Ein Antwortschreiben zu Heideggers Brief über den Humanismus*, Frankfurt: Suhrkamp.

Smalley, Richard (2003), „Interview: The future of fuel", in: *NewsHour*, 20 October, <http://www.pbs.org/newshour/science/hydrogen/smalley.html>.

Smart, Carol & Bren Neale (1999), *Family fragments?* Cambridge: Polity Press.

Smith, Adam ([1776] 2005), *Der Wohlstand der Nationen. Eine Untersuchung seiner Natur und seiner Ursachen*, München: Deutscher Taschenbuch-Verlag, An inquiry into the nature and causes of the wealth of nations <dt.>.

Smith, Anthony D. (1986), *The ethnic origins of nations*, Oxford: Blackwell.

Smith, Donna (1990), *Stepmothering*, New York: St. Martin's Press.

So, Alvin Y. (1990), *Social change and development: Modernization, dependency, and world system theories*, Newbury Park: Sage.

Social Exclusion Unit (1998/99), „Annual report on rough sleeping: 1998/99", London: Department for Communities and Local Government, <http://www.communities.gov.uk/documents/housing/pdf/156723.pdf>.

Social trends 29 (1999), London: Stationery Office.

Social trends 34 (2004), *Ageing and gender: Diversity and change*, London: Stationery Office, <http://www.statistics.gov.uk/pdfdir/sot0104.pdf>.

Sokolovsky, Jay (1990), *The Cultural context of aging: Worldwide perspectives*, New York: Bergin & Garvey.

Sowhat – Institut für Menschen mit Essstörungen, Wien, Wissenschaftliche Zahlen und Daten zu Essstörungen <http://www.sowhat.at/zahlenunddaten.asp#3>.

Stanton, Elizabeth C. ([1895] 1999), *The woman's Bible*, Amherst: Prometheus Books.

Stanworth, Michelle (1984), „Women and class analysis: A reply to John Goldthorpe", in: *Sociology* 18 (2): 159–170.

Stark, Rodney & William S. Bainbridge (1980), „Towards a theory of religion: Religious commitment", in: *Journal for the Scientific Study of Religion* 19 (2): 114–128.

— (1985), *The future of religion: Secularization, revival, and cult formation*, Berkeley: University of California Press.

— (1987), *A theory of religion*, New York: Lang.

Statham, June (1986), *Daughters and sons: Experiences of non-sexist childraising*, Oxford: Blackwell.

Statistik Austria (2006), *Demographisches Jahrbuch*, Wien: Verlag Österreich, <http://www.stat.at/web_de/dynamic/services/publikationen/2/publdetail?id= 2&listid=2&detail=265>.

— (2007), *Familien- und Haushaltsstatistik. Ergebnisse des Mikrozensus*, Wien: Verlag Österreich, <http://www.statistik-austria.at/web_de/dynamic/services/publikationen/2/publdetail?id=2&listid=2&detail=468>.

— (2007, 26. April), „Soziale Unterschiede in der Sterblichkeit bei Männern stärker ausgeprägt als bei Frauen, mehr Akademiker als Pflichtschulabsolventen erleben den 80. Geburtstag", Wien <http://www.statistik.at/dynamic/web_de/statistiken/bevoelkerung/sterbefaelle/021498>.

— (2008), *Bildung in Zahlen 2006/07. Schlüsselindikatoren und Analysen*, Wien: Verlag Österreich, <http://www.statistik-austria.at/web_de/dynamic/services/publikationen/5/publdetail?id= 5&listid=5&detail=461>.

— (2009), *Statistisches Jahrbuch Österreichs*, Wien: Verlag Österreich, <http://www.statistik.at/web_de/services/stat_jahrbuch/index.html>.

Statistik Schweiz, Portal des Bundesamts für Statistik der Schweizerischen Eidgenossenschaft, <http://www.bfs.admin.ch>.

Statistisches Bundesamt (2003a), *Population of Germany today and tomorrow*, Wiesbaden: Statistisches Bundesamt, <https://www-ec.destatis.de/csp/shop/sfg/bpm.html.cms.cBroker.cls?cmspath= struktur,vollanzeige.csp&ID=1013453>.

— (2003b), *Wo bleibt die Zeit. Die Zeitverwendung der Bevölkerung in Deutschland, 2001/02*, Wiesbaden: Statistisches Bundesamt, <https://www-ec.de statis.de/csp/shop/sfg/bpm.html.cms.cBroker. cls?cmspath=struktur,vollanzeige.csp&ID=101 3450>.

— (2006), *Datenreport 2006. Zahlen und Fakten über die Bundesrepublik Deutschland*, in Zusammenarbeit mit dem Wissenschaftszentrum Berlin für Sozialforschung (WZB) und dem Zentrum für Umfragen, Methoden und Analysen, Mannheim (ZUMA), Wiesbaden: Statistisches Bundesamt, <http://www.destatis.de/jetspeed/portal/cms/Sites/destatis/Internet/DE/Content/Publikationen/ Querschnittsveroeffentlichungen/Datenreport/ Downloads/CFreizeitaktMediennutz,property =file.pdf>.

— (2007), „Rechtspflege. Strafverfolgung Lange Reihen über verurteilte Deutsche und Ausländer nach Art der Straftat, Altersklassen und Geschlecht", <https://www-ec.destatis.de/csp/shop/ sfg/bpm.html.cms.cBroker.cls?cmspath= struktur,vollanzeige.csp&ID=1021178>.

— (2009), *Bevölkerung und Erwerbstätigkeit. Bevölkerung mit Migrationshintergrund – Ergebnisse des Mikrozensus 2005*, Wiesbaden: Statistisches Bundesamt, <https://www-ec.destatis.de/csp/shop/ sfg/bpm.html.cms.cBroker.cls?cmspath= struktur,vollanzeige.csp&ID=1020313>.

Stead, W. Edward & Jean G. Stead (1996), *Management for a small planet: Strategic decision making and the environment*, Thousand Oaks: Sage.

Stehr, Nico (2003), *Wissenspolitik. Die Überwachung*

des Wissens, Frankfurt: Suhrkamp.

Stehr, Nico & Hans von Storch (1999), *Klima, Wetter, Mensch*, München: Beck.

Steiner, Peter M., Julia Schuster & Stefan Vogtenhuber (2007), *Bildungserträge in Österreich von 1999 bis 2005*, Wien: IHS und Statistik Austria, <http://www.equi.at/dateien/Bildungsrendite_ IHS-STATA-05.pdf>.

Stern, Vivien (1993), *Bricks of shame: Britain's prisons*, London: Penguin Books.

Stiglitz, Joseph E. (2004), *Die Schatten der Globalisierung*, München: Goldmann, Globalization and its discontents <dt.>.

— (2006), *Die Chancen der Globalisierung*, München: Pantheon, Making globalization work <dt.>.

Stone, Lawrence (1977), *The family, sex and marriage in England 1500–1800*, London: Weidenfeld & Nicolson.

Straus, Murray A. & Richard J. Gelles (1986), „Societal change and change in family violence from 1975 to 1985 as revealed by two national surveys", in: *Journal of Marriage and the Family* 48 (3): 465–479, <http://www.jstor.org/stable/3520 33>.

Sullivan, Andrew (1996), *Völlig normal. Ein Diskurs über Homosexualität*, München: Kindler, Virtually normal <dt.>.

Sullivan, Oriel (1997), „Time waits for no (wo)man: An investigation of the gendered experience of domestic time", in: *Sociology* 31 (2): 221–239.

Summers, Randal W. & Allan M. Hoffman, eds. (2002), *Domestic violence: A global view*, Westport: Greenwood Press.

Sunday Times Rich List, <http://business.times online.co.uk/tol/business/specials/rich_list/>.

Sutherland, Edwin H. (1949), *White collar crime*, New York: Dryden Press.

Sutterlüty, Ferdinand (2002), *Gewaltkarrieren. Jugendliche im Kreislauf von Gewalt und Missachtung*. Frankfurt: Campus.

Taylor, Frederick W. ([1911] 2004), *Die Grundsätze wissenschaftlicher Betriebsführung*, Düsseldorf: VDM-Verlag Müller, The principles of scientific management <dt.>.

Taylor, Ian R., Paul Walton & Jock Young (1973), *The new criminology: For a social theory of deviance*, London: Routledge and Kegan Paul.

Tesch-Römer, Clemens, Heribert Engstler & Susanne Wurm, Hg. (2006), *Altwerden in Deutschland. Sozialer Wandel und individuelle Entwicklung in der zweiten Lebenshälfte*, Wiesbaden: VS Verlag für Sozialwissenschaften.

Tews, Hans P. (1993), „Neue und alte Aspekte des Strukturwandels des Alters", in: *Neue und alte Aspekte des Strukturwandels des Alters*, hg. G. Naegele & H. P. Tews, Opladen: Westdeutscher Verlag, 15–42.

The Economist (1995, 8. April), „Fatherless America", Besprechung des gleichnamigen Buches von David Blankenhorn, in: *The Economist* 335 (7909): 79.

— (1995, 20. Mai), „A chart-breaking affair", in: *The Economist* 335 (7915): 70.

— (1999, 16. Oktober), „Knowledge gap", in: *The Economist* 353 (8141): 102–107.

— (2003, 27. September), „The crumbling pillars of old age", in: *The Economist* 368 (8343): 69–71.

— (2004, 13. März), „Special report: Global economic inequality", in: *The Economist* 370 (8366): 73-75.

— (2006, 25. Februar), „Material fitness", in: *The Economist* 378 (8466): 73–74.

— (2007, 3. November), „New colours at Benetton", in: *The Economist* 385 (8553): 82.

— (2007, 15. November), „Measuring mortarboards", in: *The Economist* 385 (8555): 69.

Thomas, Carol (1999), *Female forms: Experiencing and understanding disability*, Buckingham: Open University Press.

— (2002), „Disability theory: Key ideas, issues and thinkers", in: *Disability studies today*, ed. C. Barnes, M. Oliver & L. Barton, Cambridge: Polity Press, 38–57.

Thomas, George M. (1987), *Institutional structure: Constituting state, society, and the individual*, Newbury Park: Sage.

Thompson, John B. (1990), *Ideology and modern culture: Critical social theory in the era of mass communication*, Stanford: Stanford University Press.

— (1995), *The media and modernity: A social theory of the media*, Stanford: Stanford University Press.

Thompson, Paul & Patricia Findlay (1999), „Changing the people: Social engineering in the contemporary workplace", in: *Culture and economy after the cultural turn*, ed. L. Ray & A. Sayer, London: Sage, 162–188.

Thompson, Warren S. (1929), „Population", in: *American Journal of Sociology* 34 (6): 959–975, <http://www.jstor.org/stable/2765883>.

Thorne, Barrie (1993), *Gender play: Girls and boys in school*, Buckingham: Open University Press.

Tilly, Charles (1978), „Migration in modern European history", in: *Human Migration: Patterns, Implications, Policies*, ed. W. McNeill & R. Adams, Bloomington: Indiana University Press, 48–68.

— (1995), „Globalization threatens labor's rights", in: *International Labor and Working Class History* 47: 1–23.

Time (2002), „What's Mother Teresa got to do with it?", in: *Time*, 14. Oktober, <http://www.time.com/time/magazine/article/0,9171,364433,00.html>.

TimeWarner (2000, 10. Jänner), „Newsroom: AOL & Time Warner will merge to create world's first Internet-age media & communications company", <http://www.timewarner.com/corp/newsroom/pr/0,20812,666530,00.html>.

Tizard, Barbara & Martin Hughes (1988), *Young children learning: Talking and thinking at home and at school*, London: Fontana Press.

Tönnies, Ferdinand ([1887] 1963), *Gemeinschaft und Gesellschaft. Grundbegriffe der reinen Soziologie*. Darmstadt: Wissenschaftliche Buchgesellschaft.

Tough, Joan (1976), *Listening to children talking: A guide to the appraisal of children's use of language*, London: Ward Lock – Drake Educational Associates.

Townsend, Mark (2003), „Scourge of the Ritalin pushers", in: *Observer*, 4. Mai, <http://www.guardian.co.uk/uk/2003/may/04/drugsandalcohol. health>.

Treas, Judith (1995), „Older Americans in the 1990s and beyond", in: *Population Bulletin* 50 (2): 2–46.

Troeltsch, Ernst ([1912] 1994), *Die Soziallehren der christlichen Kirchen und Gruppen*, Tübingen: Mohr.

UK Film Council (2003), *Statistical Yearbook: Annual Review 2003/04*, <http://www.ukfilmcouncil.org.uk/media/pdf/l/r/Final_Yearbook_0304.pdf>.

UNAIDS (2008), *Report on the global HIV/AIDS epidemic 2008*. Geneva: UNAIDS, <http://data.unaids.org/pub/GlobalReport/2008/jc1510_2008_global_report_pp1_10_en.pdf>.

UNDP (United Nations Development Programme), (1998), *Human development report 1998: Consumption for human development*, New York: Oxford University Press, <http://hdr.undp.org/en/reports/global/hdr1998/chapters/>.

— (1999), *Human development report 1999: Globalization with a human face*, New York: Oxford University Press, <http://hdr.undp.org/en/media/HDR_1999_ EN.pdf>.

— (2001), *Human development report 2001: Making new technologies work for human development*, New York: Oxford University Press, <http://hdr.undp.org/en/media/completenew1.pdf>.

— (2003), „*Human Development Report 2003: Millennium Development Goals: A compact among nations to end human poverty*, New York: Oxford University Press, <http://hdr.undp.org/en/media/hdr 03_complete.pdf>.

— (2004), *Human development report 2004: Cultural liberty in today's diverse world*, New York: UNDP, <http://hdr.undp.org/en/media/hdr04_complete. pdf>.

— (2005), *Human development report 2005: International cooperation at a crossroads. Aid, trade and security in an unequal world*. New York: UNDP, <http://hdr.undp.org/en/media/HDR05_complete.pdf>.

— (2006), *Human development report 2006: Beyond scarcity. Power, poverty and the global water crisis*, New York: UNDP, <http://hdr.undp.org/en/reports/global/hdr2006/>.

— (2007), *Human development report 2007/2008: Fighting climate change: Human solidarity in a divided world*, New York: UNDP, <http://hdr.undp.org/en/media/HDR_20072008_EN_Complete.pdf>.

— (2008), *The Millenium Development Goals Report*, New York: UNDP, <http://www.undp.org/publications/MDG_Report_2008_En.pdf>.

UNESCO (2006), *International Standard Classification of Education (ISCED) 1997*, Paris: UNESCO, <http://www.uis.unesco.org/TEMPLATE/pdf/isced/ISCED_A.pdf>.

UN FAO (United Nations Food and Agriculture Organization), (2006), „HIV/AIDS and food security", <http://www.fao.org/hivaids/>.

UNFPA (United Nations Population Fund), (1998), *The state of world population 1998: The new generations*, <http://www.unfpa.org/swp/1998/pdf/intro.pdf>.

— (2004), *State of world population 2004: The Cairo consensus at ten: Population, reproductive health and the global effort to end poverty*, <http://www.unfpa.org/upload/lib_pub_file/327_filename_en_swp04.pdf.>

UNICEF (United Nations International Children's Emergency Fund), (2000), *The state of the world's children 2000*, Geneva: UNICEF, <http://www.unicef.org/sowc00/>.

UNIFEM (United Nations Development Fund for Women), (2007), „Violence against women – Facts & figures", <http://www.unifem.org/gender_issues/violence_against_women/facts_figures.php>.

Union of International Associations (1996), *Yearbook of International Organizations 1996/97*, München: K. G. Saur.

— (2001), *Yearbook of International Organizations 2001/02*, München: K. G. Saur.

United Nations (2004), *A more secure world: Our shared responsibility report of the High-level Panel on Threats, Challenges, and Change*, New York: United Nations, <http://www.un.org/secureworld/>.

United Nations/Department of Economic and Social Affairs/Population Division (2002), *International migration report*, New York: United Nations, <http://www.un.org/esa/population/publications/ittmig2002/2002ITTMIGTEXT22-11.pdf>.

— (2003), „World contraceptive use 2003", <http://www.un.org/esa/population/publications/contraceptive2003/wcu2003.htm>.

— (2004), *World urbanization prospects: The 2003 revision*, New York: United Nations, <http://www.un.org/esa/population/publications/wup2003/WUP2003Report.pdf>.

— (2006), „International migration 2006", <http://www.un.org/esa/population/publications/2006Migration_Chart/Migration2006.pdf>.

— (2007), *World population prospects: The 2006 revision, highlights*, New York: United Nations, <http://www.un.org/esa/population/publications/wpp2006/WPP2006_Highlights_rev.pdf>.

United Nations, International Law <http://www.un.org/en/law/>.

United States, Congress, Senate & Committee on the Judiciary (1984), *President's Commission on Organized Crime, Hearing before the Committee on the Judiciary, United States Senate, Ninety-eighth Congress, second session, on S.J. Res. 233 ... May 9, 1984*, Washington DC: U.S. G.P.O.

United States, Department of Justice, Bureau of Justice Statistics (2007), „Capital punishment statistics", <http://www.ojp.gov/bjs/cp.htm>.

United States Environmental Protection Agency (2009), „Frequently asked questions about global warming and climate change: Back to basics", <http://www.epa.gov/climatechange/downloads/Climate_Basics.pdf>.

Urry, John (1990), *The tourist gaze: Leisure and travel in contemporary societies*, London: Sage.

US News and World Report (2008), <http://www.usnews.com/>.

van der Veer, Peter (1994), *Religious nationalism: Hindus and Muslims in India*, Berkeley: University of California Press.

van Gelder, Lindsey ([1985] 1996), „The strange case of the electronic lover", in: *Computerization and Controversy: Value Conflicts and Social Choices*, ed. R. Kling, London: Academic Press, 533–546.

van Gennep, Arnold ([1908] 2005), *Übergangsriten,*

Frankfurt: Campus, Les rites de passage <dt.>.

van Oorschot, Wim & Wil Arts (2005), „The social capital of European welfare states: The crowding out hypothesis revisited", in: *Journal of European Social Policy* 15 (1): 5–26.

Vaughan, Diane (1996), *The Challenger launch decision: Risky technology, culture, and deviance at NASA*, Chicago: University of Chicago Press.

Vereinte Nationen (2007), *Millenniums-Entwicklungsziele. Bericht 2007*, New York: Vereinte Nationen, <http://www.un.org/Depts/german/millennium/mdg_report_2007_de.pdf>.

Vidal, John (2000), „The world@war", in: *The Guardian*, 19 January, <http://www.guardian.co.uk/society/2000/jan/19/wto.internationalnews>.

Vincent, John A. (1999), *Politics, power, and old age*, Buckingham: Open University Press.

Viorst, Judith (1987), „And the prince knelt down and tried to put the glass slipper on cinderella's foot", in: *Don't bet on the prince*, ed. J. Zipes, Aldershot: Gower, 73.

Vogler, Carolyn & Jan Pahl (1994), „Money, power and inequality within marriage", in: *The Sociological Review* 42 (2): 263–288.

Vold, George B., Thomas J. Bernard & Jeffrey B. Snipes (2002), *Theoretical criminology*, New York: Oxford University Press.

Wagar, W. Warren (1992), *A short history of the future*, Chicago: University of Chicago Press.

Wagoner, Paula L., Mindy J. Morgan & Clifford Geertz (1999), *Interpreting cultures: A symposium, April 10, 1998*, Bloomington: Dept. of Anthropology Indiana University.

Walby, Sylvia (1986), „Gender, class and stratification: Towards a new approach", in: *Gender and stratification*, ed. R. Crompton & M. Mann, Cambridge: Polity Press, 23–39.

— (1990), *Theorizing patriarchy*, Oxford: Blackwell.

Walker, Carol (1993), *Managing poverty: The limits of social assistance*, London: Routledge.

Wallerstein, Immanuel (1980), *The modern world-system II: Mercantilism and the consolidation of the European world-economy. 1600 – 1750*, New York: Academic Press.

— (1986), *Das moderne Weltsystem. Kapitalistische Landwirtschaft und die Entstehung der europäischen Weltwirtschaft im 16. Jahrhundert*, Frankfurt: Syndikat, The modern world-system I <dt.>.

— (1989), *The modern world-system III: The second era of great expansion of the captialist world-economy, 1730–1840s*. San Diego: Academic Press.

Wallis, Roy (1984), *The elementary forms of the new religious life*, London: Routledge & Kegan Paul.

Walton, Paul & Jock Young (1998), *The new criminology revisited*, London: Macmillan.

Warner, R. Stephen (1993), „Work in progress toward a new paradigm for the sociological study of religion in the United States", in: *American Journal of Sociology* 98 (5): 1044–1093, <http://www.jstor.org/stable/2781583>.

Warren, Bill (1988), *Imperialism: Pioneer of capitalism*, London: Verso.

Watson, James (2003), *Media communication: An introduction to theory and process*, Houndmills: Palgrave Macmillan.

Watson, Thomas (2005), „His way or the highway: Frank Stronach is God's gift to shareholders. Don't believe it? Just ask him", in: *Canadian Business*, 23. Mai, <http://www.canadianbusiness.com/managing/strategy/article.jsp?content=20060109_103241_4508&page=1>.

Weber, Max ([1905] 2004), *Die protestantische Ethik und der Geist des Kapitalismus*, hg. D. Kaesler, München: Beck.

— ([1919] 2002) „Politik als Beruf", in: *Schriften 1894 - 1922*, hg. D. Kaesler, Stuttgart: Kröner, 512–556.

— ([1920] 1988), *Gesammelte Aufsätze zur Religionssoziologie 1*, Tübingen: Mohr.

— ([1921] 1999), *Die Stadt*, Max Weber Gesamtausgabe Band I, 22,5, Tübingen: Mohr.

— ([1921] 1988), *Gesammelte Aufsätze zur Religionssoziologie 2*, Tübingen: Mohr.

— ([1921] 1988), *Gesammelte Aufsätze zur Religionssoziologie 3*, Tübingen: Mohr.

— ([1922] 1980), *Wirtschaft und Gesellschaft. Grundriss der verstehenden Soziologie*, Tübingen: Mohr.

— ([1922] 2002), „Die drei Typen der legitimen Herrschaft. Eine soziologische Studie", in: *Schriften 1894–1922*, hg. D. Kaesler, Stuttgart: Kröner, 717–733.

Weber, Wolfgang E. J. (2002), *Geschichte der europäischen Universität*, Stuttgart: Kohlhammer.

Weeks, Jeffrey (1986), *Sexuality*, Chichester: Tavistock.

— (1990), *Coming out: Homosexual politics in Britain from the nineteenth century to the present*, London: Quartet Books.

Weeks, Jeffrey, Brian Heaphy & Catherine Donovan (2001), *Same sex intimacies: Families of choice and other life experiments*, London: Routledge.

Weitzman, Lenore J., Deborah Eifler, Hokada Elizabeth & Catherine Ross (1972), „Sex-role socialization in picture books for preschool children", in: *American Journal of Sociology* 77 (6): 1125–1150,

<http://www.jstor.org/stable/2776222>.

Wellman, Barry, Peter J. Carrington & Alan Hall (1988), „Networks as personal communities", in: *Social structures: A network approach*, ed. B. Wellman & S. D. Berkowitz, Cambridge: Cambridge University Press, 130–184.

Wendt, Claus & Christof Wolf, Hg. (2006), *Soziologie der Gesundheit*, Kölner Zeitschrift für Soziologie und Sozialpsychologie, Sonderheft 46, Opladen: VS Verlag für Sozialwissenschaften

Westergaard, John H. (1995), *Who gets what? The hardening of class inequality in the late twentieth century*, Cambridge: Polity Press.

Western, Bruce (1997), *Between class and market: Postwar unionization in the capitalist democracies*, Princeton: Princeton University Press.

WFP (World Food Programme), (2001), „World hunger map", <http://one.wfp.org/country_brief/hunger_map/map/hungermap_popup/map_popup.html>.

— (2008), „Who are the hungry?", <http://www.wfp.org/hunger/who-are>.

Wheeler, Deborah L. (1998), „Global culture or culture clash: New information technologies in the Islamic world — A view from Kuwait", in: *Communication Research* 25 (4): 359–376.

White, Michael R. M. & Malcolm Trevor (1983), *Under Japanese management: The experience of British workers*, London: Heinemann.

Wilkins, Leslie T. ([1964] 2001), *Social deviance: Social policy, action and research*, London: Routledge.

Wilkinson, Helen (1994), *No turning back: Generations and the genderquake*, London: Demos.

Wilkinson, Helen & Geoff Mulgan (1995), *Freedom's children: Work relationships and politics for 18–34 year olds in Britain today*, London: Demos.

Wilkinson, Richard G. (2001), *Kranke Gesellschaften. Soziales Gleichgewicht und Gesundheit*, Wien: Springer, Unhealthy societies <dt.>.

Will, Jerrie A., Patricia A. Self & Nancy Datan (1976), „Maternal behavior and perceived sex of infant", in: *American Journal of Orthopsychiatry* 46 (1): 135–139.

Williams, Simon J. (1993), *Chronic respiratory illness*, London: Routledge.

Willis, Paul (1979), *Spaß am Widerstand. Gegenkultur in der Arbeiterschule*, Frankfurt: Syndikat, Learning to Labour <dt.>.

Wilson, Bryan (1982), *Religion in sociological perspective*, Oxford: Oxford University Press.

Wilson, Edward O. (1975), *Sociobiology: The new synthesis*, Cambridge Mass.: Belknap Press of Harvard University Press.

Wilson, William J. (1978), *The declining significance of race: Blacks and changing American institutions*, Chicago: University of Chicago Press.

— (1987), *The truly disadvantaged: The inner city, the underclass, and public policy*, Chicago: University of Chicago Press.

— (1996), *When work disappears: The world of the new urban poor*, New York: Knopf.

Windolf, Paul, Hg. (2005), *Finanzmarkt-Kapitalismus. Analysen zum Wandel von Produktionsregimen*, Kölner Zeitschrift für Soziologie und Sozialpsychologie, Sonderheft 45, Opladen: VS Verlag für Sozialwissenschaften.

Winn, Marie (1991), *Kinder ohne Kindheit*, Reinbek: Rowohlt, Children without childhood <dt.>.

Winter, Max ([1900] 1988), *Arbeitswelt um 1900. Texte zur Alltagsgeschichte*, hg. S. Riesenfellner, Wien: Europaverlag.

Wirth, Louis (1938), „Urbanism as a way of life", in: *American Journal of Sociology* 44 (1): 1–24, <http://www.jstor.org/stable/2768119>.

Wolf, Eric R. (1986), *Die Völker ohne Geschichte. Europa und die andere Welt seit 1400*, Frankfurt: Campus, Europe and the people without history <dt.>.

Wong, Siu-lun (1988), „The applicability of Asian family values to other sociocultural settings", in: *In search of an East Asian development model*, ed. P. L. Berger & H.-H. M. Hsiao, New Brunswick: Transaction, 134–154.

Wood, Stephen (1989), *The transformation of work? Skill, flexibility and the labour process*, London: Unwin Hyman.

Woodrum, Eric (1988), „Moral conservatism and the 1984 presidential election", in: *Journal for the Scientific Study of Religion* 27 (2): 192–210.

Woolgar, Steve & Dorothy Pawluch (1985), „Ontological gerrymandering: The anatomy of social problems explanations", in: *Social Problems* 32 (3): 214–227, <http://www.jstor.org/stable/800680>.

World Bank (1994) *Averting the old age crisis: Policies to protect the old and promote growth*, A world bank policy research report, Washington DC: World Bank,

— (1995), *World development report: Workers in an integrating world*, Washington DC: World Bank.

— (1996), *Poverty reduction and the World Bank: Progress and challenges in the 1990s*, Washington, DC: World Bank.

— (1997), *World development report: The state in a changing world*, Oxford: Oxford University Press.

— (2000/01), *World development report 2000/2001:*

Attacking poverty, <http://web.worldbank.org/ WBSITE/EXTERNAL/TOPICS/EXTPOVERTY/ 0,,contentMDK:20195989~pagePK:148956~ piPK:216618~theSitePK:336992,00.html>.

— (2001), „Povertynet: Topics in development", <http://web.worldbank.org/WBSITE/EXTER-NAL/TOPICS/EXTPOVERTY/0,,menuPK:336 998~pagePK:149018~piPK:149093~theSite PK:336992,00.html>.

— (2002), „Disability in developing countries: World Bank conference marks the International Day of disabled", <http://go.worldbank.org/ K7CFZUMPA0>.

— (2003a), *World Bank Atlas 2003*, Washington, DC: World Bank.

— (2003b), *World development indicators*, Washington DC: International Bank for Reconstruction and Development.

— (2004), *World development report: Making services work for poor people*, New York: Oxford University Press.

— (2009), World Development Indicators <http:// ddp-ext.worldbank.org>.

World Economic Forum (2007), *The global gender gap report 2007*, Cologny/Geneva: WEF, <http://www. weforum.org/pdf/gendergap/report2007. pdf>.

World Tourism Organization <http://www.unwto. org/>.

World Values Survey (2000), <http://www.world valuessurvey.org/services/main.html>.

Worldwatch Institute (2004), *State of the world 2004: A Worldwatch Institute report on progress toward a sustainable society; special focus: the consumer society*, New York: Norton & Company.

Worrall, Anne (1990), *Offending women: Female lawbreakers and the criminal justice system*, London: Routledge.

Wright, Charles R. (1960), „Functional analysis and mass communication", in: *The Public Opinion Quarterly* 24 (4): 605–620, <http://www.jstor.org/ stable/2746529>.

Wright, Erik O. (1978), *Class, crisis, and the state*, London: NLB.

— (1985), *Classes*, London: Verso.

— (1997), *Class counts: Comparative studies in class analysis*, Cambridge: Cambridge University Press.

Wrigley, Edward A. (1969), *Bevölkerungsstruktur im Wandel. Methoden und Ergebnisse der Demographie*, München: Kindler, Population and history <dt.>.

Wuthenow, Robert J. (1988), „Sociology of religion", in: *Handbook of sociology*, ed. N. J. Smelser. Newbury Park: Sage, 473–509.

Xu, Anqi, Xiaolin Xie, Wenli Liu, Yan Xia & Dalin Liu (2007), „ASIA: Chinese family strengths and resiliency", in: *Marriage & Family Review* 41 (1–2): 143–164.

Ying, Ho S., Choi H. Keung, Li K. Fong & John Sayer (1990), *Taiwan, after a long silence: The emerging new unions of Taiwan*, Hongkong: Asia Monitor Research Center.

Young, Iris M. (1990), *Throwing like a girl and other essays in feminist philosophy and social theory*, Bloomington: Indiana University Press.

Young, Jock (1998), „Breaking windows: Situating the new criminology", in: *The new criminology revisited*, ed. P. Walton & J. Young, London: Macmillan, 14–46.

— (1999), *The exclusive society: Social exclusion, crime, and difference in late modernity*, London: Sage.

Young, Michael & Peter Willmott (1973), *The symmetrical family: A study of work and leisure in the London region*, London: Routledge & Kegan Paul.

Young, Michael D. (1958), *The rise of the meritocracy, 1870–2033: An essay on education and equality*, London: Thames and Hudson.

Zammuner, Vanda L. (1987), „Children's sex-role stereotypes: A cross-cultural analysis", in: *Review of personality and social psychology*, Bd. 7, Sex and gender, ed. P. Shaver & C. Hendrick, Newbury Park: Sage, 272–293.

Zarit, Steven H., ed. (1977), *Readings in aging and death: Contemporary perspectives*, New York: Harper & Row.

Zeitlin, Irving M. (1984), *Ancient Judaism: Biblical criticism from Max Weber to the present*, Cambridge: Polity Press.

— (1988), *Jesus and the Judaism of his time*, Cambridge: Polity Press.

Zeman, Peter (2005), *Ältere Migranten in Deutschland. Befunde zur soziodemographischen sozioökonomischen und psychosozialen Lage sowie zielgruppenbezogene Fragen der Politik- und Praxisfeldentwicklung*, Berlin: Deutsches Zentrum für Altersfragen.

Zerubavel, Eviatar (1979), *Patterns of time in hospital life: A sociological perspective*, Chicago: University of Chicago Press.

— (1982), „The standardization of time: A sociohistorical perspective", in: *American Journal of Sociology* 88 (1): 1–23, <http://www.jstor.org/stable/ 2779401>.

Zhang, Naihua & Xu Wu (1995), „Discovering the positive within the negative: The women's movement in a changing China", in: *The challenge of local feminisms: Women's movements in global perspective,* ed. A. Basu, Boulder: Westview Press, 25–57.

Ziegler, Jean (2005), *Das Imperium der Schande. Der Kampf gegen Armut und Unterdrückung* München: Bertelsmann, L'empire de la honte <dt.>.

Zilian, Hans Georg (1999), *Die Zeit der Grille? Eine Phänomenologie der Arbeit.* Amsterdam: G+B Verl. Fakultas.

Zilian, Hans Georg & Christian Fleck (1990), *Die verborgenen Kosten der Arbeitslosigkeit,* Frankfurt: Hain.

Zimbardo, P. (1969), „The human choice: Individuation, reason and order versus deindividuation, impuls and chaos", in: *Current theory and research in motivation,* Bd. 17, Nebraska Symposium on Motivation, ed. W. J. Arnold & D. Levine, Lincoln: University of Nebraska Press, 237–307.

Zubaida, Sami (1997), „Religion, the state, and democracy: Contrasting conceptions of society in Egypt", in: *Political Islam: Essays from Middle East report,* ed. J. Beinin & J. Stork, London: Tauris, 51–63.

Zulehner, Paul M. (2008), „Spirituelle Dynamik in säkularen Kulturen?", *Religionsmonitor 2008,* <http://www.bertelsmann-stiftung.de/bst/de/media/xcms_bst_dms_23401_23402_2.pdf>.

Personen-, Sach- und Abkürzungsregister

20th Century Fox 647

A

ABC (American Broadcasting Company) 633
Aberglaube 41, 52, 552f.
Abfall 855, 858ff., 876
Abgekoppelte, von Technologie 915
Abgeordnete, s. Parlament
Abholzung 862, 878
Abramovich, Roman 485
Absentismus 715
Abtreibung 196, 584, 595, 826, 925
Abwärtsmobilität 500, 502, 504, 507f.
Achtstundentag 713
Ackerbau 63f.
Adel 469f., 472, 806, 839f.
Adorno, Theodor W. 619f.
AFDC (Aid to Families with Dependent Children) 544
Afroamerikaner 491, 521, 582f., 780
Agar, Michael 856
Ageism 178ff.
Agenda-Setting 803
Aggression, -sneigung 631
Agrargesellschaft(en) 64, 67, 97, 99, 537
Agrarwirtschaft, s. Landwirtschaft
Ahmadinejad, Mahmoud 592, 810
Aktien 483, 507, 683, 882, 900
Aktienbörse, s. Finanzmarkt
Akupunktur, 294, 488
AKW (Atomkraftwerk) 875
Al Dschasira 649
Al Kaida 594, 838, 841
Albrecht, Karl 485
Albrecht, Theo 485
Albrow, Martin 100
Aldi 485
Ali, Imam 590f.
Alkohol, -konsum 309, 357, 496,

529, 531, 584
Allah 565f.
ALLBUS (Allgemeine Bevölkerungsumfrage der Sozialwissenschaften) 477
Alleinerzieher 259ff., 280, 544
Alleinstehende, s. Single
Alleinverdiener 499
Allmendinger, Jutta 706
Alltagsleben 46f., 50f., 58, 104–38, 142, 154, 202, 294, 303, 494, 502, 555f., 567f., 574, 577, 604, 609, 615f., 690f., 763
Alltagssprache 51
Alphabetisierung, -srate 406f., 894–7
Alter 161ff., 182ff., 506, 538
– Überalterung 176, 179
Altern 160, 165–78, 182f.
– Theorien des -s 167ff.
Alternative Heilpraktiken 294, 488
Altersränge 148, 183
Altersspanne 171
Altersvorsorge, s. Pensionssysteme
Alzheimer 166
Amann, Anton 185
Amato, Giuliano 800
American Airlines 838
American Association of Retired Persons 700
American Psychological Association 632
Amerikanischer Traum 331
Amnesty International 637, 676, 819, 913
Amniozentese 194
Ämterrotation 666
amtliche Statistik 36, 261, 346ff., 357f., 373, 745–50, 919
Analphabetismus 381, 553, 891
ANC (Afrikanischer Nationalkongress) 432f.
Anciennität 685
Anderson, Elijah 118, 780
Andison, F. Scott 631
Angestellte 47, 179, 240, 250, 375,

475f., 478, 486f., 489f., 492, 499, 501–4, 507f., 523f., 535, 607, 656, 666, 670, 672, 686, 688, 690f., 693, 695, 704, 710, 716ff., 723, 725, 727f., 734, 740, 743f., 749, 789
Anglikanische Kirche 575, 582
Animismus 563f., 597, 599
Anlage vs. Umwelt, s. Natur vs. Kultur (*nature vs. nurture*)
Anomie 35f., 330ff., 372, 374, 712
Anonymität 764, 766
Anorexie 286f.
Anpassung, Typen der 331f.
Ansell, Ben 413f.
Anstarren 109, 136
Anti-Atomkraft-Bewegung 850
Antibabypille, s. Empfängnisverhütung
Antidiskriminierung, -smaßnahme 314, 317
Antike 192f., 770, 839
Antimonopolmaßnahme, medienpolitische 635, 646
Antisemitismus 439f.
Antonovsky, Aaron 322
Anwender, technologische 915
AOL (American Online) 643f.
Apartheid 432f., 435, 839
Apathie 630
Appelbaum, Richard 733
Apple Computer 642
Apter, Terri 251
Arbeit 225, 402, 708–52, 754
– Alltags- 304
– bezahlte 709
– Biografie- 304
– Büro- 723, 736
– Heim- 739
– Krankheits- 304
– Routine- 664, 685
– Saison- 455
– Schicht- 708
– -smoral 740
– soziale Bedeutung der 741ff.
– -suche 693
– Tele- 739, 788
– unbezahlte 709

T